Neue deutsche Rechtschreibung
für Dummies

200 Jahre Wiley - Wissen für Generationen

Jede Generation hat besondere Bedürfnisse und Ziele. Als Charles Wiley 1807 eine kleine Druckerei in Manhattan gründete, hatte seine Generation Aufbruchs-möglichkeiten wie keine zuvor. Wiley half, die neue amerikanische Literatur zu etablieren. Etwa ein halbes Jahrhundert später, während der »zweiten industri-ellen Revolution« in den Vereinigten Staaten, konzentrierte sich die nächste Ge-neration auf den Aufbau dieser industriellen Zukunft. Wiley bot die notwendigen Fachinformationen für Techniker, Ingenieure und Wissenschaftler. Das ganze 20. Jahrhundert wurde durch die Internationalisierung vieler Beziehungen geprägt – auch Wiley verstärkte seine verlegerischen Aktivitäten und schuf ein internationales Netzwerk, um den Austausch von Ideen, Informationen und Wissen rund um den Globus zu unterstützen.

Wiley begleitete während der vergangenen 200 Jahre jede Generation auf ihrer Reise und fördert heute den weltweit vernetzten Informationsfluss, damit auch die Ansprüche unserer global wirkenden Generation erfüllt werden und sie ihr Ziel erreicht. Immer rascher verändert sich unsere Welt, und es entstehen neue Technologien, die unser Leben und Lernen zum Teil tief greifend verän-dern. Beständig nimmt Wiley diese Herausforderungen an und stellt für Sie das notwendige Wissen bereit, das Sie neue Welten, neue Möglichkeiten und neue Gelegenheiten erschließen lässt.

Generationen kommen und gehen: Aber Sie können sich darauf verlassen, dass Wiley Sie als beständiger und zuverlässiger Partner mit dem notwendigen Wissen versorgt.

William J. Pesce
President and Chief Executive Officer

Peter Booth Wiley
Chairman of the Board

Neue deutsche Rechtschreibung für Dummies - Schummelseite

Die wichtigsten neuen Rechtschreibregeln im Überblick

Laut-Buchstaben-Zuordnung

Nach kurz gesprochenem Vokal (Selbstlaut) müssen Sie *ss* statt *ß* schreiben.	Neu: *Fass* wie früher schon *Fässer*; *muss* wie früher schon *müssen, Ass, Kuss, bisschen; dass*
Wenn in einer Zusammensetzung drei gleiche Buchstaben aufeinandertreffen, müssen Sie alle Buchstaben schreiben.	Neu: *Schifffahrt, Bestellliste, Kaffeeersatz, Hawaiiinseln* Ausnahmen: *dennoch, Drittel, Mittag*
In *phon*, *phot* und *graph* können Sie *ph* durch *f* ersetzen.	Neu: *Diktafon* neben *Diktaphon*; *Fotometrie* neben *Photometrie*; *Geografie* neben *Geographie*

Groß- und Kleinschreibung

Substantive (Hauptwörter) in festen Gefügen mit Präpositionen (Verhältniswörtern) müssen Sie großschreiben.	Neu: *in Bezug auf* wie früher schon *mit Bezug auf*; *außer Acht lassen; sich in Acht nehmen*
Substantive (Hauptwörter) in festen Gefügen mit Verben müssen Sie großschreiben, wenn die Fügung nicht zusammengeschrieben wird.	Neu: *Rad fahren* wie früher schon *Auto fahren*; *Diät leben, Maschine schreiben, Schuld haben*
Ordnungszahlen, die wie ein Hauptwort benutzt werden, müssen Sie großschreiben.	*als Letzter auf die Bühne kommen; die Rechte Dritter verletzen; wie kein Zweiter singen*
Adjektive (Eigenschaftswörter), die in festen Wendungen wie Substantive gebraucht werden, müssen Sie großschreiben, und zwar unabhängig von der Bedeutung.	Neu: *im Argen liegen, zum Besten geben; die Polizei tappt im Dunkeln; sie tappten im Dunkeln durch den Wald*
Sprachbezeichnungen in Verbindung mit einer Präposition (einem Verhältniswort) müssen Sie großschreiben.	Neu: *auf Deutsch, in Spanisch*
Tageszeiten in Verbindung mit *heute, morgen, gestern* etc. müssen Sie großschreiben.	Neu: *gestern Morgen, heute Vormittag, vorgestern Abend, übermorgen Nacht*

Getrennt- und Zusammenschreibung

Verbindungen mit *sein* werden immer getrennt geschrieben.	Neu: *an sein, auf sein, beisammen sein, dabei sein* wie früher schon *fertig sein, vorbei sein, zufrieden sein*
Verbindungen aus einem Substantiv (Hauptwort) und einem Verb (Zeitwort) werden in der Regel getrennt geschrieben.	Neu: *Rad fahren, Hof halten, Maschine schreiben* wie früher schon *Auto fahren, Klavier spielen, Schlittschuh laufen*
Es bleibt aber bei Zusammenschreibung, wenn das Substantiv »verblasst« ist.	Wie früher schon: *stattfinden, teilnehmen*
Es bleibt ebenfalls bei Zusammenschreibung, wenn eine untrennbare Zusammensetzung vorliegt.	Wie früher schon: *nachtwandeln, schlussfolgern*
Verbindungen aus einem Verb im Infinitiv (Grundform) und einem zweiten Verb werden im Allgemeinen getrennt geschrieben.	Neu: *spazieren gehen* wie früher schon *arbeiten gehen, schreiben üben*
Wenn Sie Verbindungen mit *bleiben* und *lassen* im übertragenen Sinn gebrauchen, können Sie auch zusammenschreiben.	*wegen schlechter Noten sitzen bleiben / sitzenbleiben*; *den Mantel hängen lassen / hängenlassen*
Verbindungen aus einem Adjektiv (Eigenschaftswort) und einem Verb können Sie zusammen- oder getrennt schreiben, wenn mit dem Adjektiv das Ergebnis eines Vorgangs ausgedrückt wird.	Neu: die *Bretter glatt hobeln* oder wie früher *glatthobeln*; *den Stoff blau färben / blaufärben*
Verbindungen mit einem wie ein Adjektiv (Eigenschaftswort) gebrauchten Partizip (Mittelwort) an zweiter Stelle können Sie getrennt oder zusammenschreiben.	Neu: *Gewinn bringend* oder wie früher *gewinnbringend* Aber nur wie bisher: *großen Gewinn bringend*
Verbindungen mit einem einfachen ungebeugten Adjektiv (Eigenschaftswort) können Sie ebenfalls getrennt oder zusammenschreiben.	Neu: *allgemein gültig* oder wie früher *allgemeingültig*; *schwer verständlich / schwerverständlich*
Verbindungen mit *irgend-* müssen Sie jetzt in der Regel zusammenschreiben.	Neu: *irgendetwas, irgendjemand* wie früher schon *irgendein, irgendwas* Aber nur: *irgend so ein Kerl, irgend so etwas Dummes*

Neue deutsche Rechtschreibung für Dummies - Schummelseite

Die wichtigsten neuen Rechtschreibregeln im Überblick

Schreibung mit Bindestrich

Wenn Sie in einer Zusammensetzung Zahlen in Ziffern schreiben, müssen Sie diese mit einem Bindestrich vom Rest des Wortes abheben.	Neu: *14-tägig, 3-lagig, 7,5-Tonner, 5-jährig* Aber nur wie bisher: *100%ig, 1000stel, 68er*
Wenn Sie Bestandteile einer Zusammensetzung besonders hervorheben oder unübersichtliche Zusammensetzungen zur besseren Lesbarkeit gliedern wollen, können Sie einen Bindestrich setzen.	Neu: *Ich-Sucht, Soll-Stärke* oder wie früher *Ichsucht, Sollstärke* Neu: *Groß-Schifffahrtsweg* neben *Großschifffahrtsweg*
Wenn drei gleiche Buchstaben aufeinanderfolgen, können Sie ebenfalls einen Bindestrich setzen.	Neu: *Schiff-Fahrt* neben *Schifffahrt*; *Teeernte* oder auch *Tee-Ernte*
Sie müssen mehrgliedrige Wörter aus dem Englischen zusammen- oder mit Bindestrich schreiben, wenn der erste Bestandteil ein Substantiv (Hauptwort) oder ein Verb (Zeitwort) ist.	Neu: *Science-Fiction* oder *Sciencefiction, Desktop-Publishing* oder *Desktoppublishing, Shopping-Center* oder *Shoppingcenter*

Zeichensetzung

Sie müssen kein Komma mehr setzen zwischen Hauptsätzen, die mit *und* oder mit *oder* verbunden sind, Sie können es aber durchaus auch wie früher tun.	*Sie geht einkaufen[,] und er mäht den Rasen.* *Möchtest du den Rotwein probieren[,] oder bleibst du lieber beim Weißen?*
Sie müssen Infinitiv- und Partizipgruppen nicht mehr durch ein Komma abtrennen beziehungsweise zwischen Kommas einschließen, können das aber wie früher weiterhin zur Verdeutlichung des Satzaufbaus tun.	*Er hatte nicht die Absicht[,] sich das Spiel anzusehen. Diese Haltung zu verstehen[,] war für seine Freunde sehr schwierig. Dazu aufgefordert[,] auch einmal etwas zu sagen[,] erzählte sie ihre Geschichte.* Aber wie früher: *Sie gingen davon, ohne sich noch einmal umzudrehen. Etwas Besseres, als sich selbstständig zu machen, hätte ihm gar nicht einfallen können.*
Wenn Sie wollen, können Sie den Apostroph setzen, wenn Sie die Grundform eines Namens von der Genitivendung *-s* abheben wollen. Aber auch das ist nicht zwingend.	Neu: *Anna's Blumenlädchen* oder wie früher *Annas Blumenlädchen* Aber nur wie bisher: *Muttis Liebling, Omas Nähkästchen*

Worttrennung

Die Buchstabenfolge *st* kann getrennt werden.	Neu: *Kis-te, mäs-sten, bes-tens*
Sie dürfen die Buchstabenverbindung *ck* nicht mehr trennen.	Neu: *ba-cken, Ze-cke, Rü-cken*
Sie können deutsche Wörter oder Fremdwörter, wenn Sie diese nicht mehr als Zusammensetzungen betrachten, nach Sprechsilben oder nach Sprachsilben trennen.	Neu: *hi-nauf, wa-rum, Mai-nau* (Sprechsilben) oder wie früher *hin-auf, war-um, Main-au* (Sprachsilben)
In Fremdwörtern können Sie Buchstabenverbindungen aus einem Konsonanten (Mitlaut) und *l, n* oder *r* entweder vor dem letzten Konsonanten trennen, oder Sie stellen sie ungetrennt auf die neue Zeile.	Neu: *nob-le, Mag-net, Feb-ruar* oder wie früher *no-ble, Ma-gnet, Fe-bruar*

Hier bekommen Sie Sprachberatung

Duden-Sprachberatung	aus Deutschland: Tel. 0900 1 870098 aus Österreich: Tel. 0900 844144 aus der Schweiz: Tel. 0900 383600
Sprachberatung der Gesellschaft für deutsche Sprache [GfdS]	aus Deutschland: Tel. 0900 1 888128
Grammatisches Telefon der RWTH Aachen	aus Deutschland: Tel. 0241 8096074
Sprachberatungstelefon der TU Chemnitz	aus Deutschland: Tel. 0371 531-2912
Spr@chtelefon der Universität Duisburg-Essen	aus Deutschland: Tel. 0201 183-3405
Sprachberatung der Universität Halle	aus Deutschland: Tel. 0345 5523605
Sprachberatung Wissen Media Verlag	aus Deutschland: Tel. 0900 1 898960

Matthias Wermke

Neue deutsche Rechtschreibung für Dummies

WILEY-VCH Verlag GmbH & Co. KGaA

Bibliografische Information der Deutschen Nationalbibliothek
Die Deutsche Nationalbibliothek verzeichnet diese Publikation
in der Deutschen Nationalbibliografie; detaillierte bibliografische
Daten sind im Internet über http://dnb.d-nb.de abrufbar.

1. Auflage 2007

© 2007 WILEY-VCH Verlag GmbH & Co. KGaA, Weinheim

Printed in Germany

Gedruckt auf säurefreiem Papier

Korrektur   Frauke Wilkens, München
Satz   Lieselotte und Conrad Neumann, München
Druck und Bindung   Media-Print Informationstechnologie, Paderborn
Wiley Bicentennial Logo   Richard J. Pacifico
Cover-Illustration   Axel Eberhard

Wörterbuchteil aus: Der kleine Duden – Deutsches Wörterbuch 7. Auflage
© Bibliographisches Institut & F.A. Brockhaus AG, Mannheim 2007

Abdruck des Gedichts *Bür* aus *Starckdeutsch. Oine Orrswuuhl dörr schtahurckstön Gedeuten*
von Matthias Koeppel mit freundlicher Genehmigung des Verlages Klaus Wagenbach, Berlin.

ISBN 978-3-527-70351-7

Über den Autor

Dr. Matthias Wermke ist Leiter der Dudenredaktion und damit Herausgeber des wichtigsten deutschen Rechtschreibwörterbuchs überhaupt, des Dudens. Als solcher kennt er die Fallstricke der deutschen Rechtschreibung nur allzu gut – die der alten Rechtschreibung wie die der neuen. Und weil die Dudenredaktion auch Sprachberatung erteilt, weiß er genau, wo die Schreibenden der Schuh drückt. Seit über zehn Jahren ist Matthias Wermke in die Erarbeitung neuer Rechtschreibregeln eingebunden, erst als Mitglied des Beirats zur Zwischenstaatlichen Kommission für deutsche Rechtschreibung, heute als Mitglied des Rates für deutsche Rechtschreibung. Seine Haltung zur neuen Rechtschreibung ist moderat, ganz nach dem Motto: Es wird nicht so heiß gegessen wie gekocht.

Cartoons im Überblick

von Rich Tennant

Seite 25

Seite 59

Seite 137

Seite 181

Seite 193

Seite 237

© The 5th Wave
www.the5thwave.com
E-Mail: rich@the5thwave.com

Inhaltsverzeichnis

Teil IV
Übung macht den Meister – und die Meisterin 181

Kapitel 11
So ist's richtig: Auflösung der Einzelübungen 183

Kapitel 12
Der große Abschlusstest 189

Kapitel 13
Und so ist's richtig: Auflösung des Abschlusstests 191

Teil V
Top-Ten-Teil: das Wichtigste im Überblick 193

Kapitel 14
Die zehn wichtigsten Regeln guten Schreibens 195

Einführung

Für die meisten von uns ist die Rechtschreibung eher lästig. Im Deutschunterricht wurde und wird sie den Schülerinnen und Schülern eingebläut. Richtig zu beherrschen scheint sie kaum zu sein. Der jahrelange Streit um das neue Regelwerk hat das Unbehagen obendrein eher vergrößert als abgebaut. Wenn Sie sich früher noch halbwegs sicher fühlten, wissen Sie vielleicht heute nicht mehr so recht, wo es eigentlich langgeht. Grund genug, sich zu orientieren und die Dinge nicht einfach laufen zu lassen.

Denn richtiges Schreiben tut not, wie es etwas altfränkisch tönen könnte, und es hat Vorteile. Warum das so ist, was richtiges Schreiben bringt und wie Sie es sich aneignen können, ist das Thema von *Neue deutsche Rechtschreibung für Dummies*.

In diesem Buch finden Sie:

✔ viel Wissenswertes über Entwicklung und Bedeutung der deutschen Rechtschreibung

✔ eine leicht verständliche Erklärung der Rechtschreibregeln ohne Fachchinesisch, dafür mit vielen Beispielen

✔ jede Menge Übungen zu den einzelnen Regeln – und natürlich deren Auflösung

✔ ein Wörterbuch mit rund 47.000 Stichwörtern zum Nachschlagen

Viele Tipps und Tricks sollen Ihnen dabei helfen, die alltäglichen Klippen der deutschen Rechtschreibung und Zeichensetzung zu erkennen und elegant zu umschiffen.

Ich möchte Ihnen den Einstieg in die neue Rechtschreibung möglichst einfach machen. Zwar hat es das Thema in sich, aber so undurchdringlich, wie der Dschungel des neuen Regelwerks zu sein scheint, ist er am Ende auch nicht. Und mit ein bisschen Übung ist der Durchblick gesichert.

Wie Sie dieses Buch verwenden können

Sie können *Neue deutsche Rechtschreibung für Dummies* angehen wie jedes andere Buch, indem Sie die Kapitel der Reihe nach lesen und durcharbeiten. Wenn Sie sich nur für ganz bestimmte Fragen interessieren, zum Beispiel dafür, wo Sie persönliche Sprachberatung erhalten können oder wie speziell die Kommasetzung funktioniert, können Sie natürlich auch über das Inhaltsverzeichnis ganz gezielt auf die entsprechenden Kapitel zugreifen. Dabei hilft außerdem das Stichwortverzeichnis. Die Kapitel sind so geschrieben, dass sie unabhängig voneinander verstanden werden können.

Interessieren Sie auf die Schnelle nur die wichtigsten neuen Rechtschreibregeln im Überblick, dann »spicken« Sie auf der Schummelseite. Wenn Sie die Regeln dagegen umfassender betrachten wollen, tauchen Sie in die dazugehörenden Kapitel ein.

Und nachschlagen können Sie in *Neue deutsche Rechtschreibung für Dummies* obendrein, zum Beispiel im Wörterbuch, wenn Ihnen gerade nicht geläufig ist, wie Sie ein bestimmtes Wort schreiben oder trennen sollen.

Den unterschiedlichen Zugriffsmöglichkeiten entspricht der Aufbau des Buches.

Wie dieses Buch aufgebaut ist

Neue deutsche Rechtschreibung für Dummies ist ein Lese- und Übungsbuch. Darüber hinaus ist es ein Nachschlagewerk.

Als Lesebuch enthält es neben der allgemeinen Einführung in Entwicklung und Stand der deutschen Orthografie alle wichtigen Rechtschreibregeln, wie sie im neuen amtlichen Regelwerk (2006) enthalten sind. Wenn Sie nach bestimmten Regeln suchen, werden Sie diese in *Neue deutsche Rechtschreibung für Dummies* finden, leicht verständlich formuliert und durch entsprechende Beispiele veranschaulicht.

Weil von nichts nichts kommt, ist *Neue deutsche Rechtschreibung für Dummies* auch ein Übungsbuch. Übung macht nun einmal den Meister – und die Meisterin. Die Übungen verteilen sich auf die einzelnen Teilgebiete der Rechtschreibung, also zum Beispiel auf die »Groß- und Kleinschreibung« oder die »Getrennt- und Zusammenschreibung«. Teil IV liefert dann den großen Abschlusstest. Der soll Ihnen dabei helfen, die eigene Kompetenz »querbeet« in allen rechtschreiblichen Belangen zu überprüfen. Wenn Sie anhand Ihres Testergebnisses feststellen, dass Sie noch nicht ganz sattelfest sind, können Sie noch einmal ins entsprechende Teilkapitel einsteigen und sich schlauer machen.

Damit noch nicht genug: Auch zum Nachschlagen können Sie *Neue deutsche Rechtschreibung für Dummies* heranziehen. Das gilt, wenn sich beim Schreiben Fragen zur einen oder anderen Rechtschreibregel ergeben, das gilt aber natürlich auch für den Fall, dass Ihnen die Schreibung eines einzelnen Wortes unklar ist. Hier hilft das Wörterbuch in Teil VI. Zum Nachschlagen dient außerdem der Top-Ten-Teil in Teil V.

Teil I: Was heißt hier eigentlich richtig schreiben?

Dieser Teil enthält alles Wesentliche, was Sie über die deutsche Rechtschreibung wissen sollten. Diese ist nicht vom Himmel gefallen, sondern hat sich im Laufe der Jahrhunderte entwickelt. Weil dem so ist, hat sie ihre Eigenarten. Diese verständlich zu machen, ist Aufgabe von vier Kapiteln.

In **Kapitel 1** erkläre ich, wie sich unsere Orthografie in einem Wechselspiel von Schreibgebrauch (Usus) und Regelsetzung (Normierung) entwickelt hat. Dabei erfahren Sie, warum Rechtschreibung nicht gleich Rechtschreibung ist und wie sich Rechtschreibung und Einheitsschreibung zueinander verhalten. Natürlich geht es in diesem Kapitel nicht ohne ein Abwägen von alter, neuer und ganz neuer Rechtschreibung, womit die Regelungsstände aus den Jahren vor 1996 (Einführung der neuen Rechtschreibung), der Zeit zwischen 1996 und 2006 und seit August 2006 gemeint sind.

In **Kapitel 2** erläutere ich Ihnen, warum richtiges Schreiben gar nicht so unwichtig ist. Nicht allen dürfte klar sein, dass es beim Schreiben in erster Linie um den Leser geht. Sie erfahren, warum richtiges Schreiben nicht Privatsache ist und welche Bedeutung es überhaupt für den Erhalt unserer Sprache hat.

In **Kapitel 3** geht es um die Frage nach den Fehlern. Zentrale Botschaft: »Fehler machen alle, scheue dich also nicht zu schreiben.« Wie Sie Fehler verhindern können und welche Hilfsmittel Ihnen zur Fehlervermeidung zur Verfügung stehen, wird hier gezeigt. Das wichtigste Hilfsmittel ist der *Duden*. Daher gilt ihm und seiner richtigen Benutzung ein eigener Abschnitt.

In **Kapitel 4** schließlich erläutere ich Ihnen die in diesem Buch enthaltenen Übungen und wie Sie am besten mit ihnen umgehen. Weil kein Buch über Rechtschreibung ohne Grammatikwissen auskommt, habe ich die wichtigsten grammatischen Begriffe in diesem Kapitel aufgelistet und erklärt.

Teil II: Wegweiser durch die neue Rechtschreibung

Thema von *Neue deutsche Rechtschreibung für Dummies* ist – die neue Rechtschreibung. Damit meine ich die Rechtschreibregelung, die zum 1. August 2006 von den Kultusministern der deutschen Bundesländer und ihren Kollegen in der Schweiz, in Österreich und im Fürstentum Liechtenstein für die Schulen verbindlich eingeführt wurde. Die Teilgebiete der Orthografie werden, dem amtlichen Regelwerk entsprechend, einzeln abgehandelt und sind mit kleinen Tests zur Kontrolle des eigenen Verständnisses angereichert. So können Sie die Regeln gleich praktisch anwenden.

In **Kapitel 5** geht es um das Verhältnis von (gesprochenen) Lauten und (geschriebenen) Buchstaben. Hier geht die Rechnung leider nicht ganz auf, woraus sich für das Deutsche einige kleinere nicklige Besonderheiten ergeben. Entsprechend erfahren Sie in Kapitel 5 alles über die Vokale (Selbstlaute) und ihre umgelauteten Brüder, über die Verdoppelung von Konsonanten (Mitlauten) und die von vielen Nichtmuttersprachlern so gefürchtete Verteilung von *ß* und *ss*. Daneben geht es natürlich auch um die Frage, wie Sie verfahren müssen, wenn denn ausgerechnet drei gleiche Buchstaben aufeinandertreffen und ob Sie *Kautsch* oder *Couch* zu schreiben haben. *Dummies* darf man im Deutschen eigentlich nicht schreiben. Warum das so ist, kläre ich ebenfalls in diesem Kapitel auf – warum wir es in *Neue deutsche Rechtschreibung für Dummies* doch tun, auch.

In **Kapitel 6** wird es allmählich ernst – besonders für viele Deutschlerner, die partout nicht einsehen können, warum wir im Deutschen einmal groß-, dann wieder kleinschreiben. Zunächst geht es um die Schreibung von Substantiven (Hauptwörtern) und solchen Wörtern, die es einmal waren. Dann schließt ein Abschnitt über die sogenannten Substantivierungen an, das sind Wörter, die in den Status eines Substantivs erhoben wurden und die gemeinerweise nicht immer ganz leicht zu erkennen sind. Dann folgt die Schreibung der Eigennamen und ihrer diversen Begleiter. Den Eigennamen verwandt sind feste Verbindungen aus einem

Adjektiv (Eigenschaftswort) und einem Substantiv. Sie werden sehen, dass auch diese nicht zu kurz kommen.

In **Kapitel 7** behandle ich die knifflige, aber nicht unlösbare Getrennt- und Zusammenschreibung. Die kommt bei Verben (Zeitwörtern), Adjektiven und natürlich auch bei Substantiven vor – und bereitet manchmal einiges Kopfzerbrechen. Das gilt auch dann, wenn andere Wortarten betroffen sind. Manches ist aber auch ganz einfach zu handhaben, und einige kleine Übungen führen Sie zur Meisterschaft.

Kapitel 8 ist dem Bindestrich gewidmet. Wozu der Bindestrich wirklich gut ist und warum Sie ihn trotzdem sparsam verwenden sollten, ist ebenso Thema dieses Kapitels wie die Tatsache, dass Bindestrich nicht gleich Bindestrich und schon gar nicht Gedankenstrich ist.

Teil III: Worttrennung und Zeichensetzung

In **Kapitel 9** wende ich mich der Worttrennung am Zeilenende zu. Die hieß früher Silbentrennung und muss heute eigentlich gar nicht mehr sein – das gilt jedenfalls, wenn Sie schlau genug sind, Ihr Texterfassungsprogramm auf »linksbündig« oder »Blocksatz« einzustellen. Trotzdem gibt es zur Worttrennung einiges Wissens- und Beachtenswertes, das Sie sich wenigstens einmal angesehen haben sollten.

In **Kapitel 10** geht es dann um die Interpunktion (Zeichensetzung). Da denken alle zuerst ans Komma – und dem widme ich entsprechend das Hauptaugenmerk. Aber auch der Punkt und alle anderen Satzzeichen kommen nicht zu kurz. Außerdem versuche ich Ihnen zu zeigen, warum Zeichensetzung zwar lästig, aber doch ungemein wichtig ist.

Teil IV: Übung macht den Meister – und die Meisterin

In diesem Teil können Sie nach Herzenslust üben und Ihren Kenntnisstand prüfen.

In **Kapitel 11** finden Sie die Auflösung zu allen Übungen, die in die vorausgegangenen Kapitel zu den Rechtschreibregeln eingestreut waren.

Kapitel 12 umfasst einen größeren Abschlusstest. Hier können Sie prüfen, wie gut Ihr Wissen um die neue Rechtschreibung bereits ist.

Um das genau herauszufinden, müssen Sie in **Kapitel 13** Ihr Testergebnis ermitteln.

Teil V: Der Top-Ten-Teil: das Wichtigste im Überblick

Nicht immer hat Zeit genug, ganze Bücher zu wälzen, wer sich über einen bestimmten Sachverhalt informieren möchte. In Fragen der Rechtschreibung gilt das allemal. Denn die ist eigentlich Mittel zum Zweck – das ist die Informationsvermittlung – und soll nicht aufhalten. Deshalb habe ich in Teil V einige ganz wichtige Themen zur neuen deutschen Rechtschreibung eher im Telegrammstil für Sie aufbereitet.

In **Kapitel 14** finden Sie die zehn wichtigsten Regeln, die Sie beim Schreiben ganz allgemein beachtet sollten. Da geht es dann um die Leser, die im Deutschen so beliebten Schachtelsätze und Tipps zur Vermeidung von Kommafehlern. Daneben taucht die Frage des Zitierens – auch aus anderen Sprachen – auf sowie diejenige der Korrektur. Zu üben gibt's hier nichts mehr. Hier geht's um den Überblick.

In **Kapitel 15** finden Sie die zehn Fragen, die der Sprachberatungsstelle der Dudenredaktion in Mannheim am häufigsten gestellt werden. Wer die Antworten kennt, muss nicht mehr anrufen. Schon wieder etwas gespart und Schreibsicherheit gewonnen.

In **Kapitel 16** informiere ich Sie über die wichtigsten Hilfsmittel, die zur Überwindung aller Rechtschreibhürden verfügbar sind. Da geht es noch einmal um den *Duden*, um Sprachberatung und wo sie zu haben ist, Trainingskurse, Korrekturprogramme, wichtige Webseiten und Ähnliches. Wichtig auch: In diesem Kapitel finden Sie Hinweise zu Beratungsangeboten bei einer Lese-Rechtschreib-Schwäche.

Teil VI: Wörterbuch

Weil wir beim Schreiben nicht immer alle Regeln im Kopf haben und im Zweifelsfall auch nicht die Zeit haben, erstens die passende Regel zu suchen, um sie dann zweitens umständlich auszulegen, verlassen wir uns gerne aufs Wörterbuch. Dieses leistet im Grunde nicht mehr, als dass es alle Rechtschreibregeln auf die in ihm aufgelisteten Einzelwörter überträgt. Das erleichtert die Lösung rechtschreiblicher Zweifelsfälle ungemein. Deshalb enthält *Neue deutsche Rechtschreibung für Dummies* ein vollwertiges Wörterbuch mit rund 47.000 Stichwörtern. Wenn Sie bedenken, dass ein durchschnittlich gebildeter Sprecher heute nicht mehr als 12.000 bis 16.000 Wörter aktiv verwendet, dann sind 47.000 schon eine ganze Menge. Die wichtigsten Fremd- und Fachwörter sind in diesem Wörterverzeichnis natürlich enthalten.

Anhang

Hier werden der Ordnung halber alle in diesem Buch verwendeten Quellen aufgelistet.

Symbole, die in diesem Buch verwendet werden

An diesem Symbol erkennen Sie Informationen, die für die deutsche Rechtschreibung besonders wichtig sind.

Das Paragrafensymbol markiert die Hauptregeln unserer Rechtschreibung. Aber wie das nun mal so ist: Auf nicht wenige dieser Hauptregeln folgen diverse Unterregeln.

 Das Achtung-Symbol weist auf Informationen hin, die Sie unbedingt beachten sollten.

 Ganz hilfreich: das Conny-Symbol zu den Empfehlungen der Dudenredaktion. Diese dienen einer einheitlichen Auslegung der neuen Rechtschreibung überall dort, wo die neuen Regeln zu mehreren Schreibungen führen, und können verhindern, dass es in Ihren Texten allzu bunt durcheinandergeht.

 Das Übungssymbol zeigt Ihnen, wo Sie in diesem Buch testen können, wie weit Sie die Rechtschreibregeln schon verinnerlicht haben.

Teil I

Was heißt hier eigentlich richtig schreiben?

In diesem Teil ...

erfahren Sie, wie sich die deutsche Rechtschreibung entwickelt und was es mit alter, neuer und ganz neuer Rechtschreibung eigentlich so auf sich hat. Wahrscheinlich haben Sie längst den Verdacht, dass es beim richtigen Schreiben nicht nur auf die Groß- und Kleinschreibung oder die Kommasetzung ankommt, sondern auf mehr. Spüren Sie diesem »Mehr« nach und erfahren Sie dabei auch schon einmal, wie Sie Fehler vermeiden können und welche Hilfsmittel Ihnen über die Hürden der deutschen Rechtschreibung hinweghelfen. Schließlich finden Sie in diesem Teil die Erklärung dafür, wie Sie *Neue deutsche Rechtschreibung für Dummies* am besten benutzen. Damit Sie es dabei möglichst leicht haben, finden Sie hier die wichtigsten grammatischen Fachbegriffe einfach erklärt und mit Beispielen veranschaulicht. Und dann kann's schon losgehen.

Der ewige Streit um des Kaisers Bart

In diesem Kapitel

▷ Wie sich die Rechtschreibung zwischen
Gebrauch und Normierung entwickelt hat

▷ Warum Rechtschreibung und Rechtschreibung zwei Paar Stiefel sind

▷ Was die alte von der neuen und diese von
der ganz neuen Rechtschreibung unterscheidet

▷ Was Rechtschreibung mit Einheitsschreibung zu tun hat

▷ Nach welchen Regeln dieses Buch geschrieben ist

In den 1200 Jahren, die die deutsche Sprache jung ist, waren sich die Gelehrten und mit ihnen alle anderen in einem immer einig: Sie konnten sich nicht darauf einigen, wie denn das Deutsche angemessen (manche sagen: korrekt) in Buchstaben zu gießen sei. Das hing und hängt einmal vom individuellen Standpunkt ab.

Das hat aber auch mit unserer Sprache selbst zu tun, die sich um das Jahr 800 herum, also zu Zeiten Kaiser Karls des Großen, allmählich aus dem Germanischen herausschälte. Eine überregional geltende Standardsprache, wie wir sie heute unter Bezeichnungen wie »Hochdeutsch« oder »Schriftdeutsch« kennen, gab es in diesen frühen Jahren bei Weitem nicht. An einer ausformulierten Grammatik und an brauchbaren orthografischen Regeln oder wenigstens allgemeinen Schreibgepflogenheiten fehlte es natürlich ebenfalls.

Wer damals deutsch, das heißt »in der Sprache des einfachen Volkes« – also nicht lateinisch – schreiben wollte, war auf sich allein gestellt. Orientierung gaben den Schreibenden – und das waren seinerzeit fast ausschließlich Kleriker – nur die lateinische Grammatik und das lateinische Alphabet. Die aber sind beide nicht widerspruchslos auf das Deutsche anwendbar. Wen wundert es da, wenn der Mönch Otfried von Weißenburg im 9. Jahrhundert klagt:

Wie diese nichtlateinische Sprache ungepflegt, ungeschult und nicht gewöhnt ist, den Regelzaum der Grammatik [gemeint ist die lateinische Grammatik] zu tragen, so ist (auch) die Schreibung bei vielen Wörtern infolge der Häufung der Buchstaben und ihrer unklaren Lautqualität schwierig.

Da haben wir's: ungepflegt, ungeschult, undiszipliniert – und obendrein offenbar ein Kauderwelsch. Wie höhnte doch der amerikanische Schriftsteller und Journalist Mark Twain 1000 Jahre später:

Es gibt ganz gewiss keine andere Sprache, die so unordentlich und systemlos daherkommt und dermaßen jedem Zugriff entschlüpft. Aufs Hilfloseste wird man in ihr hin und her geschwemmt, und wenn man glaubt, man habe endlich eine Regel zu fassen bekommen, die im tosenden Aufruhr der zehn Wortarten festen Boden zum Verschnaufen verspricht, blättert man um und liest: »Der Lernende merke sich die folgenden Ausnahmen.« Man überfliegt die Liste und stellt fest, dass es mehr Ausnahmen als Beispiele für diese Regel gibt.

Deutsche Sprache, schwere Sprache! Jedoch: Portugiesisch, Russisch oder Suaheli sind auch nicht gerade einfach zu erlernen, von der Verschriftung des Chinesischen und des Japanischen einmal ganz zu schweigen.

Rechtschreibung zwischen Gebrauch und Normierung

Schon früh, vor allem aber seit der Einführung des Buchdrucks (um 1450) und der damit einhergehenden stetig größer werdenden Zahl von Druck-Erzeugnissen gab es Bemühungen um eine überregionale Vereinheitlichung von deutscher Sprache und Schrift. Gleichzeitig wuchs in den aufstrebenden Städten die Zahl derer, die lesen und schreiben konnten. Heute ist uns die Beherrschung dieser beiden Kulturtechniken fast selbstverständlich. Doch übersehen wir dabei gern, dass in unseren Tagen die Zahl der Analphabeten – trotz Schulpflicht – schleichend zunimmt. Im Spätmittelalter und in der frühen Neuzeit war die Fähigkeit, lesen und schreiben zu können, durchaus noch ein Privileg.

Das änderte sich spätestens mit Einführung der allgemeinen Schulpflicht. Deren Vorreiter war das Königreich Preußen, wo sie seit 1717 galt. Interessant am Rande:

Die Durchsetzung der allgemeinen Schulpflicht musste gegen die weit verbreitete Kinderarbeit erfolgen. Bis diese allerdings in Deutschland offiziell verboten wurde, dauerte es noch lange – bis 1976 nämlich, als das Beschäftigungsverbot für Kinder unter 14 Jahren beschlossen wurde.

Zwischen dem 15. und dem 19. Jahrhundert wurde heftig um die deutsche Rechtschreibung gestritten. Dabei waren es keine Unbekannten, die sich zum Thema äußerten. Vom Humanisten Niklas von Wyle (um 1410–1479) reichte die Kette derer, die sich zu Wort meldeten, über den Grammatiker Justus Schottel (1612–1676), den Dichter Friedrich Gottlieb Klopstock (1724–1803) und den Wörterbuchschreiber Johann Christoph Adelung (1732–1806) bis hin zu Jacob Grimm (1785–1863), der – mit seinem Bruder Wilhelm – nicht nur als Märchensammler und Lexikograf in die Geschichte einging, sondern vor allem als der Begründer der germanistischen Sprachwissenschaft.

Regelungsnotstand im 19. Jahrhundert

Interessant für die Art und Weise, wie wir heute schreiben, war die Lage im 19. Jahrhundert. Trotz Schulpflicht und weiter anschwellender Buch- und jetzt auch Zeitungsproduktion war die deutsche Rechtschreibung alles andere als einheitlich geregelt. So bemerkte der eben genannte Jacob Grimm zum Beispiel in seiner Abhandlung »Über das Pedantische in der deutschen Sprache« (1847):

Mich schmerzt es tief gefunden zu haben, dasz kein volk unter allen, die mir bekannt sind, heute seine sprache so barbarisch schreibt wie das deutsche.

Das erinnert doch sehr an Otfried von Weißenburg, und man könnte leicht meinen, dass sich in den 900 Jahren, die zwischen diesem und Jacob Grimm liegen, nicht viel zur Verbesserung der deutschen Orthografie ereignet habe.

Wie schwierig die Dinge standen, belegt ein Erlass der preußischen Regierung aus dem Jahr 1862, dem unschwer zu entnehmen ist, dass noch nicht einmal für einzelne Schulen sichergestellt war, dass die Schüler nach einheitlichen Regeln unterrichtet wurden:

> *Die in den Prinzipien der deutschen Orthographie und Interpunktion noch herrschende Unsicherheit ist kein Grund, den Schülern darin Willkür oder Unachtsamkeit nachzusehen. Die Schule hat das auf diesem Gebiet durch das Herkommen Fixierte in den unteren und mittleren Klassen zur sicheren Anwendung einzuüben, und es ist dem einzelnen Lehrer derselben Anstalt nicht zu gestatten, die Übereinstimmung des Verfahrens, zu welchem die Lehrer derselben Anstalt sich vereinigen müssen, um theoretischer Gründe willen zu stören.*

An-st-alt (statt: *Anschtalt*) und *st-ören* (statt: *schtören*) gesprochen – und schon hören wir den Herrn Professor Crey aus Heinrich Spoerls »Feuerzangenbowle« und sehen ihn mit Kneifer und Rohrstock vor unserem geistigen Auge.

Was sagt uns nun diese eigenartige Verfügung? Dreierlei:

1. Rechtschreibung und Zeichensetzung sind 100 Jahre vor Einführung des PC noch alles andere als allgemein verbindlich oder gar einheitlich geregelt.

2. Das ist jedoch noch lange kein Grund, den Schülern irgendwelche Freiheiten durchgehen zu lassen (wir sind schließlich in Preußen; in Bayern wird aber nichts anderes gegolten haben).

3. Auch wenn es keine offiziellen Regeln gibt, hat die Schule doch solche zu vermitteln, und kein Lehrer hat das Recht, aus theoretischen Erwägungen aus der vom Lehrerkollegium abzustimmenden Reihe zu tanzen.

Die Situation ist schlechterdings absurd und kann, schon angesichts der Vielzahl von größeren und kleineren Staaten, die sich Mitte des 19. Jahrhunderts den deutschen Sprachraum aufteilen, zu allem Möglichen führen, nur nicht zu einer verlässlichen Rechtschreibung.

Das hat selbstverständlich Auswirkungen auf das Schrifttum selbst und damit auch auf das grafische Gewerbe jener Tage. Vom Berner Buchdrucker Bücheler, einem der großen Vorkämpfer einer einheitlich geregelten Rechtschreibung in der Schweiz, ist folgende Klage überliefert, die er im Rahmen der Interkantonalen Rechtschreibkonferenz der deutschsprachigen Schweiz vortrug:

> *Es kam vor, dass ich an ein und demselben Tag nach drei verschiedenen Orthographien setzen musste. Das Schimpfen der Setzer nahm kein Ende. Am schlimmsten kommen dabei diejenigen Autoren weg, welche ihre eigenen Privat-Orthographien berücksichtigt haben wollen. Schriftsetzer, Korrektor und Prinzipal sind betreffs Orthographie in beständiger Unsicherheit und vollständig den Launen der Autoren preisgegeben.*

Das war im Jahre 1892, und das erste Rechtschreibwörterbuch von Konrad Duden war damals bereits zwölf Jahre alt.

Rechtschreibung und deutsche Dichter

Schließt sich die nahe liegende Frage an, wie es unsere Dichter und Denker mit dem richtigen Schreiben hielten. Prosaische Antwort: Denen war die Orthografie weitgehend egal. Dem Weimarer Dichterfürsten Goethe war sie schlicht und einfach lästig. Er verkündete 1812:

> *Ein Wort schreibe ich mit dreierlei Orthographie, und was der Unarten alle sein mögen, deren ich mich (sic!) recht wohl bewußt bin und gegen die ich auch nur im äußersten Notfall zu kämpfen mich unterwinde.*

Toll, aber leider nichts für Schülerinnen und Schüler.

Sein Schweizer Kollege Gottfried Keller verlagerte das Problem fünfzig Jahre später leichten Herzens auf Herrn Bücheler und seine Mitarbeiter und bat seinen Verleger glatt heraus,

> *die häufigsten Ungleichheiten in der Rechtschreibung, wie große und kleine Anfangsbuchstaben usf., deren Beseitigung mir im Manuscript immer ein bitteres Kraut ist, mit Rotstift zu berücksichtigen, im Falle Sie dadurch geniert sind. Mir selbst ist das durchaus gleichgültig. Ich verfahre immer nach augenblicklicher Eingebung …*

Auch gut, wenn man ein anerkannter Schriftsteller ist und sich nicht um Zeugnisnoten sorgen muss.

In der Gegenwart sieht es im Übrigen nicht viel besser aus. Auf dem Höhepunkt des Streits um die sogenannte Rechtschreibreform verkündete Walter Kempowski im »Spiegel« (Heft Nr. 42/ 1996) auf die Frage nach seinem Umgang mit der Rechtschreibung:

> *In meinem Verlag sitzt … ein Lektor, der mit mildem Lächeln und dem Gemurmel »eigensinnige Orthographie« alle meine Fehler rausstreicht.*

Lektoren lieben das. Und Martin Walser assistierte am gleichen Ort: »Soll doch jeder auf eigenes Risiko schreiben.« Auch diese Haltung taugt nicht für die Schule und für den Schreiballtag. Der ist auf verbindliche Regeln angewiesen.

 Wer schon schreiben kann, mag sich seinen persönlichen Neigungen vielleicht genussvoll hingeben. Beim Schreibenlernen sieht das aber ganz anders aus, denn das richtige Schreiben und das Lesen- und Schreibenlernen gehen Hand in Hand.

Die entscheidenden Jahre: 1876 und 1901

Abseits aller Privatorthografien und aller modischen Absonderlichkeiten, wie zum Beispiel der in der Barockzeit ausartenden Buchstabenhäufung, wurden schon früh Regelwerke für den Schulgebrauch erarbeitet. Aber erst zu Beginn des 20. Jahrhunderts wird die deutsche Rechtschreibung normiert.

Im Jahre 1876 war die Festlegung einer einheitlichen, in allen deutschen Teilstaaten für den Unterricht verbindlichen Rechtschreibregelung noch gescheitert. Zur heute so genannten »I. Orthographischen Konferenz« hatte der preußische Kultusminister Adalbert Falk nach Berlin eingeladen. Ziel der Veranstaltung war die »Herstellung größerer Einigung in der deutschen Rechtschreibung«. Ein hehres Ziel, wenn wir den weiter vorne zitierten Erlass aus dem Jahr 1862 bedenken.

Unter den Teilnehmern dieser Verhandlungen war neben den Sprachwissenschaftlern Rudolf von Raumer, Daniel Sanders, Wilhelm Scherer und Wilhelm Wilmanns auch der Hersfelder Gymnasialdirektor Konrad Duden, der sich in den Jahren zuvor schon einen Namen als Orthografietheoretiker und Autor eines kleineren Rechtschreibwörterbuchs gemacht hatte. Die Herren – man war damals noch ganz unter sich – konnten sich, nicht ganz unerwartet, nicht einigen.

Daraufhin veröffentlichte 1880 der Nachfolger Falks im Amte des Kultusministers, Robert von Puttkammer, ein von ihm und Wilmanns verfasstes Regelbuch zur deutschen Rechtschreibung, das er an den preußischen Schulen verbindlich einführte. Einige wesentliche Neuerungen dieser »reformierten« preußischen Schulrechtschreibung, die uns heute gar nicht mehr aufregen, waren:

✔ i statt y in Wörtern wie *meyn, deyn, seyn, bey* (heute also: *mein, dein, sein, bei*)

✔ z statt c in Wörtern wie *Medicin, Citrone, Cigarre* (heute noch: *Medizin, Zitrone, Zigarre*)

✔ t statt th in Wörtern wie *Eigenthum, Armuth, Werth* (heute noch: *Eigentum, Armut, Wert*)

✔ s statt ß in Wörtern wie *Ereigniß, Hinderniß* (heute noch: *Ereignis, Hindernis*)

✔ ie statt i in Wörtern wie *studiren* (heute noch: *studieren*)

 Ergebnis dieser preußischen Rechtschreibreform: allergrößter Protest an sämtlichen verfügbaren Stammtischen, in der Presse und nicht zuletzt im Büro des preußischen Ministerpräsidenten und Reichskanzlers Otto von Bismarck, der seinen Beamten bei Ordnungsstrafe die Berücksichtigung der preußischen Schulorthografie untersagte.

Das Durcheinander muss ähnlich groß gewesen sein wie in unseren Tagen, als es um weit weniger gravierende Eingriffe ins gewohnte Schriftbild ging. Wilhelm Wilmanns resümierte 1886:

Die Einführung rief außerordentliches Aufsehen hervor. Was sich seit dreißig Jahren vorbereitet hatte …, dadurch wurde man überrascht, das erschien als etwas Plötzliches, durch persönliche Willkür Geschaffenes und wurde danach beurteilt. Die Presse beschäftigte sich eifrig mit der Angelegenheit; einzelne Blätter begrüßten die Verordnung mit Freuden, viele verhielten sich ablehnend, andere nahmen eine zuwartende Stellung ein; auch an solchen fehlte es nicht, die zuerst Hosianna riefen und später: Kreuzigt ihn! Manche Artikel waren augenscheinlich dazu bestimmt, das Publikum zu verwirren, andere es durch ungeheure Vorstellungen zu schrecken, wieder andere es mit Hohn und Spott zu belustigen.

Konrad Duden hat den gordischen Knoten dann insofern zerschlagen, als er die Puttkammer'sche Schulorthografie – Bismarck hin, Stammtische her – in seinem »Vollständigen Orthographischen Wörterbuch der deutschen Sprache« auf etwa 29.000 Stichwörter anwandte. Damit wurde 1880 der Grundstein der deutschen Einheitsorthografie gelegt.

Bei der »II. Orthographischen Konferenz«, die am 17. Juni 1901 in Berlin stattfand, bildete Dudens Wörterbuch bereits die eigentliche Verhandlungsgrundlage. Letztendlich wurde die im *Duden* umgesetzte preußische Schulorthografie ohne weitere Änderungen bestätigt, mit der einen kleinen Ausnahme, dass »th« in deutschen Wörtern wie *Thür* und *Thor* auf »t« reduziert wurde.

Nach 1200 Jahren Sprachentwicklung lag damit erstmals ein für ganz Deutschland, Österreich und die Schweiz geltendes Regelwerk zur Rechtschreibung vor. 1902/03 wurde es für den Schulunterricht und das behördlich-amtliche Schrifttum verbindlich. Von allgemeinem Aufatmen aber keine Spur. Daher Jahrzehnte später die Rechtschreibreform unserer Tage.

Wer war eigentlich Konrad Duden?

Bis heute gilt Konrad Duden vielen als der »Vater der deutschen Einheitsschreibung«. Am 3. Januar 1829 in Wesel am Niederrhein geboren, studierte er seit 1846 an der Universität Bonn klassische Philologie, Germanistik und Geschichte. Nach erst vier Semestern unterbrach er das Studium, um als Hauslehrer in Frankfurt am Main tätig zu sein. Da er während dieser Zeit sein Studium auf privater Basis fortführte, konnte er im März 1854 in Bonn das Staatsexamen ablegen. Note: »Im ganzen befriedigend«. Wissenslücken wurden ihm ausgerechnet auf dem Gebiet der deutschen Grammatik nachgewiesen. Vielleicht lag hierin der Antrieb, der Konrad Duden später einen ausgezeichneten Germanisten und Rechtschreibtheoretiker werden ließ.

Zu Ostern 1854 trat Duden in den Schuldienst ein, und zwar zunächst als Lehrer auf Probe am Archigymnasium in Soest in Westfalen. Schon nach wenigen Monaten nahm er wieder eine Stellung als Hauslehrer an, die ihn diesmal ins ferne Italien, nach Genua führte. Auf einer Reise durch Süditalien lernte er seine spätere Frau, die elf Jahre jüngere Adeline Sophia Jacob, kennen. Bis zu seinem Tode im Jahr 1911 führten Konrad und Adeline Duden eine glückliche Ehe, aus der mehrere Kinder hervorgegangen sind.

1859 kehrte Duden nach einigem Hin und Her wegen nachzuholender Prüfungen als Oberlehrer ans Archigymnasium nach Soest zurück, nachdem er 1854 bereits vor der Philosophischen Fakultät der Universität Marburg mit einer Dissertation über die klassische Sophokles-Tragödie »Antigone« promoviert hatte. Bis 1867 hatte er sich zum Prorektor der Schule hochgearbeitet.

1869 schließlich wurde Konrad Duden die Leitung eines Gymnasiums anvertraut. Das bedeutete einen Umzug ins thüringische Städtchen Schleiz, wo er erstmals als Rechtschreibexperte in Erscheinung trat. Zunächst erarbeitete er dort 1871 eine Zusammenfassung von Rechtschreibregeln für den Gebrauch im Unterricht. 1872 folgte seine theoretische Abhandlung »Zur Orientirung (genau: ohne *ie*) über die orthographische Frage«. Beide Schriften veröffentlichte er 1872 zusammen mit einer kleineren Wortliste unter dem Titel »Die deutsche Rechtschreibung«. In Fachkreisen wird dieser Titel in Erinnerung an den Entstehungsort »Schleizer Duden« genannt.

1876 wechselte Konrad Duden an die Spitze des Gymnasiums im preußischen (heute: hessischen) Hersfeld (heute: Bad Hersfeld). Da war die I. Orthographische Konferenz zur Herstellung größerer Einigung in der deutschen Schreibung bereits gescheitert. Im selben Jahr entstand seine Schrift »Die Zukunftsorthographie«, in der er seine Vorstellungen einer reformierten Rechtschreibung darlegte.

Als Rechtschreibtheoretiker verfolgte Duden im Wesentlichen das Ziel einer Schreibung nach dem Motto »Schreibe, wie du sprichst«, der einfache, von jedermann leicht erlernbare Regeln zugrunde liegen sollten. Eine »demokratische Rechtschreibung« hat er das genannt – zu Kaisers Zeiten! Dass sich Duden für die Abschaffung der Großschreibung aussprach, sei nur am Rande erwähnt.

In der Praxis gestalteten sich die Dinge aber anders. Die preußischen Schüler bekamen eine normierte Schulorthografie, die Konrad Duden, dem das Ziel Einheitlichkeit dann doch wichtiger war als das offensichtlich immer wieder zerredete Vorhaben einer einfachen Rechtschreibung, seinem »Vollständigen Orthographischen Wörterbuch der deutschen Sprache« zugrunde legte. Mit der Veröffentlichung dieses Wörterbuchs begann die Geschichte des *Dudens*, den Konrad Duden bis zu seinem Tode im Jahre 1911 betreute und mit dem er den entscheidenden Beitrag zur Vereinheitlichung der deutschen Rechtschreibung geleistet hat.

Rechtschreibung ist nicht gleich Rechtschreibung

Im Laufe des 20. Jahrhunderts ist das aus dem Jahre 1901 stammende Regelwerk über längere Zeit hinweg förmlich verschollen gewesen, sodass die deutschen Kultusminister 1955 den *Duden* (der offizielle Titel lautet *Duden – Die deutsche Rechtschreibung*) zum im Zweifelsfall maßgeblichen Rechtschreibwörterbuch erklärt haben. Das gilt in der Schweiz bis heute, auch wenn seit 1996 ein neues Rechtschreibregelwerk vorliegt.

 Als Rechtschreibung können wir ganz allgemein das veranschlagen, was uns als Schülern im Unterricht vermittelt und abverlangt wurde beziehungsweise wird. Insofern ist die Schulrechtschreibung der Maßstab für das alltägliche Schreiben. Grundlage für diese Schulrechtschreibung ist das jeweils geltende, von den zuständigen Kultusbehörden für verbindlich erklärte Regelwerk.

Neben der in diesem Regelwerk festgelegten amtlichen Rechtschreibung hat es auch in der Vergangenheit immer Sonderrechtschreibungen gegeben. Dass sich unsere Dichter und Denker ganz nach eigenem Gutdünken verhalten können, habe ich an einigen Beispielen bereits erläutert. Bis an welche Grenzen der Sprachschöpfer – oder die Sprachschöpferin – im Zweifel geht, zeigt das folgende Beispiel aus der Gedichtsammlung »Starckdeutsch« (genau so geschrieben) von Matthias Koeppel aus dem Jahre 1979:

Bür

Van demm Büre, van demm Büre
kimmt di Tumbenhait herrvüre.
Schaugist tu ze tiff inz Glarz,
kimmt taksdroff de Koppeschmarz.
Trumb min Pursch, ück sach dir offtn:
drünck nich Bür, drünck Eppelsofftn.

Hier ist natürlich nicht nur die Schreibung der Wörter, sondern auch deren Morphologie und Lautung star(c)k verfremdet. Dennoch sollte klar werden, dass Rechtschreibung auch sehr viel mit Texterfassung und damit Textverstehen zu tun hat. Darauf werde ich im nächsten Kapitel noch genauer eingehen.

Natürlich bleibt es jeder Firma, jeder Redaktion oder eben auch jeder Einzelperson überlassen, wie sie schreiben will und schreibt. Jacob Grimm bestand zum Beispiel darauf, alle Substantive mit kleinem Anfangsbuchstaben zu schreiben. Sanktionen für Verstöße gegen die amtliche Rechtschreibung gibt es nur an den Schulen in Form entsprechender Zensuren.

Trotzdem ist es sinnvoll, sich auch beim privaten und beruflichen Schreiben an der amtlichen Schulrechtschreibung zu orientieren. Warum? Weil die Leser damit rechnen, dass das, was sie selbst als Rechtschreibung verinnerlicht haben, im entsprechenden Schriftstück vor ihnen aufscheint. Ist das nicht so, fällt das zumindest auf. Im schlimmsten Fall entsteht der Eindruck von Schlamperei oder mangelnder Kompetenz. Schlecht, wenn es um eine Bewerbung geht, auch wenn eines klar sein muss: Mangelnde Rechtschreibkompetenz hat noch lange nichts mit mangelnder Intelligenz zu tun. Diese beiden Dinge sollten wir schön auseinanderhalten. Altbekannte Eselsbrücken des Typs »Wer nämlich mit h schreibt, ist dämlich« haben schon viel zu lange ein falsches Bild gezeichnet.

Von alter, neuer und ganz neuer Rechtschreibung

In den vergangenen Jahren wurde viel, sehr viel über die deutsche Rechtschreibung gesprochen, geschrieben, berichtet. Hintergrund des ganzen Getöses: die Einführung einer neuen Rechtschreibung im Sommer 1996. Diese war lange angekündigt, hatte Anfang der 90er-Jahre bereits im Entwurf für erheblichen Ärger gesorgt, wurde 1995 kurz vor Verabschiedung noch einmal gestoppt und hat bis zum Zeitpunkt der Veröffentlichung dieses Buches bereits wieder mehrere Modifizierungen erfahren.

»Panta rhei« – Alles fließt! – verkündete der griechische Philosoph Heraklit (um 540–480 v. Chr.). Das gilt offenbar leider auch in Sachen Rechtschreibung, wo man doch gerade hier seit den Tagen Konrad Dudens so sehr nach Verlässlichkeit verlangte.

Was ist gemeint, wenn von alter, neuer und ganz neuer Rechtschreibung die Rede ist?

Alte und neue Rechtschreibung

Die alte Rechtschreibung ist diejenige, an die die Älteren unter uns so sehr gewöhnt sind. Sie geht auf das Regelwerk zurück, das 1901 in Berlin verabschiedet wurde und das, weil lückenhaft, später durch behutsame Ergänzungen des *Dudens* einige Erweiterungen erfahren hat. Dies insbesondere auf dem Gebiet der Getrennt- und Zusammenschreibung. Die bleibt bis heute kompliziert.

Die neue Rechtschreibung fußt auf dem Regelwerk, das 1996 von den Kultusministern der deutschsprachigen Länder verabschiedet wurde. Was lernen wir als Erstes daraus? Die neue Rechtschreibung ist gar nicht mehr neu, sondern bereits seit vielen Jahren Teil des Schreiballtags. Bedenken Sie: 2005 ging in Deutschland der erste Hauptschuljahrgang ab, der nur nach diesen neuen Regeln zu schreiben gelernt hat. 2006 folgten die ersten Realschüler, für die Gleiches galt. Und denen folgen die Gymnasiasten. Die Schweizer und Österreicher haben das längst hinter sich, weil in diesen beiden Ländern weniger lange Übergangszeiten als in Deutschland galten.

Die meisten Tages- und Wochenzeitungen folgen schon seit Jahren den neuen Regeln – manche zähneknirschend, einige wenige noch gar nicht. Letztere sind die deutliche Ausnahme.

Die ganz neue Rechtschreibung

Die ganz neue Rechtschreibung wurde im Sommer 2006 von den Kultusministern beschlossen. Sie geht zurück auf Vorschläge des Rates für deutsche Rechtschreibung, der seit Dezember 2004 einen Weg aus der Reformsackgasse erarbeitet hat. Hierzu hat er Befürworter und Kritiker der Neuregelung von 1996 an einen großen Tisch gebracht, die dann gemeinsam nach neuen Regeln in den umstrittenen Bereichen suchten. Das Problem dabei: Die Lösungen sollten den Wünschen beider Lager entgegenkommen. Folge: viele Schreibvarianten, das heißt Wörter, die man je nach Lust und Laune traditionell oder progressiv schreiben kann. In Teil II werden wir sie wiedertreffen.

Wichtig für alle, die in Sachen neue Rechtschreibung/Rechtschreibreform noch immer irritiert sind: Die neue Rechtschreibung bewirkt nicht einen Bruch mit der Schreibtradition. Sie ist, verglichen mit dem, was seit 1901 gilt, eigentlich gar nicht so neu und berührt in einem normalen Text – zum Beispiel in einem x-beliebigen Artikel aus Ihrer Morgenzeitung – in der Regel nicht viel mehr als 2 Prozent der darin enthaltenen Wörter.

Das ist wenig und nicht aufregend. Noch besser wird die Sache, wenn Sie sich vor Augen führen, dass sich 80 Prozent aller Neuschreibungen auf diejenigen Fälle beziehen, in denen das ß (im Schwäbischen heißt das Dreierles-S) durch ss ersetzt werden muss. Meistens ist hiervon das Wörtchen *daß* betroffen, seit 1996 *dass* zu schreiben. Im Großen und Ganzen herrscht also kein Grund zur Panik.

Das gilt nicht nur hinsichtlich des Schreibens, sondern eben auch hinsichtlich des Textverstehens. Das ist die zentrale Botschaft. Derjenige übertreibt schamlos, der behauptet, dass Texte in alter Rechtschreibung von denjenigen, die nur nach den neuen Regeln zu schreiben gelernt haben, nicht verstanden werden könnten, wie umgekehrt Texte in neuer Rechtschreibung denen inhaltlich verschlossen blieben, die nur die alten Schreibregeln beherrschen. Einzelfälle lassen sich immer konstruieren. Man darf die Leute aber auch nicht für dumm verkaufen.

Beweis für das soeben Behauptete: Wer *Neue deutsche Rechtschreibung für Dummies* bis hierher gelesen hat und dem Text folgen konnte, wurde durch die neue Rechtschreibung nicht daran ge- und darin behindert.

Wie die Entwicklung der Rechtschreibung in den letzten Jahren verlaufen ist beziehungsweise welche Auswirkungen sie auf das Schriftbild hat, zeigt Tabelle 1.1. In der linken Spalte sind Schreibungen aufgeführt, die vor der Einführung der neuen Rechtschreibung galten. In der mittleren finden Sie solche, die mit der Einführung der neuen Rechtschreibung 1996 verbindlich wurden. In der rechten Spalte stehen die Schreibungen, die seit Sommer 2006 gelten.

Vor 1996	1996–2006	Seit 2006
leid tun	Leid tun	leidtun
leer essen	leer essen	leer essen / leeressen
Eis laufen	Eis laufen	eislaufen
sitzen bleiben (= nicht aufstehen)	sitzen bleiben	sitzen bleiben
sitzenbleiben (= nicht versetzt werden)		sitzen bleiben /sitzenbleiben
zugrunde gehen	zugrunde gehen / zu Grunde gehen	zugrunde gehen / zu Grunde gehen
recht haben	Recht haben	recht haben / Recht haben
(jemandem) feind sein	(jemandem) Feind sein	(jemandem) feind sein
das Schwarze Brett (= Anschlagbrett)	das schwarze Brett	das schwarze / Schwarze Brett
die rote Karte	die rote Karte	die rote/Rote Karte
Du, Dein (in Briefen)	du, dein	Du, Dein / du, dein
Abend	A-bend	Abend
Bäk-ker	Bä-cker	Bä-cker
Li-ste	Lis-te	Lis-te

Tabelle 1.1: Von der alten zur ganz neuen Rechtschreibung: Beispiele

Die Beispiele zeigen, dass mit den letzten Anpassungen der neuen Rechtschreibung vom Sommer 2006 keinesfalls eine weitgehende Rückkehr zur alten Rechtschreibung verbunden ist. Eine Rückkehr zur alten Rechtschreibung gilt in vielen Fällen nur insofern, als neben die neuen (progressiven) Schreibungen die alten (traditionellen) Schreibungen treten. Die neuen Schreibungen bleiben zulässig, die alten werden es wieder. Lassen Sie sich also nicht ins Bockshorn jagen.

Wichtige Stationen der Rechtschreibreform

1954: *Empfehlungen zur Erneuerung der deutschen Rechtschreibung* (kurz: Stuttgarter Empfehlungen). Vorgeschlagen werden die Einführung der Kleinschreibung, die Vereinheitlichung von *tz* zu *z* und *ß* zu *ss*, die Aufhebung von Schreibvarianten zugunsten einer Schreibung, die vermehrte Getrenntschreibung, eine vereinfachte Zeichensetzung und vieles mehr.

1958: *Wiesbadener Empfehlungen*. Im staatlichen Auftrag erstellt, wurden unter anderem folgende Vorschläge gemacht: Einführung der Kleinschreibung, die Worttrennung am Zeilenende nach Sprechsilben, die Beseitigung von Schreibvarianten, die Eindeutschung häufig gebrauchter Fremdwörter, die vermehrte Getrenntschreibung und anderes mehr.

1973: *Wiener Empfehlungen*. Als Ergebnis einer internationalen Konferenz wurden gefordert die Einführung der Kleinschreibung, die grundsätzliche Worttrennung nach Sprechsilben (wobei für Fremdwörter wahlweise auch die Trennung nach Sprachsilben gelten sollte), eine vereinfachte Kommasetzung nach Sprechrhythmus, die Ersetzung von *ß* durch *ss* (ausgenommen im Wörtchen *daß*) und anderes mehr.

1974: Gründung der »Forschungsgruppe Orthographie« an der Akademie der Wissenschaften in Berlin (DDR)

1977: Gründung der »Kommission für Rechtschreibfragen« am Institut für Deutsche Sprache in Mannheim

1989: Veröffentlichung *Zur Neuregelung der deutschen Rechtschreibung*; kommentierter Vorschlag der Kommission für Rechtschreibfragen

1992: Veröffentlichung *Deutsche Rechtschreibung – Vorschläge zu ihrer Neuregelung*, erarbeitet von der »Kommission für Rechtschreibfragen des Instituts für Deutsche Sprache«, der »Forschungsgruppe Orthographie der Akademie der Wissenschaften in Berlin und der Universität Rostock«, der »Wissenschaftlichen Arbeitsgruppe des Koordinationskomitees für Orthographie beim Bundesministerium für Unterricht und Kunst« in Wien und der »Arbeitsgruppe Rechtschreibreform der Schweizerischen Konferenz der kantonalen Erziehungsdirektoren« in Bern (= Internationaler Arbeitskreis)

1994, 22. bis 24. November: Dritte Wiener Gespräche zur Neuregelung der deutschen Rechtschreibung. Die Vertreter der deutschsprachigen Länder plädieren für die Annahme des überarbeiteten Neuregelungsvorschlags des Internationalen Arbeitskreises.

1996, 1. Juli: Nach nochmaliger Überarbeitung im Jahr 1995 unterzeichnen die Vertreter der deutschsprachigen Staaten und solcher Nachbarländer, in denen deutschsprachige Minderheiten leben, die »Zwischenstaatliche Absichtserklärung zur Neuregelung der deutschen Rechtschreibung« in Wien.

1996, September: Auf Drängen der Elternschaft wird die neue Rechtschreibung in zahlreichen deutschen Bundesländern bereits zum Schuljahresbeginn 1996/97 im Unterricht eingeführt.

1996: Gründung der »Zwischenstaatlichen Kommission für die deutsche Rechtschreibung« mit dem Auftrag, die Einführung der neuen Rechtschreibung zu beobachten und gegebenenfalls Modifizierungsvorschläge zu unterbreiten.

2004, Dezember: Berufung des »Rates für deutsche Rechtschreibung« mit dem Auftrag, das neue Regelwerk mit der anhaltenden Kritik an den neuen Regeln zu versöhnen.

2006: Bestätigung des überarbeiteten neuen Regelwerks durch die zuständigen staatlichen Stellen und seine Einführung zum 1. August.

Rechtschreibung und Einheitsschreibung

Rechtschreibung und Einheitsschreibung sind heute die beiden Seiten ein und derselben »Medallje«. So würde man in Berlin sagen, schreiben müsste man natürlich anders, nämlich _Medaille_. Schließlich stammt das Wort aus dem Französischen und hat sich bislang offenbar anders als _bureau_ einer Eindeutschung hartnäckig und erfolgreich widersetzt.

Wie ich weiter vorne bereits ausgeführt habe, war es eigentlich immer das Ziel aller Bemühungen um die deutsche Rechtschreibung, diese, so weit es irgend geht, zu vereinheitlichen, womit überall geltende gleiche Regeln gemeint waren. Der Rechtschreibunterricht profitiert hiervon ebenso wie alle, die aus beruflichen Gründen viel schreiben müssen.

Dass diese Einheitsschreibung obendrein noch möglichst einfach zu handhaben sein sollte, stand ebenfalls lange auf der Tagesordnung der Debatten. Konrad Duden hat – zu Kaisers Zeiten – sogar eine »demokratische« Rechtschreibung gefordert, womit er eine Orthografie meinte, die alle beherrschen lernen können sollten, auch wenn sie nicht das Gymnasium besucht haben.

Dudens Hinwendung zur preußischen Schulorthografie war nichts weniger als das kleinere von zwei Übeln, als er einsehen musste, dass die wissenschaftliche Debatte um die Rechtschreibung zu keinem absehbaren Ende führen würde. In seinem Rechtschreibwörterbuch legte er demnach nur den Grundstein für die einheitliche Rechtschreibung; eine einfache blieb ihm ein Ziel für die Zukunft.

 Mit Einführung der neuen Rechtschreibung sollte 1996 das Streben nach möglichst einfachen Regeln erfüllt werden bei gleichzeitigem Erhalt der Einheitlichkeit. Diese Rechnung wurde jedoch ohne den Wirt gemacht. Daher das Dilemma der vergangenen Jahre.

Die aktuelle Rechtschreibung aus dem Jahr 2006 ist ein Zwitter – um es freundlich auszudrücken. Vor allem die zahlreichen Schreibvarianten, die aus manchen Regeln resultieren, sind alles andere als ein Beitrag zur Festigung der deutschen Einheitsschreibung. Vor allem widersprechen sie allen Erfahrungen, die Sprachberatungsstellen wie diejenige der Dudenredaktion tagtäglich machen. Wer sich an die Duden-Sprachberatung wendet, will in aller Regel nicht wissen, wie er ein bestimmtes Wort schreiben kann, sondern wie er es schreiben soll. Eindeutigkeit schafft Sicherheit.

 Weil dem so ist, gibt Teil II dieses Buches die eine oder andere Schreibempfehlung in solchen Fällen, in denen die amtlichen Regeln mehrere Schreibungen zulassen. *Neue deutsche Rechtschreibung für Dummies* will nicht nur informieren, sondern auch orientieren. Darauf dürfen Sie sich verlassen.

Nach welchen Rechtschreibregeln dieses Buch geschrieben ist

Neue deutsche Rechtschreibung für Dummies ist nicht nur ein Lern- und Arbeitsbuch zur neuen Rechtschreibung, es ist selbstverständlich auch in neuer Rechtschreibung geschrieben – in ganz neuer Rechtschreibung, nach der vorangegangenen Differenzierung.

Ich folge demnach den amtlichen Rechtschreibregeln vom Sommer 2006. Wo diese zu mehreren Schreibungen führen, halte ich mich an die in *Duden – Die deutsche Rechtschreibung* (24. Auflage 2006) ausgewiesenen Schreibempfehlungen.

Nach Jahren der allgemeinen Verunsicherung sollen diese Empfehlungen dazu beitragen, im Schreiballtag wieder für Verlässlichkeit zu sorgen. Dem schließt sich *Neue deutsche Rechtschreibung für Dummies* an. Schließlich muss allmählich Schluss sein mit dem allgemeinen Durcheinander.

Richtiges Schreiben ist nicht ganz unwichtig

In diesem Kapitel

▶ Was bei der Rechtschreibung wirklich wichtig ist

▶ Wie Schreiben und Lesen zusammenhängen

▶ Warum die Einhaltung von Rechtschreibregeln viel mehr ist
als individuelle Geschmacksache

Worauf es bei der Rechtschreibung ankommt

Dass früher alles anders und besser war als heute, wissen wir seit Ovid (43 v. Chr. – 17 n. Chr.). Der preist in seinen »Metamorphosen« das »Goldene Zeitalter«, das uns die »gute alte Zeit« ist. Da soll es geradezu paradiesisch zugegangen sein. Dass dies auch für die Beherrschung der deutschen Rechtschreibung und Zeichensetzung galt, glauben viele. Was uns heute so an Schreibungen und Zeichensetzung nicht nur aus E-Mails und SMS entgegenlacht, scheint diesen Glauben zu bestätigen.

Mit der Sorgfalt ist es da oft nicht mehr weit her. Schnelligkeit geht vor Korrektheit. Schreibkonventionen oder gar Regeln werden unbekümmert übergangen. Was allein zählt, ist der Drang, sich mitzuteilen. Der Adressat, genauer gesagt, derjenige, der das Geschreibsel lesen und noch viel mehr verstehen soll, wird nicht bedacht. Wozu Rechtschreibung eigentlich dient, auch nicht.

Hinsichtlich der Orthografie unterscheiden die Gelehrten zwei Funktionen: die Aufzeichnungsfunktion und die Erfassungsfunktion. Das klingt etwas theoretisch, lässt sich aber leicht auflösen.

Wer schreibt, zeichnet auf

Wer etwas aufschreibt, will Gesprochenes oder Gedachtes dauerhaft machen. Das geschieht durch Aufzeichnung. Hierzu braucht es eines Zeichensatzes und gewisser Regeln, nach denen die einzelnen Zeichen – bei uns: die Buchstaben des lateinischen Alphabets und einige Sonderzeichen – zu denjenigen Elementen zusammengesetzt werden, aus denen unsere Wörter aufgebaut sind. Je überschaubarer die Zahl der einzelnen Buchstaben und Sonderzeichen ist und je einfacher und systematischer die Regeln sind, nach denen diese zu Wörtern zusammengeschmiedet werden, desto leichter fällt das Schreiben – und auch das Schreibenlernen.

Wer etwas zu Papier bringt, tut dies meistens in der Absicht, dass das Geschriebene gelesen wird und beim Leser etwas auslöst. Das können – je nach Absicht – Heiterkeit, Tränen oder Wutausbrüche oder aber bestimmte Handlungen sein. Eine ins Meer geworfene Flasche wird dadurch zur Flaschenpost, dass einer einen Zettel mit einer Botschaft hineingesteckt hat. Tenor: »Holt mich hier raus ...« Fehlt dieser Zettel, ist die Flasche nichts als Müll.

Wer liest, soll erfassen

Das Niedergeschriebene soll vom Leser demnach mit den Augen und mit dem Verstand erfasst werden. Nur wenn dies geschieht, können die vom Schreiber beim Leser beabsichtigten Reaktionen hervorgerufen werden. Soll heißen: Wer in seine Flasche nur ein nichtssagendes Hölzchen gesteckt hat, wird auf seiner einsamen Insel weit draußen im Ozean möglicherweise nie gefunden.

 Richtiges Schreiben dient zuallererst dem Leser. Der nimmt beim Lesen nicht nur Buchstabe für Buchstabe wahr, sondern erkennt Muster, die er als Silben oder ganze Wörter auslegt. Je vertrauter ihm diese Muster – manche sagen Schriftbilder – sind, desto schneller findet er vom Wort oder Satz zu dessen Bedeutung.

Anders ausgedrückt: Wenn Sie sich beim Schreiben an die Rechtschreibung halten, machen Sie es Ihren Lesern leichter, Ihre Botschaften zu entschlüsseln, zu verstehen. Je weiter Ihre Schreibung von den allgemeinen Normen abweicht, desto irritierender ist sie für den Adressaten und desto eher riskieren Sie es, dass er den Inhalt Ihrer Flaschenpost falsch oder gar nicht aufnimmt. Regelgerechtes Schreiben ist demnach ein Dienst am Leser. Hand aufs Herz: Wir alle schätzen diesen Dienst, denn wir alle sind viel häufiger Leser als Schreiber. Beobachten Sie sich einmal selbst.

Nur so am Rande: Wer mit der Hand schreibt, tut gut daran, nicht nur richtig, sondern auch leserlich zu schreiben. Apotheker ahnen, was damit gemeint ist ...

Richtiges Schreiben ist nicht nur Privatsache

Das wissen natürlich allemal die Schüler. Ihnen wird in der Schule Rechtschreibung abverlangt, wenn heute nicht mehr mit dem Rohrstock so doch noch immer mit dem Rotstift. Wer von den geltenden Regeln abweicht, dem werden Fehler angestrichen. Je zahlreicher die Fehler, desto schlechter die Note im Diktat oder im Klassenaufsatz. Sie erinnern sich vielleicht.

Außerhalb der Schule gibt es solche Sanktionen nicht. Da kann jeder schreiben, wie er will – amtliche Regeln hin, amtliche Regeln her. Doch auch außerhalb der Schule ist die Einhaltung von Rechtschreibregeln nicht nur eine Frage des persönlichen Geschmacks. Sie ist vielmehr eine Frage der Konvention, um die auch Ihr Leser weiß. Ein solcher kann zum Beispiel der Personalleiter gerade jener Firma sein, bei der Sie sich um eine Anstellung beworben haben. Wenn der über eine allzu individuelle oder gar abenteuerliche Rechtschreibung und Zeichensetzung stolpert, kann das schnell zu einer Absage führen. Über den Stellenwert gesellschaftlicher Konventionen lässt sich sicherlich streiten; sich einfach über sie hinwegzusetzen birgt aber Gefahren.

In vielen – wahrscheinlich sogar den meisten – Fällen, in denen Sie schreiben, tun Sie das nicht aus privaten, sondern aus beruflichen Gründen. Sie sind dann Repräsentant einer Institution, die durch Sie vertreten wird und deren Wahrnehmung durch Dritte Sie maßgeblich bestimmen. Das bedeutet nicht wenig Verantwortung. Auch vor diesem Hintergrund kann Ihr Entscheidungsspielraum in Sachen Rechtschreibung deutlich eingeschränkt sein. Nicht selten haben gerade größere Firmen genaue Regeln erarbeitet, die bei der Abfassung von Schriftstücken jedweder Art eingehalten werden müssen. Das hat zwar etwas mit Uniformität zu tun, ist aber durchaus modern. Eine eigene Hausorthografie ist hiervon oft nur ein Unterkapitel.

Richtiges Schreiben ist Teil Ihrer persönlichen und beruflichen Visitenkarte. Ein Schreiben, in dem es nicht von Fehlern wimmelt, sagt zumindest etwas über die von Ihnen aufgewandte Sorgfalt aus. Aber Vorsicht: Niemand ist unfehlbar, und selbst bei größter Akribie kann gelegentlich der eine oder andere Fehler durchrutschen. Ein Beinbruch ist das nicht.

Schließlich ist das Einhalten von Rechtschreibregeln ein Beitrag zur Sprachkultur. Wir können nicht auf der einen Seite über die vielen neumodischen Übernahmen aus dem Englischen und Amerikanischen lamentieren und auf der anderen Seite das Ignorieren der Rechtschreibung als Kavaliersdelikt bewerten. Wenn Sie beim Schreiben den allgemeinen Regeln folgen, leisten Sie aktive Sprachpflege.

Darüber hinaus ist die Rechtschreibung eine wesentliche Stütze des Deutschen in der Welt. Über 170.000 Menschen, die Deutsch lernen, besuchen laut Auskunft des Goethe-Institutes jährlich die dort angebotenen Deutschkurse – in 80 Ländern rund um den Globus. Stellen Sie sich vor, diese Studenten wären mit Texten konfrontiert, die in Schrift und Zeichensetzung je eigenen Prinzipien folgen. Das Durcheinander wäre komplett, und dem Erlernen unserer Sprache wären deutliche Grenzen gesetzt.

Wenn Sie sich also um richtiges Schreiben bemühen, schlagen Sie gleich mehrere Fliegen mit einer Klappe:

✔ Sie erleichtern Ihren Lesern das Textverständnis.

✔ Sie vermitteln Ihren Lesern von sich selbst ein positives Bild.

✔ Sie betreiben aktive Sprachpflege.

✔ Sie stützen die Überlebensfähigkeit des Deutschen in der Welt.

Am wichtigsten ist jedoch Ihr Verhältnis zum Leser. Sie verhalten sich in Sachen Rechtschreibung und Zeichensetzung genau dann richtig, wenn Sie diejenigen Dinge vermeiden, die Sie als Leser bei anderen Schreibern auf die Palme bringen. So einfach ist das.

Keine Angst vor der Rechtschreibung

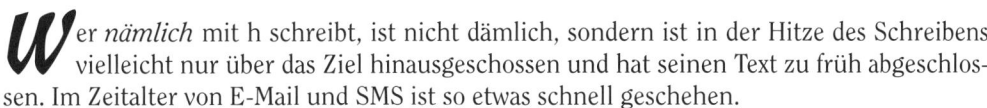

In diesem Kapitel

▶ Keiner ist unfehlbar, Fehler machen alle

▶ Wie Sie Fehler vermeiden können

▶ Welche Hilfsmittel
über die Hürden der Orthografie hinweghelfen

▶ Der *Duden* und wie er Ihnen nutzt

*W*er *nämlich* mit h schreibt, ist nicht dämlich, sondern ist in der Hitze des Schreibens vielleicht nur über das Ziel hinausgeschossen und hat seinen Text zu früh abgeschlossen. Im Zeitalter von E-Mail und SMS ist so etwas schnell geschehen.

Die wenigsten werden reinen Gewissens von sich behaupten können, niemals Rechtschreibfehler in ihren Briefen oder anderen Schriftstücken zu machen. Zudem ist die Regelung der deutschen Rechtschreibung komplex genug, um auch den vermeintlich Sichersten aufs Glatteis führen und in die Falle tappen lassen zu können. Groß aufgemachte Unterhaltungssendungen im deutschen Fernsehen liefern hierfür den sprechenden Beweis.

Hätten Sie's gewusst?

Müssen Sie *eine Zeit lang* oder *eine Zeitlang* schreiben, oder sind vielleicht beide Schreibungen zulässig? Ist *kennen lernen* neben *kennenlernen* zulässig, oder müssen Sie sich womöglich überlegen, was Sie sagen wollen, bevor Sie sich für die Getrennt- oder die Zusammenschreibung entscheiden? Schreiben Sie *Herzlich Willkommen* oder *Herzlich willkommen,* und wie sieht es mit *email, e-Mail* und *E-Mail* aus? Sind die Einwohner von Cottbus *Cottbuser* oder *Cottbusser* oder etwa beides, was der Brite gegebenenfalls als *shocking* empfinden würde? Das alles sind alltägliche Zweifelsfälle, wie sie bei der Duden-Sprachberatung aufschlagen. Und jetzt Hand aufs Herz: Kommen Sie an der einen oder anderen Stelle nicht auch ins Grübeln? Irgendwie sind wir alle gut beraten, in Sachen Rechtschreibung nicht mit Steinen auf andere zu werfen, nur weil diese offensichtlich Fehler machen. Sie wissen schon …

 Messen Sie der Rechtschreibung diejenige Bedeutung zu, die sie für eine störungsfreie schriftliche Verständigung hat, und bedenken Sie bei der Beurteilung anderer, dass auch Sie nicht unfehlbar sind.

Orthografie ist ein Mittel zum Zweck, nicht Selbstzweck. Deshalb ist es gut, die Kirche im Dorf zu lassen. Im Übrigen ist die Rechtschreibung, wie ich in Kapitel 1 gezeigt habe, nicht für die Ewigkeit zementiert. Der Schreibgebrauch (Usus) ändert sich, wie die amtlichen Regeln

Änderungen erfahren. So sind wir denn alle einmal mehr, einmal weniger Lernende und sitzen vereint im selben Glashaus.

So können Sie Fehler vermeiden

Keiner von uns hat alle Regeln der Rechtschreibung und Zeichensetzung so verinnerlicht, dass er sie beim Schreiben unterbewusst stets richtig anwendet. Keiner hat die Schriftbilder aller 130.000 im *Duden* verzeichneten Stichwörter im Hinterkopf, sodass er über die Schreibung eines Wortes oder einer Wortgruppe niemals unsicher wäre. Das gilt vor allem für die vielen Hunderttausend weiteren Wörter unserer Sprache, die ebenfalls zu deren Wortschatz gehören und doch nicht im Wörterbuch zu finden sind. Wo Unsicherheit herrscht, bleiben Fehler nicht aus. So ist das.

Aber: Sie können Fehler vermeiden, in vielen Fällen sogar auf erfreulich einfache Art und Weise – und das ganz ohne ein amtliches Regelwerk, in dem Sie umständlich nach Lösungen suchen müssen. Ohne Anspruch auf Vollständigkeit finden Sie im Folgenden einige einfache Tipps und Tricks.

Nehmen Sie sich beim Schreiben Zeit. Das mag leichter gesagt, als getan sein. Aber Zeit dafür, Ihren Text vor dem Versenden noch einmal Korrektur zu lesen, ist mit Blick auf Ihre Leser und das Bild, das Sie bei diesen von sich selbst abgeben, sicherlich keine verschenkte Zeit.

Wenn Sie am PC schreiben, nutzen Sie elektronische Rechtschreibprüfprogramme. Aber Achtung: Was als Standard geliefert wird, ist oft ungenügend, und je nach Funktionsweise des Programms können tatsächliche Fehler durchaus übersehen werden – weil sie zum Beispiel gar nicht orthografischer, sondern grammatischer Natur sind. Es gilt also auch hier der Grundsatz: »Vertrauen ist gut, Kontrolle ist besser.« Einmal Korrektur lesen ist zur Fehlervermeidung in jedem Fall Pflicht.

Wenn Ihnen die korrekte Schreibung eines Wortes zweifelhaft ist, scheuen Sie sich nicht, sie zu erfragen oder im *Duden* nachzuschlagen. Beides ist nicht ehrenrührig und muss nicht hinter vorgehaltener Hand oder unter der Bettdecke geschehen. Man kann ja nicht alles wissen.

Gerade Rechtschreibwörterbücher wie der *Duden* sind Werkzeuge und wollen und sollen als solche benutzt werden. Schließlich ziehen Sie einen Nagel auch nicht mit den Fingern aus der Wand, oder? Je zerfledderter Ihr Wörterbuch ist, desto sicherer erfüllt es seinen Zweck. Sogar für die Dudenleute gilt der Satz: »Lieber einmal zu viel nachgeschlagen als einmal zu wenig.«

Wenn Sie partout nicht wissen, wie man ein Wort schreibt, und nicht nachfragen oder nachschlagen können, dann suchen Sie nach einem Synonym. Zu den meisten Wörtern unserer Sprache gibt es sinngleiche oder sinnverwandte Begriffe, auf die Sie zurückgreifen können – mit dem schönen Nebeneffekt, dass Sie Ihre Texte gegebenenfalls auch noch stilistisch variieren. Keiner zwingt Sie dazu, sich sehenden Auges in orthografische Abenteuer zu stürzen.

Sind Sie unsicher, wie man *Portemonnaie* korrekt schreibt, dann weichen Sie auf *Geldbeutel* oder *Börse* aus. Ist Ihnen unklar, wie viele *e* in *Exposé* enthalten sind, dann versuchen Sie es einmal mit *Bericht, Konzept* oder *Zusammenstellung*. Vorausgesetzt, Sie haben die Wahl. Wenn Ihnen das Diktat des Chefs derartige Freiheiten nicht erlaubt, bleibt nur das Nachbohren.

 Wo die Kommasetzung zum Albtraum wird, hilft meistens der Punkt. Anders ausgedrückt: Wenn Sie bei der Kommasetzung partout nicht weiterkommen, könnte der einfachste Ausweg aus Ihrem Dilemma darin liegen, verschachtelte Konstruktionen aus Hauptsatz und vielen unter- und nebengeordneten Nebensätzen zu entzerren.

In der deutschen Literatur finden sich – von Heinrich von Kleist bis hin zu Thomas Mann – kunstvoll gestaltete Schachtelsätze, die leicht über eine Buchseite hinausreichen und dennoch verständlich sind. In Alltagstexten gilt dies häufig leider überhaupt nicht. Ersparen Sie sich die Nöte unsicherer Zeichensetzung und Ihren Lesern die Qual mühsamer Textdurchdringung, indem Sie einfachere Satzkonstruktionen wählen. Die Gleichung »ein Gedanke = ein Satz« muss nicht zwanghaft befolgt werden, gerade dann nicht, wenn der Gedanke einmal etwas komplexer ausfällt. Wer sich allerdings darauf versteift, generell nur einfache Hauptsätze aneinanderzureihen, um ja jede kniffligere Interpunktion zu vermeiden, schreibt zwar im Zweifel richtig, fällt aber als Stilist durch.

 Das Zeilenende ist zwangsläufig eine exponierte und unweigerlich ins Auge fallende Textstelle. Deshalb werden verwegene Worttrennungen vom Leser meist nicht übersehen, schon weil sie oft das Textverständnis behindern (*Fahrer-laubnis* statt *Fahr-erlaubnis*) oder ungewollte Komik auslösen (*Urin-stinkt* statt *Ur-instinkt*). Sie kennen das.

Die Worttrennung am Zeilenende ist so nebensächlich, dass hier eigentlich gar keine Fehler mehr auftreten sollten. Niemand ist gezwungen, ein Wort am Zeilenende zu trennen, schon gar nicht, wenn sich das Schreibprogramm auf »linksbündig« oder »Blocksatz« einstellen lässt. Wenn Sie also wirklich nicht wissen, wie Sie *Instrument* oder *Helikopter* richtig trennen, dann rücken Sie das Wort ungeniert auf die neue Zeile. Basta! Als Schüler haben wir das auch schon getan und waren uns sogar nicht dafür zu schade, gnadenlos über den Rand hinauszuschreiben. Das gab dann eventuell eine Rüge vom Lehrer, einen Fehler aber gab es nicht!

Wichtige Hilfsmittel

»Drei Dinge braucht der Mann …«, verkündete einst der populäre TV-Unterhalter und Schauspieler Hans-Joachim Kulenkampff in einem Werbespot. Er ist mit diesem Spruch in den deutschen Zitatenschätzen verewigt. Wenn Sie Ihr persönliches Wissen bei der Klärung eines rechtschreiblichen Zweifelsfalles einmal im Stich lässt, können Sie auf folgende Helfer zurückgreifen:

✔ das elektronische Korrekturprogramm Ihres Textverarbeitungssystems

✔ ein Wörterbuch

✔ persönliche Sprachberatung

Hierzu kurz das Wichtigste:

Elektronische Korrekturprogramme

Korrekturprogramme gibt es heute von vielen Anbietern. Die Zahl der Bäume, die im entsprechenden Programmwald wachsen, ist aber überschaubar. Deshalb lohnt es sich für Sie allemal, die diversen Angebote miteinander zu vergleichen und sich nicht einfach blind auf einen vorinstallierten Korrekturmodus zu verlassen.

Wenn Sie verschiedene Rechtschreibprüfprogramme gegeneinander abwägen, dann achten Sie nicht allein auf die Geschwindigkeit, mit der ein Korrekturgang abläuft, sondern vor allem auf Häufung, Art und Qualität der Fehlermeldungen, mit denen Sie konfrontiert werden. Denn hier liegt der Hund begraben.

Konventionelle Korrekturprogramme arbeiten im Hintergrund in aller Regel nur mit einer mehr oder weniger umfangreichen Wortliste. Wörter, genauer: Wortformen, die in dieser Wortliste enthalten sind, werden beim Korrekturvorgang als korrekt akzeptiert, natürlich nur, soweit sie nicht falsch geschrieben sind. Wörter, die diese Wortliste nicht kennt, werden dagegen hemmungslos als Fehler moniert. Das kann auch ganz überschaubare Zusammensetzungen wie *Elterngeld, Partnermonat, sozialstaatlich* und andere betreffen. Das ist lästig, wenn nicht ärgerlich, und auf längere Sicht nur dadurch zu verbessern, dass man all diese Wörter umständlich ins integrierte Benutzerwörterbuch einträgt.

Flektierte (gebeugte) Wortformen werden von solchen Programmen ebenfalls oft nicht als richtig erkannt, auch wenn Sie ganz sicher sind, zum Beispiel *Häuser* (Plural von *Haus*) korrekt geschrieben zu haben.

Weil auf Wortlisten basierende Rechtschreibprüfprogramme nur eine Wort-für-Wort-Prüfung vornehmen, können sie grammatische Fehler schon gar nicht aufspüren. Einen Satz wie »Peter und Paul geht ins Kino« würden sie glatt durchgehen lassen. Bei Interpunktionsfehlern steigen sie ganz aus, denn diese lassen sich nur erkennen, wenn Sätze identifiziert werden können. Das jedoch ist über einfache Wortlisten völlig ausgeschlossen.

Wenn Sie mit einem vernünftigen Fehlererkennungs- und Korrekturprogramm arbeiten wollen, darf dieses nicht nur eine Rechtschreibprüfung sein. Es sollte folgende Komponenten enthalten:

✔ Grammatikprüfung (darunter fällt die Prüfung der Interpunktion, der Übereinstimmung von Subjekt und Prädikat [Kongruenz] und die Prüfung der Getrennt- und Zusammenschreibung)

✔ Rechtschreibprüfung

✔ Stilprüfung

Achten Sie auch auf folgende Optionen:

✔ Korrektur während der Eingabe, wahlweise Korrektur nach Fertigstellung des ganzen Textes oder Korrektur im Batch-Betrieb

✔ Regelhilfen bei Fehlermeldungen

✔ integrierte Update-Funktion

✔ leichte Konfigurierbarkeit

Ein Produktvergleich lohnt sich für Sie, denn nicht immer muss das teuerste Produkt auf dem Markt auch das beste sein.

Wörterbücher

Bringt das Korrekturprogramm keine verlässliche Lösung, bleibt Ihnen der bewährte Griff zum Wörterbuch. »Das ist trivial«, werden Sie sagen, aber doch nicht ganz so einfach. Denn: Wörterbuch ist nicht gleich Wörterbuch.

 Im Gegenteil: Es gibt zur Freude der Fachwissenschaft die unterschiedlichsten Wörterbuchtypen. Hierzu zählen Rechtschreibwörterbücher, Bedeutungswörterbücher (hierzu die Fremd- und Fachwörterbücher), Aussprachewörterbücher und viele andere, die auseinandergehalten werden wollen, wenn das Nachschlagen nicht zum Frusterlebnis ausarten soll.

Für den Alltagsgebrauch reicht in der Regel das Rechtschreibwörterbuch, das wie der *Duden* heute meistens viel mehr Informationen enthält als nur solche zur Schreibung von Einzelwörtern oder von Wortgruppen. Im nächsten Abschnitt beschreibe ich ausführlicher, welche sprachlichen Probleme Sie mit dem *Duden* lösen können.

Beim Einsatz eines Rechtschreibwörterbuchs sollten Sie auf zweierlei achten:

✔ Arbeiten Sie mit einer aktuellen Ausgabe. Zwischen 1996 und 2006 hat der Streit um die Neuregelung der deutschen Rechtschreibung (Rechtschreibreform) zu immer neuen Veränderungen in den Wörterbüchern geführt. Wollen Sie auf der Höhe der Zeit sein, brauchen Sie Auflagen, die den Regelungsstand 2006 abbilden.

✔ Machen Sie sich mit den Benutzerhinweisen vertraut, auch wenn es lästig sein mag. Wörterbücher arbeiten aus Platzgründen in vielen Fällen mit verkürzten Darstellungen. Wer solche nicht gewohnt ist, zieht möglicherweise falsche Schlüsse aus korrekten Angaben. Außerdem erfahren Sie in den Benutzerhinweisen, welche Art von Information das entsprechende Wörterbuch tatsächlich bietet. Wenn Ihnen auf Anhieb klar ist, wie die folgende Angabe aus dem *Duden* zu entschlüsseln ist, sind Sie fast schon ein Profinutzer.

La|mẹn|to, das; -s, *Plur.* -s *od.* (für Klagelieder:) …ti …

Des Rätsels Lösung: Man spricht *Lamento* mit kurzem *e* und kann entweder *La-mento* oder *Lamen-to* trennen. Es heißt *das* (und nicht etwa *der* oder *die*) *Lamento*. Der Genitiv Singular endet auf -s (*des Lamentos*), und die Mehrzahl (*Plur.* = *Plural*) lautet *Lamentos*, wenn einfache Klagen gemeint sind, und *Lamenti*, wenn es um Texte aus der literarischen Gattung des Klageliedes geht. Viel Information auf wenig Raum.

Kleine Geschichte des Dudens

1880: Konrad Duden veröffentlicht sein *Vollständiges Orthographisches Wörterbuch der deutschen Sprache* (den Ur-Duden). Das wichtigste deutsche Rechtschreibwörterbuch ist geboren.

1887: Die bereits dritte Auflage wird ergänzt um etymologische Angaben, Sacherklärungen und *Verdeutschungen der Fremdwörter*. Das Rechtschreibwörterbuch wird zum allgemeinen Gebrauchswörterbuch.

1902: Die siebte Auflage setzt die Bestimmungen der II. Orthographischen Konferenz von 1901 um. Konrad Duden wird durch einige Redakteure im Verlag unterstützt. Das ist die Geburtsstunde der Dudenredaktion.

1903: Konrad Duden veröffentlicht mit dem *Buchdruckerduden* ein Rechtschreibwörterbuch speziell für das grafische Gewerbe, in dem die zahlreichen Schreibvarianten auf eine Dudenempfehlung reduziert werden.

1915: In der neunten Auflage des *Dudens*, der jetzt offiziell *Duden – Rechtschreibung der deutschen Sprache und der Fremdwörter* heißt, fließen *Duden* und *Buchdruckerduden* zusammen.

1941: In der 12. Auflage finden Nationalsozialismus und Krieg ihren Niederschlag. Die 13. Auflage von 1947 räumt damit zwar wieder auf, der Makel der Gleichschaltung bleibt aber.

1951–1991: Die deutsche Teilung bringt einen Duden-West und einen Duden-Ost hervor. Beide existieren über mehrere Auflagen nebeneinander her. Der »Westduden« ist fetter als der »Ostduden«. In Sachen Rechtschreibung bleiben sie aber brüderlich vereint.

1991: In der 20. Auflage des *Dudens* finden Ost- und Westdeutschland auch im Wörterbuch wieder zusammen.

1996: Die Verabschiedung der neuen Rechtschreibung zieht die 21. Auflage des *Dudens* nach sich. Er wird zum meistverkauften Wörterbuch in der deutschen Verlagsgeschichte. Erstmals wird der *Duden* auch auf CD-ROM angeboten.

2006: Die abschließenden Modifizierungen des amtlichen Rechtschreibregelwerks finden in der 24. Auflage des *Dudens* eine konsequente Umsetzung. Der *Duden* ist erstmals vierfarbig. Damit diejenigen, die aus den vielen Schreibvarianten, die die neue Rechtschreibung bewirkt, nicht schlau werden, eine verlässliche Orientierung für eine einheitliche Rechtschreibung im *Duden* finden, werden die von der Dudenredaktion empfohlenen Schreibungen gelb unterlegt. Wer eine einheitliche Rechtschreibung sicherstellen will, kann das nach dem Motto »Schreib gelb!« tun. Den *Duden* gibt es jetzt nicht mehr nur als Buch oder als CD-ROM, sondern für alle etablierten elektronischen Plattformen.

Persönliche Sprachberatung

Wenn Sie Ihrem Korrekturprogramm nicht trauen und Ihnen das Wörterbuch auch einmal nicht recht weiterhilft oder wenn Sie im Falle einer Wette (Heißt es *wohlgesinnt* oder *wohlgesonnen*?) einen kompetenten Schiedsspruch brauchen, bleibt Ihnen immer ein Anruf bei einer der Sprachberatungsstellen, die landauf, landab ihre Dienste anbieten. Eine der ältesten dieser Einrichtungen ist die Duden-Sprachberatung, deren Anfänge bis in die Zeit um 1915 zurückreichen.

Telefonische Sprachberatung ist häufig kostenpflichtig und wird über Ihre Telefonrechnung abgerechnet. Schriftliche Expertisen können sehr teuer werden.

 Die Sprachberatung beantwortet Ihre Fragen zu Rechtschreibung und Worttrennung, zu Grammatik, Herkunft und Bedeutung von Wörtern und Namen, zur richtigen Anrede in Briefen und zu vielem mehr. Der Vorteil: Hier erhalten Sie, wenn Sie wollen, nicht nur einfache Auskunft, sondern auch eine Erklärung der jeweils geltenden Normen.

Ein zusätzlicher Service der Duden-Sprachberatung ist der kostenlose Newsletter zu den am häufigsten gestellten klassischen und aktuellen Sprachanfragen. Dieser Newsletter erscheint zweimal im Monat und enthält zahlreiche leicht verdauliche Tipps zum angemessenen Sprachgebrauch. Sie können den kostenlosen Newsletter der Duden-Sprachberatung unter `www.duden.de/newsletter` abonnieren.

	Telef. Zugang	Sonstiges
Duden-Sprachberatung	aus Deutschland: Tel. 0900 1 870098 aus Österreich: Tel. 0900 844144 aus der Schweiz: Tel. 0900 383600	Briefe, Faxe und E-Mails werden in besonderen Fällen auch schriftlich beantwortet. Kostenloser Newsletter, vierzehntäglich Liste aktueller Fragen und Antworten sowie Newsletter-Archiv auf `www.duden.de/deutsche_sprache`
Sprachberatung der Gesellschaft für deutsche Sprache [GfdS]	aus Deutschland: Tel. 0900 1 888128	Die telefonische Sprachberatung ist für GfdS-Mitglieder, Ministerien und Ratsuchende aus dem Ausland kostenfrei. Erstellung von Vornamengutachten und Erteilung schriftlicher Sprachberatung gegen Gebühr Fragen und Antworten aus der Sprachberatung und Namenhitlisten auf `www.gfds.de`
Grammatisches Telefon der RWTH Aachen	aus Deutschland: Tel. 0241 8096074	Korrekturservice gegen Gebühr Fragen und Antworten aus der Sprachberatung auf `www.grammatisches-telefon.de`
Sprachberatungstelefon der TU Chemnitz	aus Deutschland: Tel. 0371 531-2912	Typische Fragen und Antworten auf `www.sprachberatung.tu-chemnitz.de`

	Telef. Zugang	Sonstiges
Spr@chtelefon der Universität Duisburg-Essen	aus Deutschland: Tel. 0201 183-3405	www.uni-duisburg-essen.de
Sprachberatung Universität Halle	aus Deutschland: Tel. 0345 5523605	www.germanistik.uni-halle.de
Sprachberatung Wissen Media Verlag	aus Deutschland: Tel. 0900 1 898960	Der Onlinedienst beantwortet schriftliche Standardanfragen auch kostenlos. www.wissenmediaverlag.de

Tabelle 3.1: Sprachberatungsstellen in Deutschland

Der Umgang mit dem ›Duden‹

Der *Duden* ist seit Jahrzehnten das am weitesten verbreitete deutsche Wörterbuch. Er gilt als Instanz und ist aus keinem Büro und aus keinem Haushalt wegzudenken. Der *Duden* ist vor allem ein Rechtschreibwörterbuch, das zur Klärung orthografischer Zweifelsfälle beiträgt. Trotzdem enthält er viele Angaben zur Grammatik, zur Wortbedeutung und zum Sprachgebrauch. Dadurch ist er längst zu einem Universalwörterbuch geworden. Welche Informationen der *Duden* enthält und wie Sie diese lesen müssen, ist Thema dieses Abschnitts.

Das Wörterverzeichnis

Wenn Sie mit dem *Duden* arbeiten, werden Sie in der Regel das Wörterverzeichnis ansteuern. Falls Sie wissen, wie dieses aufgebaut ist, finden Sie sich schneller zurecht.

 Das Stichwortverzeichnis des *Dudens* ist alphabetisch sortiert. Die Umlaute *ä, ö, ü, äu* werden wie die nicht umgelauteten Selbstlaute (Vokale) behandelt. Die in Namen vorkommenden Buchstabenfolgen *ae, oe* und *ue* werden nach *ad, od* und *ud* einsortiert. *ß* wird wie *ss* behandelt; bei gleichlautenden Wörtern steht das Wort mit *ss* vor demjenigen mit *ß*.

Daraus ergibt sich etwa folgende Reihenfolge der Stichwörter (alle Beispiele aus *Duden – Die deutsche Rechtschreibung*, 24. Auflage 2006):

✔ **Harken, Härlein, Harlekin, Harm**

✔ **Godthåb, Goes, Goethe, Gof**

✔ **Mäßchen, Masse, Maße, Massengläubiger**

Kleinbuchstaben sind vor Großbuchstaben eingeordnet, und Ziffern folgen nach dem letzten Buchstaben des Alphabets. Demnach:

✔ **Arles, arm, Arm, Armada**

✔ **Gyroskop, G-7-Staat, G-8-Staat, h**

Mehrworteinträge werden wie einfache Worteinträge behandelt:

✔ **Laokoon, La Ola, La-Ola-Welle, Laon**

Alle Stichwörter sind fett gedruckt. Neue Schreibungen sind durch Rotdruck kenntlich gemacht. Schwarz gedruckt sind all diejenigen Wörter, deren Schreibung durch die Rechtschreibreform nicht verändert wurde. Das sind die meisten der rund 130.000 Stichwörter des *Dudens*.

Im Stichwort markieren senkrechte Striche diejenigen Stellen, an denen das Wort am Zeilenende getrennt werden darf. Ein Punkt unter dem Vokal signalisiert kurze Aussprache, ein Strich lange Aussprache (was für die Verteilung von *ß* und *ss* relevant ist):

Di|a|gno̱|se *vs.* Di|a|nọs|tik

Rote Trennstriche stehen für Trennungen, die erst durch die Neuregelung der deutschen Rechtschreibung möglich geworden sind, schwarze für diejenigen, die schon immer erlaubt waren.

Ganz wichtig: Gelb unterlegt sind im *Duden* diejenigen Schreibungen, die von der Dudenredaktion als Vorzugsschreibungen empfohlen werden. Das gilt in allen Fällen, in denen die Rechtschreibreform zu einem Wort mehrere Schreibungen erlaubt.

Schreibvarianten beschert uns die neue Rechtschreibung viel zu viele: Neben *dicht bebaut* steht *dichtbebaut*, neben *Grafit* steht *Graphit*, neben *Maß halten* steht *maßhalten*. Solche Schreibvarianten mögen zwar für Schülerinnen und Schüler ein gefundenes Fressen sein, weil sie gegebenenfalls die Zahl der Fehler im Diktat reduzieren. Wer aber Wert legt auf eine einheitliche Rechtschreibung, der muss sich entscheiden. Wenn Sie solche Entscheidungen nicht in jedem einzelnen Fall für sich oder Ihre Mitarbeiter treffen wollen, bieten Ihnen die Empfehlungen der Dudenredaktion eine Orientierung an. Praktische Hilfestellung im Variantenlabyrinth der neuen Rechtschreibung.

Besonders knifflige Fälle der Rechtschreibung, das sind oft solche, die die Getrennt- und Zusammenschreibung oder die Groß- und Kleinschreibung betreffen, werden im *Duden* in blau unterlegten Kästchenartikeln abgehandelt.

Das gilt darüber hinaus für sprachliche Hürden, die regelmäßig Thema der Sprachberatung sind, und reicht bis zu Fragen des »politisch korrekten«, soll heißen: angemessenen Sprachgebrauchs.

Was Sie aus den verschiedenen Einträgen des *Dudens* herausfiltern können, ersehen Sie aus der Abbildung in der vorderen Umschlaginnenseite.

✔ Betonungszeichen geben an, ob ein Vokal kurz (Punkt) oder lang (Strich) ausgesprochen werden muss.

✔ Bei Fremdwörtern erfolgt der Aussprachehinweis in der Umschrift des Internationalen Phonetischen Alphabets (vergleiche die Stichwörter Diderot und Downing Street).

✔ Schreibungen oder Trennstellen, die der neuen Rechtschreibung entsprechen, sind durch Rotdruck markiert.

✔ Von der Dudenredaktion empfohlene Schreibvarianten sind gelb unterlegt.

✔ Beispiele verdeutlichen den (auch grammatikalisch) korrekten Gebrauch des Stichworts im Zusammenspiel mit anderen Wörtern.

✔ Grammatische Angaben erläutern bei Substantiven (Hauptwörtern) den Artikelgebrauch und die Bildung von Genitiv Singular und Nominativ Plural. Bei Verben (Zeitwörtern) werden die wichtigsten Beugungsformen angegeben, bei Adjektiven (Eigenschaftswörtern) Steigerungsformen – soweit Letztere unregelmäßig sind.

✔ K-Verweise (zum Beispiel ↑ K 70) lotsen zum Regelteil »Rechtschreibung und Zeichensetzung«, für den Fall, dass Sie genauer wissen wollen, warum ein bestimmtes Wort oder eine bestimmte Fügung in der angezeigten Weise geschrieben wird.

✔ Herkunftsangaben signalisieren, aus welchen Spendersprachen bestimmte Wörter ins Deutsche übernommen worden sind.

✔ Bereichsangaben zeigen an, aus welchem Fachgebiet ein bestimmtes Stichwort stammt.

✔ Aus den regionalen und nationalen Zuordnungen können Sie ablesen, in welcher Region ein bestimmtes Wort heimisch ist oder ob es sich um ein Wort des österreichischen oder schweizerischen Sprachgebrauchs handelt.

✔ Die Beachtung von Stilschichtangaben ist besonders wichtig, wenn Sie sich nicht im Ton vergreifen wollen.

✔ Die zahlreichen Bedeutungsangaben machen den *Duden* schließlich zu einem allgemeinen Gebrauchswörterbuch, mit dem Sie die wichtigsten Fragen der Rechtschreibung und Zeichensetzung, des korrekten Sprachgebrauchs und des Textverstehens beantworten können.

 Wo es ums Schreiben geht, geht es immer auch ums Korrigieren. Letzteres in angemessener Weise zu tun, ist vor allem dann unabdingbar, wenn die Korrekturen nicht von Ihnen selbst, sondern von anderen ausgeführt werden sollen. Besonders wichtig sind nachvollziehbare Korrekturen im grafischen Gewerbe, zum Beispiel im Verlagswesen oder bei Agenturen.

Deshalb werden im *Duden* auch die diversen Korrekturzeichen genau erklärt. Wer sich an diese Zeichen hält, erleichtert denjenigen, die die Textkorrekturen ausführen müssen, die Arbeit und stellt sicher, dass nicht Nachkorrektur auf Nachkorrektur erfolgen muss, weil schlampiges oder ungenaues Herumfuhrwerken im Text zu Missverständnissen geführt hat.

Wer mit diesen Korrekturzeichen korrigiert, hilft Zeit und Geld zu sparen.

Übung macht den Meister – und die Meisterin

In diesem Kapitel

▶ Warum es ohne Üben nicht geht

▶ Wie Sie mit diesem Buch üben können

▶ Wichtige grammatische Fachbegriffe, die eben sein müssen

Wer übt, kommt weiter

Keine Frage: Über die deutsche Rechtschreibung kann man ausgiebig theoretisieren, ohne selbst in der Lage sein zu müssen, korrekt schreiben zu können. Kein Wunder, dass sich das Thema so hervorragend für den abendlichen Stammtisch oder – oft nicht viel feiner – Talkrunden in Rundfunk und Fernsehen eignet. Wer nur über die Groß- und Kleinschreibung oder die Zeichensetzung redet, geht kein Risiko ein, sich in der Praxis zu blamieren. Leserbriefschreiber leben da schon gefährlicher: Sie lassen sich auf die Finger schauen.

Rechtschreibung will richtiges Schreiben fördern. Richtiges Schreiben dient der störungsfreien schriftlichen Verständigung. Und: Richtiges Schreiben ereignet sich – beim Schreiben. Mit Rechtschreibregeln und ihrer korrekten Anwendung ist es wie mit anderem auch: Erst Übung macht den Meister. *Neue deutsche Rechtschreibung für Dummies* hilft Ihnen dabei, die Grundlage für solche Meisterschaft zu legen. Deshalb werden schon in Teil II und in Teil III nicht nur Regeln erklärt, sondern auch zahlreiche Übungen angeboten, die Ihnen das Memorieren der vorangegangenen Regeln erleichtern sollen. Erst durch praktisches Üben werden Ihnen die Regelinhalte in Fleisch und Blut übergehen.

Diese Übungen sind ganz unterschiedlicher Art. Neben Einsetzübungen, in denen Sie nur die jeweils richtigen Buchstaben ergänzen müssen, stehen solche mit Lückensätzen, in denen Sie die richtigen Wortschreibungen ergänzen müssen, und andere, die etwa nach Richtig- oder Falsch-Antworten fragen. Ein kleines Kreuzworträtsel ist ebenfalls zur Wissenskontrolle bestens geeignet.

Sämtlichen Übungen steht ein Lösungsbeispiel voran, das Ihnen veranschaulicht, wie die jeweilige Übung durchgeführt werden soll. Und natürlich gibt es auch die Auflösung der einzelnen Übungen, sodass Sie Ihren Lernerfolg kontrollieren können; schlagen Sie einfach in Kapitel 11 nach.

Scheuen Sie sich nicht, alle Übungen in diesem Buch durchzuführen, und markieren Sie mit unterschiedlichen Farben und Symbolen alles, was Sie bei der Lektüre und beim Üben als besonders wichtig empfinden. Es gibt nichts Spannenderes, als beim späteren erneuten Durchblättern dieses Buches auf den eigenen Spuren zu wandeln.

Einige wenige grammatische Fachbegriffe

Die folgende Liste ist wirklich auf das Wesentliche beschränkt. Wo Fachwörter im Text genannt sind, wird beim ersten Vorkommen immer auch der deutsche Begriff in Klammern ergänzt. So sollten Irritationen vermieden sein.

Fachbegriff	Erklärung	Beispiele
Ableitung	Ein mithilfe von a) Präfixen (Vorsilben) oder b) Suffixen (Nachsilben) gebildetes Wort	a) **ver**schreiben (schreiben) b) Deut**ung** (deuten)
Adjektiv/Eigenschaftswort	Wort, mit dem man eine Eigenschaft oder ein Merkmal bezeichnet	**gut**, **heikel**, **reizend** (als Hauptwort: das **Gute** usw.)
Adverb/Umstandswort	Wort, mit dem Umstände bezeichnet werden	**bergauf** (gehen), **freitags** stattfinden
Artikel/Geschlechtswort	Wort, das ein Substantiv (Hauptwort) nach Geschlecht und Zahl bestimmt	**der** Ball, **die** Kinder, **eine** Frau
Attribut/Beifügung	Wort, das ein Satzglied erweitert	**neuer** Wein, Sonne **satt**, **Preußens** Gloria
Begleitsatz	Satz, mit dem wörtliche Rede angekündigt oder abgeschlossen wird	**Er fragte:** »Gehen wir ins Kino?«
Beugungsform	a) gebeugte (deklinierte) Form eines Substantivs, Artikels, Pronomens oder Adjektivs	a) zwei **Kinder**; **dem** Manne; **seine** Freundin; die **kleinen** Leute
	b) gebeugte (konjugierte) Form eines Verbs	b) sie **spielte**; er **hat gegessen**
Diphthong/Doppellaut		**au**, **eu**
Doppelkonsonant	Folge von zwei gleichen Konsonanten (Mitlauten)	Nu**mm**er, Bi**tt**e
Indefinitpronomen/ unbestimmtes Fürwort	Pronomen, das eine nicht näher bestimmte Menge bezeichnet	**einige**, **wenige**, **jemand**
Infinitiv/Grundform	Grundform des Verbs	**reisen**, **bügeln**
Initialwort/Buchstabenwort	Ein Wort, das aus den Anfangsbuchstaben oder Anfangssilben mehrerer Wörter gebildet ist	**UNO**, **TÜV**
Interjektion/Ausrufewort	Wort, das Gefühle, Empfindungen und Ähnliches ausdrückt	**au**, **buh**, **igitt**
Kardinalzahl/Grundzahl		**null**, **achtzehn**, **vierzig**, **tausend**
Konjunktion/Bindewort	Wort, das zwei andere Wörter, Wortgruppen oder Sätze miteinander verknüpft	**und**, **oder**, **aber**, **weil**
Konsonant/Mitlaut		Zum Beispiel: **b**, **f**, **h**, **t**, **z**
Negation	Die Verneinung einer Aussage	Das gilt **nicht**.

Fachbegriff	Erklärung	Beispiele
Partikel	Teil eines Verbs, der abgetrennt werden kann	**ab**reisen; sie reiste **ab**
Partizip/Mittelwort	Eine Verbform	**spielend**; **gespielt**
Possessivpronomen / besitzanzeigendes Fürwort	Pronomen, das den Besitz anzeigt	**mein** Auto; **dein** Hund; **ihr** Zuhause
Prädikat/Satzaussage	Zentraler Teil des Satzes, der eine Aussage über das Subjekt (den Satzgegenstand) macht	Die Kinder **spielen** im Garten.
Präfix/Vorsilbe	Siehe oben unter *Ableitung*	
Präposition/Verhältniswort	Wort, das die Beziehung zwischen zwei anderen Wörtern kennzeichnet	Der Ball liegt **unter** dem Schrank.
Pronomen/Fürwort	Wort, das ein Substantiv (Hauptwort) begleitet oder es vertritt	**deine** Schuhe; **irgendetwas**; **dieser** Vorfall
Reflexivpronomen / rückbezügliches Fürwort	Pronomen, das auf das Subjekt des Satzes zurückweist	Das Brett biegt **sich**.
Relativpronomen / bezügliches Fürwort	Pronomen, das einen Nebensatz einleitet	Das Haus, **das/welches** niedergebrannt ist.
Subjekt/Satzgegenstand	Teil des Satzes, über den eine Aussage gemacht wird	Da liegt **der Hund** begraben.
Substantiv/Nomen/Hauptwort	Wort, das Personen, Gegenstände und Ähnliches benennt	die **Mutter**; das **Ereignis**
Suffix/Nachsilbe	Siehe oben unter *Ableitung*	
Umlaut		**ä**, **ö**, **ü**
Verb/Zeitwort	Wort, mit dem im Satz die Satzaussage gebildet wird	Der Bäcker **backt**.
Vokal/Selbstlaut		**a**, **e**, **i**, **o**, **u**
Wortstamm	Was von einem Wort übrig bleibt, nachdem man alle Wortbildungssilben und Beugungselemente gestrichen hat	er-**möglich**-en; **Heiter**-keit
Zahladjektiv	Adjektiv (Eigenschaftswort), das eine Menge bezeichnet	**drei**, **hundert**
Zahlwort (unbestimmtes)	Zahladjektiv, das eine unbestimmte Menge benennt	**viele** Zuschauer; **einige** Kinder; **wenige** Autos

Tabelle 4.1: Grammatische Fachbegriffe und was sie bedeuten

Teil II

Wegweiser durch die neue Rechtschreibung

The 5th Wave   By Rich Tennant

»Wie jetzt? Email, e Mail oder E-Mail?«

In diesem Teil ...

geht es ums Eingemachte. Wenn Sie sich intensiver mit den Regeln der deutschen Rechtschreibung auseinandersetzen wollen und Ihnen daran liegt, neben dem Altbekannten auch das Neue zu erfahren, sind Sie an der richtigen Stelle.

Was Sie über Umsetzung gesprochener Laute in geschriebene Buchstaben wissen sollten, worauf es bei der typisch deutschen Groß- und Kleinschreibung eigentlich ankommt und was Sie bei der leidigen Getrennt- und Zusammenschreibung beachten müssen und wie Ihnen der Bindestrich aus mancher Klemme helfen kann, können Sie sich hier Schritt für Schritt erschließen.

Nicht alles, worauf Sie bei diesem ersten Gang durch den Dschungel der Rechtschreibregeln treffen werden, wird Sie sonderlich überraschen. Manches aber wird doch neu und wert sein, genauer von Ihnen ins Auge gefasst zu werden. Und anhand einiger kleinerer Übungen können Sie leicht feststellen, wie weit Sie das Regelwerk schon durchdrungen und verinnerlicht haben.

Packen Sie's an.

Von Lauten und Buchstaben

5

In diesem Kapitel

▷ Wie aus Lauten Buchstaben werden und warum die Rechnung nicht aufgeht

▷ Was Sie bei Vokalen (Selbstlauten) beachten müssen

▷ Wann Konsonanten (Mitlaute) verdoppelt werden

▷ Was Sie tun müssen, wenn mehrere gleiche Buchstaben aufeinandertreffen

▷ Warum eigentlich »Dummys« geschrieben werden müsste und wir es trotzdem nicht tun

D a *Neue deutsche Rechtschreibung für Dummies* keine allgemeine Einführung in die deutsche Rechtschreibung sein soll, sondern vor allem die Besonderheiten der neuen Rechtschreibung herausstellt, breite ich in diesem Kapitel nicht alle Feinheiten der Laut-Buchstaben-Zuordnung aus. Ich greife nur diejenigen Aspekte heraus, die durch die Neuregelung eine Änderung erfahren haben. Was bereits bekannt ist, muss nicht zwingend wiederholt werden, oder?

Aus Lauten werden Buchstaben – doch die Rechnung geht nicht ganz auf

Seit den Tagen Otfrieds von Weißenburg (mehr über Otfried von Weißenburg, der im 9. Jahrhundert lebte, erfahren Sie in Kapitel 1) wird das Deutsche mithilfe des lateinischen Alphabets verschriftet. Dieses Alphabet umfasst die bekannten 26 Buchstaben:

a b c d e f g h i j k l m n o p q r s t u v w x y z

Zu diesen sind im Laufe der Jahrhunderte die Sonderzeichen für die Umlaute *ä, ö, ü* und als kleines, aber feines Extra das Zeichen *ß* (im Schwäbischen zu meiner Schulzeit liebevoll »Dreierles-S« genannt) hinzugekommen.

Bis auf *ß* gibt es zu jedem Kleinbuchstaben einen Großbuchstaben:

A B C D E F G H I J K L M N O P Q R S T U V W X Y Z Ä Ö Ü

Mit diesem Buchstabeninventar sind die Bausteine, mit denen gesprochenes in geschriebenes Deutsch umgewandelt wird, schon komplett. Fehlen nur noch die Regeln, nach denen dieses geschieht oder geschehen soll.

Wo bei den Lauten und Buchstaben der Hase im Pfeffer liegt

Nun ist der Rückgriff auf das lateinische Alphabet in Ermangelung etwas Besseren zwar heute keine Frage mehr. Aber die Anzahl der im Deutschen vorkommenden Laute, die über die verfügbaren lateinischen Buchstaben hinausgeht, führt fast zwangsläufig zu Umsetzungsschwierigkeiten, mit denen schon Otfried im 9. Jahrhundert zu kämpfen hatte und die bis in unsere Tage durchaus zu verwirrenden Ergebnissen führen.

Mit diesen Schwierigkeiten müssen sich die Schreibenden und vor allem diejenigen, die das Schreiben lernen, herumschlagen. Hierzu nur ein Beispiel: der ei-Laut [ai]. Dieser Laut kommt im Lateinischen gar nicht vor und muss demzufolge durch eine Kombination aus mehreren Einzelbuchstaben wiedergegeben werden. Das führt, wie Tabelle 5.1 zeigt, zu ganz unterschiedlichen Ergebnissen.

Deutsche Wörter/Namen				Fremdwörter/fremde Namen
bei		*Mai*		*Hightech*
Wein		*Hain*		*Buy-out*
Reißer		*Kaiser*		*Byte*
Brüllerei	*Norderney*	*bairisch*	*bay(e)risch*	*Kylie/Kilie [Minoque]*
Meik		*Maik*		*Mike*
Meier	*Meyer*	*Maier*	*Mayer*	

Tabelle 5.1: Der ei-Laut [ai] und seine unterschiedliche schriftliche Wiedergabe

Warum das so ist, möchte ich hier nicht erörtern, weil ich Sie nicht mit Details langweilen will. In jedem Fall spielen die Wortgeschichte und zum Teil sehr alte Schreibkonventionen eine Rolle. Diese Konventionen machen den Schreibgebrauch, den Usus, aus. Und der ist in gewohnten Schriftbildern zementiert. Deshalb sind alle Versuche einer systematischen Zuordnung des immergleichen Lautes zu einem immergleichen Buchstaben zum Scheitern verurteilt. Einen einst von manchen Rechtschreibreformern angedachten *Keiser im Bot* (*Bot* statt *Boot* analog zu *rot, Not*) wollte nun wirklich keiner haben.

Trotzdem sind Änderungen der Schreibnormen nicht völlig ausgeschlossen. Zwar verlangte der preußische Ministerpräsident Otto von Bismarck von seinen Beamten bei Androhung gehobener Ordnungsstrafen, strikt an Schreibungen wie *meyn* und *bey* festzuhalten, als an den Schulen seines Landes längst *mein* und *bei* gelehrt wurde. Den Durchbruch des 1880 eingeführten preußischen »Neuschriebs« konnte er damit aber nicht verhindern.

Bei Fremdwörtern und Namen ist manches anders

Wörter aus fremden Sprachen müssen ihr fremdes Schriftbild nicht dauerhaft beibehalten. Sie können im Laufe der Zeit so weit ins deutsche Schreibsystem integriert werden, dass sie kaum noch als Übernahmen aus einer Fremdsprache erkennbar sind.

So wurde etwa aus dem französischen *bureau* im Deutschen zunächst das *Bureau*, das wir heute längst nur noch *Büro* schreiben. Solche Eindeutschungen funktionieren jedoch nicht immer: Zur aus dem Englischen übernommenen Schreibung *Couch* gesellte sich in der Mitte des 20. Jahrhunderts *Kautsch*, eine Schreibung, über die wir heute bestenfalls schmunzeln können und die nicht in den allgemeinen Schreibgebrauch eingegangen ist.

Namen – deutsche wie solche aus fremden Sprachen – bleiben eine Sache für sich. Die Schreibung von Eigennamen unterliegt auch nicht den amtlichen Rechtschreibregeln. So müssen wir mit dem Nebeneinander von *Meier, Meyer, Maier, Mayer* und *Kylie, Kilie* einfach leben – und das können wir ja auch.

Selbstlaute und ihre umgelauteten Brüder

Zu den Vokalbuchstaben *a, o* und *u* gesellen sich im deutschen Alphabet die Umlautzeichen *ä, ö* und *ü*. Von denen ist *ä/Ä* bedeutsam, weil es neben *e/E* für ein kurz gesprochenes offenes *e* (in der phonetischen Umschrift als [ɛ] dargestellt) stehen kann.

Was heißt da eigentlich Umlaut?

Ein Umlaut liegt dann vor, wenn der Vokal (Selbstlaut) der betonten Stammsilbe eines Wortes unter Einfluss bestimmter Vokale oder auch Konsonanten (Mitlaute) der unbetonten Folgesilbe seine Lautqualität partiell ändert.

Die Geschichte des Umlauts ist kompliziert und führt in die Frühzeit der deutschen Sprache zurück. So spannend sie für den Sprachwissenschaftler sein mag, muss sie hier doch nicht im Detail nacherzählt werden.

Wichtig sind die Funktionen des Umlauts. So dient der Umlaut zum Beispiel

✔ der Kennzeichnung der Mehrzahl bei Substantiven (Hauptwörtern): aus *Huhn* wird *die Hühner*, aus *Gast* wird *die Gäste*, aus *Kraft* wird *die Kräfte*;

✔ der Kennzeichnung von Steigerungsformen beim Adjektiv (Eigenschaftswort): aus *lang* wird *länger, am längsten*, aus *hoch* wird *höher, am höchsten*;

✔ der Kennzeichnung des Konjunktivs (der Möglichkeitsform) bei Verben (Zeitwörtern): aus *ich kam* wird *ich käme*, aus *ich bot* wird *ich böte*;

✔ als Kennzeichnung von abgeleiteten Wörtern: aus *Mann* wird *Männlein*, aus *Narr* wird *närrisch*.

Das kurz gesprochene offene *e* ([ɛ]) wird mit *ä* statt mit *e* wiedergegeben, wenn es zu dem betroffenen Wort eine Grundform mit *a* gibt. Gleiches gilt für *au/äu*. Das klingt kompliziert, ist es aber nicht. Sie schreiben *Hälse* wie Sie *Hals* schreiben, *kälter* wie *kalt, die Älteren* wie *alt* und *Häuser* wie *Haus*.

Neu ist, dass Sie diese analoge Schreibung auf vergleichbare Fälle übertragen müssen, die früher mit *e* geschrieben wurden. Dabei lässt die neue Rechtschreibung in wenigen Fällen die

Schreibungen mit *ä* und diejenige mit *e* gleichermaßen zu, in anderen aber legt sie sich fest. Am besten, Sie orientieren sich an den Beispielen in Tabelle 5.2.

Früher		Heute
aufwendig (wie *aufwenden*)	*aufwendig**	*aufwändig* (wie *Aufwand*)
behende		*behände* (wie *Hand*)
belemmert		*belämmert* (wie *Lamm*)
einbleuen/verbleuen		*einbläuen/verbläuen* (wie *blau*)
Gemse		*Gämse* (wie *Gams*)
Greuel/greulich		*Gräuel/gräulich* (wie *Grauen*)
Quentchen		*Quäntchen* (wie *Quantum*)
Schenke	*Schenke**	*Schänke* (wie *Ausschank*)
schneuzen		*schnäuzen* (wie *Schnauze*)
Stengel		*Stängel* (wie *Stange*)
überschwenglich		*überschwänglich* (wie *Überschwang*)

Tabelle 5.2: Wo früher e stand und heute ä geschrieben wird; die Dudenempfehlungen sind mit einem Sternchen gekennzeichnet

Wenn Sie streng nach *Duden* schreiben wollen, halten Sie getrost an den mit Sternchen gekennzeichneten Schreibungen *aufwendig* und *Schenke* fest.

Warum eigentlich nichts gegen volksetymologische Schreibungen spricht

Einige dieser Schreibungen wurden von Kritikern der neuen Rechtschreibung als »Volksetymologien« verdammt. Von »Volksetymologie« spricht der Sprachwissenschaftler dann, wenn Laien aus Unkenntnis der historischen Zusammenhänge ein Wort fälschlicherweise einem anderen zuordnen, das ähnlich klingt. So hat das Wort *belämmert* (= niedergedrückt; betreten) – nach herkömmlicher Rechtschreibung mit *e* zu schreiben – in der Tat eigentlich nichts mit *Lamm* zu tun. Abgeleitet ist es von dem im Mittelalter gebräuchlichen niederdeutschen Wort *belemmen*, das so viel wie lähmen bedeutete. Aber solche wortgeschichtlichen Hintergründe kennen heute auch die sprachinteressierten Laien nicht immer, sodass es durchaus zulässig ist, den naheliegenden Vergleich zu *Lamm* zu ziehen. *Belämmert* zu sein hieße dann etwa »dastehen und aussehen wie ein Lamm [wenn es donnert]«. Warum eigentlich nicht?

Übrigens hat die Neuregelung der deutschen Rechtschreibung das Kind nicht mit dem Bade ausgeschüttet. So bleibt es einerseits bei den bekannten Schreibungen *ätzen, dämmern, Geländer, Lärm, März* und *Schärpe*, wie sich andererseits bei *Eltern* (trotz *alt*) und *schwenken* (trotz *schwanken*) nichts ändert.

Und auch die bedeutungsunterscheidenden Schreibungen *Äsche* (= ein Fisch) und *Esche* (= ein Baum), *Färse* (= junges Rind) und *Ferse* (= Teil des Fußes) sowie *Lärche* (= ein Baum) und *Lerche* (= ein Vogel) bleiben Ihnen erhalten.

Mitlaute und wann sie verdoppelt werden

Eigentlich geht es in diesem Kapitel um die Frage, wie im Schriftbild angezeigt wird, wann ein Vokal (Selbstlaut) kurz ausgesprochen wird. Dass dies oft durch Verdoppelung des Konsonantbuchstabens geschieht, der auf diesen Vokal folgt, ist ein ebenso alter Hut wie die Tatsache, dass dies leider nicht generell gilt. Das *i* in *in* und *Insel* wird nicht gedehnter ausgesprochen als dasjenige in *innen* oder *Bimmel*.

Neu ist für Sie eigentlich nur, dass bei einigen Wörtern der auf den kurz gesprochenen Vokal des Wortstamms folgende Konsonantbuchstabe verdoppelt wird, wo dies früher nur in den dazugehörenden gebeugten (flektierten) Formen der Fall war.

Das soll heißen: Nach der alten Rechtschreibung mussten Sie zum Beispiel *As* schreiben. Hatten Sie jedoch mehrere davon im Ärmel, sollten es *Asse* sein. *Nummer* schrieb sich mit zwei *m*, das verwandte *numerieren* sollte nur eines haben. Wohlbegründet all dieses, aber für den Nichtsprachhistoriker schwer zu verstehen und im Unterricht gegebenenfalls noch schwerer zu vermitteln.

Wo Sie es mit neuen Konsonantenverdoppelungen zu tun bekommen

Die Neuregelung öffnet hier behutsam die Tore und führt damit vor allem bei einigen häufiger gebrauchten Wörtern eine Vereinheitlichung der Schreibung herbei. Dabei können Sie folgende Gruppen unterscheiden:

✔ Wörter, in denen die gebeugten Formen schon immer Konsonantenverdoppelung aufwiesen. Hierzu neu *Ass* wie schon immer *des Asses, die Asse*.

✔ Wörter, in deren Wortfamilie es andere Wörter gibt, die ebenfalls bereits Konsonantenverdoppelung aufwiesen. Hierzu neu *nummerieren* wegen *Nummer* oder *Stopp* (= Stoppball [beim Tennis]) wegen *stoppen*.

✔ Wörter, deren historische Herleitung heute nicht mehr erkannt wird und die deshalb einer neuen Wortfamilie zugeordnet werden. Das betrifft die Wörter *Messner* (früher [und heute auch noch zulässig] *Mesner*) und *Tollpatsch* (früher [aber heute nicht mehr korrekt] *Tolpatsch*).

Auch über den neuen Tollpatsch ereiferten sich die Gemüter. Aber Hand aufs Herz: Wussten Sie, dass das Wort ursprünglich eine Eindeutschung des ungarischen *talpas* ist, ein Ausdruck, der zu ungarisch *talp* (= Sohle; Fuß) gehört und mit dem im 17. Jahrhundert die »breitfüßigen« – das bedeutete *talpas* auch – Fußsoldaten bezeichnet wurden? Wenn die Neuregelung der deutschen Rechtschreibung heute so tut, als gehörten *Tollpatsch* und *toll* zusammen, dann reduziert sie einerseits die von Ihnen zu lernenden Ausnahmeschreibungen und tut der deutschen Sprache andererseits dennoch keinen Schaden an.

Dass der Name des Maulwurfs gar nichts mit *Maul* zu tun hat und dieser kleine Freund des Hobbygärtners auch sprachhistorisch nichts als ein »Haufen[auf]werfer« ist, dürfte heute auch den wenigsten geläufig sein. »Volksetymologien« sind also keine sprachlichen Sündenfälle.

Tabelle 5.3 zeigt die Neuerungen bei der Doppelung von Konsonantbuchstaben noch einmal in einer Übersicht.

Früher	Heute
As	*Ass* (wie *Asse*)
Karamel	*Karamell* (wie *karamellisieren*)
Mop	*Mopp* (wie *moppen*)
Steptanz	*Stepptanz* (wie *steppen*)
Stop	*Stopp* (wie *stoppen*)
numerieren	*nummerieren* (wie *Nummer*)
Tip	*Tipp* (wie *tippen*)

Tabelle 5.3: Verdoppelung der Konsonantbuchstaben früher und heute

Ähnlich gelagert sind die Fälle *platzieren* (früher: *plazieren*) und *Stuckateur/Stuckatur* (früher: *Stukkateur/Stukkatur*) mit je eigener Markierung der Konsonantenkürze.

Was Sie sich sonst noch zur Buchstabenverdoppelung merken sollten

Und noch etwas, was aber leicht zu merken ist: Bei zusammengesetzten Wörtern, deren erster Bestandteil (das Bestimmungswort) auf zwei gleiche Konsonantbuchstaben endet und deren zweiter Bestandteil (das Grundwort) mit demselben Konsonantbuchstaben beginnt, bleiben alle drei Buchstaben erhalten.

Früher mussten Sie genauer hinsehen: Folgte auf den Anfangsbuchstaben des Grundwortes ein weiterer Konsonantbuchstabe, dann blieben in der Zusammensetzung alle drei gleichen Konsonantbuchstaben erhalten. Demnach: *Sauerstoffflasche* (aus *Sauerstoff* und *Flasche*). Folgte aber ein Vokal, dann entfiel einer der drei gleichen Konsonanten. Also: *Bettuch* (aus *Bett* und *Tuch*). Gleich gelagert: *Balletttruppe*, aber *Ballettänzer* und *Schifffracht* versus *Schiffahrt*.

Unnötig kompliziert. Heute gilt generell:

 Wenn in einer Wortzusammensetzung drei gleiche Buchstaben aufeinandertreffen, dann bleiben alle drei erhalten – egal, ob es sich um Konsonant- oder Vokalbuchstaben handelt.

Hierzu die Übersicht in Tabelle 5.4, die keinen Anspruch auf Vollständigkeit erhebt.

Früher	Heute
Baßsänger	*Basssänger*
Bestelliste	*Bestellliste*
Brennessel	*Brennnessel*
Eisschnellauf	*Eisschnelllauf*
Flußschiffahrt	*Flussschifffahrt*
Fußballänderspiel	*Fußballländerspiel*
Gewinnummer	*Gewinnnummer*
griffest	*grifffest*
hellicht	*helllicht*
Kunststoffolie	*Kunststofffolie*
Kunststoffflasche	*Kunststoffflasche*
schnellebig	*schnelllebig*
Armee-Einheit	*Armeeeinheit*
Hawaii-Inseln	*Hawaiiinseln*
Kaffee-Ersatz	*Kaffeeersatz*
See-Elefant	*Seeelefant*

Tabelle 5.4: Kleine Übersicht zum Zusammentreffen dreier gleicher Buchstaben

 Natürlich können Sie die in der rechten Spalte aufgelisteten Zusammensetzungen der besseren Lesbarkeit wegen heute auch mit Bindestrich schreiben (durchkoppeln).

Demnach: *Bass-Sänger, Kunststoff-Flasche* und *Tee-Ei*. Diese Freiheit hatten Sie aber auch schon früher. Sie sollten sie nutzen, wo dies sinnvoll sein könnte. Sie müssen aber nicht jeden neumodischen Trend mitmachen und jede Zusammensetzung durchkoppeln. Schreibungen wie *Stamm-Tisch* und *Haus-Tür* gehen entschieden zu weit.

Bleiben aber – um Mark Twain recht zu geben, der sich über die vielen Ausnahmen von Regeln im Deutschen lustig machte – drei Ausnahmen von der Regel:

 Bei *dennoch* (aus *denn* und *noch*), *Drittel* (aus *dritt[er]* und *Teil*) und *Mittag* (aus *Mitt[e]* und *Tag*) entfällt der dritte Konsonantbuchstabe auch weiterhin, weil getrost davon ausgegangen werden darf, dass diese Wörter heute nicht mehr als Zusammensetzungen empfunden werden.

Umgekehrt wird aus dem alten *Zierat* (= Verzierung, schmückendes Beiwerk) neu *Zierrat*, und zwar in Analogie zu *Vorrat*, obwohl *Zierrat* eigentlich keine Zusammensetzung ist. Sie werden dieses Wort aber vermutlich eher selten gebrauchen.

Und noch eine Neuheit am Rande: Wo Sie früher nur *selbständig, Selbständigkeit, verselbständigen* schreiben durften, ist es heute kein Fehler, *selbstständig, Selbstständigkeit, verselbst-*

ständigen aufs Papier zu bringen. Sie sollten nur darauf achten, nicht einmal so und einmal anders zu schreiben.

Wollen Sie sich strikt an den *Duden* halten, schreiben Sie *selbstständig* etc.

›ß‹ und ›ss‹ – und wie sie sich verteilen

Nein, nein! Sie irren sich, wenn Sie meinen, mit der Einführung der neuen Rechtschreibung sei das ß-Zeichen (»Dreierles-S«) aus dem deutschen Buchstabeninventar gelöscht worden. Das war zwar durchaus einmal angedacht – und die Schweizer kommen ja schon seit Jahrzehnten sehr gut ohne unser ß aus –, aber im Streit um die neue Rechtschreibung wurde das unscheinbare ß schon frühzeitig zum Politikum, und damit war es für das Schriftdeutsche gerettet.

Weg mit dem Eszett!

Der Kampf um das Eszett gehört zu den Marksteinen der Rechtschreibreformbemühungen seit 1901. Bereits 1931 forderte der Leipziger Lehrerverein den Ersatz von ß durch einfaches s, wovon der im gleichen Jahr tagende »Bildungsverband der Deutschen Buchdrucker« in seinen Modernisierungsvorschlägen aber überhaupt nichts wissen wollte. Die Nazis verboten 1941 zwar die Frakturschrift, am Eszett rüttelten sie aber vorsichtshalber nicht. Ein in der damaligen sowjetischen Besatzungszone einberufener Vorausschuss zur Bearbeitung der Frage der Rechtschreibreform bei der »Deutschen Verwaltung für Volksbildung« forderte unter größerem Beifall neben anderen Eingriffen in die bestehende Schreibnorm den Ersatz von ß durch ss, ohne dass diese Forderung aber irgendwelche erkennbaren Konsequenzen nach sich gezogen hätte.

1946 meldete sich in der Schweiz der »bund für vereinfachte rechtschreibung« zu Wort und kündigte dem Eszett die Freundschaft auf, zum Wohle des Doppel-s. Gleiches verlangten die »Stuttgarter Empfehlungen« von 1954 und die »Wiener Empfehlungen« von 1973, diese mit der beachtenswerten Einschränkung, dass das Wörtchen *daß* nicht verändert werden sollte, womit die neue Rechtschreibung von 1996 aber Schluss gemacht hat. 1991 ziehen die deutschen Kultusminister einen Schlussstrich unter das jetzt auch in den Medien öffentlich ausgetragene Hauen und Stechen ums Eszett. Es muss erhalten bleiben, doch stimmen sie dem Kompromiss – eben nur nach langem Vokal (Selbstlaut) beziehungsweise nach Diphthong (Doppellaut) – zu. Deswegen schreiben wir heute *dass* und *muss*, aber eben auch *Straße* und *gießen*. Die Schweizer lachen sich dabei ins Fäustchen. Ein Schuft, der Schlechtes dabei denkt.

Wenn das ß also nicht ganz verschwunden ist, stellt sich die Frage, wo es überhaupt noch steht beziehungsweise wodurch es an denjenigen Stellen, an denen es sich früher fand, ersetzt wurde. Fangen wir von hinten an:

 Wo früher nach einem kurz gesprochenen Vokal (Selbstlaut) ein *ß* stand, steht heute generell *ss*.

Die Betonung liegt auf »kurz gesprochen«. Nach der alten Rechtschreibregelung waren die Verhältnisse komplizierter. Da galt, dass nach einem kurz gesprochenen Vokal am Wortende oder vor einem folgenden Mitlaut *ß* zu schreiben war. Also: *Kuß* gegenüber *Küsse* oder *[du] mußt* gegenüber *[wir] müssen* und *bißchen* gegenüber *Bissen*. Man schreibt heute also:

Früher	Heute
daß	*dass*
Faß	*Fass* (wie *fassen*)
angepaßt	*angepasst* (wie *anpassen*)
Erstkläßler	*Erstklässler* (wie *Klasse*)
keß	*kess*
Fitneß	*Fitness*
Boß	*Boss*
Meßdiener	*Messdiener*
Biß	*Biss*
Riß	*Riss*
Geschoß	*Geschoss*
Fluß	*Fluss*
Kuß	*Kuss* (wie *küssen*)
muß	*muss* (wie *müssen*)

Tabelle 5.5: Die Schreibung von ß und ss früher und heute

 Dieser Ersatz von *ß* durch *ss* macht den Löwenanteil aller Änderungen aus, die durch die Neuregelung der deutschen Rechtschreibung hervorgerufen wurden.

Insofern könnte diese Beispielsammlung beliebig erweitert werden, was hier jedoch nicht geschehen soll. Dafür sei erwähnt, dass die neue Regel »nach kurzem Vokal steht generell *ss*« wenigstens in Einzelfällen nicht ganz bombensicher ist. Denn: Deutsche Sprache ist im Zweifel nicht gleich deutsche Sprache.

So spricht man im Südosten des deutschen Sprachraums, also in Teilen Bayerns und in Österreich, das Wort *Geschoss* (ebenso *Erdgeschoss, Obergeschoss, Wurfgeschoss* und andere) nicht mit einem kurzen O, was für *ss*-Schreibung spräche, sondern mit einem langen. Weil dem so ist, darf hier auch mit *ß* geschrieben werden. In Castrop-Rauxel oder in Kiel gilt das selbstredend nicht.

Ähnlich gelagert ist der Fall *Löß/Löss* (= kalkhaltige Erdablagerung). Wer das Wort mit langem Ö ausspricht, schreibt mit *ß*, wer das Ö kurz ausspricht, schreibt mit *ss*. Das gilt natürlich auch für Ableitungen wie *Lößboden/Lössboden*, *Lößschicht/Lössschicht*, *lößhaltig/lösshaltig* und Ähnliche.

Sie müssen einige weitere Ausnahmen beherzigen, die aber allesamt nicht neu sind: Wörter, die auf die Silbe *-nis* enden, und einige Fremdwörter mit kurzem Vokal werden nicht mit *ss* geschrieben, auch wenn das *s* in den Pluralformen verdoppelt wird.

Es bleibt also bei *Zeugnis* (trotz *Zeugnisse*), *Wagnis* (trotz *Wagnisse*) und ähnlichen Schreibungen wie auch bei *Bus* (trotz *Busse*) und *Atlas* (trotz *Atlasse*).

Nach lang gesprochenem Vokal und nach Diphthong (Doppellaut wie *ei, eu, äu*) bleibt es beim *ß*. Schreiben Sie also getrost auch weiterhin *Maß, gießen, Floß, Ruß* und *reißen* – es sei denn, Sie wollen sich – was bei Schülern wegen der Fehlerzensur im Diktat nicht angeraten ist – besonders avantgardistisch geben oder Sie sind Schweizer.

›Kautsch‹ oder ›Couch‹ – das ist hier die Frage

Die deutsche Sprache entwickelte und entwickelt sich noch immer nicht in einem abgeschlossenen Raum. Im Gegenteil. Für das Deutsche gilt, was für alle Sprachen gilt: Sie stehen im Austausch miteinander. Wo Menschen sich begegnen und miteinander handeln, tauschen sie nicht nur Waren, Erkenntnisse, technische Errungenschaften oder Kochrezepte aus, sondern auch Wörter. Und das ist gut so, denn so wird nicht nur unser Wissen bereichert; auch unsere Sprache wird vielfältiger.

Manche Übernahmen aus fremden Sprachen sind mittlerweile so sehr ins deutsche Sprachsystem integriert, dass sie gar nicht mehr als »Fremdlinge« erkannt und empfunden werden. Nehmen Sie nur die Beispiele *Drache* (griechisch *drákōn*), *Fenster* (lateinisch *fenestra*), *Kiosk* (persisch *kūšk* = Pavillon, Gartenhaus) oder *Film* (englisch *film*).

Anderen sieht man ihre nicht deutsche Herkunft durchaus noch an, so zum Beispiel *Foul* (englisch *foul*), *Entrecote* (französisch *entrecôte*) oder *Macho* (amerikanisch-spanisch *macho* = männliches Tier). Sie müssen auch nach neuester Rechtschreibung weder *Faul* noch *Matscho* schreiben, ja Sie dürfen es gar nicht, wenn Sie nicht einen Fehler machen wollen.

Dass Eindeutschungsversuche nicht immer funktionieren, habe ich weiter vorne schon am Beispiel *Kautsch* erwähnt. Dafür, dass sie aber doch massiv vorkommen, stehen die Beispiele *Büro, Fenster, Kiosk* und andere.

In Sachen Eindeutschungen müssen Sie sich wenig Neues merken. Die Neuregelung ist hier eher vorsichtig vorgegangen.

Vor allem lassen Sie sich nicht ins Bockshorn jagen. Schreibungen wie *Filosofie* und *Bordo* sind und bleiben falsch. Auch nach Einführung der neuen Rechtschreibung trinken nur *Philosophen* genüsslich ihren *Bordeaux*, was Sie und andere natürlich auch tun dürfen.

Eindeutschungen werden nur in einigen wenigen Fällen und eher vorsichtig forciert, wobei alte und neue Schreibungen zulässig sind. Worum es im Einzelnen geht, ersehen Sie aus den folgenden Abschnitten.

Und noch ein paar Kleinigkeiten

 Die Wortbestandteile *phon, phot* und *graph* können Sie durch *fon, fot* und *graf* ersetzen.

Im Falle von *Foto, Fotograf, Fotografie* wird das schon seit vielen Jahrzehnten getan. Jetzt ist es, ohne dass die herkömmlichen Schreibweisen falsch wären, möglich, *Diktafon* (neben *Diktaphon*) und *Orthografie* (neben *Orthographie*) oder *Fotosynthese* (neben *Photosynthese*) zu schreiben. Je weniger ein Wort rein fach[sprach]licher Natur ist, desto eher werden sich diese eindeutschenden Schreibungen durchsetzen.

 Neben *tial* und *tiell* sind dort die Schreibungen *zial* und *ziell* erlaubt, wo neben den entsprechenden Adjektiven Substantive stehen, die auf *z* enden.

Schreiben Sie also getrost *essenziell* (neben *essentiell*) analog zu *Essenz* oder *potenziell* (neben *potentiell*) analog zu *Potenz*. Gleiches gilt für *substanziell* (neben *substantiell*) analog zu *Substanz* oder für *Differenzial* (neben *Differential*) analog zu *Differenz*.

Schließlich gibt es da noch ein paar Einzelfälle, in denen die Buchstabenfolgen *gh, ph, rh* und *th* zu *g, f, r* und *t* reduziert werden können. Schauen Sie sich hierzu Tabelle 5.6 an.

Früher		Heute	
Joghurt	*Joghurt**	*Jogurt*	
Spaghetti	*Spaghetti**	*Spagetti*	
Delphin	*Delphin*	*Delfin**	
Katarrh	*Katarrh**	*Katarr*	
Hämorrhoiden	*Hämorrhoiden*	*Hämorriden**	
Myrrhe	*Myrrhe**	*Myrre*	
Panther	*Panther**	*Panter*	
Thunfisch	*Thunfisch**	*Tunfisch*	

Tabelle 5.6: Eindeutschungen aus fremden Sprachen; mit einem Sternchen sind die Dudenempfehlungen gekennzeichnet

 Wenn Sie streng nach *Duden* schreiben wollen, dann halten Sie sich an diejenigen Schreibungen, die mit einem Sternchen markiert sind. Und schon müssen Sie nicht umlernen …

Vermeiden Sie es, päpstlicher als der neue Rechtschreibpapst sein zu wollen. Schreibungen wie *Fysik, Apoteke* oder *Teater* haben zwar in der zurückliegenden Berichterstattung über die Rechtschreibreform immer wieder einmal für Furore gesorgt, sind und bleiben aber falsch, wie umgekehrt auch in unseren bundesrepublikanischen Zeiten am *Thron* nicht gerüttelt wurde.

In ›Citys‹ stören ›Rowdys‹ ›Partys‹

Wörter aus dem Englischen (Anglizismen) oder Amerikanischen (Amerikanismen), die auf *y* enden, waren nach der herkömmlichen Rechtschreibregelung eine Herausforderung für sich. Waren sie schon seit Längerem ins Deutsche integriert, wurde zur Kennzeichnung des Plurals einfach ein *s* angehängt. Aus einem *Baby* wurden dann mehrere *Babys* (im Englischen *babies*), und Sie mussten durch die *Citys* (im Englischen *cities*) deutscher Großstädte bummeln. Bei den *Ladys* (im Englischen *ladies*) der feinen Gesellschaft galt aber neben dem deutschen Plural auf *s* auch der englische auf *ies* als zulässig. Und nur in diesem Punkt waren denen die *Rowdys/Rowdies* (im Englischen *rowdies*) gleichgestellt. Ohne Klassenunterschiede gingen beide Gruppen ihren mehr oder weniger teuren, aber auf diese Pluralform beschränkten *Hobbys* nach (im Englischen *hobbies*).

Mit diesem Durcheinander macht die neue Rechtschreibung ein für alle Mal Schluss.

 Wörter aus dem Englischen/Amerikanischen und solche, die lediglich danach aussehen, deren Singular (Einzahl) auf *y* endet, enden im Plural generell nur noch auf *s*.

So sind *Babys, Ladys* und *Rowdys* in trauter Rechtschreibeinheit miteinander verbunden, gibt es bei *Citys* und *Hobbys* keine Zweifel mehr, und auch das völlig unenglische Kunstwort *Handy* (im Englischen heißt es *mobile phone*, im Amerikanischen *cell phone*) gliedert sich problemlos ein (*Handys*).

Warum »Dummies« eigentlich falsch ist

Jetzt wissen Sie auch, warum die Schreibung *Dummies* nach neuestem deutschem Rechtschreibrecht eigentlich nicht mehr zulässig ist. Aber bevor sie die vielen Tausend Exemplare der *Für-Dummies*-Reihe so mir nichts, dir nichts einstampfen, nehmen sich deren Herausgeber die Freiheit einer individuellen Festlegung heraus. Das kann eigentlich jeder für sich tun – mit Ausnahme der Schüler, die sich im Unterricht an die amtlichen Vorgaben halten müssen. Wenn die Anzahl individueller Festlegungen klein bleibt, liegt noch längst kein Bruch mit der amtlichen Regelung vor. Die deutsche Rechtschreibung verkraftet solche kleinen Ausreißer durchaus.

Demnach mit hoch erhobenem Kopf und ohne Rechtschreibrebell sein zu wollen: *Neue deutsche Rechtschreibung für Dummies* – als kleine verlagsgesetzte Ausnahme von der Regel.

Sollten Sie aber einmal in die Verlegenheit kommen, über die *Grand Old Ladies* der englischen Geschichte schreiben zu müssen, dann nehmen Sie diesen mehrteiligen Begriff als das, was er ist, nämlich als ein Zitatwort, und belassen Sie es bei der englischen Schreibung des Plurals.

Alles verstanden?

Auf dem Gebiet der Laut-Buchstaben-Zuordnung bewirkt die neue Rechtschreibung eher wenige Änderungen. Ob Sie das Wesentliche hierzu bereits verinnerlicht haben, können Sie im folgenden Kreuzworträtsel testen.

Setzen Sie die Umlautbuchstaben *ä*, *ö* und *ü* ein; ersetzen Sie sie nicht durch *ae*, *oe* und *ue*. Groß- und Kleinschreibung wird auch ausgeblendet. Um die geht es erst im nächsten Kapitel.

Waagerecht:

2 Folie aus synthetischem Material; 4 Säugling (Mehrzahl) – Gleichmaß in der Musik; 6 gute körperliche Verfassung – kleiner Meeressäuger; 8 Gerät zum Aufnehmen von Staub – eine Art Sauermilch; 10 ein bisschen frech; 13 auf exaltierte Weise; 15 höchste Spielkarte; 16 Juckreiz verursachende Pflanze; 18 Fachmann für plastische Verzierungen aus Gips; 21 gut mit der Hand zu umfassen; 23 zärtliche Berührung mit den Lippen; 24 grauenhafte Gewalttat; 26 niedergedrückt, betreten; 28 dickflüssige Masse aus zergangenem Zucker

Senkrecht:

4 durchgehend mit Ordnungszahlen versehen; 5 einfaches Landgasthaus; 7 große Robbe mit rüsselartiger Nase; 10 Chef – Ministrant; 13 ungeschickter Mensch; 15 an einen bestimmten Ort stellen; 17 kostspielig; 19 italienische Pasta – eine Tracht Prügel verabreichen

Die Auflösung dieses Rätsels finden Sie in Kapitel 11.

	1	2	3	4	5	6	7	8	9	10	11	12	13	14	15	16	17	18	19
1																			
2																			
3																			
4																			
5																			
6																			
7																			
8																			
9																			
10																			
11																			
12																			
13																			
14																			
15																			
16																			
17																			
18																			
19																			
20																			
21																			
22																			
23																			
24																			
25																			
26																			
27																			
28																			
29																			

Typisch deutsch: Mal schreibt man groß – mal schreibt man klein

6

In diesem Kapitel

▶ Warum manche Wörter großgeschrieben werden und andere nicht

▶ Was Sie so alles großschreiben müssen

▶ Die Großschreibung von Substantiven (Hauptwörtern) und von Wörtern, die es einmal waren

▶ Was passiert, wenn Wörter anderer Wortarten zu Substantiven werden

▶ Was für Eigennamen und ihre Begleiter gilt

▶ Wie Sie mit *Roten Karten* und *schwarzen Löchern* umgehen müssen, und was das *Fleißige Lieschen* mit dem *Ersten Mai* zu tun hat

Was das Besondere an der Großschreibung ist

Für all diejenigen, die Deutsch als Fremdsprache lernen, ist sie eine besondere Hürde: die deutsche Großschreibung. Doch auch für Muttersprachler hält sie manche Klippe parat. Kein Wunder, dass in den vergangenen Jahrzehnten immer wieder der Ruf nach ihrer Abschaffung zu hören war. In anderen Sprachen geht's schließlich auch ohne.

Die Rechtschreibreform hat den Traum vieler vom Abhobeln aller Großbuchstaben im Satzinneren nicht wahr werden lassen. Das hat seinen guten Grund: Die Großschreibung bestimmter Wörter oder Wortgruppen im Satz erleichtert dem Leser, also Ihnen, das Textverstehen. Und darum geht es beim Schreiben ja in erster Linie. Die Großschreibung hilft Ihnen nicht nur, Satzanfänge und Eigennamen zu erkennen, sie kennzeichnet auch oft das Subjekt (den Satzgegenstand) und das Objekt, also das, worüber im Satz eigentlich gesprochen wird. Ihr Auge erfasst beim Lesen diese durch Großschreibung hervorgehobenen zentralen Positionen, und Sie haben verstanden, worum es geht, noch bevor Sie den Satz zu Ende gelesen haben.

Was Sie so alles großschreiben müssen

In Tabelle 6.1 habe ich für Sie zusammengestellt, was Sie so alles großschreiben müssen. Vieles davon kennen Sie längst.

Das wird großgeschrieben	Beispiele
Überschriften, Werktitel, Titel von Gesetzen, Anrede und Grußzeile in Briefen und Ähnliches	*Mein schönstes Ferienerlebnis*
	Neue deutsche Rechtschreibung für Dummies
	Potsdamer Abkommen
	Internationale Grüne Messe (in Berlin)
	Lieber Schorsch
	Mit herzlichen Grüßen
Satzanfänge	*Da wird doch der Hund in der Pfanne verrückt.*
	Haben Sie schon gehört, dass die neue Recht-schreibung jetzt amtlich ist?
	Jetzt wird's aber Zeit!
Substantive (Hauptwörter)	*Abrissbirne, Dachdecker, Marketing, Räuberhöhle, Orthografie, Tête-à-Tête, Zehnerpack*
Substantivierungen (Wörter anderer Wortarten, die als Hauptwörter gebraucht werden)	das *Rauchen*, beim *Spielen*, zum *Totlachen*, mein *Ich*, eine *Sie*, kein *Aber*, diese *Glückliche*, etwas *Besonderes*, genug *Neues*, wenig *Interessantes*
Paarformeln aus nicht deklinierten (gebeugten) Adjektiven (Eigenschaftswörtern), mit denen Personengruppen bezeichnet werden	*Arm und Reich* (= alle), *Groß und Klein* (= jeder-mann), *Jung und Alt* und andere
Eigennamen	*Julius, Renate, Heinz Schmidt, Deutschland, Afrika, Marktplatz, Uferstraße, Kap der Guten Hoffnung, Stuttgarter Zeitung*
Die Anredepronomen (Anredefürwörter) sowie die Possessivpronomen (besitzanzeigenden Fürwörter) in Briefen (*du* und *dein* können al-lerdings auch kleingeschrieben werden)	*Dein Dich* liebender Heinrich
	Liebe Oma, ich schreibe *Dir* diesen Brief, weil ich mich für *Dein* Geschenk bedanken will.
	Ich grüße *Sie* herzlich und freue mich auf *Ihre* Mitarbeit.

Tabelle 6.1: Was so alles großgeschrieben werden muss

Was bei der Großschreibung noch leicht zu merken ist

Schreiben Sie das erste Wort nach einem Doppelpunkt groß, wenn Sie das, was auf den Doppelpunkt folgt, als vollständigen Satz verstehen. Gleiches gilt für die Wiedergabe wörtlicher Rede und für das erste Wort nach Gliederungsangaben wie Ziffern, Buchstaben, Paragrafen oder Ähnlichem.

Hier ein paar Beispiele:

✔ *Das Sprichwort lautet: Der Apfel fällt nicht weit vom Stamm.*

✔ *Unser Motto war: Nicht schlappmachen.*

✔ *Er schluchzte: »Verlass mich nicht.« Sie konterte: »Memme!«*

✔ *1. Bei Feueralarm verlassen alle sofort das Gebäude.*

✔ *d) Allgemeine Geschäftsbedingungen*

✔ *§ 8 Das Halten von Haustieren bedarf der Zustimmung des Vermieters.*

Wie es zur Großschreibung im Deutschen kam

Auch andere europäische Sprachen kannten früher die Großschreibung. In Dänemark ist sie zum Beispiel erst kurz nach dem Zweiten Weltkrieg abgeschafft worden.

Wie sich die Großschreibung im Deutschen herausbildete, ist noch immer nicht abschließend erforscht. Eines jedoch ist sicher: Die Großbuchstaben waren vor den Kleinbuchstaben da. Dafür haben die Römer mit ihrem lateinischen Alphabet gesorgt. Die Kleinbuchstaben entwickelten sich irgendwann zwischen dem frühen Mittelalter und der Erfindung des Buchdrucks im 15. Jahrhundert aus den Großbuchstaben heraus. In dieser Zeit nahmen sie auch ihre heutige Gestalt an.

Schon in den ältesten deutschen Handschriften und später in den ersten Drucken, in denen im fortlaufenden Text eigentlich nur Kleinbuchstaben stehen, tauchen besondere Großbuchstaben zur Markierung von Textanfängen auf. Solche Initialen sind in den mittelalterlichen Handschriften oftmals prunkvoll gestaltet und üppig ausgemalt. Gelegentlich fungieren sie auch schon zur Kennzeichnung von Satz-, Strophen- oder Versanfängen. Das »Nibelungenlied« aus dem 13. Jahrhundert ist hierfür ein schönes Beispiel.

Für die Großschreibung im Satzinneren sind die Dinge komplizierter. Da wird zunächst alles großgeschrieben, was irgendwie bedeutsam ist oder beim Vorlesen besonders betont werden soll, vorneweg natürlich das Wort *Gott*. Dann werden selbstverständlich alle Namen großgeschrieben. Schließlich wird großgeschrieben, was Respekt verdient oder dem eine Respektsbekundung gebührt wie Titel, Standes- und Amtsbezeichnungen.

Im 16. Jahrhundert greift die Großschreibung im Satzinneren weiter aus. Ende des 18. Jahrhunderts hat sie ihre noch heute weitgehend geltende Form erreicht. Trotz fortwährender Bestürmung in den zwei Jahrhunderten, die seitdem vergangen sind, hat sich die Großschreibung im Deutschen eisern behauptet. »Noli me tangere« – Rühre mich nicht an! –, schreit sie ihren Widersachern entgegen, die für die gemäßigte Kleinschreibung eintreten und damit nichts anderes meinen als die Beschränkung der Großschreibung auf Satzanfänge und Eigennamen. Und die für die Rechtschreibregelung zuständigen Politiker stimmen ihr zu. Immer sind schon bald wieder Wahlen …

Es bleibt aber dabei, dass Sie in bestimmten Fällen kleinschreiben müssen:

 Schreiben Sie klein weiter, wenn auf die wörtliche Rede ein Teilsatz folgt oder ein solcher in die wörtliche Rede eingebettet ist.

Auch hierzu ein paar Beispiele:

✔ _»Gleiches Recht für alle«, verkündete die Kanzlerin._

✔ _»Halt«, rief sie, »so kommst du mir nicht davon!«_

✔ _»Was willst du?«, knurrte er. »Ich räume ja schon auf.«_

Schreiben Sie auch das erste Wort nach einem Einschub (einer Parenthese) klein, wenn es nicht aus anderen Gründen großgeschrieben werden muss:

✔ _Eines Nachts, ich war gerade eingeschlafen, klingelte das Telefon._

✔ _Sie verkündete – wie immer mit großer Begeisterung –, dass sie wieder einmal gewonnen habe._

✔ _Ohne Ausweis (das versteht sich von selbst!) reist man nicht ins Ausland._

Übrigens: Wenn Sie Auslassungspunkte, einen Apostroph oder eine Zahl an den Anfang eines vollständigen Satzes setzen, gelten diese als Satzanfang – und die Schreibung des folgenden Wortes bleibt unverändert. Also:

✔ _… lautete sein Kommentar._

✔ _'s war halt doch schön!_

✔ _365 Tage hat ein Jahr._

›auf Deutsch‹ und ›in Rot‹: Alles kein Problem

Nach der herkömmlichen Rechtschreibung war nicht immer ganz klar, ob Sprachbezeichnungen nach einer Präposition (einem Verhältniswort) groß- oder kleingeschrieben werden mussten. Bei den Farbbezeichnungen war das anders. Hier galt und gilt in jedem Fall nur Großschreibung als korrekt. Also:

✔ ein Kleid _in Rot_

✔ _bei Grün_ über die Straße gehen

✔ vorsichtig _mit Ocker_ einfärben

 Wie Farbbezeichnungen schreiben Sie jetzt auch Sprachbezeichnungen nach Präpositionen immer groß.

Ein paar Beispiele für die Großschreibung von Sprachbezeichnungen:

✔ _Mit Englisch kommt man heute überall durch._

✔ _Obwohl Franzose, verfasste er seine Erzählungen in Deutsch._

✔ _In unserer Firma werden alle Verhandlungen grundsätzlich auf Deutsch geführt._

Alles klar? Sie können Sprachbezeichnungen in bestimmten Fällen aber auch kleinschreiben. Sie müssen dann aber einen Bedeutungsunterschied bedenken:

✔ Was spricht er? Was für eine Sprache spricht er? Er spricht *Deutsch/ein akzentfreies Deutsch.*

✔ Wie spricht er? Er spricht *deutsch/akzentfrei deutsch.*

›heute Abend‹ geht die Post ab

 Nach *vorgestern, gestern, heute, morgen* und *übermorgen* schreiben Sie die Benennung von Tageszeiten grundsätzlich nur noch groß.

Hier einige Beispiele für die Großschreibung von Tageszeiten:

✔ *vorgestern/gestern/heute/morgen/übermorgen Abend*

✔ *vorgestern/gestern/heute/morgen/übermorgen Morgen*

✔ *vorgestern/gestern/heute/morgen/übermorgen Vormittag/Mittag/Nachmittag*

✔ *vorgestern/gestern/heute/morgen/übermorgen Nacht*

Kleine Ausnahme am Rande: *früh* können Sie – müssen Sie aber nicht – als Substantiv auffassen. Also: *heute früh/Früh*.

 Wenn Sie sich streng an den *Duden* halten wollen, schreiben Sie *früh* nach *vorgestern, gestern, heute, morgen* und *übermorgen* immer klein: *heute früh*. (Wenn Sie Österreicher sind, schreiben Sie groß: *heute Früh* [= heute Morgen].)

Kleiner Hinweis dazu: Sind Tageszeiten mit einem Wochentagsnamen verbunden, wird nach neuer Rechtschreibung immer zusammengeschrieben. Sie müssen also schreiben:

✔ *am Freitagabend*

✔ *nicht vor Sonntagnachmittag*

✔ *bis Montagmorgen*

✔ *Samstagnacht*

›aufs Beste‹ geregelt: die Großschreibung von Superlativen

Was waren das noch für Zeiten, als Sie bei der Schreibung von Superlativen – Adjektiven (Eigenschaftswörtern) in der höchsten Steigerungsstufe – strikt zwischen Klein- und Großschreibung unterscheiden mussten. Früher sollten Sie schreiben: *Es war alles auf das / aufs beste hergerichtet.* Aber: *Seine Wahl ist auf das / aufs Beste gefallen* (so zuletzt im *Duden* von 1991).

Die neue Rechtschreibung lässt nun bei Superlativen nach *aufs* beide Schreibungen zu.

 Sie können Superlative nach *auf das / aufs* groß- oder kleinschreiben.

Demnach ohne Anspruch auf Vollständigkeit:

✔ *aufs Äußerste/äußerste erregt sein*

✔ *aufs Beste/beste bestellt sein*

✔ *aufs Entschiedenste/entschiedenste bestreiten*

✔ *aufs Genaueste/genaueste untersuchen*

✔ *aufs Herzlichste/herzlichste begrüßen*

✔ *aufs Strengste/strengste bestrafen*

Warum Groß- oder Kleinschreibung, fragen Sie? Nun, die Antwort ist ganz einfach: Die Groß-schreibung schließt an die Regel an, dass Adjektive (Eigenschaftswörter), die als Substantiv (Hauptwörter) gebraucht werden, wie alle Substantive großgeschrieben werden müssen. For-males Kriterium für diese Substantivierung ist der Artikel *das* (*aufs = auf das*). *Wir amüsierten uns im Kabarett aufs Beste.* Wie amüsierten wir uns? *Aufs Beste.*

Die Kleinschreibung rechtfertigt sich durch die Tatsache, dass Sie nach Superlativen, die mit *am* gebildet sind (*Zu Hause ist es am schönsten.*) mit »Wie?« fragen können (Wie ist es zu Hause? *Am schönsten.*). Und das gilt auch für Superlative mit *aufs.* Wie amüsierten wir uns? *Aufs beste.*

Weil dem so ist, bleibt auch die Kleinschreibung (vergleichen Sie noch einmal die Beispiele weiter vorne) korrekt. Aber was fangen Sie mit diesem Nebeneinander von Groß- und Klein-schreibung an?

 Wenn Ihnen daran gelegen ist, immer einheitlich zu schreiben, rät der *Duden* zur Großschreibung. Einmal gemerkt und immer richtig gemacht.

Aber Achtung! Die neue Rechtschreibung lässt Groß- und Kleinschreibung nur bei Superla-tiven mit *auf das / aufs* zu. Es soll ja auch nicht zu einfach werden. Steht ein Artikel oder eine der Präpositionen *im, ins, vorm* und *zum* vor dem Superlativ, müssen Sie stets großschreiben. Hier einige Beispiele:

✔ *Es ist das Beste, was du tun kannst.*

✔ *etwas zum Besten geben*

✔ *zum Besten der Bürgerinnen und Bürger handeln*

✔ *vor dem Schlimmsten verschont werden*

✔ *nicht im Entferntesten von etwas träumen*

✔ *etwas nicht im Geringsten für möglich halten*

✔ *sich bis ins Kleinste verlieren*

Und noch etwas: Es bleibt auch bei der Großschreibung von Superlativen, die Sie mit »Woran?«, »An was?« oder »Worauf?« erfragen können:

✔ *Es fehlte ihnen am / an dem Nötigsten?* Woran/An was fehlte es ihnen? *Am Nötigsten.*

✔ *Wir sind aufs / auf das Schlimmste vorbereitet.* Worauf sind wir vorbereitet? *Aufs Schlimmste.*

Alles verstanden?

Wenn Sie erproben wollen, ob Sie die bisherigen Erklärungen zur Groß- und Kleinschreibung schon verdaut haben, machen Sie doch einfach folgende kleine Übung. Die Auflösung dazu finden Sie in Kapitel 11.

Bitte setzen Sie die fehlenden Buchstaben ein:

Dieses Buch trägt den Titel _eue deutsche Rechtschreibung für Dummies. – Der _nternationale Deutschlehrertag findet in diesem Jahr in Münster statt. – Die _ieler Woche zieht alljährlich Zigtausend Besucher an. – Rund um die Förde und entlang der _afenpromenade tummeln sich dann _lt und _ung. – Dort gibt es immer genug _eues zu erfahren. – Für das _egeln begeistere ich mich schon seit Jahren. – Andere entspannen sich beim _ngeln, das mir wenig _nteressantes zu bieten hat. – Da ziehe ich doch das _esen vor. – Außerdem gilt der Spruch: _as Hänschen nicht lernt, lernt Hans nimmermehr. – Und überdies sagt man (_ie allseits bekannt), dass der Apfel nicht weit vom Stamm falle. – Unsere Freunde sprechen ausgezeichnet _eutsch. – Manchmal unterhalten wir uns aber auch auf _ranzösisch. – Wenn wir morgen _bend zusammen nach Indien fliegen, werden wir dort wohl am _esten mit _nglisch durchkommen. – Zuvor müssen wir heute _achmittag aber noch die Koffer packen. – In jedem Fall haben wir uns aufs _ründlichste vorbereitet.

Was Sie bei der Schreibung von Substantiven beachten müssen

Substantive (Hauptwörter) sind im Deutschen ein Fall für sich. Mit einfachen Kandidaten wie *Tisch, Stuhl* und *Bett* werden Sie kaum Schwierigkeiten haben. Und dass Zusammensetzungen wie *Stammtisch* und *Bügelbrett* im Allgemeinen zusammengeschrieben werden, ist Ihnen auch längst klar. Was aber ist mit längeren mehrteiligen Wortungetümen oder mit Übernahmen aus fremden Sprachen? Und wie verhält es sich mit Substantiven, die ursprünglich gar keine waren oder – umgekehrt – ihren substantivischen Charakter verloren haben? Hierzu gibt es einiges zu erklären. Gehen wir es behutsam an.

Die Schreibung von Substantiven und Wörtern, die es einmal waren

Zu Ihrer besseren Orientierung gebe ich in Tabelle 6.2 erst einmal einen allgemeinen Überblick.

Wie Sie schreiben müssen	Beispiele
Substantive (Hauptwörter) werden grundsätzlich großgeschrieben. Das gilt auch für Zahlsubstantive.	*Auto, Bundesbahn, Erdbeertorte, Unfallverhütungsmaßnahmen, Foul, Highlife, Cox Orange; drei Paar Schuhe, ein Dutzend Zuhörer, eine Million Menschen*
Wörter am Anfang einer Zusammensetzung mit Bindestrich, die selbst nicht Substantiv sind, müssen Sie großschreiben, wenn die Zusammensetzung als Ganzes ein Substantiv darstellt.	*das In-den-Tag-hinein-Leben, eine Friss-die-Hälfte-Diät* *Ad-hoc-Entscheidung, In-dubio-pro-reo-Grundsatz* *X-Beine, S-Kurve*
Abkürzungen sowie Einzelbuchstaben oder zitierte Wörter und Ähnliches bleiben unverändert.	*pH-Wert, PISA-Schock, dass-Satz, i-Punkt, IQ-Test, S-Kurve, ABC-Staaten* (= Argentinien, Brasilien und Chile), *Abc-Code* (= internationaler Telegrammschlüssel), α-Strahlen
Großschreiben müssen Sie Substantive, Einzelbuchstaben, Abkürzungen oder zitierte Wörter auch dann, wenn sie innerhalb einer Zusammensetzung mit Bindestrich stehen.	*die Henne-Ei-Problematik, der 1000-Meter-Lauf, das Auf-der-faulen-Haut-Liegen, ph-Wert-neutral, Moskau-freundlich, S-Kurven-reich, Formel-1-tauglich, UV-empfindlich, S-förmig* (= in der Form eines großgeschriebenen S), *s-förmig* (= in der Form eines kleingeschriebenen s), *x-beliebig*

Tabelle 6.2: Großschreibung von Substantiven und von Wörtern, die es einmal waren

Mehr zur Schreibung mit Bindestrich erfahren Sie in Kapitel 8.

Ein besonderer Fall sind die Substantive, die aus fremden Sprachen ins Deutsche übernommen wurden. Deshalb widme ich ihnen einen eigenen Abschnitt.

Etwas anspruchsvoller: die Schreibung von Substantiven aus fremden Sprachen

Dass es in der deutschen Sprache nur so von Wörtern aus fremden Sprachen wimmelt, habe ich bereits in Kapitel 5 angesprochen. Dass es sich bei vielen dieser Wörter um Substantive (Hauptwörter) handelt, liegt auf der Hand. Dass diese wie ursprünglich deutsche Substantive großgeschrieben werden müssen, wird Sie nach allem, was Sie bisher zur Großschreibung der Substantive gelesen haben, nicht mehr wundern. Aber: Sie dürfen die Rechnung nicht ohne den Wirt machen. Die Schreibung von Substantiven aus fremden Sprachen setzt einiges voraus.

 Schreiben Sie Substantive aus fremden Sprachen generell groß. Wenn Sie Substantive aus fremden Sprachen nur zitieren, dann schreiben Sie diese Wörter wie in der Ursprungssprache klein und setzen sie zwischen Anführungszeichen.

Nicht ganz einfach: Die Schreibung von Substantiven, die aus fremden Sprachen stammen:

✔ *das Atrium, die Deadline, das File, der Imam, der Modus, die (*auch *das) Lineage*

✔ *der Worst Case;* als Zitatwort: *Der Ausfall beider Stürmer ist für die deutsche Elf der »worst case«.*

 Aber Achtung: Bei mehrteiligen Substantiven aus fremden Sprachen müssen Sie die Wörter im Inneren der mehrteiligen Fügung je nach ihrer Wortart groß- oder kleinschreiben, ganz abgesehen davon, dass Sie manche dieser Fügungen mit Bindestrich(en) schreiben müssen und andere nicht.

Hier einige Beispiele, die Ihnen die Sachlage verdeutlichen sollen:

a) Der zweite Bestandteil ist in der Ursprungssprache ein Substantiv – gegebenenfalls in flektierter (gebeugter) Form, was Sie natürlich erkennen können müssen.

Demnach müssen Sie schreiben:

✔ *die Alma Mater, die Communis Opinio, das Corpus Delicti, das Corned Beef, das Happy End, das Lean Management, das Slow Food, der Small Talk, der Ego-Shooter, der Sex-Appeal, die Sneak-Preview, der (*auch *die) Couch-Potato*

b) Die mehrteiligen Fügungen enthalten Wörter, die in der Ursprungssprache Substantive sind, und andere, für die das nicht gilt.

Also schreiben Sie:

✔ *das Cordon bleu, der Five o'Clock Tea, die Commedia dell'Arte, das Check-in, das Hand-out, eine Terra incognita, der Chef de Cuisine*

c) Um die Verwirrung komplett zu machen, werden manche dieser Fügungen auch zusammengeschrieben:

✔ *das Cornedbeef, der Sexappeal, das Slowfood, der Smalltalk, die Sneakpreview, der (*auch *die) Couchpotato*

Wann getrennt geschrieben oder zusammengeschrieben wird, lässt sich schwer in Regeln fassen. Mit aller gebotenen Vorsicht können Sie nach der Faustregel schreiben: Je geläufiger die betreffende Fügung im Deutschen ist und je länger sie schon benutzt wird, desto mehr spricht für Zusammenschreibung. Gerade im Englischen sind aber schon die englischen Schreibungen sehr uneinheitlich. Entsprechend empfiehlt der *Duden:*

✔ *Cornedbeef, Feedback, Fingerfood, Glamourgirl, Jamsession, Softdrink, Sneakpreview*

Aber eben auch:

✔ Mixed Pickles, Small Talk, Slow Food, Sex-Appeal, Couch-Potato, Poetry-Slam

›zur Not‹ wird ›Rad gefahren‹: Substantive in festen Wendungen

Das Deutsche ist reich an festen Fügungen, die in sich nicht verändert werden können und als Ganzes Bausteine unserer Sprache sind. Soweit sie Substantive (Hauptwörter) enthalten, müssen Sie diese in der Regel großschreiben.

Das ist ein alter Hut und Ihnen längst bekannt. Trotzdem einige Beispiele zur Veranschaulichung:

✔ _auf Abruf, in Bälde, in/mit Bezug, im Grund, zu Händen von, in Hinsicht auf, zur Not, zur Seite_

Manche dieser Fügungen können Sie auch zusammenschreiben:

✔ _auf Grund / aufgrund, zu Grunde gehen / zugrunde gehen, auf Seiten / aufseiten, von Seiten / vonseiten_

Der _Duden_ empfiehlt in den folgenden vier Fällen die Zusammenschreibung: _aufgrund, zugrunde gehen, aufseiten, vonseiten_

Ein Blick zurück ohne Zorn

Nur damit Sie einmal sehen, wie das früher so war: Nach der alten Rechtschreibung hätten Sie sich mit einem fröhlichen Neben- und Durcheinander von Groß- und Klein- sowie Getrennt- und Zusammenschreibung herumschlagen müssen: _auf Grund_ oder _aufgrund_, aber nur _zugrunde gehen_, _auf seiten_ und _von seiten_.

Heute sind die Verhältnisse für Sie klarer. Damit ist eine der alten Rechtschreibhürden zumindest entschärft.

Ähnlich gelagert war der Fall bei Fügungen aus Substantiv und Verb. Da sollten Sie nach alter Regelung _Auto fahren_, aber _radfahren_ sowie _maschineschreiben_ und _diät leben_ schreiben. Sie mussten _hofhalten_, aber _Not leiden_, und Sie konnten _Gefahr laufen, kegelschieben_ zu müssen. Die Gegensatzpaare _Auto fahren_ und _radfahren_ sowie _Angst haben_ und _angst machen_ gehörten zu den Klassikern unter den früheren Rechtschreibfallen, und sie wurden deshalb immer wieder herangezogen, wenn für eine Neuregelung der deutschen Rechtschreibung plädiert wurde.

Heute ist die Sache einfach:

Sie schreiben Fügungen aus Substantiv und Verb immer getrennt und das Substantiv selbstverständlich groß.

Hier ein paar Beispiele für die Schreibung von Fügungen, die aus Substantiv und Verb gebildet sind:

✔ _Auto fahren_ (aber _das Autofahren_), _Rad fahren, Maschine schreiben_ (falls das überhaupt noch vorkommt), _Kegel schieben, Geige spielen, Folge leisten, Hof halten, Gefahr laufen, Not leiden, Angst haben, Kaffee trinken, Zeitung lesen, auf etwas Wert legen, mit etwas Ernst machen, jemandem Angst (und Bange) machen_

Gleiches gilt für Fügungen des Typs

✔ _zum letzten Mal, eines Abends, letzten Endes, guten Mutes, schlechter Laune_

 Doch Vorsicht vor vorschnellen Verallgemeinerungen: Es bleibt bei der Kleinschreibung in Fällen wie

✔ _etwas ernst nehmen, ernst sein/werden, recht sein, unrecht sein_

Im Falle von _recht/Recht haben_ sind Groß- und Kleinschreibung zulässig.

Alles verstanden?

Damit die Dinge für Sie nicht zu unübersichtlich werden, folgt wieder ein kleiner Test, anhand dessen Sie ermessen können, wie weit Sie bei der Schreibung von Substantiven schon gekommen sind. Die Auflösung dieser Übung finden Sie in Kapitel 11.

 Bitte entscheiden Sie, welche Schreibung die richtige ist und streichen Sie die falsche Schreibung durch. Aber nicht zu vorschnell: In einigen Fällen könnten auch mehrere Schreibungen zulässig sein.

✔ _Adhocentscheidung_ oder _Ad-hoc-Entscheidung_

✔ _Cox Orange_ oder _Coxorange_

✔ _zwei Paar Stiefel_ oder _zwei paar Stiefel_

✔ _ein Dutzend Zuhörer_ oder _ein dutzend Zuhörer_

✔ _xbeliebig_ oder _x-beliebig_

✔ _PISA-Studie_ oder _PISAstudie_

✔ _i-Punkt_ oder _I-Punkt_

✔ _Alma mater_ oder _Alma Mater_

✔ _Corpus Delicti_ oder _Corpus delicti_

✔ _Worst Case_ oder _Worst case_ oder _»worst case«_

✔ _Sex-Appeal_ oder _Sexappeal_

✔ _Couch-Potato_ oder _Couchpotato_

✔ _Check-in_ oder _Checkin_

✔ *Terra incognita* oder *Terra Incognita*

✔ *Chef de cuisine* oder *Chef de Cuisine*

✔ *Mixedpickles* oder *Mixed Pickles*

✔ *auf Grund* oder *aufgrund*

✔ *auf Seiten* oder *aufseiten*

✔ *Auto fahren* oder *autofahren*

✔ *Gefahr laufen* oder *gefahr laufen*

✔ *Angst haben* oder *angst haben*

✔ *Angst und Bange machen* oder *angst und bange machen*

✔ *mir wird Angst und Bange* oder *mir wird angst und bange*

✔ *mit etwas ernst machen* oder *mit etwas Ernst machen*

✔ *etwas ernst nehmen* oder *etwas Ernst nehmen*

✔ *Unrecht sein* oder *unrecht sein*

Und was empfiehlt der *Duden* in den folgenden Fällen? Bitte unterstreichen Sie die empfohlenen Schreibungen:

✔ *Corned Beef* oder *Cornedbeef*

✔ *Finger Food* oder *Fingerfood*

✔ *Smalltalk* oder *Small Talk*

✔ *Sex-Appeal* oder *Sexappeal*

✔ *Couchpotato* oder *Couch-Potato*

✔ *auf Grund* oder *aufgrund*

✔ *aufseiten* oder *auf Seiten*

✔ *zu Grunde gehen* oder *zugrunde gehen*

Vorsicht Falle: »Substantive«, die gar keine sind

Es gibt eine ganze Reihe von Wörtern, die aussehen wie Ihnen geläufige Substantive (Hauptwörter), bei näherer Betrachtung aber gar keine sind. Hier ist die Verunsicherung traditionell groß, und sie wurde auch durch den Streit um die Rechtschreibreform nicht gerade verringert. Oder wissen Sie noch, wie das Wörtchen *feind/Feind* in der Fügung *jemandem feind/Feind sein* geschrieben werden muss? Tabelle 6.3 klärt Sie auf.

Alte, vor 1996 geltende Rechtschreibung	*jemandem feind sein*	*jemandem spinnefeind sein*
Neue, zwischen 1996 und 2006 geltende Rechtschreibung	*jemandem Feind sein*	*jemandem Spinnefeind sein*
Neueste, seit August 2006 geltende Rechtschreibung	*jemandem feind sein*	*jemandem spinnefeind sein*

Tabelle 6.3: Kleiner Rückblick zur Schreibung von Wörtern, die aussehen als seien sie Substantive

Das Beispiel zeigt, dass manche Neuerung seit 1996 wieder revidiert wurde. Das gilt aber längst nicht für alle. Deshalb lohnt es sich für Sie, *Neue deutsche Rechtschreibung für Dummies* ganz durchzuarbeiten. Doch zurück zum Thema:

Schreiben Sie Wörter, die Ihnen zwar wie Substantive vorkommen, aber selbst gar keine Substantive sind, klein.

Das gilt für Kandidaten, die vorwiegend bei den Verben (Zeitwörtern) *sein, bleiben* und *werden* stehen. Hier ein paar Beispiele:

✔ *Mir ist/wird ganz angst.*

✔ *Uns war/wurde angst und bange.*

✔ *Sie ist ihm gram.*

✔ *Die Fußballweltmeisterschaft war einfach klasse.*

✔ *Du tust mir wirklich leid.*

✔ *Seine Firma ist pleite.*

✔ *Das dürfte ihr ganz recht sein.*

✔ *Wer ist daran schuld?*

Achtung Ausnahme: *recht/Recht* und *unrecht/Unrecht* können Sie in Verbindung mit den Verben *behalten, bekommen, geben, haben* und *tun* groß- oder kleinschreiben.

Auch die Schreibung von *recht/Recht* gehört zu den typischen Fehlerquellen der alten Rechtschreibung. Wenn Sie auf eine einheitliche Schreibung Wert legen, empfiehlt Ihnen der *Duden* bei den Fügungen *an etwas recht tun, recht haben, recht behalten, recht bekommen, jemandem recht geben* durchgängig die Kleinschreibung.

Gern falsch geschrieben wird auch *leidtun*. Nach neuester Regelung gilt nur noch die Klein- und Zusammenschreibung als korrekt.

An diesem Fall haben sich »Reform« und »Gegenreform« so richtig ausgetobt. So wurden aus dem alten *leid tun* ein neueres *Leid tun,* das dem ganz neuen *leidtun* Platz machen musste, woran Sie erkennen können, dass die von vielen verkündete »Reform der Reform« eben nicht eine Rückkehr zu den alten Schreibungen war.

Was Sie ebenfalls kleinschreiben müssen, zeigt Ihnen Tabelle 6.4.

Was Sie kleinschreiben müssen	Beispiele
Adverbien (Umstandswörter), Präpositionen (Verhältniswörter) und Konjunktionen (Bindewörter) auf -s und -ens:	*abends, anfangs, freitags, schlechterdings, hungers (sterben), willens, rechtens (sein); abseits, angesichts, mangels, mittels, namens, seitens; falls, teils … teils*
Folgende Präpositionen:	*dank* (seiner Anstrengungen)
	kraft (ihres Amtes)
	laut (Erklärung der Regierungschefin)
	statt (des Geldes)
	an (Kindes) *statt*
	trotz (des Regens)
	wegen (des schlechten Wetters)
	von (Amts) *wegen*
	um (Himmels) *willen*
	zeit (seines Lebens)
Folgende unbestimmte Zahlwörter:	*ein bisschen* (= ein wenig)
	ein paar (= einige)
Alle Bruchzahlen auf -*tel* und -*stel*:	*ein zehntel Millimeter*
	ein viertel Kilogramm
	in zehn hundertstel Sekunden
	nach drei viertel Stunden
	Auch möglich, aber hier nicht unser Thema: die Zusammenschreibung. Demnach:
	ein Zehntelmillimeter
	ein Viertelkilogramm
	in zehn Hundertstelsekunden
	nach drei Viertelstunden
Uhrzeitangaben, wenn sie unmittelbar vor Kardinalzahlen (Grundzahlen) stehen:	*um viertel drei*
	gegen drei viertel neun

Tabelle 6.4: Was alles kleingeschrieben werden muss (oder auch nicht)

Wenn andere Wörter als Substantive gebraucht werden

Grundsätzlich können Sie Wörter jeder beliebigen anderen Wortart als Substantive gebrauchen. Diese sind dann substantiviert und heißen im Fachjargon Substantivierungen. Sie erkennen Substantivierungen unter anderem an den in Tabelle 6.5 zusammengestellten Merkmalen.

Vor dem substantivierten Wort steht	Beispiele
ein bestimmter oder unbestimmter Artikel (*der, die, das; ein, eine, ein*):	*Das Singen bereitete ihr viel Spaß.*
	Das Deutsche fiel ihm schwer.
	Das Entscheidende stand im (= in dem) Kleingedruckten.
	Sie hat ihm das Du angeboten.
	Das war ein entsetzliches Hin und Her.
ein Pronomen (*dieser, jener, welcher, mein, kein, etwas, nichts, alle, einige ...*):	*Dieses Auf und Ab macht einen ganz krank.*
	Jenes Stampfen des Schiffes war deutlich zu spüren.
	Sein Rufen verhallte ungehört.
	Etwas Besseres konnte ihr nicht passieren.
	Nichts Wesentliches wurde vergessen.
	Wir wünschten ihnen alles Gute.
ein unbestimmtes Zahlwort (*ein paar, genug, viel, wenig ...*):	*Sein Zeugnis enthielt wenig Erbauliches.*
	Es gab genug Ärgerliches zu berichten.
	Nach ein paar Wenn und Aber wurde die Entscheidung getroffen.
ein adjektivisches Attribut (eine Beifügung); Attribute können auch auf die Substantivierung folgen:	*Sein lautes Heulen war meilenweit zu hören.*
	Ihr standhaftes Beharren auf Gleichberechtigung wurde allseits respektiert.
	Das Haus wurde für das Dreifache des ursprünglichen Preises verkauft.

Tabelle 6.5: So erkennen Sie Substantivierungen

Unser Alltagswortschatz ist voll von Substantivierungen, die uns heute als solche gar nicht mehr besonders auffallen. Trotzdem finden Sie in der folgenden Liste einige weitere anschauliche Beispiele, und zwar nach Wortarten sortiert:

a) Substantivierte Adjektive (Eigenschaftswörter):

✔ *Er steht nur auf Süßes.*

✔ *Sie gab ihm Saures.*

✔ *Du sollst nicht mit Fremden gehen.*

✔ *Er hat nichts/wenig/etwas/viel Wichtiges zu sagen.*

✔ *Sie erlebten nur Schönes.*

✔ *Das Haus wurde um ein Beträchtliches teurer als geplant.*

✔ *Hier galt es, das Richtige zu tun.*

✔ *Wir haben die Lage des Langen und Breiten erörtert.*

✔ *Während die einen ins Blaue fahren, wohnen die anderen im Grünen.*

✔ *Sie kommen im Großen und Ganzen miteinander aus.*

✔ *Wie immer lag sie im Wesentlichen richtig.*

✔ *Die Ermittler tappen im Dunkeln.*

✔ *Er ist unser Ältester.*

✔ *Sie handelten nur zum Besten ihrer Kinder.*

✔ *Mit Regen hatten sie nicht im Entferntesten gerechnet.*

✔ *Sein Weggang änderte nicht das Geringste.*

✔ *Sie begrüßten sich aufs / auf das Herzlichste.*

✔ *Auf der Feier amüsierten sich Jung und Alt / Junge und Alte.*

✔ *Sie kam im kleinen Schwarzen.*

✔ *Seine Zusammenfassung traf ins Schwarze.*

✔ *Die Ampel schaltete auf Rot. Bei Grün ist er losgefahren.*

b) Substantivierte Partizipien (Mittelwörter), die wie Adjektive gebraucht werden:

✔ *Du musst auch das klein Gedruckte* (auch *Kleingedruckte*) *lesen.*

✔ *Beachten Sie bitte Folgendes: …*

✔ *Der Herr Direktor war einmal mehr nicht auf dem Laufenden.*

c) Substantivierte Ordnungszahlen und ähnliche Adjektive:

✔ *Die Raten werden am Ersten jedes Monats fällig.*

✔ *Wir müssen auch die Interessen Dritter beachten.*

✔ *Jeder Vierte war anderer Meinung.*

✔ *Den Letzten beißen die Hunde.*

d) Substantivierte unbestimmte Zahladjektive:

✔ *Auf den Rängen applaudierten Unzählige.*

✔ *Sie hatten noch Verschiedenes / alles Mögliche zu erledigen.*

✔ *Die Party war als Ganzes eher langweilig.*

✔ *Wir wollen das Ganze schnell hinter uns bringen.*

✔ *Alles Übrige wird sich zeigen.*

e) Substantivierte Verben (Zeitwörter):

✔ *Beim Spielen denke ich nichts.*

✔ *Der Vortrag war zum Heulen.*

✔ *Das Schreiben fällt ihm leicht.*

✔ *Es wird herrschen Heulen und Zähneknirschen.*

✔ *Sie handelte auf Anraten ihrer Anwälte.*

✔ *Am Abend hatte er sein Soll erfüllt.*

✔ *Das ist ein absolutes Muss.*

f) Substantivierte Pronomen (Fürwörter):

✔ *Er hatte das gewisse Etwas.*

✔ *Sie bot ihm das Du an.*

✔ *Nach der Flut standen viele vor dem Nichts.*

✔ *Bei näherer Betrachtung handelte es sich um eine Sie.*

g) Substantivierte Grundzahlen:

✔ *Die Sieben gilt als heilige Zahl.*

✔ *Er setzte alles auf die Dreizehn – und verlor.*

✔ *Sie hat nur Einsen im Zeugnis.*

✔ *Er hat eine Sechs gewürfelt.*

h) Substantivierte Adverbien (Umstandswörter), Präpositionen (Verhältniswörter) und Ähnliches:

✔ *Es herrschte ein großes Durcheinander.*

✔ *Bei dem ständigen Auf und Ab wurde ihm ganz schlecht.*

✔ *Im Nachhinein ist man immer schlauer.*

✔ *Sie hatten sich nur für das Wie interessiert.*

✔ *Als sie den Saal betrat, gab es ein großes Hallo.*

In diesen Fällen können Sie groß- oder kleinschreiben

Weil es immer Ausnahmen gibt, die die Regel bestätigen, sollten Sie noch folgende Fälle beachten:

Bei Sprachbezeichnungen können Sie groß- oder kleinschreiben, weil mit »Was?« oder mit »Wie?« nachgefragt werden kann.

✔ *Sie spricht Deutsch.* – Was spricht sie? – *Deutsch* (= die deutsche Sprache)

✔ *Sie spricht deutsch.* – Wie spricht sie? – *deutsch* (= in deutscher Sprache)

 Auch bei einfachen Infinitiven können Sie gelegentlich groß- oder kleinschreiben.

✔ *Die Kinder lernen Lesen und Schreiben* (analog zu: *das Lesen und das Schreiben*).

✔ *Die Kinder lernen lesen und schreiben* (analog zu: *richtig lesen und schreiben*).

Ebenso:

✔ *Bekanntlich ist Geben/geben seliger denn Nehmen/nehmen.*

✔ *Meist geht Probieren/probieren über Studieren/studieren.*

In diesen Fällen müssen Sie kleinschreiben

In manchen Fällen müssen Sie Adjektive (Eigenschaftswörter), Partizipien (Mittelwörter) und Pronomen (Fürwörter) kleinschreiben, auch wenn es so aussieht, als seien diese substantiviert. Tabelle 6.6 soll Ihnen hierzu einen Überblick verschaffen.

Was Sie kleinschreiben müssen	Beispiele
Adjektive (Eigenschaftswörter), Partizipien (Mittelwörter) und Pronomen (Fürwörter), wenn sie sich auf ein vorhergehendes oder nachfolgendes Substantiv (Hauptwort) beziehen:	*Sie nahm nur die beiden jüngsten ihrer Kinder mit.* *Mehrere Bretter lehnten gegen die Wand, die langen überragten die kurzen.* *Drei Spieler saßen schon am Tisch, der vierte trödelte noch herum.* *Von den beiden Typen, die an der Bar saßen, trug der erste gestreifte Socken, wohingegen der zweite seine Schuhe abgestreift hatte.*
Superlative mit *am*, wenn Sie sie mit »Wie?« erfragen können:	*Dieser Tag war am schönsten.* (Wie war dieser Tag?) *Michael Schuhmacher fuhr am riskantesten.* (Wie fuhr Michael Schuhmacher?)
Feste Verbindungen aus einer Präposition (einem Verhältniswort) und einem nicht deklinierten Adjektiv:	*Die Fans kamen von nah und fern.* *Eintrittskarten gab es nur gegen bar.* *Alle hielten durch dick und dünn zusammen.* *Ob die Entscheidung die richtige war, wird sich über kurz oder lang zeigen.* *Sie war von klein auf eine begeisterte Sportlerin.*
Feste Verbindungen aus einer Präposition und einem deklinierten Adjektiv, wobei Sie in diesen Fällen auch großschreiben dürfen:	*Sie kamen von neuem/Neuem gefährlich in den Torraum.* *Der Trainer musste von weitem/Weitem hilflos zusehen, wie seine Mannschaft überrannt wurde.* *Er bleibt bis auf weiteres/Weiteres auf der Ersatzbank.* *Er hat sie ohne weiteres/Weiteres als Vorgesetzte akzeptiert.* *Der Trainerwechsel stand seit längerem/Längerem fest.* *Binnen kurzem/Kurzem sollen die Ergebnisse vorliegen.*

Was Sie kleinschreiben müssen	Beispiele
Pronomen auch dann, wenn sie stellvertretend für ein Substantiv stehen:	*Wir hatten mit diesen und jenen* (= diesen und jenen Leuten) *zu tun.*
	Über diese Entscheidung hat sich schon mancher gewundert.
	Das muss (ein) jeder für sich selbst entscheiden.
	Sie haben alles mitgenommen.
Kardinalzahlen unter einer Million:	*Bei drei Ärzten gibt es vier Meinungen.*
	Diese zwei habe ich schon einmal gesehen.
	Im Saal saßen um die zwanzig Gäste.
	Er sah aus, als könne er nicht bis drei zählen.
	Um fünf ist hier Schicht.
	Paragraf acht muss noch ergänzt werden.
	Menschen ab fünfzig bezeichnet man heute als »best ager«.
	Es kamen viele hundert/mehrere tausend Besucher.
	Wenn Sie mit *hundert* und *tausend* aber eine unbestimmte große Menge angeben wollen, dann können Sie auch großschreiben: *Es gab viele tausende/Tausende von Zuschriften. Mehrere hundert/Hundert Zuschauer sahen das Spektakel. Der Ruf zigtausender/Zigtausender von Bürgern nach mehr Freiheit war nicht länger zu ignorieren. Am Himmel waren abertausende/Abertausende Sterne zu sehen.*
	Entsprechend: *Wir liefern die Ware in mehreren Dutzend/dutzend Einzelpaketen. Angesichts Dutzender/dutzender Anfragen brach die Hotline zusammen.*

Tabelle 6.6: In diesen Fällen müssen Sie kleinschreiben – oder auch nicht

In manchen Fällen können Sie auch hier wieder groß- oder kleinschreiben. Das gilt für

a) Possessivpronomen (besitzanzeigende Fürwörter), die mit dem bestimmten Artikel oder dergleichen stehen:

✔ *Grüß mir die deinen/Deinen (die deinigen/Deinigen)!*

✔ *Sie trug das ihre/Ihre (das ihrige/Ihrige) zum Erfolg bei.*

✔ *Jedem das seine/Seine.*

✔ *Sie ist die seine/Seine.*

Wenn Sie sich strikt an die Dudenempfehlungen halten wollen, schreiben Sie in folgenden Fällen grundsätzlich groß: *die Deinen/Deinigen, das Ihre/Ihrige, das Seine.*

b) Zahladjektive, wenn Sie zum Ausdruck bringen wollen, dass Sie sie als Substantive auffassen:

✔ *Er wollte etwas ganz Anderes erreichen.*

✔ *Die Einen wollten dies, die Anderen wollten jenes.*

✔ *Die Meisten wussten gar nicht, was los war.*

Wenn Sie sich strikt an die Dudenempfehlungen halten wollen, schreiben Sie in folgenden Fällen grundsätzlich klein: *etwas ganz anderes, die einen … die anderen, die meisten.*

c) *hundert* und *tausend*, wenn Sie damit eigentlich eine unbestimmte große Menge meinen:

✔ *Es kamen viele Hundert/mehrere Tausend Besucher.*

Wenn Sie sich strikt an die Dudenempfehlungen halten wollen, dann schreiben Sie in folgenden Fällen grundsätzlich groß: *ein paar/viele Hundert Besucher, Tausende und Abertausende von Sternen, der Kot Zigtausender von Vögeln, viele Dutzend(e) Male.*

Alles klar?

Nach so viel Stoff können Sie mit der folgenden Übung wieder einmal prüfen, ob Sie bisher schon alles verinnerlicht haben. Die Auflösung finden Sie in Kapitel 11.

Bitte entscheiden Sie, welche Regel zutrifft:

Regel	richtig	falsch
In Fügungen wie *angst werden, angst und bange sein, gram sein, klasse sein, recht sein* und *schuld sein* werden *angst, gram* und so weiter kleingeschrieben.		
recht/Recht beziehungsweise *unrecht/Unrecht* kann in Verbindung mit *behalten, bekommen, geben, haben* und *tun* auch großgeschrieben werden.		
Bei *an etwas recht tun, recht geben, recht haben, recht behalten, recht bekommen* und *jemandem recht geben* empfiehlt der Duden die Großschreibung.		
Die unbestimmten Zahlwörter *ein bisschen* und *ein paar* werden grundsätzlich kleingeschrieben.		
Alle Bruchzahlen auf *-tel* und *-stel* werden kleingeschrieben, wenn man sie nicht mit dem folgenden Wort zusammenschreibt (*ein viertel Liter / ein Viertelliter*).		
Beide Schreibungen sind richtig: *Er spricht Deutsch.* und *Er spricht deutsch.*		
Bei einfachen Infinitiven wird grundsätzlich nur großgeschrieben (*Sie lernt Reiten.*).		
Bei Possessivpronomen, die mit dem bestimmten Artikel stehen, empfiehlt der Duden stets großzuschreiben (*die Deinen, das Ihrige, jedem das Seine*).		

Was Sie bei Eigennamen groß- und was Sie kleinschreiben müssen

Dass *Hänsel* und *Gretel*, *Max* und *Moritz*, *Tim* und *Struppi*, *Hanni* und *Nanni*, *Mickey* und *Minnie* und unzählige andere Eigennamen – in diesem Fall Vornamen – sind und deshalb großgeschrieben werden müssen, ist trivial. Dass das auch für *Müller*, *Meyer* und *Schulze*, *Sauerland*, *Afrika*, *Castrop-Rauxel*, *Wien* und *Appenzell*, *Rhein*, *Schwarzwald* und *Bodensee* gilt, wird Ihnen ebenfalls nicht befremdlich vorkommen.

Etwas undurchsichtiger ist die Groß- und Kleinschreibung bei mehrteiligen Namen.

 Schreiben Sie in mehrteiligen Eigennamen mit Bestandteilen, die keine Substantive sind, das erste Wort und alle anderen Wörter groß, ausgenommen Artikel, Präpositionen (Verhältniswörter) und Konjunktionen (Bindewörter).

Hier ein paar Beispiele zur Schreibung mehrteiliger Eigennamen:

✔ *Johann Wolfgang von Goethe, Ludwig van Beethoven, Walter von der Vogelweide, Holbein der Jüngere, der Alte Fritz, Friedrich der Zweite, Klein Erna*

✔ *Vereinigte Staaten von Amerika, Freie und Hansestadt Hamburg, Klein Kleckersdorf, Groß Gumpen, der Ferne Osten, der Schwarze Kontinent*

✔ *Saarbrücker Straße, Kieler Platz, Rotes Meer, Schwäbische Alb, Golf von Bengalen*

✔ *Kleiner Bär, Großer Wagen*

✔ *die Blaue Moschee, die Große Mauer, der Schiefe Turm, das Blaue Band des Ozeans*

✔ *Deutscher Bundestag, Klinik für Innere Medizin, Zweites Deutsches Fernsehen, Österreichisches Rotes Kreuz, Internationales Olympisches Komitee*

✔ *Hotel Vier Jahreszeiten, Zum Goldenen Hecht, Mannheimer Morgen, Die Zeit*

✔ *der Westfälische Frieden, der Deutsch-Dänische Krieg, der Erste Weltkrieg, die Goldenen Zwanziger*

Häufig falsch geschrieben werden Ableitungen von geografischen Eigennamen, die auf *-er* enden.

 Schreiben Sie Ableitungen von geografischen Namen, die auf *-er* enden, grundsätzlich groß.

✔ *der Hamburger Hafen*

✔ *das Heidelberger Schloss*

✔ *die Kieler Förde*

✔ *der Appenzeller Käse*

Aber Achtung: Das gilt nicht für Ableitungen von Eigennamen auf *-(i)sch*. Hier sind die Verhältnisse komplizierter.

Schreiben Sie adjektivische Ableitungen von Eigennamen auf *-(i)sch* grundsätzlich klein, es sei denn, Sie wollen die Grundform des Personennamens durch einen Apostroph verdeutlichen. Ein Blick auf Tabelle 6.7 verdeutlicht, was hier gemeint ist.

Adjektivische Ableitung auf *-(i)sch*	Schreibung mit Apostroph
die bismarckschen Sozialgesetze	*die Bismarck'schen Sozialgesetze*
die darwinsche Evolutionstheorie	*die Darwin'sche Evolutionstheorie*
ein freudscher Versprecher	*ein Freud'scher Versprecher*
die goethischen/goetheschen Gedichte	*die Goethe'schen Gedichte*
das grimmsche Wörterbuch	*das Grimm'sche Wörterbuch*
die luthersche Bibelübersetzung	*die Luther'sche Bibelübersetzung*
potemkinsche Dörfer	*Potemkin'sche Dörfer*

Tabelle 6.7: So schreiben Sie adjektivische Ableitungen von Eigennamen auf -(i)sch

Für das Textverstehen ist die Schreibung mit Apostroph nicht zwingend. Deshalb empfehle ich Ihnen, mit solchen Schreibungen eher sparsam umzugehen, zumal eine nicht übersehbare Tendenz besteht, den Apostroph auch zwischen die Grundform eines Namens und die Genitivendung zu setzen, was eigentlich unnötig ist, von der neuen Rechtschreibung aber toleriert wird. Aus *Annas Blumenlädchen* wird dann *Anna's Blumenlädchen* und aus *Rudis Pilzstube* wird *Rudi's Pilzstube*.

So weit, so gut. Wenn jedoch aus *Muttis Liebling* und *Opas Pantoffel Mutti's Liebling* beziehungsweise *Opas's Pantoffel* geworden sind oder gar *Auto's* zum Verkauf angeboten werden, dann befinden wir uns auf dem orthografischen Holzweg.

Ansonsten müssen Sie alle adjektivischen Ableitungen mit anderen Endungen grundsätzlich kleinschreiben.

Zur Veranschaulichung einige Beispiele:

✔ *die kopernikanische Wende*

✔ *darwinistische Ansichten*

✔ *österreichische Küche*

✔ *elsässischer Riesling* (aber *Elsässer Riesling*)

✔ *mit eulenspiegelhaftem Schalk*

✔ *eine kafkaeske Stimmung*

Zum Schluss noch die Schreibung fester Verbindungen aus Adjektiv und Substantiv

Feste Verbindungen aus einem Adjektiv (Eigenschaftswort) und einem Substantiv (Hauptwort) sind deshalb ein Fall für sich, weil viele in ihnen Namen sehen oder ihnen namenähnlichen Charakter zuerkennen. Und schon wird großgeschrieben, obwohl *autogenes Training* und *Harzer Käse* zwei Paar Stiefel sind.

 In festen Verbindungen aus einem Adjektiv und einem Substantiv müssen Sie das Adjektiv kleinschreiben, wenn die entsprechende Fügung kein Eigenname ist.

Das heißt für Sie, dass Sie wie in den folgenden Beispielen schreiben müssen:

✔ *das neue Jahr* (Also auch: *Frohe Weihnachten und ein gutes neues Jahr!*)

✔ *der blaue Brief*

✔ *ein bunter Hund*

✔ *die grüne Lunge*

✔ *eine graue Maus*

✔ *grauer/grüner Star*

✔ *die höhere Mathematik*

✔ *die silberne Hochzeit*

✔ *eine schöne Bescherung*

✔ *der weiße Tod*

✔ *das zweite Gesicht*

 Auch wenn es Jahr für Jahr auf Zigtausend Karten falsch zu lesen ist: Korrekt ist nur die Kleinschreibung *neues Jahr*. So will es die neue Rechtschreibung, und so wollte es schon die alte. Apropos »alt«: Wir schreiben schließlich auch nicht *Alte Fastnacht*, sondern *alte Fastnacht*.

Aber auch diese Regel ist nicht ganz so hieb- und stichfest, wie Sie meinen mögen. Denn die neue Rechtschreibung lässt diverse Hintertürchen offen.

 Sie können das Adjektiv in solchen Fügungen auch großschreiben, wenn die Verbindung in Ihren Augen eine neue, idiomatisierte Gesamtbedeutung hat. Das ist dann gegeben, wenn sich die Gesamtbedeutung der Verbindung nicht mehr unbedingt aus den Einzelbedeutungen des Adjektivs und des Substantivs erschließen lässt.

Klingt kompliziert, ist es aber nicht. Am konkreten Beispiel wird die Sache klarer werden. Nehmen wir die Verbindung *das schwarze Brett,* mit der ein x-beliebiges Anschlagbrett benannt wird. Weil die Fügung eigentlich kein Name ist, wird *schwarz* kleingeschrieben. Weil ein *schwarzes Brett* aber weder zwingend *schwarz* noch aus *Holzbrettern* zusammengefügt sein muss – es kann sich genauso gut um eine weiße Magnettafel oder etwas Ähnliches handeln –, können Sie auch von einer idiomatisierten neuen Gesamtbedeutung ausgehen und großschreiben. Also: das *Schwarze Brett*. Ähnlich: *der weiße/Weiße Tod* (= Lawinentod).

Die Dinge sind hier sehr im Fluss. Zwar verkündet das amtliche Regelwerk von 2006, Kleinschreibung sei hier der Regelfall. Ein Blick in große Textmengen lässt an dieser Feststellung aber durchaus Zweifel aufkommen. Wenn Sie unsicher sind, hilft Ihnen ein Blick ins Wörterbuch weiter.

 Großschreiben müssen Sie das Adjektiv in bestimmten Wortgruppen wie Titeln, Ehrenbezeichnungen, den Namen besonderer Kalendertage und Ähnlichem, obwohl diese eigentlich keine Eigennamen sind.

Hierzu die folgenden Beispiele:

a) Titel, Ehrenbezeichnungen, Amts- und Funktionsbezeichnungen werden großgeschrieben:

✔ *der Heilige Vater*

✔ *der Regierende Bürgermeister*

✔ *Ihre Königliche Hoheit*

✔ *der Technische Direktor*

b) Auch besondere Kalender- oder Feiertage werden großgeschrieben:

✔ *der Heilige Abend*

✔ *der Erste Mai*

✔ *der Internationale Frauentag*

c) Bezeichnungen für bestimmte Klassifizierungseinheiten wie Arten, Unterarten und Ähnliches in bestimmten Fachsprachen werden ebenfalls großgeschrieben:

✔ *Fleißiges Lieschen*

✔ *Blauer Portugieser*

✔ *Roter Milan*

✔ *Schwarze Witwe*

 Aber nicht nur Botaniker und Zoologen schreiben in solchen Fällen oft groß. Großschreibung taucht auch in anderen Fachsprachen, zum Beispiel der des Sports, der Kunst oder der Politik, auf.

Das führt zu folgenden Schreibungen:

✔ *die Gelbe/Rote Karte* (auch *gelbe/rote Karte*)

✔ *der Goldene Schnitt* (auch *goldene Schnitt*)

✔ *die Kleine Anfrage* (auch *kleine Anfrage*)

✔ *Erste Hilfe* (auch *erste Hilfe*)

Der *Duden* empfiehlt in all diesen Fällen die Großschreibung. Schreiben Sie also getrost, wenn Sie einmal in die Verlegenheit kommen sollten: *Gelbe Karte, Goldener Schnitt, Kleine Anfrage* und *Erste Hilfe*.

Bliebe noch der Hinweis, dass in manchen Fachsprachen auch weiterhin kleingeschrieben wird, ohne dass sich hierfür klare Regeln feststellen lassen würden. So beharren Mediziner auf *eiserne Lunge* und *grauer Star* und Chemiker auf *seltene Erden*. Sei's drum.

Und jetzt darf wieder geübt werden

Die folgende etwas umfangreichere Übung hilft Ihnen dabei, Ihren Wissensstand zu überprüfen. »Übung macht den Meister«, sagt der Volksmund. »Denn man tau«, antwortet der Hamburger. Die Auflösung finden Sie auch hierzu in Kapitel 11.

Bitte streichen Sie die falschen Schreibungen durch:

✔ Motto des Tages: Nur/nur nicht nachlassen!

✔ Das Buch *neue/Neue deutsche Rechtschreibung für Dummies* (das/Das versteht sich fast von selbst!) will Ihnen ohne wenn/Wenn und aber/Aber das wichtigste/Wichtigste zur neuen Rechtschreibung vermitteln. Selbstverständlich ist der Text auf deutsch/Deutsch verfasst. Alles andere/Andere wäre Unsinn. Wer nur französisch/Französisch spricht oder glaubt, mit englisch/Englisch allein auskommen zu können, für den ist es das beste/Beste, etwas interessanteres/Interessanteres zu lesen, vielleicht ein Buch über die darwinsche/Darwinsche Evolutionstheorie oder den fernen/Fernen Osten. Jedem eben das seine/Seine.

✔ Beim üben/Üben kommt es darauf an, sich immer wieder von neuem/Neuem zu vergewissern, dass man die Rechtschreibregeln im wesentlichen/Wesentlichen verinnerlicht hat. Nach dem jahrelangen hin und her / Hin und Her um die neue Rechtschreibung ist es nicht verwunderlich, dass jeder zweite/Zweite nicht mehr sicher ist, wie er eigentlich schreiben soll.

✔ Wenn Sie *neue/Neue deutsche Rechtschreibung für Dummies* durcharbeiten, dann scheuen Sie sich nicht, das wichtigste/Wichtigste mit rot/Rot zu markieren. Hinweise in rot/Rot erleichtern es Ihnen, beim Wiederlesen das entscheidende/Entscheidende aufzufinden.

✔ Wer gestern abend/Abend ein Kapitel durchgelesen hat, kann morgen früh/Früh mit dem Wiederholen beginnen. Das ist das beste/Beste, was man tun kann. Allerdings sollten Sie nicht im entferntesten/Entferntesten davon träumen, alle neuen Regeln gleich beherrschen zu können. Denn wie sagt der Volksmund: »gut/Gut Ding will Weile haben.«

✔ Gehen Sie die Dinge also behutsam an, wie bei einem 1000-meter/Meter-Lauf. Nur auf Grund / aufgrund ständigen Übens werden Sie dahinterkommen, wie Sie Rad fahren / rad fahren und Hof halten / hofhalten schreiben müssen. Sie müssen aber keine Angst/angst haben: so/So schwer ist die neue deutsche Rechtschreibung nun auch wieder nicht. Das meiste/Meiste kennen Sie schon.

✔ Es kommt doch letzten endes/Endes immer nur darauf an, sich nicht durch irreführende Berichte angst/Angst und bange/Bange machen zu lassen. Wer *neue/Neue deutsche Rechtschreibung für Dummies* gelesen hat, tappt in Sachen Rechtschreibung schon nicht mehr im dunkeln/Dunkeln.

Knifflig, aber lösbar: die Getrennt- und Zusammenschreibung

7

In diesem Kapitel

▶ Warum gerade die Getrennt- und Zusammenschreibung
so schwierig ist

▶ Was es mit trennbaren und untrennbaren Zusammensetzungen
mit Verben so auf sich hat

▶ Gar nicht so blöd: Verbindungen mit *sein*

▶ Auch nicht ganz ohne: die Getrennt- und Zusammenschreibung
bei Verbindungen mit einem Adjektiv

▶ Relativ simpel: die Getrennt- und Zusammenschreibung bei Substantiven

▶ Verwirrend vielfältig: mehrteilige Hauptwörter aus fremden Sprachen

Warum gerade die Getrennt- und Zusammenschreibung so schwierig ist

Wann Fügungen aus mehreren Wörtern getrennt oder zusammengeschrieben werden mussten, war schon nach den alten Rechtschreibregeln nicht immer ganz klar. Sie erinnern sich vielleicht. Da sollten Sie *Auto fahren* aber *radfahren* schreiben, *sitzen bleiben* oder *sitzenbleiben*, und zwar je nachdem, ob »nicht aufstehen« oder »(in der Schule) nicht versetzt werden« gemeint war. Daneben ließ der alte *Duden* die Schreibungen *auf Grund* und *aufgrund* gleichermaßen zu.

Dass die Dinge waren, wie sie waren, ist nur zum Teil einer fehlenden Regelung anzulasten. Immerhin haben es die Väter der 1901 verabschiedeten »alten« Rechtschreibung in ihrem Regelwerk noch unterlassen, etwas zur Getrennt- und Zusammenschreibung zu verlauten. Das ist die eine Seite der Medaille.

Vielleicht haben sie bei der II. Orthografischen Konferenz in Berlin in der Hitze des Gefechts einfach vergessen, sich mit diesem wichtigen Teilgebiet unserer Orthografie zu befassen. Das möchte ich ihnen aber eigentlich nicht unterstellen. Wahrscheinlicher ist, dass sie das Thema bewusst ausklammerten. Denn gerade bei der Getrennt- und Zusammenschreibung sind die Dinge schon immer sehr im Fluss und lassen sich nicht leicht in ein enges Normenkorsett zwängen. Und genau das ist die andere Seite der Medaille.

Trotzdem haben sich im Laufe der Zeit gewisse Regelmäßigkeiten im Schreibgebrauch herauskristallisiert, die der *Duden* dokumentierte und von denen er vorsichtig einige Regeln ableitete.

Dieses aber nicht ohne den Hinweis, dass »in der Getrennt- und Zusammenschreibung (…) nicht alle Bereiche eindeutig geregelt« seien (*Duden*, 20. Auflage 1991) und man im Zweifel getrennt schreiben solle.

Die neue Rechtschreibung von 1996 hat versucht, systematische Normen für die Getrennt- und Zusammenschreibung zu formulieren. Diese neuen Regeln hätten in ihrer relativen Einfachheit für Sie als Schreiber erkennbare Erleichterungen gebracht. Wären da nicht die Leser gewesen, von denen einige gegen die »neue Einfachheit« bei der Getrennt- und Zusammenschreibung regelrecht Sturm liefen. Und so kam es, wie es kommen musste: Um des lieben Friedens willen wurde »nachgebessert«, mit dem Effekt, dass die Dinge wieder unübersichtlicher geworden sind. Grund genug, sich der neuen/alten Getrennt- und Zusammenschreibung etwas intensiver zuzuwenden.

Die Getrennt- und Zusammenschreibung bei Verben

Wie es die Bezeichnung vermuten lässt, geht es bei der Getrennt- und Zusammenschreibung um sprachliche Einheiten – also Wörter –, die im Text nahe beieinanderstehen und irgendwie aufeinander bezogen sind. Dabei müssen Sie Wortgruppen von Zusammensetzungen unterscheiden. Anschauliches Beispiel aus dem aktuellen amtlichen Regelwerk:

✔ Wortgruppe: *auf den Berg steigen; er stieg auf den Berg; er ist auf den Berg gestiegen*

✔ Zusammensetzung: *bergsteigen; er geht bergsteigen; er ist berggestiegen*

Bei den Verben (Zeitwörtern) kommt erschwerend hinzu, dass es Zusammensetzungen gibt, die trennbar sind, und solche, für die das allemal nicht gilt. Nicht trennbar zum Beispiel sind die Verben *durchstreifen, widerrufen* oder *hinterfragen*. Egal, wie sie flektiert (gebeugt) sind: Die Bestandteile, aus denen das Verb zusammengesetzt ist, dürfen nie getrennt werden. Es muss also immer heißen: *Sie durchstreifte den Wald / sie hat den Wald durchstreift* und niemals *Sie streifte den Wald durch*. Anders bei der Wortgruppe: *Sie streifte durch den Wald*.

Bei trennbaren Zusammensetzungen sieht die Sache natürlich anders aus. Je nach ihrer Stellung im Satz wechselt die Reihenfolge ihrer Bestandteile. Einfaches Beispiel, das trennbare Verb *umfallen* – im Infinitiv (in der Grundform) wird zusammengeschrieben: *Die Leiter darf nicht umfallen*. Wird flektiert (gebeugt), rückt die Vorsilbe *um* an die letzte Position im Satz: *Trotzdem fiel die Leiter um* (und nicht: *umfiel die Leiter*). Für das Partizip Präsens gilt dann wieder Zusammenschreibung: *Die Leiter ist umgefallen* (und nicht: *ist gefallen um*). Das trifft auch zu, wenn das gebeugte Verb im Nebensatz an letzter Stelle steht: *Pass auf, dass die Leiter nicht umfällt*.

Warum bestimmte zusammengesetzte Verben trennbar sind und andere nicht, ist nicht leicht zu entscheiden. Auch Grammatiken sagen hierzu in der Regel nichts aus. Schieben wir es also auf die historische Sprachentwicklung und den Sprachgebrauch.

Finger weg von untrennbaren Zusammensetzungen

Untrennbare Zusammensetzungen aus Substantiven (Hauptwörtern), Adjektiven (Eigenschaftswörtern), Präpositionen (Verhältniswörtern) oder Adverbien (Umstandswörtern) mit einem Verb dürfen Sie nie getrennt schreiben.

In Tabelle 7.1 habe ich für Sie entsprechende Beispiele zusammengestellt.

Art der Zusammensetzung	Beispiele
Substantiv + Verb	*brandmarken, sie brandmarkten ihn, er wurde gebrandmarkt*
	handhaben, sie handhabte die Angelegenheit gut, sie hat die Angelegenheit gut gehandhabt
	lobpreisen, sie lobpreisten (auch *lobpriesen*) *den Herrn, sie haben den Herrn gelobpreist* (auch *lobgepriesen*)
	maßregeln, er maßregelte seine Schüler, er hat seine Schüler gemaßregelt
	Ebenso: *nachtwandeln, schlafwandeln, schlussfolgern* und andere
Adjektiv + Verb	*frohlocken, sie frohlockten, sie hörten nicht auf zu frohlocken*
	langweilen, er langweilte sich, er hat sich gelangweilt
	liebäugeln, sie liebäugelte mit einer neuen Handtasche, sie hat geliebäugelt
	Ebenso: *vollbringen, vollenden, weissagen* und andere
Präposition/Adverb + Verb	*durchbrechen, er durchbrach das Schweigen, er hat das Schweigen durchbrochen*
	umfahren, sie umfuhr das Hindernis, sie hat das Hindernis umfahren
	widersprechen, er widersprach ohne Not, er hat ohne Not widersprochen
	Ebenso: *hintergehen, übersetzen, wiederholen* und andere

Tabelle 7.1: So behandeln Sie untrennbare Zusammensetzungen richtig

 Aber Achtung. Es gibt auch einige Fälle, in denen Wortgruppe und Zusammensetzung nebeneinanderstehen. Ein Blick in Tabelle 7.2 klärt Sie auf.

Zusammensetzung	Wortgruppe
danksagen, danksagte, hat dankgesagt	*Dank sagen, sagte Dank, hat Dank gesagt*
gewährleisten, gewährleistete, hat gewährleistet	*Gewähr leisten, leistete Gewähr, hat Gewähr geleistet*
staubsaugen, staubsaugte, hat gestaubsaugt	*Staub saugen, saugte Staub, hat Staub gesaugt*

Tabelle 7.2: Wie immer gibt es Ausnahmen von der Regel

Das Nebeneinander von Zusammensetzung und Wortgruppe gilt auch für:

✔ _brustschwimmen / Brust schwimmen_

✔ _delfinschwimmen / Delfin schwimmen_

✔ _marathonlaufen / Marathon laufen_

Das betrifft aber im Wesentlichen nur den Infinitiv (_brustschwimmen / Brust schwimmen_) und das Partizip (_brustgeschwommen / Brust geschwommen_). Wenn der substantivische Bestandteil nachgestellt wird, wird immer großgeschrieben:

✔ _Sie schwamm Brust/Delfin._

✔ _Sie lief Marathon._

Mit der folgenden kleinen Übung können Sie die Theorie gleich in der Praxis umsetzen.

Eine kleine Übung zum Verschnaufen

 Bitte setzen Sie die richtigen Schreibungen ein. Die Lösung finden Sie in Kapitel 11.

Beispiel:

Auf die umsichtige Handhabung dieser Technik kommt es besonders an.

Es kommt besonders darauf an, diese Technik umsichtig zu handhaben.

1. Art und Form der Maßregelung dieses Mitarbeiters waren überzogen.

    Nach Art und Form war es überzogen, wie dieser Mitarbeiter …

2. Seine Schlussfolgerung aus dieser Indizienkette ist nachvollziehbar.

    Was er aus dieser Indizienkette …, ist nachvollziehbar.

3. Langeweile kennt er nicht.

    Er … sich nie.

4. Nach der Vollendung seines Werkes war er sehr erleichtert.

    Nachdem er sein Werk … hatte, war er sehr erleichtert.

5. Durch ständiges Wiederholen lernen Sie mehr.

    Sie lernen mehr, wenn Sie ständig …

6. Bei seiner Danksagung waren alle gerührt.

    Alle waren gerührt, als er …

7. Nach dem Staubsaugen braucht er immer ein kleines Päuschen.

   Er braucht immer ein kleines Päuschen, wenn er …

8. Ihre große Leidenschaft war der Marathonlauf.

   Sie lief leidenschaftlich gern …

9. Das Brustschwimmen fällt ihr am leichtesten.

   Wenn sie …, fällt ihr das am leichtesten.

Und so gehen Sie mit trennbaren Zusammensetzungen um

Wo es untrennbare Zusammensetzungen gibt, gibt es auch trennbare. Für diese folgende Regel:

 Trennbare Zusammensetzungen aus Partikel, Adjektiv (Eigenschaftswort), Substantiv (Hauptwort) oder Verb (Zeitwort) und Verb werden nur im Infinitiv und im Partizip und im Nebensatz bei Endstellung des Verbs zusammengeschrieben.

Wenn an erster Stelle der Zusammensetzung eine Partikel steht

Mit Partikeln sind hier Verbzusätze aller Art gemeint. Sie können der Form nach Präpositionen (Verhältniswörtern) und Adverbien (Umstandswörtern) gleichen. Ihre Zahl ist groß. Deshalb hier nur einige Beispiele:

Mit Präpositionen formgleich sind zum Beispiel die Verbpartikeln *ab-, an-, auf-, aus-, bei-, durch-, entgegen-, entlang-, gegenüber-, hinter-, in-, mit-, nach-, über-, um-, unter-, vor-, wider-, zu-* und *zwischen-*.

Sie müssen also schreiben:

die Straße entlanggehen; er ist die Straße entlanggegangen; er pfiff vor sich hin, während er die Straße entlangging. Aber: *Er ging die Straße entlang.*

Mit Adverbien formgleich sind zum Beispiel die Verbpartikeln *abwärts-, auseinander-, beisammen-, davon-, davor-, dazu-, dazwischen-, empor-, fort-, her-, heraus-, herbei-, herein-, hin-, hinaus-, hindurch-, hinterher-, hinüber-, nebenher-, nieder-, rückwärts-, umher-, voran-, voraus-, vorbei-, weg-, weiter-, wieder-, zurück-, zusammen-* und *zuvor-*.

Sie müssen also schreiben: *noch einmal davonkommen; er war noch einmal davongekommen; er war dankbar, dass er noch einmal davongekommen war.* Aber: *Mit viel Glück kam er noch einmal davon.*

›zusammensitzen‹ oder ›zusammen sitzen‹?

Können Sie einmal nicht entscheiden, ob Sie es mit einer Verbpartikel oder mit einem eigenständigen Adverb zu tun haben, kann Ihnen folgende Probe weiterhelfen:

Wenn Sie Ihr fragliches Beispiel laut aussprechen, tragen Zusammensetzungen den Hauptakzent in aller Regel auf dem ersten Bestandteil, also auf der Verbpartikel. Sagen Sie _zusammensitzen_ mit dem Hauptakzent auf _zusammen,_ dann schreiben Sie zusammen: _Es ist ein Bild für Götter, wenn die beiden so nett zusammensitzen und so tun, als könnten sie kein Wässerchen trüben._

In einer Wortgruppe dagegen tragen Adverb und Verb je ihren eigenen Akzent, und Sie schreiben entsprechend getrennt: _Der Richter verkündete den beiden Angeklagten: »Sie haben zusammen gegen das Gesetz verstoßen, jetzt können Sie auch zusammen sitzen«_ (= im Gefängnis sein).

Wenn Ihnen das nicht hilft, gibt es noch zwei weitere Möglichkeiten herauszufinden, ob Sie es mit einer Zusammensetzung oder mit einer Wortgruppe aus eigenständigem Adverb und Verb zu tun haben:

Ein eigenständiges Adverb kann in einem Aussagesatz vor die bestimmte (finite) Form des Verbs treten. Die bestimmte Verbform ist diejenige Verbform, die nach Person und Zahl mit dem Subjekt des Satzes (dem Satzgegenstand) übereinstimmt. Am Beispiel gezeigt:

Dabei (= bei dieser Arbeit; _dabei_ = Adverb) _wollte_ (bestimmte Verbform) _sie_ (Subjekt) _nicht immer stehen, sondern zwischendurch auch einmal sitzen. Dabeistehen und zuhören war ihr Ein und Alles (dabei-_ = Verbpartikel).

Außerdem können zwischen ein selbstständiges Adverb und einen Infinitiv mehrere Satzglieder eingeschoben werden, was zwischen Verbpartikel und Verb selbstredend nicht möglich ist. Auch hierfür ein Beispiel:

Sie wollte dabei nicht immer nur auf dem Stuhl sitzen, sondern zwischendurch auch einmal stehen (dabei = Adverb). Sie wollte nicht immer nur dabeisitzen und nichts sagen (dabei- = Verbpartikel).

Weil es hier nicht um irgendeine, sondern um die deutsche Rechtschreibung geht, gibt es natürlich eine kleine Ausnahme:

Wenn Sie sich besonders theatralisch geben wollen, können Sie die Verbpartikel auch einmal an die erste Stelle im Satz treten lassen, müssen diese dann aber prompt vom bestimmten Verb getrennt schreiben: _»Heraus kommt bei diesem Gerede wieder einmal nichts«, jammerte der Herr Generaldirektor, während er sich, die Tränen der Verzweiflung im Auge, den grauen Bart raufte._ Nichts für den Alltagsgebrauch und nichts, womit Sie sich weiter befassen müssen.

Schließlich gibt es noch einige Verbzusätze, die nur noch in der Verbindung mit dem entsprechenden Verb vorkommen oder die Merkmale eines frei vorkommenden Wortes verloren haben.

Das sind zum Beispiel: *abhanden-, anheim-, bevor-, entzwei-, fürlieb-, hintan-, inne-, überhand-, vorlieb-, zurecht-.* Sie werden immer mit dem Verb zusammengeschrieben, beispielsweise: *abhandenkommen, abhandenkam, ist abhandengekommen.*

Hierzu gehören auch *fehl- (fehlgehen), feil- (feilbieten), heim- (heimkehren), irre- (irrewerden), kund- (kundtun), preis- (preisgeben), wahr- (wahrhaben), weis- (weismachen), wett- (wettmachen).*

Wenn an erster Stelle der Zusammensetzung ein Adjektiv steht

Bei Zusammensetzungen aus einem Adjektiv (Eigenschaftswort) und einem Verb (Zeitwort) liegen die Dinge etwas komplizierter. Hier müssen Sie in manchen Fällen zwingend zusammenschreiben, in anderen Fällen wird von Ihnen ebenso zwingend die Getrenntschreibung verlangt, und dann gibt es da auch noch solche Fälle, in denen es Ihnen überlassen bleibt zu entscheiden, ob Sie getrennt oder zusammenschreiben wollen. Weil das einmal mehr nach einem großen Durcheinander aussieht, gehen wir die Sache sicherheitshalber wieder langsam an.

 Wenn in einer Verbindung aus einem Adjektiv (Eigenschaftswort) und einem Verb (Zeitwort) das Adjektiv eine Eigenschaft ausdrückt, die das Ergebnis des mit der Verbindung ausgedrückten Tuns vorwegnimmt, dann können Sie getrennt oder zusammenschreiben.

Das amtliche Regelwerk spricht hier von »sogenannten resultativen Prädikativen«, was Sie aber gleich wieder vergessen können.

Die Sache ist halb so kompliziert, wie sie klingt. Wenn Sie Ihre Schuhe *blank polieren / blankpolieren*, drückt die Verbindung einerseits den Vorgang im Verb *polieren* aus. Andererseits steckt im Adjektiv *blank* bereits das erstrebte Ergebnis Ihres Tuns. Jedenfalls sollten Ihre Schuhe nach erfolgtem Blankpolieren tatsächlich auch *blank* sein. Ist das nicht der Fall, haben Sie etwas falsch gemacht.

Das kann Ihnen bei der schriftlichen Umsetzung nicht passieren. Getrennt- und Zusammenschreibung sind korrekt. Das gilt auch bei:

✔ *glatt hobeln / glatthobeln*

✔ *klein schneiden /kleinschneiden*

✔ *kalt stellen / kaltstellen*

✔ *kaputt machen / kaputtmachen*

✔ *leer essen / leeressen*

Damit es in Ihren Texten nicht zu bunt durcheinandergeht, empfiehlt Ihnen der *Duden* in solchen Fällen generell die Getrenntschreibung: *blank polieren, glatt hobeln, klein schneiden, kalt stellen, kaputt machen* etc.

Aber Achtung!

Wo eine übertragene Gesamtbedeutung vorliegt, müssen Sie zusammenschreiben:

Die Palastwache hat die Säbel blankgezogen (= aus der Scheide gezogen). *Der Minister wurde kaltgestellt* (= entmachtet). *Die Anschuldigung hat ihn völlig kaltgelassen* (= nicht beunruhigt). *Er drohte, er werde ihn kaltmachen* (= umbringen).

Weitere Fälle dieser Art sind:

✔ *krankschreiben*

✔ *freisprechen*

✔ *(sich) kranklachen*

✔ *festnageln* (= auf eine Sache festlegen)

✔ *heimlichtun*

✔ *kürzertreten* (= sich einschränken)

✔ *richtigstellen* (= berichtigen)

✔ *schwerfallen* (= Mühe verursachen)

✔ *heiligsprechen*

Wenn Sie hier nicht genau wissen, ob eine übertragene neue Gesamtbedeutung vorliegt oder nicht, können Sie getrennt oder zusammenschreiben. In den meisten allgemeinsprachlichen Fällen dürfte sich Ihnen diese Frage jedoch nicht stellen.

In einigen anderen Fällen müssen Sie aber getrennt schreiben.

Getrennt geschrieben wird immer dann, wenn die Adjektive (Eigenschaftswörter) in der entsprechenden Verbindung komplex (zum Beispiel mehrsilbig) oder erweitert sind.

Sie müssen also schreiben:

✔ *bewusstlos schlagen*

✔ *rosarot anstreichen*

✔ *ziemlich nahe kommen*

✔ *dingfest machen*

✔ *schachmatt setzen*

Das war auch schon zu Zeiten der alten Rechtschreibung so. Aber es ist vielleicht ganz nützlich, sich auch solche Fälle wieder einmal ins Gedächtnis zu rufen.

Wenn an erster Stelle der Zusammensetzung ein Substantiv steht

In Kapitel 6 haben Sie bereits erfahren, dass bestimmte Wortgruppen aus einem Substantiv (Hauptwort) und einem Verb (Zeitwort) getrennt geschrieben werden. Das gilt für *Rad fahren, Auto fahren, Maschine schreiben, Geige spielen, Gefahr laufen, Hof halten, Zeitung lesen, auf etwas Wert legen, mit etwas Ernst machen* und viele andere mehr, die Sie an dieser Stelle nicht weiter interessieren müssen.

Denn jetzt geht es um eine Reihe von Ausnahmen, die besondere Schwierigkeiten bereiten und zu denen die folgende Regel passt:

 Verbindungen aus einem Substantiv (Hauptwort) und einem Verb (Zeitwort) werden dann zusammengeschrieben, wenn das Substantiv seiner Bedeutung nach verblasst ist oder es seine Eigenständigkeit verloren hat.

Was gemeint ist, lässt sich am Beispiel von *stattgeben* zeigen, bei dem das Substantiv *Statt* (= Ort, Stelle) kaum noch als solches erkannt wird.

Die Regel bezieht sich zum Beispiel auf folgende Fälle:

✔ *eislaufen*

✔ *kopfstehen*

✔ *leidtun*

✔ *nottun*

✔ *standhalten*

✔ *stattfinden*

✔ *stattgeben*

✔ *teilhaben*

✔ *teilnehmen*

✔ *wundernehmen*

Es bleibt bei der Kleinschreibung, wenn die Verbindung getrennt werden muss: *Gestern lief sie eis. Alle standen kopf. Die Geschichte nahm ihn wunder.*

 Nun gibt es aber auch einige wenige Fälle, in denen nicht ganz zu entscheiden ist, ob ihnen eine Zusammensetzung oder eine Wortgruppe zugrunde liegt. Die können dann getrennt oder zusammengeschrieben werden.

Aber Achtung! Das gilt nur, solange die jeweiligen Formen nicht näher bestimmt oder ergänzt sind. Tabelle 7.3 klärt Sie auf.

nicht näher bestimmt / ohne Ergänzung	näher bestimmt / mit Ergänzung
achtgeben oder *Acht geben*	*sehr achtgeben*
	allergrößte Acht geben
achthaben oder *Acht haben*	*habt gut acht*
haltmachen oder *Halt machen*	*häufig haltmachen*
maßhalten oder *Maß halten*	*sehr maßhalten*

Tabelle 7.3: Groß- und Kleinschreibung bei Formen, die näher / nicht näher bestimmt sind

Bei *achtgeben, achthaben, haltmachen* und *maßhalten* empfiehlt der *Duden* die Zusammenschreibung. Wenn Sie nicht einmal so, einmal anders schreiben wollen, folgen Sie getrost dieser Empfehlung.

Wenn an erster Stelle der Zusammensetzung ein Verb steht

Bei Zusammensetzungen aus zwei Verben (Zeitwörtern) war früher oft nicht ganz klar, wann sie getrennt und wann sie zusammenzuschreiben waren. Das hat sich mit Einführung der Neuregelung geändert. Jetzt heißt die Regel:

Verbindungen aus zwei Verben werden getrennt geschrieben.

Das ist erfreulich klar. Sie schreiben also immer:

✔ *baden gehen*

✔ *bleiben lassen*

✔ *essen kommen*

✔ *flöten gehen*

✔ *hängen lassen*

✔ *kleben bleiben*

✔ *kennen lernen*

✔ *lesen lernen*

✔ *ruhen lassen*

✔ *schätzen lernen*

✔ *spazieren gehen*

Und das gilt für viele andere Beispiele mehr.

Aber Achtung! Auch hier gibt es wieder ein kleine Ausnahme, die Sie sich jedoch im Zweifel gar nicht merken müssen, hier aber der Vollständigkeit halber doch erwähnt sein soll:

In Verbindungen, in denen *bleiben* und *lassen* an zweiter Stelle stehen, können Sie auch zusammenschreiben, wenn eine übertragene Bedeutung vorliegt. Das gilt auch für *kennen lernen / kennenlernen*.

Klassisches Beispiel: das schon erwähnte *sitzen bleiben*. Werfen wir noch einmal einen Blick zurück in die Tage der herkömmlichen Rechtschreibung. Da sollten Sie wie folgt schreiben:

Mit konkreter Bedeutung: *(auf dem Stuhl) sitzen bleiben; er ist (auf dem Stuhl) sitzen geblieben*

Mit übertragener Bedeutung: *(in der Schule) sitzenbleiben; er ist (in der Schule) sitzengeblieben* (= wegen schlechter Noten nicht versetzt worden)

Heute können Sie in beiden Fällen getrennt schreiben. Die alte Unterscheidungsschreibung – getrennt bei konkretem Wortsinn, zusammen bei übertragener Bedeutung – muss eigentlich auch nicht aufrechterhalten werden. Ganz unabhängig davon, ob getrennt oder zusammengeschrieben wird, macht der Textzusammenhang, in dem das Wort vorkommt, wohl immer klar, was gemeint ist. Deshalb gilt auch:

Bei Verbindungen aus zwei Verben empfiehlt der *Duden* durchgängig die Getrenntschreibung. Damit liegen Sie immer richtig, und das ist leicht zu merken. Einzige Ausnahme: *kennenlernen*, weil es zu dieser Verbindung eigentlich längst keine konkrete Bedeutung mehr gibt.

›Nicht blöd sein‹: Verbindungen mit ›sein‹

Einfacher geht es nicht:

Verbindungen mit *sein* werden grundsätzlich getrennt geschrieben.

Da gibt es nicht viel zu merken. Sie schreiben immer *abwesend sein, an sein, aus sein, beieinander sein, da sein, dabei sein, drin sein, fertig sein, her sein, herum sein, hin sein, hinüber sein, los sein, um sein, vorbei sein, vorhanden sein, zu sein, zufrieden sein* und viele andere mehr.

Aber Achtung:

Zusammenschreibung gilt dann, wenn die Fügung wie ein Substantiv gebraucht wird: *Das Beieinandersein/Beisammensein mit Euch wird uns stets in guter Erinnerung bleiben.*

Und noch ein kleiner Test zwischendurch

Damit Sie nicht zu viel Stoff auf einmal verinnerlichen müssen, folgt wieder ein kleiner Test. Die Lösung, wie immer, in Kapitel 11.

 Ergänzen Sie bitte die richtige Schreibung.

Beispiel:

leer essen / leeressen: Schönes Wetter gibt es nur dann, wenn alle ihren Teller leer essen / leeressen. (Beide Schreibungen sind korrekt.)

1. kalt stellen / kaltstellen: Der Abweichler wurde innerhalb der Fraktion …

2. glatt polieren / glattpolieren: Die Regalbretter wurden sorgsam …

3. kalt lassen / kaltlassen: Die Vorwürfe der Opposition haben die Regierungsvertreter völlig …

4. frei sprechen / freisprechen: Der Richter hat den Angeklagten …

5. frei sprechen / freisprechen: Seine … Rede kam beim Publikum gut an.

6. kürzer treten / kürzertreten: Nach seinem Herzanfall beschloss er, eine Zeit lang …

7. kaputt machen / kaputtmachen: Sie ermahnte ihn, er solle nicht immer alles …

8. kalt stellen / kaltstellen: Vor dem Essen muss der Wein …

9. schwer fallen / schwerfallen: Der Abschied wird ihnen …

10. nahe kommen / nahekommen: Sie sind sich beim Tanzen …

11. nahe kommen / nahekommen: Wir sind einer Problemlösung schon sehr …

12. kopf stehen / kopfstehen: Nach dieser Mitteilung hatte man den Eindruck, als würde die ganze Belegschaft …

13. Eis laufen / eislaufen: Sie läuft jeden Tag …

14. Rad fahren / radfahren: Er fährt leidenschaftlich gerne …

15. Maschine schreiben / maschineschreiben: Er kann nur mit zwei Fingern …

16. Leid tun / leidtun: Sie kann einem richtig …

17. Teil haben / teilhaben: Die ganze Belegschaft soll an dem guten Jahresergebnis …

18. Acht geben / achtgeben: Wenn du über die Straße gehst, sollst du immer …

19. baden gehen / badengehen: Heute sind wir mit unseren Plänen grandios …

20. fallen lassen / fallenlassen: Sie hat ihren Handschuh …

21. fallen lassen / fallenlassen: Die Kanzlerin hat ihren Minister …

22. kennen lernen / kennenlernen: Du sollst mich noch …

23. drin sein / drinsein: Da muss mehr für mich …

24. hinüber sein / hinübersein: Nach dem Verfallsdatum könnte der O-Saft schon …

Die Getrennt- und Zusammenschreibung bei Adjektiven

Auch bei Verbindungen mit einem Adjektiv (Eigenschaftswort) an zweiter Stelle müssen Sie zwischen Fällen, in denen nur zusammengeschrieben wird, und solchen, in denen die Getrenntschreibung gilt, unterscheiden.

Fälle, in denen Sie immer zusammenschreiben müssen

 Zusammensetzungen aus Substantiven (Hauptwörtern), Adjektiven (Eigenschaftswörtern), Verben (Zeitwörtern), Adverbien (Umstandswörtern) oder anderen Wörtern mit einem Adjektiv oder einem Partizip (Mittelwort) an zweiter Stelle werden zusammengeschrieben, wenn der erste Bestandteil mit einer Wortgruppe umschrieben werden kann.

So weit, so umständlich. Die Dinge liegen jedoch ganz einfach. Folgende Beispiele zeigen Ihnen, was gemeint ist. Die Wortgruppe erkennen Sie an der Unterstreichung:

✔ *angsterfüllt* (= <u>von Angst</u> erfüllt)

✔ *anlehnungsbedürftig* (= bedürftig <u>nach Anlehnung</u>)

✔ *bahnbrechend* (= <u>die Bahn</u> brechend)

✔ *butterweich* (= weich <u>wie Butter</u>)

✔ *denkfaul* (= zu faul <u>zu denken</u>)

✔ *feuerrot* (= rot <u>wie Feuer</u>)

✔ *fingerbreit* (= so breit <u>wie ein Finger</u>)

✔ *freudestrahlend* (= <u>vor Freude</u> strahlend)

✔ *herzerquickend* (= <u>das Herz</u> erquickend)

✔ *hitzeresistent* (= resistent <u>gegen Hitze</u>)

✔ *jahrelang* (= <u>viele Jahre</u> lang)

✔ *meterhoch* (= <u>mehrere Meter</u> hoch)

✔ *milieubedingt* (= <u>durch das Milieu</u> bedingt)

✔ *schneearm* (= arm <u>an Schnee</u>)

✔ *tropfnass* (= so nass, <u>dass [die Wäsche] noch tropft</u>)

Nach demselben Muster werden zusammengeschrieben:

✔ *knielang*

✔ *fernsehmüde*

✔ *lernbegierig*

✔ *redegewandt*

✔ *selbstsicher*

✔ *geschlechtsreif*

✔ *lebensfremd*

und viele andere mehr.

Viele dieser Zusammensetzungen erkennen Sie auch an einem Fugenelement. Immer dort, wo ein solches auftritt, wird generell zusammengeschrieben. Beispiele hierfür sind:

✔ *alter<u>s</u>schwach* (mit dem Fugenelement *s*)

✔ *sonne<u>n</u>arm* (mit dem Fugenelement *n*)

✔ *werb<u>e</u>wirksam* (mit dem Fugenelement *e*)

Zusammensetzungen aus Substantiven, Adjektiven, Verben, Adverbien oder anderen Wörtern mit einem Adjektiv oder einem Partizip an zweiter Stelle werden auch dann zusammengeschrieben, wenn der erste oder der zweite Bestandteil in dieser Form gar nicht selbstständig vorkommt.

Hierzu folgende Beispielliste:

✔ *einfach, dreifach*

✔ *erstmalig, letztmalig*

✔ *leutselig, redselig, saumselig*

✔ *schwerstalkoholabhängig, schwerstbehindert, schwerstverletzt*

✔ *schwindsüchtig*

✔ *blauäugig, großmäulig, großspurig, kleinmütig*

✔ *vieldeutig*

✔ *die schwerwiegendere Entscheidung*

✔ *die zeitsparendste Route*

Sie müssen auch dann zusammenschreiben, wenn das dem Partizip zugrunde liegende Verb mit dem ersten Bestandteil grundsätzlich zusammengeschrieben wird.

Das versteht sich eigentlich von selbst und führt zu solchen Schreibungen:

✔ *wehklagend* (wegen *wehklagen*)

✔ *herunterfallend* und *heruntergefallen* (wegen *herunterfallen*)

✔ *irreführend* und *irregeführt* (wegen *irreführen*)

✔ *teilnehmend* und *teilgenommen* (wegen *teilnehmen*)

 Sie müssen außerdem zusammenschreiben, wenn Sie es mit zwei gleichrangigen (nebengeordneten) Adjektiven (Eigenschaftswörtern) zu tun haben.

Das war schon immer so. Deshalb sind die folgenden Beispiele wahrscheinlich nicht neu für Sie:

✔ *blaugrau*

✔ *dummdreist*

✔ *feuchtwarm*

✔ *frühreif*

✔ *nasskalt*

✔ *rotbraun*

✔ *taubstumm*

Theoretisch könnten Sie diese Fälle auch mit Bindestrich schreiben, wenn es Ihnen darauf ankäme, einzelne Bestandteile dieser Zusammensetzungen hervorzuheben. Da die Kombinationen aus zwei gleichrangigen Adjektiven aber weder unübersichtlich sind noch eine Schreibung mit Bindestrich erkennbar machen würde, ob Sie den ersten oder den zweiten Bestandteil besonders herausstellen möchten, bleiben Sie am besten bei der guten alten Zusammenschreibung.

 Zusammensetzungen mit einem Adjektiv oder mit einem wie ein Adjektiv gebrauchten zweiten Bestandteil müssen Sie auch immer dann zusammenschreiben, wenn der erste Bestandteil bedeutungsverstärkend oder bedeutungsabschwächend wirkt.

Bedeutungsverstärkung liegt in folgenden Fällen vor:

✔ *bitter-: bitterböse, bitterernst, bitterkalt*

✔ *brand-: brandaktuell, brandgefährlich, brandneu*

✔ *dunkel-: dunkelblau, dunkelblond, dunkelhaarig*

✔ *erz-: erzgemein, erzkonservativ, erzreaktionär*

✔ *extra-: extrafein, extragroß, extrahart*

✔ *früh-: frühgotisch, frühkindlich, frühreif*

✔ *gemein-: gemeingefährlich, gemeingültig, gemeinverständlich*

✔ *grund-: grundanständig, grundehrlich, grundhässlich*

✔ *hyper-: hyperaktiv, hypermodern, hypersensibel*

✔ *stock-: stockbetrunken, stockdumm, stocksauer*

✔ *strunz-: strunzdumm*

✔ *super-: superfein, supergut, superleicht*

✔ *tod-: todbang, todelend, todtraurig*

✔ *ultra-: ultracool, ultraflach, ultrakonservativ*

✔ *ur-: uralt, urdeutsch, urgemütlich*

✔ *voll-: vollautomatisch, vollbusig, vollgefressen*

Bedeutungsabschwächung gilt für die folgenden beiden Beispiele:

✔ *lau-: lauwarm*

✔ *minder-: minderbemittelt, minderqualifiziert, minderwertig*

 Zusammenschreiben müssen Sie außerdem auch, wenn es um mehrteilige Kardinalzahlen (Grundzahlen) unter einer Million und ganz allgemein um Ordnungszahlen geht.

Sie schreiben demnach wie bisher auch:

✔ *neunzehn*

✔ *zwölfhundert*

✔ *zweitausendsieben*

✔ *achtzehnhundertachtundvierzig*

✔ *der dreizehnte Februar*

✔ *das einhundertste Stiftungsfest*

✔ *der zweihunderttausendste Besucher*

✔ *der zweimillionste verkaufte Volkswagen*

Aber Achtung! *Dutzend, Million, Milliarde, Billion* und einige andere sind und bleiben Substantive und müssen entsprechend großgeschrieben werden:

✔ *drei Dutzend Eier*

✔ *eine Million Besucher*

✔ *acht Milliarden dreihunderttausend Menschen*

Fälle, in denen Sie zusammen- oder getrennt schreiben können

Manchmal ist es nicht leicht zu entscheiden, ob eine Fügung mit einem Adjektiv (Eigenschaftswort) oder einem adjektivisch gebrauchten Partizip (Mittelwort) eine Zusammensetzung oder eine Wortgruppe darstellt. Deshalb gilt in solchen Fällen Getrennt- und Zusammenschreibung als korrekt.

Was bedeutet das für Sie im Einzelnen?

 Verbindungen von Substantiven (Hauptwörtern), Adjektiven (Eigenschaftswörtern), Verben (Zeitwörtern), Adverbien (Umstandswörtern) und Partikeln mit einem adjektivisch gebrauchten Partizip (Mittelwort) können getrennt oder zusammengeschrieben werden.

Aus dieser Regel lassen sich folgende Schreibungen ableiten:

✔ *die Hilfe suchenden / hilfesuchenden Bürger*

✔ *die Eisen verarbeitende / eisenverarbeitende Industrie*

✔ *eine allein erziehende / alleinerziehende Mutter*

✔ *klein geschnittenes / kleingeschnittenes Brot*

✔ *selbst gebrautes / selbstgebrautes Bier*

 Wenn die Formen erweitert oder gesteigert sind, hängt die Schreibung davon ab, ob von der Erweiterung oder der Steigerung nur der erste Bestandteil oder die gesamte Verbindung betroffen ist.

Tabelle 7.4 zeigt, was gemeint ist.

Nur der erste Bestandteil ist betroffen	Die ganze Verbindung ist betroffen
eine schwerer wiegende Entscheidung	*eine schwerwiegendere Entscheidung*
eine große Not leidende Bevölkerung	*eine äußerst notleidende Bevölkerung*

Tabelle 7.4: Getrennt- und Zusammenschreibung bei erweiterten oder gesteigerten Formen

 Getrennt oder zusammengeschrieben werden können auch Verbindungen mit einem einfachen unflektierten (ungebeugten) Adjektiv, wenn mit diesem nur eine Abstufung ausgedrückt werden soll.

Vergleichen Sie hierzu folgende Schreibungen:

✔ *allgemein gültig / allgemeingültig*

✔ *eng verwandt / engverwandt*

✔ *schwer verständlich / schwerverständlich*

✔ *schwer krank / schwerkrank*

 Wenn der erste Bestandteil aber erweitert oder gesteigert ist, müssen Sie zwingend getrennt schreiben.

✔ *Gemüse ist leichter verdaulich als Fleisch.*

✔ *Diese Regeln sind besonders schwer verständlich.*

✔ *Das Ergebnis seiner Prüfung war höchst erfreulich.*

Manchmal hilft Ihnen die Wortbetonung, der Akzent, bei der Klärung der Frage, ob Sie getrennt oder zusammenschreiben müssen.

Mit Betonung nur auf dem ersten Bestandteil: *Der Herr Direktor hat höchstpersönlich gratuliert.*

Mit Betonung auf beiden Bestandteilen: *Das war eine höchst persönliche Frage, deren Beantwortung sie verweigerte.*

Schließlich noch ein letzter Fall, in dem Getrennt- oder Zusammenschreibung zulässig ist.

Verbindungen von *nicht* und Adjektiv können Sie getrennt oder zusammenschreiben.

✔ *eine nicht öffentliche / nichtöffentliche Verhandlung*

✔ *eine nicht berufstätige / nichtberufstätige Frau*

✔ *die nicht euklidische / nichteuklidische Mathematik*

Nur wenn sich *nicht* zum Beispiel auf den ganzen Satz bezieht, müssen Sie generell getrennt schreiben: *Die Anhörung findet nicht öffentlich statt.*

Wenn Ihnen an einem einheitlichen Umgang mit dieser Regel gelegen ist, schreiben Sie einfach nach Dudenempfehlung immer getrennt.

Und auch zu diesem Themenkomplex wieder eine kleine Übung, bevor Sie etwas zur Getrennt- und Zusammenschreibung bei Substantiven erfahren.

Weil Übung den Meister – und die Meisterin – macht ...

Bitte formulieren Sie die unten stehenden Fälle nach folgendem Beispiel um.

Beispiel:

Das Steak ist weich wie Butter. – Das Steak ist butterweich.

1. Er ist einfach zu faul zu denken. – Er ist ...

2. Vor Freude strahlend kam sie auf ihn zu. – Sie kam ... auf ihn zu.

3. Ich bin einfach nicht gegen Hitze resistent. – Ich bin einfach nicht ...

4. Sie hat viele Jahre lang in Rom gelebt. – Sie hat ... in Rom gelebt.

5. Die durch das Milieu bedingten Unterschiede waren deutlich spürbar. – Die ... Unterschiede waren deutlich spürbar.

6. Der Schnee lag mehrere Meter hoch. – Der Schnee lag …

7. Sie war vom Alter schon sehr geschwächt. – Sie war schon sehr …

8. Er hatte schon immer ein ziemlich großes Maul. – Er war schon immer ziemlich …

9. Die Angelegenheit war bitterer Ernst. – Die Angelegenheit war …

10. Dieses Unternehmen gehört zur Industrie, die Eisen verarbeitet. – Dieses Unternehmen gehört zur … Industrie.

11. Diese Mutter erzieht ihre Kinder allein. – Sie ist eine … Mutter.

12. Diese Entscheidung wiegt schwerer als die andere. – Das ist eine … Entscheidung.

13. Seinen schwer zu verstehenden Ausführungen konnte kaum einer folgen. – Seinen … Ausführungen konnte kaum einer folgen.

14. Frauen ohne Beruf sollen nicht benachteiligt werden. – … Frauen sollen nicht benachteiligt werden.

Ganz simpel: die Getrennt- und Zusammenschreibung bei Substantiven

Wenn Ihnen nach so viel Getrennt- und Zusammenschreibung bei Verbindungen mit Verben (Zeitwörtern) und Adjektiven (Eigenschaftswörtern) als Zweitglied der Kopf raucht, habe ich eine gute Nachricht für Sie: Bei Substantiven (Hauptwörtern) ist die Sache wesentlich übersichtlicher und letzten Endes für Sie auch nicht neu.

 Zusammensetzungen mit einem Substantiv als zweitem Bestandteil werden zusammengeschrieben, egal, ob der erste Teil ebenfalls ein Substantiv oder ein Adjektiv, ein Verb(stamm), ein Pronomen (Fürwort) oder eine Partikel ist.

In Tabelle 7.5 habe ich Ihnen die nötigen Beispiele hierzu zusammengestellt.

Der erste Bestandteil ist	Beispiele
ein Substantiv	*Autowerkstatt, Hosenmatz, Straßenbahn, Torwart, Zoobesucher*
ein Adjektiv	*Faultier, Hochdruck, Kleinvieh, Schnellboot, Tiefsee*
ein Verb(stamm)	*Bügelbrett, Kochlöffel, Reibekuchen, Schnürsenkel, Zwickmühle*
ein Pronomen	*Ichsucht, Wenfall, Niemandsland*
ein Adverb oder eine Partikel	*Jetztzeit, Nichtraucher, Selbstanzeige*

Tabelle 7.5: Zusammensetzungen mit einem Substantiv als zweitem Bestandteil werden zusammengeschrieben

In manchen Fällen ist der erste Bestandteil einer solchen Zusammensetzung ein Eigenname. Das ändert aber nichts daran, dass Sie auch dann zusammenschreiben sollten.

Schreiben Sie also:

✔ *Eichendorffgedicht*

✔ *Romreise*

✔ *Trojanerkrieg*

So wie auch Eigennamen, die dem folgenden Muster entsprechen, zusammenzuschreiben sind:

✔ *Goethestraße*

✔ *Bahnhofsplatz*

✔ *Bismarckturm*

Wo's unübersichtlich zu werden droht, können Sie mit Bindestrichen schreiben, so zum Beispiel bei mehrteiligen Zusammensetzungen wie *Goethe-Jubiläumsfeierlichkeiten*. Dazu dann mehr in Kapitel 8.

 Wenn vor Maßeinheiten Bruchzahlangaben treten, können Sie diese als zweiteilige Zahladjektive ansehen und entsprechend getrennt schreiben. Oder Sie fassen den Nenner der Bruchzahl und die Maßeinheit als eine Zusammensetzung auf, dann schreiben Sie auch zusammen. Tabelle 7.6 klärt Sie auf.

Zweiteiliges Zahladjektiv	Zusammensetzung
ein achtel Zentner	*ein Achtelzentner*
zwei hundertstel Millimeter	*zwei Hundertstelmillimeter*
drei zehntel Sekunden	*drei Zehntelsekunden*

Tabelle 7.6: Zusammensetzungen von Bruchzahl und Maßeinheit können zusammengeschrieben werden

Englisches Durcheinander: ›Mountainbike‹, ›Hot Dog / Hotdog‹ und ›High Society‹

»Wenn wir nicht ständig Wörter aus dem Englischen ins Deutsche übernehmen würden, hätten wir das Problem mit der schwankenden Getrennt- und Zusammenschreibung nicht.« Vielleicht werden auch Sie so denken, und doch nutzt uns das alles gar nichts. Solange Menschen unterschiedlicher Herkunft und Sprache miteinander verkehren – und das tun sie Gott sei Dank –, so lange werden sie auch Wörter austauschen.

Dass heute sehr viele solcher Wörter aus dem Englischen und Amerikanischen in die deutsche Sprache übernommen werden, ist eine Sache. Dass wir sie ins deutsche Schriftsystem einpassen müssen, eine andere. Und um diese soll es, bezogen auf die Getrennt- und Zusammenschreibung, hier noch kurz gehen.

Die Schreibung mehrteiliger Substantive (Hauptwörter) aus dem Englischen hängt von mehreren Faktoren ab. Diese sind

1. die Schreibung im Englischen selbst, die nicht immer einheitlich ist, und

2. der Grad der Einbürgerung ins deutsche Schriftsystem.

Was müssen Sie sich also merken?

 Eingebürgerte (lexikalisierte) ursprünglich aus dem Englischen stammende oder aus englischen Wörtern gebildete Zusammensetzungen werden wie vergleichbare Zusammensetzungen aus deutschen Wörtern zusammengeschrieben.

Schreiben Sie also immer:

✔ *Bandleader*

✔ *Cheerleader*

✔ *Mountainbike* (im Englischen *mountain bike*)

✔ *Bluejeans* (im Englischen *blue jeans*)

✔ *Hardware*

✔ *Swimmingpool* (im Englischen *swimming pool*)

Unübersichtlicher ist die Sache bei aus dem Englischen übernommenen Bildungen aus einem Adjektiv (Eigenschaftswort) und einem Substantiv (Hauptwort). Für diese gilt:

 Aus dem Englischen stammende Bildungen aus Adjektiv und Substantiv können Sie – je nach Betonung – getrennt oder zusammenschreiben.

Liegt der Hauptakzent auf dem ersten Bestandteil, schreiben Sie zusammen. Tragen beide Bestandteile einen Akzent, schreiben Sie getrennt. Beispiele hierzu sind (den Akzent erkennen Sie an der Unterstreichung):

✔ *Hotdog / H̲o̲t D̲o̲g*

✔ *Softdrink / S̲o̲ft Dr̲i̲nk*

✔ *Fastfood / F̲a̲st F̲o̲od*

✔ *Smalltalk / Sm̲a̲ll T̲a̲lk*

Aber eben nur:

✔ *H̲i̲gh Soc̲i̲ety*

✔ *Electr̲o̲nic C̲a̲sh*

✔ *N̲e̲w Ec̲o̲nomy*

Was es in ähnlich gelagerten Fällen aus dem Englischen mit der Bindestrichschreibung auf sich hat, werden Sie in Kapitel 8 erfahren.

In den meisten Fällen, in denen Getrennt- oder Zusammenschreibung möglich ist, empfiehlt der *Duden* die Getrenntschreibung. Nur dort, wo es die weitgehend auf dem ersten Bestandteil liegende Betonung nahelegt, plädiert er für Zusammenschreibung. Deshalb *Small Talk,* aber *Fastfood.*

›Schweizer Käse‹ bleibt ›Schweizer Käse‹

Dass Adjektivableitungen von geografischen Namen großgeschrieben werden, wissen Sie bereits aus Kapitel 6. Dass Verbindungen aus einer solchen Ableitung und einem Substantiv (Hauptwort) in der Regel getrennt geschrieben werden, müssen Sie sich jetzt noch zusätzlich merken.

Ableitungen von geografischen Namen auf *-er* schreibt man in der Regel vom folgenden Substantiv getrennt.

Beispiele hierfür sind:

✔ *Appenzeller Land*

✔ *Berliner Platz*

✔ *Elsässer Riesling*

✔ *Freiburger Münster*

✔ *Potsdamer Abkommen*

✔ *Thüringer Bratwurst*

und auch

✔ *Pfälzer Wald*

Es gibt regionale Eigenheiten, die wenigstens in gewissen Fällen Respekt verdienen. So beharrt der Pfälzerwaldverein, der sich gelegentlich auch Pfälzerwald-Verein schreibt, auf der Zusammenschreibung *Pfälzerwald.* Die sei ihm denn auch zugestanden.

Was Sie auch noch wissen sollten: die Getrennt- und Zusammenschreibung bei anderen Wortarten

Neben Verben (Zeitwörtern), Adjektiven (Eigenschaftswörtern) und Substantiven (Hauptwörtern) betrifft die Getrennt- und Zusammenschreibung auch Wörter anderer Wortarten. Deren Schreibung ist nicht immer ganz sicher, sodass Unklarheiten am ehesten durch einen Blick ins Wörterbuch beseitigt werden.

Dass es Adverbien (Umstandswörter), Konjunktionen (Bindewörter), Präpositionen (Verhältniswörter) und Pronomen (Fürwörter) gibt, die aus mehreren Teilen zusammengesetzt sind, dürfte Ihnen geläufig sein. Wenn nicht, dann schaffen die in Tabelle 7.7 zusammengestellten Beispiele Klarheit.

Wortart	Beispiele
Adverb (Umstandswort)	*bergauf, kopfüber, flussabwärts, tagsüber, zweifelsohne, unterdessen, neuerdings, bestenfalls, ehrenhalber, manchmal, einigermaßen, allerorts, meinerseits, genauso, meistenteils, abwärts, deswegen, unterwegs, derweil, bisweilen, dummerweise, seinerzeit, beizeiten, hierzu, beinahe, derart, irgendwann, nichtsdestoweniger, zuletzt*
Konjunktion (Bindewort)	*anstatt (dass/zu), indem, inwiefern, sobald, sofern, solange, sooft, soviel, soweit*
Präposition (Verhältniswort)	*anhand, anstatt (des/der), infolge, inmitten, zufolge, zuliebe*
Pronomen (Fürwort)	*irgendein, irgend(et)was, irgendjemand, irgendwelcher, irgendwer*

Tabelle 7.7: Zusammenschreibung von zusammengesetzten Adverbien, Konjunktionen, Präpositionen und Pronomen

Hieraus ergibt sich folgende einfache Regel:

 Adverbien, Konjunktionen, Präpositionen und Pronomen, die aus mehreren Teilen zusammengesetzt sind, werden auch zusammengeschrieben, und zwar dann, wenn Sie die Wortart, die Wortform oder die Bedeutung der einzelnen Bestandteile nicht mehr eindeutig erkennen können.

Leider gibt es aber auch hier wieder einige Fälle, in denen Sie getrennt schreiben müssen. Zusammengestellt sind diese in Tabelle 7.8.

Getrenntschreibung gilt ...	Beispiele
wenn ein Bestandteil erweitert ist:	*der Ehre halber* (aber *ehrenhalber*)
	in keinem Fall (aber *keinesfalls*)
	in gewohnter Weise (aber *gewohnterweise*)
	irgend so sein (aber *irgendein*) und andere mehr
wenn die Wortart, die Wortform oder die Wortbedeutung deutlich erkennbar ist:	*zu Ende (gehen/kommen), zu Fuß (gehen), zu Hilfe (kommen), zu Wasser und zu Lande* und andere
bei mehrteiligen Konjunktionen:	*ohne dass, statt dass, außer dass*
für bestimmte präpositionale Wendungen	*zur Zeit (Goethes), zu Zeiten der Französischen Revolution*

Tabelle 7.8: Und wieder die Ausnahmen von der Regel

Getrennt geschrieben werden immer auch

✔ *so, wie* und *zu* + Adjektiv: *so bunte Bilder; wie oft kommt das vor?; du gehst zu weit*

✔ *gar kein*: *Sie hat gar keine Hemmungen.*

✔ *gar nicht: Er kann gar nicht genug davon kriegen.*

✔ *gar sehr: Das war gar sehr übertrieben.*

✔ *gar wohl: Das habe ich gar wohl gesagt.*

Damit es Ihnen nicht zu einfach gemacht wird, gibt es schließlich wieder Fälle, in denen Ihnen die Qual der Wahl bleibt und Sie getrennt oder zusammenschreiben können.

Eine Regel gibt es da nicht. Deshalb sind die betreffenden Fälle in Tabelle 7.9 zusammengefasst. Was der *Duden* für eine einheitliche Rechtschreibung empfiehlt, sehen Sie in der rechten Spalte.

Schreibvarianten	Dudenempfehlung
außerstand setzen / außer Stand setzen	*außer Stand setzen*
außerstande sein / außer Stande sein	*außerstande sein*
imstande sein / im Stande sein	*imstande sein*
infrage stellen / in Frage stellen	*infrage stellen*
instand setzen / in Stand setzen	*instand setzen*
zugrunde gehen / zu Grunde gehen	*zugrunde gehen*
zuhause sein / zu Hause sein	*zu Hause sein*
zuleide tun / zu Leide tun	*zuleide tun*
zumute sein / zu Mute sein	*zumute sein*
zurande kommen / zu Rande kommen	*zurande kommen*
zuschanden machen / zu Schanden machen	*zuschanden machen*
zuschulden kommen lassen / zu Schulden kommen lassen	*zuschulden kommen lassen*
zustande bringen / zu Stande bringen	*zustande bringen*
zutage fördern / zu Tage fördern	*zutage fördern*
zuwege bringen / zu Wege bringen	*zuwege bringen*
sodass / so dass	*sodass*
anstelle / an Stelle	*anstelle*
aufgrund / auf Grund	*aufgrund*
aufseiten / auf Seiten	*aufseiten*
mithilfe / mit Hilfe	*mithilfe*
vonseiten / von Seiten	*vonseiten*
zugunsten / zu Gunsten	*zugunsten*
zulasten / zu Lasten	*zulasten*
zuungunsten / zu Ungunsten	*zuungunsten*

Tabelle 7.9: Dudenempfehlungen für Zusammenschreibung

Kleiner Strich – große Wirkung: der Bindestrich

8

In diesem Kapitel

▷ Wozu der Bindestrich taugt, und warum Sie ihn trotzdem sparsam einsetzen sollten

▷ Bindestrich ist nicht gleich Bindestrich

▷ *x-mal* die *Fußball-WM*: der Bindestrich bei Zusammensetzungen mit Buchstaben, Abkürzungen, Zahlen und Ähnlichem

▷ Zum *x-ten Mal* die *68er:* Bindestrich oder nicht bei Endsilben

▷ Nichts zum *Auf-die-lange-Bank-Schieben:* der Bindestrich bei Aneinanderreihungen

▷ Der Bindestrich, wo es unübersichtlich wird

▷ *Drucker-Zeugnis* oder *Druckerzeugnis?*: der Bindestrich zur Vermeidung von Missverständnissen

▷ Wo kein Bindestrich gesetzt wird, und was Sie sonst noch wissen sollten

Worauf es beim Bindestrich ankommt

Wenn Sie sich überhaupt etwas zum Gebrauch des Bindestrichs merken sollten, dann dieses: Setzen Sie ihn dort, wo er nicht zwingend gefordert ist, nur sparsam ein. Gelegentlich könnte man den Verdacht haben, als entwickele sich in unserer Schreibgemeinde eine Art »Bindestrichitis«. Viele Werbetexter sind von ihr ebenso befallen wie manch ein Journalist. Aber wir schreiben nun einmal nicht *Haus-Tür* oder *Stamm-Tisch.* Warum sollen es dann die *Prominenten-Radtour,* der *Winter-Spaß,* der *Handball-Weltmeister* oder die *Punkte-Macher* sein?

Natürlich erlaubt es Ihnen der Bindestrich, in Zusammensetzungen die einzelnen Bestandteile besonders hervorzuheben und dem Leser Ihrer Texte damit zu signalisieren, worauf der Hauptton Ihrer Aussage liegt. Wenn Sie von dieser Möglichkeit aber inflationären Gebrauch machen, verpufft dieses orthografische Darstellungsmittel. Sie riskieren es, dass der Einsatz des Bindestrichs als Marotte betrachtet wird und von Ihrer eigentlichen Mitteilungsabsicht ablenkt.

Zur Geschichte des Bindestrichs

Wer heute mit Lust und Laune Bindestriche setzt, zeichnet sich nicht durch eine besondere Modernität aus. Den Bindestrich gab es schon im frühen Mittelalter. Im 15., 16. und 17. Jahrhundert ist seine Zahl Legion. Dabei tritt er einmal als Doppelpunkt auf (*son: vnd feyrtæg* = Sonn- und Feiertage), dann wieder als Doppelstrich (*feld= oder waltlied*). In jüngerer Zeit hat der Bindestrich wohl deshalb Konjunktur, weil eine Neigung zu immer umfangreicheren und damit unübersichtlicheren Zusammensetzungen besteht. Da sorgt der Bindestrich für den nötigen Durchblick. Vielen Sprachlehrern sind die berüchtigten Bandwurmwörter ein Dorn im Auge. In gewissem Sinne haben sie auch recht. Der Ratschlag »Fasse dich kurz« gilt nicht nur für Sätze, wenn sie verständlich bleiben sollen, sondern ganz bestimmt auch für Wortzusammensetzungen.

Der Bindestrich (-) ist im Übrigen nicht der Gedankenstrich (–). Gerade in Texten, die mit einem Schreibprogramm erfasst wurden, geht dieser Unterschied oft verloren, schon weil manche Programme gar nicht die Möglichkeit bieten, zwischen dem kürzeren Bindestrich und dem längeren Gedankenstrich zu unterscheiden. Schlecht für den Gedankenstrich. Dieser könnte in seiner Existenz bedroht sein.

Konzentrieren wir uns hier aber auf den Bindestrich. Der hat drei Funktionen:

1. Als Kopplungsbindestrich erlaubt er es Ihnen, Wortketten aller Art zu bilden.

2. Als Ergänzungsbindestrich spart er bestimmte Wortteile ein.

3. Tritt der Bindestrich ans Zeilenende, fungiert er auch als Trennstrich.

Wie schon bei der Groß- und Kleinschreibung und bei der Getrennt- und Zusammenschreibung gibt es Fälle, in denen Sie den Bindestrich setzen müssen, und andere, in denen dieses freigestellt ist. Gehen wir's an.

›x-mal‹ die ›Fußball-WM‹: der Bindestrich bei Zusammensetzungen mit Zahlen, Abkürzungen und Ähnlichem

Was jetzt folgt, ist Ihnen aus dem Schreiballtag nur allzu gut bekannt.

 Bei Zusammensetzungen mit Einzelbuchstaben, Abkürzungen oder Ziffern müssen Sie den Bindestrich setzen.

Gängige Kürzel beziehungsweise Kurzwörter wie *Auto* (kurz für *Automobil*) oder *Bus* (kurz für *Omnibus*) werden in Zusammensetzungen selbstverständlich nicht mit Bindstrich geschrieben. Es bleibt also bei *Autobahn* und *Bushaltestelle*. Alles andere wäre ziemlich übertrieben.

Ein Blick in Tabelle 8.1 schafft Klarheit.

Wo Sie den Bindestrich setzen müssen	Beispiele
bei Zusammensetzungen mit Einzelbuch-staben	*A-Dur, b-moll, i-Punkt, S-Kurve, T-Shirt, x-beliebig, Fugen-s*
bei Zusammensetzungen mit Abkürzungen und Kurzwörtern (Akronymen)	*ABM-Stelle, DVD-Player, Fußball-WM, Abtl.-Leiter, UV-bestrahlt*
bei Zusammensetzungen mit sogenannten Initialwörtern	*NATO-Gipfel, EUFOR-Truppen, VIP-Zelt*
bei Zusammensetzungen mit Ziffern	*8-Tonner, 6-Zylinder, 100-prozentig, 8-fach, 10-jährig, der 10-Jährige, ¾-Mehrheit, 1:1-Endergebnis*

Tabelle 8.1: Hier müssen Sie den Bindestrich setzen

 Vor einer Endsilbe (einem Suffix) steht nur dann ein Bindestrich, wenn sie mit einem einzelnen Buchstaben verbunden ist.

Schreiben Sie also:

✔ *der x-te Besucher*

✔ *zum x-ten Mal*

✔ *die n-te Potenz*

Aber:

✔ *CDUler*

✔ *68er*

✔ *ein 100stel*

✔ *20%ig*

Ein bisschen komplexer wird es im folgenden Fall.

 Wenn eine Verbindung aus einer Ziffer und einer Endsilbe den ersten Teil einer Zusammensetzung bildet, müssen Sie mit Bindestrich schreiben.

Die folgenden Beispiele zeigen Ihnen, was gemeint ist:

✔ *ein 1000stel-Millimeter*

✔ *eine 12er-Serie*

✔ *in den 70er-Jahren* (auch richtig: *in den 70er Jahren*)

Wollen Sie solche und ähnliche Bildungen ausschreiben, dann müssen Sie zusammenschreiben:

✔ *eine Zweiergruppe*

✔ *eine Dreierbeziehung*

✔ *die Siebzigerjahre* (auch richtig: *die siebziger Jahre*)

Kein ›Entweder-oder‹: der Bindestrich bei Aneinanderreihungen

So wie man im Deutschen schier endlose Substantivzusammensetzungen (Zusammensetzungen aus mehreren Hauptwörtern) bilden kann – die wie *Donaudampfschifffahrtsgesellschaftskapitänsmützenband* durchaus zusammengeschrieben werden –, können auch Gruppen aus mehreren Wörtern in Substantive (Hauptwörter) verwandelt werden, indem man sie aneinanderreiht und mit Bindestrichen durchkoppelt. Besonders häufig vorkommende Kandidaten sind wie ein Hauptwort gebrauchte Infinitive mit mehr als zwei Bestandteilen. Beispiele hierfür: *das Auf-den-Putz-Hauen* oder *das Auf-der-faulen-Haut-Liegen*.

Die Regel hierzu ist einfach und nicht neu:

Substantivisch gebrauchte Zusammensetzungen (Aneinanderreihungen) werden mit Bindestrich durchgekoppelt, soweit es sich nicht um übersichtliche Zusammensetzungen handelt.

Beispiele hierfür sind:

✔ *das Auf-und-ab*

✔ *das Als-ob*

✔ *das Entweder-oder*

✔ *das Sowohl-als-auch*

✔ *das Auf-der-faulen-Haut-Liegen*

✔ *das In-den-Tag-Hineinleben*

✔ *eine Hals-über-Kopf-Entscheidung*

Zusammengeschrieben, weil übersichtlich, werden jedoch Fälle wie

✔ *das Fußballspielen*

✔ *beim Skifahren*

✔ *das Inkrafttreten*

Übrigens schreibt man in mehrteiligen substantivisch gebrauchten Konjunktionen (Bindewörtern) nur das erste Wort groß. Also: *das Als-ob, das Entweder-oder.* Bei substantivisch gebrauchten mehrteiligen Verbinfinitiven muss der Infinitiv am Ende der Aneinanderreihung auch großgeschrieben werden: *das Auf-der-faulen-Haut-Liegen.*

Der Bindestrich, wo es unübersichtlich wird

Schreiben, so habe ich in Kapitel 1 ausgeführt, dient vor allem dem Leser. Die Art, wie Sie etwas schreiben, zielt darauf ab, dass der Leser Ihre niedergeschriebene Botschaft möglichst störungsfrei und eindeutig interpretieren, sprich: verstehen kann. Das ist genau dann nicht mehr unbedingt sichergestellt, wenn Sie Bandwurmwörter wie *Donaudampfschifffahrtsgesell-schaftskapitänsmützenband* zu Papier bringen.

Schön, dass es der Einsatz des Bindestrichs erlaubt, in solchen und ähnlich gelagerten Fällen mehr Übersicht zu schaffen. Die Regel hierzu ist einfach.

Der Bindestrich wird in mehrteiligen Zusammensetzungen zwischen alle Bestand-teile gesetzt, in denen eine Wortgruppe oder eine Zusammensetzung mit Binde-strich vorkommt. Das gilt auch für unübersichtliche Zusammensetzungen aus nebengeordneten gleichrangigen Adjektiven (Eigenschaftswörtern).

Hierzu Beispiele in Hülle und Fülle in Tabelle 8.2.

Wo Sie den Bindestrich setzen müssen	Beispiele
Mehrteilige Zusammensetzungen mit einer Wortgruppe oder mit einer Zusammensetzung, die bereits mit Bindestrich zu schreiben ist	*A-Dur-Tonleiter, Vitamin-C-haltig, K.-o.-Sieg, Dipl.-Wirtsch.-Ing.*
	1-Euro-Münze, 1200-Jahr-Feier, 37-Stunden-Woche, 1000-Meter-Lauf, 6-Zylinder-Motor, 4½-Zimmer-Wohnung
	Frage-und-Antwort-Spiel, Kopf-an-Kopf-Rennen, Mund-zu-Nase-Beatmung
	Hals-Nasen-Ohren-Arzt, Ost-West-Dialog, Nord-Süd-Gefälle, Links-rechts-Kombination, Henne-Ei-Problem
	Ad-hoc-Bildung, De-facto-Anerkennung, Erste-Hilfe-Aus-bildung, Trimm-dich-Aktion, Vincent-van-Gogh-ähnlich, Abend-Make-up
Unübersichtliche Zusammenset-zungen aus gleichrangigen Adjektiven (Eigenschaftswörtern)	*die deutsch-französischen Beziehungen, der wissenschaft-lich-technische Fortschritt, manisch-depressiv, deutsch-russisch-japanische Konsultationen*

Tabelle 8.2: Der Bindestrich bei mehrteiligen Zusammensetzungen

Wenn das erste Adjektiv nur die Funktion hat, die Bedeutung des zweiten näher zu bestimmen, dann müssen Sie zusammenschreiben. Schreiben Sie also immer

✔ *bitterernst*

✔ *dummdreist*

✔ *dunkelrot*

✔ *ganzleinen*

✔ *halbamtlich*

✔ *hellgrün*

✔ *lauwarm*

✔ *nasskalt*

✔ *schwerreich*

✔ *supergeil*

✔ *tiefblau*

Wo Sie den Bindestrich noch setzen können, aber nicht müssen, zeigt Tabelle 8.3.

Fälle, in denen Sie den Bindstrich setzen können, aber nicht müssen	Beispiele
Wenn Sie einzelne Bestandteile einer Zusammensetzung besonders hervorheben wollen	*dass-Satz* (auch *Dasssatz*), *Ich-Erzähler* (auch *Icherzähler*), *Kann-Bestimmung* (auch *Kannbestimmung*), *Hoch-Zeit* (mit langem O gesprochen; auch *Hochzeit*)
Wenn Ihnen eine Zusammensetzung zu unübersichtlich ist	*Lotto-Wochenendziehung, Mehrzweck-Küchenmaschine, Mosel-Winzergenossenschaft, Ultraschall-Messgerät, Umsatzsteuer-Tabelle*
Wenn Sie Missverständnisse vermeiden wollen	*Drucker-Zeugnis, Druck-Erzeugnis*
Wenn drei gleiche Buchstaben aufeinandertreffen, ganz egal, ob es sich um drei gleiche Vokale (Selbstlaute) oder Konsonanten (Mitlaute) handelt	*Tee-Ernte, Kaffee-Ersatz, See-Elefant, Hawaii-Inseln, Zoo-Orchester* *Bett-Tuch, Schiff-Fahrt, Schwimm-Meisterschaft, Auspuff-Flamme*

Tabelle 8.3: Hier können Sie einen Bindestrich setzen, müssen es aber nicht

Wo drei gleiche Konsonanten (Mitlaute) aufeinandertreffen, empfiehlt der *Duden* durchgängig die Zusammenschreibung: *Betttuch, Schifffahrt, Schwimmmeisterschaft, Auspuffflamme.* Wie schon gesagt: Wir schreiben ja auch nicht *Stamm-Tisch* oder *Bügel-Brett.*

Und noch einmal die »Ausländer«

Viele Verbindungen aus fremden Sprachen, die aus zwei Substantiven (Hauptwörtern) bestehen und sich im Deutschen wie eine Zusammensetzung verhalten, sollen Sie nach deutschem Muster zusammenschreiben. Erlaubt ist daneben die Schreibung mit Bindestrich. Vergleichen Sie hierzu die folgenden Beispiele:

✔ *Desktoppublishing* und *Desktop-Publishing* (englisch: *desktop publishing*)

✔ *Midlifecrisis* und *Midlife-Crisis* (englisch: *midlife crisis*)

✔ *Sexappeal* und *Sex-Appeal* (englisch: *sex appeal*)

✔ *Shoppingcenter* und *Shopping-Center* (englisch: *shopping centre*)

In vielen dieser Fälle empfiehlt der *Duden* die Schreibung mit Bindestrich. Wenn Sie sich nicht ganz sicher sind, wie Sie verfahren sollen, schlagen Sie vorsichtshalber im Wörterbuch nach.

Wenn Sie es mit aus dem Englischen stammenden Verbindungen aus Verb (Zeitwort) und Adverb (Umstandswort) zu tun haben, die obendrein als Substantiv (Hauptwort) verwendet werden, müssen Sie mit Bindestrich schreiben.

Klar, dass das im Zweifel nicht ganz einfach ist. Wer weiß schon so genau, welche englischen Wörter Adverbien oder Präpositionen sind?

Einige altbekannte Beispiele sollen Ihnen weiterhelfen:

✔ *Make-up*

✔ *Drive-in*

✔ *Count-down*

✔ *Come-back*

✔ *Knock-out*

✔ *Stand-by*

Wo die Lesbarkeit und damit die Verständlichkeit dadurch nicht gefährdet ist, können Sie auch zusammenschreiben. Das gilt für die Beispiele *Countdown* und *Comeback,* aber auch für *Knockout*, das schon im *Duden* von 1991 verzeichnet war.

›Heulsuse‹ und ›Meckerfritze‹ und wo sonst noch kein oder doch ein Bindestrich gesetzt wird

Die Überschrift lässt Sie es vielleicht erahnen: Im Folgenden geht es um Schreibungen, die irgendetwas mit Eigennamen zu tun haben. Wie schon in anderen Fällen, müssen Sie auch hier zwischen solchen unterscheiden, in denen Sie keinen Bindestrich setzen dürfen, solchen, die einen Bindestrich erfordern, und solchen, bei denen Sie … Sie wissen schon: die Qual der Wahl haben.

Schreiten wir vom Einfachen zum Komplizierteren voran.

Wenn eine Zusammensetzung mit einem Personennamen als Gattungsbezeichnung gebraucht wird, müssen Sie zusammenschreiben.

✔ *Sei doch nicht so eine Heulsuse.*

✔ *Er ist ein richtiger Meckerfritze.*

✔ *So einen Kraftmeier können wir hier nicht gebrauchen.*

 Sie müssen dagegen einen Bindestrich setzen in Zusammensetzungen, deren zweiter Bestandteil ein Eigenname ist oder die aus zwei Eigennamen bestehen.

Nicht kompliziert und gar nicht neu, wie die folgenden Beispiele zeigen:

✔ *Frau Schulze-Helmstädter*

✔ *Herr Müller-Bergh*

✔ *Müller-Lüdenscheid*

✔ *Hans-Georg* (auch *Hansgeorg*)

✔ *Eva-Maria* (auch *Evamaria*)

Eher umgangs- oder regionalsprachlich sind Beispiele wie:

✔ *der Metzger-Schorsch*

✔ *die Bäcker-Anna*

Vom täglichen Einkaufen her kennen Sie Fälle wie:

✔ *Blumen-Wagner*

✔ *Foto-Gärtner*

✔ *Radio-Winterbauer*

✔ *Möbel-Weckesser*

Geografische Namen dürften Ihnen ziemlich geläufig sein:

✔ *Baden-Baden*

✔ *Bahnhof Kassel-Wilhelmshöhe*

✔ *Rheinland-Pfalz*

✔ *Sachsen-Coburg-Gotha*

 Gerade bei Zusammensetzungen mit geografischen Namen gehen die Dinge ziemlich durcheinander. Da die Schreibungen in der Regel amtlich festgelegt sind, ist gegen dieses Wirrwarr aber kein Kraut gewachsen. So schreibt man zwar *Neu Seehagen*, aber *Neubrandenburg*, neben *Berlin Schönefeld* steht *Berlin-Schönefeld*, und *Marktredwitz* schreibt sich *Marktredwitz*, während *Markt Indersdorf Markt Indersdorf* bleibt. Sei's drum. Im Zweifel hilft da nur ein Blick in den Atlas, ins Wörterbuch oder ins Internet.

Und weil wir gerade bei geografischen Namen sind:

 *Sankt* wird vom folgenden Namen immer getrennt und ohne Bindestrich geschrieben: *Sankt Blasien* (auch *St. Blasien*). Gleiches gilt für *Bad: Bad Krotzingen*.

Eigentlich selbstverständlich ist es, dass bei Ableitungen von einer Verbindung, deren zweiter Bestandteil ein Eigenname ist, der Bindestrich erhalten bleibt:

✔ *baden-württembergisch* wie *Baden-Württemberg*

✔ *Alt-Heidelberger Romantik* wie *Alt-Heidelberg*

✔ *Spree-Athener* wie *Berliner* ;-)

 Sie müssen den Bindestrich auch dann setzen, wenn Sie es mit Ableitungen von mehreren Eigennamen, von Titeln und Eigennamen oder von mehrteiligen Eigennamen zu tun haben.

Verwirrende Vielfalt, einfache Lösung. Tabelle 8.4 zeigt sie Ihnen.

Wo Sie den Bindestrich setzen müssen	Beispiele
Ableitungen von mehreren Eigennamen	*die sankt-gallische Bibliothek* (Sankt Gallen), *die sachsen-anhaltinische Landesregierung* (Sachsen-Anhalt)
Ableitungen von Titeln und Eigennamen (hier ist auch Großschreibung möglich)	*die kant-laplacesche Theorie* oder *Kant-Laplace'sche Theorie* (Kant und Laplace), *eine de-gaullesche Haltung* oder *de-Gaulle'sche Haltung*

Tabelle 8.4: Hier müssen Sie den Bindestrich setzen

Bei Ableitungen auf *-er* können Sie den Bindestrich weglassen: *die New-Yorker* oder *New Yorker, die Sankt-Galler* oder *Sankt Galler.*

 Der *Duden* empfiehlt in solchen Fällen die Getrenntschreibung, analog zur Getrenntschreibung des Ortsnamens. Warum umständlich, wenn's auch einfach geht?

Bevor wir zu den Sowohl-als-auch-Regeln kommen, noch eine verbindliche:

 Zusammensetzungen aus mehreren Bestandteilen, deren erster ein Eigenname ist, müssen mit Bindestrichen durchgekoppelt werden.

Beispiele dafür sind:

✔ *Gustav-Gründgens-Straße*

✔ *Otto-von-Bismarck-Allee*

✔ *Kurfürst-Friedrich-Gymnasium*

✔ *Elbe-Havel-Kanal*

✔ *La-Plata-Mündung*

✔ *Georg-Büchner-Preis*

✔ *Jacob-und-Wilhelm-Grimm-Preis*

✔ *Van-Gogh-Ausstellung*

✔ *Fidel-Castro-freundlich*

Und zum Schluss wieder einmal eine Kann-Regel:

 Sie können einen Bindestrich setzen, wenn Sie in einer Zusammensetzung mit einem Eigennamen als erstem Bestandteil den Namen besonders hervorheben wollen oder wenn der zweite Bestandteil bereits eine Zusammensetzung ist.

Das heißt also:

✔ *Duden-Redaktion* neben *Dudenredaktion*

✔ *Goethe-Ausgabe* neben *Goetheausgabe*

✔ *Moskau-freundlich* neben *moskaufreundlich*

✔ *Nil-Delta* neben *Nildelta*

✔ *Elbe-Wasserstandsmeldung* neben *Elbewasserstandsmeldung*

Sie sollten aber immer überlegen, wo das wirklich notwendig ist und wo nicht. Man kann es mit dem Bindestrich auch leicht übertreiben.

Und dann sei noch erwähnt, dass Sie bei geografischen Eigennamen, wenn diese von einem folgenden Substantiv (Hauptwort) näher bestimmt werden, den Bindestrich auch weglassen können. Sie können also schreiben *Berlin-Hauptbahnhof* oder *Berlin Hauptbahnhof, Frankfurt-West* oder *Frankfurt West.* So sei es denn.

Und jetzt darf wieder geübt werden

Folgende kleine Fingerübungen zeigen Ihnen, wo's beim Bindestrich langgeht und was Sie schon verinnerlicht haben. Auflösungen in Kapitel 11.

 Mit oder ohne Bindestrich? Tragen Sie die richtige Schreibung bitte in die rechte Spalte ein.

Beispiel:

Zum xten Mal die 68er   zum x-ten Mal die 68er

1. xbeliebige Kfzmeisterbetriebe   ....

2. UNVollversammlung   ....

3. HandballWM   ....

4. 100prozentige Sicherheit   ....

5. 30tonner   ....

6. eine 10tägige Reise   ....

7. die 50jährigen   ....

8. DVDplayer   ....

9. SPDler   ....

10. ein 1000stel Millimeter   ....

11. ein 6er Pack   ....

12. Flussschifffahrt   ....

13. Zooorchester   ....

14. supergeil   ....

15. deutschfranzösische Freundschaft ....

16. Abendmakeup   ....

17. Erstehilfekurs   ....

18. Midlifecrisis   ....

19. Countdown   ....

20. Suppenkasper   ....

21. Sankt Georgen   ....

22. Mississippidelta   ....

Teil III

Worttrennung und Zeichensetzung

»Früher hat er ja viel gelesen. Aber seit die Worttrennung freigegeben ist, fasst Klaus-Dieter kein Buch mehr an.«

In diesem Teil ...

Wenn Sie Teil II durchgearbeitet haben, haben Sie jetzt das Schlimmste eigentlich schon hinter sich. Trotzdem hält auch Teil III noch einen dickeren Brocken für Sie bereit: die Zeichensetzung. Vielleicht gehören Sie ja zu denjenigen, die ihre Kommas in der Regel nach Gefühl setzen. Wie es auch anders geht und warum Zeichensetzung ganz allgemein so wichtig ist, erfahren Sie hier. Weniger aufregend sind dagegen die Regeln zur Worttrennung am Zeilenende, die Sie für sich auf die einfache Grundregel »Trenne einfach nicht« reduzieren könnten. Weil Sie diesen Grundsatz aber nicht immer durchhalten können, lohnt sich für Sie auch ein kurzer Blick auf die Worttrennung. Schaden kann's allemal nicht.

Wenn am Zeilenende
getrennt werden muss

In diesem Kapitel

▷ Wenn Sie schlau sind, umgehen Sie die Trennung

▷ Was Sie dennoch über die Worttrennung wissen sollten

▷ Warum die Trennung von Fremdwörtern gar nicht tragisch ist

▷ Was es sonst noch zu bedenken gibt

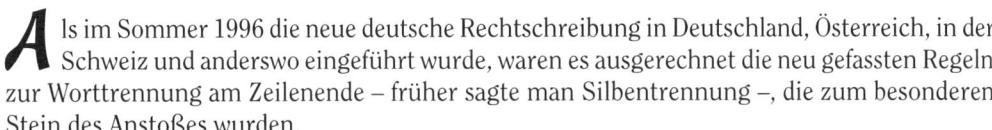

Als im Sommer 1996 die neue deutsche Rechtschreibung in Deutschland, Österreich, in der Schweiz und anderswo eingeführt wurde, waren es ausgerechnet die neu gefassten Regeln zur Worttrennung am Zeilenende – früher sagte man Silbentrennung –, die zum besonderen Stein des Anstoßes wurden.

Was war passiert? Da waren in den neu aufgelegten Wörterbüchern die vielen neuen Trennmöglichkeiten dargestellt. Es wimmelte nur so von Trennstellen. Das hat die Reformgegner dazu veranlasst, die Öffentlichkeit mit horrenden Zahlen angeblicher Änderungen zu schrecken, die die neue Rechtschreibung heraufbeschwöre, wohingegen die Reformbefürworter die »neue Leichtigkeit des Seins« bejubelten.

Diese war ihrer Auffassung nach dadurch erreicht, dass jetzt vermehrt nach Sprechsilben getrennt werden konnte (also *he-rum* neben der vorher zwingenden Trennung nach Wortbildungselementen *her-um*) oder bei mehreren Konsonanten (Mitlauten) im Zweifel einfach der letzte in die neue Zeile gerückt werden konnte. So wurde zwar die vormals nur »unter Schmerzen vollziehbare« und deshalb verbotene Trennung von *st* durchgesetzt – diese übrigens zwingend –, bei Wörtern aus fremden Sprachen kam es jedoch zu ebenso vielfältigen wie irritierenden Möglichkeiten. Diese ergeben bis heute folgende zulässigen Trennungen bei *Instrument:*

Auch schon früher zulässig waren

✔ *In-strument*

✔ *Instru-ment*

Neu hinzu kommen

✔ *Ins-trument*

✔ *Inst-rument*

Das Wort *Instrument* kann also auf viererlei Weise getrennt werden. Setzt man es in die Mehrzahl, kommt eine fünfte Möglichkeit hinzu (*Instrumen-te*). Kein Wunder, dass manche – nicht ganz zu Unrecht – sagen, mit der Einführung der neuen deutschen Rechtschreibung sei die Worttrennung freigegeben worden.

Wirklich gerechtfertigt war das Schlachtengeheul um die Worttrennung aber eigentlich nie. Die Worttrennung spielt beim Schreiben eine eher untergeordnete Rolle, gerade in unseren Zeiten, in denen Texterfassungsprogramme das Schreiben im Blocksatz erlauben oder »flatternde« Zeilen am rechten Textrand als chic gelten. Wo noch mit der Hand geschrieben wird oder werden muss, besteht ohnehin keine Notwendigkeit, sich auf abenteuerliche Worttrennungen einzulassen.

Behandeln wir das Thema im Folgenden demnach mit der ihm gebührenden Unaufgeregtheit.

Wenn Sie schlau sind, umgehen Sie die Trennung

Was zusammengehört, darf auch zusammenbleiben und muss nicht zwanghaft getrennt werden, nur weil das Zeilenende naht.

Wenn Sie also partout einmal nicht wissen, wie Sie ein bestimmtes Wort trennen sollen, schreiben Sie es eben in die neue Zeile. Daraus wird Ihnen keiner einen Vorwurf machen.

Wenn Sie bedenken, wie groß der Stellenwert richtigen Schreibens und damit auch richtigen Trennens in den Augen vieler ist, geben Sie sich dort, wo es wirklich nicht darauf ankommt, keine Blöße.

Verlassen Sie sich aber auch nicht blind auf die automatische Silbentrennung Ihres Schreibprogramms. Die allmorgendliche Lektüre Ihrer Zeitung führt Ihnen tagtäglich vor Augen, dass solche Silbentrennprogramme durchaus ihre Schwächen haben. Und noch eines sollten Sie sich vorab zur Worttrennung merken:

Vermeiden Sie irreführende Trennungen. Diese können nicht nur das Textverstehen behindern, sie wirken oft auch ungewollt komisch. Manche ärgern sich sogar über sie. Beispiel für eine solche unschöne bis unnötige Trennung, von den Medien genüsslich und tausendfach kolportiert: *Urin-stinkt* statt *Ur-instinkt*.

Wie schon gesagt: Sie müssen sich nicht aufs Glatteis begeben.

Was Sie ganz allgemein über die Worttrennung wissen sollten

Wenn Wörter am Zeilenende getrennt werden sollen, kann dies nach zwei Prinzipien geschehen. So können Sie Wörter zum Beispiel nach Sprechsilben trennen. Diese Sprechsilben ergeben sich beim langsamen Sprechen des betreffenden Wortes praktisch von selbst. Versuchen Sie es mit *bau-en, spie-len, Bru-der, Schwes-ter*.

Wörter, vor allem solche, die zusammengesetzt sind, und solche mit Vor- und/oder Nachsilben, können Sie aber auch nach ihren erkennbaren Bestandteilen trennen. Diese Bestandteile – für den Sprachwissenschaftler sind es die Morpheme, das sind die kleinsten bedeutungtragenden Bauteile eines Wortes – werden vereinfachend häufig auch Sprachsilben genannt. Soll nach Sprachsilben getrennt werden, setzt das voraus, dass sie der Schreiber kennt beziehungsweise erkennt. Das klingt komplizierter, als es ist. Ein Beispiel verschafft Ihnen Klarheit.

Das Wörtchen *herum* zerfällt beim langsamen Sprechen in die Sprechsilben *he* und *rum*. Gebildet ist es aber aus den Sprachsilben *her* und *um*. Entsprechend durften Sie nach der alten Rechtschreibung auch nur *her-um* trennen.

Gleiches galt für Fremdwörter. Da konnte es dann richtig knifflig werden. Das aus dem Griechischen entlehnte Wort *Pädagoge* zerfällt beim langsamen Sprechen zwar in die Sprechsilben *pä* und *da* und *go* und *ge*. Von der Wortbildung her betrachtet, geht es aber zurück auf griechisch *paīs, paidós* (= Kind, Knabe) und *agōgós* (= Leiter, Führer). Deshalb durften Sie nach der alten Rechtschreibung nur *Päd-agoge* oder *Pädago-ge* trennen. Ein vergleichbarer Fall war *Helikopter*, zusammengesetzt aus griechisch *hélix* (= Windung, Spirale) und *pterón* (= Flügel). Auch in diesem Fall war früher nur die Trennung nach Sprachsilben, also *Heliko-pter* erlaubt. Das ist jetzt deutlich einfacher, denn welcher Laie weiß schon so genau, woher bestimmte Wörter stammen und aus welchen Wortbildungselementen sie ursprünglich aufgebaut sind?

 Weil die Bestandteile, aus denen ein Wort zusammengesetzt ist, nicht immer für alle leicht erkennbar sind, erlaubt die neue Rechtschreibung grundsätzlich die Trennung nach Sprechsilben. Keiner outet sich heute als Dummkopf, wenn er *he-rum* und nicht *her-um, Pä-dagoge* und nicht *Päd-agoge* trennt.

 Da es aber gerade dann, wenn zwischen zwei Vokalen (Selbstlauten) mehrere aufeinanderfolgende Konsonanten (Mitlaute) stehen, beim langsamen Sprechen nicht ganz einfach ist, die Sprechsilben und damit die passenden Trennstellen zu erkennen, erlaubt die neue Rechtschreibung in solchen Fällen auch die ganz »mechanische« Worttrennung zwischen dem letzten und dem vorletzten dieser Konsonantbuchstaben.

Ein Beispiel: Wenn Sie das Wort *Sekretärin* langsam aussprechen, kommen Sie vielleicht ein Mal zu dem Ergebnis *Se-kretärin*, ein anderes Mal zu *Sek-retärin*. Noch unübersichtlicher wird die Lage beim vorne bereits genannten *Instrument*. Beim langsamen Sprechen ergeben sich *In-strument, Ins-trument, Inst-rument*. Wem hier der Boden unter den Füßen wegbricht und wer trotzdem trennen will, der darf getrost die Konsonantbuchstaben von hinten her abzählen und ein für alle Mal bei Trennungen wie *Sek-retärin* und *Inst-rument* bleiben.

Wie Sie Wörter mit Vor- und Nachsilben und mehrsilbige Wörter trennen

Mit diesem Abschnitt kommen wir zum »Eingemachten« der Worttrennung. Aber keine Angst: Die Dinge sind sehr überschaubar, und das meiste wird Ihnen obendrein nicht wirklich neu vorkommen.

Teufelszeug »mechanische Worttrennung«

Die Zulassung »mechanischer« Worttrennungen hat den Verfassern des neuen amtlichen Regelwerks besonders viel Häme und Spott eingebracht. Für viele Reformgegner war gerade sie der Sargnagel der deutschen Sprachkultur, wenn nicht der Kultur überhaupt. In manchen Kommentaren wurde der Eindruck erweckt, als handele es sich bei dieser Regelung um einen heimtückischen Verrat an deutscher Bildungstradition, um den Ersatz einer für höhere, gar humanistische Bildung sprechenden Regel durch eine »Deppentrennung«, die lediglich voraussetzt, dass einer »vorne« und »hinten« unterscheiden und bis drei zählen kann.

Dabei wurde allzu gerne unterschlagen, dass die Neuregelung diese »mechanische« Trennung keineswegs erzwingt. Wer um die historische Wortbildung weiß, wer auf dem humanistischen Gymnasium Altgriechisch und Latein gelernt oder es gar studiert hat, der soll sich nicht verbiegen und auf eine Weise trennen, die seinem tiefer gehenden Sprachwissen zuwiderläuft. Aber muss man diejenigen zwingen, sich solche Einzelfälle zu merken, die einen anderen Werdegang genommen haben?

Die Rechtschreibung soll, das hat schon der Gymnasialdirektor Dr. Konrad Duden im ausgehenden 19. Jahrhundert gefordert, nicht nur einheitlich, sondern auch einfach sein. Einfachheit hieß für ihn, dass jeder, völlig unabhängig von seinem Stand und der Bildung, die er genossen hatte, die Regeln lernen und beherrschen können sollte. Dudens Ziel war eine »demokratische« und nicht eine »aristokratische« Rechtschreibung. Wahrscheinlich hätten dem begeisterten Altsprachler Duden Trennungen wie *Pä-dagoge* und *Helikop-ter* – Letztere gab es zu seiner Zeit noch gar nicht – Bauchschmerzen verursacht. Es ist aber nicht ganz auszuschließen, dass er sich der Einfachheit zuliebe mit ihnen angefreundet hätte. Wer weiß …

Nicht ›ge-meckert‹: So werden zusammengesetzte Wörter und Wörter mit Vorsilben getrennt

 Wörter mit Vorsilben und zusammengesetzte Wörter trennen Sie zwischen ihren Bestandteilen.

Beispiele für Wörter mit Vorsilben:

✔ *ent-binden*

✔ *Er-trag*

✔ *ver-geben*

✔ *Dia-lyse*

✔ *Pro-gramm*

✔ *re-produzieren*

Beispiele für zusammengesetzte Wörter:

✔ *Baum-stamm*

✔ *Frei-raum*

✔ *Haus-tür*

✔ *Week-end*

✔ *Zoo-direktor*

›Mau-er‹ und ›Blüm-chen‹: So trennen Sie mehrsilbige Wörter und Wörter mit Nachsilben

Bei dieser Gruppe müssen Sie zwischen Wörtern unterscheiden, bei denen an der Silbengrenze kein Konsonantbuchstabe steht (*Mauer, Gräuel*), und solchen, die an der Silbengrenze einen oder gleich mehrere Konsonantbuchstaben aufweisen (*Daumen, morgen, knusprig, Instrument*).

Zunächst die Wörter ohne Konsonantbuchstabe an der Silbengrenze:

 Zwischen Vokalbuchstaben (Selbstlauten), die zu verschiedenen Silben gehören, können Sie ein Wort trennen.

✔ *europä-isch*

✔ *Gräu-el*

✔ *Gerani-en*

✔ *brei-ig*

✔ *Muse-um*

✔ *rati-onal*

✔ *Ru-ine*

 Wenn bei einfachen Wörtern oder Wörtern mit einer Nachsilbe zwischen zwei Vokalbuchstaben ein einzelner Konsonantbuchstabe steht, kommt dieser bei der Trennung in die neue Zeile. Stehen mehrere Konsonantbuchstaben dazwischen, setzen Sie nur den letzten in die neue Zeile.

Beispiele für einfache Wörter:

✔ *Beu-ge*

✔ *He-xe*

✔ *Ti-ming*

✔ *freu-dig*

✔ *nei-disch*

Beispiele mit zwei Konsonantbuchstaben:

✔ *El-tern*

✔ *mor-gen*

✔ *Ran-zen*

✔ *hüp-fen*

✔ *Wüs-te*

✔ *reg-nen*

✔ *rin-gen*

✔ *trin-ken*

✔ *het-zen*

✔ *Städ-te*

✔ *Bul-le*

✔ *Kom-ma*

✔ *Rin-ne*

✔ *Pap-pe*

✔ *müs-sen*

✔ *Drit-tel*

✔ *zän-kisch*

 Wenn Sie Schweizer sind oder sonst das ß-Zeichen umgehen wollen und statt *ß* immer *ss* schreiben, müssen Sie im Falle der Worttrennung zwischen den beiden *s* trennen: *beis-sen, reis-sen, Stras-se.*

Beispiele für Wörter mit drei und vier Konsonantbuchstaben:

✔ *Ach-tel*

✔ *Rech-ner*

✔ *Karp-fen*

✔ *imp-fen*

✔ *Kanz-ler*

✔ *Inst-rument*

Beispiele für Wörter mit Nachsilben:

- ✔ *amt-lich*
- ✔ *neun-te*
- ✔ *halt-bar*
- ✔ *Blüm-chen*

Finger weg von ›ch‹, ›sch‹, ›ph‹ und Konsorten

 Wenn *ch, sch, ph, rh, sh* oder *th* für einen Konsonanten (Mitlaut) stehen, dürfen Sie diese Buchstabenkombinationen nie trennen. Und das gilt jetzt auch für *ck*.

Trennen Sie also:

- ✔ *ma-chen*
- ✔ *tau-schen*
- ✔ *Deut-sche*
- ✔ *Por-phyr*
- ✔ *Myr-rhe*
- ✔ *Fa-shion*
- ✔ *Zi-ther*
- ✔ *stre-cken*
- ✔ *Zu-cker*

›Mag-net‹ und ›Ma-gnet‹: die Trennung von Fremdwörtern

Wie vorne schon angeschnitten, ist die Trennung von Wörtern aus fremden Sprachen ein Thema für sich. Die Neuregelung ist in solchen Fällen sehr liberal. Sie müssen sich vor allem folgende Regel merken:

 Wenn Sie in Fremdwörtern auf Verbindungen aus einem Konsonanten plus *l, n* oder *r* stoßen, können Sie das betreffende Wort entweder zwischen diesen beiden Konsonanten trennen oder sie kommen ungetrennt in die neue Zeile.

Beispiele hierfür sind:

- ✔ *nob-le* oder *no-ble*
- ✔ *Zyk-lus* oder *Zy-klus*

✔ *Mag-net* oder *Ma-gnet*

✔ *Feb-ruar* oder *Fe-bruar*

✔ *Hyd-rant* oder *Hy-drant*

✔ *Arth-ritis* oder *Ar-thritis*

Nach der alten Rechtschreibung waren hier nur die in der rechten Spalte verzeichneten Beispiele zulässig. Die Neuregelung hat für eine Vereinfachung gesorgt, die Sie sich durchaus zu eigen machen können.

Welche Freiheiten Sie sonst noch haben

Die Neuregelung der deutschen Rechtschreibung gesteht zu, dass heutzutage nicht mehr alle Griechisch und Latein in der Schule gelernt haben und dass viele sprachhistorische Zusammenhänge auch bei einheimischen Wörtern nicht oder nicht mehr erkennen. Deshalb gilt folgende Regel:

Wörter, die sprachhistorisch oder von der Herkunftssprache her gesehen Zusammensetzungen oder Wörter mit Vorsilben sind, aber nicht mehr als solche empfunden oder erkannt werden, können gegebenenfalls »mechanisch« getrennt werden.

Das ergibt für Sie folgende Möglichkeiten:

✔ *hi-nauf* oder *hin-auf*

✔ *he-ran* oder *her-an*

✔ *da-rum* oder *dar-um*

✔ *Chry-santheme* oder *Chrys-antheme*

✔ *Hek-tar* oder *He-ktar*

✔ *inte-ressant* oder *inter-essant*

Aber egal, ob Sie sich für die »demokratische« oder die »aristokratische« Trennung entscheiden: Achten Sie immer darauf, dass Sie gleichgeartete Fälle nach demselben Muster trennen. Beliebigkeit ist nicht das Ansinnen der neuen Rechtschreibung und fällt im Zweifel negativ auf.

Die übliche Übung am Ende dieses Kapitels erübrigt sich im Übrigen, denn eigentlich können Sie bei der Worttrennung nichts falsch machen. Denken Sie immer nur daran, stets so zu trennen, dass Sie selbst nicht beim Lesen Ihres Textes über Ihre Trennungen stolpern.

›Seei-gel‹ und ›Uro-ma‹

In der Fassung von 1996 erlaubte die neue Rechtschreibung auch die Abtrennung eines allein stehenden Vokalbuchstabens am Wortanfang. Demnach waren Trennungen wie *A-bend, E-sel, I-gel, O-ber* oder *U-hu* zulässig, obwohl die Abtrennung eines Einzelbuchstabens eigentlich wenig Platzgewinn bringt.

Bei Zusammensetzungen und Wörtern mit Vorsilben konnten durch diese Regel irritierende Trennungen wie *Seei-gel, Seee-lefant* oder *Waldu-hu* entstehen, die eigentlich keiner braucht und keiner beabsichtigt hat. Die Regel wurde jetzt zurückgenommen. Demnach bleiben Wörter wie *Abend, Esel, Igel, Oma* und *Uhu* untrennbar und zur *Uro-ma* darf es ebenfalls nicht kommen. Das geht so auch in Ordnung.

PunktPunktKommaStrich

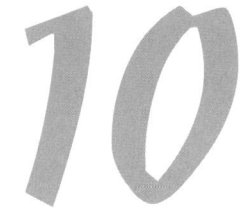

In diesem Kapitel

- Warum Zeichensetzung so nützlich ist und gar nicht lästig sein muss
- Keine Angst vor dem Komma
- Zwei auf einen Streich: der Doppelpunkt
- 's geht halt nicht ohne ...: Wie Sie Auslassungen anzeigen müssen
- Abkürzungen mal mit, mal ohne Punkt

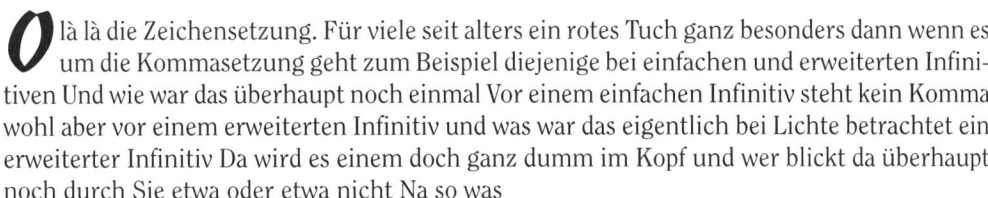

O là là die Zeichensetzung. Für viele seit alters ein rotes Tuch ganz besonders dann wenn es um die Kommasetzung geht zum Beispiel diejenige bei einfachen und erweiterten Infinitiven Und wie war das überhaupt noch einmal Vor einem einfachen Infinitiv steht kein Komma wohl aber vor einem erweiterten Infinitiv und was war das eigentlich bei Lichte betrachtet ein erweiterter Infinitiv Da wird es einem doch ganz dumm im Kopf und wer blickt da überhaupt noch durch Sie etwa oder etwa nicht Na so was

Warum Zeichensetzung so nützlich ist

Zugegeben: Mit ein wenig Übung sind auch Texte ohne Satzzeichen zu verstehen. Hauptsache, wenigstens die Wortzwischenräume bleiben erhalten. Sinddieseersteinmalentfallenwirddas-Textverstehenäußerstmühsam. Wer so unübersichtlich schreibt, darf sich nicht wundern, wenn keiner seine Texte lesen will.

Doch jeder, der schreibt, will gelesen werden. Darin liegt ja der Sinn des Schreibens. Und so dient alles, was wir uns als Schreiber bei der Niederschrift von Wörtern, Sätzen und ganzen Texten abverlangen, einzig und allein dem bequemen Zugang des Lesers zu unseren Botschaften. Der Leser soll ohne optische Hemmnisse die niedergeschriebenen Informationen aufnehmen und verstehen können. Neben der Rechtschreibung im engeren Sinne ist es vor allem die Zeichensetzung, die hierzu einen wesentlichen Beitrag leistet – Schönschrift gegebenenfalls auch ...

Wer Satzzeichen setzt, macht sich um den Leser verdient und kommt bei der Vermittlung seiner Inhalte weiter.

Heute sind die Satzzeichen »Grenz- und Gliederungszeichen«, wie es das amtliche Regelwerk in seiner Fassung von 2006 etwas hölzern ausdrückt. Sie dienen gleich mehrerlei:

✔ Mit Satzzeichen gestalten Sie Ihre Texte übersichtlich.

✔ Durch den Gebrauch von Satzzeichen werden Ihre Texte für den Leser überschaubarer und leichter verständlich.

✔ Satzzeichen erlauben es Ihnen, besondere Aussageabsichten oder Einstellungen grafisch kenntlich zu machen.

✔ Satzzeichen helfen Ihnen, Ihren Text stilistisch zu gestalten.

Das sind vier gute Gründe, die Zeichensetzung nicht auf die leichte Schulter zu nehmen. Gehen wir es also wieder gemeinsam an. Frei nach dem Vers »Punkt, Punkt, Komma, Strich« soll erst vom Punkt und seinen »satzschließenden« Brüdern die Rede sein, bevor ich Sie über das Komma in die gar nicht so geheimen Geheimnisse der verschiedenen Striche einführe.

Am Anfang der Zeichensetzung war das Wort ...

und zwar das gesprochene. In den ältesten Texten dienten Satzzeichen wie Strich und Punkt, soweit sie überhaupt auftraten, vorrangig dazu, Aspekte der gesprochenen Sprache wie Rhythmus, Akzent oder Sprechpausen anzuzeigen. Sie waren so etwas wie »Vorlesehilfen«. Sie erlaubten es dem Vorleser, einen Text richtig vorzutragen. Dazu muss man wissen, dass die Kunst des Lesens bis ins frühe Mittelalter nicht sonderlich weit verbreitet war, und selbst an Adelshöfen waren es oft nur die Kirchenmänner, die halbwegs lesen und schreiben konnten. Niedergeschriebenes wurde also in aller Regel einem mehr oder weniger aufmerksam zuhörenden Publikum laut vorgelesen.

Das Lesen- und Schreibenlernen stand auch nicht ganz oben auf den Lehrplänen adliger Ausbildung – Volksschulen gab es ohnehin noch nicht –, sodass sich ein Dichter wie der Ritter Hartmann von Aue (um 1190) bei seinem Publikum fast schon dafür entschuldigen musste, dass er neben der Ausführung seines Ritterberufs (*schildes ambet* = Schild- oder heute besser: Waffendienst) – das bedeutete Arme und Schwache zu beschützen, Wegelagerer und Drachen zu bekämpfen, mit dem Kaiser auf Kreuzzug ins Heilige Land zu ziehen und verheirateten Damen gegenüber Minnedienst zu leisten – gelegentlich auch Bücher selbst las oder gar solche schrieb. Das war alles andere als selbstverständlich, und manchem seiner Standesgenossen dürfte »Herr Hartmann« ob solch absonderlichen Treibens als ein rechtes Weichei vorgekommen sein. Da musste er – und das durchaus wiederholt in seinem Werk – klarstellen, dass er eben beides war, ein Dichter und doch auch ein echter Kerl.

Aber das war vor langer, langer Zeit, und die Dinge haben sich seitdem deutlich verändert, vor allem seit der Erfindung des Buchdrucks im 15. Jahrhundert. Je mehr Schrifttum verbreitet und je mehr – jetzt auch ganz still für sich erst beim Schein der Kerze, später beim Schein der Petroleumfunzel und heute im grellen Halogenlicht – gelesen wurde, desto weniger kam es darauf an, durch Satzzeichen Satzmelodie und Ähnliches anzuzeigen. Jetzt wurde es wichtig, längere Texte im Schriftbild zu strukturieren. Anders ausgedrückt: die Sätze und Satzkonstruktionen optisch zu entflechten.

Wie immer, wenn es um durchgreifende Regelungen geht, kamen auch diejenigen der deutschen Interpunktion erst nach langen Diskussionen zustande. »Lange« ist dabei gut gesagt: Als Erster stellte der Stadtschreiber von Esslingen, Niklas von Wyle, 1462 Regeln für die deutsche Zeichensetzung auf. Ihm folgten die großen Grammatiker des 17. und 18. Jahrhunderts. Und auch Konrad Duden hat, jetzt sind wir schon im Jahr 1876, den »Versuch einer deutschen Interpunktionslehre« vorgelegt. Das amtliche Regelwerk von 1902 enthielt trotz dieses »Versuchs« noch kein Kapitel zur Zeichensetzung. Das wurde erst mit der Neuregelung von 1996 nachgeholt. Seitdem sind auch Punkt, Komma und Strich fester Teil der amtlichen deutschen Rechtschreibung. So schnell kann's manchmal gehen ...

Am Schluss ist Schluss: Punkt, Ausrufezeichen und Fragezeichen

In diesem Abschnitt geht es um Sätze, sogenannte Ganzsätze. Das Besondere am Ganzsatz: Er muss gar nicht »ganz« im Sinne von »vollständig« sein. Vollständig ist ein Satz in der Regel dann, wenn er mindestens aus einem Subjekt, dem Satzgegenstand, und einem Prädikat, der Satzaussage, besteht. Für Ausrufe des Typs »Herein!« oder Fragen wie »Sonst noch was?« gilt das nicht. Und trotzdem sollen diese Ausrufe, Fragen und Ähnliches der Einfachheit halber als Ganzsätze betrachtet werden wie auch komplexere Satzgefüge aus einem Hauptsatz und einem oder mehreren Nebensätzen. Mehr Grammatik braucht es im Moment nicht.

Den Schluss eines Ganzsatzes können Sie, wie in Tabelle 10.1 gezeigt, kennzeichnen.

Satzschlusszeichen	Funktion	Beispiele
Punkt	Mit dem Punkt schließen Sie einen Aussagesatz ab.	*Sie ist meine Frau. Er lungert gerne auf dem Sofa herum. Die Kinder spielen im Garten. Es regnet.*
	Der Aussagesatz kann unterschiedlich stark gegliedert sein.	*Er kam, sah und siegte. Die Kinder spielten, obwohl es in Strömen regnete, im Garten. Was du auch tust, handle überlegt und bedenke die Folgen. Wir hoffen, dass es Dir gut geht, und freuen uns auf ein Wiedersehen in den nächsten Ferien.*
	Auch Aufforderungen, denen kein großer Nachdruck verliehen wird, enden nicht mit einem Ausrufezeichen, sondern mit einem Punkt.	*Nehmen Sie doch Platz. Kommen Sie bitte in vierzehn Tagen noch einmal vorbei.*
Ausrufezeichen	Mit dem Ausrufezeichen kennzeichnen Sie einen Ausruf, einen Befehl, eine Aufforderung und Ähnliches.	*Tor! Die Augen geradeaus! So helft mir doch! Auf Wiedersehen!*
Fragezeichen	Das Fragezeichen steht am Ende einer Frage.	*Wie, du gehst schon? Ham Se mal 'ne Mark für mich? Wohnst du noch oder lebst du schon?*

Tabelle 10.1: So können Sie den Schluss eines Ganzsatzes markieren

Was Sie zum Punkt so alles wissen sollten

 Mit dem Punkt kennzeichnen Sie den Schluss eines Ganzsatzes. Wenn Sie mehrere aufeinanderfolgende Ganzsätze als Teile eines mehrteiligen Ganzsatzes auffassen, kann zwischen den Ganzsätzen auch ein Komma oder ein Semikolon (ein Strichpunkt) stehen.

Folgende Beispiele zeigen Ihnen, was gemeint ist:

✔ Als Kette selbstständiger Ganzsätze: _Die Nacht brach an. Langsam zog Nebel vom Tal herauf._

✔ Als mehrteiliger Ganzsatz aufgefasst: _Die Nacht brach an, langsam zog Nebel vom Tal herauf._

✔ Ebenso: _Die Nacht brach an; langsam zog Nebel vom Tal herauf._

Wo Sie definitiv keinen Punkt setzen sollten

»Keine Regel ohne Ausnahme«, sagt der Volksmund. In Tabelle 10.2 habe ich diese Ausnahmen zum Punkt mit Beispielen für Sie zusammengestellt.

Kein Punkt steht …	Beispiele
nach frei stehenden Zeilen wie Überschriften, Werktiteln und Ähnlichem	_Schwere Stürme über der Nordsee_
	Kanzlerin spricht Machtwort
	KSC vor dem Aufstieg in die 1. Bundesliga
	Neue deutsche Rechtschreibung für Dummies
	Der Barbier von Sevilla
	Der Mann mit dem Goldhelm
nach Titeln von Gesetzen, Verträgen und ähnlichen Dokumenten sowie nach Bezeichnungen von Veranstaltungen	_Gesetz zur Weiterentwicklung der Strukturreform in der gesetzlichen Krankenversicherung_
	Kaufvertrag
	Letztwillige Verfügung
	Interboot Friedrichshafen
nach Anschriften und Datumszeilen in Briefen sowie nach Grußformeln und Unterschriften	_Rudolf Loos_ _Hauptstraße174_ _69117 Heidelberg_
	Freitag, 13. Januar 2008
	Sehr geehrte Frau Müller, _herzlichen Dank für Ihre freundliche Einladung …_
	Mit besten Grüßen
	Ihr Peter Schmidt

Tabelle 10.2: Keine Regel ohne Ausnahme: Bei diesen Beispielen steht kein Punkt

›*Jetzt aber hallo!*‹ *Das Ausrufezeichen*

Nicht nur wo es laut werden soll, ist anstelle des Punktes das Ausrufezeichen gefordert. Merken müssen Sie sich hierzu nur wenig und eigentlich auch nichts, was wirklich ganz neu für Sie wäre.

 Mit dem Ausrufezeichen schließen Sie Ganzsätze ab, die Sie besonders betonen wollen.

Im Allgemeinen sind das Aufforderungen und Befehle, nachdrückliche Behauptungen, Ausrufe, aber auch Grüße oder Wünsche. Hierzu folgende Beispiele:

✔ *Stillgestanden!*

✔ *Bitte die Tür schließen!*

✔ *Du musst dich sputen, sonst verpasst du noch den Bus!*

✔ *Nein, ich bin es ganz bestimmt nicht gewesen!*

✔ *Wenn du doch geschwiegen hättest!*

✔ *Mir reicht's!*

✔ *Guten Morgen!*

✔ *Herzlichen Glückwunsch zum Geburtstag!*

 Wie beim Punkt können Sie mehrere aufeinanderfolgende Aufforderungen, Ausrufe oder Wünsche auch als mehrteiligen Ganzsatz oder als Aufzählung auffassen. Dann steht zwischen den einzelnen Teilsätzen ein Komma.

Beispiele hierfür:

✔ *Ein tolles Spiel, was für ein Tag!*

✔ *Ui, das war aber knapp!*

✔ *Nein, nein, nein!*

Wenn weiter vorne davon die Rede war, dass bei frei stehenden Zeilen wie Überschriften, Werktiteln, Anreden und Ähnlichem kein Punkt steht, haben Sie trotzdem die Möglichkeit, solche Zeilen, wenn sie mit besonderem Nachdruck versehen sein sollen, mit einem Ausrufezeichen abzuschließen.

Beispiele für Überschriften:

✔ *Schwere Stürme über der Nordsee!*

✔ *Kanzlerin spricht Machtwort!*

Beispiele für Anreden:

✔ *Meine sehr verehrten Damen und Herren! Liebe Freunde!*

✔ *Verehrte Frau Präsidentin! Meine Damen und Herren!*

Nach Anreden in Briefen steht heute meist ein Komma. Sie können aber auch ein Ausrufezeichen setzen.

✔ *Liebe Oma,*

   ich freue mich sehr, dass Du uns in den Ferien besuchen wirst …

✔ *Sehr geehrte Frau Bundeskanzlerin!*

   Im Namen unseres Verbandes danke ich Ihnen recht herzlich für …

Je nachdem, ob Sie hinter die Anrede ein Komma oder ein Ausrufezeichen setzen, müssen Sie den folgenden Absatz gegebenenfalls mit einem kleinen oder großen Anfangsbuchstaben beginnen.

Was die Schweizer so machen

In der Schweiz fallen die Zeichen nach Anreden in der geschäftlichen Korrespondenz heute in der Regel weg. Das erste Wort des folgenden Absatzes muss dann großgeschrieben werden.

Sehr geehrte Damen und Herren

Wir nehmen Bezug auf Ihr Schreiben vom …

›Noch Fragen?‹ Das Fragezeichen

Sein Name spricht wie schon beim Ausrufezeichen für sich:

 Mit dem Fragezeichen kennzeichnen Sie einen einfachen oder komplexen Ganzsatz als Frage.

Das klingt ebenso lapidar, wie es ist. Vergleichen Sie folgende Beispiele:

✔ *Warum?*

✔ *Was ist denn mit dir los?*

✔ *Hast du schon etwas gegessen?*

✔ *Warum hast du das denn nicht gleich gesagt?*

✔ *Kannst du mir erklären, was das alles bedeuten soll?*

✔ *Womit kann ich dienen: Bier, Wein, antialkoholische Getränke?*

✔ *Ist das nicht schön?*

✔ *Ja, wo laufen sie denn?*

 Wenn Sie mehrere aufeinanderfolgende Fragen als mehrteiligen Ganzsatz oder als Aufzählung auffassen, können Sie wie bei Punkt und Ausrufezeichen auch wieder ein Komma setzen.

✔ *Wie denn, wo denn, was denn?*

✔ *Ist das nicht toll, ist das nicht oberaffengeil?*

In frei stehenden Zeilen, zum Beispiel bei Überschriften oder Werktiteln, bleibt das Fragezeichen in jedem Fall erhalten.

Beispiele für Überschriften:

✔ *Ist die Koalition bereits am Ende?*

✔ *Wohin entwickelt sich unsere Gesellschaft?*

Beispiele für Werktitel:

✔ *Quo vadis?*

✔ *Wo warst du, Adam?*

Und das war's auch schon.

Die Sache mit dem Komma – ein weites Feld

Etwas komplexer wird die Sache mit der Zeichensetzung, wenn wir jetzt zum Komma übergehen. Auf das Komma kommt es ganz besonders an, denn im Allgemeinen drücken wir uns nicht in einfachen aneinandergereihten oder lediglich durch *und* oder *oder* verbundenen Hauptsätzen aus, sondern wir bilden Satzgefüge aus Haupt- und Nebensätzen, die mehr oder weniger kunstvoll ineinander verschlungen sind. Kunstvoll, das heißt so, dass man sie inhaltlich auch verstehen konnte, haben Heinrich von Kleist und Thomas Mann derartige zum Teil sehr umfangreiche Satzgefüge gedrechselt. Außerhalb der hohen Literatur entstehen aber leider oft die gefürchteten Schachtelsätze, in die der Schreiber seinen Leser hineinirren lässt, ohne ihn auch wieder herauszulotsen. Gute Nacht, wenn's dann auch noch mit der Zeichensetzung gehapert hat …

Apropos Komma

Heißt der Plural (die Mehrzahl) von *Komma* nun *Kommas* oder *Kommata*? Ganz einfach: Beide Formen sind richtig, also *die Kommas* oder *die Kommata*. Falsch dagegen ist *die Kommatas*. Hier werden beide Mehrzahlformen in unzulässiger Weise miteinander vermengt. Wer sich nicht sicher ist, bleibe bei der einfacheren Form mit s: *Kommas* wie *Mamas* und *Papas* und *Lamas* und viele andere mehr. Aber Vorsicht Falle: Der Plural von *Drama* lautet *Dramen*.

Keine Panik vor dem Komma

Wie das Semikolon (der Strichpunkt), der Doppelpunkt, der Gedankenstrich oder die diversen Klammern dient das Komma der Gliederung des Ganzsatzes. Je nach dessen Struktur, die einmal einfacher, dann wieder komplexer sein kann, wird das Komma einfach oder im Doppelpack – das heißt dann offiziell »paarig« – verwendet. Hierfür zwei Beispiele:

✔ Einfaches Komma: _Es wird Zeit, dass er endlich kommt._

✔ Paariges Komma: _Seine Absicht war es, in aller Herrgottsfrühe aufzubrechen, aber er verschlief wieder einmal den ganzen Morgen._

Für den Gedankenstrich gilt ebenfalls einfacher oder paariger Gebrauch, was Sie später noch sehen werden, wohingegen die Klammern immer nur paarweise auftreten, ganz nach dem Motto »Wer A sagt, muss auch B sagen«. Semikolon und Doppelpunkt kommen dagegen immer allein daher.

Das Komma zwischen gleichrangigen Teilsätzen, Wortgruppen oder Wörtern

Bleiben wir aber beim Komma. Erste und wichtigste Regel:

Mit dem Komma werden gleichrangige (nebengeordnete) Teilsätze, Wortgruppen oder Wörter voneinander abgegrenzt.

Das klingt kompliziert, ist es aber wieder einmal nicht, wie Ihnen die folgenden Beispiele zeigen sollen.

Beispiele für die Kommasetzung bei gleichrangigen Teilsätzen:

✔ _Der Abend brach an, langsam stieg aus dem Tal der Nebel auf._

✔ _Das war ein erstklassiger Spielzug, doch es sollte leider der einzige dieser Art bleiben._

✔ _Das war schade, jammerschade._

Beispiele für die Kommasetzung bei Wortgruppen oder Wörtern in Aufzählungen:

✔ _Er wollte eigentlich zu Hause anrufen, einen Brief an Tante Lenchen schreiben, die Blumen gießen und danach ins Kino gehen._

✔ _Das WM-Finale von 1954 war spannend, torreich, hochinteressant, einfach klasse._

✔ _Sie erzählte unablässig von ihrer Arbeit, ihren Geschäftskontakten, ihren Erfolgen und ihren Plänen._

✔ _Und nun die Lottozahlen: drei, fünf, achtundzwanzig, zweiunddreißig, siebenunddreißig, fünfundvierzig, Zusatzzahl: vierzehn._

✔ _Sie verreist nie mit dem Auto, sondern immer mit dem Zug._

✔ *Er ist intelligent, (dabei) aber träge.*

✔ *Wie denn, wo denn, was denn?*

 Aufpassen mussten Sie schon immer, wenn zwei Adjektive (Eigenschaftswörter) nebeneinanderstehen. Bildet das direkt vor dem Substantiv (Hauptwort) stehende Adjektiv mit dem Substantiv eine begriffliche Einheit, steht zwischen den beiden Adjektiven kein Komma. Sind sie gleichrangig, muss ein Komma stehen.

Das ergibt folgende Beispiele:

✔ *dunkles bayerisches Bier* aber: *dunkles, lauwarmes Bier*

✔ *eine kurze rote Hose* aber: *eine kurze, fleckige Hose*

✔ *die allgemeine politische Lage* aber: *die schönen, blütenübersäten Wiesen*

Ob Sie zwei Adjektive als gleichrangig oder nicht gleichrangig auffassen, können Sie demnach durch die Kommasetzung oder das Weglassen des Kommas anzeigen. Das amtliche Regelwerk gibt dafür folgendes Beispiel:

✔ *neue, umweltfreundliche Verfahren* (gleichrangige Adjektive: neben den bereits bekannten nicht umweltfreundlichen Verfahren gibt es jetzt neue und umweltfreundliche)

✔ *neue umweltfreundliche Verfahren* (nicht gleichrangige Adjektive: zu den bisherigen umweltfreundlichen Verfahren gibt es zusätzliche umweltfreundliche Verfahren)

 Umstritten ist im Schreiballtag häufig die Frage, wie mit Kommas und Satzschlusszeichen in Aufzählungen zu verfahren ist, die mit Spiegelstrichen oder Ähnlichem gegliedert sind. In solchen Fällen können Kommas und Punkt wegfallen, sie können aber auch gesetzt werden.

Das folgende Beispiel klärt Sie auf:

✔ *Gericht des Tages:*

    - *Rinderkraftbrühe*

    - *Rahmschnitzel mit Spätzle und Salat*

    - *Dessert*

Oder:

✔ *Gericht des Tages:*

    - *Rinderkraftbrühe,*

    - *Rahmschnitzel mit Spätzle und Salat,*

    - *Dessert.*

Etwas unübersichtlicher wird die Sache, wenn die gleichrangigen Teilsätze durch Konjunktionen (Bindewörter) miteinander verbunden sind.

Kein Komma steht, wenn gleichrangige Teilsätze, Wortgruppen oder Wörter durch *und, oder, beziehungsweise (bzw.), sowie* (in der Bedeutung von »und«), *wie* (ebenfalls in der Bedeutung von »und«), *entweder … oder, nicht … noch, sowohl … als (auch), sowohl … wie (auch)* oder *weder … noch* miteinander verbunden sind.

Folgende Beispiele machen diese Regel überschaubarer:

Beispiele für gleichrangige Teilsätze:

✔ *Johnny Cash singt und Luther Perkins spielt Gitarre.*

✔ *Sie wissen noch nicht, ob sie ins Theater gehen sollen oder ob sie nicht doch lieber ins Kino gehen wollen.*

✔ *Entweder wir gehen ins Kino oder wir sehen uns den Spielfilm im Fernsehen an.*

Beispiele für gleichrangige Wortgruppen und für Wörter in Aufzählungen:

✔ *Er hatte versprochen, den Müll hinunterzubringen und den Rasen zu mähen und danach auch noch den Gartenzaun zu streichen.*

✔ *Stolz und zufrieden betrachtete sie ihre Arbeit.*

✔ *Sie hatten weder große noch kleine Blumentöpfe übrig.*

✔ *Er reist entweder mit dem Zug oder mit dem Flugzeug nach Wien.*

Vor *und* und anderen Konjunktionen (Bindewörtern) kann ein Komma aber durchaus begründet sein. Wo das der Fall ist, zeigt Ihnen Tabelle 10.3.

Ein Komma steht …	Beispiele
wenn mit ihm ein Nebensatz abgeschlossen wird	*Sie verkündete, dass sie ihn verlassen werde, und verschwand in ihr Zimmer.*
wenn ein Zusatz oder Nachtrag abgeschlossen wird	*Er stand da, ziemlich überwältigt, und wusste nicht weiter.*
wenn eine eingeschobene wörtliche Rede abgeschlossen wird	*Sie jubelte: »Endlich frei!«, und packte ihre Koffer.*

Tabelle 10.3: Hier steht vor »und« ein Komma

Manche Konjunktionen (Bindewörter) wie *aber, doch, jedoch* und *sondern* werden benutzt, wenn Gegensätze ausgedrückt werden sollen. In diesen Fällen steht zwischen gleichrangigen Wörtern oder Wortgruppen vor dem Bindewort ebenfalls ein Komma.

✔ *Er spielt nicht nur Fußball, sondern auch Golf.*

✔ *Sie kann nicht backen, jedoch hervorragend kochen.*

✔ *Hart, aber herzlich.*

Wie in anderen Fällen auch, überlässt es Ihnen die Neuregelung der deutschen Rechtschreibung bei der Kommasetzung in bestimmten Fällen, ob Sie ein Komma setzen wollen oder nicht. Das gilt dann, wenn Sie mehrere selbstständige Sätze aneinanderreihen und diese durch *und, oder, beziehungsweise (bzw.), entweder … oder, nicht … noch* oder *weder … noch* aneinanderketten.

 In Reihungen von selbstständigen Sätzen, die durch *und, oder, beziehungsweise (bzw.), entweder … oder, nicht … noch* oder *weder … noch* miteinander verbunden sind, können Sie ein Komma setzen, wenn Sie die Gliederung des Ganzsatzes deutlich machen wollen.

Sie können also wie in den folgenden Beispielen verfahren:

✔ *Sie verstauten erst ihre Einkäufe(,) und sie machten es sich danach bei einer Tasse Kaffee gemütlich.*

✔ *Entweder du erledigst den Abwasch(,) oder du schaffst den Müll weg.*

✔ *Nicht einen Funken Anstand hat der Kerl(,) noch taugt er sonst irgendetwas.*

✔ *Weder haben sie zusammen geübt(,) noch haben sie sich sonst auf die Prüfung vorbereitet.*

 Auch wenn die neue Rechtschreibung das Komma in Aneinanderreihungen selbstständiger Ganzsätze gegenüber der herkömmlichen Regelung nicht mehr erzwingt: Bleiben Sie beim Komma. Es hilft Ihren Lesern insbesondere bei längeren Aneinanderreihungen den Überblick zu behalten.

Das Komma bei Nebensätzen

Nebensätze erkennen Sie daran, dass sie typischerweise ein bestimmtes Einleitewort haben und das Prädikat (die Satzaussage) immer am Ende steht. Sie können, anders als Hauptsätze, niemals allein stehen, sondern hängen immer von einem Hauptsatz ab. Die wichtigsten Formen des Nebensatzes habe ich in Tabelle 10.4 zusammengestellt. Zur besseren Unterscheidung von Haupt- und Nebensatz ist der Nebensatz jeweils kursiv gesetzt.

Art des Nebensatzes	Beispiele
Konjunktionalsatz (Das Einleitewort ist eine unterordnende Konjunktion / ein unterordnendes Bindewort.)	Es ist nicht klar, *ob er tatsächlich die Wahrheit gesagt hat.* Ich glaube nicht, *dass sie noch kommt.* *Als ein Gewitter aufzog,* verließen sie den Golfplatz.
Relativsatz (Das Einleitewort ist ein Relativpronomen.)	Das ist das Haus, *das meinen Großeltern gehörte.* Die Frau, *die ich liebe,* ist mein Ein und Alles. Alles, *was getan werden konnte,* wurde auch versucht.
Indirekter Fragesatz / w-Satz (Das Einleitewort ist ein w-Wort.)	Der weiß ganz genau, *wo der Barthel den Most holt!* Ist dir eigentlich klar, *was du da angerichtet hast?*

Art des Nebensatzes	Beispiele
Infinitivsatz (Das Verb steht in seiner Grundform.)	*Vater werden* ist nicht schwer …
	Es ist mir ein Vergnügen, *euch alle hier versammelt zu sehen.*
Partizipialsatz (Das Verb steht in seiner Partizipform.)	*Aus vollem Halse singend,* feierten die Fans den Aufstieg ihrer Mannschaft.
	Er brachte, *sichtlich erschüttert,* kein Wort heraus.

Tabelle 10.4: Nebensätze und woran Sie diese erkennen

Die Regel zur Kommasetzung bei Nebensätzen ist schlicht und einfach:

Nebensätze müssen Sie mit einem Komma vom Hauptsatz abgrenzen. Ist der Nebensatz in den Hauptsatz eingeschoben, kommt das »paarige« Komma zum Einsatz.

Wie sieht das Ganze im Beispiel aus?

Der Nebensatz steht am Anfang des Ganzsatzes (vor dem Hauptsatz):

✔ *Was er wirklich wollte, wusste er schon lange nicht mehr.*

✔ *Dass sie ihn herumbekommen hatte, bereitete ihr ein diebisches Vergnügen.*

✔ *Als sie im Theater ankamen, hatte die Vorstellung schon längst begonnen.*

✔ *Er werde befördert werden, verkündete er stolz.*

✔ *Dass das nichts Besonderes sei, gab sie ihm entschlossen zurück.*

✔ *Wenn er glauben sollte, dass sie das auf sich sitzen lassen würde, hatte er sich geirrt.*

Der Nebensatz ist in den Ganzsatz eingeschoben:

✔ *Die Blumen, die er ihr gebracht hatte, welkten in der Vase.*

✔ *Seine Erwartung, dass sie ihn verlassen würde, hatte sich erfüllt.*

✔ *Sie konnte, wenn sie schlecht gelaunt war, recht abweisend sein.*

✔ *Wir glaubten, er käme schon allein zurecht, und machten uns davon.*

Der Nebensatz steht am Ende des Ganzsatzes:

✔ *Der Stürmer verließ den Platz, nachdem er die Rote Karte gesehen hatte.*

✔ *Er kam heute nicht zur Arbeit, weil er krank war.*

✔ *Wir danken allen Sponsoren, die unsere Tombola unterstützt haben.*

✔ *Sie verkündete, sie werde für ein Jahr ins Ausland gehen.*

Wenn der Nebensatz mit einer Einleitung aus einem Einleitewort und weiteren Wörtern beginnt, müssen Sie das Komma vor die ganze Wortgruppe setzen. Solche Einleitewörter sind zum Beispiel *als, da, dass, damit, falls, obwohl, sodass, wenn, zumal* und andere mehr.

Im Beispiel sieht das so aus:

✔ *Sie kämpften, als ob es um die Weltmeisterschaft ginge, mit aller Verbissenheit.*

✔ *Ich habe den Unfall nicht genau beobachtet, aber wenn Sie mich fragen, fuhr der Radfahrer auf der falschen Straßenseite.*

Dabei gibt es einige Fälle, in denen Sie zwischen die Bestandteile der Wortgruppe ein weiteres Komma setzen können – aber nicht müssen. Folgende Beispiele klären Sie auf:

✔ *Ich werde mitmachen, es sei denn(,) dass der Arzt mich nicht wieder krankschreibt.*

✔ *Sie erwartet nicht, dass er sich an ihren Geburtstag erinnert, geschweige(,) dass er ihr ein Geschenk mitbringt.*

✔ *Wir sind mit von der Partie, je nachdem(,) ob es regnet oder nicht.*

✔ *Egal(,) wie das Turnier ausgegangen ist, unsere Jungs sind die Weltmeister der Herzen.*

Je nachdem, wo Sie das Komma setzen, können Sie kennzeichnen, ob Sie bestimmte Wörter als Bestandteil der Nebensatzeinleitung auffassen oder nicht.

✔ *Seine Mutter freut sich, auch wenn er sie nur anruft.* Oder: *Seine Mutter freut sich auch, wenn er sie nur anruft.*

✔ *Er fürchtete sich, sodass er kaum noch wusste, wohin er sich verkriechen sollte.* Oder: *Er fürchtete sich so, dass er kaum noch wusste, wohin er sich verkriechen sollte.*

✔ *Er war unberechenbar, vor allem wenn er getrunken hatte.* Oder: *Er war unberechenbar vor allem, wenn er getrunken hatte.*

Aber aufgepasst:

 Wenn *und, oder* oder ähnliche beiordnende Konjunktionen (Bindewörter) Satzglieder oder Teile von Satzgliedern mit Nebensätzen verbinden, dürfen Sie zwischen die Bestandteile dieser Reihung kein Komma setzen. Nur wenn der Nebensatz anschließt, steht ein Komma.

Die folgenden Beispiele machen klar, was gemeint ist.

Ohne Komma:

✔ *Hocherfreut war er über ihren Erfolg und dass sie die Prüfung bestanden hatte.*

✔ *Bei gleichbleibender Leistung und wenn du dich anstrengst, kannst du Erfolg haben.*

✔ *Wenn du dich anstrengst und bei gleichbleibender Leistung kannst du Erfolg haben.*

✔ *Du kannst Erfolg haben bei gleichbleibender Leistung und wenn du dich anstrengst.*

Aber mit Komma:

✔ *Du kannst Erfolg haben, wenn du dich anstrengst und bei gleichbleibender Leistung.*

Dafür einfach zu merken:

Vergleiche mit _als_ und _wie_, wenn sie in Verbindung mit einer Wortgruppe oder einem Wort stehen, stehen ohne Komma, weil sie keine Nebensätze sind.

✔ _Schneller als gewöhnlich hatte er verstanden._

✔ _Wie schon in der Vergangenheit konnten sie sich nicht auf ein neues Auto einigen._

✔ _Sie ist größer als er._

✔ _Meistens steht er früher auf als sie._

✔ _Er ist genauso schön wie sie._

Bei formelhaften Nebensätzen können Sie das Komma auch weglassen.

Einfach formuliert und schnell verstanden. Gemeint sind folgende Fälle:

✔ _Wie bereits erwähnt(,) werden wir morgen mit den Umbauarbeiten beginnen._

✔ _Sie kommt(,) wenn nötig(,) auch schon einige Tage früher aus dem Urlaub zurück._

Der besseren Übersichtlichkeit halber sollten Sie auch in solchen Fällen getrost beim Komma bleiben. Ihre Leser werden es Ihnen danken.

Kein Horror mehr: das Komma bei Infinitivkonstruktionen

Die Kommasetzung bei Infinitivkonstruktionen galt nach den herkömmlichen Regeln der Zeichensetzung als besonders knifflig und schwierig. Sie bot eine schier unerschöpfliche Fehlerquelle. Die Neuregelung sorgt hier für mehr Klarheit.

Sie müssen Infinitivgruppen mit Komma abtrennen, wenn die in Tabelle 10.5 genannten Bedingungen erfüllt sind:

Ein Komma muss stehen ...	Beispiele
wenn die Infinitivgruppe mit _um, ohne, statt, anstatt, außer, als_ eingeleitet ist	_Wir wollen, um das ein für alle Mal klarzustellen, keine Werbeprospekte mehr erhalten._
	Sie zog sich zurück, um für die Prüfung zu lernen.
	Er brauchte nichts zu unternehmen, außer abzuwarten.
	Sie las, ohne zu bemerken, wie die Zeit verging, bis tief in die Nacht hinein.
	Er blieb, anstatt nach Hause zu gehen, in der Kneipe hängen.

Ein Komma muss stehen …	Beispiele
wenn die Infinitivgruppe von einem Substantiv (Hauptwort) abhängt	*Sie trafen gemeinsam die Entscheidung, eine neue Küche anzuschaffen.*
	Es war nicht seine Absicht, den ganzen Garten umzugraben.
wenn die Infinitivgruppe von einem Verweiswort wie *das*, *damit* und ähnlichen abhängt	*Er genießt es, samstags in aller Ruhe zu frühstücken.*
	Sie haben es nie bedauert, einander geheiratet zu haben.
	Sie hat damit gerechnet, in die engere Wahl zu kommen.
	Sonntags lange im Bett liegen zu bleiben, das ist ihr größtes Vergnügen.
	Damit, in die engere Wahl zu kommen, hat sie gerechnet.

Tabelle 10.5: Das Komma bei Infinitiven

Wenn ein reiner Infinitiv mit *zu* vorliegt, kann das Komma auch entfallen. Möglich sind also folgende Beispiele:

✔ *Den Beschluss(,) abzureisen(,) hatten sie kurzfristig gefasst.*

✔ *Sie glaubt fest daran(,) zu gewinnen.*

Damit wäre alles Wesentliche zur Kommasetzung gesagt, wenn da nicht noch das Thema »Nachträge« wäre.

Das Komma bei Zusätzen und Nachträgen aller Art

Was jetzt folgt, sind im Wesentlichen Dinge, die Ihnen weitgehend vertraut sein dürften und die ich nur der Vollständigkeit halber aufliste. Die Grundregel ist einfach:

Zusätze oder Nachträge müssen Sie mit einem Komma abgrenzen oder in paarige Kommas einschließen, wenn sie eingeschoben sind.

Tabelle 10.6 dient der besseren Übersicht.

Das Komma steht	Beispiele
bei Parenthesen (Einschüben)	*Ich glaube, um das noch einmal ganz deutlich zu sagen, die Entscheidung muss schnell fallen.*
	Diese Diskussion, sie war die ergiebigste seit Langem, hat uns wirklich weitergebracht.

Das Komma steht	Beispiele
bei Substantivgruppen als Nachträgen (Appositionen), das sind vor allem Titel und dergleichen, wenn sie in Verbindung mit Eigennamen stehen	*Die Ruine, ein bedrohlich wirkendes Gemäuer, ragte über die Baumkronen hinaus.* *Helmut Kohl, der ehemalige Bundeskanzler, berief sich auf sein Ehrenwort.* *Konrad Duden, der Vater der deutschen Einheitsrechtschreibung, verstarb 1911.* *Lydia Schmidt, Professorin für Deutsche Philologie, hielt das Einführungsreferat.*
(Folgt der Eigenname einem Titel oder einer Berufsbezeichnung, können Sie das Komma auch weglassen.)	*Der Firmenleiter(,) Dr. Josef Mayer(,) begrüßte die chinesische Delegation.*
(Aber immer ohne Komma:)	*Friedrich der Große, Johanna die Wahnsinnige* *Vorstandssprecher Dr. med. Heinrich Müller übernahm die Führung durch den Betrieb.*
(Mit oder ohne Komma:)	*Elise Loos(,) geb. Klumpp(,) war seine Großmutter.*
bei mehrteiligen Orts-, Wohnungs- und Zeitangaben, soweit sie ohne Präposition (Verhältniswort) gebraucht werden (das schließende Komma ist nicht zwingend)	*Lieschen Müller, Mannheim, Merianstraße 3(,) ist die Gewinnerin des heutigen Abends.* *Das Manuskript soll Montag, (den) 16. April(,) abgegeben werden.* *Das Fest soll am Samstag, dem 21. April(,) stattfinden.* *Die Feier beginnt am Samstag, dem 21. April, (um) 10.30 Uhr(,) in Puppels »Goldenem Adler«.*
bei mehrteiligen Literaturangaben	*In der Vinetenzeitung, Neue Folge, Heft 52, S. 24(,) wurde über diesen Vorfall berichtet.*
(Keine Kommas stehen jedoch bei mehrteiligen Angaben zu Gesetzen und Ähnlichem.)	*§ 5 Abs. 3 Satz 4 der Vereinssatzung*
bei nachgestellten Erläuterungen, die Sie häufig an Einleitungen wie *also, besonders, das heißt (d. h.), genauer, insbesondere, nämlich, und zwar, vor allem, zum Beispiel (z. B.)* erkennen	*Sie steht ungern früh auf, besonders an Samstagen und Sonntagen.* *Er will sich an die Arbeit machen, und zwar sofort.* *Am Abend kommen Wolken auf, vor allem im Westen.* *Nachdem er satt war, das heißt alles aufgegessen hatte, hielt er ein Mittagsschläfchen.* *Auf der Messe waren viele ausländische Hersteller, insbesondere skandinavische [Hersteller], vertreten.*
(Aber ohne schließendes Komma:)	*Auf der Messe waren viele ausländische, insbesondere skandinavische Hersteller vertreten.*

Das Komma steht	Beispiele
bei Wörtern und Wortgruppen, die durch ein hinweisendes Wort oder eine hinweisende Wortgruppe angekündigt werden	*Sie, die Mutter meiner Kinder, ist der Traum meiner schlaflosen Nächte.*
	Daran, ihre Stelle zu wechseln, dachte sie nicht.
	Er dachte nicht daran, länger in der Firma zu bleiben, und reichte seine Kündigung ein.
	So, von unten bis oben verschmiert, kroch er unter dem Fahrzeug hervor.
	So eingestimmt, alle bei bester Laune, zogen sie in Richtung Altstadt los.
(Ebenfalls mit einfachem Komma:)	*Doch der Direktor, der wollte von alledem nichts hören.*
	Du und ich, wir beide sind ein tolles Team.
	Wie immer, so haben wir auch dieses Mal gewonnen.
	Rot angelaufen bis über beide Ohren, stand er mit seinem Blumenstrauß vor ihr.
bei nachgetragenen Infinitivgruppen oder Ähnlichem	*Er, ohne sich vorher um die richtige Route gekümmert zu haben, fuhr einfach drauflos.*
	Sie, statt ihn darauf aufmerksam zu machen, ließ ihn einfach fahren.
bei nachgetragenen Partizip- oder Adjektivgruppen und Vergleichbarem	*Er, auf beiden Backen kauend, brachte kein Wort heraus.*
	Sie, ganz in ihre Decke eingehüllt, lag lesend auf dem Sofa.
	Die Wanderer standen im Schulhof, mit Stock und Rucksack bewaffnet.
	Suche Mitarbeiter/-in, erfahren und sprachbegabt.

Tabelle 10.6: Das Komma bei Zusätzen und Nachträgen

 Kein Komma steht jedoch bei festen Verbindungen mit einem nachgestellten Adjektiv (Eigenschaftswort).

✔ *Hänschen klein*

✔ *Forelle blau*

✔ *Whiskey pur*

Einen solchen hätten Sie sich nach so viel Stoff zum Komma eigentlich schon redlich verdient, wenn da nicht wieder die Sache mit dem persönlichen Ermessen wäre:

 Ob Sie etwas durch Komma als Zusatz oder Nachtrag kenntlich machen wollen oder nicht, bleibt in einigen Fällen Ihnen überlassen. In diesen Fällen ist die Kommasetzung freigestellt.

Das Komma ist freigestellt …	Beispiele
bei Fügungen mit Präpositionen (Verhältniswörtern) oder entsprechenden Wortgruppen oder Wörtern	*Sämtliche Kosten(,) einschließlich Trinkgelder(,) sind in dem Reisepreis enthalten.*
	Wir erwarten 50 Gäste(,) einschließlich der Familie.
	Wir waren(,) bedauerlicherweise(,) zu spät in die Vorstellung gekommen.
	Er hat(,) trotz aller guten Vorsätze(,) die Kur abgebrochen.
	Sie hatten sich(,) samt Kindern und Hund(,) in der neuen Wohnung häuslich eingerichtet.
bei Fügungen mit *wie*	*Sein sämtlicher Besitz(,) wie Möbel, Bilder und Bücher(,) wurde versteigert.*
bei Infinitiv-, Partizip- oder Adjektivgruppen und entsprechenden Wortgruppen	*Sie war(,) ohne ein Zeichen der Verärgerung(,) aus dem Zimmer gegangen.*
	Darum bemüht(,) den Streit zu besänftigen(,) machte er sich bei beiden unbeliebt.
	Sie plante(,) nach dem Examen ein Jahr lang ins Ausland zu gehen.
	Wir hoffen(,) Ihnen behilflich gewesen zu sein(,) und verbleiben mit herzlichen Grüßen …
	Sie warteten(,) mit sämtlichem Gepäck bewaffnet(,) auf die Ankunft des Zuges.
	Dies vorausgeschickt(,) können wir jetzt zur Sache kommen.
bei Eigennamen, die einem Titel, einer Berufsbezeichnung oder Ähnlichem folgen	*Der Vater der deutschen Einheitsrechtschreibung(,) Konrad Duden(,) verstarb 1911.*
	Der Firmenleiter(,) Dr. Josef Mayer(,) begrüßte die chinesische Delegation.

Tabelle 10.7: Hier dürfen Sie entscheiden, ob Sie ein Komma setzen wollen oder nicht

 Es schadet überhaupt nichts, wenn Sie in all diesen Fällen das Komma beziehungsweise die Kommas setzen. Das dient der Übersichtlichkeit, und wenn Sie tatsächlich einmal das eine oder andere Komma vergessen sollten, ist das auch kein Beinbruch.

Was Sie sich unbedingt merken sollten: die zehn wichtigsten Kommaregeln im Überblick

Wo das Komma steht	Beispiele
Die einzelnen Teile einer Aufzählung werden durch Kommas voneinander getrennt, wenn sie nicht durch *und, oder, sowie, entweder – oder, sowohl – als auch* oder *weder – noch* verbunden sind.	*Für den Kuchen brauchen wir: Mehl, Eier, Butter, Milch, eine Prise Salz, Rosinen.*

Wo das Komma steht	Beispiele
Das Komma steht nach der Anrede in Briefen.	*Liebe Oma, herzlichen Dank für Dein Geburtstagsgeschenk …*
Eine Apposition (ein Beisatz) wird in Kommas eingeschlossen.	*Heinrich Müller, der Firmengründer, hat dieses Werk 1905 gebaut.*
Das Komma steht zwischen Satzteilen, die durch Konjunktionen (Bindewörter) wie zum Beispiel *aber, jedoch, teils – teils* miteinander verbunden sind.	*Sie würde gerne in Urlaub gehen, aber ihre Arbeit lässt es nicht zu.*
Das Komma muss bei Infinitivgruppen stehen, wenn sie mit *als, [an]statt, außer, ohne, um* eingeleitet sind.	*Er trödelte herum, [an]statt seine Hausaufgaben zu machen.*
Das gilt auch, wenn die Infinitivgruppe von einem Substantiv (Hauptwort) abhängt.	*Er hatte nur den einen Wunsch, endlich nach Hause zu kommen.*
Außerdem steht das Komma, wenn die Infinitivgruppe durch ein hinweisendes Wort angekündigt oder wieder aufgenommen wird.	*In diesem Fall bin ich dafür, gleich aufzuhören. Entscheidend ist es, aufeinander zuzugehen.*
Das Komma steht zwischen Hauptsätzen (wenn diese mit *und* oder *oder* verbunden sind, kann es auch entfallen).	*Die Sonne scheint, alle freuen sich über das schöne Wetter.*
Das Komma steht zwischen Haupt- und Nebensatz; ein eingeschobener Nebensatz steht zwischen paarigen Kommas.	*Ich bin sicher, dass sie ihr Examen schaffen wird.* *Der Hund, der ihm zugelaufen ist, war völlig verwahrlost.*
Das Komma steht zwischen Nebensätzen.	*Er war davon überzeugt, dass sie ihr Examen schaffen wird, auf das sie seit Wochen hinarbeitete.*

Alles verstanden?

Nach so vielen Einzelheiten zur Kommasetzung ist eine kleine Verschnaufpause angesagt. Warum nutzen Sie die nicht dazu, anhand der folgenden kleinen Übung Ihren Kenntnisstand zu erproben? *Learning by doing* nennt der Brite das. Damit die Sache nicht zu kompliziert wird, konzentriert sich die Übung ganz auf das Komma.

 Ergänzen Sie im folgenden Text die fehlenden Kommas. Machen Sie sich an denjenigen Textstellen, an denen die Kommasetzung Ihrem Geschmack überlassen bleibt, die beiden Möglichkeiten der Zeichensetzung bewusst, indem Sie ebenso diejenigen Kommas eintragen, die auch weggelassen werden könnten. Setzen Sie solche nicht unbedingt nötigen Kommas in runde Klammern – und überlegen Sie, ob Sie diese Kommas zukünftig nicht generell setzen wollen.

Das ist ja alles halb so wild könnte man sagen wenn es um die Zeichensetzung geht. Die Interpunktion insbesondere die Kommasetzung früher der Horror vieler Schüler wird zwar vielfach als eine arge Plage aufgefasst sie erlaubt es uns aber unsere Texte klarer zu strukturieren und so für den Leser leichter durchschaubar zu machen. Und das ist doch unsere Absicht dass die

Leser sich in unseren Texten zurechtfinden und nicht orientierungslos in ihnen umherirren bis sie eher zufällig wieder aus ihnen herausfinden. In früheren regellosen Zeiten war es jedem selbst überlassen wie und wo er Satzzeichen setzen wollte. Damit mussten sich dann entweder die Setzer herumschlagen oder die Korrektoren ärgerten sich über viele viele Widersprüchlichkeiten. Aber weder die Nöte des grafischen Gewerbes noch die Nöte der Schulen haben dazu geführt dass die Zeichensetzung vor der Einführung der neuen Rechtschreibung 1996 amtlich geregelt wurde. Traurig aber wahr. Entweder wurde das Problem Zeichensetzung nicht gesehen oder die Zeichensetzung wurde unterschätzt oder man hatte sich einfach nicht getraut die Büchse der Pandora zu öffnen. Wie dem auch sei heute gibt es eine klare Regelung die die Zeichensetzung nicht gleich freigibt wie von manchen auch schon gefordert sondern Orientierung schafft ohne gleich jedes überzählige oder fehlende Komma zu sanktionieren. Aber setzen Sie die Kommas auch wenn sie nach den Regeln streng genommen nicht unbedingt gesetzt werden müssen. Wie bereits erwähnt sind sie als Lesehilfen und zur schnelleren Erfassung Ihrer Texte unverzichtbar allemal. Das sei um das noch einmal ganz deutlich zu machen am Ende dieser Übung gesagt.

Nicht Punkt, nicht Komma: das Semikolon

Nicht nur der Sache nach, sondern auch in sprachlicher Hinsicht ist das Semikolon ein Hybrid.

Wörtlich genommen ist das Semikolon ein halber Darm (lateinisch: semi = »halb« und griechisch: kōlon = »Darm« oder ganz allgemein: »Körperglied«). Von Innereien handelt *Neue deutsche Rechtschreibung für Dummies* aber eher nicht. Und in diesem Kapitel geht es noch immer um die deutsche Zeichensetzung. Weil die dazu dient, innerhalb eines Ganzsatzes bestimmte Satzglieder oder Teilsätze voneinander abzugrenzen, ist die Ende des 15. Jahrhunderts aufgekommene Bezeichnung Semikolon für etwas, das nicht schon Punkt, aber auch nicht mehr Komma ist, nachvollziehbar. Die deutsche Bezeichnung Strichpunkt trifft die Sache ihrem Erscheinungsbild nach zwar auch, ist aber in ihrer Herleitung nicht so schön.

Wo Sie den »halben Darm« sinnvollerweise einsetzen, werde ich Ihnen im Folgenden erläutern.

 Sie können mit dem Semikolon (Strichpunkt) gleichrangige (nebengeordnete) Teilsätze oder Wortgruppen voneinander abgrenzen.

Sie »können«, Sie »müssen« aber nicht. Wenn Sie es tun, signalisieren Sie Ihren Lesern, dass die Teilsätze oder Wortgruppen weniger stark zusammenhängen, als es durch das Komma angezeigt wäre, aber doch noch nicht so unabhängig voneinander sind, wie Sie es durch einen Punkt ausdrücken würden. Anhand zweier Beispielgruppen wird das schnell durchschaubar.

Beispiele für gleichrangige Hauptsätze (in allen Fällen könnte statt des Semikolons auch ein Komma oder ein Punkt stehen):

✔ *Die Nacht brach an; aus dem Tal stiegen Nebel auf.*

✔ *Wir hatten die Berghütte noch nicht erreicht; aber wir fürchteten uns davor, weiter durch die Dunkelheit zu tappen.*

✔ *Sie überlegten lange, wie sie sich am besten auf die Prüfung vorbereiten sollten; und dann beschlossen sie, zunächst einmal in den nächsten Biergarten zu gehen, um den schönen Frühlingsabend zu genießen.*

Beispiel für gleichrangige Wortgruppen (hier könnte an der Stelle des Semikolons auch ein Komma stehen):

✔ *Sie verpackten alles in großen Kisten: Bücher, Ordner, Fotoalben; Nippes und Bilder; Kleider, Tischwäsche und das gesamte Bettzeug.*

Mehr gibt es zum Semikolon nicht zu sagen. Und was gesagt wurde, können Sie sich sicher leicht merken.

Zwei auf einen Streich: der Doppelpunkt

Ein ganz anderes Kaliber ist der Doppelpunkt. Der trennt nicht, der kündigt an, und zwar etwas Weiterführendes. Hauptproblem beim Doppelpunkt: die Schreibung nach dem Doppelpunkt.

Schreiben Sie das erste Wort nach einem Doppelpunkt groß, wenn Sie das, was auf den Doppelpunkt folgt, als vollständigen Satz betrachten. Gleiches gilt für die Wiedergabe wörtlicher Rede und für das erste Wort nach Gliederungsangaben wie Ziffern, Buchstaben, Paragrafen oder Ähnlichem.

✔ *Das Sprichwort lautet: Der Apfel fällt nicht weit vom Stamm.*

✔ *Unser Motto war: Nicht schlappmachen.*

✔ *Er schluchzte: »Verlass mich nicht.« Sie konterte: »Memme!«*

✔ *1. Bei Feueralarm verlassen alle sofort das Gebäude.*

✔ *d) Allgemeine Geschäftsbedingungen*

✔ *§ 8 Das Halten von Haustieren bedarf der Zustimmung des Vermieters.*

Schreiben Sie klein weiter, wenn auf die wörtliche Rede ein Teilsatz folgt oder ein solcher in die wörtliche Rede eingebettet ist.

✔ *Der Bundespräsident verkündete: »Das ist ein großer Tag für Deutschland«, und erklärte die Veranstaltung für eröffnet.*

✔ *»Halt«, rief sie, »so kommst du mir nicht davon!«*

✔ *»Was willst du?«, knurrte er. »Ich räume ja schon auf.«*

Setzen Sie den Doppelpunkt, wenn Sie Ihren Lesern ankündigen wollen, dass etwas Weiterführendes folgt.

Weiterführendes können gesprochene Rede oder wörtlich wiedergegebene Zitate sein, aber auch Aufzählungen, Erklärungen, Schlussfolgerungen und Ähnliches. Folgende Beispiele schaffen Klarheit:

Beispiele für wörtliche Rede und Zitate:

✔ _Die Kanzlerin verkündete:_ »_Gleiches Recht für alle._«

✔ »_Bestens_«_, rief er,_ »_jetzt können wir loslegen!_«

✔ _Bei Goethe heißt es:_ »_Was du schwarz auf weiß besitzt, kannst du getrost nach Hause tragen._«

Beispiele für Aufzählungen, Erklärungen und Ähnliches:

✔ _Dafür konnte er sich begeistern: schnelle Autos, teure Uhren, elegante Kleidung._

✔ _Sicherheitshinweis: Entfernen Sie vor der Inbetriebnahme die Transportsicherungen._

✔ _Betragen: ungenügend_

✔ _Friedrich Dürrenmatt: Die Physiker_

Beispiele für die Zusammenfassung von vorher Gesagtem, Schlussfolgerungen und Ähnlichem:

✔ _Die Ehe zerbrochen, Frau und Kinder weg und dazu noch der Job futsch: schlimmer kann es nicht kommen._

✔ _Wer eifrig lernt, wer sich gezielt weiterbildet und wer auch über den Tellerrand des eigenen Faches hinausschaut: der hat auch heute noch Chancen auf eine gute Anstellung._

Damit ist das Wichtigste zum Doppelpunkt gesagt.

Nur kurz zwischendurch: der Gedankenstrich

Der Gedankenstrich kann in vielen Fällen anstelle eines Kommas beziehungsweise paariger Kommas oder eines Doppelpunkts stehen. Er ist auffälliger als die beiden anderen Satzzeichen und erzielt so in den Augen des Lesers eine hervorhebende Wirkung. Sie können den Gedankenstrich also in Fällen einsetzen, in denen es Ihnen darauf ankommt, das Folgende als besonders wichtig oder unerwartet herauszustellen. Kurz gesagt: Sie erzielen mit dem Einsatz des Gedankenstrichs eine besondere stilistische Wirkung, die Spannung erzeugt.

Was Sie zum Gedankenstrich verinnerlichen sollten, habe ich in Tabelle 10.8 zusammengestellt.

Sie können den Gedankenstrich oder paarige Gedankenstriche setzen …	Beispiele
wenn Sie etwas Weiterführendes ankündigen wollen oder anzeigen wollen, dass das Folgende etwas Unerwartetes ist	_Er ergötzte sich an den Beifallsstürmen – und wachte auf._ _Folge – ein großes Hallo!_

Sie können den Gedankenstrich oder paarige Gedankenstriche setzen …	Beispiele
wenn Sie nach einem angeschlossenen Satz einen Wechsel deutlich machen wollen, ohne einen neuen Absatz zu beginnen	*So weit zum Allgemeinen. – Gehen wir jetzt ans Eingemachte.*
	Hast du mich verstanden? – Ja, das habe ich!
wenn Sie Zusätze oder Nachträge abgrenzen wollen	*Eines schönen Tages – es war der 1. Mai – bekamen wir überraschend Besuch von ihr.*
	Konrad Duden – der Vater der deutschen Einheitsschreibung – verstarb 1911.
	Er liebt klassische Musik – besonders die Werke von Mozart.
	Er gewann 5.000 Euro – in Worten: fünftausend Euro.
	Sie – die Mutter meiner Kinder – ist der Traum meiner schlaflosen Nächte.
	Dies – einmal bei Dieter Bohlen vorsingen zu können – ist ihr größter Traum.
	Einmal bei Dieter Bohlen vorsingen zu können – das ist ihr größter Traum.

Tabelle 10.8: Hier können Sie den Gedankenstrich – oder gleich zwei davon – setzen

Vielleicht gehören Sie zu denjenigen, die sich nicht ganz sicher sind, wie man mit Satzzeichen verfährt, die zu einem Zusatz oder Nachtrag gehören, der in paarigen Gedankenstrichen steht. Folgende Regel schafft Klarheit:

 Die Ausrufezeichen und Fragezeichen, die zu dem in paarigen Gedankenstrichen stehenden Zusatz oder Nachtrag gehören, müssen Sie vor den abschließenden Gedankenstrich setzen. Der Schlusspunkt entfällt, wenn der Einschub ein ganzer Satz ist.

Was daraus beim Schreiben folgert, zeigen Ihnen die folgenden Beispiele:

✔ *Er verkündete – welch eine Überraschung! –, dass er heiraten werde.*

✔ *Wir haben – erinnerst du dich nicht mehr? – beschlossen, dieses Jahr nicht in Urlaub zu fahren.*

Aber ohne Punkt:

✔ *Wir haben – da bin ich mir ganz sicher – beschlossen, dieses Jahr nicht in Urlaub zu fahren.*

Wer A sagt, muss auch B sagen: die Klammern

Anders als Komma und Gedankenstrich treten die Klammern immer paarweise auf. Wo Sie eine Klammer öffnen, müssen Sie diese auch schließen. So einfach ist das. Egal, ob Sie runde Klammern (…), eckige Klammern […] oder spitze Klammern <…> einsetzen: Nie tritt die öffnende Klammer ohne ihr Gegenstück, die schließende Klammer, auf.

 Wie mit dem paarigen Komma und dem paarigen Gedankenstrich schließen Sie in Klammern Zusätze oder Nachträge ein. Das können auch ganze Sätze sein, die Sie so als eigene Einheit kennzeichnen.

Ein paar Beispiele genügen sicher zur Verdeutlichung:

✔ *Ich denke (um das noch einmal ganz deutlich zu sagen), die Entscheidung muss schnell fallen.*

✔ *Diese Diskussion (sie war die ergiebigste seit Langem) hat uns wirklich weitergebracht.*

✔ *Die Ruine (ein bedrohlich wirkendes Gemäuer) ragte über die Baumkronen hinaus.*

✔ *Helmut Kohl (der ehemalige Bundeskanzler) verwies auf sein Ehrenwort.*

✔ *Auf der Messe waren viele ausländische Hersteller (insbesondere skandinavische) vertreten.*

✔ *Lindau (Bodensee)*

✔ *Hartmann von Aue (um 1190) war einer der größten deutschen Epiker der Stauferzeit.*

✔ *Wir werden uns auf schwierige Verhandlungen gefasst machen müssen. (Das habe ich bereits vor längerer Zeit gesagt und in einem Memorandum an die Geschäftsleitung schriftlich festgehalten.) Gehen wir die Sache jetzt also an.*

 Das Ausrufezeichen oder Fragezeichen, das zu dem in Klammern stehenden Zusatz oder Nachtrag gehört, müssen Sie vor die schließende Klammer setzen.

✔ *Das Spiel endete (das war kaum zu glauben!) 7:1 für ManU.*

✔ *Das Spiel endete (wer hätte das gedacht?) 7:1 für ManU.*

Aber:

✔ *Das Spiel endete (das hätte ich so nicht erwartet) 7:1 für ManU.*

✔ *Das Spiel endete 7:1 für ManU. (Das hätte ich so nicht erwartet.)*

✔ *»Ich denke, also bin ich« (Descartes).*

Was ich noch sagen wollte: die Anführungszeichen

Wie die Klammern kommen die Anführungszeichen immer im Doppelpack daher, wie Asterix und Obelix. Manchmal wird auch zwischen dem eröffnenden Anführungszeichen und dem schließenden Abführungszeichen unterschieden. Das brauchen wir für unsere Zwecke hier aber nicht.

Anführungszeichen können unterschiedliche Formen haben, und sie können doppelt oder einfach sein; die einfachen Anführungszeichen nennt man auch »halbe« Anführungszeichen. Die deutschen Anführungszeichen („…" beziehungsweise ‚…') sind bei uns – nicht überraschend – die geläufigsten. Aus ästhetischen Gründen werden aber besonders in Druckwerken gerne die französischen Anführungszeichen (»…« beziehungsweise ›…‹) benutzt. Die französischen Anführungszeichen heißen *guillemets* [gijemees] nach ihrem Erfinder *Guillaume* [Gijohm], der sie angeblich im 16. Jahrhundert erfunden haben soll.

Die deutschen Anführungszeichen heißen auch »Gänsefüßchen«. Das klingt harmlos. Und harmlos sind die Anführungszeichen hinsichtlich ihres Gebrauchs durchaus. Was ihre Funktion angeht, sind sie aber ausgesprochen vielseitig. Interessant und für Sie zu merken ist jedoch vor allem die Zeichensetzung in Verbindung mit den Anführungszeichen. Da heißt es aufpassen!

Wie die Gänsefüßchen zu ihrem Namen kamen …

ist leider nicht ganz klar. Jedenfalls taucht die zuerst bei den Druckern übliche Bezeichnung für die Anführungszeichen schon im 18. Jahrhundert in den deutschen Wörterbüchern auf. Man darf aber getrost davon ausgehen, dass sie schon sehr viel älter ist. Im *Deutschen Wörterbuch* von Jacob und Wilhelm Grimm wird gemutmaßt, der Name leite sich von einer auf den nordfriesischen Inseln und darüber hinaus in Norddeutschland verbreiteten Rune ab, mit der Häuser gekennzeichnet wurden und die *gusfut* genannt wurde. Andere glauben, dass die Gänsefüßchen Gänsefüßchen heißen, weil sie ihrer Form nach der Fährte einer Gans gleichen. Wenn Sie herausfinden wollen, ob das stimmen kann, müssen Sie raus in die Natur.

Gehen wir der Reihe nach vor, und klären wir zunächst, welche Funktion die Gänsefüßchen/ Anführungszeichen haben können. Im Gegensatz zu den paarigen Kommas, den paarigen Gedankenstrichen und den Klammern ist es nicht die Aufgabe der Anführungszeichen, bestimmte Textteile als Einschübe oder Zusätze zu kennzeichnen. Nein: Ihre Aufgabe besteht vor allem in der Hervorhebung von Textteilen.

Anführungszeichen charakterisieren demnach im Wesentlichen Wörter oder Sätze

✔ als wiedergegebene wörtliche Rede, wiedergegebenes Zitat, Werktitel, Überschrift oder Ähnliches, und

✔ sie zeigen an, dass Sie als Schreiber eine gewisse Distanz zu dem mit Anführungszeichen Versehenen haben beziehungsweise es in irgendeiner Form – zum Beispiel ironisch – werten.

Bleiben wir zunächst bei der wörtlichen Rede:

 Wörtlich Wiedergegebenes müssen Sie mit Anführungszeichen markieren. Die zum wiedergegebenen Text gehörenden Satzzeichen stehen dabei vor dem schließenden Anführungszeichen. Diejenigen Satzzeichen, die zum Begleitsatz gehören, stehen nach dem Abführungszeichen.

Folgende Beispiele verdeutlichen die Regel:

✔ *Er klagte: »Immer muss ich den Müll rausschaffen!«*

✔ *»Das ist ja auch Männersache«, konterte sie.*

✔ *Darauf erklärte er: »Das mache ich nicht mehr mit«, und verschwand aus dem Zimmer.*

✔ *»Das ist«, murmelte sie in sich hinein, »wieder einmal typisch.«*

✔ *Am nächsten Tag erzählte sie ihrer Freundin: »Er wollte wieder einmal den Müll nicht rausschaffen. Aber nachdem ich mich daraufhin geweigert hatte zu kochen, hat er nicht nur seinen ganzen alten Kram weggeschafft, sondern auch gleich die Garage aufgeräumt. Jetzt herrscht wieder eitel Sonnenschein.«*

 Ähnlich wie bei den Gedankenstrichen und den Klammern bleiben im angeführten Satz und im Begleitsatz Frage- und Ausrufezeichen erhalten. Beim angeführten Satz entfällt aber der Schlusspunkt, wenn die angeführte Textpassage am Anfang oder im Inneren des Ganzsatzes steht.

Hört sich kompliziert an, ist es aber eigentlich nicht. Zur Veranschaulichung auch hierzu einige Beispiele:

✔ *»Morgen ist endlich Wochenende!«, jubelte sie.*

✔ *»Was willst du damit sagen?«, fragt er zurück.*

✔ *Du solltest ihm ausrichten: »Der Sonntag ist mir heilig«!*

✔ *Hast du gesagt: »Der Sonntag ist dir heilig«?*

✔ *Sag ihm: »Er kann mir den Buckel hinunterrutschen!«!*

✔ *Fragte er: »Wann gibt es endlich etwas zu essen?«?*

✔ *»Ich verabschiede mich dann einmal«, verkündete er.*

✔ *Sie sagte: »Schade, dass du schon gehen musst«, und begleitete ihn zur Tür.*

✔ *Er erklärte: »Ich habe nie die Absicht gehabt, nach Marokko zu reisen.«*

✔ *Darauf sie: »Das habe ich dir auch nicht unterstellt!«*

✔ *Und er: »Aber warum eigentlich nicht?«*

Beachten Sie bei der Wiedergabe wörtlicher Rede vor allem die Kommasetzung.

 Sie müssen nach dem abschließenden Anführungszeichen ein Komma setzen, wenn nach dem angeführten Satz der Begleitsatz oder ein Teil von diesem folgt. Ist der Begleitsatz in die wörtliche Rede eingeschoben, packen Sie ihn zwangsläufig in paarige Kommas.

✔ *»Wir wollen nicht mehr streiten«, sagte sie.*

✔ *»Schluss mit dem ewigen Gezänk!«, rief er.*

✔ *»Warum kann nicht jeder das tun, was er will?«, fragte sie.*

✔ *Er sagte: »Das gäbe ein schönes Durcheinander«, und verdrückte sich in den Garten.*

✔ *»Das ist«, seufzte sie, »wieder einmal typisch Mann!«*

Die weiteren Verwendungsmöglichkeiten für die Anführungszeichen habe ich in Tabelle 10.9 für Sie zusammengestellt.

Was Sie mit Anführungszeichen im Text hervorheben können	Beispiele
Überschriften, Werktitel und Ähnliches	*Seinen Beitrag »Über die Zukunft des Wirtschaftsraums Europa« habe ich in der »Süddeutschen Zeitung« gelesen.*
	Kennst du den Film »Quo vadis?«?
	Er liest »Harry Potter und der Gefangene von Askaban« schon zum dritten Mal.
Sprichwörter oder Ähnliches, die irgendwie kommentiert werden	*Sein Motto »Mit der Zeit« wiederholt er ständig.*
	»Nur keine Panik« ist schnell dahingesagt, wenn man selbst keine Probleme hat.
	Dein ewiges »Schaff doch endlich den Müll raus« geht mir allmählich auf die Nerven.
	Und mich nervt dein dauerndes »Wann gibt's endlich etwas zu essen?«.
Wörter oder Wortgruppen, über die Sie eine Aussage machen wollen	*Das Wort »Eisbein« ist zusammengesetzt aus »Eis« und dem alten Wort für Knochen »Bein«.*
	Das zweite Partizip von »winken« kann »gewinkt« oder »gewunken« lauten.
	Das Thema »Arbeitszeitverlängerung« wird in der Belegschaft heftig diskutiert.
Wörter oder Wortgruppen, die Sie zum Beispiel ironisch oder übertragen verwenden wollen	*Und so etwas nenne ich einen »echten Freund«.*
	Was, du hast wieder einmal »nur« eine Eins im Aufsatz?

Tabelle 10.9: So können Sie mit Anführungen etwas im Text hervorheben

Wenn Sie innerhalb einer angeführten Textstelle eine weitere Anführung vornehmen, steht diese in halben Anführungszeichen:

✔ *Er erzählte: »Und dann rastete mein Vater aus und schrie mich an: ›Langsam habe ich die Nase voll von diesem Durcheinander!‹, aber er beruhigte sich wieder und trollte sich davon.«*

✔ *»Das war eine Episode aus ›Harry Potter und der Gefangene von Askaban‹, zu der ihr bis zur nächsten Deutschstunde eine Nacherzählung schreiben sollt«, sagte der Lehrer.*

Manchmal lässt es sich nicht vermeiden, dass bei Anführungen in Anführungen doppelte und halbe Anführungszeichen direkt aufeinandertreffen. Das ist dann nicht sehr schön, im Zweifel aber nur durch entsprechende Umformulierungen zu vermeiden.

Damit hätten Sie es auch fast schon geschafft – mit der Zeichensetzung. Jetzt bleiben nur noch einige wenige Ausführungen zu den Auslassungszeichen und zu den Abkürzungen mit und ohne Punkt.

Apostroph, Ergänzungsstrich und Pünktchen, Pünktchen, Pünktchen

Nicht immer müssen Sie Wörter oder Sätze ausschreiben. Manches von dem, was Sie sagen wollen, bleibt vielleicht auch besser ungesagt, ohne dass Sie ganz darauf verzichten wollen, Ihren Lesern anzuzeigen, dass Ihnen etwas auf der Seele brennt. Außerdem gibt es bestimmte Konventionen. »Sch…« zum Beispiel dürfen wir nicht sagen, oder?

Auslassungen können mit Apostroph, Ergänzungsstrich oder drei Auslassungspunkten gekennzeichnet werden. Dem Alphabet folgend, beginne ich mit dem Apostroph:

 Sie müssen den Apostroph setzen beim Genitiv (Wesfall) von Eigennamen, deren Grundform (Nominativ) auf *-s, ss-, -ß, -tz, -x* oder *-ce,* das heißt auf einen S-Laut, endet. Das gilt auch für Wörter mit Auslassungen, die ohne Apostroph schwer lesbar oder gar missverständlich sind, und bei Wörtern mit Auslassungen im Wortinneren.

Wie immer einige Beispiele zur Verdeutlichung dieser Regel.

Der Apostroph beim Genitiv (Wesfall) von Eigennamen:

✔ *Le Mans' Vierundzwanzigstundenrennen*

✔ *Carlos' neues Auto*

✔ *Grass' »Der Butt«*

✔ *Marx' Lehre*

✔ *Franz' Freundin*

✔ *Alice' Schuhe*

Ebenso:

✔ *Cannes' berühmtes Filmfestival*

✔ *Giraudoux' Werke*

Aber ohne Apostroph:

✔ *die Lehren des Aristoteles*

✔ *die Meisterlieder des Hans Sachs*

✔ *die Schwester unseres Franz*

✔ *das Evangelium des Johannes*

Der Apostroph bei Auslassungen in Wörtern, die ohne schwer lesbar oder missverständlich wären:

✔ *sein ew'ges Ringen um Anerkennung*

✔ *'s ist doch wirklich schade.*

✔ *Es rauscht' der Wald, die Vöglein sangen.*

Der Apostroph kann auch dann gesetzt werden, wenn Wörter gesprochener Sprache mit Auslassungen bei schriftlicher Wiedergabe undurchsichtig sind, wie es das amtliche Regelwerk ausdrückt. Gemeint sind Fälle wie etwa

✔ *Käpt'n, mein Käpt'n*

✔ *Sie komm'n mit'm Zug.*

✔ *Das war'n Hammer.*

✔ *Nehmen S' doch Platz.*

 Gelegentlich wird der Apostroph auch dazu genutzt, die Grundform eines Personennamens von der Genitivendung abzutrennen. Das führt dann zu *Susi's Nähstübchen, Otto's Pilzstube* oder zur *Müller'schen Drogerie*. Die Neuregelung der deutschen Rechtschreibung toleriert diese Fälle. Aber Hand aufs Herz: Sie würden doch auch nicht *Mutti's Liebling* oder *Oma's Apfelkuchen* schreiben, oder?

Ganz daneben ist es übrigens, das Plural-s bei Substantiven (Hauptwörtern), die auf einen Vokal (Selbstlaut) enden, mit Apostroph von der Grundform abzutrennen: Schreibungen wie *die Auto's* oder *Liebe Mutti's* sind und bleiben falsch.

 Den Ergänzungsstrich setzen Sie dann, wenn Sie in Zusammensetzungen oder Ableitungen einer Aufzählung einen gleichen Bestandteil auslassen.

Das ergibt zum Beispiel diese Möglichkeiten:

✔ *Aus- und Einfahrt* (= Ausfahrt und Einfahrt)

✔ *Bus-, Bahn- und Flugreisen* (= Busreisen, Bahnreisen und Flugreisen)

✔ *3-, 4- oder 5-mal* (= 3-mal, 4-mal oder 5-mal)

✔ *bergauf und -ab* (= bergauf und bergab)

✔ *Goethe-Gedichte und -Dramen* (= Goethe-Gedichte und Goethe-Dramen)

✔ *Textilgroß- und -einzelhandel* (= Textilgroßhandel und Textileinzelhandel)

✔ *Autobahnunter- und -überführung* (= Autobahnunterführung und Autobahnüberführung)

 Auslassungspunkte (Pünktchen, Pünktchen, Pünktchen) setzen Sie ein, wo Sie in einem Wort, Satz oder Text Teile auslassen.

✔ *Das ist doch alles Sch…*

✔ *Wer anderen eine Grube gräbt …*

✔ *In der Einleitung heißt es: »Denn richtiges Schreiben tut not … und … hat Vorteile.«*

Wenn Sie die drei Auslassungspunkte einmal an das Ende eines Satzes setzen, dann entfällt der Schlusspunkt.

✔ *Das ist doch alles Sch…*

✔ *Wir lesen gerade »Harry Potter und der Gefangene von Askaban« …*

✔ *Mit der Floskel »Ich danke Ihnen im Voraus und verbleibe …« enden viele Briefe.*

Aber:

✔ *Das ist doch alles Sch…!*

Die Beispiele zeigen auch Folgendes: Wenn die Auslassungspunkte nur einen Wortteil ersetzen, werden sie unmittelbar an den verbleibenden Wortrest angeschlossen. Wenn sie für ein oder mehrere Wörter stehen, dann steht vor und gegebenenfalls nach den Auslassungspunkten immer ein normaler Wortzwischenraum.

Abkürzungen mal mit, mal ohne Punkt

Um die Regeln der Zeichensetzung komplett zu machen, fehlen jetzt noch einige Anmerkungen dazu, wie Sie bestimmte Wörter abkürzen können.

Es gibt, ohne dass dies in ganz strenge Regeln zu fassen wäre, Abkürzungen mit Punkt und solche ohne. In einzelnen Fällen gibt es auch Doppelformen. In Tabelle 10.10 habe ich einige Beispiele zusammengestellt.

Art der Abkürzung	Beispiele
abgekürzte Wörter	*Abb.* (= Abbildung), *Bd.* (= Band), *Bde.* (= Bände), *Jh.* (= Jahrhundert), *a. D.* (= außer Dienst), *i. R.* (= im Ruhestand), *z. B.* (= zum Beispiel), *Rechnungs-Nr.* (= Rechnungsnummer), *Dr. med., stud. phil.*
in Ziffern geschriebene Ordinalzahlen	*Montag, der 30. April; Friedrich I., König in Preußen*
(inter)national festgelegte Abkürzungen für Maße, Himmelsrichtungen, bestimmte Währungsbezeichnungen und Ähnliches	*A* (= Ampere), *g* (= Gramm), *m* (= Meter), *s* (= Sekunde); *SW* (= Südwest), *NNO* (= Nordnordost); *EUR* (= Euro)
Initialwörter und Kürzel	*DGB* (Deutscher Gewerkschaftsbund), *TÜV* (= Technischer Überwachungsverein); *Na* (= Natrium)

Art der Abkürzung	Beispiele
fachsprachliche Abkürzungen	*GrdstVG* (= Grundstücksverkehrsgesetz), *RestBestV* (= Reststoff-Bestimmungsverordnung)
Doppelformen	*Co./Co (ko)* (= Compagnie), *M.d.B./MdB* (= Mitglied des Bundestages), *G.m.b.H./GmbH* (= Gesellschaft mit beschränkter Haftung)

Tabelle 10.10: Mal mit, mal ohne Punkt: Abkürzungen

 Steht am Ende eines Ganzsatzes eine Abkürzung mit Punkt, entfällt der Schlusspunkt. Das gilt auch dann, wenn Ordinalzahlen, die in Ziffern geschrieben werden, am Ende des Satzes stehen.

✔ *Er ist Lehrer i. R.*

✔ *Den Beinamen »Barbarossa« trug Kaiser Friedrich I.*

Aber:

✔ *Ist er Lehrer i. R.?*

✔ *Wann starb Kaiser Friedrich I.?*

Und dann noch der Schrägstrich

 Gehören Wörter, Namen, Abkürzungen oder auch Zahlen zusammen, können Sie dieses durch einen Schrägstrich kennzeichnen (siehe auch Tabelle 10.11).

Der Schrägstrich wird gesetzt …	Beispiele
wenn mehrere Möglichkeiten auch mit *und, oder, bzw.* und ähnlichen Wörtern aneinandergereiht werden könnten	*Leser/Leserinnen; Väter/Mütter/Kinder; das Geschäftsjahr 2007/08; die CDU/SPD-Regierung; am 11./12. Mai*
bei der Gliederung von Adressen, Telefonnummern, Aktenzeichen und Ähnlichem	*Am Bächenbuckel 12/1; 07253/12345-0; Az V/421/3*
bei der Angabe des Verhältnisses von Zahlen und (Mess)größen in der Bedeutung von *je* oder *pro*	*130 km/h; 1000 Einwohner/km²*

Tabelle 10.11: Hier setzen Sie den Schrägstrich

 Wenn Sie, zum Beispiel in einer Stellenanzeige, männliche und weibliche Berufsbezeichnungen zusammenziehen wollen, haben Sie zwei Möglichkeiten. Entweder Sie setzen den Schrägstrich vor die weibliche Endung, dürfen dann aber den Ergänzungsstrich nicht vergessen, oder Sie schreiben beide Formen aus.

Richtig sind also nur Schreibungen wie *Buchhändler/-in, Lehrer/-in oder Kfz-Mechaniker/-in* (falsch: *Buchhändler/in* und so weiter). Sie können die weibliche Endung aber auch in Klammern setzen, woraus sich folgende Schreibungen ohne Ergänzungsstrich ergeben: *Buchhändler(in), Lehrer(in), Kfz-Mechaniker(in).* Wollen Sie Frauen und Männer in Ihren Texten wirklich gleich behandeln, liegen Sie immer richtig, wenn Sie die weibliche und die männliche Berufsbezeichnung ausschreiben: *Buchhändlerinnen und Buchhändler* beziehungsweise *Buchhändlerinnen/Buchhändler.*

Teil IV

Übung macht den Meister – und die Meisterin

The 5th Wave   By Rich Tennant

»Du solltest den Satz ›Schreibe, wie du sprichst‹ wohl doch
besser nicht ganz wörtlich nehmen.«

In diesem Teil ... finden Sie alle Auflösungen zu den Übungen, die Sie in den Teilen II und III machen konnten, um ohne jeden Druck festzustellen, wie weit Sie in die Regeln unserer Rechtschreibung schon eingedrungen sind. Außerdem finden Sie hier einen größeren Abschlusstest und die dazugehörende Auflösung.

So ist's richtig: Auflösung der Einzelübungen

11

In diesem Kapitel habe ich alle Auflösungen zu den Übungen in den Kapiteln 5 bis 10 für Sie zusammengestellt. Hier können Sie feststellen, wie weit Sie sich die Eigenheiten der deutschen Rechtschreibung und ihrer Teilgebiete bereits angeeignet haben. Wenn Sie bemerken sollten, dass Sie das eine oder andere noch nicht verinnerlicht haben, können Sie den großen Abschlusstest in Kapitel 12 durcharbeiten. Denn wie heißt es im Volksmund: Probieren geht über Studieren.

Auflösung Kapitel 5, Kreuzworträtsel

Waagerecht:

2 KUNSTSTOFFFOLIE; 4 BABYS – RHYTHMUS; 6 FITNESS – DELFIN; 8 MOPP – JOGHURT; 10 KESS; 13 ÜBERSCHWÄNGLICH; 15 ASS; 16 BRENNNESSEL; 18 STUCKATEUR; 21 GRIFFFEST; 23 KUSS; 24 GRÄUEL; 26 BELÄMMERT; 28 KARAMELL

Senkrecht:

4 DURCHNUMMERIEREN; 5 DORFSCHENKE; 7 SEEELEFANT; 10 BOSS – MESSDIENER; 13 TOLLPATSCH; 15 PLATZIEREN; 17 AUFWENDIG; 19 SPAGHETTI – VERBLÄUEN

Auflösung Kapitel 6, Übung 1

Dieses Buch trägt den Titel *Neue deutsche Rechtschreibung für Dummies*. – Der Internationale Deutschlehrertag findet in diesem Jahr in Münster statt. – Die Kieler Woche zieht alljährlich Zigtausend Besucher an. – Rund um die Förde und entlang der Hafenpromenade tummeln sich dann Alt und Jung. – Dort gibt es immer genug Neues zu erfahren. – Für das Segeln begeistere ich mich schon seit Jahren. – Andere entspannen sich beim Angeln, das mir wenig Interessantes zu bieten hat. – Da ziehe ich doch das Lesen vor. – Außerdem gilt der Spruch: Was Hänschen nicht lernt, lernt Hans nimmermehr. – Und überdies sagt man (wie allseits bekannt), dass der Apfel nicht weit vom Stamm falle. – Unsere Freunde sprechen ausgezeichnet deutsch. – Manchmal unterhalten wir uns aber auch auf Französisch. – Wenn wir morgen Abend zusammen nach Indien fliegen, werden wir dort wohl am ehesten mit Englisch durchkommen. – Zuvor müssen wir heute Nachmittag aber noch die Koffer packen. – In jedem Fall haben wir uns aufs Gründlichste vorbereitet.

Auflösung Kapitel 6, Übung 2

~~Adhocentscheidung~~ – Ad-hoc-Entscheidung, Cox Orange – ~~Coxorange~~, zwei Paar Stiefel – ~~zwei paar Stiefel~~, ein Dutzend Zuhörer – ~~ein dutzend Zuhörer~~, ~~xbeliebig~~ – x-beliebig, PISA-Studie – ~~PISAstudie~~, i-Punkt – ~~I-Punkt~~, ~~Alma mater~~ – Alma Mater, Corpus Delicti – ~~Corpus delicti~~, Worst Case – ~~Worst case~~ – »worst case«, Sex-Appeal – Sexappeal, Couch-Potato – Couchpotato, Check-in – ~~Checkin~~, Terra incognita – ~~Terra Incognita~~, ~~Chef de cuisine~~ – Chef de Cuisine, ~~Mixedpickles~~ – Mixed Pickles, auf Grund – aufgrund, auf Seiten – aufseiten, Auto fahren – ~~autofahren~~, Gefahr laufen – ~~gefahr laufen~~, Angst haben – ~~angst haben~~, Angst und Bange machen – ~~angst und bange machen~~, ~~mir wird Angst und Bange~~ – mir wird angst und bange, ~~mit etwas ernst machen~~ – mit etwas Ernst machen, etwas ernst nehmen – ~~etwas Ernst nehmen~~ – ~~Unrecht sein~~ – unrecht sein

Was empfiehlt hier der Duden?

Corned Beef – <u>Cornedbeef</u>, Finger Food – <u>Fingerfood</u>, Smalltalk – <u>Small Talk</u>, <u>Sex-Appeal</u> – Sexappeal, Couchpotato – <u>Couch-Potato</u>, auf Grund – <u>aufgrund</u>, <u>aufseiten</u> – auf Seiten, zu Grunde gehen – <u>zugrunde gehen</u>

Auflösung Kapitel 6, Übung 3

Regel	richtig	falsch
In Fügungen wie *angst werden, angst und bange sein, gram sein, klasse sein, recht sein* und *schuld sein* werden *angst, gram* und so weiter kleingeschrieben.	x	
recht/Recht beziehungsweise *unrecht/Unrecht* kann in Verbindung mit *behalten, bekommen, geben, haben* und *tun* auch großgeschrieben werden.	x	
Bei *an etwas recht tun, recht geben, recht haben, recht behalten, recht bekommen* und *jemandem recht geben* empfiehlt der *Duden* die Großschreibung.		x
Die unbestimmten Zahlwörter *ein bisschen* und *ein paar* werden grundsätzlich kleingeschrieben.	x	
Alle Bruchzahlen auf *-tel* und *-stel* werden kleingeschrieben, wenn man sie nicht mit dem folgenden Wort zusammenschreibt (*ein viertel Liter / ein Viertelliter*).	x	
Beide Schreibungen sind richtig: *Er spricht Deutsch.* und *Er spricht deutsch.*	x	
Bei einfachen Infinitiven wird grundsätzlich nur großgeschrieben (*Sie lernt Reiten.*).		x
Bei Possessivpronomen, die mit dem bestimmten Artikel stehen, empfiehlt der *Duden* stets großzuschreiben (*die Deinen, das Ihrige, jedem das Seine*).	x	

Auflösung Kapitel 6, Übung 4

✔ Motto des Tages: Nur/~~nur~~ nicht nachlassen!

✔ Das Buch *neue/Neue deutsche Rechtschreibung für Dummies* (~~das~~/Das versteht sich fast von selbst!) will Ihnen ohne ~~wenn~~/Wenn und ~~aber~~/Aber das ~~wichtigste~~/Wichtigste zur neuen Rechtschreibung vermitteln. Selbstverständlich ist der Text auf ~~deutsch~~/Deutsch verfasst. Alles andere/~~Andere~~ wäre Unsinn. Wer nur ~~französisch~~/Französisch spricht oder glaubt, mit ~~englisch~~/Englisch allein auskommen zu können, für den ist es das ~~beste~~/ Beste, etwas ~~interessanteres~~/Interessanteres zu lesen, vielleicht ein Buch über die ~~darwinsche~~/Darwinsche Evolutionstheorie oder den ~~fernen~~/Fernen Osten. Jedem eben das ~~seine~~/Seine.

✔ Beim ~~üben~~/Üben kommt es darauf an, sich immer wieder von ~~neuem~~/Neuem zu vergewissern, dass man die Rechtschreibregeln im ~~wesentlichen~~/Wesentlichen verinnerlicht hat. Nach dem jahrelangen ~~hin und her~~ / Hin und Her um die neue Rechtschreibung ist es nicht verwunderlich, dass jeder ~~zweite~~/Zweite nicht mehr sicher ist, wie er eigentlich schreiben soll.

✔ Wenn Sie ~~neue~~/Neue deutsche Rechtschreibung für Dummies durcharbeiten, dann scheuen Sie sich nicht, das ~~wichtigste~~/Wichtigste mit rot/~~Rot~~ zu markieren. Hinweise in ~~rot~~/Rot erleichtern es Ihnen, beim Wiederlesen das ~~entscheidende~~/Entscheidende aufzufinden.

✔ Wer gestern ~~abend~~/Abend ein Kapitel durchgelesen hat, kann morgen früh/~~Früh~~ mit dem Wiederholen beginnen. Das ist das ~~beste~~/Beste, was man tun kann. Allerdings sollten Sie nicht im ~~entferntesten~~/Entferntesten davon träumen, alle neuen Regeln gleich beherrschen zu können. Denn wie sagt der Volksmund: »~~gut~~/Gut Ding will Weile haben.«

✔ Gehen Sie die Dinge also behutsam an, wie bei einem 1000-~~meter~~/Meter-Lauf. Nur auf Grund / aufgrund ständigen Übens werden Sie dahinterkommen, wie Sie Rad fahren / ~~rad fahren~~ und Hof halten / ~~hofhalten~~ schreiben müssen. Sie müssen aber keine Angst/~~angst~~ haben: so/So schwer ist die neue deutsche Rechtschreibung nun auch wieder nicht. Das meiste/~~Meiste~~ kennen Sie schon.

✔ Es kommt doch letzten ~~endes~~/Endes immer nur darauf an, sich nicht durch irreführende Berichte ~~angst~~/Angst und ~~bange~~/Bange machen zu lassen. Wer *neue/Neue deutsche Rechtschreibung für Dummies* gelesen hat, tappt in Sachen Rechtschreibung schon nicht mehr im ~~dunkeln~~/Dunkeln.

Auflösung Kapitel 7, Übung 1

1. Nach Art und Form war es überzogen, wie dieser Mitarbeiter gemaßregelt worden ist.

2. Was er aus dieser Indizienkette schlussfolgert, ist nachvollziehbar.

3. Er langweilt sich nie.

4. Nachdem er sein Werk vollendet hatte, war er sehr erleichtert.

5. Sie lernen mehr, wenn Sie ständig wiederholen.

6. Alle waren gerührt, als er danksagte / Dank sagte.

7. Er braucht immer ein kleines Päuschen, wenn er gestaubsaugt / Staub gesaugt hat.

8. Sie lief leidenschaftlich gern Marathon.

9. Wenn sie brustschwimmt / Brust schwimmt, fällt ihr das am leichtesten.

Auflösung Kapitel 7, Übung 2

1. Der Abweichler wurde innerhalb der Fraktion kaltgestellt.

2. Die Regalbretter wurden sorgsam glatt poliert / glattpoliert.

3. Die Vorwürfe der Opposition haben die Regierungsvertreter völlig kaltgelassen.

4. Der Richter hat den Angeklagten freigesprochen.

5. Seine frei gesprochene Rede kam beim Publikum gut an.

6. Nach seinem Herzanfall beschloss er, eine Zeit lang kürzerzutreten.

7. Sie ermahnte ihn, er solle nicht immer alles kaputt machen / kaputtmachen.

8. Vor dem Essen muss der Wein kalt gestellt / kaltgestellt werden.

9. Der Abschied wird ihnen schwerfallen.

10. Sie sind sich beim Tanzen nahegekommen.

11. Wir sind einer Problemlösung schon sehr nahe gekommen.

12. Nach dieser Mitteilung hatte man den Eindruck, als würde die ganze Belegschaft kopfstehen.

13. Sie läuft jeden Tag eis.

14. Er fährt leidenschaftlich gerne Rad.

15. Er kann nur mit zwei Fingern Maschine schreiben.

16. Sie kann einem richtig leidtun.

17. Die ganze Belegschaft soll an dem guten Jahresergebnis teilhaben.

18. Wenn du über die Straße gehst, sollst du immer achtgeben / Acht geben.

19. Heute sind wir mit unseren Plänen grandios baden gegangen.

20. Sie hat ihren Handschuh fallen lassen.

21. Die Kanzlerin hat ihren Minister fallen gelassen / fallengelassen.

22. Du sollst mich noch kennen lernen / kennenlernen.

23. Da muss mehr für mich drin sein.

24. Nach dem Verfallsdatum könnte der O-Saft schon hinüber sein.

Auflösung Kapitel 7, Übung 3

1. Er ist denkfaul.

2. Sie kam freudestrahlend auf ihn zu.

3. Ich bin einfach nicht hitzeresistent.

4. Sie hat jahrelang in Rom gelebt.

5. Die milieubedingten Unterschiede waren deutlich spürbar.

6. Der Schnee lag meterhoch.

7. Sie war schon sehr altersschwach.

8. Er war schon immer ziemlich großmäulig.

9. Die Angelegenheit war bitterernst.

10. Dieses Unternehmen gehört zur Eisen verarbeitenden / eisenverarbeitenden Industrie.

11. Sie ist eine allein erziehende / alleinerziehende Mutter.

12. Das ist eine schwerer wiegende / schwerwiegendere Entscheidung.

13. Seinen schwer verständlichen / schwerverständlichen Ausführungen konnte kaum einer folgen.

14. Nicht berufstätige / Nichtberufstätige Frauen sollen nicht benachteiligt werden.

Auflösung Kapitel 8, Übung 1

1. x-beliebige Kfz-Meisterbetriebe

2. UN-Vollversammlung

3. Handball-WM

4. 100-prozentige Sicherheit

5. 30-Tonner

6. eine 10-tägige Reise

7. die 50-Jährigen

8. DVD-Player

9. SPDler

10. ein 1000stel-Millimeter

11. ein 6er-Pack

12. Flussschifffahrt oder Fluss-Schifffahrt

13. Zooorchester oder Zoo-Orchester

14. supergeil

15. deutsch-französische Freundschaft

16. Abend-Make-up

17. Erste-Hilfe-Kurs

18. Midlifecrisis oder Midlife-Crisis

19. Countdown oder Count-down

20. Suppenkasper

21. Sankt Georgen

22. Mississippidelta oder Mississippi-Delta

Auflösung Kapitel 10, Übung 1

Das ist ja alles halb so wild, könnte man sagen, wenn es um die Zeichensetzung geht. Die Interpunktion, insbesondere die Kommasetzung, früher der Horror vieler Schüler, wird zwar vielfach als eine arge Plage aufgefasst, sie erlaubt es uns aber, unsere Texte klarer zu strukturieren und so für den Leser leichter durchschaubar zu machen. Und das ist doch unsere Absicht, dass die Leser sich in unseren Texten zurechtfinden und nicht orientierungslos in ihnen umherirren, bis sie eher zufällig wieder aus ihnen herausfinden. In früheren(,) regellosen Zeiten war es jedem selbst überlassen, wie und wo er Satzzeichen setzen wollte. Damit mussten sich dann entweder die Setzer herumschlagen(,) oder die Korrektoren ärgerten sich über viele, viele Widersprüchlichkeiten. Aber weder die Nöte des grafischen Gewerbes noch die Nöte der Schulen haben dazu geführt, dass die Zeichensetzung vor der Einführung der neuen Rechtschreibung 1996 amtlich geregelt wurde. Traurig, aber wahr. Entweder wurde das Problem Zeichensetzung nicht gesehen(,) oder die Zeichensetzung wurde unterschätzt(,) oder man hatte sich einfach nicht getraut, die Büchse der Pandora zu öffnen. Wie dem auch sei, heute gibt es eine klare Regelung, die die Zeichensetzung nicht gleich freigibt, wie von manchen auch schon gefordert, sondern Orientierung schafft, ohne gleich jedes überzählige oder fehlende Komma zu sanktionieren. Aber setzen Sie die Kommas, auch wenn sie nach den Regeln streng genommen nicht unbedingt gesetzt werden müssen. Wie bereits erwähnt(,) sind sie als Lesehilfen und zur schnelleren Erfassung Ihrer Texte unverzichtbar, allemal. Das sei, um das noch einmal ganz deutlich zu machen, am Ende dieser Übung gesagt.

Der große Abschlusstest

12

Wählen Sie im folgenden Text die zulässigen Wortschreibungen aus, und streichen Sie die falschen nicht nur durch, sondern auch aus Ihrem Gehirn:

Motto: Wenn/wenn einer redet, dann reden alle

Seit vorgestern mittag / vorgestern Mittag ist es amtlich: Radsportas/Radsportass Markus M. hat gedopt. Vor einigen Dutzend / einigen dutzend Journalisten legte er ein öffentliches Geständnis ab. Aufgrund / Auf Grund des großen Andrangs mußte/musste die Pressekonferenz kurzfristig in einen größeren Raum verlegt werden.

Die Fans von Markus M. und die Fachwelt hatten nicht im erntferntesten / nicht im Entferntesten damit gerechnet, daß/dass die aufwendigen/aufwändigen Dopingtests ausgerechnet diesen Ausnahmeathleten und seine supertollen/super tollen/super-tollen sportlichen Leistungen der letzten Jahre infrage stellen / in Frage stellen würden. Jedenfalls ist mit diesem Dopingvorwurf ein weiteres höchst unerfreuliches / höchstunerfreuliches Kapitel in der Geschichte des Hochleistungssports aufgeschlagen. In nicht öffentlicher / nichtöffentlicher Sitzung will sich das Sportgericht morgen früh / morgen Früh mit dem Fall Markus M. befassen.

Die Sponsoren der letzten deutschen Radmeisterschaft / Deutschen Radmeisterschaft reagierten aufs äußerste / aufs Äußerste empört auf die jüngsten aufsehenerregenden / Aufsehen erregenden Enthüllungen. Sie wollen mithilfe / mit Hilfe ihrer Anwälte klären lassen, inwieweit / in wie weit die Veranstalter ihre Aufsichtspflicht verletzt haben. Jedenfalls wird damit gerechnet, daß/dass die Ermittlungen der Dopingfahnder weitere schwarze Schafe / Schwarze Schafe zutage fördern / zu Tage fördern werden.

Nach weitverbreiteter / weit verbreiteter Meinung gleicht die Entwicklung des Radsports immer wieder aufs neue / aufs Neue einem ewigen auf und ab / Auf und Ab. Während viele tausende / viele Tausende von Freizeitradlern im allgemeinen / im Allgemeinen um ihrer Fitneß/Fitness willen/Willen täglich radfahren / Rad fahren, geht es bei den Profis nicht nur um 1000stel-Sekunden/Tausendstelsekunden/Tausendstel Sekunden, sondern spätestens seit den 90er Jahren / 90er-Jahren auch um viel Geld. Mit dem Fall M. ist hier ein neuer Worst Case/Worstcase/Worst-Case eingetreten, der alt und jung / Alt und Jung unter den Radsportbegeisterten noch lange beschäftigen wird. Manche fragen sich nicht zu unrecht / zu Unrecht, wer wohl als nächster / als Nächster seine Geschichte zum Besten geben / zum besten geben wird.

Jedenfalls hat der große/grosse Countdown/Count down/Count-down für die Dopingsünder begonnen. Die verantwortlichen Funktionäre haben angekündigt, daß/dass Sportler, die unter Dopingverdacht stünden, bis auf weiteres / bis auf Weiteres von allen offiziellen Radsportveranstaltungen ausgeschlossen seien und nicht an Radrennen teil nehmen / teilnehmen dürfen. Sie reagieren so auf eine Forderung, die Dopingkritiker bereits seit längerem / seit Längerem erhoben haben. Außerdem sollen diejenigen, die des Dopings überführt werden, aufs strengste / aufs Strengste bestraft werden. Ebensowenig / Ebenso wenig werde man die Dopingärzte freisprechen / frei sprechen. Damit geben die Verbandsvertreter zwar nichts außergewöhnliches / nichts Außergewöhnliches zum besten / zum Besten. Es besteht aber dennnoch/dennoch der Eindruck, als würden sie es mit dem Kampf gegen das Doping endlich ernst nehmen / Ernst nehmen.

Der Radsportverband will in Zukunft einen 100 prozentig/100prozentig/100-prozentig sauberen Radsport gewährleisten / Gewähr leisten, und dafür applaudieren ihm schon jetzt unzählige/Unzählige. Bleibt nur die Frage, wie sich die Funktionäre auf dem laufenden / auf dem Laufenden halten wollen in unserer schnellebigen/schnelllebigen Zeit, in der es offenbar ein leichtes / ein Leichtes ist, sich auch außerhalb der Apotheke/Apoteke potenzielle/potentielle Aufputschmittel aller Art zu beschaffen. Da heißt es achtgeben / Acht geben, ja, allergrößte achtgeben / Acht geben, wenn ein sauberer Sport nicht auch weiterhin zugunsten / zu Gunsten immer sensationellerer Rekorde preisgegeben / Preis gegeben werden soll.

Fragt sich im übrigen / im Übrigen, wer an dem ganzen Dopingdilemma schuld ist / Schuld ist. Sind es nur die Rennstallbetreiber, die einen Erfolg nach dem anderen aufnummerieren/aufnumerieren wollen, oder sind es nicht wenigstens zum Teil die überschwenglichen/ überschwänglichen Fans, denen kein Rekord Bahn brechend / bahnbrechend genug sein kann, oder manch ein Reporter, der dummdreist/dumm-dreist daherredet, wenn ein Profi einmal unter den erwarteten Leistungen geblieben und nicht als erster / als Erster durchs Ziel gerast ist? Eine allgemeingültige / allgemein gültige Antwort auf diese Frage wird sicherlich nur schwer zu geben sein.

Angesichts dutzender/Dutzender Geständnisse von Radsportprofis tut Aufklärung über Doping mehr denn je not/Not, hört man so manchen / so Manchen sagen. Natürlich müssen Dopingsünder dingfestgemacht / dingfest gemacht werden. Und all denjenigen, die bislang nicht gedopt haben, sei gesagt, daß/dass sie es besser bleibenlassen / bleiben lassen. Den Amateuren sei auf jeden Fall gesagt, daß/dass sie am sichersten fahren / am Sichersten fahren, wenn sie die Finger von Aufputschmitteln weglassen. Das mag ein bißchen/bisschen einfach klingen. Man soll aber auch das Maß/Mass nicht aus den Augen verlieren. Wer nicht dopt und sich nichts zuschulden / zu Schulden kommen lässt, ist einfach klasse/Klasse. Was die anderen tun, ist dagegen zum Heulen / zum heulen.

Wenn die jüngsten Enthüllungen einiger Dutzend / einiger dutzend Radrennfahrer zum Thema Doping im Radsport auch wenig Erbauliches / wenig erbauliches enthalten, so helfen sie doch allen dabei, sauberen Sport wieder schätzenzulernen / schätzen zu lernen. Denn wie heißt es so schön: Dabei sein / Dabeisein ist alles!

Und so ist's richtig: Auflösung des Abschlusstests

13

*W*o zwei Schreibungen zulässig sind, ist die von der Dudenredaktion empfohlene fett gedruckt.

Motto: Wenn/wenn einer redet, dann reden alle

Seit ~~vorgestern mittag~~ / vorgestern Mittag ist es amtlich: ~~Radsportas~~/Radsportass Markus M. hat gedopt. Vor einigen **Dutzend** / einigen dutzend Journalisten legte er ein öffentliches Geständnis ab. **Aufgrund** / Auf Grund des großen Andrangs ~~mußte~~/musste die Pressekonferenz kurzfristig in einen größeren Raum verlegt werden.

Die Fans von Markus M. und die Fachwelt hatten ~~nicht im erntferntesten~~ / nicht im Entferntesten damit gerechnet, ~~daß~~/dass die **aufwendigen**/aufwändigen Dopingtests ausgerechnet diesen Ausnahmeathleten und seine supertollen ~~super tollen/super-tollen~~ sportlichen Leistungen der letzten Jahre **infrage stellen** / in Frage stellen würden. Jedenfalls ist mit diesem Dopingvorwurf ein weiteres höchst unerfreuliches / ~~höchstunerfreuliches~~ Kapitel in der Geschichte des Hochleistungssports aufgeschlagen. In **nicht öffentlicher** / nichtöffentlicher Sitzung will sich das Sportgericht morgen früh / ~~morgen Früh~~ mit dem Fall Markus M. befassen.

Die Sponsoren der letzten deutschen Radmeisterschaft / ~~Deutschen Radmeisterschaft~~ reagierten aufs äußerste / **aufs Äußerste** empört auf die jüngsten **aufsehenerregenden** / Aufsehen erregenden Enthüllungen. Sie wollen **mithilfe** / mit Hilfe ihrer Anwälte klären lassen, inwieweit / ~~in wie weit~~ die Veranstalter ihre Aufsichtspflicht verletzt haben. Jedenfalls wird damit gerechnet, ~~daß~~/dass die Ermittlungen der Dopingfahnder weitere schwarze Schafe / ~~Schwarze Schafe~~ **zutage fördern** / zu Tage fördern werden.

Nach **weitverbreiteter** / weit verbreiteter Meinung gleicht die Entwicklung des Radsports immer wieder ~~aufs neue~~ / aufs Neue einem ewigen ~~auf und ab~~ / Auf und Ab. Während viele tausende / **viele Tausende** von Freizeitradlern ~~im allgemeinen~~ / im Allgemeinen um ihrer ~~Fitneß~~/Fitness willen~~/Willen~~ täglich ~~radfahren~~ / Rad fahren, geht es bei den Profis nicht nur um 1000stel-Sekunden/Tausendstelsekunden~~/Tausendstel Sekunden~~, sondern spätestens seit den 90er Jahren / **90er-Jahren** auch um viel Geld. Mit dem Fall M. ist hier ein neuer Worst Case~~/Worstcase/Worst-Case~~ eingetreten, der ~~alt und jung~~ / Alt und Jung unter den Radsportbegeisterten noch lange beschäftigen wird. Manche fragen sich nicht ~~zu unrecht~~ / zu Unrecht, wer wohl ~~als nächster~~ / als Nächster seine Geschichte zum Besten geben / ~~zum besten geben~~ wird.

Jedenfalls hat der große/~~grosse~~ **Countdown**/~~Count down~~/Count-down für die Dopingsünder begonnen. Die verantwortlichen Funktionäre haben angekündigt, ~~daß~~/dass Sportler, die unter Dopingverdacht stünden, bis auf weiteres / **bis auf Weiteres** von allen offiziellen Radsportveranstaltungen ausgeschlossen seien und nicht an Radrennen ~~teil nehmen~~ / teilnehmen dürfen. Sie reagieren so auf eine Forderung, die Dopingkritiker bereits seit längerem / **seit Längerem** erhoben haben. Außerdem sollen diejenigen, die des Dopings überführt werden, aufs strengste / **aufs Strengste** bestraft werden. ~~Ebensowenig~~ / Ebenso wenig werde man die Dopingärzte freisprechen / ~~frei sprechen~~. Damit geben die Verbandsvertreter zwar ~~nichts außergewöhnliches~~ / nichts Außergewöhnliches ~~zum besten~~ / zum Besten. Es besteht aber ~~dennnoch~~/dennoch der Eindruck, als würden sie es mit dem Kampf gegen das Doping endlich ernst nehmen / ~~Ernst nehmen~~.

Der Radsportverband will in Zukunft einen ~~100 prozentig~~/~~100prozentig~~/100-prozentig sauberen Radsport gewährleisten / ~~Gewähr leisten~~, und dafür applaudieren ihm schon jetzt ~~unzählige~~/Unzählige. Bleibt nur die Frage, wie sich die Funktionäre ~~auf dem laufenden~~ / auf dem Laufenden halten wollen in unserer ~~schnellebigen~~/schnelllebigen Zeit, in der es offenbar ~~ein leichtes~~ / ein Leichtes ist, sich auch außerhalb der Apotheke/~~Apoteke~~ **potenzielle**/potentielle Aufputschmittel aller Art zu beschaffen. Da heißt es **achtgeben** / Acht geben, ja, allergrößte ~~achtgeben~~ / Acht geben, wenn ein sauberer Sport nicht auch weiterhin **zugunsten** / zu Gunsten immer sensationellerer Rekorde preisgegeben / ~~Preis gegeben~~ werden soll.

Fragt sich ~~im übrigen~~ / im Übrigen, wer an dem ganzen Dopingdilemma schuld ist / ~~Schuld ist~~. Sind es nur die Rennstallbetreiber, die einen Erfolg nach dem anderen aufnummerieren/~~aufnumerieren~~ wollen, oder sind es nicht wenigstens zum Teil die ~~überschwenglichen~~/überschwänglichen Fans, denen kein Rekord ~~Bahn brechend~~ / bahnbrechend genug sein kann, oder manch ein Reporter, der dummdreist/~~dumm-dreist~~ daherredet, wenn ein Profi einmal unter den erwarteten Leistungen geblieben und nicht ~~als erster~~ / als Erster durchs Ziel gerast ist? Eine **allgemeingültige** / allgemein gültige Antwort auf diese Frage wird sicherlich nur schwer zu geben sein.

Angesichts dutzender/**Dutzender** Geständnisse von Radsportprofis tut Aufklärung über Doping mehr denn je not/~~Not~~, hört man so manchen / ~~so Manchen~~ sagen. Natürlich müssen Dopingsünder ~~dingfestgemacht~~ / dingfest gemacht werden. Und all denjenigen, die bislang nicht gedopt haben, sei gesagt, ~~daß~~/dass sie es besser ~~bleibenlassen~~ / **bleiben lassen**. Den Amateuren sei auf jeden Fall gesagt, ~~daß~~/dass sie am sichersten fahren / ~~am Sichersten fahren~~, wenn sie die Finger von Aufputschmitteln weglassen. Das mag ein ~~bißchen~~/bisschen einfach klingen. Man soll aber auch das Maß/~~Mass~~ (die Schreibung *Mass* ist nur in der Schweiz zulässig) nicht aus den Augen verlieren. Wer nicht dopt und sich nichts **zuschulden** / zu Schulden kommen lässt, ist einfach klasse/~~Klasse~~. Was die anderen tun, ist dagegen zum Heulen / ~~zum heulen~~.

Wenn die jüngsten Enthüllungen **einiger Dutzend** / einiger dutzend Radrennfahrer zum Thema Doping im Radsport auch wenig Erbauliches / ~~wenig erbauliches~~ enthalten, so helfen sie doch allen dabei, sauberen Sport wieder ~~schätzenzulernen~~ / schätzen zu lernen. Denn wie heißt es so schön: Dabei sein / ~~Dabeisein~~ ist alles!

Teil V

Top-Ten-Teil:
das Wichtigste im Überblick

In diesem Teil ... finden Sie alles, was in Sachen Rechtschreibung besonders wichtig ist, noch einmal im Überblick zusammengestellt. Neben die zehn wichtigsten Regeln, die Sie beim Schreiben generell beachten sollten, treten die zehn am häufigsten gestellten Sprachberatungsanfragen, mit denen Sie sich vielleicht auch schon einmal herumgeschlagen haben. Außerdem finden Sie bei den zehn wichtigsten Hilfsmitteln zur Rechtschreibung viele Hinweise darauf, wo Sie im Zweifelsfall Sprachberatung erhalten, wer Trainingsangebote zur neuen Rechtschreibung unterbreitet und welches die wichtigsten elektronischen und konventionellen Hilfsmittel sind. Interessieren Sie sich für Webseiten zum Thema Rechtschreibung? Dann werden Sie in diesem Teil auch fündig werden, genauso wenn es Ihnen darum geht, Beratungsangebote für Lese-Rechtschreib-Schwäche zu erfahren. Viel Nützliches und dazu noch ein Verzeichnis der wichtigsten Alt- und Neuschreibungen. Was will man mehr?

Die zehn wichtigsten Regeln guten Schreibens

In diesem Kapitel

▷ Warum Sie beim Schreiben nicht nur an Rechtschreibung und Zeichensetzung denken sollten

▷ Wie Sie unsichere Schreibungen umgehen und gleichzeitig etwas für Ihren Stil tun können

▷ Was es Ihnen erleichtert, korrekt zu schreiben

Worauf Sie beim Schreiben grundsätzlich achten sollten

Beim Schreiben geht es nicht allein um korrekte Orthografie, Zeichensetzung und Worttrennung. Diese helfen zwar dabei, den Lesern Ihre Botschaften leichter zu vermitteln, sie sind aber in dieser Hinsicht nur »ein« Mittel zum Zweck. Andere kommen hinzu, wie Sie im Folgenden sehen werden.

Regel 1

Denken Sie beim Schreiben nicht zuerst an Rechtschreibung und Zeichensetzung, sondern grundsätzlich erst einmal an Ihre Leser, denn bei diesen wollen Sie etwas bewirken – auch dann, wenn Sie manches »nur zwischen den Zeilen sagen«.

Während das Sprechen immer einen gewissen Grad an Spontaneität behält, haben Sie beim Schreiben die Möglichkeit, Ihre Texte überlegt aufzubauen und die einzelnen Teile sprachlich miteinander zu verknüpfen und durch eine entsprechende – auch abwechslungsreiche – Wortwahl zu gestalten. Bevor Sie anfangen zu schreiben, überlegen Sie sich zunächst die Antworten auf folgende fünf W-Fragen:

✔ Warum will ich eigentlich schreiben? (Anlass)

✔ Was will ich mit meinem Schreiben erreichen? (Zweck)

✔ Wer ist der Empfänger meines Schreibens? (Adressat)

✔ Wie soll er mein Schreiben aufnehmen? (Akzeptanz)

✔ Wie soll er auf mein Schreiben reagieren? (Resonanz)

Außerdem sollten Sie überlegen, welches Vorwissen der Empfänger Ihres Schreibens bereits hat und was für ihn wirklich wichtig ist. Natürlich werden Ihre Antworten auf diese Fragen ganz unterschiedlich ausfallen, je nachdem, ob Sie eine Geburtstagskarte an Tante Lenchen, einen Beschwerdebrief an die Stadtverwaltung oder einen Roman verfassen wollen. Sie stellen aber ganz sicher wichtige Weichen, bevor Sie loslegen, und entscheiden zum Beispiel über die »Sie-« oder »Du-Anrede«, über Ihre Wortwahl, die Komplexität Ihres Satzbaus und vieles mehr. Dass Sie unabhängig vom Anlass Ihres Schreibens immer in gewissen Abstufungen Ihrem ganz persönlichen Stil folgen, bleibt dabei unbestritten. Aber es kommt eben auf die Abstufung an.

Regel 2

 Verwirren Sie Ihre Leser nicht durch undurchdringbare Satzkonstruktionen. Kurz: Vermeiden Sie Schachtelsätze.

Dem Schachtelsatz haben viele Schreibratgeber schon seit jeher den Kampf angesagt, und doch ist er aus unserem Schrifttum weder zu verbannen noch wegzudenken, denn Schachtelsatz ist nicht gleich Schachtelsatz. Von einem Schachtelsatz spricht man – so schreibt es der Dudenband *Richtiges und gutes Deutsch* –, »wenn in einen Nebensatz ein weiterer oder mehrere weitere Nebensätze eingefügt sind«. Beispiele hierfür lassen sich im deutschen Schrifttum zuhauf finden, gelungene in der schönen Literatur bei Heinrich von Kleist oder Thomas Mann, für den Laien nur schwer entwirrbare in Verwaltungs- und Rechtstexten und vielen anderen Quellen. Auch Protokolle oder Schulaufsätze sind voll davon. Hier ein konstruiertes Beispiel zur Veranschaulichung:

> *Er holte, nachdem er den Koffer, der noch gar nicht ganz voll war, geschlossen hatte, nur noch schnell seinen Mantel aus dem Schrank, als der Taxifahrer schon an der Tür klingelte und wissen wollte, ob er abfahrbereit sei.*

Wenn Sie aus diesem Satzungetüm zwei vollständige Sätze machen, haben Sie gegebenenfalls weniger Probleme mit der Kommasetzung und machen Ihrem Leser das Textverstehen einfacher:

> *Nachdem er den noch nicht ganz vollen Koffer geschlossen hatte, holte er nur noch schnell seinen Mantel aus dem Schrank. Da klingelte der Taxifahrer schon an der Tür und wollte wissen, ob er abfahrbereit sei.*

Ein Zeichen dafür, dass Sie gerade dabei sind, einen Schachtelsatz größeren Ausmaßes zu erzeugen, könnte Unsicherheit bei der Zeichensetzung sein. In Fällen, in denen Sie hinsichtlich des Kommas Zweifel haben, sollte Ihr erster Blick nicht ins Regelwerk, sondern auf Ihren Satzbau gehen. Womöglich hilft Ihnen das dabei, gleich zwei Fliegen mit einer Klappe zu schlagen …

Regel 3

 Vermeiden Sie verwirrende oder gar sinnentstellende Worttrennungen am Zeilen-ende.

Im Zeitalter elektronischer Textverarbeitung muss eine Worttrennung am Zeilenende eigentlich gar nicht mehr sein. Auch wenn Sie mit der Hand schreiben, können Sie die Worttrennung umgehen. Vermeiden Sie Worttrennungen, wo Sie sich unsicher sind und falls Sie die korrekte Trennung nicht im Wörterbuch nachschlagen können. Sie müssen sich nicht sehenden Auges blamieren. Wo Sie Trennungen nicht umgehen wollen oder können, achten Sie darauf, dass der Lesefluss durch die Trennung nicht behindert oder das Textverstehen erschwert wird. Trennungen wie *Anal-phabet* statt *An-alphabet*, *Sprecher-ziehung* statt *Sprech-erziehung* oder – ganz berüchtigt – *Urin-stinkt* statt *Ur-instink* (alle aus dem amtlichen Regelwerk) müssen definitiv nicht sein.

Regel 4

 Wenn Sie nicht herausbekommen, wie Sie ein bestimmtes Wort schreiben sollen, versuchen Sie es mit einem Ihnen bekannten sinnverwandten Wort (Synonym).

Synonyme sind Wörter, deren Bedeutung im Idealfall deckungsgleich ist wie im Falle von *Einzahl* und *Singular* oder *Briefumschlag* und *Kuvert*. Meistens sind sie jedoch nur mehr oder weniger bedeutungsähnlich und obendrein unterschiedlichen Stilebenen zugeteilt. Ganz abgesehen davon können sie sich nach landschaftlichen und anderen Kriterien voneinander abheben. Das muss hier aber nicht weiter ausgebreitet werden.

In Sachen Fehlervermeidung sei geraten, zum Beispiel auf das deutsche Wort *Irrgarten* auszuweichen, wenn Ihnen die Schreibung von *Labyrinth* nicht ganz geheuer ist. Und auch wenn Sie wissen, wie man *Labyrinth* korrekt schreibt oder trennt, kann es im Sinne von Regel 1 sinnvoll sein, auf das fremde Wort zugunsten des einheimischen zu verzichten. Hinsichtlich der berüchtigten Anglizismen – das sind Übernahmen aus dem Englischen oder Amerikanischen – können Sie sich damit sogar regelrecht Freunde machen.

Regel 5

 Behandeln Sie seltene Übernahmen aus fremden Sprachen wie Zitate, bevor Sie abenteuerliche Eindeutschungen vornehmen.

Es ist nicht verboten, fremdsprachige Versatzstücke in deutsche Texte einzubauen, sie müssen dann nur als solche kenntlich gemacht werden. Dass dieses durch Anführungszeichen geschehen kann, habe ich in Kapitel 10 erläutert. Schreiben Sie also getrost *Er war der »grand old*

man« der deutschen Nachkriegspolitik, wenn Ihnen die im Deutschen geforderte Großschreibung spanisch vorkommt (*Er war der Grand Old Man der deutschen Nachkriegspolitik* [in diesem Fall ohne Anführungszeichen]). In der Regel verweisen Sie mit solchen Übernahmen ja auch gezielt auf die Kultur des zitierten Landes. Da darf dann schon die Landessprache zu ihrem Recht kommen.

Regel 6

 Schlagen Sie lieber einmal mehr als einmal zu wenig im Wörterbuch nach.

Rechtschreibwörterbücher wie der *Duden* sind dazu da, benutzt zu werden. Tun Sie es, bevor Sie das Risiko eingehen, fehlerhafte Schreiben weiterzuleiten. Wie Sie mit dem *Duden* umgehen, habe ich in Kapitel 3 ausführlich dargestellt. Wichtig vor allem ist, dass Sie sich mit den Benutzungshinweisen vertraut gemacht haben. Danach kann einem erfolgreichen Nachschlagen nichts mehr im Wege stehen. Und wenn Sie wirklich einmal nicht fündig werden, bleibt immer noch die Anfrage bei einer Sprachberatungseinrichtung. Wie und wo Sie Sprachberatung erhalten, ist in Kapitel 16 ausgeführt.

Regel 7

 Trauen Sie nicht jedem elektronischen Korrekturprogramm.

Korrekturprogramm ist nicht gleich Korrekturprogramm. Korrekturprogramme, die Ihre Texte nur gegen mehr oder weniger ausführliche Wortlisten abgleichen, werden Ihnen gegebenenfalls viele Fehler nicht anzeigen. Umgekehrt monieren sie all diejenigen Wörter und Wortformen, die nicht in den Wortlisten enthalten sind, obwohl sie in unserer Sprache durchaus vorkommen. Wortlistenbasierte Korrekturprogramme erkennen zudem keine Grammatikfehler und würden einen Satz wie *Haus und Hof ist unter die Hammer gekommt* im Zweifel glatt als korrekt durchgehen lassen. Wenn Sie sich ein gutes Korrekturprogramm zulegen wollen, sollte es mindestens folgende Komponenten umfassen:

✔ Rechtschreibprüfung

✔ Grammatikprüfung

✔ Stilprüfung

✔ Regelhilfen bei Fehlermeldungen

Wenn das Programm dann noch leicht installiert werden kann und bei der Fehlerkontrolle nicht zu langsam ist, haben Sie fast schon alles, was Ihr Herz nur begehren kann.

Regel 8

 Nehmen Sie sich trotzdem Zeit, Korrektur zu lesen.

Angesichts der gebotenen technischen Möglichkeiten zur Fehlerkorrektur scheint die Forderung, einen Text vor seiner Weitergabe selbst noch einmal Korrektur zu lesen, geradezu steinzeitlich zu sein. Korrekturlesen ist lästig und etwas von vorgestern. Trotzdem hat diese Forderung Hand und Fuß. Schließlich schreiben Sie nicht nur am PC, und selbst dort ist nicht in allen Programmen ein Korrekturmodus verfügbar. Das gilt zum Beispiel für bestimmte Informationsdokumentationssysteme, E-Mail-Programme, Planungssoftware und Ähnliches. Weil wir alle nicht unfehlbar sind und gutes Schreiben immer etwas mit Sorgfalt zu tun hat, sollten Sie den kleinen Mehraufwand nicht scheuen. Zum professionellen Korrektor müssen Sie dabei nicht werden, Fehlerhäufung muss aber auch nicht sein.

Regel 9

 Vergessen Sie nicht, dass auch andere Probleme mit Rechtschreibung und Zeichensetzung haben können.

Wir sind Schreiber und Leser in einem, dabei mehr Leser als Schreiber. Nicht alle befassen sich gleichermaßen intensiv mit deutscher Rechtschreibung und Zeichensetzung. Nicht alle sind gleichermaßen sorgfältig beim Abfassen ihrer Schriftstücke. Die wenigsten dürften unsere Rechtschreibung und Zeichensetzung und ihre Anwendung so beherrschen, dass ihnen niemals ein Fehler unterläuft. Urteilen Sie gegebenenfalls also nicht zu hart über den jeweiligen Schreiber, wenn Ihnen fehlerbeladene Schriftstücke unter die Augen kommen. Auch Sie wollen nicht verdammt werden, wenn Ihnen einmal ein Komma zu viel oder ein Buchstabe zu wenig durchgerutscht ist.

Regel 10

 Lassen Sie sich das Schreiben nicht vermiesen.

Rechtschreibung und Zeichensetzung sind – das habe ich schon gesagt – Mittel zum Zweck. Was nicht in ihrer Absicht steht, ist es, das Schreiben zu behindern oder gar vom Schreiben abzuhalten. Wenn Form und Gehalt – also Rechtschreibung und Zeichensetzung auf der einen Seite und der Inhalt Ihrer Aussage auf der anderen – zwar zusammenhängen wie die zwei Seiten ein und derselben Medaille, so sollte die Form doch nicht den Gehalt erdrücken. Wenn Sie also etwas schriftlich mitzuteilen haben, dann tun Sie das, und regen Sie auch andere – zum Beispiel Ihre Kinder – dazu an. Nur das geschriebene Wort hat Bestand. Das gesprochene verhallt. Lassen Sie sich das Schreiben also nicht vermiesen, durch nichts, auch nicht durch die Regeln der neuen Rechtschreibung.

Die zehn häufigsten Fragen zur Rechtschreibung

15

Bestimmte Fragen werden der Sprachberatung immer wieder gestellt. Zwar mag sich die Reihenfolge der Top-Ten-Fragen gelegentlich leicht ändern, inhaltlich geht es aber immer um dieselben Themen. Folgende zehn Fragen ergeben sich aus der Statistik, die die Duden-Sprachberatung führt. Weitere typische Fragen – und deren Beantwortung – finden Sie im Internet unter: http://www.duden.de/deutsche_sprache/sprachberatung/faq.php

Wie werden Telefonnummern gegliedert?

Nach DIN 5008:2005 gilt für die Gliederung von Telefon- und Telefaxnummern Folgendes: Zwischen der Ortsvorwahl beziehungsweise der Kennziffer des Netzbetreibers und der eigentlichen Rufnummer steht ein normaler Wortzwischenraum. Im Beispiel sieht das so aus:

✔ 0621 123456

✔ 0172 123456

Durchwahlnummern werden mit Bindestrich angeschlossen:

✔ 0621 123456-700

Enthält die Telefon- oder Faxnummer eine Sondernummer, die für den Tarif steht, dann müssen Sie vor und nach dieser Nummer einen Wortzwischenraum setzen:

✔ 0900 1 870098

Bei internationalen Telefon- und Telefaxnummern müssen Sie vor die Vorwahl des jeweiligen Landes ein + setzen (die früher übliche doppelte 0 entfällt); auch die Ortsvorwahl steht in diesen Fällen ohne 0:

✔ +49 621 123456

Im Schriftsatz haben Sie die Möglichkeit, die Nummern von rechts in Zweiergruppen zu gliedern. Die Vorwahl steht dann, außer bei internationalen Telefon- und Faxnummern, in Klammern:

✔ (0 62 21) 12 34 56

✔ (0 62 21) 1 23 45-7 00

✔ +49 12 34 56 78

Muss in Anschriften zwischen Adresse und Ortsangabe eine Leerzeile stehen oder nicht?

Auch diese Frage beantwortet die Norm DIN 5008 aus dem Jahr 2005, die festlegt, wie ein Brief oder eine E-Mail strukturiert sein soll und wo bestimmte Informationen anzuordnen sind, damit das entsprechende Schreiben übersichtlich und so gestaltet ist, dass die Erfassung und Verarbeitung der enthaltenen Informationen schnell und reibungslos vonstattengehen kann.

DIN 5008:2005 gibt vor, dass zwischen Adresse und Ortsangabe keine Leerzeile steht, wie das früher üblich gewesen ist:

Herr
Ludwig Schmidt
Zwingerstraße 156 a
69115 Heidelberg

Oder:

Frau Direktorin
Dr. Anneliese Müller
Albert-Schweizer-Gymnasium
Berliner Platz 3-5
75683 Ubstadt-Weiher

Wie werden Doppelformen wie ›Mitarbeiter‹ und ›Mitarbeiterinnen‹ korrekt abgekürzt?

In Protokollen, öffentlichen Verlautbarungen, Amtsschreiben und vielen anderen Texten werden Frauen und Männer oft gleichermaßen angesprochen. Da ist dann von *Studentinnen und Studenten, Kolleginnen und Kollegen* oder eben von *Mitarbeiterinnen und Mitarbeitern* die Rede. Wer höflich sein und obendrein Frauen und Männer sprachlich gleich behandeln will, der macht sich die Mühe der Wiederholung.

Es kann aber auch gute Gründe zur Verkürzung geben. Hierbei haben Sie folgende Möglichkeiten:

Was Sie beachten müssen	Beispiele
Die männliche und die weibliche Form ändern sich nur durch die Endung: In diesem Fall wird die weibliche Endung nach einem Schrägstrich an die männliche Form angehängt; der Bindestrich muss stehen.	*Mitarbeiter/-innen, Schüler/-innen, Meister/-in, Sänger/-in*
	Aber nur: *Arzt/Ärztin, Bauer/ Bäuerin, Landsmann/Lands-männin*

Was Sie beachten müssen	Beispiele
Buchstaben oder Wortteile können auch in Klammern eingeschlossen werden. Bei den weiblichen Formen sieht das aber leicht danach aus, als seien sie weniger wichtig. Deshalb sollten Sie von dieser Möglichkeit eher sparsam Gebrauch machen.	*Lehrer(in), Schüler(innen), Kolleg(inn)en*
Durch die amtlichen Rechtschreibregeln nicht abgedeckt sind die Verkürzungen mit einem großen I im Wortinnern (»Binnen-I«). Trotzdem ist das Binnen-I seit Anfang der 80er-Jahre überall zu finden. Aussprechen kann man diese Zusammenziehungen nicht. Also: Fangen Sie erst gar nicht damit an oder gewöhnen Sie sich diese Art der Zusammenziehung wieder ab.	*MitarbeiterIn, SchülerInnen*

Schreibt man ›nach dem In-Kraft-Treten‹ oder ›nach dem Inkrafttreten‹?

Bei dieser Frage geht es darum, wie als Hauptwörter (Substantive) gebrauchte Infinitive (der Infinitiv ist die Grundform des Verbs) eigentlich geschrieben werden. Es geht also um Substantivierungen. Die einfachen Fälle wie *beim Singen* (zum Zeitwort *singen*) machen dabei keine Probleme. Die mehrteiligen Infinitive sind interessant. Zu diesen gehört das Wort *Inkrafttreten*.

Bei *Inkrafttreten* handelt es sich um eine lexikalisierte, das heißt längst zu einem festen Begriff gewordene Substantivierung, die selbstverständlich groß- und eben auch zusammengeschrieben wird:

✔ *Mit Inkrafttreten des Abkommens wurden die Kampfhandlungen sofort eingestellt.*

Ebenso:

✔ *das Zustandekommen* (aus: *zustande kommen / zu Stande kommen*)

✔ *beim Rasenmähen* (aus: *[den] Rasen mähen*)

Wenn Sie aber Infinitive aus mehreren Bestandteilen wie ein Hauptwort gebrauchen wollen und dabei eher unübliche, unübersichtliche und womöglich schwer lesbare Gebilde entstehen, müssen Sie mit Bindestrichen schreiben (»durchkoppeln«):

✔ *das Auf-der-faulen-Haut-Liegen*

✔ *das In-den-Tag-hinein-Leben*

Aber:

✔ *das Sichausmalen*

Schreibt man ›zum kennenlernen‹ oder ›zum Kennenlernen‹?

Ein *Treffen zum Kennenlernen* ist und bleibt *ein Treffen zum Kennenlernen*. An der Großschreibung kommen Sie nicht vorbei, denn auch in diesem Beispiel ist *Kennenlernen* eine Substantivierung. Das erkennen Sie an der Verschmelzung *zum,* die sich aus der Präposition (dem Verhältniswort) *zu* und dem Artikel *dem* (Dativ/Wem-Fall von *das*) ergibt. Da der Artikel immer vor einem Substantiv (Hauptwort) steht, ist auch klar, dass das Wort, das dem Artikel folgt, wie alle Substantive im Deutschen großgeschrieben werden muss. In diesem und den folgenden Beispielen schreiben Sie also immer groß:

✔ *ein Typ zum Verlieben*

✔ *ein Sauwetter zum Auswachsen*

✔ *ein Fall zum Junge-Hunde-Kriegen*

Schreibt man ›betriebliche Altersvorsorge‹ oder ›Betriebliche Altersvorsorge‹?

Es gibt im Deutschen viele Wortgruppen aus einem Adjektiv (Eigenschaftswort) und einem Substantiv (Hauptwort), die zu festen Verbindungen geworden sind und trotzdem keine Eigennamen sind. In solchen Fällen wird das Adjektiv immer kleingeschrieben. Folgende Beispiele dürften Ihnen bekannt vorkommen:

✔ *autogenes Training*

✔ *betriebliche Altersvorsorge*

✔ *erneuerbare Energie*

✔ *das neue Jahr (!)*

✔ *höhere Mathematik*

✔ *eine graue Maus*

✔ *ein bunter Hund*

Aber Großschreibung bei echten Eigennamen:

✔ *das Alte Land* (an der Unterelbe)

✔ *die Blaue Moschee* (in Istanbul)

✔ *die Vereinten Nationen*

Steht nach einer Abkürzung am Satzende noch ein zusätzlicher (Satzschluss)punkt?

Nein, lautet die ebenso einfache wie lapidare Antwort. Wenn eine Abkürzung mit Abkürzungspunkt am Satzende steht, dann gilt der Abkürzungspunkt auch als Satzschlusspunkt. Frage- oder Ausrufezeichen müssen Sie gegebenenfalls aber setzen.

✔ *Unser Nachbar ist General a. D.*

✔ *Ist unser Nachbar wirklich General a. D.?*

✔ *Ich sage es jetzt zum letzten Mal: Ja, unser Nachbar ist General a. D.!*

Wie schreibt man die ›dos and don'ts / Dos and Don'ts‹ in der Internetkommunikation?

Nicht nur in der Managersprache haben Übernahmen aus dem Englischen und Amerikanischen Konjunktur. Sie finden sich in der Werbung ebenso wie überall dort, wo sich Texter einen besonders modernen Anstrich geben wollen. Das Problem bei der Sache: Solche Übernahmen müssen irgendwie ins deutsche Schriftsystem eingepasst werden.

Dabei treten zwangsläufig Unsicherheiten auf. Das ist offensichtlich auch bei der gar nicht selten vorkommenden Verbindung die *Dos and Don'ts* der Fall, mit der ausgedrückt wird, was man bei einer bestimmten Sache tun darf oder eben unterlassen muss. Da es bei den *Dos and Don'ts* schlicht um Empfehlungen für bestimmte Verhaltensweisen geht, würde ein Golfer von den *Etiketten* sprechen, und das einfache deutsche Wort *Regel* würde eigentlich auch genügen. Der moderne Mensch spricht aber von den *Dos and Don'ts* und muss diese genau so schreiben, nämlich mit großem D und einem für das Deutsche ungewöhnlichen Apostroph in *Don'ts,* der natürlich aus dem Englischen herrührt (*don't* kurz für *do not*).

Kleines Hintertürchen für alle, die sich mit der Großschreibung von *Dos* und *Don'ts* nicht anfreunden wollen: Originalschreibung nach englischem Vorbild, aber eingeschlossen in Anführungszeichen. So wird – ganz zulässig – die Übernahme aus der fremden Sprache als eine solche gekennzeichnet und muss nicht weiter den deutschen Schreibregeln unterworfen werden. Notfalls also auch: *Wir sprachen über die »dos and don'ts« bei der Internetkommunikation.*

Schreibt man ›Herzlich willkommen‹ oder ›Herzlich Willkommen‹?

In der Begrüßungsformel wird *willkommen* immer kleingeschrieben, denn es handelt sich um ein Adjektiv (Eigenschaftswort). Sie müssen also schreiben:

✔ *Herzlich willkommen!*

✔ *Herzlich willkommen in der Dudenredaktion!*

✔ *Sie sind mir alle herzlich willkommen.*

Großschreibung gilt nur für das Substantiv (Hauptwort) *Willkommen*. Das Substantiv erkennen Sie daran, dass ihm ein Artikelwort oder ein Attribut (eine Beifügung) vorangeht:

✔ *Er rief allen Besuchern ein herzliches Willkommen zu.*

✔ *Ein solches Willkommen* (= einen solchen Willkommensgruß / einen solchen Empfang) *hatte niemand erwartet.*

Schreibt man ›Email‹ oder ›E-Mail‹?

Ein echter Klassiker unter allen Sprachberatungsanfragen, seit es die Möglichkeit gibt, vom PC aus elektronische Post zu versenden.

Da das *E* in *E-Mail* eine Abkürzung des englischen Wortes *electronic* ist und Zusammensetzungen mit einem Einzelbuchstaben im Deutschen mit Bindestrich geschrieben werden müssen, ist nur die Schreibung *E-Mail* korrekt. Das englische Substantiv (Hauptwort) *mail* muss der deutschen Regel entsprechend großgeschrieben werden. Vorteil bei der Schreibung mit Bindestrich: die elektronische Post *E-Mail* wird nicht verwechselt mit dem Schmelzüberzug *Email,* der in Deutschland Emei, in Österreich Emeil ausgesprochen wird.

Das von *E-Mail* abgeleitete Verb (Zeitwort) kann übrigens *emailen* oder *e-mailen* geschrieben werden. Verwechslungen mit *emaillieren* sind da nicht möglich. Wenn Sie eine *E-Mail* erfolgreich versendet haben, dann haben Sie diese übrigens *geemailt* und nicht *gee-mailt, egemailt* oder *e-gemailt*. Dieses nur, damit erst gar keine Zweifel aufkommen. Sie können es sich natürlich auch etwas einfacher machen und eine E-Mail schlichtweg *mailen*. Sie haben dann die E-Mail *gemailt*.

Wichtige Hilfsmittel und Informationsangebote

16

In diesem Kapitel

▶ Verzeichnis der wichtigsten Alt- und Neuschreibungen

▶ Sprachberatung und Trainingskurse und wo Sie diese bekommen können

▶ Hilfreiche Übungsbücher und wichtige Webseiten

▶ Beratungsangebote für Lese-Rechtschreib-Schwäche

Ohne ›Duden‹ geht gar nichts

Ob Sie sich bei der Klärung rechtschreiblicher Zweifelsfälle auf das klassische Wörterbuch, auf persönliche Sprachberatung oder eine elektronische Korrektursoftware stützen wollen: *Duden* ist und bleibt die erste Adresse.

Der *Duden* – eigentlich *Duden – Die deutsche Rechtschreibung* – ist seit über drei Generationen das meistverbreitete Wörterbuch im deutschen Sprachraum. In Kapitel 3 wird beschrieben, wie Sie den *Duden* benutzen können. Hier sei nur kurz darauf hingewiesen, dass es nützlich ist, sich mit dem Aufbau des Wörterbuchs und den Benutzungshinweisen wenigstens einmal auseinandergesetzt zu haben. Das erleichtert Ihnen das Nachschlagen und vor allem das Auffinden der von Ihnen gesuchten Informationen sehr und sichert die erfolgreiche Lösung Ihres orthografischen Problems.

Einen Überblick über die wichtigsten Neuschreibungen verschafft Ihnen die folgende Gegenüberstellung der wichtigsten alten und neuen Schreibweisen. Wenn Sie diese Übersicht grob verinnerlicht haben, haben Sie die wesentlichen Neuerungen schon im Griff.

Gegenüberstellung wichtiger Alt- und Neuschreibungen

Wenn hier von »alten Schreibungen« die Rede ist, sind damit solche gemeint, die vor der Einführung der neuen Rechtschreibung im Sommer 1996 als korrekt galten. Die neuen Schreibungen entsprechen dem amtlichen Regelwerk in seiner zuletzt geänderten Fassung aus dem Jahr 2006. Wo es mehrere zulässige neue Schreibungen gibt, steht die von der Dudenredaktion empfohlene an erster Stelle und ist mit einem Sternchen gekennzeichnet.

Alte Schreibung	Neue Schreibung(en)
A	
(gestern, heute, morgen, übermorgen) abend	(gestern, heute, morgen, übermorgen) Abend
abhanden kommen	abhandenkommen
absein	ab sein
in acht nehmen / außer acht lassen	in Acht nehmen / außer Acht lassen
achtgeben	achtgeben* / Acht geben
8jährig / der 8jährige	8-jährig / der 8-Jährige
über Achtzig / Mitte (der) Achtzig	über achtzig / Mitte (der) achtzig
Adreßbuch	Adressbuch
und/oder ähnliches (u. ä. / o. ä.)	und/oder Ähnliches (u. Ä. / o. Ä.)
alleinerziehend	alleinerziehend* / allein erziehend
Alleinerziehende	Alleinerziehende* / allein Erziehende
im allgemeinen	im Allgemeinen
allgemeinverständlich	allgemein verständlich* / allgemeinverständlich
allzuoft, allzusehr, allzuviel	allzu oft, allzu sehr, allzu viel
Alptraum	Albtraum*/Alptraum
(beliebt bei) alt und jung	(beliebt bei) Alt und Jung
beim alten lassen	beim Alten lassen
andersdenkend	andersdenkend* / anders denkend
angepaßt	angepasst
angst (und bange) machen	Angst (und Bange) machen
Anlaß	Anlass
(ein) Armvoll	(ein) Armvoll* / Arm voll
As	Ass
aufeinanderfolgen	aufeinanderfolgen* / aufeinander folgen
aufsein	auf sein
aufseiten	aufseiten* / auf Seiten
aufwendig	aufwendig*/aufwändig
aussein	aus sein
außerstande	außerstande* / außer Stande
B	
Baß	Bass

Alte Schreibung	Neue Schreibung(en)
Baßsänger	Basssänger*/Bass-Sänger
beisammensein	beisammen sein
beiseite legen	beiseitelegen
bekanntgeben	bekannt geben* / bekanntgeben
jeder beliebige	jeder Beliebige
sich bereit erklären	sich bereit erklären* / sich bereiterklären
im besonderen	im Besonderen
es ist das beste, wenn …	es ist das Beste, wenn …
aufs beste geregelt sein	aufs Beste* / aufs beste geregelt sein
zum besten geben, halten	zum Besten geben, halten
der erste beste	der erste Beste
Bestelliste	Bestellliste*/Bestell-Liste
in bezug auf	in Bezug auf
Biographie	Biografie*/Biographie
bißchen	bisschen
Blackout	Blackout*/Black-out
blank polieren	blank polieren* / blankpolieren
blaß	blass
blaugestreift	blau gestreift* / blaugestreift
bleibenlassen	bleiben lassen* / bleibenlassen
im bösen wie im guten	im Bösen wie im Guten
Boß	Boss
braungebrannt	braun gebrannt* / braungebrannt
des langen und breiten	des Langen und Breiten
Brennessel	Brennnessel*/Brenn-Nessel
brütendheiß	brütend heiß
C	
Centre Court	Centre-Court*/Centrecourt
Corpus delicti	Corpus Delicti
Countdown	Countdown*/Count-down
D	
dabeisein	dabei sein
darauffolgend	darauf folgend* / darauffolgend

Alte Schreibung	Neue Schreibung(en)
dasein	da sein
daß	dass
datenverarbeitend	Daten verarbeitend* / datenverarbeitend
Delphin	Delfin*/Delphin
des weiteren	des Weiteren
auf deutsch	auf Deutsch
diät leben	Diät leben
dichtbebaut	dicht bebaut* / dichtbebaut
dienstleistend	dienstleistend* / Dienst leistend
jeder dritte	jeder Dritte
im dunkeln tappen	im Dunkeln tappen
dünnbesiedelt	dünn besiedelt* / dünnbesiedelt

E

ebensogut/ebensosehr	ebenso gut / ebenso sehr
an Eides Statt	an Eides statt
sein eigen nennen	sein Eigen nennen
das einfachste ist es, wenn …	das Einfachste ist es, wenn …
Einlaß	Einlass
der/die/das einzelne kann …	der/die/das Einzelne kann …
jeder einzelne	jeder Einzelne
kein einziger war aufgestanden	kein Einziger war aufgestanden
engbedruckt	eng bedruckt* / engbedruckt
erdölexportierend	Erdöl exportierend* / erdölexportierend
erfolgversprechend	Erfolg versprechend* / erfolgversprechend
ernstgemeint	ernst gemeint* / ernstgemeint
ernztunehmend	ernst zu nehmend* / ernstzunehmend
der erste, der …	der Erste, der …
fürs erste	fürs Erste
zum ersten, zum zweiten, zum dritten	zum Ersten, zum Zweiten, zum Dritten
das erstemal / zum erstenmal	das erste Mal / zum ersten Mal
essentiell	essenziell*/essentiell
Exposé	Exposé*/Exposee

Alte Schreibung	Neue Schreibung(en)
F	
fahrenlassen	fahren lassen* / fahrenlassen
Fairneß	Fairness
Fair play	Fair Play* / Fairplay
fallenlassen	fallen lassen* / fallenlassen
Fast food	Fast Food* / Fastfood
feingemahlen	fein gemahlen* / feingemahlen
fertigstellen	fertigstellen* / fertig stellen
festangestellt	fest angestellt* / festangestellt
fettgedruckt	fett gedruckt* / fettgedruckt
fönen	föhnen
folgendes soll gelten	Folgendes soll gelten
wie im folgenden dargestellt	wie im Folgenden dargestellt
fritieren	frittieren
freigeben	freigeben* / frei geben
frohgelaunt	froh gelaunt* / frohgelaunt
Fußballländerspiel	Fußball-Länderspiel*/Fußballländerspiel
G	
im großen und ganzen	im Großen und Ganzen
gefangennehmen	gefangen nehmen
gefaßt	gefasst
geheimhalten	geheim halten
gehenlassen	gehen lassen* / gehenlassen
genausogut / genausowenig	genauso gut / genauso wenig
Geographie	Geografie*/Geographie
geradestellen	gerade stellen* / geradestellen
geringschätzen	gering schätzen* / geringschätzen
nicht das geringste angehen	nicht das Geringste angehen
nicht im geringsten	nicht im Geringsten
gestreßt	gestresst
getrenntlebend	getrennt lebend* / getrenntlebend
gewinnbringend	gewinnbringend* / Gewinn bringend
gewiß	gewiss
glatthobeln	glatt hobeln* / glatthobeln

Alte Schreibung	Neue Schreibung(en)
das gleiche tun	das Gleiche tun
aufs gleiche hinauslaufen	aufs Gleiche hinauslaufen
gleichdenkend	gleichdenkend* / gleich denkend
für groß und klein	für Groß und Klein
im großen und ganzen	im Großen und Ganzen
großangelegt	groß angelegt* / großangelegt
groß schreiben (= mit großem Anfangs-buchstaben)	großschreiben
gutgehen	gut gehen
gutgemeint	gut gemeint

H

haltmachen	haltmachen* / Halt machen
Handout	Handout*/Hand-out
hängenlassen	hängen lassen* / hängenlassen
Happy-End	Happy End* / Happyend
hartgekocht	hart gekocht* / hartgekocht
nach Hause	nach Hause* / nachhause
zu Hause	zu Hause* / zuhause
heißgeliebt	heiß geliebt* / heißgeliebt
heute abend, mittag, morgen, nacht	heute Abend, Mittag, Morgen, Nacht
hiersein	hier sein
High-Society	High Society
hilfesuchend	Hilfe suchend* / hilfesuchend
hochmotiviert	hoch motiviert* / hochmotiviert
Hot dog	Hotdog* / Hot Dog

I

im allgemeinen / im besonderen	im Allgemeinen / im Besonderen
Imbiß	Imbiss
im einzelnen	im Einzelnen
im nachhinein	im Nachhinein
imstande	imstande* / im Stande
im übrigen	im Übrigen
im voraus	im Voraus

Alte Schreibung	Neue Schreibung(en)
in bezug auf	in Bezug auf
in Frage kommen	infrage kommen* / in Frage kommen
instand halten	instand halten* / in Stand halten
irgend etwas	irgendetwas
irgend jemand	irgendjemand

J

8jährig / ein 8jähriger	8-jährig / ein 8-Jähriger
jedesmal	jedes Mal
Job-sharing	Jobsharing
Joghurt	Joghurt*/Jogurt
bei jung und alt	bei Jung und Alt

K

kahlfressen	kahl fressen* / kahlfressen
kaltlächelnd	kalt lächelnd* / kaltlächelnd
Känguruh	Känguru
kaputtmachen	kaputt machen* / kaputtmachen
Karamel	Karamell
Katarrh	Katarrh*/Katarr
kennenlernen	kennenlernen* / kennen lernen
Kennummer	Kennnummer*/Kenn-Nummer
Ketchup	Ketchup*/Ketschup
sich über etwas im klaren sein	sich über etwas im Klaren sein
bin ins kleinste geregelt	bis ins Kleinste geregelt
eine Welt im kleinen	eine Welt im Kleinen
kleingedruckt	klein gedruckt* / kleingedruckt
klein schreiben (= mit kleinem Anfangsbuchstaben)	kleinschreiben
es ist das klügste, wenn …	es ist das Klügste, wenn …
Know-how	Know-how*/Knowhow
kochendheiß	kochend heiß
Kommuniqué	Kommuniqué*/Kommunikee
Kompromiß	Kompromiss
kostensparend	kostensparend* / Kosten sparend

Alte Schreibung	Neue Schreibung(en)
krank schreiben	krankschreiben
kraß	krass
Kunststoffolie	Kunststofffolie*/Kunststoff-Folie
den kürzeren ziehen	den Kürzeren ziehen

L

des langen und breiten	des Langen und Breiten
langgestreckt	langgestreckt* / lang gestreckt
zu Lasten	zulasten* / zu Lasten
auf dem laufenden sein	auf dem Laufenden sein
laufenlassen	laufen lassen* / laufenlassen
leer essen	leeressen* / leer essen
leichtmachen	leicht machen* / leichtmachen
leichtverständlich	leicht verständlich* / leichtverständlich
jemandem leid tun	jemandem leidtun
der letzte, der …	der Letzte, der …
als letzter	als Letzter
das letzte, was …	das Letzte, was …
letzteres trifft zu	Letzteres trifft zu
zum letztenmal	zum letzten Mal
liebhaben	lieb haben* / liebhaben
liegenlassen	liegen lassen* / liegenlassen

M

2mal, 3mal …	2-mal, 3-mal …
maschineschreiben	Maschine schreiben
maßhalten	maßhalten* / Maß halten
meßbar	messbar
die metallverarbeitende Industrie	die Metall verarbeitende* / metallverarbeitende Industrie
Midlife-crisis	Midlife-Crisis*/Midlifecrisis
millionenmal	Millionen Mal
nicht im mindesten	nicht im Mindesten* / nicht im mindesten
Mißerfolg	Misserfolg
mit Hilfe	mithilfe* / mit Hilfe

Alte Schreibung	Neue Schreibung(en)
gestern, heute, morgen mittag	gestern, heute, morgen Mittag
über alles mögliche diskutieren	über alles Mögliche diskutieren
sein möglichstes tun	sein Möglichstes tun
morgen abend, mittag, nacht	morgen Abend, Mittag, Nacht
gestern, heute morgen	gestern, heute Morgen

N

nach Hause	nach Hause* / nachhause
im nachhinein	im Nachhinein
Nachlaß	Nachlass
der nächste, bitte!	der Nächste, bitte!
als nächstes tun	als Nächstes tun
gestern, heute, morgen nacht	gestern, heute, morgen Nacht
naß	nass
aufs neue versuchen	aufs Neue versuchen
neueröffnet	neu eröffnet* / neueröffnet
nichtssagend	nichtssagend* / nichts sagend
not tun	nottun
auf Null stehen	auf null stehen
numerieren	nummerieren
Nuß	Nuss

O

obenerwähnt	oben erwähnt* / obenerwähnt
obenstehend	oben stehend* / obenstehend
des öfteren	des Öfteren
ohne weiteres	ohne Weiteres* / ohne weiteres
Orthographie	Orthografie*/Orthographie

P

Panther	Panther*/Panter
parallellaufend	parallel laufend* / parallellaufend
Parole d'honneur	Parole d'Honneur
Pars pro toto	Pars pro Toto
Paß	Pass

Alte Schreibung	Neue Schreibung(en)
Phantasie	Fantasie*/Phantasie
Playback	Play-back*/Playback
plazieren	platzieren
pleite gehen	pleitegehen* / pleite gehen
Portemonnaie	Portemonnaie*/Portmonee
potentiell	potenziell*/potentiell
probefahren	Probe fahren
Prozeß	Prozess

Q

Quentchen	Quäntchen
Quickstep	Quickstepp

R

radfahren	Rad fahren
zu Rande kommen	zurande kommen* / zu Rande kommen
zu Rate ziehen	zurate ziehen* / zu Rate ziehen
rauh	rau
recht haben, behalten …	recht haben* / Recht haben, behalten
rechtsaußen spielen	rechts außen spielen
genau das richtige sein	genau das Richtige sein
Regreß	Regress
Riß	Riss
Roheit	Rohheit
rotgestreift	rot gestreift* / rotgestreift
rötlichbraun	rötlich braun
ruhenlassen	ruhen lassen* / ruhenlassen
Rußland	Russland

S

sauberhalten	sauber halten
saubermachen	sauber machen* / saubermachen
Saxophon	Saxofon*/Saxophon
sein Schäfchen ins trockene bringen	sein Schäfchen ins Trockene bringen
Schiffahrt	Schifffahrt*/Schiff-Fahrt

Alte Schreibung	Neue Schreibung(en)
schlechtgehen	schlecht gehen* / schlechtgehen
schlechtgelaunt	schlecht gelaunt* / schlechtgelaunt
das schlimmste ist, dass …	das Schlimmste ist, dass …
Schloß	Schloss
Schlußstrich	Schlussstrich*/Schluss-Strich
schmutziggrau	schmutzig grau
schnellebig	schnelllebig
schneuzen	schnäuzen
an etwas schuld haben	an etwas Schuld haben
schuldbewußt	schuldbewusst
sich etwas zuschulden kommen lassen	sich etwas zuschulden* / zu Schulden kommen lassen
Schuß	Schuss
sich schwarz ärgern	sich schwarzärgern
schwerverständlich	schwer verständlich* / schwerverständlich
Science-fiction	Science-Fiction*/Sciencefiction
seinlassen	sein lassen* / seinlassen
auf seiten	aufseiten* / auf Seiten
von seiten	vonseiten* / von Seiten
selbständig	selbstständig*/selbständig
selbstgebacken	selbst gebacken* / selbstgebacken
selig machen	selig machen* / seligmachen
seßhaft	sesshaft
Shrimp	Shrimp*/Schrimp
das sicherste ist, wenn …	das Sicherste ist, wenn …
siedendheiß	siedend heiß
sitzenbleiben	sitzen bleiben* / sitzenbleiben
so daß	sodass* / so dass
soviel du willst	so viel du willst
soviel wie	so viel wie
es ist soweit	es ist so weit
soweit wie möglich	so weit wie möglich
Spaghetti	Spaghetti*/Spagetti
spazierengehen	spazieren gehen
sporttreibend	Sport treibend* / sporttreibend
stehenbleiben	stehen bleiben* / stehenbleiben

Alte Schreibung	Neue Schreibung(en)
Stengel	Stängel
Steptanz	Stepptanz
etwas im stillen tun	etwas im Stillen tun
stillegen	stilllegen
Stop	Stopp
strengnehmen	streng nehmen
Streß	Stress
Stukkateur	Stuckateur
substantiell	substanziell*/substantiell

T

tabula rasa machen	Tabula rasa machen
zutage treten	zutage* treten / zu Tage treten
2tägig, 14tägig …	2-tägig, 14-tägig …
Talk-Show	Talkshow
Thunfisch	Thunfisch*/Tunfisch
tiefbewegt	tief bewegt* / tiefbewegt
Tolpatsch	Tollpatsch
totgeboren	tot geboren* / totgeboren
Trekking	Trekking*/Trecking
treuergeben	treu ergeben* / treuergeben
auf dem trockenen sitzen	auf dem Trockenen sitzen
sein Schäfchen ins trockene bringen	sein Schäfchen ins Trockene bringen
im trüben fischen	im Trüben fischen

U

übelgelaunt	übel gelaunt* / übelgelaunt
übelnehmen	übel nehmen* / übelnehmen
übelriechend	übel riechend* / übelriechend
überschwenglich	überschwänglich
ein übriges tun	ein Übriges tun
im übrigen	im Übrigen
alles übrige	alles Übrige
die übrigen kommen noch	die Übrigen kommen noch
umsein	um sein

Alte Schreibung	Neue Schreibung(en)
um so mehr, größer …	umso mehr, größer …
und ähnliches (u. ä.)	und Ähnliches (u. Ä.)
unerläßlich	unerlässlich
im unklaren lassen	im Unklaren lassen
unrecht haben, behalten …	unrecht* / Unrecht haben, behalten …
unselbständig	unselbstständig*/unselbständig
untenerwähnt	unten erwähnt* / untenerwähnt
untenstehend	unten stehend* / untenstehend
unterderhand	unter der Hand

V

Varieté	Varieté*/Varietee
veranlaßt	veranlasst
verbleuen	verbläuen
im verborgenen blühen	im Verborgenen blühen
Verdruß	Verdruss
verläßlich	verlässlich
verloren geben	verloren geben* / verlorengeben
verlorengehen	verloren gehen* / verlorengehen
verschiedenes ist noch ungeklärt	Verschiedenes ist noch ungeklärt
verselbständigen	verselbstständigen*/verselbständigen
vielbefahren	viel befahren* / vielbefahren
vielgelesen	viel gelesen* / vielgelesen
viel zuviel	viel zu viel
viel zuwenig	viel zu wenig
aus dem vollen schöpfen	aus dem Vollen schöpfen
von neuem	von Neuem* / von neuem
von seiten	vonseiten* / von Seiten
von weitem	von Weitem* / von weitem
im voraus	im Voraus
im vorhinein	im Vorhinein
das vorige gilt auch	das Vorige gilt auch
vor kurzem	vor Kurzem* / vor kurzem
gestern, heute vormittag	gestern, heute Vormittag

Alte Schreibung	Neue Schreibung(en)
W	
Waggon	Waggon*/Wagon
weichgekocht	weich gekocht* / weichgekocht
aus schwarz mach weiß	aus Schwarz mach Weiß
des weiteren	des Weiteren
weitreichend	weitreichend* / weit reichend
im wesentlichen	im Wesentlichen
wieviel	wie viel
wißbegierig	wissbegierig
Z	
Zäheit	Zähheit
eine Zeitlang	eine Zeit lang* / eine Zeitlang
Zierat	Zierrat
zufriedenstellen	zufrieden stellen* / zufriedenstellen
zugrunde gehen	zugrunde gehen* / zu Grunde gehen
zugrundeliegend	zugrunde liegend* / zu Grunde liegend
zugunsten	zugunsten* / zu Gunsten
zugute kommen	zugutekommen
zu Hause	zu Hause* / zuhause
zu Lasten	zulasten* / zu Lasten
zuleide tun	zuleide tun* / zu Leide tun
zunichte machen	zunichtemachen
zunutze machen	zunutze machen* / zu Nutze machen
zupaß kommen	zupasskommen
zu Rande kommen	zurande kommen* / zu Rande kommen
zu Rate ziehen	zurate ziehen* / zu Rate ziehen
zur Zeit	zurzeit
zusammensein	zusammen sein
zustande bringen	zustande bringen* / zu Stande bringen
zutage treten	zutage treten* / zu Tage treten
zuteil werden	zuteilwerden
zuungunsten	zuungunsten* / zu Ungunsten
zuviel	zu viel
zuwege bringen	zuwege bringen* / zu Wege bringen

Alte Schreibung	Neue Schreibung(en)
zuwenig	zu wenig
wie kein zweiter	wie kein Zweiter
jeder zweite gewinnt	jeder Zweite gewinnt

Tabelle 16.1: Gegenüberstellung wichtiger alter und neuer Schreibungen

Sprachberatung und wo Sie diese bekommen

Es wird immer einmal Fälle geben, in denen Sie mehr Informationen brauchen, als sie Ihnen Ihre Wörterbücher oder Ihr elektronisches Korrekturprogramm vermitteln können. Vielleicht brauchen Sie auch einen Schiedsrichter, der einen sprachlichen Streit kompetent und verlässlich entscheidet. Dann ist persönliche Sprachberatung gefragt.

Wer Sprachberatung erteilt und welche Angebote Sie zu welchen Kosten bei der jeweiligen Sprachberatungseinrichtung erwarten dürfen, habe ich im Folgenden für Sie zusammengestellt.

Duden-Sprachberatung

Die Duden-Sprachberatung erreichen Sie montags bis freitags zwischen 8.00 und 18.00 Uhr unter folgenden Telefonnummern:

✔ aus Deutschland: 0900 1 87 00 98 (1,86 €/Min. aus dem Festnetz)

✔ aus Österreich: 0900 84 41 44 (1,80 €/Min. aus dem Festnetz)

✔ aus der Schweiz: 0900 38 36 00 (3,13 CHF/Min. aus dem Festnetz)

Den kostenlosen Newsletter der Duden-Sprachberatung, der im vierzehntägigen Rhythmus erscheint, können Sie abonnieren unter: www.duden.de/deutsche_sprache

Dort finden Sie auch Zugriff auf das Newsletterarchiv und eine umfangreiche Liste häufig gestellter Anfragen an die Duden-Sprachberatung.

Briefe, Faxe und E-Mails werden nur in besonderen Fällen auch schriftlich beantwortet.

Duden-Sprachberatung
Dudenstraße 6-8
68163 Mannheim

Gesellschaft für deutsche Sprache [GfdS]

Auch die Gesellschaft für deutsche Sprache in Wiesbaden erteilt Sprachberatung. Die telefonische Sprachberatung der GfdS erreichen Sie montags bis freitags zwischen 9.00 und 17.00 Uhr unter folgender Telefonnummer:

✔ aus Deutschland: 0900 1 888128 (1,86 €/Min. aus dem Festnetz)

Die telefonische Sprachberatung ist für GfdS-Mitglieder, Ministerien und Ratsuchende aus dem Ausland kostenfrei. Wenn Sie zu dieser Personengruppe gehören, wählen Sie die zentrale Rufnummer der GfdS +49 611 99955-0.

Die Erstellung von Vornamengutachten und die Erteilung schriftlicher Sprachberatung erfolgt je nach Aufwand gegen Gebühr. Bei Namengutachten ist Vorkasse unerlässlich.

Fragen und Antworten aus der Sprachberatung und Namenhitlisten sind auf der Homepage der Gesellschaft für deutsche Sprache veröffentlicht (www.gfds.de). Dort können Sie auch den kostenlosen elektronischen Newsletter der GfdS abonnieren.

Gesellschaft für deutsche Sprache
Geschäftsstelle
Spiegelgasse 13
65183 Wiesbaden

Grammatisches Telefon der RWTH Aachen

Das Grammatische Telefon ist beim Forschungszentrum für Kommunikation und Schriftkultur e.V. (FoKS) beim Germanistischen Institut der Rheinisch-Westfälischen Technischen Hochschule (RWTH) Aachen angesiedelt. Erreichbar ist diese Sprachberatungseinrichtung montags bis freitags zwischen 10.00 und 12.00 Uhr unter: +49 241 80-9 6074

Hinsichtlich der Rechtschreibung versteht sich das Grammatische Telefon ausdrücklich als Beratungseinrichtung für all diejenigen, die bewusst nach der alten, das heißt vor 1996 gültigen amtlichen Rechtschreibung schreiben wollen.

Außerdem bietet das Grammatische Telefon einen Korrekturservice an zu einem Kostensatz von 42 Euro pro Stunde. In dieser Zeit werden Texte mit einem Umfang von 14.000 bis 21.000 Zeichen (das sind 8 bis 12 Normseiten) korrigiert. Die Korrektur von Kurztexten von maximal 1.000 Zeichen ist kostenlos.

Grammatisches Telefon
Forschungszentrum für Kommunikation und Schriftkultur e.V.
Germanistisches Institut der Rheinisch-Westfälischen Technischen Hochschule
Eilfschornsteinstraße 15
52062 Aachen

Sprachberatungstelefon der TU Chemnitz

Das Sprachberatungstelefon der Technischen Universität Chemnitz steht donnerstags zwischen 14.00 und 16.30 Uhr unter +49 371 53132912 für Sie bereit.

Das Sprachberatungstelefon der Universität Chemnitz ist nur während der Vorlesungszeit verfügbar, nicht aber in den Semesterferien. Dafür sind die Auskünfte kostenlos.

Typische Fragen und Antworten sind auf www.sprachberatung.tu-chemnitz.de verfügbar.

Spr@chtelefon der Universität Duisburg-Essen

Das Spr@chtelefon der Universität Duisburg-Essen (www.sprachtelefon@uni-due.de) erreichen Sie montags, dienstags und mittwochs zwischen 10.30 und 11.30 Uhr unter der Telefonnummer +49 201 183-3405.

Über die klassische Sprachberatung hinaus erteilt das Spr@chtelefon Textberatung, und es
bietet auch einen multimedialen Schreibtrainer an (www.uni-duisburg-essen.de/schreib-
werkstatt).

Spr@chtelefon der Universität Duisburg-Essen
Dr. Ulrike Pospiech
Universitätsstraße 12
45117 Essen

Sprachberatung Universität Halle

Das Germanistische Institut der Martin-Luther-Universität Halle-Wittenberg unterhält ebenfalls einen Sprachberatungsservice (www.sprachberatung@germanistik.uni-halle.de). Die
Auskünfte sind kostenlos.

Erreichbar ist die Sprachberatung der Universität Halle-Wittenberg unter +49 345 5523605
und +49 345 5523620.

Die Öffnungszeiten beschränken sich auf

✔ montags 10.00 bis 12.00 Uhr

✔ dienstags 12.00 bis 14.00 Uhr

✔ mittwochs 13.30 bis 15.30 Uhr

✔ donnerstags 13.30 bis 15.30 Uhr

Martin-Luther-Universität Halle-Wittenberg
Germanistisches Institut
Sprachberatung der Abteilung Sprachwissenschaft
Frau Prof. Dr. Ingrid Kühn
Luisenstraße 2
06099 Halle / Saale

Wissen Media Verlag

Auch der Wissen Media Verlag (www.wissenmediaverlag.de) bietet Sprachberatung an. Die
Wahrig-Sprachberatung online beantwortet Standardanfragen kostenlos. Den kostenpflichti-
gen telefonischen Sprachberatungsdienst erreichen Sie unter 0900 1 898960 (1,86 €/Min. aus
dem Festnetz).

Die Öffnungszeiten sind montags bis donnerstags zwischen 11.00 und 13.00 sowie 14.00 und 16.00 Uhr. Freitags steht der Service zwischen 11.00 und 13.00 Uhr bereit.

Trainingskurse und wer sie anbietet

Seit der Einführung der neuen Rechtschreibung gibt es ein vielfältiges Angebot von Trainingsseminaren zu diesem Thema. Viele Trainings sind auf die Einführung der neuen Schreibung in Betrieben und Unternehmen ausgerichtet. Natürlich lässt sich aber auch genug für die Befriedigung des individuellen Bedarfs finden. Durch diesen Wald von Möglichkeiten eine Schneise zu schlagen, ist fast unmöglich. Wenn Sie im Internet nach »Rechtschreibseminar«, »Seminar neue Rechtschreibung« oder ähnlichen Stichwörtern suchen, werden Sie sich hiervon leicht überzeugen können.

Die Palette der Anbieter reicht von Personenfirmen bis hin zu professionellen Seminaranbietern und Unternehmensberatungen, nicht zu vergessen die örtlichen Volkshochschulen (VHS) landauf, landab. Diese könnten, falls Sie für sich Bedarf an weiteren Rechtschreibübungen haben, Ihre erste Ansprechadresse sein.

»Duden-geprüft« – das heißt in Zusammenarbeit mit der Dudenredaktion entwickelt – ist das »Dudentraining – Die neue Rechtschreibung« des Trainingscenters Schwäbisch Hall. Nähere Angaben hierzu finden Sie im Internet unter: www.dastrainingcenter.de/trainingsangebote

Die neue Rechtschreibung können Sie sich gegebenenfalls auch interaktiv aneignen. Ein benutzerfreundliches Trainingsprogramm ist der *Duden-Rechtschreibtrainer*, den Sie zum Download, als Offline-Produkt auf CD-ROM oder für unternehmensweite Mehrfachnutzung als Online-Lizenz erwerben können. Mehr hierzu unter: www.duden.de

Übungsbücher und mehr

Wo es Trainings gibt, da gibt es selbstverständlich auch klassische Übungsbücher – natürlich wieder in rauen Mengen. Aber Vorsicht: Achten Sie beim Kauf auf das Erscheinungsjahr! Übungsbücher zur neuen Rechtschreibung, die vor 2006 erschienen sind, mögen zwar preisgünstig sein, basieren aber kaum auf dem letzten Stand der Rechtschreibregelung vom Sommer 2006. Wenn Sie sich auf solche Übungsbücher stützen, werden Ihnen garantiert wesentliche Bestandteile der Neuregelung entgehen – es sei denn, Sie haben *Neue deutsche Rechtschreibung für Dummies* bereits bis hierher durchgearbeitet.

Hier nun die zehn meistverkauften Übungsbücher zur neuen Rechtschreibung:

Duden – So schreibt man jetzt von Ulrich Püschel. 4., aktualisierte und überarbeitete Auflage von Christian Stang. Mannheim (Dudenverlag) 2006.

Die neue Rechtschreibung – kurz und schmerzlos von Christian Stang. München (Langenscheidt) 2006.

Die neue Rechtschreibung von Christian Stang. München (Langenscheidt) 2006.

Die neue Rechtschreibung. Trainingskurs für Erwachsene von Hilmar Grundmann, Rolf Kronhagel und Erika Kuckuck. 4. Auflage. Berlin (Cornelsen) 2006.

Die neue Rechtschreibung von Jürgen Dittmann. 4., überarbeitete Auflage. Planegg (Haufe) 2006.

Die neue Rechtschreibung. Regeln und Beispiele im Überblick. 3. Auflage. Berlin (Cornelsen) 2006.

Testtraining neue deutsche Rechtschreibung von Jürgen Hesse und Hans Christian Schrader. Frankfurt a. M. (Eichborn) 2007.

Die neue deutsche Rechtschreibung von Hans und Margit Lambrich und Klaus-Wilfried Schwichtenberg. 7., überarbeitete Auflage. Braunschweig (Winklers) 2006.

Die neue deutsche Rechtschreibung. Trainingsbox von Marion Techmer. Ismaning (Hueber) 2007.

Die neue deutsche Rechtschreibung. Trainingskurs für kaufmännische Berufe von Gerhild und Rainer Pirkner. 3. Auflage. Berlin (Cornelsen) 2006.

Korrekturprogramm ist nicht gleich Korrekturprogramm

Auch hinsichtlich elektronischer Korrektursoftware gilt der Satz: Erst vergleichen, dann anschaffen. Vor allem, wenn Ihre beruflichen und privaten Ansprüche an eine korrekte Rechtschreibung und Zeichensetzung und darüber hinaus korrektes grammatikalisches Schreiben besonders hoch sind, sollten Sie sich nicht unbedingt blind auf das vorinstallierte Korrekturprogramm Ihres PCs verlassen. Nicht selten korrigieren solche Programme an der deutschen Sprache regelrecht vorbei.

Die Qualität einer guten Korrektursoftware ermisst sich nicht zuerst an deren Geschwindigkeit oder Performance, sondern vor allem nach Häufung, Art und Qualität der Fehlermeldungen. Schließlich ist es mehr als störend, wenn Ihr Programm zwar in Windeseile korrigiert, Sie aber mit einer Unzahl angeblicher Fehler konfrontiert, die bei näherer Betrachtung gar keine sind. Wenn eine Rechtschreibprüfung allein auf – und seien es noch so umfangreichen – Wortlisten basiert, sollten Sie zuerst einmal Vorsicht walten lassen und sich im Testlauf selbst ein Bild von der Korrekturqualität machen.

Ein vernünftiges Fehlererkennungs- und Korrekturprogramm muss über folgende Produktkomponenten verfügen:

✔ Grammatikprüfung; hierzu gehört die Prüfung der Zeichensetzung, der Übereinstimmung (Kongruenz) von Subjekt (Satzgegenstand) und Verb (Satzaussage) sowie die Getrennt- und Zusammenschreibung

✔ Rechtschreibprüfung

✔ Stilprüfung

Außerdem sollte das Programm folgende Optionen bieten:

✔ Korrektur während der Eingabe, wahlweise nach Fertigstellung des gesamten Textes oder Korrektur im Batch-Betrieb

✔ Regelhilfen bei Fehlermeldungen

✔ integrierte Update-Funktion

✔ leichte Konfigurierbarkeit

Nicht immer ist das teuerste Produkt das beste. Ein Produktvergleich lohnt sich.

Wichtige Webseiten

Auf der Webseite www.duden.de erfahren Sie in der Rubrik DEUTSCHE SPRACHE nicht nur alles zur neuen Rechtschreibung, sondern auch alles zur Duden-Sprachberatung, zum kostenlosen Duden-Newsletter und zu weiteren wichtigen sprachlichen Themen. Wenn Sie sich insbesondere für sprachtechnologische Anwendungen wie Korrektursoftware und andere interessieren, sind Sie gut aufgehoben auf: www.duden.de/sprachtechnologie/

Weiterhin interessant zu Fragen der neuen Rechtschreibung und zur deutschen Sprache im Allgemeinen sind folgende Webseiten:

✔ www.deutscher-sprachrat.de (Homepage des Deutschen Sprachrats)

✔ www.gfds.de (Homepage der Gesellschaft für deutsche Sprache in Wiesbaden)

✔ www.ids-mannheim.de (Homepage des Instituts für Deutsche Sprache in Mannheim)

✔ www.goethe.de (Homepage des Goethe-Instituts)

✔ www.rechtschreibrat.com (Homepage des Rates für deutsche Rechtschreibung)

✔ webserver.bkg.bund.de/Kartographie/Stagn/stagn.htm (Homepage des Ständigen Ausschusses für geographische Namen)

Für Sprachwissenschaftler und solche, die es werden wollen, interessant sind:

✔ dgfs.de/cgi-bin/dgfs.pl (Homepage der Deutschen Gesellschaft für Sprachwissenschaft)

✔ www.gal-ev.de (Homepage der Gesellschaft für Angewandte Linguistik)

✔ www.gldv.org/cms/ (Homepage der Gesellschaft für linguistische Datenverarbeitung)

Aus Schweizer Perspektive noch interessant sind:

✔ www.sprachverein.ch (Homepage des Schweizerischen Vereins für die deutsche Sprache)

✔ www.sprache.org (Homepage des Bundes für vereinfachte Rechtschreibung)

✔ www.sprachkreis-deutsch.ch (Homepage des Sprachkreises Deutsch)

Beratungsangebote bei Lese-Rechtschreib-Schwäche (Legasthenie)

Nach neueren Schätzungen haben heute zwischen 5 und 20 Prozent aller Kinder eines Jahrgangs Lese-Rechtschreib-Probleme. Entsprechend groß ist die Aufmerksamkeit, die diesem Phänomen entgegengebracht wird. Wer im Internet nach dem Stichwort »Lese-Rechtschreib-Schwäche« sucht, wird überhäuft mit Informations- und Hilfeangeboten.

Erste Anlaufstelle: der Deutsche Bildungsserver (`www.bildungsserver.de`), der vom Bund und den 16 Bundesländern gemeinsam getragen wird. Unter der Rubrik BEHINDERTENPÄDAGOGIK können Sie sich hier ausführlich über das Thema informieren. Vor allem erhalten Sie Auskunft zu diversen Förder- und Präventivprogrammen. Außerdem verfügt die Homepage über umfangreiche Veröffentlichungslisten und Hinweise auf zahlreiche Arbeitsgruppen und Vereine, die sich mit Legasthenie befassen und sich als Anlaufstellen für die Eltern betroffener Kinder empfehlen.

Einen kostenlosen »Ratgeber für Eltern« zum Herunterladen gibt es auch auf: `www.duden.de/kindergarten_und_schule`

Sonderregelungen für Österreich und die Schweiz

Deutsche Sprache ist nicht überall deutsche Sprache. In den unterschiedlichen Teilen des deutschen Sprachraums ist sie je eigen ausgeprägt, und das vor allem hinsichtlich des Wortschatzes. So heißt der Chef der Regierung eines Bundeslands in Deutschland *Ministerpräsident*, in Österreich *Landeshauptmann* und in der Schweiz *Landammann*. Was dem Deutschen eine *Tagesordnung* ist, ist dem Österreicher die *Agenda* und dem Schweizer die *Traktandenliste*. Wortbetonung und Satzmelodie sind regional unterschiedlich, und auch bei der Grammatik weichen standardsprachliche Formen durchaus voneinander ab. Diese Fälle sind aber nicht sehr zahlreich. Das Gemeinsame überwiegt. So ist es auch bei der Rechtschreibung. Das amtliche Regelwerk gilt gleichermaßen in den genannten Ländern, das Fürstentum Liechtenstein nicht zu vergessen.

Bleiben wir zunächst bei Österreich: Das *Österreichische Wörterbuch* (40. Auflage 2006) weist nur die folgenden Schreibweisen als für Österreich spezifisch aus: *Buffet, Kaprize, Koreferat, Kücken, Maroni, maschinschreiben, Mocca* (neben *Mokka*), *ohneweiters, Szepter* und *Zieger*. Außerdem schreibt man in Österreich *heute Früh* (analog *morgen Früh, vorgestern Früh*), wohingegen in der Schweiz und in Deutschland Kleinschreibung gilt *(heute früh)*.

Für die Schweiz gilt insbesondere, dass ß grundsätzlich durch ss ersetzt wird, und zwar egal, ob dem »Dreierles-S« ein kurz gesprochener oder ein lang gesprochener Vokal (Selbstlaut) vorangeht. Während in Deutschland und Österreich zwischen *Maße* und *Masse* unterschieden wird, gibt es in der Schweiz nur die Schreibung *Masse*. Das ist für Nichtschweizer im ersten Anlauf gewöhnungsbedürftig, behindert das Textverstehen aber nicht.

Außerdem gilt für die Schweiz, dass dort bei eingedeutschten Fremdwörtern aus dem Italienischen und Französischen mit Rücksicht auf die Tessiner und Welschschweizer die an der Herkunftssprache orientierte Schreibung als Vorzugsvariante gilt. In der Schweiz wird also der Schreibung *Spaghetti* der Vorzug vor der Schreibung *Spagetti* gegeben. Man schreibt hier *Communiqué* und weniger *Kommuniqué* oder gar *Kommunikee*.

Literaturverzeichnis

*I*n den letzten Jahren ist die Zahl derjenigen Veröffentlichungen, die sich mehr oder weniger ausführlich mit Fragen der deutschen Rechtschreibung und insbesondere mit dem Für und Wider der Rechtschreibreform auseinandersetzen, ins schier Unermessliche gestiegen. Sprachwissenschaftler, Pädagogen und Didaktiker haben sich ebenso zu Wort gemeldet wie namhafte Politiker, Journalisten und nicht zuletzt unsere Dichter und Denker.

Das folgende Literaturverzeichnis kann diese Flut nicht darstellen, sondern beschränkt sich auf diejenigen Titel, die wesentlich für den Inhalt von *Neue deutsche Rechtschreibung für Dummies* sind. Wenn Sie weiter eintauchen wollen in das reichhaltige Schrifttum zur deutschen Rechtschreibung, hilft Ihnen eine Online-Recherche weiter unter: `www.buchhandel.de`

Rechtschreibung und Rechtschreibreform

Zur Neuregelung der deutschen Rechtschreibung. Der kommentierte Vorschlag der Kommission für Rechtschreibfragen des Instituts für deutsche Sprache, Mannheim, und die Stellungnahme der Gesellschaft für deutsche Sprache, Wiesbaden. Hg. von der Kommission für Rechtschreibfragen des Instituts für deutsche Sprache, Mannheim. 1. Auflage. Düsseldorf (Schwann) 1989.

Deutsche Rechtschreibung. Vorschläge zu ihrer Neuregelung. Hg. vom Internationalen Arbeitskreis für Orthographie. Tübingen (Narr) 1992.

Deutsche Rechtschreibung: Regeln und Wörterverzeichnis; Vorlage für die amtliche Regelung. Hg. vom Internationalen Arbeitskreis für Orthographie. Tübingen (Narr) 1995.

Deutsche Rechtschreibung: Regeln und Wörterverzeichnis. Amtliche Regelung gem. Beschluß der Kultusministerkonferenz vom 01.12.1995. Hg. vom Ministerium für Schule und Weiterbildung des Landes Nordrhein-Westfalen. Düsseldorf (Concept) 1996.

Deutsche Rechtschreibung. Regeln und Wörterverzeichnis. Amtliche Regelung. Hg. von der Zwischenstaatlichen Kommission für deutsche Rechtschreibung. Tübingen (Narr) 2005.

Deutsche Rechtschreibung. Regeln und Wörterverzeichnis. Amtliche Regelung. Hg. vom Rat für deutsche Rechtschreibung. Tübingen (Narr) 2006.

Die Neuregelung der deutschen Rechtschreibung. Regeln, Kommentar und Verzeichnis wichtiger Neuschreibungen von Peter Gallmann und Horst Sitta. Mannheim (Dudenverlag) 1996.

Stationen der jüngeren Geschichte der Orthographie und ihrer Reform seit 1933. Zur Diskussion, Texttradition und -rezeption von Wolfgang Mentrup. Tübingen (Narr) 2007.

Deutsche Orthographie von Dieter Nerius (Hg.). 3., neu bearbeitete Auflage unter der Leitung von Dieter Nerius. Mannheim (Dudenverlag) 2000.

Nachschlagewerke

Vollständiges Orthographisches Wörterbuch der deutschen Sprache. Nach den preußischen und bayerischen Regeln von Konrad Duden. Leipzig (Bibliographisches Institut) 1880.

Duden – Die deutsche Rechtschreibung. 20., völlig neu bearbeitete und erweiterte Auflage. Hg. von der Dudenredaktion. Auf der Grundlage der amtlichen Rechtschreibregeln. Mannheim (Dudenverlag) 1991. [Der letzte *Duden* vor Einführung der neuen Rechtschreibung im Sommer 1996]

Duden – Die deutsche Rechtschreibung. 24., völlig neu bearbeitete und erweiterte Auflage. Hg. von der Dudenredaktion. Auf der Grundlage der neuen amtlichen Rechtschreibregeln. Mannheim (Dudenverlag) 2006.

Duden – Richtiges und gutes Deutsch. Wörterbuch der sprachlichen Zweifelsfälle. 6., völlig überarbeitete Auflage. Bearbeitet von Peter Eisenberg unter Mitwirkung von Franziska Münzberg und Kathrin Kunkel-Razum. Hg. von der Dudenredaktion. Mannheim (Dudenverlag) 2007.

Österreichisches Wörterbuch. 40., neu bearbeitete Auflage. Hg. im Auftrag des Bundesministeriums für Bildung, Wissenschaft und Kultur. Auf der Grundlage des amtlichen Regelwerks. Wien (ÖBV&hpt) 2006.

Stichwortverzeichnis

Teil VI

Wörterbuch

The 5th Wave   By Rich Tennant

»Du kannst dir die Arbeit sparen: Ich habe schon ein Wörterbuch.«

In diesem Teil ...

wird *Neue deutsche Rechtschreibung* für Dummies zu einem echten Wörterbuch, das mit rund 47.000 Stichwörtern die wichtigsten Wörter der deutschen Standardsprache inklusive vieler Fremd- und Fachwörter verzeichnet. Alle Schreibungen entsprechen der neuen Rechtschreibung mit Stand vom Sommer 2006. Wenn Sie sich beim Schreiben einmal nicht sicher sind und Sie nicht nach Regeln suchen wollen, werden Sie in diesem Wörterverzeichnis in den meisten Fällen fündig werden.

Das Wörterbuch ist zweifarbig gedruckt. An der Farbe Rot erkennen Sie alle Schreibungen, die den neuen Rechtschreibregeln entsprechen. In rot unterlegten Kästchen finden Sie außerdem besonders kniffflige Fälle der neuen Rechtschreibung in Kurzfassung erläutert.

Die Ausspracheangeben in eckigen Klammern entsprechen, anders als im *Duden*, nicht dem Internationalen Phonetischen Alphabet. Hier wurde zur leichteren Erfassung eine einfachere Umschrift gewählt. Im Übrigen können Sie sich für ein erfolgreiches Nachschlagen in diesem Wörterbuchteil auch an die Erläuterungen zum Gebrauch des *Dudens* halten, die ich Ihnen in Kapitel 3 zusammengestellt habe. Aber Achtung: Die Dudenempfehlungen sind nur im *Duden* selbst gelb unterlegt. Lassen Sie sich also nicht irritieren.

A (Buchstabe); das A; des A, die A; aber: das a in Bach

a, A, *das;* -, - (Tonbezeichnung)

A, α = Alpha

à (bes. Kaufmannsspr.: zu [je]); 3 Stück à 20 Euro, dafür besser: ... zu [je] 20 Euro

Aa, *das;* - (Kinderspr.: Kot); - machen

Aal, *der;* -[e]s, -e; aber: Älchen (vgl. d.); **aa|len,** sich (ugs. für: sich behaglich ausstrecken; sich ausruhen); **aal|glatt**

Aar, *der;* -[e]s, -e (geh. für: Adler)

Aas, *das;* -es, (für: Tierleichen:) -e u. (als Schimpfwort:) Äser; **aa|sen** (ugs. für: verschwenderisch umgehen); **Aas|gei|er**

ab; *Umstandsw.:* ab sein (ugs.); - und zu, (landsch.:) - und an (von Zeit zu Zeit); *Verhältnisw. mit Wemf.:* - Bremen, - [unserem] Werk

ab|än|dern; Ab|än|de|rung; Ab|än|de|rungs|vor|schlag

ab|ar|bei|ten

Ab|art; ab|ar|tig

ab|las|ten, sich (ugs. für: sich abplagen)

Ab|bau, *der;* -[e]s, (Bergmannsspr.: Abbaustellen *Mehrz.:*) -e u. (landsch. für: abseits gelegenes Anwesen *Mehrz.:*) -ten; ab|bau|en

Ab|bé [*abe*], *der;* -s, -s (kath. Kirche: Titel der niederen Weltgeistlichen in Frankreich)

ab|be|ru|fen; Ab|be|ru|fung

ab|be|stel|len; Ab|be|stel|lung

ab|bie|gen

Ab|bild; Ab|bil|den; Ab|bil|dung

Ab|bit|te; - leisten, tun

ab|bla|sen

ab|blät|tern

ab|blen|den; Ab|blend|licht (*Mehrz.* ...lichter)

ab|blit|zen; jmdn. - lassen

ab|blo|cken (Sportspr.: abwehren)

ab|bre|chen

ab|brem|sen; Ab|brem|sung

ab|brin|gen; jmdn. von etwas -

ab|brö|ckeln; Ab|brö|cke|lung, Ab|bröck|lung

Ab|bruch, *der;* -[e]s, ...brüche; einer Sache [keinen] - tun

ab|bum|meln (ugs. für: [Überstunden] durch Freistunden ausgleichen)

ab|bürs|ten

Abc, Abe|ce, *das;* -, -; Abc-Buch, Abe|ce-buch (Fibel)

ab|che|cken [...*tschäk*ⁿ] (ugs. für: überprüfen)

Abc-Schüt|ze, Abe|ce|schüt|ze; ABC-Waf-fen, *die* (*Mehrz.;* atomare, biologische u. chemische Waffen); ABC-Waf|fen-frei; -e Zone

Ab|dampf (Technik); ab|damp|fen (Dampf abgeben; als Dampf abgeschieden werden; ugs. für: abfahren); ab|dämp|fen ([in seiner Wirkung] mildern); Ab|dampf|wär|me (Technik)

ab|dan|ken; Ab|dan|kung (schweiz. auch für: Trauerfeier)

ab|de|cken; Ab|de|cker (jmd., der Tierkadaver beseitigt); Ab|de|cke|rei; Ab|de-ckung

ab|dich|ten; Ab|dich|tung

Ab|drift, *die;* -, -en (Seemannsspr., Fliegerspr.: durch Wind od. Strömung hervorgerufene Kursabweichung)

ab|dros|seln

Ab|druck, *der;* -[e]s, ...drücke (in Gips u. a.) u. (Druckw.:) ...drucke; ab|dru|cken; ein Buch -; ab|drü|cken; das Gewehr -

Abe|ce usw.; vgl. Abc usw.

Abend, *der;* -s, -e; zu Abend essen; Guten (auch:) guten Abend sagen; gestern, heute, morgen Abend; [am] Dienstag-abend; [um] 8 Uhr abends; dienstag-abends, (auch:) dienstags abends; Abend.es|sen, ...land (das; -[e]s); abend|lich; Abend|mahl (*Mehrz.* ...mahle); Abend|mahls|brot; Abend_rot od. ...rö|te; abends; vgl. Abend; Abend-ver|kauf

Aben|teu|er, *das;* -s, -; Aben|teu|e|rin; aben|teu|er|lich; Aben|teu|rer; Aben-teu|re|rin

aber; *Bindew.:* er sah sie, aber ([je]doch) er hörte sie nicht. *Umstandsw. in Fügungen wie:* aber und abermals (wieder und wiederum); tausend und abertausend, (auch:) Tausend und Abertausend; Aber, *das;* -s, -; es ist ein - dabei; viele Wenn und - vorbringen

Aber|glau|be; aber|gläu|bisch

ab|er|ken|nen; ich erkenne ab, (selten:) ich aberkenne; ich erkannte ab, (selten:) ich aberkannte; jmdm. etwas -; Ab|er|ken-nung

aber|ma|lig; aber|mals

ab|es|sen

ab|fah|ren; Ab|fahrt; Ab|fahrt[s]|gleis; Ab|fahrts_lauf, ...ren|nen; Ab|fahrt[s]-si|gnal; Ab|fahrt[s]|zeit

Ab|fall, *der;* Ab|fall_auf|be|rei|tung, ...ei-mer; ab|fal|len; ab|fäl|lig; Ab|fall|wirt-schaft

ab|fan|gen

ab|fas|sen; Ab|fas|sung

ab|fer|ti|gen; Ab|fer|ti|gung

ab|fin|den; Ab|fin|dung

ab|fla|chen; sich -

ab|flau|en

ab|flie|gen

ab|flie|ßen

Ab|flug; Ab|flug|zeit

Ab|fluss; Ab|fluss|hahn

ab|fra|gen (auch Postwesen, EDV); jmdn. od. jmdm. etwas -

Ab|fuhr, *die;* -, -en; ab|füh|ren; Ab|führ-mit|tel; Ab|füh|rung

Ab|ga|be (für: Steuer usw. meist *Mehrz.*); ab|ga|ben|pflich|tig; Ab|ga|be|ter|min

Ab|gang, *der;* Ab|gän|ger (Amtsspr.: von der Schule Abgehender); ab|gän|gig; Ab-gangs|zeug|nis

Ab|gas; ab|gas|frei; Ab|gas|ka|ta|ly|sa-tor; Ab|gas|un|ter|su|chung (Abk.: AU)

ab|ge|ar|bei|tet

ab|ge|ben

ab|ge|blasst

ab|ge|brannt (ugs. für: ohne Geldmittel)

ab|ge|brüht (ugs. für: [sittlich] abge-stumpft, unempfindlich)

ab|ge|dro|schen (ugs. für: phrasenhaft); -e Redensart

ab|ge|feimt (durchtrieben)

ab|ge|här|tet

ab|ge|hen

ab|ge|kar|tet (ugs.); eine -e Sache

ab|ge|klärt

ab|ge|le|gen

ab|ge|lei|ert; -e (ugs. für: [zu] oft ge-braucht, platte) Worte

ab|ge|macht (ugs.); -e Sache

ab|ge|mer|gelt (erschöpft; abgemagert); vgl. abmergeln

ab|ge|neigt

Ab|ge|ord|ne|te, *der* u. *die;* -n, -n; Ab|ge-ord|ne|ten|haus

ab|ge|ris|sen; -e (zerlumpte) Kleidung

Ab|ge|sand|te, *der* u. *die;* -n, -n

Ab|ge|sang

ab|ge|schie|den (geh. für: einsam [gele-gen]; verstorben); Ab|ge|schie|den|heit

ab|ge|schlafft (ugs. für: müde, erschöpft); vgl. abschlaffen

ab|ge|schla|gen; Ab|ge|schla|gen|heit

ab|ge|schmackt; -e (platte) Worte

ab|ge|se|hen; abgesehen von ...

ab|ge|spannt

ab|ge|ta|kelt (ugs. für: heruntergekommen, ausgedient)

ab|ge|tan; eine -e (erledigte) Sache

ab|ge|wetzt

ab|ge|wo|gen

ab|ge|wöh|nen

ab|ge|zehrt

Ab|gott, *der;* -[e]s, Abgötter; ab|göt|tisch; Ab|gott|schlan|ge

ab|gra|ben; jmdm. das Wasser -

ab|gren|zen; Ab|gren|zung

Ab|grund; ab|grün|dig

ab|gu|cken (ugs.); [von od. bei] jmdm. et-was -

Ab|guss

ab|ha|ben (ugs.)

ab|ha|cken

ab|ha|ken

ab|hal|ten; Ab|hal|tung

ab|han|deln; ein Thema -

ab|han|den|kom|men (verloren gehen)

Ab|hand|lung

Ab|hang; ¹ab|hän|gen; das hing von dir ab, hat von dir abgehangen; ²ab|hän|gen; sie hängte die Jacke ab, hat die Jacke abge-

hängt; ab|hän|gig; -e (indirekte) Rede;
Ab|hän|gig|keit
ab|här|ten; Ab|här|tung, die; -
ab|hau|en (ugs. auch für: davonlaufen); ich
hieb den Ast ab; wir hauten ab
ab|he|ben
ab|hef|ten
ab|hel|fen; einem Mangel -
ab|het|zen; sich -
Ab|hil|fe
ab|hold; jmdm., einer Sache - sein
ab|ho|len; Ab|ho|ler
ab|hö|ren; jmdn. od. jmdm. etwas -; Ab-
hör|ge|rät
Ab|i|tur, das; -s, (selten:) -e (Reifeprüfung);
Ab|i|tu|ri|ent, der; -en, -en (Reifeprüf-
ling); Ab|i|tu|ri|en|tin
ab|kan|zeln (ugs. für: scharf tadeln)
ab|kap|seln; ich kaps[e]le ab
Ab|kehr, die; -
ab|klap|pern (ugs. für: suchend, fragend ab-
laufen)
Ab|klatsch (abwertend für: bloße, minder-
wertige Nachahmung eines Vorbildes)
ab|klin|gen
ab|knal|len (ugs. für: niederschießen)
ab|knap|sen; jmdm. etwas - (ugs. für: weg-
nehmen)
ab|kni|cken
ab|knöp|fen; jmdm. Geld - (ugs. für: abneh-
men)
Ab|kom|men, das; -s, -; ab|kömm|lich; Ab-
kömm|ling
ab|kön|nen (nordd. ugs. für: aushalten, ver-
tragen); du weißt doch, dass ich das nicht
abkann
ab|kop|peln
ab|krat|zen (derb auch für: sterben)
ab|küh|len; Ab|küh|lung
Ab|kunft, die; -
ab|kür|zen; Ab|kür|zung
ab|la|chen (ugs. für: ausgiebig, herzhaft la-
chen)
ab|la|den; vgl. ¹laden; Ab|la|de|platz; Ab-
la|dung
Ab|la|ge; ab|la|gern; Ab|la|ge|rung
Ab|lass, der; -es, Ablässe; Ab|lass|brief;
ab|las|sen
Ab|lauf; ab|lau|fen
Ab|laut (Sprachw.: gesetzmäßiger Selbst-
lautwechsel in der Stammsilbe etymolo-
gisch verwandter Wörter, z. B. „singen,
sang, gesungen")
Ab|le|ben, das; -s (geh. für: Tod)
ab|le|cken
ab|le|gen; Ab|le|ger (Pflanzentrieb; ugs.
scherzh. für: Sohn oder Tochter)
ab|leh|nen; einen Vorschlag -; Ab|leh|nung
ab|leis|ten; Ab|leis|tung
ab|lei|ten; Ab|lei|tung
ab|len|ken; Ab|len|kung; Ab|len|kungs-
ma|nö|ver
ab|le|sen; Ab|le|ser
ab|leug|nen
ab|lich|ten; Ab|lich|tung

ab|lie|fern; Ab|lie|fe|rung
ab|lie|gen; weit -
ab|lis|ten; jmdm. etwas -
ab|lö|sen; Ab|lö|se|sum|me; Ab|lö|sung;
Ab|lö|sungs|sum|me
ab|luch|sen (ugs.); jmdm. etwas -
ABM = Arbeitsbeschaffungsmaßnahme
ab|ma|chen; Ab|ma|chung
ab|ma|gern; Ab|ma|ge|rung; Ab|ma|ge-
rungs|kur
ab|mal|len; ein Bild -
Ab|marsch, der; ab|mar|schie|ren
ab|mel|den; Ab|mel|dung
ab|mer|geln, sich (ugs. für: sich abmühen);
ich merg[e]le mich ab; vgl. abgemergelt
ab|mes|sen; Ab|mes|sung
ab|mon|tie|ren
ABM-Stel|le; vgl. ABM
ab|mü|hen, sich
ab|murk|sen (salopp für: umbringen)
ab|mus|tern (Seemannsspr.: entlassen; den
Dienst aufgeben)
ab|nä|hen; Ab|nä|her
Ab|nah|me, die; -, -n; ab|neh|men; Ab-
neh|mer
Ab|nei|gung
ab|norm (vom Normalen abweichend;
krankhaft); ab|nor|mal [auch: ...mal] (bes.
österr., schweiz. für: nicht normal); Ab-
nor|mi|tät, die; -, -en
ab|nut|zen, (bes. südd., österr.:) ab|nüt|zen
Abon|ne|ment [abon(ə)mang, schweiz.
auch: ...mänt], das; -s, -s (schweiz. auch:
-e; Dauerbezug von Zeitungen u. Ä., Dau-
ermiete für Theater u. Ä.); Abon|ne-
ment[s]|vor|stel|lung; Abon|nent, der;
-en, -en (Inhaber eines Abonnements);
Abon|nen|tin; abon|nie|ren; auf etwas
abonniert sein
ab|ord|nen; Ab|ord|nung
¹Ab|ort, der; -[e]s, -e (Toilette)
²Ab|ort, der; -s, -e (Med.: Fehlgeburt)
ab|pa|cken
ab|pas|sen
ab|pau|sen; eine Zeichnung -
ab|pfei|fen; Ab|pfiff (Sportspr.)
ab|pflü|cken
ab|pla|gen, sich
ab|pral|len; Ab|pral|ler (Sportspr.)
Ab|pro|dukt (fachspr. für: bei der Reduktion
entstehende Abfälle)
ab|put|zen
ab|qua|li|fi|zie|ren
ab|ra|ckern, sich (ugs. für: sich abarbeiten)
Ab|ra|ka|da|b|ra, das; -s (Zauberwort,
[sinnloses] Gerede)
ab|ra|ten; jmdm. von etwas -
Ab|raum, der; -[e]s (Bergmannsspr.: Deck-
schicht über Lagerstätten); ab|räu|men
ab|re|agie|ren; sich -
ab|rech|nen; Ab|rech|nung
Ab|re|de; etwas in - stellen
ab|rei|ben; Ab|rei|bung
Ab|rei|se (Mehrz. selten); ab|rei|sen

Ab|reiß|block (Mehrz. ...blocks); ab|rei-
ßen; vgl. abgerissen; Ab|reiß|ka|len|der
ab|rich|ten; Ab|rich|tung
Ab|rieb, der; -[e]s, (für: abgeriebene Teil-
chen Mehrz.:) -e (Technik); ab|rieb|fest
ab|rie|geln
Ab|riss, der; -es, -e
Ab|ruf, der; -[e]s; auf -; ab|ruf|be|reit; sich
- halten; ab|ru|fen
ab|run|den; eine Zahl [nach oben, unten] -;
Ab|run|dung
ab|rupt (zusammenhanglos, plötzlich)
ab|rüs|ten; Ab|rüs|tung; Ab|rüs|tungs-
kon|fe|renz
ABS = Antiblockiersystem
ab|sa|cken (ugs. auch für: [ab]sinken)
Ab|sa|ge; die; -, -n; ab|sa|gen
ab|sä|gen
ab|sah|nen
Ab|satz
ab|schaf|fen; Ab|schaf|fung
ab|schät|zen; ab|schät|zig
Ab|schaum, der; -[e]s
ab|sche|ren; den Bart -
Ab|scheu, der; -[e]s (seltener: die; -); eine
Abscheu erregende, (auch:) abscheuer-
regende Tat; aber nur: eine großen Abscheu
erregende Tat, eine äußerst abscheuer-
regende, noch abscheuerregendere Tat; ab-
scheu|lich
ab|schi|cken
Ab|schied, der; -[e]s, -e; Ab|schieds|be-
such
Ab|schirm|dienst; ab|schir|men; Ab|schir-
mung
ab|schlach|ten
ab|schlaf|fen (ugs. für: schlaff machen, wer-
den)
Ab|schlag; auf -; ab|schla|gen; ab|schlä-
gig (Amtsspr.); jmdn. od. etwas - beschei-
den ([jmdm.] etwas nicht genehmigen);
Ab|schlags|zah|lung
Ab|schlepp|dienst; ab|schlep|pen; Ab-
schlepp|seil
ab|schlie|ßen; Ab|schlie|ßung; Ab-
schluss; zum - bringen
ab|schmir|geln
ab|schnei|den; Ab|schnitt; ab|schnitt[s]-
wei|se
ab|schre|cken; ab|schre|ckend; -e Preise;
Ab|schre|ckung
ab|schrei|ben; Ab|schrei|bung; Ab|schrift;
ab|schrift|lich (Amtsspr.)
ab|schuf|ten, sich (ugs.)
Ab|schuss; ab|schüs|sig; Ab|schuss-
ram|pe
ab|schwä|chen
ab|seh|bar [auch: ...se...]; ab|se|hen; von
etw. absehen; abgesehen von ...
ab|sei|len; sich -
ab sein; vgl. ab
¹Ab|sei|te, die; -, -n (landsch. für: Neben-
raum, -bau)
²Ab|sei|te (Stoffrückseite); ab|sei|tig; Ab-
sei|tig|keit

ạb|seits; *Verhältnisw. mit Wesf.:* - des Or-
tes; *Umstandsw.:* - sein; Ạb|seits, *das;* -,
-; *(Sportspr.)* - pfeifen, im Abseits stehen;
ạb|seits|ste|hen

ạb|sen|den; Ạb|sen|der

ạb|ser|vie|ren; jmdn. - (ugs. für: seines Ein-
flusses berauben)

ạb|set|zen; sich -; Ạb|set|zung

Ạb|sicht, *die;* -, -en; ạb|sicht|lich [auch:
...*sicht*...]

ạb|so|lut (uneingeschränkt; unbedingt; völ-
lig); Ạb|so|lut|heit, *die;* -; Ạb|so|lu|ti|on
[...*zion*], *die;* -, -en (Los-, Freisprechung,
bes. Sündenvergebung); Ạb|so|lu|tis|mus,
der; - (unbeschränkte Herrschaft eines Mo-
narchen, Willkürherrschaft); ạb|so|lu|tis-
tisch; Ạb|sol|vent [...*wänt*], *der;* -en, -en
(Schulabgänger mit Abschlussprüfung);
Ạb|sol|ven|tin; ạb|sol|vie|ren (erledigen,
ableisten; [Schule] durchlaufen; Absolution
erteilen)

ạb|son|der|lich; ạb|son|dern; sich -; Ạb-
son|de|rung

ạb|sor|bie|ren (aufsaugen; [gänzlich] bean-
spruchen)

Ạb|sorp|ti|on [...*zion*], *die;* -, -en

ạb|spa|ren, sich; sich etwas vom Munde -

ạb|spei|chern (EDV)

ạb|spei|sen

ạb|spens|tig; jmdm. jmdn. od. etwas - ma-
chen

ạb|sper|ren; Ạb|sper|rung

Ạb|spiel, *das;* -[e]s (Sportspr.); ạb|spie|len

Ạb|spra|che; ạb|spre|chen

ạb|sprin|gen; Ạb|sprung

ạb|spu|len; ein Tonband -

ạb|spü|len; Geschirr -

ạb|stam|men; Ạb|stam|mung

Ạb|stand; von etwas - nehmen; Ạb|stand-
hal|ter (am Fahrrad)

ạb|stat|ten; jmdm. einen Besuch - (geh.)

ạb|stau|ben (ugs. auch für: unbemerkt mit-
nehmen; Sportspr.: mühelos ein Tor erzie-
len); Ạb|stau|ber (Sportspr.: mühelos er-
zieltes Tor)

Ạb|ste|cher; einen - machen

ạb|ste|hen

Ạb|stei|ge, *die;* -, -n (ugs. abwertend für:
[Stunden]hotel; ạb|stei|gen; Ạb|stei|ge-
quar|tier; Ạb|stei|ger (Sportspr.)

ạb|stel|len; Ạb|stell_gleis, ...raum; Ạb-
stel|lung

ạb|stem|peln

Ạb|stieg, *der;* -[e]s, -e; ạb|stiegs|ge|fähr-
det (Sportspr.)

ạb|stim|men; Ạb|stim|mung

ạb|s|ti|nent (enthaltsam, alkohol. Getränke
meidend); Ạb|s|ti|nenz, *die;* -; Ạb|s|ti-
nenz|ler (enthaltsam lebender Mensch,
bes. in Bezug auf Alkohol)

ạb|stop|pen

Ạb|stoß; ạb|sto|ßen; ạb|sto|ßend

ạb|stot|tern (ugs. für: in Raten bezahlen)

ạb|s|tra|hie|ren (gedanklich verallgemei-
nern); ạb|s|trakt (begrifflich, nur gedacht);

-e (vom Gegenständlichen absehende)
Kunst; Ạb|s|trakt|heit; Ạb|s|trak|ti|on
[...*zion*], *die;* -, -en

ạb|strei|chen; Ạb|strei|cher

ạb|strei|ten

Ạb|strich

ạb|s|t|rus (verworren, schwer verständlich)

ạb|stu|fen; Ạb|stu|fung

ạb|stump|fen; Ạb|stump|fung

Ạb|sturz; ạb|stür|zen

ạb|surd (ungereimt, unvernünftig, sinnlos);
Ạb|sur|di|tät, *die;* -, -en

Ạb|s|zess, *der;* -es, -e (Med.: eitrige Ge-
schwulst)

Ạb|s|zis|se, *die;* -, -n (Math.: auf der Abszis-
senachse abgetragene erste Koordinate ei-
nes Punktes); Ạb|s|zis|sen|ach|se

Ạbt, *der;* -[e]s, Äbte (Kloster-, Stiftsvorsteher)

ạb|ta|keln; ein Schiff - (Seemannsspr.: das
Takelwerk entfernen [u. das Schiff außer
Dienst stellen]); vgl. abgetakelt

ạb|tau|en; einen Kühlschrank -

Ạb|tei

Ạb|teil [auch: *ạp*...], *das;* -[e]s, -e; ạb-
tei|len

¹Ạb|tei|lung, *die;* - (Abtrennung)

²Ạb|tei|lung (abgeteilter Raum; Teil eines
Unternehmens, einer Behörde o. Ä.)

ạb|tip|pen (ugs.)

Äb|tis|sin (Kloster-, Stiftsvorsteherin)

Ạb|trag, *der;* -[e]s, Abträge; jmdm. od. ei-
ner Sache - tun (geh. für: schaden); ạb|tra-
gen; ạb|träg|lich (schädlich); jmdm. od.
einer Sache - sein (geh.)

Ạb|trans|port; ạb|trans|por|tie|ren

ạb|trei|ben; Ạb|trei|bung; Ạb|trei-
bungs_pa|ra|graf, (auch:) ...pa|ra|graph
(ugs. für: § 218 des Strafgesetzbuches),
...ver|such

ạb|tren|nen; Ạb|tren|nung

ạb|tre|ten; Ạb|tre|ter; Ạb|tre|tung

Ạb|trift; vgl. Abdrift

Ạb|tritt (veraltend für: ¹Abort)

ạb|trock|nen

ạb|trün|nig; Ạb|trün|nig|keit, *die;* -

ạb|tun; etwas als Scherz -; vgl. abgetan

ạb|ur|tei|len; Ạb|ur|tei|lung

ạb|wä|gen; wägte od. wog ab; abgewogen
od. abgewägt

Ạb|wahl; ạb|wäh|len

ạb|wan|dern; Ạb|wan|de|rung

Ạb|wand|lung

Ạb|wär|me (Technik: nicht genutzte Wär-
meenergie)

ạb|war|ten

ạb|wärts; ạb|wärts|ge|hen (nach unten ge-
hen; auch für: schlechter werden);
Ạb|wärts|trend

Ạb|wasch, *der;* -[e]s (Geschirrspülen;
schmutziges Geschirr); ạb|wa|schen; Ạb-
wasch|was|ser

Ạb|was|ser (*Mehrz.* ...wässer)

ạb|wech|seln; ạb|wech|selnd; Ạb|wech-

se|lung, Ạb|wechs|lung; ạb|wechs-
lungs|reich

Ạb|weg (*meist Mehrz.*); ạb|we|gig

Ạb|wehr, *die;* -; ạb|weh|ren

¹ạb|wei|chen; ein Etikett -

²ạb|wei|chen; vom Kurs -; Ạb|wei|chung

ạb|wei|sen; Ạb|wei|sung

ạb|wend|bar; ạb|wen|den; ich wandte
od. wendete mich ab, habe mich abge-
wandt od. abgewendet; Ạb|wen|dung,
die; -

ạb|wer|ben; Ạb|wer|bung

ạb|wer|ten; Ạb|wer|tung

ạb|we|send; Ạb|we|sen|de, *der* u. *die;* -n,
-n; Ạb|we|sen|heit, *die;* -

ạb|wi|ckeln; Ạb|wi|cke|lung, Ạb|wick-
lung

ạb|wim|meln (ugs. für: mit Ausflüchten ab-
weisen)

ạb|wirt|schaf|ten; abgewirtschaftet

ạb|wra|cken; ein Schiff - (verschrotten)

Ạb|wurf; Ạb|wurf|vor|rich|tung

ạb|wür|gen

ạb|zah|len; ạb|zäh|len; Ạb|zähl|reim; Ạb-
zah|lung; Ạb|zah|lungs|ge|schäft

ạb|zap|peln, sich

ạb|zei|chen; ạb|zeich|nen; sich -

Ạb|zieh|bild; ạb|zie|hen

ạb|zie|len; auf etwas -

ạb|zir|keln; abgezirkelt

ạb|zo|cken (ugs.; jmdm. [auf betrügerische
Weise] um sein Geld bringen)

Ạb|zug; ạb|züg|lich (Kaufmannsspr.); *Ver-
hältnisw. mit Wesf.:* - des gewährten Ra-
batts, aber: - Rabatt; ạb|zugs|fä|hig

ạb|zwa|cken (ugs. für: entziehen)

Ạb|zweig (Amtsspr.: Abzweigung); ạb|zwei-
gen; Ạb|zweig|stel|le; Ạb|zwei|gung

a cap|pel|la [- *ka*...] (Musik: ohne Beglei-
tung von Instrumenten); A-cap|pel|la-
Chor

Ạc|ces|soire [*akßeßoa'*], *das;* -s, -s (*meist
Mehrz.;* modisches Zubehör, z. B. Gürtel,
Schmuck)

ạch!; ach so!; ach ja!; ach je!; Ạch, *das;* -s,
-[s]; mit - und Krach; mit - und Weh; Ach
und Weh schreien, (auch:) ach und weh
schreien

Achạt, *der;* -[e]s, -e (ein Schmuckstein)

ạcheln (landsch. für: essen)

Achịl|les_fer|se (verwundbare Stelle),
...seh|ne

Ạch|laut, (auch:) Ạch-Laut

Ạch|se, *die;* -, -n

Ạch|sel, *die;* -, -n; Ạch|sel_höh|le, ...klap-
pe, ...zu|cken (*das;* -s); ạch|sel|zu|ckend

Ạch|sen|bruch

acht *s. Kasten Seite 242*

¹Ạcht, *die;* -, -en (Ziffer, Zahl); die Ziffer -;
eine arabische, römische -; eine - schreiben; mit den Schlittschuhen eine - fahren;
mit der - (ugs. für: [Straßenbahn]linie 8)
fahren

²Ạcht, *die;* - (veralt. für: Aufmerksamkeit;
Fürsorge); [auf jmdn., etwas] Acht geben,

(auch:) achtgeben; Acht haben, (auch:) achthaben; gib gut acht!; sich in Acht nehmen; etwas [ganz] außer Acht lassen; außer aller Acht lassen

³Acht, *die;* - (früher für: Ächtung); in Acht und Bann tun

---

acht

- die Zahlen von acht bis zwölf; acht Millionen; im Jahre acht; die Linie acht
- er ist über acht [Jahre]; Kinder von acht [bis zehn] Jahren; mit acht [Jahren]
- es ist acht [Uhr]; um acht [Uhr]; es schlägt eben acht; [ein] Viertel auf, vor acht; halb acht; drei viertel acht; Punkt, Schlag acht
- wir sind [zu] acht
- diese acht [Leute]; die ersten, letzten acht
- das macht acht fünfzig (ugs. für 8,50 €); er sprang acht zweiundzwanzig (ugs. für 8,22 m)
- acht und eins macht, ist (nicht: *machen, sind*) neun; acht mal zwei (8 mal 2); acht zu vier (8 : 4), acht Komma fünf (8,5)

Vgl. ¹Acht, ²Acht

---

acht|bän|dig

acht|bar; Acht|bar|keit, *die;* -

ach|te; der achte Januar; (aber:) der Achte, den ich treffe; jeder Achte; der Achte des Monats; sie wurde Achte im Weitsprung

ach|tel; ein - Zentner; Ach|tel, *das;* -s, -; - Rotwein; Ach|tel|fi|na|le (Sportspr.), ...li|ter

ach|ten

äch|ten

Ach|ten|der (ein Hirsch mit acht Geweihenden); ach|tens; Ach|ter (Ziffer 8; Form einer 8; ein Boot für acht Ruderer); Ach|ter|bahn; ach|ter|lei

ach|tern (Seemannsspr.: hinten); nach -

Ach|ter|ren|nen (Rudersport); acht|fach (mit Ziffer 8fach od. 8-fach); Acht|fa|che, *das;* -n; [um] ein Achtfaches; um das -

acht|ge|ben; acht|ha|ben; vgl. ²Acht

acht|hun|dert; acht|jäh|rig (mit Ziffer: 8-jährig); Acht|kampf (Sportspr.)

acht|los; Acht|lo|sig|keit

acht|mal (mit Ziffer: 8-mal); achtmal so groß wie (seltener: als) ...; acht- bis neunmal; acht|ma|lig (mit Ziffer: 8-malig)

acht|sam; Acht|sam|keit

Acht|stun|den|tag; acht|tau|send; Acht|ton|ner; Acht|uhr|zug (mit Ziffer: 8-Uhr-Zug)

Ach|tung, *die;* -; eine Achtung gebietende, (auch:) achtunggebietende Persönlichkeit; Achtung!

Äch|tung

ach|tungs|voll

acht|zehn; im Jahre achtzehn; Acht|zehn|en|der (ein Hirsch mit achtzehn Geweihenden)

acht|zig; er ist achtzig Jahre alt; in die achtzig kommen; die beiden sind Mitte achtzig

---

acht|zi|ger; in den Achtzigerjahren, (auch:) achtziger Jahren [des Jahrhunderts]; ein Mann in den Achtzigerjahren, (auch:) achtziger Jahren, in den Achtzigern (über achtzig Jahre alt); Acht|zi|ger (jmd., der [über] 80 Jahre ist)

Acht|zy|lin|der (mit Ziffer: 8-Zylinder; ugs. für: Achtzylindermotor od. damit ausgerüstetes Kraftfahrzeug); Acht|zy|lin|der|motor

äch|zen; du ächzt

Acker, *der;* -s, Äcker; 30 - Land; Acker|bau, *der;* -[e]s; Ackerbau treibend, (auch:) acker|bau|trei|bend; Äcker|chen; ackern

a con|to [- konto] (auf [laufende] Rechnung von ...); vgl. Akontozahlung

Ac|ryl, *das;* -s (eine Chemiefaser)

Ac|tion [äksch°n], *die;* - (spannende [Film]handlung)

ad ab|sur|dum [- -] - führen (das Widersinnige nachweisen)

ad ac|ta; - - legen (als erledigt betrachten)

ada|gio [adadscho] (Musik: langsam, ruhig); Ada|gio, *das;* -s, -s (langsames Tonstück)

Adams_ap|fel, ...kos|tüm

Adap|ter, *der;* -s, - (Technik: Verbindungsstück)

ad|äquat (angemessen); Ad|äquat|heit, *die;* -

ad|die|ren (zusammenzählen); Ad|di|ti|on [...zion], *die;* -, -en; ad|di|ti|o|nal (fachspr. für: zusätzlich)

Adresse

Wie im Französischen, aus dem das Wort gegen Ende des 19. Jahrhunderts entlehnt wurde, schreibt man *Adresse* nur mit einem *d*.

---

ade! (veraltend, noch landsch.); Ade, *das;* -s, -s; Ade, (auch:) ade sagen

Ade|bar, *der;* -s, -e (bes. nordd. für: Storch)

Adel, *der;* -s; ade|lig, ad|lig; adeln; Adels_prä|di|kat

Ader, *die;* -, -n; Äder|chen; Ader|lass, *der;* -es, ...lässe; Äde|rung

Ad|hä|si|on, *die;* -, -en (fachspr. für: Aneinanderhaften von Stoffen, Körpern)

adieu! [adjö] (veraltend, noch landsch. für: lebe [lebt] wohl!); Adieu, *das;* -s, -s (Lebewohl); jmdm. Adieu, (auch:) adieu sagen

Ad|jek|tiv [auch: ...tif], *das;* -s, -e [...w°] (Sprachw.: Eigenschaftswort, z. B. „schön"); ad|jek|ti|visch [auch: ...ti...]

ad|jus|tie|ren ([Werkstücke] zurichten; eichen; fein einstellen); Ad|jus|tie|rung

Ad|ju|tant, *der;* -en, -en (beigeordneter Offizier)

Ad|ler, *der;* -s, -

ad|lig; vgl. adelig; Ad|li|ge, *der* u. *die;* -n, -n

Ad|mi|nis|t|ra|ti|on [...zion], *die;* -, -en (Verwaltung[sbehörde]); ad|mi|nis|t|ra|tiv (zur Verwaltung gehörend)

Ad|mi|ral, *der;* -s, -e u. (seltener:) ...äle

(Marineoffizier im Generalsrang; ein Schmetterling); Ad|mi|ra|li|tät; Ad|mirals|rang; Ad|mi|ral|stab (oberster Führungsstab einer Kriegsmarine)

Ado|nis, *der;* -, -se (schöner Jüngling, Mann)

ad|op|tie|ren (als eigenes Kind annehmen); Ad|op|ti|on [...zion], *die;* -, -en; Ad|op|tiv_el|tern, ...kind

Ad|res|sant, *der;* -en, -en (Absender); Ad|res|sat, *der;* -en, -en (Empfänger; [bei Wechseln:] Bezogener); Ad|res|sa|tin; Ad|ress|buch; Ad|res|se, *die;* -, -n (Anschrift); Ad|res|sen|samm|lung; ad|res|sie|ren; Ad|res|sier|ma|schi|ne

ad|rett (nett, hübsch, ordentlich, sauber)

ad|sor|bie|ren (fachspr. für: [Gase od. gelöste Stoffe an der Oberfläche fester Körper] anlagern); Ad|sorp|ti|on [...zion], *die;* -, -en

A-Dur [auch: adur], *das;* - (Tonart; Zeichen: A); A-Dur-Ton|lei|ter

Ad|van|tage [°dvantidsch], *der;* -s, -s (Sportspr.: erster gewonnener Punkt nach dem Einstand beim Tennis)

Ad|vent [...wänt], *der;* -[e]s, (selten:) -e (Zeit vor Weihnachten); Ad|ven|tist, *der;* -en, -en (Angehöriger einer christl. Glaubensgemeinschaft); Ad|ven|tis|tin; Ad|vents_ka|len|der, ...kranz, ...sonn|tag, ...zeit

Ad|verb [...wärp], *das;* -s, -ien [...i°n] (Sprachw.: Umstandswort, z. B. „dort"); ad|ver|bi|al (umstandswörtlich); adverbiale Bestimmung; Ad|ver|bi|al_be|stimmung, ...satz; ad|ver|bi|ell (seltener für: adverbial)

Ad|vo|kat, *der;* -en, -en (veralt.; bes. schweiz. für: [Rechts]anwalt); Ad|vo|ka|tin

Ae|ro|bic, *das;* -s (auch:) *die;* - (Fitnesstraining mit tänzerischen Übungen)

Ae|ro_gramm [a-aero...] (Luftpostleichtbrief), ...sol (das; -s, -e; feinste Verteilung fester od. flüssiger Stoffe in Gas [z. B. Rauch od. Nebel])

Af|fä|re, *die;* -, -n (Angelegenheit; [unangenehmer] Vorfall; Streitsache)

Äff|chen; Af|fe, *der;* -n, -n

Af|fekt, *der;* -[e]s, -e (Gemütsbewegung, stärkere Erregung); af|fek|tiert (geziert, gekünstelt); Af|fek|tiert|heit

äf|fen; af|fen_ar|tig; Af|fen_brot|baum (eine afrik. Baumart); af|fen|geil (ugs. für: großartig); Af|fen_hit|ze (ugs.), ...lie|be (die; -), ...schan|de (ugs.); Af|fe|rei (ugs. abwertend für: eitles Gebaren); af|fig (ugs. abwertend für: eitel); Af|fig|keit; Äf|fin; äf|fisch

af|ri|kaans; die -e Sprache; Af|ri|kaans, *das;* - (Sprache der Buren); Af|ri|ka|ner; Af|ri|ka|ne|rin; af|ri|ka|nisch; Af|ro_ame|ri|ka|ner (Amerikaner schwarzafrikanischer Abstammung); Af|ro_look (aus stark gekrausten dichten Locken bestehende Frisur)

Af|ter, *der;* -s, -

Af|ter|shave [...sche͜iw], das; -[s], -s

AG = Aktiengesellschaft; Amtsgericht

Aga|ve [...weᵉ], die; -, -n (Pflanze der [Sub]tropen)

Agent, der; -en, -en (Spion; Vermittler von Engagements); Agen|ten_ring, ...tä|tig|keit; Agen|tin; Agen|tur, die; -, -en (Geschäftsstelle, Vertretung)

Ag|gre|gat, das; -[e]s, -e (Maschinensatz); Ag|gre|gat|zu|stand (Chemie, Physik: Erscheinungsform eines Stoffes)

Ag|gres|si|on, die; -, -en (Angriff[sverhalten], Überfall); Ag|gres|si|ons_krieg, ...trieb; ag|gres|siv (angreifend; angriffslustig); Ag|gres|si|vi|tät, die; -, -en; Ag|gres|sor, der; -s, ...oren (Angreifer)

Ägi|de, die; - (Schutz, Obhut); unter der - von ...

agie|ren (handeln; Theater: eine Rolle spielen); agil (flink, wendig, beweglich); Agi|li|tät, die; -

Agi|ta|ti|on [...zion], die; -, -en (politische Hetze; intensive politische Aufklärungs-, Werbetätigkeit); Agi|ta|tor, der; -s, ...oren (jmd., der Agitation betreibt); agi|ta|to|risch; agi|tie|ren; Agit|prop, die; - (Kurzw. aus: Agitation und Propaganda)

à go|go [agogo] (ugs. für: in Hülle u. Fülle, nach Belieben)

Ag|raf|fe, die; -, -n (Schmuckspange; Bauw.: klammerförmige Rundbogenverzierung; Med.: Wundklammer)

Ag|ra|ri|er [...iᵉr] (Großgrundbesitzer, Landwirt); ag|ra|risch; Ag|rar_po|li|tik, ...re|form

Ag|ree|ment [ᵉgrimᵉnt], das; -s, -s (bes. Politik: formlose Übereinkunft im zwischenstaatl. Verkehr); vgl. Gentleman's Agreement; Ag|ré|ment [agremã͜ŋ], das; -s, -s (Politik: Zustimmung zur Ernennung eines diplomat. Vertreters)

Ag|ro|nom, der; -en, -en (wissenschaftlich ausgebildeter Landwirt); Ag|ro|no|mie, die; - (Ackerbaukunde, Landwirtschaftswissenschaft); Ag|ro|no|min; ag|ro|no|misch

ägyp|tisch; eine -e (tiefe) Finsternis; Ägyp|to|lo|ge, der; -n, -n; Ägyp|to|lo|gie, die; - (wissenschaftl. Erforschung des ägypt. Altertums); Ägyp|to|lo|gin

ah! [auch: a͟]; ah so!; ah was!; Ah, das; -s, -s; ein lautes - ertönte; äh! [auch: ä͟]; a|ha! [auch: aha͟]; Aha-Er|leb|nis od. Aha|er|leb|nis [auch: aha...] (Psych.)

Ah|le, die; -, -n (Pfriem)

Ahn, der; -s u. -en, -en (Stammvater, Vorfahr)

ahn|den (geh. für: strafen; rächen); Ahn|dung

¹Ah|ne, der; -n, -n (geh. Nebenform von: Ahn)

²Ah|ne, die; -, -n (Stammmutter, Vorfahrin)

äh|neln

ah|nen

Ah|nen|ta|fel; Ahn_frau (geh. veraltend), ...herr (geh. veraltend)

ähn|lich; das Ähnliche; Ähnliches und Verschiedenes; etwas, viel, nichts Ähnliches; und Ähnliche[s] (Abk.: u. Ä.); einander, sich, jmdm. ähnlich sehen; vgl. aber ähnlichsehen); Ähn|lich|keit, ähn|lich|se|hen (von jmdm. nicht anders zu erwarten sein), das sieht ihm ähnlich, würde ihm ähnlichsehen; vgl. aber ähnlich

Ah|nung; ah|nungs|los; Ah|nungs|lo|sig|keit (die; -)

ahoi! [aho͜i] (Seemannsspr.: Anruf [eines Schiffes]); Boot ahoi!

Ahorn, der; -s, -e (ein Laubbaum)

Äh|re, die; -, -n; Äh|ren|le|se

Aids [e͜its], das; = = acquired immune deficiency syndrome (erworbenes Immunschwächesyndrom, eine gefährliche Infektionskrankheit); aids|krank; Aids|kran|ke; Aids|test (für: HIV-Test)

Air [är], das; -s (Aussehen, Haltung; Fluidum)

Air|bag [ärbäk], der; -s, -s (Luftkissen im Auto, das sich bei einem Aufprall automatisch vor dem Armaturenbrett aufbläst); Air|bus® [är...] (Großraumflugzeug für Kurz- u. Mittelstrecken); Air|con|di|tio|ning od. Air-Con|di|tio|ning [är-kondischᵉning], das; -s, -s (Klimaanlage)

Aja|tol|lah, der; -[s], -s (schiitischer Ehrentitel)

Aka|de|mie, die; -, ...ien (wissenschaftliche Gesellschaft; [Fach]hochschule; österr. auch für: literar. od. musik. Veranstaltung); Aka|de|mi|ker (Person mit Hochschulausbildung); Aka|de|mi|ke|rin; aka|de|misch; das -e Viertel

Akan|thus, der; -, - (stacheliges Staudengewächs)

Aka|zie [...iᵉ], die; -, -n (trop. Laubbaum od. Strauch)

Akе|lei, die; -, -en (Zierpflanze)

Ak|kla|ma|ti|on, die; -, -en (geh. für: Beifall; zustimmender Zuruf)

Ak|kli|ma|ti|sa|ti|on [...zion], die; -, -en (Anpassung); ak|kli|ma|ti|sie|ren; sich -; Ak|kli|ma|ti|sie|rung

Ak|kord, der; -[e]s, -e (Musik: Zusammenklang; Wirtsch.: Stücklohn; Übereinkommen); Ak|kord_ar|beit, ...ar|bei|ter; Ak|kor|de|on, das; -s, -s (Handharmonika)

ak|kre|di|tie|ren (Politik: beglaubigen; bevollmächtigen)

Ak|ku, der; -s, -s (Kurzw. für: Akkumulator); Ak|ku|mu|la|ti|on [...zion], die; -, -en (Anhäufung); Ak|ku|mu|la|tor, der; -s, ...oren (Stromspeicher; Druckwasserbehälter; Kurzw.: Akku); ak|ku|mu|lie|ren (anhäufen; sammeln; speichern)

ak|ku|rat (sorgfältig, ordentlich; landsch. für: genau); Ak|ku|ra|tes|se, die; -

Ak|ku|sa|tiv [auch: ...tif], der; -s, -e [...weᵉ] (Sprachw.: Wenfall, 4. Fall); Ak|ku|sa|tiv|ob|jekt

---

Ak|ne, die; -, -n (Med.: Hautausschlag)

Akon|to|zah|lung (Abschlagszahlung); vgl. a conto

Ak|qui|se, die; -, -n (Akquisition)

Ak|qui|si|teur [...tör], der; -s, -e (Kunden-, Anzeigenwerber)

Ak|qui|si|ti|on, die; -, -en (Anschaffung; Wirtsch.: Kundenwerbung)

Ak|ri|bie, die; - (höchste Sorgfalt, Genauigkeit)

Ak|ro|bat, der; -en, -en; Ak|ro|ba|tik, die; -; Ak|ro|ba|tin; ak|ro|ba|tisch

Ak|ro|po|lis, die; -, ...polen (altgriech. Stadtburg [von Athen])

äks! (ugs. für: pfui!)

Akt, der; -[e]s, -e (Aufzug eines Theaterstückes; Handlung, Vorgang; Stellung u. künstler. Darstellung des nackten Körpers); vgl. Akte; Ak|te, die; -, -n, (auch:) Akt, der; -[e]s, -e (Schriftstück; Urkunde); ak|ten|kun|dig; Ak|ten_schrank, ...ta|sche, ...zei|chen; Ak|teur [aktör], der; -s, -e (Handelnder; [Schau]spieler); Ak|teu|rin

Ak|tie [...ziᵉ], die; -, -n (Anteil[schein]); Ak|ti|en|fonds; Ak|ti|en|ge|sell|schaft (Abk.: AG)

Ak|ti|on [akzion], die; -, -en (Unternehmung; Handlung); eine konzertierte -; vgl. konzertieren

Ak|ti|o|när [akzi...], der; -s, -e (Besitzer von Aktien); Ak|ti|o|nä|rin; Ak|ti|o|närs|ver|samm|lung

Ak|ti|o|nist [akzi...], der; -en, -en (Person, die bestrebt ist, die Gesellschaft durch [provozierende, künstlerische] Aktionen zu verändern); Ak|ti|ons|ra|di|us (Wirkungsbereich, Reichweite; Fahr-, Flugbereich)

ak|tiv [auch: aktif] (tätig, wirksam, im Einsatz; seltener für: aktivisch); -e [...weᵉ] Bestechung; -e Bilanz; -er Wortschatz; -es Wahlrecht

¹Ak|tiv, das; -s (Sprachw.: Tat-, Tätigkeitsform)

²Ak|tiv, das; -s, -e u. -s (seltener:) -e [...weᵉ] (regional: Gruppe von Personen, die gemeinsam an der Lösung bestimmter Aufgaben arbeiten)

Ak|ti|va [...wa], die (Mehrz.; Summe der Vermögenswerte eines Unternehmens); ak|ti|vie|ren [...wi...] (in Tätigkeit setzen; Vermögensteile in die Bilanz einsetzen); ak|ti|visch (Sprachw.: das ¹Aktiv betreffend); Ak|ti|vis|mus, der; - (zielstrebiges Handeln; Tätigkeitsdrang); Ak|ti|vist, der; -en, -en (zielbewusst Handelnder; ehem. DDR: Arbeiter, dessen Leistungen vorbildlich sind); Ak|ti|vis|tin; Ak|ti|vi|tät, die; -, (für: einzelne Handlungen, Maßnahmen Mehrz.:) -en (Tätigkeit[sdrang], Wirksamkeit)

ak|tu|a|li|sie|ren (aktuell machen); Ak|tu|a|li|tät, die; -, -en (Gegenwartsbezogenheit; Bedeutsamkeit für die unmittelbare Gegenwart); ak|tu|ell (im augenblickl. Interesse liegend, zeitgemäß)

Aku|pres|sur, *die;* -, -en (Heilbehandlung durch leichten Druck mit den Fingerkuppen); **Aku|punk|teur** [*...tör*], *der;* -s, -e; **Aku|punk|teu|rin** [*...törin*]; **aku|punk|tie|ren**; **Aku|punk|tur**, *die;* -, -en (Heilbehandlung durch Nadelstiche)

Akus|tik, *die;* - (Lehre vom Schall, von den Tönen; Klangwirkung); **akus|tisch**

akut; -e (brennende) Frage; -e (unvermittelt auftretende, heftig verlaufende) Krankheit; **Akut**, *der;* -[e]s, -e (ein Betonungszeichen: ´, z. B. é)

AKW = Atomkraftwerk; **AKW-Geg|ner**

Ak|zent, *der;* -[e]s, -e (Betonung[szeichen]; Tonfall, Aussprache; Nachdruck); **ak|zent|frei**; **ak|zent|los**; **ak|zen|tu|ie|ren** (betonen)

ak|zep|ta|bel (annehmbar); ...able Bedingungen; **ak|zep|tie|ren** (annehmen); **Ak|zep|tie|rung**

à la [*a la*] (im Stile von, nach Art von)

alaaf! (Karnevalsruf); Kölle -

Ala|bas|ter, *der;* -s (eine Gipsart)

à la carte [*a la kart*] (nach der Speisekarte); - - - essen

Alarm, *der;* -[e]s, -e; **alarm|be|reit**; **Alarm|be|reit|schaft**; **alar|mie|ren** (Alarm geben, warnen; beunruhigen)

Alaun, *der;* -s, -e (ein Salz); **Alaun|stein**

a-Laut

Alb, *der;* -[e]s, -en (*meist Mehrz.;* unterird. Naturgeist; auch für: gespenstisches Wesen; Albdrücken); vgl. aber ²Alp

Al|bat|ros, *der;* -, -se (ein Sturmvogel)

Alb|druck, (auch:) Alp|druck, *der;* -[e]s, ...drücke; **Alb|drü|cken**, (auch:) Alp|drücken, *das;* -s

Al|be|rei

¹al|bern; albert nicht so!

²al|bern; -es Geschwätz

Al|bern|heit

Al|bi|nis|mus, *der;* - (Unfähigkeit, Farbstoffe in Haut, Haaren u. Augen zu bilden); **Al|bi|no**, *der;* -s, -s (Mensch, Tier od. Pflanze mit fehlender Farbstoffbildung)

Alb|traum, (auch:) Alp|traum

Al|bum, *das;* -s, Alben (Gedenk-, Sammelbuch)

Al|can|ta|ra®, *das;* -[s] (ein Velourslederimitat)

Al|che|mie, *die;* - (hist.: Chemie des MA.s; vermeintl. Goldmacherkunst); **Al|che|mist**, *der;* -en, -en (die Alchemie Ausübender); **al|che|mis|tisch**

Äl|chen (kleiner Aal; Zool.: Fadenwurm)

Al|co|pops, (auch:) Al|ko|pops (*Mehrz.;* alkohol- und farbstoffhaltige Limonadenmischgetränke)

al dente (Kochk.: bissfest)

Ale [*e'l*], *das;* -s (engl. Bier)

Alep|po|kie|fer (Kiefernart des Mittelmeerraums)

alert (landsch. für: munter, frisch)

ALG, Alg = Arbeitslosengeld

Al|ge, *die;* -, -n (eine blütenlose Wasserpflanze)

Al|ge|b|ra [österr.: *...gebra*], *die;* -, (für: algebraische Struktur *auch Mehrz.*:) ...e|b|ren (Buchstabenrechnung; Lehre von den math. Gleichungen); **al|ge|b|ra|isch**

Al|go|rith|mus, *der;* -, ...men (Math., EDV; nach einem bestimmten Schema ablaufender Rechenvorgang)

Ali|bi, *das;* -s, -s ([Nachweis der] Abwesenheit vom Tatort zur Tatzeit; Ausrede, Rechtfertigung)

Ali|men|te, *die* (*Mehrz.;* Unterhaltsbeiträge, bes. für nichteheliche Kinder)

Al|ka|li [auch: *al...*], *das;* -s, Alkalien [*...i°n*] (eine laugenartige chem. Verbindung); **al|ka|lisch** (laugenhaft)

Al|ko|hol [auch: *alkohol*], *der;* -s, -e; **al|ko|hol▁ab|hän|gig**, **...arm**, **...frei**; **Al|ko|ho|li|ka**, *die* (*Mehrz.;* alkohol. Getränke); **Al|ko|ho|li|ker**; **Al|ko|ho|li|ke|rin**; **al|ko|ho|lisch**; **al|ko|ho|li|sie|ren** (mit Alkohol versetzen; scherzh. für: unter Alkohol setzen); **al|ko|ho|li|siert** (betrunken); **Al|ko|ho|li|sie|rung**; **Al|ko|ho|lis|mus**, *der;* -; **al|ko|hol|krank**; **Al|ko|hol▁miss|brauch** (*der;* -[e]s), **...spie|gel**, **...sün|der**, **...ver|gif|tung**; **Al|ko|mat**, *der;* -en, -en (Gerät zur Messung des Alkoholspiegels im Blut); **Al|ko|pops**; vgl. Alcopops

Al|ko|ven, *der;* -s, - (Nebenraum; Bettnische)

all; alle, alles; trotz allem; allen Ernstes; aller guten Dinge sind drei; alle beide; sie kamen alle; all[e] die Mühe; alle vier Jahre; alle (ugs. für: zu Ende, aufgebraucht) sein, werden; alles, was; alles in allem; mein Ein und [mein] Alles; alles Gute

All, *das;* -s (Weltall)

all|abend|lich; der -e Spaziergang

Al|lah (bes. islam. Rel.: Gott)

all|be|kannt

all|dem, al|le|dem; bei -; aber: sie sagte nichts von all dem, was sie wusste

Al|lee, *die;* -, Alleen

Al|le|go|rie, *die;* -, ...ien (Sinnbild; Gleichnis); **al|le|go|risch**; **al|le|go|ri|sie|ren** (versinnbildlichen)

al|le|g|ret|to (Musik: mäßig schnell, mäßig lebhaft); **Al|le|g|ret|to**, *das;* -s, -s u. ...tti; **al|le|g|ro** (Musik: lebhaft); **Al|le|g|ro**, *das;* -s, -s u. ...gri

al|lein - sein, bleiben, jmdn. allein (ohne Gesellschaft) lassen; vgl. aber alleinlassen; von allein[e] (ugs.); das Kind kann schon allein (ohne fremde Hilfe) stehen; allein erziehen; eine allein erziehende, (auch:) alleinerziehende Frau; die allein selig machende, (auch:) allein seligmachende Kirche (bes. kath. Kirche); **al|lei|ne** (ugs. für: allein)

Al|lein|er|be; al|lein|er|zie|hend; vgl. allein; **al|lein Er|zie|hen|de**, *der* u. *die;* - -n, - -n (auch:), **Al|lein|er|zie|hen|de**, *der* u. *die;* -n, -n; **Al|lein▁gang**, **...herr|scher**; **al|lei|nig**; **Al|lein|in|ha|ber**

al|lein|las|sen (im Stich lassen); **al|lein se|lig ma|chend**; vgl. allein; **al|lein|ste|hend** (nicht mit einem [Ehe]partner zusammenlebend); eine alleinstehende Frau; **Al|lein|ste|hen|de**, *der* u. *die;* -n, -n; **Al|lein|ver|die|ner**

al|le|mal (ugs. für: natürlich); aber: ein für alle Mal, ein für alle Male

al|len|falls; vgl. Fall; **al|lent|hal|ben**

al|ler|al|ler|letz|te; vgl. letzte

al|ler|art (allerlei); allerart Dinge, aber: Dinge aller Art

Al|ler|bar|mer, *der;* -s (Christus)

al|ler|bes|te; am allerbesten; aber: es ist das Allerbeste, dass ...; vgl. beste

al|ler|dings

al|ler|ers|te; vgl. erste

al|ler|frü|hes|tens

Al|l|er|gie, *die;* -, ...ien (Med.: Überempfindlichkeit); **al|l|er|gie|ge|tes|tet**; **Al|l|er|gi|ker**; **Al|l|er|gi|ke|rin**; **al|l|er|gisch**

al|ler|größ|te; vgl. groß

al|ler|hand (ugs.); - Neues; - Streiche; er weiß - (ugs. für: viel); das ist ja, doch - (ugs.)

Al|ler|hei|li|gen, *das;* - (kath. Fest zu Ehren aller Heiligen); **Al|ler|hei|li|gen|fest**; **Al|ler|hei|ligs|te**, *das;* -n

al|ler|höchs|te; allerhöchstens; auf das, aufs Allerhöchste, (auch:) auf das, aufs allerhöchste

al|ler|lei; - Wichtiges; - Farben; **Al|ler|lei**, *das;* -s, -s; Leipziger -

al|ler|letz|te; zuallerletzt; vgl. letzte

al|ler|liebst; **Al|ler|liebs|te**, *der* u. *die;* -n, -n

al|ler|meis|te; die allermeisten, (auch:) Allermeisten glauben ...

al|ler|min|des|te; das allermindeste, (auch:) Allermindeste wäre ...

al|ler|nächs|te; vgl. nächst

al|ler|neu|es|te, al|ler|neus|te; das Allerneu[e]ste

al|ler|nö|tigs|te; das Allernötigste

al|ler|or|ten (veraltend); al|ler|orts (geh.)

Al|ler|see|len, *das;* - (kath. Gedächtnistag für die Verstorbenen); **Al|ler|see|len|tag**

al|ler|seits, al|lseits

al|ler|spä|tes|te; al|ler|spä|tes|tens

al|ler|wärts

Al|ler|welts|kerl (ugs.)

al|ler|we|nigs|te; das allerwenigste, (auch:) Allerwenigste, was ...; am allerwenigsten; allerwenigstens

Al|ler|wer|tes|te, *der;* -n, -n (ugs. scherzh. für: Gesäß)

al|les; vgl. all

al|le|samt (ugs.)

Al|les▁bes|ser|wis|ser (abwertend), **...fres|ser**, **...kle|ber**

al|le|zeit, al|lzeit (veraltend, noch landsch. für: immer)

all|fäl|lig [auch: *...fäl...*] (österr., schweiz. für: etwaig, allenfalls [vorkommend], eventuell)

all|ge|mein; die -e Schul-, Wehrpflicht; -e Geschäfts-, Versicherungsbedingungen; die allgemein bildenden, (auch:) allgemeinbildenden Schulen; die allgemein gültigen, (auch:) allgemeingültigen Ausführungen; allgemein verständliche, (auch:) allgemeinverständliche Texte; im Allgemeinen (gewöhnlich; Abk.: i. Allg.); er bewegt sich stets nur im Allgemeinen (beachtet nicht das Besondere); **All|ge|mein|be|fin|den;** all|ge|mein|bil|dend; vgl. allgemein; **All|ge|mein|bil|dung;** die; -; **all|ge|mein|gül|tig;** vgl. allgemein; **All|ge|mein|gut; All|ge|mein|heit,** die; -

All|ge|mein_me|di|zin (die; -), ...me|di|zi|ner, ...me|di|zi|ne|rin, ...platz (meist Mehrz.; abgegriffene Redensart); **all|ge|mein|ver|ständ|lich;** vgl. allgemein; **All|ge|mein|zu|stand,** der; -[e]s

All|ge|walt, die; -; geh.; **all|ge|wal|tig**

All|heil|mit|tel

Al|li|anz, die; -, -en ([Staaten]bündnis)

Al|li|ga|tor, der; -s, ...oren (eine Panzerechse)

al|li|ie|ren, sich (sich verbünden); **Al|li|ier|te,** der u. die; -n, -n

all-in|clu|sive [å_linklusif] („alles [ist im] Preis enthalten"; wir reisen all-inclusive); **All-in|clusive-Ur|laub**

all|jähr|lich

All|macht, die; -; geh.; **all|mäch|tig; Allmäch|ti|ge,** der; -n (für: Gott); Allmächtiger!

all|mäh|lich

all|mo|nat|lich

all|mor|gend|lich

all|nächt|lich

All|on|ge|pe|rü|cke [alongsch^e...] (langlockige Perücke des 17. u. 18. Jh.s)

Al|lo|pa|thie, die; - (Heilverfahren der Schulmedizin)

Al|lo|t|ria, die (Mehrz.), heute meist: das; -s (Unfug)

All|par|tei|en|re|gie|rung

all right! [å_l rait] (richtig!, in Ordnung!)

All|roun|der, All|round_man ([å_lraund-m^e n], der; -s, ...men; jmd., der in vielen Bereichen Bescheid weiß), ...sport|ler (Sportler, der viele Sportarten beherrscht), ...sport|le|rin

all|sei|tig; All|sei|tig|keit; all|seits, al|ler|seits

All|strom|ge|rät (für Gleich- u. Wechselstrom)

All|tag; all|täg|lich [auch: altäk... (= alltags) od. altäk... (= täglich, gewohnt)]; **All|täg|lich|keit; all|tags;** alltags wie feiertags; aber: des Alltags; **All|tags|spra|che,** die; -

all|über|all (geh.)

All|ü|re, die; -, -n (meist Mehrz.; meist abwertend für: auffallendes Benehmen)

all|wis|send; Doktor Allwissend (eine Märchengestalt); **All|wis|sen|heit,** die; -

all|wö|chent|lich

all|zeit, al|le|zeit (immer)

all|zu; allzu bald, allzu früh, allzu gern, allzu lang[e], allzu oft, allzu sehr, allzu selten, allzu viel, allzu weit, aber: **all|zu|mal** (veralt. für: alle zusammen; immer)

All|zweck|tuch (Mehrz. ...tücher)

Alm, die; -, -en (Bergweide)

Al|ma Ma|ter, die; - - (geh. für: Universität)

Al|ma|nach, der; -s, -e (Kalender, Jahrbuch)

Al|mo|sen, das; -s, - (kleine Gabe; geringes Entgelt)

Aloe [a_lo-e], die; -, -n (eine Zier- u. Heilpflanze); **Aloe ve_ra,** die; --, --s (Pharm.: Pflanze, aus der Hautpflegemittel gewonnen werden); **Aloe-ve_ra-Gel**

¹Alp, (alte Schreibung für:) Alb

²Alp, Al|pe, die; -, Alpen (landsch., bes. schweiz. für: Alm)

¹Al|pa|ka, das; -s, -s (eine Lamaart Südamerikas); **²Al|pa|ka,** das u. (für Gewebeart) der; -s (Wolle vom ¹Alpaka; Reißwolle)

Alp_druck, (auch:) Alb|druck (Mehrz. ...drücke); **Alp|drü|cken,** (auch:) Alb|drü|cken, das; -s

Al|pe; vgl. ²Alp; **Al|pen_glü|hen** (das; -s), ...jä|ger, ...veil|chen

Al|pha, das; -[s], -s (gr. Buchstabe: A, α); **Al|pha|bet,** das; -[e]s, -e (Abc); **al|pha|be|tisch; al|pha|be|ti|sie|ren**

Alp|horn (Mehrz. ...hörner)

al|pin (die Alpen, das Hochgebirge betreffend; darin vorkommend); -e Kombination (Skisport); **Al|pi|ni,** die (Mehrz.; it. Alpenjäger); **Al|pi|nis|mus,** der; - (sportl. Bergsteigen); **Al|pi|nist,** der; -en, -en (sportl. Bergsteiger im Hochgebirge); **Al|pi|nis|tik,** die; - (svw. Alpinismus); **Al|pi|nis|tin; Al|pi|num,** das; -s, ...nen (Alpenpflanzenanlage); **Älp|ler** (Alpenbewohner)

Alp|traum, (auch:) Alb|traum

Al|raun, der; -[e]s, -e u. **Al|rau|ne,** die; -, -n (menschenähnliche Zauberwurzel; Zauberwesen)

als; - ob; sie ist schöner als ihre Freundin, aber (bei Gleichheit): sie ist so schön wie ihre Freundin; **als|bald; als|bal|dig; als|dann; als dass**

al|so

alt; älter; älteste; - werden; alte Sprachen; ein alter Mann; er ist immer der Alte (derselbe); Alt und Jung (jedermann); es beim Alten lassen; aus Alt mach Neu; Altes und Neues; Alte und Junge; mein Ältester (ältester Sohn), aber: er ist der ältere, älteste meiner Söhne; der Alte Fritz; das Alte Testament (Abk.: A. T.); die Alte Welt (Europa, Asien u. Afrika)

Alt, der; -s, -e (tiefe Frauen- od. Knabenstimme; Sängerin mit dieser Stimme)

Al|tan, der; -[e]s, -e (Balkon; Söller)

Al|tar, der; -[e]s, ...täre; **Al|tar|bild; Al|tar[s]_sak|ra|ment**

alt|ba|cken; -es Brot

Alt|bau (Mehrz. ...bauten); **Alt|bau|woh|nung**

alt|be|kannt

alt|be|währt

Alt|bier (obergäriges Bier)

Alt|bun|des|kanz|ler; Alt|bun|des|prä|si|dent

alt|deutsch; -e Bierstube

Al|te, der u. die; -n, -n (ugs. für: Vater u. Mutter, Ehemann u. Ehefrau, Chef u. Chefin)

alt|ehr|wür|dig (geh.)

alt|ein|ge|ses|sen

Alt|ei|sen, das; -s

Al|ten_heim, ...hil|fe (die; -), ...pfle|ger, ...pfle|ge|rin, ...teil (das)

Al|ter, das; -s, -; eine Frau mittleren Alters, aber: seit alters (geh.), von alters her (geh.)

al|tern; Al|tern, das; -s

al|ter|na|tiv (wahlweise; zwischen zwei Möglichkeiten die Wahl lassend; im Gegensatz zum Herkömmlichen stehend); **Al|ter|na|tiv|be|we|gung**

¹Al|ter|na|ti|ve [...w^e], die; -, -n (Entscheidung zwischen zwei [oder mehr] Möglichkeiten; die andere, zweite Möglichkeit)

²Al|ter|na|ti|ve [...w^e], der u. die; -n, -n (jmd., der einer Alternativbewegung angehört)

al|ter|nie|ren ([ab]wechseln)

al|ter|probt

al|ters; vgl. Alter; **al|ters_be|dingt; Al|ters_be|schwer|den** (Mehrz.), ...gren|ze, ...grup|pe, ...heim, ...ru|he|geld; **al|ters|schwach; Al|ters_teil|zeit,** ...ver|sor|gung

Al|ter|tum, das; -s; das klassische -; **Al|ter|tü|me|lei; al|ter|tü|meln** (Stil u. Wesen des Altertums [übertrieben] nachahmen); **Al|ter|tü|mer,** die (Mehrz.; Gegenstände aus dem Altertum); **al|ter|tüm|lich; Al|ter|tüm|lich|keit,** die; - **Al|ter|tums_for|scher,** ...for|schung (die; -), ...kun|de (die; -; für: Archäologie)

Al|te|rung (Vorgang des Alterns; Veränderung durch Altern)

Äl|tes|te, der u. die; -n, -n (einer Kirchengemeinde u. a.)

alt|frän|kisch (veraltend für: altmodisch)

alt|ge|dient

alt|ge|wohnt

Alt|glas, das; -es; **Alt|glas|con|tai|ner**

Alt|gold

Alt|händ|ler

alt|her|ge|bracht

Alt|her|ren|mann|schaft (Sportspr.)

alt|hoch|deutsch

Al|tis|tin, die; -, -nen

alt|jüng|fer|lich

Alt|kanz|ler; Alt|kanz|le|rin

alt|klug; altkluger, altklugste

Alt|last (meist Mehrz.; Halden mit umweltgefährdenden Produktionsrückständen u. Ä.)

ält|lich

Alt|ma|te|ri|al

Alt|meis|ter (als Vorbild geltender Meister in einem Fachgebiet; Sportspr.: Verein od. Spieler, der früher einen Meistertitel errungen hat)

Alt|me|tall

alt|mo|disch

alt|nor|disch

Alt|pa|pier, das; -s

Alt|phi|lo|lo|ge; Alt|phi|lo|lo|gie (klass. Philologie); Alt|phi|lo|lo|gin

alt|ro|sa

Alt|ru|is|mus, der; - (Selbstlosigkeit; Ggs.: Egoismus); Alt|ru|ist, der; -en, -en; alt|ru|is|tisch

alt|sprach|lich; -er Zweig

Alt|stadt; Alt|stadt|sa|nie|rung

Alt|stim|me (svw. Alt)

alt|tes|ta|men|ta|risch; alt|tes|ta|ment|lich

alt|über|lie|fert

alt|vä|te|risch (altmodisch); alt|vä|ter|lich (ehrwürdig)

alt|ver|traut

Alt|wa|ren|händ|ler

Alt|was|ser, das; -s, ...wasser (ehemaliger Flussarm)

Alt|wei|ber|som|mer (warme Nachsommertage; vom Wind getragene Spinnweben)

Alu, das; -s (ugs. Kurzw. für: Aluminium)

Alu|fo|lie (kurz für: Aluminiumfolie)

Alu|mi|ni|um, das; -s (chem. Element, Metall; Zeichen: Al); Alu|mi|ni|um|fo|lie

Alz|hei|mer, der; -s (ugs. kurz für: Alzheimerkrankheit); Alz|hei|mer|krank|heit, (auch:) Alz|hei|mer-Krank|heit, die; - (Med.: mit fast völligem Gedächtnisschwund verbundene Gehirnkrankheit)

am (an dem); - [nächsten] Sonntag, dem (od. den) 27. März; - besten usw.

Amal|gam, das; -s, -e (Quecksilberlegierung); Amal|gam|fül|lung; amal|ga|mie|ren (eine Quecksilberlegierung herstellen; Gold u. Silber mit Quecksilber aus Erzen gewinnen)

Ama|ryl|lis, die; -, ...llen (eine Zierpflanze)

Ama|teur [...tör], der; -s, -e ([Kunst-, Sport]liebhaber; Nichtfachmann); Ama|teu|rin; Ama|teur_sport, ...sport|ler

Ama|ti, die; -, -s (von der Geigenbauerfamilie Amati hergestellte Geige)

Ama|zo|ne, die; -, -n (Angehörige eines krieger. Frauenvolkes der gr. Sage; auch für: Turnierreiterin)

Am|bi|en|te, das; - (Umwelt, Atmosphäre)

Am|bi|ti|on [...zion], die; -, -en (Ehrgeiz; hohes Streben); am|bi|ti|ös (ehrgeizig)

Am|boss, der; -es, -e

Am|bro|sia, die; - (geh. für: Speise der Götter); am|bro|sisch (geh. für: himmlisch)

am|bu|lant (nicht ortsgebunden; Med.: nicht stationär); -e Behandlung; -es Gewerbe (Wandergewerbe); Am|bu|lanz, die; -, -en (bewegliches Lazarett; Krankentransportwagen; Abteilung einer Klinik für ambulante Behandlung); am|bu|la|to|risch; -e Behandlung; Am|bu|la|to|ri|um, das; -s, ...ien [...i^en] (Raum, Abteilung für ambulante Behandlung)

Amei|se, die; -, -n; Amei|sen_bär, ...hau|fen, ...säu|re (die; -)

amen; in Ewigkeit, amen!; Amen, das; -s, - (feierliche Bekräftigung); zu allem Ja und Amen, (auch:) ja und amen sagen (ugs.); sein - (Einverständnis) zu etwas geben (ugs.)

Ame|ri|ka|ner; Ame|ri|ka|ne|rin; ame|ri|ka|nisch; Ame|ri|ka|nisch, das; -[s] (amerikanisches Englisch); Ame|ri|ka|ni|sche, das; -n; ame|ri|ka|ni|sie|ren; Ame|ri|ka|ni|sie|rung; Ame|ri|ka|nis|mus, der; -, ...men (Spracheigentümlichkeit des amerik. Englisch; Entlehnung aus dem Amerikanischen); Ame|ri|ka|nis|tik, die; - (Erforschung der Geschichte, Sprache u. Kultur Amerikas)

Ame|thyst, der; -[e]s, -e (ein Schmuckstein)

Am|me, die; -, -n; Am|men|mär|chen

Am|mer, die; -, -n (ein Singvogel)

Am|mo|ni|ak [auch: am...], das; -s (Chemie: eine gasförmige Verbindung von Stickstoff u. Wasserstoff)

Am|mons|horn, das; -[e]s, ...hörner (spiralförmige Versteinerung)

Am|nes|tie, die; -, ...ien (Begnadigung, Straferlass); am|nes|tie|ren

Amok [auch: amok], der; -s; - laufen (mit einer Waffe umherlaufen und blindwütig töten); Amok_lau|fen, das; -s, ...läu|fer

a-Moll [auch: amol], das; - (Tonart; Zeichen: a); a-Moll-Ton|lei|ter

amo|ra|lisch (sich über die Moral hinwegsetzend); Amo|ra|li|tät, die; - (amoralische Lebenshaltung)

Amo|ret|te, die; -, -n (Figur eines geflügelten Liebesgottes)

Amor|ti|sa|ti|on [...zion], die; -, -en ([allmähliche] Tilgung; Abschreibung, Abtragung [einer Schuld]); amor|ti|sie|ren

Am|pel, die; -, -n (Hängelampe; Hängevase; Verkehrssignal); Am|pel_ko|a|li|ti|on (Koalition aus SPD, FDP u. Grünen), ...männ|chen (Symbol bei Fußgängerampeln)

Am|pere [...pär], das; -[s], - (Einheit der elektr. Stromstärke; Zeichen: A)

Amp|fer, der; -s, - (eine Pflanze)

Am|phe|t|a|min, das; -s, -e (als Weckamin gebrauchte chemische Verbindung)

Am|phi|bie [amfibi^e], die; -, -n (meist Mehrz.; Lurch); Am|phi|bi|en|fahr|zeug (Land-Wasser-Fahrzeug); am|phi|bisch

Am|phi|the|a|ter (elliptisches, meist dachloses Theatergebäude mit stufenweise aufsteigenden Sitzen)

Am|pho|ra, Am|pho|re, die; -, ...oren (zweihenkliges Gefäß der Antike)

Am|pul|le, die; -, -n (Glasröhrchen [bes. mit sterilen Lösungen zum Einspritzen])

Am|pu|ta|ti|on [...zion], die; -, -en (operative Abtrennung einer Gliedmaße); am|pu|tie|ren

Am|sel, die; -, -n (ein Vogel)

Amt, das; -[e]s, Ämter; von Amts wegen; ein - bekleiden; Ämt|chen; Amt|frau; am|tie|ren; amt|lich; Amt|mann (Mehrz. ...männer u. ...leute); amts|ärzt|lich; Amts-_deutsch, ...ge|heim|nis, ...ge|richt (Abk.: AG); amts|hal|ber; Amts_schim|mel (der; -s; ugs.), ...spra|che, ...weg

Amu|lett, das; -[e]s, -e (Gegenstand, dem Unheil abwehrende Kraft zugeschrieben wird)

amü|sant (unterhaltend, vergnüglich); Amü|se|ment [amüs^emang], das; -s, -s; amü|sie|ren; sich -

amu|sisch (ohne Kunstverständnis)

an; Verhältnisw. mit Wemf. und Wenf.: an dem Zaun stehen, aber: an den Zaun stellen; es ist nicht an dem; am [und für] sich (eigentlich, im Grunde); am (an dem; vgl. am); ans (an das; vgl. ans); Umstandsw.: Gemeinden von an [die] 1 000 Einwohnern; ab und an (landsch. für: ab und zu); an sein (ugs. für: angeschaltet sein)

Ana|chro|nis|mus [...kro...], der; -, ...men (falsche zeitliche Einordnung; veraltete Einrichtung); ana|chro|nis|tisch

Ana|gramm, das; -s, -e (ein Buchstabenrätsel)

Ana|kon|da, die; -, -s (eine Riesenschlange)

ana|log (entsprechend); - [zu] diesem Fall; Ana|lo|gie, die; -, ...ien; Ana|lo|gie|bil|dung; Ana|log|rech|ner (EDV: eine Rechenanlage)

An|al|pha|bet [auch: an...], der; -en, -en (jmd., der nicht lesen und schreiben gelernt hat); An|al|pha|be|ten|tum [auch: an...], das; -s

Ana|ly|se, die; -, -n (Zergliederung, Untersuchung); ana|ly|sie|ren; ana|ly|tisch; -e Geometrie

An|ä|mie, die; -, ...ien (Med.: Blutarmut); an|ä|misch

Ana|nas, die; -, - u. -se

An|ar|chie, die; -, ...ien (autoritätsloser Zustand; Herrschafts-, Gesetzlosigkeit); an|ar|chisch; An|ar|chis|mus, der; - (Lehre, die sich gegen jede Autorität richtet u. für unbeschränkte Freiheit des Individuums eintritt); An|ar|chist, der; -en, -en (Vertreter des Anarchismus); An|ar|chis|tin; an|ar|chis|tisch; An|ar|cho|sze|ne

An|äs|the|sie, die; -, ...ien (Med.: Schmerzunempfindlichkeit, -betäubung); An|äs|the|sist (Narkosefacharzt); An|äs|the|sis|tin

Ana|tom, der; -en, -en („Zergliederer"; Lehrer der Anatomie); Ana|to|mie, die; -, ...ien (Lehre von Form u. Körperbau der Lebewesen; anatomisches Institut); ana|to|misch

an|bag|gern (ugs. für: [herausfordernd] ansprechen)

an|bah|nen; An|bah|nung

an|ban|deln (südd., österr. für: anbändeln); an|bän|deln (ugs.)

Ạn|bau (*Mehrz.:* -ten); ạn|bau|en; Ạn-
bau‿flä|che, …mö|bel, …schrank

Ạn|be|ginn (geh.); seit -, von - [an]

ạn|bei [auch: *anbei*] (Amtsspr.)

ạn|bei|ßen; zum Anbeißen sein (ugs. für:
reizend anzusehen sein)

ạn|[be]|lan|gen; was mich an[be]langt, so …

ạn|be|rau|men; ich beraum[t]e an, (seltener:)
ich anberaum[t]e; anberaumt; anzuberau-
men; Ạn|be|rau|mung

ạn|be|ten

Ạn|be|tracht; in - dessen, dass …

ạn|be|tref|fen; was mich anbetrifft, so …

ạn|bie|dern; sich (abwertend); Ạn|bie|de-
rung (abwertend)

ạn|bie|ten

ạn|bin|den; angebunden (vgl. d.)

Ạn|blick; ạn|bli|cken

ạn|bre|chen; der Tag bricht an

ạn|bren|nen

Ạn|bruch, *der;* -[e]s

Ạn|cho|vis […*chowiß*]; vgl. Anschovis

Ạn|dacht, *die;* -, -en; ạn|däch|tig; ạn-
dachts|voll (geh.)

an|dạn|te (Musik: mäßig langsam); An|dạn-
te, *das;* -[s], -s

ạn|dau|ern; ạn|dau|ernd

Ạn|den|ken, *das;* -s, (für: Erinnerungsgegen-
stand *auch Mehrz.:*) -

ạn|de|re s. Kasten

ạn|de|ren|falls[1]; ạn|de|ren|orts[1], ạn|der-
orts (geh.); ạn|de|ren|tags[1]; ạn|de|ren-
teils[1]; einesteils … -; ạn|de|rer|seits, ạn-
derseits, andrerseits; einerseits … -; ạn-
der|lei (geh.); ạn|der|mal; ein -

än|dern

ạn|dern|falls usw.; vgl. anderenfalls usw.;
ạn|der|orts (geh.), an|de|ren|orts, an-
dern|orts

an|ders; jemand, niemand, wer anders (bes.
südd., österr. auch: and[e]rer); mit jemand,
niemand anders (bes. südd., österr. auch:
and[e]rem, anderm) reden; anders als …
(nicht: anders wie …); anders denkend,
(auch:) andersdenkend; anders geartet,
(auch:) andersgeartet; anders gesinnt; ạn-
ders|ar|tig; ạn|ders|den|kend; vgl. an-
ders; ạn|ders Den|ken|de, *der* u. *die;* - -n,
- -n, (auch:) Ạn|ders|den|ken|de, *der* u.
die; -n, -n

ạn|der|seits, an|de|rer|seits, and|rerseits

ạn|ders|ge|ar|tet; vgl. anders; ạn|ders-
gläu|big; Ạn|ders|gläu|bi|ge, *der* u. *die;*
-n, -n; ạn|ders|he|r|um, ạn|ders|rum;
Ạn|ders|sein; ạn|ders|wo; ạn|ders|wo-
her; ạn|ders|wohin

ạn|dert|halb; in - Stunden; - Pfund; ạn-
dert|halb|fach; ạn|dert|halb|mal; - so
groß wie (seltener: als) …

Än|de|rung; Än|de|rungs|kün|di|gung (Ar-
beitsrecht)

ạn|der|wär|tig; ạn|der|wärts; ạn|der-
weit; ạn|der|wei|tig

ạn|deu|ten; Ạn|deu|tung; ạn|deu|tungs-
wei|se

---

an|de|re

Im Allgemeinen wird „andere, andre" kleingeschrieben:
– *der, die, das and[e]re*
– *eine, keine, jeder, alles and[e]re*
– *die, keine, alle and[e]ren, andern*
– *ein, kein and[e]rer*
– *ein, kein, etwas, allerlei, nichts and[e]res*
– *der eine, der and[e]re*
– *die einen und die and[e]ren*
– *einer, eins nach dem and[e]ren*
– *und and[e]re, und and[e]res* (Abk. u. a.)
– *und and[e]re mehr, und and[e]res mehr*
(Abk. u. a. m.)
– *von etwas and[e]rem, anderm sprechen*
– *unter and[e]rem, anderm* (Abk. u. a.)
– *zum einen …, zum and[e]ren*
– *sich eines and[e]ren, andern besinnen*

Bei der Verwendung als Hauptwort ist auch
Großschreibung möglich, beispielsweise:
– *der, die, das and[e]re* od. *And[e]re*
– *eine, keine, jeder, alles and[e]re* od.
And[e]re
– *ein, kein, etwas, allerlei, nichts and[e]res*
od. *And[e]res*
– *die einen und die anderen* od. *die*
Einen und die And[e]ren
– *die Suche nach dem and[e]ren* od.
And[e]ren (nach einer neuen Welt)

ạn|die|nen (Kaufmannsspr.: [Waren] anbie-
ten)

ạn|do|cken (ein Raumfahrzeug an das an-
dere koppeln)

Ạn|drang, *der;* -[e]s

ạnd|re; vgl. andere

ạn|dre|hen; jmdm. etwas - (ugs. für: jmdm.
etwas Minderwertiges aufschwatzen)

ạnd|rer|seits, an|de|rer|seits, an|ders|seits

ạn|dro|hen; Ạn|dro|hung

ạn|ecken (ugs. für: Anstoß erregen)

ạn|eig|nen, sich; ich eigne mir etwas an;
Ạn|eig|nung

---

an|ei|n|an|der

Man schreibt „aneinander" mit dem folgenden Zeitwort in der Regel zusammen,
wenn es den gemeinsamen Hauptakzent trägt:
– *aneinanderfügen, aneinandergrenzen,*
aneinandergeraten, aneinanderlegen usw.
Aber:
– *aneinander denken, sich aneinander*
freuen, aneinander vorbeigehen usw.

---

an|ei|n|an|der|fü|gen; er hat die Teile anei-
nandergefügt; an|ei|n|an|der|ge|ra|ten
(sich streiten); an|ei|n|an|der‿gren|zen,
…le|gen, …rei|hen

Ạn|ek|do|te, *die;* -, -n (kurze, jmdn. od. et-
was [witzig] charakterisierende Geschichte);
an|ek|do|ten|haft; an|ek|do|tisch

ạn|ekeln

Ane|mo|ne, *die;* -, -n (Windröschen)

ạn|emp|feh|len (besser das einfache Wort:
empfehlen); ich empfehle (empfahl) an u.
ich anempfehle (anempfahl) an; anempfohlen;
anzuempfehlen

ạn|er|bie|ten, sich; ich erbiete mich an;
anerboten; anzubieten; Ạn|er|bie|ten

ạn|er|kann|ter|ma|ßen; ạn|er|ken|nen; ich
erkenne (erkannte) an, (seltener:) ich aner-
kenne (anerkannte); anerkannt; anzuerken-
nen; ạn|er|ken|nens|wert; Ạn|er|ken-
nung; Ạn|er|ken|nungs|schrei|ben

ạn|fah|ren (auch für: heftig anreden);
Ạn|fahrt; Ạn|fahrts|skiz|ze; Ạn|fahrts-
weg

Ạn|fall, *der;* ạn|fal|len; ạn|fäl|lig; Ạn|fäl-
lig|keit

Ạn|fang, *der;* -[e]s, …fänge; im -; von - an;
zu -; - Januar; Anfang nächsten Jahres; ạn-
fan|gen; Ạn|fän|ger; Ạn|fän|ge|rin; ạn-
fäng|lich; ạn|fangs; Ạn|fangs|buch|sta-
be, …ge|halt (*das*), …sta|di|um

ạn|fas|sen; vgl. fassen

ạn|fecht|bar; ạn|fech|ten; das ficht mich
nicht an; Ạn|fech|tung

ạn|fein|den; Ạn|fein|dung

ạn|fer|ti|gen; Ạn|fer|ti|gung

ạn|feuch|ten

ạn|feu|ern; Ạn|feu|e|rung

ạn|fle|hen

ạn|flie|gen; Ạn|flug

ạn|for|dern; Ạn|for|de|rung; Ạn|for|de-
rungs|pro|fil (Eigenschaften, Fähigkeiten,
die ein Stellenbewerber haben soll)

Ạn|fra|ge; die kleine, (auch:) Kleine An-
frage; die große, (auch:) Große - [im Parla-
ment]; ạn|fra|gen; bei jmdm. -

ạn|freun|den, sich

Ạn|fuhr, *die;* -, -en; ạn|füh|ren; Ạn|füh|rer;
Ạn|füh|re|rin; Ạn|füh|rung; Ạn|füh-
rungs‿strich, …zei|chen

Ạn|ga|be (ugs. *[nur Einz.]* auch für: Prahle-
rei, Übertreibung)

ạn|gän|gig (erlaubt)

ạn|ge|ben; Ạn|ge|ber (ugs.); An|ge|be|rei
(ugs.); Ạn|ge|be|rin; ạn|ge|be|risch (ugs.)

An|ge|bin|de, *das;* -s, - (geh. für: Geschenk)

ạn|geb|lich

ạn|ge|bo|ren

Ạn|ge|bot

ạn|ge|bracht

ạn|ge|bun|den; kurz - (ugs. für: mürrisch,
abweisend) sein

ạn|ge|dei|hen; jmdm. etwas - lassen

ạn|ge|gos|sen; wie - passen (ugs. für: ge-
nau passen)

ạn|ge|grif|fen (auch für: erschöpft)

ạn|ge|hei|ra|tet

ạn|ge|hei|tert

ạn|ge|hen; das geht nicht an; es geht mich
[nichts] an; jmdn. um etwas - (bitten); ạn-
ge|hend (künftig)

---
[1] Auch: *an|dern*|…

an|ge|hö|ren; einem Volk[e] -; an|ge|hö|rig; An|ge|hö|ri|ge, der u. die; -n, -n
An|ge|klag|te, der u. die; -n, -n
an|ge|krän|kelt
An|gel, die; -, -n
an|ge|le|gen; ich lasse mir etwas - sein; An|ge|le|gen|heit; an|ge|le|gent|lich; auf das, aufs Angelegentlichste od. auf das, aufs angelegentlichste
an|geln
an|ge|mes|sen; An|ge|mes|sen|heit, die; -
an|ge|nehm
an|ge|nom|men; -er Standort; angenommen[,] dass …
an|ge|passt
An|ger, der; -s, - (landsch.)
an|ge|regt
an|ge|säu|selt (ugs. für: leicht betrunken)
an|ge|schmutzt (leicht verschmutzt)
An|ge|schul|dig|te, der u. die; -n, -n
an|ge|se|hen (geachtet)
An|ge|sicht; an|ge|sichts; Verhältnisw. mit Wesf.: - des Todes
an|ge|spannt
An|ge|stell|te, der u. die; -n, -n; An|ge|stell|ten|ver|si|che|rung
an|ge|stie|felt; - kommen (ugs.)
an|ge|strengt
an|ge|tan; von jmdm. - sein; es jmdm. - haben
an|ge|trun|ken (leicht betrunken)
an|ge|wandt; -e Kunst; -e Mathematik, Physik; vgl. anwenden
an|ge|wie|sen; auf eine Person oder eine Sache - sein
an|ge|wöh|nen; ich gewöhne mir etwas an; An|ge|wohn|heit; An|ge|wöh|nung
an|ge|wur|zelt; wie - stehen bleiben
An|gi|na, die; -, …nen (Med.: Mandelentzündung); An|gi|na Pec|to|ris [- päk...], die; - - (Med.: Herzkrampf)
an|glei|chen; An|glei|chung
Ang|ler
an|glie|dern; An|glie|de|rung
an|gli|ka|nisch; -e Kirche (engl. Staatskirche); an|gli|si|e|ren (englisch machen; englisieren); An|gli|ist, der; -en, -en (Wissenschaftler auf dem Gebiet der Anglistik); An|gli|s|tik, die; - (engl. Sprach- u. Literaturwissenschaft); An|gli|s|tin; An|gli|zis|mus, der; -, …men (engl. Spracheigentümlichkeit in einer anderen Sprache); An|glo|ame|ri|ka|ner (aus England stammender Amerikaner; auch: Sammelname für Engländer u. Amerikaner)
An|go|ra_kat|ze, …wol|le
an|grei|fen; vgl. angegriffen; An|grei|fer; An|grei|fe|rin
an|gren|zen
An|griff, der; -[e]s, -e; in - nehmen; An|griffs|krieg; an|griffs|lus|tig
Angst, die; -, Ängste; in Angst, in [tausend] Ängsten sein; Angst haben; jmdm. Angst [und Bange] machen; aber: mir ist, wird angst [und bange]; angst|er|füllt;

Angst_geg|ner (Sportspr.: Gegner, den man fürchtet), …hal|se (ugs.); ängs|ti|gen; sich -; ängst|lich; Ängst|lich|keit, die; -; Angst|schweiß; angst|voll
an|gur|ten; sich -
An|ha|ben (ugs.); er friert, weil er nichts anhat; er kann mir nichts -
An|halt (Anhaltspunkt); an|hal|tend; An|hal|ter (ugs.); per - fahren (Fahrzeuge anhalten, um mitgenommen zu werden); An|halts|punkt
an|hand, Verhältnisw. mit Wesf.: anhand des Buches, von Unterlagen
An|hang; [1]an|hän|gen; er hing einer Sekte an; vgl. [1]hängen, [2]an|hän|gen; sie hängte den Zettel [an die Tür] an; vgl. [2]hängen, An|hän|ger; An|hän|ge|rin; An|hän|ger|schaft; an|hän|gig (Rechtsspr.: beim Gericht zur Entscheidung liegend); eine Klage - machen (Klage erheben); an|häng|lich (treu); An|häng|lich|keit, die; -; An|häng|sel, das; -s, -; an|hangs|wei|se
an|hau|en (ugs. auch für: jmdn. formlos ansprechen, um etwas bitten); wir hauten das Mädchen an
an|häu|fen; An|häu|fung
an|he|ben (geh. auch für: anfangen)
an|hef|ten
an|hei|meln; es heimelt mich an
an|heim|fal|len (geh. für: zufallen)
an|heim|ge|ben (geh. für: anvertrauen, überlassen)
an|heim|stel|len (geh. für: überlassen)
an|hei|schig; sich - machen
an|hei|zen; den Ofen -; die Stimmung - (ugs. für: steigern)
an|heu|ern
An|hieb; nur in: auf -
an|him|meln (ugs.)
An|hö|he
an|hö|ren; An|hö|rung
Ani|lin, das; -s (Ausgangsstoff für Farben u. Heilmittel)
ani|ma|lisch (tierisch, den Tieren eigentümlich); ani|mie|ren (beleben, anregen, ermuntern); Ani|mo|si|tät; die; -, -en (Feindseligkeit)
Anis [aníß, auch, österr. nur: aníß], der; -es, -e (eine Gewürz- u. Heilpflanze); Ani|sette [...sät], der; -s, -s (Anislikör)
An|kauf; an|kau|fen
An|ker, der; -s, -; vor - gehen, liegen; an|kern; An|ker|platz
An|kla|ge; An|kla|ge|bank (Mehrz. …bänke); an|kla|gen; An|klä|ger; An|klä|ge|rin
an|klam|mern; sich -
An|klang; - finden
An|klei|de|ka|bi|ne; an|klei|den; sich -; An|klei|de|raum
an|kli|cken
an|klop|fen
an|knüp|fen; An|knüp|fung; An|knüp|fungs|punkt

an|koh|len; jmdn. - (ugs. für: zum Spaß belügen)
an|kom|men; mich (veralt.: mir) kommt ein Ekel an; es kommt mir nicht darauf an; An|kömm|ling
an|kop|peln
an|krei|den; jmdm. etwas - (ugs. für: zur Last legen)
an|kreu|zen
an|kün|di|gen; An|kün|di|gung
An|kunft, die; -; An|kunfts|zeit
an|kur|beln
An|la|ge; etw. als - übersenden; An|la|ge|be|ra|ter (Wirtsch.)
an|la|gern (Chemie)
an|lan|den; etwas, jmdn. - (an Land bringen)
an|lan|gen; vgl. anbelangen
An|lass, der; -es, …lässe; - geben, nehmen; an|las|sen; An|las|ser; an|läss|lich (Amtsspr.); Verhältnisw. mit Wesf.: - des Festes
an|las|ten (zur Last legen)
An|lauf; an|lau|fen; An|lauf|zeit
An|laut; an|lau|ten (mit einem bestimmten Laut beginnen [von Wörtern, Silben])
an|le|gen; An|le|ge|platz
an|leh|nen; ich lehne mich an die Wand an; An|leh|nung; an|leh|nungs|be|dürf|tig
An|lei|he
an|lei|nen; den Hund anleinen
an|lei|ten; An|lei|tung
An|lern|be|ruf; an|ler|nen; jmdn. -; An|lern|ling; An|lern|zeit
an|lie|fern; An|lie|fe|rung
an|lie|gen; eng am Körper -; vgl. angelegen; An|lie|gen, das; -s, - (Wunsch); An|lie|ger (Anwohner); An|lie|ger|ver|kehr
an|lo|cken
an|lü|gen
an|ma|chen
an|ma|len
An|marsch, der; An|marsch|weg
an|ma|ßen, sich; du maßt dir etwas an; an|ma|ßend; An|ma|ßung
An|mel|de|for|mu|lar; an|mel|den; An|mel|de|pflicht; an|mel|de|pflich|tig; An|mel|de|schluss; An|mel|dung
an|mer|ken; ich ließ mir nichts -; An|mer|kung (Abk.: Anm.)
an|mie|ten; An|mie|tung
an|mon|tie|ren
an|mot|zen (ugs. für: in heftigem Ton zurechtweisen)
an|mus|tern (Seemannsspr.: anwerben; den Dienst aufnehmen)
An|mut, die; -; an|mu|ten; es mutet mich komisch an; an|mu|tig; an|mut[s]|voll
an|nä|hern; sich -; an|nä|hernd; An|nä|he|rung; An|nä|he|rungs|ver|such; an|nä|he|rungs|wei|se
An|nah|me, die; -, -n; An|nah|me|ver|wei|ge|rung
An|na|len, die (Mehrz.; [geschichtliche] Jahrbücher)

an|nehm|bar; an|neh|men; vgl. angenommen; An|nehm|lich|keit

an|nek|tie|ren (sich [gewaltsam] aneignen); An|ne|xi|on, die; -, -en ([gewaltsame] Aneignung)

an|no (veralt. für: im Jahre; Abk.: a.); anno 1648; anno dazumal; anno Tobak (ugs. für: in alter Zeit); An|no Do|mi|ni (im Jahre des Herrn; Abk.: A. D.); Anno Domini 1648

An|non|ce [anongβe], die; -, -n (Zeitungsanzeige); an|non|cie|ren

an|nul|lie|ren (für ungültig erklären); An|nul|lie|rung

Ano|de, die; -, -n (Physik: positive Elektrode, Pluspol)

an|öden (ugs. für: langweilen)

an|o|mal [od.: ...mal] (unregelmäßig, regelwidrig); An|o|ma|lie, die; -, ...ien

an|o|nym (ohne Nennung des Namens, ungenannt); An|o|ny|mi|tät, die; - (Unbekanntheit, Nichtangabe des Namens)

Ano|rak, der; -s, -s (Windbluse mit Kapuze)

an|ord|nen; An|ord|nung

an|or|ga|nisch (unbelebt)

anor|mal (regelwidrig, ungewöhnlich, krankhaft)

an|pa|cken

An|pad|deln, das; -s (jährl. Beginn des Paddelsports)

an|pas|sen; An|pas|sung; an|pas|sungs-fä|hig

an|pei|len

an|pfei|fen (ugs. auch für: heftig tadeln); An|pfiff

an|pflan|zen; An|pflan|zung

an|pflau|men (ugs. für: necken, verspotten); An|pflau|me|rei

an|pö|beln (ugs. abwertend: in grober Weise belästigen)

An|prall, der; -[e]s; an|pral|len

an|pran|gern; An|pran|ge|rung

an|prei|sen; An|prei|sung

An|pro|be; an|pro|bie|ren

an|pum|pen; jmdn. - (ugs. für: sich von ihm Geld leihen)

An|rai|ner (Anlieger); An|rai|ner|staat (angrenzender Staat)

an|ran|zen (ugs. für: scharf tadeln); An|ran-zer (ugs.)

an|ra|ten; An|ra|ten, das; -s; auf - des Arztes

an|rau|en; angeraut

an|rech|nen; das rechne ich dir hoch an; An|rech|nung

An|recht

An|re|de; an|re|den; jmdn. mit Sie, Du -

an|re|gen; an|re|gend; An|re|gung; An|re-gungs|mit|tel

an|rei|chern; An|rei|che|rung

an|rei|hen

An|rei|se; an|rei|sen; An|rei|se|tag

an|rei|ßen; An|rei|ßer (Vorzeichner; ugs. für: aufdringlicher Kundenwerber); an|rei-ße|risch (marktschreierisch; aufdringlich)

An|reiz; an|rei|zen

an|rem|peln (ugs.)

An|rich|te, die; -, -n; an|rich|ten

an|rü|chig; An|rü|chig|keit; die; -

an|ru|cken (mit einem Ruck anfahren); an|rü|cken ([in einer Formation] näher kommen)

An|ru|dern, das; -s (jährl. Beginn des Rudersports)

An|ruf; An|ruf|be|ant|wor|ter; an|ru|fen; An|ru|fer; An|ru|fe|rin; An|ru|fung

an|rüh|ren

ans (an das); bis - Ende

An|sa|ge, die; -, -n; an|sa|gen

an|sä|gen

An|sa|ger (kurz für: Fernseh- od. Rundfunkansager); An|sa|ge|rin

an|sam|meln; An|samm|lung

an|säs|sig

An|satz; An|satz|punkt; an|satz|wei|se

an|säu|seln; ich säus[e]le mir einen an (ugs. für: betrinke mich leicht); vgl. angesäuselt

an|schaf|fen (bayr., österr. auch für: anordnen); vgl. ¹schaffen; An|schaf|fung; An|schaf|fungs|kos|ten, die (Mehrz.)

an|schau|en; an|schau|lich; An|schau|lich-keit, die; -; An|schau|ung; An|schau-ungs|un|ter|richt

An|schein, der; -[e]s; allem, dem - nach; an|schei|nend; vgl. scheinbar

an|schei|ßen (derb für: heftig tadeln)

an|schi|cken, sich

An|schiss, der; -es, -e (derb für: heftiger Tadel)

An|schlag; an|schla|gen; das Essen schlägt an; An|schlag|säu|le

¹an|schlei|fen; sie hat das Messer angeschliffen (ein wenig scharf geschliffen); vgl. ¹schleifen

²an|schlei|fen; er hat den Sack angeschleift (ugs. für: schleifend herangezogen); vgl. ²schleifen

an|schlie|ßen; an|schlie|ßend; An|schluss; im - an die Versammlung; An|schluss|ka-bel; An|schluss|stre|cke, (auch:) An-schluss-Stre|cke

an|schmie|gen, sich; an|schmieg|sam; An-schmieg|sam|keit, die; -

an|schmie|ren (ugs. auch für: betrügen)

an|schnal|len; sich -; An|schnall|pflicht, die; -

an|schnau|zen (ugs. für: grob tadeln); An-schnau|zer (ugs.)

an|schnei|den; An|schnitt

An|scho|vis, (auch:) An|cho|vis [...wiß], die; -, - ([gesalzene] kleine Sardelle)

an|schrei|ben; An|schrei|ben; An|schrift

an|schul|di|gen; An|schul|di|gung

an|schwär|zen (ugs. auch für: verleumden)

an|schwei|ßen

¹an|schwel|len; der Strom schwillt an, war angeschwollen; vgl. ¹schwellen

²an|schwel|len; der Regen hat die Flüsse angeschwellt; vgl. ²schwellen

An|schwel|lung

an|schwem|men; An|schwem|mung

an|schwin|deln (ugs.)

An|se|geln, das; -s (jährl. Beginn des Segel[flug]sports)

an|se|hen; vgl. angesehen; An|se|hen, das; -s; ohne - der Person (ganz gleich, um wen es sich handelt); an|sehn|lich; An|sehn-lich|keit, die; -

an|sei|len; sich -

an sein; vgl. an

an|set|zen

¹an sich (eigentlich; im Grunde genommen)

²an sich; etwas an sich haben, bringen

An|sicht, die; -, -en; meiner - nach (Abk.: m. A. n.); an|sich|tig; mit Wesf.: des Gebirges - werden (geh.); An|sichts_kar|te, ...sa|che

an|sie|deln; An|sie|de|lung, An|sied|lung; An|sied|ler; An|sied|le|rin

An|sin|nen, das; -s, -; ein - an jmdn. stellen

An|sitz (Jägerspr.)

an|sons|ten (im Übrigen, anderenfalls)

an|span|nen; An|span|nung

An|spiel, das; -[e]s (Sportspr.); an|spie|len; An|spie|lung

An|sporn, der; -[e]s; an|spor|nen

An|spra|che; an|sprech|bar; an|spre|chen; an|spre|chend; am -sten; An|sprech-part|ner

An|spruch; an|spruchs|los; An|spruchs|lo-sig|keit, die; -; an|spruchs|voll

an|sta|cheln

An|stalt, die; -, -en; An|stalts_er|zie|hung, ...lei|ter (der)

An|stand, der; -s, ...stände; keinen - an dem Vorhaben nehmen (geh. für: keine Bedenken haben); (Jägerspr.:) auf dem - stehen; an|stän|dig; An|stän|dig|keit, die; -; an|stands_hal|ber, ...los; An|stands-re|gel

an|statt; vgl. statt; anstatt dass

an|ste|chen; ein Fass - (anzapfen)

an|ste|cken; an|ste|ckend; An|steck|na-del; An|ste|ckung (Mehrz. selten); An-ste|ckungs|ge|fahr

an|ste|hen; ich stehe nicht an (habe keine Bedenken); es steht mir nicht an (es geziemt sich nicht für mich)

an|stel|le, (auch:) an Stel|le; mit Wesf.: anstelle, (auch:) an Stelle des Vaters, von Worten

an|stel|len; sich -; An|stel|le|rei; an|stel-lig (geschickt); An|stel|lig|keit, die; -; An|stel|lung; An|stel|lungs|ver|trag

An|stich (eines Fasses [Bier])

An|stieg, der; -[e]s, -e

an|stif|ten; An|stif|ter; An|stif|tung

an|stim|men

An|stoß; - nehmen an etwas; an|sto|ßen; An|stö|ßer (schweiz. für: Anlieger, Anrainer); an|stö|ßig; An|stö|ßig|keit

an|strah|len; An|strah|lung

an|strän|gen; ein Pferd - (anschirren)

an|stre|ben; an|stre|bens|wert

an|strei|chen; An|strei|cher
an|stren|gen; sich -; einen Prozess -; an-
strent|gend; An|stren|gung
An|strich
an|stü|cken
An|sturm, der; -[e]s; an|stür|men
an|su|chen, um etwas - (Amtsspr.: um etwas
bitten); An|su|chen; das; -s, - (Amtsspr.:
förmliche Bitte; Gesuch); auf -
An|t|a|go|nis|mus, der; -, ...men (Wider-
streit; Gegensatz); An|t|a|go|nist, der;
-en, -en (Gegner); An|t|a|go|nis|tin; an-
t|a|go|nis|tisch
An|teil, der; -[e]s, -e; - haben, nehmen; an-
tei|lig; An|teil|nah|me, die; -; An|teil-
schein; an|teil[s]|mä|ßig
An|ten|ne, die; -, -n (Vorrichtung zum Sen-
den od. Empfangen elektromagnet. Wel-
len; Fühler der Gliedertiere)
An|tho|lo|gie, die; -, ...|en ([Gedicht]samm-
lung; Auswahl)
An|th|rax, der; - (Med.: Milzbrand)
an|th|ra|zit (schwarzgrau); An|th|ra|zit,
der; -s, -e (glänzende Steinkohle)
An|th|ro|po|lo|gie, die; - (Wissenschaft
vom Menschen u. seiner Entwicklung); An-
t|h|ro|po|soph, der; -en, -en (Vertreter
der Anthroposophie); An|th|ro|po|so-
phie, die; - (Lehre Rudolf Steiners); an|thr-
ro|po|so|phisch
An|ti|al|ko|ho|li|ker [auch: anti...] (Alkohol-
gegner)
An|ti|apart|heid|be|we|gung
an|ti|au|to|ri|tär [auch: anti...] (autoritäre
Normen ablehnend)
An|ti|ba|by|pil|le [...bebi...] (ugs.)
An|ti|bio|ti|kum, das; -s, ...ka (Med.: biolo-
gischer Wirkstoff gegen Krankheitserreger)
An|ti|blo|ck|ier|sys|tem (Abk.: ABS)
An|ti|christ [...krißt] (Rel.: der Widerchrist,
Teufel:), der; -[s] u. (Gegner des Christen-
tums:) der; -en, -en; an|ti|christ|lich
An|ti|fa|schis|mus [auch: anti...] (Gegner-
schaft gegen den Faschismus); An|ti|fa-
schist [auch: anti...], der; -en, -en (Gegner
des Faschismus); an|ti|fa|schis|tisch
[auch: anti...]
an|tik (altertümlich; dem klass. Altertum an-
gehörend); An|ti|ke (das klass. Altertum u.
seine Kultur:) die; - u. (antikes Kunstwerk:)
die; -, -n (meist Mehrz.); An|ti|ken|samm-
lung; an|ti|ki|si|e|ren (nach der Art der
Antike gestalten)
An|ti|kör|per, die (Mehrz.; Med.: Abwehr-
stoffe im Blut gegen artfremde Eiweiße)
An|ti|lo|pe, die; -, -n (ein Huftier)
An|ti|ma|te|rie [auch: anti...] (Kernphysik:
aus Antiteilchen aufgebaute Materie)
An|ti|pa|thie, die; -, ...|en (Abneigung; Wi-
derwille)
An|ti|po|de, der; -n, -n (Geogr.: auf dem ge-
genüberliegenden Punkt der Erde wohnen-
der Mensch; übertr. für: Gegner)
An|ti|qua, die; - (Druckw.: Lateinschrift);
An|ti|quar, der; -s, -e (Händler mit Alter-

tümern, mit alten Büchern); An|ti|qua|ri-
at, das; -[e]s, -e (Altbuchhandlung, Alt-
buchhandel); an|ti|qua|risch; An|ti|qua-
schrift (Druckw.); an|ti|quiert (veraltet;
altertümlich); An|ti|quiert|heit; An|ti-
qui|tät, die; -, -en (meist Mehrz.; alter-
tümliches Kunstwerk, Möbel u. a.); An|ti-
qui|tä|ten.han|del, ...händ|ler,
...samm|ler
An|ti|[ra|ke|ten]|ra|ke|te
An|ti|rau|cher|kam|pa|gne
An|ti|se|mit, der; -en, -en (Gegner des Ju-
dentums); an|ti|se|mi|tisch; An|ti|se|mi-
tis|mus, der; -
an|ti|sep|tisch (keimtötend)
An|ti|the|se [auch: anti...] (entgegenge-
setzte Behauptung); an|ti|the|tisch
Ant|litz, das; -es, (selten:) -e (geh.)
an|tör|nen (ugs. für: in einen Rausch verset-
zen)
An|trag, der; -[e]s, ...träge; einen - auf et-
was stellen; an|tra|gen; An|trags|for|mu-
lar; an|trags|ge|mäß; An|trag|stel|ler;
An|trag|stel|le|rin
an|tref|fen
an|trei|ben; An|trei|ber; An|trieb; An|-
triebs|kraft
an|trin|ken; sich einen - (ugs.)
An|tritt, der; -[e]s; An|tritts.be|such,
...re|de
an|tun; jmdm. etw. -; sich etw. -
an|tur|nen [...tö'...]; vgl. antörnen
Ant|wort, die; -, -en; um [od. Um] - wird ge-
beten (Abk.: u. [od. U.] A. w. g.); ant|wor-
ten; Ant|wort|schein (Postw.)
an|ver|trau|en; jmdm. einen Brief -; sich
jmdm. -; ich vertrau[t]e an, (seltener:)
ich anvertrau[t]e; anvertraut; anzuver-
trauen
An|ver|wand|te, der u. die; -n, -n
an|vi|sie|ren
an|wach|sen
an|wäh|len (Fernsprechwesen)
An|walt, der; -[e]s, ...wälte; An|wäl|tin;
An|walts|kam|mer
an|wan|deln; An|wand|lung
an|wär|men
An|wär|ter; An|wär|te|rin; An|wart-
schaft, die; -, (selten:) -en
an|wei|sen; Geld -; vgl. angewiesen; An|-
wei|sung
an|wend|bar; An|wend|bar|keit, die; -; an-
wen|den; ich wandte od. wendete die Re-
gel an, habe angewandt od. angewendet;
die angewandte od. angewendete Regel;
vgl. angewandt; an|wen|der|freund|lich;
anwenderfreundliche Bedienung; An|wen-
der|soft|ware, An|wen|dung
an|wer|ben; An|wer|bung
an|wer|fen
An|we|sen (Grundstück [mit Wohnhaus,
Stall usw.]); an|we|send; An|we|sen|de,
der u. die; -n, -n; An|we|sen|heit, die; -;
An|we|sen|heits|lis|te
an|wi|dern; es widert mich an

An|woh|ner; An|woh|ne|rin; An|woh|ner-
schaft, die; -
An|wurf
an|wur|zeln; vgl. angewurzelt
An|zahl, die; -; an|zah|len; An|zah|lung
an|zap|fen; An|zap|fung
An|zei|chen
an|zeich|nen
An|zei|ge, die; -, -n; an|zei|gen; An|zei-
ge[n]|blatt; An|zei|gen|teil; an|zei|ge-
pflich|tig; -e Krankheit; An|zei|ger
an|zet|teln (ugs.); An|zet|te|lung; An|zett-
lung
an|zie|hen; sich -; an|zie|hend; An|zie-
hung; An|zie|hungs|kraft
an|zie|len (zum Ziel haben)
An|zug, der; -[e]s, ...züge (schweiz. auch
für: [Bett]-bezug, Überzug); es ist Gefahr
im -; an|züg|lich; An|züg|lich|keit; An|-
zugs|kraft; An|zug|stoff
an|zün|den; An|zün|der
an|zwe|cken
an|zwei|feln; An|zwei|fe|lung, An|zweif-
lung
AOK = Allgemeine Ortskrankenkasse
Äols|har|fe (Windharfe)
Äon, der; -s, -en (meist Mehrz.; Zeitraum,
Weltalter; Ewigkeit)
Aor|ta, die; -, ...ten (Med.: Hauptschlagader)
Apa|che [apatsche u. apache], der; -n, -n
(Angehöriger eines Indianerstammes)
apart (geschmackvoll, reizvoll)
Apart|heid, die; - (früher: völlige Trennung
zwischen Weißen u. Farbigen in der Repu-
blik Südafrika); Apart|heid|po|li|tik
Apart|ment [epa'tm'nt], das; -s, -s (kleinere
Wohnung); vgl. Appartement; Apart-
ment|haus
Apa|thie, die; - (Teilnahmslosigkeit); apa-
thisch
aper (südd., schweiz., österr. für: schnee-
frei); -e Wiesen
Ape|ri|tif, der; -s, -s u. -e (appetitanregen-
des alkohol. Getränk)
Ap|fel, der; -s, Äpfel; Ap|fel|baum; Äp|fel-
chen; Ap|fel|mus; Ap|fel|saft; Ap|fel|si-
ne, die; -, -n; Ap|fel|si|nen|scha|le
Aphe|l|an|d|ra, die; -, ...dren (eine Zier-
pflanze)
Apho|ris|mus, der; -, ...men (geistreicher,
knapp formulierter Gedanke); apho|ris-
tisch
Aph|ro|di|si|a|kum, das; -s, ...ka (den Ge-
schlechtstrieb anregendes Mittel); aph|ro-
di|sisch (den Geschlechtstrieb steigernd)
Aph|the, die; -, -n (Med.: [schmerzhaftes]
kleines Geschwür der Mundschleimhaut)
APO, (auch:) Apo, die; - (außerparlamentari-
sche Opposition)
apo|dik|tisch (unwiderleglich; keinen Wider-
spruch duldend)
Apo|ka|lyp|se, die; -, -n (Rel.: Schrift über
das Weltende, bes. die Offenbarung des
Johannes; Unheil, Grauen); apo|ka|lyp-
tisch; die apokalyptischen Reiter

apo|li|tisch (unpolitisch)

Apol|lo (Bez. für ein amerik. Raumfahrtpro-
gramm, das die Landung bemannter Raum-
fahrzeuge auf dem Mond zum Ziel hatte);
Apol|lo|raum|schiff, (auch:) **Apol-
lo-Raum|schiff**

Apo|lo|get, der; -en, -en (Verfechter, Vertei-
diger); Apo|lo|ge|tik, die; -, -en (Theol.:
Verteidigung der christl. Lehren); **apo|lo-
ge|tisch**

Apos|tel, der; -s, -

a pos|te|ri|o|ri (Philos.: aus der Wahrneh-
mung gewonnen, aus Erfahrung; nachträg-
lich)

apos|to|lisch (nach Art der Apostel; von den
Aposteln ausgehend); die -en Väter; den
-en Segen erteilen; aber: das Apostolische
Glaubensbekenntnis; der Apostolische
Nuntius, Stuhl

Apo|s|t|roph, der; -s, -e (Auslassungszei-
chen, z. B. in „wen'ge"); apo|s|t|ro|phie-
ren ([feierlich] anreden; [jmdn.] nach-
drücklich bezeichnen; jmdn. als primitiv -;
Apo|s|t|ro|phie|rung

Apo|the|ke, die; -, -n; Apo|the|ker; Apo-
the|ke|rin

Apo|the|o|se, die; -, -n (Vergöttlichung; Ver-
klärung)

Ap|pa|rat, der; -[e]s, -e; Ap|pa|ra|tur, die;
-, -en (Gesamtanlage von Apparaten)

Ap|par|te|ment [...mang, schweiz.:
...mänt], das; -s, -s (schweiz. auch: -e; Zim-
merflucht in einem Hotel); vgl. Apartment

Ap|peal [°pil], der; -s (Anziehungskraft,
Ausstrahlung)

Ap|pell, der; -s, -e (Aufruf; Mahnruf; Milit.:
Antreten zum Befehlsempfang usw.); **ap-
pel|lie|ren** (sich mahnend, beschwörend
an jmdn. wenden); **Ap|pell|platz**

Ap|pen|dix, die; -, ...dices [...zäß] (all-
tagsspr. auch: der, -, ...dizes) [...zäß];
(Med.: Wurmfortsatz des Blinddarms); **Ap-
pen|di|zi|tis**, die; -, ...itiden (Med.: Ent-
zündung der Appendix)

Ap|pe|tit, der; -[e]s, -e; ap|pe|tit|an|re-
gend; Ap|pe|tit|hap|pen; ap|pe|tit|lich;
ap|pe|tit|los; Ap|pe|tit|lo|sig|keit, die; -;
Ap|pe|tit|züg|ler

ap|plau|die|ren (Beifall klatschen); jmdm. -;
Ap|plaus, der; -es, (selten:) -e (Beifall)

Ap|po|si|ti|on [...zion], die; -, -en
(Sprachw.: haupt- od. fürwörtl. Beifügung,
meist im gleichen Fall wie das Bezugswort,
z. B. der große Forscher, „Mitglied der Akademie ..."; einem Mann wie „ihm"); **ap-
po|si|ti|o|nell**

ap|pre|tie|ren ([Gewebe] zurichten, ausrüs-
ten); Ap|pre|tur, die; -, -en ([Gewebe]zu-
richtung, -veredelung)

ap|pro|bal|ti|on [...zion], die; -, -en (staatl.
Zulassung als Arzt/Ärztin od. Apothe-
ker[in]); **ap|pro|bie|ren**; approbierter
Arzt

ap|pro|xi|ma|tiv (annähernd)

Ap|rès-Ski [apräschi], das; - (bequeme Klei-

dung, die man nach dem Skilaufen trägt;
Vergnügung nach dem Skilaufen); **Ap-
rès-Ski-Klei|dung**

Ap|ri|ko|se, die; -, -n; Ap|ri|ko|sen|mar-
me|la|de

Ap|ril, der; -[s] -e (der vierte Monat des
Jahres; Abk.: Apr.); Ap|ril_scherz, ...wet-
ter

a pri|o|ri (bes. Philos.: von der Wahrneh-
mung unabhängig, aus Vernunftgründen;
von vornherein)

ap|ro|pos [apropo] (nebenbei bemerkt; übri-
gens)

Ap|sis, die; -, ...siden (Archit.: halbrunde,
auch vieleckige Altarnische; [halbrunde]
Nische im Zelt zur Aufnahme von Gepäck
u. a.)

Aquä|dukt, der, (auch: das); -[e]s -e (über
eine Brücke geführte antike Wasserlei-
tung); **Aqua|jog|ging** (Wassergymnastik);
aqua|ma|rin (in der Farbe des Aquama-
rins; hellblau bis meergrün); **Aqua|ma|rin,**
der; -s, -e (ein Edelstein); **Aqua|naut**, der;
-en, -en (Unterwasserforscher); **Aqua|nau-
tin**; Aqua|pla|ning [auch: ...ple'ning],
das; -[s] (das Rutschen der Reifen eines
Kraftfahrzeugs auf aufgestautem Wasser
bei regennasser Straße)

Aqua|rell, das; -s, -e (mit Wasserfarben ge-
maltes Bild); in - (Wasserfarben) malen;
Aqua|rell_far|be; **aqua|rel|lie|ren** (in
Wasserfarben malen)

Aqua|ri|um, das; -s, ...ien [...i°n] (Behälter
zur Pflege und Züchtung von Wassertieren
und -pflanzen; Gebäude für diese Zwecke)

Äqua|tor, der; -s (größter Breitenkreis der
Erde); **Äqua|tor|tau|fe**

Aqua|vit [akwawit], der; -s, -e (ein Brannt-
wein)

Akquise
Das aus dem Lateinischen stammende Wort
weist die im Deutschen ungewöhnliche
Schreibweise -kqu- auf. Ebenso *akquirieren,
Akquiseur, Akquiseurin, Akquisition,
Akquisitor, akquisitorisch.*

Äqui|va|lent [...iwa...], das; -[e]s -e (Ge-
genwert; Ausgleich)

Ar, das (auch: der); -s, -e (ein Flächenmaß;
Zeichen: a); drei -

Ära, die; -, (selten:) Ären (Zeitalter, Epoche)

Ara|bes|ke, die; -, -n (Pflanzenornament);
ara|bisch; -es Vollblut; -e Ziffern; aber:
Arabische Republik Ägypten; Arabische
Liga; ara|bi|sie|ren; Ara|bist, der; -en,
-en (Wissenschaftler auf dem Gebiet der
Arabistik); Ara|bis|tik, die; - (Erforschung
der arabischen Sprache u. Literatur); **Ara-
bis|tin**

Ara|lie [...i°], die; -, -n (trop. Pflanzengat-
tung; Zierpflanze)

Ar|beit, die; -, -en; Arbeit suchende, (auch:)
arbeitsuchende Menschen; ar|bei|ten; Ar-
bei|ter; Ar|bei|te|rin; Ar|bei|ter|schaft,
die; -

Ar|beit_ge|ber, ...neh|mer, ...neh|me|rin;
ar|beit|sam; Ar|beits_amt (jetzt: Arbeits-
agentur), ...be|schaf|fung; Ar|beits|be-
schaf|fungs|maß|nah|me (Abk.: ABM)

Ar|beits|es|sen (bes. Politik); Ar|beits_fä-
hig; Ar|beits_fä|hig|keit (die; -), ...gang
(der), ...ge|mein|schaft, ...ge|richt,
...kli|ma, ...kraft, ...lohn

ar|beits|los; Ar|beits|lo|se, der u. die; -n,
-n; Ar|beits|lo|sen|geld (Abk.: ALG, Alg);
Ar|beits|lo|sen|un|ter|stüt|zung; Ar-
beits|lo|sen|ver|si|che|rung, die; -; Ar-
beits|lo|sig|keit, die; -

Ar|beits_markt, ...platz; ar|beits|su-
chend, Ar|beits|su|chen|de, der u. die;
-n, -n; Ar|beits_tag; Ar|beits|tei|lung

ar|beit|su|chend; vgl. Arbeit; Ar|beit Su-
chen|de, der u. die; -n, -n, (auch:) Ar-
beit|su|chen|de, der u. die; -n, -n

Ar|beits_zeit; Ar|beits|zeit|kon|to; Ar-
beits|zeit|ver|kür|zung; Ar|beits|zim|mer

ar|cha|isch (aus sehr früher Zeit [stam-
mend], altertümlich); ar|cha|i|sie|ren (ar-
chaische Formen verwenden; altertümeln);
Ar|cha|is|mus, der; -, ...men (altertümli-
che Ausdrucksform, veraltetes Wort)

Ar|chäo|lo|ge, der; -n, -n (Wissenschaftler
auf dem Gebiet der Archäologie); Ar|chäo-
lo|gie, die; - (Altertumskunde); Ar|chäo-
lo|gin; ar|chäo|lo|gisch

Ar|che, die; -, -n; - Noah

Ar|chi|pel, der; -s, -e (Inselmeer, -gruppe);
Ar|chi|tekt, der; -en, -en; Ar|chi|tek|ten-
bü|ro; Ar|chi|tek|tin; Ar|chi|tek|to|nik,
die; -, -en (Wissenschaft der Baukunst [nur
Einz.]; Bauart; planmäßiger Aufbau); ar-
chi|tek|to|nisch (baulich; baukünstle-
risch); Ar|chi|tek|tur, die; -, -en (Bau-
kunst; Baustil); Ar|chi|tek|tur|bü|ro

Ar|chiv, das; -s, -e ([...w°] (Urkundensamm-
lung; Titel wissenschaftlicher Zeitschriften);
Ar|chi|va|li|en [...wali°n], die (Mehrz.;
Aktenstücke [aus einem Archiv]); ar|chi-
va|lisch (urkundlich); Ar|chi|var, der; -s,
-e (Archivbeamter); Ar|chi|va|rin; ar|chi-
vie|ren (in ein Archiv aufnehmen)

Are|al, das; -s, -e ([Boden]fläche; Gelände)

Ären (Mehrz. von: Ära)

Are|na, die; -, ...nen ([sandbestreuter]
Kampfplatz; Sportplatz; Manege im Zirkus)

arg; ärger; ärgste; ein -es Schicksal; aber: im
Argen liegen; vor dem Ärgsten bewahren;
das Ärgste verhüten; sandbegrünstes

Är|ger, der; -s; är|ger|lich; är|gern; sich
über etwas -; Är|ger|nis, das; ...nisses,
...nisse; Arg|list, die; -; arg|lis|tig; arg-
los; Arg|lo|sig|keit, die; -

Ar|gu|ment, das; -[e]s -e (Beweis[mittel,
-grund]); Ar|gu|men|ta|ti|on [...zion], die;
-, -en (Beweisführung); ar|gu|men|tie|ren

Ar|gus_au|gen, die (Mehrz.; scharfe, wach-
same Augen)

Arg|wohn, der; -[e]s (geh.); arg|wöh|nen
(geh.); ich argwöhne; geargwöhnt; zu -;
arg|wöh|nisch (geh.)

Ari|ad|ne|fa|den, *der;* -s

Arie [*ari*ᵉ], *die;* -, -n (Sologesangsstück mit Instrumentalbegleitung)

Ari|er [*...i*ᵉ*r*], *der;* -s, - (Angehöriger eines der frühgeschichtl. Völker mit idg. Sprache; nationalsoz.: Angehöriger der sog. nord. Rasse); **a**risch; ari|sie|ren (nationalsoz.: jüdisches Eigentum in den Besitz sogenannter Arier überführen)

Aris|to|krat, *der;* -en, -en (Angehöriger des Adels; vornehmer Mensch); Aris|to|kra|tie, *die;* -, ...ien; aris|to|kra|tisch

Arith|me|tik [auch: *...tik*], *die;* - (Zahlenlehre, Rechnen mit Zahlen); Arith|me|tiker; arith|me|tisch (auf die Arithmetik bezüglich); -es Mittel (Durchschnittswert)

Ar|ka|den, *die* (*Mehrz.*; Bogenreihe)

arm; ärmer, ärmste; arme Ritter (eine Süßspeise); Arm und Reich (veraltet für: jedermann)

Arm, *der;* -[e]s, -e; ein Arm voll, (auch:) Armvoll Reisig

Ar|ma|da, *die;* -, ...den u. -s ([mächtige] Kriegsflotte)

Ar|ma|tur, *die;* -, -en; Ar|ma|tu|ren|brett

Arm|band, *das* (*Mehrz.* ...bänder); Armband|uhr; Ạrm|bin|de

Ạrm|brust; *die;* -, ...brüste, (auch:) -e

Ärm|chen

Ạr|me, *der* u. *die;* -n, -n

Ar|mee, *die;* -, Armeen (Heer; Heeresabteilung); Ar|mee|ein|heit, (auch:) Armee-Ein|heit; Ar|mee|korps

Ạr|mel, *der;* -s, -; är|mel|los; Ạr|mes|län|ge; auf - an jmdn. herankommen

ar|mie|ren (Technik: ausrüsten, bestücken, bewehren); Ar|mie|rung

arm|lang; Ạrm|leh|ne

ärm|lich; Ạrm|lich|keit, *die;* -

Ärm|ling (Ärmel zum Überstreifen)

Ạrm|reif

arm|se|lig; Ạrm|se|lig|keit, *die;* -

Ạr|mut, *die;* -; Ạr|muts|zeug|nis

Ạrm|voll; vgl. Arm

Ạr|ni|ka, *die;* -, -s (eine Heilpflanze); Ạr|ni|ka|tink|tur

Ạrom, *das;* -s, -e (geh. für: Aroma); Ạro|ma, *das;* -s, ...men, -s u. (älter:) -ta; aro|ma|tisch; aro|ma|ti|sie|ren

Ạr|rak, *der;* -s, -e u. -s (Branntwein aus Reis od. Melasse)

Ar|ran|ge|ment [*arangsch*ᵉ*-mạng*], *das;* -s, -s (Anordnung; Übereinkunft; Einrichtung eines Musikstücks); Ar|ran|geur [*arangschör*], *der;* -s, -e (jmd., der ein Musikstück einrichtet, einen Schlager instrumentiert); Ar|ran|geu|rin; ar|ran|gie|ren [*arangschir*ᵉ*n*]

Ar|rest, *der;* -[e]s, -e (Beschlagnahme; Haft); Ar|rest|zel|le; ar|re|tie|ren (Technik: anhalten; sperren; veralt. für: verhaften); Ar|re|tie|rung (Sperrvorrichtung)

ar|ri|vie|ren [*...wir*ᵉ*n*] (in der Karriere vorwärtskommen); ar|ri|viert (anerkannt, erfolgreich); Ar|ri|vier|te, *der* u. *die;* -n, -n

(anerkannte[r] Künstler[in]; Emporkömmling)

ar|ro|gant (anmaßend); Ar|ro|ganz, *die;* -

Ạrsch, *der;* -[e]s, Ärsche (derb); Ạrsch-ba-cke (derb), ...krie|cher (derb für: übertrieben schmeichlerischer Mensch), ...loch (derb)

Ar|sen, *das;* -s (chem. Element, Halbmetall; Zeichen: As)

Ar|se|nal, *das;* -s, -e (Geräte-, Waffenlager)

ar|se|nig (arsenikhaltig); Ar|se|nik, *das;* -s (eine giftige Arsenverbindung)

Art, *die;* -, -en; art|ei|gen (Biol.: einer bestimmten Art entsprechend); ar|ten; nach jmdm. -; Ạr|ten_reich|tum (*der;* -[e]s), ...schutz (*der;* -es), ...vielfalt (*die;* -); art|er|hal|tend

Ar|te|rie [*...i*ᵉ], *die;* -, -n (Med.: Schlagader); ar|te|ri|ell; Ar|te|ri|en|ver|kal|kung; Ar|te|rio|skle|ro|se (Med.: Arterienverkalkung); ar|te|rio|skle|ro|tisch

art|fremd (Biol.); artfremdes Gewebe; Art|ge|nos|se (Biol.)

Ar|th|ri|tis, *die;* -, ...itiden (Gelenkentzündung); ar|th|ri|tisch; Ar|th|ro|se, *die;* -, -n (Med.: chron. Gelenkerkrankung)

ar|ti|fi|zi|ell (künstlich)

ar|tig (gesittet; folgsam); Ạr|tig|keit

Ar|ti|kel [auch: *...ti...*], *der;* -s, - (Geschlechtswort; Abschnitt eines Gesetzes o. Ä. [Abk.: Art.]; Ware; Aufsatz); Ar|ti|kel|se|rie [auch: *...ti...*] (Folge von Artikeln zu einem Thema); Ar|ti|ku|la|ti|on [*...zion*], *die;* -, -en (Sprachw.: Lautbildung, Aussprache); ar|ti|ku|lie|ren (deutlich aussprechen, formulieren)

Ar|til|le|rie, *die;* -, ...ien; Ar|til|le|rist, *der;* -en, -en; ar|til|le|ris|tisch

Ar|tist, *der;* -en, -en; Ar|tis|tik, *die;* - (Kunst der Artisten); Ar|tis|tin; ar|tis|tisch

art|ver|wandt

Arz|nei; Arz|nei_buch, ...mit|tel; Arz|nei-mit|tel|leh|re; Ạrzt, *der;* -es, Ärzte; Ärz|te|schaft, *die;* -; Ạrzt|hel|fe|rin; Ärz|tin; ärzt|lich

As, (alte Schreibung für:) Ass

As|best, *der;* -[e]s, -e (mineralische Faser); As|best|plat|te

Asch|be|cher, Ạschen|be|cher; asch|blond; Ạsche, *die;* -, (Techn.:) -n; Ạsche|ge|halt, *der;* Ạschen|bahn; Ạschen|be|cher; Ạschen|brö|del, *das;* -s, (für: jmd., der ein unscheinbares Leben führt, *auch Mehrz.*:) - (eine Märchengestalt); Ạschen|put|tel, *das;* -s, - (sww. Aschenbrödel); Ạscher (ugs. für: Aschenbecher); Ạscher|mitt|woch (Mittwoch nach Fastnacht); asch_fahl, ...grau (aber: bis ins Aschgraue [bis zum Überdruss])

As|cor|bin|säu|re; vgl. Askorbinsäure

äsen; das Rotwild äst (weidet)

Asep|sis, *die;* - (Med.: Keimfreiheit); asep|tisch (keimfrei)

Äser (*Mehrz.* von: Aas)

Asi|at, *der;* -en, -en; Asi|a|tin; asi|a|tisch; -e Grippe

As|ke|se, *die;* - (enthaltsame Lebensweise); As|ket, *der;* -en, -en (enthaltsam lebender Mensch); As|ke|tik, *die;* -; as|ke|tisch

As|kor|bin|säu|re, (fachspr.) As|cor|bin-säu|re (Vitamin C)

Äs|ku|lap|stab

aso|zi|al [auch: *...al*] (unfähig zum Leben in der Gemeinschaft; am Rande der Gesellschaft lebend); Aso|zi|a|le *der* u. *die;* -n, -n

As|pekt, *der;* -[e]s, -e (Ansicht, Gesichtspunkt; Astron.: bestimmte Stellung der Planeten zueinander)

As|phalt [auch: *aß...*], *der;* -[e]s, -e; as|phal|tie|ren; As|phalt|stra|ße

As|pik [auch: *aßpik* u. *ạßpik*], *der;* -s, -e (Gallert aus Gelatine od. Kalbsknochen)

As|pi|rant, *der;* -en, -en (Bewerber; Anwärter); As|pi|ran|tin; As|pi|ra|ti|on [*...zion*], *die;* -, -en (*meist Mehrz.;* Bestrebung)

Ạss, *das;* -es, -e (Eins [auf Karten]; das od. der bzw. die Beste [z. B. im Sport]; Tennis: für den Gegner unerreichbarer Aufschlagball)

As|sel, *die;* -, -n (ein Krebstier)

As|sess|ment|cen|ter, (auch:) As|sess-ment-Cen|ter [*äßäßmentßänt*ᵉ*r*], *das;* -s, - (psycholog. Eignungstest; Abk.: AC)

As|ses|sor, *der;* -s, ...oren (Anwärter der höheren Beamtenlaufbahn; Abk.: Ass.); As|ses|so|rin

As|si|mi|la|ti|on [*...zion*] *die;* -, -en (Angleichung); as|si|mi|lie|ren; As|si|mi|lie|rung

As|sist [*ᵉßißt*], *der;* -s, -s (Eishockey, Basketball: Zuspiel, das zum Tor od. Korb führt); As|sis|tent, *der;* -en, -en; As|sis-ten|tin; As|sis|tenz, *die;* -, -en (Beistand); As|sis|tenz|arzt; as|sis|tie|ren (zur Hand gehen, bei einer Tätigkeit behilflich sein)

As|so|zi|a|ti|on [*...zion*], *die;* -, -en (Vereinigung; Psych.: Vorstellungsverknüpfung); as|so|zi|ie|ren (verknüpfen); sich - (sich [genossenschaftlich] zusammenschließen); assoziierte Staaten

Ạst, *der;* -[e]s, Äste

AStA = Allgemeiner Studentenausschuss

Äst|chen

as|ten (ugs. für: sich abmühen); geastet

As|ter, *die;* -, -n (eine Zierpflanze); Ạster-strauß

ast|frei; astfreies Holz; Ạst|ga|bel

As|the|nie, *die;* -, ...ien (Med.: allgemeine Körperschwäche); As|the|ni|ker (schmaler, schmächtiger Mensch); as|the|nisch

Äs|thet, *der;* -en, -en (Mensch mit ausgeprägtem Schönheitssinn); Äs|the|tik, *die;* - (Wissenschaft von den Gesetzen der Kunst, bes. vom Schönen); äs|the|tisch (auch für: überfeinert); Äs|the|ti|zis|mus, *der;* - (das Ästhetische betonende Haltung)

Asth|ma, *das;* -s (anfallsweise auftretende Atemnot); Asth|ma|spray; Asth|ma|ti-

ker, *der;* -s, -; Asth|ma|ti|ke|rin; asth-
ma|tisch

ast|rein; -es Holz; etwas ist nicht ganz -
(ugs. für: ist anrüchig)

As|t|ro|lo|ge, *der;* -n, -n (Sterndeuter); As-
t|ro|lo|gie, *die;* - (Sterndeutung); As|t|ro-
lo|gin; as|t|ro|lo|gisch; As|t|ro|naut,
der; -en, -en (Weltraumfahrer); As|t|ro-
nau|tik, *die;* - (Wissenschaft von der
Raumfahrt; auch für: die Raumfahrt
selbst); As|t|ro|nau|tin; as|t|ro|nau-
tisch; As|t|ro|nom, *der;* -en, -en (Stern-,
Himmelsforscher); As|t|ro|no|mie, *die;* -
(Stern-, Himmelskunde); As|t|ro|no|min;
as|t|ro|no|misch

Asyl, *das;* -s, -e (Zufluchtsort, Heim); Asy-
lant, *der;* -en, -en (Bewerber um politi-
sches Asyl); Asy|lan|tin; Asyl_an|trag,
...be|wer|ber, ...recht (*das;* -[e]s)

Asym|me|t|rie, *die;* -, -ien (Mangel an Eben-
maß; Ungleichmäßigkeit); asym|me|t|risch

at (EDV; englische Bez. für: bei; Gliederungszeichen in E-Mail-Adressen; Zeichen: @)

Ata|vis|mus [...*wiß*...], *der;* -, ...men (Biol.:
Wiederauftreten von Merkmalen aus einem
früheren entwicklungsgeschichtlichen Sta-
dium); ata|vis|tisch

Ate|li|er [*at*e*lie*], *das;* -s, -s; Ate|li|er|fest

Atem, *der;* -s; - holen; außer - sein; atem-
be|rau|bend; Atem|be|schwer|den, *die*
(*Mehrz.*); Atem|ho|len, *das;* -s; atem|los;
Atem|pau|se

a tem|po (ugs. für: sofort; Musik: im An-
fangstempo)

Athe|is|mus, *der;* - (Weltanschauung, die
die Existenz eines Gottes verneint); Athe-
ist, *der;* -en, -en; athe|is|tisch

Äther, *der;* -s, (für: Betäubungs-, Lösungs-
mittel *auch Mehrz.*:) - (feiner Urstoff in der
griech. Philosophie; geh. für: Himmel);
äthe|risch (ätherartig; himmlisch; zart); -e
Öle

Ath|let, *der;* -en, -en (kräftig gebauter, mus-
kulöser Mann; Wettkämpfer im Sport);
Ath|le|tik, *die;* -; bes. in: Leichtathletik,
Schwerathletik; Ath|le|ti|ker, *der;* -s, -
(Mensch von athletischer Konstitution);
Ath|le|tin; ath|le|tisch

¹At|las, *der;* - u. Atlasses, Atlasse u. Atlan-
ten (geografisches Kartenwerk; Bildtafel-
werk)

²At|las, *der;* - u. Atlasses, Atlasse (ein Sei-
dengewebe)

at|men

At|mo|sphä|re, *die;* -, -n (Lufthülle; Druck-
maß; *nur Einz.:* Stimmung, Umwelt); At-
mo|sphä|ren|über|druck (*Mehrz.* ...drü-
cke); at|mo|sphä|risch

At|mung, *die;* -; at|mungs|ak|tiv (Wer-
bespr.)

Atoll, *das;* -s, -e (ringförmige Koralleninsel)

Atom, *das;* -s, -e (kleinste Einheit eines
chem. Elements); ato|mar (das Atom, die
Kernenergie, die Atomwaffen betreffend;
mit Atomwaffen [versehen]); Atom|bom-
be (kurz: A-Bombe); Atom|ener|gie, *die;*
-; Atom|geg|ner; Ato|mi|seur [...*sör*],
der; -s, -e (Zerstäuber); ato|mi|sie|ren
(in Atome auflösen; völlig zerstören);
Ato|mi|sie|rung; Atom_kraft|werk
(Abk.: AKW), ...krieg, ...macht (Staat,
der im Besitz von Atomwaffen ist),
...mei|ler, ...müll, ...phy|sik, ...stopp,
...strom; Atom-U-Boot; Atom|waf|fe
(*meist Mehrz.*); atom|waf|fen|frei; atom-
waffenfreie Zone; Atom|waf|fen|sperr-
ver|trag, *der;* -[e]s; Atom|zeit|al|ter,
das; -s

ato|nal [auch: *atonal*] (Musik: an keine
Tonart gebunden); -e Musik

ätsch! (ugs.)

At|ta|ché [*atasche*], *der;* -s, -s (Anwärter
des diplomatischen Dienstes; Auslandsver-
tretungen zugeteilter Berater); At|ta|chée,
die; -, -n; vgl. Attaché; At|ta|cke, *die;* -, -n
([Reiter]angriff; Med.: Anfall); at|ta|ckie-
ren

At|ten|tat [auch: *a*...], *das;* -[e]s, -e; At|ten-
tä|ter [auch: *a*...], *der;* -s, -

At|test, *das;* -[e]s, -e (ärztl. Bescheinigung;
Gutachten; Zeugnis); at|tes|tie|ren

At|ti|tü|de, *die;* -, -n (Haltung; [innere] Ein-
stellung; Ballett: eine [Schluss]figur)

At|trak|ti|on [...*zion*], *die;* -, -en; at|trak-
tiv; At|trak|ti|vi|tät [...*wi*...], *die;* -

At|trap|pe, *die;* -, -n (Nachbildung; Schau-,
Blindpackung)

At|tri|but, *das;* -[e]s, -e (Sprachw.: Beifü-
gung; auch für: typisches Merkmal); at|tri-
bu|tiv (beifügend); At|tri|but|satz

ät|zen (beizen); du ätzt; Ätz|flüs|sig|keit

au!; au Backe!; auweh! (ugs.)

Au, Aue, *die;* -, Auen (landsch. od. geh. für:
flaches, saftiges Wiesengelände)

AU = Abgasuntersuchung

Au|ber|gi|ne [*obärschine*], *die;* -, -n (Pflanze
mit gurkenähnlichen Früchten; Eierpflanze)

auch; wenn auch; auch wenn

Au|di|enz, *die;* -, -en (feierl. Empfang; Zulas-
sung zu einer Unterredung)

Au|dio|book [...*buk*], *das;* -s, -s
(gesprochener Text auf Kassette od. CD;
Hörbuch); Au|dio|vi|si|on, *die;* - (audiovi-
suelle Technik); au|dio|vi|su|ell (zugleich
hör- und sichtbar, Hören u. Sehen anspre-
chend); -er Unterricht

Au|di|to|ri|um, *das;* -s, ...ien [...*ien*] (ein
Hörsaal [der Hochschule]; Zuhörerschaft)

Aue; vgl. Au; Au|en|land|schaft

Au|er|hahn; Au|er|och|se

auf; *Verhältnisw. mit Wemf. u. Wenf.:* auf
dem Tisch liegen, aber: auf den Tisch legen; aufgrund, (auch:) auf Grund (vgl.
Grund); aufs, auf das Beste erpicht sein;
aber: aufs, auf das Beste od. beste (für:
sehr gut) informiert sein (vgl. beste); aufseiten, (auch:) auf Seiten; auf einmal; *Umstandsw.:* auf und ab, auf und nieder; auf
und davon; auf sein (ugs. für: geöffnet
sein; nicht mehr im Bett sein); das Auf und
Nieder, das Auf und Ab

auf|ar|bei|ten; Auf|ar|bei|tung

auf|at|men

auf|ba|cken

auf|bah|ren; Auf|bah|rung

Auf|bau, *der;* -[e]s, (für: Gebäude-, Schiffs-
teil auch *Mehrz.:*) -ten; Auf|bau|ar|beit;
auf|bau|en; eine Theorie auf einer An-
nahme -; jmdn. - (an jmds. Aufstieg arbeiten)

auf|bäu|men, sich

auf|bau|schen (auch für: übertreiben)

auf|be|geh|ren

auf|be|hal|ten; den Hut -

auf|be|kom|men

auf|be|rei|ten; Auf|be|rei|tung

auf|bes|sern; Auf|bes|se|rung

auf|be|wah|ren; Auf|be|wah|rung

auf|bie|ten; Auf|bie|tung, *die;* -; unter - al-
ler Kräfte

auf|bin|den; jmdm. etwas - (ugs. für: weis-
machen)

auf|blä|hen; vgl. aufgebläht; Auf|blä|hung

auf|bla|sen; vgl. aufgeblasen

auf|blei|ben

auf|blen|den

auf|bli|cken

auf|blin|ken

auf|blit|zen

auf|blü|hen

auf|bo|cken

auf|brau|chen

auf|brau|sen; auf|brau|send

auf|bre|chen

auf|bre|zeln, sich (ugs. für: sich auffällig zu-
rechtmachen)

auf|brin|gen (auch für: kapern); vgl. aufge-
bracht

Auf|bruch, *der;* -[e]s, ...brüche; Auf-
bruch[s]|stim|mung, *die;* -

auf|brü|hen

auf|brum|men (ugs. für: auferlegen); eine
Strafe -

auf|bü|geln

auf|bür|den (geh.)

auf dass (veraltend für: damit)

auf|de|cken; Auf|de|ckung

auf|don|nern, sich (ugs. abwertend für: sich
auffällig kleiden u. schminken)

auf|drän|gen; jmdm. etwas -; sich jmdm. -

auf|dre|hen

auf|dring|lich; Auf|dring|lich|keit

auf|drö|seln (landsch. für: etwas Verhedder-
tes, Verwickeltes entwirren)

Auf|druck, *der;* -[e]s, -e; auf|dru|cken

auf|drü|cken

auf|ei|n|an|der; aufeinander achten, - auf-
fahren, - folgen, (auch:) aufeinanderfol-
gen; vgl. aneinander; Auf|ei|n|an|der|fol-
ge, *die;* -; auf|ei|n|an|der|fol|gen; vgl.
aufeinander; auf|ei|n|an|der|le|gen; auf-
ei|n|an|der|lie|gen; auf|ei|n|an|der|pral-
len; auf|ei|n|an|der|pres|sen; auf|ei|n-
an|der|sto|ßen

Auf|ent|halt, *der;* -[e]s, -e; **Auf|ent-halts_ge|neh|mi|gung, ...raum**

auf|er|le|gen; ich erlege ihm etwas auf, (seltener:) ich auferlege; auferlegt; aufzuerlegen

auf|er|ste|hen; üblich sind nur ungetrennte Formen, z. B. wenn er auferstünde, er ist auferstanden; **Auf|er|ste|hung,** *die;* -

auf|er|we|cken; vgl. auferstehen; **Auf|er-we|ckung**

auf|es|sen

auf|fä|deln

auf|fah|ren; Auf|fahrt, *die;* -, -en; **Auf-fahr|un|fall**

auf|fal|len; auf fällt, dass ...; **auf|fal|lend; auf|fäl|lig; Auf|fäl|lig|keit**

auf|fan|gen; Auf|fang|la|ger

auf|fas|sen; Auf|fas|sung; Auf|fas|sungs-ga|be

auf|fin|den; Auf|fin|dung

auf|flie|gen

auf|for|dern; Auf|for|de|rung; Auf|for|de-rungs|satz

auf|fors|ten (Wald [wieder] anpflanzen); **Auf|fors|tung**

auf|fres|sen

auf|fri|schen; der Wind frischt auf; **Auf|fri-schung**

auf|führ|bar; auf|füh|ren; Auf|füh|rung; Auf|füh|rungs|recht

auf|fül|len; Auf|fül|lung

Auf|ga|be

auf|ga|beln (ugs. auch für: zufällig treffen u. mitnehmen)

Auf|ga|ben_be|reich *(der),* **...stel|lung, Auf|ga|be|stem|pel**

Auf|ga|lopp (Sportspr.: Probegalopp an den Schiedsrichtern vorbei zum Start)

Auf|gang, *der*

auf|ge|ben

auf|ge|bläht (auch abwertend für: großtuerisch)

auf|ge|bla|sen; ein -er (ugs. abwertend für: eingebildeter) Kerl

Auf|ge|bot; Auf|ge|bots|schein

auf|ge|bracht (erregt, erzürnt)

auf|ge|don|nert; vgl. aufdonnern

auf|ge|dreht (ugs. für: angeregt)

auf|ge|dun|sen

auf|ge|hen; es geht mir auf (es wird mir klar)

auf|ge|klärt

auf|ge|knöpft (ugs. für: mitteilsam)

auf|ge|kratzt; in -er (ugs. für: froher) Stimmung sein

auf|ge|legt (auch für: zu etwas bereit, gelaunt); zum Spazierengehen - sein

auf|ge|passt!

auf|ge|räumt (auch für: gut gelaunt)

auf|ge|raut; -es Leder

auf|ge|regt; Auf|ge|regt|heit

auf|ge|schlos|sen; - (für neue Eindrücke, Ideen zugänglich) sein; **Auf|ge|schlos-sen|heit,** *die;* -

auf|ge|schmis|sen; - (ugs. für: hilflos) sein

auf|ge|schos|sen; hoch -

auf|ge|ta|kelt (ugs. abwertend für: auffällig zurechtgemacht)

auf|ge|weckt; ein -er (kluger) Junge, Schüler; **Auf|ge|weckt|heit,** *die;* -

auf|gie|ßen

auf|glie|dern; Auf|glie|de|rung

auf|grei|fen

auf|grund, (auch:) **auf Grund;** *Verhältnisw. mit Wesf.:* aufgrund, (auch:) auf Grund des Wetters

Auf|guss; Auf|guss|beu|tel

auf|ha|ben (ugs.); ..., dass er einen Hut aufhat; für die Schule viel -; ein Geschäft, das sonntags aufhat (geöffnet ist)

auf|hal|sen (ugs. für: aufbürden)

auf|hal|ten; Auf|hal|tung

auf|hän|gen; vgl. ²hängen; **Auf|hän|ger; Auf|hän|ge|vor|rich|tung**

auf|häu|fen

auf|he|ben; Auf|he|ben, *das;* -s; [ein] großes -, viel -[s] von etwas machen; **Auf|he-bung,** *die;* -

auf|hei|tern; Auf|hei|te|rung

auf|hel|len; Auf|hel|ler

auf|het|zen; Auf|het|zung

auf|hor|chen

auf|hö|ren

Auf|kauf; auf|kau|fen; Auf|käu|fer

auf|keh|ren (bes. südd.)

auf|klä|ren (sich aufklären [vom Wetter]; Seemannsspr.: aufräumen); **auf|klä|ren** (Klarheit in eine Sache bringen; belehren; sich aufhellen); der Himmel klärt sich auf; **Auf|klä|rer; auf|klä|re|risch; Auf|klä-rung; Auf|klä|rungs|flug|zeug**

auf|kle|ben; Auf|kle|ber

auf|kna|cken

auf|knöp|fen; vgl. aufgeknöpft

auf|knüp|fen

auf|kom|men

auf|krat|zen; vgl. aufgekratzt

auf|krem|peln

auf|krie|gen (ugs.)

auf|kün|den (älter für: aufkündigen; **auf-kün|di|gen; Auf|kün|di|gung**

auf|la|den; vgl. ¹laden; **Auf|la|de|platz**

Auf|la|ge (Abk.: Aufl.); **Auf|la|ge[n]|hö|he; auf|la|gen|stark**

auf|las|sen (aufsteigen lassen; Bergmannsspr.: eine Grube stilllegen; Rechtsspr.: Grundeigentum übertragen); **Auf|las|sung**

auf|lau|ern; jmdm. -

Auf|lauf (Ansammlung; Speise); **Auf|lauf-brem|se; auf|lau|fen** (anwachsen [von Schulden]; Seemannsspr.: auf Grund geraten)

auf|le|ben

auf|le|cken

Auf|le|ge|ma|t|rat|ze; auf|le|gen; vgl. auch aufgelegt

auf|leh|nen, sich; **Auf|leh|nung**

Auf|lie|fe|rer; auf|lie|fern; Auf|lie|fe|rung

auf|lie|gen (ausliegen); sich - (sich wund liegen)

auf|lis|ten; Auf|lis|tung

auf|lo|ckern; Auf|lo|cke|rung

auf|lo|dern

auf|lö|sen; Auf|lö|sung; **Auf|lö|sungs|pro-zess**

aufm, (auch:) **auf'm** (ugs. für: auf dem)

auf|ma|chen; auf- und zumachen; **Auf|ma-cher** (wirkungsvoller Titel, eingängige Schlagzeile); **Auf|ma|chung**

Auf|marsch, *der;* **auf|mar|schie|ren**

auf|mer|ken; auf|merk|sam; jmdn. auf etwas - machen; **Auf|merk|sam|keit**

auf|mi|schen (ugs. auch für: verprügeln)

auf|mö|beln (ugs. für: aufmuntern; etw. erneuern)

auf|mu|cken (ugs.)

auf|mun|tern; Auf|mun|te|rung

auf|müp|fig (landsch. für: aufsässig, trotzig); **Auf|müp|fig|keit**

aufn, (auch:) **auf'n** (ugs. für: auf den)

Auf|nah|me, *die;* -, -n; **auf|nah|me|fä|hig; Auf|nah|me|prü|fung; auf|neh|men; Auf|neh|mer** (nordd. für: Scheuerlappen; Kehrichtschaufel)

auf|nö|ti|gen

auf|ok|t|ro|y|lie|ren [...*oktroajir°n*] (aufdrängen, aufzwingen)

auf|op|fern; sich -; **Auf|op|fe|rung,** *die;* -, (selten:) -en; **auf|op|fe|rungs|voll**

auf|pa|cken

auf|päp|peln (ugs.)

auf|pas|sen; Auf|pas|ser

auf|pfrop|fen

auf|pi|cken

auf|plus|tern; sich -

Auf|prall, *der;* -[e]s, (selten:) -e; **auf|pral-len**

auf|put|schen; Auf|putsch|mit|tel

auf|put|zen; sich -

auf|quel|len; vgl. ¹quellen

auf|raf|fen; sich -

auf|rap|peln, sich (ugs. für: sich aufraffen)

auf|rau|en

Auf|räum|ar|beit; auf|räu|men; vgl. auch aufgeräumt; **Auf|räu|mung**

auf|rech|nen; Auf|rech|nung

auf|recht; - halten, sitzen, stehen, stellen; er kann sich nicht - halten; **auf|recht|er|hal-ten** (weiterhin bestehen lassen); ich erhalte den Kontakt aufrecht, habe ihn aufrechterhalten; um den Kontakt aufrechtzuerhalten; **Auf|recht|er|hal|tung,** *die;* -

auf|re|gen; auf|re|gend; Auf|re|gung

auf|rei|ben; auf|rei|bend

auf|rei|zen; auf|rei|zend

auf|rich|ten; sich -; **auf|rich|tig; Auf|rich-tig|keit,** *die;* -; **Auf|rich|tung,** *die;* -

Auf|riss (Bauzeichnung)

auf|rü|cken

Auf|ruf; auf|ru|fen

Auf|ruhr, *der;* -[e]s; **auf|rüh|ren; Auf|rüh-rer; auf|rüh|re|risch**

auf|run|den (Zahlen nach oben runden); Auf|run|dung

auf|rüs|ten; Auf|rüs|tung

auf|rüt|teln

aufs (auf das)

auf|säs|sig; Auf|säs|sig|keit

Auf|satz; Auf|satz|the|ma

auf|schal|ten (Fernsprechwesen: eine Verbindung zu einem besetzten Anschluss herstellen)

auf|schei|nen (österr. für: erscheinen, auftreten, vorkommen)

auf|scheu|chen

auf|schie|ben; Auf|schie|bung

Auf|schlag; auf|schla|gen

auf|schlie|ßen; vgl. auch aufgeschlossen; Auf|schluss; auf|schlüs|seln; Auf|schlüs|se|lung; auf|schluss|reich

auf|schnap|pen

auf|schnei|den; Auf|schnei|der; Auf|schnei|de|rei; auf|schnei|de|risch; Auf|schnitt, der; -[e]s; kalter -

¹auf|schre|cken; sie schrak od. schreckte auf; sie war aufgeschreckt; vgl. ¹schrecken

²auf|schre|cken; ich schreckte ihn auf; sie hatte ihn aufgeschreckt; vgl. ²schrecken

Auf|schrei

auf|schrei|ben

auf|schrei|en

Auf|schrift

Auf|schub

auf|schwat|zen, (landsch.:) auf|schwät|zen

¹auf|schwel|len; der Leib schwoll auf, ist aufgeschwollen; vgl. ¹schwellen

²auf|schwel|len; der Exkurs schwellte das Buch auf, hat das Buch aufgeschwellt; vgl. ²schwellen

Auf|schwel|lung

auf|schwem|men

auf|schwin|gen, sich; Auf|schwung

auf|se|hen; Auf|se|hen, das; -s; - erregen; Auf|se|hen er|re|gend, (auch:) auf|se|hen|er|re|gend, ein Aufsehen erregendes, (auch:) aufsehenerregendes Ereignis; aber nur: ein großes Aufsehen erregendes Ereignis, ein äußerst aufsehenerregendes Ereignis; Auf|se|her; Auf|se|he|rin

auf sein; vgl. auf

auf|sei|ten, (auch:) auf Sei|ten; mit Wesf.: aufseiten, (auch:) auf Seiten der Regierung

auf|set|zen; Auf|set|zer (Sportspr.)

Auf|sicht, die; -, -en; der Aufsicht führende, (auch:) aufsichtführende Lehrer; Auf|sicht Füh|ren|de, der u. die; - -n, - -n, (auch:) Auf|sicht|füh|ren|de, der u. die; -n, -n; Auf|sichts_be|am|te, ...rat (Mehrz. ...räte); Auf|sichts|rats|sit|zung

auf|sit|zen; jmdn. - lassen (ugs. für: jmdn. im Stich lassen); jmdm. - (auf jmdn. hereinfallen)

auf|spie|len; sich -

auf|spie|ßen

auf|split|tern; Auf|split|te|rung

auf|spray|en

auf|spren|gen; einen Tresor -

auf|spu|len; ein Tonband -

auf|spü|len; Sand -

auf|spü|ren; Auf|spü|rung

auf|sta|cheln

Auf|stand; auf|stän|disch; Auf|stän|di|sche, der u. die; -n, -n

auf|sta|peln

auf|ste|cken; vgl. ²stecken

auf|ste|hen

auf|stei|gen; Auf|stei|ger; Auf|stei|ge|rin (auch Sportspr.)

auf|stel|len; Auf|stel|lung

auf|stem|men

Auf|stieg, der; -[e]s, -e; Auf|stiegs_mög|lich|keit, ...spiel (Sportspr.)

auf|stö|bern

auf|sto|cken ([um ein Stockwerk] erhöhen)

auf|sto|ßen; mir stößt etwas auf

auf|stre|ben; auf|stre|bend

auf|strei|chen; Auf|strich

auf|sum|mie|ren (EDV: [Werte] addieren od. subtrahieren)

auf|ta|keln (Seemannsspr.: mit Takelwerk ausrüsten); sich - (ugs. abwertend für: sich auffällig zurechtmachen); vgl. aufgetakelt

Auf|takt, der; -[e]s, -e

auf|tan|ken

auf|tei|len; Auf|tei|lung

auf|ti|schen (auch ugs. abwertend für: etwas erzählen, berichten)

Auf|trag, der; -[e]s, ...träge; im -[e] (Abk.: i. A. od. I. A.; vgl. d.); auf|tra|gen; Auf|trag|ge|ber; Auf|trag|ge|be|rin; Auf|trags|be|stä|ti|gung; auf|trags|ge|mäß

auf|tre|ten; Auf|tre|ten, das; -s

Auf|trieb; Auf|triebs|kraft

Auf|tritt; Auf|tritts|ver|bot

auf|trump|fen

auf|tun; sich -

auf|tür|men; sich -

auf und ab; - - - gehen (ohne bestimmtes Ziel); Auf und Ab, das; - - -[s]

auf und da|von; sich - - - machen (ugs.)

auf|wa|chen

auf|wach|sen

Auf|wand, der; -[e]s, ...wände; auf|wän|dig, (auch:) auf|wen|dig; Auf|wands|ent|schä|di|gung

Auf|war|te|frau; auf|war|ten

aufwärts s. Kasten

Auf|wärts|ent|wick|lung; auf|wärts|ge|hen (nach oben gehen; auch für: besser werden); mit ihrer Gesundheit ist es aufwärtsgegangen

Auf|war|tung

Auf|wasch, der; -[e]s (Geschirrspülen; schmutziges Geschirr); auf|wa|schen

auf|we|cken; vgl. aufgeweckt

auf|wei|chen; vgl. ¹weichen; Auf|wei|chung

auf|wei|sen

auf|wen|den; ich wandte od. wendete viel Zeit auf, habe aufgewandt od. aufgewendet; aufgewandte od. aufgewendete Zeit;

auf|wen|dig, (auch:) auf|wän|dig; Auf|wen|dung

auf|wer|fen; sich zum Richter -

auf|wer|ten; Auf|wer|tung

auf|wi|ckeln

Auf|wie|ge|lei (abwertend); auf|wie|geln; Auf|wie|ge|lung, Auf|wieg|lung

auf|wie|gen

Auf|wieg|ler; auf|wieg|le|risch; Auf|wieg|lung; vgl. Aufwiegelung

auf|wi|schen; Auf|wisch|lap|pen

Auf|wuchs (Forstw.)

auf|wüh|len

auf|zäh|len; Auf|zäh|lung

auf|zäu|men; das Pferd am od. beim Schwanz - (ugs. für: etwas verkehrt beginnen)

---

auf|wärts

– auf- und abwärts

Man schreibt „aufwärts" in der Regel mit dem folgenden Zeitwort zusammen:

– aufwärtsfahren, aufwärtsschieben, aufwärtssteigen

– wir sind zwei Stunden lang nur aufwärtsgegangen

– mit ihrer Gesundheit ist es stetig aufwärtsgegangen

Aber:

– aufwärts davonfliegen

– aufwärts ging es langsamer als abwärts

– wir wollten aufwärts gehen, nicht fahren

---

auf|zeich|nen; Auf|zeich|nung

auf|zei|gen (dartun)

auf Zeit (Abk.: a. Z.)

auf|zie|hen; Auf|zucht

Auf|zug; Auf|zug|füh|rer; Auf|zug[s]schacht

auf|zwin|gen

Aug|ap|fel; Au|ge, das; -s, -n; - um -; Äu|gel|chen; Äug|lein; äu|geln ([verstohlen] blicken; auch für: okulieren); äu|gen ([angespannt] blicken; Au|gen_arzt, ...bank (Mehrz. ...banken; Med.), ...blick¹; au|gen|blick|lich¹; Au|gen|blicks|sa|che¹; Au|gen|braue; au|gen|fäl|lig; Au|gen_far|be, ...heil|kun|de, ...maß, das; ...merk (das; -[e]s; sein - auf etwas richten, lenken), ...pul|ver (das; -s; ugs. für: sehr kleine, die Augen anstrengende Schrift), ...schein (der; -[e]s); au|gen|schein|lich [auch: ...schain...]; Au|gen_wei|de (die; -), ...wi|sche|rei (Betrug, Schwindel), ...zeu|ge; Au|gen|zeu|gen|be|richt; Au|gen|zwin|kern, das; -s

Au|gi|as|stall (übertr. auch für: korrupte Verhältnisse)

Äug|lein; vgl. Äugelchen

Au|gust, der; -[e]s u. -, Mehrz.: -e (der achte Monat des Jahres; Abk.: Aug.); Au-

---

¹ Auch: ...blik...

gus|ti|ner, *der;* -s, - (Angehöriger eines kath. Ordens)

Auk|ti|on [...*zion*], *die;* -, -en (Versteigerung); Auk|ti|o|na|tor, *der;* -s, ...oren (Versteigerer); Auk|ti|o|na|to|rin

Au|la, *die;* -, Aulen u. -s (Fest-, Versammlungssaal in [Hoch]schulen)

au pair [*o pär*] (ohne Bezahlung; nur gegen Unterkunft, Verpflegung u. Taschengeld); Au-pair-Mäd|chen

Au|re|o|le, *die;* -, -n (Heiligenschein; Hof [um Sonne und Mond])

Au|ri|kel, *die;* -, -n (eine Zierpflanze)

aus; *Verhältnisw. mit Wemf.:* - dem Hause; - aller Herren Länder[n]; *Umstandsw.:* aus sein (ugs. für: zu Ende, erloschen, ausgeschaltet sein); auf etwas aus sein (ugs. für: erpicht sein); aus und ein gehen (verkehren); weder aus noch ein wissen; Aus, *das;* -, -; der Ball ist im -; das kann für die Firma das - bedeuten

aus|ar|bei|ten; sich -; Aus|ar|bei|tung

aus|at|men; Aus|at|mung

aus|ba|den; eine Sache - müssen (ugs.)

aus|bal|an|cie|ren

aus|bal|do|wern (ugs. für: auskundschaften)

Aus|ball (Sportspr.)

Aus|bau, *der;* -[e]s, (für: Gebäudeteil, abseits gelegenes Anwesen, *auch Mehrz.:)* ...bauten; aus|bau|en; aus|bau|fä|hig; Aus|bau|woh|nung

aus|be|din|gen; sich etwas -

aus|bes|sern; Aus|bes|se|rung; aus|bes|se|rungs|be|dürf|tig

Aus|beu|te, *die;* -, -n; aus|beu|ten; Aus|beu|ter; Aus|beu|te|rei; aus|beu|te|risch; Aus|beu|tung

aus|be|zah|len

aus|bil|den; Aus|bil|den|de, *der u. die;* -n, -n; Aus|bil|der; Aus|bil|de|rin; Aus|bil|dung; Aus|bil|dungs_bei|hil|fe, ...platz, ...ver|trag

aus|bit|ten; sich etwas -

aus|bla|sen

aus|blei|ben

¹aus|blei|chen (bleich machen); du bleichtest aus; ausgebleicht; vgl. ¹bleichen

²aus|blei|chen (bleich werden); es blich aus; ausgeblichen (auch: ausgebleicht); vgl. ²bleichen

Aus|blick

aus|boo|ten

aus|bor|gen; sich etwas von jmdm. -

aus|bre|chen; Aus|bre|cher

aus|brei|ten; Aus|brei|tung

aus|brin|gen; einen Trinkspruch -

Aus|bruch, *der;* -[e]s, ...brüche; Ausbruchs|ver|such

aus|bud|deln (ugs.)

aus|bü|geln

aus|bu|hen (ugs. für: durch Buhrufe sein Missfallen bekunden)

Aus|bund, *der;* -[e]s

aus|bür|gern; Aus|bür|ge|rung

aus|che|cken (Flugw.)

Aus|dau|er; aus|dau|ernd

aus|deh|nen; sich -; Aus|deh|nung; Ausdeh|nungs|ko|ef|fi|zi|ent (Physik)

aus|den|ken; sich etwas -

aus|die|nen; vgl. ausgedient

aus|dor|ren; aus|dör|ren

Aus|druck, *der;* -[e]s, ...drücke u. (Druckw.:) ...drucke; aus|dru|cken; aus|drü|cken; sich -; aus|drück|lich [auch: ...*drük*..]; aus|drucks|los; aus|drucks|voll; Ausdrucks|wei|se

aus|duns|ten, (häufiger:) aus|düns|ten

aus|ei|n|an|der; auseinander sein (sich getrennt haben); vgl. aneinander; aus|ei|n|an|der|bie|gen; aus|ei|n|an|der|fal|len; (im besten Einvernehmen) aus|ei|n|an|der|ge|hen; aus|ei|n|an|der|hal|ten; aus|ei|n|an|der|le|ben; aus|ei|n|an|der|set|zen; wir haben uns mit diesem Thema auseinanderzusetzen; der Lehrer will die Schüler auseinandersetzen; Aus|ei|n|an|der|set|zung; aus|ei|n|an|der|stie|ben; aus|ei|n|an|der|stre|ben; aus|ei|n|an|der|trei|ben

aus|er|ko|ren (auserwählt)

aus|er|le|sen

aus|er|se|hen

aus|er|wäh|len; aus|er|wählt; Aus|er|wähl|te, *der u. die;* -n, -n

aus|fahr|bar; aus|fah|ren; Aus|fahrt; Ausfahrt[s]|er|laub|nis

Aus|fall, *der;* aus|fal|len; vgl. ausgefallen

aus|fäl|len (Chemie: gelöste Stoffe in Form von Kristallen, Flocken o. Ä. ausscheiden)

aus|fal|lend od. aus|fäl|lig (beleidigend)

Aus|fall[s]|er|schei|nung (Med.); Aus|fallstra|ße

aus|fech|ten

aus|fin|dig; - machen

aus|flip|pen (ugs. für: sich [bewusst] außerhalb der gesellschaftlichen Normen stellen; außer sich geraten); ausgeflippt

Aus|flucht, *die;* -, ...flüchte *(meist Mehrz.)*

Aus|flug; Aus|flüg|ler; Aus|flugs|ver|kehr

Aus|fluss

aus|fra|gen; Aus|fra|ge|rei (ugs. abwertend)

aus|fran|sen; vgl. ausgefranst

aus|fres|sen; etwas ausgefressen (ugs. für: verbrochen) haben

Aus|fuhr, *die;* -, -en; aus|füh|ren; Ausfuhr|land (Mehrz. ...länder); aus|führ|lich¹; Aus|führ|lich|keit¹, *die;* -; Aus|füh|rung; Aus|füh|rungs|be|stim|mung; Aus|fuhr|ver|bot

aus|fül|len; Aus|fül|lung

Aus|ga|be; Aus|ga|be[n]|buch; Aus|ga|ben|po|li|tik; Aus|ga|be|ter|min

Aus|gang; aus|gangs (Amtsspr.); *mit Wesf.:* - des Tunnels; Aus|gangs|ba|sis

aus|ge|ben

aus|ge|bleicht; vgl. ¹ausbleichen; aus|ge|bli|chen; vgl. ²ausbleichen

aus|ge|bucht; ein -es Hotel, Flugzeug

Aus|ge|burt (geh. abwertend)

aus|ge|dient; - haben

aus|ge|fal|len (ungewöhnlich)

aus|ge|feilt

aus|ge|flippt; vgl. ausflippen

aus|ge|franst; eine -e Hose

aus|ge|fuchst (ugs. für: durchtrieben)

aus|ge|gli|chen; Aus|ge|gli|chen|heit, *die;* -

aus|ge|hen

aus|ge|hun|gert (sehr hungrig)

Aus|geh|ver|bot

aus|ge|klü|gelt

aus|ge|kocht (ugs. für: durchtrieben); ein -er Kerl

aus|ge|las|sen (auch für: übermütig); Ausge|las|sen|heit, *die;* -

aus|ge|las|tet

aus|ge|laugt; -e Böden

aus|ge|lei|ert

aus|ge|lernt; ein -er Schlosser; Aus|ge|lern|te, *der u. die;* -n, -n

aus|ge|lit|ten; - haben

aus|ge|macht (feststehend); als - gelten; ein -er (ugs. für: großer) Schwindel

aus|ge|mer|gelt

aus|ge|nom|men; alle waren zugegen, er ausgenommen od. ausgenommen er; ausgenommen[,] dass/wenn ...

aus|ge|picht (ugs. für: gerissen)

aus|ge|po|wert [...*pauᵉrt*] (ugs.)

aus|ge|prägt

aus|ge|pumpt (ugs. für: erschöpft)

aus|ge|rech|net

aus|ge|schlos|sen

aus|ge|spro|chen (entschieden, sehr groß); eine -e Abneigung

aus|ge|stal|ten; Aus|ge|stal|tung

aus|ge|steu|ert; Aus|ge|steu|er|te, *der u. die;* -n, -n (bes. schweiz. für: jmd., dessen Anspruch auf Arbeitslosenunterstützung erlischt)

aus|ge|sucht ([aus]erlesen; ausgesprochen)

aus|ge|wach|sen (voll ausgereift)

aus|ge|wo|gen; Aus|ge|wo|gen|heit, *die;* -

aus|ge|zeich|net

aus|gie|big (reichlich)

aus|gie|ßen; Aus|gie|ßung

Aus|gleich, *der;* -[e]s, -e; aus|glei|chen; vgl. ausgeglichen; Aus|gleichs_ab|ga|be, ...ge|trie|be (für: Differenzial), ...sport

aus|gra|ben; Aus|grä|ber; Aus|gra|bung

aus|grei|fen

aus|grün|den (Wirtsch.: einen Teil eines Betriebes getrennt als selbstständiges Unternehmen weiterführen)

Aus|guck, *der;* -[e]s, -e

Aus|guss

aus|ha|ben (ugs.)

aus|ha|ken; bei jmdm. hakt es aus (ugs. für: jmd. verliert die Nerven)

aus|hal|ten; es ist nicht zum Aushalten

aus|hän|di|gen; Aus|hän|di|gung

---

¹ Auch: ...*führ*...

Aus|hang

¹aus|hän|gen; die Verordnung hat ausge-
hangen; vgl. ¹hängen

²aus|hän|gen; ich habe das Fenster ausge-
hängt; vgl. ²hängen

Aus|hän|ge|schild, das

aus|har|ren

aus|hau|chen (geh.); sein Leben -

aus|häu|sig (außer Haus; nicht zu Hause)

aus|he|ben (herausheben; zum Heeresdienst
einberufen); Aus|he|ber (Griff beim Rin-
gen)

aus|he|cken (ugs. für: listig ersinnen)

aus|hel|fen; Aus|hel|fer; Aus|hil|fe; Aus-
hilfs|kraft, die; aus|hilfs|wei|se

aus|hol|zen; Aus|hol|zung

aus|hor|chen; Aus|hor|cher

aus|hun|gern; vgl. ausgehungert

aus|ixen (ugs. für: mit dem Buchstaben x
ungültig machen); du ixt aus

aus|käm|men

aus|keh|ren

aus|ken|nen, sich

aus|kip|pen

aus|klam|mern; Aus|klam|me|rung

aus|kla|mü|sern (ugs. für austüfteln)

Aus|klang

aus|klei|den; sich -; Aus|klei|dung

aus|klop|fen; Aus|klop|fer

aus|klü|geln

aus|knei|fen (ugs. für: [aus Feigheit] heim-
lich weglaufen)

aus|knip|sen (ugs.)

aus|kno|beln (ugs. auch für: ausdenken)

aus|kno|cken [...nok°n] (Boxsport: durch
K. o. besiegen)

aus|kom|men; Aus|kom|men, das; -s; aus-
kömm|lich

aus|kos|ten

aus|kot|zen (derb); sich -

aus|kra|men (ugs.)

aus|krat|zen (auch salopp für: ausreißen)

aus|ku|geln (ugs. für: ausrenken)

aus|küh|len; Aus|küh|lung

Aus|kul|ta|ti|on [...zion], die; -, -en (Med.:
das Abhorchen); aus|kul|tie|ren

aus|kund|schaf|ten

Aus|kunft, die; -, ...künfte; Aus|kunf|tei;
Aus|kunfts|stel|le

aus|kup|peln

aus|ku|rie|ren

aus|la|chen

¹aus|la|den; Waren -; vgl. ¹laden

²aus|la|den; jmdn. -; vgl. ²laden

aus|la|dend (nach außen ragend); Aus|la-
dung

Aus|la|ge

aus|la|gern; Aus|la|ge|rung

Aus|land, das; -[e]s; Aus|län|der; Aus|län-
der|bei|rat; aus|län|der|feind|lich; Aus-
län|de|rin; aus|län|disch; Aus-
lands_auf|ent|halt, ...ge|schäft, ...rei|se

aus|las|sen; sich [über jmdn. od. etwas] -;
vgl. ausgelassen; Aus|las|sung; Aus|las-
sungs|zei|chen (für: Apostroph)

aus|las|ten; Aus|las|tung

Aus|lauf; Aus|lauf|bahn (Skisport); aus-
lau|fen; Aus|läu|fer

Aus|laut; aus|lau|ten

aus|le|ben; sich -

aus|lee|ren; Aus|lee|rung

aus|le|gen; Aus|le|ger; Aus|le|ge|wa|re
(Teppichmaterial zum Auslegen von Fußbö-
den); Aus|le|gung

aus|lei|ern (ugs.)

Aus|lei|he; aus|lei|hen

aus|ler|nen; vgl. ausgelernt

Aus|le|se; aus|le|sen; Aus|le|se|pro|zess

aus|lie|fern; Aus|lie|fe|rung

aus|lo|ben (Rechtsw.: als Belohnung ausset-
zen)

aus|log|gen (EDV); sich -

aus|lö|schen; er löschte das Licht aus, hat es
ausgelöscht

aus|lo|sen

aus|lö|sen; Aus|lö|ser

Aus|lo|sung (durch das Los getroffene
[Aus]wahl)

Aus|lö|sung (pauschale Entschädigung für
Reisekosten)

ausm, (auch:) aus'm (ugs. für: aus dem)

aus|ma|chen; eine Sache -; vgl. ausgemacht

aus|mah|len; Korn -

aus|ma|len; ein Bild -

aus|mä|ren, sich (landsch. für: zu trödeln
aufhören)

Aus|maß, das

aus|mer|zen (radikal beseitigen); du merzt
aus; Aus|mer|zung

aus|mes|sen; Aus|mes|sung

aus|mis|ten

aus|mus|tern; Aus|mus|te|rung

Aus|nah|me, die; -, -n; Aus|nah|me_fall
(der), ...zu|stand; aus|nahms|los,
...wei|se; aus|neh|men; sich -; vgl. aus-
genommen; aus|neh|mend (sehr)

aus|nüch|tern; Aus|nüch|te|rung; Aus-
nüch|te|rungs|zel|le

aus|nut|zen, (bes. südd., österr.:) aus|nüt-
zen

aus|pa|cken

aus|peit|schen

Au|s|pi|zi|um, das; -s, ...ien [...i°n] (Vorbe-
deutung); unter jemandes Auspizien, unter
den Auspizien (der Schirmherrschaft, Ober-
hoheit) von ...

aus|plün|dern; Aus|plün|de|rung

aus|po|sau|nen (ugs. für: überall erzählen)

aus|po|wern [...pau...] (ugs. für: seine
Kräfte vollständig aufbrauchen); total aus-
gepowert sein

aus|prä|gen; vgl. ausgeprägt; Aus|prä-
gung

aus|prei|sen (Kaufmannsspr.: [Waren] mit
einem Preis versehen)

aus|pro|bie|ren

Aus|puff, der; -[e]s, -e; Aus|puff|flam|me,
(auch:) Aus|puff-Flam|me

aus|pum|pen; vgl. ausgepumpt

aus|punk|ten (Boxsport: nach Punkten be-
siegen)

aus|quar|tie|ren; Aus|quar|tie|rung

aus|quat|schen (ugs.); sich -

aus|quet|schen

aus|ra|die|ren

aus|ran|gie|ren [...sehir°n] (ugs. für: aus-
sondern; ausscheiden)

aus|rau|ben; aus|räu|bern

aus|räu|chern

aus|räu|men

aus|rech|nen; Aus|rech|nung

Aus|re|de; aus|re|den; jmdm. etwas -

aus|rei|chen; aus|rei|chend; er hat [die
Note] „ausreichend" erhalten; sie hat mit
[der Note] „ausreichend" bestanden

Aus|rei|se; aus|rei|sen; Aus|rei|se|sper|re;
aus|rei|se|wil|lig

aus|rei|ßen; Aus|rei|ßer

aus|ren|ken; Aus|ren|kung

aus|rich|ten; etwas -; Aus|rich|ter
(Sportspr.); Aus|rich|tung

aus|rot|ten; Aus|rot|tung

aus|rü|cken ([die Garnison] verlassen; ugs.
für: fliehen)

Aus|ruf; aus|ru|fen; Aus|ru|fer; Aus|ru-
fe|zei|chen; Aus|ru|fung; Aus|ru|fungs-
zei|chen

aus|ru|hen; sich -

aus|rüs|ten; Aus|rüs|ter; Aus|rüs|tung;
Aus|rüs|tungs|ge|gen|stand

aus|rut|schen; Aus|rut|scher

Aus|saat; aus|sä|en

Aus|sa|ge, die; -, -n; aus|sa|gen; Aus|sa-
ge|wei|se, die (Sprachw.: Modus)

Aus|satz, der; -es (eine Krankheit); aus|sät-
zig

aus|scha|ben; Aus|scha|bung

aus|schach|ten; Aus|schach|tung

aus|schal|ten; Aus|schal|tung

Aus|schank

Aus|schau, die; -; - halten; aus|schau|en

aus|schei|den; Aus|schei|dung; Aus|schei-
dungs|spiel

aus|schen|ken (Bier, Wein usw.)

aus|sche|ren (die Linie, Spur verlassen [von
Fahrzeugen]); scherte aus; ausgeschert

aus|schil|dern (mit Schildern markieren);
Aus|schil|de|rung

aus|schlach|ten (ugs. abwertend auch für:
etwas ausbeuten)

aus|schla|fen; sich -

Aus|schlag; aus|schla|gen; aus|schlag|ge-
bend

aus|schlie|ßen; vgl. ausgeschlossen; aus-
schlie|ßend; aus|schließ|lich¹; Verhält-
nisw. mit Wesf.: - des Weines; aber: -
Porto; - Getränken; Aus|schließ|lich|keit¹,
die; -; Aus|schlie|ßung; Aus|schluss

aus|schmü|cken; Aus|schmü|ckung

aus|schnei|den; Aus|schnitt

aus|schöp|fen

aus|schrei|ben; Aus|schrei|bung

¹ Auch: außschließ... od. außschließ...

aus|schrei|ten; Aus|schrei|tung *(meist Mehrz.)*

Aus|schuss; Aus|schuss|sit|zung

aus|schüt|ten; Aus|schüt|tung

aus|schwei|fen; aus|schwei|fend; Aus-schwei|fung

aus|se|hen; Aus|se|hen, *das; -s*

aus sein; vgl. aus

au|ßen; von - [her]; nach innen und -; nach - [hin]; außen liegen usw.; die außen liegen-den, (auch:) außenliegenden Kabinen; die außen Stehenden, (auch:) die Außenste-henden; Au|ßen, *der; -, -* (Sportspr.: Au-ßenspieler); er spielt - (als Außenspieler); Au|ßen|bord|mo|tor; au|ßen|bords (au-ßerhalb des Schiffes)

aus|sen|den; Aus|sen|dung, *die; -*

Au|ßen_dienst, ...han|del; au|ßen|lie-gend; vgl. außen; Au|ßen_mi|nis|ter, ...mi|nis|te|rin, ...po|li|tik; au|ßen|poli-tisch; Au|ßen|sei|te; Au|ßen_sei|ter, ...sei|te|rin; Au|ßen|ste|hen|de, *der* u. *die; -n, -n*; vgl. außen; Au|ßen_tem|pe|ra-tur, ...tür, ...wand

au|ßer; *Bindew.:* - dass/wenn/wo: wir fah-ren in die Ferien, - [wenn] es regnet; nie-mand kann diese Schrift lesen - er selbst; *Verhältnisw. mit Wemf.:* niemand kann es lesen - ihm selbst; - [dem] Haus[e]; - allem Zweifel; - Dienst (Abk.: a. D.); ich bin - mir (empört); außerstande, (auch:) außer Stande sein; sich außerstande, (auch:) au-ßer Stande sehen; außerstand, (auch:) au-ßer Stand setzen; außer Acht lassen; außer aller Acht lassen; *mit Wemf.* (bei Zeitwör-tern der Bewegung): etwas - jeden Zweifel stellen; ich gerate - mich (od. mir) vor Freude; *mit Wesf. nur in:* - Landes gehen, sein; Au|ßer|acht|las|sung; au|ßer|dem; au|ßer|dienst|lich; äu|ße|re; Äu|ße|re, *das;* ...r[e]n; im Äußer[e]n sein -s; ein er-schreckendes Äußere[s]; Minister des -n; au|ßer|ge|richt|lich; au|ßer|ge|wöhn-lich; au|ßer|halb; - von München; *Ver-hältnisw. mit Wesf.:* - des Lagers; - Mün-chens; Au|ßer|kraft|set|zung; äu|ßer-lich; Äu|ßer|lich|keit

äu|ßern; sich -

au|ßer|or|dent|lich; -er Professor (Abk.: ao., a. o. Prof.); au|ßer|par|la|men|ta-risch; die -e Opposition (Abk.: APO, auch: Apo); au|ßer|plan|mä|ßig (Abk.: apl.); -er Professor, au|ßer|schu|lisch

äu|ßerst; mit äußerster Konzentration, aber: das Äußerste befürchten; auf das, aufs Äußerste (auf die schlimmsten Dinge) gefasst sein; auf das, aufs Äußerste, (auch:) auf das, aufs äußerste (sehr) er-schrocken sein; es zum Äußersten kommen lassen

au|ßer|stand [auch: au...], (auch:) außer Stand; vgl. außer; au|ßer|stan|de, (auch:) au|ßer Stan|de; vgl. außer

äu|ßers|ten|falls

Äu|ße|rung

aus|set|zen; Aus|set|zung

Aus|sicht, *die; -, -en*; aus|sichts|los; Aus-sichts|lo|sig|keit, *die; -*; aus|sichts|reich; Aus|sichts|turm

aus|sie|deln; Aus|sie|de|lung, Aus|sied-lung; Aus|sied|ler; Aus|sied|le|rin; Aus-sied|lung

aus|söh|nen; sich -; Aus|söh|nung

aus|son|dern; Aus|son|de|rung

aus|sor|gen; ausgesorgt haben

aus|sor|tie|ren

aus|span|nen (ugs. auch für: abspenstig ma-chen); Aus|span|nung

aus|sper|ren; Aus|sper|rung

aus|spie|len; jmdn. gegen jmdn. -

aus|spi|o|nie|ren

Aus|spra|che; Aus|spra|che|wör|ter|buch; aus|spre|chen; sich -; vgl. ausgesprochen; Aus|spruch

aus|spu|cken

aus|staf|fie|ren (ausstatten); Aus|staf|fie-rung

Aus|stand, *der; -[e]s*; in den - treten (strei-ken)

aus|stat|ten; Aus|stat|tung

aus|ste|hen; jmdn. nicht - können; die Rech-nung steht noch aus

aus|stei|gen; Aus|stei|ger

aus|stel|len; Aus|stel|ler; Aus|stell|fens-ter (Kfz); Aus|stel|lung; Aus|stel-lungs_ge|län|de, ...ka|ta|log

aus|ster|ben

Aus|steu|er, *die; (Mehrz. selten)*; aus|steu-ern; Aus|steu|e|rung

Aus|stieg, *der; -[e]s, -e*

aus|sto|ßen

aus|strah|len; Aus|strah|lung

aus|stre|cken

aus|streu|en; Gerüchte -

aus|su|chen; vgl. ausgesucht

aus|tan|zen (bes. Fußball: den Gegner ge-schickt u. spektakulär umspielen)

Aus|tausch, *der; -[e]s*; aus|tausch|bar; aus|tau|schen; Aus|tausch|mo|tor

aus|tei|len; Aus|tei|lung

Aus|ter, *die; -, -n* (essbare Meeresmuschel); Aus|tern_bank *(Mehrz.:* ...bänke) ...fi-scher (ein Watvogel)

aus|to|ben, sich

Aus|trag, *der; -[e]s*; zum - kommen (Amtsspr.: ausgetragen, entschieden wer-den); aus|tra|gen; Aus|trä|ger (Person, die etwas austrägt); Aus|tra|gung

aus|trei|ben; Aus|trei|bung

aus|tre|ten

aus|trick|sen (auch Sportspr.)

Aus|tritt; Aus|tritts|er|klä|rung

aus|trock|nen; Aus|trock|nung

aus|tüf|teln

aus|üben; Aus|übung

aus|ufern (über die Ufer treten; das Maß überschreiten)

Aus|ver|kauf; aus|ver|kau|fen

aus|ver|schämt (landsch. für: unverschämt)

aus|wach|sen; es ist zum Auswachsen (ugs.); vgl. ausgewachsen

Aus|wahl; aus|wäh|len; Aus|wahl|mög-lich|keit

Aus|wan|de|rer; Aus|wan|de|rer|schiff; Aus|wan|de|rin; aus|wan|dern; Aus-wan|de|rung

aus|wär|tig; -er Dienst; das Auswärtige Amt (Abk.: AA); Minister des Auswärtigen; aus-wärts; nach, von -; auswärts (nicht zu Hause) essen; aus|wärts|ge|hen, aus-wärts|lau|fen (mit auswärtsgerichteten Füßen); Aus|wärts|spiel

aus|wech|seln; Aus|wech|se|lung, Aus-wechs|lung

Aus|weg; aus|weg|los; Aus|weg|lo|sig-keit, *die; -*

aus|wei|chen; vgl. ²weichen; aus|wei-chend; Aus|weich|mög|lich|keit

Aus|weis, *der; -es, -e*; aus|wei|sen; sich -; Aus|weis|kon|t|rol|le; Aus|wei|sung

aus|wei|ten; Aus|wei|tung

aus|wen|dig; - lernen, wissen; Aus|wen-dig|ler|nen, *das; -s*

aus|wer|fen; Aus|wer|fer (Technik)

aus|wer|ten; Aus|wer|tung

aus|wi|ckeln

aus|wie|gen; vgl. ausgewogen

aus|wir|ken; sich -; Aus|wir|kung

aus|wi|schen; jmdm. eins - (ugs. für: schaden)

aus|wrin|gen

Aus|wuchs, *der; -es,* ...wüchse

aus|wuch|ten (bes. Kfz-Technik)

Aus|wurf

aus|zah|len; das zahlt sich nicht aus (ugs. für: das lohnt sich nicht); Aus|zah|lung; aus|zäh|len

Aus|zeh|rung, *die; -* (Kräfteverfall)

aus|zeich|nen; sich -; vgl. ausgezeichnet; Aus|zeich|nung

aus|zie|hen; Aus|zieh|tisch

Aus|zu|bil|den|de, *der* u. *die; -n, -n*

Aus|zug; Aus|zug[s]|mehl; aus|zugs-wei|se

au|t|ark (sich selbst genügend; wirtschaft-lich unabhängig vom Ausland); Au|t|ar-kie, *die; -,* ...ien (wirtschaftliche Unabhän-gigkeit vom Ausland)

au|then|tisch (im Wortlaut verbürgt; echt); au|then|ti|si|e|ren (Rechtsspr.: glaubwür-dig, rechtsgültig machen); Au|then|ti|zi-tät, *die; -* (Echtheit; Rechtsgültigkeit)

Au|to, *das; -s, -s* (Kurzw. für: Automobil); Auto fahren; ich bin Auto gefahren; aber: beim Autofahren; Au|to|bahn; Au|to-bahn_drei|eck, ...ge|bühr, ...rast|stät|te

Au|to|bio|gra|fie, (auch:) Au|to|bio|gra-phie, *die; -,* ...ien (literar. Darstellung des eigenen Lebens); au|to|bio|gra|fisch, (auch:) au|to|bio|gra|phisch

Au|to|bus, *der;* ...busses, ...busse

Au|to|cross, (auch:) Au|to-Cross, *das; -* (Geländeprüfung für Autosportler)

Au|to|di|dakt, *der; -en, -en* (jmd., der sich sein Wissen durch Selbstunterricht angeeignet hat); **Au|to|di|dạk|tin; au|to|di-dạk|tisch**

Au|to_fäh|re, ...fah|ren, *das;* -s, ...fah|rer, ...fah|re|rin, ...fried|hof** (ugs.)

au|to|gẹn (ursprünglich; selbsttätig); -es Training (Med.: Methode der Selbstentspannung)

Au|to|grạmm, *das;* -s, -e (eigenhändig geschriebener Name)

Au|to_in|dus|t|rie, ...ki|no

Au|to|krạt, *der;* -en, -en (Alleinherrscher; selbstherrlicher Mensch); **Au|to|kra|tie,** *die;* -, ...ien (unumschränkte [Allein]herrschaft); **au|to|kra|tisch**

Au|to|mạt, *der;* -en, -en; **Au|to|ma|ten-res|tau|rant; Au|to|ma|tik,** *die;* -, -en (Vorrichtung, die einen techn. Vorgang steuert u. regelt); **Au|to|ma|ti|on** [...*zion*], *die;* - (vollautomatische Fabrikation); **au|to|ma|tisch** (selbsttätig; selbstregelnd; unwillkürlich; zwangsläufig); **au|to|ma|ti|sie|ren** (auf vollautomatische Fabrikation umstellen); **Au|to|ma|ti|sie-rung; Au|to|ma|tis|mus,** *der;* -, ...men (sich selbst steuernder, unbewusster Ablauf)

Au|to|me|cha|ni|ker; Au|to|mo|bil, *das;* -s, -e; **Au|to|mo|bịl_aus|stel|lung, ...in|dus-t|rie; Au|to|mo|bi|list,** *der;* -en, -en (bes. schweiz. für: Autofahrer); **Au|to|mo|bi|lis-tin**

au|to|nọm (selbstständig, unabhängig); -es Nervensystem; **Au|to|no|me,** *der* u. *die;* -n, -n; **Au|to|no|mie,** *die;* -, ...ien (Selbstständigkeit, Unabhängigkeit)

Au|to_num|mer, ...öl

Au|to|pi|lọt (automatische Steuerung von Flugzeugen u. Ä.)

Au|to|p|sie, *die;* -, ...ien (Prüfung durch Augenschein; Med.: Leichenöffnung)

Au|tor, *der;* -s, ...ọren; **Au|to|ren|le|sung; Au|to|rin; Au|to|ri|sa|ti|on** [...*zion*], *die;* -, -en (Ermächtigung, Vollmacht); **au|to|ri-sie|ren; au|to|ri|siert** ([einzig] berechtigt); **au|to|ri|tär** (unbedingten Gehorsam fordernd; diktatorisch); eine -e Erziehung, ein -es Regime; **Au|to|ri|tät,** *die;* -, -en (Ansehen; bedeutender Vertreter seines Faches; maßgebende Institution); **au|to|ri-ta|tiv** (sich auf echte Autorität stützend, maßgebend); **au|to|ri|täts|gläu|big; Au|tor|schaft,** *die;* -

Au|to_schlos|ser, ...schlüs|sel, ...skoo|ter, ...strich (ugs. für: Prostitution an Autostraßen)

Au|to|sug|ges|ti|on, *die;* -, -en (Selbstbeeinflussung)

Au|to_te|le|fon, ...un|fall, ...ver|kehr, ...werk|statt

autsch!

Au|wald, Auen|wald

au|weh!; au|wei!; au|weia!

avan|cie|ren [*awang̱ßir*ᵉ*n*] (befördert werden; aufrücken); **Avant|gar|de** [*awang̱*...], auch: ...*gard*ᵉ] (die Vorkämpfer für eine

---

Idee); **Avant|gar|dis|mus; Avant|gar|dist** (Vorkämpfer); **Avant|gar|dis|tin;** avant-gar|dis|tisch**

avan|ti! [*awạnti*] (ugs. für: „vorwärts!")

Ave-Ma|ria [*awe*...], *das;* -[s], -[s] („Gegrüßet seist du, Maria!"; ein kath. Gebet)

Ave|nue [*aw*ᵉ*nü*], *die,* -, ...uen [...*ü*ᵉ*n*] (Prachtstraße)

Aver|si|on, *die;* -, -en (Abneigung, Widerwille)

avi|sie|ren (ankündigen)

A|vo|ca|do, *die;* -, -s (birnenförmige Frucht eines südamerikan. Baumes)

axi|al (in der Achsenrichtung); **Axi|al|ver-schie|bung**

Axi|ọm, *das;* -s, -e (keines Beweises bedürfender Grundsatz)

Ạxt, *die;* -, Äxte

Aya|tol|lah; vgl. Ajatollah

Ayur|ve|da, Ayur|we|da [*ajur*...], *der;* -[s] (Sammlung der wichtigsten Lehrbücher der altind. Medizin)

Aza|lee, (auch:) **Aza|lie** [...*i*ᵉ], *die;* -, -n (eine Zierpflanze)

Azu|bi [auch: *azu*...], *der;* -s, -s u. *die;* -, -s (ugs. für: Auszubildende[r])

Azur, *der;* -s (geh. für: Himmelsblau); **azur-blau; a|zurn** (geh. für: himmelblau); **Az-zu|ri, Az|zu|ris** (*Mehrz.* „die Blauen"; Bez. für: ital. Sportmannschaften)

B b

B (Buchstabe); das B; des B, die B; aber: das b in Abend

b, B, *das;* -, - (Tonbezeichnung)

BA = Bundesagentur für Arbeit

bab|beln (landsch. für: schwatzen)

Ba|bu|sche, Pam|pu|sche [auch: ...*usche*], *die;* -, -n (landsch., bes. ostmitteld. für: Stoffpantoffel)

Ba|by [*bẹbi*], *das;* -s, -s (Säugling, Kleinkind); **Ba|by|fon®,** *das;* -s, -e (telefonähnliches Gerät, das Geräusche aus dem Kinderzimmer überträgt)

ba|by|lo|nisch; -e Kunst, Religion; die Babylonische Gefangenschaft

Ba|by|phon; vgl. Babyfon®

ba|by|sit|ten (nur in der Grundform gebr.; ugs.); **Ba|by|sit|ter,** *der;* -s, -

Bac|cha|nal [*baᶜhanạl*], *das;* -s, -e u. -ien [...*i*ᵉ*n*] (altröm. Bacchusfest; wüstes Trinkgelage); **Bac|chant,** *der;* -en, -en (geh. für: weinseliger Trinker); **bac|chan|tisch** (trunken; ausgelassen)

Bạch, *der;* -[e]s, Bäche

Bạ|che, *die;* -, -n (weibl. Wildschwein)

Bä|chel|chen

Ba|che|lor [*bätsch*ᵉ*l*ᵉ*r*], *der;* -[s], -s (unterster akad. Grad, bes. in englischsprach. Ländern; Abk.: B.)

Bạch|lein; Bạch|stel|ze (ein Vogel)

Bạck|bord, *das;* -[e]s, -e (linke Schiffsseite [von hinten gesehen]); **back|bord[s]**

Bạck|chen; Bạ|cke, *die;* -, -n u. **Bạ|cken,** *der;* -s, - (landsch.)

bạ|cken (Brot usw.); du bäckst (auch: backst); er bäckt (auch: backt); du backtest (älter: buk[e]st); du backtest (älter: bükest); gebacken; back[e]!; Beugung in der Bedeutung von „kleben" (vgl. festbacken): der Schnee backt, backte, hat gebacken

Bạ|cken|zahn

Bä|cker; Bä|cke|rei; Bä|cke|rin; Bä|cker|la-den; Bä|cker[s]|frau; Bạck|fisch (veraltend auch für: halbwüchsiges Mädchen)

Bạck|ground [*bäkgraunt*], *der;* -s, -s (Hintergrund; [Lebens]erfahrung)

Bạck|hand [*bäkhänt*], *die;* -, -, (auch:) *der;* -[s], -s; (Sportspr.: Rückhandschlag)

Bạck|hen|dl, *das;* -s, -n (österr. für: paniertes Hähnchen); **Bạck|ofen**

Bạck|pa|cker [*bäkpäk*ᵉ*r*], *der;* -s, - (Rucksacktourist)

Bạck|pfei|fe (landsch. für: Ohrfeige); **back-pfei|fen** (landsch.); er backpfeifte ihn, hat ihn gebackpfeift; **Bạck|pfei|fen|ge|sicht** (salopp abwertend)

Bạck|pflau|me; Bạck|stein; Bạck|stein-bau (*Mehrz.* ...bauten); **Bạck|wa|re** (meist *Mehrz.*)

Bạd, *das;* -[e]s, Bäder; **Ba|de|an|stalt; Ba-de|an|zug; ba|den;** - gehen (salopp auch für: scheitern)

Bad|min|ton [*bädmint*ᵉ*n*], *das;* - (Federballspiel)

Bae|de|ker® [*bä*...], *der;* -[s], - (ein Reisehandbuch)

bạff (ugs. für: verblüfft); - sein

Ba|gal|ge [*bagasᶜh*ᵉ], *die;* -, -n (veralt. für: Gepäck; ugs. für: Gesindel)

Ba|ga|tẹl|le, *die;* -, -n (unbedeutende Kleinigkeit; kleines, leichtes Musikstück); **ba-ga|tel|li|sie|ren** (als unbedeutende Kleinigkeit behandeln); **Ba|ga|tẹll|sa|che**

Bạg|ger, *der;* -s, -; **Bạg|ger|füh|rer; bạg-gern; Bạg|ger|see**

Ba|guette [...*gät*], *das;* -s, -s, (auch:) *die;* -, -n (französisches Stangenweißbrot)

bah!, pah! (Ausruf der Geringschätzung, des Ekels)

bäh! (Ausruf der Schadenfreude, des Ekels)

Bạhn, *die;* -, -en; sich Bahn brechen (ich breche mir Bahn); **bahn|bre|chend;** eine -e Erfindung; **Bạhn|bus; bạh|nen; Bạhn|hof** (Abk.: Bf., Bhf.); **Bạhn|hofs|buch|hand-lung; bạhn|la|gernd;** -e Sendungen; **Bạhn|steig; Bạhn|steig_kan|te, ...kar-te, ...über|gang**

Bạh|re, *die;* -, -n; **Bạhr|tuch** (*Mehrz.* ...tücher)

Bai, *die;* -, -en (Bucht)

Bai|ser [*bäsẹ*], *das;* -s, -s (ein Schaumgebäck)

Ba|ja|de|re, *die;* -, -n (ind. [Tempel]tänzerin)

Bai|jaz|zo, *der;* -s, -s (Possenreißer; auch Titel einer Oper von Leoncavallo)

Bai|jo|nett, *das;* -[e]s, -e (Seitengewehr); **Bai|jo|nett|ver|schluss** (Schnellverbindung von Rohren, Stangen od. Hülsen)

Ba|ke, *die;* -, -n (festes Orientierungszeichen für Seefahrt, Luftfahrt, Straßenverkehr; Vorsignal auf Bahnstrecken)

Ba|ke|lit®, *das;* -s (ein Kunststoff)

Bak|ken, *der;* -[s], - (Skisport: Sprungschanze)

Bak|schisch, *das;* -[(e)s], -e (Almosen; Trinkgeld)

Bak|te|rie [...*i*ᵉ], *die;* -, -n (Biol.; Med.: einzelliges Kleinstlebewesen); **bak|te|ri|ell**; **Bak|te|ri|en|trä|ger**; **Bak|te|rio|lo|ge**, *der;* -n, -n (Wissenschaftler auf dem Gebiet der Bakteriologie); **Bak|te|rio|lo|gie**, - (Lehre von Bakterien); **Bak|te|rio|lo|gin**; **bak|te|rio|lo|gisch**

Bal|la|lai|ka, *die;* -, -s u. ...ken (ein russ. Saiteninstrument)

Bal|lan|ce [*balaŋßⁱᵉⁱ*], *die;* -, -n (Gleichgewicht); **Bal|lan|ce|akt**; **bal|lan|cie|ren** [*balaŋßirᵉn*] (das Gleichgewicht halten, ausgleichen); **Bal|lan|cier|stan|ge**

bal|bie|ren (landsch. veralt. für: rasieren); jmdn. über den Löffel - (auch: barbieren; ugs. für: betrügen)

bald; Steigerung: eher, am ehesten; möglichst -; so - wie, (auch:) als möglich

Bal|da|chin [*baldaᴄʰin*], *der;* -s, -e (Trag-, Betthimmel)

Bäl|de; nur noch in: in - (Amtsspr.: bald); **bal|dig**; -st; **bald|mög|lichst**

bal|do|wern (landsch. für: nachforschen)

Bal|dri|an, *der;* -s, -e (eine Heilpflanze); **Bal|dri|an|trop|fen**, *die (Mehrz.)*

¹**Balg**, *der;* -[e]s, Bälge (Tierhaut; Luftsack; ausgestopfter Körper einer Puppe)

²**Balg**, *der od. das;* -[e]s, Bälger (ugs. für: [unartiges] Kind)

bal|gen, sich (ugs. für: raufen); **Bal|ge|rei** (ugs.)

Bal|ken, *der;* -s, -; **Bal|ken|kon|s|t|ruk|ti|on**

Bal|kon [*balkoŋ*, (auch, bes. südd., österr. u. schweiz.:) ...*kon*], *der;* -s, -s u. (bei nicht nasalierter Ausspr.:) -e

¹**Ball**, *der;* -[e]s, Bälle (kugelförmiges Spielzeug, Sportgerät); Ball spielen

²**Ball**, *der;* -[e]s, Bälle (Tanzfest)

Bal|la|de, *die;* -, -n (episch-dramatisches Gedicht); **bal|la|den|haft**; **bal|la|desk**; -e Erzählung

Bal|last [auch: *balaßt*], *der;* -[e]s, (selten:) -e (tote Last; Bürde); **Bal|last|stof|fe** (*Mehrz.*; Nahrungsbestandteile, die der Körper nicht verwertet)

Bäll|chen; **bal|len**; **Bal|len**, *der;* -s, -

Bal|le|rei (ugs. für: sinnloses, lautes Schießen)

Bal|le|ri|na, Bal|le|ri|ne, *die;* -, ...nen (Balletttänzerin)

bal|lern (ugs. für: knallen, schießen)

Bal|lett, *das;* -[e]s, -e (Bühnentanz[gruppe]; Ballettmusik); **Bal|lett|korps** (Theatertanzgruppe); **Bal|lett|tän|zer**, (auch:) **Bal|lett-Tän|zer; Bal|lett|tän|ze|rin**, (auch:) **Bal|lett-Tän|ze|rin; Bal|lett|trup|pe**, (auch:) **Bal|lett-Trup|pe**

Bal|lis|tik, *die;* - (Lehre von der Bewegung geschleuderter od. geschossener Körper); **bal|lis|tisch**; -e Kurve (Flugbahn)

Bal|lon [*baloŋ*, (auch, bes. südd., österr. u. schweiz.:) ...*lon*], *der;* -s, -s u. (bei nicht nasalierter Ausspr.:) -e (auch für: Korbflasche; Glaskolben)

Bal|lung; Bal|lungs|raum

Bal|ly|hoo [*balihu*], *das;* - (Reklamerummel)

Bal|sa|holz (sehr leichtes Nutzholz)

Bal|sam, *der;* -s, -e [...*sam*ᵉ] (Gemisch von Harzen mit ätherischen Ölen, bes. als Linderungsmittel; geh. auch für: Linderung, Labsal); **bal|sa|mie|ren** (einsalben); **Bal|sa|mie|rung; bal|sa|misch** (würzig; lindernd)

Bal|us|t|ra|de, *die;* -, -n (Brüstung, Geländer)

Balz, *die;* -, -en (Paarungsspiel und Paarungszeit bestimmter Vögel); **bal|zen** (werben [von bestimmten Vögeln]); **Balz|zeit**

Bam|bi|no, *der;* -s, ...ni u. (ugs.:) -s (ugs. für: kleines Kind, kleiner Junge)

Bam|bus, *der;* ...busses u. -, ...busse (ein trop. Riesengras); **Bam|bus|rohr**

Bam|mel, *der;* -s (ugs. für: Angst); **bam|meln** (ugs. für: baumeln)

ba|nal (alltäglich, fade, flach); **Ba|na|li|tät**, *die;* -, -en

Ba|na|ne, *die;* -, -n (eine trop. Pflanze u. Frucht); **Ba|na|nen.flan|ke** (Sportspr.), **...ste|cker** (Elektrotechnik)

Ba|nau|se, *der;* -n, -n (unkultivierter Mensch; Spießbürger); **Ba|nau|sen|tum**, *das;* -s; **ba|nau|sisch**

¹**Band**, *der;* -[e]s, Bände (Buch; Abk.: Bd., *Mehrz.:* Bde.)

²**Band**, *das;* -[e]s, -e (*meist Mehrz.*; geh. für: Bindung; Fessel); außer Rand und -

³**Band**, *das;* -[e]s, Bänder ([Gewebe]streifen; Gelenkband); auf - spielen, sprechen; am laufenden Band

⁴**Band** [*bänt*], *die;* -, -s (Gruppe von Musikern, bes. Tanzkapelle, Jazz- u. Rockband)

Ban|da|ge [...*aᴄʰ*ᵉ], *die;* -, -n (Stütz- od. Schutzverband); **ban|da|gie|ren** [...*ᴄʰi-rᵉn*] (mit Bandagen versehen)

Bänd|chen, *das;* -s, -

¹**Ban|de**, *die;* -, -n (Einfassung, z. B. Billardbande)

²**Ban|de**, *die;* -, -n (organisierte Gruppe von Verbrechern; abwertend od. scherzh. für: Gruppe von Jugendlichen)

Bän|del, *der od. das;* -s, - ([schmales] Band, Schnur)

Ban|de|ril|la [...*rilja*], *die;* -, -s (mit Bändern geschmückter Spieß, den der Stierkämpfer dem Stier in den Nacken stößt)

Ban|de|ro|le, *die;* -, -n (Verschlussband [mit Steuervermerk])

Bän|der|riss (Med.: Riss in einem ³Band) **bän|di|gen; Bän|di|gung**

Ban|dit, *der;* -en, -en ([Straßen]räuber)

Band.maß *(das),* ...nu|del

Ban|do|ne|on u. **Ban|do|ni|on**, *das;* -s, -s (ein Musikinstrument)

Band|schei|be (Med.); **Band|schei|ben|scha|den** (Med.); **Band|wurm; Band|wurm|satz** (scherzh. abwertend)

bang, ban|ge; banger u. bänger; am bangsten u. am bängsten; mir ist angst u. bang[e]; aber: er hat keine Bange; nur keine Bange! sie hat mir ganz schön Bange gemacht; jmdm. Angst und Bange machen; Bangemachen (auch: Bange machen) gilt nicht; **Ban|ge**, *die;* - (landsch. für: Angst); vgl. bang, bange; **ban|gen; Ban|gig|keit**, *die;* - **bäng|lich; Bang|nis**, *die;* -, -se (geh.)

Ban|jo [auch: *bändscho*], *das;* -s, -s (ein Musikinstrument)

¹**Bank**, *die;* -, Bänke (Sitzgelegenheit)

²**Bank**, *die;* -, -en (Kreditanstalt)

Bank.au|to|mat, ...be|am|te; **Bänk|chen**

Bän|kel.lied, ...sän|ger

Ban|ker [auch: *bängkᵉr*] (ugs. für: Bankier, Bankfachmann); **Ban|ke|rin**

Ban|kert, *der;* -s, -e (veraltend, stark abwertend für: nicht eheliches Kind)

¹**Ban|kett**, *das;* -[e]s, -e (Festmahl)

²**Ban|kett**, *das;* -[e]s, -e, (auch:) **Ban|ket|te**, *die;* -, -n ([unfester] Randstreifen neben einer Straße)

Ban|ki|er [*bangkie*], *der;* -s, -s (Inhaber eines Bankhauses); **Bank.kauf|frau** (Berufsbez.), ...kauf|mann (Berufsbez.), ...kon|to, ...leit|zahl (Abk.: BLZ); **Ban|ko|mat**®, *der;* -en, -en (bes. österr. für: Geldautomat)

bank|rott (zahlungsunfähig; übertr. auch für: am Ende, erledigt); - sein, werden; **Ban|k|rott**, *der;* -[e]s, -e; - machen; **Ban|k|rott|er|klä|rung; ban|k|rott|ge|hen**

Bann, *der;* -[e]s, -e (Ausschluss [aus einer Gemeinschaft]; geh. für: beherrschender Einfluss, magische Wirkung); **Bann|bul|le**, *die;* **ban|nen**

Ban|ner, *das;* -s, - (Fahne); **Ban|ner|trä|ger**

ban|nig (nordd. ugs. für: sehr)

Bann.kreis, ...mei|le

Ban|tam|ge|wicht (Körpergewichtsklasse in der Schwerathletik); **Ban|tam|huhn** (Zwerghuhn)

Bap|tis|mus, *der;* - (Lehre ev. Freikirchen, die nur die Erwachsenentaufe zulässt); **Bap|tist**, *der;* -en, -en (Anhänger des Baptismus); **Bap|tis|te|ri|um**, *das;* -s, ...ien [...*iᵉn*] (Taufbecken; Taufkirche, -kapelle); **Bap|tis|tin**

bar (bloß); aller Ehre[n] -; bares Geld, aber: Bargeld; bar zahlen; in -; gegen -; -er Unsinn

Bar, *die;* -, -s (kleines [Nacht]lokal; Schanktisch)

Bär, *der;* -en, -en

Ba|ra|cke, *die;* -, -n (leichtes, meist einge-schossiges Behelfshaus); Ba|ra|cken|la-ger (*Mehrz.:* ...lager)

Bar|bar, *der;* -en, -en (roher Mensch; völlig ungebildeter Mensch); Bar|ba|rei (Roh-heit); bar|ba|risch (roh)

Bar|be|cue [...*b*ᵉ*kju*], *das;* -[s], -s (Gartenfest, bei dem gegrillt wird; Grill[fleisch])

bär|bei|ßig (grimmig; verdrießlich); Bär|bei-ßig|keit, *die;* -

Bar|bier, *der;* -s, -e (veralt. für: Herrenfri-seur); bar|bie|ren (veralt. für: rasieren); vgl. auch: balbieren

Bar|de, *der;* -n, -n ([altkelt.] Sänger u. Dich-ter)

Bä|ren_dienst (ugs. für: schlechter Dienst), ...dreck (südd., österr. ugs. für: Lakritze), ...fang (*der;* -[e]s; Honiglikör), ...hun|ger (ugs. für: großer Hunger), ...na|tur (ro-buste, widerstandskräftige körperliche Ver-fassung; Mensch mit dieser Verfassung); bä|ren|stark (ugs. für: sehr stark; auch für: hervorragend); Bä|ren|trau|be (eine Heilpflanze); Bä|ren|trau|ben|blät|ter|tee

Ba|rett, *das;* -[e]s -e u. (selten:) -s (flache, randlose Kopfbedeckung)

bar|fuß; - gehen; Bar|fü|ßer, *der;* -s, - (An-gehöriger eines Ordens, dessen Mitglieder urspr. barfuß gingen); bar|fü|ßig

Bar|geld, *das;* -[e]s; bar|geld|los; -er Zah-lungsverkehr

bar|haupt (geh.); bar|häup|tig (geh.)

bä|rig (landsch. für: bärenhaft, stark; ugs. für: gewaltig, toll)

Ba|ri|ton [auch: *ba*...], *der;* -s, -e (Männer-stimme zwischen Tenor u. Bass; Bariton-sänger); Ba|ri|to|nist, *der;* -en, -en (Bari-tonsänger)

Bark, *die;* -, -en (ein Segelschiff); Bar|ka|ro-le, *die;* -, -n (Gondellied); Bar|kas|se, *die;* -, -n (Motorboot; größtes Beiboot auf Kriegsschiffen); Bar|ke; *die;* -, -n (kleines Boot)

Bar|kee|per, *der;* -s, - (jmd., der in einer Bar Getränke mixt u. ausschenkt); Bar|kee|pe-rin

bar|men (nord- u. ostd. abwertend für: kla-gen); barm|her|zig (geh.); Barm|her|zig-keit, *die;* - (geh.)

Bar|mi|xer (Getränkemischer in einer Bar)

ba|rock (im Stil des Barocks; auch für: son-derbar); Ba|rock, *das* od. *der;* -[s] (ein [Kunst]stil); Ba|rock_kir|che, ...stil (*der;* -[e]s)

Ba|ro|me|ter, *das* (österr. u. schweiz. auch: *der;*) -s, - (Luftdruckmesser); Ba|ro|me-ter|stand

Ba|ron, *der;* -s, -e (Freiherr); Ba|ro|ness, *die;* -, -en u. (häufiger:) Ba|ro|nes|se, *die;* -, -n (Freifräulein); Ba|ro|nin (Freifrau)

Bar|ras, *der* (Soldatenspr.: Heerwesen; Mili-tär)

Bar|re, *die;* -, -n (Bauw.: Schranke aus waa-gerechten Stangen; Geol.: Sand-,

Schlammbank); Bar|ren, *der;* -s, - (Turnge-rät; Handelsform der Edelmetalle)

Bar|ri|e|re, *die;* -, -n (Schranke; Sperre)

Bar|ri|ka|de, *die;* -, -n ([Straßen]sperre, Hin-dernis)

barsch (unfreundlich, rau)

Barsch, *der;* -[e]s, -e (ein Fisch)

Bar|schaft

Bar|schheit

Bar|sor|ti|ment (Buchhandelsbetrieb zwi-schen Verlag u. Einzelbuchhandel)

Bart, *der;* -[e]s, Bärte; Bärt|chen; Bart_flech|te, ...haar; bär|tig; Bär|tig-keit, *die;* -; bart|los; Bart|lo|sig|keit, *die;* -; Bart|wuchs

Bar|zah|lung

Ba|salt, *der;* -[e]s -e (vulk. Gestein)

Ba|sal|tem|pe|ra|tur (Med.: morgens vor dem Aufstehen gemessene Körpertempera-tur bei der Frau zur Feststellung des Ei-sprungs)

Ba|sar, Ba|zar, *der;* -s, -e (oriental. Händler-viertel; Warenverkauf zu Wohltätigkeits-zwecken)

Bäs|chen

¹Ba|se, *die;* -, -n (veralt., noch südd. für: Ku-sine)

²Ba|se, *die;* -, -n (Chemie: Verbindung, die mit Säuren Salze bildet)

Base|ball [*be*ᵉ*βbål*], *der;* -s (amerik. Schlag-ballspiel)

Ba|se|dow|krank|heit, (auch:) Ba|se-dow-Krank|heit, *die;* - (auf vermehrter Tätigkeit der Schilddrüse beruhende Krank-heit)

Ba|sen (*Mehrz. von:* Base, Basis)

ba|sie|ren; etwas basiert auf der Tatsache (beruht auf der Tatsache)

Ba|si|li|ka, *die;* -, ...ken (Kirchenbauform mit erhöhtem Mittelschiff)

Ba|si|li|kum, *das;* -s, -s u. ...ken (eine Ge-würz- u. Heilpflanze)

Ba|si|lisk, *der;* -en, -en (Fabeltier; trop. Echse), Ba|si|lis|ken|blick (böser, stechen-der Blick)

Ba|sis, *die;* -, Basen (Grundlage; Math.: Grundlinie, -fläche; Grundzahl; Archit.: So-ckel; Unterbau; Stütz-, Ausgangspunkt; Po-litik: Masse des Volkes, der Parteimitglie-der); ba|sisch (Chemie: sich wie eine ²Base verhaltend); -e Farbstoffe, Salze; -er Stahl; Ba|sis|grup|pe ([links orientierter] poli-tisch aktiver [Studenten]arbeitskreis)

Bas|ken|müt|ze

Bas|ket|ball, *der;* -[e]s (ein Korbball[spiel])

Bas|kü|le, *die;* -, -n (Riegelverschluss für Fenster u. Türen); Bas|kü|le|ver|schluss

Bas|re|li|ef [*báreliäf*] (Flachrelief)

bass (veralt., noch scherzh. für: sehr); er war bass erstaunt

Bass, *der;* -es, Bässe (tiefe Männerstimme; Basssänger; Streichinstrument); Bass|gei-ge

Bas|sin [*baβäng*], *das;* -s, -s (künstliches Wasserbecken)

Bas|sist, *der;* -en, -en (Basssänger, Kontra-bassspieler); Bass|sis|tin; Bass_schlüs|sel, (auch:) Bass-Schlüs|sel, ...stim|me, (auch:) Bass-Stim|me

Bast, *der;* -[e]s -e (eine Pflanzenfaser; Jä-gerspr.: Haut am Geweih)

bas|ta (ugs. für: genug!); [und] damit -!

Bas|tard, *der;* -[e]s -e (Biol.: Pflanze od. Tier als Ergebnis von Arten- od. Rassen-kreuzung; veraltet für: nicht eheliches Kind)

Bas|tei (vorspringender Teil an alten Fes-tungsbauten)

Bas|tel|ar|beit; bas|teln

bas|ten (aus Bast); bast|far|ben, bast|far-big

Bas|til|le [*baβtij*ᵉ], *die;* -, -n (befestigtes Schloss, bes. das 1789 erstürmte Staatsge-fängnis in Paris); Bas|ti|on, *die;* -, -en (Bollwerk)

Bast|ler

Bas|to|na|de, *die;* -, -n (Prügelstrafe, bes. Schläge auf die Fußsohlen)

Ba|tail|lon [*bataljon*], *das;* -s, -e (Truppen-abteilung; Abk.: Bat.)

Ba|tik, *der;* -s, -en, auch: *die;* -, -en (aus Südostasien stammendes Textilfärbever-fahren unter Verwendung von Wachs [*nur Einz.*]; gebatiktes Gewebe); Ba|tik|druck (*Mehrz.* ...drucke); ba|ti|ken; gebatikt

Ba|tist, *der;* -[e]s -e (feines Gewebe); ba-tis|ten (aus Batist)

Bat|te|rie, *die;* -, ...ien (Milit.: Einheit der Artillerie [Abk.: Batt(r).]; Technik: Strom-speicher); bat|te|rie|be|trie|ben

Bat|zen, *der;* -s, - (ugs. für: Klumpen; frü-here Münze)

Bau, *der;* -[e]s, (für: Tierwohnung u. [Berg-mannsspr.:] Stollen *Mehrz.:*) -e u. (für: Ge-bäude *Mehrz.:*) -ten; sich im od. in - befin-den; Bau_ar|bei|ter, ...auf|sichts|be-hör|de

Bauch, *der;* -[e]s, Bäuche; Bauch_fell, ...höh|le; bau|chig, bäu|chig; Bauch_knei|fen (*das;* -s; landsch. für: Bauchweh), ...la|den, ...lan|dung; Bäuch|lein; bäuch|lings; bauch|re|den (meist nur in der Grundform gebr.); Bauch_red|ner, ...schmerz (*meist Mehrz.:*), ...tanz; bauch|tan|zen (meist nur in der Grundform gebr.); Bauch|weh, *das;* -s

Bau|denk|mal, *das;* -[e]s, ...mäler (geh. auch: ...male); bau|en; Bau|ele|ment

¹Bau|er, *der;* -s, - (Be-, Erbauer)

²Bau|er, *der;* -n (selten: -s), -n (Landwirt; Schachfigur; Spielkarte)

³Bau|er, *das* (auch: *der*); -s, - (Vogelkäfig)

Bäu|er|chen; [ein] - machen (ugs. für: auf-stoßen [von Säuglingen]); Bäu|er|lein; Bäu|e|rin; bäu|er|lich; Bau|ern|fän|ger (abwertend); Bau|ern|fän|ge|rei (abwer-tend); Bau|ern_früh|stück (Bratkartoffeln mit Rührei u. Speck), ...hof; Bau|ernschaft, *die;* - (Gesamtheit der Bauern); Bau|ers|frau

bau|fäl|lig; Bau|fäl|lig|keit, *die;* -; Bau_firma, ...ge|neh|mi|gung, ...herr, ...kasten, ...klotz; Bauklötze[r] staunen (ugs.), ...kos|ten *(die; Mehrz.)*, ...kos|ten|zuschuss, ...land *(das; -[e]s)*; bau|lich; Bau|lich|keit *(meist Mehrz.; Amtsspr.)*

Baum, *der;* -[e]s, Bäume; Bäum|chen; baumeln; bäu|men, sich; Baum_schu|le, ...wol|le; baum|wol|len (aus Baumwolle)

Bau_plan; vgl. Plan, ...platz, ...po|li|zei

bau|po|li|zei|lich; bau|reif; ein -es Grundstück

bäu|risch

Bausch, *der;* -[e]s, -e u. Bäusche; in - und Bogen (ganz und gar); bau|schen; sich -; bau|schig

bau|spa|ren (fast nur in der Grundform gebr.); um bauzusparen; Bau|spar|kas|se; Bau|ten; vgl. Bau; Bau|werk

bauz!

bay|e|risch, bay|risch

Ba|zar; vgl. Basar

Ba|zil|len|trä|ger; Ba|zil|lus, *der;* -, ...llen (Biol., Med.: Sporen bildender Spaltpilz)

be|ab|sich|ti|gen

be|ach|ten; be|ach|tens|wert; be|achtlich; Be|ach|tung

Beach|vol|ley|ball, (auch:) Beach-Vol|leyball [*bitsch...*] (auf Sand von Zweiermannschaften gespielte Art des Volleyballs)

be|ackern (den Acker bestellen; ugs. auch für: gründlich bearbeiten)

be|am|peln; eine beampelte Kreuzung

Be|am|te, *der;* -n, -n; Be|am|ten|be|lei|digung; Be|am|ten|schaft; Be|am|tentum, *das;* -s; be|am|tet; Be|am|te|te, *der u. die;* -n, -n (Amtsspr.); Be|am|tin

be|ängs|ti|gend

be|an|spru|chen; Be|an|spru|chung

be|an|stan|den; Be|an|stan|dung

be|an|tra|gen; beantragt; Be|an|tra|gung

be|ant|wor|ten; Be|ant|wor|tung

be|ar|bei|ten; Be|ar|bei|tung

be|arg|wöh|nen (geh.)

Beat [*bit*], *der;* -[s], - (im Jazz: Schlagrhythmus; betonter Taktteil; kurz für: Beatmusik *[nur Einz.]*)

be|at|men (Med.); jmdn. künstlich -; Be|atmung (Med.); künstliche -

Beat|mu|sik [*bit...*], *die;* -

be|auf|sich|ti|gen; Be|auf|sich|ti|gung

be|auf|tra|gen; beauftragt; Be|auf|trag|te, *der u. die;* -n, -n

be|äu|gen; beäugt

Beau|ty|farm, (auch:) Beau|ty-Farm, *die;* -, -en (Schönheitsfarm)

be|bau|en; Be|bau|ung

be|ben; Be|ben, *das;* -s, -

be|bil|dern; Be|bil|de|rung

Bé|cha|mel|kar|tof|feln [*bescha...*]

Be|cher, *der;* -s, -; be|chern (ugs. scherzh. für: tüchtig trinken)

be|cir|cen [*b^{e}zirz^{e}n*]; vgl. bezirzen

Be|cken, *das;* -s, -

Beck|mes|ser (Gestalt aus Wagners „Meistersingern"; abwertend für: kleinlicher Kritiker); Beck|mes|se|rei; beck|mes|sern (kleinlich tadeln, kritteln); ich beckmessere; gebeckmessert

Bec|que|rel [*bäk^e...*], *das;* -s, - (Maßeinheit für die Aktivität ionisierender Strahlung; Zeichen: Bq)

be|dacht; auf eine Sache - sein; Be|dacht, *der;* - [e]s; mit -; auf etwas - nehmen (Amtsspr.); Be|däch|te, *der u. die;* -n, -n (jmd., dem ein Vermächtnis ausgesetzt worden ist); be|däch|tig; Be|däch|tigkeit, *die;* -; be|dacht|sam; Be|dachtsam|keit, *die;* -

be|dan|ken, sich

Be|darf, *der;* -[e]s, (Fachspr. *auch Mehrz.:*) -e; nach -; - an (Kaufmannsspr. auch: in) etwas; bei -; Be|darfs|fall, *der;* im -[e]

be|dau|er|lich; be|dau|er|li|cher|wei|se; be|dau|ern; Be|dau|ern, *das;* -s; be|dauerns|wert

be|de|cken; be|deckt; -er Himmel; Be|deckung

be|den|ken; bedacht (vgl. d.); Be|den|ken, *das;* -s, -; be|den|ken|los; be|denk|lich; Be|denk|lich|keit; Be|denk|zeit

be|dep|pert (ugs. für: ratlos, gedrückt); - sein

be|deu|ten; be|deu|tend; be|deut|sam; Be|deut|sam|keit, *die;* -; Be|deu|tung; be|deu|tungs|los; Be|deu|tungs|lo|sigkeit

be|die|nen; sich eines Kompasses - (geh.); bedient sein (ugs. für: von jmdm., etwas genug haben); be|diens|tet (in Dienst stehend); Be|diens|te|te, *der u. die;* -n, -n; Be|dien|te, *der u. die;* -n, -n (veralt. für: Diener[in]); Be|die|nung; Be|dienungs_an|lei|tung, ...feh|ler

^{1}be|din|gen (voraussetzen, zur Folge haben)

^{2}be|din|gen; bedang; bedungen (ausbedungen, ausgemacht, z. B. der bedungene Lohn); be|dingt (eingeschränkt, an Bedingungen geknüpft); -er Reflex; Be|dingtheit; *die;* -; Be|din|gung; be|din|gungslos

be|drän|gen; Be|dräng|nis, *die;* -, -se; Bedräng|te, *der u. die;* -n, -n; Be|drängung

be|dripst (nordd. für: kleinlaut)

be|dro|hen; be|droh|lich; Be|dro|hung

be|dru|cken; be|drü|cken; bedrückt; Bedrückt|heit; Be|drü|ckung

Be|du|i|ne, *der;* -n, -n (arab. Nomade)

be|dun|gen; vgl. bedingen

be|dür|fen (geh.); des Zuspruchs -; Be|dürfnis, *das;* -ses, -se; Be|dürf|nis|an|stalt (Amtsspr.); be|dürf|nis|los; be|dürf|tig; *mit Wesf.:* des Trostes -; Be|dürf|tig|keit

Beef|steak [*bifβtek*], *das;* -s, -s (Rinds[lenden]stück); deutsches - (Frikadelle)

be|eh|ren (geh.); sich -

be|ei|den (mit einem Eid bekräftigen); beei|di|gen (geh. für: beeiden)

be|ei|len, sich; Be|ei|lung! (ugs. für: bitte schnell!)

be|ein|dru|cken; von etwas beeindruckt sein

be|ein|fluss|bar; Be|ein|fluss|bar|keit, *die;* -; be|ein|flus|sen; du beeinflusst; Beein|flus|sung

be|ein|träch|ti|gen; Be|ein|träch|ti|gung

Be|el|ze|bub [*auch: beäl...*], *der;* - (Herr der bösen Geister, oberster Teufel im N. T.)

be|en|den; beendet; be|en|di|gen; beendigt; Be|en|di|gung; Be|en|dung

be|en|gen; Be|engt|heit

Bee|per [*bip^{e}r*], *der;* -s, - (elektronisches Fernrufgerät)

be|er|ben; jmdn. -; Be|er|bung

be|er|di|gen; Be|er|di|gung; Be|er|digungs|in|sti|tut

Bee|re, *die;* -, -n; Bee|ren|obst

Beet, *das;* -[e]s, -e

Bee|te; vgl. Bete

be|fä|hi|gen; ein befähigter Mensch; Be|fähi|gung; Be|fä|hi|gungs|nach|weis

be|fah|ren; eine Straße -

Be|fall, *der;* -[e]s; be|fal|len

be|fan|gen (schüchtern; voreingenommen); sie war sehr -; Be|fan|gen|heit, *die;* -

be|fas|sen; befasst; sich mit etwas -

be|feh|den (geh. für: bekämpfen); sich -; Be|feh|dung

Be|fehl, *der;* -[e]s, -e; be|feh|len; befahl, befohlen; be|feh|le|risch; be|feh|li|gen; be|fehls|ge|mäß; Be|fehls_ge|walt *(die; -)*, ...ha|ber, ...ver|wei|ge|rung

be|fein|den; sich -; Be|fein|dung

be|fes|ti|gen; Be|fes|ti|gung

be|feuch|ten; Be|feuch|tung

Beff|chen (Halsbinde mit zwei steifen, schmalen Leinenstreifen vorne am Halsausschnitt bei Amtstrachten, bes. von ev. Geistlichen)

be|fin|den; befunden; den Plan für gut -; sich -; Be|fin|den, *das;* -s; be|find|lich (vorhanden)

be|flag|gen; ein Schiff -; Be|flag|gung, *die;* -

be|fle|cken

be|flei|ßi|gen, sich (geh.); *mit Wesf.:* sich eines guten Stils -; be|flis|sen (eifrig bemüht); um Anerkennung -; -e Schüler; Beflis|sen|heit, *die;* -

be|flü|geln (geh.)

be|fol|gen; Be|fol|gung

be|för|dern; Be|för|de|rung; Be|för|derungs|be|din|gun|gen

be|fra|gen; befragte, befragt; auf Befragen -; Be|fra|gung

be|frei|en; sich -; Be|frei|er; Be|frei|ung

be|frem|den; es befremdet [mich]; Befrem|den, *das;* -s; be|frem|dend; befremd|lich; Be|frem|dung, *die;* -

be|freun|den, sich; be|freun|det

be|frie|den (Frieden bringen; geh. für: einhegen); befriedet; **be|frie|di|gen** (zufriedenstellen); **be|frie|di|gend;** vgl. ausreichend; **Be|frie|di|gung; Be|frie|dung,** *die; -*

be|fris|ten; Be|fris|tung

be|fruch|ten; Be|fruch|tung

be|fu|gen; Be|fug|nis, *die; -, -se;* **be|fugt;** - sein

be|fum|meln (ugs. für: betasten, untersuchen)

Be|fund, *der; -es, -e* (Feststellung); nach -; ohne - (Med.; Abk.: o. B.)

be|fürch|ten; Be|fürch|tung

be|für|wor|ten; Be|für|wor|ter; Be|für|wor|tung

be|gabt; Be|gab|te, *der u. die; -n, -n;* **Be|ga|bung; Be|ga|bungs|re|ser|ve**

be|gaf|fen (ugs. abwertend)

be|gat|ten, sich -; **Be|gat|tung**

be|ge|ben, sich; **Be|ge|ben|heit**

be|geg|nen; jmdm. -; **Be|geg|nung**

be|geh|bar; be|ge|hen

be|geh|ren; Be|geh|ren, *das; -s;* **be|geh|rens|wert; be|gehr|lich; Be|gehr|lich|keit**

Be|ge|hung

be|geis|tern; sich -; **Be|geis|te|rung,** *die; -;* **be|geis|te|rungs|fä|hig; Be|geis|te|rungs|sturm**

Be|gier (geh.); **Be|gier|de,** *die; -, -n;* **be|gie|rig**

Be|ginn, *der; -[e]s;* von - an; zu -; **be|gin|nen,** begann, begonnen

be|glau|bi|gen; beglaubigte Abschrift; **Be|glau|bi|gung; Be|glau|bi|gungs|schrei|ben**

be|glei|chen; eine Rechnung -; **Be|glei|chung**

be|glei|ten (mitgehen); begleitet; **Be|glei|ter; Be|gleit_er|schei|nung, ...schrei|ben; Be|glei|tung**

be|glü|cken; be|glück|wün|schen; beglückwünscht

be|gna|det (hochbegabt); **be|gna|di|gen** (jmdm. seine Strafe erlassen); **Be|gna|di|gung; Be|gna|di|gungs|recht,** *das; -[e]s*

be|gnü|gen, sich

Be|go|nie [...ie], *die; -, -n* (eine Zierpflanze)

be|gra|ben; Be|gräb|nis, *das; -ses, -se;* **Be|gräb|nis|kos|ten,** *die (Mehrz.)*

be|gra|di|gen ([einen ungeraden Weg od. Wasserlauf] gerade legen, [eine Grenzlinie] ausgleichen); **Be|gra|di|gung**

be|grei|fen; vgl. begriffen; **be|greif|lich; be|greif|li|cher|wei|se**

be|gren|zen; be|grenzt; Be|grenzt|heit; Be|gren|zung

Be|griff, *der; -[e]s, -e;* im Begriff[e] sein; **be|grif|fen;** diese Tierart ist im Aussterben -; **be|griff|lich; be|griffs|stut|zig; Be|griffs|ver|wir|rung**

be|grün|den; Be|grün|der; Be|grün|de|rin; Be|grün|dung

be|grü|nen (mit Grünpflanzen versehen); die Innenstadt -; **Be|grü|nung**

be|grü|ßen; be|grü|ßens|wert; Be|grü|ßung; Be|grü|ßungs|an|spra|che

be|gu|cken (ugs.)

be|güns|ti|gen; Be|güns|ti|gung

be|gut|ach|ten; begutachtet; **Be|gut|ach|tung**

be|gü|tert

be|gü|ti|gen; Be|gü|ti|gung

be|haart; Be|haa|rung

be|hä|big; Be|hä|big|keit, *die; -*

be|haf|tet; mit etwas - sein

be|ha|gen; Be|ha|gen, *das; -s;* **be|hag|lich; Be|hag|lich|keit**

be|hal|ten; Be|häl|ter; Be|hält|nis, *das, -ses, -se*

be|hän|de; mit -n Schritten

be|han|deln

Be|hän|dig|keit, *die; -*

Be|hand|lung; Be|hand|lungs|kos|ten, *die (Mehrz.)*

be|han|gen; der Baum ist mit Äpfeln -; **be|hän|gen;** behängt; vgl. ²hängen

be|har|ren; be|harr|lich; Be|harr|lich|keit, *die; -;* **Be|har|rung; Be|har|rungs|ver|mö|gen**

be|hau|en; ich behaute den Stein

be|haup|ten; sich -; **Be|haup|tung**

Be|hau|sung

be|he|ben; Be|he|bung

be|hei|ma|tet

be|hei|zen; Be|hei|zung, *die; -*

Be|helf, *der; -[e]s, -e;* **be|hel|fen,** sich; ich behelfe mich, (auch:) mir; **be|helfs|mä|ßig; Be|helfs|un|ter|kunft**

be|hel|li|gen (belästigen)

be|hen|de, (alte Schreibung für:) behände

be|her|ber|gen; Be|her|ber|gung

be|herr|schen; sich -; **be|herrscht; Be|herr|scher,** *der u. die; -n, -n;* **Be|herrscht|heit,** *die; -;* **Be|herr|schung**

be|her|zi|gen; be|her|zi|gens|wert; Be|her|zi|gung; be|herzt (entschlossen); **Be|herzt|heit,** *die; -*

be|hilf|lich

be|hin|dern; be|hin|dert; körperlich, geistig -; **Be|hin|der|te,** *der u. die; -n, -n;* die körperlich -n; **Be|hin|der|ten|sport; Be|hin|de|rung**

be|hor|chen (ugs. für: abhören; belauschen)

Be|hör|de, *die; -, -n;* **Be|hör|den_deutsch, ...schrift|ver|kehr; be|hörd|lich; be|hörd|li|cher|seits**

be|hufs (Amtsspr. veralt.); *mit Wesf.:* - des Neubaues

be|hü|ten; behüt' dich Gott!; **be|hut|sam; Be|hut|sam|keit,** *die; -;* **Be|hü|tung**

bei (Abk.: b.); *Verhältnisw. mit Wemf.;* bei weitem, (auch:) Weitem; bei[m] Abgang des Schauspielers; bei[m] Eintritt in den Saal; beim besten Willen

bei|be|hal|ten; Bei|be|hal|tung, *die; -*

bei|brin|gen; jmdm. etwas - (lehren); eine Bescheinigung -; jmdm. eine Wunde -

Beich|te, *die; -, -n;* **beich|ten; Beicht_ge-**

heim|nis, ...stuhl, ...va|ter (der die Beichte hörende Priester)

bei|de; -s; alles -s; - jungen Leute; alle -; wir - (selten: wir -n); beide Mal, beide Male; **bei|der|lei;** - Geschlecht[e]s; **bei|der|sei|tig; bei|der|seits** *Verhältnisw. mit Wesf.:* - des Flusses

bei|dre|hen (Seemannsspr.: die Fahrt verlangsamen)

bei|ei|n|an|der; beieinander sein (zusammen sein; ugs. auch für: gesund sein); sie scheint noch gut beieinander zu sein; vgl. auch aneinander; **bei|ei|n|an|der|ha|ben; bei|ei|n|an|der|sit|zen; bei|ei|n|an|der|ste|hen**

Bei|fah|rer; Bei|fah|re|rin; Bei|fah|rer|sitz

Bei|fall, *der; -[e]s;* ein Beifall heischender, (auch:) beifallheischender Blick; vgl. Beifall; **bei|fäl|lig; Bei|fall[s]|klat|schen,** *das; -s;* **Bei|falls|kund|ge|bung**

Bei|film

bei|fü|gen; Bei|fü|gung

Bei|fuß, *der; -es* (eine Gewürz- u. Heilpflanze)

Bei|ga|be (Zugabe)

beige [bäsche, auch: besch] (sandfarben); ein - (ugs.: -s) Kleid; **Beige,** *das; -, -* (ugs.: -s) (ein Farbton); in -

bei|ge|ben (auch für: sich fügen); klein -

Bei|ge|ord|ne|te, *der u. die; -n, -n*

Bei|ge|schmack, *der; -[e]s*

bei|hef|ten; beigeheftet

Bei|hil|fe; bei|hil|fe|fä|hig (Amtsspr.)

bei|kom|men; ihr ist nicht beizukommen (sie ist nicht zu fassen); ihm ist nichts beigekommen (geh. für: nichts eingefallen)

Beil, *das; -[e]s, -e* (ein Werkzeug)

bei|la|den; vgl. ¹laden; **Bei|la|dung**

Bei|la|ge

bei|läu|fig; Bei|läu|fig|keit

bei|le|gen; Bei|le|gung

bei|lei|be; - nicht

Bei|leid; Bei|leids_be|zei|gung od. **...be|zeu|gung**

bei|lie|gend (Abk.: beil.)

beim (bei dem; Abk.: b.); es - Alten lassen; beim Singen und Spielen

bei|mes|sen

Bein, *das; -[e]s, -e*

bei|nah, bei|na|he [auch: báina(e), baina(e)]

Bei|na|me

Bein|bruch, *der*

bei|in|hal|ten (enthalten, umfassen)

Bei|pack|zet|tel

bei|pflich|ten; Bei|pflich|tung (Zustimmung)

Bei|pro|gramm

Bei|rat (*Mehrz.* ...räte)

be|ir|ren; sich nicht - lassen

bei|sam|men; beisammen sein; (einer bei dem andern sein; auch für: in guter körperlicher u. geistiger Verfassung sein); **bei|sam|men|ha|ben;** nicht alle - (ugs. abwertend für: nicht recht bei Verstand sein); Bei|sam|men|sein, *das;* -s; bei|sam|men|sit|zen

Bei|satz (für: Apposition)

bei|schie|ßen (einen [Geld]beitrag leisten)

Bei|schlaf (geh., Rechtsw.); Bei|schlä|fer; Bei|schlä|fe|rin

Bei|sein, *das;* -s; in seinem Beisein

bei|sei|te; etwas beiseite abstellen; Spaß beiseite! (ugs.); bei|sei|te|le|gen; bei|sei|te|schaf|fen; Bei|sei|te|schaf|fung, *die;* -; bei|sei|te|sto|ßen

bei|set|zen; Bei|set|zung

Bei|sit|zer

Bei|spiel, *das;* -[e]s, -e; zum - (Abk.: z. B.); bei|spiel|ge|bend; bei|spiel|los; Bei|spiel|satz; bei|spiels_hal|ber, ...wei|se

bei|sprin|gen (geh. für: helfen)

bei|ßen; biss, gebissen; der Hund beißt ihn (auch: ihm) ins Bein; Bei|ße|rei; beiß|wü|tig; Beiß|zan|ge

Bei|stand, *der;* -[e]s, Beistände; Bei|stands|pakt; bei|ste|hen

bei|steu|ern

bei|stim|men

Bei|strich (für: Komma)

Bei|trag, *der;* -[e]s, ...träge; bei|tra|gen; er hat das Seine, (auch:) seine, sie hat das Ihre, (auch:) ihre dazu beigetragen; Bei|trags|rück|er|stat|tung

bei|trei|ben; Schulden -; Bei|trei|bung

bei|tre|ten; Bei|tritt; Bei|tritts|er|klä|rung

Bei|wa|gen; Bei|wa|gen|fah|rer

Bei|werk (Zutat, Unwichtiges)

bei|woh|nen (geh.); Bei|woh|nung

Bei|wort (Adjektiv; *Mehrz.* ...wörter)

¹Bei|ze, *die;* -, -n (chem. Flüssigkeit zum Färben, Gerben u. Ä.)

²Bei|ze, *die;* -, -n (Beizjagd)

bei|zei|ten

bei|zen; du beizt; Beiz_jagd, ...vo|gel (für die Jagd abgerichteter Falke)

be|ja|hen; eine bejahende Antwort

be|jahrt (geh.)

Be|ja|hung

be|jam|mern; be|jam|merns|wert

be|kämp|fen; Be|kämp|fung

be|kannt; bekannt sein; eine Verfügung bekannt geben, (auch:) bekanntgeben; er soll mich mit ihm bekannt machen, (auch:) bekannt machen; sich mit einer Sache bekannt machen, (auch:) bekanntmachen; einen Autor bekannt machen, (auch:) bekanntmachen; das Gesetz wurde bekannt gemacht, (auch:) bekanntgemacht (veröffentlicht); jmd., die Sache ist bekannt geworden, (auch:) bekanntgeworden; Bekann|te, *der u. die;* -n, -n; liebe -; Bekann|ten|kreis; be|kann|ter|ma|ßen; Be|kannt|ga|be, *die;* -; be|kannt|ge|ben; vgl. bekannt; Be|kannt|heit, *die;* -; Bekannt|heits|grad; be|kannt|lich; bekannt|ma|chen; vgl. bekannt; Be|kanntma|chung; Be|kannt|schaft; be|kanntwer|den; vgl. bekannt

be|keh|ren; sich -; Be|keh|rer; Be|kehr|te, *der u. die;* -n, -n; Be|keh|rung

be|ken|nen; sich -; Be|ken|ner|schrei|ben (Schreiben, in dem sich jmd. zu einem [politischen] Verbrechen bekennt); Be|kenntnis, *das;* ...nisses, ...nisse; Be|kenntnis_frei|heit (*die;* -; Rel.), ...schu|le (Schule mit Unterricht im Geiste eines religiösen Bekenntnisses)

be|kla|gen; sich -; be|kla|gens|wert; Beklag|te, *der u. die;* -n, -n (jmd., gegen den eine [Zivil]klage erhoben wird)

be|klau|en (ugs. für: bestehlen)

be|kle|ben

be|kle|ckern (ugs. für: beklecksen); sich -; be|kleck|sen; sich -; bekleckst

be|klei|den; ein Amt -; Be|klei|dung; Beklei|dungs|in|dus|t|rie

be|klem|men; beklemmt; be|klem|mend; Be|klem|mung; be|klom|men (ängstlich, bedrückt); mit -er Stimme; Be|klom|menheit, *die;* -

be|kloppt (ugs. für: blöd)

be|knien; jmdn. - (ugs. für: jmdn. dringend u. ausdauernd bitten)

be|ko|chen; jmdn. - (ugs. für: für jmdn. kochen)

be|kom|men; ich habe es -; es ist mir gut -; be|kömm|lich; ein leicht bekömmlicher, (auch:) leichtbekömmlicher Wein

be|kös|ti|gen; Be|kös|ti|gung

be|kräf|ti|gen; Be|kräf|ti|gung

be|krän|zen

be|kreu|zen (mit dem Kreuzzeichen segnen); be|kreu|zi|gen, sich

be|krie|gen

be|krit|teln (abwertend für: bemängeln, [kleinlich] tadeln)

be|küm|mern; das bekümmert ihn; sich um jmdn. od. etwas -; Be|küm|mer|nis, *die;* -, -se (geh.); Be|küm|mert|heit

be|kun|den (geh.); sich -; Be|kun|dung

be|la|den; vgl. ¹laden; Be|la|dung

Be|lag, *der;* -[e]s, ...läge

Be|la|ge|rer; be|la|gern; Be|la|ge|rung; Be|la|ge|rungs|zu|stand

be|läm|mert (ugs. für: betreten, eingeschüchtert; übel)

Be|lang, *der;* -[e]s, -e; von - sein; be|langen; jmdn. - (zur Rechenschaft ziehen; verklagen); be|lang|los; Be|lang|lo|sig|keit

be|las|sen; Be|las|sung, *die;* -

be|last|bar; be|las|ten; be|las|tend

be|läs|ti|gen; Be|läs|ti|gung

Be|las|tung; Be|las|tungs-EKG; Be|lastungs|zeu|ge

be|lau|fen; sich -; die Kosten haben sich auf ... belaufen

be|le|ben; be|lebt; ein -er Platz; Be|lebtheit, *die;* -; Be|le|bung, *die;* -

Be|leg, *der;* -[e]s, -e (Beweis[stück]); zum -[e]; be|le|gen; Be|leg|ex|em|p|lar; Beleg|schaft; Be|leg|schafts|stär|ke; belegt; Be|le|gung, *die;* -

be|le|hnen (früher: in ein Lehen einsetzen); Be|leh|nung

be|leh|ren; eines and[er]en od. andern -; eines Besser[e]n od. Bessern -; Be|leh|rung

be|leibt; Be|leibt|heit, *die;* -

be|lei|di|gen; Be|lei|di|ger; be|lei|digt; Be|lei|di|gung; Be|lei|di|gungs|pro|zess

be|leih|bar; be|lei|hen; Be|lei|hung

be|lem|mert, (alte Schreibung für:) belämmert

be|le|sen (unterrichtet; viel wissend); Be|lesen|heit, *die;* -

be|leuch|ten; Be|leuch|tung; Be|leuchtungs|tech|nik

be|leum|det, be|leu|mun|det; er ist gut, übel -

bel|fern (ugs. für: bellen; mit lauter Stimme äußern, schimpfen)

be|lich|ten; Be|lich|tung; Be|lichtungs_mes|ser (*der*), ...zeit

be|lie|ben (geh. für: wünschen); es beliebt (gefällt) mir; Be|lie|ben, *das;* -s; nach -; es steht in unserm - be|lie|big; ein -es Beispiel; alles Beliebige; etwas Beliebiges; jeder Beliebige; be|liebt; Be|liebt|heit, *die;* -

be|lie|fern; Be|lie|fe|rung, *die;* -

Bel|la|don|na, *die;* -, ...nnen (Tollkirsche)

bel|len

Bel|le|t|rist, *der;* -en, -en (Unterhaltungsschriftsteller); Bel|le|t|ris|tik, *die;* - (Unterhaltungsliteratur); Bel|le|t|ris|tin; belle|t|ris|tisch

Belle|vue [*bälwü*], *das;* -[s], -s (Bez. für: Schloss, Gaststätte o. Ä. mit schöner Aussicht)

be|lo|bi|gen; Be|lo|bi|gung

be|loh|nen; Be|loh|nung

be|lüf|ten; Be|lüf|tung

be|lü|gen

be|lus|ti|gen; sich -; Be|lus|ti|gung

Bel|ve|de|re [...*we*...], *das;* -[s], -s (Bez. für: Schloss, Gaststätte o. Ä. mit schöner Aussicht)

Belz|ni|ckel, *der;* -s, - (westmitteld. für: Nikolaus)

be|mäch|ti|gen, sich (geh.); sich des Geldes -; Be|mäch|ti|gung

be|mä|keln (ugs. für: bemängeln)

be|ma|len; Be|ma|lung

be|män|geln

be|man|nen; ein Schiff -; Be|man|nung

be|män|teln (beschönigen)

be|mau|ten (österr. Amtsspr.: mit einer Maut belegen)

be|merk|bar; sich - machen; be|mer|ken; be|mer|kens|wert; Be|mer|kung (Abk.: Bem.)

be|mes|sen; sich -; Be|mes|sung

be|mit|lei|den; Be|mit|lei|dung

be|mit|telt (wohlhabend)

Bem|me, *die;* -, -n (ostmitteld. für: Brotschnitte mit Belag)

be|mo|geln (ugs. für: betrügen)

be|moost

be|mü|hen; sich -; er ist um sie bemüht; Be|mü|hung

be|mü|ßigt; ich sehe mich - (geh., oft iron. für: veranlasst, genötigt)

be|mut|tern; ich ...ere; Be|mut|te|rung

be|nach|bart

be|nach|rich|ti|gen; Be|nach|rich|ti|gung

be|nach|tei|li|gen; Be|nach|tei|li|gung

be|na|gen

be|nannt

Ben|del, (alte Schreibung für:) Bändel

be|ne|beln (verwirren, den Verstand trüben); be|ne|belt (ugs. für: [durch Alkohol] geistig verwirrt)

be|ne|dei|en (christl. Rel., veralt. für: segnen; seligpreisen); gebenedeit (auch: benedeit)

Be|ne|dik|ti|ner, der; -s, - (Mönch des Benediktinerordens; auch: Likörsorte); Be|ne|dik|ti|ne|rin

Be|ne|fiz|vor|stel|lung (Vorstellung zu Ehren eines Künstlers; Wohltätigkeitsvorstellung)

be|neh|men; sich -; vgl. benommen; Be|neh|men, das; -s; sich mit jmdm. ins - setzen (Amtsspr.: sich mit jmdm. verständigen)

be|nei|den; be|nei|dens|wert

be|nen|nen; Be|nen|nung

be|net|zen (geh.); Be|net|zung

ben|ga|lisch; -es Feuer (Buntfeuer); -e Beleuchtung

Ben|gel, der; -s, -, ugs.: -s ([ungezogener] Junge; veralt., noch landsch. für: Stock, Prügelholz)

be|nie|sen; etwas -

Be|nimm, der; -s (ugs. für: Betragen, Verhalten)

Ben|ja|min, der; -s, -e (Jüngster in einer Gruppe, Familie)

be|nom|men (fast betäubt); Be|nom|men|heit, die; -

be|no|ten; einen Aufsatz -

be|nö|ti|gen

Be|no|tung

be|num|mern; Be|num|me|rung

be|nutz|bar, (südd., österr., schweiz.:) be|nütz|bar

be|nut|zen, (südd., österr., schweiz.:) be|nüt|zen

be|nut|zer (südd., österr., schweiz.:) Be|nüt|zer

Be|nut|zer|kreis; Be|nut|zung, (südd., österr., schweiz.:) Be|nüt|zung; Be|nut|zungs|ge|bühr

Ben|zin, das; -s, -e (Treibstoff; Lösungsmittel); Ben|zin|ka|nis|ter; Ben|zol, das; -s, -e (Teerdestillat aus Steinkohle; Lösungsmittel)

be|ob|ach|ten; Be|ob|ach|ter; Be|ob|ach|te|rin; Be|ob|ach|tung; Be|ob|ach|tungs|ga|be

be|pa|cken

be|pflan|zen; Be|pflan|zung

be|pflas|tern; Be|pflas|te|rung

be|pin|seln

be|pu|dern; Be|pu|de|rung

be|quat|schen (ugs. für: bereden)

be|quem; be|que|men, sich; Be|quem|lich|keit

be|rap|pen (ugs. für: bezahlen)

be|ra|ten; beratende Ingenieurin; Be|ra|ter; Be|ra|te|rin; be|rat|schla|gen; beratschlagt; Be|rat|schla|gung; Be|ra|tung; Be|ra|tungs|stel|le

be|rau|ben; Be|rau|bung

be|rau|schen; sich [an etwas] -; be|rau|schend; be|rauscht; Be|rauscht|heit, die; -; Be|rau|schung, die; -

Ber|be|rit|ze, die; -, -n (Sauerdorn, ein Zierstrauch)

be|rech|nen; Be|rech|nung

be|rech|ti|gen; berechtigt; be|rech|tig|ter|wei|se; Be|rech|ti|gung; Be|rech|ti|gungs|schein

be|re|den; be|red|sam; Be|red|sam|keit, die; -; be|redt; Be|redt|heit, die; -

be|reg|nen; Be|reg|nung; Be|reg|nungs|an|la|ge

Be|reich, der (selten: das); -[e]s, -e

be|rei|chern; sich -; Be|rei|che|rung; Be|rei|che|rungs|ver|such

be|rei|fen (mit Reifen versehen); das Auto ist neu bereift

be|reift (mit Reif bedeckt)

Be|rei|fung

be|rei|ni|gen; Be|rei|ni|gung

be|rei|sen; ein Land -; Be|rei|sung

be|reit; zu etwas - sein, sich bereit erklären, (auch:) bereiterklären, sich bereit machen, (auch:) bereitmachen; be|rei|ten (zubereiten); bereitet; be|reit|er|klä|ren; vgl. bereit; be|reit|fin|den; sich zu etwas -; be|reit|ha|ben; wir werden alles rechtzeitig bereithaben; be|reit|hal|ten; ich habe das Geld bereitgehalten; wir werden uns bereithalten; be|reit|le|gen; ich habe das Buch bereitgelegt; be|reit|lie|gen; die Bücher werden -; be|reit|ma|chen; vgl. bereit; be|reits (schon); Be|reit|schaft; Be|reit|schafts|dienst; be|reit|ste|hen; ich habe bereitgestanden; be|reit|stel|len; ich habe das Paket bereitgestellt; Be|reit|stel|lung; Be|rei|tung; be|reit|wil|lig; -st; Be|reit|wil|lig|keit, die; -

be|ren|nen; das Tor - (Sportspr.)

be|ren|ten (Amtsspr.: eine Rente zusprechen)

be|reu|en

Berg, der; -[e]s, -e; die Haare stehen einem zu -[e] (ugs.); berg|ab; - gehen; berg|ab|wärts

Ber|ga|mot|te, die; -, -n (eine Birnensorte; eine Zitrusfrucht); Ber|ga|mott|öl

berg|an; - gehen; berg|auf; - steigen; berg|auf|wärts; Berg|bau, der; -[e]s; berg|ge|hoch, berg|hoch

ber|gen; sich -; barg, geborgen

ber|ge|wei|se (ugs. für: in großen Mengen); Berg|fried, der; -[e]s, -e (Hauptturm auf Burgen; Wehrturm); berg|hoch; vgl. ber-

gehoch; ber|gig; Berg|kris|tall (ein Mineral), ...mann (Mehrz. ...leute); berg|män|nisch; Berg|manns|spra|che

berg|stei|gen (meist in der Grundform gebr.; seltener:) ich bergsteige, bin berggestiegen; Berg_stei|gen (das; -s), ...stei|ger; ...stei|ge|rin

Berg-und-Tal-Bahn, die; -, -en; Ber|gung; Ber|gungs|mann|schaft

Berg|werk

Be|richt, der; -[e]s, -e; - erstatten; be|rich|ten; Be|rich|ter; Be|rich|ter|stat|ter; Be|rich|ter|stat|te|rin; Be|rich|ter|stat|tung; be|rich|ti|gen; Be|rich|ti|gung; Be|richts_heft (Heft für wöchentl. Arbeitsberichte von Auszubildenden); ...jahr, ...zeit|raum

be|rie|chen; sich - (ugs. für: vorsichtig Kontakte herstellen)

be|rie|seln; Be|rie|se|lung, Be|ries|lung; Be|rie|se|lungs|an|la|ge

be|rin|gen ([Vögel u. a.] mit Ringen [am Fuß] versehen); Be|rin|gung

be|rit|ten; -er Bote; -e Polizei

Ber|li|ner (auch kurz für: Berliner Pfannkuchen); Berliner Bär; Berliner Republik; ber|li|ne|risch; vgl. berlinisch; ber|li|nern (berlinerisch sprechen); ber|li|nisch

Bern|har|di|ner, der; -s, - (eine Hunderasse); Bern|har|di|ner|hund

Bern|stein (ein fossiles Harz); bern|stei|ne[r]n (aus Bernstein)

Ber|ser|ker [auch: bär...], der; -s, - (wilder Krieger; auch für: blindwütig tobender Mensch); ber|ser|ker|haft; Ber|ser|ker|wut

bers|ten; es birst; barst, geborsten

be|rüch|tigt

be|rü|cken (betören); be|rü|ckend

be|rück|sich|ti|gen; Be|rück|sich|ti|gung

Be|ruf, der; -[e]s, -e

be|ru|fen; sich auf jmdn. od. etwas -

be|ruf|lich; Be|rufs_auf|bau|schu|le (Schulform des zweiten Bildungsweges zur Erlangung der Fachschulreife), ...aus|bil|dung, ...aus|sich|ten (die, Mehrz.), ...be|am|te, ...be|ra|tung, ...be|zeich|nung, ...er|fah|rung, ...le|ben, ...prak|ti|kum, ...schu|le; be|rufs|tä|tig; Be|rufs|tä|ti|ge, der u. die; -n, -n; Be|ru|fung; Be|ru|fungs|ver|fah|ren

be|ru|hen; es beruht auf einem Irrtum; etwas auf sich - lassen; be|ru|hi|gen; sich -; Be|ru|hi|gung; Be|ru|hi|gungs_mit|tel, ...sprit|ze

be|rühmt; be|rühmt-be|rüch|tigt; Be|rühmt|heit

be|rüh|ren; sich -; Be|rüh|rung; Be|rüh|rungs_angst (Psych.), ...li|nie, ...punkt

Be|ryll, der; -[e]s, -e (ein Edelstein)

be|sa|gen; das besagt nichts; be|sagt (Amtsspr.: erwähnt)

be|sai|ten; besaitet; vgl. zart

be|sa|men; Be|sa|mung (Befruchtung); Be|sa|mungs|sta|ti|on

be|sänf|ti|gen; Be|sänf|ti|gung

be|sät; mit etwas - sein

Be|satz, *der;* -es, ...sätze; Be|sat|zung; Be|sat|zungs|macht

be|sau|fen, sich (derb); besoffen

¹Be|säuf|nis, *das;* -ses, -se od. *die;* -, -se (ugs. für: Sauferei, Zechgelage)

²Be|säuf|nis, *die;* - (ugs. für: Volltrunkenheit)

be|schä|di|gen; Be|schä|di|gung

¹be|schaf|fen (besorgen); vgl. ¹schaffen

²be|schaf|fen (geartet); mit seiner Gesundheit ist es gut beschaffen

Be|schaf|fen|heit, *die;* -; Be|schaf|fung, *die;* -; Be|schaf|fungs|kri|mi|na|li|tät (kriminelle Handlungen zur Beschaffung von [Geld für] Drogen)

be|schäf|ti|gen; sich -; beschäftigt sein; Be|schäf|tig|te, *der* u. *die;* -n, -n; Be|schäf|ti|gung; be|schäf|ti|gungs|los; Be|schäf|ti|gungs|the|ra|pie

be|schal|len (Med., Technik: mit Ultraschall untersuchen, behandeln)

be|schä|men; be|schä|mend; be|schä|men|der|wei|se; Be|schä|mung

be|schat|ten; Be|schat|tung

Be|schau, *die;* -; be|schau|en; Be|schau|er; be|schau|lich; Be|schau|lich|keit, *die;* -

Be|scheid, *der;* -[e]s, -e; - geben, sagen, tun, wissen

¹be|schei|den; eine -e Frau

²be|schei|den; beschied, beschieden; einen Antrag abschlägig - (Amtsspr.: ablehnen); jmdn. irgendwohin - (geh. für: kommen lassen); sich - (sich zufriedengeben)

Be|schei|den|heit, *die;* -

be|schei|nen

be|schei|ni|gen; Be|schei|ni|gung

be|schei|ßen (derb für: betrügen); beschissen

be|schen|ken; Be|schenk|te, *der* u. *die;* -n, -n

¹be|sche|ren (beschneiden); beschoren; vgl. ¹scheren

²be|sche|ren (schenken); beschert; jmdm. [etwas] -; die Eltern bescheren den Kindern [Spielwaren]; die Kinder [mit Spielzeug] -; Be|sche|rung (ugs. auch für: [unangenehme] Überraschung)

be|schich|ten; Be|schich|tung

be|schi|cken; Be|schi|ckung

be|schie|den; das ist ihm beschieden; vgl. ²bescheiden

be|schie|ßen; Be|schie|ßung

be|schil|dern; Be|schil|de|rung

be|schimp|fen; Be|schimp|fung

be|schir|men; Be|schir|mung

Be|schiss, *der;* -es (derb für: Betrug); be|schis|sen (derb für: sehr schlecht); vgl. bescheißen

be|schlab|bern, sich (sich beim Essen beschmutzen)

be|schla|fen (ugs.)

Be|schlag, *der;* -[e]s, Beschläge; mit - belegen; in - nehmen, halten

¹be|schla|gen; gut - (bewandert; kenntnisreich) sein

²be|schla|gen; Pferde -; die Fenster sind -; die Glasscheibe beschlägt [sich] (läuft an)

Be|schla|gen|heit; vgl. ¹beschlagen; Be|schlag|nah|me, *die;* -, -n; be|schlag|nah|men; beschlagnahmt; Be|schlag|nah|mung

be|schlei|chen

be|schleu|ni|gen; Be|schleu|ni|ger; be|schleu|nigt (schnell); Be|schleu|ni|gung

be|schlie|ßen; Be|schlie|ßer (veraltend für: Aufseher, Haushälter); Be|schlie|ße|rin (veraltend); be|schlos|sen; be|schlos|se|ner|ma|ßen; Be|schluss; be|schluss|fä|hig; Be|schluss|fä|hig|keit, *die;* -; Be|schluss|fas|sung

be|schmei|ßen (ugs.)

be|schmie|ren

be|schmut|zen; Be|schmut|zung

be|schnei|den; Be|schnei|dung

be|schnei|en; beschneite Dächer

be|schnup|pern

be|schö|ni|gen; Be|schö|ni|gung

be|schot|tern (Fachspr.); eine Straße [frisch] -

be|schrän|ken; sich -; be|schrankt (mit Schranken versehen); -er Bahnübergang; be|schränkt (beengt; geistesarm); Be|schränkt|heit, *die;* -; Be|schrän|kung

be|schrei|ben; Be|schrei|bung

be|schrif|ten; Be|schrif|tung

be|schul|di|gen; eines Verbrechens -; Be|schul|dig|te, *der* u. *die;* -n, -n; Be|schul|di|gung

be|schum|meln (ugs.)

be|schuppt (mit Schuppen bedeckt)

be|schup|pen (ugs. für: betrügen)

Be|schuss, *der;* -es

be|schüt|zen; Be|schüt|zer; Be|schüt|ze|rin

be|schwat|zen (ugs.)

Be|schwer|de, *die;* -, -n; - führen; be|schwer|de|frei; Be|schwer|de|füh|ren|de, *der* u. *die;* -n, -n; Be|schwer|de|füh|rer; be|schwe|ren; sich -; be|schwer|lich; Be|schwer|lich|keit; Be|schwer|nis, *die;* -, -se, (auch:) *das;* -ses, -se (geh.); Be|schwe|rung

be|schwich|ti|gen; Be|schwich|ti|gung

be|schwin|deln

be|schwin|gen (in Schwung bringen); be|schwingt (heiter); Be|schwingt|heit, *die;* -

be|schwipst (ugs.); Be|schwips|te, *der* u. *die;* -n, -n

be|schwö|ren; beschwor, beschworen; Be|schwö|rer; Be|schwö|rung; Be|schwö|rungs|for|mel

be|see|len (geh. für: beleben; mit Seele erfüllen); be|seelt; -e Natur; Be|seelt|heit, *die;* -; Be|see|lung

be|se|hen

be|sei|ti|gen; Be|sei|ti|gung

be|se|li|gen (geh.); ein beseligendes Erlebnis

Be|sen, *der;* -s, -; be|sen|rein; Be|sen|stiel

be|ses|sen; von einer Idee -; Be|ses|se|ne, *der* u. *die;* -n, -n; Be|ses|sen|heit, *die;* -

be|set|zen; besetzt; Be|setzt|zei|chen (Telefon); Be|set|zung

be|sich|ti|gen; Be|sich|ti|gung

be|sie|deln; Be|sie|de|lung, Be|sied|lung

be|sie|geln

be|sie|gen; Be|sieg|te, *der* u. *die;* -n, -n

be|sin|nen, sich; be|sinn|lich; Be|sinn|lich|keit, *die;* -; Be|sin|nung, *die;* -; be|sin|nungs|los

Be|sitz, *der;* -es; Be|sitz|an|spruch; be|sitz|an|zei|gend; -es Fürwort; be|sit|zen; Be|sit|zer; Be|sit|zer|grei|fung; Be|sit|ze|rin; Be|sit|zer_stolz, ...wech|sel; be|sitz|los; Be|sitz|lo|se, *der* u. *die;* -n, -n; Be|sitz|nah|me, *die;* -, -n; Be|sitz|tum, *das;* -s, ...tümer; Be|sit|zung; Be|sitz|wech|sel

be|sof|fen (derb für: betrunken); Be|sof|fen|heit, *die;* -

be|soh|len; Be|soh|lung

be|sol|den; Be|sol|de|te, *der* u. *die;* -n, -n; Be|sol|dung; Be|sol|dungs|grup|pe

be|son|de|re; zur -n Verwendung (Abk.: z. b. V.); das Besond[e]re; etwas, nichts Besond[e]res; im Besonder[e]n, im Besondren; Be|son|der|heit; be|son|ders (Abk.: bes.); besonders[,] wenn

be|son|nen (überlegt, umsichtig); Be|son|nen|heit, *die;* -

be|sor|gen; Be|sorg|nis; *die;* -, -se; Besorgnis er|re|gend, (auch:) be|sorg|nis|er|re|gend; ein Besorgnis erregender, (auch:) besorgniserregender Zustand, aber nur: ein große Besorgnis erregender Zustand, ein höchst besorgniserregender Zustand, ein noch besorgniserregenderer Zustand; be|sorgt; Be|sorgt|heit, *die;* -; Be|sor|gung

be|span|nen; Be|span|nung

be|spickt

be|spie|geln

be|spie|len; eine CD -

be|spit|zeln (heimlich beobachten und aushorchen); Be|spit|ze|lung, Be|spitz|lung

be|spöt|teln

be|spre|chen; Be|spre|chung

be|spren|gen; mit Wasser -; be|spren|keln

be|sprin|gen (begatten [von Tieren])

be|sprit|zen

be|sprü|hen

be|spu|cken

bes|ser; es ist besser, wenn ..., aber: es ist das Bess[e]re, wenn ...; eines Besser[e]n, (auch:) Bessren belehren; eine Wendung zum Besser[e]n, (auch:) Bessren; mit den neuen Schuhen kannst du besser gehen; dem Kranken wird es bald besser gehen, (auch:) bessergehen

Bes|ser|ge|stell|te, *der* u. *die;* -n, -n

bes|sern; ich bessere, (auch:) bessre; sich -

bes|ser|stel|len (in eine bessere finanzielle, wirtschaftliche Lage versetzen)

Bes|se|rung, (auch:) Bess|rung

bes|ser Ver|die|nen|de, der u. die; - -n, - -n, (auch:) Bes|ser|ver|die|nen|de, der u. die; -n, -n

Bes|ser|wis|ser; Bes|ser|wis|se|rei; bes|ser|wis|se|risch; Bess|rung; vgl. Besserung

be|stal|len (Amtsspr.: [förmlich] in ein Amt einsetzen); wohlbestallt; Be|stal|lung; Be|stal|lungs|ur|kun|de

Be|stand, der; -[e]s, Bestände - haben; von - sein; be|stan|den (auch für: bewachsen); mit Wald - sein; be|stän|dig; Be|stän|dig|keit, die; -; Be|stands|auf|nah|me; Be|stand|teil (der)

be|stär|ken; Be|stär|kung

be|stä|ti|gen; Be|stä|ti|gung

be|stat|ten; Be|stat|tung; Be|stat|tungs|in|s|ti|tut

be|stau|ben; bestaubt; be|stäu|ben (Bot.); Be|stäu|bung

best|be|zahlt

bes|te; das beste [Buch] seiner Bücher; dieser Wein ist der beste; es ist am besten, wenn …; wir fangen am besten gleich an; aber: ich halte es für das Beste, wenn …; sie ist die Beste in der Klasse; er hat sein Bestes getan; aus etwas das Beste machen; wir verstehen uns aufs, auf das Beste, (auch:) beste; mit ihrer Gesundheit steht es nicht zum Besten (nicht gut); etwas zum Besten geben, jmdn. zum Besten haben, halten; es ist zu deinem Besten; ich will nicht das erste Beste

be|ste|chen; be|stech|lich; Be|stech|lich|keit, die; -; Be|ste|chung; Be|ste|chungs|ver|such

Be|steck, das; -[e]s, -e (ugs.: -s)

be|ste|hen; auf etwas -; ich bestehe auf meiner (heute selten: meine) Forderung; die Verbindung soll bestehen bleiben; wir wollen die Regelung bestehen lassen (beibehalten); Be|ste|hen, das; -s; seit - der Firma

be|steh|len

be|stei|gen; Be|stei|gung

be|stel|len; Be|stel|ler; Be|stell|block (Mehrz. …blocks od. …blöcke); Be|stell|kar|te; Be|stell|lis|te, (auch:) Be|stell-Lis|te, die; -, -n; Be|stell|num|mer; Be|stel|lung

bes|ten|falls; bes|tens

be|steu|ern; Be|steu|e|rung

best_ge|hasst, …ge|pflegt

bes|ti|a|lisch (unmenschlich, grausam); Bes|ti|a|li|tät, die; -, -en (Unmenschlichkeit, grausames Verhalten)

be|sti|cken

Bes|tie […i^e], die; -, -n (wildes Tier; Unmensch)

be|stim|men; be|stimmt; an einem -en Tage; bestimmter Artikel (Sprachw.); Be|stimmt|heit, die; -; Be|stim|mung; Be-

stim|mungs|bahn|hof; be|stim|mungs|ge|mäß; Be|stim|mungs|ort

be|stirnt (geh.); der bestirnte Himmel

Best|leis|tung

best|mög|lich; falsch: bestmöglichst

be|stra|fen; Be|stra|fung

be|strah|len; Be|strah|lung

be|stre|ben, sich; Be|stre|ben, das; -s; be|strebt; - sein; Be|stre|bung

be|strei|chen; Be|strei|chung

be|strei|ken; Be|strei|kung; - eines Betriebes

be|strei|ten; Be|strei|tung

best|re|nom|miert; das bestrenommierte Hotel

be|streu|en; Be|streu|ung

be|stri|cken (bezaubern); be|stri|ckend; Be|stri|ckung

Best|sel|ler, der; -s, - (Ware [bes. Buch] mit bes. großem Absatz); Best|sel|ler|lis|te

be|stü|cken (ausstatten, ausrüsten); Be|stü|ckung

be|stuh|len; Be|stuh|lung

be|stür|men; Be|stür|mung

be|stür|zen; be|stür|zend; be|stürzt; - sein; Be|stürzt|heit, die; -; Be|stür|zung

Best_wert, …zeit (Sportspr.)

Be|such, der; -[e]s, -e; auf, zu - sein; be|su|chen; Be|su|cher; Be|su|cher|strom; Be|suchs_er|laub|nis, …zeit

be|su|deln; Be|su|de|lung, Be|sud|lung

Be|ta, das; -[s], -s (gr. Buchstabe: B, β)

be|tagt (geh. für: alt)

be|tan|ken

be|tas|ten

be|tä|ti|gen; sich -; Be|tä|ti|gung; Be|tä|ti|gungs|feld

be|tat|schen (ugs.)

be|täu|ben; Be|täu|bung; Be|täu|bungs|mit|tel, das

Be|te, (landsch. auch:) Bee|te, die; -, -n (ein Wurzelgemüse; eine Futterpflanze); Rote, (auch:) rote Bete, (auch:) Beete

be|tei|li|gen; sich -; Be|tei|lig|te, der u. die; -n, -n; Be|tei|ligt|sein; Be|tei|li|gung

Be|tel, der; -s (Genussmittel aus der Betelnuss); Be|tel|nuss

be|ten; Be|ter

be|teu|ern; Be|teu|e|rung

be|ti|teln [auch: …tit…]

be|töl|peln; Be|töl|pe|lung

Be|ton [beton, auch, österr. nur: beton], der; -s, -s, (bei dt. Aussprache:) -e (Baustoff aus der Mischung von Zement, Wasser, Sand usw.); Be|ton_bau (Mehrz. …bauten), …block (Mehrz. …blöcke)

be|to|nen

be|to|nie|ren (übertr. auch für: festlegen, unveränderlich machen); Be|to|nie|rung; Be|ton|kopf (abwertend für: völlig uneinsichtiger, auf seinen [politischen] Ansichten beharrender Mensch)

be|tont; be|ton|ter|ma|ßen; Be|to|nung

be|tö|ren (geh.); Be|tö|rung

Bet|pult (kath. Kirche)

Be|tracht; nur noch in Fügungen wie: in - kommen, ziehen; außer - bleiben; be|trach|ten; sich -; Be|trach|ter; be|trächt|lich; eine beträchtliche Summe, aber: um ein Beträchtliches [höher]; Be|trach|tung; Be|trach|tungs|wei|se; vgl. ²Weise

Be|trag, der; -[e]s, Beträge; be|tra|gen; sich -; Be|tra|gen, das; -s

be|trau|en; mit etwas betraut sein

be|trau|ern

Be|trau|ung

Be|treff, der; -[e]s, -e (Amtsspr.; Abk.: Betr.); in Betreff, aber: betreffs (vgl. d.) des Neubaus; be|tref|fen; was mich betrifft; vgl. betroffen, be|tref|fend (zuständig; sich auf jmdn. … bes beziehend; Abk.: betr.); die -e Behörde; den Bahnhof -; Be|tref|fen|de, der u. die; -n, -n; be|treffs (Amtsspr.; Abk.: betr.); Verhältnisw. mit Wesf.: - des Neubaus (besser: wegen)

be|trei|ben; Be|trei|ben, das; -s; auf mein -; Be|trei|bung

be|tresst (mit Tressen versehen)

¹be|tre|ten (verlegen)

²be|tre|ten; den Raum -

Be|tre|ten, das; -s

be|treu|en; Be|treu|er; Be|treu|e|rin; Be|treu|te, der u. die; -n, -n; Be|treu|ung, die; -; Be|treu|ungs|stel|le

Be|trieb, der; -[e]s, -e - in - setzen; die Maschine ist in - (läuft); er ist im - (hält sich an der Arbeitsstelle auf); be|trieb|lich; be|trieb|sam; Be|trieb|sam|keit, die; -; Be|triebs_an|ge|hö|ri|ge, …an|lei|tung, …aus|flug; be|triebs_ei|gen, …in|tern; Be|triebs_nu|del (ugs. für: betriebsame, unternehmungslustige Person), …rat (Mehrz. …räte); Be|triebs|rats|mit|glied, …vor|sit|zen|de; Be|triebs_sys|tem (EDV), …un|fall, …wirt|schafts|leh|re (Abk.: BWL)

be|trin|ken, sich; betrunken

be|trof|fen; Be|trof|fe|ne, der u. die; -n, -n; Be|trof|fen|heit, die; -

be|trü|ben; be|trüb|lich; be|trüb|li|cher|wei|se; Be|trüb|nis, die; -, -se (geh.); be|trübt; Be|trübt|heit, die; -

Be|trug, der; -[e]s; be|trü|gen; Be|trü|ger; Be|trü|ge|rei; Be|trü|ge|rin; be|trü|ge|risch

be|trun|ken; Be|trun|ke|ne, der u. die; -n, -n; Be|trun|ken|heit, die; -

Bett, das; -[e]s, -en; zu - gehen

Bett_tag; vgl. Buß- und Bettag

Bett_couch, …de|cke

Bet|tel, der; -s (abwertend für: altes, minderwertiges Zeug); bet|tel_arm; Bet|te|lei; bet|teln; Bet|tel|stab; jmdn. an den - bringen (finanziell ruinieren)

bet|ten; sich -; Bet|ten|ma|chen, das; -s; Bett_ge|stell; bett|lä|ge|rig

Bett|ler; Bett|le|rin

Bẹttru|he; Bett|tuch, das; -[e]s, ...tücher, (auch:) Bẹtt-Tuch, das; -[e]s, ...-Tücher

Bẹtt|tuch (beim jüdischen Gottesdienst; Mehrz. ...tücher)

Bẹt|tung (Fachspr.: feste Unterlage für Eisenbahngleise, Maschinen); Bẹtt|wä|sche

be|tụcht (ugs. für: vermögend, wohlhabend)

be|tụ|lich; Be|tụ|lich|keit, die; -

beu|gen (auch für: flektieren, deklinieren, konjugieren); sich -; Beu|gung (auch für: Flexion, Deklination, Konjugation); Beu|gungs|en|dung (Sprachw.)

Beu|le, die; -, -n; beu|len; sich -

be|un|ru|hi|gen; sich -; Be|un|ru|hi|gung, die; -

be|ur|kun|den; Be|ur|kun|dung

be|ur|lau|ben; Be|ur|lau|bung

be|ur|tei|len; Be|ur|tei|ler; Be|ur|tei|lung; Be|ur|tei|lungs|maß|stab

Beu|te, die; - (Erbeutetes); beu|te|gie|rig; Beu|te|gut

Beu|tel, der; -s, -; beu|teln; die Hose beutelt an den Knien; jmdn. tüchtig - (südd., österr. für: schütteln); jmdn. ganz schön - (landsch. für: übervorteilen); Beu|tel_schnei|der (ugs. für: Taschendieb), ...tier

be|vǫl|kern; Be|vǫl|ke|rung; Be|vǫl|ke|rungs_dich|te, ...ex|plo|si|on, ...po|li|tik, ...schicht

be|vǫll|mäch|ti|gen; Be|vǫll|mäch|tig|te, der u. die; -n, -n

be|vor

be|vor|mun|den; Be|vor|mun|dung

be|vor|ra|ten (mit einem Vorrat ausstatten); Be|vor|ra|tung

be|vor|rech|ti|gen; bevorrechtigt

be|vor|ste|hen

be|vor|zu|gen; Be|vor|zu|gung

be|wa|chen; Be|wa|cher

be|wạch|sen

Be|wạ|chung

be|wạff|nen; Be|wạff|ne|te, der u. die; -n, -n; Be|wạff|nung

be|wah|ren (hüten); jmdn. vor Schaden -

be|wäh|ren, sich

be|wahr|hei|ten, sich

be|währt; Be|wäh|rung (Erprobung); Be|wäh|rungs_frist (Rechtsspr.), ...hel|fer, ...pro|be, ...zeit

be|wal|den; be|wal|det

be|wäl|ti|gen

be|wan|dert (erfahren)

Be|wạndt|nis, die; -, -se

be|wäs|sern; Be|wạs|se|rung, (selten:) Be|wäss|rung

¹be|we|gen (Lage ändern; ergreifen, rühren); bewegte; bewegt

²be|we|gen (veranlassen); bewog; bewogen

Be|weg|grund; be|weg|lich; Be|weg|lich|keit, die; -; be|wegt; - sein; Be|we|gung; Be|we|gungs_ab|lauf, ...frei|heit, ...the|ra|pie

be|weh|ren (Technik: ausrüsten)

be|wei|ben, sich (veralt., noch scherzhaft für: sich verheiraten)

be|weih|räu|chern (abwertend auch für: übertrieben loben)

be|wei|nen; Be|wei|nung; - Christi

Be|weis, der; -es, -e; unter - stellen (Amtsspr.); Be|weis|auf|nah|me (Rechtsspr.); be|wei|sen; bewiesen; be|weis|kräf|tig; Be|weis|mit|tel

be|wen|den; nur in: es bei etwas - lassen; Be|wen|den, das; -s; es hat dabei sein Bewenden (es bleibt dabei)

be|wer|ben, sich; Be|wer|ber; Be|wer|be|rin; Be|wer|bung; Be|wer|bungs|un|ter|la|gen, die (Mehrz.)

be|wer|fen

be|werk|stel|li|gen

be|wer|ten; Be|wer|tung

be|wi|ckeln

be|wil|li|gen; Be|wil|li|gung

be|will|komm|nen

be|wir|ken

be|wir|ten; be|wirt|schaf|ten; Be|wir|tung

be|wohn|bar; be|woh|nen; Be|woh|ner; Be|woh|ne|rin

be|wöl|ken; sich; Be|wöl|kung, die; -

Be|wuchs, der; -es

Be|wun|de|rer; Be|wun|de|rin; be|wun|dern; be|wun|derns_wert, ...wür|dig; Be|wun|de|rung; be|wun|de|rungs_wert, ...wür|dig; Be|wund|rer; Be|wun|dre|rin

be|wusst; ich bin mir keines Vergehens -; er hat den Fehler - (mit Absicht) gemacht; sie hat mir den Zusammenhang bewusst ge|macht, (auch:) bewusstgemacht (klar gemacht); sich eines Fehlers bewusst werden, (auch:) bewusstwerden; Be|wusst|heit, die; -; be|wusst|los; Be|wusst|lo|sig|keit, die; -; be|wusst|ma|chen; vgl. bewusst; Be|wusst|sein, das; -s; Be|wusst|seins|spal|tung (Psych.); be|wusst|wer|den; vgl. bewusst

be|zah|len; eine gut bezahlte, (auch:) gutbezahlte Stelle; Be|zahl|fern|se|hen (ugs. für: Pay-TV); Be|zah|lung

be|zäh|men; sich -; Be|zäh|mung

be|zau|bern; be|zau|bernd

be|zeich|nen; be|zeich|nend; Be|zeich|nung (Abk.: Bez.)

be|zei|gen (geh. für: zu erkennen geben, bekunden); Beileid, Ehren -; Be|zei|gung

be|zeu|gen (Zeugnis ablegen; bekunden); die Wahrheit -; Be|zeu|gung

be|zich|ti|gen; jmdn. eines Verbrechens -; Be|zich|ti|gung

be|zieh|bar; be|zie|hen; sich auf eine Sache -; Be|zie|her; Be|zie|hung; Be|zie|hungs|kis|te (ugs. für: Verhältnis zwischen den Partnern einer Zweierbeziehung)

be|zif|fern; sich - auf

Be|zirk, der; -[e]s, -e (Abk.: Bez. od. Bz.); be|zirk|lich

be|zir|zen, (auch:) be|cir|cen (ugs. für: verführen, bezaubern)

Be|zug (österr. auch für: Gehalt); in Bezug auf; mit Bezug auf; auf etwas Bezug haben, nehmen (dafür besser: sich auf etwas beziehen); Bezug nehmend, (auch:) bezugnehmend auf (dafür besser: mit Bezug auf); Be|zü|ge, die (Mehrz.; Einkünfte); be|züg|lich; Verhältnisw. mit Wesf.: - Ihres Briefes; Be|zugs_per|son, ...quel|le

be|zu|schus|sen (Amtsspr.); bezuschusste, bezuschusst; Be|zu|schus|sung

be|zwe|cken

be|zwei|feln

be|zwin|gen; Be|zwin|gung

BfA = Bundesversicherungsanstalt für Angestellte

BGB = Bürgerliches Gesetzbuch

BGS = Bundesgrenzschutz

BH [beha], der; -[s], -[s] (ugs. für: Büstenhalter)

bi... (in Zusammensetzungen: zwei...; doppel[t]...); Bi... (Zwei...; Doppel[t]...)

Bi|ath|lon, das; -s, -s (Kombination aus Skilanglauf u. Scheibenschießen)

bib|bern (ugs. für: zittern)

Bi|bel, der; -, -n; bi|bel|fest

¹Bi|ber, der; -s, - (ein Nagetier; Pelz)

²Bi|ber, der od. das; -s (Rohflanell)

Bi|ber_pelz, ...schwanz (auch: flacher Dachziegel)

Bi|bi, der; -s, -s (ugs. für: steifer Hut, Kopfbedeckung)

Bi|b|lio|graf, (auch:) Bi|b|lio|graph, der; -en, -en (Bearbeiter einer Bibliografie); Bi|b|lio|gra|fie, (auch:) Bi|b|lio|gra|phie, die; -, ...ien (Bücherkunde, -verzeichnis); bi|b|lio|gra|fie|ren, (auch:) bi|b|lio|gra|phie|ren (den Titel einer Schrift bibliografisch verzeichnen); Bi|b|lio|gra|fin, (auch:) Bi|b|lio|gra|phin; bi|b|lio|gra|fisch, (auch:) bi|b|lio|gra|phisch (bücherkundlich); Bi|b|lio|graph, Bi|b|lio|gra|phie usw.; vgl. Bibliograf, Bibliografie usw.; bi|b|lio|phil (schöne od. seltene Bücher liebend); Bi|b|lio|phi|le, der u. die; -n, -n (Bücherliebhaber[in]); Bi|b|lio|thek, die; -, -en ([wissenschaftliche] Bücherei); Bi|b|lio|the|kar, der; -s, -e (Verwalter einer Bibliothek); Bi|b|lio|the|ka|rin

bi|b|lisch

Bick|bee|re (nordd. für: Heidelbeere)

Bi|det [bide], das; -s, -s (längliches Sitzbecken für Spülungen)

bie|der; Bie|der|keit, die; -; Bie|der|mann (Mehrz. ...männer); Bie|der|mei|er, das; -[s] ([Kunst]stil in der Zeit des Vormärz [1815 bis 1848])

bie|gen; bog, gebogen; auf Biegen oder Brechen (ugs.); bieg|sam

Bie|ne, die; -, -n; Bie|nen_fleiß, ...ho|nig, ...kö|ni|gin, ...korb, ...schwarm, ...spra|che, ...stich (auch für: eine Kuchenart), ...stock (Mehrz. ...stöcke), ...volk, ...wachs, ...zucht

Bi|en|na|le [biä...], die; -, -n (zweijährliche Veranstaltung, bes. in der bildenden Kunst u. im Film)

Bier, *das;* -[e]s, -e; **Bier_de|ck|el**, ...do|se, ...**fass**, ...**fla|sche**, ...**glas** (*Mehrz.* ...gläser), ...**ru|he** (ugs. für: unerschütterliche Ruhe), ...**zei|tung**, ...**zelt**

Bie|se, *die;* -, -n (farbiger Streifen an Uniformen; abgenähtes Zierfältchen an einem Kleidungsstück)

Biest, *das;* -[e]s, -er (ugs. für: Tier; Schimpfwort); **bies|tig** (ugs. für: gemein; unangenehm groß, stark); eine biestige Kälte

bie|ten; bot, geboten; das wirst du dir doch nicht bieten lassen, (auch:) bietenlassen

Bi|fo|kal|glas (Brillenglas mit Fern- und Nahteil; *Mehrz.* ...gläser)

Bi|ga|mie, *die;* -, ...ien (Doppelehe); **Bi|gamist**, *der;* -en, -en; **Bi|ga|mis|tin**

Big|band, *die;* -, -s, (auch:) **Big Band** [- *bänd*], *die;* - -, - -s (großes Jazz- od. Tanzorchester)

Big Ben, *der;* - - (Stundenglocke der Uhr im Londoner Parlamentsgebäude; der Glockenturm desselben)

Big Busi|ness [...*bisnäs*], *das;* - - (Geschäftswelt der Großunternehmer)

bi|gott (frömmelnd; scheinheilig); **Bi|got|terie**, *die;* -, ...ien

Bi|jou|te|rie, *die;* -, ...ien ([billiger] Schmuck; schweiz. auch für: Schmuckwarengeschäft)

Bi|ki|ni, *der;* -s, -s (zweiteiliger Badeanzug)

Bi|lanz, *die;* -, -en (Wirtsch.: Gegenüberstellung von Vermögen u. Schulden für ein Geschäftsjahr; übertr. für: Ergebnis); **Bi|lanzbuch|hal|ter**; **bi|lan|zie|ren**

bi|la|te|ral [auch: ...*al*] (zweiseitig); -e Verträge

Bild, *das;* -[e]s, -er; **Bild_bei|la|ge**, ...**bericht**, ...**be|richt|er|stat|ter**, ...**be|schreibung**; **bil|den**; sich -; **Bil|der_bo|gen**, ...**buch**, ...**rah|men**, ...**rät|sel**, ...**schrift**; **Bild|hau|er**; **Bild|hau|e|rin**; **bild_hübsch**, ...**kräf|tig**; **bild|lich**; **Bild|nis**, *das;* -ses, -se (geh.); **Bild_re|por|ta|ge**, ...**re|porter**, ...**röh|re**; **bild|sam** (geh.); **Bild_säule**, ...**schirm**; **Bild|schirm_scho|ner** (EDV: sich selbst aktivierendes Programm, ursprünglich zum Schutz der Bildröhre), ...**text** (Abk.: Btx); **bild|schön**

Bil|dung; **Bil|dungs_grad**, ...**lü|cke**, ...**poli|tik**, ...**rei|se**, ...**stu|fe**, ...**ur|laub**, ...**we|sen** (*das;* -s)

Bil|lard [*biljart*, österr. *bijar*], *das;* -s -e u. (österr.:) -s (ein Kugelspiel; dazugehörender Tisch)

Bil|lett [*biljät*, österr.: *bije*, auch: *bilät*], *das;* -[e]s -s u. -e (bes. österr. für: Briefkarte; schweiz. für: Einlasskarte, Fahrkarte)

Bil|li|ar|de, *die;* -, -n (10¹⁵; 1 000 Billionen) **bil|lig**; **bil|li|gen**

Bil|li|on, *die;* -, -en (10¹²; eine Million Millionen od. 1 000 Milliarden)

Bil|sen|kraut, *das;* -[e]s (ein giftiges Kraut) **bim!;** bim, bam!

Bim|bes, *der* od. *das;* - (landsch. für: Geld)

Bim|mel, *die;* -, -n (ugs. für: Glocke); **Bimmel|bahn** (ugs.); **bim|meln** (ugs.)

bim|sen (ugs. für: drillen; angestrengt lernen); **Bims|stein**

bi|nar, **bi|när**, **bi|na|risch** (fachspr. für: aus zwei Einheiten bestehend, Zweistoff...)

Bin|de, *die;* -, -n; **Bin|de|ge|we|be**; **Bin|dege|webs_ent|zün|dung**, ...**mas|sa|ge**; **Bin|de_glied**, ...**haut**; **Bin|de|haut|entzün|dung**; **Bin|de|mit|tel**, *das;* **bin|den**; band, gebunden; **Bin|der**; **Bin|de_strich**, ...**wort** (Konjunktion; *Mehrz.* ...wörter); **Bind|fa|den**

Bin|go [*binggo*], *das;* -[s] (engl. Glücksspiel; eine Art Lotto)

bin|nen; *Verhältnisw. mit Wemf.:* - einem Jahre (*geh. auch mit Wesf.:* - eines Jahres); **Bin|nen_han|del**, ...**land** (*Mehrz.* ...länder), ...**markt**, ...**meer**, ...**see**

Bin|se, *die;* -, -n (grasähnliche Pflanze); in die Binsen gehen (ugs. für: verloren gehen; unbrauchbar werden); **Bin|sen_wahr|heit** (allgemein bekannte Wahrheit), ...**weisheit**

bio... (leben[s]...); **Bio...** (Leben[s]...); **Bioche|mie** (Lehre von den chemischen Vorgängen in Lebewesen); **Bio|che|mi|ker**; **Bio|che|mi|ke|rin**; **bio|dy|na|misch** (nur mit organischer Düngung); **Bio|ethik** (auf biologisch-medizinische Forschung angewandte Ethik); **Bio|ge|ne|se**, *die;* -, -n (Entwicklung[sgeschichte] der Lebewesen); **bio|ge|ne|tisch**

Bio|graf, (auch:) **Bio|graph**, *der;* -en, -en (Verfasser einer Lebensbeschreibung); **Biogra|fie**, (auch:) **Bio|gra|phie**, *die;* -, ...ien (Lebensbeschreibung); **Bio|gra|fin**, (auch:) **Bio|gra|phin**; **bio|gra|fisch**, (auch:) biogra|phisch; **Bio|graph**, **Bio|gra|phie** usw.; vgl. Biograf, Biografie usw.

Bio|kost (Kost, die nur aus natürlichen, nicht chemisch behandelten Nahrungsmitteln besteht); **Bio|la|den** (Geschäft, das Erzeugnisse aus biologischem Anbau verkauft); **Bio|lo|ge**, *der;* -n, -n; **Bio|lo|gie**, *die;* - (Lehre von der belebten Natur); **Biolo|gin**; **bio|lo|gisch**; **Bio_müll**, ...**ton|ne**; **Bio|top**, *der* u. *das;* -s, -e (Biol.: durch bestimmte Lebewesen od. eine bestimmte Art gekennzeichneter Lebensraum)

Bir|cher|mües|li (Müsli nach dem Arzt Bircher-Benner)

Bir|ke, *die;* -, -n (ein Laubbaum); **bir|ken** (aus Birkenholz); **Bir|ken_holz**, ...**wald**; **Birk_hahn**, ...**huhn**

Birn|baum; **Bir|ne**, *die;* -, -n; **bir|nen|förmig**, **birn|för|mig**

bis; - [nach] Berlin; - hierher; - wann?; - auf weiteres, (auch:) Weiteres; - zu 50 %; deutsche Dichter des 10. bis 15. Jahrhunderts; vier- bis fünfmal; mit Ziffern: 4- bis 5-mal

Bi|sam, *der;* -s, -e u. -s (Moschus *[nur Einz.]*; Pelz); **Bi|sam|rat|te**

Bi|schof, *der;* -s, Bischöfe; **Bi|schö|fin**; bischöf|lich; **Bi|schofs_hut** (*der*), ...**kon|ferenz**, ...**sitz**, ...**stab**

Bi|se, *die;* -, -n (schweiz. für: Nord[ost]wind)

bi|se|xu|ell [auch: *bi...*] (sowohl hetero- als auch homosexuell)

bis|her (bis jetzt); **bis|he|rig**

Bis|kuit [...*kwit*, auch: ...*kwit*], *das* (auch: *der*); -[e]s, -s, auch: -e (ein leichtes Gebäck)

bis|lang (bis jetzt)

Bis|marck|he|ring

Bi|son, *der;* -s, -s (nordamerik. Büffel)

Biss, *der;* -es, -e; **biss|chen**; das -, ein - (ein wenig); **Biss|chen** (kleiner Bissen); **bis|sel**, **bis|serl** (landsch. für: bisschen); **Bis|sen**, *der;* -s, -; **biss|fest**; Nudeln - kochen; **Bissgurn**, *die;* -, - (bayr., österr. ugs. für: zänkische Frau); **bis|sig**; **Bis|sig|keit**

Bis|t|ro, *das;* -s, -s (kleines Lokal)

Bis|tum (Amtsbezirk eines kath. Bischofs) **bis|wei|len**

Bit, *das;* -[s], -[s] (EDV: Informationseinheit; Zeichen: bit)

bit|te; - schön!; - wenden!; du musst **Bitte**, (auch:) bitte sagen; **Bit|te**, *die;* -, -n; **bitten;** bat, gebeten

bit|ter; bit|ter|bö|se; bit|ter|ernst; bitter|kalt; es ist bitterkalt; ein -er Wind; **Bit|ter|keit**, *die;* -; **Bit|ter|klee; bit|terlich; Bit|ter|ling** (Fisch; Pflanze; Pilz); **Bitter|man|del|öl; Bit|ter|nis**, *die;* -, -se (geh.); **bit|ter|süß**

Bit|te|schön, *das;* -s; sie sagte ein höfliches -; **Bitt_gang**, ...**ge|such**, ...**schrift**; **Bittstel|ler**

Bi|tu|men, *das;* -s, - (auch:) ...mina; (teerartige [Abdichtungs- u. Isolier]masse)

¹**bit|zeln** (bes. südd. für: prickeln; [vor Kälte] beißend wehtun)

²**bit|zeln** (mitteld. für: in kleine Stückchen schneiden, schnitzeln)

Bi|wak, *das;* -s, -s u. -e (behelfsmäßiges Nachtlager im Freien); **bi|wa|kie|ren**

bi|zarr (seltsam)

Bi|zeps, *der;* -[es], -e (Beugemuskel des Oberarmes)

Bla|bla, *das;* -[s] (ugs. für: Gerede)

Black|box [*bläk...*], *die;* -, -es, (auch:) **Black Box**, *die;* - -, - -es (Flugschreiber)

Black-out, (auch:) **Black|out** [*bläkaut*], *das* u. *der;* -[s], -s (Erinnerungslücke; Theater: plötzliche Verdunkelung am Szenenschluss; auch: kleiner Sketch; Raumfahrt: Abbrechen des Funkkontakts)

Black Po|wer [*bläk pauᵉr*], *die;* - - (Bewegung nordamerik. Schwarzer gegen die Rassendiskriminierung)

blaf|fen, **bläf|fen** (ugs. für: bellen)

Blag, *das;* -s, -en u. **Bla|ge**, *die;* -, -n (ugs. für: [lästiges] Kind)

blä|hen; sich -; **Blä|hung**

bla|ken (nordd. für: schwelen, rußen)

blä|ken (ugs. abwertend für: schreien)

bla|kig (nordd. für: rußend)

bla|ma|bel (beschämend); **Bla|ma|ge**

269

[...maschᵉ], die; -, -n (Schande; Bloßstellung); bla|mie|ren; sich -

blan|chie|ren [blangschi...] (Kochk.: abbrühen)

blank (rein, bloß); blanker, blanks|te; wenn die Nerven blank liegen, (auch:) blankliegen; die blank polierte, (auch:) blankpolierte Dose; blan|ko (leer, unausgefüllt); Blan|ko_scheck, ...voll|macht (übertr. für: unbeschränkte Vollmacht); blank|po|liert; vgl. blank

Bla|se, die; -, -n; Bla|se|balg (Mehrz. ...bälge); bla|sen; blies, geblasen; Bla|sen_ent|zün|dung, ...lei|den; Blä|ser

bla|siert (abwertend für: hochnäsig, hochmütig); Bla|siert|heit, die; -

Blas_in|s|tru|ment, ...mu|sik

Blas|phe|mie, die; -, ...ien (Gotteslästerung); blas|phe|misch

blass; -er (auch: blässer), -es|te (auch: blässeste); blass|blau; Bläs|se, die; - (Blassheit); Bläss|huhn, Bless|huhn; bläss|lich

Blas|tu|la, die; -, ...lae (Biol.: Entwicklungsstadium des Embryos)

Blatt, das; -[e]s, Blätter

Blat|tern, die (Mehrz.; älter für: Pocken)

blät|tern; Blät|ter_teig, ...wald (scherzh. für: Vielzahl von Zeitungen); Blatt_fe|der, ...gold, ...grün, ...laus, ...pflan|ze; blätt|rig, blät|te|rig; Blatt_trieb, (auch:) Blatt-Trieb, ...werk (das; -[e]s)

blau; -er; -[|e]s|te; sein blaues Wunder erleben (ugs. für: staunen); blauer Montag; blauer, (auch:) Blauer Brief (ugs. für: Mahnschreiben der Schule an die Eltern; auch für: Kündigungsschreiben); ein blau gestreiftes, (auch:) blaugestreiftes Hemd; der Blaue Planet (die Erde); Blau, das; -s, - u. (ugs.:) -s (blaue Farbe); in -; mit - bemalt; blau|äu|gig; Blau_bart (Frauenmörder [im Märchen]), ...bee|re (ostmitteld. für: Heidelbeere); Blaue, das; -n; das - vom Himmel [herunter]reden; Fahrt ins -; Bläue, die; - (Himmel[s]blau)

¹bläu|en (blau färben)

²bläu|en (ugs. für: schlagen)

blau|grau; Blau_helm (UNO-Soldat), ...kraut, das; -[e]s (südd., österr. für: Rotkohl); bläu|lich; bläulich grün, bläulich rot; Blau|licht (Mehrz. ...lichter); blau|ma|chen (ugs. für: nicht zur Arbeit, Schule o. Ä. gehen); Blau_mei|se, ...säu|re, (die; -); blau|sti|chig; ein -es Farbfoto; Blau_strumpf (veraltend, meist abwertend für: intellektuelle Frau)

Bla|zer [blésᵉr], der; -s, - (Klubjacke, sportl.-elegante Jacke)

Blech, das; -[e]s, -e; Blech_büch|se, ...do|se; ble|chern (ugs. für: zahlen); ble|chern (aus Blech); Blech|mu|sik; Blech|ner (südd. für: Klempner); Blech|scha|den

ble|cken; die Zähne -

¹Blei, das; -[e]s, -e (chem. Element, Metall; Zeichen: Pb)

²Blei, der (auch: das); -[e]s, -e (ugs. für: Bleistift)

Blei|be, die; -, -n (Unterkunft); blei|ben; blieb, geblieben; bleiben lassen, (auch:) bleibenlassen (unterlassen); er hat es blei|ben lassen (seltener: bleiben gelassen), (auch:) bleibenlassen (seltener: bleibengelassen)

bleich

¹blei|chen (bleich machen); bleichte, gebleicht; Wäsche -

²blei|chen (bleich werden); bleichte, gebleicht; die Vorhänge bleichen in der Sonne

Bleich_ge|sicht (Mehrz. ...gesichter), ...sand (Geol.: graublaue Sandschicht), ...sucht (die; -)

blei|ern (aus Blei); blei|frei; - (mit bleifreiem Benzin) fahren; Blei|frei; das; -s; (bleifreies Benzin) tanken; Blei|kris|tall; blei|schwer; Blei|stift, der; Blei|stift|ab|satz (ugs.)

Blen|de, die; -, -n (Optik: lichtabschirmende Scheibe; Mineral; Archit.: blindes Fenster, Nische; blen|den; blen|dend; ein blen|dend weißes Hemd; Blend|schutz

Bles|se, die; -, -n (weißer [Stirn]fleck; Tier mit weißem Fleck); Bless|huhn; vgl. Bläss-huhn

bleu [blö] (blassblau)

bleu|en, (alte Schreibung für:) ²bläuen

Blick, der; -[e]s, -e; blick|dicht; -e Strumpfhosen; bli|cken; Blick_fang, ...win|kel

blind; blind sein; ein blind geborenes, (auch:) blindgeborenes Kind; Blind_darm; Blind|darm|ent|zün|dung; Blin|de, der u. die; -n, -n; Blin|den|schrift; blind|flie|gen (ohne Sicht); |Blind|flug; Blind|gän|ger; blind|ge|bo|ren; vgl. blind; blindlings; Blind|schlei|che, die; -, -n; blind|schrei|ben (auf der Tastatur)

blin|ken; Blin|ker; Blink_feu|er (ein Seezeichen), ...licht (Mehrz. ...lichter)

blin|zeln

Blitz, der; -es, -e; Blitz|ab|lei|ter; blitz|ar|tig; blitz|blank, (ugs. auch:) blitz|ze|blank; blit|zen; blitzt; er mit Blitzlicht fotografieren; du blitzt; Blitz_ge|spräch, ...krieg, ...licht (Mehrz. ...lichter); blitz|sau|ber; Blitz|schlag; blitz|schnell

Bliz|zard [blis'rt], der; -s, -s (Schneesturm [in Nordamerika])

Blo|cher (schweiz. für: Bohnerbesen)

Block, der; -[e]s, (für: Beton-, Eisen-, Felsblock usw. Mehrz.:) Blö̈cke u. (für: Abreiß-, Brief-, Zeichenblock usw. u. für: Häuser-, Wohnblock Mehrz.:) Blocks od. Blö̈cke; (für: Macht-, Wirtschaftsblock u. a. Mehrz.:) Blöcke, (selten:) Blocks; Blo|cka|de ([See]sperre; Druckw.: durch Blockieren gekennzeichnete Stelle); Blo|cker (südd. für: Bohnerbesen); Block_flö|te, ...haus; blo|ckie|ren (auch Druckw.: fehlenden Text durch ▐▐ kennzeichnen); Block_scho|ko|la|de, ...un|ter|richt

blöd, blö|de (ugs. für: dumm); blö|deln (ugs.); Blöd|ham|mel (Schimpfwort); Blöd|heit; Blö|di|an, der; -[e]s, -e (ugs. abwertend für: Dummkopf); Blöd|sinn, der; -[e]s (ugs.); blöd|sin|nig

Blog, das; (auch: der); -s, -s (kurz für: Weblog)

blö|ken

blond; blond gefärbtes, (auch:) blondgefärbtes, blond gelocktes, (auch:) blondgelocktes Haar; blon|die|ren (blondfärben); Blon|di|ne, die; -, -n (blonde Frau)

¹bloß (nur)

²bloß (entblößt); Leitungen bloß legen, (auch:) bloßlegen; vgl. auch bloßlegen; wenn die Nerven bloß liegen, (auch:) bloßliegen

Blö|ße, die; -, -n

bloß|le|gen (enthüllen); Hintergründe bloßlegen; vgl. ²bloß; bloß|lie|gen; vgl. ²bloß; bloß|stel|len (blamieren)

Blou|son [blusong], das (auch: der); -[s], -s (an den Hüften eng anliegende Jacke mit Bund)

blub|bern (nordd. für: glucksen; rasch u. undeutlich sprechen)

Blue|jeans [blúdschins], die (Mehrz.)

Blues [blus], der; -, - (urspr.: Volkslied der nordamerik. Schwarzen; langsamer Tanz im ⁴/₄-Takt)

Bluff [auch: blöf], der; -s, -s (Verblüffung; Täuschung); bluf|fen [auch: blöfᵉn]

blü|hen; Blu|me, die; -, -n; Blu|men_kohl, ...strauß, (Mehrz. ...sträuße), ...topf

blü|me|rant (ugs. für: übel, flau)

Blu|se, die; -, -n, blu|sig

Blut, das; -[e]s, (Med. fachspr.:) -e; ¹blut|arm (arm an Blut); ²blut|arm (ugs. für: sehr arm); Blut_ar|mut, ...bad, ...bahn, ...bank (Mehrz. ...banken), ...bild, ...bu|che, ...druck (der; -[e]s); blut|druck|sen|kend; -e Präparate

Blü|te, die; -, -n

blu|ten

Blü|ten_blatt, ...staub; blü|ten|weiß; blütenweiße Wäsche

Blu|ter (jmd., der zu schwer stillbaren Blutungen neigt); Blut_er|guss; Blut_ge|fäß, ...ge|rinn|sel, ...grup|pe; blu|tig; blut_jung (ugs. für: sehr jung); Blut_pro|be, ...ra|che, ...rausch; blut|rei|ni|gend, (auch:) Blut rei|ni|gend; blutreinigender (auch:) Blut reinigender Tee; Blut_schan|de (die; -), ...sen|kung (Med.), ...spen|der; bluts|ver|wandt; Blut_ver|gif|tung, ...wä|sche, ...wurst

BLZ = Bankleitzahl

BND = Bundesnachrichtendienst

Bö, (auch:) Böe, die; -, Böen (heftiger Windstoß)

Boa, die; -, -s (eine Riesenschlange; langer, schmaler Schal aus Pelz oder Federn)

Bob, der; -s, -s (Kurzw. für: Bobsleigh); Bob_bahn; Bob|sleigh [bóbßlē], der; -s, -s (Rennschlitten; Kurzform: Bob)

Boc|cia [*botscha*], *das* od. *die;* -, -s (ein it. Kugelspiel)

Bock, *der;* -[e]s, Böcke; bock|bei|nig

Bock|bier

bo|cken; bo|ckig; Bocks_beu|tel (bauchige Flasche; Frankenwein in solcher Flasche), ...horn (*Mehrz.* ...hörner); lass dich nicht ins - jagen (ugs. für: einschüchtern); Bock_sprin|gen, ...sprung, ...wurst

Bod|den, *der;* -s, - (nordd. für: Strandsee, [Ostsee]bucht)

Bo|de|ga, *die;* -, -s (span. Weinkeller, -schenke)

Bo|den, *der;* -s, Böden; Bo|den_be|lag, ...frost, ...kam|mer; bo|den|los; Bo|den_ne|bel, ...per|so|nal, ...schät|ze *(die, Mehrz.);* bo|den|stän|dig; Bo|den_sta|ti|on, ...tur|nen

Bo|dy|buil|der [*bodibildᵉʳ*], *der;* -s, - (jmd., der Bodybuilding betreibt); Bo|dy|buil|ding, *das;* -[s] (Training[smethode] zur besonderen Ausbildung der Körpermuskulatur); Bo|dy|guard [*...gaʳᵈ*], *der;* -s, -s (Leibwache); Bo|dy|sto|cking, *der;* -[s], -s (eng anliegende Unterwäsche)

Böe; vgl. Bö

Boe|ing® [*boᵘing*], *die;* -, -s (ein amerik. Flugzeugtyp)

Bo|fist [auch: *bofiβt*], Bo|vist [auch: *bowiβt*], *der;* -[e]s, -e (ein Pilz)

Bo|gen, *der;* -s, - (bes. südd., österr. u. schweiz. auch: Bögen)

Bo|heme [*boãm,* auch: *bohãm*], *die;* - (unkonventionelles Künstlermilieu) Bo|he|mi|en [*boemjäng,* auch: *bohe...*], *der;* -s, -s (Angehöriger der Boheme)

Boh|le, *die;* -, -n (starkes Brett)

böh|misch (ugs. auch für: unverständlich)

Boh|ne, *die;* -, -n; Boh|nen|kaf|fee

Boh|ner|be|sen; boh|nern; Boh|ner|wachs

boh|ren; Boh|rer; Bohr|in|sel

bö|ig; -er Wind

Boi|ler [*beulᵉʳ*], *der;* -s, - (Warmwasserbereiter)

Bo|je, *die;* -, -n (Seemannsspr.: [verankerter] Schwimmkörper als Seezeichen od. zum Festmachen)

Bo|le|ro, *der;* -s, -s (Tanz; kurze Jacke)

Bol|le, *die;* -, -n (landsch. für: Zwiebel)

Böl|ler (Feuerwerkskörper); böl|lern (landsch. für: poltern, krachen); böl|lern

Boll|werk

Bol|sche|wik, *der;* -en, -i u. (abwertend:) -en (Mitglied der kommunistischen Partei Russlands bzw. der Sowjetunion); Bol|sche|wis|mus, *der;* -; Bol|sche|wist, *der;* -en, -en

bol|zen (Fußball: systemlos spielen); du bolzt

Bol|zen, *der;* -s, -

Bom|bar|de|ment [*...dᵉmang,* österr.: *bombardmang,* schweiz.: *...bardᵉmänt*], *das;* -s, -s (schweiz.: -e; Beschießung [mit Bomben]); bom|bar|die|ren; Bom|bar|die|rung

bom|bas|tisch (sehr aufwendig)

Bom|be, *die;* -, -n (mit Sprengstoff angefüllter Hohlkörper; ugs. auch für: sehr kräftiger Schuss aufs [Fußball]tor); bom|ben (ugs.); Bom|ben_an|griff, ...er|folg (ugs. für: großer Erfolg), ...stim|mung (ugs.), ...tep|pich, ...ter|ror; Bom|ber

Bom|mel, *die;* -, -n u. der; -s, - (landsch. für: Quaste)

Bon [*bong*], *der;* -s, -s (Gutschein)

Bon|bon [*bongbong*], *der* od. (österr. nur:) *das;* -s, -s (Süßigkeit zum Lutschen); Bon|bon|ni|e|re, (auch:) Bon|bo|ni|e|re [*bongbooniäʳᵉ*], *die;* -, -n (Pralinenpackung)

Bon|go, *das;* -[s] -s od. *die;* -, -s (paarweise verwendete [Jazz]trommel)

Bon|mot [*bongmo*], *das;* -s, -s (geistreiche Wendung)

¹Bon|sai, *der;* -[s] -s (jap. Zwergbaum)

²Bon|sai, *das;* - (Kunst des Ziehens von Zwergbäumen)

Bo|nus, *der;* - u. -ses, - u. -se od. ...ni (Vergütung; Rabatt)

Bon|ze, *der;* -n, -n ([buddhistischer] Mönch, Priester; abwertend für: auf seine Vorteile bedachter Funktionär)

Boo|gie-Woo|gie [*bugiwugi*], *der;* -[s], -s (Jazzart; ein Tanz)

Boom [*bum*], *der;* -s, -s ([plötzlicher] Wirtschaftsaufschwung, Hausse an der Börse)

Boot, *das;* -[e]s, -e, (landsch. auch:) Böte

¹Bord, *das;* -[e]s, -e ([Bücher-, Wand-]brett)

²Bord, *der;* -[e]s, -e ([Schiffs]rand, -deck, -seite; übertr. für: Schiff, Luftfahrzeug); an - gehen

Bor|dell, *das;* -s, -e

Bord_funk, ...fun|ker

bor|die|ren (einfassen, besetzen)

Bord_kan|te, ...stein

Bor|dü|re, *die;* -, -n (Einfassung, [farbiger] Geweberand, Besatz)

bor|gen

Bor|ke, *die;* -, -n (Rinde); Bor|ken|kä|fer; bor|kig

Born, *der;* -[e]s, -e (veralt., noch geh. für: Wasserquelle, Brunnen)

bor|niert (unbelehrbar, engstirnig); Bor|niert|heit

Bor|retsch, *der;* -[e]s (ein Küchenkraut)

Bör|se, *die;* -, -n (Markt für Wertpapiere u. vertretbare Waren; veraltend für: Portemonnaie); bör|sen|no|tiert; ein -es Unternehmen

Bors|te, *die;* -, -n; bors|tig

Bor|te, *die;* -, -n (gemustertes Band als Besatz)

bös; vgl. böse; bös|ar|tig

Bö|schung

bö|se; jenseits von Gut und Böse; im Bösen auseinandergehen; im Guten wie im Bösen; Bö|se|wicht, *der;* -[e]s, -er, (auch, österr. nur:) -e; bos|haft; Bos|haf|tig|keit; Bos|heit

Bos|koop, Bos|kop, *der;* -s, - (Apfelsorte)

Boss, *der;* -es, -e (Chef; Vorgesetzter)

bos|seln (ugs. für: kleine Arbeiten [peinlich genau] machen)

bös|wil|lig; Bös|wil|lig|keit

Bo|ta|nik, *die;* - (Pflanzenkunde); Bo|ta|ni|ker; Bo|ta|ni|ke|rin; bo|ta|nisch

Bo|te, *der;* -n, -n

Bot|schaft; Bot|schaf|ter; Bot|schaf|ter|in

Bött|cher (Bottichmacher); Bot|tich, *der;* -[e]s, -e

Bou|c|lé, (auch:) Buk|lee, *der;* -s, -s (Garn mit Knoten u. Schlingen)

Bouil|lon [*buljong,* österr.: *bujong*], *die;* -, -s (Kraft-, Fleischbrühe)

Boule [*bul*], *das;* -[s], (auch:) *die;* - (franz. Kugelspiel)

Bou|le|vard [*bulᵉwar,* österr.: *bul...*], *der;* -s, -s (breite [Ring]straße); Bou|le|vard_pres|se (abwertend), ...the|a|ter

Bou|quet [*buke*], *das;* -s, -s, Bu|kett, *das;* -[s], *Mehrz.* -s u. -e ([Blumen]strauß, Duft [des Weines])

Bour|bo|ne [*bur...*], *der;* -n, -n (Angehöriger eines fr. Herrschergeschlechtes)

bour|geois [*burschoa,* in beifügender Verwendung: *burschoas...*] (der Bourgeoisie angehörend, entsprechend); Bour|geois [*burschoa*], *der;* -, - (abwertend für: wohlhabender, selbstzufriedener Bürger); Bour|geoi|sie [*burschoasi*], *die;* -, ...ien ([wohlhabender] Bürgerstand)

Bou|tique [*butik,* österr.: *...tik*], *die;* -, -n [*...kᵉn*]

Bo|vist; vgl. Bofist

Bow|den|zug [*baudᵉn...*] (Technik: Drahtkabel zur Übertragung von Zugkräften)

Bow|le [*bolᵉ*], *die;* -, -n (Getränk aus Wein, Zucker u. Früchten; Gefäß für dieses Getränk)

Bow|ling [*boᵘling*], *das;* -s, -s (amerik. Art des Kegelspiels; engl. Kugelspiel auf glattem Rasen)

Box, *die;* -, -en (Pferdestand; Unterstellraum; Montageplatz bei Autorennen; kurz für: Lautsprecherbox)

Box|calf, (auch:) Box|kalf [engl. auch: *...kaf*], *das;* -s, -s (Kalbsleder)

bo|xen; du boxt; er boxt ihn (auch: ihm) in den Magen; Bo|xer, *der;* -s, - (Faustkämpfer; bes. südd., österr. auch für: Faustschlag; Hunderasse)

Box|kalf; vgl. Boxcalf

Boy [*beu*], *der;* -s, -s ([Hotel]diener, Bote)

Boy|kott [*beu...*], *der;* -[e]s, -s, (auch:) -e (politische, wirtschaftliche od. soziale Ächtung; Nichtbeachten); boy|kot|tie|ren

Boy|scout, (auch:) Boy-Scout [*beuβkaut*], *der;* -[s], -s (engl. Bez. für: Pfadfinder)

BPOL = Bundespolizei

brab|beln (ugs. für: undeutlich vor sich hin reden)

brach (unbestellt; unbebaut); Bra|che, *die;* -, -n (Brachfeld)

Bra|chi|al|ge|walt, *die;* - (rohe, körperliche Gewalt)

brach|lie|gen (unbebaut liegen)

Bra|cke, *der;* -n, -n, (seltener:) *die;* -, -n (eine Spürhundrasse)

Brack|was|ser, *das;* -s, ...wasser (Gemisch aus Süß- und Salzwasser in den Flussmündungen)

Brä|gen, *der;* -s, - (Nebenform von: Bregen)

Brah|ma|ne, *der;* -n, -n (Angehöriger einer ind. Priesterkaste)

Brain|drain [*bre͟|ndre͟|n*], *der;* -s (Abwanderung von Wissenschaftlern)

bra|mar|ba|sie|ren (geh. abwertend für: prahlen)

bram|sig (nordd. ugs. für: protzig)

Bran|che [*bra͟ngsch͟e*], *die;* -, -n (Wirtschafts-, Geschäftszweig; ugs. für: Fachgebiet)

Brand, *der;* -[e]s, Brände; brand|ak|tu|ell; brand|mar|ken; gebrandmarkt; Brand_mau|er, ...meis|ter; brand|neu; Brand|sal|be; brand|schat|zen (früher für: durch Branddrohung erpressen); du brandschatzt; Brand_soh|le, ...stif|ter, ...stif|tung; Bran|dung; Brand|wun|de; Bran|dy [*brä͟ndi*], *der;* -s, -s (engl. Bezeichnung für: Weinbrand); Brannt-wein

¹Bra|sil, *der;* -s, -e u. -s (Tabak; Kaffeesorte)

²Bra|sil, *die;* -, -[s] (Zigarre)

Brät, *das;* -s (fein gehacktes [Bratwurst]fleisch); Brat|ap|fel; bra|ten; Bra|ten, *der;* -s, -; Brat|hen|del, *das;* -s, -n (südd., österr. für: Brathähnchen); Brat_he|ring, ...kar|tof|feln (die; Mehrz.); Brät|ling (gebratener Kloß aus Gemüse, Hülsenfrüchten); Brät|ling (Fisch; Pilz); Brat|pfan|ne

Brat|sche, *die;* -, -n (ein Streichinstrument)

Brat|wurst

Brauch, *der;* -[e]s, Bräuche; brauch|bar; brau|chen; Brauch|tum (Mehrz. selten)

Braue, *die;* -, -n

brau|en; Brau|er; Braue|rei; Braue|rin

braun; eine braun gebrannte, (auch:) braungebrannte Frau; Braun, *das;* -s, - u. (ugs.:) -s (braune Farbe); ein Kleid in -; Bräu|ne, *die;* - (braune Färbung); bräu|nen; braun-ge|brannt; vgl. braun; Braun|koh|le; bräun|lich; bräunlich gelb

Brau|se, *die;* -, -n; brau|sen

Braut, *die;* -, Bräute; Bräu|ti|gam; *der;* -s, -e; Braut_jung|fer, ...kleid, ...kranz, ...leu|te; bräut|lich; Braut_paar, ...schau (auf - gehen), ...stand (der; -[e]s), ...strauß

brav [*braf*] (artig; bieder); -er, -s|te; bra|vo! [...*wo*] (gut!); Bra|vo, *das;* -s, -s (Beifallsruf); Bra|vour [...*wu͟r*], *die;* - (Tapferkeit; meisterhafte Technik); Bra|vour|arie, (auch:) Bra|vur|arie; bra|vou|rös, (auch:) bra|vu|rös (schneidig; meisterhaft)

break! [*bre͟|k*] (Trennkommando des Ringrichters beim Boxkampf); Break|dance

[*bre͟|kda͟nβ*], *der;* -[s] (tänzerisch-akrobatische Darbietung zu moderner Popmusik)

brech|bar; Brech_boh|ne, ...ei|sen; bre|chen; brach, gebrochen; Brech_mit|tel, ...reiz, ...stan|ge

Bre|douil|le [*bredulj͟e*], *die;* - (ugs. für: Verlegenheit, Bedrängnis); in der - sein; in die - kommen

Bree|ches [*bri͟tsch͟eβ*, auch: *bri*...], *die* (Mehrz.; Sport-, Reithose)

Bre|gen, *der;* -s, - (nordd. für: Gehirn [vom Schlachttier]); vgl. Brägen

Brei, *der;* -[e]s, -e; brei|ig

---

breit

– ein breites Lachen
– die breite Masse (die meisten)
– weit und breit

Großschreibung, wenn „breit" als Hauptwort verwendet wird:
– des Langen und Breiten (umständlich) darlegen
– ins Breite fließen

Getrennt- und Zusammenschreibung:
– ein breit gefächertes od. breitgefächertes Angebot

Wenn „breit" das Ergebnis der mit dem folgenden einfachen Zeitwort bezeichneten Tätigkeit angibt, kann getrennt oder zusammengeschrieben werden:
– die Schuhe breit treten od. breittreten
– einen Nagel breit schlagen od. breitschlagen

Wenn Eigenschaftswort und Zeitwort eine neue Gesamtbedeutung bilden, schreibt man zusammen:
– das Gerücht wurde in der Presse breitgetreten
– sie ließ sich breitschlagen, uns zu treffen
– er soll sich nicht so breitmachen (nicht so viel [Platz] beanspruchen)
– es hatte sich eine allgemeine Müdigkeit breitgemacht (ausgebreitet)

---

breit|bei|nig; Brei|te, *die;* -, -n; breit|ma|chen, sich (ugs. für: viel [Platz] in Anspruch nehmen); breit|schla|gen (ugs. für: überreden); breit|schult|rig; Breit-schwanz (ein wertvolles lockiges Lammfell); breit|tre|ten (ugs. für: weitschweifig darlegen); ein Thema -; Breit|wand (im Kino); Breit|wand|film

¹Brem|se, *die;* -, -n

²Brem|se, *die;* -, -n (ein Insekt)

brem|sen; Brems_pe|dal, ...spur; Bremsung; Brems|weg

brenn|bar; Brenn|bar|keit, *die;* -; bren|nen; brannte, gebrannt; Bren|ne|rei; Brenn_holz (das; -es), ...ma|te|ri|al; Brenn|nes|sel, (auch:) Brenn-Nes|sel,

die; Brenn_punkt, ...sche|re, ...spi|ri-tus, ...stab (Kernphysik), ...stoff, ...wei-te; brenz|lich (landsch. für: brenzlig); brenz|lig

Bre|sche, *die;* -, -n (veraltend für: große Lücke); eine - schlagen

Brett, *das;* -[e]s, -er; Bret|ter|bu|de; bret-tern (aus Brettern bestehend); Brettl, *das;* -s, - (Kleinkunstbühne); Brett|spiel

Bre|vier, *das;* -s, -e (Gebetbuch der kath. Geistlichen; Stundengebet)

Bre|zel, *die;* -, -n

Bridge [*bridsch*], *das;* - (ein Kartenspiel)

Brief, *der;* -[e]s, -e; Brief_be|schwe|rer, ...block (Mehrz. ...blocks), ...bo|gen, ...bom|be, ...druck|sa|che, ...kar|te, ...kas|ten (Mehrz. ...kästen), ...kopf; brief|lich; Brief_mar|ke, ...öff|ner, ...pa|pier; Brief|schaf|ten, *die* (Mehrz.); Brief_schrei|ber, ...ta|sche, ...trä|ger, ...trä|ge|rin, ...um|schlag, ...wahl, ...wech|sel

Brie|kä|se

Bries, *das;* -es, -e u. Brie|sel, *das;* -s, - (innere Brustdrüse bei Tieren, bes. beim Kalb)

Bri|ga|de, *die;* -, -n (größere Truppenabteilung; ehem. DDR: kleinste Arbeitsgruppe in einem Produktionsbetrieb); Bri|ga|di|er [...*ie͟* u. bei dt. Aussr.: ...*ir*], *der;* -s, -s u. [bei dt. Aussr.] -e (Befehlshaber einer Truppenabteilung, Brigade; ehem. DDR: Leiter einer Arbeitsbrigade)

Brigg, *die;* -, -s (zweimastiges Segelschiff)

Bri|kett, *das;* -s, -s u. (selten:) -e (in Form gepresste Braun- od. Steinkohle)

bril|lant [*briljant*] (glänzend; fein); Bril-lant, *der;* -en, -en (geschliffener Diamant); Bril|lant|ring

Bril|le, *die;* -, -n; Bril|len|ge|stell

bril|lie|ren [*briljir͟en*] (glänzen)

Brim|bo|ri|um, *das;* -s (ugs. für: Gerede; Umschweife)

Brim|sen, *der;* -s, - (österr. für: Schafskäse)

brin|gen; brachte, gebracht

bri|sant (hochexplosiv; sehr aktuell); Bri-sanz, *die;* -, -en (Sprengkraft; *nur Einz.:* brennende Aktualität)

Bri|se, *die;* -, -n (leichter Wind)

Broad|way [*bro͟͟dwe͟*], *der;* -s (Hauptstraße in New York)

Broc|co|li; vgl. Brokkoli

brö|ckeln; Brö|cken, *der;* -s, -; bröck|lig

bro|deln (dampfend aufsteigen, aufwallen; österr. ugs. für: Zeit vertrödeln); Bro|dem, *der;* -s (geh. für: Qualm, Dampf, Dunst)

Broi|ler [*breul͟er*], *der;* -s, - (landsch. für: Hähnchen zum Grillen)

Bro|kat, *der;* -[e]s, -e (kostbares gemustertes Seidengewebe); bro|ka|ten (geh.); ein -es Kleid

Brok|ko|li, (auch:) Broc|co|li (Mehrz.), (auch:) *der;* -s, -s (Spargelkohl)

Brom|bee|re; Brom|beer|strauch

bron|chi|al; Bron|chi|al_asth|ma, ...ka-tarrh, (auch:) Bron|chi|al|ka|tarr (Luft-

röhrenkatarrh); **Bron|chie** [...*i*ᵉ], *die;* -, -n
(*meist Mehrz.;* Luftröhrenast); **Bron|chi-
tis,** *die;* -, ...itiden (Bronchialkatarrh)
Bron|ze [*broɳβᵉ*], *die;* -, -n (eine Metallmi-
schung; Kunstgegenstand aus Bronze; *nur
Einz.:* Farbe); **Bron|ze|zeit,** *die;* - (vorge-
schichtl. Kulturzeit)
Bro|sa|me, *die;* -, -n (*meist Mehrz.*)
Bro|sche, *die;* -, -n (Anstecknadel)
bro|schie|ren (Druckbogen in einen Papier-
umschlag heften od. leimen); **bro|schiert;
Bro|schü|re,** *die;* -, -n (leicht geheftetes
Druckwerk)
Brö|sel, *der* (österr.: *das*); -s, - (*meist
Mehrz.;* Krümel, Bröckchen); **brö|seln**
(bröckeln)
Brot, *das;* -[e]s, -e; **Brot_auf|strich, ...beu-
tel; Bröt|chen; Bröt|chen|ge|ber**
(scherzh. für: Arbeitgeber); **Brot_er|werb,
...korb, ...kru|me, ...laib; brot|los;** -e
Künste; **Brot_mes|ser, ...zeit** (landsch.
für: Zwischenmahlzeit)
Brow|ning [*braun...*], *der;* -s, -s (eine
Schusswaffe)
¹**Bruch,** *der;* -[e]s, Brüche (Brechen; Zerbro-
chenes; Bruchzahl)
²**Bruch** [auch: *bruch*], *der* u. *das;* -[e]s, Brüche, (landsch. auch:) Brücher (Sumpfland)
Bruch_band (*das; Mehrz.* ...bänder), **...bu-
de** (ugs. abwertend für: schlechtes, baufäl-
liges Haus); **brü|chig** (morsch); **Brü|chig-
keit; Bruch|lan|dung; bruch|los;
Bruch_rech|nen** (*das;* -s), **...rech|nung**
(*die;* -), **...stück, ...teil** (*der*), **...zahl**
Brü|cke, *die;* -, -n; **Brü|cken_bau** (*Mehrz.*
...bauten), **...bo|gen, ...kopf** (Milit.)
Bru|der, *der;* -s, Brüder; **brü|der|lich; Brü-
der|lich|keit,** *die;* -; **Bru|der|schaft** ([rel.]
Vereinigung); **Brü|der|schaft** (brüderliches
Verhältnis); - trinken; **Bru|der_volk,
...zwist**
Brü|he, *die;* -, -n; **brü|hen; brüh|warm**
(ugs.); eine Nachricht - (sofort) weiter-
erzählen; **Brüh|wür|fel**
brül|len
brum|meln (ugs.); **brum|men; Brum|mer;
brum|mig**
Brunch [*brantsch*], *der;* -[e]s, -[e]s u. -e (das
Mittagessen ersetzendes, reichhaltiges
Frühstück); **brun|chen** [*bran...*]; ich brun-
che, wir haben gebruncht
brü|nett (braunhaarig, -häutig)
Brunft, *die;* -, Brünfte (Jägerspr.: Brunst
beim Wild)
Brun|nen, *der;* -s, -; **Brun|nen|kres|se** (eine
Salatpflanze)
Brunst, *die;* -, Brünste (Periode der ge-
schlechtl. Erregung u. Paarungsbereitschaft
bei einigen Tieren); **bruns|ten; bruns|tig**
Brus|chet|ta [*...sk...*], *die;* -, -s (geröstetes
Weißbrot mit Tomaten)
brüsk (barsch; schroff); **brüs|kie|ren**
(barsch, schroff behandeln); **Brüs|kie|rung**
Brust, *die;* -, Brüste; **brüs|ten,** sich
Brust|korb; brust|schwim|men, (auch:)

Brust schwimmen; aber nur: er schwimmt
Brust; **Brust_schwim|men** (*das;* -s),
...stim|me, ...tee
Brüs|tung
Brust|war|ze
Brut, *die;* -, -en
bru|tal (Jugendspr. auch für: großartig);
bru|ta|li|sie|ren; Bru|ta|li|tät, *die;* -, -en
brü|ten; brütend heißer Tag; **Brü|ter**
(Kernphysik: Brutreaktor); schneller,
(auch:) Schneller Brüter; **Brut|kas|ten**
(Med.), **...re|ak|tor** (Kernphysik),
...schrank (Biol., Med.)
brut|to (mit Verpackung; ohne Abzug der
[Un]kosten); **Brut|to|ein|kom|men; Brut-
to|re|gis|ter|ton|ne** (Abk.: BRT); **Brut|to-
so|zi|al|pro|dukt** (Abk.: BSP)
brut|zeln (ugs.)
Bub, *der;* -en, -en (landsch. für: Junge);
Büb|chen; Bu|be, *der;* -n, -n (veraltet
für: niederträchtiger Mensch; eine Spiel-
karte); **Bu|ben_streich, ...stück; Bu|bi,**
der; -s, -s (Koseform von: Bub); **Bu|bi-
kopf** (Damenfrisur); **bü|bisch**
Buch, *das;* -[e]s, Bücher; - führen; die Buch
führende, (auch:) buchführende Geschäfts-
stelle; **Buch_aus|stat|tung, ...bin|der;
Buch|bin|de|rei; Buch|dru|cker**
Bu|che, *die;* -, -n (ein Laubbaum); **Buch-
ecker,** *die;* -, -n
bu|chen (in ein Rechnungsbuch eintragen;
reservieren lassen)
**Bü|che|rei; Bü|cher_re|gal, ...schrank,
...ver|bren|nung, ...wurm** (*der;* scherzh.)
Buch|fink (ein Vogel)
buch|füh|rend; vgl. Buch; **Buch_füh|rung,
...ge|wer|be** (*das;* -s), **...hal|ter, ...hal-
tung, ...hand|lung, ...händ-
ler, ...händ|le|rin, ...hand|lung, ...ma-
cher, ...mes|se, ...prü|fer** (jmd., der ein
Rechnungsbuch prüft)
Buchs|baum
Buch|se, *die;* -, -n (Steckdose; Hohlzylinder
zur Aufnahme eines Zapfens usw.); **Büchse,** *die;* -, -n (auch für: Feuerwaffe); **Büch-
sen_fleisch, ...licht** (*das;* -[e]s; zum Schie-
ßen ausreichende Helligkeit), **...öff|ner**
Buch|sta|be, *der;* -ns (selten: -n), -n; **buch-
sta|bie|ren; buch|stäb|lich** (genau nach
dem Wortlaut); **Buch|stüt|ze**
Bucht, *die;* -, -en
Buch|wei|zen (eine Nutzpflanze)
Bu|ckel, *der;* -s, -; **bu|ckeln** (ugs. für: einen
Buckel machen; auf dem Buckel tragen)
bü|cken, sich
buck|lig
¹**Bück|ling** (ugs. scherzh. für: tiefe Verbeu-
gung)
²**Bück|ling** (geräucherter Hering)
bud|deln (ugs. für: graben)
Bud|dhis|mus, *der;* - (Lehre Buddhas); **Bud-
dhist,** *der;* -en, -en; **Bud|dhis|tin**
Bu|de, *die;* -, -n
Bud|get [*büdsche*], *das;* -s, -s ([Staats]haus-

haltsplan, Voranschlag); **bud|ge|tie|ren**
(ein Budget aufstellen)
Bu|do, *das;* -s (Sammelbegriff für Kampf-
sportarten)
Bü|fett, *das;* -[e]s, -s u. -e, (auch, bes. ös-
terr., schweiz.:) Buf|fet [*büfe*, schweiz.
büfe], *das;* -s, -s (Anrichte[tisch]; Geschirr-
schrank; Theke); kaltes B.
Büf|fel, *der;* -s, -; **büf|feln** (ugs. für: ange-
strengt lernen)
Buf|fet; vgl. Büfett
Buf|fo, *der;* -s, -s u. Buffi (Sänger komischer
Rollen)
Bug, *der;* -[e]s, (für: Schiffsvorderteil *Mehrz.:*)
-e u. (für: Schulterstück [des Pferdes u. des
Rindes] *Mehrz.:*) Büge
Bü|gel, *der;* -s, -; **Bü|gel_ei|sen, ...fal|te;
bü|gel|frei; bü|geln**
Bug|gy [*bagi*] *der;* -s, -s (leichter [offener]
Wagen; zusammenklappbarer Kindersport-
wagen)
bug|sie|ren ([ein Schiff] schleppen, ins
Schlepptau nehmen; ugs. für: mühsam an
einen Ort befördern)
buh! (Ausruf des Missfallens)
Bu|hei, *das;* -s (landsch. für: Aufheben); gro-
ßes - [um etwas] machen
Bü|hel, *der;* -s, - u. Bühl, *der;* -[e]s, -e
(südd. u. österr. für: Hügel)
bu|hen (ugs. für: durch Buhrufe sein Missfal-
len ausdrücken)
Bühl; vgl. Bühel
buh|len (veralt.); um jmds. Gunst - (geh.)
Buh|mann (ugs. für: böser Mann, Schreckge-
spenst, Prügelknabe; *Mehrz.* ...männer)
Buh|ne, *die;* -, -n (künstlicher Damm zum
Uferschutz)
Büh|ne, *die;* -, -n (südd., schweiz. auch für:
Dachboden); **Büh|nen|bild; Büh|nen|bild-
ner; Büh|nen|bild|ne|rin**
Buh|ruf
Bu|kett, *das;* -[e]s, -s u. -e, (auch:) Bou|quet
[*buke*], *das;* -s, -s ([Blumen]strauß; Duft
[des Weines])
Buk|lee; vgl. Bouclé
Bu|let|te, *die;* -, -n (landsch. für: Frikadelle)
Bu|li|mie, *die;* - (Med.: Ess-Brech-Sucht)
Bull|au|ge (rundes Schiffsfenster)
Bull|dog|ge (eine Hunderasse); **Bull|do|zer**
[*buldosᵉr*], *der;* -s, - (schweres Raupen-
fahrzeug)
¹**Bul|le,** *der;* -n, -n (Stier, m. Zuchtrind)
²**Bul|le,** *die;* -, -n (mittelalterl. Urkunde; fei-
erl. päpstl. Erlass); die Goldene Bulle
bul|le|rig, bull|rig (landsch. für: aufbrau-
send)
Bul|le|tin [*bültäng*], *das;* -s, -s (amtliche Be-
kanntmachung; Krankenbericht)
bul|lig (gedrungen, massiv, drückend)
bull|rig; vgl. bullerig
Bu|me|rang [auch: *bu...*], *der;* -s, -s od. -e
(gekrümmtes Wurfholz)
Bum|mel, *der;* -s, - (ugs. für: Spaziergang);
Bum|me|lant, *der;* -en, -en; **Bum|me|lei;
bum|meln** (ugs.); **Bum|mel_streik, ...zug**

(scherzh.); bum|mern (ugs. für: dröhnend klopfen)

bum|sen (ugs. für: dröhnend aufschlagen; salopp für: koitieren); Bums|lo|kal (ugs. abwertend für: zweifelhaftes Vergnügungslokal)

¹Bund, der; -[e]s, Bünde (Vereinigung; Hosen-, Rockbund)

²Bund, das; -[e]s, -e (Gebinde); vier - Stroh

Bün|del, das; -s, -; bün|deln

Bun|des|agen|tur für Arbeit (Abk.: BA); Bun|des_bür|ger; ...bür|ge|rin; bun|des-deutsch; Bun|des_ge|biet, ...ka|bi|nett, ...kanz|ler, ...kanz|le|rin, ...la|de (jüd. Rel.), ...land (Mehrz. ...länder), ...nach-rich|ten|dienst (Abk.: BND), ...po|li|zei (Abk.: BPOL), ...re|gie|rung, ...tag, ...wehr (die)

Bund|ho|se; bün|dig (bindend; Bauw.: in gleicher Fläche liegend); kurz und -; Bünd-nis, das; -ses, -se

Bun|ga|low [bunggalo], der; -s, -s

Bun|gee|jum|ping, (auch:) Bun|gee-Jum-ping [bandschidschamping], das; -s (Springen aus großen Höhen, wobei der Springer durch ein starkes Gummiseil gesichert ist)

Bun|ker, der; -s, - (Behälter für Massengut [Kohle, Erz]; Betonunterstand; [Golf:] Sandloch); bun|kern (Massengüter in den Bunker füllen)

bunt; ein bunter Abend; ein bunt gemisch-tes, (auch:) buntgemischtes Programm; ein bunt gestreiftes, (auch:) buntgestreiftes Kleid; Bunt|film; bunt|ge|mischt; vgl. bunt bunt|ge|streift; vgl. bunt; Bunt-_specht (ein Vogel), ...stift (der)

Bür|de, die; -, -n

Bu|re, der; -n, -n (Nachkomme der niederl. u. dt. Ansiedler in Südafrika)

Burg, die; -, -en

Bür|ge, der; -n, -n; bür|gen

Bür|ger; Bür|ger_be|geh|ren (das; -s, -), ...in|i|ti|a|ti|ve (Abk.: BI), ...krieg; bür-ger|lich; Bür|ger|meis|ter [oft auch: ...maiβt°r]; Bür|ger|steig; Bür|ger|tum, das; -s

Bürg|schaft

Bu|rin

bur|lesk (possenhaft); Bur|les|ke, die; -, -n (Posse, Schwank)

Bur|nus, der; - u. -ses, -se (Beduinenmantel mit Kapuze)

Bü|ro, das; -s, -s; Bü|ro|krat, der; -en, -en; Bü|ro|kra|tie, die; -, ...ien; bü|ro|kra-tisch

Bur|sche, der; -n, -n; bur|schi|kos (unge-zwungen, formlos)

Bürs|te, die; -, -n; bürs|ten; Bürs|ten_bin-der, ...[haar]schnitt

Bür|zel, der; -s, - (Schwanz[wurzel], bes. von Vögeln)

Bus, der; -ses, -se (Kurzform für: Autobus, Omnibus)

Busch, der; -[e]s, Büsche; Bü|schel, das; -s, -; Busch|hemd; Busch|wind|rös|chen bu|schig

Bu|sen, der; -s, -; bu|sen|frei; Bu|sen-freund

Busi|ness [bisnäβ], das; - (Geschäft[sle-ben]); Busi|ness|class, (auch:) Busi-ness-Class [...klaβ], die; - (bes. für Ge-schäftsreisende eingerichtete Reiseklasse im Flugzeug)

Buß|an|dacht (kath. Kirche)

Bus|sard, der; -s, -e (ein Greifvogel)

Bu|ße, die; -, -n (auch für: Geldstrafe); bü-ßen (schweiz. auch für: jmdn. mit einer Geldstrafe belegen); Buß|geld; Buß|geld-be|scheid; Buß- und Bet|tag

Büs|te, die; -, -n; Büs|ten|hal|ter (Abk.: BH)

But|ler [batl°r], der; -s, - (Diener in vorneh-men Häusern)

Bütt, die; -, -en (landsch. für: fassförmiges Podium für Karnevalsredner); in die - stei-gen

Büt|ten, das; -s (eine Papierart)

Büt|ten|re|de

But|ter, die; -; But|ter_blu|me, ...brot

But|ter|fly|stil [bat°rflai...], der; -[e]s (Schwimmsport: Schmetterlingsstil)

But|ter_ge|bäck, ...milch; but|tern; but-ter|weich

But|zen|schei|be ([runde] in der Mitte ver-dickte Glasscheibe)

Büx, die; -, Büxen; Bu|xe, die; -, Buxen (nordd. für: Hose)

By|pass [bai...], der; -es, ...pässe (Med.: Überbrückung eines krankhaft veränderten Abschnittes der Blutgefäße); By|pass|ope-ra|tion

Byte [bait], das; -[s], -[s] (EDV: Zusammen-fassung von acht Bits)

Cc

Vgl. auch K, Sch und Z

C (Buchstabe); das C; des C, die C; aber: das c in Bach

c, C, das; -, - (Tonbezeichnung)

Ca|ba|ret [kabare]; vgl. Kabarett

Ca|b|rio, (auch:) Ka|b|rio, das; -[s], -s (Kurzw. für: Cabriolet, Kabriolett); Ca|b|ri-o|let [kabriole], Ka|b|ri|o|lett, das; -s, -s

Ca|fé [kafe], das; -s, -s (Kaffeehaus, -stube); Ca|fe|te|ria, die; -, -s u. ...ien (Café od. Restaurant mit Selbstbedienung)

Cai|pi|rin|ha [kaipirinja], der; -s, -s (ein Mixgetränk)

Cal|ci|um; vgl. Kalzium

Cal|la|ne|tics® [käl°netikβ] (Mehrz.; ein Fitnesstraining)

Call|boy [kålbeu], der; -s, -s (vgl. Callgirl)

Call|cen|ter, (auch:) Call-Cen|ter [kålßän-t°r], das; -s, - (Büro für telefonische Dienst-leistungen)

Call|girl [kålgö'l] (Prostituierte, die auf tele-fon. Anruf hin kommt od. jmdn. empfängt)

Ca|mem|bert [kamangbär, auch: kam°m-bär], der; -s, -s (ein Weichkäse)

Camp [kämp], das; -s, -s ([Feld-, Gefange-nen]lager); Cam|pa|g|ne; vgl. Kampagne; cam|pen [käm...]; Cam|per; Cam|ping, das; -s (Leben auf Zeltplätzen im Zelt od. Wohnwagen); Cam|ping|platz; Cam|pus [ka...; engl.: kämp°β], der; -, - (Universi-tätsgelände, bes. in den USA)

Ca|na|pé; vgl. Kanapee

Ca|nas|ta [ka...], das; -s (ein Kartenspiel)

Can|can [kangkang], der; -s, -s (ein Tanz)

Cape [kep], das; -s, -s (ärmelloser Umhang)

Ca|p|ric|cio [kapritscho], das; -s, -s (scherz-haftes, launiges Musikstück)

Cap|puc|ci|no [...tschi...], der; -[s], - [s] (Kaffeegetränk)

Car [kar], der; -s, -s (schweiz. Kurzform für: Autocar; Reiseomnibus)

Ca|ra|bi|nie|re; vgl. Karabiniere

Ca|ra|van [karawan, auch: karawan, selte-ner: kär°wän], der; -s, -s (kombinierter Personen- u. Lastenwagen; Wohnwagen)

Car|bid; vgl. Karbid

care of [kär -] (in Briefanschriften usw.: bei ...; Abk.: c/o)

Ca|ri|tas [ka...], die; - (Kurzbez. für den Deutschen Caritasverband der kath. Kirche)

Car|port [ka'port], der; -s, -s (überdachter Abstellplatz für Autos)

Car|toon [ka'tun], der od. das; -[s], -s (Kari-katur; Witzzeichnung; kurzer Comicstrip); Car|too|nist, der; -en, -en; Car|too|nis-tin

Ca|sa|no|va [kasa...], der; -[s], -s (ugs. für: Frauenheld)

Cash|flow [käschflo], der; -s (Wirtsch.: Überschuss nach Abzug aller Unkosten)

Cas|sa|ta [ka...], die; -, -s (eine Speiseeis-spezialität)

Catch-as-catch-can [kätsch°skätschkän], das; - (Freistilringkampf nordamerik. Her-kunft); cat|chen [kätsch°n]; Cat|cher [kät-sch°r] (Freistilringkämpfer)

Ca|yenne|pfef|fer [...jän...] (ein scharfes Gewürz)

CD [zede], die; -, -s (Compact Disc, Datenträ-ger in Form einer runden, silbrigen Scheibe mit 682 Mbyte Speicherplatz); CD-Bren-ner (Gerät zum Beschreiben von CDs); CD-Lauf|werk (für CDs od. CD-ROMs); CD-Play|er, der; -s, - (CD-Spieler); CD-R, die; -, -[s] (einmal bespielbare CD); CD-ROM, die; -, -[s] (Nur-Lese-Speicher auf CD); CD-RW, die; -, -[s] (mehrfach bespielbare CD); CD-Spie|ler (Plattenspieler für CDs)

CDU = Christlich-Demokratische Union (Deutschlands)

C-Dur [zedur, auch: zedur], das; - (Tonart; Zeichen: C); C-Dur-Ton|lei|ter [ze...]

Cel|list [(t)schä...], der; -en, -en (Cellospieler); **Cel|lis|tin; Cel|lo**, *das;* -s, -s u. ...lli (Kurzform für: Violoncello)

Cel|lo|phan ® [*zälofan*], *das;* -s (glasklare Folie)

Cel|lu|li|tis; vgl. Zellulitis

Cel|si|us [*zäl*...] (Gradeinheit auf der Celsiusskala; Zeichen: C); 5 °C

Cem|ba|lo [*tschäm*...], *das;* -s, -s u. ...li (ein Tasteninstrument)

Cen|ter [*bänt^er*], *das;* -s, - ([Geschäfts]zentrum)

Cer|ve|lat [*bärw^ela*], *der;* -s, -s (schweiz. für: Brühwurst aus Rindfleisch mit Schwarten und Speck); vgl. Servela, Zervelatwurst

Cha-Cha-Cha [*tschatscha- tscha*], *der;* -[s], -s (ein Tanz)

Chai|se [*schäs^e*], *die;* -, -n (ugs. abwertend für: altes Auto); **Chai|se|longue** [*schäs^elongg*], *die;* -, -n [*schäs^elongg^en*] u. -s, ugs. auch: [...*long*] *das;* -s, -s (gepolsterte Liege mit Kopflehne)

Cha|let [*schale, ...lä*], *das;* -s, -s (Sennhütte; Landhaus)

Cha|mä|le|on [*ka*...], *das;* -s, -s (eine Echse)

cha|mois [*schamoa*] (gämsfarben, bräunlich gelb); **Cha|mois**, *das;* -; in -

Cham|pa|g|ner [*schampanj^er*] (ein Schaumwein); **Cham|pi|g|non** [*schangpinjong*, meist *schampinjong*], *der;* -s, -s (ein Edelpilz)

Cham|pi|on [*tschämpj^en*, auch: *schangpiong*], *der;* -s, -s (Meister in einer Sportart); **Cham|pi|ons League** [*tschämpj^ens lig*], *die;* - - (Fußball: jährlich ausgetragene Finalrunde im Europapokal der Landesmeister)

Chan|ce [*schangß^e*, österr.: *schangß*], *die;* -, -n

Change [*tscheⁱndsch*], *der;* - (fr. u. engl. Bez. für: Tausch, Wechsel, bes. von Geld); **changeant** [*schangschang*] (in mehreren Farben schillernd [von Stoffen]); **chan|gie|ren** [*schangschir^en*] (schillern [von Stoffen]; Reitsport: vom Rechts- zum Linksgalopp übergehen; Jägerspr.: die Fährte wechseln [vom Jagdhund])

Chan|son [*schangßong*], *das;* -s, -s; **Chan|son|net|te**, (auch:) **Chan|so|net|te** [*schangßo*...], *die;* -, -n (Chansonsängerin; kleines Chanson); **Chan|son|ni|er**, (auch:) **Chan|so|ni|er** [*schangßonie*], *der;* -s, -s (Chansonsänger, -dichter); **Chan|son|ni|è|re**, (auch:) **Chan|so|ni|e|re** [...*nier^e*], *die;* -, -n (Chansonsängerin)

Cha|os [*kaoß*], *das;* -; **Cha|ot** [*ka*...], *der;* -en, -en (polit. Chaos erstrebender Radikaler; ugs. für: Wirrkopf); **cha|o|tisch**

Cha|rak|ter [*ka*...], *der;* -s, ...ere; **Cha|rak|ter.dar|stel|ler;** ...ei|gen|schaft, ...feh|ler; **cha|rak|ter|fest; cha|rak|te|ri|sie|ren;** **Cha|rak|te|ris|tik**, *die;* -, -en; **cha|rak|te|ris|tisch; cha|rak|ter|lich; cha|rak|ter|los; Cha|rak|ter|zug**

Char|ge [*scharsch^e*], *die;* -, -n (Rang; Militär: Dienstgrad; Technik: Ladung, Beschickung

[von metallurgischen Öfen]; Theater: [stark ausgeprägte] Nebenrolle)

Cha|ri|té [*scharite*], *die;* -, -s (Name von Krankenhäusern)

Charles|ton [*tscha^rlßt^en*], *der;* -, -s (ein Tanz)

char|mant [*schar*...], (auch:) **schar|mant;** **Charme** [*scharm*], *der;* -s, (auch:) **Scharm;** **Char|meur** [...*ör*], *der;* -s, -s od. -e (charmanter Plauderer); **Char|meuse** [*scharmös*], *die;* - (maschenfeste Wirkware)

Char|ter.flug, ...**ma|schi|ne; char|tern** [(*t*)*schar*...] (ein Schiff od. Flugzeug mieten)

Cha|ryb|dis [*ch*...], *die;* - (Meeresstrudel in der Straße von Messina); vgl. Szylla

Chas|sis [*schaßi*], *das;* - [...*ßi(ß)*], - [...*ßiß*] (Fahrgestell von Kraftfahrzeugen; Montagerahmen [eines Rundfunkgerätes])

Chat [*tschät*], *der;* -s, -s (Kommunikation im Internet); **chat|ten** (sich im Internet mit anderen über bestimmte Themen austauschen)

Chauf|feur [*schoför*], *der;* -s, -e; **chauf|fie|ren**

Chaus|see [*schoße*], *die;* -, ...sseen (veraltend für: Landstraße)

Chau|vi|nis|mus [*schowi*...], *der;* - (überspitzter Patriotismus; übertriebenes männliches Selbstwertgefühl); **Chau|vi|nist**, *der;* -en, -en

Check [*tschäk*], *der;* -s, -s (Eishockey: Behinderung des Spielverlaufs); **che|cken** [*tschäk^en*] (Eishockey: behindern, [an]rempeln; bes. Technik: kontrollieren; ugs. auch für: begreifen); **Check|lis|te; Check-up** [*tschäkap*, auch: ...*ap*], *der* od. *das;* -[s], -s (medizinische Vorsorgeuntersuchung)

Chef [*schäf*, österr.: *schef*], *der;* -s, -s; **Che|fin**

Che|mie [*che*..., südd., österr.: *ke*...], *die;* -; **Che|mi|ka|lie,** *die;* -, -n [...*i^en*] (*meist Mehrz.*); **Che|mi|ker; Che|mi|ke|rin;** **che|misch**

Che|mo|the|ra|pie (Heilbehandlung mit aus chemischen Substanzen hergestellten Arzneimitteln)

Cher|ry|bran|dy, (auch:) **Cher|ry-Bran|dy** [(*t*)*schäribrändi*], *der;* -s, -s (Kirschlikör)

che|va|le|resk [*sch^ewa*...] (ritterlich)

Che|v|reau [*sch^ewro*, auch: *schä*...], *das;* -s (Ziegenleder)

Chi|an|ti [*ki*...], *der;* -[s] (ein it. Rotwein)

chic usw.; vgl. schick usw. (gebeugte Formen nur in deutscher Schreibung)

Chi|co|rée [*schikore*, auch: ...*re*], (auch:) **Schi|ko|ree**, *der;* -s, -s (auch:) *die;* - (ein Gemüse)

Chif|fon [*schifong*, österr. ...*fon*], *der;* -s, -s u. (österr.:) -e (feines Gewebe)

Chif|f|re [*schifr^e*, auch: *schif^er*], *die;* -, -n (Ziffer; Geheimzeichen; Kennwort); **chif|f|rie|ren** (in Geheimschrift abfassen)

Chi|li [*tsch*...], *der;* -s (ein scharfes Gewürz); **Chi|li con Car|ne** (mit Chilischoten gewürztes mexikan. Rinderragout mit Bohnen)

Chi|mä|re; vgl. Schimäre

Chi|na|kohl, *der;* -[e]s

Chi|nin [*chi*..., südd., österr.: *ki*...], *das;* -s (Alkaloid der Chinarinde als Arznei gegen Fieber)

Chip [*tschip*], *der;* -s, -s (Spielmarke beim Roulette; Elektronik: sehr kleines Halbleiterplättchen mit elektron. Schaltelementen; *meist Mehrz.:* roh in Fett gebackene, dünne Kartoffelscheiben); **Chip|kar|te** (Plastikkarte mit elektronischem Chip als Ausweis, Zahlungsmittel o. Ä.)

Chip|pen|dale [(*t*)*schip^endeⁱl*], *das;* -[s] (ein [Möbel]stil)

Chi|ro|mant [*chi*..., südd., österr.: *ki*...], *der;* -en, -en (Handliniendeuter); **Chi|ro|man|tie**, *die;* -; **Chi|ro|prak|tik**, *die;* - (Heilmethode, Wirbel- u. Bandscheibenverschiebungen durch Massagegriffe zu beseitigen); **Chi|r|urg**, *der;* -en, -en (Facharzt für operative Medizin); **Chi|r|ur|gie**, *die;* -, ...ien; **Chi|r|ur|gin; chi|r|ur|gisch**

Chlor [*klor*], *das;* -s (chem. Element; Zeichen: Cl); **chlo|ren** (mit Chlor keimfrei machen); **chlor|hal|tig; Chlo|ro|form**, *das;* -s (ein Betäubungs-, Lösungsmittel); **Chlo|ro|phyll**, *das;* -s (Blattgrün)

Cho|le|ra [*ko*...], *die;* - (Med.: eine Infektionskrankheit); **Cho|le|ri|ker** (leicht erregbarer, jähzorniger Mensch); **cho|le|risch** (jähzornig; aufbrausend); **Cho|les|te|rin**, *das;* -s (Bestandteil der Gallensteine)

Chor [*kor*], *der;* -[e]s, Chöre ([erhöhter] Kirchenraum mit [Haupt]altar; Gemeinschaft von Sängern; Komposition für Gruppengesang); **Cho|ral**, *der;* -s, ...räle (Kirchengesang, -lied); **Cho|reo|graf** [*k*...], (auch:) **Cho|reo|graph**, *der;* -en, -en; **Cho|reo|gra|fie**, (auch:) **Cho|reo|gra|phie**, *die;* -, ...ien (Gestaltung, Einstudierung eines Balletts); **Cho|reo|gra|fin**, (auch:) **Cho|reo|gra|phin; Cho|rist**, *der;* -en, -en ([Berufs]chorsänger); **Cho|ris|tin; Chor.kna|be,** ...**lei|ter** *(der),* ...**sän|ger**

Cho|se [*schos^e*], (auch:) **Scho|se**, *die;* -, -n (ugs. für: Sache, Angelegenheit)

Chow-Chow [*tschau-tschau*], *der;* -s, -s (eine Hunderasse)

Christ [*kr*...], *der;* -en, -en (Anhänger des Christentums); **Christ|baum** (landsch. für: Weihnachtsbaum); **Chris|ten|heit,** *die;* -; **Chris|ten|leh|re,** *die;* - (kirchl. Unterweisung der konfirmierten ev. Jugend; regional für: christl. Religionsunterricht); **Christ|kind; christ|lich;** die Christlich-Demokratische Union [Deutschlands] (Abk.: CDU), die Christlich-Soziale Union (Abk.: CSU); **Christ|met|te; Chris|tus** (Jesus Christus)

Chrom [*krom*], *das;* -s (chem. Element, Metall; Zeichen: Cr); **Chro|mo|som**, *das;* -s, -en (Biol.: in jedem Zellkern vorhanden, das Erbgut tragende Kernschleife)

Chro|nik [*kro*...], *die;* -, -en (Aufzeichnung

geschichtl. Ereignisse nach ihrer Zeitfolge); **chro|nisch** (Med.: langsam verlaufend, langwierig; ugs. für: dauernd); **Chro|nist,** *der;* -en, -en (Verfasser einer Chronik); **Chro|no|lo|gie,** *die;* - ([Lehre von der] Zeitrechnung; zeitliche Folge); **chro|no|lo|gisch** (zeitlich geordnet); **Chro|no|me|ter,** *das* (ugs. auch: *der*); -s, - (genau gehende Uhr; Taktmesser)

Chrys|an|the|me [*krü...*], *die;* -, -n u. **Chrys|an|the|mum** [auch: *chrü...*], *das;* -s, -[s] (eine Zierpflanze)

Chuz|pe [*chuzpᵉ*], *die;* - (ugs. abwertend für: Dreistigkeit, Unverschämtheit)

Cia|bat|ta [*tscha...*], *die;* -, ...te, (auch:) *das;* -s, -s (knuspriges it. Weißbrot)

ciao! [*tschau*], tschau! (ugs. [Abschieds]gruß)

Ci|ne|ast [*βi...*], *der;* -en, -en (Filmfachmann; Filmfan)

cir|ca; vgl. zirka (Abk.: ca.); **Cir|cu|lus vi|ti|o|sus** [*zir... wiz...*], *der;* - -, ...li ...si (Zirkelschluss; Teufelskreis); **Cir|cus;** vgl. Zirkus

Ci|ty [*βiti*], *die;* -, -s (Innenstadt)

Clan [*klan,* engl. Aussspr.: *klän*], **Klan,** *der;* -s, -e u. (bei engl. Aussspr.:) -s ([schott.] Lehns-, Stammesverband; durch gemeinsame Interessen o. Ä. verbundene Gruppe)

cle|ver [*kläwᵉr*], *der;* (klug, gewitzt)

Clinch [*klin (t)sch*], *der;* -[e]s (Umklammerung des Gegners im Boxkampf); mit jmdm. im - liegen (ugs. für: Streit haben)

Clip; vgl. Klipp, Klips, Videoclip

Clip|per®, *der;* -s, - (ein amerik. Langstreckenflugzeug)

Cli|que [*klikᵉ,* auch *klikᵉ*] *die;* -, -n (Freundeskreis; Klüngel); **Cli|quen|wirt|schaft,** *die;* -

Clo|chard [*kloschar*], *der;* -[s], -s (fr. ugs. Bez. für: Stadt- o. Landstreicher)

Clou [*klu*], *der;* -s, -s (Glanzpunkt)

Clown [*klaun*], *der;* -s, -s (Spaßmacher)

Club; vgl. Klub

c-Moll [*zemol,* auch: *zemol*], *das;* - (Tonart; Zeichen: c); **c-Moll-Ton|lei|ter**

Coach [*koᵘtsch*], *der;* -[s], -s (Sportlehrer; Trainer u. Betreuer); **coa|chen** (trainieren, betreuen)

Co|cker|spa|ni|el [*kokᵉrβpänjᵉl*], *der;* -s, -s (engl. Jagdhundeart)

Cock|pit, *das;* -s, -s (Pilotenkabine; Fahrersitz in einem Rennwagen; vertiefter Sitzraum für die Besatzung von Jachten u. Ä.)

Cock|tail [*kóktᵉ'l*], *der;* -s, -s (alkohol. Mischgetränk); **Cock|tail_kleid, ...par|ty, ...schür|ze**

Code; vgl. Kode

Cœur [*kör*], *das;* -[s], -[s] (Herz im Kartenspiel)

Cof|fe|in; vgl. Koffein

Co|g|nac® [*konjak*], *der;* -s, -s (fr. Weinbrand)

Coif|feur [*koaför,* (schweiz.:) *koaför*], *der;* -s, -e (schweiz., sonst geh. für: Friseur)

Co|i|tus; vgl. Koitus

Col|la|ge [*kolaschᵉ*], *die;* -, -n (Kunst: aus buntem Papier od. anderem Material geklebtes Bild)

Col|lege [*kolidsch*], *das;* -[s], -s

Col|lie [*koli*], *der;* -s, -s (schott. Schäferhund)

Col|li|er; vgl. Kollier

Colt® [*kolt*], *der;* -s, -s (Revolver)

Com|bo [*kombo*], *die;* -, -s (kleines Jazzmusikensemble)

Come-back, (auch:) **Come|back** [*kambäk*], *das;* -[s], -s (Wiederauftreten einer bekannten Persönlichkeit nach längerer Pause)

Co|mic [*komik*], *der;* -s, -s (kurz für: Comicstrip; Bildergeschichte [mit Sprechblasentext]); **Co|mic_heft, ...held, ...hel|din; Co|mic|strip** [... *βtrip*], *der;* -s, -s

Com|pact Disc, (auch:) **Com|pact Disk** [*kompaktdißk*], *die;* - -s (Abk.: CD; vgl. dort)

Com|pa|g|nie [*kongpanji*]; vgl. Kompanie

Com|pu|ter [*kompjutᵉr*], *der;* -s, -; **com|pu|ter|ge|steu|ert; Com|pu|ter_kri|mi|na|li|tät, ...spiel, ...spra|che**

Con|ci|er|ge [*kongßjärseh*], *der* u. *die;* -, -s (fr. Bez. für: Pförtner[in])

Con|fé|ren|ci|er [*kongferangßie*], *der;* -s, -s (Sprecher, Ansager)

Con|tai|ner [*kontё'n°r*], *der;* -s, - (Großbehälter); **Con|tai|ner|schiff**

con|t|ra; vgl. kontra

cool [*kul*] (ugs. für: ruhig, überlegen, kaltschnäuzig; Jugendspr. für: großartig); **Cool Jazz** [...*dschäs*], *der;* - - (Jazzstil der 50er-Jahre)

Co|pi|lot; vgl. Kopilot

Co|py|right [*kopirait*], *das;* -s, -s (Urheberrecht; Zeichen: ©)

Cord, (auch:) **Kord,** *der;* -[e]s, -e u. -s (geripptes Gewebe); **Cord|an|zug,** (auch:) **Kord|an|zug**

Cor|don bleu [*kordongblö*], *das;* - -, -s -s [...*dongblö*] (mit Käse und gekochtem Schinken gefülltes [Kalbs]schnitzel)

Cor|ned|beef, (auch:) **Cor|ned Beef** [*koʳn⁽ᵉ⁾dbif*], *das;* - (gepökeltes [Büchsen]rindfleisch)

Corn|flakes [*koʳnflᵉ'kß*], *die* (Mehrz.; geröstete Maisflocken)

Corps; vgl. Korps

Cor|pus De|lic|ti [*ko... -*], *das;* - -, ...pora - (Gegenstand od. Werkzeug eines Verbrechens; Beweisstück)

Cor|ti|son; vgl. Kortison

Cot|tage [*kotidseh*], *das;* -, -s (engl. Bez. für: Landhaus)

Cot|ton [*kot⁽ᵉ⁾n*], *der* od. *das;* - (engl. Bez. für: Baumwolle)

Couch [*kautsch*], *die;* -, -s u. -en, (schweiz. auch:) *der;* -s, -es (Liegesofa)

Cou|leur [*kulör*], *die;* -, -s (fr. Bez. für: Farbe [nur Einz.]; Trumpf [im Kartenspiel]; Studentenspr.: Band u. Mütze einer Verbindung)

Cou|lomb [*kulong*], *das;* -s, - (Maßeinheit für die Elektrizitätsmenge; Zeichen: C)

Count-down, (auch:) **Count|down** [*kauntdaun*], *der* u. *das;* -[s], -s (bis zum [Start]zeitpunkt null zurückschreitende Ansage der Zeiteinheiten, oft übertr. gebraucht)

Coup [*ku*], *der;* -s, -s (Schlag; [Hand]streich; **Cou|pé,** (auch:) **Ku|pee** [*kupe*], *das;* -s, -s (Auto mit sportlicher Karosserie)

Coup|let [*kuple*], *das;* -s, -s (Lied [für die Kleinkunstbühne])

Cou|pon; vgl. Kupon

Cou|ra|ge [*kurasch°*], *die;* - (Mut); **cou|ra|giert** [*kuraschirt*] (beherzt)

Cou|sin [*kusäng*], *der;* -s, -s (Vetter); **Cou|si|ne** [*kusinᵉ*], *die;* vgl Kusine

Cou|vert usw. (alte Schreibung für:) Kuvert usw.

Co|ver|girl [*kawᵉrgö'l*] (auf der Titelseite einer Illustrierten abgebildetes Mädchen)

Cow|boy [*kaubeu*], *der;* -s, -s

Cox' Oran|ge [*koks...*], *die;* - -, - -n, (auch:) **Cox Oran|ge,** *der;* - -, - - (eine Apfelsorte)

Cra|ck|er [*kräkᵉr*], *der;* -s, -[s] (meist Mehrz.; sprödes Kleingebäck)

Crash|kurs [*kräsch...*] (Lehrgang, in dem der Unterrichtsstoff besonders komprimiert vermittelt wird); **Crash|test** (Test, mit dem das Unfallverhalten von Fahrzeugen ermittelt wird)

Cre|do; vgl. Kredo

Creme [*kräm,* auch: *krem*], *die;* -, -s u. (schweiz. u. österr.:) -n, (auch:) **Krem,** **Kre|me** (Salbe zur Hautpflege; Süßspeise; Tortenfüllung; gesellschaftl. Oberschicht [nur Einz.]); **creme_far|ben** od. **...far|big; cre|men,** (auch:) **kre|men;** die Haut -; **cre|mig,** (auch:) **kre|mig**

Creutz|feldt-Ja|kob-Krank|heit, *die;* - (Med.: eine Erkrankung des zentralen Nervensystems)

Crew [*kru*], *die;* -, -s ([Schiffs-, Flugzeug]mannschaft)

Cro|m|ar|gan®, *das;* -s (rostfreier Chrom-Nickel-Stahl)

Cro|quet|te; vgl. Krokette

Crou|pi|er [*krupie*], *der;* -s, -s (Angestellter einer Spielbank)

Crux, Krux, *die;* - (Leid, Kummer)

Csar|das, (auch:) **Csár|dás** [*tschardasch*], *der;* -, - (ung. Nationaltanz)

CSU = Christlich-Soziale Union

Cun|ni|lin|gus [*ku...*], *der;* - (Stimulierung der weibl. Geschlechtsorgane mit der Zunge)

Cup [*kap*], *der;* -s, -s (Pokal; Pokalwettbewerb; Schale des Büstenhalters)

Cu|ra|çao® [*küraβao*], *der;* -[s], -s (ein Likör)

Cur|ling [*kö'ling*], *das;* -s (ein schott. Eisspiel)

Cur|ri|cu|lum [*kurik...*], *das;* -s, ...la (Päd.: Theorie des Lehr- u. Lernablaufs; Lehrplan)

Cur|ry [*köri,* selten: *kari*], *der* (auch:) *das;* -s (Gewürzpulver); **Cur|ry|wurst**

Cur|sor [*kö'ßᵉr*], *der;* -s, -s (EDV: [blinkendes] Eingabezeichen auf dem Bildschirm)

Cut [*kat*, meist: *köt*] u. **Cu|taway** [*kat°wei*, meist: *köt°-wei*], *der;* -s, -s (abgerundet geschnittener Herrenschoßrock)

Cut|ter [*katᵉr*], *der;* -s, - (Film, Rundf., Fernsehen: Schnittmeister; ein sehr scharfes Messer); **Cut|te|rin**

Cy|ber|space [*βaibᵉrßpeiß*], *der;* -, -s [...*siz*] (EDV: virtueller Raum)

D *d*

D (Buchstabe); das D; des D, die D; aber: das d in Adler

d, D, *das;* -, - (Tonbezeichnung)

da; da sein; weil wir da sind

da|be|hal|ten (zurückbehalten, nicht weglassen)

da|bei [auch: *da*...]; er ist reich und - (trotzdem) nicht eingebildet; wenn es - (bei dieser Behauptung) bleibt; vgl. aber dabeibleiben; - sein; weil sie - ist, war; wir sind - gewesen; **da|bei|blei|ben** (bei einer Tätigkeit bleiben); **da|bei|ha|ben** (ugs. für: bei sich haben; teilnehmen lassen); **da|bei sein**; vgl. dabei; **da|bei|sit|zen** (sitzend zugegen sein); **da|bei|ste|hen** (stehend zugegen sein)

da|blei|ben (nicht fortgehen); er ist nach dem Unterricht noch dageblieben; aber: er ist da geblieben, wo es ihm gefiel

da ca|po [- *kapo*] (Musik: noch einmal von Anfang an; Abk.: d. c.)

Dach, *das;* -[e]s, Dächer; **Dach_bo|den, ...de|cker, ...gar|ten, ...ge|schoss, ...ge|sell|schaft** (Spitzen-, Muttergesellschaft), **...kam|mer, ...lu|ke, ...or|ga|ni|sa|ti|on, ...pap|pe, ...rin|ne**

Dachs, *der;* -es, -e; **Dachs|bau** (*Mehrz.* -e)

Dach_scha|den (ugs. für: geistiger Defekt), **...stuhl**

Dach|tel, *die;* -, -n (landsch. für: Ohrfeige)

Da|ckel, *der;* -s, - (eine Hunderasse)

Dad|dy [*dädi*], *der;* -s, -s (engl. ugs. Bez. für: Vater)

da|durch [auch: *da*...]

Daff|ke (berl.); nur in: aus - (Trotz)

da|für [auch: *da*...]; er kann unmöglich - sein; dafür kann sie nun wirklich nichts; **da|für|hal|ten** (meinen), aber: dafür halten; er war der Täter, obwohl niemand ihn dafür hielt; **da|für|kön|nen**; sie behauptet[,] nichts dafürzukönnen; vgl. dafür; **da|für|spre|chen**, (auch:) **dafür spre|chen**; weil viel dafürspricht, (auch:) dafür spricht

DAG = Deutsche Angestellten-Gewerkschaft

da|ge|gen [auch: *da*...]; ihre Prüfung war gut, seine - schlecht; **da|ge|gen|hal|ten** (auch für: vorhalten, erwidern); **da|ge-gen|stel|len,** sich; es nützt dir nichts, dich dagegenzustellen (dich zu widersetzen)

da|heim; daheim sein; **Da|heim,** *das;* -s; **da|heim|blei|ben; Da|heim|ge|blie|be-ne,** *der* u. *die;* -n, -n; **da|heim|sitzen**

da|her [auch: *da*...]; **da|her|ge|lau|fen;** ein -er Kerl; **da|her|kom|men; da|her|re|den;** dumm -

da|hin [auch: *da*...]; dahin (an das bezeichnete Ziel) fahren, gehen, kommen; **da|hin-däm|mern;** er dämmere dahin

da|hin|ge|gen [auch: *da*...]

da|hin|ge|hen (geh. für: vergehen); wie schnell sind die Tage dahingegangen; **da-hin|ge|stellt;** - bleiben; **da|hin|le|ben; da|hin|raf|fen; da|hin|schwin|den** (geh. für: sich vermindern; abnehmen); **da|hin-sie|chen;** elend -; **da|hin|ste|hen** (nicht sicher, noch fraglich sein)

da|hin|ten [auch: *da*...]; **da|hin|ter** [auch: *da*...]; dahinter (hinter einer bezeichneten Sache, Person) knien, kommen, stehen; **da-hin|ter|knien;** sie hat sich dahintergekniet (ugs. für: sie hat sich dabei angestrengt); **da|hin|ter|kom|men** (ugs. für: erkennen, erfahren); wir werden dahinterkommen; **da|hin|ter|ste|cken** (zu bedeuten haben); was wohl dahintersteckt?; **da|hin|ter|ste|hen** (ugs. für: unterstützen)

Dah|lie [...*iᵉ*], *die;* -, -n (eine Zierpflanze)

da|las|sen; er lässt seine Karte da

da|lie|gen (hingestreckt liegen); er hat völlig erschöpft dagelegen

Dal|les, *der;* - (landsch. für: Armut; Not)

dal|li! (ugs. für: schnell!)

da|ma|lig; da|mals

Da|mast, *der;* -[e]s, -e (ein Gewebe); **da-mas|ten** (geh. für: aus Damast)

Da|me, *die;* -, -n

Dä|mel, *der;* -s, - (ugs. für: Dummkopf, alberner Kerl)

Da|men_dop|pel (Sportspr.), **...ein|zel** (Sportspr.); **da|men|haft; Da|men_ober-be|klei|dung, ...schnei|der, ...wahl** (beim Tanz); **Da|me_spiel, ...stein**

Dam|hirsch

da|mit [auch: *da*...]

Däm|lack, *der;* -s, -e u. -s (ugs. für: Dummkopf); **däm|lich** (ugs.)

Damm, *der;* -[e]s, Dämme; **Damm|bruch,** *der;* -[e]s, ...brüche; **däm|men** (auch für: isolieren)

däm|me|rig, dämm|rig; Däm|mer|licht; *das;* -[e]s; **däm|mern;** es dämmert; **Däm-mer_schop|pen, ...stun|de; Däm|me-rung; Däm|mer|zu|stand; dämm|rig;** vgl. dämmerig

Damm|riss (Med.)

Däm|mung (auch für: Isolierung)

Dä|mon, *der;* -s, ...onen; **dä|mo|nen|haft; Dä|mo|nie,** *die;* -, ...ien; **dä|mo|nisch**

Dampf, *der;* -[e]s, Dämpfe; **Dampf|bad;** **damp|fen; dämp|fen; Dampf|fer,** *der;* -s, -

Dämp|fer, *der;* -s, -; einen - aufsetzen (ugs. für: mäßigen)

Dampf_hei|zung, ...kes|sel, ...koch|topf, ...lo|ko|mo|ti|ve, ...ma|schi|ne, ...nu-del, ...schiff, ...schiff|fahrt; Dämp|fung; Dampf|wal|ze

Dam|wild

da|nach [auch: *da*...]

Dan|cing [*dänßing*], *das;* -s, -s (Tanz[veranstaltung], Tanzlokal)

Dan|dy [*dändi*], *der;* -s, -s (sich übertrieben modisch kleidender Mann)

da|ne|ben [auch: *da*...]; **da|ne|ben|be|neh-men,** sich (ugs. für: sich unpassend benehmen); **da|ne|ben|ge|hen** (ugs. auch für: misslingen); **da|ne|ben|grei|fen** (auch für: einen Fehlgriff tun); **da|ne|ben|hau|en** (ugs. für: aus der Rolle fallen, sich irren); **da|ne|ben|schie|ßen** (ugs. auch für: sich irren)

da|nie|der; da|nie|der|lie|gen (geh.)

dank; *Verhältnisw. mit Wemf. od. Wesf., in der Mehrz. meist mit Wesf.:* - meinem Fleiße; - eures guten Willens; - raffinierter Verfahren; **Dank,** *der;* -[e]s; Gott sei -!; **dank|bar; Dank|bar|keit,** *die;* -; **dan|ke!;** du musst Danke, (auch:) danke sagen; - schön!; ich möchte ihr Danke schön, (auch:) danke schön sagen; er sagte „Danke schön"; **dan|ken;** danke schön!; **dan|kens|wert; Dan|kes|be|zei|gung** (nicht: ...bezeugung); **Dan|ke|schön,** *das;* -s; ein herzliches - sagen; **Dan|kes|wor|te,** *die* (*Mehrz.*), **Dank|ge|bet; dank|sa|gen** u. **Dank sa|gen;** du danksagtest u. du sagtest Dank; **Dank|sa|gung; Dank|schrei-ben**

dann; - und wann

da|r|an [auch: *dar*...], (ugs.:) dran; - denken, glauben; was kann ich - machen?; vgl. aber: daranmachen; **da|r|an|ge|ben** (geh. für: opfern); er wollte alles darangeben; **da|r|an|ge|hen** (mit etwas beginnen); **da-r|an|hal|ten,** sich (sich anstrengen, beeilen); **da|r|an|ma|chen,** sich (ugs. für: mit etwas beginnen); **da|r|an|set|zen** (etwas einsetzen); sie hat alles darangesetzt, um ihr Ziel zu erreichen; sich - (ugs. für: [eine Arbeit] in Angriff nehmen); die Last stapelt sich, ich werde mich mal -

da|r|auf [auch: *dar*...], (ugs.:) drauf; - folgen; am darauf folgenden, (auch:) darauffolgenden Tag; **da|r|auf|hin** [auch: *dar*...] (demzufolge, danach, darauf, unter diesem Gesichtspunkt); **da|r|auf|le|gen;** ein Tuch -; **da|r|auf|set|zen;** sich vorsichtig -; **da-r|auf|stel|len;** du kannst dich ruhig -

da|r|aus [auch: *dar*...], (ugs.:) draus

dar|ben (geh.)

dar|bie|ten (geh.); **Dar|bie|tung**

dar|brin|gen (geh.); **Dar|brin|gung**

da|r|ein [auch: *dar*...], (ugs.:) drein; **da|r-ein|fin|den** (geh.), (ugs.:) dreinfin|den, sich; er hat sich dareingefunden da|r|in [auch: *da*...], (ugs.:) drin; da|r|in|nen (geh. für: drin|nen)

dar|le|gen; Dar|le|gung

Dar|le|hen, Dar|lehn, *das;* -s, -; Dar|le|hens_kas|se[1], ...sum|me[1], ...ver|trag[1], ...zins[1]; Dar|lehn; vgl. Darlehen

Dar|ling, *der;* -s, -s (Liebling)

Darm, *der;* -[e]s, Därme; Darm_blu|tung, ...ent|lee|rung, ...er|kran|kung, ...flo|ra (Sammelbez. für die Bakterien im Darm), ...in|fek|ti|on, ...ka|tarrh, (auch:) ...ka|tarr, ...krebs, ...sai|te, ...tä|tig|keit, ...träg|heit, ...ver|schlin|gung, ...ver|schluss, ...wand

dar|nach, dar|ne|ben, dar|nie|der (älter für: danach usw.)

dar|rei|chen; Dar|rei|chung

dar|ren (fachspr. für: dörren, trocknen, rösten); Dar|rung

dar|stel|len; Dar|stel|ler; Dar|stel|le|rin; dar|stel|le|risch

Dar|stel|lung; Dar|stel|lungs_form, ...kunst, ...mit|tel, ...wei|se

Darts, *das;* - (ein Wurfpfeilspiel)

dar|tun (geh. für: zeigen)

da|r|ü|ber [auch: *dar*...], (ugs.:) drüber; sie ist darüber sehr böse; da|r|ü|ber|fah|ren; mit der Hand -; da|r|ü|ber|ma|chen, sich (ugs. für: mit etwas beginnen); da|r|ü|ber|ste|hen (darüber erhaben sein); der Vorwurf stört uns nicht, weil wir darüberstehen

da|r|um [auch: *dar*...], (ugs.:) drum; da|r|um|kom|men (nicht bekommen); er ist darumgekommen; aber: weil sie nur darum (aus diesem Grunde) kommt; da|r|um|le|gen (um etwas legen); er hat den Verband darumgelegt; da|r|um|ste|hen (um etwas stehen)

da|r|un|ter [auch: *dar*...], (ugs.:) drun|ter; darunter (unter etwas) fallen, liegen; da|r|un|ter|fal|len (davon betroffen sein; dem zuzuordnen sein); dar|un|ter|lie|gen (niedriger sein); ihre Schätzungen haben daruntergelegen

das/dass *s. Kasten*

da sein; vgl. da; Da|sein, *das;* -s; Da|seins_angst, ...be|rech|ti|gung, ...form, ...freu|de, ...kampf (*der;* -[e]s)

das heißt (Abk.: d. h.)

da|sit|zen

das|je|ni|ge; *Wesf.:* desjenigen, *Mehrz.:* diejenigen

dass; so dass od. sodass

das|sel|be; *Wesf.:* desselben, *Mehrz.:* dieselben

Dass|satz, (auch:) dass-Satz

da|ste|hen; fassungslos, steif -; die Firma hat glänzend dagestanden (war wirtschaftl. gesund)

Da|tei (Beleg- u. Dokumentensammlung, bes. in der EDV); Da|ten, *die* (*Mehrz.;* Angaben, [Zahlen]werte; *Mehrz. v.* Datum); Daten verarbeitende, (auch:) datenverarbeitende Maschinen; Da|ten_au|to|bahn (EDV: Einrichtung zur Übertragung großer Datenmengen; auch für: Internet); ...bank (*Mehrz.* ...banken), ...er|fas|sung, ...schutz, ...trä|ger, ...über|tra|gung; da|ten|ver|ar|bei|tend; vgl. Daten; Da|ten|ver|ar|bei|tung; da|tie|ren ([Brief usw.] mit einem Datum versehen); Da|tie|rung

Da|tiv, *der;* -s, -e [...*w*ᵉ] (Sprachw.: Wemfall, 3. Fall)

Dat|scha, *die;* -, -s od. ...schen (russ. Holzhaus; Sommerhaus); Dat|sche, *die;* -, -n (regional für: bebautes Wochenendgrundstück)

Dat|tel, *die;* -, -n; Dat|tel_pal|me, ...pflau|me

Da|tum, *das;* -s, ...ten; Da|tums_an|ga|be, ...stem|pel

Dau|be, *die;* -, -n (Seitenbrett eines Fasses; hölzernes Zielstück beim Eisschießen)

Dau|er, *die;* -, (fachspr. gelegentlich:) -n; Dau|er_auf|trag, ...be|las|tung, ...be|schäf|ti|gung, ...ein|rich|tung; dau|er|haft; Dau|er_kar|te, ...lauf, ...lut|scher

¹dau|ern; es dauert nicht lange

²dau|ern (geh. für: leidtun); es dauert mich

dau|ernd; Dau|er_re|gen, ...wel|le, ...wurst, ...zu|stand

Dau|men, *der;* -s, -; Dau|men|ab|druck; dau|men_breit, ...dick; Dau|men|lut|scher

---

das/dass

Dau|ne, *die;* -, -n (Flaumfeder); Dau|nen_bett, ...de|cke, ...fe|der, ...kis|sen; dau|nen|weich

¹Daus (Teufel); nur noch in: ei der -! (veralt.)

²Daus, *das;* -es, Däuser, (auch:) -e (zwei Augen im Würfelspiel; Ass in der Spielkarte)

Da|vis|cup, (auch:) Da|vis-Cup [*dě'wiß*-kap], Da|vis|po|kal, (auch:) Da|vis-Po|kal, *der;* -s (internationaler Tenniswanderpreis)

da|von [auch: *da*...]; da|von|blei|ben (nicht anfassen); da|von|ge|hen (weggehen); da|von|kom|men (glücklich entrinnen); er ist noch einmal davongekommen; da|von|las|sen; er soll die Finger davonlassen (sich nicht damit abgeben); da|von|lau|fen (weglaufen); da|von|ma|chen, sich (ugs. für: davonlaufen); da|von|tra|gen (forttragen); wie er den Sack davontrug; er hat den Sieg davongetragen

da|vor [auch: *da*...]; da|vor|hän|gen; sie soll einen Vorhang -; da|vor|lie|gen; der Teppich hat davorgelegen; da|vor|ste|hen; er hat schweigend davorgestanden

DAX®, Dax, *der;* - = Deutscher Aktienindex (Durchschnittskurs der 30 wichtigsten Aktien)

da|zu [auch: *da*...]; da|zu|ge|hö|ren (zu jmdm. od. etwas gehören); da|zu|ge|hö|rig; da|zu|hal|ten, sich (landsch. für: sich anstrengen, beeilen); er hat sich dazugehalten; da|zu|kom|men (hinzukommen); da|zu|kön|nen (ugs. für: dafürkönnen); da|zu|ler|nen (zusätzlich, neu lernen)

da|zu|mal; anno -

da|zu|rech|nen (rechnend hinzufügen); da|zu|tun (hinzutun); Da|zu|tun; in der Fügung: ohne mein - (ohne meine Hilfe, Unterstützung); da|zu|ver|die|nen (zusätzlich verdienen)

da|zwi|schen [auch: *da*...]; da|zwi|schen|fah|ren (sich in etwas einmischen, Ordnung schaffen); da|zwi|schen|kom|men (übertr. auch für: sich in etwas einmischen); da|zwi|schen|ru|fen; da|zwi|schen|tre|ten (übertr. auch für: schlichten, ausgleichen)

DDR = Deutsche Demokratische Republik (1949–1990)

dea|len [*dil*ᵉn] (illegal mit Rauschgift handeln); Dea|ler [*dil*ᵉʳ], *der;* -s, - (Rauschgifthändler); Dea|le|rin

De|ba|kel, *das;* -s, - (Zusammenbruch; blamable Niederlage)

De|bat|te, *die;* -, -n (Diskussion, Erörterung); de|bat|tie|ren

de|bil (Med.: an Debilität leidend); De|bi|li|tät (Med.: leichter Grad geistiger Behinderung)

---

[1] Auch: *Dar|lehns|*...

de|bi|tie|ren (Bankw.: jmdn., ein Konto belasten)

De|bi|tor, *der;* -s, ...oren (*meist Mehrz.;* Schuldner, der Waren auf Kredit bezogen hat)

De|b|re|czi|ner, De|b|re|zi|ner, *die;* -, - (stark gewürztes Würstchen)

De|büt [*debü*], *das;* -s, -s (erstes Auftreten); De|bü|tant, *der;* -en, -en (erstmalig öffentlich auftretender Künstler, Sportler o. Ä.); De|bü|tan|tin; de|bü|tie|ren

De|chant [auch, österr. nur: *dech...*], *der;* -en, -en (höherer kath. Geistlicher)

de|chif|f|rie|ren [*deschifriᵉn*] (entziffern; entschlüsseln); De|chif|f|rie|rung

Deck, *das;* -[e]s, -s u. (selten:) -e; Deck⁔ad|res|se, ...bett, ...blatt; De|cke, *die;* -, -n; De|ckel, *der;* -s, -; de|ckeln; de|cken; De|cken⁔be|leuch|tung, ...ge|mäl|de, ...kon|struk|ti|on, ...lam|pe, ...ma|le|rei; Deck⁔far|be, ...man|tel [*nur Einz.*], ...na|me; De|ckung; de|ckungs|gleich (für: kongruent); Deck⁔weiß, ...wort (*Mehrz.* ...wörter)

de|co|die|ren usw.; vgl. dekodieren usw.

De|di|ka|ti|on [*...zion*], *die;* -, -en (Widmung; Geschenk); de|di|zie|ren (widmen; schenken)

De|duk|ti|on [*...zion*], *die;* -, -en (Herleitung des Besonderen aus dem Allgemeinen; Beweis); de|duk|tiv [auch: *de...*]; de|du|zie|ren

De|es|ka|la|ti|on [*...zion*], *die;* -, -en (stufenweise Abschwächung); de|es|ka|lie|ren

de fac|to (tatsächlich [bestehend]); De-fac|to-An|er|ken|nung

De|fä|tis|mus, (schweiz. auch:) De|fai|tis|mus [*...fä...*], *der;* - (Schwarzseherei); De|fä|tist, (schweiz. auch:) De|fai|tist [*...fä...*], *der;* -en, -en (Schwarzseher); de|fä|tis|tisch, (schweiz. auch:) de|fai|til|s|tisch [*...fä...*]

De|fi|lee [schweiz. *de...*], *das;* -s, -s u. (auch:) ...leen ([parademäßiger] Vorbeimarsch); de|fi|lie|ren (parademäßig od. feierlich vorbeiziehen)

de|fi|nier|bar; de|fi|nie|ren (einen Begriff bestimmen); De|fi|ni|ti|on [*...zion*], *die;* -, -en; de|fi|ni|tiv (endgültig, abschließend)

De|fi|zit, *das;* -s, -e (Fehlbetrag; Mangel)

De|fla|ti|on [*...zion*], *die;* -, -en (Wirtsch.: Abnahme des Preisniveaus); de|fla|ti|o|när (eine Deflation betreffend, bewirkend)

De|flo|ra|ti|on [*...zion*], *die;* -, -en (Zerstörung des Jungfernhäutchens beim ersten Geschlechtsverkehr); de|flo|rie|ren; De|flo|rie|rung

De|for|ma|ti|on [*...zion*], *die;* -, -en (Form-

änderung; Verunstaltung); de|for|mie|ren; De|for|mie|rung

def|tig (kräftig; derb; beträchtlich)

De|gen, *der;* -s, - (eine Stichwaffe)

De|ge|ne|ra|ti|on [*...zion*], *die;* -, -en (Verfall; Rückbildung); de|ge|ne|rie|ren

De|gen|fech|ten

de|gou|tant (geh. für: ekelhaft)

de|gra|die|ren; De|gra|die|rung, *die;* -, -en (Rangverlust)

de|gres|siv (abnehmend, sich [stufenweise] vermindernd); degressive Kosten

dehn|bar; Dehn|bar|keit, *die;* -; deh|nen; Deh|nung

Deich, *der;* -[e]s, -e (Damm); Deich⁔bau (*der;* -[e]s), ...bruch (*der*), ...fuß (Grundfläche eines Deiches), ...graf, ...hauptmann

Deich|sel, *die;* -, -n (Wagenteil); deich|seln (ugs. für: [etwas Schwieriges] zustande bringen)

deik|tisch [auch: *de-ik...*] (hinweisend; auf Beispiele gegründet)

dein (kann in Briefen klein- oder großgeschrieben werden); Es grüßt dich (auch:) Dich herzlich dein (auch:) Dein Benjamin; Mein und Dein verwechseln; dei|ne, deinige; grüße die dein[ig]en od. die Deinigen; dei|ner|seits; dei|nes|glei|chen; dei|net|we|gen; dei|net|wil|len; um - de ju|re (von Rechts wegen); De-ju|re-An|er|ken|nung

De|ka, *das;* -[s], - (österr. Kurzform für: Dekagramm); De|ka|de, *die;* -, -n (zehn Stück; Zeitraum von zehn Tagen, Wochen, Monaten oder Jahren)

de|ka|dent (im Verfall begriffen); De|ka|denz, *die;* - (Verfall, Niedergang)

De|ka|gramm (10 g; Zeichen: Dg [in Österreich: dag])

De|kan, *der;* -s, -e (Vorsteher einer Fakultät; Amtsbezeichnung für Geistliche); De|ka|nat, *das;* -[e]s, -e (Amt, Bezirk eines Dekans)

de|kar|tel|li|sie|ren (Wirtsch.: Kartelle entflechten, auflösen)

De|kla|ma|ti|on [*...zion*], *die;* -, -en (künstlerisch vorgetragener Text); De|kla|ma|tor, *der;* -s, ...oren; de|kla|ma|to|risch; de|kla|mie|ren

De|kla|ra|ti|on [*...zion*], *die;* -, -en ([öffentl.] Erklärung; Steuer-, Zollerklärung; Inhalts-, Wertangabe); de|kla|rie|ren; De|kla|rie|rung

de|klas|sie|ren (herabsetzen); De|klas|sie|rung

de|kli|na|bel (veränderlich, beugbar); ...a|b|le Wörter; De|kli|na|ti|on [*...zion*], *die;* -, -en (Sprachw.: Beugung des Haupt-, Eigenschafts-, Für- u. Zahlwortes; Geophysik: Abweichung der Richtung einer Magnetnadel von der wahren Nordrichtung; Astron.: Abweichung, Winkelabstand eines Gestirns vom Himmelsäquator); de|kli|nier|bar (Sprachw.: beugbar); de|kli|nie|ren

(Sprachw.: [Haupt-, Eigenschafts-, Für- u. Zahlwörter] beugen)

de|ko|die|ren, (auch:) de|co|die|ren (eine Nachricht entschlüsseln); De|ko|die|rung, De|co|die|rung

De|kol|le|tee, (auch:) De|kol|le|té [*dekolte*], *das;* -s, -s (tiefer [Kleid]ausschnitt); de|kol|le|tie|ren; de|kol|le|tiert

De|kon|zen|t|ra|ti|on [*...zion*], *die;* -, -en (Zerstreuung, Zersplitterung); de|kon|zen|t|rie|ren

De|kor, *der* od. *das;* -s, -s u. -e ([farbige] Verzierung, Ausschmückung, Vergoldung); De|ko|ra|teur [*...tör*], *der;* -s, -e; De|ko|ra|teu|rin [*...törin*]; De|ko|ra|ti|on [*...zion*], *die;* -, -en; de|ko|ra|tiv; de|ko|rie|ren; de|ko|rie|rung (auch für: Auszeichnung mit Orden u. Ä.)

De|ko|rum, *das;* -s (veraltend für: Anstand, Schicklichkeit)

De|ko|stoff (Kurzform für: Dekorationsstoff)

De|kret, *das;* -[e]s, -e (Beschluss; Verordnung; behördliche, richterliche Verfügung); de|kre|tie|ren

de|ku|v|rie|ren (geh. für: entlarven)

De|le|gat, *der;* -en, -en (Bevollmächtigter); De|le|ga|ti|on [*...zion*], *die;* -, -en; De|le|ga|ti|ons|lei|ter (*der*), ...mit|glied; de|le|gie|ren; De|le|gier|te, *der* u. *die;* -n, -n; De|le|gie|rung

de|lek|tie|ren (geh. für: ergötzen, erfreuen); sich -

Del|fin, del|fin|schwim|men usw.; vgl. Delphin, delphinschwimmen usw.

de|li|kat (lecker; zart; heikel); De|li|ka|tes|se, *die;* -, -n (Leckerbissen; Feinkost; *in der Einz. auch für:* Zartgefühl)

De|li|ka|tes|sen|ge|schäft, De|li|ka|tess|ge|schäft

De|li|ka|tess|senf, (auch:) De|li|ka|tess-Senf

De|likt, *das;* -[e]s, -e (Vergehen; Straftat); de|lin|quent (straffällig, verbrecherisch); De|lin|quent, *der;* -en, -en (Übeltäter; Angeklagter); De|lin|quen|tin

De|li|ri|um, *das;* -s, ...ien [*...iᵉn*] (Bewusstseinstrübung mit Sinnestäuschungen u. Wahnideen)

de|li|zi|ös (geh. für: köstlich)

Del|le, *die;* -, -n (landsch. für: [leichte] Vertiefung; Beule)

de|lo|gie|ren [*...schi...*] (bes. österr. für: zum Auszug aus einer Wohnung veranlassen, zwingen); De|lo|gie|rung (Zwangsräumung)

Del|phin, (auch:) Del|fin, *der;* -s, -e (ein Zahnwal); Del|phi|na|ri|um, (auch:) Del|fi|na|ri|um, *das;* -s, ...ien [*...iᵉn*] (Anlage zur Pflege, Züchtung und Dressur von Delfinen)

del|phin|schwim|men, (auch:) del|fin|schwim|men, (auch:) Del|phin schwim|men, (auch:) Del|fin schwim|men (im Allg. nur in der Grundform gebr.); er kann nicht - Del|phin|schwim|men, (auch:) Del|fin-

schwim|men, *das;* -s; Del|phin|schwim-
mer, (auch:) Del|fin|schwim|mer
¹Del|ta, *das;* -[s], -s (gr. Buchstabe: Δ, δ)
²Del|ta, *das;* -s, -s u. ...ten (Schwemmland
an mehrarmigen Flussmündungen)
del|ta|för|mig; Del|ta|strah|len, δ-Strah-
len (*Mehrz.;* beim Durchgang radioaktiver
Strahlung durch Materie freigesetzte Elek-
tronenstrahlen)
de luxe [*dᵉlüx*] (aufs Beste ausgestattet, mit
allem Luxus); De-luxe-Aus|stat|tung
dem
De|m|a|go|ge, *der;* -n, -n (Volksverführer,
-aufwiegler); De|m|a|go|gie, *die;* -, ...ien;
de|m|a|go|gisch
De|mar|che [*demarsch⁽ᵉ⁾*], *die;* -, -n (diplo-
matischer Schritt, mündlich vorgetragener
diplomatischer Einspruch)
De|mar|ka|ti|on [*...zion*], *die;* -, -en (Ab-
grenzung); De|mar|ka|ti|ons|li|nie; de-
mar|kie|ren; De|mar|kie|rung
de|mas|kie|ren (entlarven); sich - (die
Maske abnehmen); De|mas|kie|rung
De|men|ti, *das;* -s, -s (offizieller Widerruf;
Berichtigung); de|men|tie|ren (widerru-
fen; für unwahr erklären)
dem|ent|spre|chend
De|menz, *die;* -, -en (Med.; krankheitsbe-
dingte Minderung der geistigen Fähigkei-
ten)
dem|ge|gen|über (andererseits); dem|ge-
mäß
de|mi|li|ta|ri|sie|ren (entmilitarisieren); De-
mi|li|ta|ri|sie|rung
De|mi|mon|de [*dᵉmimongd⁽ᵉ⁾*], *die;* - („Halb-
welt")
de|mi-sec (halbtrocken [von Schaumweinen])
De|mis|si|on, *die;* -, -en (Rücktritt eines Mi-
nisters/einer Ministerin od. einer Regie-
rung); de|mis|si|o|nie|ren
dem|nach; dem|nächst
De|mo [auch: *dä*...], *die;* -, -s (ugs. kurz für:
Demonstration)
De|mo|bi|li|sa|ti|on [*...zion*], *die;* -, -en; de-
mo|bi|li|sie|ren; De|mo|bi|li|sie|rung
De|mo|krat, *der;* -en, -en; De|mo|kra|tie,
die; -, ...ien (Staatsform, in der die vom
Volk gewählten Vertreter die Herrschaft
ausüben); De|mo|kra|tin; de|mo|kra-
tisch; de|mo|kra|ti|sie|ren; De|mo|kra-
ti|sie|rung
de|mo|lie|ren (gewaltsam beschädigen)
De|mons|t|rant, *der;* -en, -en; De|mons|t-
ran|tin; De|mons|t|ra|ti|on [*...zion*], *die;*
-, -en (Protestkundgebung); De|mons|t|ra-
ti|ons|recht, ...ver|bot; de|mons|t|ra-
tiv; De|mons|t|ra|tiv|pro|no|men, *das;*
-s, - (Sprachw.: hinweisendes Fürwort, z. B.
„dieser, diese, dieses"); de|mons|t|rie|ren
(beweisen, vorführen; eine Demonstration
veranstalten, daran teilnehmen)
De|mon|ta|ge [*demontasch⁽ᵉ*, auch:
...*mong*...], *die;* -, -n (Abbau, Abbruch [ins-
bes. von Industrieanlagen]); de|mon|tie-
ren

de|mo|ra|li|sie|ren (den moralischen Halt
nehmen; entmutigen); De|mo|ra|li|sie-
rung
De|mos|kop, *der;* -en, -en (Meinungsfor-
scher); De|mos|ko|pie, *die;* -, ...ien (Mei-
nungsumfrage, Meinungsforschung); de-
mos|ko|pisch
De|mut, *die;* -; de|mü|tig; de|mü|ti|gen;
De|mü|ti|gung; De|muts_ge|bär|de,
...hal|tung; de|mut[s]|voll
dem|zu|fol|ge (demnach)
den
de|na|tu|rie|ren (ungenießbar machen; ver-
gällen); denaturierter Spiritus
de|nen
Den|gel, *der;* -s, - (Schneide einer Sense
o. Ä.); den|geln (eine Sense o. Ä. durch
Hämmern schärfen)
deng|lisch (abwertend für: deutsch mit [zu]
vielen englischen Ausdrücken vermischt);
Deng|lisch, *das;* -[s] (abwertend)
De|ni|er [*denie*], *das;* -[s], - (Einheit für die
Fadenstärke bei Seide u. Chemiefasern;
Abk.: den)
Denk_an|stoß, ...art, ...auf|ga|be; denk-
bar; die - günstigsten Bedingungen; den-
ken; dachte, gedacht; Den|ken, *das;* -s;
Den|ker; Den|ke|rin; denk|faul; Denk-
mal (*Mehrz.* ...mäler [geh.: ...male]);
denk|mal|ge|schützt; Denk|mal[s]_kun-
de (*die;* -), ...pfle|ge, ...schutz;
Denk_mo|dell, ...pau|se, ...schrift,
...sport; denks|te! (ugs. für: das hast du
dir so gedacht!); Den|kungs|art; denk-
wür|dig; Denk|zet|tel
denn; mehr - je; es sei -, dass ...; dennoch
den|tal (Med.: die Zähne betreffend;
Sprachw.: mithilfe der Zähne gebildet);
Den|tist, *der;* -en, -en (früher für: Zahn-
arzt ohne Hochschulprüfung); Den|tis|tin
De|nun|zi|ant, *der;* -en, -en (jmd., der einen
anderen anzeigt); De|nun|zi|a|ti|on
[*...zion*], *die;* -, -en (Anzeige eines Denun-
zianten); de|nun|zie|ren
Deo, *das;* -s, -s (kurz für: Deodorant); De|o-
do|rant, *das;* -s, -e u. -s (Mittel gegen Kör-
pergeruch); de|o|do|rie|ren ([Körper]ge-
ruch hemmen); Deo_rol|ler, ...spray
De|par|te|ment [*depart⁽ᵉ⁾mang*, österr.: de-
partmang, schweiz.: depart⁽ᵉ⁾mänt*], *das;*
-s, -s u. (schweiz.:) -e (Verwaltungsbezirk
in Frankreich; Ministerium beim Bund und
in einigen Kantonen der Schweiz)
De|pen|dance [*depangdangß*], (schweiz.:)
Dé|pen|dance [*depangdangß*], *die;* -, -n
(Zweigstelle; Nebengebäude [eines Ho-
tels])
De|pe|sche, *die;* -, -n (veralt. für: Tele-
gramm)
de|pla|ciert [*deplaßirt*], (veraltet für:) de-
plat|ziert (unangebracht)
De|po|nie, *die;* -, ...ien (zentraler Müllabla-
deplatz); de|po|nie|ren
De|por|ta|ti|on [*...zion*], *die;* -, -en (zwangs-

weise Verschickung; Verbannung); de|por-
tie|ren
De|pot [*depo*], *das;* -s, -s (Aufbewahrungs-
ort; Hinterlegtes; Sammelstelle, Lager;
Med.: Ablagerung)
Depp, *der;* -en u. -s, -en u. -e (bes. südd.,
österr. ugs. für: Tölpel, Dummkopf); dep-
pert (südd., österr. ugs. für: einfältig,
dumm)
De|pres|si|on, *die;* -, -en (Niedergeschlagen-
heit; wirtschaftlicher Rückgang; Senkung;
Meteor.: Tief); de|pres|siv (gedrückt, nie-
dergeschlagen); de|pri|mie|ren (nieder-
drücken; entmutigen); de|pri|miert (ent-
mutigt, niedergeschlagen)
De|pu|tat, *das;* -[e]s, -e (regelmäßige Leis-
tungen in Naturalien als Teil des Lohnes;
volle Anzahl der Pflichtstunden einer Lehr-
kraft); De|pu|ta|ti|on [*...zion*], *die;* -, -en
(Abordnung); de|pu|tie|ren (abordnen)
der
de|ran|giert [*...schirt*] (verwirrt, zerzaust)
der|art (so); der|ar|tig
derb; Derb|heit
Der|by [*därbi*], *das;* -[s], -s (Pferderennen)
De|re|gu|lie|rung (Beseitigung von Regeln,
Vorschriften o. Ä.)
der|einst
de|ren
de|rent|we|gen; de|rent|wil|len; um -
de|rer
der|ge|stalt (so)
der|glei|chen
der|je|ni|ge
der|lei (dergleichen)
der|ma|ßen (so)
Der|ma|to|lo|ge, *der;* -n, -n (Hautarzt);
Der|ma|to|lo|gie, *die;* - (Lehre von den
Hautkrankheiten); Der|ma|to|lo|gin
der|sel|be; es war derselbe Hund
der|weil, der|wei|le[n]
Der|wisch, *der;* -[e]s, -e (Mitglied eines isla-
mischen religiösen Ordens)
der|zeit (augenblicklich, gegenwärtig; veral-
tend für: früher, damals); der|zei|tig
des; des ungeachtet
De|sas|ter, *das;* -s, - (Missgeschick; Zusam-
menbruch)
de|s|a|vou|ie|ren [*...awuir⁽ᵉ⁾n*] (nicht aner-
kennen, in Abrede stellen; bloßstellen)
De|ser|teur [*...tör*], *der;* -s, -e (Fahnenflüch-
tiger, Überläufer); de|ser|tie|ren; De|ser-
ti|on [*...zion*], *die;* -, -en (Fahnenflucht)
des|glei|chen
des|halb
De|sign [*disain*], *das;* -s, -s (Entwurf, Mus-
ter); de|si|g|nen [*disain⁽ᵉ⁾n*] (das Design
von Gebrauchs- u. Verbrauchsgütern ent-
werfen); er designt; De|si|g|ner [*disain⁽ᵉ⁾r*],
der; -s, - (Formgestalter für Gebrauchs- u.
Verbrauchsgüter); De|si|g|ner|dro|ge
(synthetisch hergestelltes Rauschmittel);
De|si|g|ne|rin; De|si|g|ner|mo|de; de|si-
g|nie|ren (bestimmen, für ein Amt vorse-
hen)

Des|il|lu|si|on, *die;* -, -en (Enttäuschung; Er-
nüchterung); **des|il|lu|si|o|nie|ren**

Des|in|fek|ti|on [...*zion*], *die;* -, -en (Ver-
nichtung von Krankheitserregern); **des|in-
fi|zie|ren; Des|in|fi|zie|rung**

Des|in|te|res|se, *das;* - (Gleichgültigkeit);
des|in|te|res|siert

de|s|k|rip|tiv (beschreibend)

Desk|top|pu|b|li|shing, (auch:) Desk-
top-Pu|b|li|shing [-*pablisching*], *das;* -[s]
(Erstellung von Satz u. Layout am Schreib-
tisch mithilfe der EDV; Abk.: DTP)

De|s|o|do|rant, *das;* -s, -s (auch: -e); vgl.
Deodorant; **de|s|o|do|rie|ren** (geruchlos
machen)

de|so|lat (trostlos, traurig)

des|ori|en|tiert [auch: *dä*...] (falsch unter-
richtet; verwirrt)

de|s|pek|tier|lich (geh. für: geringschätzig,
abfällig; respektlos)

De|s|pe|ra|do, *der;* -s, -s ([politischer]
Abenteurer; Bandit)

Des|pot, *der;* -en, -en (Gewaltherrscher;
herrische Person); **Des|po|tie**, *die;* -,
...**ien; Des|po|tin; des|po|tisch**

des|sel|ben

des|sen; des|sen un|ge|ach|tet

Des|sert [*däßär* (österr. nur so) od. *däßärt*],
das; -s, -s (Nachtisch)

Des|sin [*däßäng*], *das;* -s, -s (Zeichnung;
Muster)

Des|sous [*däßu*], *das;* - [*däßu* od. *däßuß*],
- [*däßuß*] (meist Mehrz.; Damenunterwä-
sche)

De|s|til|le, *die;* -, -n (ugs. veraltend für:
Branntweinausschank); **de|s|til|lie|ren;**
destilliertes Wasser (chemisch reines Wasser)

de|s|to; - besser

de|s|t|ruk|tiv (zersetzend, zerstörend)

des un|ge|ach|tet [auch: *däß un*...]; des-
we|gen; des Wei|te|ren; vgl. weiter

De|tail [*detaj*], *das;* -s, -s (Einzelheit, Einzel-
teil); **De|tail|kennt|nis; de|tail|liert;** -e
Angaben

De|tek|tei, *die;* -, -en (Detektivbüro); **De-
tek|tiv**, *der;* -s, -e [...*w*ᵉ]; dem, den Detek-
tiv; **De|tek|tiv_bü|ro, ...ge|schich|te;
De|tek|ti|vin**

de|ter|mi|nie|ren (bestimmen, begrenzen,
festlegen)

De|to|na|ti|on [...*zion*], *die;* -, -en (Knall,
Explosion); **de|to|nie|ren** (knallen, explo-
dieren)

Deut, *der* (veraltet für: kleine Münze); keinen -, nicht einen - (ugs. für: gar nicht, gar
nichts); **deu|teln; deu|ten; deut|lich;** auf
das, aufs Deutlichste od. auf das, aufs
deutlichste; jmdm. etw. - machen

deutsch/Deutsch s. Kasten

¹Deut|sche, *der* u. *die;* -n, -n; wir Deut-
schen, (auch:) wir Deutsche; alle [guten]
Deutschen

²Deut|sche, *das;* des -n, dem -n (die deut-
sche Sprache im Allgemeinen); das Deut-

---

deutsch/Deutsch

deutsch
– *Abk.* dt.
I. *Kleinschreibung:*
Da das Eigenschaftswort „deutsch" nur in
echten Namen und Substantivierungen groß-
geschrieben wird, gilt z. B. in den folgenden
Fällen Kleinschreibung:
> *die deutsche Einheit,* aber: *der Tag
> der Deutschen Einheit*
> *die deutsche Sprache*
> *die deutschen Meisterschaften [im Eis-
> kunstlauf]*
> *sie ist deutsche Meisterin [im Eiskunstlauf],*
> aber (als Titel): *Anita G., Deutsche Meis-
> terin*
> *das deutsche Recht*
Vgl. aber II
Kleinschreibung gilt für „deutsch" auch in
Verbindung mit Zeitwörtern, wenn es mit
„wie?" erfragt werden kann:
> *der Redner hat deutsch* (nicht englisch)
> *gesprochen*
> *sich deutsch unterhalten*
> *der Brief ist deutsch* (in deutscher Sprache
> bzw. in deutscher Schreibschrift)
> *geschrieben*
> *deutsch mit jmdm. reden* (auch ugs.
> für: jmdm. unverblümt die Wahrheit
> sagen)
> *Staatsangehörigkeit: deutsch* (in Formu-
> laren u. Ä.)
Vgl. aber II u. Deutsch

II. *Großschreibung*
Großgeschrieben wird das als Hauptwort
gebrauchte Eigenschaftswort, wenn es im
Sinne von „deutsche Sprache" verwendet
wird:
> *etwas auf Deutsch sagen*
> *der Brief ist in Deutsch abgefasst; eine
> Zusammenfassung in Deutsch*
> *auf gut Deutsch gesagt*
> *das heißt auf/zu Deutsch* ...
Vgl. aber I; *vgl. auch* Deutsch

Großgeschrieben wird „deutsch" auch als
Bestandteil von Namen und bestimmten
namenähnlichen Fügungen:
> *die Deutsche Bucht* (Teil der Nordsee)
> *der Deutsche Bund* (1815–66)
> *der Deutsche Bundestag*
> *Deutsche Bahn* (Abk. *DB*)
> *Deutsche Demokratische Republik*
> (1949–90; Abk. *DDR*)
> *die Deutsche Dogge*
> *der Tag der Deutschen Einheit* (3. Okto-
> ber)
> *Deutscher Fußball-Bund* (Abk. *DFB*)
> *Deutsche Mark* (Abk. *DM*)
> *Deutsches Rotes Kreuz* (Abk. *DRK*)
> *der Deutsche Schäferhund*
Vgl. I, Deutsch u. Deutsche, das

Deutsch
das; des Deutsch[s], dem Deutsch
(die deutsche Sprache, sofern sie die Sprache
eines Einzelnen oder einer bestimmten
Gruppe bezeichnet oder sonst näher
bestimmt ist; Kenntnis der deutschen
Sprache)
> *mein, dein, sein Deutsch ist schlecht*
> *die Aussprache seines Deutsch[s]*
> *sie kann, lehrt, lernt, schreibt, spricht,
> versteht [kein, nicht, gut, schlecht]
> Deutsch*
> *ein Deutsch sprechender,* (auch:) *deutsch-
> sprechender Ausländer* (vgl. aber
> deutsch I)
> *[das ist] gutes Deutsch*
> *er spricht gut[es] Deutsch*
> *sie kann kein Wort Deutsch*
> *er hat eine Eins in Deutsch* (im Fach
> Deutsch)
> *in heutigem Deutsch* od. *im heutigen
> Deutsch*
Vgl. auch Deutsche, das u. deutsch I u. II

---

sche (z. B. im Ggs. zum Französischen); etwas aus dem Deutschen, vom Deutschen
ins Italienische übersetzen

Deut|schen|hass; deutsch_feind|lich,
...freund|lich; Deutsch|land; Deutsch-
land_lied (*das;* -[e]s), ...po|li|tik

deutsch|spra|chig (in deutscher Sprache ab-
gefasst, vorgetragen); -e Bevölkerung;
deutsch|sprach|lich (die deutsche Spra-
che betreffend); -er Unterricht; **deutsch-
spre|chend;** vgl. deutsch

Deu|tung; Deu|tungs|ver|such

De|vi|se [...*wis*ᵉ], *die;* -, -n (Wahlspruch;
meist Mehrz. für: Zahlungsmittel in aus-
länd. Währung); **De|vi|sen_aus|gleich,
...kurs, ...markt, ...schmug|gel**

de|vot [*dewot*] (unterwürfig)

Dez, *der;* -es, -e (landsch. für: Kopf)

De|zem|ber, *der;* -[s], - (der zwölfte Monat
des Jahres; Abk.: Dez.)

de|zent (zurückhaltend, taktvoll, unauf-
dringlich)

De|zer|nat, *das;* -[e]s, -e (Geschäftsbereich
eines Dezernenten; Sachgebiet); **De|zer-
nent**, *der;* -en, -en (Sachbearbeiter mit
Entscheidungsbefugnis [bei Behörden]);
De|zer|nen|tin

De|zi... (Zehntel...; ein Zehntel einer Ein-
heit); **De|zi|bel**, *das;* -s, - ($^1/_{10}$ Bel; bes.
Maß der relativen Lautstärke)

de|zi|diert (entschieden, energisch)

de|zi|mal (auf die Grundzahl 10 bezogen);
De|zi|mal_bruch (*der;* Bruch, dessen Nen-
ner mit einer Potenz von 10 gebildet wird),
...sys|tem (*das;* -s); **De|zi|me|ter** ($^1/_{10}$ m;

Zeichen: dm); de|zi|mie|ren (stark vermindern); de|zi|miert

Dia, *das;* -s, -s (Kurzform für: Diapositiv)

Di|a|be|tes, *der;* - (Harnruhr); - mellitus (Med.: Zuckerkrankheit); **Di|a|be|ti|ker**

di|a|bo|lisch (teuflisch)

Di|a|dem, *das;* -s, -e (kostbarer [Stirn]reif)

Di|a|g|no|se, *die;* -, -n ([Krankheits]erkennung; Zool., Bot.: Bestimmung); **di|a|g|nos|tisch; di|a|g|nos|ti|zie|ren**

dia|go|nal (schräg laufend); **Dia|go|na|le**, *die;* -, -n (Gerade, die zwei nicht benachbarte Ecken eines Vielecks miteinander verbindet)

Dia|gramm, *das;* -s, -e (zeichnerische Darstellung errechneter Werte in einem Koordinatensystem; Stellungsbild beim Schach)

Di|a|kon [österr.: *dia*...], *der;* -s u. -en, -e[n] (kath., anglikan. od. orthodoxer Geistlicher; Krankenpfleger od. Pfarrhelfer in ev. Kirchen); **Di|a|ko|nie**, *die;* - ([berufsmäßige] Sozialtätigkeit [Krankenpflege, Gemeindedienst] in der ev. Kirche); **Di|a|ko|nis|se**, *die;* - u. **Di|a|ko|nis|sin** (ev. Kranken- u. Gemeindeschwester)

Di|a|lekt, *der;* -[e]s, -e (Mundart); **Di|a|lek|tik**, *die;* - (Erforschung der Wahrheit durch Aufweis u. Überwindung von Widersprüchen; Gegensätzlichkeit); **di|a|lek|tisch** (mundartlich; die Dialektik betreffend; auch für: spitzfindig)

Di|a|log, *der;* -[e]s, -e (Zwiegespräch; Wechselrede)

Dia|ly|se, *die;* -, -n (eine chem. Trennungsmethode; Med.: Blutwäsche); **Dia|ly|se_pa|ti|ent** (Patient, bei dem eine Blutwäsche vorgenommen wird), ...**zen|t|rum**

Di|a|mant, *der;* -en, -en (Edelstein); **di|a|man|ten;** -e Hochzeit (60. Jahrestag der Hochzeit)

dia|met|ral (entgegengesetzt)

Dia|po|si|tiv, *das;* -s, -e [...*wᵉ*] (durchscheinendes fotografisches Bild; Kurzform: Dia)

Di|ar|rhö, *die;* -, -en (Med.: Durchfall)

Di|as|po|ra, *die;* - (Gebiet, in dem Anhänger einer Konfession in der Minderheit sind; religiöse od. nationale Minderheit)

Di|ät, *die;* -, (Arten:) -en (Krankenkost; Schonkost; spezielle Ernährungsweise); Diät halten, kochen, Diät leben; **Di|ät|as|sis|ten|tin; Di|ä|ten**, *die* (Mehrz.; Tagegelder; Aufwandsentschädigung [bes. von Parlamentariern]); **Di|ät_kost,** ...**kü|che,** ...**plan**

dich (kann in Briefen klein- oder großgeschrieben werden)

dicht *s. Kasten*

Dich|te, *die;* -, (selten:) -n

¹**dich|ten** (dicht machen)

²**dich|ten** (Verse schreiben); **Dich|ter; Dich|te|rin; dich|te|risch**

dicht|hal|ten (ugs. für: nichts verraten)

Dicht|kunst, *die;* -

dicht|ma|chen (ugs. für: schließen); er hat seinen Laden dichtgemacht

---

dicht

Wenn „dicht" das Ergebnis der mit einem folgenden einfachen Zeitwort bezeichneten Tätigkeit angibt, kann getrennt oder zusammengeschrieben werden:
- *ein Fass dicht machen* od. *dichtmachen*
- Aber: *das Gelände wurde zu dicht bebaut; das Glas muss dicht schließen*

Bei übertragener Bedeutung gilt Zusammenschreibung; vgl. *dichthalten, dichtmachen*
In Verbindung mit als Eigenschaftswörtern gebrauchten Mittelwörtern kann bei nicht übertragener Bedeutung getrennt oder zusammengeschrieben werden:
- *ein dicht bebautes* od. *dichtbebautes Gelände; eine dicht behaarte* od. *dichtbehaarte Brust; dicht bevölkerte* od. *dichtbevölkerte Landstriche*

---

¹**Dich|tung** (Gedicht)

²**Dich|tung** (Vorrichtung zum Dichtmachen); **Dich|tungs_mit|tel,** ...**ring**

dick; Dick|darm; di|cken (zähflüssig machen, werden); **di|cke|tun,** dick|tun (ugs. für: sich wichtigmachen); sie tut sich dick[e], hat sich dick[e]getan; **dick|fel|lig** (ugs. abwertend); **dick|flüs|sig; Dick|häu|ter; Di|ck|icht**, *das;* -s, -e; **Dick|kopf; dick|lich; Dick_milch,** ...**schä|del** (ugs.); **dick|tun;** vgl. dicketun; **Dick|wanst** (ugs. abwertend)

Di|dak|tik, *die;* - (Unterrichtslehre)

die

Dieb, *der;* -[e]s, -e; **Die|bes|gut; Die|bin; die|bisch; Dieb|stahl**, *der;* -[e]s, ...stähle; **Dieb|stahl|ver|si|che|rung**

die|je|ni|ge

Die|le, *die;* -, -n

die|nen; Die|ner; Die|ne|rin; die|nern; Die|ner|schaft; dien|lich

Dienst, *der;* -[e]s, -e; der Dienst habende, (auch:) diensthabende Beamte; die Dienst tuende, (auch:) diensttuende Ärztin; Dienst leistende, (auch:) dienstleistende Tätigkeiten; **Dienst|ab|teil**

Diens|tag, *der;* -[e]s, -e; [am] Dienstag früh beginnen wir; **Diens|tag|abend** [auch: *dinßtagabᵉnt*]; am - hat sie Gesangstunde; am [nächsten] Dienstagabend treffen wir uns; dienstagabends od. dienstags abends spielen wir Skat; **diens|tags**

Dienst_al|ter, ...**äl|tes|te,** ...**an|tritt; dienst_be|reit,** ...**eif|rig,** ...**fer|tig,** ...**frei; Dienst_ge|heim|nis,** ...**ge|spräch,** ...**grad; dienst|ha|bend;** vgl. Dienst; **Dienst|ha|ben|de**, *der* u. *die;* -n, -n; **dienst|leis|tend;** vgl. Dienst; **Dienst|leis|tung; Dienst|leis|tungs_abend,** ...**ge|wer|be; dienst|lich; Dienst_mann** (*der;* -[e]s, ...männer u. ...leute; veraltend für: Gepäckträger), ...**pflicht,** ...**rang,** ...**rei|se,** ...**schluss,** ...**stel|le; dienst|tu|end;**

vgl. Dienst; **dienst|ver|pflich|tet; Dienst_wa|gen,** ...**woh|nung**

dies; dies|be|züg|lich

Die|sel, *der;* -[s], - (kurz für: Dieselkraftstoff; [Auto mit] Dieselmotor)

die|sel|be

Die|sel_kraft|stoff, ...**mo|tor,** ...**öl**

die|ser; die|ses

die|sig (neblig)

dies|jäh|rig; dies|mal; dies|seits; *Verhältnisw. mit Wesf.:* - des Flusses

Diet|rich, *der;* -s, -e (Nachschlüssel)

dif|fa|mie|ren ([übel] verleumden); **Dif|fa|mie|rung**

dif|fe|rent (verschieden, ungleich); **Dif|fe|ren|ti|al;** vgl. Differenzial; **Dif|fe|renz**, *die;* -, -en; **Dif|fe|ren|zi|al**, *das;* -s, -e, (auch:) Differentti|al, *das;* -s, -e (Math.: unendlich kleine Differenz; Ausgleichsgetriebe); **dif|fe|ren|zie|ren** (trennen; unterscheiden); **Dif|fe|ren|ziert|heit** (Unterschiedlichkeit; Abgestuftsein); **Dif|fe|ren|zie|rung; dif|fe|rie|ren** (verschieden sein; voneinander abweichen)

dif|fi|zil (schwierig, kompliziert)

dif|fus (zerstreut; unklar)

di|gi|tal (Med.: mit dem Finger; Technik: zifferngemäßig; EDV: in Stufen erfolgend)

Di|gi|tal_fern|se|hen, ...**ka|me|ra**

Dik|ta|phon, (auch:) **Dik|ta|fon**, *das;* -s, -e (Tonbandgerät zum Diktieren); **Dik|tat**, *das;* -[e]s, -e; **Dik|ta|tor**, *der;* -s, ...oren; **dik|ta|to|risch; Dik|ta|tur**, *die;* -, -en; **dik|tie|ren; Dik|tier|ge|rät; Dik|ti|on** [...*zion*], *die;* -, -en (Schreibart; Ausdrucksweise)

Di|lem|ma, *das;* -s, -s u. -ta (Wahl zwischen zwei [unangenehmen] Dingen; Zwangslage)

Di|let|tant, *der;* -en, -en (geh. für [Kunst]liebhaber; Nichtfachmann; Stümper); **di|let|tan|ten|haft, di|let|tan|tisch** (unfachmännisch; stümperhaft)

Dill, *der;* -s, -e (eine Gewürzpflanze)

Di|men|si|on, *die;* -, -en (Ausdehnung; [Aus]maß; Bereich)

Dim|mer, *der;* -s, - (stufenloser Helligkeitsregler)

Di|ner [*dine*], *das;* -s, -s (geh. für: [festliches] Abend- od. Mittagessen)

Ding, *das;* -[e]s, -e u. (ugs.) -er

ding|fest; nur in: jmdn. - machen (verhaften); **Dings**, *die, der, das;* - u. **Dings_bums**, *der, die, das;* - u. **Dings|da**, *der, die, das;* - (ugs. für: eine unbekannte od. unbenannte Person od. Sache); **Dings|kir|chen** [auch: ...*kirch*ᵉn] (ugs. für: einen unbekannten od. unbenannten Ort); **Ding|wort** (für: Substantiv; *Mehrz.* ...wörter)

di|nie|ren (geh. für: [in festlichem Rahmen] essen); **Din|ner**, *das;* -s, -[s] (Hauptmahlzeit in Großbritannien)

Di|o|len®, *das;* -[s] (eine synthet. Faser)

Di|o|xid, (auch:) **Di|o|xyd** [auch: ...*üt*], *das;* -s, -e (Oxid, das zwei Sauerstoffatome enthält); **Di|ox̱in,** *das;* -s, -e (eine hochgiftige Verbindung von Chlor u. Kohlenwasserstoff); **Di|oxyd;** vgl. Dioxid

Di|öze̱se, *die;* -, -n (Amtsgebiet eines [kath.] Bischofs)

Diph|the̱|rie, *die;* -, …i̱en (Med.: eine Infektionskrankheit)

Di|plo̱m, *das;* -[e]s, -e (amtl. Urkunde; akademischer Grad; [Ehren]zeugnis); **Di|plo̱m|ar|beit; Di|plo̱|mat,** *der;* -en, -en (beglaubigter Vertreter eines Landes bei einem fremden Staat); **Di|plo̱|ma|ten.aus|weis,** …kof|fer, …lauf|bahn, …pass; **Di|plo̱|ma|tie̱,** *die;* - (Kunst des [staatsmännischen] Verhandelns; Gesamtheit der Diplomaten; Geschicktheit im Umgang); **di|plo̱|ma̱|tisch** (staatsmännisch; klug u. geschickt im Umgang); **Di|plo̱m|in|ge̱|ni|eur** (Abk.: Dipl.-Ing.)

di̱r (kann in Briefen klein- oder großgeschrieben werden)

di|re̱kt (in gerader Richtung, unmittelbar); **Di|re̱kt|flug; Di|re̱kt|heit; Di|rek|ti̱|on** […*zio̱n*], *die;* -, -en; **Di|rek|ti̱|ons se̱|kre|tä̱|rin,** …zim|mer; **Di|rek|ti̱|ve** […*wᵉ*], *die;* -, -n (Weisung; Verhaltensregel); **Di|re̱kt|man|dat; Di|re̱k|tor,** *der;* -s, …o̱ren; **Di|rek|to̱|rin; Di|rek|tri̱|ce** […*tri̱βᵉ*], *die;* -, -n (leitende Angestellte [bes. in der Bekleidungsindustrie]); **Di|re̱kt.sen|dung,** …spiel (Sportspr.), …über|tra|gung, …ver|kauf; **Di̱|rex,** *der;* -, -e (Schülerspr.: Direktor)

Di|ri|ge̱nt, *der;* -en, -en; **Di|ri|ge̱n|ten.pult,** …stab; **Di|ri|ge̱n|tin; di|ri|gie̱|ren** (leiten; lenken); **Di|ri|gi̱s|mus,** *der;* - (staatl. Lenkung der Wirtschaft); **di|ri|gi̱s|tisch**

Di̱rndl, *das;* -s, -n (bayr., österr. für: junges Mädchen); **Di̱rndl|kleid; Di̱r|ne,** *die;* -, -n (Prostituierte)

Disc|jo̱|ckey; vgl. Diskjockey

Di̱s|co; vgl. Disko

Di̱s|count|er […*kauṉ*…], *der;* -s, - (Geschäft, in dem Waren sehr billig verkauft werden); **Di̱s|count|preis**

Dis|har|mo̱|nie̱, *die;* -, …i̱en (Missklang; Uneinigkeit); **dis|har|mo̱|nie̱|ren; dis|har|mo̱|nisch**

Dis|ke̱t|te, *die;* -, -n (als Datenspeicher dienende Magnetplatte)

Di̱sk|jo̱|ckey, (auch:) **Di̱sc|jo̱|ckey** [*di̱βkdscho̱ke,* engl. Ausspr.: …*ki; auch:* …*kai̱*], *der;* -s, -s (jmd., der CDs u. Schallplatten präsentiert)

Di̱s|ko, (auch:) **Di̱s|co,** *die;* -, -s

Di̱s|ko̱nt, *der;* -s, -e (Bankw.: Zinsvergütung bei noch nicht fälligen Zahlungen); **Di̱s|ko̱nt|satz** (Bankw.: Zinssatz)

Di̱s|ko|the̱k, *die;* -, -en (Schallplattensammlung; Disko)

dis|kre|di|tie̱|ren (in Verruf bringen)

Dis|kre|pa̱nz, *die;* -, -en (Missverhältnis)

dis|kre̱t (taktvoll; unauffällig; vertraulich); **Dis|kre|ti̱|on** […*zio̱n*], *die;* -

dis|kri|mi|nie̱|ren (herabwürdigen, unterschiedlich behandeln); **Dis|kri|mi|nie̱|rung**

Di̱s|kurs, *der;* -es, -e ([eifrige] Erörterung; Abhandlung)

Di̱s|kus, *der;* - u. -ses, …ken u. -se (eine Wurfscheibe)

Dis|kus|si̱|on, *die;* -, -en (Erörterung; Aussprache; Meinungsaustausch); **dis|kus|si̱|ons.freu̱|dig,** …wüṟ|dig

Di̱s|kus|wer|fer

dis|ku|ta̱|bel (erwägenswert; strittig); **dis|ku|tie̱|ren**

Di̱s|pens, *der;* -es, -e u. (österr.:) *die;* -, -en (Aufhebung einer Verpflichtung, Befreiung; Ausnahme[bewilligung]); **dis|pen|sie̱|ren** (von einer Vorschrift befreien, freistellen; Arzneien bereiten u. abgeben)

dis|po|nie̱|ren (über etwas verfügen, einteilen); **dis|po|nie̱rt** (auch für: aufgelegt; empfänglich [für Krankheiten]); **Dis|po|si̱|ti̱|on** […*zio̱n*], *die;* -, -en (Anordnung, Gliederung; Verfügung; Anlage; Empfänglichkeit [für Krankheiten]); **Dis|po|si̱|ti̱|ons.kre̱|dit** (Bankw.: Überziehungskredit)

Di̱s|put, *der;* -[e]s, -e (Wortwechsel; Streitgespräch); **dis|pu|tie̱|ren**

Dis|qua|li|fi|ka|ti̱|on […*zio̱n*], *die;* -, -en (Untauglichkeitserklärung; Ausschließung vom sportlichen Wettbewerb); **dis|qua|li|fi|zie̱|ren**

Dis|ser|ta|ti̱|on […*zio̱n*], *die;* -, -en (wissenschaftl. Abhandlung zur Erlangung der Doktorwürde)

Dis|si|de̱nt, *der;* -en, -en (jmd., der außerhalb einer staatlich anerkannten Religionsgemeinschaft steht; jmd., der von einer offiziellen politischen Meinung abweicht)

dis|so|na̱nt (misstönend); **Dis|so|na̱nz,** *die;* -, -en (Missklang; Unstimmigkeit)

Di̱s|tanz, *die;* -, -en (Abstand, Entfernung); **di̱s|tan|zie̱|ren;** sich - (von jmdm. od. etwas abrücken)

Di̱s|tel, *die;* -, -n; **Di̱s|tel|fink** (ein Vogel)

di̱s|tin|guiert [*di̱βtingġi̱rt*] (vornehm); **di̱s|tink|ti̱v** (unterscheidend)

Dis|tri|bu|ti̱|on […*zio̱n*], *die;* -, -en (Verteilung; Auflösung; Wirtsch.: Einkommensverteilung, Verteilung von Handelsgütern)

Di̱s|t|ri̱kt, *der;* -[e]s, -e (Bezirk, Bereich)

Dis|zi|pli̱n, *die;* -, -en (Zucht; Ordnung; Fach einer Wissenschaft; Teilbereich des Sports); **dis|zi|pli̱|na̱|risch** (die Disziplin, Dienstordnung betreffend; mit gebotener Strenge); **Dis|zi|pli̱|nar.stra|fe,** …ver|fah|ren (Dienststrafverfahren); **dis|zi|pli|nie̱|ren** (zur Ordnung erziehen); **dis|zi|pli|nie̱rt; dis|zi|p|lin|los**

di̱|to (dasselbe, ebenso)

Di̱|va [*di̱wa*], *die;* -, -s u. …ven […*wᵉn*] (erste Sängerin, gefeierte Schauspielerin)

Di|ver|ge̱nz, *die;* -, -en (Auseinandergehen; Meinungsverschiedenheit); **di|ver|gie̱|ren**

di|vers [*diwä̱rβ*] (verschieden)

Di|ver|ti|me̱n|to, *das;* -s, -s u. …ti (Musik:

heiteres Instrumentalstück; freies Zwischenspiel in der Fuge)

Di|vi|de̱nd […*wi̱*…], *der;* -en, -en (Bruchrechnung: Zähler); **Di|vi|de̱n|de,** *die;* -, -n (Wirtsch.: der auf eine Aktie entfallende Gewinn[anteil]); **Di|vi|de̱n|den|aus|schüt|tung; di|vi|die̱|ren** (teilen); **Di|vi|si̱|on,** *die;* -, -en (Math.: Teilung; Heeresabteilung; Sportspr.: Spielklasse); **Di|vi̱|sor,** *der;* -s, …o̱ren (Bruchrechnung: Nenner)

Di̱|wan, *der;* -s, -e (veraltend für: ein niedriges Liegesofa)

Di̱|xie|land [amerik. *di̱kβilä̱nd*], *der;* -[s] u. **Di̱|xie|land|jazz,** (auch:) **Di̱|xie|land-Jazz** (eine nordamerik. Variante des Jazz)

Do̱|ber|mann, *der;* -s, …männer (eine Hunderasse)

do̱ch

Do̱cht, *der;* -[e]s, -e

Do̱ck, *das;* -s, -s u. (selten:) -e (Anlage zum Ausbessern von Schiffen); **Do̱|cker,** *der;* -s, - (Dockarbeiter); **Do̱ck|ha|fen; Do̱|cking,** *das;* -s, -s (Ankoppelung an ein Raumfahrzeug)

Do̱|ge [*do̱schᵉ;* it. Ausspr. *do̱dsche*], *der;* -n, -n (früher: Titel des Staatsoberhauptes in Venedig u. Genua); **Do̱|gen|pa|last**

Do̱g|ge, *die;* -, -n (eine Hunderasse)

Do̱g|ma, *das;* -s, …men (Kirchenlehre; [Glaubens]satz; Lehrmeinung); **do̱g|ma̱|tisch** (die [Glaubens]lehre betreffend; lehrhaft; streng [an Lehrsätze] gebunden); **Do̱g|ma̱|tis|mus,** *der;* - (oft abwertend für: Festhalten an Lehrmeinungen u. Glaubenssätzen)

Do̱h|le, *die;* -, -n (ein Rabenvogel)

Do-it-your|self-Be|we|gung [*du̱ it ju̱ʳ βä̱lf*…] (Bewegung, die sich als eine Art Hobby die eigene Ausführung handwerklicher Arbeiten zum Ziel gesetzt hat)

Do̱k|tor, *der;* -s, …o̱ren (höchster akadem. Grad; ugs. auch für: Arzt; Abk.: Dr. [*in der Mehrz.* Dres., wenn mehrere Personen, nicht mehrere Titel einer Person gemeint sind]); **Do̱k|to|rand,** *der;* -en, -en (Student, der sich auf die Doktorprüfung vorbereitet); **Do̱k|to|ran|din; Do̱k|tor.ar|beit,** …fra|ge (ugs. für: sehr schwierige Frage), …grad, …hut (*der*); **Do̱k|to|rin** [auch: *do̱kt*…] (ugs. auch für: Ärztin); **Do̱k|tor.in|ge|ni|eur** (Abk.: Dr.-Ing.), …mut|ter; …prü|fung, …ti|tel, …va|ter, …wür|de

Dok|tri̱n, *die;* -, -en (Lehrsatz; Lehrmeinung); **dok|t|ri|nä̱r** (abwertend für: an einer Lehrmeinung starr festhaltend; gedanklich einseitig)

Do|ku|me̱nt, *das;* -[e]s, -e (Urkunde; Schriftstück; Beweis); **Do|ku|men|ta̱r.auf|nah|me,** …film; **do|ku|men|ta̱|risch** (urkundlich; belegbar); **Do|ku|men|ta̱|ti̱|on** […*zio̱n*], *die;* -, -en (Zusammenstellung, Ordnung u. Nutzbarmachung von Dokumenten u. Materialien jeder Art); **do|ku|men|tie̱|ren** (bekunden; belegen)

Do̱lch, *der;* -[e]s, -e; **Do̱lch|stoß**

Dol|de, die; -, -n; **Dol|den|ge|wächs**

Dol|lar, der; -[s], -s (Währungseinheit in den USA, in Kanada, Australien u. a.; Zeichen: $); 30 -

Dol|le, die; -, -n (Vorrichtung an der Bordwand zur Aufnahme des Ruders)

dol|met|schen; Dol|met|scher, der; -s, - (jmd., der [berufsmäßig] mündlich übersetzt); **Dol|met|sche|rin; Dol|met|scher_in|sti|tut,** ...schu|le

Dom, der; -[e]s, -e

Do|mä|ne, die; -, -n (Staatsgut, -besitz; Spezialgebiet)

Do|mes|tik, der; -en, -en (veraltend, meist abwertend für: Dienstbote); **Do|mes|ti|ka|ti|on** [...zion], die; -, -en (Umzüchtung wilder Tiere zu Haustieren); **do|mes|ti|zie|ren**

do|mi|nant (vorherrschend; überlagernd, überdeckend); **Do|mi|nanz,** die; -, -en; **do|mi|nie|ren** ([vor]herrschen, beherrschen)

Do|mi|ni|ka|ner, der; -s, - (Angehöriger eines Mönchsordens); **Do|mi|ni|ka|ne|rin, Do|mi|ni|ka|ner_klos|ter,** ...mönch, ...or|den (der; -s)

Do|mi|ni|on [dominj^en], das; -s, -s u. ...ien [...i^en] (früher: sich selbst regierender Teil des Commonwealth)

¹Do|mi|no, der; -s, -s (Maskenmantel, -kostüm)

²Do|mi|no, das; -s, -s (ein Spiel)

Do|mi|zil, das; -s, -e (Wohnsitz; Bankw.: Zahlungsort [von Wechseln]); **Dom|pfaff,** der; -en u. -s, -en (ein Singvogel)

Domp|teur [...tör], der; -s, -e; **Domp|teu|rin; Domp|teu|se** [...tös^e], die; -, -n

Dö|n|er, der; -s, - (kurz für: Dönerkebab); **Dö|ner|ke|bab,** der; -[s], -s (eine türk. Fleischspezialität)

Don Ju|an [don ϰhuan], der; - -s, - -s (span. Sagengestalt; Verführer; Frauenheld)

Don|ner, der; -s, -; **don|nern; Don|ners|tag,** der; -[e]s, -[e]; vgl. Dienstag; **Don|ners|tag|abend;** vgl. Dienstagabend; **don|ners|tags; Don|ner|wet|ter,** das; -s, - (ugs.)

doof (ugs.); **Doof|heit,** die; - (ugs.)

Dope [dop], das; -[s] (ugs. für: Rauschgift); **do|pen** [auch: do...] (Sportspr.: durch [verbotene] Anregungsmittel zu Höchstleistungen bringen); **Do|ping** [auch: do...], das; -s, -s; **Do|ping|kon|trol|le**

Dop|pel, das; -s, - (zweite Ausfertigung [einer Schrift]; Tennis: Doppelspiel); **Dop|pel_ad|ler,** ...agent, ...axel (eine Eislauffigur), ...bett; **dop|pel|bö|dig** (hintergründig); **Dop|pel|de|cker** (ein Flugzeugtyp; ugs. für: Omnibus mit Oberdeck); **dop|pel|deu|tig; Dop|pel|fens|ter; Dop|pel|gän|ger; dop|pel|glei|sig; Dop|pel_hoch|zeit,** ...kinn, ...klick (EDV: zweimaliges Betätigen der Maustaste), ...kopf (der; -[e]s; ein Kartenspiel), ...le|ben (das; -s), ...mo|ral, ...mord, ...punkt; **dop|pel_rei|hig,** ...sin|nig

dop|pelt; -e Buchführung; - gemoppelt (ugs.

für: unnötigerweise zweimal); **dop|pelt_koh|len|sau|er** (Chemie)

Dop|pel_ver|die|ner, ...zent|ner (100 kg; Zeichen: dz), ...zim|mer; **dop|pel|zün|gig** (abwertend); **Dop|pel|zün|gig|keit**

Do|ra|do; vgl. Eldorado

Dorf, das; -[e]s, Dörfer; **Dorf|be|woh|ner; dörf|lich; Dorf|schen|ke,** (auch:) **Dorf-schän|ke**

Dorn, der; -[e]s, -en (ugs. auch: Dörner) u. (Technik:) -e; **Dor|nen|he|cke,** Dorn|he-cke; **Dor|nen|kro|ne; dor|nen|reich; dor-nig; Dorn|rös|chen,** das; -[s] (Märchengestalt)

dör|ren (ausdorren); **Dörr_fleisch,** ...ge-mü|se, ...obst

Dorsch, der; -[e]s, -e (ein Fisch)

dort; dort|be|hal|ten; sie haben ihn einige Tage dortbehalten; **dort|blei|ben;** sie will noch -; **dort|her** [auch: dorther, dorther]; **dort|hin** [auch: dorthin, dorthin]; **dor|tig**

Do|se, die; -, -n (kleine Büchse; selten für: Dosis); **Do|sen** (auch Mehrz. von: Dosis)

dö|sen (ugs.)

Do|sen_bier; do|sen|fer|tig; Do-sen_fleisch, ...milch, ...öff|ner

do|sie|ren (ab-, zumessen), **Do|sie|rung**

dö|sig

Do|sis, die; -, ...sen (zugemessene [Arznei]gabe, kleine Menge)

Dos|si|er [doßie], das; -s, -s (Akte od. ähnl. Zusammenstellung von Dokumenten u. Texten zu einem Thema, einem Vorgang)

do|tie|ren; Do|tie|rung

Dot|ter, der u. das; -s, - (Eigelb); **Dot|ter-blu|me; dot|ter|gelb**

dou|beln [dub^eln] (Film: als Double spielen); **Dou|ble** [dub^el], das; -s, -s (Film: Ersatzspieler [ähnliches Aussehens]); **Dou|blé** [duble] usw.; vgl. Dublee usw.

down [daun] (ugs. für: zerschlagen, niedergeschlagen); **Down|load** [daunlou^ud], der; -s, -s (EDV: das Herunterladen); **down|loa-den** [daunlou^ud^en] (EDV: herunterladen); ich habe die Datei downgeloadet

Do|zent, der; -en, -en (Lehrer [an einer Universität od. Hochschule]); **Do|zen|tin; Do-zen|tur,** die; -, -en; **do|zie|ren**

Dra|che, der; -n, -n (ein Fabeltier); **Dra-chen,** der; -s, - (ein Fluggerät; Segelboot; abwertend für: zänkische Frau)

Dra|gee, (auch:) **Dra|gée** [...ϰhe], das; -s, -s (mit Zucker od. Schokolade überzogene Süßigkeit; Arzneipille)

Dra|go|ner, der; -s, - (früher: leichter Reiter; ugs. für: resolute Frau)

Draht, der; -[e]s, Drähte

¹dräh|ten (mit Draht zusammenflechten; veraltet für: telegrafieren)

²dräh|ten (aus Draht)

Draht_esel (ugs. scherzh. für: Fahrrad), ...ge|flecht; **dräh|tig; Draht|korb; draht|los;** -e Telegrafie; **Draht_rol|le,** ...seil, ...seil|bahn, ...ver|hau, ...zaun, ...zie|her (auch für: jmd., der im Verbor-

genen andere für seine [polit.] Ziele einsetzt)

Drai|na|ge; vgl. Dränage; **drai|nie|ren;** vgl. dränieren

Drai|si|ne [drai..., auch: drä...], die; -, -n (Vorläufer des Fahrrades; Eisenbahnfahrzeug zur Streckenkontrolle)

dra|ko|nisch (sehr streng)

drall (derb, stramm); **Drall,** der; -[e]s, -e ([Geschoss]drehung; Windung der Züge in Feuerwaffen)

Dra|ma, das; -s, ...men (Schauspiel; erregendes od. trauriges Geschehen); **Dra|ma-tik,** die; - (dramatische Dichtkunst; erregende Spannung); **Dra|ma|ti|ker,** der; -s, - (Dramendichter); **dra|ma|tisch** (in Dramenform; auf das Drama bezüglich; gesteigert lebhaft; erregend, spannend); **dra-ma|ti|sie|ren** (als Schauspiel für die Bühne bearbeiten; als besonders aufregend, schlimm darstellen); **Dra|ma|ti|sie|rung; Dra|ma|turg,** der; -en, -en (literarischer Berater bei Theater, Film u. Fernsehen); **Dra|ma|tur|gie,** die; -, ...ien (Gestaltung, Bearbeitung eines Dramas; Lehre vom Drama); **dra|ma|tur|gisch**

dran (ugs. für: daran); - sein (ugs. für: an der Reihe sein); - glauben müssen (ugs. für: vom Schicksal ereilt werden); mit allem Drum und Dran

Drä|na|ge, (auch:) Drai|na|ge [...asϰh^e], die; -, -n (Med.: Ableitung von Wundabsonderungen; schweiz., sonst veralt. für: Dränung)

Drang, der; -[e]s, (selten:) Dränge

dran|ge|ben (ugs. für: darangeben); **dran-ge|hen** (ugs. für: darangehen)

Drän|ge|lei; drän|geln; drän|gen; Drang-sal, die; -, -e (Not, bedrängte Lage); **drang|sa|lie|ren** (quälen)

dran|hal|ten, sich (ugs. für: daranhalten, sich)

drä|nie|ren, (auch:) drai|nie|ren (Med.: eine Dränage legen)

dran|kom|men (ugs. für: an die Reihe kommen); **dran|krie|gen** (ugs.); **dran|ma-chen,** sich; **dran|set|zen** (ugs. für: daransetzen)

Drä|nung, die; -, -en (Entwässerung des Bodens durch Rohre)

dra|pie|ren ([mit Stoff] behängen, [aus]schmücken); **Dra|pie|rung**

dras|tisch (sehr deutlich; derb)

dräu|en (veralt. für: drohen)

drauf (ugs. für: darauf); - und dran sein (ugs. für: nahe daran sein); [gut/schlecht] drauf sein ([gut/schlecht] gelaunt sein); **Drauf|ga|be** (Handgeld beim Vertrags-, Kaufabschluss; österr. auch für: Zugabe des Künstlers); **Drauf|gän|ger; drauf|gän-ge|risch; Drauf|gän|ger|tum,** das; -s; **drauf|ge|ben;** jmdm. eins - (ugs. für: jmdm. einen Schlag versetzen; jmdn. zurechtweisen); **drauf|ge|hen** (ugs. auch für: verbraucht werden, sterben); **drauf|le|gen**

(ugs. für: zusätzlich bezahlen); **drauf|los;** immer -!; **drauf|los.ge|hen, …reden; drauf|schla|gen** (ugs. für: auf etwas schlagen; aufschlagen); drauf sein; vgl. drauf; **drauf|zah|len** (drauflegen)

draus (ugs. für: daraus)

drau|ßen

drech|seln; Drechs|ler; Drechs|ler|ar|beit

Dreck, der; -[e]s (ugs.); **Dreck.ar|beit, …ei|mer** (ugs.), **…fink** (der; -en [auch: -s], -en) (ugs.), **…hau|fen** (ugs.); **dre|ckig** (ugs.); **Dreck|nest** (ugs. abwertend für: Dorf, Kleinstadt); **Drecks|ar|beit** (ugs. abwertend); **Dreck|sau** (derb abwertend); **Dreck|schleu|der** (ugs. für: freches Mundwerk; Fabrikanlage o. Ä., die die Luft verschmutzt); **Drecks|kerl** (derb abwertend); **Dreck|spatz** (ugs.)

Dreh, der; -[e]s, -s od. -e (ugs. für: Einfall, Kunstgriff); **Dreh.ach|se, …ar|beit** (*meist Mehrz.;* Film), **…bank** (*Mehrz. …*bänke); **dreh|bar; Dreh.be|we|gung, …blei-stift, …buch** (Vorlage für Filmaufnahmen); **Dreh|buch|au|tor; Dreh|büh|ne; dre|hen; Dre|her; Dre|he|rei; Dreh|or-gel; Dreh|strom|mo|tor; Dreh.stuhl, …tür; Dre|hung**

drei, *Wesf.* dreier, *Wemf.* dreien; der Saal war erst drei viertel voll; es ist drei viertel acht, aber: drei Viertel der Bevölkerung; vgl. acht u. Viertel; **Drei,** die; -, -en; eine Drei würfeln; er hat in Deutsch eine Drei geschrieben; vgl. ¹Acht u. Eins; **drei.ar-mig, …bän|dig, …bei|nig, …di|men|si-onal; Drei|eck; drei|eckig; Drei|ecks|ge-schich|te; drei|ein|halb; Drei|ei|nig|keit,** die; - (christl. Rel.); **drei|er|lei; drei|fach; Drei|fal|tig|keit,** die; - (christl. Rel.); **Drei-far|ben|druck** (*Mehrz. …*drucke); **drei-far|big; drei.hun|dert, …jäh|rig**

Drei.kä|se|hoch, der; - s, -[s] (ugs. scherzh.), **…klang, …klas|sen|wahl|recht** (*das;* -[e]s; hist.), **…kö|ni|ge** (Dreikönigsfest); an, auf, nach, vor, zu -, **…kö|nigs|fest** (6. Jan.); **drei|mal; Drei|mas|ter,** der; -s, - (dreimastiges Schiff); **drei|mas|tig; Drei-me|ter|brett**

drein (ugs. für: darein); **drein|bli|cken;** finster -; **drein|fin|den,** sich (ugs. für: dareinfinden, sich); **drein|re|den** (ugs. für: dareinreden); **drein|schla|gen** (ugs. für: in etwas hineinschlagen)

Drei.rad, …satz, …spitz (früher: dreieckiger Hut); **drei|ßig; drei|ßig|jäh|rig**

dreist; Dreist|heit; Dreis|tig|keit

drei.tau|send, …tei|lig, …und|ein|halb, …und|zwan|zig; drei vier|tel; vgl. drei; **Drei.vier|tel|stun|de, …vier|tel|takt** [*…fir…*], **…zack,** der; -[e]s, -e; **drei|zehn;** vgl. Acht; **Drei|zim|mer|woh|nung**

Dre|sche, die; - (ugs. für: Prügel); **dre-schen;** drosch, gedroschen; **Dresch|fle-gel**

Dress, der; -[es], -e, (österr. auch:) die; -, -en ([Sport]kleidung); **Dres|seur** [*…ßör*],

---

der; -s, -e (jmd., der Tiere dressiert); **Dres-seu|rin** [*…ßörin*]; **dres|sie|ren; Dres-sing,** das; -s, -s (Salatsoße); **Dress|man** [*dräßmän*], der; -s, …men (männl. Person, die Herrenkleidung vorführt); **Dres|sur,** die; -, -en; **Dres|sur|rei|ten,** das; -s

drib|beln (Sportspr.: den Ball durch kurze Stöße vortreiben); **Drib|bling,** das; -s, -s (das Laufen mit dem Ball [am Fuß])

Drift, die; -, -en (Seemannsspr.: Strömung an der Meeresoberfläche; auch svw. Abtrift); **drif|ten** (Seemannsspr.: treiben)

Drill, der; -[e]s ([milit.] harte Ausbildung); **Drill|boh|rer; dril|len** ([milit.] hart ausbilden; mit dem Drillbohrer bohren; Landw.: in Reihen säen)

Dril|lich, der; -s, -e (ein festes Gewebe); **Dril|ling** (auch für: Jagdgewehr mit drei Läufen)

Drill|ma|schi|ne (Landw.: Maschine, die in Reihen sät)

drin (ugs. für: darin); - sein (ugs. auch für: möglich sein); **drin|blei|ben** (ugs.)

drin|gen; drang, gedrungen; **drin|gend; dring|lich; Dring|lich|keit,** die; -; **Dring-lich|keits|an|trag**

Drink, der; -[s], -s (alkohol. [Misch]getränk)

drin|nen (ugs. für: darinnen)

drin sein; vgl. drin; **drin|sit|zen** (ugs. für: in der Patsche sitzen); **drin|ste|cken** (ugs. für: viel Arbeit, Schwierigkeiten haben)

drit|te; der dritte Stand (der Bürgerstand); Friedrich der Dritte; die Dritte Welt (die Entwicklungsländer); der Dritte Oktober (Tag der Deutschen Einheit); jeder Dritte; er ist der Dritte in der Reihe; von dreien der Dritte sein; ein Dritter (ein Unbeteiligter); ein Drittes erwähnen; zum Dritten wäre noch dies zu erwähnen; **Drit|tel,** das (schweiz. meist: der); -s, -; **drit|teln** (in drei Teile teilen); **drit|tens; Drit-te-Welt-La|den** (Geschäft, in dem Erzeugnisse der Entwicklungsländer verkauft werden); **Dritt|land** (*Mehrz. …*länder)

Drive [*draiw*], der; -s, -s (Schwung; Tendenz, Neigung; Treibschlag beim Golf u. Tennis; Jazz: treibender Rhythmus); **Drive-in-Re|s|tau|rant** (Schnellgaststätte für Autofahrer mit Bedienung am Fahrzeug)

dro|ben (da oben); **dro|ben|blei|ben**

Dro|ge, die; -, -n (bes. medizin. verwendeter Rohstoff; auch für: Rauschgift); **dro|gen-ab|hän|gig; Dro|gen.be|ra|tungs|stel|le, …miss|brauch, …sucht; Dro|ge|rie,** die; -, …ien; **Dro|gist,** der; -en, -en

Droh|brief; dro|hen

Droh|ne, die; -, -n (Bienenmännchen; unbemanntes militärisches Aufklärungsflugzeug; übertr. abwertend für: Nichtstuer)

dröh|nen

Dro|hung

drol|lig; Drol|lig|keit

Dro|me|dar [auch: *dro…*], das; -s, -e (einhöckeriges Kamel)

Drops, der, (auch:) das; -, - (*meist Mehrz.;* Fruchtbonbon)

Drosch|ke, die; -, -n (früher für: leichtes Fuhrwerk; veraltend für: Taxi); **Drosch-ken.gaul** (ugs. abwertend), **…kut|scher**

Dros|sel, die; -, -n (ein Singvogel); **Dros|sel-bart;** König - (eine Märchengestalt); **dros-seln; Dros|se|lung, Dross|lung**

drü|ben (auf der anderen Seite); **drü|ben-blei|ben; drü|ber** (ugs. für: darüber)

Druck, der; -[e]s, (techn.:) Drücke, (Druckw.:) Drucke u. (Textilw. für bedruckte Stoffe:) -s; **Druck|buch|sta|be; Drü|cke|ber|ger; druck|emp|find|lich; dru|cken; drü|cken; drü|ckend;** drückend heißes Wetter; es war drückend heiß; **Dru-cker; Drü|cker; Dru|cke|rei; Dru|cker-schwär|ze; Druck.er|zeug|nis, …feh|ler; druck|fer|tig; Druck.knopf, …mit|tel** (*das*); **druck|reif; Druck.sa|che, …schrift; druck|sen** (ugs. für: nicht recht mit der Sprache herauskommen)

Dru|de, die; -, -n (Nachtgeist; Zauberin; Hexe); **Dru|den|fuß** (Zeichen gegen Zauberei)

Drug|store [*drágstå'*], der; -s, -s ([in den USA] Geschäft für gängige Bedarfsartikel)

drum (ugs. für: darum)

Drum [*dram*], die; -, -s (engl. Bez. für: Trommel); **Drum|mer** [*dramᵉʳ*], der; -s, - (Schlagzeuger in einer ⁴Band); **Drum|me-rin; Drums** [*drams*], die (*Mehrz.;* Bez. für das Schlagzeug)

Drum und Dran, das; - - -

drun|ten (da unten); **drun|ter** (ugs. für: darunter)

Drü|se, die; -, -n; **Drü|sen.funk|ti|on, …schwel|lung**

dry [*drai*] (herb [von alkohol. Getränken])

Dschun|gel, der u. (selten:) das; -s, -; **Dschun|gel|krieg**

Dschun|ke, die; -, -n (chin. Segelschiff)

---

du

Kleinschreibung:
– *du Glücklicher!*
– *du hast ganz recht*
– *Leute wie du und ich*
– *jmdn. du nennen*
In Briefen kann „du" groß- oder kleinegeschrieben werden:
– *Liebe Maria, wie du od. Du bestimmt schon gemerkt hast …*

Großschreibung:
– *das vertraute Du; jmdm. das Du anbieten*
– *jmdn. mit Du anreden*
– *mit jmdm. auf Du und Du stehen*
– *du od. Du zueinander sagen*
– *mit jmdm. per du od. per Du sein*

Dü|bel, der; -s, - (kleiner Holzkeil; Zapfen); **dü|beln**

du|bi|os (zweifelhaft; unsicher)

Du|b|lee, (auch:) **Dou|b|lé** [*…ble*], das; -s,

-s (Metall mit Edelmetallüberzug; Stoß beim Billardspiel); **Du|b|lee|gold**, (auch:) **Dou|b|lé|gold; Du|b|let|te**, *die; -, -n*

du|cken; sich -; **Duck|mäu|ser**, *der; -s, -* (ugs. abwertend für: verängstigter, unterwürfiger Mensch); **duck|mäu|se|risch**

Du|del|lei (ugs. abwertend); **du|deln; Du|del|sack** (ein Blasinstrument); **Du|del|sack|pfei|fer**

Du|ell, *das; -s, -e* (Zweikampf); **Du|el|lant**, *der; -en, -en;* **du|el|lie|ren**, sich

Du|ett, *das; -[e]s, -e* (Musikstück für zwei Singstimmen)

Duf|f|le|coat [*dáf°lko°t*], *der; -s, -s* (kurzer, sportlicher Mantel)

Duft, *der; -[e]s, Düfte*

duf|te (ugs., bes. berl. für: gut, fein)

duf|ten; duf|tig; Duft_stoff, ...was|ser (*Mehrz.* ...wässer), **...wol|ke**

Du|ka|ten, *der; -s, -* (frühere Goldmünze); **Du|ka|ten|esel** (ugs. für: unerschöpfliche Geldquelle)

dul|den; Dul|der|mie|ne; duld|sam; Duld|sam|keit, *die; -*

Dult, *die; -, -en* (bayr. für: Messe, Jahrmarkt)

dumm; dümmer, dümmste; sich - stellen; **Dumm|bar|tel**, *der; -s, -* (ugs. für: dummer Mensch); **dumm|dreist; Dum|me|jun|gen|streich**, *der; Wesf. des* Dumme[n]jungenstreich[e]s, *Mehrz.* die Dumme[n]jungenstreiche; **Dum|mer|jan**, *der; -s, -e* (ugs. für: dummer Kerl); **dum|mer|wei|se; Dumm|heit; Dumm|kopf** (abwertend); **dümm|lich**

Dum|my [*dami*], *der* (auch für Attrappe, Proband: *das*); -s, -s (Attrappe; Puppe für Unfalltests; Probeheft [zu Werbezwecken])

düm|peln (Seemannsspr.: leicht schlingern)

dumpf; Dumpf|ba|cke (ugs. für: törichter, einfältiger Mensch); **Dumpf|heit**, *die; -;* **dumpf|ig**

Dum|ping [*damping*], *das; -s* (Wirtsch.: Unterbieten der Preise); **Dum|ping|preis** (Wirtsch.: Preis einer Ware, der deutlich unter ihrem Wert liegt)

dun (nordd. für: betrunken)

Dü|ne, *die; -, -n;* **Dü|nen_gras, ...sand**

Dung, *der; -[e]s;* **Dün|ge|mit|tel**, *das;* **dün|gen; Dün|ger**, *der; -s, -;* **Dung|gru|be; Dün|gung**

dun|kel; seine Spuren verloren sich im Dunkeln; im Dunkeln tappen; jmdn. über etwas im Dunkeln lassen; **Dun|kel**, *das; -s*

Dün|kel, *der; -s*

Dun|kel|ar|rest; dun|kel_äu|gig, ...blau, ...blond, ...haa|rig

dün|kel|haft

dun|kel|häu|tig; Dun|kel|heit; Dun|kel_kam|mer, ...mann (*Mehrz.* ...männer); **dun|keln; dun|kel|rot; Dun|kel|zif|fer** (nicht bekannte Anzahl)

dün|ken; mich od. mir dünkt

dünn; durch dick und dünn; eine dünn besiedelte, (auch:) dünnbesiedelte Gegend; ein dünn bevölkerter, (auch:) dünnbevölkerter Landstrich; dünn gesät, (auch:) dünngesät sein (selten, spärlich vorhanden sein); **Dünn_darm, ...druck** (*Mehrz.* ...drucke); **Dünn|druck_aus|ga|be, dünn|ge|sät;** vgl. dünn; **dünn|ma|chen**, sich (ugs. für: weglaufen); **Dünn|pa|pier; dünn|wan|dig**

Dunst, *der; -es, Dünste;* **duns|ten** (Dunst verbreiten); **düns|ten** (dunsten; in Dampf gar machen); **Dunst_glo|cke; duns|tig; Dunst_kreis, ...schicht, ...schlei|er**

Dü|nung, *die; -, -en* (durch Wind hervorgerufener Seegang)

Duo, *das; -s, -s* (Musikstück für zwei Instrumente; auch für: die zwei Ausführenden)

dü|pie|ren (geh. für: täuschen, überlisten)

Du|pli|kat, *das; -[e]s, -e;* **du|pli|zie|ren** (verdoppeln); **Du|pli|zi|tät**, *die; -, -en* (doppeltes Vorkommen, Auftreten)

Dur, *das; -* (Musik: Tongeschlecht mit großer Terz); A-Dur

durch; *Verhältnisw. mit Wenf.:* - ihn; der Bus muss schon durch sein (ugs. für: durchgekommen sein); es muss schon elf Uhr durch sein (ugs.); bei jmdm. unten durch sein (ugs. für: jmds. Wohlwollen verscherzt haben)

durch|ackern (ugs. für: sorgsam durcharbeiten)

durch|ar|bei|ten (sorgsam bearbeiten; pausenlos arbeiten)

durch|at|men

durch|aus [auch: *durchauβ* u. *durch...*]

durch|bei|ßen

durch|blät|tern, durch|blät|tern; er hat das Buch durchgeblättert od. durchblättert

durch|bläu|en (ugs. für: durchprügeln); **durch|bleu|en** (alte Schreibung für:) durchbläuen

Durch|blick; durch|bli|cken (hindurchblicken)

Durch|blu|tung; Durch|blu|tungs|stö|rung

durch|boh|ren; er hat ein Loch durchgebohrt; der Wurm hat sich durchgebohrt; **durch|boh|ren;** eine Kugel hat die Tür durchbohrt; von Blicken durchbohrt

durch|bo|xen (ugs. für: durchsetzen); sich -

durch|bra|ten; das Fleisch war gut durchgebraten

durch|bre|chen; er ist [durch das Eis] durchgebrochen; er hat den Stock durchgebrochen; **durch|bre|chen;** er hat die Schranken, die Schallmauer durchbrochen

durch|bren|nen (ugs. auch für: sich heimlich davonmachen)

Durch|bruch, *der; -[e]s, ...brüche*

durch|den|ken; ich habe die Sache noch einmal durchgedacht; **durch|den|ken;** ein gut durchdachter Plan

durch|dis|ku|tie|ren

durch|dre|hen; das Fleisch [durch den Wolf] -; ich bin völlig durchgedreht (ugs. für: verwirrt)

durch|drin|gen; er ist mit seiner Ansicht nicht durchgedrungen; **durch|drin|gen;** sie hat das Urwaldgebiet durchdrungen

durch|drü|cken; sie hat die Änderung doch noch durchgedrückt (ugs. für: durchgesetzt)

durch|drun|gen; von etwas - (erfüllt) sein

durch|ein|an|der; durcheinander sein; vgl. aneinander; **Durch|ein|an|der** [auch: *durch...*], *das; -s;* **durch|ein|an|der|brin|gen;** etwas -; **durch|ein|an|der|ge|hen;** alles war durcheinandergegangen; **durch|ein|an|der|lau|fen; durch|ein|an|der|re|den**

durch|fah|ren; wir sind die ganze Nacht durchgefahren; **durch|fah|ren;** ein Schreck durchfuhr sie; **Durch|fahrt; Durch|fahrts|stra|ße**

Durch|fall, *der; -s, ...fälle;* **durch|fal|len**

durch|fei|ern; sie haben bis zum Morgen durchgefeiert; **durch|fei|ern;** eine durchfeierte Nacht

durch|fors|ten (den Wald ausholzen; etw. [kritisch] durchsehen)

durch|führ|bar; durch|füh|ren; Durch|füh|rung

Durch|gang; durch|gän|gig; Durch|gangs_bahn|hof, ...la|ger, ...stra|ße, ...ver|kehr

durch|ge|dreht (ugs. für: verwirrt)

durch|ge|hend

durch|geis|tigt

durch|grei|fen (Ordnung schaffen)

durch|hal|ten (bis zum Ende aushalten); **Durch|hal|te_pa|ro|le, ...ver|mö|gen**

durch|hau|en; er hat den Ast durchgehauen; er haute den Jungen durch; **durch|hau|en;** er hat den Knoten mit einem Schlag durchhauen

durch|he|cheln (ugs. auch für: boshaft über jmdn. reden); Flachs -

durch|hun|gern, sich; ich habe mich durchgehungert

durch|käm|men; das Haar wurde durchgekämmt; **durch|käm|men;** die Polizei hat den Wald durchkämmt

durch|kom|men

durch|kreu|zen (kreuzweise durchstreichen); **durch|kreu|zen;** man hat seinen Plan durchkreuzt

durch|las|sen; durch|läs|sig

Durch|laucht, *die; -, -en*

Durch|lauf_er|hit|zer

durch|le|sen; ich habe den Brief durchgelesen

durch|leuch|ten; das Licht hat [durch die Vorhänge] durchgeleuchtet; **durch|leuch|ten** (mit Licht, mit Röntgenstrahlen durchdringen); die Brust des Kranken wurde durchleuchtet; **Durch|leuch|tung**

durch|lö|chern; das Brett war von Kugeln durchlöchert

durch|ma|chen (ugs.); die Familie hat viel durchgemacht

Durch|marsch, *der;* **durch|mar|schie|ren**

Durch|mes|ser, *der* (Zeichen: *d* [nur kursiv] od. ø)

durch|näs|sen; er war völlig durchnässt

durch|neh|men; der Lehrer hat den schwierigen Stoff nochmals durchgenommen

durch|num|me|rie|ren; Durch|num|me|rie|rung

durch|que|ren; sie hat das Land zu Fuß durchquert

Durch|rei|che, *die;* -, -n (Öffnung zum Durchreichen von Speisen)

Durch|rei|se; Durch|rei|sen|de, *der* u. *die;* -n, -n

durchs (durch das)

Durch|sa|ge, *die;* -, -n

durch|schau|bar; durch|schau|en; er hat [durch das Fernrohr] durchgeschaut; durch|schau|en; ich habe ihn durchschaut

durch|schei|nen; die Sonne hat durchgeschienen; durch|schei|nen; vom Tageslicht durchschienen; durch|schei|nend

Durch|schlag|pa|pier; Durch|schlags|kraft, *die;* -

durch|schnei|den; sie hat das Tuch durchschnitten; durch|schnei|den; von Kanälen durchschnittenes Land; Durch|schnitt; im -; durch|schnitt|lich; Durch|schnitts_al|ter, ...bür|ger, ...ein|kom|men, ...geschwin|dig|keit

Durch|schrift

durch sein; vgl. durch

durch|set|zen (erreichen); ich habe es durchgesetzt; durch|set|zen; das Gestein ist mit Erzen durchsetzt; Durch|set|zungs|ver|mö|gen

Durch|sicht, *die;* -; durch|sich|tig

durch|sie|ben; sie hat das Mehl durchgesiebt; durch|sie|ben; die Tür war von Kugeln durchsiebt

durch|star|ten; der Pilot hat die Maschine durchgestartet

durch|ste|hen; sie hat viel durchgestanden; er hat den Skisprung durchgestanden

Durch|stich

durch|strei|chen; nicht Zutreffendes bitte -

durch|su|chen; wir haben alles durchsucht – der Schlüssel ist verschwunden; durch|su|chen; sie haben das Gepäck [nach Rauschgift] durchsucht; Durch|su|chung; Durch|su|chungs|be|fehl

durch|trai|nie|ren; sein Körper ist durchtrainiert

durch|tren|nen, durch|tren|nen; er hat das Kabel durchgetrennt od. durchtrennt

durch|trie|ben (gerissen)

durch|weg [auch: *durchwäk*]; durch|wegs [auch: *durchwekß*] (österr. u. schweiz. nur so, sonst ugs. neben: durchweg)

durch|wüh|len; die Maus hat sich durchgewühlt; durch|wüh|len; die Diebe haben alles durchwühlt od. durchgewühlt

durch|zäh|len; sie hat durchgezählt

durch|ze|chen; er hat die Nacht durchgezecht; durch|ze|chen; durchzechte Nächte

durch|zie|hen; ich habe den Faden durchge-

zogen; durch|zie|hen; wir haben das Land durchzogen; Durch|zug

durch|zwän|gen; ich habe mich durchgezwängt

dür|fen; darf, gedurft

dürf|tig

dürr; Dür|re, *die;* -, -n

Durst, *der;* -[e]s; durs|ten; (geh. für: Durst haben); dürs|ten (geh.); mich dürstet, ich dürste; durs|tig; durst|stil|lend; Durst|stre|cke (Zeit der Entbehrung)

Du|sche [auch: *du...*], *die;* -, -n; du|schen [auch: *du...*]; Dusch|gel

Dü|se, *die;* -, -n

Du|sel, *der;* -s (ugs. für: unverdientes Glück; landsch. für: Schwindel, Rausch)

Dü|sen_an|trieb, ...jä|ger

Dus|sel, *der;* -s, - (ugs. für: Dummkopf);

dus|slig; Duss|lig|keit

dus|ter (landsch. für: düster); düs|ter; Düs|ter|nis, *die;* -, -se

Dutt, *der;* -[e]s od. -e (landsch. für: Haarknoten)

Du|ty-free-Shop [*djutifrischop*], *der;* -s, -s (Laden, in dem zollfreie Waren verkauft werden)

Dut|zend, *das;* -s, -e; es gab Dutzende od. dutzende von Reklamationen; [einige, viele] Dutzend[e] od. dutzend[e] Mal[e]; dut|zend|fach; Dut|zend_mensch (*der;* abwertend), ...wa|re (*die;* -; abwertend); dut|zend|wei|se

Duz|bru|der; du|zen; du duzt

DVD [*defaude*], *die;* -, -s (einer CD ähnlicher Datenträger mit mehr Speicherplatz); DVD-Brenner; DVD-Player; DVD-Re|kor|der, (auch:) DVD-Re|cor|der (Gerät zum Aufnehmen u. Abspielen von DVDs); DVD-Spieler

Dy|na|mik, *die;* - (Lehre von den Kräften; Schwung, Triebkraft); dy|na|misch (die Kraft betreffend; voll innerer Kraft; eine Entwicklung aufweisend); dy|na|mi|sie|ren; Dy|na|mi|sie|rung; Dy|na|mit, *das;* -s (ein Sprengstoff); Dy|na|mo [oft: *dü*namo], *der;* -s, -s (Kurzform für: Dynamomaschine); Dy|na|mo|ma|schi|ne (ein Stromerzeuger); Dy|nas|tie, *die;* -, ...ien (Herrschergeschlecht, -haus); dy|nas|tisch

D-Zug [*de...*] („Durchgangszug"; Schnellzug)

E e

E (Buchstabe); das E; des E, die E; aber: das e in Berg

e, E, *das;* -, - (Tonbezeichnung)

ea|sy [*isi*] (ugs. für: leicht)

Eau de Co|lo|gne [*o d* *kolonj*], *das;* - - - (Kölnischwasser)

Eb|be, *die;* -, -n

eben (flach); Eben|bild; eben|bür|tig;

eben|da [auch: *eb*nd*] (Abk. ebd.); Ebe|ne, *die;* -, -n; eben|falls

Eben|holz

Eben|maß, *das;* eben|mä|ßig

eben|so; wir könnten ihn ebenso gut auch schnell anrufen; wir können ihn ebenso gut leiden wie ihr; es dauert bei ihr ebenso lange wie bei ihm; ich habe den Film ebenso oft gesehen wie du; wir freuen uns ebenso sehr wie ihr; ebenso viel, ebenso wenig

Eber, *der;* -s, -

Eber|esche, *die;* -, -n

eb|nen

echauf|fiert (erhitzt; aufgeregt)

Echo, *das;* -s, -s

Ech|se, *die;* -, -n

echt; Echt|heit, *die;* -

Eck_ball (Sportspr.), ...bank (*Mehrz.* ...bänke); Ecke, *die;* -, -n; Ecken|ste|her, *der;* -s, - (ugs. veraltend für: Nichtstuer)

Eckern, *die* (*Mehrz.;* Farbe im dt. Kartenspiel)

Eck|haus; eckig; Eck_lohn, ...pfei|ler, ...stoß (Sportspr.), ...zins

Ec|lair [*eklär*], *das;* -s, -s (ein Gebäck)

Eco|no|my|class [*ikon*miklaß], Eco|no|my|klas|se (Tarifklasse im Flugverkehr)

Ec|s|ta|sy [*äkßt*si], *die;* -, -s (eine Droge)

edel; Edel_mann (*Mehrz.* ...leute), ...me|tall, ...mut; edel|mü|tig; Edel_stein, ...tan|ne, ...weiß (*das;* -[es], -e)

Eden, *das;* -s (Paradies im A. T.)

edie|ren (herausgeben)

Edikt, *das;* -[e]s, -e (amtl. Erlass von Kaisern u. Königen)

Edi|ti|on [...*zion*], *die;* -, -en (Ausgabe)

EDV = elektronische Datenverarbeitung; EDV-gestützt; EDV-Pro|gramm

Efeu, *der;* -s

Eff|eff [auch: *äfäf* u. *äfäf*] (ugs.); etwas aus dem - (gründlich) verstehen

Ef|fekt, *der;* -[e]s, -e (Wirkung, Erfolg; Ergebnis); Ef|fek|ten, *die* (*Mehrz.;* Wertpapiere); Ef|fekt|ha|sche|rei (abwertend); ef|fek|tiv (tatsächlich; wirksam; greifbar); Ef|fek|ti|vi|tät, *die;* - (Wirkungskraft); Ef|fek|tiv|lohn; ef|fekt|voll (wirkungsvoll)

Ef|fet [*äfe* od. *äfä*], *der* u. (selten:) *das;* -s, -s (der Drall einer [Billard]kugel, eines Balles)

ef|fi|zi|ent (wirksam, wirtschaftlich); Ef|fi|zi|enz, *die;* -, -en

EG = Europäische Gemeinschaft; vgl. EU

¹egal (ugs. für: gleichgültig); das ist mir -

²egal (landsch. für: immer [wieder, noch]); er hat - etwas an mir auszusetzen

ega|li|sie|ren (gleichmachen, ausgleichen); ega|li|tär (auf Gleichheit gerichtet)

Egel, *der;* -s, - (ein Wurm)

Eg|ge, *die;* -, -n (ein Ackergerät); eg|gen

Ego|is|mus, *der;* -, ...men (Selbstsucht; Ggs.: Altruismus); Ego|ist, *der;* -en, -en; Ego|is|tin; ego|is|tisch; Ego|zen|t|rik, *die;* - (Ichbezogenheit); Ego|zen|t|ri|ker, *der;* -s, - (ichbezogener Mensch); **E|go|zen|t|ri|ke|rin;** **ego|zen|t|risch**

eh (südd., österr. für: sowieso)

Ehe, *die;* -, -n; **Ehe|be|ra|ter; Ehe|be|ra|te|rin; Ehe|be|ra|tung; Ehe|bett; ehe|bre|chen;** nur in der Grundform u. im Mittelwort der Gegenwart gebr.; sonst: er bricht die Ehe, hat die Ehe gebrochen; die Ehe zu brechen; **Ehe|bre|cher; Ehe|bre|che|rin; ehe|bre|che|risch; Ehe|bruch,** *der*

ehe|dem (vormals)

Ehe_frau, ...**gat|te,** ...**ge|spons** (veralt., noch scherzh.), ...**krach** (ugs.), ...**leu|te** *(die; Mehrz.);* **ehe|lich; ehe|li|chen** (veraltend, noch scherzh. für: jmdn. heiraten)

ehe|ma|lig; ehe|mals

Ehe_mann *(Mehrz.* ...männer), ...**paar,** ...**part|ner**

eher; je eher (früher), je lieber

Ehe_ring, ...**schei|dung,** ...**schlie|ßung,** ...**stand** *(der;* -[e]s), ...**streit,** ...**ver|spre|chen,** ...**ver|trag**

Ehr|ab|schnei|der; ehr|bar; Ehr|be|griff

Eh|re, *die;* -, -n; **eh|ren; Eh|ren|amt; eh|ren|amt|lich; Eh|ren.bür|ger,** ...**dok|tor** (Abk.: Dr. h. c. und Dr. e. h.), ...**gast** *(Mehrz.* ...gäste), ...**mann** *(Mehrz.* ...männer), ...**ret|tung; eh|ren|rüh|rig; Eh|ren.sa|che,** ...**tri|bü|ne,** ...**ur|kun|de; eh|ren.voll,** ...**wert; Eh|ren|wort** *(Mehrz.* ...worte); **eh|rer|bie|tig; Ehr|er|bie|tung,** *die;* -

Ehr|furcht, *die;* -; - gebieten; ein Ehrfurcht gebietendes, (auch:) ehrfurchtgebietendes Schauspiel; **ehr|fürch|tig**

Ehr.ge|fühl *(das;* -[e]s), ...**geiz; ehr|gei|zig ehr|lich; ehr|li|cher|wei|se; Ehr|lich|keit,** *die;* -; **ehr|los; Ehr|lo|sig|keit; Eh|rung; ehr|wür|dig**

Ei, *das;* -[e]s, -er

Ei|be, *die;* -, -n (ein Nadelbaum)

Ei|bisch, *der;* -[e]s, -e (eine Heilpflanze)

Ei|che, *die;* -, -n; **Ei|chel,** *die;* -, -n; **Ei|chel|häl|her** (ein Vogel); **Ei|chel|mast,** *die;* **Ei|cheln,** *die (Mehrz.;* Farbe im dt. Kartenspiel)

[1]**ei|chen** (aus Eichenholz)

[2]**ei|chen** (das gesetzl. Maß geben; prüfen)

Ei|chen.holz *(das;* -es), ...**laub**

Eich_hörn|chen, ...**kätz|chen** od. ...**kat|ze**

Eich|maß, *das*

Eid, *der;* -[e]s, -e; an Eides statt

Ei|dech|se, *die;* -, -n

Ei|der_dau|ne, ...**en|te,** ...**gans**

ei|des|statt|lich

Ei|dot|ter (das Gelbe im Ei); **Ei|er_be|cher,** ...**kopf** (Intellektueller; ugs. abwertend od. scherzh. für: eierförmiger Kopf), ...**ku|chen,** ...**li|kör; ei|ern** (ugs. für: ungleichmäßig rotieren); das Rad eiert; **Ei|er_scha|le,** ...**schnee,** ...**stich** (eine Suppeneinlage aus Ei), ...**stock** *(Mehrz.* ...stöcke; Med.), ...**tanz,** ...**uhr**

Ei|fer, *der;* -s; **Ei|fe|rer; ei|fern; Ei|fer|sucht;** *die;* -; **ei|fer|süch|tig; eif|rig**

Ei|gelb, *das;* -s, -e (Dotter)

ei|gen; das ist ihr - (ist für sie charakteristisch); sich etwas zu - machen (aneignen); **Ei|gen,** *das;* -s; etwas sein Eigen nennen; **Ei|gen|art; ei|gen|ar|tig; Ei|gen|bröt|ler** (Sonderling); **ei|gen|bröt|le|risch; ei|gen|hän|dig; Ei|gen|heim; Ei|gen|heit; Ei|gen_in|i|ti|a|ti|ve,** ...**ka|pi|tal,** ...**lie|be,** ...**lob; ei|gen|mäch|tig; Ei|gen|nutz,** *der;* -es; **ei|gen|nüt|zig; ei|gens; Ei|gen|schaft; Ei|gen|schafts|wort** (für: Adjektiv; *Mehrz.* ...wörter); **Ei|gen|sinn** *[nur Einz.];* **ei|gen|sin|nig; ei|gen|stän|dig; ei|gent|lich; Ei|gen|tor,** *das* (Sportspr.)

Ei|gen|tum, *das;* -s; **Ei|gen|tü|mer; ei|gen|tüm|lich; Ei|gen|tums|woh|nung**

Ei|gen|wil|le; ei|gen|wil|lig; eig|nen; etwas eignet ihm (geh. für: ist ihm eigen); sich - (geeignet sein); **Eig|nung** (Befähigung); **Eig|nungs_prü|fung,** ...**test**

Ei|klar, *das;* -s, - (österr. für: Eiweiß)

Ei|land, *das;* -[e]s, -e (geh. für: Insel)

Eil_bo|te, ...**brief; Ei|le,** *die;* -

Ei|lei|ter, *der* (Med.)

ei|len; eil|fer|tig; Eil|gut; ei|lig; Eil_tem|po, ...**zu|stel|lung**

Ei|mer, *der;* -s, -

[1]**ein;** es war ein Mann, nicht eine Frau; es war ein Mann, eine Frau, ein Kind [es waren nicht zwei]; sie ist sein Ein und [sein] Alles; die einen, (auch:) Einen sagen dies, die anderen, (auch:) Anderen das

[2]**ein;** *Umstandsw.:* nicht ein noch aus wissen (ratlos sein); bei jmdm. ein und aus gehen

Ein|ak|ter (Bühnenstück aus nur einem Akt)

ei|n|an|der; vgl. aneinander

ein|ar|bei|ten; Ein|ar|bei|tung

ein|ar|mig

ein|äschern

ein|at|men

ein|äu|gig

Ein|bahn|stra|ße

ein|bal|sa|mie|ren

Ein|band, *der;* -[e]s, ...bände

Ein|bau, *der;* -[e]s, (für: eingebautes Teil auch *Mehrz.:*) -ten; **ein|bau|en**

Ein|baum (Boot aus einem ausgehöhlten Baumstamm)

Ein|bau_schrank, ...**teil** *(das)*

ein|be|grif|fen; in dem od. den Preis [mit] -; er zahlte die Zeche, den Wein -

ein|be|hal|ten

ein|bei|nig

ein|be|ru|fen; Ein|be|ru|fe|ne, *der* u. *die;* -n, -n; **Ein|be|ru|fung; Ein|be|ru|fungs_be|fehl**

ein|be|zie|hen

ein|bil|den, sich; **Ein|bil|dung; Ein|bil|dungs|kraft,** *die;* -

ein|bläu|en (ugs. für: mit Nachdruck einprägen, einschärfen)

ein|bleu|en, (alte Schreibung für:) einbläuen

Ein|blick

ein|bre|chen; in ein[em] Haus -; **Ein|bre|cher**

ein|bro|cken; sich, jmdm. etwas - (ugs. für: Unannehmlichkeiten bereiten)

Ein|bruch, *der;* -[e]s, ...brüche; **ein|bruch[s]|si|cher**

ein|bür|gern; sich -

Ein|bu|ße; ein|bü|ßen

ein|che|cken (sich [am Flughafen] abfertigen lassen)

ein|cre|men, (auch:) **ein|kre|men**

ein|däm|men; Ein|däm|mung

ein|de|cken; sich -

ein|deu|tig; Ein|deu|tig|keit

ein|deut|schen

ein|dö|sen (ugs. für: einschlafen)

ein|drin|gen; ein|dring|lich; auf das, aufs Eindringlichste od. auf das, aufs eindringlichste; **Ein|dring|ling**

Ein|druck, *der;* -[e]s, ...drücke; **ein|drü|cken; ein|drucks|voll**

ein|dü|beln

ei|ne

ein|eb|nen; Ein|eb|nung

Ein|ehe (Monogamie)

ein|ei|ig; -e Zwillinge

ein|ein|halb

ei|nen (geh. für: einigen)

ein|en|gen; Ein|en|gung

ei|ner; Ei|ner (einsitziges Sportboot); **ei|ner|lei; Ei|ner|lei,** *das;* -s; **ei|ner|seits;** einerseits ... ander[er]seits, andrerseits; **ei|nes; ei|nes|teils;** einesteils ... ander[e]nteils

Ein|eu|ro|job, (auch:) **Ein-Eu|ro-Job** (mit Ziffer: 1-Euro-Job) (eine nur geringfügig entlohnte Beschäftigung für Arbeitslose)

Ein|eu|ro|stück, (auch:) **Ein-Eu|ro-Stück** (mit Ziffer: 1-Euro-Stück)

ein|fach; am einfachsten; das Einfachste wäre, ...; **Ein|fach|heit,** *die;* -; der - halber; **ein|fach|heits|hal|ber**

ein|fä|deln

ein|fah|ren; Ein|fahrt; Ein|fahrt[s]|er|laub|nis

Ein|fall; ein|fal|len; ein|falls|los; ein|fall[s]|reich

Ein|falt, *die;* -; **ein|fäl|tig; Ein|falts|pin|sel** (ugs. abwertend)

ein|fas|sen; Ein|fas|sung

Ein|fluss; Ein|fluss|be|reich, *der;* **Ein|fluss|nah|me,** *die;* -; **ein|fluss|reich**

ein|för|mig; Ein|för|mig|keit

ein|frie|ren; Ein|frie|rung

ein|fros|ten; Ein|fros|tung

ein|fü|gen; sich -; **Ein|fü|gung**

ein|füh|len, sich; **ein|fühl|sam; Ein|füh|lung,** *die;* -; **Ein|füh|lungs|ver|mö|gen**

Ein|fuhr, *die;* -, -en; **ein|füh|ren; Ein|füh|rung; Ein|füh|rungs|preis; Ein|fuhr|zoll**

Ein|ga|be (auch EDV)

Ein|gang; ein|gän|gig; ein|gangs; *mit Wesf.:* - des Briefes; **Ein|gangs|da|tum**

Ein|ge|bo|re|ne, Ein|ge|bor|ne, *der* u. *die;* -n, -n

ein|ge|denk; *mit Wesf.:* - des Verdienstes

ein|ge|frie|ren

ein|ge|fuchst (ugs. für: eingearbeitet)
ein|ge|hen; ein|ge|hend; auf das, aufs Ein-gehendste od. auf das, aufs eingehendste
Ein|ge|mach|te, das; -n
ein|ge|sandt
ein|ge|ses|sen (einheimisch)
Ein|ge|ständ|nis; ein|ge|ste|hen
Ein|ge|wei|de, das; -s, - (meist Mehrz.)
Ein|ge|weih|te, der u. die; -n, -n
ein|ge|wöh|nen; sich -
ein|glie|dern; sich -
ein|gra|ben
ein|gra|vie|ren [...wirᵉn]
ein|grei|fen; Ein|greif|trup|pe (Sonderein-satztruppe in militär. Krisengebieten)
ein|gren|zen; Ein|gren|zung
Ein|griff
Ein|halt, der; -[e]s; - gebieten
ein|hef|ten
ein|hei|misch; Ein|hei|mi|sche, der u. die; -n, -n
Ein|hei|rat; ein|hei|ra|ten
Ein|heit; Tag der Deutschen - (3. Oktober); ein|heit|lich; Ein|heit|lich|keit, die; -; Ein|heits|preis
ein|hel|lig; Ein|hel|lig|keit, die; -
ein|ho|len
Ein|horn (Mehrz. ...hörner; ein Fabeltier)
ein|hun|dert
ei|nig; [sich] einig sein, werden; ei|ni|ge; einige Mal, einige Male; er wusste einiges; bei einigem guten Willen
ei|ni|gen; sich -; ei|ni|ger|ma|ßen; Ei|nig-keit, die; -; Ei|ni|gung
ein|imp|fen; Ein|imp|fung
ein|ja|gen; jmdm. einen Schrecken -
ein|jäh|rig
¹Ein|jäh|ri|ge, der od. die; -n, -n
²Ein|jäh|ri|ge, das; -n (veraltend für: mitt-lere Reife)
ein|kal|ku|lie|ren (einplanen)
ein|kas|sie|ren; Ein|kas|sie|rung
Ein|kauf; ein|kau|fen; Ein|käu|fer; Ein-käu|fe|rin; Ein|kaufs|cen|ter, ...zen|t-rum
Ein|kehr, die; -, -en; ein|keh|ren
ein|kel|lern; Ein|kel|le|rung
ein|ker|ben; Ein|ker|bung
ein|ker|kern (geh.)
ein|kes|seln
ein|klam|mern; Ein|klam|me|rung
Ein|klang; mit etwas im od. in - stehen
ein|kle|ben
ein|klei|den; Ein|klei|dung
ein|knöp|fen
ein|ko|chen; Ein|koch|topf
ein|kom|men; um etwas - (Amtsspr.: bit-ten); Ein|kom|men, das; -s, -; ein|kom-mens_los, ...schwach; Ein|kom|men[s]-steu|er, die
ein|krei|sen; Ein|krei|sung
ein|kre|men; vgl. eincremen
Ein|künf|te, die (Mehrz.)
ein|kup|peln; langsam -
¹ein|la|den; Waren -

²ein|la|den; zum Essen -
ein|la|dend; Ein|la|dung
Ein|la|ge
ein|la|gern; Ein|la|ge|rung
Ein|lass, der; -es, ...lässe; ein|las|sen
Ein|lauf; ein|lau|fen
ein|läu|ten; den Sonntag -
ein|le|ben, sich
Ein|le|ge|ar|beit; ein|le|gen
ein|lei|ten; Ein|lei|tung; Ein|lei|tungs|ka-pi|tel
ein|len|ken; Ein|len|kung
ein|leuch|ten; ein|leuch|tend
Ein|lie|fe|rer; ein|lie|fern; Ein|lie|fe|rung
Ein|lie|ger|woh|nung
ein|lo|chen (ugs. für: ins Gefängnis bringen)
ein|log|gen, sich (EDV)
ein|lö|sen; Ein|lö|sung
ein|ma|chen
ein|mah|nen; Ein|mah|nung
ein|mal; auf -; noch -; ein- bis zweimal; Ein-mal|eins, das; -; ein|ma|lig
Ein|mann|be|trieb
Ein|mark|stück (früher, mit Ziffer: 1-Mark-Stück)
Ein|marsch, der; ein|mar|schie|ren
Ein|mas|ter; ein|mas|tig
ein|mau|ern; Ein|mau|e|rung
ein|mei|ßeln
ein|mie|ten; sich -
ein|mi|schen, sich; Ein|mi|schung
ein|mo|ten
ein|mum|meln (ugs. für: warm einhüllen); sich -
ein|mün|den; Ein|mün|dung
ein|mü|tig; Ein|mü|tig|keit, die; -
ein|nä|hen
Ein|nah|me, die; -, -n; ein|neh|men; ein-neh|mend
Ein|öde; Ein|öd|hof
ein|ölen; sich -
ein|ord|nen; sich -
ein|pa|cken
ein|par|ken
ein|pas|sen; Ein|pas|sung
ein|pau|ken (ugs.)
ein|pen|nen (ugs. für: einschlafen)
ein|pflan|zen; Ein|pflan|zung
ein|pla|nen; Ein|pla|nung
ein|pö|keln
ein|po|lig (Elektrotechnik)
ein|prä|gen; ein|präg|sam
ein|pro|gram|mie|ren (EDV)
ein|pu|dern
ein|quar|tie|ren; Ein|quar|tie|rung
ein|rah|men; ein Bild -
ein|ram|men; Pfähle -
ein|räu|men; Ein|räu|mung
ein|re|den
ein|reg|nen; es hat sich eingeregnet; wir sind völlig eingeregnet
ein|rei|ben; Ein|rei|bung
ein|rei|chen; Ein|rei|chung
ein|rei|hen; Ein|rei|her (Textilw.); ein|rei-hig; ein -er Anzug

Ein|rei|se; ein|rei|sen
ein|rei|ßen; Ein|reiß|ha|ken
ein|ren|nen
ein|rich|ten; sich -; Ein|rich|tung; Ein|rich-tungs|ge|gen|stand
ein|rol|len
ein|ros|ten
ein|rü|cken
eins; eins u. zwei macht, ist drei; es ist, schlägt eins (ein Uhr); halb eins; etw. eins zu eins umsetzen; sie ist eins zweiundsieb-zig groß (ugs.); Nummer eins; eins (einig) sein, werden; es ist mir alles eins (gleich-gültig); Eins, die; -, -en; er hat mit der Note „Eins" bestanden; sie hat in Latein eine Eins geschrieben; drei Einsen würfeln
ein|sa|gen (landsch.: vorsagen); Ein|sa|ger
ein|sal|zen; Ein|sal|zung
ein|sam; Ein|sam|keit, die; -
ein|sam|meln; Ein|samm|lung
ein|sar|gen; Ein|sar|gung
Ein|satz, der; -[e]s, Einsätze; Ein|satz|be-fehl; ein|satz|be|reit
ein|sau|gen
ein|schal|ten; sich -; Ein|schalt|he|bel; Ein|schal|tung
ein|schär|fen
ein|schät|zen; Ein|schät|zung
ein|schen|ken; Wein -
ein|sche|ren (Verkehrswesen: sich in die Ko-lonne einreihen)
ein|schi|cken
ein|schie|ben; Ein|schieb|sel, das; -s, -; Ein|schie|bung
ein|schif|fen; sich -; Ein|schif|fung
ein|schla|fen; ein|schlä|fern; ein|schlä-fernd; Ein|schlä|fe|rung
Ein|schlag; ein|schla|gen; ein|schlä|gig (zu etwas gehörend)
ein|schlei|chen, sich
ein|schlep|pen
ein|schleu|sen
ein|schlie|ßen; ein|schließ|lich; Verhält-nisw., meist mit Wesf.: - des Kaufpreises; - Porto; - Getränken; Ein|schlie|ßung
ein|schmei|cheln, sich
ein|schmel|zen
ein|schmie|ren; sich -
ein|schmug|geln
ein|schnei|den; ein|schnei|dend; Ein-schnitt
ein|schnü|ren; Ein|schnü|rung
ein|schrän|ken; Ein|schrän|kung
ein|schrau|ben
Ein|schreib|brief, Ein|schrei|be|brief; ein-schrei|ben; Ein|schrei|ben, das; -s, - (ein-geschriebene Postsendung)
ein|schrei|ten
ein|schrump|fen
Ein|schub, der; -[e]s, Einschübe
ein|schüch|tern
ein|schu|len; Ein|schu|lung
Ein|schuss; Ein|schuss|stel|le, (auch:) Ein-schuss-Stel|le
ein|seg|nen; Ein|seg|nung

ein|se|hen; Ein|se|hen, *das;* -s; ein - haben
ein|sei|fen
ein|sei|tig; Ein|sei|tig|keit
ein|sen|den; Ein|sen|der; Ein|sen|de|rin;
  Ein|sen|de|schluss; Ein|sen|dung
ein|set|zen; Ein|set|zung
Ein|sicht; *die;* -, -en; ein|sich|tig; Ein|sich-
  tig|keit; Ein|sicht|nah|me, *die;* -, -n
  (Amtsspr.); ein|sichts|voll
Ein|sie|de|lei; Ein|sied|ler; Ein|sied|le|rin;
  ein|sied|le|risch
ein|sil|big; Ein|sil|big|keit, *die;* -
ein|sin|ken; Ein|sink|tie|fe
ein|sit|zen (im Gefängnis sitzen)
Ein|sit|zer; ein|sit|zig
ein|sor|tie|ren
ein|span|nen
Ein|spän|ner; ein|spän|nig
ein|spa|ren; Ein|spa|rung
ein|sper|ren (ugs.)
ein|spie|len; Ein|spie|lung
ein|spra|chig
ein|sprin|gen
ein|sprit|zen; Ein|sprit|zung
Ein|spruch; - erheben
ein|spu|rig
einst
ein|stamp|fen; Ein|stamp|fung
ein|ste|chen
ein|ste|cken
ein|stei|gen
ein|stell|bar; ein|stel|len; sich -; Ein|stell-
  platz; Ein|stel|lung; Ein|stel|lungs|ge-
  spräch
Ein|stich; Ein|stich|stel|le
Ein|stieg, *der;* -[e]s, -e; Ein|stiegs|dro|ge
  (Droge, deren ständiger Genuss meist zur
  Einnahme stärkerer Drogen führt)
eins|tig
ein|stim|men; sich -
ein|stim|mig; Ein|stim|mig|keit, *die;* -
ein|stö|ckig
ein|strei|chen; das Geld -
ein|strö|men
ein|stu|die|ren; Ein|stu|die|rung
ein|stu|fen
ein|stür|men; alles stürmt auf ihn ein
Ein|sturz; ein|stür|zen; Ein|sturz|ge|fahr
einst|wei|len; einst|wei|lig; -e Verfügung
Ein|tags|fie|ber, ...flie|ge
ein|tan|zen, sich; Ein|tän|zer (in Tanzloka-
  len angestellter Tanzpartner)
ein|tau|chen; Ein|tau|chung
ein|tau|schen
ein|tau|send
ein|tei|len; Ein|tei|lung
ein|tö|nig; Ein|tö|nig|keit
Ein|topf; Ein|topf|ge|richt
Ein|tracht, *die;* -; ein|träch|tig
Ein|trag, *der;* -[e]s, ...träge; ein|tra|gen;
  ein|träg|lich
ein|trän|ken; jmdm. etwas - (ugs. für: heim-
  zahlen)
ein|träu|feln
ein|tref|fen

ein|trei|ben; Ein|trei|bung
ein|tre|ten; in ein Zimmer, eine Verhandlung
  -; für etwas -
ein|trich|tern (ugs.)
Ein|tritt; Ein|tritts_geld, ...kar|te
ein|trock|nen
ein|trü|ben; sich -; Ein|trü|bung
ein|tru|deln (ugs. für: langsam eintreffen)
ein|üben; sich -; Ein|übung
ein|[und]|ein|halb; ein|und|zwan|zig
ein|ver|lei|ben; Ein|ver|lei|bung
Ein|ver|nah|me, *die;* -, -n (österr., schweiz.
  für: Verhör); ein|ver|neh|men; Ein|ver-
  neh|men, *das;* -s; sich ins - setzen
  (Amtsspr.)
ein|ver|stan|den; Ein|ver|ständ|nis
Ein|waa|ge, *die;* - (in Dosen eingewogene
  Menge)
¹ein|wach|sen; ein eingewachsener Nagel
²ein|wach|sen (mit Wachs einreiben)
Ein|wand, *der;* -[e]s, ...wände
Ein|wan|de|rer; ein|wan|dern; Ein|wan-
  de|rung
ein|wand|frei
ein|wärts; ein|wärts|bie|gen; einwärtsge-
  bogene Gitterstäbe
ein|wech|seln
ein|we|cken ([in Weckgläsern] einmachen)
Ein|weg_fla|sche, ...glas
ein|wei|chen; Ein|wei|chung
ein|wei|hen; Ein|wei|hung
ein|wei|sen; Ein|wei|sung
ein|wen|den; Ein|wen|dung
ein|wer|fen
ein|wer|tig (Chemie); Ein|wer|tig|keit,
  die; -
ein|wi|ckeln
ein|wil|li|gen; Ein|wil|li|gung
ein|win|ken (Verkehrsw.)
ein|wir|ken; Ein|wir|kung
Ein|woh|ner; Ein|woh|ner_mel|de|amt,
  ...zahl
Ein|wurf
Ein|zahl, *die;* - (für: Singular)
ein|zah|len; Ein|zah|lung; Ein|zah-
  lungs_schal|ter, ...schein
ein|zäu|nen; Ein|zäu|nung
ein|zeich|nen; Ein|zeich|nung
ein|zei|lig
Ein|zel, *das;* -s, - (Sportspr.: Einzelspiel);
  Ein|zel|fall *(der)*, ...gän|ger, ...haft,
  ...han|del; Ein|zel|heit; Ein|zel|kind
Ein|zel|ler (Biol.: einzelliges Lebewesen);
  ein|zel|lig
ein|zeln; ein einzeln stehender, (auch:) ein-
  zelnstehender Baum; der, die, das Einzelne; bis ins Einzelne geregelt sein; ins
  Einzelne gehen; Einzelnes blieb ungeklärt;
  etwas im Einzelnen erörtern; Ein-
  zel_stück, ...zim|mer
ein|ze|men|tie|ren
ein|zie|hen; Ein|zie|hung
ein|zig; der, die, das Einzige; [k]ein Einziger;
  Karl ist unser Einziger; ein|zig|ar|tig
  [auch: *ainzichartig*]; Ein|zig|ar|tig|keit

Ein|zim|mer|woh|nung
Ein|zug; Ein|zugs|be|reich
ei|rund
Eis, *das;* -es; [drei] - essen; Eis_bahn,
  ...bär, ...be|cher, ...bein (eine Speise),
  ...berg, ...beu|tel
Ei|schnee
Eis_creme, (auch:) Eis|krem, Eis|kre|me,
  ...die|le
Ei|sen, *das;* -s, - (chem. Element, Metall;
  Zeichen: Fe); die Eisen verarbeitende,
  (auch:) eisenverarbeitende Industrie; Ei-
  sen|bahn; Ei|sen|bah|ner; Ei|sen_hut
  (eine Heil- u. Zierpflanze), ...stan|ge; ei-
  senver|ar|bei|tend; vgl. Eisen; Ei|sen-
  wa|ren|hand|lung; Ei|sen|zeit, *die;* -
ei|sern; die -e Ration; die -e Lunge; das Ei-
  serne Kreuz (ein Orden)
Eis_es|käl|te; Eis|flä|che; eis|ge|kühlt; Eis-
  hei|li|gen, *die (Mehrz.);* Eis|ho|ckey; ei-
  sig; - kalt; eis|kalt; Eis_krem, ...kreme,
  vgl. Eiscreme, ...kunst|lauf, ...lauf; eis-
  lau|fen; ich laufe eis, bin eisgelaufen; Eis-
  _schrank, ...sta|di|on, ...tanz, ...vo|gel,
  ...zap|fen, ...zeit; eis|zeit|lich
ei|tel; ein eitler Mensch; Ei|tel|keit
Ei|ter, *der;* -s; Ei|ter_beu|le, ...herd; ei-
  tern; eit|rig
Ei|weiß, *das;* -es, -e; Ei|zel|le
Eja|ku|la|ti|on [...*zion*], *die;* -, -en (Med.:
  Samenerguss); eja|ku|lie|ren
¹Ekel, *der;* -s; ein Ekel erregender, (auch:)
  ekelerregender Geruch
²Ekel, *das;* -s, - (ugs. für: widerlicher
  Mensch)
ekel|er|re|gend; vgl. ¹Ekel; ekel|haft;
  ekeln; sich -
EKG, Ekg = Elektrokardiogramm
Ek|lat [*eklá*], *der;* -s, -s (aufsehenerregendes
  Ereignis); ek|la|tant (aufsehenerregend;
  offenkundig)
ek|lig
Ek|lip|se, *die;* -, -n (Sonnen- od. Mondfins-
  ternis); Ek|lip|tik, *die;* -, -en (scheinbare
  Sonnenbahn; Erdbahn)
Ek|s|ta|se ([religiöse] Verzückung; höchste
  Begeisterung); ek|s|ta|tisch
Ek|zem, *das;* -s, -e (Med.: eine Entzündung
  der Haut)
Ela|bo|rat, *das;* -[e]s, -e (schriftl. Ausarbei-
  tung; meist abwertend für: Machwerk)
Elan [frz. Ausspr.: *elang*], *der;* -s (Schwung;
  Begeisterung)
elas|tisch (federnd); Elas|ti|zi|tät, *die;* -
  (Federkraft; Spannkraft)
Elch, *der;* -[e]s, -e (Hirschart); Elch|test (Si-
  cherheitstest in der Autoproduktion)
El|do|ra|do, Do|ra|do, *das;* -s, -s (sagenhaf-
  tes Goldland in Südamerika; übertr. für:
  Paradies)
Ele|fant, *der;* -en, -en; Ele|fan|ten|hoch-
  zeit (ugs. für: Zusammenschluss von
  mächtigen Unternehmen o. Ä.)
ele|gant; Ele|ganz, *die;* -

Ele|gie, *die;* -, ...ien (eine Gedichtform; Klagelied); ele|gisch

Elek|t|ri|fi|ka|ti|on [...*zion*], *die;* -, -en (schweiz. neben: Elektrifizierung); elek|tri|fi|zie|ren (auf elektr. Betrieb umstellen); Elek|t|ri|fi|zie|rung; Elek|t|ri|ker; Elekt|ri|ke|rin; elek|t|risch; -e Eisenbahn; -e Lokomotive (Abk.: E-Lok); -er Strom; Elekt|ri|sche, *die;* -n, -n (ugs. für: elektr. Straßenbahn); elek|t|ri|sie|ren; Elek|t|ri|zität, *die;* -; Elek|t|ri|zi|täts|werk; Elekt|ro|che|mie; Elek|t|ro|de, *die;* -, -n (den Stromübergang vermittelnder Leiter); Elek|t|ro_ge|rät, ...herd, ...in|ge|ni|eur, ...in|s|tal|la|teur; Elek|t|ro|kar|diogramm (Abk.: EKG, Ekg); Elek|t|ro|magnet; Elek|t|ro_me|cha|ni|ker, ...mo|tor

Elek|t|ron [auch: *eläk...* od. ...*tron*], *das;* -s, ...onen (negativ geladenes Elementarteilchen); Elek|t|ro|nen_blitz, ...[ge]|hirn, ...mik|ro|s|kop, ...rech|ner, ...röh|re; Elek|t|ro|nik, *die;* - (Zweig der Elektrotechnik); elek|t|ro|nisch; -e Musik; -e Datenverarbeitung (Abk.: EDV)

Elek|t|ro_ofen, ...ra|sie|rer, ...smog (von elektr. Leitungen o. Ä. ausgehende elektromagnetische Strahlung); Elek|t|ro_technik (*die;* -), ...tech|ni|ker

Ele|ment, *das;* -[e]s, -e (abwertend auch für: verdächtige Person, *meist Mehrz.*); er ist, fühlt sich in seinem -; ele|men|tar (grundlegend; naturhaft; einfach)

elend; Elend, *das,* -[e]s; elen|dig (landsch.); elen|dig|lich (geh.); Elendsvier|tel

Ele|ve [...*w*ᵉ], *der;* -n, -n (Schauspiel-, Ballettschüler; Land- od. Forstwirt während der prakt. Ausbildung); Ele|vin

elf; wir sind zu elfen od. zu elft; vgl. acht

¹Elf, *der;* -en, -en (m. Naturgeist)

²Elf, *die;* -, -en (Zahl; [Fußball]mannschaft)

El|fe, *die;* -, -n (w. Naturgeist)

El|fen|bein, *das;* -[e]s, (selten:) -e; el|fenbei|nern (aus Elfenbein)

Elf|me|ter, *der;* -s, - (Strafstoß beim Fußball); elft; elf|tau|send; elf|te; elf|tel; Elf|tel, *das* (schweiz. meist: *der*); -s, -

eli|mi|nie|ren (beseitigen, ausscheiden); Elimi|nie|rung

eli|tär (einer Elite angehörend, auserlesen); Eli|te [österr.: ...*lít*], *die;* -, -n (Auslese der Besten)

Eli|xier, *das;* -s, -e (Heil-, Zaubertrank)

El Kai|da [auch: - *kaida*] (eine Terrororganisation)

Ell|bo|gen, El|len|bo|gen, *der;* -s, ...bogen; El|le, *die;* -, -n; drei in Tuch; El|len|bogen; vgl. Ellbogen

El|lip|se, *die;* -, -n (Math.: Kegelschnitt); ellip|tisch (ellipsenförmig)

E-Lok, *die;* -, -s (kurz für: elektrische Lokomotive)

Els|ter, *die;* -, -n (ein Vogel)

El|ter, *das* u. *der;* -s, -n (fachspr. für: ein Elternteil); el|ter|lich; -e Gewalt; El|tern,

die (*Mehrz.*); El|tern_abend, ...geld (sww. Erziehungsgeld); ...haus; el|ternlos; El|tern|zeit (Amtsspr.: Erziehungsurlaub)

E-Mail [* imeⁱ*l], *die;* -, -s, (bes. südd., österr. schweiz. auch:) *das;* -s, -s (elektron. Post)

Email [auch: *emaj*], *das;* -s, -s u. Email|le [*emalj*ᵉ, *emaj, emai*], *die;* -, -n (Schmelz[überzug])

E-Mail-Ad|res|se; emai|len, (auch:) e-mailen; geemailt (seltener für: gemailt; vgl. mailen)

Email|le; vgl. Email; email|lie|ren [*emaljir*ᵉn, emajír*ᵉn*]; Email|ma|le|rei

Eman|ze, *die;* -, -n (ugs. abwertend für: emanzipierte Frau); Eman|zi|pa|ti|on [...*zion*], *die;* -, -en (Befreiung von Abhängigkeit; Gleichstellung); eman|zi|pa|torisch; eman|zi|pie|ren; sich -; eman|zipiert (unabhängig)

Em|bar|go, *das;* -s, -s (Zurückhalten od. Beschlagnahme [von Schiffen] im Hafen; Ausfuhrverbot)

Em|b|lem [fr. Ausspr.: *angblem*], *das;* -s, -e (Kennzeichen, Hoheitszeichen; Sinnbild)

Em|bo|lie, *die;* -, ...ien (Med.: Verstopfung eines Blutgefäßes)

Em|b|ryo, *der* (österr. auch: *das*); -s, -s u. ...onen (noch nicht geborenes Lebewesen im Frühstadium der Entwicklung); em|b|ryo|nal (im Frühstadium der Entwicklung)

eme|ri|tie|ren (in den Ruhestand versetzen); eme|ri|tiert (Abk.: em.); -er Professor; Eme|ri|tie|rung

Emi|g|rant, *der;* -en, -en (Auswanderer [bes. aus polit. od. religiösen Gründen]); Emi|g|ran|tin; Emi|g|ra|ti|on [...*zion*], *die;* -, -en; emi|g|rie|ren

emi|nent (hervorragend; außerordentlich); Emi|nenz, *die;* -, -en (früherer Titel der Kardinäle)

Emir [auch: ...*ir*], *der;* -s, -e (arab. [Fürsten]titel); Emi|rat, *das;* -[e]s, -e (arab. Fürstentum)

Emis|si|on, *die;* -, -en (Physik: Ausstrahlung; Technik: Ablassen von Gasen, Ruß u. Ä. in die Luft; Wirtsch.: Ausgabe [von Wertpapieren]; Med.: Entleerung); Emis|si|onshan|del (Handel mit CO_2-Emissionsrechten); Emis|si|ons|stopp

Em|men|ta|ler, *der;* -s, - (Käse)

Emo|ti|con, *das;* -s, -s (EDV: Zeichenkombination, mit der in einer E-Mail eine Gefühlsäußerung wiedergegeben werden kann); Emo|ti|on [...*zion*], *die;* -, -en (Gemütsbewegung); emo|ti|o|nal (gefühlsmäßig)

Emp|fang, *der;* -[e]s, ...fänge; emp|fangen; Emp|fän|ger; Emp|fän|ge|rin; empfäng|lich; Emp|fäng|lich|keit, *die;* -; Emp|fäng|nah|me, *die;* - (Amtsspr.); Emp|fäng|nis, *die;* -, -se; emp|fäng|nisver|hü|tend; -e Mittel; Emp|fäng|nis|verhü|tung; emp|fangs|be|rech|tigt; Empfangs_chef, ...da|me, ...saal

emp|feh|len; empfahl, empfohlen; sich -; emp|feh|lens|wert; Emp|feh|lung; Empfeh|lungs|schrei|ben

emp|fin|den; Emp|fin|den, *das;* -s; empfind|lich; Emp|find|lich|keit; Emp|findung

em|pha|tisch (mit Nachdruck, stark)

Em|pire [*angpir*], *das;* -s u. (fachspr.:) - (Kunststil um 1800)

Em|pi|rie, *die;* - (Erfahrung, Erfahrungswissen[schaft]); em|pi|risch

em|por; Em|po|re, *die;* -, -n (erhöhter Sitzraum [in Kirchen]); em|pö|ren; sich -; empö|rend; em|por|kom|men; Em|porkömm|ling; Em|pö|rung

em|sig; Em|sig|keit, *die;* -

Emu, *der;* -s, -s (ein Laufvogel)

Emul|si|on, *die;* -, -en (feinste Verteilung eines unlösl. nicht kristallinen Stoffes in einer Flüssigkeit; lichtempfindl. Schicht auf fotogr. Platten, Filmen u. Ä.)

En|de, *das;* -s, -n; am -; zu - sein; das dicke - kommt nach (ugs.); letzten Endes (schließlich); En|d|ef|fekt; im -; en|den; nicht enden wollender Beifall; End|er|geb|nis

en dé|tail [*ang detaᵢ*] (im Kleinen; einzeln; im Einzelverkauf; Ggs.: en gros)

end|gül|tig; End|gül|tig|keit

En|di|vie [...*wiᵉ*], *die;* -, -n (eine Salatpflanze); En|di|vi|en|sa|lat

End|la|ger (Lagerplatz für Atommüll); endla|gern; nur in der Grundf. u. als Mittelwort der Vergangenheit gebr.; end|lich; End|lich|keit, *die;* -, (selten:) -en; endlos; End_punkt, ...run|de, ...sil|be, ...spiel, ...spurt, ...sta|ti|on; En|dung; en|dungs|los

Ener|gie, *die;* -, ...ien (Tatkraft; Physik: Fähigkeit, Arbeit zu leisten); ener|gie|arm; Ener|gie_be|darf, ...quel|le, ...verbrauch, ...ver|sor|gung; ener|gisch

En|fant ter|ri|b|le [*angfang täribᵉl*], *das;* - -, -s -s [*angfang täribᵉl*] (jmd., der gegen die geltenden [gesellschaftlichen] Regeln verstößt und dadurch seine Umgebung schockiert)

eng; ein eng anliegendes, (auch:) enganliegendes Kleid; eng befreundete, (auch:) engbefreundete Familien; auf das, aufs Engste od. auf das, aufs engste

En|ga|ge|ment [*anggasch⁽ᵉ⁾-mang*], *das;* -s, -s (Verpflichtung, Bindung; [An]stellung, bes. eines Künstlers); en|ga|gie|ren [*anggaschír*ᵉn] (verpflichten, binden); sich - (sich einsetzen); en|ga|giert; En|ga|giertheit, *die;* -

eng|an|lie|gend, eng|be|freun|det; vgl. eng; eng|brüs|tig; En|ge, *die;* -, -n

En|gel, *der;* -s, -; En|gel|chen; en|gel|haft; En|gel|ma|che|rin (ugs. verhüllend für: jmd, der illegale Abtreibungen vornimmt); En|gels|ge|duld; En|gels|zun|gen, *die* (*Mehrz.*); mit [Menschen- und mit] Engelszungen (so eindringlich wie möglich) reden

En|ger|ling (Maikäferlarve)

eng|her|zig

Eng|lein

eng|lisch; ein englischer Garten; englischer Trab; vgl. deutsch; Eng|lisch, das; -[s] (eine Sprache); vgl. Deutsch; Eng|li|sche, das; -n; vgl. Deutsche, das

Eng|li|sche Gruß, der; -n -es (ein Gebet)

Eng|lisch|horn (Mehrz. ...hörner; ein Holzblasinstrument)

eng|ma|schig; Eng|pass

en gros [aŋg gro] (im Großen; Ggs.: en détail)

eng|stir|nig (abwertend); Eng|stir|nig|keit, die; -

¹En|kel, der; -s, - (Kindeskind); En|ke|lin

²En|kel, der; -s, - (landsch. für: Fußknöchel)

En|kla|ve [...wᵉ], die; -, -n (ein fremdstaatl. Gebiet im eigenen Staatsgebiet)

en masse [aŋg maß] (ugs. für: massenhaft; gehäuft)

en mi|ni|a|ture [aŋg miniatür] (in kleinem Maßstab, im Kleinen)

enorm (außerordentlich; ungeheuer)

en pas|sant [aŋg paßaŋg] (im Vorübergehen; beiläufig)

En|sem|b|le [aŋgßaŋgbᵉl], das; -s, -s (ein zusammengehörendes Ganzes; Gruppe von Künstlern)

ent|ar|ten; ent|ar|tet; Ent|ar|tung

ent|beh|ren; ein Buch -; des Trostes - (geh.); ent|behr|lich; Ent|beh|rung; ent|behrungs|voll

ent|bie|ten (geh.); Grüße -

ent|bin|den; Ent|bin|dung; Ent|bin|dungs-sta|ti|on

ent|blät|tern; sich -

ent|blö|den; nur in: sich nicht entblöden (geh. für: sich nicht scheuen)

ent|blö|ßen; sich -; Ent|blö|ßung

ent|de|cken; Ent|de|cker; Ent|de|ckung; Ent|de|ckungs|rei|se

En|te, die; -, -n; kalte - (ein Getränk)

ent|eh|ren; Ent|eh|rung

ent|eig|nen; Ent|eig|nung

ent|ei|sen (von Eis befreien)

ent|ei|se|nen (von Eisengehalt befreien); enteisentes Mineralwasser

En|ten_bra|ten, ...ei, ...kü|ken

En|tente [aŋgtaŋgt], die; -, -n (Staatenbündnis)

ent|er|ben; Ent|er|bung

En|te|rich, der; -s, -e (m. Ente)

en|tern (auf etwas klettern); ein Schiff - (mit Enterhaken festhalten und erobern)

En|ter|tai|ner [ǎntᵉrtᵉ'nᵉr], der; -s, - (Unterhalter)

ent|fa|chen (geh.); Ent|fa|chung

ent|fah|ren; ein Fluch entfuhr ihm

ent|fal|len

ent|fal|ten; sich -; Ent|fal|tung

ent|fer|nen; sich -; ent|fernt; - verwandt sein; nicht im Entferntesten; Ent|fer|nung

ent|fes|seln

ent|fet|ten; Ent|fet|tung

ent|flamm|bar; ent|flam|men (geh.)

---

ent|flech|ten; Ent|flech|tung

ent|flie|hen

ent|frem|den; sich -; Ent|frem|dung

ent|füh|ren; Ent|füh|rer; Ent|füh|rung

ent|ge|gen; ent|ge|gen_brin|gen (jmdm. Vertrauen -), ...fah|ren, ...ge|hen; ent-ge|gen|ge|setzt; die -e Richtung; ent|ge-gen|kom|men; Ent|ge|gen|kom|men, das; -s; ent|ge|gen|kom|mend; ent|geg-nen; Ent|geg|nung

ent|ge|hen; ich lasse mir nichts -

ent|geis|tert (sprachlos; verstört)

Ent|gelt, das; -[e]s, -e; gegen, ohne -

Entgelt

Die Bezeichnung für eine als Gegenleistung für geleistete Arbeit gewährte Bezahlung ist vom Zeitwort *entgelten* abgeleitet und wird deshalb auch am Ende mit *t* geschrieben.

ent|gel|ten (geh.)

ent|gif|ten; Ent|gif|tung

ent|glei|sen; Ent|glei|sung

ent|grä|ten; entgräteter Fisch

ent|haa|ren; Ent|haa|rung

ent|hal|ten; sich -; ent|halt|sam; Ent|halt-sam|keit; die; -; Ent|hal|tung

ent|här|ten; Ent|här|tung

ent|haup|ten; Ent|haup|tung

ent|he|ben (geh.); jmdn. seines Amtes -

ent|hem|men; Ent|hemmt|heit

ent|hül|len; sich -; Ent|hül|lung

En|thu|si|as|mus, der; - (Begeisterung; Leidenschaftlichkeit); en|thu|si|as|tisch

ent|jung|fern

ent|kal|ken; Ent|kal|kung

ent|kei|men; Ent|kei|mung

ent|ker|nen

ent|klei|den; sich - (geh.)

ent|kom|men

ent|kor|ken

ent|kräf|ten; Ent|kräf|tung

ent|la|den; sich -; Ent|la|dung

ent|lang; den Wald -; - dem Fluss; ent|lang-lau|fen

ent|lar|ven; sich -; Ent|lar|vung

ent|las|sen; Ent|las|sung

ent|las|ten; Ent|las|tung; Ent|las|tungs-zeu|ge

ent|lau|ben; ent|laubt

ent|lau|fen

ent|lau|sen; Ent|lau|sung

ent|le|di|gen; sich der Aufgabe -

ent|lee|ren; Ent|lee|rung

ent|le|gen

ent|lei|hen (sich ausleihen); Ent|lei|her

ent|lo|ben, sich; Ent|lo|bung

ent|lo|cken

ent|loh|nen, (schweiz.:) ent|löh|nen; Ent-loh|nung, (schweiz.:) Ent|löh|nung

ent|lüf|ten; Ent|lüf|ter; Ent|lüf|tung

ent|mach|ten; Ent|mach|tung

ent|man|nen; Ent|man|nung

ent|men|schen; ent|menscht

ent|mi|li|ta|ri|sie|ren

ent|mün|di|gen; Ent|mün|di|gung

---

ent|mu|ti|gen; Ent|mu|ti|gung

Ent|nah|me, die; -, -n

ent|na|zi|fi|zie|ren; Ent|na|zi|fi|zie|rung

ent|neh|men; [aus] den Worten -

ent|ner|ven [...fᵉn]; ent|nervt

ent|pflich|ten (von Amtspflichten entbinden); Ent|pflich|tung

ent|pup|pen, sich

ent|rah|men

ent|rät|seln

ent|rech|ten; Ent|rech|tung

En|t|re|cote [aŋgtr'ᵉkot], das; -[s], -s (Rippenstück vom Rind)

En|t|ree [aŋgtre], das; -s, -s (Eintritt[sgeld], Eingang; Vorspeise; Eröffnungsmusik [bei Balletten])

ent|rei|ßen

ent|rich|ten; Ent|rich|tung

ent|rin|nen (geh.); Ent|rin|nen, das; -s

ent|rü|cken

ent|rüm|peln; Ent|rüm|pe|lung

ent|rüs|ten; sich -; ent|rüs|tet

ent|saf|ten; Ent|saf|ter

ent|sa|gen (geh.); dem Vorhaben -; Ent|sa-gung (geh.); ent|sa|gungs|voll

ent|schä|di|gen; Ent|schä|di|gung

ent|schär|fen; eine Mine -

Ent|scheid, der; -[e]s, -e; ent|schei|den; sich -; ent|schei|dend; Ent|schei|dung; ent|schie|den; auf das, aufs Entschiedens-te od. auf das, aufs entschieden|ste; Ent-schie|den|heit, die; -

ent|schla|cken; Ent|schla|ckung

ent|schla|fen (geh. verhüllend für: sterben)

ent|schlie|ßen, sich; Ent|schlie|ßung; ent-schlos|sen; Ent|schlos|sen|heit, die; -

ent|schlüp|fen

Ent|schluss

ent|schlüs|seln

ent|schluss|fä|hig; Ent|schluss|kraft, die; -

ent|schuld|bar; ent|schul|di|gen; sich für etwas, wegen einer Sache -; Ent|schul|di-gung

ent|schwin|den (geh.)

ent|seelt (geh. für: tot)

ent|sen|den; Ent|sen|dung

ent|set|zen; sich -; Ent|set|zen, das; -s; ein Entsetzen erregender, (auch:) entsetzener-regender Anblick; Ent|set|zens|schrei; ent|setz|lich; ent|setzt

ent|si|chern; das Gewehr -

ent|sin|nen, sich; sich jmds. -, an jmdn. -

ent|span|nen; sich -; ent|spannt; Ent-span|nung

ent|spie|geln

ent|spin|nen, sich

ent|spre|chen; ent|spre|chend

ent|sprie|ßen (geh.)

ent|sprin|gen

ent|sta|li|ni|sie|ren

ent|stam|men

ent|ste|hen; Ent|ste|hung; Ent|ste|hungs-ge|schich|te

ent|stei|nen; Kirschen -

ent|stel|len; Ent|stel|lung

ent|stem|peln; die Nummernschilder wurden entstempelt

ent|stö|ren; Ent|stö|rung

ent|tar|nen; Ent|tar|nung

ent|täu|schen; Ent|täu|schung

ent|thro|nen; Ent|thro|nung

ent|völ|kern; Ent|völ|ke|rung

ent|wach|sen

ent|waff|nen; Ent|waff|nung

ent|war|nen; Ent|war|nung

ent|wäs|sern; Ent|wäs|se|rung

ent|we|der [auch: änt...]; entweder – oder

ent|wei|chen; Ent|wei|chung

ent|wei|hen; Ent|wei|hung

ent|wen|den; Ent|wen|dung

ent|wer|fen; Pläne -

ent|wer|ten; Ent|wer|tung

ent|wi|ckeln; sich -; Ent|wick|ler; Ent|wick|lung; Ent|wick|lungs|hil|fe

ent|win|den

ent|wir|ren; sich -; Ent|wir|rung

ent|wi|schen (ugs. für: entkommen)

ent|wöh|nen; Ent|wöh|nung

ent|wür|di|gen; ent|wür|di|gend

Ent|wurf

ent|wur|zeln; Ent|wur|ze|lung

ent|zau|bern; Ent|zau|be|rung

ent|zer|ren; Ent|zer|rer (Technik)

ent|zie|hen; sich -; Ent|zie|hung; Ent|zie|hungs|kur

ent|zif|fer|bar; ent|zif|fern

ent|zü|cken; Ent|zü|cken, das; -s; ent|zü|ckend

Ent|zug, der; -[e]s; Ent|zugs|er|schei|nung

ent|zünd|bar; ent|zün|den; sich -; ent|zünd|lich; Ent|zün|dung; Ent|zün|dungs|herd

ent|zwei; - sein; ent|zwei|bre|chen; ent|zwei|en; sich -; ent|zwei|ge|hen; Ent|zwei|ung

en vogue [ang wog] (beliebt; modisch)

En|zi|an, der; -s, -e (eine Alpenpflanze; ein alkohol. Getränk)

En|zy|k|li|ka [auch: änzü...], die; -, ...ken (päpstl. Rundschreiben)

En|zy|k|lo|pä|die, die; -, ...ien (ein Nachschlagewerk); en|zy|k|lo|pä|disch (umfassend)

En|zym, das; -s, -e (Biochemie: den Stoffwechsel regulierende Verbindung)

Epau|let|te [epolä̈t'], die; -, -n (Schulterstück auf Uniformen)

Epen (Mehrz. von: Epos)

Epi|de|mie, die; -, ...ien (Seuche, Massenerkrankung); epi|de|misch

Epi|go|ne, der; -n, -n (Nachahmer ohne Schöpferkraft)

Epi|gramm, das; -s, -e (Sinn-, Spottgedicht)

Epi|lep|sie, die; -, ...ien (Erkrankung mit plötzlich einsetzenden starken Krämpfen u. kurzer Bewusstlosigkeit); Epi|lep|ti|ker; Epi|lep|ti|ke|rin; epi|lep|tisch

Epi|log, der; -s, -e (Nachwort; Nachspiel, Ausklang)

Epi|pha|ni|as (Fest der „Erscheinung" [des Herrn]; Dreikönigsfest); Epi|pha|ni|en|fest (svw. Epiphanias)

episch (erzählend; das Epos betreffend); -es Theater

epi|s|ko|pal (bischöflich); Epi|s|ko|pat, das u. (Theol.:) der; -[e]s, -e (Gesamtheit der Bischöfe; Bischofswürde)

Epi|so|de, die; -, -n (vorübergehendes, nebensächl. Ereignis)

Epi|s|tel, die; -, -n (Apostelbrief im N. T.; gottesdienstl. Lesung; ugs. für: Brief, Strafpredigt)

Epo|che, die; -, -n (Zeitabschnitt); eine Epoche machende, (auch:) epochemachende Erfindung

Epos, das; -, Epen (erzählende Versdichtung; Heldengedicht)

E-Post, die; - (E-Mail)

Equi|pe [ekip, schweiz.: ekip'], die; -, -n ([Reiter]mannschaft)

er; - kommt; Er, der; -, -s (ugs. für: Mensch oder Tier männl. Geschlechts); ein Er und eine Sie saßen dort

er|ach|ten; jmdn. als od. für etwas geeignet -; Er|ach|ten, das; -s; meinem - nach, meines -s

er|ar|bei|ten; Er|ar|bei|tung

Erb_an|la|ge, ...an|spruch

er|bar|men; sich -; Er|bar|men, das; -s; er|bärm|lich; Er|bärm|lich|keit; er|bar|mungs|los

er|bau|en; sich -; Er|bau|er; er|bau|lich; Er|bau|ung

erb|be|rech|tigt

¹Er|be, der; -n, -n; der gesetzliche -

²Er|be, das; -s; das kulturelle -

er|be|ben

er|ben; Er|ben|ge|mein|schaft

er|be|ten; ein -er Gast

er|bet|teln

er|beu|ten; Er|beu|tung

Erb|fol|ge

er|bie|ten, sich (geh.)

Er|bin

er|bit|ten

er|bit|tern; Er|bit|te|rung

Erb|las|ser (der eine Erbschaft Hinterlassende); Erb|las|se|rin

er|blei|chen (bleich werden)

erb|lich; Erb|lich|keit, die; -

er|bli|cken

er|blin|den; Er|blin|dung

er|blü|hen

Erb|mas|se; erb|mä|ßig

er|bo|sen (erzürnen); sich -

er|bre|chen; sich -; Er|bre|chen, das; -s

er|brin|gen; den Nachweis -

Erb|schaft; Erb|schaft[s]|steu|er

Erb|se, die; -, -n; erb|sen|groß; Erb|sen|sup|pe

Erb_stück, ...sün|de (christl. Rel.)

Erbs|wurst

Erb|teil, das u. (BGB:) der

Erd|ach|se, die; -

er|dacht; eine -e Geschichte

Erd_ap|fel (landsch. für: Kartoffel), ...ball (der; -[e]s), ...be|ben, ...bee|re, ...be|stat|tung, ...bo|den; Er|de, die; -, (selten:) -n; er|den (Elektrotechnik: Verbindung zwischen einem elektr. Gerät und der Erde herstellen)

er|den|ken; er|denk|lich

Erd_gas, ...geist (Mehrz. ...geister), ...ge|schoss

er|dich|ten ([als Ausrede] erfinden; sich ausdenken)

er|dig; Erd_kreis (der; -es), ...ku|gel, ...kun|de (die; -); erd|kund|lich; Erd_nuss; Erd|ober|flä|che; Erd|öl; Erdöl exportierende, (auch:) erdölexportierende Länder

er|dol|chen; Er|dol|chung

erd|öl|ex|por|tie|rend; vgl. Erdöl

er|dreis|ten, sich

er|dröh|nen

er|dros|seln

er|drü|cken; er|drü|ckend

Erd_rutsch, ...teil (der)

er|dul|den

Erd_um|krei|sung; Er|dung (das Erden); Erd_wall, ...zeit|al|ter

er|ei|fern, sich; Er|ei|fe|rung

er|eig|nen, sich; Er|eig|nis, das; -ses, -se; er|eig|nis|los, ...reich

er|ei|len (geh.); das Schicksal ereilte ihn

Erek|ti|on [...zion] (Med.: Aufrichtung; Anschwellung [des Penis])

Ere|mit, der; -en, -en (Einsiedler; Klausner)

er|fahr|bar

¹er|fah|ren; etwas Neues -

²er|fah|ren; -e Fachkräfte

Er|fah|rung; er|fah|rungs|ge|mäß

er|fas|sen; du, er, sie erfasst; Er|fas|sung

er|fin|den; er|fin|de|risch; Er|fin|dung; Er|fin|dungs|ga|be

er|fle|hen (geh.); erflehte Hilfe

Er|folg, der; -[e]s, -e; Erfolg versprechende, (auch:) erfolgversprechende Maßnahmen, aber nur: höchst erfolgversprechende Maßnahmen; er|fol|gen; er|folg_los, ...reich; Er|folgs_aus|sicht (meist Mehrz.), ...rech|nung (Wirtsch.); er|folg|ver|spre|chend; vgl. Erfolg

er|for|der|lich; er|for|dern; Er|for|der|nis, das; -ses, -se

er|for|schen; Er|for|schung

er|fra|gen

er|fre|chen, sich (geh.)

er|freu|en; sich -; er|freu|lich; er|freu|li|cher|wei|se

er|frie|ren; Er|frie|rung

er|fri|schen; er|fri|schend; Er|fri|schung; Er|fri|schungs|tuch

er|füh|len (geh.)

er|füll|bar; -e Wünsche; er|fül|len; sich -; Er|fül|lung

er|gän|zen; sich -; Er|gän|zung

er|gat|tern (ugs. für: sich auf geschickte Weise verschaffen) er|gau|nern (ugs. für: sich durch Betrug verschaffen)

[1]er|ge|ben; sich ins Unvermeidliche -

[2]er|ge|ben; -er Diener

Er|ge|ben|heit, die; -; er|ge|benst; Er|gebnis, das; -ses, -se; er|geb|nis|los

er|ge|hen; sich -

er|gie|big; Er|gie|big|keit, die; -

er|gie|ßen; sich -; Er|gie|ßung

er|go (folglich, also)

Er|go|no|mie, die; - (Erforschung der Leistungsmöglichkeiten u. optimalen Arbeitsbedingungen des Menschen); er|go|nomisch; Er|go|the|ra|pie, die; -n (Arbeits- u. Beschäftigungstherapie)

er|göt|zen; sich -; Er|göt|zen, das; -s (geh.); er|götz|lich (geh.); Er|göt|zung (geh.)

er|grau|en; ergraut

er|grei|fen; er|grei|fend; Er|grei|fung; ergrif|fen; Er|grif|fen|heit, die; -

er|grim|men (geh.)

er|grün|den; Er|grün|dung

Er|guss; Er|guss|ge|stein

er|ha|ben; Er|ha|ben|heit

Er|halt, der; -[e]s (Amtsspr.); er|hal|ten; - bleiben; du erhälst; er|hält|lich; Er|haltung

er|hän|gen; sich -; vgl. [2]hängen

er|här|ten; Er|här|tung

er|he|ben; sich -; er|he|bend (feierlich); erheb|lich; Er|he|bung

er|hei|ra|ten (durch Heirat erlangen)

er|hei|tern; Er|hei|te|rung

[1]er|hel|len; das Zimmer - (beleuchten); sich - (hell werden)

[2]er|hel|len; daraus erhellt (wird klar), dass … Er|hel|lung

er|hit|zen; sich -; Er|hit|zung

er|hof|fen

er|hö|hen; Er|hö|hung

er|ho|len, sich; er|hol|sam; Er|ho|lung; Erholung suchende, (auch:) erholungsuchende Großstädter; er|ho|lungs|be|dürftig; er|ho|lung|su|chend; vgl. Erholung

er|hö|ren; Er|hö|rung

eri|gie|ren (Med.: sich aufrichten)

Eri|ka, die; -, …ken (Heidekraut)

er|in|ner|lich

er|in|nern; sich -; Er|in|ne|rung; Er|in|nerungs_bild, …ver|mö|gen (das; -s)

er|ja|gen

er|kal|ten; er|käl|ten, sich; Er|kal|tung; Er|käl|tung

er|kämp|fen

er|kau|fen

er|kenn|bar; Er|kenn|bar|keit, die; -; erken|nen; etwas - (deutlich erfassen); auf eine Freiheitsstrafe - (Rechtsspr.); sich zu - geben; er|kennt|lich; sich - zeigen; Erkennt|nis, die; -, -se; Er|kennungs_dienst, …zei|chen

Er|ker, der; -s, -; Er|ker|fens|ter

er|klär|bar; er|klä|ren; sich -; er|klär|lich; er|klärt (entschieden; offenkundig); ein

erklärter Gegner der Aufrüstung; der erklärte Publikumsliebling; Er|klä|rung

er|kleck|lich (geh. für: beträchtlich)

er|klim|men; Er|klim|mung

er|klin|gen

er|kran|ken; Er|kran|kung

er|kun|den; er|kun|di|gen, sich; Er|kun|digung; Er|kun|dung

er|lah|men; Er|lah|mung, die; -

er|lan|gen

Er|lass, der; -es, -e (österr.: Erlässe); er|lassen

er|lau|ben; sich -; Er|laub|nis, die; -

er|läu|tern; Er|läu|te|rung; er|läu|terungs|wei|se

Er|le, die; -, -n (ein Laubbaum)

er|le|ben; Er|le|ben, das; -s; Er|le|bensfall; im - (Versicherungswesen); Er|lebnis, das; -ses, -se; er|lebt; -e Rede

er|le|di|gen; Er|le|di|gung

er|le|gen; Er|le|gung

er|leich|tern; sich -; er|leich|tert; Er|leichte|rung

er|lei|den

er|ler|nen; er|ler|nen; Er|ler|nung

er|le|sen; ein -es Gericht

er|leuch|ten; Er|leuch|tung

er|lie|gen; zum Erliegen kommen

er|lo|gen; eine -e Geschichte

Er|lös, der; -es, -e

er|lö|schen; Er|lö|schen, das; -s

er|lö|sen; Er|lö|ser; Er|lö|sung

er|mäch|ti|gen; Er|mäch|ti|gung; Ermäch|ti|gungs|ge|setz (Verfassungswesen)

er|mah|nen; Er|mah|nung

Er|man|ge|lung, Er|mang|lung, die; -; in - eines Besser[e]n

er|man|nen, sich (geh.)

er|mä|ßi|gen; Er|mä|ßi|gung

er|mat|ten; Er|mat|tung

er|mes|sen; Er|mes|sen, das; -s; nach meinem -; Er|mes|sens_fra|ge, …frei|heit

er|mit|teln; Er|mitt|lung; Er|mittlungs_rich|ter, …ver|fah|ren

er|mög|li|chen

er|mor|den; Er|mor|dung

er|mü|den; Er|mü|dung

er|mun|tern; Er|mun|te|rung

er|mu|ti|gen; Er|mu|ti|gung

er|näh|ren; Er|näh|rer; Er|näh|rung; Ernäh|rungs|stö|rung

er|nen|nen; Er|nen|nung; Er|nen|nungsur|kun|de

er|neu|en; er|neu|ern; sich -; Er|neu|erung; er|neut

er|nied|ri|gen; sich -; er|nied|ri|gend; Ernied|ri|gung

ernst; -er, -es|te; ernst sein, werden; jmdn., eine Sache - nehmen; um jmdn. - stehen; die Lage wird -; es - meinen; ein ernst gemeinter, (auch:) ernstgemeinter Rat; Ernst, der; -es; im -; - machen; Scherz für - nehmen; es ist mir [vollkommener] - damit; allen -es; Ernst|fall, der; ernst|ge|meint;

vgl. ernst; ernst|haft; Ernst|haf|tig|keit, die; -; ernst|lich

Ern|te, die; -, -n; Ern|te|dank|fest [auch: ärn…]; ern|ten

er|nüch|tern; Er|nüch|te|rung

Er|obe|rer; Er|obe|rin; er|obern; Er|oberung; Er|obe|rungs|krieg

er|öff|nen; sich -; Er|öff|nung

er|ör|tern; Er|ör|te|rung

Eros [auch: eroß], der; - (sinnl. Liebe); Eroscen|ter [auch: eroß…] (verhüllend für: Bordell); Ero|tik, die; - (sinnliche Liebe); ero|tisch

Er|pel, der; -s, - (Enterich)

er|picht; auf eine Sache - (begierig) sein

er|pres|sen; Er|pres|ser; er|pres|se|risch; Er|pres|sung

er|pro|ben; er|probt

er|qui|cken; er|quick|lich; Er|qui|ckung

er|rat|bar; er|ra|ten

er|rech|nen

er|reg|bar; er|re|gen; Er|re|ger; Er|regung

er|reich|bar; er|rei|chen

er|ret|ten (geh.); - von (selten: vor); Er|retter; Er|ret|tung

er|rich|ten; Er|rich|tung

er|rin|gen; Er|rin|gung

er|rö|ten; Er|rö|ten, das; -s

Er|run|gen|schaft

Er|satz, der; -es; Er|satz|dienst; Er|satzdienst|leis|ten|de, der; -n, -n; Ersatz_dro|ge, …kas|se; er|satz|pflich|tig; Er|satz|teil, das (seltener: der)

er|sau|fen (ugs. für: ertrinken); er|säu|fen (ertränken)

er|schaf|fen; vgl. [2]schaffen; Er|schaf|fung

er|schal|len

er|schei|nen; Er|schei|nung; Er|scheinungs_bild, …form, …jahr, …ort, …ter|min

er|schie|ßen; Er|schie|ßung

er|schlaf|fen; Er|schlaf|fung

er|schla|gen

er|schlei|chen (durch List erringen); Erschlei|chung

er|schlie|ßen

er|schöp|fen; sich -; er|schöpft; Er|schöpfung

[1]er|schre|cken; ich bin darüber erschrocken

[2]er|schre|cken; sein Aussehen hat mich erschreckt

[3]er|schre|cken, sich (ugs.); ich habe mich erschreckt, erschrocken; er|schre|ckend

er|schüt|tern; er|schüt|ternd; erschütternds|te; Er|schüt|te|rung

er|schwe|ren; Er|schwer|nis, die; -, -se; Erschwe|rung

er|schwin|deln

er|schwin|gen; er|schwing|lich

er|se|hen

er|seh|nen (geh.)

er|setz|bar; er|set|zen

er|sicht|lich

er|sit|zen; ersessene Rechte

er|spä|hen (geh.)

er|spa|ren; Er|spar|nis, *die;* -, -se (österr. auch: *das;* -ses, -se)

er|sprieß|lich

erst; - recht; - mal (ugs. für: erst einmal)

er|star|ken; Er|star|kung

er|star|ren; Er|star|rung

er|stat|ten; Er|stat|tung

erst|auf|füh|ren; meist nur in der Grundform u. im 2. Mittelwort gebr.; die Oper wurde in Mailand erstaufgeführt; **Erst|auf|füh|rung**; er|stau|nen; Er|stau|nen, *das;* -s; er|staun|lich

Erst_aus|ga|be, ...be|sitz; erst|bes|te; die - Gelegenheit; aber: nimm nicht gleich den Erstbesten, den ersten Besten; **Erst|be|stei|gung**

ers|te *s. Kasten*

er|ste|chen; er|ste|hen

er|steig|bar; Er|steig|bar|keit, *die;* -; er|stei|gen; Er|stei|gung

er|stel|len; Er|stel|lung

ers|te Mal; vgl. erste; ers|tens

er|ster|ben (geh.); mit -der Stimme

ers|te|re; erstere Bedeutung von beiden; [die] Erstere kommt nicht in Betracht; Ersteres ist noch zu prüfen

Ers|te[r]-Klas|se-Ab|teil; Erst|ge|burt

er|sti|cken; Er|sti|ckung

Erst|kläs|ser (mitteld. für: Erstklässler); erst|klas|sig; Erst|klass|ler (landsch., bes. österr.) u. Erst|kläss|ler (schweiz. und südd. für: Schüler der ersten Klasse)

erst|ma|lig; erst|mals

er|strah|len

erst|ran|gig

er|stre|ben; er|stre|bens|wert

er|stre|cken, sich; Er|stre|ckung

Erst|stim|me; Erst|tags|stem|pel

er|stun|ken (derb für: erdichtet); - und erlogen

er|stür|men; Er|stür|mung

er|su|chen

er|tap|pen; sich bei etwas -

er|tei|len; Er|tei|lung

er|tö|nen

Er|trag, *der;* -[e]s, ...träge; er|trag|bar; er|tra|gen; er|träg|lich; er|trag_los, ...reich; Er|trag[s]|stei|ge|rung

er|trän|ken; Er|trän|kung

er|trin|ken; Er|trin|ken|de, Er|trun|ke|ne, *der* u. *die;* -n, -n

er|tüch|ti|gen

er|üb|ri|gen; Geld, Zeit -; es erübrigt sich (ist überflüssig)[,] zu erwähnen ...

eru|ie|ren (herausbringen; ermitteln)

Erup|ti|on [...*zion*] ([vulkan.] Ausbruch)

er|wa|chen; Er|wa|chen, *das;* -s

er|wach|sen; Er|wach|se|ne, *der* u. *die;* -n, -n; Er|wach|se|nen|bil|dung, *die;* -

er|wä|gen; er|wä|gens|wert; Er|wä|gung; in - ziehen

er|wäh|len (geh.)

er|wäh|nen; er|wäh|nens|wert; Er|wäh|nung

er|wan|dern; Er|wan|de|rung

er|wär|men (warm machen) sich - (begeistern) für

er|war|ten; Er|war|ten, *das;* -s; wider -; Er|war|tung; er|war|tungs|ge|mäß; Er|war|tungs|hal|tung

er|we|cken

er|wei|chen; Er|wei|chung

er|wei|sen; sich -

er|wei|tern; Er|wei|te|rung

Er|werb, *der;* -[e]s, -e; er|wer|ben; er|werbs|fä|hig; er|werbs|los; Er|werbs|lo|se, *der* u. *die;* -n, -n; er|werbs|tä|tig; Er|werbs|tä|ti|ge, *der* u. *die;* -n, -n; Er|wer|bung

er|wil|dern; Er|wil|de|rung

er|wie|sen; er|wie|se|ner|ma|ßen

er|wir|ken; Er|wir|kung, *die;* -

er|wirt|schaf|ten; Gewinn -

er|wi|schen (ugs. für: ertappen; fassen)

er|wor|ben; -e Rechte

er|wün|scht

er|wür|gen; Er|wür|gung

Erz [auch: *ärz*], *das;* -es, -e

er|zäh|len; er|zäh|lens|wert; Er|zäh|ler; er|zäh|le|risch; Er|zäh|lung

Erz|bi|schof; erz|bi|schöf|lich

er|zen [auch: *är...*] (aus Erz)

Erz|en|gel

er|zeu|gen; Er|zeu|ger; Er|zeug|nis, *das;* -ses, -se; Er|zeu|gung

Erz|her|zog; Erz|her|zo|gin; Erz|her|zog|tum

er|zieh|bar; er|zie|hen; Er|zie|her; Er|zie|he|rin; er|zie|he|risch; Er|zie|hung, *die;* -; Er|zie|hungs|be|rech|tig|te, *der* u. *die;* -n, -n; Er|zie|hungs|ur|laub

er|zie|len; Er|zie|lung

er|zit|tern

er|zür|nen; Er|zür|nung

---

er|zwin|gen; Er|zwin|gung; er|zwun|ge|ner|ma|ßen

es; es sei denn, dass; er ists, (auch:) ist's; er wars, (auch:) war's

Esche, *die;* -, -n (ein Laubbaum)

Esel, *der;* -s, -; Ese|lei; Ese|lin; Esels|ohr (ugs.)

Es|ka|la|ti|on [...*zion*], *die;* -, -en; es|ka|lie|ren ([sich] stufenweise steigern, verschärfen)

Es|ka|pa|de, *die;* -, -n (geh. für: mutwilliger Streich)

Es|ki|mo, *der;* -[s], -[s] (Angehöriger eines arktischen Volkes); vgl. Inuit

Es|kor|te, *die;* -, -n (Geleit, Schutz; Begleitmannschaft); es|kor|tie|ren

Eso|te|rik, *die;* -, (Geheimlehre, Grenzwissenschaft); eso|te|risch

Es|pe, *die;* -, -n (Zitterpappel); Es|pen|laub; wie - (am ganzen Körper heftig) zittern

Es|pe|ran|to, *das;* -[s] (eine künstl. Weltsprache)

Es|pres|so, *der;* -[s], -s od. ...ssi (in einer Spezialmaschine bereiteter, starker Kaffee); Es|pres|so|bar, *die;* Es|pres|so|ma|schi|ne; Es|pres|so|pad [...*päd*], *der,* -s, -s (meist *Mehrz.;* in Tablettenform gepresstes Espressopulver)

Es|prit [...*pri*], *der;* -s (Geist, Witz)

Es|say [*äßé'*, auch: *äßé'*, *äße* u. *äße*], *der* od. *das;* -s, -s (kürzere Abhandlung); Es|say|ist, *der;* -en, -en (Verfasser von Essays); Es|say|is|tin

ess|bar; Ess|bar|keit, *die;* -; Ess|be|steck

Es|se, *die;* -, -n (bes. ostmitteld. für: Schornstein)

es|sen; aß; gegessen; zu Mittag -; Es|sen, *das;* -s, -; Es|sen[s]|mar|ke; Es|sens|zeit

Es|senz, *die;* -, (für: Auszug, Extrakt auch *Mehrz.:*) -en (Wesen, Kern)

Es|sig, *der;* -s, -e; Es|sig_es|senz, ...gur-
ke; es|sig|sau|er; essigsaure Tonerde
Ess|löf|fel; Ess|stö|rung, (auch:) Ess-Stö-
rung; Ess|zim|mer
Es|ta|b|lish|ment [*ißtäblischmᵉnt*], *das;* -s,
-s (Schicht der Einflussreichen u. Etablierten)
Es|t|ra|gon, *der;* -s (eine Gewürzpflanze)
Es|t|rich, *der;* -[s], -e (fugenloser Fußboden;
schweiz. für: Dachboden, -raum)
Es|zett, *das;* -, - (Buchstabe: „ß")
eta|b|lie|ren (festsetzen; begründen); sich
- (sich selbstständig machen; sich niederlas-
sen); Eta|b|lis|se|ment [...*βᵉmang,*
schweiz.: ...*mänt*], *das;* -s -s u. (schweiz.:)
-e (geh. für: Betrieb, Niederlassung; [vor-
nehme] Gaststätte; auch für: Bordell)
Eta|ge [*etaschᵉ*, österr.: *etasch*], *die;* -, -n
([Ober]geschoss)
Etap|pe, *die;* -, -n ([Teil]strecke, Abschnitt;
Stufe; Milit.: Versorgungsgebiet hinter der
Front)
Etat [*eta*], *der;* -s, -s ([Staats]haus-
halt[splan]; Geldmittel)
ete|pe|te|te (ugs. für: geziert, zimperlich;
übertrieben feinfühlig)
Ethik, *die;* -, (selten:) -en (Sittenlehre; Gesamtheit der sittlichen u. moralischen
Grundsätze); ethisch (sittlich)
Ethnologie, *die;* -, ...ien (Völkerkunde)
Ethos, *das;* - (die sittl.-moral. Gesamthal-
tung)
Eti|kett, *das;* -[e]s, -e (auch: -s) u.
(schweiz., österr., sonst veralt.) ¹Eti|ket-
te, *die;* -, -n (Zettel mit [Preis]aufschrift,
Schild[chen])
²Eti|ket|te, *die;* -, -n (Gesamtheit der her-
kömmlichen Umgangsformen)
eti|ket|tie|ren (mit einem Etikett versehen)
et|li|che; etliche Tage vergingen; ich weiß
etliches dazu zu sagen; et|li|che Mal
Etü|de, *die;* -, -n (Musik: Übungsstück)
Etui [*ätwi̱*], *das;* -s, -s (Behälter,
[Schutz]hülle)
et|wa; in - (annähernd, ungefähr); et|wa|ig;
etwaige weitere Kosten; et|was; etwas
Auffälliges, Derartiges; Et|was, *das;* -, -;
ein gewisses -
Ety|mo|lo|gie, *die;* -, ...ien (Sprachw.: Ur-
sprung u. Geschichte der Wörter); ety|mo-
lo|gisch
EU = Europäische Union
euch (kann in Briefen klein- oder großgeschrieben werden)
Eu|cha|ris|tie [...*cha...*], *die;* -, ...ien (kath.
Kirche: Abendmahl, Altarsakrament)
¹eu|er, eu[|e]re, eu|er (kann in Briefen klein-
oder großgeschrieben werden); euer Haus
²eu|er (kann in Briefen klein- oder großge-
schrieben werden); *Wesf. von* ihr); euer
(nicht: eurer) sind drei; ich erinnere mich
euer (nicht: eurer)
eu[|e]re; eu|er|seits; eu|ers|glei|chen;
eu|ert|hal|ben; eu|ert|we|gen; eu|ert-
wil|len; um -

Eu|ka|lyp|tus, *der;* -, ...ten u. - (ein Baum)
Eu|le, *die;* -, -n; eu|len|äu|gig; Eu|len|flug,
der; -[e]s
Eu|nuch, *der;* -en, -en (kastrierter Mann;
Haremswächter)
Eu|pho|rie, *die;* - (Zustand gesteigerten
Hochgefühls); eu|pho|risch
Eu|ra|tom, *die;* - (Kurzw. für: Europäische
Atomgemeinschaft)
eu|re; vgl. eu[|e]re; eu|[r]er|seits; eu|res-
glei|chen; eu|ret|hal|ben; eu|ret|we-
gen; eu|ret|wil|len; um -
Eu|ro, *der;* -[s], -s (europ. Währungseinheit);
30 Euro; Zeichen: €; Eu|ro|cheque
[...*schäk*], *der;* -s, -s (bei den Banken zahlreicher [europ.] Länder einlösbarer
Scheck); Eu|ro|cheque|kar|te, (auch:) Eu-
ro|cheque-Kar|te; Eu|ro|ci|ty|zug
[...*βiti...*] (europaweit verkehrender Inter-
cityzug; Abk.: EC®)
Eu|ro|land, -s, (auch:) *das;* -[e]s, ...länder
(*[nur Einz.:]* an der Europäischen Wäh-
rungsunion teilnehmende Staatengruppe;
auch: einer dieser Staaten)
Eu|ro|pä|er, *die;* -, -; Eu|ro|pä|e|rin; eu-
ro|pä|isch; das -e Gleichgewicht; Europäi-
sche Gemeinschaft (Abk.: EG); Europäische
Union (EU)
Eu|ro|pa_meis|ter, ...par|la|ment, ...po-
kal; Eu|ro|vi|si|on, die - (europ. Organisa-
tion zur gemeinsamen Veranstaltung von
Fernsehsendungen)
Eu|ter, *das* u. (landsch. auch:) *der;* -s, -
Eu|tha|na|sie, *die;* - (Med.: Sterbeerleichte-
rung durch Narkotika; bewusste Herbeifüh-
rung des Todes)
eva|ku|ie|ren [*ewa...*] ([ein Gebiet von Be-
wohnern] räumen; [Bewohner aus einem
Gebiet] aussiedeln); Eva|ku|ier|te, *der* u.
die; -n, -n; Eva|ku|ie|rung
evan|ge|lisch [*ew...,* auch: *ef...*] (auf dem
Evangelium fußend; protestantisch); die
evangelische Kirche; evan|ge|lisch-lu|the-
risch; evan|ge|lisch-re|for|miert; Evan-
ge|list, *der;* -en, -en (Verfasser eines der
vier Evangelien; Titel in ev. Freikirchen:
Wanderprediger); Evan|ge|li|um, *das;* -s,
(für: die vier ersten Bücher im N. T. *auch*
Mehrz.:) ...ien [...*iᵉn*] (Heilsbotschaft von
Jesus Christus)
Even|tu|a|li|tät [*ewän...*], *die;* -, -en (Mög-
lichkeit, mögl. Fall); even|tu|ell (mögli-
cherweise eintretend; gegebenenfalls)
evi|dent [*ewi...*] (offenbar; überzeugend)
Evo|lu|ti|on [*ewoluzion̲*], *die;* -, -en (fort-
schreitende Entwicklung; Biol.: stammes-
geschichtl. Entwicklung der Lebewesen);
evol|vie|ren (entwickeln, entfalten)
ewig; das -e Leben; der -e Frieden; -er
Schnee; das -e Licht; die Ewige Stadt
(Rom); Ewig|keit; Ewig|keits|sonn|tag
(Totensonntag)
ex (ugs. für: aus; tot); - trinken
Ex... (ehemalig, z. B. Exminister)

ex|akt (genau; sorgfältig; pünktlich); Ex-
akt|heit
Ex|a|men, *das;* -s, - od. (seltener:) ...mina
([Abschluss]prüfung); Ex|a|mens|ar|beit;
exa|mi|nie|ren
ex|e|ku|tie|ren (vollstrecken); Ex|e|ku|ti|on
[...*zion̲*], *die;* -, -en (Vollstreckung
[eines Urteils]; Hinrichtung; österr. auch
für: Pfändung); Ex|e|ku|ti|ve [...*wᵉ*], *die;*
-, -n (vollziehende Gewalt [im Staat])
Ex|em|pel, *das;* -s, - ([warnendes] Beispiel;
Aufgabe); Ex|em|p|lar, *das;* -s, -e ([einzel-
nes] Stück); ex|em|p|la|risch (musterhaft;
warnend, abschreckend)
ex|er|zie|ren (üben [meist von Truppen]);
Ex|er|zier|platz
ex|hu|mie|ren ([einen Leichnam] wieder
ausgraben)
Exil, *das;* -s, -e (Verbannung[sort]); Exil_li-
te|ra|tur, ...re|gie|rung
exis|tent (wirklich, vorhanden); Exis|tenz,
die; -, -en (Dasein; Lebensgrundlage; ab-
wertend für: Mensch); Exis|tenz|be|rech-
ti|gung; Exis|tenz|grün|der; exis|tie|ren
(vorhanden sein, bestehen)
Ex|i|tus, *der;* - (Med.: Tod)
Ex|kla|ve [...*wᵉ*], *die;* -, -n (ein eigenstaatl.
Gebiet in fremdem Staatsgebiet)
ex|klu|siv (nur einem bestimmten Personen-
kreis zugänglich); Ex|klu|si|vi|tät, *die;* -
(Ausschließlichkeit, [gesellschaftl.] Abge-
schlossenheit)
Ex|kom|mu|ni|ka|ti|on [...*zion̲*], *die;* -, -en
(kath. Kirche: Ausschluss aus der Kirchen-
gemeinschaft); ex|kom|mu|ni|zie|ren
Ex|kre|ment, *das;* -[e]s, -e (Ausscheidungs-
produkt, bes. Kot)
Ex|kurs, *der;* -es, -e (Erörterung in Form ei-
ner Abschweifung); Ex|kur|si|on, *die;* -,
-en (Gruppenausflug zu wissenschaftlichen
o. ä. Zwecken)
Ex|mi|nis|ter; Ex|mi|nis|te|rin
exo|tisch (fremdländisch, -artig)
Ex|pan|der, *der;* -s, - (ein Sportgerät); ex-
pan|die|ren ([sich] ausdehnen); Ex|pan-
si|on, *die;* -, -en (Ausdehnung; Ausbrei-
tung [eines Staates])
Ex|pe|di|ent, *der;* -en, -en (Abfertigungsbe-
auftragter in der Versandabteilung einer
Firma); Ex|pe|di|en|tin; ex|pe|die|ren
(abfertigen; absenden; befördern); Ex|pe-
di|ti|on [...*zion̲*], *die;* -, -en (Forschungs-
reise; Versand- od. Abfertigungsabteilung)
Ex|pe|ri|ment, *das;* -[e]s, -e; Ex|pe|ri|men-
tal... (auf Experimenten beruhend, z. B. Ex-
perimentalphysik); ex|pe|ri|men|tell (auf
Experimenten beruhend); ex|pe|ri|men-
tie|ren; Ex|per|te, *der;* -n, -n (Sachver-
ständiger, Gutachter); Ex|per|ti|se, *die;* -,
-n (Gutachten)
ex|pli|zit (ausdrücklich, deutlich; ausführ-
lich)
ex|plo|dier|bar; ex|plo|die|ren; ex|plo|si-
bel (explosionsfähig, -gefährlich); Ex|plo-
si|on, *die;* -, -en; Ex|plo|si|ons_ge|fahr,

...mo|tor; ex|plo|siv (leicht explodierend, explosionsartig)

Ex|po|nent, der; -en, -en (Hochzahl, bes. in der Wurzel- u. Potenzrechnung; Vertreter [einer Ansicht]); ex|po|niert (gefährdet; [Angriffen] ausgesetzt; herausgehoben)

Ex|port, der; -[e]s, -e (Ausfuhr); Ex|port.ar|ti|kel, ...ge|schäft; Ex|por|teur [...tör], der; -s, -e (Ausfuhrhändler od. -firma); Ex|port.kauf|frau, ...kaufmann

Ex|po|see, (auch:) Ex|po|sé [...se], das; -s, -s (Denkschrift, Bericht; Zusammenfassung; Plan, Skizze [für ein Drehbuch])

ex|press (veralt., noch ugs. für: eilig); Ex|press, der; -es, -e (kurz für: Expresszug); Ex|press|gut

Ex|pres|si|o|nis|mus, der; - (Kunstrichtung im frühen 20. Jh., Ausdruckskunst); Ex|pres|si|o|nist, der; -en, -en; Ex|pres|si|o|nis|tin; ex|pres|si|o|nis|tisch

Ex|press|zug

ex|qui|sit (ausgesucht, erlesen); Ex|qui|sit-la|den (ehem. in der DDR)

Ekstase
Das aus dem Griechischen stammende Wort wird nicht mit Ex-, sondern mit Eks- geschrieben, obwohl es den gleichen Anlaut hat wie z. B. *Export, extra, extrem.*

ex|tem|po|rie|ren (aus dem Stegreif reden, schreiben usw.)

ex|ten|siv (der Ausdehnung nach; räumlich; nach außen wirkend); -e Wirtschaft (Form der Bodennutzung mit geringem Einsatz von Arbeitskraft u. Kapital)

Ex|te|ri|eur [...iör], das; -s, -e (Äußeres; Außenseite); ex|tern (äußere; auswärtig)

ex|t|ra (außerdem, besonders, eigens); Ex|t|ra, das; -s, -s ([nicht serienmäßig mitgeliefertes] Zubehör[teil]); ex|t|ra|fein

Ex|trakt, der (auch: das); -[e]s, -e (Auszug [aus Büchern, Stoffen]; Hauptinhalt; Kern)

ex|t|ra|or|di|när (veraltend für: außergewöhnlich, außerordentlich)

Ex|t|ra|va|gant [...wa..., auch: äk...] (verstiegen, überspannt); Ex|t|ra|va|ganz [auch: äk...], die; -, -en

Ex|t|ra|wurst; jmdm. eine - braten (ugs. für: jmdn. bes. bevorzugt behandeln)

ex|t|rem („äußerst"; übertrieben); Ex|t|rem, das; -s, -e (höchster Grad, äußerster Standpunkt; Übertreibung); Ex|t|rem|fall; im - (kurz für: Extremfall); Ex|t|re|mist, der; -en, -en; Ex|t|re|mis|tin; Ex|t|re|mi|tä|ten, die (Mehrz.; Gliedmaßen); Ex|t|rem|si|tu|a|ti|on; Ex|t|rem|sport (mit höchster körperlicher Beanspruchung od. mit besonderen Gefahren verbundener Sport)

ex|zel|lent (hervorragend); Ex|zel|lenz, die; -, -en (ein Titel)

ex|zen|t|risch (Math., Astron.: außerhalb des Mittelpunktes liegend; geh.: überspannt)

Ex|zess, der; -es, -e (Ausschreitung; Ausschweifung); ex|zes|siv

F (Buchstabe): das F, des F, die F; aber: das f in Hafen

f, F, das; -, - (Tonbezeichnung)

Fa|bel, die; -, -n (erdichtete [lehrhafte] Erzählung; Grundhandlung einer Dichtung); Fa|be|lei; fa|bel|haft; fa|beln; Fa|beltier

Fa|b|rik¹, die; -, -en; Fa|b|ri|kant, der; -en, -en; Fa|b|rik|ar|bei|ter (österr.: Fabriksarbeiter); Fa|b|ri|kat, das; -[e]s, -e; Fa|b|ri|ka|ti|on [...zion], die; -, -en; Fa|b|ri|ka|ti|ons_feh|ler, ...pro|zess; Fa|b|rik|be|sit|zer; fa|b|rik_mä|ßig, ...neu; fa|b|ri|zie|ren

fa|bu|lie|ren (fantasievoll erzählen)

Fa|cet|te [...ße...], (auch:) Fas|set|te, die; -, -n (eckig geschliffene Fläche von Edelsteinen u. Glaswaren; Teilaspekt)

Fach, das; -[e]s, Fächer

...fach (z. B. vierfach [mit Ziffer: 4fach, (auch:) 4-fach]; aber: n-fach)

Fach.ar|bei|ter, ...aus|druck, ...be|griff

fä|cheln; Fä|cher, der; -s, -; fä|chern

Fach.frau, ...ge|biet; fach|ge|recht; Fach.ge|schäft, ...han|del, ...idi|ot (abwertend für: jmd., der nur sein Fachgebiet kennt); fach|kun|dig; Fach|leh|rer; fach|lich; Fach.li|te|ra|tur, ...mann (Mehrz. ...leute); fach|män|nisch; fach|sim|peln (ugs. für: ausgiebige Fachgespräche führen); Fach|werk|haus; Fach|wort (Mehrz. ...wörter)

Fa|ckel, die; -, -n; fa|ckeln; nicht lange - (ugs. für: zögern); Fa|ckel|zug

Fac|to|ry-Out|let, (auch:) Fac|to|ry|out|let [fäktoriautlet], das; -s, -s (Direktverkaufsstelle einer Firma)

fad, fade

Fäd|chen; fä|deln (einfädeln); Fa|den, der; -s, Fäden u. (für Längenmaß:) -; fa|den|schei|nig

Fa|gott, das; -[e]s, -e (ein Holzblasinstrument)

fä|hig; Fä|hig|keit

fahl; fahl|gelb

fahn|den; Fahn|dung; Fahn|dungs_buch, ...fo|to, ...lis|te

Fah|ne, die; -, -n; Fah|nen_eid (Milit.), ...flucht (nur Einz.; Milit.); fah|nen|flüch|tig (Milit.); Fäh|nen|stan|ge; Fähn|lein; Fähn|rich, der; -s, -e

Fahr_aus|weis (schweiz. auch für: Führerschein), ...bahn; fahr|bar; fahr|be|reit; Fahr|dienst, der; -[e]s; Fahr|dienst|lei|ter, der; Fahr|dienst|lei|ter|in

Fäh|re, die; -, -n

---

fah|ren; fuhr, gefahren; Auto fahren; Rad fahren; er hat seine Frau fahren lassen (hat ihr erlaubt zu fahren); er hat sein Vorhaben fahren lassen, (auch:) fahrenlassen/fahren gelassen, (auch:) fahrengelassen (ugs. für: aufgegeben); fah|rend; -e Leute; fah|ren|las|sen; vgl. fahren

Fah|rer; Fah|re|rei, die; -; Fah|rer_flucht, die; -; Fah|re|rin; Fah|rer|sitz; Fahr_gast (Mehrz. ...gäste), ...geld, ...ge|stell; fah|rig (zerstreut); Fahr_kar|te, ...kos|ten (vgl. Fahrtkosten); fahr|läs|sig; -e Tötung; Fahr|läs|sig|keit; Fahr|leh|rer

Fähr|mann (Mehrz. ...männer u. ...leute)

Fahr|plan; fahr|plan|mä|ßig; Fahr_preis, ...prü|fung, ...rad, ...schu|le, ...stuhl, ...stun|de; Fahrt, die; -, -en

Fähr|te, die; -, -n (Spur)

Fahr|ten_buch, ...schrei|ber; Fahrt|kos|ten, die (Mehrz.); Fahr_tüch|tig|keit, ...zeug

fair [fär]; ein -es Spiel; Fair|ness [fär...], die; -; Fair|play, (auch:) Fair Play [fär_ple'], das; - - (anständiges Spiel od. Verhalten [im Sport])

fä|kal (Med.: kotig); Fä|ka|li|en [...iⁿn], die (Mehrz.; Med.: Kot)

Fa|kir (österr.: ...kir), der; -s, -e ([ind.] Büßer; Zauberkünstler)

Fak|si|mi|le, das; -s, -s (originalgetreue Nachbildung, z. B. einer alten Handschrift)

fak|tisch (tatsächlich); Fak|tor, der; -s, ...oren (bestimmender Grund, Umstand; Math.: Vervielfältigungszahl); Fak|to|tum, das; -s, -s u. ...ten (jmd., der alle anfallenden Arbeiten erledigt; Mädchen für alles); Fak|tum, das; -s, ...ta u. ...ten (Tatsache; Ereignis)

Fak|tur, die; -, -en u. (österr. u. schweiz.:) Fak|tu|ra, die; -, ...ren ([Waren]rechnung); fak|tu|rie|ren ([Waren] berechnen, Fakturen ausschreiben)

Fa|kul|tät, die; -, -en (Abteilung einer Hochschule)

falb; Fal|be, der; -n, -n (gelbliches Pferd)

Fal|ke, der; -n, -n (ein Greifvogel); Fal|ken_jagd; Fal|k|ner

Fall, der; -[e]s, Fälle (auch für: Kasus); für den -, dass ...; von - zu -; zu - bringen; erster (1.) Fall; Fall|beil; Fal|le, die; -, -n; fal|len; fiel, gefallen; er hat den Teller fallen lassen; sie hat seine Bemerkung fallen lassen, (auch:) fallenlassen/(seltener:) fallen gelassen, (auch:) fallengelassen; fäl|len; fal|len|las|sen; vgl. fallen; fäl|lig; Fäl|lig|keit; Fall|obst; Fall|reep, das; -[e]s, -e (Seemannsspr.: äußere Schiffstreppe); Fall|rück|zie|her (beim Fußball); falls; Fall_schirm, ...tür

falsch; falsche|ste; eine Melodie falsch spielen; vgl. aber falschspielen; weil das Buch falsch lag (an der falschen Stelle lag); vgl. aber falschliegen; fäl|schen; Fäl|scher;

---

¹ Auch: ...ik

Fạlsch|geld; Fạlsch|heit; fälsch|lich; fälsch|li|cher|wei|se; fạlsch|lie|gen (ugs. für: sich irren, falsch verhalten); vgl. falsch; Fạlsch|mel|dung; fạlsch|spie|len (betrügen); er hat falschgespielt; vgl. falsch; Fạlsch|spie|ler; Fạl|schung

Fạl|sẹtt, das; -[e]s, -e (Musik: Kopfstimme)

Fält|chen; Fạl|te, die; -, -n; fạl|teln; fạl|ten; gefaltet; fạl|ten|los; Fạl|ten|rock

Fạl|ter, der; -s, -

fạl|tig (Falten habend)

...fäl|tig (z. B. vielfältig)

Fạlz, der; -es, -e; fạl|zen

fa|mi|li|är (die Familie betreffend; vertraut); Fa|mi|lie [...iͤ], die; -, -n; Fa|mi|li|en-fei|er, ...na|me, ...stand (der; -[e]s), ...va|ter

fa|mọs (ugs. für: großartig)

Fan [fän], der; -s, -s (begeisterter Anhänger)

Fa|nạl, das; -s, -e (geh. für: eine Veränderung ankündigendes Zeichen)

Fa|na|ti|ker (blinder, rücksichtsloser Eiferer); fa|na|tisch (sich unbedingt, rücksichtslos einsetzend); Fa|na|tis|mus, der; -

Fan|be|treu|er [fän...]

Fan|club; vgl. Fanklub

Fan|fa|re, die; -, -n (Trompetensignal; Blasinstrument)

Fạng, der; -[e]s, Fänge; Fạng|arm (Zool.); fạn|gen; fing, gefangen; Fạn|gen, das; -s (Haschen, Nachlaufen); - spielen; Fän|ger; Fạng_fra|ge, ...lei|ne, ...netz

Fạn|go, der; -s (heilkräftiger Mineralschlamm); Fạn|go|pa|ckung

Fan|klub, (auch:) Fan|club [fän...]; Fan-mei|le (Straße od. öffentl. Platz, der während einer Großveranstaltung den Fans zur Verfügung gestellt wird); Fan|post

Fan|ta|sie, (auch:) Phan|ta|sie, die; -, ...ien (Vorstellung[skraft], Einbildung[skraft]; Trugbild); fan|ta|sie|los, (auch:) phan|ta|sie|los; Fan|ta|sie|lo|sig|keit, (auch:) Phan|ta|sie|lo|sig|keit; fan|ta|sie|ren, (auch:) phan|ta|sie|ren (sich der Einbildungskraft hingeben; wirr reden); fan|ta|sie|voll, (auch:) phan|ta|sie|voll, Fan|tạst, (auch:) Phan|tạst, der; -en, -en (Träumer, Schwärmer); fan|tạs|tisch, (auch:) phan|tạs|tisch (überspannt; unwirklich; ugs. für: großartig)

Fạr|be, die; -, -n; die - Blau; farb|echt; Fär|be|mit|tel, das; ...far|ben (z. B. beigefarben); fär|ben; fạr|ben_blind, ...froh; Fạrb_fern|se|her, ...film, ...fil|ter; fạr|big (österr. auch: färbig); ...far|big, (österr.:) ...fär|big (z. B. einfarbig; österr.: einfärbig); Fạr|bi|ge, der u. die; -n, -n (Angehörige[r] einer nichtweißen Bevölkerungsgruppe); farb|lich; farb|los; Farb-lo|sig|keit, die; -; Fạrb|ton (Mehrz. ...töne); Fär|bung

Fạrm, die; -, -en; Fạr|mer, der; -s, -; Fạr|mers|frau

Fạrn, der; -[e]s, -e (eine Sporenpflanze); Fạrn|kraut

Fär|se, die; -, -n (Kuh, die noch nicht gekalbt hat)

Fa|sạn, der; -[e]s, -e[n]; Fa|sa|ne|rie, die; -, ...ien (Fasanengehege)

fa|schie|ren (österr. für: Fleisch durch den Fleischwolf drehen); Fa|schier|te, das; -n (österr. für: Hackfleisch)

Fạsching, der; -s, -e u. -s

Fa|schis|mus, der; - (antidemokratische, nationalistische Staatsauffassung od. Herrschaftsform); Fa|schịst, der; -en, -en (Anhänger)

Fa|se|lei (ugs. abwertend); fa|se|lig (ugs. abwertend); fa|seln (ugs. abwertend: törichtes Zeug reden)

Fa|ser, die; -, -n; Fä|ser|chen; fa|se|rig; vgl. fasrig; fa|sern

Fa|shion [fäsch°n], die; - (Mode; feine Lebensart)

Fạs|nacht (landsch. u. schweiz. für: Fastnacht)

fas|rig, faserig

Fạss, das; -es, Fässer; zwei Fass Bier

Fas|sa|de, die; -, -n (Vorder-, Schauseite; Ansicht)

fass|bar; Fạss|bar|keit, die; -

Fạss|bier; Fạss|chen

fas|sen; fasste, gefasst

Fas|sẹt|te; vgl. Facette

fạss|lich; Fạss|lich|keit, die; -

Fạs|son [faβọng, schweiz. u. österr. meist: faβọn], die; -, -s (schweiz., österr.: -en; Form; Muster; Art; Zuschnitt)

Fạs|sung; fạs|sungs|los

fạst (beinahe)

fạs|ten; Fạs|ten, die (Mehrz.; Fasttage)

Fạst|food [faßtfụd], das; -[s], (auch:) Fast Food, das; - -[s] (schnell verzehrbare kleinere Gerichte)

Fạst|nacht, die; -

Fas|zi|na|ti|on [...zịọn], die; -, -en (fesselnde Wirkung; Anziehungskraft); fas|zi|nie|ren

fa|tạl (verhängnisvoll; unangenehm; peinlich); Fa|ta|lis|mus, der; - (Schicksalsglaube); Fa|ta|list, der; -en, -en

Fạta Mor|ga|na, die; - -, ...nen u. - -s (durch Luftspiegelung verursachte Täuschung)

Fạtz|ke, der; -n u. -s, -n u. -s (ugs. abwertend für: eitler Mensch)

fau|chen

faul; Fäu|le, die; -; fau|len; fau|len|zen; Fau|len|zer; Fau|len|ze|rei; Faul|heit, die; -; fau|lig; Fäul|nis, die; -; Faul_pelz (ugs. abwertend), ...tier

Faun, der; -[e]s, -e (geh. auch für: lüsterner Mensch); Fau|na, die; -, ...nen (Tierwelt)

Faust, die; -, Fäuste; Faust|ball; Fäust-chen; faust|dick; er hat es - hinter den Ohren; Faust_hand|schuh, ...re|gel

Faux|pas [fopạ], der; - [...pạ(β)], - [...pạβ] (Taktlosigkeit; Verstoß gegen die Umgangsformen)

fa|vo|ri|sie|ren (begünstigen; als voraussichtlichen Sieger [im Sportkampf] nennen); Fa|vo|rit, der; -en, -en (Günstling;

Liebling; voraussichtlicher Sieger [im Sportkampf]); Fa|vo|ri|tin

Fạx, das, (schweiz. meist: der); -, -e (kurz für: Telefax); Fạx|an|schluss

Fạxe, die; -, -n (meist Mehrz.; Grimasse; dummer Spaß; -n machen

fạ|xen (kurz für: telefaxen)

Fạxen|ma|cher (Grimassenschneider; Spaßmacher)

Fạ|zit, das; -s, -e u. -s (Ergebnis; Schlussfolgerung)

FDP = Freie Demokratische Partei [Deutschlands]

Fea|ture [fịtsch°r], das; -s, -s (auch: die; -, -s; aktuell aufgemachter Dokumentarbericht, bes. für Funk od. Fernsehen; typisches Merkmal, charakteristische Eigenschaft, bes. eines techn. Geräts)

Fe|b|ru|ar, der; -[s] (der zweite Monat des Jahres; Abk.: Febr.)

fẹch|ten; focht, gefochten; Fẹcht_mas|ke, ...sport

Fe|der, die; -, -n; Fe|der_ball, ...bett; Fe|der|fuch|ser (abwertend für: Pedant); fe|der|füh|rend; Fe|der_ge|wicht (Körpergewichtsklasse in der Schwerathletik), ...hal|ter; fe|der|leicht; Fe|der|le|sen, das; -s; nicht viel - [s] (Umstände) machen; fe|dern; Fe|de|rung; Fe|der|wei|ße, der; -n, -n (gärender Weinmost)

Fee, die; -, Feen (eine w. Märchengestalt)

Feed-back, (auch:) Feedback [fịtbäk], das; -s, -s (Rückmeldung, Reaktion; Physik: Rückkopplung)

Fe|ge|feu|er, Feg|feu|er; fe|gen

Feh|de, die; -, -n; Feh|de|hand|schuh

fehl; - am Platz; Fehl, der; nur noch in: ohne -; Fehl|an|zei|ge; fehl|bar (schweiz. für: [einer Übertretung] schuldig); Fehl_be|trag, ...ein|schät|zung; feh|len; Feh|ler; feh|ler|frei; feh|ler|haft; feh|ler|los; Fehl|er_quel|le, ...zahl; Fehl_far|be, ...ge|burt; fehl|ge|hen; Fehl_leis|tung, ...pass (Sportspr.), ...schlag; fehl|schla|gen; Fehl|start (Sportspr.); fehl|tre|ten; Fehl_tritt, ...zün|dung

fei|len (geh. für: [durch vermeintliche Zaubermittel] schützen); gefeit (sicher, geschützt)

Fei|er, die; -, -n; Fei|er|abend; fei|er|lich; Fei|er|lich|keit; fei|ern; Fei|er_schicht, ...stun|de, ...tag; fei|er|tags

feig, fei|ge

Fei|ge, die; -, -n; Fei|gen|blatt

Feig|heit; Feig|ling

feil|bie|ten

Fei|le, die; -, -n; fei|len

feil|hal|ten; feil|schen

fein; sehr -; fein gemahlenes, (auch:) feingemahlenes Mehl; eine -e Nase haben; -e Sitten; das hast du fein gemacht (gut gemacht); sich fein machen, (auch:) feinmachen; Fein|ar|beit

Feind, der; -[e]s, -e; jemandes - sein; jeman-

dem feind sein (veraltend); Fein|din;
feind|lich; jmdm. - gesinnt sein; Feind-
schaft; feind|se|lig; Feind|se|lig|keit
fein|füh|lig; Fein|füh|lig|keit, die; -; Fein-
ge|fühl, das; -[e]s; fein|ge|mah|len; vgl.
fein; Fein|heit; fein|kör|nig; Fein|kost;
fein|ma|chen, sich; vgl. fein; Fein|me-
cha|ni|ker; fein|ner|vig; Fein|schme-
ck|er; fein|sin|nig; Fein|staub; Fein-
staub|be|las|tung; Fein|wasch|mit|tel
feist
fei|xen (ugs. für: grinsen)
Fel|chen, der; -s, - (ein Fisch)
Feld, das; -[e]s, -er; elektrisches -; Feld- u.
Gartenfrüchte; Feld_fla|sche, ...herr,
...jä|ger (Milit.), ...mar|schall, ...maus,
...sa|lat, ...ste|cher (Fernglas); Feld|we-
bel, der; -s, -; Feld_weg, ...zug
Fel|ge, die; -, -n (Radkranz; Reckübung);
Fel|gen|brem|se
Fell, das; -[e]s, -e
Fel|la|che, der; -n, -n (Bauer im Vorderen
Orient)
Fels, der; -en, -en ([hartes] Gestein); Fels-
block (Mehrz. ...blöcke); Fel|sen, der; -s,
- ([aufragende] Gesteinsmasse, Felsblock);
fel|sen|fest; fel|sig; Fels|wand
Fel|me, die; -, -n (heimliches Gericht, Freige-
richt); Fel|me|mord
fe|mi|nin [auch: ...nin] (weiblich; weibisch);
Fe|mi|ni|num, das; -s, ...na (Sprachw.:
weibl. Hauptwort, z. B. „die Erde"); Fe|mi-
nis|mus, der; -
Fen|chel, der; -s (eine Heil- u. Gemüse-
pflanze); Fen|chel|tee
Feng|shui, (auch:) Feng Shui, das; - (chines.
Kunst der harmonischen Lebens- und
Wohnraumgestaltung)
Fens|ter, das; -s, -; Fens|ter_bank (Mehrz.
...bänke), ...la|den (Mehrz. ...läden, sel-
ten: ...laden); fens|terln (südd., österr.
für: die Geliebte nachts [am od. durchs
Fenster] besuchen); Fens|ter_platz,
...put|zer, ...rah|men, ...schei|be
Fe|ri|en [...i^e n], die (Mehrz.); Fe|ri|en|rei|se
Fer|kel, das; -s, -; Fer|ke|lei; fer|keln
Fer|ment, das; -s, -e (veraltend für: Enzym)
fern; der Ferne Osten (svw. Ostasien); fern-
ab (geh.); Fern|amt; fern|blei|ben; fer-
ne (geh.); von - [her]; Fer|ne, die; -, -n;
fer|ner; des Ferner[e]n darlegen
(Amtsspr.); fer|ner|hin [auch: färn^e rhin];
Fern|fahr|rer; fern|ge|lenkt; Fern|ge-
spräch; fern|ge|steu|ert; Fern|glas;
fern|hal|ten; wir wollen uns von allem -;
Fern_hei|zung, ...kurs, ...licht; fern|lie-
gen (kaum in Betracht kommen); fern-
lie|gend; eine fernliegende Lösung;
Fern|mel|de|amt; fern_münd|lich (für:
telefonisch), ...öst|lich; Fern_ruf,
...schrei|ben, ...schrei|ber
Fern|seh_an|ten|ne, ...ap|pa|rat; fern|se-
hen; Fern|se|hen, das; -s; Fern|se|her
(ugs.); Fern|seh_ge|rät, ...ka|me|ra,

...pro|gramm, ...sen|der, ...spiel, ...zu-
schau|er
Fern|sprech_amt, ...an|schluss, ...ap|pa-
rat; Fern|spre|cher; Fern|sprech_teil-
neh|mer
fern|ste|hen (keine innere Beziehung ha-
ben); der Kirche -; Fern_stu|di|um, ...un-
ter|richt, ...ver|kehr
Fer|se, die; -, -n (Hacken); Fer|sen|geld; nur
noch in: - geben (scherzh. für: fliehen)

---

fer|tig

Schreibung in Verbindung mit Zeitwörtern:
– fertig sein
– etwas fertig abliefern
Aber:
– eine Arbeit fertig machen od. fertigma-
chen
– sich für etwas fertig machen od. fertigma-
chen
– eine Arbeit fertig bekommen od. fertigbekommen
– eine Arbeit fertig bringen, fertig stellen
od. fertigbringen, fertigstellen
– mit der Arbeit fertig werden od. fertigwerden; mit einem Gegner fertig werden
od. fertigwerden
– die Suppe fertig kochen od. fertigkochen
Vgl. fertigbekommen, fertigbringen, fertig-
machen

Fer|tig_bau (Mehrz. ...bauten), ...bau|wei-
se; fer|tig|be|kom|men; sie hat es fertig-
bekommen, sich mit allen zu überwerfen;
vgl. fertig; fer|tig|brin|gen (vollbringen);
ich habe es fertiggebracht; fer|ti|gen; Fer-
tig|haus; Fer|tig|keit; fer|tig|ma|chen
(zermürben, völlig besiegen); vgl. fertig;
fer|tig|stel|len; vgl. fertig; fer|tig|wer-
den; vgl. fertig
Fes, (auch:) Fez, der; -[es], -[e] (rote Filz-
kappe)
fesch (ugs. für: flott)
¹Fes|sel, der; -s, -n (Teil des Beines)
²Fes|sel, die; -, -n (Band, Kette); Fes|sel-
bal|lon; fes|sel|frei; fes|seln; fes|selnd
fest; -e Kosten; -er Wohnsitz; jmdn. - anstel-
len; ein fest angestellter, (auch:) festange-
stellter Mitarbeiter; fest besoldete, (auch:)
festbesoldete Beamte; fest gefügte, (auch:)
festgefügte Anschauungen
Fest, das; -[e]s, -e; Fest|akt
fest|an|ge|stellt; vgl. fest
fest|bei|ßen, sich (sich intensiv u. ausdau-
ernd mit etwas beschäftigen)
Fest_bei|trag, ...be|leuch|tung
fest|be|sol|det; vgl. fest; fest|bin|den (an-
binden); fest|blei|ben (nicht nachgeben);
Fest|brenn|stoff; fest|dre|hen; die
Schraube -
Fes|te, die; -, -n (Festung)
Fest|es|sen
fest|fah|ren; sich -; fest|ge|fügt; vgl. fest;
fest|hal|ken, sich -; fest|hal|ten; eine

Aussage, jmdn., sich -; fest|hän|gen; fes-
ti|gen; Fes|tig|keit, die; -
Fes|ti|val [fäßt^i w^e l u. fäßtiwal], das; -s, -s
(Musikfest, Festspiel)
fest|klam|mern; sich -; fest|kle|ben; fest-
ko|chend; -e Kartoffeln; Fest|land
(Mehrz. ...länder); fest|län|disch; fest|le-
gen (auch für: anordnen); sich - (sich bin-
den)
fest|lich; Fest|lich|keit
fest|ma|chen (auch für: vereinbaren)
Fest|mahl
Fest|me|ter (alte Maßeinheit für: 1 m³ fester
Holzmasse; Abk.: Fm, fm); fest|na|geln
(ugs. auch für: jmdn. auf etwas festlegen);
fest|nä|hen; Fest|nah|me, die; -, -n;
fest|neh|men (verhaften); Fest_plat|te
(EDV), ...preis
Fest_pro|gramm, ...re|de, ...red|ner
fest|sau|gen; sich -; fest|schnal|len; fest-
schrau|ben; fest|schrei|ben (durch einen
Vertrag o. Ä. festlegen)
Fest|schrift
fest|set|zen (auch für: gefangen setzen);
Fest|set|zung; fest|sit|zen (ugs. für: nicht
mehr weiterkommen)
Fest|spiel; Fest|spiel|haus
fest|ste|hen; fest steht, dass ...; fest|ste-
hend (sicher, gewiss); fest|stell|bar; fest-
stel|len (ermitteln, [be]merken, nach-
drücklich aussprechen); Fest|stel|lung
Fest|tag; fest|täg|lich; Fest|tags|klei-
dung
Fes|tung; Fes|tungs|wall
fest|ver|zins|lich; -e Wertpapiere
Fest_vor|stel|lung, ...zelt
fest|zie|hen
Fest|zug
Fe|te [auch: fät^e], die; -, -n (ugs. für: Fest)
Fe|tisch, der; -[e]s, -e (magischer Gegen-
stand; Götzenbild); Fe|ti|schist, der; -en,
-en
fett; -er Boden; die Überschrift - drucken;
fett gedruckt, (auch:) fettgedruckt; Fett,
das; -[e]s, -e; fett|arm; Fett_au|ge; Fett-
creme, (auch:) Fett|krem, Fett|kre|me; fet-
ten; Fett|fleck; fett|ge|druckt; vgl. fett;
fet|tig; Fett|krem, Fett|kre|me; vgl. Fett-
creme; Fett|lei|big|keit, die; -; Fett|näpf-
chen; [bei jmdm.] ins - treten ([jmds.] Un-
willen erregen); Fett_pols|ter, ...säu|re
(Chemie), ...schicht; fett|trie|fend
Fe|tus, Fö|tus, der; - u. -ses, -se u. ...ten
(Med.: Leibesfrucht vom 4. Monat an)
Fetz|chen; fet|zen; Fet|zen, der; -s, -; fet-
zig (ugs. für: toll)
feucht; - werden; feucht|fröh|lich (fröhlich
beim Zechen); Feuch|tig|keit, die; -;
feucht|kalt, ...warm
feu|dal (das Lehnswesen betreffend;
Lehns...; ugs. für: vornehm; abwertend
für: reaktionär); Feu|dal|herr|schaft; Feu-
da|lis|mus, der; - (feudale Gesellschafts-
u. Wirtschaftsordnung)
Feu|del, der; -s, - (nordd. für: Scheuerlappen)

Feu|er, *das;* -s, -; offenes -; ein Feuer speiender, (auch:) feuerspeiender Vulkan; **feuer_be|stän|dig**, ...fest, ...ge|fähr|lich; **Feu|er_ha|ken**, ...herd, ...holz *(das;* -es), ...lei|ter *(die),* ...li|lie, ...lö|scher, ...mel|der; **feu|ern; feu|er|rot; Feu|ersbrunst;** feu|er|spei|end; vgl. Feuer; **Feuer_stuhl** (ugs. für: Motorrad), ...ver|siche|rung, ...waf|fe, ...wehr; **Feu|erwehr_au|to**, ...mann *(Mehrz.* ...männer u. ...leute); **Feu|er|werk; Feu|er|werkskör|per; Feu|er|zeug**

Feuil|le|ton [*föjetonɡ,* auch: *föietonɡ*], *das;* -s, -s (literarischer, kultureller Teil einer Zeitung; Aufsatz im Plauderton); **Feuil|leto|nist**, *der;* -en, -en; **feuil|le|to|nis|tisch**

feu|rig

¹Fez [*fεβ*]; vgl. Fes

²Fez, *der;* -es (ugs. für: Spaß, Vergnügen)

Fi|a|ker, *der;* -s, - (österr. für: Pferdedroschke; Kutscher)

Fi|as|ko, *das;* -s, -s (Fehlschlag)

Fi|bel, *die;* -, -n (Abc-Buch; Elementarlehrbuch)

Fi|ber, *die;* -, -n (Faser)

Fich|te, *die;* -, -n

fi|cken (derb für: koitieren)

fi|del (ugs. für: lustig)

Fi|di|bus, *der;* - u. -ses, - u. -se (gefalteter Papierstreifen als [Pfeifen]anzünder)

Fie|ber, *das;* -s, (selten:) - ; **Fie|ber|an|fall; fie|ber|frei; fie|ber|haft; fie|bern; fieber|sen|kend; Fie|ber|ther|mo|me|ter; fieb|rig**

Fie|del, *die;* -, -n (veraltend für: Geige); **fiedeln**

fie|pen (einen leisen, hohen Ton von sich geben)

fies (ugs. für: ekelhaft)

FI|FA, Fi|fa, *die;* - (Internationaler Fußballverband)

fif|ty-fif|ty [*fifti fifti*] (ugs. für: halbpart)

figh|ten [*faiten*] (Boxen: hart u. draufgängerisch kämpfen)

Fi|gur, *die;* -, -en; **Fi|gür|chen; fi|gür|lich**

Fik|ti|on [...*zion*], *die;* -, -en (Erdachtes); **fiktiv** (erdacht)

File [*fail*], *das,* (auch:) *der;* -s, -s (EDV: Datei)

Fil|let [*file*], *das;* -s, -s (Netzstoff; Lenden-, Rückenstück); **Fil|let_ar|beit**, ...steak

Fi|li|a|le, *die;* -, -en (Zweiggeschäft, -stelle)

Fi|li|gran, *das;* -s, -e (eine aus feinem Draht geflochtene Zierarbeit); **Fi|li|gran|ar|beit**

Fi|li|us, *der;* -, ...usse (scherzh. für: Sohn)

Film, *der;* -[e]s, -e; **Fil|me|ma|cher** (Regisseur [u. Drehbuchautor]); **fil|men; Film_fes|ti|val**, ...fest|spie|le *(die; Mehrz.);* **fil|misch; Film_ka|me|ra, ...produ|zent, ...schau|spie|ler, ...schau|spiele|rin, ...star** *(Mehrz.* ...stars), ...stu|dio, ...vor|füh|rer

Fil|ter, *der* od. (Technik meist:) *das;* -s, -; **filtern; Fil|ter_pa|pier**, ...zi|ga|ret|te

Filz, *der;* -es, -e; **fil|zen** (ugs. auch für: nach

[verbotenen] Gegenständen durchsuchen; schlafen); **Filz_hut**, *der;* **fil|zig; Filz_laus**, ...pan|tof|fel, ...schrei|ber, ...stift *(der)*

Fim|mel, *der;* -s, - (ugs. für: Tick)

Fi|na|le, *das;* -s, - (auch: -s; Schlussteil; Musik: Schlussstück, -satz; Sportspr.: Endrunde, Endspiel); **Fi|na|list**, *der;* -en, -en (Endrundenteilnehmer)

Fi|nanz, *die;* -, -en (Geldwesen; Gesamtheit der Geld- und Bankfachleute); **Fi|nanzamt; Fi|nan|zen**, *die (Mehrz.;* Geldwesen; Staatsvermögen; Vermögenslage); **fi|nanzi|ell; Fi|nan|zi|er** [*finanzie*], *der;* -s, -s (Geldgeber); **fi|nan|zie|ren; Fi|nan|zierung; Fi|nanz|in|ves|tor; fi|nanz|kräftig; Fi|nanz_kri|se**, ...la|ge, ...mi|nis|ter

fin|den; fand, gefunden; **Fin|der; Fin|derlohn; fin|dig;** ver Kopf; **Find|ling**

Fi|nes|se, *die;* -, -n (Feinheit; Kniff)

Fin|ger, *der;* -s, -; jmdn. um den kleinen - wickeln (ugs.); lange, krumme - machen (ugs. für: stehlen); **Fin|ger|ab|druck** *(Mehrz.* ...drücke); **Fin|ger|breit**, *der;* -, -, (auch:) **Fin|ger breit**, *die;* -, --; einen, ein paar Fingerbreit, (auch:) **Finger breit;** finger|dick; **Fin|ger_fer|tig|keit;** ...hut *(der),* ...kup|pe (Fingerspitze); **Fin|gerling; fin|gern; Fin|ger_na|gel**, ...ring; **Fin|ger|spit|zen|ge|fühl**, *das;* -[e]s

fin|gie|ren (erdichten; vortäuschen; unterstellen)

Fi|nish [*finisch*], *das;* -s, -s (letzter Schliff; Vollendung; Sportspr.: Endspurt, Endkampf)

Fink, *der;* -en, -en (ein Singvogel)

¹Fin|ne, *die;* -, -n (Jugendform der Bandwürmer; entzündete Pustel)

²Fin|ne, *die;* -, -n (Rückenflosse von Hai u. Wal; zugespitzte Seite des Handhammers)

fin|nisch; finn|län|disch

Finn|wal

fins|ter; finst[e]rer, -ste; im Finstern tappen (auch für: nicht Bescheid wissen); **Fins|ternis**, *die;* -, -se

Fin|te, *die;* -, -n (Vorwand, Täuschung; Sportspr.: Scheinangriff); **fin|ten|reich**

Fire|wall [*faiewål*], *die;* -, -s, (auch:) *der;* -s, -s („Brandmauer"; EDV: Programmsystem, das Netzwerke vor erwünschten Zugriffen schützt)

Fir|le|fanz, *der;* -es (ugs. für: Unsinn)

firm (fest, sicher, beschlagen)

Fir|ma, *die;* -, ...men

Fir|ma|ment, *das;* -[e]s (geh.)

fir|men (die Firmung erteilen)

Fir|men_in|ha|ber, ...schild *(das),* ...zeichen; **fir|mie|ren** (einen bestimmten Geschäfts-, Handelsnamen führen)

Firm|ling (der zu Firmende); **Fir|mung** (kath. Sakrament)

Firn, *der;* -[e]s, -e[n] (Altschnee); **fir|nig**

Fir|nis, *der;* -ses, -se (schnell trocknender Schutzanstrich); **fir|nis|sen**

Firn|schnee

First, *der;* -[e]s, -e

first class [*fö̱st klaβ*] (erstklassig); **FirstClass-Hotel**

First|zie|gel

Fisch, *der;* -[e]s, -e; faule -e (ugs. für: Ausreden); kleine -e (ugs. für: Kleinigkeiten); die Fisch verarbeitende, (auch:) fischverarbeitende Industrie; **fisch|äu|gig; Fisch_bein** *(das;* -[e]s), ...be|steck; **Fisch|bra|te|rei; Fisch|brat|kü|che** (Gaststätte für Fischgerichte); **fi|schen; Fi|scher; Fi|scherboot; Fi|sche|rei; Fi|sche|rei_gren|ze**, ...ha|fen, ...we|sen *(das;* -s); **Fischge|richt; Fisch|grä|ten|mus|ter; Fischgrün|de**, *die (Mehrz.);* **fi|schig; Fisch_kut|ter**, ...laich; **fisch|ver|ar|beitend;** vgl. Fisch

Fi|si|ma|ten|ten, *die (Mehrz.;* ugs. für: leere Ausflüchte)

fis|ka|lisch (dem Fiskus gehörend; staatlich); **Fis|kus**, *der;* -, (selten:) ...ken u. -se (Staat[skasse])

Fis|tel, *die;* -, -n (Med.: krankhafter od. künstlich angelegter röhrenförmiger Kanal, der ein Organ mit der Körperoberfläche od. einem anderen Organ verbindet); **fis|teln** (mit Kopfstimme sprechen); **Fis|telstim|me**

fit (in guter [körperl.] Verfassung; durchtrainiert); **Fit|ness**, *die;* - (gute körperl. Gesamtverfassung); **Fit|ness_cen|ter**, ...training

Fit|tich, *der;* -[e]s, -e (geh. für: Flügel)

Fitz|chen (Kleinigkeit)

fix (sicher, fest; ugs. für: gewandt); -e Idee (Zwangsvorstellung; törichte Einbildung); -er Preis (fester Preis); -e Kosten; - und fertig; **Fi|xa|tiv**, *das;* -s, -e [...*we*] (Fixiermittel); **fi|xen** (ugs. für: sich Drogen spritzen); **Fi|xer** (ugs. für: jmd., der sich Drogen spritzt); **Fi|xe|rin; Fi|xier_bad; fi|xie|ren; Fi|xie|rung; Fi|xig|keit** (ugs. für: Gewandtheit); **Fix_kos|ten** (Festkosten), ...preis, ...punkt (fester Bezugspunkt), ...stern (scheinbar unbeweglicher Stern); **Fi|xum**, *das;* -s, ...xa (festes Entgelt); **Fixzeit** (festgelegter Zeitpunkt, -raum)

Fjord, *der;* -[e]s, -e (schmale Meeresbucht mit Steilküsten)

FKK = Freikörperkultur; **FKK-Strand**

flach; den Teig flach drücken, (auch:) flachdrücken; **Flä|che**, *die;* -, -n; **flä|chen|haft; Flä|chen|in|halt; flach|fal|len** (ugs. für: nicht stattfinden); **flä|chig; Flach|land** *(Mehrz.* ...länder)

Flachs, *der;* -es (eine Faserpflanze); **flachsblond; flach|sen** (ugs. für: necken); **Flach|se|rei**

Flach|zan|ge

Fla|cker|feu|er; fla|ckern

Fla|den, *der;* -s, - (flacher Kuchen; breiige Masse; Kuhfladen); **Fla|den|brot**

Flag|ge, *die;* -, -n; **flag|gen; Flagg|schiff**

Flair [*flär*], *das;* -s (Fluidum, Atmosphäre, gewisses Etwas)

Flak, *die;* -, - (auch: -s; Kurzw. für: Flugzeug-

abwehrkanone; Flugabwehrartillerie);
Flak|bat|te|rie

Fla|kon [*flakong*], *der od. das;* -s, -s
([Riech]fläschchen)

flam|bie|ren (Speisen mit Alkohol übergie-
ßen u. brennend auftragen)

Fla|men|co [*...ko*], *der;* -[s], -s (andalus.
[Tanz]lied; Tanz)

Fla|min|go, *der;* -s, -s (ein Wasservogel)

Flämm|chen; Flam|me, *die;* -, -n; **flam-
men; Flam|men_meer, ...tod, ...wer|fer**

Flam|me|ri, *der;* -[s], -s (eine kalte Süß-
speise)

Flamm|ku|chen (mit Speck und Zwiebeln be-
legter Kuchen)

Fla|nell, *der;* -s, -e (ein Gewebe); **Fla-
nell_an|zug, ...hemd**

fla|nie|ren (müßig umherschlendern)

Flan|ke, *die;* -, -n; **flan|ken; Flan|ken|an-
griff; flan|kie|ren**

Flansch, *der;* -[e]s, -e (Verbindungsansatz
an Rohren, Maschinenteilen usw.); **flan-
schen** (mit einem Flansch versehen)

Flaps, *der;* -es, -e (ugs. für: Flegel); **flap|sig**
(ugs.)

Fläsch|chen; Fla|sche, *die;* -, -n (ugs. auch
für: Versager); **Fla|schen_bier, ...bürs|te;
fla|schen|grün; Fla|schen_hals** (ugs. auch
für: Engpass), **...öff|ner, ...post, ...zug**

Flat|rate, *die;* -, -s (auch:) Flat Rate [*flät-
re't*], *die;* --, --s (monatl. Pauschalpreis für
einen unbegrenzten Internetzugang)

**flat|ter|haft; Flat|ter|haf|tig|keit; flat|te-
rig; flat|tern; flatt|rig**

flau (ugs. für: schlecht, übel)

Flaum, *der;* -[e]s (weiche Bauchfedern; ers-
ter Bartwuchs); **Flaum|fe|der; flau|mig;
flaum|weich**

Flausch, *der;* -[e]s, -e (weiches Wollge-
webe); **flau|schig; Flau|se,** *die;* -, -n
(*meist Mehrz.;* ugs. für: Ausflucht; törichter Einfall)

Flau|te, *die;* -, -n (Windstille; übertr. für: Un-
belebtheit [z. B. im Geschäftsleben])

Fläz, *der;* -es, -e (ugs. abwertend für: männl.
Person mit flegelhaftem Benehmen); **flä-
zen,** sich (ugs. für: sich hinlümmeln)

Flech|te, *die;* -, -n (Pflanze; Hautausschlag;
geh. für: Zopf); **flech|ten;** flocht, geflochten; **Flech|ter; Flecht|werk**

Fleck, *der;* -[e]s, -e u. **¹Fle|cken,** *der;* -s, -;
der blinde Fleck (im Auge)

²Fle|cken, *der;* -s, - (größeres Dorf)

fle|cken|los; Fle|cken|was|ser; Fle|ckerl,
das; -s, -n (österr. für: quadratisch geschnittenes Nudelteigstück als Suppenein-
lage); **Fleck|fie|ber,** *das;* -s; **fle|ckig;
Fleck|ty|phus**

Fled|de|rer; fled|dern (Gaunerspr.: [Lei-
chen] ausplündern)

Fle|der_maus, ...wisch

Fleet, *das;* -[e]s, -e (Kanal in Küstenstädten,
bes. in Hamburg)

Fle|gel, *der;* -s, -; **Fle|ge|lei; fle|gel|haft;**

Fle|gel|jah|re, *die (Mehrz.);* **fle|geln,**
sich -

fle|hen; fle|hent|lich

Fleisch, *der;* -[e]s; Fleisch fressende, (auch:)
fleischfressende Pflanzen; **Fleisch|brü|he;
Flei|scher; Flei|sche|rei; Fleischer-
meis|ter; Flei|sches|lust; Fleisch_ex-
trakt; fleisch|far|ben, fleisch|far|big;
fleisch|fres|send;** vgl. Fleisch; **Fleisch-
ge|richt; Fleisch|hau|er** (österr. für: Flei-
scher); **Fleisch|haue|rei** (österr. für: Flei-
scherei); **flei|schig; Fleisch|klöß|chen;
fleisch|lich;** -e Lüste (geh.); **fleisch|los;
Fleisch_ma|schi|ne** (österr. für: Fleisch-
wolf), **...sa|lat, ...wa|ren, ...wolf,
...wun|de, ...wurst**

Fleiß, *der;* -es; **Fleiß|ar|beit; flei|ßig**

flen|nen (ugs. für: weinen)

flet|schen (die Zähne zeigen)

Fleu|rop [auch: *flörop*], *die;* - (inter-
nationale Blumengeschenkvermittlung)

fle|xi|bel (biegsam, elastisch; sehr anpas-
sungsfähig; Sprachw.: beugbar); flexi|b|le
Wörter; **Fle|xi|bi|li|tät,** *die;* - (Biegsam-
keit; Anpassungsfähigkeit); **Fle|xi|on**
(Med.: Beugung; Sprachw.: Deklination
od. Konjugation)

Flick|ar|beit; fli|cken; Fli|cken, *der;* -s, -;
Flick|werk, *das;* -[e]s

Flie|der, *der;* -s, - (ein Zierstrauch; landsch.
für: Holunder); **Flie|der|bee|re; flie-
der_far|ben** od. **...far|big**

Flie|ge, *die;* -, -n; **flie|gen,** flog, geflogen;
fliegende Blätter, fliegende Hitze, fliegende Untertasse; Fliegende Fische (Zool.);
Flie|gen_fän|ger, ...fens|ter, ...ge|wicht
(Körpergewichtsklasse in der Schwerathle-
tik), **...klat|sche, ...pilz; Flie|ger; Flie-
ger|alarm; flie|ge|risch**

flie|hen, floh, geflohen; **Flieh|kraft** (für:
Zentrifugalkraft)

Flie|se, *die;* -, -n (Wand- od. Bodenplatte);
flie|sen; Flie|sen|le|ger

Fließ|band, *das (Mehrz.* ...bänder); **flie-
ßen;** floss, geflossen

Flim|mer|kis|te (ugs. für: Fernsehgerät);
flim|mern

flink; Flink|heit, *die;* -

Flin|te, *die;* -, -n (Schrotgewehr)

flir|ren (flimmern)

Flirt [*flört,* auch: *flirt*], *der;* -[e]s, -s (Liebe-
lei; harmloses, kokettes Spiel mit der
Liebe); **flir|ten**

Flitt|chen (ugs. abwertend für: leichtlebige
w. Person)

Flit|ter, *der;* -s, -; **Flit|ter|kram** (abwer-
tend); **flit|tern** (glänzen); **Flit|ter_werk,
...wo|chen** (*die; Mehrz.)*

flit|zen (ugs. für: sausen, eilen); **Flit|zer**
(ugs. für: kleines, schnelles Fahrzeug)

floa|ten [*flo"ten*] (Wirtsch.: den Wechsel-
kurs freigeben); **Floa|ting,** *das;* -s

Flo|cke, *die;* -, -n; **flo|cken; flo|ckig**

Floh, *der;* -[e]s, Flö|he; **flö|hen;
Floh_markt** (Trödelmarkt), **...zir|kus**

Flom, *der;* -[e]s u. **Flo|men,** *der;* -s (Bauch-
u. Nierenfett des Schweines)

Flop, *der;* -s, -s (Misserfolg); **flop|pen** (ugs.
für: ein Flop sein)

Flor, *der;* -s, -e u. (selten:) Flöre (dünnes Gewebe; samtartige Oberfläche eines Gewe-
bes); **Flo|ra,** *die;* -, Floren (Pflanzenwelt
[eines Gebietes])

Flo|ren|ti|ner (ein Damenstrohhut; ein Ge-
bäck)

Flo|rett, *das;* -[e]s, -e; **Flo|rett|fech|ten**

flo|rie|ren (blühen, gedeihen); **Flo|rist,** *der;*
-en, -en (Erforscher einer Flora; Blumenbin-
der); **Flo|ris|tin; flo|ris|tisch**

Flos|kel, *die;* -, -n ([inhaltsarme] Redensart);
flos|kel|haft

Floß, *das;* -es, Flöße (Wasserfahrzeug); **flöß-
bar**

Flos|se, *die;* -, -n

flö|ßen; du flößt; **Flö|ßer; Floß|platz**

Flö|te, *die;* -, -n

¹flö|ten

²flö|ten; nur in: flöten gehen (ugs. für verlo-
ren gehen)

Flö|ten_blä|ser; Flö|ten_spiel (*das;* -[e]s),
...ton (*Mehrz.* ...töne); **Flö|tist,** *der;* -en,
-en (Flötenbläser); **Flö|tis|tin**

flott (leicht; rasch, flink); bei einer Arbeit
flott machen (ugs. für: sich beeilen); vgl.
aber flottmachen; **Flot|te,** *die;* -, -n; **Flot-
til|le** [auch: *flotilj'e*], *die;* -, -n (Verband
kleiner Kriegsschiffe); **flott|ma|chen;** er
hat das Schiff flottgemacht; vgl. flott;
flott|weg (ugs. für: in einem weg;
zügig)

Flöz, *das* (auch: *der);* -es, -e (abbaubare
[Kohle]schicht)

Fluch, *der;* -[e]s, Flüche; **fluch|be|la|den;
flu|chen; Flu|cher**

¹Flucht, *die;* -, -en (Fluchtlinie, Richtung,
Gerade)

²Flucht, *die;* -, -en (das Flüchten); **flucht|ar-
tig; flüch|ten,** sich -; **Flucht|hel|fer;
flüch|tig; Flüch|tig|keit; Flüch|tig|keits-
feh|ler; Flücht|ling**

Flucht|li|nie

flucht|ver|däch|tig; Flucht|weg

Flug, *der;* -[e]s, Flüge; im -e (im Nu);
**Flug_ab|wehr, ...bahn; flug|be|reit;
Flug|blatt**

Flü|gel, *der;* -s, -; **Flü|gel|al|tar; flü|gel-
lahm; Flü|gel_schlag, ...tür**

Flug|gast (*Mehrz.* ...gäste); **flüg|ge;
Flug_ge|sell|schaft, ...ha|fen, ...leh|rer,
...loch, ...per|so|nal, ...platz, ...post,
...rei|se**

flugs (schnell, sogleich)

Flug_ver|kehr, ...zeug (*das;* -[e]s, -e); **Flug-
zeug_bau** (*der;* -[e]s), **...ent|füh|rung,
...füh|rer, ...trä|ger**

Flu|i|dum, *das;* -s, ...da (von einer Person
od. Sache ausströmende Wirkung)

Fluk|tu|a|ti|on [*...zion*], *die;* -, -en (Schwan-
ken, Wechsel); **fluk|tu|ie|ren**

Flun|der, *die;* -, -n (ein Fisch)

Flun|ke|rei (ugs. für: kleine Lüge); flun|kern (ugs. für: schwindeln)

Flunsch, der; -[e]s, -e (ugs. für: verdrießlich od. zum Weinen verzogener Mund)

Flu|or, das; -s (chem. Element, Gas; Zeichen: F); flu|o|res|zie|ren; fluoreszierender Stoff (Leuchtstoff)

¹Flur, die; -, -en (nutzbare Landfläche; Feldflur)

²Flur, der; -[e]s, -e (Hausflur)

Flur.be|rei|ni|gung, ...buch, ...scha|den

Flu|se, die; -, -n (landsch. für: Fussel)

Fluss, der; -es, Flüsse; flussab|[wärts]; - fahren, Fluss|arm; flussauf|[wärts]; - fahren, Fluss|bett; flüssig; -e (verfügbare) Gelder; Wachs flüssig machen; vgl. aber flüssigmachen; Flüs|sig|keit; flüs|sig|ma|chen ([Geld] verfügbar machen); vgl. flüssig; Fluss|lauf; Flüss|lein; Fluss|pferd; Fluss|schiff|fahrt, (auch:) Fluss-Schiff|fahrt; Fluss|ufer

flüs|tern; Flüs|ter.pro|pa|gan|da, ...stim|me

Flut, die; -, -en; flu|ten; Flut|licht (das; -[e]s; starkes künstliches Licht zur Beleuchtung von Sportplätzen u. a.)

flut|schen (ugs. für: gut vorangekommen, -gehen); es flutscht

Flut.war|nung, ...wel|le, ...zeit

fö|de|ral (föderativ); Fö|de|ra|lis|mus, der; - ([Streben nach] Selbstständigkeit der Länder innerhalb eines Staatsganzen); fö|de|ra|lis|tisch; Fö|de|ra|ti|on [...zion], die; -, -en (loser [Staaten]bund); fö|de|ra|tiv (bundesmäßig); fö|de|riert (verbündet)

foh|len (ein Fohlen zur Welt bringen); Foh|len, das; -s, -

Föhn, der; -[e]s, -e (warmer, trockener Fallwind; auch für: Haartrockner; als ®: Fön); föh|nen (föhnig werden; auch für: mit dem Föhn trocknen); föh|nig

Föh|re, die; -, -n (landsch. für: Kiefer)

Fo|kus, der; -, -se (Brennpunkt; Med.: Krankheitsherd)

Fol|ge, die; -, -n; Folge leisten; zur Folge haben; für die Folge, in der Folge; demzufolge; infolge; zufolge; infolgedessen; Fol|ge|er|schei|nung; fol|gen; er ist mir gefolgt (nachgekommen); er hat mir gefolgt (Gehorsam geleistet); fol|gend; folgende [Seite] (Abk.: f.); folgende [Seiten] (Abk.: ff.); Folgendes aus dem Folgende (dieses), aus, in nach, von Folgendem (diesem); fol|gen|der|ma|ßen; fol|gen.reich, ...schwer; fol|ge|rich|tig; fol|gern; Fol|ge|rung; Fol|ge|zeit; folg|lich; folg|sam

Fo|li|ant, der; -en, -en (Buch in Folio); Fo|lie [...i⁰], die; -, -n (dünnes [Metall]blatt; Hintergrund); Fo|lio, das; -s, Folien [...i⁰n] u. -s (Halbbogengröße [ein Buchformat]); in -; Fo|lio|band, der

Folk|lo|re, die; - (Volksüberlieferungen; Volkskunde); folk|lo|ris|tisch

Fol|ter, die; -, -n; Fol|ter|bank (Mehrz. ...bänke); Fol|te|rer; Fol|ter_in|s|trument, ...kam|mer; fol|tern; Fol|te|rung

Fon usw.; vgl. Phon usw.

Fön®; vgl. Föhn

Fond [fong], der; -s, -s (Hintergrund; Rücksitz im Wagen; Fleischsaft)

Fon|dant [fongdang], der (österr.: das); -s, -s ([Konfekt aus] Zuckermasse)

Fonds [fong], der; - , - (Bestand, Geldmittel; Mehrz. auch für: Anleihen)

Fon|due [fongdü], die; -s, -s od. die; -, -s (schweiz. Käsegericht)

fö|nen, (alte Schreibung für:) [die Haare] föhnen

Fon|tä|ne, die; -, -n ([Spring]brunnen); Fon|ta|nel|le, die; -, -n (Med.: Knochenlücke am Schädel Neugeborener)

fop|pen; Fop|per; Fop|pe|rei

for|cie|ren [forßir⁰n] (erzwingen; verstärken); for|ciert (auch für: gezwungen, unnatürlich)

För|de, die; -, -n (nordd. für: schmale, lange Meeresbucht)

För|der|band (das; Mehrz. ...bänder); För|de|rer; För|de|rin; för|der|lich

for|dern

för|dern; För|der|ren|te (durch gesetzlich vorgesehene Zuschüsse u. Steuervergünstigungen staatlich geförderte private Altersvorsorge); För|der_schacht, ...turm

För|de|rung

För|de|rung; För|de|rungs|maß|nah|me

Fo|rel|le, die; -, -n (ein Fisch); Fo|rel|len|zucht

For|ke, die; -, -n (nordd. für: Heu-, Mistgabel)

Form, die; -, -en; in - sein; for|mal (auf die Form bezüglich; nur der Form nach); For|ma|lie [...i⁰], die; -, -n (meist Mehrz.; formale Einzelheit); For|ma|lis|mus, der; -, ...men (Überbetonung des rein Formalen); For|ma|list, der; -en, -en; for|ma|lis|tisch; For|ma|li|tät, die; -, -en; for|ma|li|ter (förmlich); for|mal|ju|ris|tisch

For|mat, das; -[e]s, -e; for|ma|tie|ren (EDV: Daten anordnen; [eine Diskette] zur Datenaufnahme vorbereiten); For|ma|ti|on [...zion], die; -, -en

form|bar; Form|bar|keit, die; -; form|be|stän|dig

For|mel, die; -, -n; For|mel-1-Wa|gen [...ainß...] (ein Rennwagen); for|mel|haft

for|mell (förmlich, die Formen beobachtend; äußerlich)

for|men; For|men|leh|re (Teil der Sprachlehre u. der Musiklehre); for|men|reich; For|men|reich|tum, der; -s

Form_feh|ler, ...fra|ge; Form|ge|bung; Form|ge|stal|tung; for|mie|ren; sich -; Form|kri|se (Sportspr.); förm|lich; Förm|lich|keit; form|los; Form|sa|che; form|schön; For|mu|lar, das; -s, -e; for|mu|lie|ren; For|mung; form|voll|en|det

forsch (resolut)

for|schen; For|scher; For|schung; For-

schungs_auf|trag, ...be|richt, ...er|gebnis, ...pro|jekt, ...rei|se, ...zen|t|rum

Forst, der; -[e]s, -e[n]; Forst|amt; Förs|ter; forst|lich

For|sy|thie [forsüzi⁰; auch: ...ti⁰; österr.: forsizi⁰], die; -, -n (ein Zierstrauch)

fort; - sein; in einem -

Fort [for], das; -s, -s (Festungswerk)

fort|ab; fort|an

Fort|be|stand, der; -[e]s; fort|be|ste|hen

fort|be|we|gen; sich -; Fort|be|we|gung

fort|bil|den; sich -; Fort|bil|dung

fort|blei|ben

fort|brin|gen

Fort|dau|er; fort|dau|ern; fort|dau|ernd

for|te (Musik: stark, laut; Abk.: f); For|te, das; -s, -s u. ...ti

fort|ent|wi|ckeln; sich -

fort|fah|ren

fort|fal|len

fort|flie|gen

fort|füh|ren; Fort|füh|rung

Fort|gang, der; -[e]s; fort|ge|hen

fort|ge|schrit|ten; Fort|ge|schrit|te|ne, der u. die; -n, -n

fort|ge|setzt

for|tis|si|mo (Musik: sehr stark, sehr laut; Abk.: ff); For|tis|si|mo, das; -s, -s u. ...mi

fort|ja|gen

fort|kom|men; Fort|kom|men, das; -s

fort|lau|fen; fort|lau|fend

fort|le|ben

fort|pflan|zen; sich -; Fort|pflan|zung

fort|rei|ßen; jmdn. mit sich -

fort|ren|nen

fort|schaf|fen

fort|schi|cken

fort|schrei|ten; Fort|schritt; fort|schrittlich; Fort|schritt|lich|keit, die; -; fortschritts|gläu|big

fort|set|zen; Fort|set|zung; Fort|setzungs|ro|man

fort|steh|len, sich

fort|wäh|rend

fort|wer|fen

fort|zie|hen

Fo|rum, das; -s, ...ren u. ...ra (altröm. Marktplatz; Gerichtsort; Öffentlichkeit; öffentliche Diskussion); Fo|rums|dis|kus|si|on

fos|sil (versteinert; vorweltlich); Fos|sil, das; -s, -ien [...i⁰n] ([versteinerter] Überrest von Tieren od. Pflanzen)

¹Fo|to, das; -s, -s (schweiz.: die; -, -s; kurz für: Fotografie)

²Fo|to, der; -, -s (ugs. kurz für: Fotoapparat)

Fo|to_al|bum, ...ap|pa|rat; fo|to|gen, (auch:) pho|to|gen (zum Fotografieren od. Filmen geeignet, bildwirksam)

Fo|to|graf, (auch:) Pho|to|graph, der; -en, -en; Fo|to|gra|fie, (auch:) Pho|to|gra|fie, die; -, ...ien; fo|to|gra|fie|ren; Fo|to|gra|fin, (auch:) Pho|to|gra|phin; fo|to|gra|fisch; (auch:) pho|to|gra|phisch; Fo|to|han|dy; Fo|to|ko|pie; fo|to|ko|pie|ren;

frei

I. Kleinschreibung
- *der freie Fall; der freie Wille; freie Wahlen; freier Eintritt; freier Journalist; freie Mitarbeiterin; in freier Wildbahn; die freie (nicht staatlich gelenkte) Marktwirtschaft; das Signal steht auf „frei"*

II. Großschreibung
a) *das Freie, im Freien, ins Freie; etwas Freies und Ungezwungenes*
b) *Freie Demokratische Partei (Abk. FDP); Freie Deutsche Jugend (in der DDR; Abk. FDJ); Freie und Hansestadt Hamburg; Freie Hansestadt Bremen; die Freie Reichsstadt Nürnberg, aber Frankfurt war lange Zeit eine freie Reichsstadt*
- *Freier Architekt (im Titel, sonst [er ist ein] freier Architekt)*

III. Schreibung in Verbindung mit Zeitwörtern u. Mittelwörtern
a) Getrennt- u. Zusammenschreibung:
- *frei sein, frei werden, frei bleiben*
- *frei (für sich) stehen; ein frei stehendes* od. *freistehendes Haus; frei stehende* od. *freistehende Zeilen; frei (ohne Manuskript) sprechen*
- *frei (ohne Stütze, ohne Leine) laufen; Eier von frei laufenden* od. *freilaufenden Hühnern (von Hühnern, die Auslauf haben)*
- *frei lebende* od. *freilebende Tiere*
- *die Ausfahrt frei halten, frei geben, frei lassen*
- *ein Gewicht frei halten*
- *eine Rede frei halten*
- *den Oberkörper frei machen* od. *freimachen; den Weg frei machen* od. *freimachen; von Vorurteilen frei machen* od. *freimachen; den Weg frei machen* od. *freimachen (vgl. aber freimachen)*
b) Zusammenschreibung, wenn eine idiomatisierte Gesamtbedeutung vorliegt:
- *freikaufen; freikommen; einen Brief freimachen; sich freischwimmen; jmdn. [von Schuld] freisprechen; [jmdm.] freistehen; jmdm. etw. freistellen*
- *freischaffend, freitragend*
c) Wenn nicht eindeutig ist, ob eine idiomatisierte Gesamtbedeutung vorliegt, dann gilt Getrennt- oder Zusammenschreibung:
- *ein paar Tage frei haben* od. *freihaben*
- *den Vormittag frei bekommen* od. *freibekommen*
- *jmdm. frei geben* od. *freigeben*
- *Geiseln frei bekommen* od. *freibekommen*
- *jmdm. den Rücken frei halten* od. *freihalten*

Fo|to_mo|dell, ...**mon|ta|ge** (Zusammenstellung verschiedener Bildausschnitte zu einem Gesamtbild), ...**re|por|ter**, ...**sa|fa|ri**

Fö|tus; vgl. Fetus

foul [*faul*] (Sportspr.: regelwidrig); **Foul**, *das;* -s, -s (Regelverstoß); **fou|len** [*faul°n*] (sich regelwidrig verhalten); **Foul|spiel** [*faul*...], *das;* -[e]s (regelwidriges Spielen)

Fox, *der;* -[es], -e (Kurzform für: Foxterrier, Foxtrott); **Fox|ter|ri|er** [...*i°r*] (Hunderasse); **Fox|trott**, *der;* -[e]s, -e u. -s (ein Tanz)

Fo|y|er [*foaje*], *das;* -s, -s (Vor-, Wandelhalle [im Theater])

Fracht, *die;* -, -en; **Fracht|brief**; **Fracht|er**; **fracht|frei**; **Fracht_gut**, ...**schiff**

Frack, *der;* -[e]s, Fräcke u. -s; **Frack_hemd**, ...**wes|te**

Fra|ge, *die;* -, -n; etwas infrage, (auch:) in Frage stellen; vgl. infrage; **Fra|ge_bo|gen**, ...**für|wort**; **fra|gen**; fragte, gefragt; **Fra|ger**; **Fra|ge|rei** (abwertend); **Fra|ge_satz**, ...**stel|lung**, ...**stun|de** (im Parlament); **Fra|ge-und-Ant|wort-Spiel**; **Fra|ge|zei|chen**; **frag|lich**; **frag|los** (sicher, bestimmt)

Frag|ment, *das;* -[e]s, -e; **frag|men|ta|risch**; **frag|wür|dig**; **Frag|wür|dig|keit**

frais[e] [*fräs*] (erdbeerfarben)

Frak|ti|on [...*zion*], *die;* -, -en; **frak|ti|o-nell**; **Frak|ti|ons_füh|rer**, ...**zwang**; **Frak|tur**, *die;* -, -en (Med.: Knochenbruch; *nur Einz.:* dt. Schrift, Bruchschrift); **Frak|tur-schrift**

Franc [*frang*], *der;* -, -s [*frang*] (Währungseinheit; Abk.: fr, *Mehrz.* frs)

frank (frei, offen); - und frei

Fran|ken, *der;* -s, - (schweiz. Währungseinheit; Abk.: Fr., sFr.; im dt. Bankwesen: sfr, *Mehrz.* sfrs); vgl. Franc

Frank|fur|ter, *die;* -, - (Frankfurter Würstchen)

fran|kie|ren; **Fran|kier|ma|schi|ne**; **fran|ko** (Kaufmannsspr. veraltend: portofrei)

fran|ko|f|on, (auch:) **fran|ko|ph|on** (französischsprachig); **fran|ko|phil** (frankreichfreundlich)

Fran|se, *die;* -, -n; **fran|sen**; **fran|sig**

Franz|brannt|wein

Fran|zis|ka|ner, *der;* -s, - (Angehöriger eines Mönchsordens); **Fran|zis|ka|ne|rin**; **Fran|zis|ka|ner|or|den**, *der;* -s; **fran|zis|ka|nisch**

fran|zö|sisch; die französische Schweiz; aber: die Französische Republik; die Französische Revolution; vgl. deutsch; **Fran|zö|sisch**, *das;* -[s] (Sprache); vgl. Deutsch; **Fran|zö|si|sche**, *das;* -n; vgl. Deutsch

frap|pant (auffallend); **frap|pie|ren** (überraschen, verblüffen; Wein, Sekt in Eis kühlen)

Frä|se, *die;* -, -n; **frä|sen**; **Fräs|ma|schi|ne**

Fraß, *der;* -es, -e

Fra|ter, *der;* -s, Fra|t|res ([Ordens]bruder); **fra|ter|ni|sie|ren** (sich verbrüdern); **Fra|t-res** (*Mehrz.* von: Frater)

Fratz, *der;* -es (österr.: -en), -e u. (österr. nur:) -en (ungezogenes Kind; niedliches Kind); **Frät|ze**, *die;* -, -n; **frat|zen|haft**

frau (bes. im feministischen Sprachgebrauch für: man); **Frau**, *die;* -, -en; **Fräu|chen**; **Frau|en_arzt**, ...**be|auf|trag|te** (*die*), ...**be|we|gung** (*die;* -), ...**heil|kun|de**, (*die;* -; für: Gynäkologie), ...**held**, ...**lei|den**; **Frau|en|recht|le|rin**; **Frau|en|schuh**, *der;* -[e]s (eine Orchideenart); **Frau|en-zim|mer** (ugs. abwertend für: weibliche Person)

Fräu|lein, *das;* -s, - (ugs. auch: -s)

frau|lich

Freak [*frik*], *der;* -s, -s (Aussteiger; jmd., der sich [übertrieben stark] für etw. begeistert)

frech; **Frech|dachs**; **Frech|heit**

Free Jazz [*fridschäß*], *der;* - - (Spielweise des Modern Jazz)

Free|sie [*fresi°*], *die;* -, -n (eine Zierpflanze)

Fre|gat|te, *die;* -, -n (ein Kriegsschiff); **Fre-gat|ten|ka|pi|tän**

frei s. Kasten

Frei|bad; **frei|be|kom|men**; vgl. frei; **frei-be|ruf|lich**; **Frei|be|trag**; **Frei|bier**, *das;* -[e]s; **frei blei|ben**; vgl. frei; **frei|blei-bend** (Kaufmannsspr.: ohne Verbindlichkeit, ohne Verpflichtung); **Frei|brief**; **Frei-den|ker**; **frei|den|ke|risch**

frei|en (veralt. für: heiraten); **Frei|er**; **Frei-ers|fü|ße**, *die (Mehrz.);* nur in: auf -n gehen (scherzh.)

Frei_exem|p|lar, ...**frau**; **frei|ge|ben**; vgl. frei; **frei|ge|big**; **Frei|ge|big|keit**; **Frei_ge|he|ge**, ...**geist** (*Mehrz.* ...geister); **frei|ha|ben**; vgl. frei; **Frei|han|del**, *der;* -s; **frei|hän|dig**; **Frei|heit**; **frei|heit|lich**; **Frei|heits_be|rau|bung**, ...**drang**, ...**ent-zug**, ...**krieg**; **frei|heits|lie|bend**; **Frei-heits|stra|fe**; **frei|he|raus**; **Frei|herr**; **Frei|in** (Freifräulein); **Frei|kar|te**; **frei-kau|fen** (durch ein Lösegeld befreien); **frei|kom|men** (loskommen); **Frei|kör|per-kul|tur** (Abk.: FKK); **frei lassen**, (auch:) **frei|las|sen**; Gefangene *frei lassen*, (auch:) freilassen; **Frei|las|sung**; **Frei-lauf**; **frei|lau|fen**, sich (beim Fußballspiel); vgl. frei; **frei|le|bend**; vgl. frei; **frei legen**, (auch:) **frei|le|gen**; die Fundamente -

frei|lich

Frei|licht_büh|ne, ...**mu|se|um**; **frei|ma-chen** (Postw.); **Frei|mar|ke**; **Frei|mau|rer**; **Frei|mau|re|rei**, *die;* -; **frei|mü|tig**; **frei nehmen**, (auch:) **frei|neh|men**; einen Tag *frei nehmen*, (auch:) freinehmen; **Frei-platz**; **frei|pres|sen** (durch Erpressung

303

jmds. Freilassung erzwingen); **frei|re|li|gi-ös**; **frei|schaf|fend**; ein freischaffender Künstler; **frei|schwim|men**, sich (die Schwimmprüfung ablegen); **Frei|sprech-an|la|ge**, **Frei|sprech|ein|rich|tung** (im Auto angebrachte Halterung [mit Anschluss] für das Handy); **frei|spre|chen** (von Schuld); **Frei_spruch**, ...**staat** (Mehrz. ...staaten), ...**statt** od. ...**stät|te**; (geh. für: Asyl, Zufluchtsort); **frei|ste|hen**; das soll dir - (gestattet sein); aber: das Haus hat lange frei gestanden; vgl. frei; **frei|stel|len** (erlauben); jmdm. etwas -; **Frei_stem|pel** (Postw.), ...**stoß** (beim Fußball; [in]direkter -), ...**stun|de**

Frei|tag, der; -[e]s, -e; der Stille Freitag (Karfreitag); vgl. Dienstag; **frei|tags**

Frei|tod (Selbstmord); **frei|tra|gend**; **Frei_trep|pe**, ...**übung**, ...**wild**; **frei|wil-lig**; **Frei_zei|chen**, ...**zeit**; **Frei|zeit_be-schäf|ti|gung**, ...**ge|stal|tung**, ...**klei-dung**, ...**park**; **frei|zü|gig**; **Frei|zü|gig-keit**, die; -

fremd; **fremd|ar|tig**

¹**Frem|de**, der u. die; -n, -n

²**Frem|de**, die; - (Ausland); in der -

frem|den|feind|lich; **Frem|den_füh|rer**, ...**heim**, ...**ver|kehr**, ...**zim|mer**; **fremd-ge|hen** (ugs. für: untreu sein); **Fremd-heit**, die; - (Fremdsein); **Fremd_herr-schaft**, ...**kör|per**; **fremd|län|disch**; **Fremd|ling**; **Fremd|spra|che**; **fremd-spra|chig** (eine fremde Sprache sprechend); **fremd|sprach|lich** (auf eine fremde Sprache bezüglich); **Fremd|wort** (Mehrz. ...wörter); **Fremd|wör|ter|buch**

fre|ne|tisch (rasend); -er Beifall

fre|quen|tie|ren (geh. für: häufig besuchen); **Fre|quenz**, die; -, -en (Besucherzahl, Verkehrsdichte; Schwingungszahl)

Fres|ke, die; -, -n u. **Fres|ko**, das; -s, ...ken (Wandmalerei auf feuchtem Kalkputz)

Fres|sa|li|en [...iʲᵉn], die (Mehrz.; ugs. scherzh. für: Esswaren); **Fres|se**, die; -, -n (derb für: Mund); **fres|sen**; fraß, gefressen; **Fres|sen**, das; -s; **Fress|sack**, (auch:) **Fress-Sack** (ugs. für: jmd., der viel isst)

Freu|de, die; -, -n; [in] Freud und Leid; **Freu-den_fest**, ...**feu|er**, ...**haus** (verhüllend für: Bordell), ...**mäd|chen** (verhüllend für: Prostituierte); **freu|den|reich**; **Freu|den_tanz**, ...**trä|ne**; **freu|de|strah|lend**; **freu|dig**; ein -es Ereignis; **freud|los**; **freu|en**; sich - **freund** (veraltend); jmdm. freund (freundlich gesinnt) sein, bleiben

Freund, der; -[e]s, -e; jmds. Freund bleiben, werden; **Freund|chen** (meist [scherzh.] drohend als Anrede); **Freun|des|kreis**; **Freun|din**; **freund|lich**; **freund|li|cher-wei|se**; **Freund|lich|keit**; **Freund|schaft**; **freund|schaft|lich**; **Freund|schafts-dienst**

Fre|vel, der; -s, -; **fre|vel|haft**; **fre|veln**; **Frev|ler**; **Frev|le|rin**; **frev|le|risch**

Frie|de, der; -ns, -n (seltener für: Frieden);

Frie|den, der; -s, -; **Frie|dens_be|we-gung**, ...**bruch**, ...**for|schung**, ...**kon|fe-renz**, ...**lie|be**, ...**no|bel|preis**, ...**pfei|fe**, ...**po|li|tik**, ...**rich|ter**, ...**schluss**; **Frie-den[s]_stif|ter**, ...**tau|be**, ...**ver|hand-lun|gen** (Mehrz.), ...**ver|trag**; **fried|fer-tig**; **Fried|hof**; **Fried|hofs|ka|pel|le**; **fried|lich**; **fried|lie|bend**; **fried|voll**

frie|ren; fror, gefroren; ich friere an den Füßen; mich friert an den Füßen (nicht: an die Füße); mir od. (landsch.:) mich frieren die Füße

Fries, der; -es, -e (Gesimsstreifen, Verzierung; ein Gewebe)

fri|gid, **fri|gi|de** (sexuell nicht erregbar, nicht zum Orgasmus fähig [von Frauen]); **Fri|gi|di|tät**, die; -

Fri|ka|del|le, die; -, -n; **Fri|kan|del|le**, die; -, -n (Schnitte aus gedämpftem Fleisch); **Fri|kas|see**, das; -s, -s; **fri|kas|sie|ren**

Fris|bee ® [...bi], das; -, -s (Wurfscheibe)

frisch; etwas - halten; sich - machen, (auch:) frischmachen; der frisch gebackene, (auch:) frischgebackene Kuchen; vgl. aber frischgebacken; **frisch|auf!**; **Fri|sche**, die; -; **frisch-fröh|lich**; **frisch|ge|ba|cken**; ein frischgebackenes Ehepaar; vgl. frisch; **Frisch|ge|mü|se**; **Frisch|hal|te|pa|ckung**; **Frisch|kost**; **Frisch|ling** (junges Wildschwein); **Frisch|milch**; **frisch|weg**; **Frisch|zel|le**; **Frisch|zel|len|the|ra|pie**

Fri|seur [...sör], (auch:) **Fri|sör**, der; -s, -e; **Fri|seu|rin** [...sörin], (auch:) **Fri|sö|rin** (bes. österr. für: Friseuse); **Fri|seur|sa|lon**, (auch:) **Fri|sör|sa|lon**; **Fri|seu|se** [...sös'], die; -, -n; **fri|sie|ren**; **Fri|sör** usw. vgl. Friseur usw.

Frist, die; -, -en; **fris|ten**; **Fris|ten_lö|sung**, ...**re|ge|lung**; **frist_ge|mäß**, ...**los** (-e Entlassung)

Fri|sur, die; -, -en

Fri|teu|se, (alte Schreibung für:) Fritteuse; **fri|tie|ren**, (alte Schreibung für:) frittieren; **Frit|teu|se** [...tös'], die; -, -n (elektr. Gerät zum Frittieren); **frit|tie|ren**; Fleisch, Kartoffeln - (in schwimmendem Fett garen); **Frit|tü|re**, die; -, -n (heißes Ausbackfett; die darin gebackene Speise); **Fri|tü|re** (alte Schreibung für:) Frittüre

fri|vol [...wol] (leichtfertig; schlüpfrig); **Fri-vo|li|tät**, die; -, -en

froh; -en Sinnes; froh gelaunt, (auch:) frohgelaunt; ein -es Ereignis, aber: die Frohe Botschaft (Evangelium); **froh|ge|mut**; **fröh|lich**; **Fröh|lich|keit**, die; -; **froh|lo-cken**; sie hat frohlockt; **Froh|na|tur**; **Froh-sinn**, der; -[e]s; **froh|sin|nig**

fromm; frommer od. frömmer, fromms te od. frömms te; **Fröm|me|lei**; **fröm|meln** (sich fromm zeigen); **Fromm|heit**, die; -; **Fröm-mig|keit**, die; -; **fröm|me|lei**

Fron, die; -, -en (hist. für: dem [Lehns]herrn zu leistende Arbeit); **Fron_ar|beit** (schweiz. auch für: unbezahlte Arbeit für Gemeinde, Verein o. Ä.), ...**dienst**; **fro-**

nen (Frondienste leisten); **frö|nen** (geh. für: sich einer Neigung, Leidenschaft hingeben); **Fron|leich|nam**, der; -[e]s („des Herrn Leib"; kath. Fest); **Fron|leich-nams|pro|zes|si|on**

Front, die; -, -en; - machen (sich widersetzen); **fron|tal**; **Fron|tal_an|griff**, ...**zu-sam|men|stoß**; **Front_an|trieb**, ...**ein-satz**, ...**li|nie**

Frosch, der; -[e]s, Frösche; **Frosch|laich**; **Frösch|lein**; **Frosch_mann** (Mehrz. ...männer), ...**per|s|pek|ti|ve**, ...**schen|kel**

Frost, der; -[e]s, Fröste; **Frost_auf|bruch**, ...**beu|le**; **frös|te|lig**; **frös|teln**; **fros|ten**; **Fros|ter**, der; -s, - (Tiefkühlteil einer Kühlvorrichtung); **Frost|ge|fahr**; **fros|tig**; **Frost_schal|den**, ...**schutz**

Frot|tee (auch:) **Frot|té**, das od. der; -[s], -s ([Kleider]stoff aus gekräuseltem Zwirn); **frot|tie|ren**; **Frot|tier|tuch** (Mehrz. ...tücher)

frot|zeln (ugs. für: necken)

Frucht, die; -, Früchte; **frucht|bar**; **Frucht-bar|keit**, die; -; **Frucht|bla|se**; Frucht brin|gend, (auch:) fruchtbringend; eine Frucht bringende, (auch:) fruchtbringende Tätigkeit; **Frücht|chen** (ugs. abwertend auch für: Taugenichts); **Früch|te_brot**, das; -[e]s; **fruch|ten**; es fruchtet (nützt) nichts; **fruch|tig** (z. B. vom Wein); **Frucht|kno|ten** (Bot.); **frucht|los**; **Frucht|lo|sig|keit**; **Frucht_pres|se**; **Frucht_saft**, ...**was|ser**, ...**zu|cker**

fru|gal (mäßig; einfach)

früh; von früh bis spät; immer morgens früh aufstehen; morgen früh, (auch:) morgen Früh; allzu früh; von früh auf; früh verstorben, (auch:) frühverstorben, (auch:) frühvollendet; **Früh|auf|ste|her**; **Früh|chen** (Jargon für: Frühgeburt); **Frü-he**, die; -; **frü|her**; **frü|hest|mög|lich**; zum -en Termin; **Früh_ge|burt**, ...**jahr**; **Früh|jahrs_an|fang**, ...**mü|dig|keit**; **Früh-ling**, der; -s, -e; **Früh|lings|an|fang**; **früh-ling[s]|haft**; **frü|mor|gens**; **früh|reif**; **Früh_schop|pen**, ...**sport**, ...**stück**; **früh-stü|cken**; **Früh|stücks_brot**, ...**pau|se**; **früh|ver|stor|ben**; vgl. früh; **früh|voll|en-det**; vgl. früh; **früh|zei|tig**

Frust, der; -[e]s (ugs.); **Frus|t|ra|ti|on** [...zion], die; -, -en (Psych.: Enttäuschung durch erzwungenen Verzicht od. versagte Befriedigung; **frust|rie|ren**

Fuchs, der; -es, Füchse; **Fuchs|bau** (Mehrz. ...baue); **fuch|sen**; sich - (ugs. für: sich ärgern)

Fuch|sie [...iʲᵉ], die; -, -n (eine Zierpflanze)

fuch|sig (fuchsrot; fuchswild); **Füch|sin**; **Fuchs|jagd**; **Füchs|lein**; **Fuchs_loch**, ...**pelz**; **fuchs|rot**; **Fuchs_schwanz**; **fuchs|[teu|fels|]wild**

Fuch|tel, die; -, -n (früher: breiter Degen; strenge Zucht; landsch. für: zänkische Frau); **fuch|teln**

Fu|der, *das;* -s, - (Wagenladung, Fuhre; Hohlmaß für Wein)

Fuff|zi|ger, *der;* -s, - (landsch. für: Fünfzigeuroschein); ein falscher - (ugs. für: unaufrichtiger Mensch)

Fug, *der;* nur noch in: mit - und Recht

¹**Fu|ge**, *die;* -, -n (Furche, Nute)

²**Fu|ge**, *die;* -, -n (kontrapunktisches Musikstück)

fu|gen ([Bau]teile verbinden); **fü|gen**; sich -; **Fu|gen-s**, *das;* -, -; **füg|lich**; **füg|sam**; **Füg|sam|keit**, *die;* -; **Fu|gung**; **Fü|gung**

fühl|bar; **füh|len**; **Füh|ler**; **fühl|los**; **Füh|lung|nah|me**, *die;* -n

Fuh|re, *die;* -, -n

füh|ren; Buch -; **Füh|rer**; **Füh|re|rin**; **Füh|rer_schein**, ...**stand**; **Füh|rung**; **Füh|rungs_an|spruch**, ...**spit|ze**, ...**tor** (Sportspr.), ...**zeug|nis**

Fuhr_un|ter|neh|mer, ...**werk**; **fuhr|wer|ken**

Fül|le, *die;* -; **fül|len**; **Fül|ler**; **Füll|[fe|der]|hal|ter**; **fül|lig**; **Füll|sel**, *das;* -s, -

Full|time|job, (auch:) **Full|time-Job** [*ful-taimdschob*] (Ganztagsbeschäftigung)

Fül|lung

Füll|wort, *Mehrz.* ...**wörter**

fum|meln (ugs. für: sich an etwas zu schaffen machen)

Fund, *der;* -[e]s, -e

Fun|da|ment, *das;* -[e]s, -e (grundlegend); **Fun|da|men|ta|lis|mus**; **Fun|da|men|ta|list**

Fund_amt (österr.), ...**bü|ro**, ...**gru|be**

fun|die|ren ([finanziell] sichern; untermauern); **fun|diert**

fün|dig (Bergw., Geol.: ergiebig, reich); - werden; **Fund_ort**, ...**sa|che**

Fun|dus, *der;* -, - (Grund u. Boden, Grundstück; Grundlage; Bestand)

fünf; die - Sinne; wir sind heute zu fünfen od. zu fünft; fünf gerade sein lassen (ugs. für: etwas nicht so genau nehmen); vgl. acht; **Fünf**, *die;* -, -en (Zahl); eine - würfeln, schreiben; **Fünf|eck**; **Fün|fer**; **fün|fer|lei**; **Fün|fer|rei|he**; in -n; **Fünf|eu|ro|schein**; (auch:) **Fünf-Eu|ro-Schein**; **Fünf|fa|che**, *das;* -n; **fünf|hun|dert**; **Fünf|kampf**; **Fünf|ling**; **fünf|mal**; **fünf|stel|lig**; **fünft**; vgl. fünf; **Fünf|ta|ge|wo|che**; **fünf|tau|send**; **fünf|te**; **fünf|tel**; **Fünf|tel**, *das* (schweiz. meist: *der*); -s, -; **fünf|tens**; **fünf|und|zwan|zig**; **fünf|zehn**; **fünf|zig**; **Fünf|zi|ger**, *der;* -s, - (ugs. auch für: Fünfzigeuroschein); vgl. Achtziger

fun|gie|ren (eine Funktion ausüben)

Funk, *der;* -s; **Funk_ama|teur**, ...**aus|stel|lung**, ...**bild**; **Fünk|chen**; **Fun|ke**, *der;* -ns, -n; eine Funken sprühende, (auch:) funkensprühende Lokomotive; **fun|keln**; **fun|kel|na|gel|neu** (ugs.); **fun|ken** (durch Funk übermitteln; ugs. auch für: funktionieren); **Fun|ken**, *der;* -s, - (seltener für: Funke); vgl. Funke; **Fun|ker**; **Funk_haus**, ...**kol|leg**,

...**mess|ge|rät**, ...**pei|lung**, ...**sprech|ver|kehr**, ...**spruch**, ...**stil|le**, ...**stö|rung**, ...**strei|fe**, ...**ta|xi**, ...**tech|nik**

Funk|ti|on [...*zion*], *die;* -, -en (Tätigkeit; Aufgabe; Wirkungsweise); in, außer - (im, außer Dienst, Betrieb); **Funk|ti|o|när**, *der;* -s, -e; **funk|ti|o|nell** (auf die Funktion bezüglich; wirksam); **funk|ti|o|nie|ren**; **funk|ti|ons|tüch|tig**

Funk_turm, ...**ver|bin|dung**

Fun|zel, (selten:) **Fun|sel**, *die;* -, -n (ugs. für: schlecht brennende Lampe)

für; *Verhältnisw. mit Wenf.;* ein für alle Mal; für und wider; aber: das Für und [das] Wider

Für|bit|te

Fur|che, *die;* -, -n; **fur|chen**; **fur|chig**

Furcht, *die;* -; Furcht einflößend, (auch:) furchteinflößend; Furcht erregend, (auch:) furchterregend; **furcht|bar**; **furcht|ein|flö|ßend**; vgl. Furcht; **fürch|ten**; **fürch|ter|lich**; **furcht|er|re|gend**; vgl. Furcht; **furcht|los**; **Furcht|lo|sig|keit**, *die;* -; **furcht|sam**; **Furcht|sam|keit**, *die;* -

Fur|chung

für|ei|n|an|der; - einstehen; vgl. aneinander

Fu|rie [...*ie*], *die;* -, -n (wütende Frau)

Fur|nier, *das;* -s, -e (dünnes Deckblatt aus Holz); **fur|nie|ren**

Fu|ro|re, *die;* - od. *das;* -s (Aufsehen); - machen

fürs (für das); **fürs Erste**

Für|sor|ge, *die;* -; **Für|sor|ge|pflicht**, *die;* - (Rechtsw.); **Für|sor|ger** (Sozialarbeiter); **Für|sor|ge|rin**; **für|sorg|lich** (liebevoll umsorgend)

Für|spra|che; **Für|spre|cher**

Fürst, *der;* -en, -en; **Fürst|bi|schof**; **Fürs|ten|tum**; **Fürs|tin**; **fürst|lich**

Furt, *die;* -, -en

Fu|run|kel, *der* (auch: *das*); -s, -; **Fu|run|ku|lo|se**, *die;* -, -n

für|wahr (geh. veraltend)

Für|wort (Pronomen; *Mehrz.:* ...wörter); **für|wört|lich**

Furz, *der;* -es, Fürze (derb für: abgehende Blähung); **fur|zen** (derb)

Fu|sel, *der;* -s, - (ugs. für: schlechter Branntwein)

fü|si|lie|ren (standrechtlich erschießen)

Fu|si|on, *die;* -, -en (Verschmelzung [großer Unternehmen]); **fu|si|o|nie|ren**

Fuß, *der;* -es, *Mehrz.:* Füße u. (bei Berechnungen:) -; drei - lang; das Regal ist einen - breit; zu - gehen; zu Füßen fallen; **Fuß|ball**; - spielen; **Fuß|bal|ler**; **Fuß|ball|län|der|spiel**, (auch:) **Fuß|ball-Län|der|spiel**; **Fuß|ball|meis|ter|schaft**; **Fuß|ball|spie|len**, *das;* -s; **Fuß|ball|spie|ler**; **Fuß|bo|den**; **Fuß|breit**, *der;* -, -, (auch:) **Fuß breit**, --, -- (Maß); keinen Fußbreit, (auch:) **Fuß breit** weichen; **Füß|chen**

Fus|sel, *die;* -, -n (auch:) *der;* -s, -n; **fus|se|lig**, **fuss|lig**; **fus|seln**

fu|ßen; auf einem Vertrag -; **Fuß_en|de**, ...**fall** (*der*); **fuß|fäl|lig**; **Fuß|gän|ger**;

Fuß|gän|ger_über|weg, ...**zo|ne**; ...**fü|ßig** (z. B. vierfüßig)

fuss|lig; vgl. fus|se|lig

Fuß_marsch (*der*), ...**no|te**, ...**soh|le**, ...[s]**tap|fen** (*der;* -s, -), ...**volk**

Fu|ton, *der;* -s, -s (jap. Matratze)

futsch (ugs. für: weg, verloren)

¹**Fut|ter**, *das;* -s (Nahrung [der Tiere])

²**Fut|ter**, *das;* -s, - (Material auf der Innenseite von Kleidungsstücken; Fut|te|ral, *das;* -s, -e ([Schutz]hülle)

fut|tern (ugs. scherzh. für: essen)

¹**füt|tern**; Tiere -

²**füt|tern** (²Futter einlegen)

Fut|ter|trog; **Füt|te|rung**

Fu|tur, *das;* -s, -e (Sprachw.: Zukunftsform, Zukunft); **Fu|tu|ris|mus**, *der;* - (Kunstrichtung des 20. Jh.s); **fu|tu|ris|tisch**; **Fu|tu|ro|lo|ge**, *der;* -n, -n (Zukunftsforscher); **Fu|tu|ro|lo|gie**, *die;* - (Zukunftsforschung); **fu|tu|ro|lo|gisch**

Fu|zel, *der;* -s, - (österr. ugs. für: Fussel); **fu|zeln** (österr. ugs. für: sehr klein schreiben)

Fuz|zi, *der;* -s, -s (ugs. für: nicht ganz ernst zu nehmender Mensch)

G *g*

G (Buchstabe); das G; des G, die G; aber: das g in Lage

g, **G**, *das;* -, - (Tonbezeichnung)

Ga|bar|dine [*gabardin*, auch: *gabardin*], *das;* -s (auch: *die;* -) (ein Gewebe)

Ga|be, *die;* -, -n; **gä|be**; vgl. gang

Ga|bel, *die;* -, -n; **Gä|bel|chen**; **Ga|bel|früh|stück**; **ga|beln**; **Ga|bel|stap|ler**; **Ga|be|lung**

Ga|ben|tisch

Ga|cke|lei; **ga|ckeln** (landsch. für: gackern); **ga|ckern**; **gack|sen** (landsch. für: gackern; knarren)

Gaf|fel, *die;* -, -n (um den Mast drehbare, schräge Segelstange); **Gaf|fel|se|gel**

gaf|fen (abwertend); **Gaf|fer** (abwertend); **Gaf|fe|rei** (abwertend)

Gag [*gäg*], *der;* -s, -s (witziger Einfall; überraschende Besonderheit)

Ga|ge [*gasche*], *die;* -, -n (Künstlerhonorar)

gäh|nen; **Gäh|ne|rei**

Ga|la [auch: *gala*], *die;* - (festliche Kleidung; **Ga|la_an|zug**, ...**emp|fang**

ga|lak|tisch (zur Galaxis gehörend, sie betreffend)

Ga|lan, *der;* -s, -e (veraltend für: [vornehm auftretender] Liebhaber); **ga|lant** (höflich, ritterlich); **Ga|lan|te|rie**, *die* -, ...**ien** (Höflichkeit [gegenüber Frauen])

Ga|la|xis, *die;* -, ...**xien** (Milchstraße)

Ga|lee|re, *die;* -, -n (Ruderkriegsschiff); **Ga|lee|ren|skla|ve**

Gal|le|rie, *die;* -, ...ien; Gal|le|rist, *der;* -en, -en (Galeriebesitzer, -leiter); Gal|le|ris|tin

Gal|gen, *der;* -s, -; Gal|gen.frist, ...hu|mor (*der;* -s), ...vo|gel (ugs. abwertend für: Strolch)

Gal|li|ons|fi|gur

Gall|ap|fel (Bot.: kugelige Wucherung an Blättern o. Ä.)

Gal|le, *die;* -, -n; gal|le[n]|bit|ter; Gal|len.bla|se, ...ko|lik, ...stein

Gal|lert [auch: ...*lärt*], *das;* -[e]s, -e u. (österr. nur:) Gal|ler|te [auch: *gal*ᵉ*rt*ᵉ], *die;* -, -n (durchsichtige, steife Masse aus eingedickten pflanzl. od. tier. Säften); gal|lert|ar|tig [auch, österr. nur: ...*lärt*...]

gal|lig (gallebitter; verbittert)

Gal|lo|ne, *die;* -, -n (brit.-amerik. Hohlmaß)

Gal|opp, *der;* -s, -s u. -e; ga|lop|pie|ren; Ga|lopp|ren|nen

Gal|lo|sche, *die;* -, -n (veraltend für: Überschuh; ugs. abwertend für: ausgetretener Schuh)

gal|va|ni|sie|ren (durch Elektrolyse mit Metall überziehen)

Ga|ma|sche, *die;* -, -n

Gam|be, *die;* -, -n (Streichinstrument)

Game|boy® [*geᵢmbeᵤ*], *der;* -[s], -s (ein elektron. Spielgerät)

Gam|ma, *das;* -[s], -s (gr. Buchstabe: Γ, γ); Gam|ma|strah|len, γ-Strah|len, *die* (*Mehrz.;* radioaktive Strahlen, kurzwellige Röntgenstrahlen)

Gam|mel|fleisch (ugs. für: verdorbenes Fleisch); gam|me|lig (ugs. für: verkommen; verdorben, faulig); gam|meln (ugs.); Gamm|ler; Gamm|le|rin

Gams, *der* u. *die,* (Jägerspr. u. landsch.:) *das;* -, -en (bes. Jägerspr. u. landsch. für: Gämse); Gams|bart, Gäms|bart; Gams|bock, Gäms|bock; Gäm|se, *die;* -, -n

gang; - und gäbe (landsch., bes. schweiz. auch: gäng u. gäbe); Gang, *der;* -[e]s, Gänge; im -[e] sein; in - bringen; Gang|art; gang|bar; Gän|gel|band, *das;* -[e]s; gän|geln; gän|gig

Gang|li|en|zel|le [...iᵉn...] (Med.: Nervenzelle)

Gang|schal|tung

Gangs|ter [*gängβtᵉr*], *der;* -s, - (Schwerverbrecher); Gangs|ter|me|tho|de

Gang|way [*gängweᵢ*], *die;* -, -s (Laufgang zum Besteigen eines Schiffes od. Flugzeuges)

Ga|no|ve [...*w*ᵉ], *der;* -n, -n (ugs. abwertend für: Gauner, Betrüger); Ga|no|ven|spra|che

Gans, *die;* -, Gänse; Gans|bra|ten (südd., österr. für: Gänsebraten); Gäns|chen; Gän|se.blüm|chen, ...bra|ten, ...füß|chen (ugs. für: Anführungsstrich), ...haut, ...klein (*das;* -s); Gän|ser (südd., österr. für: Gänserich); Gän|se|rich, *der;* -s, -e; Gän|se|schmalz; Gan|ter (nordd. für: Gänserich)

ganz; [in] ganz Europa; ganze Zahlen

(Math.); ganz und gar; etwas wieder ganz machen, (auch:) ganzmachen; aufs Ganze gehen; als Ganzes gesehen; im Ganzen [gesehen]; im Großen und Ganzen; Gän|ze, *die;* nur in Wendungen wie: zur - (ganz, vollständig); Ganz|heit, *die;* - (gesamtes Wesen); ganz|heit|lich; ganz|jäh|rig; ganz|lei|nen (aus reinem Leinen); gänz|lich; ganz|ma|chen; vgl. ganz; ganz|sei|tig; eine ganzseitige Anzeige; ganz|tä|gig

¹gar (fertig gekocht; südd., österr. ugs. für: aufgebraucht); das Fleisch gar kochen, (auch:) garkochen; gar gekochtes, (auch:) gargekochtes Fleisch

²gar (ganz, sehr, sogar); ganz und gar, gar kein, gar nicht, gar nichts; gar sehr

Ga|ra|ge [*garaschᵉ*], *die;* -, -n; ga|ra|gie|ren (österr. u. schweiz. für: [Wagen] einstellen)

Ga|rant, *der;* -en, -en; Ga|ran|tie, *die;* -, ...ien; ga|ran|tie|ren; Ga|ran|tie|schein

Ga|raus, *der;* nur in: jmdm. den - machen

Gar|be, *die;* -, -n

Gar|de, *die;* -, -n; Gar|de|re|gi|ment

Gar|de|ro|be, *die;* -, -n; Gar|de|ro|ben|frau; Gar|de|ro|bi|e|re [...*biär*ᵉ], *die;* -, -n (Garderobenfrau)

Gar|di|ne, *die;* -, -n; Gar|di|nen.pre|digt (ugs.), ...stan|ge

Gar|dist, *der;* -en, -en (Soldat der Garde)

ga|ren (gar kochen)

gä|ren; gor (auch: gärte); gegoren (auch: gegärt)

gar|ge|kocht; vgl. ¹gar

gar kein

gar|ko|chen; vgl. ¹gar

Garn, *das;* -[e]s, -e

Gar|ne|le, *die;* -, -n (ein Krebstier)

gar|ni; vgl. Hotel garni

gar nicht; gar nichts; vgl. ²gar

gar|nie|ren (schmücken, verzieren); Gar|nie|rung; Gar|ni|son, *die;* -, -en; Gar|ni|tur, *die;* -, -en

Garn|knäu|el

gars|tig; Gars|tig|keit

Gär|stoff

Gar|ten, *der;* -s, Gärten; Gar|ten.ar|beit, ...bau (*der;* -[e]s), ...fest, ...haus, ...lokal, ...par|ty, ...zaun, ...zwerg; Gärt|lein; Gärt|ner; Gärt|ne|rei; Gärt|ne|rin; gärt|ne|risch; gärt|nern

Gä|rung; Gä|rungs|pro|zess

Gar|zeit

Gas, *das;* -es, -e; - geben; gas|för|mig; Gas.hahn, ...hei|zung, ...herd, ...ko|cher, ...mas|ke; Ga|so|me|ter, *der;* -s, - (veraltend für: großer Gasbehälter); Gas_pe|dal, ...pis|to|le

Gäss|chen; Gas|se, *die;* -, -n (österr. auch für: Straße); Gas|sen|jun|ge (abwertend); Gas|si; nur in: Gassi gehen (ugs. für: den Hund ausführen)

Gast, *der;* -es, Gäste u. (Seemannsspr. für bestimmte Matrosen:) -en; Gast|ar|bei-ter; Gäs|te|buch; gast|frei; gast|freund-lich; Gast.ge|ber, ...haus; gas|tie|ren (Theater); gast|lich; Gast|lich|keit; Gast-mahl (*Mehrz.* ...mähler u. -e; geh.)

Gas|t|ri|tis, *die;* -, ...itiden (Med.: Magenschleimhautentzündung); Gas|t|ro|nom, *der;* -en, -en (Gastwirt); Gas|t|ro|no|mie, *die;* - (Gaststättengewerbe, feine Kochkunst); Gas|t|ro|no|min; gas|t|ro|no-misch

Gast.spiel, ...stät|te, ...stu|be, ...wirt, ...wirt|schaft, ...zim|mer

Gas_ver|gif|tung, ...werk, ...zäh|ler

Gat|te, *der;* -n, -n; Gat|ten.lie|be, ...wahl

Gat|ter, *das;* -s, - (Gitter, [Holz]zaun)

Gat|tin; Gat|tung

Gau, *der* (landsch.: *das*); -[e]s, -e

Gau|di, *die;* - (österr. nur so, auch: *das;* -s; ugs. für: Ausgelassenheit, Spaß)

Gau|ke|lei; gau|keln; Gauk|ler; Gauk|le|rei; Gauk|le|rin; gauk|le|risch

Gaul, *der;* -[e]s, Gäule; Gäul|chen

Gau|men, *der;* -s, -; Gau|men|kit|zel (geh. für: Leckerbissen)

Gau|ner, *der;* -s, -; Gau|ner.ban|de; Gau-ne|rei; gau|ne|risch; gau|nern; Gau|ner-spra|che

Ga|ze [*gas*ᵉ], *die;* -, -n (durchsichtiges Gewebe; Verbandmull)

Ga|zel|le, *die;* -, -n (Antilopenart)

Ga|zet|te [auch: *gasät*ᵉ], *die;* -, -n (veralt., noch abwertend für: Zeitung)

GB, GByte = Gigabyte

Ge|äch|ze, *das;* -s (Stöhnen)

ge|ädert; das Blatt ist schön -

Ge|al|be|re, *das;* -s

ge|ar|tet; die Sache ist so geartet, dass ...

Ge|äst, *das;* -[e]s (Astwerk)

Ge|bäck, *das;* -[e]s, -e

Ge|bal|ge, *das;* -s (Prügelei)

Ge|bälk, *das;* -[e]s

Ge|bär|de, *die;* -, -n; ge|bär|den, sich (sich aufsässig verhalten); ge|ba|ren, sich (veralt. für: sich gebärden); Ge|ba|ren, *das;* -s

ge|bä|ren; gebar, geboren; Ge|bär|mut|ter, *die;* -, ...mütter

ge|bauch|pin|selt (ugs. für: geehrt, geschmeichelt)

Ge|bäu|de, *das;* -s, -

Ge|bein, *das;* -[e]s, -e

Ge|bell, *das;* -[e]s u. Ge|bel|le, *das;* -s

ge|ben; gab, gegeben; Ge|ber; Ge|ber|lau|ne; in -

Ge|bet, *das;* -[e]s, -e; Ge|bet.buch; Ge-bets|tep|pich

Ge|biet, *das;* -[e]s, -e; ge|bie|ten; ge|bie-tend; Ge|bie|ter; Ge|bie|te|rin; ge|bie-te|risch; Ge|biets|an|spruch

Ge|bil|de, *das;* -s, -; ge|bil|det

Ge|bim|mel, *das;* -s

Ge|bir|ge, *das;* -s, -; ge|bir|gig; Ge|bir|gig-keit, *die;* -; Ge|birg|ler; Ge|birgs|bach

Ge|biss, *das;* -es, -e

Ge|blä|se, *das;* -s, - (Technik: Vorrichtung zum Verdichten u. Bewegen von Gasen)

Ge|blö|del, *das;* -s (ugs.)

ge|blümt, (österr.:) geblumt

Ge|blüt, *das;* -[e]s (geh.)

ge|bo|ren (Abk.: geb.; Zeichen: *); sie ist eine geborene Schulz

ge|bor|gen; hier fühle ich mich -; Ge|bor|gen|heit, *die;* -

Ge|bot, *das;* -[e]s, -e; zu -[e] stehen

ge|brannt; -er Kalk

Ge|bräu, *das;* -[e]s, -e

Ge|brauch, *der;* -[e]s, (für: Sitte, Verfahrensweise *auch Mehrz.:*) Gebräuche; ge|brau|chen (benutzen); ge|bräuch|lich; Ge|brauchs_an|wei|sung, ...ar|ti|kel; ge|brauchs|fer|tig; Ge|braucht|wa|gen

Ge|braus, Ge|brau|se, *das;* ...ses

ge|bre|chen (geh. für: fehlen, mangeln); es gebricht mir an dem nötigen Geld; Ge|bre|chen, *das;* -s, -; ge|brech|lich; Ge|brech|lich|keit, *die;* -

Ge|brü|der, *die (Mehrz.)*

Ge|brüll, *das;* -[e]s

Ge|brumm, *das;* -[e]s u. Ge|brum|me, *das;* -s

Ge|bühr, *die;* -, -en; nach, über -; ge|büh|ren; etwas gebührt ihm (kommt ihm zu); es gebührt sich nicht, dies zu tun; ge|büh|rend (angemessen); ge|büh|ren|frei; Ge|büh|ren|ord|nung; ge|büh|ren|pflich|tig

ge|bun|den; -e Rede (Verse); Ge|bun|den|heit, *die;* -

Ge|burt, *die;* -, -en; Ge|bur|ten_kon|t|rol|le, ...re|ge|lung; ge|bur|ten_schwach, ...stark; ge|bür|tig; Ge|burts_an|zei|ge, ...da|tum, ...hel|fer, ...jahr, ...na|me, ...ort, ...tag, ...ur|kun|de

Ge|büsch, *das;* -[e]s, -e

Geck, *der;* -en, -en (abwertend)

Ge|dächt|nis, *das;* -ses, -se; Ge|dächt|nis_fei|er, ...schwund

Ge|dan|ke, (veralt.) Ge|dan|ken, *der;* ...kens, ...ken; Ge|dan|ken|gang; ge|dan|ken|los; Ge|dan|ken|lo|sig|keit, *die;* ge|dan|ken|strich; ge|dan|ken|voll

Ge|därm, *das;* -[e]s, -e

Ge|deck, *das;* -[e]s, -e

ge|deih; nur in: auf - und Verderb; ge|dei|hen; gedieh, gediehen; ge|deih|lich

ge|den|ken; *mit Wesf.:* gedenket unser!; Ge|den|ken, *das;* -s

Ge|dicht, *das;* -[e]s, -e

ge|die|gen; -es (reines) Gold; ein -er (zuverlässiger) Charakter; Ge|die|gen|heit

Ge|döns, *das;* -es (landsch. für: Aufheben, Getue); viel - um etwas machen

Ge|drän|ge, *das;* -s; Ge|drän|gel, *das;* -s (ugs.); ge|drängt

Ge|dröhn, *das;* -[e]s

ge|drückt; seine Stimmung ist -

ge|drun|gen (untersetzt)

Ge|duld, *die;* -; ge|dul|den, sich; ge|dul|dig; Ge|dulds_fa|den; nur in: jmdm. reißt der Geduldsfaden; ...pro|be; Ge|duld[s]-spiel

ge|dun|sen; ein -es Gesicht

ge|eig|net; die -en Mittel

G|eest, *die;* -, -en (hoch gelegenes, trockenes Land im Küstengebiet)

Ge|fahr, *die;* -, -en; - laufen; Ge|fahr brin|gend, (auch:) gefahrbringend; (aber nur:) große Gefahr bringend, äußerst gefahrbringend; ge|fähr|den; Ge|fähr|dung, *die;* -; Ge|fah|ren|herd; ge|fähr|lich; Ge|fähr|lich|keit; ge|fahr|los

Ge|fährt, *das;* -[e]s, -e (Wagen); Ge|fähr|te, *der;* -n, -n (Begleiter); Ge|fähr|tin

ge|fahr|voll

Ge|fäl|le, *das;* -s, -

ge|fal|len; es hat mir -; sich etwas - lassen

¹Ge|fal|len, *der;* -s, -; jmdm. einen Gefallen, etwas zu Gefallen tun

²Ge|fal|len, *das;* -s; [kein] - an etwas finden

Ge|fal|le|ne, *der* u. *die;* -n, -n; ge|fäl|lig; Ge|fäl|lig|keit; Ge|fall|sucht *die;* -; ge|fall|süch|tig

ge|fan|gen; gefangen halten, nehmen, setzen; ein gefangen genommener, (auch:) gefangengenommener Spion; Ge|fan|ge|ne, *der* u. *die;* -n, -n; Ge|fan|ge|nen|la|ger; ge|fan|gen|ge|nom|men; vgl. gefangen; ge|fan|gen hal|ten; vgl. gefangen; Ge|fan|gen|nah|me, *die;* -; ge|fan|gen neh|men; vgl. gefangen; Ge|fan|gen|schaft, *die;* -; ge|fan|gen set|zen; vgl. gefangen; Ge|fäng|nis, *das;* -ses, -se

Ge|fa|sel, *das;* -s (ugs. abwertend)

Ge|fäß, *das;* -es, -e

ge|fasst; auf alles - sein

Ge|fecht, *das;* -[e]s, -e; ge|fechts|be|reit; Ge|fechts|stand

ge|feit (geh. für: sicher, geschützt); gegen schlechte Einflüsse - sein

Ge|fie|der, *das;* -s, -; ge|fie|dert

Ge|fil|de, *das;* -s, - (geh. für: Gegend; Landschaft)

Ge|flecht, *das;* -[e]s, -e

ge|fleckt; blau gefleckt, (auch:) blaugefleckt

Ge|flen|ne, *das;* -s (ugs. abwertend für: dauerndes Flennen)

ge|flis|sent|lich

Ge|flü|gel, *das;* -s; ge|flü|gelt; -es Wort (oft angeführtes Zitat; *Mehrz.:* -e Worte)

Ge|fol|ge, *das;* -s, -; im - von ...; Ge|folg|schaft

ge|frä|ßig; Ge|frä|ßig|keit, *die;* -

Ge|frei|te, *der;* -n, -n

Ge|frett, *das;* -s (südd., österr. ugs. für: Ärger, Plage)

ge|frie|ren; Ge|frier|fleisch; ge|frier|ge|trock|net; Ge|frier_punkt, ...tru|he

Ge|fü|ge, *das;* -s, -; ge|fü|gig

Ge|fühl, *das;* -[e]s, -e; ge|fühl|los; ge|fühls_arm, ...be|tont; Ge|fühls|du|se|lei (ugs. abwertend); ge|fühls|mä|ßig; ge|fühl|voll

ge|füh|rig ([vom Schnee] für das Skilaufen günstig)

ge|ge|ben; im -en Fall; es ist das Gegebene (das Nächstliegende, Beste); ge|ge|be|nen|falls

ge|gen; *Verhältnisw. mit Wenf.:* er rannte -

---

das Tor; Ge|gen_an|griff, ...ar|gu|ment, ...be|such, ...be|weis

Ge|gend, *die;* -, -en

ge|gen|ei|n|an|der; - sein, - ankämpfen; vgl. aneinander; ge|gen|ei|n|an|der|drü|cken; ge|gen|ei|n|an|der|pral|len; ge|gen|ei|n|an|der|stel|len; ge|gen|ei|n|an|der|sto|ßen

Ge|gen_fahr|bahn, ...ge|wicht; ge|gen|läu|fig; Ge|gen|leis|tung; ge|gen|le|sen (als Zweiter zur Kontrolle lesen); Ge|gen|licht_auf|nah|me (Fotogr.); Ge|gen_lie|be, ...mit|tel, ...pol, ...pro|be, ...satz; ge|gen|sätz|lich; Ge|gen|sätz|lich|keit; ge|gen|sei|tig; Ge|gen|sei|tig|keit, *die;* -; Ge|gen|spie|ler

Ge|gen|stand; ge|gen|ständ|lich; ge|gen|stands|los (keiner Berücksichtigung wert)

Ge|gen_stim|me, ...stück

Ge|gen|teil, *das;* -[e]s, -e; im -; ins - umschlagen; ge|gen|tei|lig

ge|gen|über; *Verhältnisw. mit Wemf.:* - dem Haus, (auch:) dem Haus -; Ge|gen|über, *das;* -s, -; ge|gen|über_stel|len, ...tre|ten

Ge|gen_ver|kehr, ...vor|schlag

Ge|gen|wart, *die;* -; ge|gen|wär|tig [auch: ...wär...]; ge|gen|warts|be|zo|gen; Ge|gen|warts|form; ge|gen|warts_fremd, ...nah od. ...na|he

Ge|gen_wehr *(die)*, ...wind

ge|gen|zeich|nen ([als Zweiter] mit unterschreiben); Ge|gen|zug

Geg|ner; geg|ne|risch; Geg|ner|schaft, *die;* -

ge|go|ren; der Saft ist -

Ge|hal|be, *das;* -s (abwertend; Getue); Ge|hal|ben, *das;* -s (Verhalten)

Ge|hack|te, *das;* -n (Hackfleisch)

¹Ge|halt, *das;* -[e]s, Gehälter (Besoldung)

²Ge|halt, *der;* -[e]s, -e (Inhalt; Wert)

ge|halt|arm; ge|hal|ten; - (verpflichtet) sein; ge|halt|los; Ge|halts_emp|fän|ger, ...er|hö|hung; ge|halt|voll

ge|han|di|capt; (auch:) ge|han|di|kapt [...*händikäpt*] (behindert, benachteiligt)

Ge|hän|ge, *das;* -s, -

ge|har|nischt; ein -er (scharfer) Protest

ge|häs|sig; Ge|häs|sig|keit

Ge|häu|se, *das;* -s, -

geh|be|hin|dert

ge|hef|tet; die Akten sind -

Ge|hel|ge, *das;* -s, -

ge|heim; das muss geheim bleiben; im Geheimen; etwas geheim halten; Ge|heim_ab|kom|men, ...bund *(der)*, ...dienst, ...fach; ge|heim hal|ten; vgl. geheim; Ge|heim|hal|tung, *die;* -; Ge|heim|nis, *das;* -ses, -se; Ge|heim|nis_krä|mer, ...trä|ger; Ge|heim|nis|tu|e|rei, *die;* -; ge|heim|nis|voll; Ge|heim_po|li|zei, ...schrift, ...sen|der; Ge|heim|tipp, Ge|heim|tu|e|rei, *die;* -; ge|heim|tun (geheimnisvoll tun); [mit etw.] -

Ge|heiß, *das;* -es; auf sein -

ge|hemmt

---

ge|hen; ging, gegangen; geh[e]! (südd., österr. Ausdruck der Ablehnung, des Unwillens); baden gehen, essen gehen, schlafen gehen; sie haben ihn nach Hause gehen lassen, (seltener:) gehen gelassen; in der letzten Zeit hatte sie sich gehen lassen, (auch:) gehenlassen; jmdn. gehen lassen, (auch:) gehenlassen (in Ruhe lassen); Gehen, das; -s (Sportart); 20-km-Gehen; ge|hen|las|sen; vgl. gehen; Ge|her

Ge|het|ze, das; -

ge|heu|er; das ist mir nicht -

Ge|heul, das; -[e]s

Ge|hil|fe, der; -n, -n; Ge|hil|fen|brief; Ge|hil|fin

Ge|hirn, das; -[e]s, -e; Ge|hirn͜er|schüt|te|rung, ...schlag, ...wä|sche (Versuch der Umorientierung einer Person durch starken physischen u. psychischen Druck)

gehl (landsch. für: gelb)

ge|ho|ben; -e Sprache

Ge|höft, das; -[e]s, -e

Ge|hölz, das; -es, -e; Ge|hol|ze, das; -s (Sportspr.: rücksichtsloses u. stümperhaftes Spielen)

Ge|hör, das; -[e]s; - finden; ge|hor|chen; du musst ihm -; der Not gehorchend; ge|hö|ren; Ge|hör|gang, der; ge|hö|rig (gebührend; beträchtlich); ge|hör|los

Ge|hörn, das; -[e]s, -e; ge|hörnt

ge|hor|sam; Ge|hor|sam, der; -s; Ge|hor|sam|keit, die; -; Ge|hor|sams|pflicht (die; -; bes. Milit.), ...ver|wei|ge|rung (die; -; bes. Milit.)

Ge|hör|sinn, der; -[e]s

Geh͜rock, ...steig, ...weg

Gei|er, der; -s, -

Gei|fer, der; -s; gei|fern

Gei|ge, die; -, -n; gei|gen; Gei|gen͜bau|er (der; -s, -), ...bo|gen; Gei|ger; Gei|ge|rin

Gei|ger͜zäh|ler, (auch:) Gei|ger-Zäh|ler (Gerät zum Nachweis radioaktiver Strahlen)

geil (Jugendspr. auch für: großartig, toll); gei|len; Geil|heit, die; -

Gei|sel, die; -, -n; -n stellen; Gei|sel|nah|me, die; -, -n

Gei|sha [gescha], die; -, -s (jap. Gesellschafterin)

Geiß, die; -, -en (südd., österr., schweiz. für: Ziege); Geiß|bock

Gei|ßel, die; -, -n (Peitsche; übertr. für: Plage); gei|ßeln

Geiß|lein (junge Geiß)

Geist, der; -[e]s, (für: Gespenst, kluger Mensch Mehrz.:) -er u. (für: Weingeist usw. Mehrz.:) -e; Geis|ter͜bahn, ...fah|rer (jmd., der auf der Autobahn auf der falschen Seite fährt); geis|ter|haft; Geis|ter|hand; wie von -; geis|tern; geis|tert; Geis|ter|stun|de; geis|tes|ab|we|send; Geis|tes͜blitz, ...ga|ben (Mehrz.), ...ge|gen|wart; geis|tes|ge|gen|wär|tig; geis|tes|krank; Geis|tes͜krank|heit, ...wis|sen|schaf|ten (Mehrz.); Geis|tes|zu|stand; geis|tig; -e Getränke; -es Eigen-

tum; geistig behindert; geis|tig-see|lisch; geist|lich; Geist|li|che, der; -n, -n; Geist|lich|keit, die; -; geist_los, ...reich, ...voll

Geiz, der; -es; gei|zen; Geiz|hals; gei|zig; Geiz|kra|gen

Ge|jam|mer, das; -s

Ge|ki|cher, das; -s

Ge|kläff, das; -[e]s

Ge|klim|per, das; -s

Ge|klirr, das; -[e]s u. Ge|klir|re, das; -s

ge|knickt

ge|konnt; sein Spiel war -

Ge|kräch|ze, das; -s

Ge|kreisch, das; -[e]s u. Ge|krei|sche, das; -s

Ge|kreu|zig|te, der; -n, -n

Ge|krit|zel, das; -s

Ge|krö|se, das; -s, - (Innereien)

ge|küns|telt; ein -es Benehmen

Gel, das; -s, -e (gallertartige Substanz; Gelatine)

Ge|la|ber, das; -s (landsch. für: seichtes Gerede)

Ge|läch|ter, das; -s, -

ge|lack|mei|ert (ugs. für: angeführt); Ge|lack|mei|er|te, der u. die; -n, -n

ge|la|den (ugs. für: wütend)

Ge|la|ge, das; -s, -

ge|lähmt; Ge|lähm|te, der u. die; -n, -n

Ge|län|de, das; -s, -; ge|län|de|gän|gig; Ge|län|de|lauf

Ge|län|der, das; -s, -

Ge|län|de|sport, der; -[e]s

ge|lan|gen; in jmds. Hände -

ge|las|sen; etwas - hinnehmen; Ge|las|sen|heit, die; -

Ge|la|ti|ne [sche...], die; -

ge|läu|fig

ge|launt; gut gelaunte, (auch:) gutgelaunte Gäste

Ge|läut, das; -[e]s, -e u. Ge|läu|te, das; -s, -

gelb; der gelbe Sack; Gelbe Rüben (südd. für: Mohrrüben); das gelbe, (auch:) Gelbe Trikot (des Spitzenreiters im Radsport); die gelbe, (auch:) Gelbe Karte (bes. Fußball); Gelb, das; -s, - (ugs. : -s; gelbe Farbe); bei Gelb ist die Kreuzung zu räumen; in Gelb; gelb|braun; Gel|be, das; -n; gelb|lich; Gelb|licht, das; -[e]s; Gelb|sucht, die; -

Geld, das; -[e]s, -er; Geld͜au|to|mat, ...beu|tel, ...bör|se; Geld|ge|ber; geld|gie|rig; Geld͜mit|tel (die; Mehrz.), ...schein, ...schrank, ...stra|fe, ...stück

ge|leckt; wie - (ugs. für: sehr sauber; überaus gepflegt) aussehen

Ge|lee [sche|le], das od. der; -s, -s

Ge|le|ge, das; -s, - (Gesamtheit der von einem Vogel an einer Stelle abgelegten Eier)

ge|le|gen; das kommt mir sehr -; Ge|le|gen|heit, die; -, -en; Ge|le|gen|heits͜ar|beit, ...kauf; ge|le|gent|lich

ge|leh|rig; Ge|leh|rig|keit, die; -; ge|lehr|sam; Ge|lehr|sam|keit, die; -; ge|lehrt; Ge|lehr|te, der u. die; -n, -n

Ge|leit, das; -[e]s, -e; ge|lei|ten; Ge|leit͜schutz, ...zug

Ge|lenk, das; -[e]s, -e; Ge|lenk͜ent|zün|dung; ge|len|kig; Ge|len|kig|keit, die; -

ge|lernt; ein -er Maurer

Ge|lich|ter, das; -s (veraltet abwertend für: Gesindel)

Ge|lieb|te, der u. die; -n, -n

ge|lie|fert (ugs. für: verloren, ruiniert)

ge|lie|ren [sche|lir'n] (zu Gelee werden)

ge|lind, ge|lin|de (geh.)

ge|lin|gen; gelang, gelungen; Ge|lin|gen, das; -s

gel|len; es gellte; gegellt

ge|lo|ben; jmdm. etwas - (versprechen); Ge|löb|nis, das; -ses, -se

ge|lockt; sein Haar ist -

ge|löst; Ge|löst|heit, die; -

gelt? (bes. südd. u. österr. für: nicht wahr?); gel|ten; galt, gegolten; - lassen; geltend machen; Gel|tung; Gel|tungs͜be|dürf|nis (das; -ses), ...be|reich (der)

Ge|lüb|de, das; -s, -

Ge|lüst, das; -[e]s, -e u. Ge|lüs|te, das; -s, -; ge|lüs|ten (geh.); es gelüstet mich

ge|mach; Ge|mach, das; -[e]s, ...mächer (geh.); ge|mäch|lich [auch: g͜emäch...]

Ge|mahl, der; -[e]s, -e; Ge|mah|lin

Ge|mäl|de, das; -s, -; Ge|mäl|de͜aus|stel|lung, ...ga|le|rie

Ge|mar|kung

ge|ma|sert; -es Holz

ge|mäß; dem Befehl -; ge|mä|ßigt; -e Zone

Ge|mäu|er, das; -s, -

ge|mein; Ge|mein|be|sitz

Ge|mein|de, die; -, -n; ge|mein|de|ei|gen; Ge|mein|de͜rat (Mehrz. ...räte), ...schwes|ter, ...ver|wal|tung, ...zen|trum; ge|mein|d|lich

Ge|mein|ei|gen|tum; ge|mein|ge|fähr|lich; Ge|mein|gut, das; -[e]s; Ge|mein|heit; ge|mein|hin; ge|mein|ma|chen, sich; sich mit jmdm. - (auf die gleiche [niedrige] Stufe stellen); Ge|mein|nutz; ge|mein|nüt|zig; ge|mein|sam; Ge|mein|sam|keit

Ge|mein|schaft; ge|mein|schaft|lich; Ge|mein|schafts|geist (der; -[e]s), ...raum, ...sinn (der; -[e]s)

ge|mein|ver|ständ|lich; Ge|mein|wohl

Ge|men|ge, das; -s, -

ge|mes|sen; -en Schritts

Ge|met|zel, das; -s, - (abwertend)

Ge|misch, das; -[e]s, -e; ge|mischt; aus Sand u. Zement -; -e Gefühle; -es Doppel (Sportspr.); ge|mischt|spra|chig; Ge|mischt|wa|ren|hand|lung

Gem|me, die; -, -n (Schmuckstein mit eingeschnittenem Bild)

Gem|se usw., (alte Schreibung für:) Gämse usw.

Ge|mur|mel, das; -s

Ge|mü|se, das; -s, -; Ge|mü|se͜[an]bau (der; -[e]s), ...beet, ...händ|ler

ge|ra|de

(ugs.:) gra|de

– eine gerade Zahl
– fünf gerade sein lassen (ugs.)
– gerade darum
– der Weg ist gerade (ändert die Richtung nicht)
– er wohnt mir gerade (direkt) gegenüber
– sie fuhr gerade so langsam, dass er mitkam; vgl. aber geradeso
– sie kommt gerade (soeben) heraus; vgl. aber geradeheraus
– da er gerade sitzt, steht (sich soeben hingesetzt hat, soeben aufgestanden ist)
– er ist gerade mal 40

Schreibung in Verbindung mit Zeitwörtern:
– die Kerze, sich gerade halten

– das Besteck gerade hinlegen
– sie sollen gerade sitzen, stehen

Wenn „gerade" das Ergebnis der mit einem folgenden einfachen Zeitwort bezeichneten Tätigkeit angibt, kann getrennt oder zusammengeschrieben werden:
– die Stäbe gerade biegen od. geradebiegen
– den Zaun gerade richten od. geraderichten
– die Möbel gerade stellen od. geradestellen

Aber:
– die Stäbe ganz gerade biegen

Bei übertragener Bedeutung gilt Zusammenschreibung; vgl. geradebiegen, geradestehen

---

Ge|müt, *das;* -[e]s, -er; zu Gemüte führen; **ge|müt|lich; Ge|müt|lich|keit,** *die;* - **ge|müts|arm; Ge|müts_art, ...be|we|gung; ge|müts|krank; Ge|müts_mensch, ...ru|he, ...ver|fas|sung, ...zu|stand; ge|müt|voll**

gen (veraltend für: in Richtung); - Himmel

Gen, *das;* -s, -e (*meist Mehrz.;* Träger der Erbanlage)

ge|narbt; -es Leder

ge|nä|schig (geh. für: naschhaft)

ge|nau; genau[e]stens; etwas - nehmen; das ist[,] genau genommen[,] ein ganz anderer Fall; auf das, aufs Genau[e]ste, (auch:) genau[e]ste; nichts Genaues; **Ge|nau|ig|keit; ge|nau|so;** du kannst genauso gut den Bus nehmen; das dauert genauso lang[e]; das stört mich genauso wenig

Gen|darm [*schan...,* auch: *schang...*], *der;* -en, -en; **Gen|dar|me|rie,** *die;* -, ...ien

ge|nehm; jmdm. - sein (geh.); **ge|neh|mi|gen; Ge|neh|mi|gung**

ge|neigt; er ist -, die Stelle anzunehmen; der -e Leser; das Gelände ist leicht -

Ge|ne|ral, *der;* -s, -e u. ...räle; **Ge|ne|ral_be|voll|mäch|tig|te, ...di|rek|tor, ...feld|mar|schall; ge|ne|ra|li|sie|ren** (verallgemeinern); **Ge|ne|ral_kon|su|lat, ...ma|jor, ...pro|be, ...staats|an|walt, ...stab, ...streik; ge|ne|ral|über|ho|len;** nur in der Grundform u. im Mittelwort der Vergangenheit gebr.; der Wagen wurde generalüberholt; **Ge|ne|ral_ver|samm|lung, ...ver|tre|ter**

Ge|ne|ra|ti|on [...*zion*], *die;* -, -en; **Ge|ne|ra|ti|ons_kon|flikt, ...wech|sel**

Ge|ne|ra|tor, *der;* -s, ...oren (Gerät zur Strom- od. Gaserzeugung); **ge|ne|rell**

ge|ne|sen; genas, genesen; **Ge|ne|sen|de,** *der* u. *die;* -n, -n; **Ge|ne|sung; Ge|ne|sungs|heim**

Ge|ne|tik, *die;* - (Vererbungslehre); **ge|ne|tisch** (erblich bedingt; die Vererbung betreffend); -er Fingerabdruck (Muster des Erbgutes, das durch Genanalyse gewonnen wird u. zu kriminalistischen Indizienbeweisen herangezogen werden kann)

Ge|ne|ver [*schenew^e^r* od. *gene...*], *der;* -s, - (Wacholderbranntwein)

Gen|for|schung

ge|ni|al; ge|ni|a|lisch (nach Art eines Genies); **Ge|ni|a|li|tät,** *die;* -

Ge|nick, *das;* -[e]s, -e; **Ge|nick_schuss, ...star|re**

Ge|nie [*sche...*], *das;* -s, -s

ge|nie|ren [*sche...*]; sich -; **ge|nier|lich** (ugs. für: peinlich; schüchtern)

ge|nieß|bar; Ge|nieß|bar|keit, *die;* -; **ge|nie|ßen,** genoss, genossen; **Ge|nie|ßer; ge|nie|ße|risch**

Ge|ni|ta|li|en [...*i^e^n*], *die* (*Mehrz.;* Med.: Geschlechtsorgane)

Ge|ni|tiv [auch: *ge....* od. *genitif*], *der;* -s, -e [...*w^e^*] (Sprachw.: Wesfall); **Ge|ni|us,** *der;* - (schöpferische Kraft eines Menschen)

Ge|nos|se, *der;* -n, -n; **Ge|nos|sen|schaft; ge|nos|sen|schaft|lich; Ge|nos|sen|schafts|bank** (*Mehrz.* ...banken); **Ge|nos|sin**

Ge|no|zid, *der,* (auch:) *das;* -[e]s, -e u. -ien (Völkermord)

Gen|re [*schangr^e^*], *das;* -s, -s (Art, Gattung; Wesen); **Gen|re|bild** (Bild aus dem täglichen Leben)

Gen|tech|nik (Technik der Erforschung u. Manipulation der Gene)

Gen|t|le|man [*dschäntlm^e^n*], *der;* -s, ...men (Mann von Lebensart u. Charakter); **Gen|t|le|man's** od. **Gen|t|le|men's Ag|ree|ment** [*dsch^e^ntlm^e^ns ^e^gri̱m^e^nt*], *das;* - -, - -s (Übereinkunft ohne formalen Vertrag)

ge|nug; - u. übergenug; - Gutes, Gutes -; des Guten; von etwas - haben; ich habe schon - getan; **Ge|nü|ge,** *die;* - tun, leisten; zur -; **ge|nü|gen; ge|nü|gend; ge|nüg|sam** (anspruchslos); **Ge|nüg|sam|keit,** *die;* -; **Ge|nug|tu|ung**

Ge|nus, *das;* -, Genera (Gattung, Art; Sprachw.: grammatisches Geschlecht)

Ge|nuss, *der;* -es, Genüsse; **ge|nuss|freu|dig; ge|nüss|lich; Ge|nuss|mit|tel; Ge|nuss|sucht,** (auch:) **Ge|nuss-Sucht,** *die;* -; **ge|nuss_süch|tig, ...voll**

Geo|graf, (auch:) **Geo|graph,** *der;* -en, -en; **Geo|gra|fie,** (auch:) **Geo|gra|phie,** *die;* -; **Geo|gra|fin,** (auch:) **Geo|gra|phin, geo|gra|fisch,** (auch:) **geo|gra|phisch, Geo|lo|ge,** *der;* -n, -n; **Geo|lo|gie,** *die;* - (Lehre von Entstehung u. Bau der Erde); **geo|lo|gisch; Geo|me|t|rie,** *die;* -, ...ien; **geo|me|t|risch;** -er Ort; -es Mittel

ge|ord|net; in -en Verhältnissen leben

Ge|päck, *das;* -[e]s; **Ge|päck_ab|fer|ti|gung, ...auf|be|wah|rung, ...netz, ...schal|ter, ...schein, ...wa|gen**

Ge|pard, *der;* -s, -e (ein Raubtier)

ge|pflegt; ein gut gepflegter, (auch:) gutgepflegter Rasen; **Ge|pflegt|heit,** *die;* -; **Ge|pflo|gen|heit** (Gewohnheit)

Ge|plän|kel, *das;* -s, -

Ge|plät|scher, *das;* -s

Ge|prä|ge, *das;* -s

Ge|prän|ge, *das;* -s (geh. für: Prunk)

ge|punk|tet; -er Stoff; ein rot gepunkteter, (auch:) rotgepunkteter Rock

Ger, *der;* -[e]s, -e (Wurfspieß)

ge|ra|de s. Kasten

Ge|ra|de[1], *die;* -, -n (gerade Linie); vier -[n]; **ge|ra|de|aus[1];** - gehen; **ge|ra|de|bie|gen[1]** (ugs. für: einrenken); vgl. gerade; **ge|ra|de|he|r|aus[1];** etwas - sagen; **ge|ra|de[n]|wegs[1]; ge|ra|de|rich|ten[1];** vgl. gerade; **ge|ra|de sit|zen[1];** vgl. gerade; **ge|ra|de|so[1];** sie kann es geradeso gut wie er; **ge|ra|de|ste|hen[1]** (die Konsequenzen auf sich nehmen); vgl. gerade; **ge|ra|de|stel|len[1];** vgl. gerade; **ge|ra|de|wegs[1]; ge|ra|de|zu[1];** - sein **Ge|rad|heit[1],** *die;* -; **ge|rad|li|nig[1]**

ge|ram|melt; nur in: - voll (ugs. für: übervoll)

Ge|ran|gel, *das;* -s

Ge|ra|nie [...*i^e^*], *die;* -, -n (Storchschnabel; eine Zierstaude)

Ge|rät, *das;* -[e]s, -e; **ge|ra|ten;** es gerät [mir]; ich gerate außer mir (auch: mich) vor Freude; **Ge|rä|te|schup|pen; Ge|rä|te|tur|nen; Ge|ra|te|wohl** [auch: *g^e^ra̱t^e^wol*], *das;* nur in: aufs - (auf gut Glück); **Ge|rät|schaf|ten,** *die* (*Mehrz.*)

Ge|räu|cher|te, *das;* -n

ge|raum (geh.); -e (längere) Zeit; **ge|räu|mig**

Ge|rau|ne, *das;* -s

Ge|räusch, *das;* -[e]s, -e; **ge|räusch|arm; Ge|rau|sche,** *das;* -s; **ge|räusch|emp|find|lich; Ge|räusch|ku|lis|se; ge|räusch|los; ge|räusch|voll**

---

[1] In der Umgangssprache wendet man häufig die verkürzte Form „grad...", „Grad..." an.

ger|ben; Leder -; Ger|ber

Ger|be|ra, die; -, -s (eine Schnittblume)

Ger|be|rei; Gerb.säu|re, ...stoff; Ger|bung

ge|recht; jmdm. - werden; Ge|rech|te, der u. die; -n, -n; Ge|rech|tig|keit, die; -; Ge|rech|tig|keits|sinn

Ge|re|de, das; -s

ge|rei|chen (geh.); es gereicht mir zur Ehre

ge|reizt; in -er Stimmung

Ge|reizt|heit, die; -

Ge|ren|ne, das; -s

ge|reu|en (geh. veraltend); es gereut mich

Ge|ri|a|t|rie, die; - (Altersheilkunde)

Ge|richt, das; -[e]s, -e; ge|richt|lich; -e Medizin; Ge|richts|bar|keit, die; -; Ge|richts.hof, ...me|di|zin; ge|richts|no|to|risch (Rechtsspr.: vom Gericht zur Kenntnis genommen); Ge|richts_saal, ...ver|hand|lung, ...voll|zie|her, ...weg

ge|rie|ben (ugs. auch für: schlau)

ge|ring; ein Geringes (wenig) tun; nicht im Geringsten (gar nicht); kein Geringerer als ...; eine Gefahr, Person gering achten, (auch:) geringachten, gering schätzen, (auch:) geringschätzen; ge|ring|fü|gig; Ge|ring|fü|gig|keit; ge|ring|schät|zen; vgl. gering; ge|ring|schät|zig; Ge|ring|schät|zung, die; -

ge|rin|nen; Ge|rinn|sel, das; -s, -; Ge|rin|nung, die; -

Ge|rip|pe, das; -s, -; ge|rippt

ge|ris|sen (durchtrieben, schlau); Ge|ris|sen|heit, die; -

ger|ma|nisch; -e Kunst; ger|ma|ni|sie|ren (eindeutschen); Ger|ma|nist, der; -en, -en (Wissenschaftler auf dem Gebiet der Germanistik); Ger|ma|nis|tik, die; - (deutsche [auch: germanische] Sprach- u. Literaturwissenschaft); Ger|ma|nis|tin; ger|ma|nis|tisch

gern, ger|ne; lieber, am liebsten; jmdn. - mögen; etwas - tun; gar zu gern; allzu gern; ein gern gesehener, (auch:) gerngesehener Gast; Ger|ne|groß, der; -, -e (ugs. scherzh.); gern|ha|ben (mögen); weil sie uns gernhat; aber: das Buch würden wir auch gern haben

Ge|röll, das; -[e]s, -e; Ge|röll|hal|de

Ge|ron|to|lo|gie, die; - (Alternsforschung)

Ge|rös|te|te (Mehrz.; südd., österr. für: Bratkartoffeln)

Gers|te, die; -, (fachspr.:) -n; Gers|ten_korn (das; Mehrz. ...körner; auch für: Vereiterung einer Drüse am Augenlid), ...saft (der; -[e]s; scherzh. für: Bier)

Ger|te, die; -, -n; ger|ten|schlank

Ge|ruch, der; -[e]s, Gerüche; ge|ruch|los; ge|ruch[s]|frei; Ge|ruchs_or|gan, ...sinn (der; -[e]s)

Ge|rücht, das; -[e]s, -e; Ge|rüch|te|kü|che (ugs.); ge|rücht|wei|se

ge|ru|hen (veraltend, noch iron. für: sich bereitfinden); ge|ruh|sam; Ge|ruh|sam|keit, die; -

Ge|rüm|pel, das; -s

Ge|rüst, das; -[e]s, -e; Ge|rüst|bau, der; -[e]s

ge|rüt|telt; ein - Maß; - voll

ge|sal|zen; Ge|sal|ze|ne, das; -n

ge|sam|melt; -e Aufmerksamkeit

ge|samt; im Gesamten (veraltend für: insgesamt); Ge|samt, das; -s; im -; Ge|samt|aus|ga|be; ge|samt|deutsch; -e Fragen; Ge|samt|ein|druck; Ge|samt|heit, die; -; Ge|samt|schu|le

Ge|sand|te, der u. die; -n, -n; Ge|sand|ten|pos|ten; Ge|sand|tin; Ge|sandt|schaft; Ge|sandt|schafts|rat (Mehrz. ...räte)

Ge|sang, der; -[e]s, Gesänge; Ge|sang_buch; ge|sang|lich; Ge|sang_un|ter|richt, ...ver|ein

Ge|säß, das; -es, -e; Ge|säß|ta|sche

Ge|säu|sel, das; -s

Ge|schä|dig|te, der u. die; -n, -n

Ge|schäft, das; -[e]s, -e; geschäftehalber; Ge|schäf|te|ma|cher (abwertend); Ge|schäf|te|ma|che|rei (abwertend); ge|schäf|tig; Ge|schäf|tig|keit, die; -; Ge|schäftl|hu|ber, der; -s, - (bes. südd., österr. für: Wichtigtuer); ge|schäft|lich; Ge|schäfts_ab|schluss, ...be|richt, ...brief; ge|schäfts|fä|hig; Ge|schäfts_frau, ...freund; ge|schäfts|füh|rend; Ge|schäfts_füh|rung, ...in|ha|ber, ...jahr; ge|schäfts|kun|dig; Ge|schäfts_la|ge, ...lei|tung, ...mann (Mehrz. ...leute u. ...männer); ge|schäfts|mä|ßig; Ge|schäfts_ord|nung, ...rei|se, ...schluss, ...sinn, ...stel|le, ...stra|ße; ge|schäfts_tüch|tig, ...un|fä|hig (Rechtsspr.); Ge|schäfts|zeit

ge|scheckt; ein -es Pferd

ge|sche|hen; geschah; geschehen; Ge|sche|hen, das; -s, -; Ge|scheh|nis, das; -ses, -se

ge|scheit; Ge|scheit|heit, die; -, -en

Ge|schenk, das; -[e]s, -e; Ge|schenk_ar|ti|kel, ...pa|pier; ge|schenk|wei|se (als Geschenk)

ge|schert (bayr., österr. ugs. für: grob, dumm); Ge|scher|te, der; -n, -n (bayr., österr. ugs. für: Tölpel, Landbewohner)

Ge|schich|te, die; -, -n; Ge|schich|ten|buch (Buch mit Geschichten); ge|schicht|lich; Ge|schichts_buch (Buch mit Geschichtsdarstellungen), ...for|schung, ...wis|sen|schaft

Ge|schick, das; -[e]s, (für: Schicksal auch Mehrz.:) -e; Ge|schick|lich|keit; Ge|schick|lich|keits|spiel; ge|schickt; ein -er Arzt

ge|schie|den; Ge|schie|de|ne, der u. die; -n, -n

Ge|schimp|fe, das; -s

Ge|schirr, das; -[e]s, -e; Ge|schirr_spül|ma|schi|ne, ...tuch (Mehrz. ...tücher)

ge|schla|gen; eine -e Stunde; sich - geben

ge|schlämmt; -e Kreide

Ge|schlecht, das; -[e]s, -er; Ge|schlech|ter-

folge; ge|schlecht|lich; -e Fortpflanzung; ge|schlecht|lich|keit, die; -; Ge|schlechts_akt, ...be|stim|mung; ge|schlechts|krank; Ge|schlechts_krank|heit; ge|schlecht[s]|los; Geschlechts_or|gan, ...rei|fe, ...ver|kehr (der; -[e]s), ...wort (Mehrz. ...wörter)

ge|schlif|fen; Ge|schlif|fen|heit

Ge|schlin|ge, das; -s, - (Herz, Lunge, Leber bei Schlachttieren)

ge|schlos|sen; -e Gesellschaft; Ge|schlos|sen|heit, die; -

Ge|schmack, der; -[e]s, Geschmäcke u. (scherzh.:) Geschmäcker; ge|schmack|lich

ge|schmack|los; Ge|schmack|lo|sig|keit

ge|schmacks|bil|dend; Ge|schmack[s]|sa|che

Ge|schmacks|ver|ir|rung; ge|schmack|voll

Ge|schmei|de, das; -s, -; ge|schmei|dig; Ge|schmei|dig|keit, die; -

Ge|schmeiß, das; -es (ekelerregendes Ungeziefer; Gesindel)

Ge|schmet|ter, das; -s

Ge|schmier, das, -[e]s u. Ge|schmie|re, das; -s

Ge|schnät|ter, das; -s

Ge|schnet|zel|te, das; -n

ge|schnie|gelt; - und gebügelt (ugs. scherzh. für: sehr herausgeputzt)

Ge|schöpf, das; -[e]s, -e

Ge|schoss, das; -es, -e

ge|schraubt (ugs. abwertend für: gekünstelt); Ge|schraubt|heit, die; -

Ge|schrei, das; -s

Ge|schreib|sel, das; -s

Ge|schütz, das; -es, -e; Ge|schütz_feu|er, ...rohr

Ge|schwa|der, das; -s, - (Verband von Kriegsschiffen od. Kampfflugzeugen)

Ge|schwa|fel, das; -s (ugs.)

Ge|schwätz, das, -es; ge|schwät|zig; Ge|schwät|zig|keit, die; -

ge|schweift (gebogen); -e Tischbeine

ge|schwei|ge [denn] (noch viel weniger)

ge|schwind; Ge|schwin|dig|keit; Ge|schwin|dig|keits|be|gren|zung

Ge|schwis|ter, das; -s, (im allg. Sprachgebrauch nur Mehrz.; Einz. fachspr. für: ein Geschwisterteil); ge|schwis|ter|lich; Ge|schwis|ter|lie|be

ge|schwol|len; ein -er Stil

ge|schwo|ren; ein -er Feind des Alkohols; Ge|schwo|re|ne, der u. die; -n, -n

Ge|schwulst, die; -, Geschwülste

ge|schwun|gen; eine -e Linie

Ge|schwür, das; -[e]s, -e; Ge|schwür|bil|dung; ge|schwü|rig

Ge|sei|re, das; -s (ugs. abwertend für: unnützes Gerede, Gejammer)

Ge|sel|ch|te, das; -n (bayr., österr. für: geräuchertes Fleisch)

Ge|sel|le, der; -n, -n; ge|sel|len, sich -; ge|sel|lig; Ge|sel|lig|keit, die; -; Ge|sell|schaft; - mit beschränkter Haftung (Abk.: GmbH); Ge|sell|schaf|ter; Ge|sell|schaf-

te|rin; ge|sell|schaft|lich; Ge|sell-
schafts|an|zug; ge|sell|schafts|fä|hig;
Ge|sell|schafts_form, ...ord|nung,
...spiel
Ge|setz, das; -es, -e; Ge|set|zes_kraft
(die; -), ...vor|la|ge
ge|setz|ge|bend; -e Gewalt; Ge|setz|ge-
ber; ge|setz|ge|be|risch; Ge|setz|ge-
bung; ge|setz|lich; ge|setz|lich|keit; ge-
setz|los; Ge|setz|lo|sig|keit; ge|setz-
mä|ßig; Ge|setz|mä|ßig|keit
ge|setzt; -[,] dass ...; - den Fall[,] [dass]
ge|setz|wid|rig
Ge|sicht, das; -[e]s, -er u. (für: Erscheinung
Mehrz.:) -e; sein -wahren; Ge|sichts_aus-
druck, ...far|be, ...feld, ...kreis,
...punkt, ...win|kel
Ge|sims, das; -es, -e
Ge|sin|de, das; -s, -; Ge|sin|del, das; -s (ab-
wertend)
ge|sinnt (von einer bestimmten Gesinnung);
ein gut gesinnter, (auch:) gutgesinnter
Mensch
Ge|sin|nung; Ge|sin|nungs|ge|nos|se; ge-
sin|nungs|los; Ge|sin|nungs|lo|sig|keit,
die; -; Ge|sin|nungs|lump (abwertend);
Ge|sin|nungs|wan|del
ge|sit|tet; Ge|sit|tung, die; -
Ge|socks, das; - (derb für: Gesindel)
Ge|söff, das; -[e]s, -e (ugs. abwertend für:
schlechtes Getränk)
ge|son|dert; - verpacken
ge|son|nen (willens); - sein[,] etwas zu tun;
vgl. aber: gesinnt
ge|sot|ten; Ge|sot|te|ne, das; -n
Ge|spann, das; -[e]s, -e (Zugtiere)
ge|spannt; Ge|spannt|heit, die; -
ge|spa|ßig (bayr. u. österr. für: spaßig, lus-
tig)
Ge|spenst, das; -[e]s, -er; Ge|spens|ter-
furcht; ge|spens|ter|haft; ge|spens-
tern; Ge|spens|ter|stun|de; ge|spens-
tig, ge|spens|tisch
Ge|spie|le, der; -n, -n (veraltend für: Spiel-
kamerad); Ge|spie|lin
Ge|spinst, das; -[e]s, -e
¹Ge|spons, der; -es, -e (nur noch scherzh.
für: Bräutigam; Gatte)
²Ge|spons, das; -es, -e (nur noch scherzh.
für: Braut; Gattin)
Ge|spött, das; -[e]s
Ge|spräch, das; -[e]s, -e; Gespräch am run-
den Tisch; ge|sprä|chig; Ge|sprä|chig-
keit, die; -; Ge|sprächs_part|ner,
...stoff, ...teil|neh|mer, ...the|ma; ge-
sprächs|wei|se
ge|spreizt; -e Flügel; -e (gezierte) Reden;
Ge|spreizt|heit
ge|spren|kelt; ein -es Fell
Ge|spritz|te, der; -n, -n (bes. südd. u. ös-
terr. für: Wein mit Sprudel)
Ge|spür, das; -s
Ge|sta|de, das; -s, - (geh.)
Ge|stalt, die; -, -en; ge|stalt|bar; ge|stal-
ten; ge|stal|ten|reich; Ge|stal|ter;

Ge|stal|te|rin; ge|stal|te|risch; ge|stalt-
haft; ...ge|stal|tig (z. B. vielgestaltig);
ge|stalt|los; Ge|stal|tung; Ge|stal-
tungs|kraft
Ge|stam|mel, das; -s
ge|stan|den (erfahren)
ge|stän|dig; Ge|ständ|nis, das; -ses, -se
Ge|stän|ge, das; -s, -
Ge|stank, der; -[e]s
Ge|sta|po, die; - = Geheime Staatspolizei
(nationalsoz.)
ge|stat|ten
Ges|te [auch ge...], die; -, -n
Ge|steck, das; -[e]s, -e (bayr., österr. für:
Hutschmuck)
ge|ste|hen; Ge|ste|hungs|kos|ten, die
(Mehrz.; Wirtsch.: Herstellungs-, Selbst-
kosten)
Ge|stein, das; -[e]s, -e; Ge|steins_art,
...block (Mehrz. ...blöcke)
Ge|stell, das; -[e]s, -e; Ge|stel|lung
(Amtsspr.: Bereitstellung)
ges|tern; gestern Abend, Morgen; gestern
früh, (auch:) Früh; bis -; die Mode von -;
Ges|tern, das; - (die Vergangenheit)
ge|stie|felt; - u. gespornt (ugs. scherzh. für:
bereit zum Aufbruch)
Ges|tik [auch ge...], die; - (Gesamtheit der
Gesten); ges|ti|ku|lie|ren
Ge|stimmt|heit (Stimmung)
Ge|stirn, das; -[e]s, -e; ge|stirnt; der -e
Himmel
Ge|stö|ber, das; -s, -
ge|sto|chen; eine -e Handschrift; - scharf
ge|stockt; -e Milch (südd. u. österr. für:
Dickmilch)
ge|stoh|len; du kannst mir - bleiben
Ge|stöhn, das; -[e]s u. Ge|stöh|ne, das; -s
Ge|sträuch, das; -[e]s, -e
ge|streckt; -er (schneller) Galopp
ge|streift; rot gestreift, (auch:) rotgestreift
ge|streng (veraltend)
ge|stresst
Ge|strick, das; -[e]s, -e (gestrickte Ware)
gest|rig; mein -er Brief
Ge|strüpp, das; -[e]s, -e
Ge|stühl, das; -[e]s, -e
Ge|stüm|per, das; -s (ugs.)
Ge|stüt, das; -[e]s, -e; Ge|stüt|pferd
Ge|such, das; -[e]s, -e
ge|sucht; eine -e Ausdrucksweise
ge|sund; gesünder (seltener: gesunder),
gesündeste (seltener: gesundeste); gesund sein, gesund machen, (auch:) gesund-
machen; gesund pflegen, (auch:) gesund-
pflegen; ge|sund|be|ten; jmdn. -; Ge-
sund|brun|nen (Heilquelle); ge|sun|den;
Ge|sund|heit, die; -; ge|sund|heit|lich;
Ge|sund|heits|amt; ge|sund|heits|hal-
ber; Ge|sund|heits|pfle|ge, die; -; Ge-
sund|heits|re|form; ge|sund|heits-
schäd|lich; Ge|sund|heits_we|sen (das;
-s), ...zeug|nis, ...zu|stand (der; -[e]s);
ge|sund_ma|chen, ...pflegen (vgl. ge-
sund), ...schrei|ben; der Arzt hat sie ge-

sundgeschrieben; ge|sund|sto|ßen, sich
(ugs. für: sich bereichern); Ge|sun|dung,
die; -
Ge|tä|fel, das; -s (Tafelwerk, Täfelung); ge-
tä|felt
Ge|tier, das; -[e]s
ge|ti|gert
Ge|tol|se, das; -s; Ge|tö|se, das; -s
ge|tra|gen; eine - Redeweise
Ge|tram|pel, das; -s
Ge|tränk, das; -[e]s, -e; Ge|trän|ke_au|to-
mat, ...kar|te, ...steu|er (die)
ge|trau|en, sich; ich getraue mich (seltener:
mir)[,] das zu tun
Ge|trei|de, das; -s, -; Ge|trei|de_an|bau,
...ern|te, ...han|del
ge|trennt; - schreiben, - leben; Ge|trennt-
schrei|bung
ge|treu; Ge|treue, der u. die; -n, -n; ge-
treu|lich (geh.)
Ge|trie|be, das; -s, -; Ge|trie|be|scha|den
ge|trost; ge|trös|ten, sich (geh.)
Get|to, (auch:) Ghet|to, das; -s, -s (abgeson-
dertes [jüd.] Wohnviertel); Get|to|blas-
ter, (auch:) Ghet|to|blas|ter, der; -s, - (gro-
ßer, leistungsstarker tragbarer Radiorekor-
der)
Ge|tue, das; -s
Ge|tüm|mel, das; -s, -
ge|tüp|felt, ge|tupft
Ge|tu|schel, das; -s
ge|übt; Ge|übt|heit, die; -
Ge|vat|ter, der; -s u. (älter:) -n, -n (veralt.,
noch scherzh. für: guter Bekannter); Ge-
vat|te|rin (veralt., noch scherzh.)
Ge|viert, das; -[e]s, -e (Viereck, Quadrat);
ge|vier|teilt
Ge|wächs, das; -es, -e; ge|wach|sen;
jmdm., einer Sache - sein; Ge|wächs|haus
ge|wachst (mit Wachs geglättet)
ge|wagt; Ge|wagt|heit
ge|wählt; er drückt sich - aus
ge|wahr; eine[r] Sache - werden
Ge|währ, die; - (Sicherheit)
ge|wah|ren (geh.: bemerken, erkennen)
ge|wäh|ren (bewilligen); ge|währ|leis|ten;
Ge|währ|leis|tung
Ge|wahr|sam, der; -s, -e (Haft, Obhut)
Ge|währs|mann (Mehrz. ...männer u.
...leute); Ge|wäh|rung
Ge|walt, die; -, -en; Ge|walt|an|wen|dung;
Ge|wal|ten|tei|lung, die; -; Ge|walt-
herr|schaft; ge|wal|tig; ge|walt|los; Ge-
walt|lo|sig|keit, die; -; Ge|walt_marsch,
...maß|nah|me; ge|walt|sam; Ge-
walt_tat, ...tä|ter; ge|walt|tä|tig; Ge-
walt|tä|tig|keit; Ge|walt|ver|zicht
Ge|wand, das; -[e]s, ...wän|der; Ge|wän|de,
das; -s, - (Archit.: seitl. Umgrenzung der
Fenster und Türen)
ge|wandt; Ge|wandt|heit, die; -
ge|wär|tig; einer Sache -; ge|wär|ti|gen
(geh.); zu - haben
Ge|wäsch, das; -[e]s (ugs. abwertend für:
[leeres] Gerede)

Ge|wäs|ser, *das;* -s, -

Ge|we|be, *das;* -s, -; Ge|webs_trans|plan-ta|ti|on, ...flüs|sig|keit

ge|weckt (gescheit)

Ge|wehr, *das;* -[e]s, -e; Ge|wehr|lauf

Ge|weih, *das;* -[e]s, -e

Ge|wer|be, *das,* -s, -; Ge|wer|be_auf|sicht, ...be|trieb, ...frei|heit, ...in|spek|tor, ...ord|nung (*die;* -), ...schein, ...schu|le, ...steu|er (*die*); ge|wer|be|trei|bend; Ge|wer|be|trei|ben|de, *der* u. *die;* -n, -n; Ge|wer|be|zweig; ge|werb|lich; ge-werbs|mä|ßig

Ge|werk|schaft; Ge|werk|schaf|ter, Ge-werk|schaft|ler; ge|werk|schaft|lich; Ge|werk|schafts_bund (*der*), ...funk|ti-o|när, ...mit|glied, ...ver|samm|lung

Ge|wicht, *das;* -[e]s, -e; Ge|wicht|he|ber (Schwerathlet); ge|wich|tig; Ge|wich|tig-keit, *die;* -; Ge|wichts_an|ga|be, ...klas-se (Sport), ...kon|trol|le, ...ver|lust

ge|wieft (ugs. für: gewitzt)

ge|wiegt (ugs. für: gewitzt)

Ge|wie|her, *das;* -s

ge|willt (gesonnen)

Ge|wim|mel, *das;* -s

Ge|wim|mer, *das;* -s

Ge|win|de, *das;* -s, -; Ge|win|de_boh|rer, ...schnei|der

Ge|winn, *der;* -[e]s, -e; sein Geld Gewinn bringend, (auch:) gewinnbringend anlegen; Ge|winn_an|teil, ...be|tei|li|gung, ...chan|ce; ge|win|nen; gewann, gewon-nen; ge|win|nend; Ge|win|ner; Ge|win-ne|rin; Ge|winn_span|ne, ...sucht (*die;* -); ge|winn|süch|tig

Ge|win|sel, *das;* -s

ge|wirkt; -er Stoff

Ge|wirr, *das;* -[e]s

ge|wiss; ein gewisses Etwas

Ge|wis|sen, *das;* -s, -; ge|wis|sen|haft; Ge|wis|sen|haf|tig|keit, *die;* -; ge|wis-sen|los; Ge|wis|sen|lo|sig|keit, *die;* -; Ge|wis|sens|biss (meist Mehrz.); Ge|wis-sens_ent|schei|dung, ...fra|ge, ...frei-heit (*die;* -), ...kon|flikt; ge|wis|ser|ma-ßen; Ge|wiss|heit; ge|wiss|lich

Ge|wit|ter, *das;* -s, -; ge|wit|tern; es gewit-tert; Ge|wit|ter_re|gen, ...wol|ke; ge-witt|rig

ge|wit|zigt (klug geworden); ge|witzt (schlau); Ge|witzt|heit, *die;* -

Ge|wo|ge, *das;* -s

ge|wo|gen (zugetan); sie ist mir -; Ge|wo-gen|heit, *die;* -

ge|wöh|nen; sich an etw. od. jmdn. -; Ge-wohn|heit; ge|wohn|heits|mä|ßig; Ge-wohn|heits_mensch (*der*), ...recht; ge-wöhn|lich; für - (meist); ge|wohnt; ich bin schwere Arbeit -; die -e Arbeit; ge-wöhnt; ich habe mich an diese Arbeit -; Ge|wöh|nung

Ge|wöl|be, *das;* -s, -; Ge|wöl|be_bo|gen, ...pfei|ler

Ge|wölk, *das;* -[e]s

Ge|wöl|le, *das;* -s, - (von Greifvögeln he-rausgewürgte unverdauliche Nahrungs-reste)

Ge|wühl, *das;* -[e]s

ge|wür|felt; -e Stoffe

Ge|würm, *das;* -[e]s, -e

Ge|würz, *das;* -es, -e; ge|wür|zig; Ge-würz_gur|ke, ...nel|ke

Gey|sir [*gai*...], *der;* -s, -e (eine Wasserfon-täne ausstoßende heiße Quelle)

ge|zackt

ge|zahnt, ge|zähnt; -e Blätter

Ge|zänk, *das;* -[e]s

ge|zeich|net

Ge|zei|ten, *die* (Mehrz.; Wechsel von Ebbe u. Flut)

ge|zielt; -e Werbung; - fragen

ge|zie|men, sich (veraltend) es geziemt sich für ihn; ge|zie|mend

ge|ziert; Ge|ziert|heit

Ge|zirp, *das;* -[e]s

Ge|zisch, Ge|zi|sche, *das;* ...sch[e]s; Ge|zi-schel, *das;* -s

Ge|zücht, *das;* -[e]s, -e (veralt. für: Brut, Ge-sindel)

Ge|zweig, *das;* -[e]s

Ge|zwit|scher, *das;* -s

ge|zwun|ge|ner|ma|ßen

GG = Grundgesetz

Ghet|to usw.; vgl. Getto usw.

Ghost|wri|ter [*goʷβtraitᵉʳ*], *der;* -s, - (jmd., der in eine andere Person schreibt und nicht als Verfasser[in] genannt wird)

Gib|bon, *der;* -s, -s (ein Affe)

Gicht, *die;* -; Gicht|an|fall; gich|tig, gich-tisch; Gicht|kno|ten; gicht|krank

Gi|ckel, *der;* -s, - (landsch. für: Hahn)

gicks (ugs.); weder - noch gacks sagen

Gie|bel, *der;* -s, -; Gie|bel_dach, ...fens-ter, ...wand

gie|pern (bes. nordd. für: gieren); nach et-was -; giep|rig

Gier, *die;* -; gie|ren (heftig begehren); gie-rig; Gie|rig|keit, *die;* -

Gieß|bach; gie|ßen; goss, gegossen; Gie-ßer; Gie|ße|rei; Gieß_form, ...kan|ne

Gift, *das;* -[e]s, -e; gif|ten (ugs. für: gehäs-sig reden); sich - (sich ärgern); gift_fest, ...frei; Gift_gas; gift|grün; gif|tig; Gif-tig|keit, *die;* -; Gift_mi|sche|rin, ...mord, ...müll, ...nu|del (ugs. abwertend für: boshafter Mensch), ...pflan|ze, ...schlan-ge, ...schrank, ...zahn

¹Gig, *das;* -s, -s (leichter Einspänner)

²Gig, *die;* -, s u. (seltener:) *das;* -s, -s (Sport-ruderboot; leichtes Beiboot)

Gi|ga... (das Milliardenfache einer Einheit, z.B. Gigameter = 10⁹ Meter; Zeichen: G); Gi|ga|by|te [...*bait*] (EDV; 10⁹ Byte; Zei-chen: GB, GByte)

Gi|gant, *der;* -en, -en (Riese); gi|gan|tisch

Gi|gerl, *der* (auch: *das*); -s, -n (bes. österr. für: Modegeck); gi|gerl|haft

Gi|go|lo [*ʃɛhi*..., auch: *ʃɛhi*...], *der;* -s, -s (ugs. für: Hausfreund, ausgehaltener Mann)

Gil|de, *die;* -, -n; Gil|de|haus

Gim|mick, *der,* (auch:) *das;* -s, -s (Werbe-gag, -geschenk)

Gim|pel, *der;* -s, - (ein Singvogel; ugs. für: einfältiger Mensch)

Gin [*dʒɛhin*], *der;* -s, -s (Wacholderbrannt-wein)

Gink|go, (auch:) Gin|ko [*gingko*], *der;* -s, -s (in Japan u. China heimischer Zierbaum)

Gin|seng [auch: *ʃɛhin*...], *der;* -s, -s (ost-asiat. Pflanze mit heilkräftiger Wurzel)

Gins|ter, *der;* -s, - (ein Strauch)

Gip|fel, *der;* -s, - (schweiz. auch für: Hörn-chen); Gip|fel_kon|fe|renz, ...kreuz; gip-feln; Gip|fel_punkt, ...tref|fen

Gips, *der;* -es, -e; Gips_ab|druck (Mehrz. ...abdrücke), ...büs|te; gip|sen; Gip|ser; gip|sern (aus Gips); Gips|ver|band

Gi|raf|fe [südd., österr.: *ʃɛhi*...], *die;* -, -n

Girl [*gö'l*], *das;* -s, -s (scherzh. für: Mädchen; w. Mitglied einer Tanztruppe)

Gir|lan|de, *die;* -, -n

Gir|litz, *der;* -es, -e (ein Singvogel)

Gi|ro [*ʃɛhiro*], *das;* -s, -s (österr. auch: Giri; Überweisung im bargeldlosen Zahlungsver-kehr); Gi|ro_bank (Mehrz. ...banken), ...kas|se, ...kon|to

girr|en; die Taube girrt

Gischt, *der;* -[e]s, -e u. *die;* -, -en (Schaum; Sprühwasser, aufschäumende See)

Gi|tar|re, *die;* -, -n; Gi|tar|ren|spie|ler; Gi-tar|rist, *der;* -en, -en; Gi|tar|ris|tin

Git|ter, *das;* -s, -; Git|ter_bett|chen, ...fens|ter, ...stab, ...tor

Glace [*glaβ;* schweiz.: *glaβᵉ*], *die;* -, -s [*glaβ*], (schweiz.:) -n (Zuckerglasur; Gelee aus Fleischsaft; schweiz. für: Speiseeis)

Gla|cé, (auch:) Glacee [*glaβe*], *der;* -[s] (glänzendes Gewebe); Gla|cé|hand|schuh, (auch:) Gla|cee|hand|schuh; Gla|cé|le-der, (auch:) Gla|cee|le|der; gla|cie|ren (mit Glace überziehen)

Gla|di|a|tor, *der;* -s, ...oren (altrömischer Schwertkämpfer in Zirkusspielen)

Gla|di|o|le, *die;* -, -n (ein Schwertlilienge-wächs)

Gla|mour|girl, (auch:) Gla|mour-Girl [*glä-mᵉrgö'l*], *das;* -s, -s (Reklame-, Filmschön-heit)

Glanz, *der;* -es; glän|zen; glän|zend; glän-zend schwarze Haare; Glanz|leis|tung; glanz|los; Glanz_num|mer, ...punkt (Hö-hepunkt); glanz|voll

Glas, *das;* -es, Gläser; zwei - Bier; ein - voll; Glas|au|ge; Gläs|chen; Gla|ser; Gla|se-rei; glä|sern (aus Glas); Glas|fa|ser; glas|hart; Glas|haus; gla|sie|ren (mit Glasur versehen); gla|sig; glas|klar

Glas|nost, *die;* - ([polit.] Offenheit)

Glas_per|le, ...schei|be, ...split|ter; Gla-sur, *die;* -, -en (glasiger Überzug, Zucker-guss); Glas|wol|le

glatt; -er (auch: glätter), -es|te (auch:

glättes|te); glatt hobeln, (auch:) glattho-
beln, glatt kämmen, (auch:) glattkämmen,
glatt legen, (auch:) glattlegen, glatt machen, (auch:) glattmachen, glatt streichen,
(auch:) glattstreichen, glatt ziehen, (auch:)
glattziehen; Glät|te, die; -, -n; Glatt|eis;
glät|ten; glatt|ge|hen (ugs. für: ohne
Komplikationen ablaufen); glatt_ho|beln,
...kämmen, ...legen (vgl. glatt); glatt-
ma|chen (ugs. für: bezahlen); vgl. aber
glatt; glatt|weg; glatt|zie|hen; vgl. glatt
Glat|ze, die; -, -n; Glatz|kopf
Glau|be, der; -ns, (selten:) -n; glau|ben;
Glau|ben, der; -s, (selten:) - (seltener für:
Glaube); Glau|bens_be|kennt|nis, ...frei-
heit, ...ge|mein|schaft, ...krieg, ...sa-
che; glaub|haft; gläu|big; Gläu|bi|ge,
der u. die; -n, -n; Gläu|bi|ger, der; -s, -
(jmd., der berechtigt ist, von einem Schuld-
ner Geld zu fordern); Gläu|bi|ger_an-
spruch, ...ver|samm|lung; glaub|lich;
kaum -; glaub|wür|dig
Glau|kom, das; -s, -e (Med.: grüner Star
[eine Augenkrankheit])
gleich s. Kasten
gleich|al|te|rig, gleich|alt|rig; gleich_ar-
tig, ...be|rech|tigt; Gleich|be|rech|ti-
gung, die; -; gleichbeschaffen; vgl.
gleich; gleich blei|ben; vgl. gleich;
gleich|den|kend; vgl. gleich
glei|chen; glich, geglichen (gleich sein);
glei|cher|ma|ßen; gleich|falls; gleich-
för|mig; gleich|ge|ar|tet, gleich|ge|la-
gert, gleich|ge|sinnt, gleich|ge|stimmt;
vgl. gleich
Gleich|ge|wicht, das; -[e]s, -e; Gleich|ge-
wichts_sinn, ...stö|rung; gleich|gül|tig;
Gleich|gül|tig|keit, die; -; Gleich|heit;
Gleich|heits_prin|zip, ...zei|chen
gleich|kom|men (entsprechen); das war ei-
ner Kampfansage gleichgekommen; vgl.
aber gleich; gleich|lau|tend; vgl. gleich
gleich|ma|chen (angleichen); dem Erdboden
-; Gleich|ma|che|rei; gleich|mä|ßig;
Gleich|mut, der; -[e]s u. (selten:) die; -;
gleich|nis, das; -ses, -se
gleich|sam; gleich|schal|ten (auf eine ein-
heitliche Linie bringen); gleich|schenk|lig;
Gleich|schritt; gleich|se|hen (ähneln);
gleich|sei|tig; gleich|set|zen
Gleich|stand, der; -[e]s; gleich_ste|hen
(gleich sein), ...stel|len (auf die gleiche
Stufe stellen); Gleich|stel|lung; Gleich-
strom
gleich|tun (nacheifern); es jmdm. -; Glei-
chung; gleich|viel; gleichviel[,] ob/
wann/wo; gleich|wer|tig; gleich|wie;
gleich|wink|lig; gleich|wohl; gleich|zei-
tig; Gleich|zei|tig|keit; gleich|zie|hen
(auf dem gleichen Leistungsstand kommen)
Gleis, das, -es, -e u. Ge|lei|se, das; -s, -;
Gleis|an|schluss
glei|ßen (glänzen, glitzern)
Gleit_bahn, ...boot; glei|ten; glitt, geglit-
ten; Gleit_flug, ...schutz; gleit|si|cher

gleich

– der gleiche Hut; die gleichen Rechte; alle
Menschen sind gleich
– die Sonne ging gleich einem roten Ball
unter (geh.)
– er soll gleich (sofort) kommen

Großschreibung:
– das Gleiche (dasselbe) tun; das Gleiche gilt
für dich
– es kommt aufs Gleiche hinaus
– Gleiches mit Gleichem vergelten; es kann
uns Gleiches begegnen
– ins Gleiche (in Ordnung) bringen
– ein Gleiches tun; Gleicher unter Gleichen
– Gleich und Gleich gesellt sich gern

Schreibung in Verbindung mit Eigenschaftswörtern, Zeit- und Mittelwörtern:
– gleich alt, gleich groß, gleich gut, gleich
lang, gleich schnell, gleich verteilt, gleich
wahrscheinlich, gleich weit usw.
– zwei gleich große Kinder; die Kinder
waren gleich groß

– gleich sein, gleich werden, gleich denken,
gleich klingen, gleich lauten
– die Wörter werden gleich geschrieben
– gleich bedeutende Gelehrte, aber gleich-
bedeutende (das Gleiche bedeutende)
Wörter
– sie sind einander gleich geblieben; sie ist
gleich bleibend od. gleichbleibend
freundlich
– gleich denkende od. gleichdenkende
Menschen; gleich geartete od. gleichgeartete Verhältnisse; ein gleich gela-
gerter od. gleichgelagerter Fall; gleich
gesinnte od. gleichgesinnte Freunde; zwei
gleich gestimmte od. gleichgestimmte
Seelen
– gleich lautende od. gleichlautende Wörter
Vgl. aber gleichkommen, gleichmachen,
gleichschalten, gleichsehen, gleichsetzen,
gleichstehen, gleichstellen, gleichtun, gleich-
ziehen

Glen|check [gläntschäk], der; -[s], -s (ein
Gewebe; großflächiges Karomuster)
Glet|scher, der; -s, -; Glet|scher_bach,
...brand (der; -[e]s), ...feld, ...spal|te,
...zun|ge
Glied, das; -[e]s, -er; glie|dern; Glie-
der_pup|pe, ...schmerz; Glie|de|rung;
Glied|ma|ße, die; -, -n (meist Mehrz.)
glim|men; es glomm, (auch:) glimmte, ge-
glommen, (auch:) geglimmt; Glim|mer,
der; -s, - (ein Mineral); glim|mern;
Glimm|stän|gel (scherzh. für: Zigarette)
glimpf|lich
glit|schig, glitsch|rig (ugs.)
Glit|zer, der; -s, -; glit|zern
glo|bal (auf die gesamte Erde bezüglich;
umfassend; allgemein); glo|ba|li|sie|ren
(weltweit ausdehnen); Glo|ba|li|sie|rung;
Glo|ba|li|sie|rungs|geg|ner; Glo|bal Pla-
yer [glo^ub^el ple^ier], der; - -s, - -s (Unternehmen, Unternehmer o. Ä. mit weltweitem
Wirkungskreis); Glo|be|trot|ter [globᵉtr...,
auch: globtr...], der; -s, - (Weltenbumm-
ler); Glo|bus, der; - u. ...busses, Mehrz.:
...ben u. ...busse (Nachbildung der Himmelskörper, bes. der Erde)
Glöck|chen; Glo|cke, die; -, -n; Glo|cken-
blu|me; glo|cken|för|mig; Glo|cken_ge-
läut, ...gie|ße|rei, ...guss; glo|cken|hell;
Glo|cken_klang, ...rock, ...spiel,
...turm; glo|ckig
¹Glo|ria (meist iron. für: Ruhm, Ehre); mit
Glanz und -
²Glo|ria, das; -s (Lobgesang in der kath.
Messe); Glo|rie, die; -, -n (geh. für: Ruhm,
Glanz; Heiligenschein); Glo|ri|en|schein;
glo|ri|fi|zie|ren; Glo|ri|fi|zie|rung; Glo-
ri|o|le, die; -, -n (Heiligenschein)

glo|sen (landsch. für: glühen, glimmen)
Glos|sar, das; -s, -e (Wörterverzeichnis [mit
Erklärungen]); Glos|se, die; -, -n ([Rand]be-
merkung; Kommentar); glos|sie|ren
Glotz|au|ge (ugs.); glotz|äu|gig (ugs.);
Glot|ze, die; -, -n (ugs. für: Fernsehgerät);
glot|zen (ugs.)
Glück, das; -[e]s; eine Glück bringende,
(auch:) glückbringende, Glück verhei-
ßende, (auch:) glückverheißende Nachricht; Glück auf! (Bergmannsgruß);
glück|brin|gend; vgl. Glück
Glu|cke, die; -, -n; glu|cken
glu|ckern
glück|haft; glück|lich; glück|li|cher|wei-
se; Glück|sa|che (seltener für: Glückssa-
che); Glücks|brin|ger; glück|se|lig;
Glück|se|lig|keit, die; -, (selten:) -en
glu|cksen
Glücks_fall (der), ...kind, ...pfen|nig,
...pilz, ...sa|che (die; -), ...spiel, ...stern
(der; -s); glück|strah|lend; Glücks|zahl
glück|ver|hei|ßend; vgl. Glück; Glück-
wunsch; Glück zu!; Glück|zu, das; -
Glüh|bir|ne; glü|hen; glüh|heiß;
Glüh_lam|pe, ...wein, ...würm|chen
Glu|ko|se (chem. fachspr.: Glu|co|se
[...ko...]), die; - (Traubenzucker)
Glupsch|au|gen, die (Mehrz.; nordd.)
glup|schen (nordd. für: mit großen Augen
dreinblicken)
Glut, die; -, -en; glut|äu|gig (geh.); Glut-
hit|ze
Gly|ze|rin (chem. fachspr.:) Gly|ce|rin
[...ze...]; das; -s, -e (dreiwertiger Alkohol);
Gly|zi|nie [...iᵉ], die; -, -n (ein Kletter-
strauch)

Gna|de, *die;* -, -n; Gna|den.akt, ...brot (*das;* -[e]s), ...frist, ...ge|such; gna|den-los; Gna|den|weg; gnä|dig

Gneis, *der;* -es, -e (ein Gestein)

Gnom, *der;* -en, -en (Kobold; Zwerg); gno-men|haft

Gnu, *das;* -s, -s (ein Steppenhuftier)

Goal [*gol*], *das;* -s, -s (österr. u. schweiz. für: Tor [beim Fußball])

Go|be|lin [...*läng*], *der;* -s, -s (Wandteppich mit eingewirkten Bildern)

Go|ckel, *der;* -s, - (bes. südd. für: Hahn)

goe|thesch, goe|thisch [*gö*...]; Verse von goethescher od. Goethe'scher od. goethi-scher Klarheit; goethesche od. Goethe'sche od. goethische Dramen (Dramen von Goethe)

Go-go-Girl [*gogogö'l*], *das;* -s, -s (Vortänze-rin in Tanzlokalen)

Go-in [*go*"*in*], *das;* -s, -s (unbefugtes Ein-dringen demonstrierender Gruppen, meist um eine Diskussion zu erzwingen)

Go|kart [*go*"...], *der;* -[s], -s (niedriger, un-verkleideter kleiner Sportrennwagen)

Gold, *das;* -[e]s (chem. Element, Edelmetall; Zeichen: Au); gold|ähn|lich; Gold.am-mer (ein Singvogel), ...am|sel, ...bar|ren, ...barsch; gold|blond

gol|den; *die;* -e Hochzeit

gold.far|ben, ...far|big, Gold.fa|san, ...fisch; gold|gelb; Gold.grä|ber, ...gru-be; gol|dig; Gold.klum|pen, ...lack (eine Zierpflanze), ...le|gie|rung, ...me-dail|le, ...mi|ne, ...mün|ze, ...pa|pier, ...par|mä|ne (*die;* -, -n; eine Apfelsorte), ...re|gen (ein Strauch, Baum), ...re|ser-ve; gold|rich|tig (ugs.); Gold.schmied, ...schmie|din, ...schnitt, ...waa|ge, ...wäh|rung, ...zahn

¹Golf, *der;* -[e]s, -e (größere Meeresbucht)

²Golf, *das;* -s (ein Rasenspiel); - spielen; gol|fen (ugs. für: Golf spielen); Gol|fer, *der;* -s, - (Golfspieler); Gol|fe|rin; Golf-platz, ...schlä|ger, ...spiel

Go|li|ath, *der;* -s, -s (riesiger Mensch)

Gon|del, *die;* -, -n (langes venezianisches Ruderboot; Korb am Luftballon; Kabine am Luftschiff); gon|deln (ugs. für: [gemäch-lich] fahren); Gon|do|li|e|re, *der;* -, ...ri (Gondelführer)

Gong, *der* (selten: *das*); -s, -s; gon|gen; es gongt; Gong|schlag

gön|nen; Gön|ner; gön|ner|haft; Gön|ne-rin; Gön|ner|mie|ne (abwertend)

Go|no|kok|kus, *der;* -, ...kken (eine Bakte-rienart); Go|nor|rhö, *die;* -, -en (Tripper); go|nor|rho|isch

Good|will [*gudwil*], *der;* -s (Ansehen; Wohl-wollen)

Gör, *das;* -[e]s, -en u. Gö|re, *die;* -, -n (nordd. für [kleines] Kind; ungezogenes Mädchen)

Go|ril|la, *der;* -s, -s

Go|sche, Gu|sche, *die;* -, -n (landsch. meist abwertend für: Mund)

Gos|pel, *das* od. *der;* -s, -s u. Gos|pel|song (religiöses Lied der Afroamerikaner)

Gos|se, *die;* -, -n

Go|tik, *die;* - (Kunststil vom 12. bis 15. Jh.; Zeit des got. Stils); go|tisch (im Stil der Gotik)

Gott, *der;* -es, Götter; um -es willen; - sei Dank!; weiß -!; Gott[,] der Herr[,] hat ...; grüß [dich] Gott!; Gott|er|bar|men; nur in: zum - (ugs. für: jämmerlich); Göt|ter|bild; gött|er|ge|ben; Göt|ter|spei|se (auch für: eine Süßspeise); Got|tes.acker (landsch. für: Friedhof), ...an|be|te|rin (eine Heu-schreckenart), ...dienst, ...furcht; got-tes|fürch|tig; Got|tes|haus; Got|tes-krie|ger (Taliban- und El-Kaida-Kämpfer) got|tes|läs|ter|lich; Got|tes.läs|te|rung, ...mut|ter (*die;* -), ...sohn (*der;* -[e]s), ...ur|teil

gott.ge|fäl|lig, ...ge|wollt, ...gläu|big; Gott|heit; Göt|tin; gött|lich; Gött|lich-keit, *die;* -; gott|lob!; gott|los; Gott|lo-se, *der* u. *die;* -n, -n; Gott|lo|sig|keit; gotts.er|bärm|lich (ugs.), ...jäm|mer|lich (ugs.); Got|tva|ter, *der;* -s (meist ohne Ge-schlechtsw.); gott|ver|las|sen; Gott|ver-trau|en; gott|voll (auch ugs. für: sehr ko-misch); Göt|ze, *der;* -n, -n (Abgott); Göt-zen.bild, ...dienst

Gou|da [*gauda*], *der;* -s; -s (ein Käse)

Gour|mand [*gurmang*], *der;* -s, -s (Schlem-mer[in]); Gour|met [...*me*], *der;* -s, -s (Feinschmecker[in])

Gou|ver|nan|te [*guw*...], *die;* -, -n (veralt. für: Erzieherin)

Gou|ver|neur [...*nör*], *der;* -s, -e (Statthal-ter); Gou|ver|neu|rin

Grab, *das;* -[e]s, Gräber; zu -e tragen; gra-ben; grub; gegraben; Gra|ben, *der;* -s, Gräben; Grä|ber|feld; Gra|bes.käl|te, ...stil|le; Grab.ge|sang, ...hü|gel, ...mal (*Mehrz.* ...mäler, geh.: -e), ...re|de

grab|schen, vgl. grapschen

Grab|stät|te, ...stein

Gracht, *die;* -, -en (Kanal[straße] in niederl. Städten)

Grad, *der;* -[e]s, -e (für Temperatureinheit auch:) *das* (Maßeinheit für Temperaturen u. Winkel; Zeichen: °; Rang); es ist heute einige - wärmer; ein Winkel von 30°; einen akademischen - erwerben

gra|de (ugs. für: gerade)

Grad|mes|ser, *der;* gra|du|ell; Gra|du|ier-te, *der* u. *die;* -n, -n (jmd., der einen aka-demischen Grad besitzt); Gra|du|ie|rung; Grad|un|ter|schied; grad|wei|se

¹Graf; vgl. Graph

²Graf, *der;* -en, -en; Gra|fen|ti|tel

Graf|fi|to, *der,* (auch:) *das;* -[s], ...ti (in eine Wand eingekratzte Inschrift; *meist Mehrz.:* Wandkritzelei; auf Mauern, Fassaden o. Ä. gesprühte Parole od. Darstellung)

Gra|fik, (auch:) Gra|phik, *die;* - (für: Schau-bild *auch Mehrz.:*) -en (Sammelbezeichnung für Holzschnitt, Kupferstich, Lithografie u.

Handzeichnung); Gra|fi|ker, (auch:) Gra-phi|ker; Gra|fi|ke|rin, (auch:) Gra|phi|ke|rin

Grä|fin

gra|fisch, (auch:) gra|phisch

Gra|fit; vgl. Graphit; gra|fit|grau; vgl. gra-phitgrau

Graffito
Das aus dem Italienischen übernommene, meist in der Mehrzahl *Graffiti* erscheinende Hauptwort wird nicht, wie oft fälschlicher-weise angenommen, mit *-tt-*, sondern mit *-ff-* geschrieben.

Gra|fo|lo|ge usw.; vgl. Graphologe usw.

Graf|schaft

Gra|ham|brot

gram; jmdm. - sein; Gram, *der;* -[e]s; grä-men, sich; gram|er|füllt; gräm|lich

Gramm, *das;* -s, -e (Zeichen: g); 2 -

Gram|ma|tik, *die;* -, -en; gram|ma|ti|ka-lisch; Gram|ma|ti|ker; gram|ma|tisch

Gram|mo|phon®, (auch:) Gram|mo|fon, *das;* -s, -e (Plattenspieler)

gram|voll

Gra|nat, *der;* -[e]s, -e (österr.: *der;* -en, -en; ein Halbedelstein); Gra|nat.ap|fel (Frucht des Granatbaumes), ...baum (eine sub-trop. Pflanze); Gra|na|te, *die;* -, -n; Gra-nat.split|ter, ...trich|ter, ...wer|fer

Grand [*grang*, ugs. auch *grang*], *der;* -s, -s (höchstes Spiel im Skat); Grand|ho|tel [*grang*...]; gran|di|os (großartig, über-wältigend); Grand Prix [*grang pri*], *der;* - -, -s (fr. Bez. für: „großer Preis")

Grand|seig|neur [*grang Bänjör*], *der;* -s, -s u. -e (vornehmer, weltgewandter Mann)

Grand Slam [*gräntsläm*], *der;* - -[s], - -s (Tennis)

Gra|nit, *der;* -s, -e (ein Gestein); gra|nit|ar-tig; Gra|nit|block (*Mehrz.* ...blöcke); gra-ni|ten (aus Granit)

Gran|ne, *die;* -, -n (Ährenborste); gran|nig (mit Grannen; borstig)

gran|tig (übellaunig)

Gra|nu|lat, *das;* -[e]s, -e (Substanz in Körn-chenform)

Grape|fruit [*grépfrut*], *die;* -, -s (eine Zitrus-frucht)

Graph, (auch:) ¹Graf, *der;* -en, -en (Math.: graf. Darstellung)

Gra|phik, Gra|phi|ker, gra|phisch; vgl. Grafik, Grafiker, grafisch

Gra|phit, (auch:) Gra|fit, *der;* -s, -e (ein Mi-neral); gra|phit|grau, (auch:) gra|fit|grau

Gra|pho|lo|ge, (auch:) Gra|fo|lo|ge, *der;* -n, -n; Gra|pho|lo|gie, (auch:) Gra|fo|lo|gie, *die;* - (Lehre von der Deutung der Hand-schrift als Ausdruck des Charakters); Gra-pho|lo|gin, (auch:) Gra|fo|lo|gin

grap|schen, grab|schen (ugs. für: schnell nach etwas greifen)

Gras, *das;* -es, Gräser; Gras|af|fe (Schimpf-wort für: unreifer Mensch); gra|sen; Gras-flä|che; gras|grün; Gras.halm, ...hüp-fer, ...mü|cke (ein Singvogel) gras|sie|ren (sich ausbreiten; wüten [von Seuchen])

gräss|lich; Gräss|lich|keit

Grat, *der;* -[e]s, -e (Kante; Bergkamm[li-nie]); Grä|te, *die;* -, -n (Fischgräte); grä|ten|los

Gra|ti|fi|ka|ti|on [...*zion*], *die;* -, -en ([frei-willige] Vergütung, [Sonder]zuwendung)

Gra|tin [...*täng*], *das;* -s, -s (überbackenes Gericht); gra|ti|nie|ren (mit einer Kruste überbacken)

gra|tis; - und franko

Grät|sche, *die;* -, -n (eine Turnübung); grät|schen ([die Beine] seitwärts spreizen)

Gra|tu|lant, *der;* -en, -en; Gra|tu|lan|tin; Gra|tu|la|ti|on [...*zion*], *die;* -, -en; gra|tu|lie|ren

grau; - in - malen (pessimistisch sehen); grau meliert, (auch:) graumeliert; Grau, *das;* -s, - u. (ugs.:) -s (graue Farbe); in -; grau|blau; Grau|brot

Gräu|el, *der;* -s, -; Gräu|el|tat

¹grau|en (Furcht haben); mir (seltener: mich) graut [es] vor dir

²grau|en (geh. für: dämmern)

Grau|en, *das;* -s (Schauder, Furcht); ein Grauen erregender, (auch:) grauenerre-gender Anblick; grau|en|haft; grau|en|voll

grau|len (ugs. für: sich fürchten); es grault mir; ich graule mich

¹gräu|lich [zu: Grauen]

²gräu|lich, (auch:) grau|lich [zu: grau]

grau|me|liert; vgl. grau

Grau|pe, *die;* -, -n (meist Mehrz.; [Getrei-de]korn); Grau|pel, *die;* -, -n (meist Mehrz.; Hagelkorn); grau|peln; Grau|pel|schau|er; Grau|pen|sup|pe

Graus, *der;* -es (veralt. für: Schrecken); o -; grau|sam; Grau|sam|keit; grau|sen (sich fürchten); mir od. mich grauste; sich -; Grau|sen, *das;* -s; grau|sig; graus|lich (bes. österr.)

Grau|zo|ne (Übergangszone, Grenzbereich)

Gra|veur [...*wör*], *der;* -s, -e (Metall-, Stein-schneider, Stecher); Gra|veu|rin

gra|vie|ren [...*wir^e^n*] ([in Metall, Stein] [ein]schneiden); gra|vie|rend (schwerwie-gend; belastend)

Gra|vi|ta|ti|on [...*zion*], *die;* - (Schwerkraft, Anziehungskraft); gra|vi|tä|tisch (würde-voll)

¹Gra|zie [...*i^e^*], *die;* - (Anmut)

²Gra|zie [...*i^e^*], *die;* - - (meist Mehrz.; eine der 3 röm. Göttinnen der Anmut)

gra|zil (schlank, geschmeidig)

gra|zi|ös (anmutig)

Green|card [*grin*...], *die;* -, -s, (auch:) Green Card, *die;* - -, - -s ([un]befristete Aufent-halts- u. Arbeitserlaubnis)

Green|horn [*grin*...], *das;* -s, -s (Anfänger, Neuling)

gre|go|ri|a|nisch (von Gregorius herrüh-rend); der gregorianische Kalender

---

groß

grö|ßer, größ|te

– groß[en]teils, größer[e]nteils, größtenteils

I. Kleinschreibung:

a) *ihr Haus war am größten*

b) *die großen Ferien*

– *auf große Fahrt gehen*

– *das große Einmaleins; das große Latinum*

– *das große Los*

– *die große Pause*

– *die große (vornehme) Welt*

– *auf großem Fuß (ugs. für: verschwende-risch) leben*

– *etwas die große Glocke hängen (ugs. für überall erzählen)*

– *einen großen Bahnhof (ugs. für: feierli-chen Empfang) bekommen*

– *im großen Ganzen*

– *der große od. Große Lauschangriff*

– *die große od. Große Anfrage*

– *die große od. Große Koalition*

– *die große od. Große Kreisstadt*

II. Großschreibung:

a) *etwas, nichts, viel, wenig Großes*

– *Groß und Klein (jedermann)*

– *Große und Kleine, die Großen und die Kleinen*

– *im Großen und Ganzen*

– *vom Kleinen auf das Große schließen*

– *im Großen wie im Kleinen treu sein*

– *das Größte (ugs. für: sehr gut) wäre, wenn ...*

– *ein gutes Fußballspiel ist für ihn das Größte*

– *er ist der Größte (ugs. für: ist uneinge-schränkt anerkannt, ist unübertroffen)*

b) *Otto der Große (Abk. d. Gr.), Gen.: Ottos des Großen*

– *der Große Wagen, der Große Bär (Stern-bilder)*

– *die Große Strafkammer*

– *die Große Mauer (in China)*

– *der Große Rat (schweiz.: das Kantons-parlament)*

– *der Große Teich (ugs. für Atlantischer Ozean)*

– *der Große Belt*

III. Schreibung in Verbindung mit Zeitwör-tern:

– *groß schreiben (in großer Schrift)*

– *groß herauskommen*

– *jmdn., etwas groß herausbringen*

Aber:

– *großschreiben (mit großem Anfangsbuch-staben)*

– *Teamarbeit wird bei uns großgeschrieben (wichtig genommen); vgl. d.*

– *großtun (prahlen)*

– *Kinder großziehen (aufziehen)*

IV. Getrennt- od. Zusammenschreibung bei nicht übertragener Bedeutung in Verbindung mit als Eigenschaftswörtern gebrauchten Mit-telwörtern:

– *ein groß angelegter od. großangelegter Plan*

– *ein groß gemusterter od. großgemusterter Stoff*

– *ein groß gewachsener od. großgewach-sener Junge*

– *ein groß karierter od. großkarierter Mantel*

Greif, *der;* -[e]s u. -en, -en (Fabeltier [Vo-gel]; auch für: Greifvogel)

greif|bar; grei|fen; griff, gegriffen; um sich -; zum Greifen nahe; Grei|fer (Technik); Greif|vo|gel

grei|nen (ugs. für: weinen)

Greis, *der;* -es, -e; Grei|sin

grell; grellrot usw.

Gre|mi|um, *das;* -s, ...ien [...*i^e^n*] (Ausschuss, Körperschaft)

Gre|na|dier, *der;* -s, -e (Infanterist)

Grenz|be|reich; Gren|ze, *die;* -, -n; gren|zen; gren|zen|los; Grenz|fall, *der;* Grenz_gän|ger, ...ge|biet, ...kon|t|rol|le, ...li|nie, ...über|tritt, ...ver|kehr

Greu|el usw., alte Schreibung für: Gräuel usw.; greu|lich, (alte Schreibung für:) ¹gräulich

Grie|be, *die;* -, -n (ausgebratener Speck-würfel); Grie|ben_fett (*das;* -[e]s), ...wurst

grie|chisch

grie|nen (ugs. für: grinsen)

Gries|gram, *der;* -[e]s, -e; gries|grä|mig

Grieß, *der;* -es, -e; Grieß|brei

Griff, *der;* -[e]s, -e; griff|be|reit; Griff-brett; Grif|fel, *der;* -s, -; griff|fest; grif-fig

Grill, *der;* -s, -s (Bratrost)

Gril|le, *die;* -, -n (ein Insekt; auch für: son-derbarer Einfall)

gril|len (auf dem Grill braten); Grill|let|te [*grilät^(e)^*], *die;* -, -n (landsch. für: gegrilltes Hacksteak)

Gri|mas|se, *die;* -, -n (Fratze)

Grimm, *der;* -[e]s; grim|mig; Grim|mig-keit, *die;* -

Grind, *der;* -[e]s, -e (Schorf)

grin|sen

grip|pal; vgl. grippös; Grip|pe, *die;* -, -n (eine Infektionskrankheit); Grip|pe_epi-de|mie, ...vi|rus, ...wel|le; grip|pös, grip|pal (Med.: einer Grippe ähnlich); ein grippöser, grippaler Infekt

Grips, *der;* -es, -e (ugs. für: Verstand, Auf-fassungsgabe)

Grizz|ly|bär, Gris|li|bär (großer, nordameri-kan. Braunbär)

grob; gröber, gröbs|te; das Korn grob mah-len, (auch:) grobmahlen; grob gemahlenes,

gut

besser (vgl. d.), bes|te (vgl. d.)

I. Kleinschreibung:
– einen guten Morgen wünschen
– auf gut Glück; ein gut Teil; guten Mutes; gute Sitten
– gut und gern
– so gut wie; so weit, so gut
– es gut sein lassen
– Vgl. auch ausreichend

II. Großschreibung:
a) jmdm. etwas im Guten sagen
– im Guten wie im Bösen (allezeit)
– Gut und Böse unterscheiden können
– jenseits von Gut und Böse sein
– ein Guter; Gutes und Böses; sein Gutes haben
– des Guten zu viel tun
– vom Guten das Beste
– zum Guten lenken, wenden
– etwas, nichts, viel, wenig Gutes; alles Gute
b) der Gute Hirte (Christus); das Kap der Guten Hoffnung

III. Groß- und Kleinschreibung:
– [jmdm.] Guten od. guten Morgen sagen

IV. Schreibung in Verbindung mit Zeitwörtern:
– das hast du gut gemacht!
– es mit jmdm. gut meinen
– es bei jmdm. gut haben
– sie kann gut schreiben
– es wird alles gut werden
– in diesen Schuhen kann ich gut gehen
Aber:
– im Urlaub lassen wir es uns gut gehen od. gutgehen
– es ist alles noch einmal gut gegangen od. gutgegangen
– die Bücher werden gut gehen od. gutgehen
– Vgl. guthaben, gutheißen, gutmachen, gutsagen, gutschreiben, guttun

V. Getrennt- od. Zusammenschreibung bei nicht übertragener Bedeutung in Verbindung mit als Eigenschaftswörtern gebrauchten Mittelwörtern:
– ein gut aussehender od. gutaussehender Mann
– eine gut bezahlte od. gutbezahlte Fachkraft
– ein gut gemeinter od. gutgemeinter Rat
– ein gut geschriebener od. gutgeschriebener Text
– gut unterrichtete od. gutunterrichtete Kreise

(auch:) grobgemahlenes Korn; grob fahrlässig; Grob|heit; Gro|bi|an, der; -[e]s, -e (abwertend für: grober Mensch); grobschläch|tig (abwertend für: von grober Art)
Grog, der; -s, -s (heißes alkohol. Getränk); grog|gy [...gi] (Boxen: schwer angeschlagen; ugs. auch für: zerschlagen, erschöpft); grö|len (ugs. für: schreien, lärmen)
Groll, der; -[e]s; grol|len
Gros [gro], das; - [gro(ß)], - [groß] (überwiegender Teil); Gro|schen, der; -s, - (Untereinheit des Schillings; ugs. für: dt. Zehnpfennigstück); Gro|schen|heft (abwertend)
groß s. Kasten Seite 315
groß|an|ge|legt; vgl. groß; groß|ar|tig; Groß|buch|sta|be; Grö|ße, die; -, -n; Groß_el|tern (Mehrz.), ...en|kel; Grö|Ben|wahn; grö|Ben|wahn|sin|nig; grö|Ber; vgl. groß; groß_ge|mus|tert, ...gewach|sen; vgl. groß; Groß_grund|be|sitzer, ...han|del, ...händ|ler, ...her|zog, ...hirn, ...in|dus|t|rie, ...in|dus|t|ri|el|le
Gros|sist (Großhändler)
groß|jäh|rig (veraltend für: volljährig); Groß|jäh|rig|keit, die; - ; groß|ka|riert; vgl. groß; Groß|kop|fe|te, (bes. bayr., österr.:) Groß|kop|fer|te, der u. die; -n, -n (ugs. für: einflussreiche Persönlichkeit); Groß|macht; Groß|manns|sucht, die; - ; Groß|mut, die; - ; groß|mü|tig; Großmut|ter (Mehrz. ...mütter); Groß|rei|ne-

ma|chen, das; -s; groß|schrei|ben (mit großem Anfangsbuchstaben schreiben, ugs. für: wichtig nehmen); Hauptwörter -, Teamarbeit wird bei uns großgeschrieben; Groß|schrei|bung; Groß_stadt, ...städter; größ|te; vgl. groß; Groß|teil, der; größ|ten|teils; größt|mög|lich; falsch: größtmöglichst; groß|tun (prahlen); Groß_va|ter, ...ver|an|stal|tung; großzie|hen (aufziehen); groß|zü|gig
gro|tesk (wunderlich, grillenhaft; überspannt, verzerrt); Gro|tes|ke, die; -, -n (fantastische Erzählung)
Grot|te, die; -, -n
Grüb|chen; Gru|be, die; -, -n
Grü|be|lei; grü|beln
Gru|ben_ar|bei|ter, ...un|glück
grüb|le|risch
Gruft, die; -, Grüfte; Gruf|ti, der; -s, -s (Jugendspr.: älterer Mensch)
grün; er ist mir nicht grün (ugs. für: gewogen); am grünen Tisch; die grüne Minna (ugs. für: Polizeiauto); das grüne, (auch:) Grüne Trikot (Radsport); der grüne (auch:) Grüne Punkt; Grün, das; -s, - (ugs.: -s; grüne Farbe); bei Grün die Straße überqueren; in -; dasselbe in Grün (ugs. für: [fast] ganz dasselbe); Grün|an|la|ge (meist Mehrz.)
Grund, der; -[e]s, Gründe; im Grunde; aufgrund, (auch:) auf Grund [dessen, von]; zugrunde, (auch:) zu Grunde legen, liegen, richten; grund|an|stän|dig; Grund_be-

sitz, ...buch, ...ei|gen|tum, ...eis; grün|deln ([von Enten] Nahrung unter Wasser suchen); grün|den; gegründet (Abk.: gegr.); Grün|der; Grün|de|rin; grundfalsch; Grund_form (für: Infinitiv), ...gesetz (Statut); Grundgesetz für die Bundesrepublik Deutschland vom 23. Mai 1949 (Abk.: GG), ...hal|tung; grun|die|ren; Grund_la|ge; grund|le|gend; gründ|lich; Gründ|lich|keit, die; - ; grund|los; Grund_nah|rungs|mit|tel
Grün|don|ners|tag
Grund_recht, ...riss, ...satz; grund|sätzlich; Grund_schu|le, ...stein, ...stück; Grund und Bo|den; der; - - -s; Gründung; Grund_was|ser (das; -s), ...zahl (für: Kardinalzahl)
¹Grü|ne, das; -n; Fahrt ins -
²Grü|ne, der u. die; -n, -n (Mitglied der Partei Bündnis 90/Die Grünen)
grü|nen; Grün_flä|che, ...kern (der; -[e]s), ...kohl (der; -[e]s), ...schna|bel (ugs. für: unreifer Mensch)
grun|zen
Grün|zeug, das; -s (ugs.)
Grup|pe, die; -, -n; Grup|pen_bild, ...führer, ...sex, ...the|ra|pie; grup|pie|ren; Grup|pie|rung
Grus, der; -es, -e (verwittertes Gestein; Kohlenstaub)
gru|se|lig, grus|lig; Gru|sel|mär|chen; gruseln; mir od. mich gruselts; grus|lig; vgl. gruselig
Gruß, der; -es, Grüße; grü|ßen; gruß|los
Grüt|ze, die; -, -n
G-Sai|te [ge...] (Musik)
G-7-Staaten [gesib°n...], die (Mehrz.; Vereinigung der sieben wichtigsten Wirtschaftsnationen)
gu|cken, ku|cken (ugs.); Guck|fens|ter; Guck|in|die|luft; Hans -; Guck|loch
Gue|ril|la [geril(j)a], die; -, -s (Guerillakrieg) u. der; -[s], -s (meist Mehrz.; Angehöriger einer Einheit, die einen Guerillakrieg führt); Gue|ril|la|krieg
Gu|gel|hopf (schweiz. für: Gugelhupf); Gugel|hupf, der; -[e]s, -e (südd., österr. u. seltener schweiz. für: Napfkuchen)
Guil|lo|ti|ne [giljo..., auch gijotin°], die; -, -n (Fallbeil)
Guin|ness|buch, (auch:) Guiness-Buch [gi...] (Buch, das Rekorde u.Ä. verzeichnet)
Gu|lasch, das (auch: der; österr. u. schweiz. nur: das); -[e]s, -e (österr. nur so) u. -s; Gu|lasch_ka|no|ne (scherzh. für: Feldküche), ...sup|pe
Gul|den, der; -s, - (frühere niederl. Münzeinheit; Abk.: hfl)
gül|tig; Gül|tig|keit, die; -
Gum|mi, der u. das; -s, -[s] (Radiergummi:) der; -s, -s; Gum|mi_band (Mehrz. ...bänder), ...baum; gum|mie|ren (mit Gummi bestreichen); Gum|mi_lö|sung (ein Klebstoff), ...rei|fen, ...soh|le, ...stie|fel
Gunst, die; - ; zu seinen Gunsten, aber: zu-

gunsten, (auch:) zu Gunsten der Armen; **güns|tig; güns|tigs|ten|falls; Günst-ling**

Gur|gel, *die;* -, -n; **gur|geln**

Gur|ke, *die;* -, -n; **Gur|ken|sa|lat**

gur|ren; die Taube gurrt

Gurt, *der;* -[e]s, -e; **Gür|tel,** *der;* -s, -; **Gür-tel_li|nie, ...rei|fen; Gurt|straf|fer,** *der;* -s, -

Gu|sche; vgl. Gosche

Guss, *der;* -es, Güsse; **Guss|ei|sen**

Gus|to, *der;* -s, -s (Appetit; Neigung); das ist nach seinem -

gut s. Kasten Seite 316

Gut, *das,* -[e]s, Güter; **Gut|ach|ten,** *das;* -s, -; **Gut|ach|ter; gut|ar|tig; gut_aus|se-hend, ...be|zahlt;** vgl. gut; **gut|bür|ger-lich; Gut|dün|ken,** *das;* -s; nach [seinem] -; **Gül|te,** *die;* -, -; **Gu|te|nacht|kuss**

Gü|ter_bahn|hof, ...zug

gut|ge|hen; vgl. gut; **gut_ge|laut, ...ge-meint;** vgl. gut; **gut|ge|sinnt; gut|gläu-big; gut|ha|ben** (Kaufmannsspr.: zu for-dern haben); du hast bei mir noch 10 Euro gut; **Gut|ha|ben,** *das;* -s, -; **gut|hei|ßen** (billigen); **gut|her|zig; gü|tig; güt|lich;** etwas - regeln; sich - tun; **gut|ma|chen** (in Ordnung bringen; erwerben, Vorteil errin-gen)

Gut|mensch (oft abwertend für: jmd., der sich besonders für Political Correctness en-gagiert); **gut|mü|tig; Gut|mü|tig|keit,** *die;* -

Guts|be|sit|zer; gut|sa|gen (bürgen); **Gut-schein; gut|schrei|ben** (anrechnen); **Gut-schrift** (Eintragung einer Summe als Gut-haben)

gut sein (freundlich gesinnt sein); jmdm. - -

Gut|sel, *das;* -s, - (landsch. für: Bonbon)

Guts_herr, ...hof

gut|tun; die Wärme wird dir -; **gut|un|ter-rich|tet;** vgl. gut; **gut wer|den;** vgl. gut; **gut|wil|lig**

Gym|na|si|al|leh|rer; Gym|na|si|ast, *der;* -en, -en (Schüler eines Gymnasiums); **Gym-na|si|um,** *das;* -s, ...ien [...i°n] (in Deutsch-land, Österreich u. der Schweiz: Form der höheren Schule); **Gym|nas|tik,** *die;* -

Gy|nä|ko|lo|ge, *der;* -n, -n (Frauenarzt); **Gy-nä|ko|lo|gie,** *die;* - (Frauenheilkunde); **Gy-nä|ko|lo|gin; gy|nä|ko|lo|gisch**

H h

H (Buchstabe); das H; des H, die H; aber: das h in Bahn

h, H, *das;* -, - (Tonbezeichnung)

ha!; haha!

Haar, *das;* -[e]s, -e; vgl. aber: Härchen; **Haar|aus|fall; haa|ren;** sich -; der Hund hat sich gehaart; **Haa|res|brei|te;** nur in:

um -; **Haar|far|be; haar|ge|nau; haar-sträu|bend**

Ha|be, *die;* - (geh.); vgl. Hab und Gut; **ha-ben;** hatte, gehabt; ich habe auf dem Tisch Blumen stehen (nicht: ... zu stehen); **Ha-ben,** *das;* -s, -; [das] Soll und [das] -; **Ha-be|nichts,** *der;* - u. -es, -e; **Ha|ben|sei|te** (eines Kontos); **Hab|gier,** *die;* -; **hab|gie-rig; hab|haft;** des Diebes - werden

Ha|bicht, *der;* -s, -e (ein Greifvogel)

Ha|bi|li|ta|ti|on [...*zion*], *die;* -, -en (Erwerb der Lehrberechtigung an Hochschulen); **ha-bi|li|tie|ren** (die Lehrberechtigung an Hochschulen erwerben, verleihen)

Hab|se|lig|keit, *die;* -, -en (meist Mehrz.; Besitztum); **Hab|sucht,** *die;* -; **hab|süch-tig; Hab und Gut,** *das;* - - -[e]s

hach!

Hach|se, (südd.:) Ha|xe, *die;* -, -n (unterer Teil des Beines von Kalb od. Schwein)

Hack_beil, ...bra|ten

¹**Ha|cke,** *die;* -, -n u. Ha|cken, *der;* -s, - (Ferse)

²**Ha|cke,** *die;* -, -n (ein Werkzeug); **ha|cken** (hauen)

Ha|cken; vgl. ¹Hacke

Ha|cke|pe|ter, *der;* -s, - (landsch. für: ange-machtes Hackfleisch)

Ha|cker [auch: *häk°r*], (jmd., der sich unbe-rechtigt Zugang zu fremden Computersys-temen zu verschaffen sucht)

Hack|fleisch

Häck|sel, *das* od. *der;* -s (Schnittstroh)

Haddsch; vgl. Hadsch

Ha|der, *der;* -s (geh. für: Zank, Streit); **ha-dern** (geh.)

Ha|des, *der;* - (Unterwelt)

Hadsch, (auch:) Haddsch; *der;* -s -s u. Hid-schad [...*at*] (offizielle Pilgerfahrt nach Mekka)

Ha|fen, *der;* -s, Häfen (Lande-, Ruheplatz); **Ha|fen_ar|bei|ter, ...stadt**

Ha|fer, *der;* -s, (fachspr.:) -; **Ha|fer_brei, ...flo|cken** (die; Mehrz.)

Haff, *das;* -[e]s -s od. -e (durch Nehrungen vom Meer abgetrennte Küstenbucht)

Haft, *die;* - (Gewahrsam); **haft|bar; Haft-be|fehl; haf|ten;** der Dreck ist an den Schuhen haften geblieben; im Gedächtnis haften bleiben, (auch:) haftenbleiben; **haft|fä|hig; Häft|ling; Haft|pflicht; Haft-pflicht|ver|si|che|rung; Haft_rei-bung** (die; -; Physik), **...rei|fen, ...rich-ter; Haf|tung** (die; -)

Ha|ge|but|te, *die;* -, -n

Ha|gel, *der;* -s; **ha|geln;** es hagelt

ha|ger; Ha|ger|keit, *die;* -

Ha|ge|stolz, *der;* -es, -e (veralt. für: [alter] Junggeselle)

ha|ha!, ha|ha|ha!

Hä|her, *der;* -s, - (ein Rabenvogel)

Hahn, *der;* -[e]s, Hähne (in der Technik auch: -en); **Häh|nchen; Hah|nen|fuß;** *der;* -es (eine Wiesenblume); **Hahn|rei,** *der;* -[e]s, -e (veralt. für: betrogener Ehemann)

Hai, *der;* -[e]s, -e (ein Raubfisch); **Hai|fisch**

Hain, *der;* -[e]s, -e (geh. für: kleiner Wald); **Hain|bu|che** (ein Laubbaum)

Häk|chen (kleiner Haken); **hä|keln; Hä|kel-na|del; ha|ken; Ha|ken,** *der;* -s, -; **Ha-ken|na|se**

---

halb

I. *Großschreibung:*
- *ein Halbes, einen Halben bestellen*
- *eine Halbe* (bayr. für: *halbe Maß*)
- *nichts Halbes und nichts Ganzes*

II. *Getrennt- oder Zusammenschreibung:*

Getrenntschreibung:
- *er war halb krank vor Angst*
- *er hat mich wohl nur halb verstanden*
- *sie haben ihn halb totgeschlagen*
- *er machte ein halb* (teils) *freundliches, halb* (teils) *ernstes Gesicht*

Zusammenschreibung:
- *ein halbhoher* (nicht sehr hoher) *Zaun*
- *halbbittere* (nicht sehr bittere) *Schokolade*

Wahlweise Getrennt- oder Zusammenschrei-bung:
- *eine halb fertige,* (auch:) *halbfertige Arbeit*
- *halb gares,* (auch:) *halbgares Fleisch*
- *halb links,* (auch:) *halblinks spielen*
- *eine halb leere,* (auch:) *halbleere Flasche*
- *das halb offene,* (auch:) *halboffene Fenster*
- *ein halb verhungerter,* (auch:) *halbver-hungerter Vogel*

---

halb|amt|lich; eine -e Nachricht; **halb|bit-ter;** vgl. halb; **Halb|dunkel; Hal|be,** *der, die, das;* -n, -n; **hal|be-hal|be;** [mit jmdm.] - machen (ugs. für: teilen)

hal|ber; Verhältnisw. mit Wesf.: gewisser Umstände -

halb|fer|tig; vgl. halb; **Halb|fi|na|le** (Sportspr.); **halb|gar;** vgl. halb; **halb-hoch; hal|bie|ren; Halb|in|sel; halb|jäh-rig** (ein halbes Jahr alt, ein halbes Jahr dauernd); **halb|jähr|lich** (jedes Halbjahr wiederkehrend, alle halben Jahre)

Halb_kreis, ...ku|gel

halb|leer; vgl. halb; **halb|links;** vgl. halb; **halb|mast** (als Zeichen der Trauer); [Flagge] - hissen; **Halb|mond; halb nackt,** (auch:) **halb|nackt; halb|of|fen;** vgl. halb; **halb|part;** in: - machen (teilen)

Halb|pen|si|on, *die;* - ; **halb rechts,** (auch:) **halb|rechts; halb reif,** (auch:) **halb|reif**

Halb_schlaf, ...schuh, ...schwer|ge|wicht (Körpergewichtsklasse in der Schwerathle-tik)

halb|staat|lich; ein -er Betrieb; **Halb|star-ke,** *der;* -n, -n; **halb|tags; Halb|tags|ar-beit**

halb|tro|cken; ein -er Wein; vgl. halb; **halb-**

ver|hun|gert; vgl. halb; halb voll, (auch:) halb|voll

Halb_wahr|heit, ...wai|se; halb|wegs; Halb|wis|sen; Halb|wüch|si|ge, der u. die; -n, -n; Halb|zeit

Hal|de, die; -, -n

Hälf|te, die; -, -n; die bessere - (scherzh. für: Ehefrau, -mann); hälf|ten

[1]Half|ter, der od. das; -s, - (schweiz. auch: die; -, -n; Zaum ohne Gebiss)

[2]Half|ter, das; -s, -, auch: die; -, -n (Pisto-lentasche)

half|tern (den [1]Halfter anlegen)

Hall, der; -[e]s, -e

Hal|le, die; -, -n

hal|le|lu|ja!; Hal|le|lu|ja, das; -s, -s (liturg. Freudengesang)

hal|len (schallen)

Hal|len_bad, ...hand|ball

Hal|lig, die; -, -en (kleine Insel im nordfries. Wattenmeer)

Hal|li-Gal|li; vgl. Hully-Gully

Hal|li|masch, der; -[e]s, -e (ein Pilz)

hal|lo! [auch: halo]; Hal|lo [auch: halo], das; -s, -s; mit großem -; Hallo, (auch:) hallo rufen

Hal|lu|zi|na|ti|on [...zion], die; -, -en (Sin-nestäuschung)

Halm, der; -[e]s, -e

Hal|ma, das; -s (ein Brettspiel)

Hals, der; -es, Hälse; Hals_ab|schnei|der, ...ent|zün|dung, ...ket|te; Hals-Na-sen-Oh|ren-Arzt (Abk.: HNO-Arzt); Hals-schlag|ader; hals|star|rig

Hals|tuch (Mehrz. ...tücher); Hals über Kopf (ugs.); Hals- und Bein|bruch! (ugs.)

[1]halt (landsch. u. schweiz. für: eben, wohl, ja, schon)

[2]halt!; Halt, der; -[e]s, -e u. -s; Halt, (auch:) halt rufen; keinen Halt finden; Halt machen, (auch:) haltmachen; ich mache Halt, (auch:) halt

halt|bar; Halt|bar|keit, die; -; hal|ten; du hältst; sie hielt, er hat gehalten; an sich -; Hal|te|punkt; Hal|ter, der; -s, -; Hal|te-rung (Haltevorrichtung); Halt|e|stel|le, ...ver|bot (amtl.: Halterverbot); halt|los; Halt|lo|sig|keit, die; -; halt|ma|chen; vgl. Halt; Hal|tung; Halt|ver|bot; vgl. Halte-verbot

Ha|lun|ke, der; -n, -n (abwertend: Schuft)

hä|misch; -ste

Ham|mel, der; -s, - u. Hämmel; Ham|mel-bein; jmdm. die -e lang ziehen, (auch:) langziehen (ugs. für: jmdn. heftig tadeln; drillen); Häm|mel_bra|ten, ...sprung (ein parlamentar. Abstimmungsverfahren)

Ham|mer, der; -s, Hämmer (ein Werkzeug);

Häm|mer|chen; häm|mern; Ham|mer-wer|fen, das; -s

Ham|mond|or|gel [hämend...] (elektroakus-tische Orgel)

Hä|mo|glo|bin, das; -s (Med.: roter Blut-farbstoff; Zeichen: Hb); Hä|mor|rho|i|de, (auch:) Hä|mor|ri|de, die; -, -n (meist Mehrz.; [leicht blutender] Venenknoten des Mastdarms)

Ham|pel|mann (Mehrz. ...männer); ham-peln (zappeln)

Hams|ter, der; -s, - (ein Nagetier); Hams|te-rer (ugs. für: jmd., der Vorräte aufhäuft); hams|tern

Hand, die; -, Hände; linker Hand; rechter Hand; letzter Hand; etwas unter der Hand (heimlich, im Stillen) regeln; das ist nicht von der Hand zu weisen (ist möglich); eine Handvoll, (auch:) Hand voll Kirschen essen; Hand|ar|beit; hand|ar|bei|ten; gehand-arbeitet; vgl. aber: handgearbeitet; Hand-ball; Hand|bal|ler (Handballspieler); Hand|be|we|gung; hand|breit; ein hand-breiter Saum; Hand|breit, die; -, -, (auch:) Hand breit, die; - -, - -; keine Handbreit, (auch:) Hand breit weichen; Hand|brem-se; Händ|chen; Hand|creme, (auch:) Hand|krem, Hand|kre|me; Hän|de_druck (Mehrz. ...drücke), ...klat|schen (das; -s)

[1]Han|del, der; -s (Kaufgeschäft); - treiben

[2]Han|del, der; -s, Händel (veraltend für: Streit)

han|deln; es handelt sich um ...; Han|deln, das; -s; Han|dels_ab|kom|men, ...bi-lanz; han|dels_ei|nig od. ...eins; Han-dels_hal|fen, ...kam|mer, ...ma|ri|ne, ...schiff, ...schu|le, ...span|ne; han-dels|üb|lich; Han|dels|ver|trag

Hän|de|rin|gen, das; -s; hän|de|rin|gend; Hän|de|wa|schen, das; -s; Hand_fe|ger, ...fer|tig|keit; hand|fest; Hand_feu|er-waf|fe, ...flä|che; hand|ge|ar|bei|tet; ein -es Möbelstück; Hand_ge|lenk, ...ge-men|ge, ...ge|päck; hand|ge|schrie|ben; Hand|gra|na|te; hand|greif|lich; - wer-den; Hand|griff; Hand|ha|be, die; -, -n; hand|ha|ben; das ist schwer zu handha-ben; Hand|ha|bung

Hand|held [hänthält], der, (auch:) das (Ta-schencomputer)

Han|di|kap, (auch:) Han|di|cap [händikäp], das; -s, -s (Behinderung; Sportspr.: [Wett-kampf mit] Ausgleichsvorgabe); Han|di|ka-pen, (auch:) han|di|cal|pen [...käp°n]; ge-handikapt, gehandicapt

Hand-in-Hand-Ar|bei|ten, das; -s; Hand_kä|se (landsch), ...krem, ...kre-me; vgl. Handcreme, Hand|kuss; Hand-lan|ger; Hand|lauf (an Treppengeländern) Händ|ler

Hand|le|se|kunst, die; -; hand|lich

Hand|lung; Hand|lungs_ab|lauf, ...be-voll|mäch|tig|te, ...rei|sen|de, ...wei|se (die)

Hand_schel|le (meist Mehrz.; Fessel),

...schlag, ...schrift; hand|schrift|lich; Hand_schuh (ein Paar -e), ...spie|gel, ...streich, ...ta|sche, ...tuch (Mehrz. ...tücher); Hand|um|dre|hen, das; -s; im - (schnell [u. mühelos]); Hand|voll, die; -, -; Hand; Hand|wa|gen; Hand|werk; Hand-wer|ker; Hand|werks_be|trieb, ...zeug (das; -[e]s)

Han|dy [händi], das; -s, -s (schnurloses Funktelefon)

Hand_zei|chen, ...zet|tel

ha|ne|bü|chen (abwertend für: unerhört)

Hanf, der; -[e]s (eine Faserpflanze); Hänf-ling (eine Finkenart); Hanf|sa|men

Hang, der; -[e]s, Hänge

Han|gar [auch: ...gar], der; -s, -s ([Flug-zeug]halle)

Hän|ge_bauch, ...brü|cke, ...lam|pe han|geln (Turnen)

Hän|ge|mat|te

[1]hän|gen; hing, gehangen; der Rock hing an der Wand; mit Hängen und Würgen (ugs. für: mit Müh und Not); an einem Nagel hängen bleiben, (auch:) hängenbleiben; von dem Gelernten ist wenig hängen ge-blieben, (auch:) hängengeblieben; einen Freund hängen lassen (auch:) hängenlas-sen (ugs. für: im Stich lassen)

[2]hän|gen; hängte, gehängt; ich hängte den Rock an die Wand

hän|gen|blei|ben, hän|gen|las|sen; vgl. [1]hängen; Hän|ger (eine Mantelform; auch für: [Fahrzeug]anhänger)

Han|se, die; - (mittelalterl. nordd. Kauf-manns- u. Städtebund); Han|se|at, der; -en, -en (Hansestädter); han|se|a|tisch

Hän|se|lei; hän|seln (necken)

Han|se|stadt; han|se|städ|tisch

Hans|wurst [auch: hanß...], der; -[e]s, -e (scherzh. auch: ...würste)

Han|tel, die; -, -n (ein Sportgerät)

han|tie|ren (umgehen mit ...)

ha|pern; es hapert (geht nicht vonstatten; fehlt [an])

Häpp|chen; Hap|pen, der; -s, -; hap|pig (ugs. für: übertrieben)

Hap|py|end [häpiänt], das; -[s], -s, (auch:) Hap|py End, das; --[s], --s (guter Ausgang)

Här|chen (kleines Haar)

Hard|core [...kor], der; -s, -s (besonders harte u. aggressive Richtung der Rockmu-sik); Hard|rock [ha'd-], der; - [s], (auch:) Hard Rock, der; - [s] (laute Rockmusik); Hard|ware [ha'dʷä'], die; -, -s (EDV: die techn. -physikal. Teile der Datenverarbei-tungsanlage; Ggs.: Software)

Ha|rem, der; -s, -s (von Frauen bewohnter Teil des islam. Hauses; die darin wohnen-den Frauen)

Har|fe, die; -, -n; Har|fe|nist, der; -en, -en; Har|fe|nis|tin

Har|ke, die; -, -n (nordd. für: Rechen); har-ken (rechen)

Har|le|kin [harlekin], der; -s, -e (Hanswurst; Narrengestalt)

Harm, *der;* -[e]s (geh.); här|men, sich
(geh.); harm|los; Harm|lo|sig|keit

Har|mo|nie, *die;* -, ...ien; har|mo|nie|ren;
Har|mo|ni|ka, *die;* -, -s u. ...ken; har|mo|nisch; Har|mo|ni|um, *das;* -s, ...ien
[...i^en] od. -s (ein Tasteninstrument)

Harn, *der;* -[e]s, -e; Harn|bla|se

Har|nisch, *der;* -[e]s, -e ([Brust]panzer);
jmdn. in - (in Wut) bringen

harn|trei|bend; der Tee wirkt -

Har|pu|ne, *die;* -, -n (Wurfspeer für den
[Wal]fischfang)

har|ren (geh. für: warten)

harsch; Harsch, *der;* -[e]s (hart gefrorener
Schnee); har|schen (hart, krustig werden);
der Schnee harscht

hart; härter, härteste; hart auf hart; ein hart
gebrannter, (auch:) hartgebrannter Stein;
das hart gekochte, (auch:) hartgekochte Ei;
Här|te, *die;* -, -n; Här|te_aus|gleich,
...fall *(der);* här|ten; sich -; hart|ge|brannt, hart|ge|kocht; vgl. hart; Hart_geld, *das;* -[e]s; hart|ge|sot|ten; -er Sünder; hart|her|zig; Hart|kä|se; hart|nä|ckig; Hart|nä|ckig|keit, *die;* -

Hartz, *das;* - (ein Arbeitsmarktprogramm);
Hartz IV (dessen vierte Stufe);
Hartz-IV-Emp|fän|ger; Hartz-IV-Re|form

Harz, *das;* -es, -e (Stoffwechselprodukt einiger Pflanzen); har|zen (Harz ausscheiden)

Hasch, *das;* -s (ugs. für: Haschisch)

Ha|schee, *das;* -s, -s (Gericht aus feinem
Hackfleisch)

¹ha|schen (fangen)

²ha|schen (ugs. für: Haschisch rauchen)

Ha|schen, *das;* -s; - spielen

Häs|chen

Hä|scher (veralt. für: Verfolger, Scherge)

ha|schie|ren (zu Haschee machen)

Ha|schisch, *das,* (auch:) *der;* -[s] (ein
Rauschgift)

Ha|se, *der;* -n, -n; falscher - (Hackbraten)

Ha|sel, *die;* -, -n (ein Strauch); Ha|sel_busch, ...maus, ...nuss

Ha|sen_bra|ten, ...fuß (ugs. abwertend für:
überängstliche Person), ...klein *(das;* -s;
[Gericht aus] Innereien u. a. des Hasen),
...pfef|fer (Hasenklein); ha|sen|rein;
nicht ganz - (ugs. für: verdächtig, nicht
ganz einwandfrei); Ha|sen|schar|te (ugs.
für: Lippenspalte)

Hass, *der;* -es; has|sen; hass|er|füllt; häss|lich; Häss|lich|keit; Häss|lie|be

Hast, *die;* -; has|ten; has|tig

hät|scheln

hat|schi!, hat|zi! [auch: *hat...*]

Häub|chen; Hau|be, *die;* -, -n

Hau|bit|ze, *die;* -, -n (Milit.: Flach- u. Steilfeuergeschütz)

Hauch, *der;* -[e]s, (selten:) -e; hauch|dünn;
hau|chen; hauch|zart

Hau|de|gen (alter, erprobter Krieger)

Haue, *die;* - (ugs. für: Hiebe); - kriegen;
hau|en; haute u. (für: „mit dem Säbel,
Schwert schlagen, im Kampfe verwunden")

auch: hieb, gehauen (landsch.: gehaut); er
hat ihm (auch: ihn) ins Gesicht gehauen

Häuf|chen; Hau|fen, *der;* -s, -; zuhauf; häu|fen; sich -; hau|fen|wei|se; häu|fig; Häu|fig|keit, *die;* -, (selten:) -en

Haupt, *das;* -[e]s, Häupter; haupt|amt|lich;
Haupt_bahn|hof (Abk.: Hbf.), ...be|ruf;
haupt|be|ruf|lich; Haupt|dar|stel|ler;
Haupt|es|län|ge; um -; Haupt_fach,
...film, ...ge|bäu|de; Häupt|ling; Haupt_mann *(Mehrz.* ...leute), ...per|son,
...rol|le, ...sa|che; haupt|säch|lich;
Haupt_satz, ...schu|le, ...stadt (Abk.:
Hptst.), ...stra|ße, ...teil *(der);* Haupt-
und Staats|ak|ti|on; Haupt|ver|kehrs-
stra|ße; Haupt_ver|samm|lung, ...wort
(Mehrz. ...wörter)

hau ruck!, ho ruck!; Hau|ruck, *das;* -s; mit
einem kräftigen -

Haus, *das;* -es, Häuser; Haus halten, (auch:)
haushalten; vgl. haushalten; außer Haus;
nach Hause, (auch:) nachhause; zu Hause,
(auch:) zuhause; von zu Hause, (auch:) von
zuhause [aus]; Haus_an|ge|stell|te, ...ar|beit, ...arzt, ...auf|ga|be; haus|ba|cken
(bieder); Haus_bau *(Mehrz.* ...bauten),
...be|set|zer (jmd., der widerrechtlich in
ein leer stehendes Haus einzieht), ...be|set|zung, ...be|sit|zer, ...be|woh|ner;
Häus|chen; hau|sen; Haus_ar|block
(Mehrz. ...blocks), ...meer; Haus_flur
(der), ...frau; haus|ge|macht; -e Nudeln;
Haus|halt, *der;* -[e]s, -e; haus|hal|ten; er
haushaltet, haushaltete, hat gehaushaltet;
Haus hal|ten; du hältst Haus; du hast
Haus gehalten; Haus_häl|te|rin; Haus|halt[s]|plan; Haus|herr; haus|hoch; hau|sie|ren; Hau|sie|rer; Häus|ler (Dorfbewohner, der ein kleines Haus ohne Land
besitzt); häus|lich; Haus_ma|cher_art
(die; -; nach -), ...wurst; Haus|manns-
kost; Haus_mar|ke, ...num|mer, ...putz,
...rat *(der;* -[e]s), ...schuh, ...stand *(der;*
-[e]s), ...tier, ...tür, ...wirt

Haut, *die;* -, Häute; zum Aus-der-Haut-Fahren;
Haut_arzt, ...aus|schlag; Häut|chen;
Haut|creme, (auch:) Haut|krem, Haut|kre|me; häu|ten; sich -; haut|eng; -es Kleid;
Haut_far|be, ...krank|heit; Haut_krem,
...kre|me; vgl. Hautcreme; haut_nah,
...scho|nend, ...sym|pa|thisch; Haut-
trans|plan|ta|tion

Ha|va|rie, *die;* -, ...ien (Unfall von Schiffen
od. Flugzeugen; schwere Betriebsstörung
durch Brand, Explosion u. Ä.; österr. auch
für: Kraftfahrzeugunfall, -schaden)

Ha|xe, *die;* -, -n (südd. für: Hachse)

Ha|zi|en|da, *die;* -, -s (auch ...den; südamerik. Farm)

he!; he|da!

Head|hun|ter [*häthant*^{er}], *der;* -s, - (jmd.,
der Führungskräfte abwirbt)

Hea|ring [*hiring*], *das;* -[s], -s (öffentliche
Anhörung)

Hea|vy Me|tal [*häwimät*^(e)*l*], *das;* - -[s] (Variante des Hardrocks)

Heb|am|me, *die;* -, -n

He|bel, *der;* -s, -; He|bel_arm, ...griff; he|ben; hob, gehoben

he|brä|isch; -e Schrift

He|chel, *die;* -, -n; he|cheln

Hecht, *der;* -[e]s, -e; hech|ten (ugs. für: einen Hechtsprung machen); Hecht|sprung

Heck, *das;* -[e]s, -e od. -s (hinterster Teil eines Schiffes o. Ä.); Heck|an|trieb; He|cke, *die;* -, -n; He|cken|ro|se

Heck|meck, *der;* -s (ugs. für: Getue)

Heck|mo|tor

he|da! (veraltend)

Heer, *das;* -[e]s, -e; Hee|res_be|richt,
...lei|tung, ...zug, Heer|zug; Heer_füh|rer, ...la|ger *(Mehrz.* ...lager), ...zug;
Hee|res|zug

Hel|fe, *die;* -, -n; He|fe_ku|chen, ...teig

Heft, *das;* -[e]s, -e; hef|ten; geheftet (Abk.:
geh.); Hef|ter (Mappe zum Abheften)

hef|tig; Hef|tig|keit

Heft_klam|mer, ...pflas|ter

Hel|ge, *die;* - (Pflege u. Schutz des Wildes)

Hel|ge|mo|nie, *die;* -, ...ien ([staatliche] Vorherrschaft)

hel|gen

Hehl, *das,* (auch: *der);* nur in: kein (auch:
keinen) - daraus machen (etw. verbergen);
heh|len; Heh|ler; Heh|le|rei

hehr (geh. für: erhaben; heilig); -e Ziele haben

hei!; heia|po|peia!, eia|po|peia!

¹Hei|de, *der;* -n, -n (Nichtchrist; auch für:
Religionsloser)

²Hei|de, *die;* -, -n (sandiges, unbebautes
Land; Heidekraut); Hei|de|kraut, *das;*
-[e]s; Hei|del|bee|re

Hei|den|tum, *das;* -s

hei|di! [auch: *haidi*] (nordd. für: lustig!;
schnell!)

heid|nisch

Heid|schnu|cke, *die;* -, -n (eine Schafrasse)

hei|kel (schwierig; landsch. auch für: wählerisch [beim Essen])

heil; Heil, *das;* -[e]s; Ski -!; Hei|land, *der;*
-[e]s, -e; Heil|an|stalt; heil|bar; Heil|butt (ein Fisch); hei|len; Hei|ler|de; heil|froh; Heil|gym|nas|tik

hei|lig *s. Kasten Seite 320*

Hei|lig_abend; Hei|li|ge, *der* u. *die;* -n, -n;
hei|li|gen; Hei|li|gen_bild, ...schein;
Hei|lig|geist|kir|che; hei|lig|hal|ten (feiern); den Sonntag -; Hei|lig|keit, *die;* -;
Seine - (der Papst); hei|lig|spre|chen (zum
od. zur Heiligen erklären); Hei|lig|tum;
vgl. heilig; Hei|lig|keit; Hei|li|kun|de,
die; -, -n; heil|kun|dig; heil|los;
Heil_mit|tel, ...pflan|ze, ...prak|ti|ker;
heil|sam; Heils|ar|mee, *die;* -; Hei|lung;
Hei|lungs|pro|zess; Heil|ver|fah|ren

Heim, *das;* -[e]s, -e; Heim_ar|beit; Hei|mat,
die; -, (selten:) -en; Hei|mat_dich|ter,
...film, ...ha|fen, ...kun|de *(die;* -),

...land (*Mehrz.* ...länder); hei|mat|lich; hei|mat|los; Hei|mat.stadt, ...ver|trie|be|ne; heim|be|ge|ben, sich; heim|be|glei|ten; heim|brin|gen; Heim|chen (eine Grille); hei|me|lig (anheimelnd); heim|fah|ren; Heim|fahrt; heim|füh|ren; Heim|gang, *der;* -[e]s; heim|ge|gan|gen (verhüllend für: gestorben); heim|ge|hen; hei|misch; Heim|kehr, *die;* -; heim|keh|ren; Heim|keh|rer; Heim|lei|ter, *der;* heim|leuch|ten; jmdm. - (ugs. für: derb abfertigen); heim|lich; er hat es heimlich getan; vgl. aber heimlichtun; Heim|lich|keit; Heim|lich|tu|er; heim|lich|tun (geheimnisvoll tun); Heim.mann|schaft (Sportspr.), ...reise; heim.rei|sen, ...su|chen (er wurde vom Unglück schwer heimgesucht); Heim|su|chung; Heim|tü|cke; heim|tü|ckisch; heim|wärts; - fahren; Heim.weg (*der;* -[e]s), ...weh; (*das;* -s); heim|weh|krank; Heim|wer|ker (jmd., der handwerkliche Arbeiten zu Hause selbst macht; Bastler); heim|zah|len; jmdm. etwas -
Hei|ni, *der;* -s, -s (ugs. für: einfältiger Mensch); ein doofer -
Hein|zel|männ|chen (hilfreicher Hausgeist)
Hei|rat, *die;* -, -en; hei|ra|ten; Hei|rats.an|trag, ...an|zei|ge, ...schwind|ler, ...ur|kun|de, ...ver|mitt|ler
hei|sa!, hei|ßa!
hei|schen (geh. für: fordern)
hei|ser; Hei|ser|keit, *die;* -, (selten:) -en
heiß; -er, -este; am -esten; das Wasser heiß machen, (auch:) heißmachen; vgl. aber heißmachen; ein heißes Eisen (ugs. für: eine schwierige Angelegenheit); heißer Draht (telefon. Direktverbindung für schnelle Entscheidungen); etw. - begehren; ein heiß begehrter, (auch:) heißbegehrter Artikel; der heiß ersehnte, (auch:) heißersehnte Urlaub; ein heiß geliebtes, (auch:) heißgeliebtes Mädchen; eine heiß umstrittene, (auch:) heißumstrittene Frage
hei|ßa!, hei|sa!; hei|ßas|sa!
heiß|be|gehrt; vgl. heiß; Heiß|be|hand|lung; heiß|blü|tig
hei|ßen (einen Namen tragen; nennen; befehlen); du heißt, sie hieß, er hat geheißen
heiß|er|sehnt, heiß|ge|liebt; vgl. heiß; Heiß|hun|ger; heiß|hung|rig; heiß|ma|chen; jmdm. die Hölle - (ugs. für: jmdm. heftig zusetzen); vgl. auch heiß; Heiß|man|gel, *die;* heiß|um|strit|ten; vgl. heiß
hei|ter; Hei|ter|keit, *die;* -; Hei|ter|keits|er|folg
hei|zen; Hei|zer; Heiz.gas, ...kis|sen, ...kör|per, ...öl; Hei|zung
Hek|t|ar [auch: *häk...*], *das* (auch: *der*); -s, -e (100 Ar; Zeichen: ha)
Hek|tik, *die;* - (nervöses Getriebe); hek|tisch (fieberhaft, aufgeregt)
hek|to|gra|fie|ren, (auch:) hek|to|gra|phie|ren (vervielfältigen); Hek|to|li|ter [auch: *häk...*] (100 l; Zeichen: hl)

---

hei|lig

- (Abkürzung *hl.,* für den Plural *hll.*)

I. Kleinschreibung:
- *in heiligem Zorn; mit heiligem Ernst; heilige Einfalt!* (Ausruf der Verwunderung)
- *der heilige Paulus, die heilige Theresia*
- *das heilige Abendmahl, die heilige Messe, die erste heilige Kommunion, die heilige Taufe*
- *das heilige Pfingstfest* usw.

II. Großschreibung:
- *der Heilige Abend; Heiliger Abend* (24. Dez.)
- *der heilige* od. *Heilige Krieg*
- *die Heilige Allianz*
- *die Heilige Familie; der Heilige Christ; die Heilige Dreifaltigkeit; der Heilige Geist*
- *das Heilige Grab*
- *die Heilige Jungfrau*

- *der Heilige Gral*
- *die Heiligen Drei Könige; Heilige Drei Könige* (6. Jan.)
- *das Heilige Land*
- *die Heilige Nacht*
- *das Heilige Römische Reich Deutscher Nation*
- *die Heilige Schrift*
- *die Heilige Stadt* (Jerusalem)
- *der Heilige Stuhl*
- *der Heilige Vater*

III. Getrenntschreibung:
- *jmdn. für heilig halten*

IV. Zusammenschreibung:
- *den Sonntag heilighalten* (feiern)
- *einen Menschen heiligsprechen* (zum od. zur Heiligen erklären)
Vgl. *heilighalten, heiligsprechen*

---

hel|lau! (Karnevalsruf)
Held, *der;* -en, -en; Hel|den|haft; Hel|den.mut, ...tat, ...tod; Hel|den|tum, *das;* -s; Hel|din
hel|fen; half, geholfen; sich zu - wissen; Hel|fer; Hel|fe|rin; Hel|fers|hel|fer
Hel|li|ko|p|ter, *der;* -s, - (Hubschrauber)
He|li|um, *das;* -s (chem. Element, Edelgas; Zeichen: He)
hell; ein hell leuchtender, (auch:) hellleuchtender, hell strahlender, (auch:) hellstrahlender Stern; hell lodernde, (auch:) helllodernde Flammen; hell|auf; - begeistert; hell|äu|gig; hell.blau, ...blond, ...dunkel; hel|le (landsch. für: aufgeweckt, gewitzt)
¹Hel|le, *die;* - (Helligkeit)
²Hel|le, *das;* -n, -n (ugs. für: [ein Glas] helles Bier); 3 Helle
Hel|ler, *der;* -s, - (ehem. dt. Münze); auf u. Pfennig
hell|hö|rig (schalldurchlässig); - (stutzig) werden; Hel|lig|keit, *die;* -; hell|leuch|tend; vgl. hell; hell|licht; es ist -er Tag; hell|li|la; hell|lo|dernd; vgl. hell; hell|se|hen (nur in der Grundform gebr.); Hell|se|her; hell|strah|lend; vgl. hell; hell|wach
Helm, *der;* -[e]s, - e (Kopfschutz; Turmdach)
hem!, hm!; hem, hem!, hm, hm!
Hemd, *das;* -[e]s, -en; Hemd|blu|se; Hem|den.knopf, ...matz (ugs. für: Kleinkind im Hemd); Hemds|är|mel (*meist Mehrz.);* in -n; hemds|är|me|lig
He|mi|sphä|re, *die;* -, -n ([Erd]halbkugel)
hem|men; Hemm|nis, *das;* -ses, -se; Hemm.schuh, ...schwel|le (bes. Psych.); Hem|mung; hem|mungs|los
Hen|del, *das;* -s, -n (südd., österr. für: [junges] Huhn; Brathuhn)
Hengst, *der;* -es, -e
Hen|kel, *der;* -s, -; Hen|kel|krug

---

hen|ken (veraltend für: durch den Strang hinrichten)
Hen|ker; Hen|kers.beil, ...mahl[|zeit] (letzte Mahlzeit)
Hen|na, *die* od. *das;* -[s] (rotgelber Farbstoff)
Hen|ne, *die;* -, -n
He|pa|ti|tis, *die;* -, ...iti|den (Med.: Leberentzündung)
her (Bewegung auf den Sprechenden zu); her zu mir!; hin und her; das muss schon lange her sein, ist lange her gewesen; vgl. hin
he|r|ab; he|r|ab|hän|gen; he|r|ab|las|sen; sich -; he|r|ab|las|send; He|r|ab|las|sung; he|r|ab|se|hen; auf jmdn. -; he|r|ab|set|zen; He|r|ab|set|zung; he|r|ab|wür|di|gen; He|r|ab|wür|di|gung
he|r|an; he|r|an|bil|den; he|r|an|fah|ren; he|r|an|ma|chen, sich (ugs. für: sich [mit einer bestimmten Absicht] nähern; beginnen); he|r|an|rei|fen (allmählich reif werden); he|r|an|ta|s|ten, sich; he|r|an|wach|sen; He|r|an|wach|sen|de, *der* u. *die;* -n, -n; he|r|an|wal|gen, sich
he|r|auf; he|r|auf|be|schwö|ren; he|r|auf|zie|hen
he|r|aus; heraus sein; he|r|aus|be|kom|men; he|r|aus|fin|den; he|r|aus|for|dern; He|r|aus|for|de|rung
He|r|aus|ga|be, *die;* -; he|r|aus|ge|ben; He|r|aus|ge|ber (Abk.: Hg. u. Hrsg.); he|r|aus|ge|ge|ben (Abk. hg. u. hrsg.); he|r|aus|ge|hen; du musst mehr aus dir -
he|r|aus|ha|ben (ugs. für: etw. begriffen haben; etw. gelöst haben); he|r|aus|hal|ten; sich -
¹he|r|aus|hän|gen; vgl. ¹hängen
²he|r|aus|hän|gen; vgl. ²hängen
he|r|aus|kom|men; es wird nichts dabei herauskommen (ugs.); he|r|aus|neh|men; sich etwas -; he|r|aus|rei|ßen; he|r|aus-

rü|cken; mit der Sprache - (ugs.); he|r|aus
sein; vgl. heraus; he|r|aus|stel|len; es hat
sich herausgestellt, dass …; he|r|aus-
wach|sen
herb
her|bei; her|bei|las|sen, sich; her|bei|zi-
tie|ren
her|be|mü|hen; sich -
Her|ber|ge, die; -, -n
Herb|heit, die; -
her|bit|ten; er hat ihn hergebeten
her|brin|gen
Herbst, der; -[e]s, -e; Herbst.an|fang,
…blu|me; herbs|teln (österr. nur so),
herbs|ten (landsch. auch für: Trauben ern-
ten); Herbst|fe|ri|en, die (Mehrz.);
herbst|lich; Herbst|ling (ein Pilz);
Herbst.ne|bel, …sturm, …tag; Herbst-
zeit|lo|se, die; -, -n
Herd, der; -[e]s, -e
Her|de, die; -, -n; Her|den.tier, …trieb
(der; -[e]s)
Herd.feu|er, …plat|te
he|r|ein; „Herein!" rufen; he|r|ein|bre-
chen; he|r|ein|brin|gen; he|r|ein|fah-
ren; he|r|ein|fal|len; he|r|ein|kom|men;
he|r|ein|las|sen; he|r|ein|le|gen; jmdn. -
(ugs. für: anführen, betrügen); he|r|ein-
plat|zen; he|r|ein|schlei|chen; sich -;
he|r|ein|schnei|en (ugs. für: unvermutet
hereinkommen); he|r|ein|spa|zie|ren
(ugs.)
her|fah|ren; Her|fahrt
her|fal|len; über jmdn. -
Her|gang
her|ge|ben; sich -
her|ge|hen; hinter jmdm. -; es ist hoch her-
gegangen (ugs. für: laut zugegangen)
her|ge|hö|ren
her|ge|lau|fen; Her|ge|lau|fe|ne, der u.
die; -n, -n
her|ha|ben (ugs.)
her|hal|ten
her|ho|len; das ist weit hergeholt
her|hö|ren; alle mal - !
He|ring, der; -s, -e (ein Fisch; Zeltpflock);
He|rings.fi|let, …sa|lat
her|kom|men; her|kömm|lich
Her|kunft, die; -, (selten:) …künfte
her|lau|fen; hinter jmdm. -
her|lei|ten; sich -
her|ma|chen (ugs.); sich über etwas -
¹Her|me|lin, das; -s, -e (großes Wiesel)
²Her|me|lin, der; -s, -e (ein Pelz)
her|me|tisch ([luft- u. wasser]dicht)
her|neh|men (ugs.)
Her|nie, die; -, -n (Med.: Eingeweidebruch)
her|nie|der
He|ro|in, das; -s (ein Rauschgift)
he|ro|isch (heldenmütig, erhaben); He|ro|is-
mus, der; -
Herr, der; -n, -en; Herr|chen
Her|rei|se
Her|ren.abend, …aus|stat|ter, …dop|pel
(Sportspr.), …ein|zel (Sportspr.); her|ren-

los; Her|ren|schnei|der; Herr|gott, der;
-s; Herr|gotts|frü|he, die; -; in aller -
her|rich|ten; etwas - lassen
Her|rin; her|risch; herr|je!, herr|je|mi|ne!;
herr|lich; Herr|lich|keit; Herr|schaft;
herr|schaft|lich; Herr|schafts.an|
spruch, …form; herr|schen; Herr|scher;
Herrsch|sucht, die; -; herrsch|süch|tig
her|rüh|ren
her|schau|en (ugs.); da schau her!
her sein; vgl. her
her|stel|len; Her|stel|ler; Her|stel|ler|fir-
ma; Her|stel|lung
he|r|über; he|r|über|brin|gen; he|r|ü-
ber|rei|chen; he|r|über|win|ken
he|r|um; he|r|um|är|gern, sich (ugs.);
he|r|um|drü|cken, sich (ugs.); he|r|um-
kom|men; nicht darum - (ugs.); he|r|um-
krie|gen (ugs. für: umstimmen); he|r|um-
lau|fen; he|r|um|lun|gern (ugs.); he|r|um-
schla|gen, sich (ugs.); he|r|um-
sit|zen (ugs.); he|r|um|stö|bern (ugs.);
he|r|um|trei|ben, sich (ugs.)
he|r|un|ter; herunter sein (ugs. für abgear-
beitet, elend sein); he|r|un|ter|ge|kom-
men (ugs. für: armselig; verkommen);
he|r|un|ter|hän|gen; vgl. ¹hängen; he-
r|un|ter|krem|peln; die Ärmel -; he|r|un-
ter|la|den (EDV); he|r|un|ter|las|sen;
he|r|un|ter|ma|chen (ugs. für: abwerten,
schlechtmachen; ausschelten); he|r|un-
ter sein; vgl. herunter; he|r|un|ter|spie-
len (ugs. für: nicht so wichtig nehmen)
her|vor; her|vor|bre|chen; her|vor|ge-
hen; her|vor|he|ben; her|vor|keh|ren;
her|vor|ra|gend; her|vor|tun, sich
Her|weg
Herz, das; -ens, Wemf. -en, Mehrz. -en; von
-en kommen; herz|al|ler|liebst; Herz.al-
ler|liebs|te, …an|fall, …blut; Herz-
chen; her|zen; Her|ze|leid (geh.); Her-
zens|be|dürf|nis; Her|zens|bre|cher;
her|zens|gut; Her|zens.gü|te, …lust
(nach -), …wunsch; her|z|er|freu|end;
her|z|er|grei|fend; Herz|feh|ler; herz|för-
mig; herz|haft; Herz|haf|tig|keit, die; -
her|zie|hen; er ist über ihn hergezogen (ugs.
für: hat schlecht von ihm gesprochen)
her|zig; Herz.in|farkt, …kam|mer, …kir-
sche; Herz|klap|pen|feh|ler; Herz|klop-
fen, das; -s; herz|krank; Herz|kranz|ge-
fäß; herz|lich; aufs, auf das Herzlichste,
(auch:) herzlichste; Herz|lich|keit; herz-
los; Herz|lo|sig|keit; Herz.mas|sa|ge,
…mit|tel, …mus|kel
Her|zog, der; -[e]s, …zöge (auch: -e); Her-
zo|gin; Her|zog|tum
Herz.pa|ti|ent, …schlag; Herz|schritt|ma-
cher; Herz|schwä|che; herz|stär|kend;
Herz.still|stand, …trans|plan|ta|ti|on
her|zu (geh.)
Herz|ver|pflan|zung; herz|zer|rei|ßend
he|te|ro|gen (andersgeartet, ungleichartig,
fremdstoffig); He|te|ro|se|xu|a|li|tät, die

- (auf das andere Geschlecht gerichtetes
sexuelles Empfinden); he|te|ro|se|xu|ell
Het|ze, die; -, -n; het|zen; Het|zer; Het|ze-
rei; Hetz.jagd, …re|de
Heu, das; -[e]s; Heu|bo|den
Heu|che|lei; heu|cheln; Heuch|ler; Heuch-
le|rin; heuch|le|risch; Heuch|ler|mie|ne
heu|er (südd., österr., schweiz. für: in die-
sem Jahr)
Heu|er, die; -, -n (Lohn eines Seemanns; An-
musterungsvertrag)
Heu.ern|te, …fie|ber (das; -s), …ga|bel
Heul|bo|je (Seewesen: Boje mit eingebauter
Sirene); heu|len; Heu|ler; Heul.krampf,
…su|se (Schimpfwort)
Heu|ri|ge, der; -n, -n (bes. österr. für: junger
Wein)
Heu.schnup|fen, …schre|cke, die; -, -n
(ein Insekt)
heu|te; - Abend, Nacht; bis -; für -; seit -;
von - an; von - auf morgen; die Frau von -;
Heu|te, das; - (die Gegenwart); heu|tig;
heut|zu|ta|ge
He|xe, die; -, -n; he|xen; He|xen.jagd,
…kes|sel, …meis|ter, …schuss, …tanz,
…ver|bren|nung; He|xer; He|xe|rei
Hi|bis|kus, der; -, …ken (Eibisch)
Hick|hack, der u. das; -s, -s (ugs. für: nutz-
lose Streiterei)
Hid|schad; vgl. Hadsch
Hieb, der; -[e]s, -e; hieb|fest; hieb- und
stichfest
hier; - und da; ich möchte gerne hier (an dieser Stelle) bleiben; hier sein (zugegen
sein); hie|ran [auch: hiran, hiran]
Hi|e|r|ar|chie [hi-er...], die; -, …ien (Rang-
ordnung)
hie|r|auf [auch: hirauf, hirauf]; hie|r|aus
[auch: hiraus, hiraus]; hier|be|hal|ten;
hier|bei [auch: hirbai, hirbai]; hier|blei-
ben; vgl. hier; hier|durch [auch: hirdurch,
hirdurch]; hier|für [auch: hirfür, hirfür]
hier|her [auch: hirher, hirher]; hier|her ge-
hö|rend, (auch:) hier|her|ge|hö|rend;
hier|her ge|hö|rig; hier|her|kom|men;
hier|hin [auch: hirhin, hirhin]; hie|rin
[auch: hirin, hirin]; hier|las|sen (zurück-
lassen); du sollst das Buch hierlassen;
hier|mit [auch: hiermit, hirmit]
Hi|e|ro|gly|phe, die; -, -n (Bilderschriftzei-
chen; scherzh. für: schwer entzifferbare
Schriftzeichen)
hier sein; vgl. hier; Hier|sein, das; -s; hie-
r|über [auch: hirübᵉr, hirübᵉr]; hie[r]
und da; hier|von [auch: hirfon, hirfon];
hier|zu [auch: hirzu, hirzu]; hier|zu|lan-
de, (auch:) hier zu Lan|de
hie|sig; Hie|si|ge, der u. die; -n, -n
hie|ven [...fᵉn] (Seemannsspr. u. ugs. für:
eine Last hochziehen; heben)
Hi-Fi [haifi] = High Fidelity
high [hai] (ugs. für: in gehobener Stimmung
[nach dem Genuss von Rauschgift]); **High
Fi|de|li|ty** [haifidäliti], die; - - (originalge-
treue Wiedergabe bei Tonträgern u. elek-

troakustischen Geräten; Abk.: Hi-Fi); **High
So|ci|e|ty** [h*ai*β*eβai*°*ti*], *die;* - - (vornehme
Gesellschaft); **High|tech** [h*ai*täk], *das;*
-[s], (auch:) *die;* -, (Spitzentechnologie);
High|tech|bran|che

H*i*|fe, *die;* -, -n; die Erste, (auch:) erste Hilfe
(bei Verletzungen usw.); - leisten, suchen;
zu - kommen; sich Hilfe suchend, (auch:)
hilfesuchend umschauen; H*i*l|fe_leis|tung,
...ruf, ...stel|lung; h*i*l|fe|su|chend; vgl.
Hilfe; h*i*lf|los; H*i*lf|lo|sig|keit, *die;* -; h*i*lf-
reich (geh.); H*i*lfs|ar|bei|ter; h*i*lfs|be-
reit; H*i*lfs_be|reit|schaft (*die;* -), ...kraft
(die), ...mit|tel, ...schu|le, ...zeit|wort

H*i*m|bee|re; H*i*m|beer_geist (*der;* -[e]s; ein
Obstschnaps), ...saft (*der;* -[e]s)

H*i*m|mel, *der;* -s, -; um [des] -s willen; h*i*m-
mel|angst; es ist mir -; H*i*m|mel|bett; h*i*m-
mel|blau; H*i*m|mel|do*n*|ner|we*t*|ter!;
H*i*m|mel|fahrt (christl. Rel.); h*i*m|mel-
hoch; H*i*m|mel|reich; h*i*m|mel|schrei-
end; H*i*m|mel[s]|schlüs|sel, *der* (auch: *das;*
Schlüsselblume); H*i*m|mel[s]|stür|mer
(geh.); h*i*m|mel|wärts; h*i*m|mlisch; -ste

h*i*n (Bewegung vom Sprechenden weg); bis
zur Mauer hin; hin sein

h*i*|n|ab; h*i*|n|ab_fah|ren, ...stei|gen,
...stür|zen (sich -)

h*i*n|ar|bei|ten; auf eine Sache -

h*i*|n|auf; h*i*|n|auf_ge|hen, ...klet|tern,
...rei|chen, ...stei|gen, ...zie|hen (sich -)

h*i*|n|aus; über ein bestimmtes Alter hinaus
sein; h*i*|n|aus_beu|gen (sich), ...ekeln
(ugs.), ...fah|ren, ...ge|hen, ...kom|pli-
men|tie|ren, ...lau|fen (aufs Gleiche -),
...schmei|ßen (ugs.); h*i*|n|aus sein; vgl.
hinaus; h*i*|n|aus_wa|gen (sich), ...wol|len
(zu hoch -), ...zö|gern

H*i*n|blick; im, (seltener:) in - auf

h*i*n|brin|gen

h*i*n|der|lich; h*i*n|dern; H*i*n|der|nis, *das;*
-ses, -se; H*i*n|der|nis_lauf, ...ren|nen;
H*i*n|de|rung; H*i*n|de|rungs|grund

h*i*n|deu|ten

h*i*n|durch

h*i*|n|ein; h*i*|n|ein_fal|len, ...flüch|ten (sich
-), ...ge|hen, ...ge|ra|ten (in etwas -),
...rei|den, ...schlit|tern (ugs.), ...stei-
gern (sich), ...ver|set|zen (sich -)

h*i*n|fah|ren; H*i*n|fahrt

h*i*n|fal|len

h*i*n|fäl|lig; H*i*n|fäl|lig|keit, *die;* -

h*i*n|fle|geln, sich (ugs.)

H*i*n|flug

H*i*n|ga|be, *die;* -; h*i*n|ga|be|fä|hig; h*i*n|ge-
ben; sich -; H*i*n|ge|bung; h*i*n|ge|bungs-
voll

h*i*n|ge|gen

h*i*n|ge|hen

h*i*n|ge|hö|ren

h*i*n|ge|ris|sen (begeistert)

h*i*n|ge|zo|gen; sich - fühlen

h*i*n|hän|gen; vgl. ²hängen

h*i*n|hal|ten; hinhaltend antworten

h*i*n|hau|en (ugs.)

h*i*n|hor|chen

H*i*n_ke_bein (ugs.), ...fuß (ugs.); h*i*n|ken

h*i*n|krie|gen (ugs. für: zustande bringen)

h*i*n|läng|lich

H*i*n|rei|se; h*i*n|rei|sen

h*i*n|rei|ßen; sich - lassen; h*i*n|rei|ßend

h*i*n|rich|ten; H*i*n|rich|tung

h*i*n|sa|gen; das war nur so hingesagt

h*i*n|schau|en

h*i*n|schi|cken

h*i*n|schla|gen; er ist lang hingeschlagen

h*i*n|schlep|pen; sich -

h*i*n|se|hen

h*i*n sein; vgl. hin

h*i*n|set|zen; sich -

H*i*n|sicht, *die;* -, -en; in - auf ...; h*i*n|sicht-
lich; *Verhältnisw.* mit Wesf.

h*i*n|sie|chen (geh.)

H*i*n|spiel (Sportspr.)

h*i*n|stel|len; sich -

hint|an|stel|len

h*i*n|ten; h*i*n|ten|drauf (ugs.); h*i*n|ten|he-
rum

h*i*n|ter

H*i*n|ter_ach|se, ...an|sicht, ...aus|gang

H*i*n|ter|blie|be|ne, *der* u. *die;* -n, -n

h*i*n|ter|brin|gen (heimlich melden)

h*i*n|ter|drein (veraltend)

h*i*n|ter|ei*n*|an|der; sich hintereinander auf-
stellen; vgl. aneinander; h*i*n|ter|ei*n*|an-
der|le|gen

H*i*n|ter|ein|gang

h*i*n|ter|fot|zig (bayr., österr. ugs., sonst
derb für: hinterhältig)

h*i*n|ter|fra|gen (nach den Hintergründen
von etw. fragen)

H*i*n|ter|ge|dan|ke

h*i*n|ter|ge|hen (täuschen, betrügen); hinter-
gangen

H*i*n|ter|grund; h*i*n|ter|grün|dig; H*i*n|ter-
grund|mu|sik

h*i*n|ter|ha|ken (ugs.)

H*i*n|ter|halt, *der;* -[e]s, -e; h*i*n|ter|häl|tig;
H*i*n|ter|häl|tig|keit

h*i*n|ter|her [auch: *h*in...]

H*i*n|ter_hof, ...kopf, ...land (*das;* -[e]s)

h*i*n|ter|las|sen (zurücklassen; vererben);
H*i*n|ter|las|sen|schaft; H*i*n|ter|las|sung

h*i*n|ter|le|gen (als Pfand usw.)

H*i*n|ter|list; h*i*n|ter|lis|tig

H*i*n|ter|mann (*Mehrz.* ...männer)

h*i*n|tern, *der;* -s, - (ugs. für: Gesäß)

H*i*n|ter|rad

h*i*n|ter|rücks

H*i*n|ter|sinn, *der;* -[e]s (geheime Nebenbe-
deutung); h*i*n|ter|sin|nig

H*i*n|ter_teil (*das;* Gesäß), ...tref|fen (ugs.;
ins - kommen, geraten)

h*i*n|ter|trei|ben (vereiteln)

H*i*n|ter_trep|pe, ...tür

H*i*n|ter|wäld|ler (spött. für: weltfremder,
rückständiger Mensch)

h*i*n|ter|zie|hen (unterschlagen)

h*i*n|tre|ten; vor jmdn. -

h*i*|n|ü|ber; h*i*|n|ü|ber sein (ugs.)

H*i*n und H*e*r, *das;* - - -[s]

h*i*|n|un|ter

h*i*n|wärts

h*i*n|weg

H*i*n|weg

h*i*n|weg_set|zen (sich darüber -), ...täu-
schen, ...trös|ten

H*i*n|weis, *der;* -es, -e; h*i*n|wei|sen

h*i*n|wen|den; sich -; H*i*n|wen|dung

h*i*n|wer|fen; sich -

h*i*n|zie|hen (verzögern)

h*i*n|zie|len; auf Erfolg -

h*i*n|zu; h*i*n|zu_fü|gen, ...kom|men

Hip-Hop, (auch:) Hip|hop, *der;* -s (eine
Richtung der modernen Popmusik)

hipp, hipp, hur|ra!

Hip|pie [*hipi*], *der;* -s, -s (Anhänger[in] einer
antibürgerlichen, pazifistischen, naturna-
hen Lebensform)

H*i*rn, *das;* -[e]s, -e; H*i*rn|ge|spinst; h*i*rn|ris-
sig (ugs. für: unsinnig, verrückt); h*i*rn|ver-
brannt (ugs. für: unsinnig, verrückt)

H*i*rsch, *der;* -[e]s, -e; H*i*rsch_ge|weih,
...horn (*das;* -[e]s), ...käl|fer, ...kalb,
...kuh

H*i*r|se, *die;* -, (fachspr.:) -n

H*i*rt, *der;* -en, -en, (auch:) H*i*r|te, *der;* -n,
-n; H*i*r|ten_amt, ...brief (bischöfl. Rund-
schreiben)

his|sen ([Flagge, Segel] hochziehen)

His|tör|chen (Geschichtchen); His|to|rie
[...*i*°], *die;* -, -n (veraltend für: [Welt]ge-
schichte; veralt. für: Bericht, Erzählung); His-
to|ri|ker (Geschichtsforscher); his|to|risch

H*i*t, *der;* -[s], -s (ugs. für: [musikalischer]
Verkaufsschlager); H*i*t|pa|ra|de

H*i*t|ze, *die;* -[s]; h*i*t|ze_be|stän|dig, ...frei;
H*i*t|ze|wel|le; h*i*t|zig; H*i*tz|kopf; h*i*tz-
köp|fig; H*i*tz|schlag

HIV = human immunodeficiency virus (ein
Aidserreger); HIV-in|fi|ziert; HIV-ne|ga-
tiv; HIV-po|si|tiv

hm!; hm, hm!

HNO-Arzt (Hals-Nasen-Ohren-Arzt)

ho!; holho!; ho ruck!

Hoax [*ho*ᵘ*ks*], *der;* -, -es [...*kßiß*] ([durch
E-Mail verbreitete] Falschmeldung)

Hob|by, *das;* -s, -s (Steckenpferd)

Ho|bel, *der;* -s, - ; Ho|bel|bank (*Mehrz.*
...bänke); ho|beln

hoch s. *Kasten Seite 323*

Hoch, *das;* -s, -s (Hochruf; Meteor.: Gebiet
hohen Luftdrucks)

hoch|ach|ten; vgl. hoch; Hoch|ach|tung;
hoch|ach|tungs|voll; Hoch|adel; hoch-
ak|tu|ell; hoch|al|pin; Hoch_al|tar,
...amt; hoch|an|stän|dig; hoch|ar|bei-
ten, sich

Hoch|bau (*Mehrz.* ...bauten); hoch|be-
gabt; vgl. hoch; hoch|bei|nig; hoch|be-
tagt; Hoch|be|trieb, *der;* -[e]s; hoch|be-
zahlt; vgl. hoch; Hoch|blü|te, *die;* -;
hoch|bri|sant; Hoch|burg

hoch|deutsch; hoch do|siert, (auch:) hoch-

hoch

höher, höchst

I. Schreibung in Verbindung mit Zeitwörtern:
Getrenntschreibung:
- *hoch sein*
- *hoch hergehen*

Getrennt- oder Zusammenschreibung:
- *jmdn.* hoch achten, *(auch:)* hochachten
- *den Mitarbeiter* hoch schätzen, *(auch:)* hochschätzen

Zusammenschreibung:
- *sich hocharbeiten*
- *(vor Schreck) hochfahren*
- *hochfliegen (nach oben fliegen)*
- *hochkommen (nach oben kommen)*
- *die Haare, die Ziele hochstecken*

II. Schreibung in Verbindung mit Eigen-schafts- und Mittelwörtern:
Getrennt- oder Zusammenschreibung:
- *ein* hoch begabtes, *(auch:)* hochbegabtes *Kind*
- *eine* hoch bezahlte, *(auch:)* hochbezahlte *Stelle*
- *eine* hoch dotierte, *(auch:)* hochdotierte *Auszeichnung*
- *eine* hoch geehrte, *(auch:)* hochgeehrte *Persönlichkeit*
- *ein* hoch qualifizierter, *(auch:)* hochquali-fizierter *Mitarbeiter*

Zusammenschreibung:
- *hocherfreut sein*
- *hochfliegende Pläne*
- *ein hochgeschlossener Pullover*
- *hochgesteckte Haare, Ziele*
- *hochprozentiger Alkohol*

do|siert; hoch|do|tiert; vgl. hoch; **Hoch-druck,** *der;* -[e]s, (für: Erzeugnis im Hoch-druckverfahren *auch Mehrz.:*) ...drucke
Hoch|ebe|ne; hoch|emp|find|lich; hoch-er|freut; hoch|ex|plo|siv
hoch|fah|ren; hoch|fein; Hoch|fi|nanz, *die;* -; **hoch|flie|gen** (in die Höhe fliegen); **hoch-flie|gend;** vgl. hoch; **Hoch|form**
hoch|ge|bil|det; Hoch|ge|bir|ge; hoch|ge-ehrt; vgl. hoch; **Hoch|ge|fühl; hoch|ge-hen** (ugs. auch für: aufbrausen); **hoch-geis|tig; hoch|ge|mut** (geh.); Hoch|ge-nuss; **hoch|ge|schlos|sen;** vgl. hoch; **hoch|ge|spannt;** -e Ströme (Elektrotech-nik), aber: hoch gespannte, *(auch:)* hoch-gespannte Erwartungen; **hoch|ge|steckt;** -e Ziele, Haare; **hoch|ge|stellt;** eine -e Persönlichkeit; -e Zahlen; **hoch|ge|sto-chen** (ugs. für: eingebildet); **hoch|ge|wach|sen; hoch|ge|züch|tet; Hoch-glanz; hoch|glän|zend; hoch|gra|dig**
hoch|ha|ckig; hoch|hal|ten; ein Schild - (nach oben halten); Traditionen -; aber: etw. so hoch halten, dass keiner mehr da-rankommt; **Hoch|haus; hoch|he|ben; hoch|herr|schaft|lich; hoch|her|zig; hoch|ho|len**
hoch·in|tel|li|gent, ...in|ter|es|sant
hoch|ja|gen (in die Höhe jagen)
hoch|kant; hoch|ka|rä|tig; hoch|klap|pen; hoch|klet|tern; den Baum -; aber: sie kann sehr hoch klettern; **hoch|kom|men,** hoch kom|pli|ziert, *(auch:)* **hoch|kom-pli|ziert,** hoch kon|zen|t|riert, *(auch:)* **hoch|kon|zen|t|riert; Hoch|kon|junk|tur; hoch|krem|peln; Hoch|kul|tur**
Hoch|land (*Mehrz.* ...länder, auch: ...lande); **hoch|le|ben;** jmdn. - lassen; **hoch|le|gen; Hoch|leis|tung; Hoch|leis|tungs_mo|tor, ...sport; hoch|mo|dern; Hoch|moor**
Hoch|mut; hoch|mü|tig; Hoch|mü|tig|keit

hoch|nä|sig (ugs.); hoch|neh|men (ugs. für: übervorteilen; necken)
Hoch|ofen
hoch|päp|peln (ugs.); **Hoch|par|ter|re; hoch|pro|zen|tig**
hoch|qua|li|fi|ziert; vgl. hoch
hoch|räd|rig; hoch|rap|peln, sich (ugs.); **hoch|rech|nen; Hoch_rech|nung,** ...re|li-ef; **hoch|rot; Hoch|ruf**
Hoch|sai|son; hoch|schät|zen; vgl. hoch; **Hoch|schät|zung,** *die;* -; **hoch|schla|gen; hoch|schrauben;** die Ziele, die Erwartun-gen -; **Hoch|schul|ab|schluss; Hoch|schu-le; Hoch|schul|leh|rer; hoch|schwan-ger; Hoch|see|fi|sche|rei; Hoch_sitz** (Jä-gerspr.), ...som|mer, ...span|nung; **Hoch-span|nungs|lei|tung;** hoch spe|zi|a|li-siert, *(auch:)* **hoch|spe|zi|a|li|siert; hoch|spie|len; Hoch|spra|che; hoch-sprach|lich; Hoch|sprung**
höchst; auf das/aufs Höchste, *(auch:)* höchste erfreut
Hoch|sta|pe|lei; hoch|sta|peln; Hoch-stap|ler
Höchst|bie|ten|de, *der* u. *die;* -n, -n
hoch|ste|cken; das Haar, seine Ziele -; **hoch|ste|hend;** eine -e Persönlichkeit; **hoch|stei|gen; hoch|stel|len**
höchs|tens; Höchst_fall (nur in: im -), ...form, ...ge|schwin|dig|keit, ...gren|ze
Hoch|stim|mung
Höchst_leis|tung, ...maß *(das)*
höchst|per|sön|lich
höchst|wahr|schein|lich
hoch tech|ni|siert, *(auch:)* **hoch|tech|ni-siert; hoch|tou|rig** [...*tur...*]; **hoch|tra-bend; hoch|tra|gen; hoch|trei|ben**
hoch|ver|dient; hoch|ver|ehrt; Hoch_ver-rat, ...ver|rä|ter; hoch ver|schul|det, *(auch:)* **hoch|ver|schul|det; hoch|ver-zins|lich** (Bankw.)
Hoch_wald, ...was|ser (*Mehrz.* ...wasser);

hoch|wer|fen; hoch|wer|tig; hoch|will-kom|men; hoch|wirk|sam; hoch|wohl-ge|bo|ren (veralt.); **Hoch|wür|den**
¹Hoch|zeit (Feier der Eheschließung); goldene -
²Hoch|zeit (glänzender Höhepunkt, Hoch-stand); **Hoch|zeits_fei|er, ...ge|schenk, ...rei|se, ...tag; hoch|zie|hen**
Ho|cke, *die;* -, -n (eine Turnübung); **ho-cken;** sich -; **Ho|cker** (Schemel)
Hö|cker, *der;* -s, - (Buckel)
Ho|ckey [*hoki*], *das;* -s (eine Sportart)
Ho|de, *der;* -n, -n od. *die;* -, -n u. **Ho|den,** *der;* -s, - (männl. Keimdrüse)
Hof, *der;* -[e]s, Höfe; Hof halten, ich halte Hof; **Hof|da|me; hof|fä|hig**
hof|fen; hof|fent|lich; Hoff|nung; hoff-nungs|los; Hoff|nungs|lo|sig|keit, *die;* -; **Hoff|nungs|schim|mer; hoff|nungs|voll**
Hof hal|ten; vgl. Hof; **ho|fie|ren** (den Hof machen); **hö|fisch; Hof|knicks**
höf|lich; Höf|lich|keit; Höf|lich|keits_be-such, ...flos|kel
Hof_narr, ...rat (*Mehrz.* ...räte), **...staat** (*der;* -s)
Hof_tor *(das),* **...tür**
ho|he; die hohe, *(auch:)* Hohe Schule (Rei-ten); das Hohe Haus (Parlament); die Hohe Tatra; der Hohe Priester, des Hohen Pries-ters, ein Hoher Priester; vgl. Hohepriester; **Hö|he,** *die;* -, -n
Ho|heit; Ho|heits_ge|biet, ...ge|wäs|ser *(Mehrz.)*
Hö|hen_an|ga|be, ...flug, ...krank|heit, ...la|ge, ...luft *(die;* -), **...mes|ser** *(der),* **...son|ne** (als ® : Ultraviolettlampe)
Ho|he|pries|ter, Ho|he_Pries|ter, des Hohe-priesters; bei Beugung des ersten Bestand-teils getrennt geschrieben; vgl. hohe
Hö|he|punkt
hö|her; -e Gewalt; -e Schule; **hö|her|ge-stellt;** eine -e Person; **hö|her|stu|fen** (auf eine höhere Stufe bringen); eine Beamtin -
hohl; Höh|le, *die;* -, -n; **Höh|len_bär, ...be-woh|ner, ...for|scher, ...ma|le|rei, ...mensch; Hohl_kör|per, ...ku|gel, ...maß** *(das),* **...raum, ...saum, ...spie-gel; hohl|wan|gig; Hohl|weg**
Hohn, *der;* -[e]s; Hohn lachen, *(auch:)* hohn-lachen; Hohn sprechen, *(auch:)* hohnspre-chen; **höh|nen; höh|nisch; hohn|la|chen;** ich hohnlache; vgl. Hohn; **hohn|spre-chen;** vgl. Hohn
höh|kern
Ho|kus|po|kus, *der;* -
hold (veraltend)
ho|len (abholen); etwas - lassen
Höl|le, *die;* -, (selten:) -n; **Höl|len_angst, ...fahrt, ...lärm, ...ma|schi|ne, ...spek-ta|kel; höl|lisch**
Holm, *der;* -[e]s, -e (Griffstange des Barrens, Längsstange der Leiter)
Ho|lo|caust [auch: *hol°cåst*], *der;* -[s], -s (Massenvernichtung, bes. der Juden in der

323

Zeit des Nationalsozialismus); **Ho|lo-caust|mahn|mal**

hol|pern; holp|rig; Holp|rig|keit

Hols|ter, *das;* -s, - (Pistolen-, Revolvertasche)

hol|ter|die|pol|ter! (ugs.)

hol|über! (Ruf an den Fährmann)

Ho||un|der, *der;* -s, - (ein Strauch); **Ho||un-der|bee|re**

Holz, *das;* -es, Hölzer; Holz verarbeitendes, (auch:) holzverarbeitendes Gewerbe; **Holz_ap|fel**, ...**bein**, ...**blas|in|s|tru-ment**, ...**bol|den; hol|zen; höl|zern; Holz|fäl|ler; holz|frei;** -es Papier; **Holz-ham|mer|me|tho|de** (plumpe Art u. Weise); **Holz|haus; hol|zig; Holz_klotz**, ...**koh|le**, ...**pflock**, ...**scheit**, ...**schnit-zer**, ...**schuh**, ...**sta|pel**, ...**stoß; holzver-ar|bei|tend;** vgl. Holz; **holz|ver|klei|det; Holz_weg**, ...**wol|le** (*die;* -), ...**wurm**

Home|page [*hompe'tsch*], *die;* -, -s [... *tschiß*] (EDV; die Eingangs- oder Start-seite einer Website; Internetauftritt einer Privatperson)

Ho|mo, *der;* -s, -s (ugs. für: Homosexueller)

ho|mo|fon usw.; vgl. homophon usw.

ho|mo|gen (gleichartig, gleichmäßig zusam-mengesetzt)

Ho|möo|pa|thie, *die;* - (ein Heilverfahren); **ho|möo|pa|thisch**

ho|mo|phil (homosexuell); **Ho|mo|phi|lie**, *die;* - (Homosexualität)

ho|mo|phon, (auch:) **ho|mo|fon; Ho|mo-pho|nie**, (auch:) **Ho|mo|fo|nie**; *die;* - (Kompositionsstil mit nur einer führenden Melodiestimme)

Ho|mo sa|pi|ens [- ...*pi-änß*], *der;* - - (wis-senschaftl. Bez. für den Menschen)

Ho|mo|se|xu|a|li|tät, *die;* (gleichgeschlecht-liche Liebe); **ho|mo|se|xu|ell**

Ho|nig, *der;* -s, (für: Honigsorten *Mehrz.:*) -e; **Ho|nig_bie|ne**, ...**ku|chen; ho|nig|süß**

Ho|no|rar, *das;* -s, -e (Vergütung [für Ar-beitsleistung in freien Berufen]); **Ho|no-rar|pro|fes|sor; ho|no|rie|ren** (vergüten)

Hoo|li|gan [*hulig'n*], *der;* -s, -s (Randalierer, bes. bei Massenveranstaltungen)

Hop|fen, *der;* -s, - (eine Kletterpflanze; Bier-zusatz)

hop|peln; hopp|hopp!; hopp|la!; hops; - (ugs. für: verloren) sein; **hop|sa!; hop|sa-la!, hop|sa|sa!; hop|sen; Hop|ser; hops-ge|hen** (ugs. für: umkommen; verloren ge-hen)

Hör|ap|pa|rat; hör|bar; Hör|buch (gespro-chener Text auf Kassette od. CD); **hör|chen**

[1]Hor|de, *die;* -, -n (Lattengestell, -rost, zum Lagern [von Obst, Gemüse])

[2]Hor|de, *die;* -, -n (wilde Menge, ungeord-nete Schar)

hö|ren; Hö|ren|sa|gen, *das;* nur in: er weiß es vom -; **Hö|rer; Hö|re|rin; Hör_feh|ler**, ...**funk** (für: Rundfunk), ...**ge|rät; Hör|ge-rä|te|akus|ti|ker** (Techniker, der Hörgeräte anfertigt, wartet u. repariert)

hö|rig; Hö|ri|ge, *der* u. *die;* -n, -n; **Hö|rig-keit**, *die;* -

Ho|ri|zont, *der;* -[e]s, -e; **ho|ri|zon|tal** (waagerecht); **Ho|ri|zon|ta|le**, *die;* -, -n

Hor|mon, *das;* -s, -e (Drüsenstoff; körperei-gener Wirkstoff); **hor|mo|nal**, **hor|mo|nell;** **Hor|mon|be|hand|lung; hor|mo|nell;** vgl. hormonal; **Hor|mon_haus|halt**, ...**prä|pa|rat**

Horn, *das;* -[e]s, Hörner u. (für: Hornarten *Mehrz.:*) -e; **Hörn|chen; Horn|haut; hor|nig**

Hor|nis|se [auch: *hor...*], *die;* -, -n (eine Wespenart)

Ho|ro|s|kop, *das;* -s, -e

hor|rend (schauderhaft; übermäßig); **hor|ri-bel** (furchtbar)

Hör|rohr

Hor|ror, *der;* -s (Schauder, Abscheu); **Hor-ror|trip** (ugs. für: Drogenrausch mit Panik-gefühlen)

Hör|saal

Hors d'œu|v|re [*ordő̌wr (e)*, auch: *or...*], *das;* -s, -s [*ordő̌wr (e)*] (Vorspeise)

Hör|spiel

Horst, *der;* -[e]s, -e (Greifvogelnest; Strauchwerk)

Hör|sturz (Med.: plötzlich auftretende Schwerhörigkeit od. Taubheit)

Hort, *der;* -[e]s, -e; **hor|ten** ([Geld usw.] aufhäufen)

Hor|ten|sie [...*i^e*], *die;* -, -n (ein Zierstrauch)

Hör|wei|te; in -

Hös|chen; Ho|se, *die;* -, -n; **Ho|sen_an|zug**, ...**bund** (*der*), ...**matz** (ugs. scherzh.), ...**schei|ßer** (derb für: sehr ängstlicher Mensch), ...**ta|sche**, ...**trä|ger**

ho|si|an|na! (Gebets- u. Freudenruf)

Hos|pi|tal, *das;* -s, -e u. ...**täler** (Kranken-haus); **hos|pi|tie|ren** (als Gast [in Schulen] zuhören); **Hos|piz**, *das;* -es, -e (Beherber-gungsbetrieb)

Hos|tess [*hoßtäß* u. *hoßtäß*], *die;* -, -en (Begleiterin, Betreuerin, Führerin [auf [2]Messen, in Hotels o. Ä.]; verhüll. auch für: Prostituierte)

Hos|tie [...*i^e*], *die;* -, -n (Abendmahlsbrot)

Hot|dog, *das*, (auch:) *der;* -s, -s, (auch:) **Hot Dog**, *das*, (auch:) *der;* - -s, - -s (heißes Würstchen in einem Brötchen)

Ho|tel, *das;* -s, -s; **Ho|tel gar|ni**, *das;* - -, -s -s (Hotel, das nur Frühstück anbietet); **Ho-te|li|er** [...*lje*], *der;* -s, -s (Hotelbesitzer); **Ho|tel|zim|mer**

Hot|line [*hotlain*], *die;* -, -s (Telefonan-schluss für rasche Serviceleistungen)

Hub, *der;* -[e]s, Hübe (Weglänge eines Kol-bens usw.)

hü|ben; - und drüben

Hub|raum; Hub|raum|steu|er, *die*

hübsch; Hübsch|heit, *die;* -

Hub|schrau|ber

Hu|cke, *die;* -, -n (landsch. für: Rückenlast); **hu|cke|pack;** - tragen

Hu|de|lei; hu|de|lig; hu|deln (landsch. für: nachlässig handeln)

Huf, *der;* -[e]s, -e; **Huf_ei|sen**, ...**lat|tich** (Wildkraut u. Heilpflanze), ...**na|gel**, ...**schmied**

Hüf|te, *die;* -, -n; **Hüft_ge|lenk**, ...**gür|tel**, ...**hal|ter**, ...**kno|chen**, ...**lei|den**

Hü|gel, *der;* -s, -; **hü|ge|lig; Hü|gel_ket|te**, ...**land** (*Mehrz.* ...länder)

Huhn, *das;* -[e]s, Hühner; **Hühn|chen; Hüh-ner_au|ge**, ...**brü|he**, ...**ei**, ...**fri|kas|see**, ...**hund**

hui!; aber: im Hui

Huld, *die;* - (veraltend); **hul|di|gen; Hul|di-gung**

Hül|le, *die;* -, -n; **hül|len|los**

Hul|ly-Gul|ly [*haligali*], *der;* -[s] -s (Mode-tanz der Sechzigerjahre; ugs. auch für: fröhliches Treiben)

Hül|se, *die;* -, -n (Kapsel[frucht]); **Hül|sen-frucht**

hu|man (menschlich; menschenfreundlich); **Hu|man|ge|ne|tik** (Teilgebiet der Genetik); **Hu|ma|nis|mus**, *der;* - (auf das Bildungs-ideal der gr.-röm. Antike gegründetes Denken u. Handeln); **hu|ma|nis|tisch;** -es Gymnasium; **hu|ma|ni|tär** (menschen-freundlich; wohltätig); **Hu|ma|ni|tät**, *die;* - (Menschlichkeit; humane Gesinnung)

Hum|bug, *der;* -s (ugs. für: Schwindel; Un-sinn)

Hum|mel, *die;* -, -n

Hum|mer, *der;* -s, - (ein Krebs)

Hu|mor, *der;* -s, (selten:) -e (heitere Gelas-senheit; [gute] Laune); **hu|mo|rig** (launig, mit Humor); **Hu|mo|rist**, *der;* -en, -en (jmd., der mit Humor schreibt, vorträgt usw.); **hu|mo|ris|tisch; hu|mor|los; Hu-mor|lo|sig|keit; hu|mor|voll**

hum|peln

Hum|pen, *der;* -s, -

Hu|mus, *der;* - (fruchtbarer Bodenbestand-teil, organ. Substanz im Boden)

Hund, *der;* -[e]s, -e (Bergmannsspr. auch: Förderwagen); **Hun|de_art**, ...**biss; hun-de_elend** (ugs. für: sehr elend); **Hun|de-hüt|te; hun|de|kalt** (ugs. für: sehr kalt); **Hun|de_käl|te** (ugs.), ...**ku|chen; hun|de-mü|de** (ugs. für: sehr müde)

hun|dert; hundert Menschen; bis hundert zäh-len; Tempo hundert (für: hundert Stundenki-lometer); ein paar hundert od. Hundert; [viele] hunderte od. Hunderte von Menschen; sie kamen zu hunderten od. Hunderten

[1]Hun|dert, *das;* -s, -e; [vier] vom Hundert (Abk.: v. H., p. c.; Zeichen: %)

[2]Hun|dert, *die;* -, -en (Zahl)

Hun|der|ter, *der;* -s, -; **hun|der|ter|lei; Hun|dert|eu|ro|schein**, (auch:) **Hun-dert-Eu|ro-Schein; hun|dert|fach; Hun-dert|fa|che**, *das;* -n; **hun|dert|jäh|rig;** der hundertjährige Kalender; **hun|dert-mal;** viele hundert od. Hundert Mal[e]; viel hundert od. Hundert Male; **Hun|dert|me-ter|lauf**, (auch:) **Hun|dert-Me|ter-Lauf; hun|dert|pro|zen|tig; hun|dert|schaft; hun|derts|te; Hun|derts|tel**, *das* (schweiz. meist: *der*); -s, -; **Hun|derts|tel|se|kun|de; hun|dert|tau|send; hun|dert|[und]|ein[s]**

Hun|de_sa|lon, ...steu|er (*die*), **...wet|ter** (*das;* -s; ugs. für: sehr schlechtes Wetter), **...zucht; Hün|din; hün|disch; hunds_föt|tisch** (derb abwertend für: niederträchtig), **...ge|mein** (ugs.), **...mi|se|ra|bel** (ugs.); **Hunds|veil|chen** (duftloses Veilchen)

Hü|ne, *der;* -n, -n; **hü|nen|haft**

Hun|ger, *der;* -s; vor - sterben; **Hun|ger_kur, ...lohn; hun|gern; Hun|gers|not; Hun|ger|streik; hung|rig**

Hu|pe, *die;* -, -n (Signalhorn); **hu|pen**

hüp|fen; Hüp|fer (kleiner Sprung)

Hup|kon|zert

Hur|de, *die;* -, -n (südwestd. u. schweiz. für: ¹Horde); **Hür|de,** *die;* -, -n; **Hür|den|lauf**

¹Hu|re, *die;* -, -n (abwertend); **hu|ren** (abwertend); **Hu|ren_bock** (Schimpfwort), **...sohn** (Schimpfwort); **Hu|re|rei** (abwertend)

hur|ra! [auch: *hu...*]; **Hur|ra** [auch: *hu...*], *das;* -s, -s; Hurra, (auch:) hurra schreien

Hur|ri|kan [engl. Ausspr.: *harikⁿ*], *der;* -s, -e u. (bei engl. Ausspr.:) -s (tropischer Wirbelsturm)

hur|tig; Hur|tig|keit, *die;* -

husch!; hu|schen

hüs|teln; hus|ten; Hus|ten, *der;* -s, (selten:) -; **Hus|ten_an|fall, ...bon|bon, ...mit|tel, ...reiz**

¹Hut, *der;* -[e]s, Hüte (Kopfbedeckung)

²Hut, *die;* - (geh. für: Schutz, Aufsicht); auf der - sein

Hü|te|jun|ge, *der;* **hü|ten;** sich -; **Hü|ter**

Hut_kof|fer, ...krem|pe, ...schach|tel, ...schnur (das geht über die - [ugs. für: das geht zu weit])

Hüt|te, *die;* -, -n; **Hüt|ten_ar|bei|ter, ...werk, ...we|sen** (*das;* -s)

hut|ze|lig, hutz|lig (landsch. für: dürr, welk; alt)

Hy|ä|ne, *die;* -, -n (ein Raubtier)

Hy|a|zin|the, *die;* -, -n (eine Zwiebelpflanze)

Hy|d|ra, *die;* -, ...dren (ein Süßwasserpolyp)

Hy|d|rant, *der;* -en, -en (Zapfstelle); **Hy|d|rau|lik,** *die;* - (Lehre von der Bewegung der Flüssigkeiten); **hy|d|rau|lisch** (mit Flüssigkeitsdruck arbeitend)

Hy|d|ro|kul|tur, *die;* - (Wasserkultur; Pflanzenzucht in Nährlösungen ohne Erde)

Hy|gi|e|ne, *die;* - (Gesundheitslehre, -fürsorge, -pflege); **hy|gi|e|nisch**

Hy|g|ro|me|ter, *das;* -s, - (Luftfeuchtigkeitsmesser)

Hym|ne, *die;* -, -n (Festgesang; christl. Lobgesang; Weihelied)

Hy|per|bel, *die;* -, -n (Math.: Kegelschnitt)

hy|per|kor|rekt (überkorrekt); **hy|per|kri|tisch** (übertrieben kritisch); **hy|per|mo|dern** (übermodern, übertrieben neuzeitlich); **hy|per|sen|si|bel**

Hy|per|text [*haip*ᵉʳ...] (EDV; Netz aus Text-, Bild- u. Dateneinheiten)

Hy|per|to|nie, *die;* -, ...ien (Med.; Bluthochdruck; gesteigerte Muskelspannung; erhöhte Spannung im Augapfel)

Hy|po|to|nie, *die;* -, ...ien (Med.; zu niedriger Blutdruck; herabgesetzte Muskelspannung)

Hyp|no|se, *die;* -, -n (schlafähnl. Bewusstseinszustand); **Hyp|no|ti|seur** [*...sör*], *der;* -s, -e **Hyp|no|ti|seu|rin; hyp|no|ti|sie|ren** (in Hypnose versetzen)

Hy|po|chon|der [*...ch...*], *der;* -s, - (eingebildeter Kranker); **Hy|po|chon|d|rie,** *die;* - (Einbildung, krank zu sein)

Hy|po|thek, *die;* -, -en (im Grundbuch eingetragenes Pfandrecht an einem Grundstück); **Hy|po|the|se,** *die;* -, -n ([unbewiesene] Annahme, Vermutung)

Hy|po|to|nie, *die;* -, ...ien (Med.; zu niedriger Blutdruck; herabgesetzte Muskelspannung

Hys|te|rie, *die;* -, ...ien (nervöse Aufgeregtheit, Überspanntheit); **Hys|te|ri|ker; hys|te|risch**

I (Buchstabe); das I; des I, die I; aber: das i in Bild; der Punkt auf dem i

---

i. A.

= im Auftrag[e]

Die Abkürzung wird im ersten Bestandteil kleingeschrieben (*i. A.*), wenn sie unmittelbar der Grußformel oder der Bezeichnung einer Behörde, Firma u. dgl. folgt, z. B.
– *Die Oberbürgermeisterin*
  i. A. Schmidt

Die Abkürzung wird dagegen im ersten Bestandteil großgeschrieben (*I. A.*), wenn sie nach einem abgeschlossenen Text allein vor einer Unterschrift steht, z. B.
– *Ihre Unterlagen erhalten Sie mit gleicher Post zurück.*
  I. A. Schmidt

---

ich; Ich, *das;* -[s], -[s]; mein anderes -; **ich|be|zo|gen; Ich_form** (*die;* -), **...ge|fühl** (*das;* -[e]s), **...sucht** (*die;* -); **ich|süch|tig**

ide|al (nur in der Vorstellung existierend; der Idee entsprechend; musterhaft, vollkommen); **Ide|al,** *das;* -s, -e (dem Geiste vorschwebendes Muster der Vollkommenheit; Wunschbild); **Ide|al_bild, ...fall** (*der*), **...fi|gur; ide|a|li|sie|ren** (der Idee od. dem Ideal annähern; verklären); **Ide|a|lis|mus,** *der;* -, (Überordnung der Gedanken-, Vorstellungswelt über die wirkliche; Streben nach Verwirklichung von Idealen); **Ide|a|list,** *der;* -en, -en; **Ide|a|lis|tin;** **ide-**

a|lis|tisch; Ide|al_vor|stel|lung, ...zu|stand

Idee, *die;* -, Ideen ([Ur]begriff, Urbild; [Leit-, Grund]gedanke; Einfall, Plan); eine - (auch für: ein bisschen); **ide|ell** (nur gedacht, geistig); **ide|en|los, ...reich; Ide|en|welt**

Iden|ti|fi|ka|ti|on [*...zion*], *die;* -, -en (Gleichsetzung, Feststellung der Identität); **iden|ti|fi|zie|ren** (einander gleichsetzen; genau wiedererkennen); sich -; **iden|tisch** ([ein und] derselbe; übereinstimmend; völlig gleich); **Iden|ti|tät,** *die;* -, -en (völlige Gleichheit)

Ideo|lo|gie, *die;* -, ...ien (System von Weltanschauungen, [polit.] Grundeinstellungen u. Wertungen); **ide|o|lo|gisch**

Idi|ot, *der;* -en, -en; **idi|o|ten|haft; Idi|o|ten|hü|gel** (ugs. scherzh. für: Hügel, an dem sich Anfänger im Skifahren üben); **idi|o|ten|si|cher** (ugs. für: so, dass niemand etwas falsch machen kann); **Idi|o|tin; idi|o|tisch**

Idol, *das;* -s, -e (Publikumsliebling, Schwarm; Götzenbild; Abgott)

Idyll, *das;* -s, -e (Bereich, Zustand eines friedl. und einfachen, meist ländl. Lebens); **Idyl|le,** *die;* -, -n (Schilderung eines Idylls in Literatur u. Kunst; auch svw. Idyll); **idyl|lisch** (das Idyll betreffend; ländlich; friedlich; einfach)

Igel, *der;* -s, -; **Igel|fisch**

igit|ti|git!

Ig|lu, *der* od. *das;* -s, -s (runde Schneehütte der Eskimos)

Ig|no|rant, *der;* -en, -en („Nichtwisser"; Dummkopf); **Ig|no|ranz,** *die;* - (Unwissenheit, Dummheit); **ig|no|rie|ren** (nicht wissen [wollen], absichtlich übersehen, nicht beachten)

ihm; ihn; ih|nen[1]

ihr s. *Kasten Seite 326*

ih|re[1]**, ih|ri|ge**[1]**; ih|rer|seits**[1]**; ih|res|glei|chen**[1]**; ih|ret|we|gen**[1]**; ih|ret|wil|len**[1]**;** um -; **ih|ri|ge**[1]

Iko|ne, *die;* -, -n (Kultbild der Ostkirche)

il|le|gal [auch: *...al*] (gesetzwidrig); **Il|le|ga|li|tät** [auch: *il...*], *die;* -, -en; **il|le|gi|tim** [auch: *...im*] (unrechtmäßig; unehelich); **Il|le|gi|ti|mi|tät** [auch: *il...*], *die;* -

il|lo|y|al [*iloajal*, auch: *...al*] (unredlich, untreu; Vereinbarungen nicht einhaltend); **Il|lo|ya|li|tät** [auch: *il...*], *die;* -

il|lu|mi|nie|ren (festlich erleuchten; bunt ausmalen); **Il|lu|mi|nie|rung,** *die;* -, -en

Il|lu|si|on, *die;* -, -en (Wunschvorstellungen; Wahn, Sinnestäuschung); **il|lu|si|ons|los; il|lu|so|risch** (trügerisch)

Il|lus|t|ra|ti|on [*...zion*], *die;* -, -en (Erläuterung, Bildbeigabe, Bebilderung); **Il|lus|t|ra|tor,** *der;* -s, ...oren (Künstler, der ein Buch mit Bildern schmückt); **il|lus|t|rie|ren** ([durch Bilder] erläutern; [ein Buch] bebildern); **il|lus|t|riert; Il|lus|t|rier|te,** *die;* -n, -

---

[1] Als Anrede (entsprechend „Sie") stets großgeschrieben.

Il|tis, *der;* Iltisses, Iltisse (ein Raubtier; Pelz desselben)

im (in dem); - Grunde [genommen]

IM = inoffizieller Mitarbeiter (des Staatssicherheitsdienstes der ehem. DDR)

---

ihr

I. Besitzanzeigendes Fürwort: *ihr, ihre, ihr: der Bruder ihres Vaters; sie kam mit ihrem Sohn, ihrer Tochter*

Großschreibung in Titeln
Ihre Majestät (Abk. I. M.) die Königin; Ihre Exzellenz

und in der Anrede (entsprechend „Sie"):
geben Sie mir Ihr Ehrenwort, Ihren Schlüssel, Ihre Adresse
Vgl. *dein*

II. Anredefürwort (entsprechend „du"):
Das Anredefürwort „ihr" kann in Briefen groß- oder kleingeschrieben werden:
Lieber Hans, liebe Elke, wann besucht ihr od. Ihr uns einmal?

Image [*imidsch*], *das;* -[s], -s [...*dschschis*] (Vorstellung, Bild von jmdm. od. etw. [in der öffentlichen Meinung]); **Image|pflege; ima|gi|när** (nur in der Vorstellung bestehend; scheinbar)

im All|ge|mei|nen (Abk.: i. Allg.)

Imam, *der;* -s, -s u. -e (Vorbeter in der Moschee; Titel für Gelehrte des Islams; Prophet u. religiöses Oberhaupt der Schiiten)

im Auf|trag, im Auf|tra|ge (Abk.: i. A. od. I. A., vgl. d.)

im Be|griff, im Be|grif|fe; - - sein

im Be|son|de|ren

Im|biss, *der;* -es, -e; **Im|biss|hal|le, Imbiss|stand,** (auch:) **Im|biss-Stand, Imbissstu|be,** (auch:) **Im|biss-Stu|be**

Inbus®
Mit einem *n* und nicht mit einem *m* schreibt sich der Name des gebogenen Sechskantschlüssels: *Inbus* ist die Abkürzung für **I**nnen**s**echskant**s**chlüssel [der Firma] **B**auer und **S**chaurte.

---

im Ein|zel|nen

im Fall od. **Fal|le[,] dass**

im Grun|de; - - genommen

Imi|ta|ti|on [...*zion*], *die;* -, -en ([minderwertige] Nachahmung); **imi|tie|ren; imitiert** (nachgeahmt, unecht)

im Jah|re (Abk.: i. J.)

Im|ker, *der;* -s, - (Bienenzüchter); **Im|ke|rei** (Bienenzucht; Bienenzüchterei); **Im|ke|rin**

Im|ma|t|ri|ku|la|ti|on [...*zion*], *die;* -, -en (Einschreibung an einer Hochschule; schweiz. auch für amtl. Zulassung eines Kraftfahrzeugs); **im|ma|t|ri|ku|lie|ren**

im|mens (unermesslich [groß])

im|mer; - wieder; für -; der immer währende, (auch:) immerwährende Kalender; **im|mer|dar** (veraltend); **im|mer|fort; immer|grün; Im|mer|grün,** *das;* -s, -e (eine

Pflanze); **im|mer|hin; im|mer|wäh|rend;** vgl. immer; **im|mer|zu** (fortwährend)

Im|mi|g|rant, *der;* -en, -en (Einwanderer); **Im|mi|g|ran|tin; Im|mi|g|ra|ti|on,** *die;* -, -en; **im|mi|g|rie|ren**

Im|mis|si|on, *die;* -, -en (Einwirkung von Verunreinigungen, Lärm o. Ä. auf Lebewesen); **Im|mis|si|ons|schutz**

Im|mo|bi|lie [...*i^e*], *die;* -, -n (Grundstücke, Grundbesitz); **Im|mo|bi|li|en|händ|ler**

im|mun (unempfänglich [für Krankheit]; unter Rechtsschutz stehend; unempfindlich); **im|mu|ni|sie|ren** (unempfänglich machen [für Krankheit]); **Im|mu|ni|sie|rung,** *die;* -, -en; **Im|mu|ni|tät,** *die;* - (Unempfindlichkeit gegenüber Krankheitserregern; Persönlichkeitsschutz der Abgeordneten in der Öffentlichkeit); **Im|mun|schwä|che; Immun|sys|tem**

im Nach|hi|n|ein (nachträglich, hinterher)

Im|pe|ra|tiv [auch: ...*tif*], *der;* -s, -e [...*w^e*] (Sprachw.: Befehlsform)

Im|per|fekt [auch: ...*fäkt*], *das;* -s, -e (Sprachw.: erste Vergangenheit)

Im|pe|ri|a|lis|mus, *der;* - (das Streben von Großmächten nach wirtschaftl., polit. u. milit. Vorherrschaft); **Im|pe|ri|a|list,** *der;* -en, -en; **im|pe|ri|a|li|s|tisch; Im|pe|rium,** *das;* -s, ...ien [...*i^en*] (Kaiser-, Weltreich)

imp|fen; Impf|ling; Impf.pflicht, ...schein, ...stoff; Impf|ung; Impfzwang (*der;* -[e]s)

Im|plan|tat, *das;* -[e]s, -e (Med.: künstl. Ersatz eines Organs); **Im|plan|ta|ti|on,** (Einpflanzung eines Implantats o. Ä. in den Körper); **im|plan|tie|ren**

im|po|nie|ren (Achtung einflößen, [großen] Eindruck machen)

Im|port, *der;* -[e]s, -e (Einfuhr); **Im|por|teur** [...*tör*], *der;* -s, -e ([Groß]händler, der Waren einführt); **Im|port.ge|schäft, ...handel; im|por|tie|ren**

im|po|sant (eindrucksvoll; großartig)

im|po|tent [auch: ...*tänt*] (zum Koitus, zur Zeugung nicht fähig); **Im|po|tenz** [auch: ...*tänz*], *die;* -, -en

im|präg|nie|ren (mit einem Schutzmittel [gegen Feuchtigkeit, Zerfall] durchtränken); **Im|präg|nie|rung,** *die;* -, -en

Im|pres|si|on, *die;* -, -en (Eindruck; Empfindung; Sinneswahrnehmung); **Im|pres|si|onis|mus,** *der;* - (Kunstrichtung der 2. Hälfte des 19. Jh.s); **Im|pres|si|o|nist,** *der;* -en, -en; **im|pres|si|o|nis|tisch**

Im|pro|vi|sa|ti|on [...*wisazion*], *die;* -, -en; **im|pro|vi|sie|ren** (etwas aus dem Stegreif tun)

Im|puls, *der;* -es, -e (Antrieb; Anregung; Stromstoß); **im|pul|siv** (einem Impuls folgend, spontan)

im|stan|de, (auch:) **im Stan|de;** imstande, (auch:) im Stande sein

im Üb|ri|gen

im Vo|r|aus [auch: - *forauß*]

---

¹**in;** ich gehe in den Garten; im (in dem); ins (in das)

²**in;** - sein (ugs. für: dazugehören; zeitgemäß, modern sein)

In|an|griff|nah|me, *die;* -, -n

In|an|spruch|nah|me, *die;* -, -n

In|au|gen|schein|nah|me, *die;* -, -n

in bar

In|be|griff, *der;* -[e]s, -e (absolute Verkörperung; Musterbeispiel); **in|be|grif|fen**

In|be|sitz|nah|me, *die;* -, -n

In|be|trieb.nah|me (*die;* -, -n), **...set|zung**

in Be|zug; vgl. Bezug

In|brunst, *die;* -; **in|brüns|tig**

In|bus®, *der;* -ses, -se (Kurzw. für: Innensechskantschlüssel [der Firma] Bauer und Schaurte); **In|bus|schlüs|sel**

In|d|an|th|ren®, *der;* -s, -e (licht- u. waschechter Farbstoff)

in|dem; er diktierte den Brief, indem (während) er im Zimmer umherging

in|des, in|des|sen

In|dex, *der;* -[es], -e u. ...dizes, (auch:) ...dices [...*zeß*] (alphabet. Namen-, Sachverzeichnis; Liste verbotener Bücher; statistische Messziffer)

In|di|a|ner, *der;* -s, - (Angehöriger der Urbevölkerung Amerikas); **In|di|a|ner.buch, ...ge|schich|te**

In|di|ces (Mehrz. von: Index); vgl. Indizes

In|dienst|stel|lung

in|dif|fe|rent [auch: ...*änt*] (gleichgültig; Chemie, Med.: neutral); **In|dif|fe|renz,** *die;* -, en

In|di|ka|ti|on [...*zion*], *die;* -, -en (Merkmal; Med.: Heilanzeige); **In|di|ka|tiv** [auch: ...*tif*], *der;* -s, -e [...*w^e*] (Sprachw.: Wirklichkeitsform); **In|di|ka|tor,** *der;* -s, ...*oren* (Merkmal, das etw. anzeigt)

in|di|rekt [auch: ...*äkt*] (mittelbar; auf Umwegen); -e Rede (Sprachw.: abhängige Rede)

in|dis|kret [auch: ...*kret*] (nicht verschwiegen; taktlos; zudringlich); **In|dis|kre|ti|on** [...*zion*, auch: in...], *die;* -, -en (Vertrauensbruch; Taktlosigkeit)

in|dis|ku|ta|bel [auch: ...*ab^el*] (nicht der Erörterung wert)

In|di|vi|du|a|lis|mus, *der;* - (Anschauung, die dem Individuum den Vorrang vor der Gemeinschaft gibt); **In|di|vi|du|a|list,** *der;* -en, -en; **in|di|vi|du|a|lis|tisch** (nur als Individuum berücksichtigend; das Besondere, Eigentümliche betonend); **in|di|vi|du|ell** (dem Individuum eigentümlich; vereinzelt; besonders geartet); **In|di|vi|du|um,** *das;* -s, ...duen [...*u^en*] (Einzelwesen, einzelne Person; abwertend für: Kerl, Lump)

In|diz, *das;* -es, -ien [...*i^en*] (Anzeichen; Verdacht erregender Umstand); **In|di|zes, In|dices** (Mehrz. von: Index); **In|di|zi|en.beweis** (auf zwingenden Verdachtsmomenten beruhender Beweis), **...ket|te, ...pro|zess**

In|dok|t|ri|na|ti|on [...*zion*], *die;* -, -en

(massive [ideologische] Beeinflussung); in|dok|t|ri|nie|ren

in|dus|t|ri|a|li|sie|ren (Industrie ansiedeln, einführen); In|dus|t|ri|a|li|sie|rung, die; -; In|dus|t|rie, die; -, ...ien; In|dus|t|rie_an|la|ge, ...be|trieb, ...er|zeug|nis, ...ge|biet, ...ge|werk|schaft (Abk.: IG), ...kauf|mann, ...land, ...land|schaft; in|dus|t|ri|ell (die Industrie betreffend); In|dus|t|ri|el|le, der; -n, -n (Inhaber[in] eines Industriebetriebes); In|dus|t|rie_mag|nat, ...pro|dukt, ...staat, ...stadt, ...un|ter|neh|men, ...zweig

in|ei|n|an|der; ineinander verschlungen sein; vgl. aneinander; in|ei|n|an|der|flie|ßen; in|ei|n|an|der|fü|gen; in|ei|n|an|der|grei|fen

in eins; in eins setzen (gleichsetzen); In|eins|set|zung (geh.)

in|fam (niederträchtig); In|fa|mie, die; -, ...ien

In|fan|te|rie [...ri], die; -, ...ien (Milit.: Fußtruppe); In|fan|te|rie|re|gi|ment (Abk.: IR.); In|fan|te|rist, der; -en, -en (Fußsoldat); in|fan|te|ris|tisch; in|fan|til (kindlich; unentwickelt, unreif); In|fan|ti|li|tät, die; -, -en

In|farkt, der; -[e]s, -e (Med.: Absterben eines Gewebeteils infolge Gefäßverschlusses)

In|fekt, der; -[e]s, -e (Med.: Infektionskrankheit; kurz für: Infektion); grippaler -; In|fek|ti|on [...zion], die; -, -en (Ansteckung durch Krankheitserreger); In|fek|ti|ons_ge|fahr, ...herd, ...krank|heit

in|fer|na|lisch (höllisch; teuflisch); In|fer|no, das; -s (entsetzliches Geschehen)

in|fil|t|rie|ren (eindringen; durchtränken)

in|fi|nit [auch: ...nit] (Sprachw.: unbestimmt); In|fi|ni|tiv [auch: ...tif], der; -s, -e [...we] (Sprachw.: Grundform [des Zeitwortes], z. B. „erwachen")

in fla|g|ran|ti (auf frischer Tat); - - ertappen

In|fla|ti|on [...zion], die; -, -en (übermäßige Ausgabe von Zahlungsmitteln; Geldentwertung); in|fla|ti|o|när, in|fla|to|risch (Inflation bewirkend)

¹In|fo, das; -s, -s (ugs. kurz für: Informationsblatt)

²In|fo, die; -, -s (ugs. kurz für: Information)

in|fol|ge; in|fol|ge|des|sen

In|fo|post (Massendrucksachen, z. B. Werbung); In|for|mand, der; -en, -en (eine Person, die informiert wird); In|for|man|din; In|for|mant, der; -en, -en (jmd., der [geheime] Informationen liefert); In|for|man|tin

In|for|ma|tik, die; - (Wissenschaft von der Informationsverarbeitung, insbes. mithilfe von Computern); In|for|ma|ti|ker; In|for|ma|ti|ke|rin; In|for|ma|ti|on [...zion], die; -, -en (Auskunft; Nachricht); In|for|ma|ti|ons_aus|tausch, ...be|dürf|nis, ...blatt, ...bü|ro, ...ge|sell|schaft, ...ma|te|ri|al, ...quel|le; ...tech|no|lo|gie (Abk.: IT); in|for|ma|tiv (Auskunft ge-

bend; aufschlussreich); In|for|ma|tor, der; -s, ...oren (jmd., von dem man Informationen bezieht)

in|for|mell [auch: ...mäl] (ohne Formalitäten); in|for|mie|ren (Auskunft geben; benachrichtigen); sich - (sich unterrichten, Auskünfte, Erkundigungen einziehen); In|for|miert|heit, die; -; In|fo|tain|ment [infoteinment], das; -s (Kurzw. aus: Information u. Entertainment; unterhaltende Darbietung von Information)

in|fra|ge, (auch:) in Fra|ge; infrage, (auch:) in Frage kommen, stehen, stellen

In|f|ra|rot (unsichtbare Wärmestrahlen, die im Spektrum zwischen dem roten Licht u. den kürzesten Radiowellen liegen); In|f|ra|rot|hei|zung; In|f|ra|struk|tur, die; -, -en (wirtschaftlich-organisatorischer Unterbau einer hoch entwickelten Wirtschaft; Gesamtheit milit. Anlagen)

In|fu|si|on, die; -, -en (Zufuhr von Flüssigkeit in den Körper mittels einer Hohlnadel)

In|gang_hal|tung (die; -), ...set|zung

In|ge|ni|eur [inschöniör], der; -s, -e (Abk.: Ing.); In|ge|ni|eur_aka|de|mie, ...bü|ro; In|ge|ni|eu|rin; In|ge|ni|eur|schu|le

In|gre|di|enz, die; -, -en (meist Mehrz.; Zutat; Bestandteil)

In|grimm, der; -[e]s (veraltend für: Grimm); in|grim|mig

Ing|wer, der; -s (eine Gewürzpflanze)

In|ha|ber; In|ha|be|rin

in|haf|tie|ren (in Haft nehmen); In|haf|tie|rung; In|haft|nah|me, die; -, -n (Amtsspr.)

in|ha|lie|ren ([zerstäubte] Heilmittel einatmen); Tabak o. Ä. über die Lunge rauchen)

In|halt; in|halt|lich; In|halts|an|ga|be; in|halts_arm, ...los, ...schwer; In|halts_über|sicht, ...ver|zeich|nis; in|halt[s]|voll

in|hu|man [auch: ...an] (unmenschlich); In|hu|ma|ni|tät [auch: in...], die; -, -en

In|i|ti|a|le [inizial(e)], die; -, -n (großer [meist verzierter] Anfangsbuchstabe); in|i|ti|a|tiv (Initiative ergreifend, besitzend); - werden; In|i|ti|a|ti|ve [...we], die; -, -n (erste tätige Anregung zu einer Handlung; Entschlusskraft, Unternehmungsgeist; schweiz. auch für: Volksbegehren); die - ergreifen; In|i|ti|a|tor, der; -s, ...oren (Urheber; Anreger; Anstifter); In|i|ti|a|to|rin

In|jek|ti|on [...zion], die; -, -en (Med.: Einspritzung); in|ji|zie|ren

In|kar|na|ti|on, die; -, -en (Rel.: Menschwerdung [Christi])

In|kauf|nah|me, die; -

in|klu|si|ve [...we] (einschließlich; Abk.: inkl.); Verhältnisw. mit Wesf.: - des Portos; - der Getränke; aber: - Porto; - Getränken

in|ko|g|ni|to („unerkannt"; unter fremdem Namen); - reisen; In|ko|g|ni|to, das; -s, -s

in|kom|pe|tent [auch: ...änt] (nicht sachverständig; nicht zuständig); In|kom|pe|tenz [auch: ...änz], die; -, -en

in|kon|se|quent [auch: ...änt], (nicht folgerichtig; widersprüchlich); In|kon|se|quenz [auch: ...änz], die; -, -en

in|kon|ti|nent; In|kon|ti|nenz, die; -, -en (Med.: Unvermögen, Harn, Stuhl zurückzuhalten)

in|kor|rekt [auch: ...äkt] (fehlerhaft; unangemessen); In|kor|rekt|heit [auch: ...äkt...]

in Kraft; vgl. Kraft; In|kraft|set|zung; In|kraft|tre|ten, das; -s (eines Gesetzes)

In|ku|ba|ti|ons|zeit [...zion...] (Zeit von der Infektion bis zum Ausbruch einer Krankheit)

In|land, das; -[e]s; In|land|eis; In|län|der, der; In|län|de|rin; In|lands_markt, ...nach|fra|ge, ...preis, ...rei|se

In|lay [...le], das; -s, -s (aus Metall od. Porzellan gegossene Zahnfüllung)

In|lett, das; -[e]s, -e (Baumwollstoff [für Federbetten u. -kissen])

in|lie|gend; In|lie|gen|de, das; -n

In|li|ner [inlainer], der; -s, - (kurz für: Inlineskate); In|line|skate [inlaineske't], der; -s, -s (meist Mehrz.; Rollschuh mit schmalen, in einer Reihe hintereinander angeordneten Rädchen); in|li|nern; in|line|ska|ten

in|mit|ten (geh.); als Verhältnisw. mit Wesf.: - des Sees

in|ne|ha|ben

in|nen; von, nach -; Farbe für - und außen; In|nen_an|ten|ne, ...ar|chi|tekt, ...ar|chi|tek|tin, ...ar|chi|tek|tur, ...auf|nah|me, ...aus|stat|tung, ...hof, ...le|ben, ...mi|nis|ter, ...mi|nis|te|ri|um, ...po|li|tik; in|nen|po|li|tisch; In|nen_raum, ...stadt

in|ner_be|trieb|lich, ...deutsch; in|ne|re; innerste; zuinnerst; die -e Medizin; -e Angelegenheiten eines Staates; In|ne|re, das; ...r[e]n; das Ministerium des Innern

In|ne|rei|en, die; (Mehrz.; z. B. innere Organe u. Gedärm von Schlachttieren); in|ner|halb; - eines Jahres; in|ner|lich; In|ner|lich|keit, die; -; in|ner|par|tei|lich; In|ners|te, das; -n

in|ne sein (geh.); in|ne|wer|den (geh.); in|ne|woh|nen (geh.)

in|nig; In|nig|keit, die; -; in|nig|lich; in|nigst

In|no|va|ti|on, die; -, -en (Erneuerung, Neuerung); in|no|va|tiv (Innovationen betreffend, schaffend)

In|nung; In|nungs|meis|ter

in|of|fi|zi|ell [auch: ...äl] (außerdienstlich; nicht in offiziellem Rahmen)

in pet|to; etwas - - (ugs. für: im Sinne, bereit) haben

in punc|to (hinsichtlich)

In|put, der (auch das); -s, -s (Wirtsch.: von außen bezogene u. im Betrieb eingesetzte Produktionsmittel; EDV: Eingabe)

In|qui|si|ti|on [...zion], die; -, -en (mittelalterl. kath. Ketzergericht; strenge Untersuchung); In|qui|si|tor, der; -s, ...oren (Richter der Inquisition); in|qui|si|to|risch ins (in das)

In|sas|se, der; -n, -n

ins|be|son|de|re, ins|be|sond|re

In|schrift

In|sekt, das; -[e]s, -en; Insekten fressende, (auch:) in|sektenfressende Pflanzen; In|sek|ten|be|kämp|fung; in|sek|ten|fressend; vgl. Insekt; In|sek|ten|fres|ser, ...stich, ...ver|til|gungs|mit|tel; In|sek|ti|zid, das; -s, -e (Insekten tötendes Mittel)

In|sel, die; -, -n; In|sel_be|woh|ner, ...grup|pe, ...land (Mehrz. ...länder)

In|se|rat, das; -[e]s, -e (Anzeige [in Zeitungen usw.]); In|se|ra|ten|teil, der; In|se|rent, der; -en, -en (jmd., der ein Inserat aufgibt); In|se|ren|tin; in|se|rie|ren (ein Inserat aufgeben)

ins|ge|heim; ins|ge|samt

In|si|der [inβaid°r], der; -s, - (jmd., der interne Kenntnisse von etwas besitzt; Eingeweihter)

In|si|g|ni|en [...i°n], die (Mehrz.; Symbole der Macht u. Würde)

in|so|fern

in|so|l|vent [auch: insolwänt] (zahlungsunfähig); In|sol|venz [auch: insolwänz], die; -, -en

in|so|weit [auch: insoweit]

in spe [- βpe] (zukünftig)

In|s|pek|ti|on [...zion], die; -, (Besichtigung; [regelmäßige] Wartung [eines Kraftfahrzeugs]; Dienststelle); In|s|pek|ti|ons_fahrt, ...gang (der), ...rei|se

In|s|pek|tor, der; -s, ...oren (jmd., der etwas inspiziert; Verwaltungsbeamter); In|spek|to|rin

In|s|pi|ra|ti|on [...zion], die; -, -en (Eingebung; Erleuchtung); in|s|pi|rie|ren

in|s|pi|zie|ren (prüfen); In|s|pi|zie|rung, die; -, -en

In|s|tal|la|teur [...tör], der; -s, -e (Handwerker für Installationen); In|s|tal|la|ti|on [...zion], die; -, -en (Einrichtung, Einbau, Anlage, Anschluss [von techn. Anlagen]); in|s|tal|lie|ren

in|stand, (auch:) in Stand; etwas instand, (auch:) in Stand halten, setzen (schweiz.: stellen); ein Haus instand, (auch:) in Stand besetzen (ugs. für: widerrechtlich besetzen u. wieder bewohnbar machen); In|stand_be|set|zer (ugs.); in|stand hal|ten; vgl. instand; In|stand|hal|tung; In|stand|hal|tungs|kos|ten, die (Mehrz.)

in|stän|dig (eindringlich; flehentlich); In|stän|dig|keit, die; -

in|stand set|zen; vgl. instand; In|stand|set|zung

In|s|tant [auch: ...t°nt] (sofort löslich); Kaffee -; Tee -; Kartoffelsuppe -

In|s|tanz, die; -, -en (zuständige Stelle bei Behörden od. Gerichten)

In|s|tinkt, der; -[e]s, -e (angeborene Verhaltensweise [bes. bei Tieren]; auch für sicheres Gefühl); In|s|tinkt|hand|lung; in-

s|tink|tiv (trieb-, gefühlsmäßig); in|s-tinkt|los; In|s|tinkt|lo|sig|keit

In|s|ti|tut, das; -[e]s, -e (Unternehmen; Bildungs-, Forschungsanstalt); In|s|ti|tu|ti|on [...zion], die; -, -en (öffentl. Einrichtung); In|s|ti|tuts_lei|ter, ...lei|te|rin

In|s|t|ruk|ti|on [...zion], die; -, -en (Anleitung; [Dienst]anweisung); in|s|t|ruk|tiv (lehrreich)

In|s|t|ru|ment, das; -[e]s, -e; In|s|t|ru|men|tal|mu|sik

In|su|lin, das; -s, (ein Hormon; ®ein Arzneimittel)

in|sze|nie|ren (eine Bühnenaufführung vorbereiten); In|sze|nie|rung, die; -, -en

in|takt (unversehrt, unberührt); In|takt|heit, die; -; In|takt|sein, das; -s

in|te|ger (unbescholten; unversehrt)

in|te|g|ral (ein Ganzes ausmachend; für sich bestehend); In|te|g|ral, das; -s, -e (Math.: Zeichen: ∫); In|te|g|ral_helm (Sturzhelm), ...rech|nung

In|te|g|ra|ti|on [...zion], die; -, -en (Vervollständigung, Eingliederung); in|te|g|rie|ren (zusammenschließen [in ein übergeordnetes Ganzes]); in|te|g|rie|rend (notwendig)

In|te|g|ri|tät, die; - (Unbescholtenheit; Unverletzlichkeit)

In|tel|lekt, der; -[e]s (Verstand; Erkenntnis-, Denkvermögen); in|tel|lek|tu|ell (verstandesmäßig; geistig); In|tel|lek|tu|el|le, der u. die; -n, -n (Verstandesmensch; geistig Geschulte[r]); in|tel|li|gent (klug, begabt); In|tel|li|genz, die; -, -en (besondere geistige Fähigkeit, Klugheit; nur Einz.: Schicht der Intellektuellen); In|tel|li|genz_grad, ...leis|tung, ...quo|ti|ent (Maß für die intellektuelle Leistungsfähigkeit; Abk.: IQ), ...test

In|ten|dant, der; -en, -en (Leiter eines Theaters, eines Rundfunk- od. Fernsehsenders)

In|ten|si|tät, die; -, (selten:) -en (Stärke, Kraft; Wirksamkeit); in|ten|siv (eindringlich; kräftig; gründlich); in|ten|si|vie|ren [...wir°n] (verstärken, steigern); In|ten|si|vie|rung, die; -, -en; In|ten|siv_pfle|ge, ...sta|ti|on

In|ten|ti|on [...zion], die; -, -en (Absicht; Vorhaben)

in|ter|ak|tiv (bes. EDV: einen Dialog zwischen Computer u. Benutzer ermöglichend)

In|ter|ci|ty|ex|press|zug (moderner Hochgeschwindigkeitszug; Abk.: ICE®); In|ter|ci|ty|zug [...βiti...] (schneller, zwischen Großstädten eingesetzter Eisenbahnzug; Abk.: IC®)

in|te|r|es|sant; in|te|r|es|san|ter|wei|se; In|te|r|es|se, das; -s, -n; - an, für etwas haben; in|te|r|es|se|hal|ber; in|te|r|es|se|los; In|te|r|es|se|lo|sig|keit, die; -; In|te|r|es|sen_aus|gleich, ...ge|biet, ...ge|mein|schaft (Zweckverband), ...kon|flikt, ...sphä|re (Einflussgebiet); In|te|r|es|sent, der; -en, -en; In|te|r|es|sen|tin; In|te|r|es-sen_ver|band, ...ver|tre|tung; in|te|r|es-

sie|ren; sich - für ...; in|te|r|es|siert; In|te|r|es|siert|heit, die; -

In|te|ri|eur [ängteriör], das; -s, -s u. -e (Ausstattung eines Innenraumes; einen Innenraum darstellendes Bild)

In|te|rims_lö|sung (Übergangslösung), ...re|ge|lung (Übergangsregelung), ...re|gie|rung (Übergangsregierung)

In|ter|jek|ti|on [...zion], die; -, -en (Sprachw.: Ausrufe-, Empfindungswort, z. B. „au", „bäh")

in|ter|kon|ti|nen|tal (Erdteile verbindend); In|ter|kon|ti|nen|tal|ra|ke|te

In|ter|mez|zo, das; -s, -s u. ...zzi (Zwischenspiel, -fall)

in|tern (nur die inneren, eigenen Verhältnisse angehend; vertraulich; Med.: die inneren Organe betreffend; im Internat wohnend); In|ter|nat, das; -[e]s, -e (einer [höheren] Schule angeschlossenes Wohnheim)

in|ter|na|ti|o|nal [...nazional] (zwischenstaatlich, nicht national begrenzt); -e Vereinbarung; Internationales Rotes Kreuz; In|ter|na|ti|o|na|le, die; -, -n

In|ter|net, das; -s, -s ([internationales] Computernetzwerk); In|ter|net|an|schluss; In|ter|net|ca|fé (Café, in dem Terminals zur Verfügung gestellt werden, mit denen Gäste das Internet benutzen können)

in|ter|nie|ren (in staatl. Gewahrsam, in Haft nehmen; Kranke isolieren); In|ter|nier|te, der u. die; -n, -n; In|ter|nie|rung, die; -, -en; In|ter|nie|rungs|la|ger; In|ter|nist, der; -en, -en (Facharzt für innere Krankheiten); In|ter|nis|tin

In|ter|pret, der; -en, -en; In|ter|pre|ta|ti|on [...zion], die; -, -en; in|ter|pre|tie|ren (auslegen, deuten; künstlerisch wiedergeben); In|ter|pre|tin

In|ter|punk|ti|on [...zion], die; - (Zeichensetzung); In|ter|punk|ti|ons_re|gel, ...zei|chen (Satzzeichen)

In|ter|vall [...wal], das; -s, -e (Zeitspanne, Zwischenraum; Abstand [zwischen zwei Tönen])

in|ter|ve|nie|ren (vermitteln; Politik: Protest anmelden; sich einmischen); In|ter|ven|ti|on [...zion], die; -, -en

In|ter|view [...wju, auch: in...], das; -s, -s (Unterredung [von Reportern] mit [führenden] Persönlichkeiten über Tagesfragen usw.; Befragung); in|ter|vie|w|en [...wju...]; In|ter|vie|w|er, der; -s, -

In|thro|ni|sa|ti|on [...zion], die; -, -en (Thronerhebung, feierliche Einsetzung); in|thro|ni|sie|ren; In|thro|ni|sie|rung, die; -, -en

In|ti|fa|da, die; - (palästinensischer Widerstand in den von Israel besetzten Gebieten)

in|tim (vertraut; innig, eng verbunden; vertraulich; das Geschlechtsleben betreffend); In|tim_be|reich, ...hy|gi|e|ne; In|ti|mi|tät, die; -, -en; In|tim|sphä|re, die; - (vertraut-persönlicher Bereich) in|to|le|rant [auch: ...*ạnt*] (unduldsam); In|to|le|ranz [auch: ...*ạnz*], *die;* -, -en

In|to|na|ti|on [...*ziọn*], *die;* -, -en (Musik: An-, Abstimmen; Sprachw.: Veränderung des Tones nach Höhe u. Stärke beim Sprechen von Silben od. ganzen Sätzen, Tongebung); in|to|nie|ren (anstimmen)

in|tran|si|tiv [auch: ...*if*] (Sprachw.: nicht zum persönlichen Passiv fähig; nicht zielend)

in|t|ra|ve|nös [...*we*...] (Med.: im Innern, ins Innere der Vene)

In|t|ri|gant, *der;* -en, -en;

In|t|ri|ge, *die;* -, -n (Ränke[spiel]); In|t|ri|gen_spiel, ...wirt|schaft; in|t|ri|gie|ren

in|t|ro|ver|tiert (nach innen gewandt)

In|tu|i|ti|on [...*ziọn*], *die;* -, -en (Eingebung, ahnendes Erfassen; unmittelbare Erkenntnis [ohne Reflexion]); in|tu|i|tiv

in|tus; nur in: etwas - haben (ugs. für: etwas im Magen haben; etwas begriffen haben)

Inu|it (*Mehrz.;* Selbstbezeichnung der Eskimos)

in|va|lid (österr. nur so), in|va|li|de ([durch Verwundung od. Unfall] dienst-, arbeitsunfähig); In|va|li|de, *der;* -n, -n; In|va|li|den_ren|te, ...ver|si|che|rung (*die;* -); in|va|li|di|sie|ren (jmdn. zum Invaliden erklären); In|va|li|di|tät, *die;* - (Erwerbs-, Dienst-, Arbeitsunfähigkeit)

In|va|si|on [...*wa*...], *die;* -, -en ([feindlicher] Einfall)

In|ven|tar [...*wän*...], *das;* -s, -e (Einrichtungsgegenstände eines Unternehmens; Vermögensverzeichnis; Nachlassverzeichnis); in|ven|ta|ri|sie|ren (Bestand aufnehmen); In|ven|ta|ri|sie|rung, *die;* -, -en

In|ven|tur, *die;* -, -en (Wirtsch.: Bestandsaufnahme des Vermögens eines Unternehmens)

in|ves|tie|ren [...*wä*...] ([Kapital] anlegen; in ein Amt einweisen); In|ves|tie|rung, *die;* -, -en; In|ves|ti|ti|on [*inwäβtiziọn*], *die;* -, -en (langfristige [Kapital]anlage); In|ves|ti|ti|ons_gü|ter, *die* (*Mehrz.;* Güter, die der Produktion dienen), ...hil|fe; In|vest|ment [*inwäβt*...], *das;* -s, -s (engl. Bez. für: Investition); In|vest-ment_fonds (Effektenbestand einer Kapitalanlagegesellschaft), ...ge|sell|schaft (Kapitalverwaltungsgesellschaft), ...pa-pier od. ...zer|ti|fi|kat; In|ves|tor, *der;* -s, ...oren (Kapitalanleger)

In-vi|t|ro-Fer|ti|li|sa|ti|on, *die;* -, -en (Med.: Befruchtung außerhalb des Körpers; Abk.: IVF)

in|wen|dig; in- u. auswendig

in|wie|fern

in|wie|weit

In|zah|lung|nah|me, *die;* -, -n (Kaufmannsspr.)

In|zest, *der;* -[e]s, -e (Geschlechtsverkehr zwischen engsten Blutsverwandten); In-zest|ta|bu; in|zes|tu|ös

In|zucht, *die;* -

in|zwi|schen

Ion, *das;* -s, -en (elektr. geladenes atomares od. molekulares Teilchen)

i-Punkt, *der;* -[e]s, -e

Ir|den (aus gebranntem Ton); -e Ware; Ir-den_ge|schirr, ...wa|re; ir|disch

ir|gend; wenn irgend möglich; irgend so ein Typ; ir|gend|ein; ir|gend|et|was; ir-gend|je|mand; ir|gend|wann; ir|gend-welch; ir|gend|wer; ir|gend|wie; ir-gend|wo; ir|gend|wo|hin

¹Iris, *die;* -, -, auch: Iriden (Regenbogenhaut im Auge)

²Iris, *die;* -, - (Schwertlilie)

Iro|nie, *die;* -, ...ien ([versteckter, feiner] Spott); iro|nisch

irr, ir|re (vgl. d.)

ir|ra|ti|o|nal [auch: *irazionạl*] (verstandesmäßig nicht fassbar; vernunftwidrig)

ir|re, irr; irr[e] sein; aber: irrewerden

¹Ir|re, *die;* -; in die - gehen

²Ir|re, *der* u. *die;* -n, -n

ir|re|al [auch: ...*ạl*] (unwirklich); Ir|re|a|li-tät [auch: *ịr*...], *die;* -, -en

ir|re|füh|ren; Ir|re|füh|rung; ir|re|ge|hen

ir|re|gu|lär [auch: ...*ạr*] (unregelmäßig, ungesetzmäßig)

ir|re|lei|ten

ir|re|le|vant [auch: ...*wạnt*] (unerheblich); Ir|re|le|vanz [auch: ...*ạnz*], *die;* -, -en

ir|re|ma|chen; ir|ren; sich -; Ir|ren_an|stalt (veralt., noch ugs.), ...haus (veralt., noch ugs.)

ir|re|pa|ra|bel [auch: ...*ạbᵉl*] (unersetzlich, nicht wieder herstellbar)

ir|re|re|den; irre sein; Ir|re|sein, *das;* -s

ir|re|ver|si|bel [auch: ...*si*...] (nicht umkehrbar)

ir|re|wer|den; wenn man irrewird; du bist an der irregeworden; Irr_fahrt, ...gar|ten, ...glau|be[n]; irr|gläu|big; ir|rig; ir|ri-ger|wei|se

Ir|ri|ta|ti|on [...*ziọn*], *die;* -, -en (Reiz, Erregung); ir|ri|tie|ren ([auf]reizen, verwirren, stören)

Irr_läu|fer (falsch beförderter Gegenstand), ...leh|re, ...licht (*Mehrz.* ...lichter), ...sinn (*der;* -[e]s); irr|sin|nig; Irr|sin|nig|keit, *die;* -; Irr|tum, *der;* -s, ...tümer; irr|tüm-lich; irr|tüm|li|cher|wei|se; Irr|weg; irr-wer|den; vgl. irrewerden; Irr|wisch (Irrlicht; sehr lebhafter Mensch); irr|wit|zig

Is|chi|as [*iβ-chiaβ¹*], *der* (auch: *das*); - (Hüftschmerz); Is|chi|as|nerv

Is|lam [auch: ...*lạm*], *der;* -s (Lehre Mohammeds); is|la|misch; Is|la|mist (islamischer Fundamentalist); Is|la|mis|tin

Iso|la|ti|on [...*ziọn*], *die;* - ([politische u. a.] Absonderung; Getrennthaltung; [Ab]dämmung); Iso|la|tor, *der;* -s, ...oren (Stoff, der Elektrizität schlecht od. gar nicht leitet); iso|lie|ren (absondern; getrennt halten; abschließen, [ab]dichten, [ab]dämmen; einen Isolator anbringen); Iso|lier_ma|te-ri|al, ...schicht, ...sta|ti|on; iso|liert

(auch für: vereinsamt); Iso|liert|heit, *die;* -; Iso|lie|rung, *die;* -

Ist_auf|kom|men, (auch:) Ist-Auf|kom|men, *das;* -s, - (der tatsächliche [Steuer]ertrag)

ita|li|e|nisch; italienischer Salat; Ita|li|e-nisch, *das;* -[s] (Sprache)

i-Tüp|fel|chen

---

i. V.

= *in Vertretung; in Vollmacht*

Groß- oder Kleinschreibung:
Die Abkürzung wird mit kleinem i geschrieben, wenn sie unmittelbar der Grußformel oder der Bezeichnung einer Behörde, Firma u. dgl. folgt:
– *Der Oberbürgermeister*
  i. V. Meyer

Die Abkürzung wird mit großem I geschrieben, wenn sie nach einem abgeschlossenen Text allein vor einer Unterschrift steht:
– *Herr Direktor Müller wird Sie nach seiner Rückkehr sofort anrufen.*
  I. V. Meyer

J [*jot*, österr.: *je*] (Buchstabe); das J; des J, die J; aber: das j in Boje

ja; jawohl; Ja, (auch:) ja sagen; mit [einem] Ja antworten; mit Ja stimmen; zu allem Ja und Amen, (auch:) ja und amen sagen (ugs.)

Jacht, (auch:) Yacht, *die;* -, -en; Jacht|klub, (auch:) Yacht|klub

Ja|cke, *die;* -, -n; Ja|cken_kleid, ...ta|sche

Ja|cket|kro|ne [*dschäkit*...] (Zahnkronenersatz)

Ja|ckett [*schä*...], *das;* -s, -s u. (selten:) -e (Jacke von Herrenanzügen); Ja|ckett|ta-sche, (auch:) Ja|ckett-Ta|sche

Ja|de, *der;* -[s] u. *die;* - (ein Mineral; blassgrüner Schmuckstein); ja|de|grün

Jagd, *die;* -, -en; Jagd_auf|se|her; jagd-bar; Jagd_beu|te, ...fie|ber, ...flie|ger, ...flin|te, ...flug|zeug, ...ge|wehr, ...grün|de (*Mehrz.;* die ewigen -), ...horn (*Mehrz.* ...hörner), ...hund, ...hüt|te; jagd|lich; Jagd_mes|ser (*das*), ...re|vier, ...schein, ...schloss, ...wurst, ...zeit

ja|gen; Jä|ger; Jä|ge|rei, *die;* - (Jagdwesen; Jägerschaft); Jä|ger_la|tein, ...meis|ter, ...spra|che

Ja|gu|ar, *der;* -s, -e (ein Raubtier)

jäh; Jäh|heit, *die;* -; jäh|lings

---

¹ Oft auch: *ischias*

Jahr, *das;* -[e]s, -e; im -[e]; zwei, viele -e lang; jahr|aus, jahr|ein; Jahr|buch; Jährchen; jah|re|lang; jäh|ren, sich; Jahres˰abon|ne|ment, ...ab|schluss, ...ausgleich (Steuerwesen), ...bei|trag, ...einkom|men, ...en|de, ...frist (innerhalb -), ...ring *(meist Mehrz.)*, ...tag, ...ur|laub, ...wech|sel, ...zahl, ...zeit; jah|res|zeitlich

Jahr|gang, *der* (Abk.: Jg.), *Mehrz.* ...gänge (Abk.: Jgg.)

Jahr|hun|dert, *das* (Abk.: Jh.); jahr|hunder|te˰alt (aber: zwei, viele Jahrhunderte alt); ...lang; Jahr|hun|dert˰fei|er, ...wein, ...wen|de

...**jäh|rig** (vierjährig [vier Jahre] dauernd, alt); **jähr|lich** (jedes Jahr wiederkehrend); ...**jähr|lich** (z. B. halbjährlich [jedes halbe Jahr] wiederkehrend, stattfindend)

Jahr|markt; Jahr|markts|bu|de; Jahr|milli|o|nen, *die (Mehrz.)*; **Jahr|tau|send**, *das;* **Jahr|zehnt**, *das;* -[e]s, -e; jahr|zehnte˰alt, ...lang

Jäh|zorn; jäh|zor|nig

Ja|lou|set|te [*schalu...*], *die;* -, -n (Jalousie aus Leichtmetall- od. Kunststofflamellen); **Ja|lou|sie** [*schalu...*], *die;* -, ...ien ([hölzerner] Fensterschutz, Rollladen)

Jam|mer, *der;* -s; **Jam|mer˰bild**, ...gestalt, ...lap|pen (ugs.); **jäm|mer|lich; Jäm|mer|lich|keit; Jäm|mer|ling; Jammer|mie|ne; jam|mern; jam|mer|schade; Jam|mer|tal**, *der;* -[e]s; **jam|mer|voll**

Jän|ner, *der;* -[s], - (österr., seltener auch südd., schweiz. für: Januar); **Ja|nu|ar**, *der;* -[s], -e (erster Monat des Jahres; Abk.: Jan.)

jap|sen (ugs. für: nach Luft schnappen); du japst; **Jap|ser**

Jar|gon [*schargong*], *der;* -s, -s ([saloppe] Sondersprache einer Berufsgruppe od. Gesellschaftsschicht)

Ja|sa|ger

Jas|min, *der;* -s, -e (ein Zierstrauch)

Ja|stim|me

jä|ten

Jau|che, *die;* -, -n; **jau|chen; Jauche[n]˰fass**, ...gru|be, ...wa|gen

jauch|zen; Jauch|zer

jau|len (klagend winseln, heulen)

Jau|se, *die;* -, -n (österr. für: Zwischenmahlzeit, Vesper)

ja|wohl

Ja|wort (*Mehrz.* ...worte)

Jazz [*dschäs,* auch: *jaz*], *der;* - (Musikstil, der sich aus der Volksmusik der schwarzen Bevölkerung Amerikas entwickelt hat); **Jazz|band**, *die;* **jaz|zen** [*dschäs...*, auch: *jaz*...]; **Jaz|zer** [*dschäs...*, auch: *jaz*...], *der;* -s, - (Jazzmusiker); **Jazz˰fes|ti|val**, ...ka|pel|le, ...kel|ler, ...mu|si|ker, ...trom|pe|te

je; seit je; je drei

Jeans; vgl. Bluejeans

je|den|falls

je|der, jede, jedes; jedes Mal; jeder Beliebige; jeder Einzelne; alles und jedes (alles ohne Ausnahme); je|der|art; je|der|lei; je|der|mann; je|der|zeit (immer)

je|doch

Jeep® [*dschip*], *der;* -s, -s (kleiner Geländekraftwagen)

jeg|li|cher (veraltend für: jeder)

je|her [auch: *jeher*]; von -

Je|län|ger|je|lie|ber, *das;* -s, - (Geißblatt)

je|mals

je|mand; *Wesf.* -[e]s, *Wemf.* -em (auch: -), *Wenf.* -en (auch: -); irgendjemand; ein gewisser Jemand

je|mi|ne! (ugs.)

je nach|dem; je nachdem[,] ob/wie

je|ner, jene, jenes; jener war es

jen|sei|tig[1]; Jen|sei|tig|keit[1], *die;* -; jenseits[1]; **Jen|seits[1]**, *das;* -; **Jen|seitsglau|be[1]**

Jer|sey [*dschö'si*], *der;* -[s], -s (eine Stoffart; für Trikot des Sportlers: *das;* -s, -s)

Je|su|it, *der;* -en, -en (Mitglied des Jesuitenordens); **je|su|i|tisch**

Jet [*dschät*], *der;* -[s], -s (ugs. für: Düsenflugzeug); **Jet|lag** [...*läg*], *der;* -s, -s (Störung des biologischen Rhythmus aufgrund der mit weiten Flugreisen verbundenen Zeitunterschiede); **Jet|li|ner** [...*ai*...], *der;* -s, - (Düsenverkehrsflugzeug); **Jet|set** [*dschätßät*], *der;* -s (sehr reiche Spitze der High Society); **jet|ten** [*dschät'n*] (mit dem Jet fliegen)

jet|zig; jetzt; bis -; **Jetzt**, *das;* - (Gegenwart, Neuzeit); **Jetzt˰mensch**, ...zeit (*die;* -)

je|wei|lig; je|weils

Jiu-Jit|su [*dschiudschitßu*], *das;* -[s] (älter für: Ju-Jutsu [vgl. d.])

Job [*dschob*], *der;* -s, -s ([Gelegenheits]arbeit, Stelle); **job|ben** [*dschob'n*] (ugs. für: einen Job ausüben); **Job|cen|ter, Job-Cen|ter** (Zusammenschluss von Arbeitsagenturen u. Sozialämtern); **Job|killer** (ugs. abwertend für: etw., was Arbeitsplätze überflüssig macht, beseitigt); **Jobsha|ring** [...*scharing*], *das;* -[s] (Teilung eines Arbeitsplatzes); **Job|su|che;** auf -

Joch, *das;* -[e]s, -e; **Joch|bein**

Jo|ckei [*dschoke,* engl. Ausspr.: *dschoki,* ugs. auch: *dschokai, jokai*], (auch:) **Jo|ckey**, *der;* -s, -s (berufsmäßiger Rennreiter)

Jod, *das;* -[e]s (chem. Grundstoff; Nichtmetall; Zeichen: J)

jo|deln; Jod|ler

Jod|tink|tur, *die;* - (früher: [Wund]desinfektionsmittel)

Jo|ga, Yo|ga, *das;* (auch:) *der;* -[s] (ind. philosoph. System mit körperlichen und geistigen Übungen); **Jo|ga|übung**, Yoga|übung

Jog|ging [*dscho*...], *das;* -[s] (Lauftraining in mäßigem Tempo); **Jog|ging|an|zug**

Jo|ghurt, (auch:) Jo|gurt, *der* od. *das;* -[s], -[s] (eine Art Dickmilch)

Jo|gi, Yo|gi, *der;* -s, -s (Anhänger des Yoga); **Jo|gin, Yo|gin**

Jo|gurt; vgl. Joghurt

Jo|han|nis˰bee|re (Rote -, Schwarze -), ...feu|er, ...käl|fer, ...tag (24. Juni); **Johan|ni|ter**, *der;* -s, -s (Angehöriger des Johanniterordens); **Jo|han|ni|ter|or|den**, *der;* -s

joh|len

Joint [*dscheunt*], *der;* -s, -s (Zigarette, deren Tabak Haschisch od. Marihuana enthält); **Joint Venture** [*-wänts'r*], *das;* - -[s], - -s (Zusammenschluss von Unternehmen, Gemeinschaftsunternehmen)

Jo-Jo, Yo-Yo, *das;* -s, -s (ein Geschicklichkeitsspiel); **Jo-Jo-Ef|fekt** (Gewichtsabnahme u. -wiederzunahme bei Diäten)

Jo|ker [auch: *dscho*...], *der;* -s, - (eine Spielkarte)

Jo|kus, *der;* -, -se (ugs. für: Scherz, Spaß)

Jol|le, *die;* -, -n (kleines Boot)

Jon|g|leur [*schongglör*], *der;* -s, -e (Geschicklichkeitskünstler); **Jon|g|leu|rin; jon|g|lie|ren**

Jop|pe, *die;* -, -n (Jacke)

Jot, *das;* -, - (Buchstabe); **Jo|ta**, *das;* -[s], -s (gr. Buchstabe: I, ι); kein - (nicht das Geringste)

Joule [*dschul*], *das;* -[s], - (Physik: Maßeinheit für die Energie; Zeichen: J)

Jour|nail|le [*schurnalj'*], *die;* - (hetzerische Tagespresse); **Jour|nal** [*schurnal*], *das;* -s, -e (Tagebuch in der Buchhaltung; [Mode]zeitschrift); **Jour|na|list**, *der;* -en, -en (jmd., der beruflich für Presse, Rundfunk od. Fernsehen schreibt); **Jour|na|lis|tin; jour|na|lis|tisch; Jour|nal|num|mer** (Nummer eines kaufmänn. od. behördl. Tagebuches)

jo|vi|al [...*wi*..., österr. u. schweiz. auch: *schowi*...] (leutselig, gönnerhaft); **Jo|vi|ali|tät**, *die;* -

Ju|bel, *der;* -s; **Ju|bel˰fei|er**, ...jahr (alle -e [ugs. für: ganz selten]); **ju|beln; Ju|belruf; Ju|bi|lar**, *der;* -s, -e; **Ju|bi|la|rin; Jubi|lä|um**, *das;* -s, ...äen; **Ju|bi|läums˰aus|ga|be**, ...fei|er; **ju|bi|lie|ren** (jubeln; ein Jubiläum feiern)

juch|he!; juch|hei|sa!; juch|hei|ßa!

juch|ten (aus Juchten); **Juch|ten**, *der* od. *das;* -s (feines, wasserdichtes Leder); **Juchten|le|der**

juch|zen (jauchzen); **Juch|zer**

ju|cken; es juckt mich [am Arm]; die Hand juckt mir (auch: mich); es juckt mir (auch: mich) in den Fingern (ugs. für: es drängt mich), ...; **Juck|reiz**

Ju|de, *der;* -n, -n; **Jü|din; jü|disch**

Ju|do [österr. meist: *dsch*...], *das;* -[s] (sportl. Ausübung des Ju-Jutsu); **Ju|dogriff; Ju|do|ka**, *der;* -[s], -[s] u. *die;* -, -[s] (Judosportler[in])

Ju|gend, *die;* -; **Ju|gend˰ar|beit** (*die;* -);

---

[1] Auch: *jän*...

...ar|beits|lo|sig|keit, ...be|kannt-schaft, ...be|we|gung, ...bild, ...er|in-ne|rung; ju|gend|frei (Prädikat für Filme); Ju|gend_freund, ...freun|din, ...für|sor-ge; ju|gend|ge|fähr|dend; Ju-gend_grup|pe, ...her|ber|ge, ...kri|mi-na|li|tät (die; -); ju|gend|lich; Ju|gend|li-che, der u. die; -n, -n; Ju|gend|lich|keit, die; -; Ju|gend_lie|be, ...li|te|ra|tur, ...or|ga|ni|sa|ti|on, ...pfar|rer, ...rich-ter, ...schutz, ...stil (der; -[e]s), ...sün-de, ...vor|stel|lung, ...zen|t|rum

Juice [dsehuß], der; -, -s [...ßis] (Obst- od. Gemüsesaft)

Ju-Jut|su, das; -[s] (jap. Technik der Selbst-verteidigung ohne Waffen)

Ju|li, der; -[s], -s (der siebte Monat des Jah-res)

Jum|bo, der; -s, -s (Kurzform für: Jumbojet); Jum|bo|jet, (auch:) Jum|bo-Jet (Groß-raumflugzeug)

jung; der jüngste meiner Söhne; Jung und Alt (jedermann); meine Jüngste; er ist nicht mehr der Jüngste; Jung_aka|de|mi|ker, ...brun|nen; ¹Jun|ge, der; -n, -n (ugs. auch: Jungs u. -ns); ²Jun|ge, das; -n, -n; Jün|gel|chen (oft abwertend); Jun|gen-ge|sicht; jun|gen (²Junge werfen); jun-gen|haft; Jun|gen|haf|tig|keit, die; -; Jun|gen_klas|se, ...schu|le, ...streich; Jün|ger, der; -s, -

Jung|fer, die; -, -n (veralt.); jüng|fer|lich; Jung|fern_fahrt (erste Fahrt, bes. die ei-nes neu erbauten Schiffes), ...flug; jung-fern|haft; Jung|fern_häut|chen, ...re|de; Jung|frau; jung|fräu|lich; Jung|fräu|lich-keit, die; -

Jung|ge|sel|le; Jung|ge|sel|len_bu|de (ugs.), ...da|sein, ...woh|nung; Jung|ge-sel|lin

Jung_holz, ...leh|rer; Jüng|ling; Jüng-lings|al|ter (das; -s); jüng|ling[s]|haft; Jung|so|zi|a|list (Angehöriger einer Nach-wuchsorganisation der SPD; Kurzw.: Juso); jüngs|te; der Jüngste Tag; Jung_tier, ...ver|hei|ra|te|te, ...vo|gel, ...wäh|ler

Ju|ni, der; -[s], -s (der sechste Monat des Jahres); Ju|ni|kä|fer

ju|ni|or (jünger, hinter Namen: der Jüngere; Abk.: jr. u. jun.); Karl Meyer junior; Ju|ni-or, der; -s, ...oren (Sohn [im Verhältnis zum Vater]; Mode: Jugendlicher; Sportspr.: Sportler zwischen 18 u. 23 Jahren); Ju|ni-or|chef, der; -s, -s (Sohn des Geschäftsin-habers); Ju|ni|o|ren_meis|ter|schaft, ...ren|nen (Sportspr.); Ju|ni|o|rin; Ju|ni|or_part|ner, ...pro|fes|sor

Jun|ker, der; -s, -

Junk|food, (auch:) Junk-Food [dsehankfud], das; -s (minderwertige Nahrung)

Junk|tim, das; -s, -s (Verbindung mehrerer [parlamentar.] Anträge zur gleichzeitigen Erledigung)

Jun|ta [span. Aussp.: chunta], die; -, ...ten (Regierungsausschuss, bes. in Südamerika); kurz für: Militärjunta)

Ju|ra (Mehrz. von: Jus); ju|ri|disch (österr., sonst veraltend für: juristisch); Ju|rist, der; -en, -en (Rechtskundiger); Ju|ris|ten-deutsch, das; -[s]; Ju|ris|te|rei, die; - (veralt., noch scherzh. für: Rechtswissen-schaft, Rechtsprechung); Ju|ris|tin; ju|ris-tisch; Ju|ry [schüri, auch: schüri; fr. Ausspr.: schüri, die; -, -s (Preisrichter- bzw. Kampfrichterkollegium); Jus [österr.: juß], das; -, Jura (Recht, Rechtswissenschaft); Jura, österr. u. schweiz.: Jus studieren

Ju|so, der; -s, -s (Kurzw. für: Jungsozialist)

just (veraltend für: eben, gerade; recht); jus-tie|ren (genau einstellen, einpassen, aus-richten); Jus|ti|ti|ar, vgl. Justiziar

Jus|tiz, die; - (Gerechtigkeit; Rechtspflege); Jus|tiz_be|am|te, ...be|hör|de; Jus|ti|zi-ar, (auch:) Jus|ti|ti|ar, der; -s, -e (Rechts-beistand, Syndikus); Jus|tiz_irr|tum, ...mi-nis|ter, ...mi|nis|te|rin, ...mi|nis|te|ri-um, ...mord (Hinrichtung eines unschuldig Verurteilten)

Ju|te, die; - (Faserpflanze u. deren Faser)

¹Ju|wel, das, (auch: der); -s, -en (ein Edel-stein; Schmuckstück); ²Ju|wel, das; -s, -e (Person od. Sache, die von jmdm. beson-ders geschätzt wird); Ju|we|len|dieb-stahl; Ju|we|lier, der; -s, -e (Schmuck-händler; Goldschmied); Ju|we|lier|ge-schäft; Ju|we|lie|rin

Jux, der; -es, -e (ugs. für: Scherz, Spaß); ju-xen (ugs. für: scherzen, Spaß machen)

Vgl. auch **C** und **Z**

K (Buchstabe); das K; des K, die K; aber: das k in Haken

Ka|bal|le, die; -, -n (veralt. für: Intrige, Ränke)

Ka|ba|rett [österr.: ...re], das; -s, -s od. -e (Kleinkunstbühne); Ka|ba|ret|tist, der; -en, -en (Künstler an einer Kleinkunst-bühne); Ka|ba|ret|tis|tin; ka|ba|ret|tis-tisch

Ka|bäus|chen (westmitteld. für: kleines Haus od. Zimmer)

Kab|be|lei (bes. nordd. für: Zankerei, Streit); kab|beln, sich (bes. nordd. für: zanken, streiten)

Ka|bel, das; -s, -; Ka|bel|fern|se|hen

Ka|bel|jau, der; -s, -e u. -s (ein Fisch)

ka|beln (veraltend für: [nach Übersee] tele-grafieren); Ka|bel|schuh (Elektrotechnik)

Ka|bi|ne, die; -, -n; Ka|bi|nett, das; -s, -e (Gesamtheit der Minister; kleinerer Muse-umsraum; Qualitätsstufe für Wein); Ka|bi-netts_be|schluss, ...bil|dung, ...kri|se, ...sit|zung, ...mit|glied; Ka|bi|nett|wein (edler Wein)

Ka|b|rio, (auch:) Cab|rio, das; -[s], -s (Kurzw. für: Kabriolett, Cabriolet); Ka|b|ri-o|lett [österr.: ...le], (auch:) Ca|b|ri|olet, das; -s, -s (Pkw mit zurückklappbarem Ver-deck)

Ka|buff, das; -s, -e u. -s (landsch. für: klei-ner, dunkler [Neben]raum)

Ka|chel, die; -, -n; ka|cheln; Ka|chel|ofen

Ka|cke, die; - (derb für: Kot); ka|cken (derb)

Ka|da|ver [...w°r], der; -s, - (toter [Tier]kör-per, Aas); Ka|da|ver|ge|hor|sam (blinder Gehorsam)

Ka|der, der (schweiz.: das); -s (erfahrener Stamm [eines Heeres, einer Sportmann-schaft])

Ka|dett, der; -en, -en (früher: Zögling einer milit. Erziehungsanstalt); Ka|det|ten_an-stalt, ...schu|le

Ka|di, der; -s, -s (ugs. für: Richter)

Kä|fer, der; -s, - (ugs. auch für: Volkswagen)

Kaff, das; -s, -s u. -e (ugs. abwertend für: kleine Ortschaft; Nest)

Kaf|fee [auch, österr. nur: kafe], der; -s, -s (Kaffeestrauch, Kaffeebohnen; Getränk); 3 [Tassen] -; Kaf|fee_baum, ...boh|ne; kaf-fee|braun; Kaf|fee|ern|te, (auch:) Kaf-fee-Ern|te; Kaf|fee|er|satz, (auch:) Kaf-fee-Er|satz; Kaf|fee_fil|ter, ...haus (ös-terr. für: Café), ...kan|ne, ...kränz|chen, ...ma|schi|ne, ...müh|le, ...satz, ...ser-vice, ...tan|te (ugs. scherzh.)

Kaf|fer, der; -s, - (ugs. für: dummer, blöder Kerl)

Kä|fig, der; -s, -e

kahl; - werden; kahl fressen, (auch:) kahl-fressen; den Kopf kahl scheren, (auch:) kahlscheren; den Wald kahl schlagen, (auch:) kahlschlagen; Kahl|kopf; kahl-köp|fig; Kahl|köp|fig|keit, die; kahl-sche|ren; vgl. kahl; Kahl|schlag (abge-holztes Waldstück); kahl|schla|gen; vgl. kahl; Kahl|schlag|sa|nie|rung (abwertend für: radikale, rücksichtslose Sanierung)

Kahn, der; -[e]s, Kähne; Kahn|fahrt

Kai [österr.: ke], der; -s, -s (befestigtes Ha-fenufer); Kai|mau|er

Kai|ser, der; -s, -; Kai|se|rin; Kai|ser|kro-ne (auch für: eine Zierpflanze); kai|ser-lich; Kai|ser_reich, ...schmar|ren (ös-terr., auch südd.: in kleine Stücke gerisse-ner Eierkuchen)

Kai|ser|schnitt (Entbindung durch einen operativen Bauchschnitt)

Kai|ser|tum, das; -s

Ka|jak, der (seltener: das); -s, -s (einsitziges Boot der Eskimos; Sportpaddelboot); Ka-jak_ei|ner, ...zwei|er

Ka|jal|stift (kosmetischer Stift zum Umran-den der Augen mit [schwarzer] Farbe)

Ka|jü|te, die; -, -n (Wohn-, Aufenthaltsraum auf Schiffen)

Ka|ka|du [österr.: ...du], der; -s, -s (ein Pa-pagei)

Ka|kao [auch: ...*kau*], *der;* -s, (für: Kakaosorten auch *Mehrz.*:) -s (eine tropische Frucht; Getränk); Ka|kao_baum, ...boh|ne, ...pul|ver

Ka|ker|lak, *der;* -s, u. -en, -en (auch:) Ka|ker|la|ke, *die;* -, -n ([Küchen]schabe)

Ka|ki, (auch:) Khaki, *der;* -[s] (gelbbrauner Stoff [für die Tropenuniform]); ka|ki|far|ben, (auch:) kha|ki|far|ben

Kak|tee, *die;* -, -n u. Kak|tus, *der;* - (ugs. auch: -ses), ...teen (ugs. auch: -se; eine [sub]trop. Pflanze)

Ka|la|b|re|ser (breitkrempiger Filzhut)

Ka|la|mi|tät, *die;* -, -en (schlimme Lage)

Ka|lau|er, *der;* -s, - (ugs. für: nicht sehr geistreicher [Wort]witz)

Kalb, *das;* -[e]s, Kälber; kal|ben (ein Kalb werfen); Kalb|fleisch; Kalbs_bra|ten, ...bries u. ...bries|chen, ...brust; Kalb[s]|fell (früher auch für: Trommel); Kalbs_fri|kas|see, ...hach|se (vgl. Hachse); Kalb[s]|le|der; Kalbs_milch (Brieschen), ...nie|ren|bra|ten, ...nuss (kugelförmiges Stück der Kalbskeule), ...schnit|zel, ...steak

Kal|dau|ne, *die;* -, -n (*meist Mehrz.;* nordd., mitteld. für: Kuttel)

Ka|lei|do|s|kop, *das;* -s, -e (optisches Spielzeug)

ka|len|da|risch (nach dem Kalender); Ka|len|da|ri|um, *das;* -s, ...ien [...*i°n*] (Kalender; Verzeichnis kirchl. Fest- u. Gedenktage); Ka|len|der, *der;* -s, -; Ka|len|der|_block (*Mehrz.* ...blocks), ...jahr, ...mo|nat, ...wo|che

Ka|le|sche, *die;* -, -n (leichte vierrädrige Kutsche)

Ka|li, *das;* -s, -s (Sammelbez. für Kalisalze, Kalidünger)

Ka|li|ber, *das;* -s, - (lichte Weite von Rohren; Durchmesser; ugs. übertr. für: Art, Schlag)

Ka|li|um, *das;* -s (chem. Element, Metall; Zeichen: K)

Kalk, *der;* -[e]s, -e; Kalk|bo|den; kal|ken; Kalk|gru|be; kalk|hal|tig; kal|kig; Kalk_man|gel, ...stein

Kal|kül, *das* (auch: *der*)*;* -s, -e ([Be]rechnung, Schätzung); Kal|ku|la|ti|on [...*zion*], *die;* -, -en (Ermittlung der Kosten, [Kosten]voranschlag); kal|ku|lie|ren ([be]rechnen)

Kalk|was|ser, *das;* -s; kalk|weiß

Kal|la, *die;* -, -s (eine Zierpflanze)

Kal|li|gra|fie, (auch:) Kal|li|gra|phie, *die;* - (Schönschreibkunst)

Ka|lo|rie, *die;* -, ...ien (früher: physikal. Maßeinheit für die Wärmemenge; auch: Maßeinheit für den Energiewert von Lebensmitteln; Zeichen: cal); ka|lo|ri|en|arm; Ka|lo|ri|en|ge|halt; ka|lo|ri|en|re|du|ziert

kalt; kalte, (auch:) Kalte Ente (ein Getränk); ein kalter (nicht mit Waffen geführter) Krieg, aber: der Kalte Krieg (als historische Epoche); kalt bleiben; den Pudding kalt

stellen, (auch:) kaltstellen; vgl. aber kaltstellen; den Kühlschrank kälter stellen; Kalt|blü|ter (Zool.); kalt|blü|tig; Kalt|blü|tig|keit, *die;* -; Käl|te, *die;* -; Käl|te_ein|bruch, ...grad, ...tech|nik, ...wel|le; Kalt|front (Meteor.); kalt|her|zig; Kalt|her|zig|keit, *die;* -; kalt|las|sen (ugs. für: nicht interessieren); Kalt|luft (Meteor.); kalt|ma|chen (ugs. für: ermorden); Kalt_mam|sell, *die;* -s, -en u. -s (Köchin für kalte Speisen), ...scha|le (kalt servierte süße Suppe aus Früchten); kalt|schnäu|zig (ugs.); Kalt|schnäu|zig|keit, *die;* - (ugs.); kalt|stel|len (ugs. für: [politisch] einflusslos machen); vgl. kalt; Kalt_ver|pfle|gung, ...was|ser, *das;* -s

Kal|zi|um, (fachspr. nur:) Cal|ci|um, *das;* -s (chem. Element, Metall; Zeichen: Ca)

Ka|mel, *das;* -[e]s, -e (ein Huftier); Ka|mel_haar

Ka|mel|lie, *die;* -, -n (eine Zierpflanze)

Ka|mel|len, *die (Mehrz.);* olle - (ugs. für: alte Geschichten)

Ka|me|ra, *die;* -, -s

Ka|me|rad, *der;* -en, -en; Ka|me|ra|den_dieb|stahl; Ka|me|ra|de|rie, *die;* - (meist abwertend für: Kameradschaft, Cliquengeist); Ka|me|rad|schaft; ka|me|rad|schaft|lich; Ka|me|rad|schaft|lich|keit, *die;* -; Ka|me|rad|schafts|geist, *der;* -[e]s

Ka|me|ra_ein|stel|lung, ...frau, ...füh|rung, ...mann (*Mehrz.* ...männer u. ...leute), ...re|kor|der, (auch:) ...re|cor|der (Kamera, mit der Videofilme aufgenommen [u. abgespielt] werden können); ...ver|schluss

Ka|mil|le, *die;* -, -n (eine Heilpflanze)

Ka|min, *der* (schweiz.: *das*)*;* -s, -e (offene Feuerung; landsch. für: Schornstein; Alpinistik: steile, enge Felsenspalte); Ka|min_fe|ger (landsch.), ...feu|er, ...keh|rer (landsch.), ...kleid (langes Hauskleid)

Kamm, *der;* -[e]s, Kämme; käm|men

Kam|mer, *die;* -, -n; Kam|mer_die|ner, ...jä|ger, ...mu|sik, ...or|ches|ter, ...sän|ger, ...spiel (in einem kleinen Theater aufgeführtes Stück mit wenigen Rollen), ...spie|le (*Mehrz.;* kleines Theater), ...ton (*der;* -[e]s; Normalton zum Einstimmen der Instrumente), ...zo|fe

Kämm|garn; Kämm|garn|spin|ne|rei; Kämm|la|ge

Kam|pa|gne, (auch:) Cam|pa|gne [...*panj°*], *die;* -, -n (Presse-, Wahlfeldzug; polit. Aktion; Wirtsch.: Hauptbetriebzeit)

Kam|pa|ni|le, *der;* -, - (frei stehender Glockenturm [in Italien])

kam|peln, sich (landsch. für: sich streiten, zanken)

Kampf, *der;* -[e]s, Kämpfe; Kampf_ab|stim|mung, ...an|sa|ge, ...bahn (für: Stadion); kämp|fen

Kämp|fer, *der;* -s (ein Heilmittel)

Kämp|fer (Kämpfender); Kämp|fe|rin;

kämp|fe|risch (mutig, heldenhaft); Kämp|fer|na|tur; kampf|fä|hig; Kampf_fä|hig|keit (*die;* -), ...flug|zeug, ...grup|pe, ...hahn, ...hand|lung (*meist Mehrz.*), ...kraft; kampf|los; kampf|lus|tig; Kampf_pau|se, ...platz, ...rich|ter; kampf|un|fä|hig

kam|pie|ren ([im Freien] lagern; ugs. für: wohnen, hausen)

Ka|muf|fel, *das;* -s, - (Schimpfwort: Dummkopf)

Ka|na|di|er [...*i°r*], *der;* -s, - (offenes Sportboot)

Ka|nal, *der;* -s, ...näle (*Einz.* auch für: Ärmelkanal); Ka|nal|bau (*Mehrz.* ...bauten); Ka|na|li|sa|ti|on [...*zion*], *die;* -, -en (Anlage zur Ableitung der Abwässer); ka|na|li|sie|ren (eine Kanalisation bauen; schiffbar machen; übertr. für: in eine bestimmte Richtung lenken); Ka|na|li|sie|rung

Ka|na|pee, (auch:) Ca|na|pé [österr. auch: ...*pe*], *das;* -s, -s (veraltend für: Sofa; *meist Mehrz.:* pikant belegte Weißbrotscheiben)

Kan|da|re, *die;* -, -n (Gebissstange des Pferdes); jmdn. an die - nehmen (jmdn. streng behandeln)

Kan|de|la|ber, *der;* -s, - (Ständer für Kerzen od. Lampen)

Kan|di|dat, *der;* -en, -en (in der Prüfung Stehender; [Amts]bewerber, Anwärter; Abk.: cand.); Kan|di|da|ten|lis|te; Kan|di|da|tin; Kan|di|da|tur, *die;* -, -en (Bewerbung [um ein Amt o. Ä.]); kan|di|die|ren (sich [um ein Amt o. Ä.] bewerben)

kan|die|ren ([Früchte] durch Zuckern haltbar machen); Kan|dis, *der;* - u. Kan|dis|zu|cker (an Fäden auskristallisierter Zucker)

Kän|gu|ru [*kängg...*], *das;* -s, -s (ein Beuteltier)

Ka|nin, *das;* -s, -e (Kaninchenfell); Ka|nin|chen

Ka|nis|ter, *der;* -s, -

Kann|be|stim|mung, (auch:) Kann-Bestim|mung

Känn|chen; Ka|nne, *die;* -, -n; Ka|nne|gie|ßer (veraltend iron. für: polit. Schwätzer); ka|nne|gie|ßern (veraltend iron.); ka|nnen|wei|se; das Öl wurde - abgegeben

Kan|ni|ba|le, *der;* -n, -n (Menschenfresser; übertr. für: roher, ungesitteter Mensch); kan|ni|ba|lisch; Kan|ni|ba|lis|mus, *der;* - (Menschenfresserei; übertr. für: unmenschliche Rohheit; Zool.: das Auffressen von Artgenossen)

Kann|vor|schrift, (auch:) Kann-Vor|schrift

Ka|non, *der;* -s, -s (Maßstab, Richtschnur; Regel; Liste der kirchl. anerkannten bibl. Schriften)

Ka|no|na|de, *die;* -, -n ([anhaltendes] Geschützfeuer); Ka|no|ne, *die;* -, -n (Geschütz; ugs. für: Pistole, Revolver; Könner); Ka|no|nen_boot, ...fut|ter (ugs. abwertend), ...ku|gel, ...öf|chen, ...rohr, ...schlag, ...schuss; Ka|no|nier, *der;* -s, -e (Soldat, der ein Geschütz bedient)

Kan|ta|te, *die;* -, -n (mehrteiliges, instrumental begleitetes Gesangsstück für Solo [u. Chor])

Kan|te, *die;* -, -n; kan|ten (rechtwinklig behauen; auf die Kante stellen); Kan|ten, *der;* -s, - (bes. norddt. für: Brotrinde; Anschnitt od. Endstück eines Brotes); Kan|ten|ball (Tischtennis); Kant|ha|ken (ein kurzer Eisenhaken); jmdn. beim - kriegen (ugs.); Kant|holz; kan|tig

Kan|ti|ne, *die;* -, -n (Speisesaal in Betrieben, Kasernen o. Ä.); Kan|ti|nen_es|sen, ...wirt

Kan|ton, *der;* -s, -e (Schweiz: Bundesland; Abk.: Kt.; Frankr. u. Belgien: Bezirk, Kreis); kan|to|nal (den Kanton betreffend); Kan|tons_ge|richt, ...rat (*Mehrz.* ...räte), ...schu|le (kantonale höhere Schule), ...spi|tal

Kan|tor, *der;* -s, ...oren (Leiter des Kirchenchores, Organist); Kan|to|rei, *die;* -, -en (ev. Kirchenchor; kleine Singgemeinschaft)

Ka|nu [auch, österr. nur: *kanu̱*], *das;* -s, -s (leichtes Boot der Indianer; Einbaum; zusammenfassende Bez. für: Kajak u. Kanadier)

Ka|nü|le, *die;* -, -n (Röhrchen; Hohlnadel)

Ka|nu|te, *der;* -n, -n (Sportspr.: Kanufahrer); Ka|nu|tin

Kan|zel, *die;* -, -n; Kanz|lei, *die;* -, -en (Büro eines Anwalts od. einer Behörde); Kanz|lei_aus|druck, ...be|am|te, ...spra|che, ...stil (*der;* -[e]s); Kanz|ler; Kanz|le|rin; Kanz|ler_kan|di|dat, ...kan|di|da|tin; Kanz|ler|schaft, *die;* -

Kap, *das;* -s, -s (Vorgebirge)

Ka|paun, *der;* -s, -e (kastrierter Masthahn)

Ka|pa|zi|tät, *die;* -, -en (Aufnahmefähigkeit, Fassungsvermögen; hervorragender Fachmann)

Ka|pel|le, *die;* -, -n (kleiner kirchl. Raum; Orchester); Ka|pell|meis|ter

Ka|per, *die;* -, -n (*meist Mehrz.;* [in Essig eingelegte] Blütenknospe des Kapernstrauches)

ka|pern; Ka|pe|rung

ka|pie|ren (ugs. für: verstehen)

ka|pi|tal (hauptsächlich; groß, gewaltig); Ka|pi|tal, *das;* -s, -e u. -ien [...*iᵉn*]; Ka|pi|tal_an|la|ge; Ka|pi|ta|le, *die;* -, -n (veraltend für: Hauptstadt); Ka|pi|tal_er|hö|hung, ...feh|ler (besonders schwerer Fehler); ka|pi|ta|li|sie|ren (Wirtsch.: in eine Geldsumme umwandeln); Ka|pi|ta|li|sie|rung; Ka|pi|ta|lis|mus, *der;* - (Wirtschafts- u. Gesellschaftsordnung, deren treibende Kraft das Gewinnstreben Einzelner ist); Ka|pi|ta|list, *der;* -en, -en (oft abwertend für: Vertreter des Kapitalismus); ka|pi|ta|lis|tisch; ka|pi|tal|kräf|tig; Ka|pi|tal_markt, ...ver|bre|chen (schweres Verbrechen), ...zins (*Mehrz.* ...zinsen)

Ka|pi|tän, *der;* -s, -e; Ka|pi|täns_ka|jü|te, ...pa|tent

Ka|pi|tel, *das;* -s, - ([Haupt]stück, Abschnitt [Abk.: Kap.]; geistl. Körperschaft [von Domherren, Mönchen]); ka|pi|tel|fest (ugs. für: über ein umfassendes Wissen verfügend)

Ka|pi|tell, *das;* -s, -e (oberer Säulen-, Pfeilerabschluss)

Ka|pi|tel|über|schrift

Ka|pi|tu|la|ti|on [...*zion*], *die;* -, -en (Übergabe [einer Truppe od. einer Festung]); ka|pi|tu|lie|ren (sich ergeben)

Ka|p|lan, *der;* -s, ...pläne (kath. Hilfsgeistlicher)

Ka|pok, *der;* -s (Samenfaser des Kapokbaumes, ein Füllmaterial)

ka|po|res (ugs. für: entzwei); - sein, gehen

Ka|pott|hut, *der*

Kap|pa, *das;* -[s], -s (gr. Buchstabe: Κ, κ)

Kap|pe, *die;* -, -n

kap|pen (ab-, beschneiden; abhauen)

Kap|pen|abend (ein Faschingsvergnügen)

Kap|pes, *der;* - (westd. für: Weißkohl)

Käp|pi, *das;* -s, -s (kleine, längliche [Uniform]mütze)

Kapp|naht (doppelt genähte Naht)

Ka|p|ri|o|le, *die;* -, -n (närrischer Einfall; Luftsprung; besonderer Sprung im Reitsport)

ka|p|ri|zie|ren, sich (veraltend für: eigensinnig auf etwas bestehen); ka|p|ri|zi|ös (launenhaft, eigenwillig)

Kap|sel, *die;* -, -n; kap|sel|för|mig

ka|putt (ugs. für: entzwei; matt); kaputt sein; kaputt machen, (auch:) kaputtmachen; vgl. aber kaputtmachen; kaputt schlagen, (auch:) kaputtschlagen; ka|putt_ge|hen; ka|putt|la|chen, sich; wir haben uns kaputtgelacht; ka|putt|ma|chen; sich - (sich aufreiben); vgl. auch kaputt; ka|putt_schla|gen; vgl. kaputt

Ka|pu|ze, *die;* -, -n (an einem Mantel o. Ä. angearbeitete Kopfbedeckung); Ka|pu|zi|ner, *der;* -s, - (Angehöriger eines kath. Ordens); Ka|pu|zi|ner_af|fe, ...kres|se, ...mönch, ...or|den (*der;* -s)

Ka|ra|bi|ner, *der;* -s, - (kurzes Gewehr; österr. auch für: Karabinerhaken); Ka|ra|bi|ner|ha|ken (federnder Verschlusshaken); Ka|ra|bi|ni|e|re, *der;* -[s], ...ri (it. Gendarm)

Ka|ra|cho [...*e̱ho*], *das;* -; ugs. meist in: mit - (mit großer Geschwindigkeit)

Ka|raf|fe, *die;* -, -n ([geschliffene] bauchige Glasflasche)

Ka|ram|bo|la|ge [...*aʃᵉ*], *die;* -, -n (ugs. für: Zusammenstoß; Billard: Treffer [durch Karambolieren]); ka|ram|bo|lie|ren (ugs. für: zusammenstoßen; Billard: mit dem Spielball die beiden anderen Bälle treffen)

Ka|ra|mell, *der,* (schweiz. auch:) *das;* -s (gebrannter Zucker); Ka|ra|mel|le, *die;* -, -n (Bonbon mit Zusatz aus Milch[produkten]); ka|ra|mel|li|sie|ren (Zucker[lösungen] trocken erhitzen; Karamell zusetzen); Ka|ra|mell|pud|ding

Ka|ra|o|ke, *das;* -[s] (Veranstaltung, bei der Laien zur Instrumentalmusik eines Schlagers den Text singen)

Ka|rat, *das;* -[e]s, -e (Gewichtseinheit von Edelsteinen; Maß der Feinheit einer Goldlegierung)

Ka|ra|te, *das;* -[s] (Methode der waffenlosen Selbstverteidigung); Ka|ra|te|ka, *der;* -[s], -[s] u. -, -[s] (Karatekämpfer[in])

Ka|ra|wa|ne, *die;* -, -n (durch Wüsten u. Ä. ziehende Gruppe von Reisenden); Ka|ra|wa|nen_han|del, ...stra|ße; Ka|ra|wan|se|rei (Unterkunft für Karawanen)

Kar|bid, (chem. fachspr.:) Car|bid, *das;* -[e]s, -e (eine Verbindung aus Kohlenstoff u. einem Metall od. Bor od. Silicium); Kar|bid|lam|pe

Kar|bo|li|ne|um, *das;* -s (Imprägnierungs- und Schädlingsbekämpfungsmittel); Kar|bo|na|de, *die;* -, -n (landsch. für: gebratenes Rippenstück); Kar|bo|nat, *das;* -[e]s, -e (Salz der Kohlensäure); Kar|bun|kel, *der;* -s, - (Häufung dicht beieinanderliegender Furunkel)

Kar|da|mom, *der* od. *das;* -s, -e[n] (scharfes Gewürz)

Kar|dan_an|trieb, ...ge|lenk (Verbindungsstück zweier Wellen, das Kraftübertragung unter wechselnden Winkeln ermöglicht); kar|da|nisch; -e Aufhängung (Vorrichtung, die Schwankungen der aufgehängten Körper ausschließt)

Kar|di|nal, *der;* -s, ...äle (Titel der höchsten kath. Würdenträger nach dem Papst); Kar|di|nal_feh|ler, ...fra|ge, ...pro|blem, ...punkt; Kar|di|nals_hut, ...kol|le|gi|um, ...kon|gre|ga|ti|on (eine Hauptbehörde der päpstlichen Kurie); Kar|di|nal_tu|gend, ...zahl (Grundzahl)

Kar|di|o|lo|ge, *der;* -n, -n (Med.: Facharzt für Herzkrankheiten)

Ka|renz, *die;* -, -en (Wartezeit, Sperrfrist); Ka|renz|zeit

Kar|fi|ol, *der;* -s (südd., österr. für: Blumenkohl)

Kar|frei|tag (Freitag vor Ostern)

Kar|fun|kel, *der;* -s, - (ein Edelstein)

karg; kar|gen (geh.); Karg|heit, *die;* -; kärg|lich; Kärg|lich|keit, *die;* -

ka|riert (gewürfelt, gekästelt); ein blau karierter, (auch:) blaukarierter Stoff

Ka|ri|es [...*iä̱ß*], *die;* - (Med.: Zerstörung der harten Zahnsubstanz bzw. von Knochengewebe)

Ka|ri|ka|tur, *die;* -, -en (Zerr-, Spottbild, kritische od. satirische Darstellung); Ka|ri|ka|tu|rist, *der;* -en, -en (Karikaturenzeichner); Ka|ri|ka|tu|ris|tin; ka|ri|ka|tu|ris|tisch; ka|ri|kie|ren

Ka|ri|tas, *die;* - (Nächstenliebe; Wohltätigkeit); ka|ri|ta|tiv (wohltätig)

Kar|me|sin, Kar|min, *das;* -s (roter Farbstoff); kar|me|sin|rot, kar|min|rot

Kar|ne|val [...*wal*], *der;* -s, -e u. -s (Fastnacht[zeit], Fasching); Kar|ne|va|list, *der;* -en, -en; kar|ne|va|lis|tisch; Kar|ne-

333

vals_ge|sell|schaft, ...prinz, ...tru|bel, ...zug

Kar|ni|ckel, *das;* -s, - (landsch. für: Kaninchen)

Ka|ro, *das;* -s, -s (Raute, [auf der Spitze stehendes] Viereck; eine Spielkartenfarbe)

Ka|ros|se, *die;* -, -n (Prunkwagen; kurz für: Staatskarosse; ugs. für: Karosserie); **Karos|se|rie**, *die;* -, ...ien (Aufbau von Kraftwagen)

Ka|ro|tin, (fachspr. nur:) Ca|ro|tin, *das;* -s (gelbroter pflanzl. Farbstoff); **Ka|rot|te**, *die;* -, -n (eine Mohrrübenart)

Karp|fen, *der;* -s, - (ein Fisch); **Karpfen_teich**, ...zucht

Kar|re, *die;* -, -n u. (österr. nur:) Kar|ren, *der;* -s, -

Kar|ree, *das;* -s, -s (Viereck; bes. österr. für: Rippenstück)

kar|ren (mit einer Karre befördern); **Kar|ren**; vgl. Karre

Kar|ri|e|re [...*iär*ᵉ], *die;* -, -n ([bedeutende, erfolgreiche] Laufbahn); **Kar|ri|e|re|frau**; **Kar|ri|e|re|ma|cher**; **Kar|ri|e|rist**, *der;* -en, -en (abwertend für: rücksichtsloser Karrieremacher); **kar|ri|e|ris|tisch**

Kar|sams|tag (Samstag vor Ostern)

Karst, *der;* -[e]s, -e (Geol.: durch Wasser ausgelaugte, meist unbewachsene Gebirgslandschaft aus Kalkstein od. Gips); **Karsthöh|le**; **kars|tig**

Kar|tät|sche, *die;* -, -n (früher: mit Bleikugeln gefülltes Artilleriegeschoss); **kar|tät-schen** (früher: mit Kartätschen schießen)

Kar|tau|se, *die;* -, -n (Kartäuserkloster); **Kar|täu|ser**, *der;* -s, - (Angehöriger eines kath. Einsiedlerordens; ein Kräuterlikör); **Kar|täu|ser|nel|ke**

Kär|t|chen; **Kar|te**, *die;* -, -n; **Kar|tei** (Zettelkasten); **Kar|tei|kar|te**

Kar|tell, *das;* -s, -e (Interessenvereinigung in der Industrie); **Kar|tell|amt**

kar|ten (ugs. für: Karten spielen); **Kar|ten_le|ge|rin**, ...schlä|ge|rin (ugs. für: Kartenlegerin), ...spiel, ...te|le|fon, ...[vor]|ver|kauf

Kar|tof|fel, *die;* -, -n; **Kar|töf|fel|chen**; **Kar|tof|fel_kä|fer**, ...pü|ree, ...sa|lat, ...sup|pe

Kar|to|graf, (auch:) Kar|to|graph, *der;* -en, -en (Landkartenzeichner; wissenschaftl. Bearbeiter einer Karte); Kar|to|gra|fin, (auch:) Kar|to|gra|phin; kar|to|gra|fisch, (auch:) kar|to|gra|phisch

Kar|ton [...*tong*, auch dt. Aussspr.: ...*ton*], *der;* -s, -s u. (seltener, bei dt. Aussspr. u. österr. auch:) -e ([leichte] Pappe, Steifpapier; Kasten o. Ä. aus [leichter] Pappe; Vorzeichnung zu einem [Wand]gemälde); **Kar|tona|ge** [...*sch*ᵉ], *die;* -, -n (Verpackungsmaterial aus Pappe oder Karton); **Kar|to|na-gen|fab|rik**; **kar|to|niert** (in Pappe gebunden)

Kar|tu|sche, *die;* -, -n (Milit.: Metallhülse [mit der Pulverladung] für Artilleriegeschosse; Behälter für Toner u. Ä.)

Ka|rus|sell, *das;* -s, -s u. -e

Kar|wo|che (Woche vor Ostern)

Kar|zer, *der;* -s, - (früher für: [Hoch]schulgefängnis; Arrest)

Kar|zi|nom, *das;* -s, -e (Med.: Krebs[geschwulst]; Abk.: Ca. [Carcinoma])

Ka|sack, *der;* -s, -e (dreiviertellange Damenbluse)

Ka|sat|schok, *der;* -s, -s (ein russ. Volkstanz)

Ka|schem|me, *die;* -, -n (Lokal mit schlechtem Ruf)

ka|schen (ugs. für: ergreifen, verhaften)

ka|schie|ren (verdecken, verbergen)

Kasch|mir, *das;* -s, -e (eine Art Wolle)

Kä|se, *der;* -s, -; **Kä|se_blatt** (ugs. abwertend für: kleine, unbedeutende Zeitung), ...ge|bäck, ...glo|cke; **Kä|se|rei** (Betrieb für Käseherstellung)

Ka|ser|ne, *die;* -, -n; **ka|ser|nie|ren** (in Kasernen unterbringen)

kä|se|weiß (ugs. für: sehr bleich); **kä|sig**

Ka|si|no, *das;* -s, -s (Speiseraum [für Offiziere]; kurz für: Spielkasino)

Kas|ka|de, *die;* -, -n ([künstlicher] stufenförmiger Wasserfall)

Kas|ko|ver|si|che|rung (Versicherung gegen Schäden an Fahrzeugen)

Kas|per, *der;* -s, - (auch ugs. für: alberner Kerl); **Kas|per|le**, *das* od. *der;* -s, -; **Kasper|le|thea|ter**; **kas|pern** (ugs. für: albern)

Kas|sa, *die;* -, Kassen (österr. für: Kasse)

Kas|san|dra|ruf (Unheil verkündende Warnung)

Kas|se, *die;* -, -n (Geldkasten, -vorrat; Zahlraum, -schalter; Bargeld); **Kas|sen|sturz** (Feststellung des Kassenbestandes)

Kas|se|rol|le, *die;* -, -n (Schmortopf, -pfanne)

Kas|set|te, *die;* -, -n (Kästchen für Wertsachen; Bauw.: vertieftes Feld [in der Zimmerdecke]; Fotogr.: lichtdichter Behälter für Platten u. Filme im Aufnahmegerät; Behälter für Bild- od. Tonaufzeichnungen); **Kas|set|ten|re|kor|der**

Kas|si|ber, *der;* -s, - (Gaunerspr.: heiml. Schreiben zwischen Häftlingen od. von diesen an Außenstehende)

Kas|sier, *der;* -s, -e (österr., südd. häufig für: Kassierer); **kas|sie|ren** (Geld einnehmen; ugs. für: wegnehmen; verhaften); **Kas|sie|rer**; **Kas|sie|re|rin**

Kas|tag|net|te [*kaβtanjät*ᵉ], *die;* -, -n (kleines Rhythmusinstrument aus zwei ausgehöhlten Holzschälchen, die gegeneinandergeschlagen werden)

Kas|ta|nie [...*i*ᵉ], *die;* -, -n (ein Baum u. dessen Frucht); **kas|ta|ni|en|braun**

Kas|te, *die;* -, -n ([ind.] Stand; sich streng abschließende Gesellschaftsschicht)

kas|tei|en; sich - (sich [zur Buße] Entbehrungen auferlegen; sich züchtigen); **Kas|tei-ung**

Kas|tell, *das;* -s, -e (fester Platz, Burg, Schloss)

Kas|ten, *der;* -s, Kästen u. (selten:) - (südd., österr., schweiz. auch für: Schrank)

Kas|ten|geist, *der;* -[e]s (abwertend für: Standesdünkel); **Kas|ten|we|sen**

Kas|trat, *der;* -en, -en (kastrierter Mann); **Kas|tra|ti|on** [...*zion*], *die;* -, -en (Entfernung od. Ausschaltung der männl. Keimdrüsen); **kas|t|rie|ren**; **Kas|t|rie|rung**

Ka|sus, *der;* -, - [*kásuß*] (Fall [auch in der Sprachw.]; Vorkommnis)

Ka|ta|falk, *der;* -s, -e (schwarz verhängtes Gerüst für den Sarg bei Trauerfeiern)

Ka|ta|kom|be, *die;* -, -n (*meist Mehrz.;* unterird. Begräbnisstätte)

Ka|ta|log, *der;* -[e]s, -e (Verzeichnis [von Bildern, Büchern, Waren usw.]); **ka|ta|lo-gi|sie|ren** ([nach bestimmten Regeln] in einen Katalog aufnehmen)

Ka|ta|ly|sa|tor, *der;* -s, ...oren (Chemie: Stoff, der eine Reaktion auslöst od. beeinflusst; Kfz-Technik: Gerät zur Abgasreinigung); **ka|ta|ly|sie|ren**

Ka|ta|ma|ran, *der;* -s, -e (offenes Segelboot mit Doppelrumpf)

Ka|ta|pult, *das* (auch: *der*); -[e]s, -e (Wurf-, Schleudermaschine); **ka|ta|pul|tie|ren**

Ka|tarrh, (auch:) Ka|tarr, *der;* -s, -e (Med.: Schleimhautentzündung); **ka|tar|rha|lisch**, (auch:) ka|tar|ra|lisch

Ka|tas|ter, *der* (österr. nur so) od. *das;* -s, - (amtl. Grundstücksverzeichnis); **Ka|tas-ter|amt**

ka|ta|s|t|ro|phal (entsetzlich); **Ka|ta|s|t|ro-phe**, *die;* -, -n (Unglück[sfall] großen Ausmaßes); **Ka|ta|s|t|ro|phen_alarm**, ...ein-satz, ...ge|biet, ...schutz, ...tou|ris|mus (abwertend für: das Anreisen Schaulustiger aus größeren Entfernungen bei Naturkatastrophen o. Ä.)

Ka|te, *die;* -, -n (nordd. für: kleines, ärmliches Bauernhaus)

Ka|te|chet, *der;* -en, -en (Religionslehrer, insbes. für die kirchl. Christenlehre außerhalb der Schule); **Ka|te|chis|mus**, *der;* -, ...men (in Frage u. Antwort abgefasstes Lehrbuch des christl. Glaubens)

Ka|te|go|rie, *die;* -, ...ien (Klasse; Gattung); **ka|te|go|risch** (nachdrücklich; unbedingt gültig)

Ka|ter, *der;* -s, - (männl. Katze; ugs. für: Folge übermäßigen Alkoholgenusses); **Kater_bum|mel** (ugs.), ...früh|stück (ugs.), ...stim|mung (ugs.)

Ka|the|der, *das* (auch: *der*); -s, - ([Lehrer]pult, Podium); **Ka|the|der|blü|te** (ungewollt komischer Ausdruck eines Lehrers); **Ka|thed|ra|le**, *die;* -, -n (bischöfl. Hauptkirche)

Ka|the|te, *die;* -, -n (Math.: eine der beiden Seiten im rechtwinkligen Dreieck, die die Schenkel des rechten Winkels bilden)

Ka|the|ter, *der;* -s, - (Med.: röhrenförmiges Instrument)

Ka|tho|de, (fachspr. auch:) Ka|to|de, *die;* -, -n (negative Elektrode, Minuspol)

Ka|tho|lik, *der;* -en, -en (Anhänger der kath. Kirche u. Glaubenslehre); ka|tho|lisch (Abk.: kath.); Ka|tho|li|zis|mus, *der;* - (Geist u. Lehre des kath. Glaubens)

Ka|to|de; vgl. Kathode

ka|to|nisch; -e (unnachgiebige) Strenge

Kat|tun, *der;* -s, -e (feinfädiges Gewebe aus Baumwolle od. Chemiefasern); kat|tu|nen

katz|bal|gen, sich (ugs.); Katz|bal|ge|rei; katz|bu|ckeln (ugs. für: sich unterwürfig zeigen); Kätz|chen; Kat|ze, *die;* -, -n; für die Katz (ugs. für: umsonst)

Kat|zel|ma|cher (bes. südd., österr. diskriminierend für: Italiener)

Kat|zen|au|ge (auch: ein Halbedelstein; ugs. für: Rückstrahler); kat|zen|freund|lich (ugs. für: heuchlerisch freundlich); Kat-zen-jam|mer (ugs.), ...mu|sik (ugs. abwertend), ...sprung (ugs. für: geringe Entfernung; nur ein - von hier), ...wä|sche (ugs.; - machen), ...zun|gen, die (Mehrz.; Schokoladentäfelchen)

Kau|der|welsch, *das;* -[s] (unverständliches Sprachgemisch)

kau|en

kau|ern (hocken)

Kauf, *der;* -[e]s, Käufe; in - nehmen; kau-fen; kauf|fens|wert; Käu|fer; Käu|fe|rin; Kauf|frau (Abk.: Kffr.); Kauf.haus, ...käuf|lich; Kauf|mann (Mehrz. ...leute); kauf|män|nisch

Kau|gum|mi, *der* (auch:) *das;* -s, -[s]

Kaul|quap|pe, *die;* -, -n (Froschlarve)

kaum

kau|sal (ursächlich; begründend); Kau|sa|li-tät, *die;* -, -en (Ursächlichkeit); Kau-sal.ket|te, ...zu|sam|men|hang

Kau|ta|bak

Kau|tel, *die;* -, -en (Rechtsw.: Vorsichtsmaßregel; Vorbehalt)

Kau|ti|on [...*zion*], *die;* -, -en (Bürgschaft, Sicherheit[sleistung]); Kau|ti|ons|sum|me

Kaut|schuk, *der;* -s, -e (Milchsaft des Kautschukbaumes; Rohstoff zur Gummiherstellung)

Kau|werk|zeu|ge, die (Mehrz.)

Kauz, *der;* -es, Käuze; Käuz|chen; kau|zig

Ka|va|lier [...*wa*...], *der;* -s, -e; Ka|va-liers|de|likt; Ka|va|lier[s]|start (scharfes Anfahren mit dem Auto); Ka|val|le|rie [auch: *ka*...], *die;* -, ...ien (Milit. früher: Reiterei; Reitertruppe); Ka|val|le|rist [auch: *ka*...], *der;* -en, -en

Ka|vi|ar [...*wi*...], *der;* -s, -e (Rogen des Störs); Ka|vi|ar|bröt|chen

Ka|zi|ke, *der;* -n, -n (Häuptling bei den süd-u. mittelamerik. Indianern)

Ke|bab, *der;* -[s], -s (am Spieß gebratene [Hammel]fleischstückchen)

Keb|se, *die;* -, -n (früher für: Nebenfrau); Kebs-ehe, ...weib

keck; Keck|heit

Keep|smi|ling [*kip∫mai*...], *das;* - ([zur Schau getragene] optimistische Lebensanschauung)

Ke|fir, *der;* -s (Getränk aus gegorener Milch)

Ke|gel, *der;* -s, -; mit Kind und Kegel Kegel schieben; Ke|gel|bahn; ke|gel|för|mig; kegeln; Kegel schie|ben; vgl. Kegel; Ke|gel|schnitt; Keg|ler

Kehl|chen; Keh|le, *die;* -, -n; keh|lig; Kehlkopf

Kehr|aus, *der;* -; Kehr|be|sen

Keh|re, *die;* -, -n (Wendekurve; turnerische Übung)

¹keh|ren (umwenden; ugs. für: sich um etwas kümmern)

²keh|ren (fegen); Keh|richt, *der* (auch:) *das;* -s; Kehr|ma|schi|ne

Kehr.reim, ...sei|te; kehrt!; rechtsum kehrt!; kehrt|ma|chen (umkehren); Kehr-wert (für: reziproker Wert)

kei|fen; Kei|fe|rei

Keil, *der;* -[e]s, -e; Kei|le, *die;* - (ugs. für: Prügel) - kriegen; kei|len (ugs. für: stoßen); sich - (ugs. für: sich prügeln); Kei|ler (Eber); Kei|le|rei (ugs. für: Prügelei); Keil.kis|sen, ...rie|men, ...schrift

Keim, *der;* -[e]s, -e; kei|men; keim|frei; keim|tö|tend; Keim|zel|le

kein, -e, -, *Mehrz.* -e; - and[e]rer; auf -en Fall; -er, -e, -[e]s von beiden; kei|ner|lei; kei|nes|falls; kei|nes|wegs; kein|mal, bei besonderer Betonung auch: kein Mal

Keks, *der* od. *das;* *Westf.* u. -es, *Mehrz.* - u. -e (österr.: *das;* -, -[e])

Kelch, *der;* -[e]s, -e

Ke|lim, *der;* -s, -s (oriental. Teppich)

Kel|le, *die;* -, -n

Kel|ler, *der;* -s, -; Kel|ler|as|sel; Kel|le|rei; Kel|ler.fal|te (Schneiderei), ...ge|schoss, ...kind

Kell|ner, *der;* -s, -; Kell|ne|rin

Kel|te, *der;* -n, -n (Angehöriger eines indogerman. Volkes)

Kel|ter, *die;* -, -n (Weinpresse); Kel|te|rei; kel|tern

kel|tisch; Kel|tisch, *das;* -[s]

Ke|me|na|te, *die;* -, -n ([Frauen]gemach einer Burg)

ken|nen; kannte, gekannt; jmdn. kennen ler-nen, (auch:) kennenlernen; ich habe ihn kennen gelernt, (auch:) kennengelernt; Ken|ner; Ken|ner.blick, ...mie|ne; Kenn|num|mer, (auch:) Kenn-Num|mer; kennt|lich; - machen; Kennt|nis, *die;* -, -se; von etwas - nehmen; Kenn.wort (Mehrz. ...wörter), ...zahl, ...zei|chen; kenn|zeich|nen

Ken|taur; vgl. Zentaur

ken|tern (umkippen [von Schiffen])

Ke|ra|mik, *die;* -, (für: Erzeugnis der [Kunst]töpferei auch *Mehrz.:*) -en ([Kunst]töpferei)

Ker|be, *die;* -, -n (Einschnitt)

Ker|bel, *der;* -s (eine Gewürzpflanze); Ker-bel|kraut, *das;* -[e]s

Kerb|holz; in: etwas auf dem - haben (ugs. für: etwas auf dem Gewissen haben)

Ker|ker, *der;* -s, - (früher: sehr festes Gefängnis; österr. früher für: schwere Freiheitsstrafe); Ker|ker.meis|ter, ...stra|fe

Kerl, *der;* -[e]s, -e (landsch., bes. nordd.: -s); Kerl|chen

Kern, *der;* -[e]s, -e; Kern.ener|gie (Atomenergie), ...ge|häu|se; kern|ge|sund; ker|nig; Kern|kraft|werk; kern|los; Kern.obst, ...phy|sik (Lehre von den Atomkernen u. Atomkernreaktionen), ...spal|tung; Kern|spin|to|mo|gra|fie, (auch:) Kern|spin|to|mo|gra|phie (Med.); Kern|waf|fen (die; Mehrz.)

Ker|ze, *die;* -, -n; ker|zen|ge|ra|de[1]

kess (ugs. für: frech; flott)

Kes|sel, *der;* -s, -; Kes|sel.stein, ...trei-ben (Jägerspr.; auch für: systematische Hetz- u. Verleumdungskampagne)

Kess|heit

Ket|sch|up, (auch:) Ket|ch|up [*kätschap*, engl. Aussprache: *kätsch⁀p*], *der* od. *das;* -[s], -s

Ket|te, *die;* -, -n (auch Weberei: in der Längsrichtung verlaufende Fäden); ket-teln ([kettenähnlich] verbinden); ket|ten; Ket|ten.rau|cher, ...re|ak|ti|on

Ket|zer; Ket|ze|rei; ket|ze|risch; Ket|zer-ver|fol|gung

keu|chen; Keuch|hus|ten

Keu|le, *die;* -, -n; keu|len|för|mig; Keu|len-schwin|gen; *das;* -s

keusch; Keusch|heit, *die;* -; Keusch-heits.ge|lüb|de, ...gür|tel

Key|board [*kibo'd*], *das;* -s, -s (elektronisches Tasteninstrument)

Kfz = Kraftfahrzeug; Kfz-Fahrer

Kha|ki, kha|ki|far|ben; vgl. Kaki, kakifarben

Khan, *der;* -[e]s, -e (mong.-türk. Herrschertitel)

Kib|buz, *der;* -, ...uzim od. -e (Gemeinschaftssiedlung in Israel)

Ki|cher|erb|se

ki|chern

Kick, *der;* -[s], -s (ugs. für: Tritt, Stoß [beim Fußball]); Nervenkitzel; ki|cken (ugs. für: Fußball spielen); Ki|cker, *der;* -s, -[s] (ugs. für: Fußballspieler)

kid|nap|pen [*kidnäp⁀n*] (entführen); Kid-nap|per, *der;* -s, - (Entführer)

kie|big (landsch. für: zänkisch; frech)

Kie|bitz, *der;* -es, -e (ein Vogel)

kie|bit|zen (ugs. für: beim [Karten-, Schach]spiel zuschauen)

¹Kie|fer, *die;* -, -n (ein Nadelbaum)

²Kie|fer, *der;* -s, - (ein Schädelknochen); Kie|fer|höh|le

Kie|ker; jmdn. auf dem - haben (ugs. für: jmdn. misstrauisch beobachten; jmdn. nicht leiden können)

Kiel, *der;* -[e]s, -e (Grundbalken der Wasser-

---

[1] Vgl. die Anmerkung zu „gerade".

fahrzeuge); **Kiel|boot; kiel|oben;** - liegen; **Kiel|was|ser,** *das;* -s (Wasserspur hinter einem fahrenden Schiff)

Kie|me, *die;* -, -n (Atmungsorgan im Wasser lebender Tiere); **Kie|men|spal|te**

Kien, *der;* -[e]s (harzreiches [Kiefern]holz); **Kien_ap|fel, …span**

Kies, *der;* -es, (für: Geröll *auch Mehrz.:*) -e (ugs. auch für: Geld); **Kie|sel,** *der;* -s, -; **Kie|sel|stein; Kies_gru|be, …weg**

kif|fen (Jargon: Haschisch od. Marihuana rauchen); **Kif|fer**

ki|ke|ri|ki!

kil|le|kil|le; - machen (ugs. für: kitzeln)

kil|len (ugs. für: töten); **Kil|ler**

Ki|lo, *das;* -s, -[s] (Kurzw. für: Kilogramm); **Ki|lo|gramm** (1 000 g; Zeichen: kg)

Ki|lo|hertz (1 000 Hertz; Zeichen: kHz)

Ki|lo|ka|lo|rie (1 000 Kalorien; Zeichen: kcal)

Ki|lo|me|ter, *der* (1 000 m; Zeichen: km); 80 Kilometer je Stunde (Abk.: km/h); **Ki|lo|me|ter|geld; ki|lo|me|ter_lang, …weit**

Ki|lo|volt (1 000 Volt; Zeichen: kV)

Ki|lo|watt (1 000 Watt; Zeichen: kW)

Kilt, *der;* -[e]s, -s (zur schottischen Tracht der Männer gehörender knielanger Rock)

Kim|me, *die;* -, -n (Einschnitt; Kerbe; Teil der Visiereinrichtung)

Ki|mo|no [auch: *ki…* od. *ki…*], *der;* -s, -s (weitärmeliges jap. Gewand)

Kind, *das;* -[e]s, -er; **Kind|bett,** *das;* -[e]s (veraltend für: Wochenbett); **Kind|chen,** *das;* -s, -; **Kin|de|rei; kin|der|freund|lich; Kin|der_gar|ten, …gärt|ne|rin, …la|den** (auch für: nicht autoritär geleiteter Kindergarten), **…läh|mung; kin|der|leicht; …lieb; Kin|der|lo|sig|keit,** *die;* -; **kin|der|reich; Kin|der_spiel, …stu|be, …wa|gen, …zim|mer; Kin|des_al|ter; kind_ge|mäß, …ge|recht; Kind|heit,** *die;* -; **kin|disch; kind|lich**

Ki|ne|ma|to|graf, (auch:) **Ki|ne|ma|to|graph,** *der;* -en, -en (der erste Apparat zur Aufnahme u. Wiedergabe bewegter Bilder; Kurzform: Kino)

Ki|ne|sio|lo|gie, *die;* - (Lehre von den Bewegungsabläufen)

Kin|ker|litz|chen, *die* (*Mehrz.;* ugs. für: Nichtigkeiten)

Kinn, *das;* -[e]s, -e; **Kinn|ha|ken**

Ki|no, *das;* -s, -s (Lichtspieltheater); vgl. Kinematograf; **Ki|no_be|sit|zer, …pro|gramm; Kin|topp,** *der;* -s, -s u. …**töppe** (ugs. für: Kino, Film)

Ki|osk [auch: …ọβk], *der;* -[e]s, -e (Verkaufshäuschen; oriental. Gartenhaus)

Kip|pe, *die;* -, -n (Turnübung; ugs. für: Zigarettenstummel); **kip|pen; Kipp_fens|ter, …schal|ter**

Kir|che, *die;* -, -n; **Kir|chen_jahr, …mu|sik, …staat** (*der;* -[e]s), **…steu|er** (*die;*); **Kirch|hof; kirch|lich; Kirch|turm; Kirch|weih,** *die;* -, -en

kir|re (ugs. für: zutraulich, zahm)

Kirsch, *der;* -[e]s, - (ein Branntwein); **Kirsch|baum; Kir|sche,** *die;* -, -n; **kirsch|rot; Kirsch|was|ser,** *das;* -s, - (ein Branntwein)

Kiss|chen; Kis|sen, *das;* -s, -; **Kis|sen|schlacht**

Kis|te, *die;* -, -n; **kis|ten|wei|se**

Kitsch, *der;* -[e]s (als geschmacklos empfundenes Produkt der Kunst, Musik, Literatur; geschmacklos gestalteter Gebrauchsgegenstand); **kit|schig**

Kitt, *der;* -[e]s, -e

Kitt|chen, *das;* -s, - (ugs. für: Gefängnis)

Kit|tel, *der;* -s, -; **Kit|tel|schür|ze**

kit|ten

Kitz, *das;* -es, -e u. **Kit|ze,** *die;* -, -n (Junges von Reh, Gämse, Ziege); **Kitz|chen**

Kit|zel, *der;* -s, -; **kit|ze|lig, kitz|lig; kit|zeln; Kitz|ler** (für: Klitoris)

Kla|bau|ter|mann, *der;* -[e]s, …**männer** (ein Schiffskobold)

klack!; kla|cken (klack machen); **klacks!; Klacks,** *der;* -es, -e (ugs. für: kleine Menge; klatschendes Geräusch)

Kladd|de, *die;* -, -n (landsch. für: Schmierheft; Geschäftsbuch)

Klad|de|ra|datsch, *der;* -[e]s, -e (ugs. für: Chaos; Skandal, Aufregung)

klaf|fen; kläf|fen; Kläf|fer

Klaf|ter, *der* od. *das;* -s, - (seltener: *die;* -, -n; altes Längen-, Raummaß)

Kla|ge, *die;* -, -n; **kla|gen; Klä|ger; kläg|lich; klag|los**

Kla|mauk, *der;* -s (ugs. für: Lärm; Ulk)

klamm (feucht; steif [vor Kälte]); **Klam|mer,** *die;* -, -n; **Klam|mer|af|fe** (auch für: @); **klam|mern; klamm|heim|lich** (ugs.)

Kla|mot|te, *die;* -, -n (ugs. für: [Ziegel]brocken; minderwertiges [Theater]stück; auch für: Kleidungsstücke *[meist Mehrz.]*)

Klamp|fe, *die;* -, -n (volkstüml. für: Gitarre)

Klan; vgl. Clan

klang!; kling, klang!; **Klang,** *der;* -[e]s, Klänge

klapp!; Klapp|bett; Klap|pe, *die;* -, -n (ugs. abwertend auch für Mund[werk]; österr. auch für: Nebenstelle eines Telefonanschlusses, svw. Apparat); **klap|pen; Klap|per,** *die;* -, -n; **klap|pe|rig, klapp|rig; klap|pern; klapp|rig;** vgl. klapperig

Klaps, *der;* -es, -e; **Kläps|chen; klap|sen; Klaps|müh|le** (ugs. für: Nervenheilanstalt)

klar; im Klaren sein, klar (ohne Behinderung) sehen; klar sein, werden; mir ist Verschiedenes klar geworden, (auch:) klargeworden

Klär|an|la|ge; klä|ren

klar|ge|hen (ugs. für: reibungslos ablaufen)

Klar|heit, *die;* -

Kla|ri|net|te, *die;* -, -n (ein Holzblasinstrument); **Kla|ri|net|tist,** *der;* -en, -en (Klarinettenbläser); **Kla|ri|net|tis|tin**

klar|kom|men (ugs. für: zurechtkommen)

klar|le|gen (erklären); **klar|ma|chen** (erklären; fahr-, gefechtsbereit machen [von Schiffen])

Klär|schlamm

klar|se|hen (verstehen, Bescheid wissen); weil ich endlich klarsehe; vgl. aber klar; **Klar|sicht|fo|lie; klar|stel|len** (Irrtümer beseitigen); **Klar|stel|lung; Klar|text,** *der* (entzifferter [dechiffrierter] Text); **Klä|rung; klar|wer|den;** vgl. klar

klas|se (ugs. für: hervorragend, großartig); ein - Auto; er hat - gespielt; ich finde das -; das ist -; **Klas|se,** *die;* -, -n (Abk.: Kl.); das ist ganz große - (ugs. für: das ist großartig); **klas|sen|los;** -e Gesellschaft; **Klas|sen_lot|te|rie, …zim|mer**

klas|si|fi|zie|ren; Klas|si|fi|zie|rung (Einteilung, Einordnung [in Klassen])

Klas|sik, *die;* - (Epoche kultureller Gipfelleistungen u. ihre mustergültigen Werke); **Klas|si|ker** (maßgebender Künstler od. Schriftsteller [bes. der antiken u. der dt. Klassik]); **klas|sisch** (mustergültig; die Klassik betreffend; typisch, traditionell); **Klas|si|zis|mus,** *der;* - (die Klassik nachahmende Stilrichtung; bes.: Stil um 1800); **klas|si|zis|tisch**

klatsch!; Klatsch, *der;* -[e]s, -e (ugs. auch für: Rederei, Geschwätz); **Klatsch|ba|se; klat|schen; Klatsch|mohn; klatsch|nass** (ugs. für: völlig durchnässt); **Klatsch|sucht,** *die;* -

klau|ben (sondern; mit Mühe heraussuchen; österr. für: pflücken)

Klaue, *die;* -, -n; **klau|en** (ugs. für: stehlen); **Klau|en|seu|che,** *die;* -; Maul- u. Klauenseuche

Klau|se, *die;* -, -n (Klosterzelle, Einsiedelei; Talenge)

Klau|sel, *die;* -, -n (Nebenbestimmung; Einschränkung, Vorbehalt)

Klaus|ner (Bewohner einer Klause, Einsiedler)

Kla|vi|a|tur [...*wi*...], *die;* -, -en (Tasten [eines Klaviers], Tastbrett); **Kla|vier** [...*wir*], *das;* -s, -e; - spielen; **kla|vie|ren** (ugs. für: auf einem herumfingern); **Kla|vier|kon|zert**

kle|ben; an der Wand kleben bleiben; kleben bleiben, (auch:) klebenbleiben (ugs. für: nicht versetzt werden); **Kle|ber; kleb|rig; Kleb|stoff**

kle|ckern (ugs.); **Klecks,** *der;* -es, -e; **kleck|sen**

Klee, *der;* -s; **Klee|blatt**

Kleid, *das;* -[e]s, -er; **Kleid|chen,** *das;* -s, -; **klei|den; Klei|der_bad, …schrank; kleid|sam; Klei|dung; Klei|dungs|stück**

Kleie, *die;* -, -n (Abfallprodukt beim Mahlen von Getreide)

klein s. Kasten Seite 337

Klein, *das;* -s (kurz für: Gänseklein o. Ä.)

klein|be|kom|men (kleinkriegen); **klein|bür|ger|lich; Klei|ne,** *der, die, das;* -n, -n (kleines Kind); **Klein_for|mat; klein|ge|druckt;** vgl. klein; **klein Ge|druck|te,** *das;* - -n, (auch:) **Klein|ge|druck|te,** *das;* -n; vgl. klein; **Klein|geld,** *das;* -[e]s;

klein

- *kleiner als* (Math.; Zeichen <)
- *kleiner[e]nteils*

I. Kleinschreibung
a) *am kleins|ten; von klein auf; ein klein wenig; die Flamme auf klein drehen, stellen*
b) *das sind kleine Fische* (ugs. für Kleinigkeiten); *das kleine Latinum; er ist kleiner Leute Kind; das Auto für den kleinen Mann*

II. Großschreibung
a) wenn „klein" als Hauptwort gebraucht wird:
- *Groß und Klein; Kleine und Große; die Kleinen und die Großen*
- *die Kleinen* (für Kinder); *meine Kleine* (ugs.)
- *einen Kleinen sitzen haben* (ugs. für leicht betrunken sein); *das ist dasselbe in Klein* (für: im Kleinen); *vom Kleinen auf das Große schließen*
- *die Gemeinde ist ein Staat im Kleinen*
- *bis ins Kleins|te* (sehr eingehend)
- *etwas, nichts, viel, wenig Kleines*
b) in Namen und bestimmten namensähnlichen Fügungen:
der Kleine Bär, der Kleine Wagen (Astron.); *die Kleine Strafkammer; die Kleine* od. *kleine Anfrage* (im Parlament) *Kleiner Belt; Kleines Walsertal*

III. Schreibung in Verbindung mit Zeitwörtern:
- *klein schreiben* (in kleiner Schrift)
- *klein beigeben* (kleinlaut nachgeben)

Aber:
- *kleinschreiben* (mit kleinem Anfangsbuchstaben)
- *Rücksichtnahme wird bei diesen Leuten kleingeschrieben* (ugs. für: nicht wichtig genommen)

Wenn „klein" das Ergebnis der mit einem folgenden einfachen Zeitwort bezeichneten Tätigkeit angibt, kann getrennt oder zusammengeschrieben werden:
- *klein schneiden* od. *kleinschneiden*
- *klein hacken* od. *kleinhacken*
- *klein mahlen* od. *kleinmahlen*

Bei übertragener Bedeutung gilt Zusammenschreibung; vgl. *kleinbekommen, kleinkriegen*

IV. In Verbindung mit einem als Eigenschaftswort gebrauchten Mittelwort kann bei nicht übertragener Bedeutung getrennt oder zusammengeschrieben werden:
- *klein gemusterte* od. *kleingemusterte Stoffe; ein klein kariertes* od. *kleinkariertes Muster; ein klein gedruckter* od. *kleingedruckter Text; ein klein geschnittenes* od. *kleingeschnittenes Papier; das klein Gedruckte* od. *Kleingedruckte lesen;* vgl. aber *kleinkariert*

V. In Straßennamen gilt Getrennt- u. Großschreibung:
- *Kleine Bockenheimer Straße; Kleine Riedgasse*

klein.ge|mus|tert, ...ge|schnit|ten; vgl. klein; klein|gläu|big; Klein|gläu|big|keit, *die;* -; klein|ha|cken; vgl. klein; klein|her|zig; Klei|nig|keit; klein|ka|riert (engherzig, -stirnig); vgl. klein; Klein_kind, ...kram (der; -[e]s); klein|krie|gen (ugs. für: gefügig machen; aufbrauchen; zerstören); klein|laut; klein|lich; Klein|lich|keit; klein|mah|len; vgl. klein; Klein|mut, *der;* -[e]s; klein|mü|tig; Klein|od, *das;* -[e]s, (für: Kostbarkeit *Mehrz.:*) -e, (für: Schmuckstück *Mehrz.:*) ...odien [...i̯ən]; klein|schnei|den; vgl. klein; klein|schrei|ben (mit kleinem Anfangsbuchstaben schreiben; nicht wichtig nehmen); Klein_schrei|bung, ...stadt; kleinst|mög|lich; Klein|vieh

Kleis|ter, *der;* -s, -; kleis|tern; Kleis|tertopf

Kle|ma|tis [auch: ...*atiß*], *die;* -, - (Waldrebe, Kletterpflanze)

Kle|men|ti|ne, *die;* -, -n (kernlose Sorte der Mandarine)

Klem|me, *die;* -, -n; klem|men

Klemp|ner (Blechschmied); Klemp|ne|rei; klemp|nern

Kle|per, *der;* -s, - (ugs. für: ausgemergeltes Pferd)

Klep|to|ma|nie, *die;* - (krankhafter Stehltrieb); klep|to|ma|nisch

kle|ri|kal (die Geistlichkeit betreffend; kirchlich); Kle|ri|ker (kath. Geistlicher); Kle|rus, *der;* - (kath. Geistlichkeit, Priesterschaft)

Klet|te, *die;* -, -n

Klet|te|rei; Klet|te|rer; Klet|ter_max, *der;* -es, -e od. ...ma|xe, (ugs. für: Fassadenkletterer); klet|tern; Klet|ter_ro|se, ...stan|ge; Klett|ver|schluss®

kli|cken

Kli|ent, *der;* -en, -en (Auftraggeber [eines Anwaltes]); Kli|en|tin

klie|ren (landsch. für: unsauber, schlecht schreiben)

Kli|ma, *das;* -s, -ta u. (selten:) -s u. (fachspr.:) ...mate (Gesamtheit der meteorol. Erscheinungen in einem best. Gebiet)

Kli|mak|te|ri|um, *das;* -s (Med.: Wechseljahre der Frau)

kli|ma|tisch; kli|ma|ti|sie|ren (Temperatur u. Luftfeuchtigkeit in geschlossenen Räumen automatisch regeln); Kli|ma|wan|del

klim|men (klettern); klomm, geklommen; Klimm|zug (eine turnerische Übung)

klim|pern (klingen lassen; ugs. für: [schlecht] auf dem Klavier o. Ä. spielen)

kling!
Klin|ge, *die;* -, -n
Klin|gel, *die;* -, -n; klin|geln
klin|gen; klang, geklungen
Kli|nik, *die;* -, -en; kli|nisch
Klin|ke, *die;* -, -n; klin|ken
Klin|ker, *der;* -s, - (bes. hart gebrannter Ziegel); Klin|ker|bau (Bau aus Klinkern; *Mehrz.* ...bauten)
klipp!; klipp u. klar (ugs. für: ganz deutlich)
Klipp, (auch:) Clip, *der;* -s -s (Klemme; [am Ohr zu tragendes] Schmuckstück)
Klip|pe, *die;* -, -n
Klips, (auch:) Clips, *der;* -es, -e ([am Ohr zu tragendes] Schmuckstück)
klir|ren
Kli|schee, *das;* -s, -s (Druck-, Bildstock; Abklatsch); Kli|schee|vor|stel|lung
Klis|tier, *das;* -s, -e (Einlauf); klis|tie|ren (einen Einlauf geben)
Kli|to|ris, *die;* -, u. ...orides (Med.: Teil der weibl. Geschlechtsorgane, Kitzler)
klitsch!; Klit|sche (ugs. für: ärmlicher Bauernhof o. Ä.); klitsch|nass (ugs. für: völlig durchnässt)
klit|ze|klein (ugs. für: sehr klein)
Klo, *das;* -s, -s (ugs. für: Klosett)
Klo|a|ke, *die;* -, -n ([unterirdischer] Abwasserkanal; Senkgrube)
Klo|ben, *der;* -s, - (Eisenhaken; gespaltenes Holzstück; auch für: unhöflicher Mensch); klo|big
Klon, *der;* -s, -e (durch Klonen entstandenes Lebewesen); klo|nen (durch ungeschlechtliche Vermehrung genetisch identische Kopien von Lebewesen herstellen); Klo|nung, *die;* -, -en (das Klonen)
klö|nen (nordd. für: gemütlich plaudern; schwatzen)
klop|fen; Klop|fer
Klöp|pel, *der;* -s, -; Klöp|pe|lei; klöp|peln; Klöpp|le|rin; Klops, *der;* -es, -e (Fleischkloß)
Klo|sett, *das;* -s, -s (auch: -e)
Kloß, *der;* -es, Klöße; Kloß|brü|he; Klöß|chen
Klos|ter, *das;* -s, Klöster; Klos|ter|bru|der; klös|ter|lich
Klotz, *der;* -es, Klötze (ugs.: Klötzer); Klötz|chen; klot|zen; -, nicht kleckern (ugs. für: ordentlich zupacken, statt sich mit Kleinigkeiten abzugeben); klot|zig (ugs. auch für: sehr viel)
Klub, (auch:) Club, *der;* -s, -s ([geschlossene] Vereinigung; auch für: deren Räume); Klub|gar|ni|tur, (auch:) Club|garni|tur (Gruppe von [gepolsterten] Sitzmöbeln)
¹Kluft, *die;* -, -en (ugs. für: [alte] Kleidung; Uniform)
²Kluft, *die;* -, Klüfte (Spalte)
klug; klüger, klügste; es ist das Klügste[,] nachzugeben; Klü|ge|lei; klü|geln; klu|ger|wei|se; Klug|heit, *die;* -
Klümp|chen; klum|pen; der Pudding

klumpt; **Klum|pen**, *der;* -s, -; **Klump|fuß; klump|fü|ßig**

Klün|gel, *der;* -s, - (abwertend für: Gruppe, die Vetternwirtschaft betreibt; Clique); **Klün|ge|lei** (Vetternwirtschaft); **klün|geln**

Klun|ker, *die;* -, -n od. *der;* -s, - (landsch. für: Quaste, Troddel; ugs. für: Schmuckstein, Juwel)

knab|bern

Kna|be, *der;* -n, -n; **kna|ben|haft; Knäb|lein**

knack!; Knack, *der;* -[e]s, -e (kurzer, harter, heller Ton); **Knä|cke|brot; kna|cken; kna|ckig; knacks!; Knacks**, *der;* -es, -e (ugs. für: Schaden); **Knack|wurst**

Knall, *der;* -[e]s, -e; **knal|len; Knall_ef|fekt** (ugs. für: große Überraschung), **...erb|se, ...frosch; knall|hart** (ugs. für: sehr hart); **knal|lig**

knapp; - sein; ein knapp sitzender, (auch:) knappsitzender Anzug; eine knapp gehaltene, (auch:) knappgehaltene Beschreibung

Knap|pe, *der;* -n, -n (Bergmann; früher: Edelknabe)

knapp|ge|hal|ten; vgl. knapp; **knapp|halten** (ugs. für: jmd. wenig geben); **Knappheit**, *die;* -

knap|sen (ugs. für: geizen; eingeschränkt leben)

Knar|re, *die;* -, -n (ein Kinderspielzeug; ugs. für: Gewehr); **knar|ren**

Knast, *der;* -[e]s (ugs. für: Gefängnis; Freiheitsstrafe)

knat|tern

Knäu|el, *der* od. *das;* -s, -

Knauf, *der;* -[e]s, Knäufe

knau|se|rig, knaus|rig (ugs.); **knau|sern** (ugs. für: übertrieben sparsam sein); **knaus|rig**; vgl. knauserig

knaut|schen (knittern); **Knautsch_lack, ...zo|ne** (Kfz-Technik)

Kne|bel, *der;* -s, -; **kne|beln; Kne|be|lung**

Knecht, *der;* -[e]s, -e; **knech|ten; Knecht Ru|p|recht**, *der;* - -[e]s, - -e; **Knecht-schaft**, *die;* -; **Knech|tung**

knei|fen; kniff, gekniffen; **Kneif|zan|ge**

Knei|pe, *die;* -, -n (ugs. für: [einfaches] Lokal mit Alkoholausschank)

kneip|pen (eine Kneippkur machen); **Kneipp|kur**

Kne|te, *die;* - (ugs. für: Knetmasse; auch für: Geld); **kne|ten; Knet|gum|mi**, *der* u. *das;* -s, -s (Knetmasse); **Knet|mas|se** *die;* - (ugs.)

Knick, *der;* -[e]s, -e (scharfer Falz, Bruch); **Kni|cke|bein** (Eierlikör [als Füllung in Pralinen u. Ä.]); **kni|cken**

Kni|cker|bo|cker [auch in engl. Ausspr.: *ni-keʳr...*], *die (Mehrz.;* halblange Pumphose)

kni|cke|rig, knick|rig (ugs.); **kni|ckern** (ugs. für: geizig sein)

knicks!; Knicks, *der;* -es, -e; **knick|sen**

Knie, *das;* -s, - [*knie*, auch: *kni*]; auf den Knien liegen; **Knie|beu|ge; Knie|fall; knie|fäl|lig; knie|hoch**; der Schnee liegt -;

knien [*knin*, auch: *kniᵉn*]; kniete, gekniet; **Knie|strumpf**

Kniff, *der;* -[e]s, -e; **Knif|fe|lei** (Schwierigkeit); **knif|fe|lig, kniff|lig**

Knig|ge, *der;* -[s], - (Buch über Umgangsformen)

knips!; Knips, *der;* -es, -e; **knip|sen** (ugs.)

Knirps, *der;* -es, -e (kleiner Junge od. Mann; ® zusammenschiebbarer Schirm)

knir|schen

knis|tern

Knit|tel|vers (vierhebiger, unregelmäßiger Reimvers)

Knit|ter, *der;* -s, -; **knit|ter_fest, ...frei; knit|tern**

kno|beln ([aus]losen; würfeln; lange nachdenken)

Knob|lauch [*kno...* u. *kno...*], *der;* -[e]s (eine Gewürz- u. Heilpflanze); **Knob-lauch_but|ter, ...salz, ...ze|he**

Knö|chel, *der;* -s, -; **Knö|chel|chen; knö-chel|lang; Knö|chen**, *der;* -s, -; **Kno-chen_bau** (der; -[e]s), **...mark** (das); **Kno-chen|mark[s]|trans|plan|ta|tion; kno-chen|tro|cken** (ugs. für: sehr trocken); **knö|che|rig**, knöch|rig (aus Knochen; knochenartig); **knö|chern** (aus Knochen); **knöch|rig**; vgl. knöcherig

knock-out, knock|out [*nokaut*] (Boxen; niedergeschlagen, kampfunfähig; Abk.: k.o.); jmdn. k.o. schlagen

Knö|del, *der;* -s, - (südd., österr. für: Kloß)

Knöll|chen; Knol|le, *die;* -, -n u. **Knol|len**, *der;* -s, -; **Knol|len|blät|ter|pilz; knol-len|för|mig; Knol|len|frucht; knol|lig**

Knopf, *der;* -[e]s, Knöpfe (österr. ugs. auch für: Knoten); **Knöpf|chen; knöp|fen; Knopf|loch**

Knor|pel, *der;* -s, -; **knor|pe|lig**

Knös|p|chen; Knos|pe, *die;* -, -n; **knos|pen; knos|pig**

Knöt|chen; kno|ten; Kno|ten, *der;* -s, - (auch für: Marke an der Logleine, Seemeile je Stunde [Zeichen: kn]); **Kno|ten|punkt**

Know-how, (auch:) **Know|how** [*noᵘhau*], *das;* -[s] (Wissen um die praktische Verwirklichung einer Sache)

knül|len (zerknittern); **Knül|ler** (ugs. für: Sensation; tolle Sache)

knüp|fen; Knüpf|tep|pich

Knüp|pel, *der;* -s, -; **knüp|pel|dick** (ugs. für: sehr schlimm); **knüp|peln; Knüp|pel-schal|tung**

knur|ren; knur|rig; ein -er Mensch

knus|pe|rig, knusp|rig; knus|pern

Knu|te, *die;* -, -n (Lederpeitsche)

knut|schen (ugs. für: heftig liebkosen)

k.o. = knock-out; vgl. d.

ko|a|li|e|ren; Ko|a|li|ti|on [...*zion*], *die;* -, -en (Vereinigung, Bündnis; Zusammenschluss [von Staaten]); die Kleine -, die Große -, **Ko|a|li|ti|ons|frei|heit**

Ko|balt, *das;* -s (chem. Element, Metall; Zeichen: Co); **ko|balt|blau**

Kol|ben, *der;* -s, - (Verschlag; Käfig; Stall)

Ko|bold, *der;* -[e]s, -e (neckischer Geist); **ko|bold|haft**

Ko|bolz, *der;* nur noch in: - schießen (Purzelbaum schlagen); **ko|bol|zen**

Ko|b|ra, *die;* -, -s (Brillenschlange)

Koch, *der;* -[e]s, Köche; **Koch|buch; ko-chen**; kochend heißes Wasser

Kö|cher, *der;* -s, - (Behälter für Pfeile)

Kö|chin; Koch_kunst, ...löf|fel, ...topf

Kode, (fachspr. meist:) Code [*kod*], *der;* -s, -s (System verabredeter Zeichen; Schlüssel zum Dechiffrieren)

Köl|der, *der;* -s, - (Lockmittel); **köl|dern**

Ko|dex, *der; Wesf.* -es, u. - *Mehrz.* -e u. ...dizes, Co|dex, *der;* -, ...ices (Handschriftensammlung; Gesetzbuch; ungeschriebene Verhaltensregeln)

ko|die|ren, bes. fachspr.: co|die|ren (durch einen Code verschlüsseln)

Ko|edu|ka|ti|on [...*zion*], *die;* - (Gemeinschaftserziehung beider Geschlechter in Schulen o. Ä.)

Ko|exis|tenz [auch: *ko...*], *die;* -, -en (gleichzeitiges Vorhandensein unterschiedlicher Dinge; friedl. Nebeneinanderbestehen; **ko-exis|tie|ren**

Kof|fe|in, *das;* -s (Wirkstoff von Kaffee u. Tee); **kof|fe|in|frei**

Kof|fer, *der;* -s, -; **Köf|fer|chen; Kof|fer_ra-dio, ...raum**

Ko|g|nak [*konjak*], *der;* -s, -s (ugs. für: Weinbrand)

ko|hä|rent (zusammenhängend); **Ko|hä-renz**, *die;* -

Kohl, *der;* -[e]s, -e (auch ugs. für: Unsinn); **Kohl|dampf**, *der;* -[e]s (ugs. für: Hunger); - schieben

Koh|le, *die;* -, -n; **koh|len** (nicht mit voller Flamme brennen, schwelen); **Koh|len|di-oxid**, (auch:) **Koh|len|di|oxyd; Koh|len-di|oxid|aus|stoß**, (auch:) **Koh|len|di-oxyd|aus|stoß; Koh|le[n]|hy|d|rat** (zucker- od. stärkeartige chem. Verbindung); **Koh|len_säu|re** (die; -), **...stoff** (der; -[e]s; chem. Element; Zeichen: C); **Köh|ler**

Kohl|mei|se (ein Vogel)

Kohl|ra|be (für: Kolkrabe); **kohl|ra|ben-schwarz**

Kohl|ra|bi, *der;* -[s], -[s]; **Kohl|rü|be; Kohl-weiß|ling** (ein Schmetterling)

Ko|in|zi|denz, *die;* -, -en (Zusammentreffen von Ereignissen)

ko|i|tie|ren (Med.: den Koitus vollziehen); **Ko|i|tus** [*kó-ituß*], *der;* -, - u. -se (Med.: Geschlechtsakt)

Kol|je, *die;* -, -n (Schlafstelle [auf Schiffen]; Ausstellungsstand)

Ko|jo|te, *der;* -n, -n (amerik. Präriewolf)

Ko|ka|in, *das;* -s (ein Betäubungsmittel; Rauschgift)

Ko|kar|de, *die;* -, -n (Hoheitszeichen an Uniformmützen)

ko|ken (Koks herstellen); **Ko|ke|rei** (Koksgewinnung, -werk)

ko|kett (eitel, gefallsüchtig); **ko|ket|tie|ren**

Ko|kon [...*koŋ*, österr.: ...*kon*], *der;* -s, -s (Hülle der Insektenpuppen); Ko|kon|fa|ser

Ko|kos_mat|te, ...nuss

Ko|kot|te, *die;* -, -n (veraltend für: Halbweltdame)

Koks, *der;* -es, -e (ein Brennstoff)

Ko|la_nuss, ...strauch

Kol|ben, *der;* -s, -

Kol|cho|se, *die;* -, -n (landwirtschaftl. Produktionsgenossenschaft in der ehem. Sowjetunion)

Ko|li|b|ri, *der;* -s, -s (ein Vogel)

Ko|lik [auch: *kolik*], *die;* -, -en (Anfall von krampfartigen Leibschmerzen)

Kolk|ra|be

kol|la|bie|ren (Med.: einen Kollaps erleiden)

Kol|la|bo|ra|teur [...*tör*], *der;* -s, -e (jmd., der kollaboriert); Kol|la|bo|ra|ti|on [...*zion*], *die;* -, -en; kol|la|bo|rie|ren (mit dem Feind zusammenarbeiten)

Kol|laps [auch: ...*laps*], *der;* -es, -e (Med.: plötzlicher Schwächeanfall durch Kreislaufversagen)

Kol|la|te|ral|scha|den (milit. verhüllend für: bei militärischen Aktionen in Kauf genommener schwerwiegender Schaden, bes. Tod von Zivilisten)

Kol|leg, *das;* -s, -s u. -ien [...*i*ᵉ*n*] (akadem. Vorlesung; Bildungseinrichtung); Kol|le|ge, *der;* -n, -n; kol|le|gi|al; Kol|le|gia|li|tät, *die;* -; Kol|le|gin; Kol|le|gi|um, *das;* -s, ...ien [...*i*ᵉ*n*] (Gruppe von Personen mit gleichem Amt od. Beruf; Lehrkörper [einer Schule])

Kol|lek|te, *die;* -, -n (Sammlung von Geldspenden in der Kirche); Kol|lek|ti|on [...*zion*], *die;* -, -en ([Muster]sammlung [von Waren], Auswahl); kol|lek|tiv (gemeinschaftlich, gruppenweise, umfassend); Kol|lek|tiv, *das;* -s, -e [...*w*ᵉ], (auch:) -s (Team, Gruppe; Arbeits- u. Produktionsgemeinschaft, bes. in der sozialist. Wirtschaft)

kol|li|die|ren (zusammenstoßen; sich überschneiden)

Kol|lier, (auch:) Col|li|er [...*ie*], *das;* -s, -s (Halsschmuck)

Kol|li|si|on, *die;* -, -en (Zusammenstoß)

Kol|lo|qui|um [auch: ...*lo*...], *das;* -s, ...ien [...*i*ᵉ*n*] (wissenschaftl. Gespräch; Zusammenkunft von Wissenschaftlern; österr. für: kleinere Hochschulprüfung)

Köl|nisch|was|ser [auch: ...*waβ*ᵉ*r*], *das;* -s

ko|lo|ni|al (die Kolonie[n] betreffend; zu Kolonien gehörend; aus Kolonien stammend); Ko|lo|ni|a|lis|mus, *der;* - (auf Erwerb u. Ausbau von Kolonien ausgerichtete Politik eines Staates); Ko|lo|nie, *die;* -, ...ien (auswärtige, bes. überseeische Besitzung eines Staates)

Ko|lon|na|de, *die;* -, -n (Säulengang, -halle); Ko|lon|ne, *die;* -, -n

Ko|lo|ra|tur, *die;* -, -en (virtuose gesangl. Verzierung); Ko|lo|ra|tur|so|p|ran; ko|lo|rie|ren (färben; aus-, bemalen); Ko|lo|rie-

rung; Ko|lo|rit, [auch: ...*it*], *das;* -[e]s, -e (Farb[en]gebung, Farbwirkung)

Ko|loss, *der;* -es, -e (Riesenstandbild; Riese, Ungetüm); ko|los|sal (riesig, gewaltig, Riesen...)

Kol|por|ta|ge [...*tasch*ᵉ, österr.: ...*tasch*], *die;* -, -n (Verbreitung von Gerüchten); Kol|por|teur [...*tör*], *der;* -s, -e; kol|por|tie|ren

Ko|lum|ne, *die;* -, -n (senkrechte Reihe; [Druck]spalte); Ko|lum|nist, *der;* -en, -en (Journalist, dem ständig eine bestimmte Spalte einer Zeitung zur Verfügung steht)

Kom|bi, *der;* -[s], -s (kurz für: kombinierter Liefer- u. Personenwagen); Kom|bi|lohn (staatl. bezuschusster Lohn zur Verminderung der Arbeitslosigkeit); Kom|bi|na|ti|on [...*zion*], *die;* -, -en (berechnende Verbindung; gedankliche Folgerung; Zusammenstellung; Sportspr.: planmäßiges, flüssiges Zusammenspiel); Kom|bi|na|ti|ons|schloss; kom|bi|nie|ren (vereinigen, zusammenstellen; berechnen; vermuten; Sportspr.: planmäßig zusammenspielen)

Kom|bü|se, *die;* -, -n (Seemannsspr.: Schiffsküche)

Ko|met, *der;* -en, -en (Schweifstern)

Kom|fort [*komfor*, auch: *komfort*], *der;* -s; kom|for|ta|bel

Ko|mik, *die;* - (erheiternde, Lachen erregende Wirkung); Ko|mi|ker; Ko|mi|ke|rin; ko|misch (belustigend, zum Lachen reizend; wunderlich)

Ko|mi|tee, *das;* -s, -s (leitender Ausschuss)

Kom|ma, *das;* -s, -s u. -ta (Beistrich)

Kom|man|dant, *der;* -en, -en (Befehlshaber einer Festung, eines Schiffes usw.); Kom|man|dan|tur, *die;* -, -en (Dienstgebäude eines Kommandanten; Befehlshaberamt); Kom|man|deur [...*dör*], *der;* -s, -e (Befehlshaber einer Truppenabteilung); kom|man|die|ren

Kom|man|dit|ge|sell|schaft (bestimmte Form der Handelsgesellschaft; Abk.: KG)

Kom|man|do, *das;* -s, -s (österr. auch: ...den)

Kom|ma|ta (*Mehrz. von:* Komma)

kom|men; kam, gekommen; jmdn. kommen lassen (holen); Kom|men, *das;* -s; das - und Gehen

Kom|men|tar, *der;* -s, -e (Erläuterung, Auslegung; ugs. für: Bemerkung); Kom|men|ta|tor, *der;* -s, ...oren (Verfasser eines Kommentars); kom|men|tie|ren

Kom|mers, *der;* -es, -e (Verbindungswesen: feierlicher Trinkabend)

Kom|merz, *der;* -es (Wirtschaft, Handel u. Geschäftsverkehr); kom|mer|zi|a|li|sie|ren (kommerziellen Interessen unterordnen); kom|mer|zi|ell

Kom|mi|li|to|ne, *der;* -n, -n (Studienkollege); Kom|mi|li|to|nin

Kom|miss, *der;* -es (ugs. für: Militär[dienst]); Kom|mis|sar, *der;* -s, -e ([vom Staat] Beauftragter; Dienstbez., z. B. Polizeikommissar);

Kom|mis|sa|ri|at, *das;* -[e]s, -e (Amt[szimmer] eines Kommissars; österr. für: Polizeidienststelle); Kom|mis|sa|rin; kom|mis|sa|risch (vorübergehend, in Vertretung)

Kom|miss|brot; Kom|mis|si|on, *die;* -, -en (Ausschuss [von Beauftragten]; Wirtsch.: Handel für fremde Rechnung)

Kom|mo|de, *die;* -, -n

kom|mu|nal (die Gemeinde betreffend, Gemeinde...; gemeindeeigen)

Kom|mu|ne, *die;* -, -n (politische Gemeinde; Wohn- u. Wirtschaftsgemeinschaft)

Kom|mu|ni|kant, *der;* -en, -en (Teilnehmer am Abendmahl)

Kom|mu|ni|ka|ti|on [...*zion*], *die;* -, -en (Verständigung untereinander; Verbindung, Zusammenhang)

Kom|mu|ni|kee; vgl. Kommuniqué

Kom|mu|ni|on, *die;* -, -en (kath. Kirche: [Teilnahme am] Abendmahl)

Kom|mu|ni|qué [...*münike*, auch: ...*munike*], (auch:) Kom|mu|ni|kee, *das;* -s, -s (Denkschrift; [regierungs]amtliche Mitteilung)

Kom|mu|nis|mus, *der;* -; Kom|mu|nist, *der;* -en, -en; kom|mu|nis|tisch; das Kommunistische Manifest

Ko|mö|di|ant, *der;* -en, -en (Schauspieler); Ko|mö|die [...*i*ᵉ], *die;* -, -n

Kom|pa|g|non [...*panjoŋ*], *der;* -s, -s (Kaufmannsspr.: [Geschäfts]teilhaber; Mitinhaber)

kom|pakt (gedrungen; dicht; fest); Kom|pakt|heit, *die;* -

Kom|pa|nie, *die;* -, ...ien (militärische Einheit [Abk.: Komp.]; Kaufmannsspr. veralt. für: [Handels]gesellschaft; Abk.: in Firmen: Co., seltener: Cie.)

Kom|pa|ra|tiv [auch: ...*tif*], *der;* -s, -e [...*w*ᵉ] (Sprachw.: erste Steigerungsstufe, z. B. „schöner")

Kom|par|se, *der;* -n, -n (Statist)

Kom|pass, *der;* -es, -e (Gerät zur Bestimmung der Himmelsrichtung)

Kom|pen|di|um, *das;* -s, ...ien [...*i*ᵉ*n*] (Abriss, kurzes Lehrbuch)

Kom|pen|sa|ti|on [...*zion*], *die;* -, -en (Ausgleich, Entschädigung); kom|pen|sie|ren (gegeneinander ausgleichen)

kom|pe|tent (sachverständig; zuständig); Kom|pe|tenz, *die;* -, -en (Sachverstand; Zuständigkeit)

Kom|ple|men|tär|far|be (Optik: Ergänzungsfarbe)

kom|plett (vollständig, abgeschlossen)

kom|plex (umfassend; vielschichtig); Kom|plex, *der;* -es, -e (zusammengefasster Bereich; [Sach-, Gebäude]gruppe; Psych.: seelisch bedrückende, negative Vorstellung [in Bezug auf sich selbst]); Kom|pli|ka|ti|on [...*zion*], *die;* -, -en (Verwicklung; Erschwerung)

Kom|pli|ment, *das;* -[e]s, -e (Schmeichelei, Lob; veralt. für: Gruß)

Kom|pli|ze, *der;* -n, -n (abwertend für: Mitschuldiger; Mittäter); **Kom|pli|zen|schaft,** *die;* -

kom|pli|ziert (verwickelt, schwierig, umständlich)

Kom|plott, *das* (ugs. auch: *der*); -[e]s, -e (heimlicher Anschlag, Verschwörung)

Kom|po|nen|te, *die;* -, -n (Bestandteil eines Ganzen); **kom|po|nie|ren** (Musik: [eine Komposition] schaffen; geh. für: [kunstvoll] gestalten); **Kom|po|nist,** *der;* -en, -en (jmd., der komponiert); **Kom|po|nis|tin;** **Kom|po|si|ti|on** [...*zion*], *die;* -, -en (Zusammensetzung; Aufbau u. Gestaltung eines Kunstwerkes; Musik: das Komponieren; Tonschöpfung)

Kom|post, *der;* -[e]s, -e (Dünger); **Kom|post|hau|fen; kom|pos|tie|ren** (zu Kompost verarbeiten)

Kom|pott, *das;* -[e]s, -e (gekochtes Obst)

Kom|pres|se, *die;* -, -n (feuchter Umschlag); **kom|pri|mie|ren** (zusammenpressen; verdichten); **kom|pri|miert**

Kom|pro|miss, *der* (selten: *das*); -es, -e (Übereinkunft, Ausgleich); **Kom|pro|miss|be|reit|schaft; kom|pro|miss|los; kom|pro|mit|tie|ren** (bloßstellen)

Kon|den|sa|ti|on [...*zion*], *die;* -, -en (Verdichtung; Verflüssigung); **Kon|den|sa|tor,** *der;* -s, ...oren (Gerät zum Speichern von Elektrizität od. zum Verflüssigen von Dämpfen); **kon|den|sie|ren** (verdichten; verflüssigen); **Kon|dens_milch, ...strei|fen, ...was|ser** (*das;* -s)

Kon|di|ti|on [...*zion*], *die;* -, -en (Bedingung; [Gesamt]zustand); **Kon|di|ti|ons_schwä|che, ...trai|ning**

Kon|di|tor, *der;* -s, ...oren; **Kon|di|to|rei; Kon|di|tor|meis|ter**

Kon|do|lenz, *die;* -, -en (Beileid[sbezeigung]); **Kon|do|lenz_be|such, ...schrei|ben; kon|do|lie|ren;** jmdm. -

Kon|dom, *das* od. *der;* -s, -e (Präservativ)

Kon|fekt, *das;* -[e]s, -e (Pralinen; südd., schweiz., österr. auch für: Teegebäck); **Kon|fek|ti|on** [...*zion*], *die;* -, -en (industrielle Anfertigung von Kleidern; [Handel mit] Fertigkleidung; Bekleidungsindustrie); **kon|fek|ti|o|nie|ren** (fabrikmäßig herstellen); **Kon|fek|ti|ons|grö|ße**

Kon|fe|renz, *die;* -, -en; **Kon|fe|renz|schal|tung** (Fernmeldetechnik: telefon. Zusammenschaltung verschiedener Teilnehmer); **kon|fe|rie|ren** (eine Konferenz abhalten; als Conférencier sprechen)

Kon|fes|si|on, *die;* -, -en ([Glaubens]bekenntnis; Bekenntnisgruppe); **kon|fes|si|o|nell** (zu einer Konfession gehörend); **Kon|fes|si|ons|schu|le** (Bekenntnisschule)

Kon|fet|ti, *die* (*Mehrz.*), heute meist: *das;* -[s] (bunte Papierblättchen)

Kon|fi|gu|ra|ti|on, *die;* -, -en (Astron., Astrol.: bestimmte Stellung der Planeten; Chemie; räuml. Anordnung der Atome eines Moleküls; EDV: Zusammenstellung der Bauteile eines PCs, Einstellung

von Programmen): **kon|fi|gu|rie|ren** (EDV)

Kon|fir|mand, *der;* -en, -en; **Kon|fir|man|din; Kon|fir|ma|ti|on** [...*zion*], *die;* -, -en; **kon|fir|mie|ren**

kon|fis|zie|ren (beschlagnahmen)

Kon|fi|tü|re, *die;* -, -n (Marmelade mit Fruchtstücken)

Kon|flikt, *der;* -[e]s, -e (Zwiespalt, [Wider]streit); **Kon|flikt|scheu**

Kon|fö|de|ra|ti|on [...*zion*], *die;* -, -en ([Staaten]bund)

kon|form (einig, übereinstimmend); - sein, konform gehen, (auch:) konformgehen (übereinstimmen); **Kon|for|mis|mus,** *der;* - ([Geistes]haltung, die [stets] um Anpassung bemüht ist); **Kon|for|mist,** *der;* -en, -en (Vertreter des Konformismus)

Kon|fron|ta|ti|on [...*zion*], *die;* -, -en (Gegenüberstellung [von Angeklagten u. Zeugen]; Auseinandersetzung); **kon|fron|tie|ren;** mit jmdm., mit etwas konfrontiert werden

kon|fus (verwirrt, verworren); **Kon|fu|si|on,** *die;* -, -en (Verwirrung, Durcheinander)

kon|ge|ni|al (geistesverwandt; geistig ebenbürtig); **Kon|ge|ni|a|li|tät,** *die;* -

Kon|glo|me|rat, *das;* -[e]s, -e (Zusammenballung; Geol.: Sedimentgestein)

Kon|gress, *der;* -es, -e ([größere] fachl. od. polit. Versammlung)

kon|gru|ent (übereinstimmend; Math.: deckungsgleich); **Kon|gru|enz,** *die;* -, (selten:) -en (Übereinstimmung)

Kö|nig, *der;* -s, -e; die Heiligen Drei -e; **Kö|ni|gin; Kö|ni|gin|mut|ter** (*Mehrz.* ...mütter); **kö|nig|lich;** Königliche Hoheit (Anrede eines Fürsten od. Prinzen); **Kö|nig|reich; Kö|nigs_blau, ...ker|ze** (eine Heil- u. Zierpflanze); **Kö|nig|tum**

Kon|ju|ga|ti|on [...*zion*], *die;* -, -en (Sprachw.: Beugung des Zeitwortes); **kon|ju|gie|ren** ([Zeitwort] beugen)

Kon|junk|ti|on [...*zion*], *die;* -, -en (Sprachw.: Bindewort; Astron.: Stellung zweier Gestirne im gleichen Längengrad)

Kon|junk|tiv [auch: ...*tif*], *der;* -s, -e [...*we*] (Sprachw.: Möglichkeitsform; Abk.: Konj.)

Kon|junk|tur, *die;* -, -en (wirtschaftl. Gesamtlage von bestimmter Entwicklungstendenz; wirtschaftl. Aufschwung); **kon|junk|tu|rell**

kon|kav (hohl, vertieft, nach innen gewölbt)

Kon|kla|ve [...*we*], *das;* -s, -n (Versammlung[sort] der Kardinäle zur Papstwahl)

Kon|kor|danz, *die;* -, -en (Übereinstimmung); **Kon|kor|dat,** *das;* -[e]s, -e (Vertrag zwischen Staat u. kath. Kirche; schweiz. für: Vertrag zwischen Kantonen)

kon|kret (gegenständlich, anschaubar, greifbar); **kon|kre|ti|sie|ren** (verdeutlichen; [im Einzelnen] ausführen)

Kon|ku|bi|nat, *das;* -[e]s, -e (Rechtsspr.: eheähnliche Gemeinschaft ohne Eheschlie-

ßung); **Kon|ku|bi|ne,** *die;* -, -n (veralt. für: im Konkubinat lebende Frau)

Kon|kur|rent; Kon|kur|ren|tin; Kon|kur|renz, *die;* -, -en (Wettbewerb; Zusammentreffen zweier Tatbestände od. Möglichkeiten); **kon|kur|renz|fä|hig; Kon|kur|renz_kampf; kon|kur|rie|ren** (wetteifern; miteinander in Wettbewerb stehen; zusammentreffen [von mehreren strafrechtl. Tatbeständen]); **Kon|kurs,** *der;* -es, -e (Zahlungseinstellung, -unfähigkeit)

kön|nen, konnte, gekonnt; **Kön|nen,** *das;* -s; **Kön|ner**

Kon|rek|tor, *der;* -s, ...oren (Vertreter des Rektors)

kon|se|quent (folgerichtig; bestimmt; beharrlich, zielbewusst); **Kon|se|quenz,** *die;* -, -en (Folgerichtigkeit; Beharrlichkeit; Folge[rung])

kon|ser|va|tiv; Kon|ser|va|ti|ve [...*iwe*], *der* u. *die;* -n, -n (jmd., der am Hergebrachten festhält; Anhänger[in] einer konservativen Partei); **Kon|ser|va|to|ri|um,** *das;* -s, ...ien [...*i*e*n*] (Musik[hoch]schule); **Kon|ser|ve** [...*we*], *die;* -, -n (haltbar gemachtes Nahrungs- od. Genussmittel; Konservenbüchse mit Inhalt); **Kon|ser|ven_büch|se; kon|ser|vie|ren** (einmachen; haltbar machen; beibehalten); **Kon|ser|vie|rung**

Kon|sis|to|ri|al|rat (*Mehrz.* ...räte; ev. Kirche: ein Amtstitel)

Kon|so|le, *die;* -, -n (Wandbrett; Bauw.: herausragender Mauerteil; EDV: Gerät für elektron. Spiele); **kon|so|li|die|ren** (sichern, festigen); **Kon|so|li|die|rung**

Kon|so|nant, *der;* -en, -en (Sprachw.: Mitlaut, z. B. p, k)

Kon|sor|ten, *die* (*Mehrz.;* abwertend für: Mitbeteiligte, Mittäter)

Kon|spi|ra|ti|on [...*zion*], *die;* -, -en (Verschwörung); **kon|spi|ra|tiv** (verschwörerisch); **kon|spi|rie|ren** (sich verschwören)

kon|s|tant (unveränderlich; beharrlich); **Kon|s|tan|te,** *die;* -[n], *Mehrz.* -n, ohne Geschlechtswort fachspr. auch - (unveränderbare Größe); zwei Konstante[n]; **kon|s|ta|tie|ren** (feststellen)

Kon|s|tel|la|ti|on [...*zion*], *die;* -, -en (Zusammentreffen von Umständen; Astron.: Lage; Stellung der Gestirne zueinander)

kon|s|ter|niert (bestürzt, betroffen)

kon|s|ti|tu|ie|ren ([be]gründen); sich - (zusammentreten [zur Beschlussfassung]); **Kon|s|ti|tu|ti|on** [...*zion*], *die;* - (allgemeine, bes. körperliche Verfassung; Med.: Körperbau; Politik: Verfassung, Satzung)

kon|s|t|ru|ie|ren (gestalten; zeichnen; [künstlich] herstellen); **Kon|s|t|ruk|teur** [...*tör*], *der;* -s, -e (Erbauer, Erfinder, Gestalter); **Kon|s|t|ruk|ti|on** [...*zion*], *die;* -, -en; **kon|s|t|ruk|tiv** (die Konstruktion betreffend; folgerichtig; aufbauend)

Kon|sul, *der;* -s, -n (höchster Beamter der

röm. Republik; heute: diplomatischer Vertreter eines Staates zur Wahrnehmung seiner Interessen in einem anderen Staat); **kon|su|la|risch; Kon|su|lat,** *das;* -[e]s, -e (Amt[sgebäude] eines Konsuls); **Kon|su|lin; Kon|sul|ta|ti|on** [...*zion*]*, die;* -, -en (Befragung, bes. eines Arztes); **kon|sul|tie|ren** ([den Arzt] befragen; zurate ziehen)

Kon|sum, *der;* -s (Verbrauch, Verzehr); **Kon|su|ment,** *der;* -en, -en (Verbraucher; Käufer); **Kon|sum|ge|nos|sen|schaft** (Verbrauchergenossenschaft); **Kon|sum|gut** *(meist Mehrz.);* **kon|su|mie|ren** (verbrauchen; verzehren); **Kon|sum|ter|ror** (abwertend)

Kon|takt, *der;* -[e]s, -e (Berührung, Verbindung); **Kon|takt|auf|nah|me; kon|takt|freu|dig; kon|tak|tie|ren; Kon|takt|lin|se**

Kon|ter|ad|mi|ral (Offiziersdienstgrad bei der Marine); **Kon|ter|ban|de,** *die;* - (veralt. für: Schmuggelware); **kon|tern** (schlagfertig erwidern; Sportspr.: den Gegner im Angriff durch gezielte Gegenschläge abfangen; durch eine Gegenaktion abwehren); **Kon|ter|re|vo|lu|ti|on** (Gegenrevolution)

Kon|ti (Mehrz. von: Konto)

Kon|ti|nent [auch: *kon...*]*, der;* -[e]s, -e (Festland; Erdteil); **kon|ti|nen|tal**

Kon|tin|gent [...*ngg...*]*, das;* -[e]s, -e (anteilig zu erbringende Menge, Leistung, Anzahl); **kon|tin|gen|tie|ren** (das Kontingent festsetzen; [vorsorglich] ein-, zuteilen)

kon|ti|nu|ier|lich (stetig, fortdauernd, durchlaufend); **Kon|ti|nu|i|tät** [...*nui...*]*, die;* - (lückenloser Zusammenhang, Stetigkeit, Fortdauer)

Kon|to, *das;* -s, ...ten (auch: -s u. ...ti; Rechnung; Aufstellung über Forderungen u. Schulden); **Kon|to_aus|zug, ...num|mer**

Kon|tor, *das;* -s, -e (Handelsniederlassung im Ausland); **Kon|to|rist,** *der;* -en, -en; **Kon|to|ris|tin; Kon|to|stand**

kon|tra (gegen, entgegengesetzt); **Kon|t|ra,** *das;* -s, -s (Kartenspiel: Gegenansage); jmdm. - geben; Kon|t|ra|bass (Bassgeige)

Kon|tra|hent, *der;* -en, -en (Rechtsspr.: Vertragspartner; Gegner)

Kon|tra|in|di|ka|ti|on [...*zion*]*, die;* -, -en (Med.: Gegenanzeige)

Kon|trakt, *der;* -[e]s, -e (Vertrag, Abmachung); **Kon|trak|ti|on** [...*zion*]*, die;* -, -en (Med.: Zusammenziehung [von Muskeln]; Physik: Verringerung des Volumens)

kon|t|rär (gegensätzlich; widrig); **Kon|t|rast,** *der;* -[e]s, -e ([starker] Gegensatz; auffallender [Farb]unterschied); **kon|t|ras|tie|ren** (sich unterscheiden, einen [starken] Gegensatz bilden); **Kon|t|rast|mit|tel** (Med.)

Kon|t|rol|le, *die;* -, -n; **Kon|t|rol|leur**

[...*lör*]*, der;* -s, -e (Aufsichtsbeamter, Prüfer); **kon|t|rol|lie|ren**

kon|t|ro|vers [...*wärβ*] (strittig; umstritten); **Kon|t|ro|ver|se,** *die;* -, -n (Meinungsverschiedenheit; [wissenschaftl.] Streit[frage])

Kon|tur, *die;* -, -en (meist Mehrz.; Umriss[linie]; andeutende Linie[nführung]); **kon|tu|rie|ren** (die äußeren Umrisse ziehen; andeuten)

Kon|ven|ti|on [...*zion*]*, die;* -, -en (Abkommen; meist Mehrz.; Herkommen, Brauch, Förmlichkeit); **kon|ven|ti|o|nell** (herkömmlich, üblich; förmlich)

kon|ver|gent [...*wär...*] (sich zuneigend, zusammenlaufend); **Kon|ver|genz,** *die;* -, -en (Annäherung, Übereinstimmung); **kon|ver|gie|ren**

Kon|ver|sa|ti|on [...*wärsazion*]*, die;* -, -en (Unterhaltung; Plauderei); **Kon|ver|sa|ti|ons|le|xi|kon**

kon|ver|tie|ren (Rel.: den Glauben, die Konfession wechseln; Wirtsch.: Währung zum Wechselkurs tauschen); **Kon|ver|tit,** *der;* -en, -en (Rel.: jmd., der konvertiert ist)

kon|vex [...*wäkβ*] (erhaben, nach außen gewölbt)

Kon|voi [*konweu*, auch: *konweu*], *der;* -s, -s (bes. Milit.: Geleitzug [für Schiffe]; Fahrzeugkolonne)

Kon|zen|t|rat, *das;* -[e]s, -e (angereicherter Stoff, hochprozentige Lösung; hochprozentiger [Pflanzen-, Frucht]auszug); **Kon|zen|t|ra|ti|on** [...*zion*]*, die;* -, -en (Zusammenziehung [von Truppen]; [geistige] Sammlung; Chemie: Gehalt einer Lösung); **Kon|zen|t|ra|ti|ons_la|ger** (Abk.: KZ), **...man|gel, ...schwä|che; kon|zen|t|rie|ren** ([Truppen] zusammenziehen, vereinigen; Chemie: anreichern, gehaltreich machen); sich - (sich [geistig] sammeln); **kon|zen|t|riert** (Chemie: angereichert, gehaltreich; übertr. für: aufmerksam); **kon|zen|t|risch** (mit gemeinsamen Mittelpunkt)

Kon|zept, *das;* -[e]s, -e (Entwurf; erste Fassung, grober Plan); **Kon|zep|ti|on** [...*zion*]*, die;* - ([künstlerischer] Einfall; Entwurf eines Werkes; Med.: Empfängnis)

Kon|zern, *der;* -[e]s, -e (Zusammenschluss wirtschaftl. Unternehmen)

Kon|zert, *das;* -[e]s, -e; **kon|zer|tie|ren** (ein Konzert geben); konzertierte (gemeinsame, abgestimmte) Aktion

Kon|zes|si|on, *die;* -, -en (Zugeständnis; behördl. Genehmigung)

Kon|zil, *das;* -s, -e u. -ien [...*i*ᵉ*n*] ([Kirchen]versammlung); **kon|zi|li|ant** (versöhnlich, umgänglich, verbindlich)

kon|zi|pie|ren (verfassen, entwerfen; Med.: schwanger werden)

Ko|ope|ra|ti|on [...*zion*]*, die;* - (Zusammenarbeit); **ko|ope|ra|tiv; ko|ope|rie|ren** (zusammenarbeiten)

Ko|or|di|na|ti|on [...*zion*]*, die;* -, -en; **ko|or|di|nie|ren** (in ein Gefüge einbauen; aufeinander abstimmen; nebeneinanderstellen)

Kö|per, *der;* -s, - (ein Gewebe); **Kö|per|bin|dung**

Kopf, *der;* -[e]s, Köpfe; von Kopf bis Fuß; auf dem Kopf stehen; **Köpf|chen; köp|fen; Kopf_haut, ...hö|rer, ...jä|ger, ...kis|sen, ...rech|nen** (das; -s); **kopf|ste|hen** (einen Kopfstand machen; ugs. für: völlig verblüfft, verwirrt sein); die ganze Welt steht kopf; **Kopf|stein|pflas|ter; kopf|ü|ber; Kopf|zer|bre|chen,** *das;* -s

Ko|pie (österr.: *kopi*ᵉ], *die;* -, ...ien [...*i*ᵉ*n*, österr.: *kopi*ᵉ*n*] (Abschrift; Abdruck; Nachbildung; Film: Abzug); **ko|pie|ren** (eine Kopie anfertigen); **Ko|pier|ge|rät**

Ko|pi|lot (zweiter Flugzeugführer; zweiter Fahrer); **Ko|pi|lo|tin**

¹**Kop|pel,** *die;* -, -n (eingezäunte Weide; Riemen; durch Riemen verbundene Tiere)

²**Kop|pel,** *das;* -s, - u. (österr.:) *die;* -, -n (Gürtel)

kop|peln (verbinden)

kopp|heis|ter (nordd. für: kopfüber); - schießen (einen Purzelbaum schlagen)

Ko|pro|duk|ti|on [...*zion*]*, die;* -, -en (Gemeinschaftsherstellung); **Ko|pro|du|zent,** *der;* -en, -en; **ko|pro|du|zie|ren**

Ko|pu|la|ti|on [...*zion*]*, die;* -, -en (Biol.: Begattung); **ko|pu|lie|ren**

Ko|ral|le, *die;* -, -n (Nesseltier; Schmuckstein aus dessen Skelett); **Ko|ral|len|riff**

Ko|ran, *der;* -s, -e (das heilige Buch des Islam)

Korb, *der;* -[e]s, Körbe; **Korb|ball|spiel; Körb|chen**

Kord usw.; vgl. Cord usw.; **Kord|an|zug;** vgl. Cordanzug

Kor|del, *die;* -, -n (gedrehte od. geflochtene Schnur)

Kor|don [...*dong*, österr.: ...*don*]*, der;* -s, -s u. (österr.:) -e (Postenkette, Absperrung; Ordensband)

Ko|ri|an|der, *der;* -s, (selten:) - (eine Gewürzpflanze u. deren Samen)

Ko|rin|the, *die;* -, -n (kleine Rosinenart); **Ko|rin|then|brot**

Kork, *der;* -[e]s, -e (Rinde der Korkeiche; Korken); **Kor|ken,** *der;* -s, - (Stöpsel aus Kork); **Kor|ken|zie|her**

Kor|mo|ran [österr.: *kor...*]*, der;* -s, -e (ein Schwimmvogel)

¹**Korn,** *das;* -[e]s, Körner u. (für: Getreidearten *Mehrz.:*) -e

²**Korn,** *das;* -[e]s, (selten:) -e (Teil der Visiereinrichtung)

³**Korn,** *der;* -[e]s, - (ugs. für: Kornbranntwein)

Korn|blu|me; korn|blu|men|blau; Körn|chen

Kor|nel|kir|sche, *die;* -, -n (ein Zierstrauch)

Kör|ner, *der;* -s, - (Markierstift)

Kor|nett, *das;* -[e]s u. -s -s (ein Blechblasinstrument); **Kor|net|tist,** *der;* -en, -en (Kornettspieler); **Kor|net|tis|tin**

kör|nig; Korn|ra|de, *die;* -, -n (ein Ackerwildkraut)

Ko|ro|na, *die;* -, ...nen (Heiligenschein in der Kunst; Strahlenkranz [um die Sonne]; ugs. für: [fröhliche] Runde; auch für: Horde)

Kör|per, *der;* -s, -; Kör|per␣bau, ...be|hin|der|te, *der u. die;* -n, -n; kör|per|lich; Kör|per|pfle|ge, *die;* -; Kör|per|schaft; kör|per|schaft|lich; Kör|per|teil

Kor|po|ra|ti|on [...*zion*], *die;* -, -en (Körperschaft; Studentenverbindung); Korps [*kor*], *das;* - [*korβ*], - [*korβ*] (Heeresabteilung; [schlagende] Studentenverbindung); kor|pu|lent (beleibt); Kor|pu|lenz, *die;* - (Beleibtheit); Kor|pus, *das;* -, ...pora (einer wissenschaftl. Untersuchung zugrunde liegender Text; Musik: [meist: *der; nur Einz.*] Klangkörper eines Instruments)

kor|rekt; kor|rek|ter|wei|se; Kor|rekt|heit, *die;* -; Kor|rek|tur, *die;* -, -en (Berichtigung [des Schriftsatzes], Verbesserung)

Kor|re|la|ti|on [...*zion*], *die;* -, -en (Wechselbeziehung); kor|re|lie|ren

kor|re|pe|tie|ren (Musik: mit jmdm. eine Gesangspartie vom Klavier aus einüben); Kor|re|pe|ti|tor (Musiker, der korrepetiert)

Kor|re|s|pon|dent, *der;* -en, -en (auswärtiger, fest engagierter [Zeitungs]berichterstatter; Bearbeiter des kaufmänn. Schriftwechsels); Kor|re|s|pon|den|tin; Kor|re|s|pon|denz, *die;* -, -en (Briefverkehr, -wechsel; regional für: Berichterstattung; veraltet für: Übereinstimmung); kor|re|s|pon|die|ren (im Briefverkehr stehen; übereinstimmen)

Kor|ri|dor, *der;* -s, -e ([Wohnungs]flur, Gang; schmaler Gebietsstreifen); Kor|ri|dor|tür

kor|ri|gie|ren (berichtigen; verbessern)

kor|ro|die|ren (fachspr. für: zersetzen, zerstören; der Korrosion unterliegen); Kor|ro|si|on (Zersetzung, Zerstörung); kor|ro|si|ons|be|stän|dig

kor|rupt ([moralisch] verdorben; bestechlich); Kor|rup|ti|on [...*zion*], *die;* - (Bestechlichkeit; Bestechung; [Sitten]verfall)

Kor|se|lett, *das;* -s, -s u. -e (bequemes, leichtes Korsett); Kor|sett, *das;* -s, -s u. -e (Mieder; Med.: Stützvorrichtung für die Wirbelsäule); Kor|sett|stan|ge

Kor|ti|son, fachspr.: Cor|ti|son, *das;* -s (Pharm.; ein Hormonpräparat)

Kor|vet|te [...*wät°*], *die;* -, -n (leichtes [Segel]kriegsschiff)

Ko|ry|phäe, *die;* -, -n (bedeutende Persönlichkeit, hervorragender Gelehrter, Künstler usw.)

ko|scher (den jüd. Speisegesetzen gemäß; ugs. für: einwandfrei)

ko|sen; Ko|se␣na|me, ...wort (*Mehrz.:* ...wörter, auch: ...worte)

Ko|si|nus, *der;* -, - u. -se (Winkelfunktion im Dreieck; Zeichen: cos)

Kos|me|tik, *die;* - (Körper- u. Schönheitspflege); Kos|me|ti|ke|rin; Kos|me|ti|kum, *das;* -s, ...ka (Schönheitsmittel); kos|me|tisch

kos|misch (im Kosmos; das Weltall betreffend; All...); Kos|mo|lo|gie, *die;* -, ...ien (Lehre von der Entstehung u. Entwicklung des Weltalls); Kos|mo|naut, *der;* -en, -en (Weltraumfahrer); Kos|mo|nau|tik, *die;* -; Kos|mo|nau|tin; Kos|mo|po|lit, *der;* -en, -en (Weltbürger); Kos|mos, *der;* - (Weltall, Weltraum)

Kost, *die;* -

kost|bar; Kost|bar|keit

¹kos|ten (schmecken)

²kos|ten (wert sein); Kos|ten, *die (Mehrz.);* auf seine -; Kos|ten|an|schlag; Kos|ten de|ckend, (auch:) kos|ten|de|ckend; kos|ten|güns|tig; kos|ten␣los, ...pflichtig; Kos|ten|punkt; Kos|ten spa|rend, (auch:) kos|ten|spa|rend

Kost␣gän|ger, ...gel|ber; köst|lich; Köst|lich|keit; Kost|pro|be; kost|spie|lig; Kost|spie|lig|keit, *die;* -

Kos|tüm, *das;* -s, -e; kos|tü|mie|ren, sich (sich [ver]kleiden)

Kot, *der;* -[e]s, (selten:) -e

Ko|tan|gens, *der;* -, - (Winkelfunktion im Dreieck; Zeichen: cot)

Ko|tau, *der;* -s, -s (demütige Ehrerweisung); - machen

Ko|te|lett, *das;* -s, -s (Rippenstück); Ko|te|let|ten, *die (Mehrz.;* Backenbart)

Kö|ter, *der;* -s, - (abwertend für: Hund)

Kot|flü|gel; kot|ig

¹Kot|ze, *die;* -, -n (landsch. für: wollene Decke, Wollzeug; wollener Umhang)

²Kot|ze, *die;* - (derb für: Erbrochenes); kot|zen (derb für: sich übergeben); kotz|übel (derb)

Krab|be, *die;* -, -n (Krebs; ugs. für: Kind, junges Mädchen); krab|beln (ugs.)

krach!; Krach, *der;* -[e]s, Kräche (ugs.); mit Ach und - (mit Müh und Not); kra|chen; kra|chig; Krach|le|der|ne, *die;* -n, -n (bayr. für: kurze Lederhose); kräch|zen; Kräch|zer (ugs. für: gekrächzter Laut; scherzh. für: Mensch, der heiser, rau spricht)

Krad, *das;* -[e]s, Kräder (Kurzform für: Kraftrad)

kraft; *Verhältnisw. mit Wesf.* - meines Amtes; Kraft, *die;* -, Kräfte; in - treten; das Inkrafttreten; Kraft␣an|stren|gung, ...auf|wand, ...brü|he, ...fah|rer, ...fahr|zeug (Abk.: Kfz)

Kräf|te rau|bend, (auch:) kräf|te|rau|bend; kräf|te|zeh|rend; kräf|tig; kräf|ti|gen; Kräf|ti|gung; kraft|los; Kraft␣mei|er (ugs. für: jmd., der mit seiner Kraft protzt), ...pro|be, ...rad (Kurzform: Krad); Kraft rau|bend, (auch:) kraft|rau|bend; aber nur: eine sehr kraftraubende Tätigkeit; Kraft|stoff; kraft|voll; Kraft␣wa|gen, ...werk

Krä|gel|chen; Kra|gen, *der;* -s, - (südd., österr. u. schweiz. auch: Krägen)

Krä|he, *die;* -, -n; krä|hen; Krä|hen|fü|ße, *die (Mehrz.;* ugs. für: Fältchen in den Augenwinkeln; unleserlich gekritzelte Schrift)

Kra|kau|er, *die;* -, - (eine Wurstsorte)

Kra|ke, *der;* -n, -n (Riesentintenfisch)

Kra|keel, *der;* -s (ugs. für: Lärm u. Streit; Unruhe); kra|kee|len (ugs.)

Kra|kel, *der;* -s, - (ugs. für: schwer leserliches Schriftzeichen); Kra|ke|lei (ugs.); kra|ke|lig, krak|lig (ugs.); kra|keln (ugs.)

Kral, *der;* -s, -e u. -s (Runddorf afrik. Stämme)

Kral|le, *die;* -, -n; kral|len (auch ugs. für: unerlaubt wegnehmen)

Kram, *der;* -[e]s; kra|men (ugs. für: [suchend] herumwühlen); Krä|mer (veralt., aber noch landsch. für: Kleinhändler); Kram|la|den (abwertend für: kleiner Laden)

Kram|mets|vo|gel (landsch. für: Wacholderdrossel)

Kram|pe, *die;* -, -n (u-förmig gebogener Metallhaken)

Krampf, *der;* -[e]s, Krämpfe; Krampf|ader; krampf|en; sich -; krampf|haft

Kran, *der;* -[e]s, Kräne (fachspr. auch: Krane; Hebevorrichtung); Kran|füh|rer

Kra|nich, *der;* -s, -e (ein Stelzvogel)

krank; kränker, kränkste; - sein, liegen; weil der Lärm mich krank macht, (auch:) krankmacht; vgl. aber krankmachen; krank|är|gern, sich; Kran|ke, *der u. die;* -n, -n; krän|keln; krän|ken (beleidigen, verletzen)

Kran|ken␣gym|nas|tik, ...haus, ...kas|se, ...pfle|ge, ...schwes|ter, ...ver|si|che|rung, ...wa|gen

krank|fei|ern (ugs. für: der Arbeit fernbleiben, ohne ernstlich krank zu sein; landsch. für: arbeitsunfähig sein); er hat gestern krankgefeiert; krank|haft; Krank|heit; krank|la|chen, sich; kränk|lich; krank|ma|chen (svw. krankfeiern); vgl. krank; krank|mel|den, sich; Krank|mel|dung; krank|schrei|ben; sie wurde krankgeschrieben; Krän|kung

Kranz, *der;* -es, Kränze; Kränz|chen; krän|zen (dafür häufiger: bekränzen); Kranz|nie|der|le|gung

Krap|fen, *der;* -s, - (Gebäck)

krass (extrem; außerordentlich; scharf; grell); Krass|heit

Kra|ter, *der;* -s, - (Vulkanöffnung; Abgrund); Kra|ter|land|schaft

kratz|bürs|tig (widerspenstig); Krät|ze, *die;* - (eine Hautkrankheit); krat|zen; Krat|zer (ugs. für: Schramme); Kratz|fuß (früher für: übertriebene Verbeugung); krat|zig

Kraul, *das;* -[s] (ein Schwimmstil)

¹krau|len (im Kraulstil schwimmen)

²krau|len (sanft streicheln)

Krau|ler; Kraul|schwim|men

kraus; Krau|se, *die;* -, -n; Kräu|sel|krepp; kräu|seln; Kraus|kopf

Kraut, *das;* -[e]s, Kräuter (südd., österr. *Einz. auch für:* Kohl); Kräu|ter, *die (Mehrz.;* Gewürz- und Heilpflanzen); Kräu|ter|tee

Kra|wall, *der;* -s, -e (Aufruhr; ugs. für:
Lärm); Kra|wall|ma|cher
Kra|wat|te, *die;* -, -n ([Hals]binde; Schlips);
Kra|wat|ten|na|del
kra|xeln (ugs. für: klettern)
Kre|a|ti|on [...*zion*], *die;* -, -en (Modeschöp-
fung; veraltend für: Erschaffung); kre|a|tiv
(schöpferisch); Kre|a|ti|vi|tät, *die;* -
(schöpferische Kraft); Kre|a|tur, *die;*
-, -en (Lebewesen, Geschöpf); kre|a|tür-
lich
Krebs, *der;* -es, -e (Krebstier; bösartige Ge-
schwulst); eine Krebs erregende, (auch:)
krebserregende Chemikalie
kre|den|zen (geh. für: [ein Getränk] feierlich
anbieten, einschenken); Kre|dit, *der;* -[e]s,
-e (befristet zur Verfügung gestellter Geld-
betrag; *nur Einz.:* Zahlungsaufschub; Ver-
trauenswürdigkeit in Bezug auf
Zahlungsfähigkeit u. -bereitschaft; übertr.
für: Glaubwürdigkeit); Kre|dit|kar|te; kre-
dit|wür|dig
Kre|do, (auch:) Cre|do, *das;* -s, -s („ich
glaube"; Glaubensbekenntnis)
Krei|de, *die;* -, -n; krei|de|bleich; Krei|de-
fel|sen; krei|de|weiß
kre|ie|ren (schaffen, gestalten, erfinden);
Kre|ie|rung
Kreis, *der;* -es, -e (auch für: Verwaltungsge-
biet); Kreis_arzt, ...bahn
krei|schen
Krei|sel, *der;* -s, -; krei|sen; kreis|frei; -e
Stadt; Kreis|lauf; Kreis|lauf|stö|rung
krei|ßen (veraltend für: in Geburtswehen
liegen); Kreiß|saal (Entbindungsraum im
Krankenhaus)
Kreis_stadt, ...um|fang, ...ver|kehr
Krem, *die;* -, -s, ugs. auch: *der;* -s -e u. -s,
Kre|me; vgl. Creme
Kre|ma|to|ri|um, *das;* -s, ...ien [...*i°n*] (An-
lage für Feuerbestattungen)
Kre|me; vgl. Creme
kre|mig; vgl. cremig
Krem|pe, *die;* -, -n ([Hut]rand); krem|peln
([nach oben] umschlagen)
kre|pie|ren (bersten, platzen [von Sprengge-
schossen]; derb für: verenden)
Krepp, *der;* -s, -s u. -e (krauses Gewebe);
Krepp|pa|pier, (auch:) Krepp-Pa|pier
Kres|se, *die;* -, -n (Name verschiedener Sa-
lat- u. Gewürzpflanzen)
Kre|thi und Ple|thi (*Mehrz., auch Einz.;* alle
möglichen Leute; jedermann)
Kre|tin [...*täng*], *der;* -s, -s (Med.: jmd., der
an Kretinismus leidet; ugs. abwertend für:
Dummkopf); Kre|ti|nis|mus, *der;* - (Med.:
durch Unterfunktion der Schilddrüse be-
dingtes Zurückbleiben der geistigen u. kör-
perl. Entwicklung)
Kreuz, *das;* -es, -e; das Rote Kreuz; das Ei-
serne Kreuz; kreu|zen (über Kreuz legen;
Biol.: paaren; Seemannsspr.: im Zickzack-
kurs fahren); sich - (sich überschneiden);
Kreu|zer (ehem. Münze; Kriegsschiff, grö-
ßere Segeljacht); Kreu|zes|zei|chen,

Kreuz|zei|chen; Kreuz|fah|rer, ...feu|er;
kreuz|fi|del (ugs.); Kreuz|gang; kreu|zi-
gen; Kreu|zi|gung; Kreuz_ot|ter (*die*),
...rit|ter; kreuz und quer; Kreu|zung;
kreu|zungs|frei (Verkehrsw.); Kreuz|ver-
hör; Kreuz|wort|rät|sel; Kreuz|zei|chen;
vgl. Kreuzeszeichen; Kreuz|zug
Kre|vet|te [...*wät°*], (auch:) Cre|vet|te *die;* -,
-n (eine Garnelenart)
krib|be|lig, kribb|lig (ugs. für: ungeduldig,
gereizt); krib|beln (ugs. für: prickeln; ju-
cken; wimmeln); kribb|lig
Kri|ckel|kra|kel, *das;* -s, - (ugs. für: unleser-
liche Schrift)
Kri|cket, *das;* - (ein Ballspiel)
krie|chen; kroch, gekrochen; Krie|cher (ab-
wertend); krie|che|risch (abwertend);
Kriech|spur (Verkehrsw.)
Krieg, *der;* -[e]s, -e; die Krieg führenden,
(auch:) kriegführenden Parteien; krie|gen
(ugs. für: erhalten, bekommen); Krie|ger;
Krie|ger|denk|mal (*Mehrz.* ...mäler);
krie|ge|risch; krieg|füh|rend; vgl. Krieg;
Kriegs|be|schä|dig|te, *der* u. *die;* -n, -n;
Kriegs|dienst; Kriegs|dienst|ver|wei|ge-
rer; Kriegs|fuß; nur in: auf [dem] - mit
jmdm. od. etwas stehen (scherzh. für: mit
jmdm. im Streit liegen; etw. nur unzurei-
chend beherrschen), ...ge|fan|ge|ne,
...ge|fan|gen|schaft, ...geg|ner, ...op-
fer, ...ver|bre|cher
Kri|mi [auch *kri...*], *der;* -[s], -[s] (ugs. für:
Kriminalroman, -film); Kri|mi|nal|be|am-
te; Kri|mi|nal|le, *der;* -n, -n (ugs. für: Kri-
minalbeamte); kri|mi|na|li|sie|ren (etwas
als kriminell hinstellen); Kri|mi|na|list,
der; -en, -en (Kriminalpolizist); Kri|mi|na-
li|tät, *die;* -; Kri|mi|nal|po|li|zei (Kurzw.:
Kripo); kri|mi|nell; Kri|mi|nel|le, *der* u.
die; -n, -n (straffällig Gewordene[r])
Krims|krams, *der;* -[es] (ugs. für: Plunder,
wertloses Zeug)
Krin|gel, *der;* -s, - ([kleiner, gezeichneter]
Kreis; auch für: [Zucker]gebäck); krin|geln
([sich] zu Kringeln formen); sich - (ugs. für:
herzhaft lachen)
Kri|po = Kriminalpolizei
Krip|pe, *die;* -, -n; Krip|pen|spiel (Weih-
nachtsspiel)
Kri|se, Kri|sis, *die;* -, Krisen; kri|seln; es kri-
selt; Kri|sen|herd; Kri|sis; vgl. Krise
¹Kris|tall, *der;* -s, -e (fester, regelmäßig ge-
formter, von ebenen Flächen begrenzter
Körper)
²Kris|tall, *das;* -s (geschliffenes Glas)
Kris|täll|chen; kris|tal|len (aus, von Kris-
tall[glas]; kristallklar); Kris|tall|glas
(*Mehrz.* ...gläser); kris|tall|klar
Kri|te|ri|um, *das;* -s, ...ien [...*i°n*] (Prüfstein;
unterscheidendes Merkmal); Kri|tik, *die;* -,
-en; Kri|ti|ker; kri|tisch (streng beurtei-
lend, prüfend, wissenschaftl. verfahrend;
oft für: anspruchsvoll; die Wendung [zum
Guten od. Schlimmen] bringend; gefähr-
lich, bedenklich); kri|ti|sie|ren

Krit|te|lei; krit|teln (mäkelnd urteilen);
Kritt|ler
Krit|ze|lei (ugs.); krit|zeln (ugs.)
Kro|cket [*krok°t,* auch: *krokät*], *das;* -s (ein
Ballspiel)
Kro|kant, *der;* -s (knusprige Masse aus zer-
kleinerten Mandeln od. Nüssen)
Kro|ket|te, *die;* -, -n (*meist Mehrz.;* geba-
ckenes längliches Klößchen [aus Kartoffel-
brei, Fisch, Fleisch o. Ä.])
Kro|ko|dil, *das;* -s, -e; Kro|ko|dils|trä|ne
(heuchlerische Träne)
Kro|kus, *der;* -, u. -se (eine Zierpflanze)
Krön|chen
¹Kro|ne, *die;* -, -n (Kopfschmuck usw.)
²Kro|ne (Währungseinheit in Dänemark, Est-
land, Island, Norwegen, Schweden, Tsche-
chien u. der Slowakei)
krö|nen; Kro|nen|kor|ken; Kron_kor|ken,
...leuch|ter, ...prinz; Krö|nung; Kron-
zeu|ge (Hauptzeuge)
Kropf, *der;* -[e]s, Kröpfe; kropf|ig; Kropf-
tau|be
kross (nordd. für: knusprig)
Krö|sus, *der;* -, auch: -ses, -se (sehr reicher
Mann)
Krö|te, *die;* -, -n; Krö|ten, die (*Mehrz.;* ugs.
für: Geld)
Krü|cke, *die;* -, -n; Krück|stock (*Mehrz.*
...stöcke)
krud, kru|de (grob, unfein)
Krug, *der;* -[e]s, Krüge (auch bes. nordd. für:
Schenke)
Kru|me, *die;* -, -n; Krü|mel, *der;* -s, - (kleine
Krume); krü|me|lig; krü|meln
krumm; krumm sitzen, gehen; vgl. aber
krummgehen; krumm|bei|nig; krüm-
men; sich -; krumm|ge|hen (ugs. für:
misslingen); Krumm|holz (ugs. für: Natur ge-
bogenes Holz); krumm|la|chen, sich (ugs.
für: heftig lachen); krumm|le|gen, sich
(ugs. für: sich abmühen); krumm|neh|men
(ugs. für: übelnehmen); Krüm|mung
krump|flecht; krump|fen (einlaufen [von
Stoffen]); krumpf|frei
Krüp|pel, *der;* -s, -
Krus|te, *die;* -, -n; Krus|ten|tier
Krux, Crux, *die;* - (Last, Kummer)
Kru|zi|fix [auch *kru...*], *das;* -es, -e (Darstel-
lung des gekreuzigten Christus); Kru|zi|fi-
xus, *der;* - (Christus am Kreuz)
Kryp|ta, *die;* -, ...ten (Gruft, unterirdischer
Kirchen-, Kapellenraum); Kryp|ton [auch:
...*on*], *das;* -s (chem. Element, Edelgas;
Zeichen: Kr)
KSZE = Konferenz über Sicherheit und Zusammenarbeit in Europa; KSZE-Schluss-
ak|te
Kü|bel, *der;* -s, -; Kü|bel|wa|gen
Ku|ben (*Mehrz. von:* Kubus); Ku|bik|de|zi-
me|ter (Zeichen: dm³); Ku|bik|me|ter
(Festmeter; Zeichen: m³); Ku|bik|zen|ti-
me|ter (Zeichen: cm³); ku|bisch (würfel-
förmig; in der dritten Potenz vorliegend);
Ku|bis|mus, *der;* - (Kunststil, der in kubi-

schen Formen gestaltet); **Ku|bus**, *der;* -,
Kuben (Würfel; dritte Potenz)

Kü|che, *die;* -, -n

Ku|chen, *der;* -s, -

Kü|chen_chef, ...**hil|fe**, ...**la|tein** (scherzh.
für: schlechtes Latein)

Kü|chen|schel|le, *die;* -, -n (eine Anemone)

Ku|chen|teig

Kü|chen_zei|le, ...**zet|tel**

¹Küch|lein (Küken)

²Küch|lein (kleine Küche)

³Küch|lein (kleiner Kuchen)

ku|cken (nordd. für: gucken)

Kü|cken (österr. für: ¹Küken)

ku|ckuck; **Ku|ckuck**, *der;* -s, -e; **Ku_
ckucks_ei**, ...**uhr**

Kud|del|mud|del, *der* od. *das;* -s (ugs. für:
Durcheinander, Wirrwarr)

Ku|fe, *die;* -, -n (Gleitschiene [eines Schlit-
tens])

Kü|fer (südwestd. u. schweiz. für: Böttcher;
auch svw. Kellermeister)

Ku|gel, *die;* -, -n; **Ku|gel|blitz**; **Kü|gel-
chen**; **Ku|gel|ge|lenk**; **ku|gel|ig**, kug|lig;
Ku|gel|la|ger; **ku|geln**; sich -; **ku|gel-
rund**; **Ku|gel_schrei|ber**, ...**sto|ßen** (*das;*
-s); **kug|lig**; vgl. kugelig

Kuh, *die;* -, Kühe; **Kuh_han|del** (ugs. für:
kleinliches Aushandeln von Vorteilen),
...**haut** (das geht auf keine - [ugs. für: das
ist unerhört])

kühl; **Kühl|an|la|ge**

Kuh|le, *die;* -, -n (ugs. für: muldenartige Ver-
tiefung)

Küh|le, *die;* -; **küh|len**; **Küh|ler** (Kühlvor-
richtung); **Küh|ler|hau|be**; **Kühl_schrank**,
...**turm**; **Küh|lung**, *die;* -

Kuh_milch, ...**mist**

kühn; **Kühn|heit**

ku|jo|nie|ren (ugs. abwertend für: schika-
nieren)

Kü|ken, (österr.:) Kü|cken, *das;* -s, - (das
Junge des Huhnes)

ku|lant (entgegenkommend [im Geschäfts-
verkehr]); **Ku|lanz**, *die;* -

Ku|li, *der;* -s, -s (Tagelöhner in [Süd]ost-
asien; abwertend für: rücksichtslos Ausge-
nutzter)

ku|li|na|risch (auf die [feine] Küche, die
Kochkunst bezüglich)

Ku|lis|se, *die;* -, -n (Theater: Teil der Büh-
nendekoration)

ku|llern (ugs. für: rollen)

Kul|mi|na|ti|on [...*zion*], *die;* -, -en (Errei-
chung des Höhe-, Gipfelpunktes); **kul|mi-
nie|ren** (den Höhepunkt erreichen; gipfeln)

Kult, *der;* -[e]s, -e u. Ku|ltus, *der;* -, Kulte
(religiöse Verehrung; auch für: übertrie-
bene Verehrung); **Kult|film** (als bes. ein-
drucksvoll beurteilter, immer wieder ange-
sehener Film); **kul|tisch**; **kul|ti|vie|ren**
(urbar machen; bes. pflegen, fördern); **kul-
ti|viert** (gesittet; gebildet)

Kul|tur, *die;* -, -en; **Kul|tur|beu|tel** (Beutel
für Toilettensachen); **kul|tu|rell**; **Kul-

tur_ge|schich|te** (*die;* -), ...**gut**; **kul|tur-
los**; **Kul|tur_po|li|tik**, ...**re|vo|lu|ti|on**
(politisch-ideologische Kampagne in China
1966-1976); **Ku|ltus**; vgl. Kult; **Kul|tus-
mi|nis|te|ri|um**

Küm|mel, *der;* -s, - (Gewürzkraut; Brannt-
wein)

Kum|mer, *der;* -s; **küm|mer|lich**; **Küm|mer-
ling** (schwaches, zurückgebliebenes Ge-
schöpf); **küm|mern** (in der Entwicklung
zurückbleiben); sich [um jmdn., etwas] -
([für jmdn., etwas] sorgen)

Kum|pan, *der;* -s, -e (ugs. für: Kamerad, Ge-
fährte; abwertend für: Helfershelfer);
Kum|pa|nei; **Küm|pel**, *der;* -s, - u. (ugs.:)
-s (Bergmann; ugs. auch für: Arbeitskol-
lege, Freund)

Ku|mu|la|ti|on [...*zion*], *die;* -, -en (fachspr.
für: Anhäufung); **ku|mu|lie|ren** (anhäu-
fen); sich -

kund; - und zu wissen tun; vgl. aber kundtun

¹Kun|de, *der;* -n, -n (Käufer; abwertend für:
Kerl)

²Kun|de, *die;* -, -n (Kenntnis, Lehre; Bot-
schaft)

³Kun|de, *die;* -, -n (österr. für: Kundschaft)

Kund|ga|be, *die;* -; **kund|ge|ben** (geh.);
gab kund, kundgegeben; **Kund|ge|bung**;
kun|dig; **Kun|di|ge**, *der* u. *die;* -n, -n;
kün|di|gen; jmdm. [etw.] -; **Kün|di|gung**;
Kun|din (Käuferin); **Kund|schaft**; **Kund-
schaf|ter**; **kund|tun**; tut kund, kundgetan

künf|tig; **künf|tig|hin**

Kunst, *die;* -, Künste; **Küns|te|lei**; **küns-
teln**; **Kunst_denk|mal**, ...**er|zie|hung**,
...**fa|ser**, ...**feh|ler**, ...**ge|schich|te** (*die;*
-), ...**ge|wer|be** (*das;* -s), ...**hand|werk**;
Künst|ler; **Künst|le|rin**; **künst|le|risch**;
Künst|ler|pech (ugs.); **künst|lich**; -e
Niere; -e Intelligenz; **Kunst|stoff**; **kunst-
stop|fen** (nur in der Grundform u. im
2. Mittelwort gebr.); kunstgestopft; **Kunst-
_stück**, ...**werk**

kun|ter|bunt (vielfarbig; bunt gemischt; un-
geordnet); **Kun|ter|bunt**, *das;* -s

Ku|pee; vgl. Coupé

Kup|fer, *das;* -s, (chem. Element, Metall;
Zeichen: Cu); **Kup|fer|mün|ze**; **kup|fern**
(aus Kupfer); **Kup|fer|stich**; **Kup|fer-
stich|ka|bi|nett**

ku|pie|ren (stutzen; beschneiden)

Ku|pon [...*pong*, österr.: ...*pon*], (auch:)
Coupon [*kupong*], *der;* -s, -s (abtrennba-
rer Zettel; [Stoff]abschnitt; Zinsschein)

Kup|pe, *die;* -, -n

Kup|pel, *die;* -, -n; **Kup|pel|bau** (*Mehrz.*
...bauten)

Kup|pe|lei (veraltend abwertend für: Ver-
mittlung einer Heirat durch unlautere Mit-
tel); **kup|peln** (verbinden; veraltend auch
für: Kuppelei betreiben)

kup|pen (Zweige o. Ä. stutzen)

Kupp|ler; **Kupp|le|rin**; **Kupp|lung**; **Kupp-
lungs|pe|dal**

Kur, *die;* -, -en (Heilverfahren; [Heil]behand-
lung, Pflege)

Kür, *die;* -, -en (Wahl; Wahlübung im Sport);
Kür laufen

Kü|ras|sier, *der;* -s, -e (früher für: Panzerrei-
ter; schwerer Reiter)

Ku|ra|tor, *der;* -s, ...oren (Verwalter einer
Stiftung; Vertreter des Staates in der Uni-
versitätsverwaltung; österr. auch für: Treu-
händer); **Ku|ra|to|ri|um**, *das;* -s, ...ien
[...*i*°n] (Aufsichtsbehörde)

Kür|bel, *die;* -, -n; **kur|beln**

Kür|bis, *der;* -ses, -se

ku|ren (eine Kur machen)

kü|ren (geh. für: wählen); kürte (seltener:
kor), gekürt (seltener: gekoren); **Kur|fürst**;
kur|fürst|lich

Kur|gast (*Mehrz.* ...gäste)

Ku|rier, *der;* -s, -e; **Ku|rier|dienst**

ku|rie|ren (heilen)

ku|ri|os (seltsam); **Ku|ri|o|si|tät**; **Ku|ri|o-
sum**, *das;* -s, ...sa

Kur|kon|zert

Kür|lauf; **Kür|lau|fen**, *das;* -s (Sportspr.)

Kur|mit|tel|haus; **Kur|ort**, *der;* -[e]s, -e;
Kur|pfu|scher

Kur|rent|schrift (veralt. für: Schreibschrift;
österr. für: deutsche Schreibschrift)

Kurs, *der;* -es, -e; **Kurs|buch**

Kur|schat|ten (ugs. scherzh. für: Person an-
deren Geschlechts, mit der sich jmd. während seines Kuraufenthaltes anfreundet)

Kürsch|ner (Pelzverarbeiter); **Kürsch|ne|rin**

kur|sie|ren (im Umlauf sein); **kur|siv** (lau-
fend, schräg); **Kur|siv|schrift**; **kur|so-
risch** (fortlaufend, rasch durchlaufend);
Kur|sus, *der;* -, Kurse (Lehrgang; auch für:
Gesamtheit der Lehrgangsteilnehmer)

Kur|ta|xe

Kur|ti|sa|ne, *die;* -, -n (früher für: Geliebte
am Fürstenhof)

Kur|ve [...*w*° od. ...*f*°], *die;* -, -n (gekrümmte
Linie; Bogen[linie]; Straßenbiegung, -krüm-
mung); **kur|ven** [...*w*°n od. ...*f*°n]; gekurvt

kurz s. *Kasten Seite 345*

Kurz|ar|beit, *die;* -; **kurz|ar|bei|ten** (aus
Betriebsgründen eine kürzere Arbeitszeit
einhalten); **kurz|är|me|lig** od. ...**ärm|lig**;
kurz|at|mig; **Kur|ze**, *der;* -n, -n (ugs. für:
kleines Glas Branntwein; Kurzschluss);
Kür|ze, *die;* -; in -; **Kür|zel**, *das;* -s, - (fest-
gelegtes [kurzschriftl.] Abkürzungszei-
chen); **kür|zen**; du kürzt; **kur|zer|hand**;
kür|zer|tre|ten (sich schonen); **kurz|fas-
sen**, sich; vgl. aber kurz; **kurz|fris|tig**;
kurz_ge|bra|ten, ...**ge|fasst**, ...**ge-
schnit|ten**; vgl. kurz; **kurz|hal|ten** (wenig
Geld od. Essen geben); **kürz|lich**; **kurz-
ma|chen**; vgl. kurz; **kurz|schlie|ßen**;
Kurz_schluss, ...**schrift** (Stenografie);
kurz|sich|tig; **Kurz|sich|tig|keit**; **Kurz-
stre|cken|lauf**; **kurz|tre|ten** (sich scho-
nen); **Kür|zung**; **Kurz|wa|ren|hand|lung**;
Kurz|weil, *die;* -; **Kurz|wel|len|sen|der**

kusch! (Befehl an den Hund: leg dich still

kurz

kür|zer, kür|zes|te

I. Groß- und Kleinschreibung:
– *kurz und gut; kurz und bündig; kurz und klein; kurz und schmerzlos; über kurz oder lang*
– *am kürzesten*
– *binnen, seit, vor kurzem* od. *Kurzem*
– *den Kürzer[e]n ziehen*
– *etwas Kurzes*

II. Schreibung in Verbindung mit Zeitwörtern:
– *sie hat hier nur kurz* (für kurze Zeit) *gearbeitet* (vgl. aber *kurzarbeiten*)
– *kannst du das mal kurz halten?* (vgl. aber *kurzhalten*)
– *zu kurz kommen*
– *es kurz machen* od. *kurzmachen*

– *den Rasen kurz mähen* od. *kurzmähen*
– *sich die Haare kurz schneiden* od. *kurzschneiden lassen*

Vgl. aber *kurzfassen, kurzhalten, kurzschließen, kurztreten, kürzertreten*

In Verbindung mit einem als Eigenschaftswort od. als Hauptwort gebrauchten Mittelwort kann getrennt oder zusammengeschrieben werden:
– *kurz gebratenes* od. *kurzgebratenes Fleisch*
– *kurz geschnittene* od. *kurzgeschnittene Haare*
– *ein kurz gefasster* od. *kurzgefasster Überblick*
– *Urlaub für kurz Entschlossene* od. *Kurzentschlossene*

---

nieder!); vgl. kuschen; **ku|scheln**, sich (sich anschmiegen); **ku|schen** (sich lautlos hinlegen [vom Hund]; ugs. auch für: den Mund halten, gehorchen)

Ku|si|ne, (auch:) **Cou|si|ne**, *die;* -, -n

Kuss, *der;* -es, Küsse; **Küss|chen; küs|sen;** du küsst; **Kuss|hand**

Küs|te, *die;* -, -n; **Küs|ten|fah|rer** (ein Schiff)

Küs|ter (Kirchendiener)

Kutsch|bock; Kut|sche, *die;* -, -n; **Kut|scher; kut|schie|ren**

Kut|te, *die;* -, -n

Kut|tel, *die;* -, -n (*meist Mehrz.;* südd., österr., schweiz. für: essbares Stück vom Rindermagen od. -darm)

Kut|ter, *der;* -s, - (ein kleines Fischereifahrzeug)

Ku|vert [...*wär,* auch: ...*wärt*], *das;* -s, -s u. (bei dt. Aussspr.:) -[e]s, -e (Briefumschlag; geh. veralt. für: [Tafel]gedeck für eine Person); **Ku|ver|tü|re**, *die;* -, -n ([Schokoladen]überzug)

Ky|ber|ne|tik, *die;* - (wissenschaftl. Forschungsrichtung, die vergleichende Betrachtungen über Steuerungs- u. Regelungsvorgänge in der Technik anstellt); **Ky|ber|ne|ti|ker; ky|ber|ne|tisch**

Ky|rie elei|son! [...*ri*ᵉ -], **Ky|ri|eleis!** („Herr, erbarme dich!"); **Ky|rie|elei|son**, *das;* -s, -s (Bittruf)

ky|ril|lisch [*kü*...]; -e Schrift

KZ = Konzentrationslager

L /

L (Buchstabe); das L; des L, die L; aber: das l in Schale
Lab, *das;* -[e]s, -e (Enzym im [Kälber]magen)

La|be, *die;* - (geh.); **la|ben;** sich -
la|bern (ugs. für: schwatzen, unaufhörlich u. einfältig reden)
la|bi|al (die Lippen betreffend)
la|bil (nicht stabil; Med.: anfällig; Psych.: nicht in sich gefestigt); **La|bi|li|tät**, *die;* -
Lab|kraut, *das;* -[e]s (eine Pflanzengattung)
La|bor [österr. auch, schweiz. meist: *la*...], *das;* -s, -s (auch: -e); **La|bo|rant**, *der;* -en, -en; **La|bo|ra|to|ri|um**, *das;* -s, ...ien [...*i*ᵉn] (Arbeitsstätte; [bes. chem.] Versuchsraum; Forschungsstätte); **la|bo|rie|ren** (ugs. für: sich abmühen mit ...; leiden an ...)
Lab|sal, *das;* -[e]s, -e (österr. u. südd. auch: *die;* -, -e)
Labs|kaus, *das;* - (ein seemänn. Eintopfgericht)
La|by|rinth, *das;* -[e]s, -e (Irrgang, -garten; Durcheinander; Med.: Innenohr)
¹**La|che**, *die;* -, -n (Gelächter)
²**La|che** [auch: *la*...], *die;* -, -n (Pfütze)
lä|cheln; la|chen; er hat gut -; **La|chen**, *das;* -s; **lä|cher|lich; Lach|gas; lach|haft; Lach|mö|we**
Lachs, *der;* -es, -e (ein Fisch)
Lack, *der;* -[e]s, -e
La|ckel, *der;* -s, - (südd., österr. ugs. für: Tölpel)
la|cken (seltener für: lackieren); **la|ckie|ren** (Lack auftragen; ugs. für: anführen; übervorteilen)
Läd|chen (kleine Lade; kleiner Laden); **La|de**, *die;* -, -n
¹**la|den** (aufladen); lud, geladen
²**la|den** (einladen); lud, geladen
La|den, *der;* -s, Läden; **La|den˳hü|ter** (schlecht absetzbare Ware), **...schluss** (*der;* -es), **...schwen|gel** (abwertend für: junger Verkäufer), **...tisch**
La|de|platz; La|der (Auflader)
lä|die|ren (verletzen; beschädigen); **Lä|die|rung**

La|dung

La|dy [*le̩ˈdi*], *die;* -, -s (Titel der engl. adligen Frau; selten für: Dame); **la|dy|like** [*le̩ˈdi-laik*] (vornehm)

La|fet|te, *die;* -, -n (Untergestell der Geschütze)

Laf|fe, *der;* -n, -n (ugs. für: Geck)

La|ge, *die;* -, -n; in der - sein

La|ger, *das;* -s, u. (Kaufmannsspr. für: Warenvorräte auch:) Läger; **La|ger˳bier, ...feu̩er, ...hal|le; La|ge|rist**, *der;* -en, -en (Lagerverwalter); **la|gern;** sich -; **La|ger|statt** (geh. für: Bett, Lager); **La|ge|rung**

La|gu|ne, *die;* -, -n (durch einen Landstreifen vom offenen Meer getrennter flacher Meeresteil)

lahm; lah|men (lahm gehen); **läh|men** (lahm machen); **lahm|le|gen;** den Verkehr lahmlegen; **Läh|mung**

Laib, *der;* -[e]s, -e; ein - Brot, Käse

Laich, *der;* -[e]s, -e (Eier von Wassertieren); **lai|chen** (Laich absetzen)

Laie, *der;* -n, -n (Nichtpriester; Nichtfachmann); **Lai|en˳bru|der, ...pries|ter, ...rich|ter, ...spiel**

Lais|ser-al|ler [*läßeaˈle*], *das;* - (das Gewährenlassen; Nichteinmischung); **Laisser-faire** [*...fär*], *das;* - (das Gewähren-, Treibenlassen)

La|kai, *der;* -en, -en (abwertend für: Kriecher; früher für: herrschaftl. Diener [in Livree])

La|ke, *die;* -, -n (Salzlösung zum Einlegen von Fisch, Fleisch)

La|ken, *das;* -s, - (nordd., mitteld. für: Betttuch; Tuch)

la|ko|nisch (auch für: kurz u. treffend)

La|k|rit|ze, *die;* -, -n (eingedickter Süßholzsaft)

lal|la (ugs.); es ging ihm so - (einigermaßen)
lal|len

¹**La|ma**, *das;* -s, -s (südamerik. Kamelart; ein Gewebe)

²**La|ma**, *der;* -[s], -s (buddhist. Priester od. Mönch in Tibet u. der Mongolei)

Lam|ba|da, *die;* -, -s (auch: *der;* -[s], -s; ein Modetanz)

Lamb|da, *das;* -[s], -s (gr. Buchstabe Λ, λ)

la|mé [*lame*], (auch:) **lamee** (mit Lamé durchwirkt); **La|mé**, (auch:) **Lamee**, *der;* -s, -s (Gewebe aus Metallfäden, die mit [Kunst]seide übersponnen sind); **La|mel|le**, *die;* -, -n (Streifen, dünnes Blättchen; Blatt unter dem Hut von Blätterpilzen)

la|men|tie|ren (ugs. für: laut klagen, jammern); **La|men|to**, *das;* -s, -s od. (für: Klagelieder) ...ti (ugs. für: Gejammer; Musik: Klagelied)

La|met|ta, *das;* -s (Metallfäden [als Christbaumschmuck]); **La|met|ta|syn|drom** (eine Baumkrankheit)

La|mi|nat, *das;* [e]s, -e (ein Schichtpressstoff [für Bodenbeläge])

Lamm, *das;* -[e]s, Lämmer; **Lämm|chen;**

lam|men (ein Lamm werfen); **Läm|mer|wol|ke** *(meist Mehrz.);* **lamm|fromm** (ugs.)

Lämp|chen; Lam|pe, *die;* -, -n; **Lam|pen|fie|ber; Lam|pi|on** [...*pio̱ŋ,* österr.: ...*jo̱n*], *der (seltener: das);* -s, -s

LAN, *das;* -[s], -s (EDV; lokales Netzwerk)

lan|cie|ren [*la̱ŋßi̱r°n*] (fördern; zur Anerkennung, Verbreitung verhelfen; gezielt in die Öffentlichkeit dringen lassen)

Land, *das;* -[e]s, Länder u. (geh.:) Lande; außer Landes; hierzulande, (auch:) hier zu Lande; zu Lande u. zu Wasser; bei uns zu Lande (daheim)

Lan|d|au|er (viersitziger Wagen)

land|auf; -, landab (überall)

land|aus; -, landein (überall); **Länd|chen; Lan|de_bahn,** ...er|laub|nis; **lan|den; län|den** (landsch. u. schweiz. für: landen, ans Ufer bringen); **Lan|d|en|ge; Län|de|rei|en,** *die (Mehrz.);* **Län|der_kampf** (Sportspr.), ...kun|de *(die;* -), ...spiel (Sportspr.)

Lan|des_bank *(Mehrz.* ...banken), ...bi|schof, ...gren|ze, ...haupt|stadt, ...re|gie|rung, ...ver|rat

Land|fah|rer; land|fein (Seemannsspr.); sich - machen; **Land|flucht,** *die;* - (Abwanderung der ländl. Bevölkerung in die [Groß]städte); **Land|frie|dens|bruch,** *der;* **Land_ge|richt** (Abk.: LG), ...jä|ger (eine Dauerwurst), ...kar|te, ...kreis; **land|läu|fig; Länd|ler** (ländl. Tanz); **länd|lich; Land|nah|me,** *die;* - (früher für: Inbesitznahme von Land durch ein Volk); **Land_rat** *(Mehrz.* ...räte), ...rat|te (ugs., oft scherzh., bes. aus der Sicht der Seeleute: Nichtseemann); **Land|schaft; land|schaft|lich; Land|schul|heim** (veraltend für: Soldat); **Land|ser** (veraltend für: Soldat); **Land|sitz; Lands|mann** *(Mehrz.* ...leute); **Lands|män|nin; lands|män|nisch; Land_stra|ße,** ...strei|cher, ...tag; **Land|tags|ab|ge|ord|ne|te; Lan|dung; Lan|dungs|brü|cke; Land|wirt|schaft; land|wirt|schaft|lich**

lang *s. Kasten*

lang_är|me|lig od. ...ärm|lig; **lan|ge, lang;** länger, am längsten; lang anhaltender, (auch:) langanhaltender Beifall; es ist lange her; das Ende der langen Weile; aus langer Weile; vgl. Langeweile; **Län|ge,** *die;* -, -n

lan|gen (ugs. für: ausreichen; [nach etwas] greifen)

län|gen (länger machen); **Län|gen|grad; län|ger|fris|tig**

Lan|get|te, *die;* -, -n (Randstickerei als Abschluss)

Lan|ge|wei|le, Lang|wei|le, *die;* bei Beugung des ersten Bestandteils getrennt geschrieben; vgl. lange; **Lang|fin|ger** (ugs. für: Dieb); **lang|fin|ge|rig; lang|fris|tig; lang|ge|hegt;** vgl. lang; **lang|ge|hen** (ugs. für: entlanggehen; wissen, wo es langgeht); **lang_ge|streckt,** ...ge|zo|gen; vgl. lang; **Lang|lauf** (Sportspr.); **läng|le-**

big; **lang|le|gen,** sich (ugs. für: sich zum Ausruhen hinlegen); **läng|lich; lang|ma|chen,** sich (sich strecken) - (geh.); **Lang|mut,** *die;* - (geh.); **Lang|ohr,** *das;* -[e]s, -en (scherzh. für: Hase; Esel); **längs** (der Länge nach); etwas - trennen; - des Weges

lang|sam; -er Walzer

Lang|schlä|fer; Lang|spiel|plat|te (Abk.: LP); **Längs|schnitt; längst** (seit Langem); **Lang|stre|cken|lauf**

Lan|gus|te, *die;* -, -n (ein Krebs)

Lang|wei|le; vgl. Langeweile; **lang|wei|len,** sich -; **Lang|wei|ler** (ugs. abwertend für: langweiliger Mensch); **lang|wei|lig; Lang-wel|le; lang|wie|rig; lang|zie|hen;** vgl. lang

Lan|ze, *die;* -, -n; **Lan|zet|te,** *die;* -, -n (chirurg. Instrument); **Lan|zett|fisch; lan-zett|för|mig**

La Ola, *die;* - -, - -s (Art der Begeisterungsbezeigung in Sportstadien); **La-Ola-Wel|le**

la|pi|dar (einfach; kurz u. bündig); **La|pi|da|ri|um,** *das;* -s, ...ien [...*i*°n] (fachspr. für: Sammlung von Steindenkmälern); **La|pis|la|zu|li,** *der;* - (Lasurstein)

Lap|pa|lie [...*i*°], *die;* -, -n (Nichtigkeit); **Läpp|chen; Lap|pen,** *der;* -s, -; **lap|pig** (ugs. für: schlaff; läppisch)

läp|pisch (ugs. abwertend für: kindisch; lächerlich gering)

Lap|sus, *der;* -, - [*la̱pßuß*] ([geringfügiger] Fehler, Versehen); **Lap|sus Lin|gu|ae** [- ...*guä*], *der;* - -, - - (das Sichversprechen)

Lap|top [*läp...*], *der;* -s, -s (kleiner, tragbarer Personal Computer)

Lär|che, *die;* -, -n (ein Nadelbaum)

lar|go (Musik: breit, langsam); **Lar|go,** *das;* -s, -s (auch: ...ghi [...*gi*])

la|ri|fa|ri! (Ausruf der Ablehnung); **La|ri|fa-ri,** *das;* -s (ugs. für: Geschwätz!, Unsinn!)

Lärm, *der;* -s (seltener:) -es; **Lärm|be|läs|ti-gung; lär|men**

lar|mo|yant [...*moajant*] (geh. für: weinerlich; rührselig)

Lärm_pe|gel, ...schutz|wall

Lar|ve [*larf°*], *die;* -, -n (Gespenst, Maske; abwertend für: Gesicht; Zool.: Jugendstadium bestimmter Tiere)

lasch (ugs. für: schlaff, lässig)

La|sche, *die;* -, -n

La|ser [meist *le̱'s°r*], *der;* -s, - (Physik: Gerät zur Verstärkung von Licht od. zur Erzeugung eines scharf gebündelten Lichtstrahles); **La|ser|dru|cker; La|ser-strahl**

las|sen; ließ, gelassen; ich habe es gelassen (unterlassen); ich habe dich rufen lassen

läs|sig; läs|sig|keit; läss|lich (bes. Rel.: verzeihlich); -e Sünde

Las|so, *das* (österr. nur so) od. *der;* -s, -s (Wurfschlinge)

Last, *die;* -, -en; zu meinen -en

las|ten; Las|ten|aus|gleich (Abk.: LA)

¹**Las|ter,** *der;* -s, - (ugs. für: Lastkraftwagen)

²**Las|ter,** *das;* -s, -; **las|ter|haft; Las|ter-haf|tig|keit; läs|ter|lich; Läs|ter|maul** (ugs. für: jmd., der viel lästert); **läs|tern**

Las|tex, *das;* - ([Gewebe aus] Gummifäden, die mit Fasern umsponnen sind)

läs|tig; Läs|tig|keit

Last|kraft|wa|gen (Abk.: Lkw, auch: LKW)

Last-Mi|nute-An|ge|bot [*la̱ßtminit...*]; **Last-Mi|nute-Rei|se** (verbilligt angebotene, kurzfristig anzutretende Reise)

last, not least [*la̱ßt not li̱ßt*] (zuletzt der Stelle, aber nicht dem Werte nach; nicht zu vergessen)

Last_schrift (Buchhaltung), ...wa|gen, ...zug

La|sur, *die;* -en (durchsichtige Farbschicht); **La|sur|stein**

---

lang

län|ger, am längs|ten

I. Groß- und Kleinschreibung:
– *über kurz oder lang*
– *seit langem* od. *Langem; seit, vor längerem* od. *Längerem*

II. Großschreibung:
a) wenn „lange" als Hauptwort gebraucht wird:
– *sich des Langen und Breiten über etwas äußern*
b) in bestimmten namensähnlichen Fügungen:
– *der Lange Marsch* (der Marsch der chinesischen Kommunisten quer durch China 1934/35)

III. Getrennt- und Zusammenschreibung:
a) *zu lang, allzu lang*

b) Schreibung in Verbindung mit Zeitwörtern:
– *lang hinschlagen* (der Länge nach)
– *sich lang ausstrecken*
– *ein Gummiband lang ziehen* od. *langziehen*
– *jmdm. die Hammelbeine lang ziehen* od. *langziehen* (ugs. für: jmdn. heftig tadeln)
– *jmdm. die Ohren lang ziehen* od. *langziehen* (jmdn. [an den Ohren ziehend] strafen)

Vgl. aber *langgehen; langlegen, sich; langmachen, sich*

c) Getrennt- oder Zusammenschreibung in Verbindung mit als Eigenschaftswörtern gebrauchten Mittelwörtern:
– *ein lang gehegter* od. *langgehegter Wunsch*
– *ein lang gestrecktes* od. *langgestrecktes Gebäude*
– *eine lang gezogene* od. *langgezogene Kurve*

las|ziv (schlüpfrig, anstößig); Las|zi|vi|tät [...*wi*...], die; -

La|tein, das; -s; la|tei|nisch; -e Schrift

la|tent (vorhanden, aber [noch] nicht in Erscheinung tretend); La|tenz, die; -

la|te|ral (fachspr. für: seitlich)

La|ter|ne, die; -

la|ti|ni|sie|ren (in lat. Sprachform bringen); La|ti|num, das; -s (Prüfung im Lateinischen); das kleine, große

La|tri|ne, die; -, -n (Abort, Senkgrube)

Lat|sche, die; -, -n (Krummholzkiefer, Legföhre)

lat|schen (ugs.)

Lat|schen|kie|fer, die

Lat|te, die; -, -n; Lat|ten|zaun

Latz, der; -es, Lätze (Kleidungsteil [z. B. Brustlatz]); Lätz|chen; Latz|ho|se

lau

Laub, das; -[e]s; Laub tragende, (auch:) laubtragende Bäume; Laub|baum; Lau|be, die; -, -n; Lau|ben.gang (der), ...ko|lo|nie; Laub.frosch, ...sä|ge; laub|tragend; vgl. laub; Laub|wald

Lauch, der; -[e]s, -e (eine Zwiebelpflanze)

Lau|da|tio [...*zio*], die; -, ...iones (Lob[rede])

Lau|er, die; -; auf der - sein, liegen (ugs.); lau|ern

Lauf, der; -[e]s, Läufe; im Lauf[e] der Zeit; 100-m-Lauf; Lauf|bahn; lau|fen; lief, gelaufen; den Verbrecher laufen lassen, (auch:) laufenlassen; Lauf|feuer, ...git|ter; läu|fig (brünstig [von der Hündin]); Lauf.ma|sche, ...pass (nur in ugs.: jmdm. den - geben), ...steg, ...werk (EDV), ...zet|tel

Lau|ge, die; -, -n (alkal. [wässerige] Lösung; Auszug); lau|gen

Lau|ne, die; -, -n; lau|nen|haft; lau|nig (humorvoll); lau|nisch (launenhaft)

Laus, die; -, Läuse; Laus|bub (ugs.); laus|bü|bisch

Lausch|an|griff (heimliches Anbringen von Abhörgeräten [in Privatwohnungen]); lau|schen; lau|schig (gemütlich)

Lau|se.ben|gel od. ...jun|ge; lau|sen; du laust; lau|sig (ugs. für: erbärmlich, schlecht)

[1]laut; muss ich erst - werden, (auch:) laut-werden (schimpfen)

[2]laut (Abk.: lt.); Verhältnisw. mit Wesfall, auch Wemfall; laut unseres Schreibens, (auch:) unserem Schreiben; laut Befehl; laut Befehlen

Laut, der; -[e]s, -e

Lau|te, die; -, -n (ein Saiteninstrument)

lau|ten; die Antwort lautet ...; läu|ten; die Glocken läuten

[1]lau|ter (geh. für: rein; ungetrübt)

[2]lau|ter (nur, nichts als); - Wasser

läu|tern (geh. für: reinigen; von Fehlern befreien); Läu|te|rung (geh.)

laut|hals (aus voller Kehle); laut|lich; laut-

los; Laut.ma|le|rei, ...schrift, ...sprecher; laut|stark; Laut|stär|ke

lau|warm

La|va [...*wa*], die; -, Laven (feurig-flüssiger Schmelzfluss aus Vulkanen u. das daraus entstehende Gestein); La|va|strom; La|ven (Mehrz. von: Lava)

La|ven|del [...*wänd°l*], der; -s, - (eine Heil- u. Gewürzpflanze); La|ven|del|öl

la|vie|ren [...*wir°n*] (sich mit Geschick durch Schwierigkeiten hindurchwinden)

La|wi|ne, die; -, -n; La|wi|nen|ge|fahr, die; -

lax (locker, nicht streng); Lax|heit (Nachlässigkeit)

Lay|out, (auch:) Lay-out [*le[i]-aut*, auch: *le[i]*...], das; -s, -s (Druckw.; Text- und Bildgestaltung); lay|ou|ten

La|za|rett, das; -[e]s, -e

lea|sen [*lis°n*] (mieten, pachten); ein Auto -; Lea|sing [*lising*], das; -s, -s (Vermietung von [Investitions]gütern [mit Anrechnung der Mietzahlungen bei späterem Kauf])

Le|be|da|me; Le|be|hoch, das; -s, -s; le|ben; leben und leben lassen; lebend gebärende, (auch:) lebendgebärende Tiere; Le|ben, das; -s, -; le|bend|ge|bä|rend; vgl. leben; Le|bend|ge|wicht (das; -[e]s); le|ben|dig; Le|ben|dig|keit, die; -; Le|bens.abend, ...auf|fas|sung, ...be|din|gung (meist Mehrz.); le|bens|be|droh|lich; Le|bens.dau|er, ...en|de (das; -s), ...er|fah|rung, ...er|war|tung, ...ge|fahr, ...ge|fähr|te, ...grö|ße; Le|bens|hal|tungs|kos|ten; le|bens_lang (auf -), ...läng|lich (zu „lebenslänglich" verurteilt werden); Le|bens.lauf, ...mit|tel (das; meist Mehrz.); le|bens|mü|de; Le|bens.tung|s|me|dail|le, ...un|ter|halt, ...ver|si|che|rung, ...wan|del, ...zeit (auf -)

Le|ber, die; -, -n; Le|ber.blüm|chen (eine Anemonenart), ...fleck, ...kä|se (bes. südd. u. österr.: ein Fleischgericht), ...tran

Le|be|we|sen; Le|be|wohl, das; -[e]s, -e u. -s; jmdm. Lebewohl sagen; leb|haft; Leb|haf|tig|keit, die; -

Leb|ku|chen

leb|los; Leb|lo|sig|keit, die; -

Leb|tag (ugs.); ich denke mein - daran; Leb|zei|ten, die (Mehrz.); zu seinen -

lech|zen; du lechzt

leck (Seemannsspr.: undicht); Leck, das; -[e]s, -s (Seemannsspr.: undichte Stelle [bei Schiffen u. a.])

[1]le|cken (Seemannsspr.: leck sein)

[2]le|cken (mit der Zunge berühren)

le|cker (wohlschmeckend); Le|cker|bis|sen; Le|cke|rei (Leckerbissen); Le|cker|maul (ugs. für: jmd., der gern Süßigkeiten isst)

Le|der, das; -s, -; Le|der.haut (Schicht der menschlichen u. tierischen Haut), ...ho|se; le|de|rig, led|rig (lederartig)

[1]le|dern (mit einem Lederlappen reiben)

[2]le|dern (aus Leder; zäh; langweilig)

le|dig; - sein; jmdn. seiner Sünden - sprechen; Le|di|ge, der u. die; -n, -n; le|dig|lich

led|rig; vgl. lederig

Lee, die; - (auch: das; -s; Seemannsspr.: die dem Wind abgekehrte Seite; Ggs.: Luv)

leer; seit die Wohnung leer steht; eine leer stehende, (auch:) leerstehende Wohnung; Lee|re, die; -; lee|ren (leer machen); sich -; Leer|lauf; leer|ste|hend; vgl. leer; Leer|tas|te (bei der Schreibmaschine); Lee|rung

Lef|ze, die; -, -n (Lippe bei Tieren)

le|gal (gesetzlich, gesetzmäßig); le|ga|li|sie|ren (gesetzlich machen); Le|ga|li|tät, die; - (Gesetzlichkeit, Rechtsgültigkeit)

Le|g|as|the|nie, die; -, ...ien (Med.: angeborene Lese- u. Schreibschwäche)

le|gen; gelegt; sich -

le|gen|där (legendenhaft; unwahrscheinlich); Le|gen|de, die; -, -n (religiöse Erzählung; Zeichenerklärung [auf Karten usw.])

le|ger [...*schär*] (ungezwungen)

Leg|gings, Leg|gins (Mehrz.; hosenähnliches Kleidungsstück der Indianer; Strumpfhose ohne Füßlinge)

le|gie|ren (verschmelzen; [Suppen o. Ä.] mit Eigelb, Sahne u. a. eindicken); Le|gie|rung ([Metall]mischung, Verschmelzung)

Le|gi|on, die; -, -en (röm. Heereseinheit; Freiwilligen-, Söldnerheer; große Menge); Le|gis|la|ti|ve [...*w°*], die; -, -n (gesetzgebende Versammlung, Gewalt); Le|gis|la|tur|pe|ri|o|de (Amtsdauer einer Volksvertretung); le|gi|tim (rechtmäßig; als ehelich anerkannt; begründet)

Le|hen, das; -s, - (hist.); Le|hens|we|sen, Lehns|we|sen, das; -s (hist.)

Lehm, der; -[e]s, -e; leh|mig

Leh|ne, die; -, -n; leh|nen; sich -

Lehns|we|sen; vgl. Lehenswesen

[1]Leh|re, die; -, -n (Unterricht, Unterweisung)

[2]Leh|re, die; -, -n (Technik: Messwerkzeug)

leh|ren (unterweisen); jmdn. (veraltend: jmdm.) etwas -; er hat ihn reiten gelehrt; Leh|rer; Leh|re|rin; Leh|rer.kol|le|gi|um, ...zim|mer; Lehr.gang, ...geld; lehr|haft; Lehr|jahr; Lehr|ling; Lehr|mit|tel; lehr|reich; Lehr.satz, ...stel|le, ...stuhl

Leib, der; -[e]s, -er (geh. für: Körper; Bauch); Leib|chen (österr. u. schweiz. für: Unterhemd; Trikot); Lei|bei|ge|ne, der u. die; -n, -n; lei|ben; nur in: wie er leibt u. lebt; Lei|bes.er|zie|hung (Amtsspr.), ...kräf|te (Mehrz.; nur in: aus od. nach Leibeskräften); leib|haf|tig[1]; Leib|haf|ti|ge[1], der; -n (Teufel); leib|lich; Leib.ren|te (lebenslängliche Rente), ...wäch|ter

Lei|che, die; -, -n; Lei|chen.be|gäng|nis, ...be|schau|er; Lei|chen|bit|ter|mie|ne (ugs. für: düsterer, trauriger Gesichtsausdruck); lei|chen|blass; Lei|chen.fled|de|rer (Rechtsspr.: jmd., der Tote ausraubt), ...schmaus (ugs.); Leich|nam, der; -[e]s, -e

---

[1] Auch: laip...

leicht; er hat es sich leicht gemacht, (auch:) leichtgemacht (hat sich wenig Mühe gemacht); ein leicht entzündlicher, (auch:) leichtentzündlicher Stoff; leicht verdauliche, (auch:) leichtverdauliche Speise; leicht verderbliche, (auch:) leichtverderbliche Waren; leicht verletzte, (auch:) leichtverletzte Passagiere; Leicht|ath|le|tik; leicht|fal|len; es ist mir leichtgefallen (hat mich keine Anstrengung gekostet); leicht|fer|tig; Leicht|fer|tig|keit; leicht|fü|ßig; Leicht|ge|wicht (Körpergewichtsklasse in der Schwerathletik); leicht|gläu|big; leicht|her|zig; leicht|hin; Leich|tig|keit; Leicht|in|dus|t|rie; leicht|ma|chen; vgl. leicht; leicht|neh|men (keine Mühe darauf verwenden); Leicht|sinn, der; -[e]s; leicht|sin|nig; leicht|tun; du hast dich od. dir damit leichtgetan (es ist dir nicht schwergefallen); leicht|ver|dau|lich, leicht|ver|derb|lich, leicht|ver|letzt; vgl. leicht

leid; leid sein, werden; Leid, das; -[e]s

Lei|de|form (Passiv); lei|den; litt, gelitten; Not -; Lei|den, das; -s, - (Krankheit); lei|dend; Lei|den|de, der u. die; -n, -n; Lei|den|schaft; lei|den|schaft|lich; Lei|dens|ge|nos|se

lei|der; - Gottes

lei|dig (unangenehm)

leid|lich (annehmbar)

leid|tra|gend; Leid|tra|gen|de, der u. die; -n, -n; leidtun; es tut mir leid; leid|voll (geh.); Leid|we|sen, das; nur in: zu jmds. - (Bedauern)

Lei|er, die; -, -n (ein Saiteninstrument); Leier|kas|ten; lei|ern

lei|hen; lieh, geliehen; Leih|ga|be, ...mut|ter (Frau, die ein Kind für eine andere Frau austrägt); leih|wei|se

Leim, der; -[e]s, -e; lei|men

Lein, der; -[e]s, -e (Flachs); Lei|ne, die; -, -n (Strick); lei|nen (aus Leinen); Lei|nen, das; -s, -; Lei|ne|we|ber, Lein|we|ber; Lein.sa|men, ...tuch (Mehrz. ...tücher; landsch. für: Betttuch), ...wand (die; -); Lein|we|ber; vgl. Leineweber

leis; vgl. leise; lei|se; leise (geringe) Zweifel; nicht im Leisesten (durchaus nicht) zweifeln; Lei|se|tre|ter

Leis|te, die; -, -n

leis|ten; Leis|ten, der; -s, -

Leis|ten|beu|ge, ...bruch (der)

Leis|tung; leis|tungs|fä|hig; Leistungs.kraft, ...sport, ...ver|mö|gen (das; -s)

Leit|ar|ti|kel (Stellungnahme der Zeitung zu aktuellen Fragen)

lei|ten; Lei|ten|de, der u. die; -n, -n

¹Lei|ter, der

²Lei|ter, die; -, -n (ein Steiggerät)

Lei|ter.spros|se, ...wa|gen

Leit.fa|den (Mehrz. ...fäden), ...mo|tiv, ...plan|ke; Lei|tung; Lei|tungs|was|ser, das; -s

Lek|ti|on [...zion], die; -, -en (Unter-

richt[sstunde]; Lernabschnitt, Aufgabe; Zurechtweisung [nur Einz.])

Lek|tor, der; -s, ...oren (Lehrer für praktische Übungen [in neueren Sprachen usw.] an einer Hochschule; Mitarbeiter eines Verlages, der die eingehenden Manuskripte prüft u. bearbeitet); Lek|tü|re, die; -, -n

Len|de, die; -, -n; len|den|lahm

lenk|bar; len|ken; Len|ker; Lenk|rad; Lenk|rad|schloss; Lenk|stan|ge

Lenz, der; -es, -e (geh. für: Frühling; Mehrz. auch für: Jahre)

Leo|pard, der; -en, -en (asiat. u. afrik. Großkatze)

Le|po|rel|lo, das; -s, -s (harmonikaartig gefalteter Papierstreifen)

Le|p|ra, die; - (Aussatz); le|p|ros, le|p|rös (aussätzig); -e Kranke

lep|to|som (Med.: schmal-, schlankwüchsig); Lep|to|so|me, der u. die; -n, -n

Ler|che, die; -, -n (ein Vogel); Ler|chen|sporn (Mehrz. ...sporne; eine Zierstaude)

Lern|be|hin|der|te; lern|eif|rig; ler|nen; lesen -; ich habe gelernt; Lern|mit|tel, das (Hilfsmittel für den Lernenden)

Les|bi|e|rin [...bi^e...] (homosexuell veranlagte Frau); les|bisch ([in Bezug auf Frauen] homosexuell)

Le|se, die; -, -n (Weinernte); Le|se.buch, ...hun|ger; le|sen; las, gelesen; le|sens|wert; Le|ser; Le|se|rat|te (ugs. für: jmd., der sehr viel liest); Le|ser.brief, ...kreis; le|ser|lich; Le|ser|lich|keit, die; -; Le|se.saal, ...stoff, ...zei|chen, ...zir|kel; Le|sung

le|tal (Med.: tödlich)

Le|thar|gie, die; - (Schlafsucht; Trägheit, Teilnahms-, Interesselosigkeit); le|thar|gisch

Let|kiss, der; - (ein Tanz)

Let|ter, die; -, -n (Druckbuchstabe)

Lett|ner, der; -s, - (Schranke zwischen Chor u. Langhaus in mittelalterl. Kirchen)

letz|te; der letzte, (auch:) Letzte Wille (Testament); der Letzte, der kam; er ist der Letzte, den ich wählen würde; das ist das Letzte, was ich tun würde; den Letzten beißen die Hunde; der Letzte des Monats; letz|tens; letz|te|re; der letztere (zuletzt genannte) Fall; Letzterer od. der Letztere od. Letzteres kommt nicht in Betracht; letzt|ge|nann|te, der u. die; -n, -n; letzt|lich; letzt|mög|lich; letzt|wil|lig; -e Verfügung

Leu, der; -en, -en (geh. für: Löwe)

Leuch|te, die; -, -n; leuch|ten; leuch|tend; leuchtend blaue Augen; Leuch|ter; Leucht.far|be, ...re|kla|me, ...turm

leug|nen; Leug|ner; Leug|nung

Leu|k|ä|mie, die; -, ...ien (Med.: Blutkrebs); leu|k|ä|misch (an Leukämie leidend); Leu|ko|plast®, das; -[e]s, -e (Heftpflaster); Leu|ko|zyt, der; -en, -en (meist Mehrz.; Med.: weißes Blutkörperchen)

Leu|mund, der; -[e]s (Ruf); Leu|munds|zeug|nis

Leut|chen, die (Mehrz.); Leu|te, die (Mehrz.)

Leut|nant, der; -s, -s (selten: -e; unterster Offiziersgrad)

leut|se|lig; Leut|se|lig|keit

Le|vi|ten [...wi...]; nur in: jmdm. die - lesen (ugs. für: [ernste] Vorhaltungen machen)

Lev|ko|je [läf...], die; -, -n (eine Zierpflanze)

Lex, die; -, Leges (Gesetz; Gesetzesantrag); - Heinze

Lexikograf, (auch:) Le|xi|ko|graph, der; -en, -en (Verfasser eines Wörterbuches); Le|xi|kon, das; -s, ...ka (auch: ...ken; alphabetisch geordnetes allgemeines Nachschlagewerk; auch für: Wörterbuch)

Li|ai|son [liäsong], die; -, -s (veraltend für: Verbindung; Liebesverhältnis)

Li|a|ne, die; -, -n (meist Mehrz.; eine Schlingpflanze)

Li|bel|le, die; -, -n (ein Insekt; Teil der Wasserwaage)

li|be|ral (freiheitlich, den Liberalismus vertretend); Li|be|ra|le, der u. die; -n, -n (Anhänger[in] des Liberalismus); li|be|ra|li|sie|ren (von Einschränkungen befreien); Li|be|ra|lis|mus, der; - (Denkrichtung, die die freie Entfaltung des Individuums fordert u. staatliche Eingriffe auf ein Minimum beschränkt sehen will)

Li|be|ro, der; -s, -s (Fußball: freier Verteidiger)

Li|bi|do [auch: ...bi...], die; - (Geschlechtstrieb)

Li|b|ret|tist, der; -en, -en (Verfasser von Librettos); Li|b|ret|to, das; -s, -s u. ...tti (Text[buch] von Opern, Operetten usw.)

licht; ein lichter Wald; -e Weite (Abstand von Innenwand zu Innenwand bei Rohren o. Ä.); Licht, das; -[e]s, -er; Licht.bild (Fotografie), ...blick, ...druck (Mehrz. ...drucke); Lich|te, die; - (lichte Weite); licht|emp|find|lich

¹lich|ten (licht machen); der Wald wird gelichtet; sich -; sein Haar, das Dunkel lichtet sich

²lich|ten (Seemannsspr.: anheben); den Anker -

Lich|ter|baum (Weihnachtsbaum); Lich|ter|loh; Licht.ge|schwin|dig|keit (die; -), ...hu|pe, ...jahr (astron. Längeneinheit); Licht|mess (kath. Fest); Mariä Lichtmess; Licht|schal|ter; Licht|schutz|fak|tor; Licht|spiel|the|a|ter (veraltend für: Kino); Lich|tung

Lid, das; -[e]s, -er (Augendeckel)

Li|do, der; -s, -s (auch: Lidi; Nehrung, bes. die bei Venedig)

Lid|schat|ten

lieb; jmdn. lieb haben, (auch:) liebhaben, lieb gewinnen, (auch:) liebgewinnen; eine lieb gewordene, (auch:) liebgewordene Gewohnheit; lieb|äu|geln; er hat mit diesem Plan geliebäugelt; Lieb|chen; Liebe, *die;* -, (ugs. für: Liebschaft *Mehrz.:*) -n; lie|be|die|nern (unterwürfig schmeicheln); lie|be|lei; lie|ben; Lie|ben|de, *der* u. *die;* -n, -n; lie|bens_wert, ...wür|dig

lie|ber; vgl. gern

Lie|bes_dienst, ...er|klä|rung, ...ge|schich|te, ...kum|mer, ...müh od. ...mü|he, ...paar; lie|be|voll

lieb|ge|win|nen, lieb|ge|wor|den, lieb|ha|ben; vgl. lieb; Lieb|ha|ber; Lieb|ha|be|rei; lieb|ko|sen [auch, österr. nur: ...kọ...] (geh.); sie hat das Kind liebkost; (auch:) geliebkost; Lieb|ko|sung [auch, österr. nur: ...kọ...]; lieb|lich; Lieb|ling; lieb|los; Lieb|reiz, *der;* -es; lieb|rei|zend; Lieb|schaft; Liebs|te, *der* u. *die;* -n, -n

Lieb|stö|ckel, *die* od. *der;* -s, - (eine Heil- u. Gewürzpflanze)

Lied, *das;* -[e]s, -er; Lie|der|abend

Lie|der|jan, *der;* -[e]s, -e (ugs. für: liederlicher Mensch); lie|der|lich; Lie|der|lich|keit

Lie|fe|rant, *der;* -en, -en (Lieferer); Lie|fe|ran|tin; Lie|fe|rer; lie|fern; Lie|fe|rung; Lie|fer|wa|gen

Lie|ge, *die;* -, -n (ein Möbelstück)

lie|gen; lag, gelegen; sie ist im Bett liegen geblieben; aber: die Arbeit ist liegen geblieben, (auch:) liegengeblieben (wurde nicht erledigt); den Schlüssel liegen lassen, (auch:) liegenlassen (vergessen); jmdn. links liegen lassen, (auch:) liegenlassen (vergessen, nicht beachten); Lie|gen|schaft (Grundbesitz); Lie|ge_statt (*die;* -, ...stätten; geh.); ...stuhl, ...stütz (*der;* -es, -e)

Life|style [*lai fβtail*], *der;* -s (Lebensstil)

Lift, *der;* -[e]s, -e u. -s (Fahrstuhl, Aufzug); Lift|boy [...*beu*]; lif|ten (heben, stemmen)

Li|ga, *die;* -, ...gen (Bund, Bündnis; Sportspr.: Bez. einer Wettkampfklasse); Li|gist, *der;* -en, -en (Angehöriger einer Liga)

Li|gus|ter, *der;* -s, - (Ölbaumgewächs mit weißen Blütenrispen)

li|ie|ren (eng verbinden); sich -

Li|kör, *der;* -s, -e (süßer Branntwein)

li|la (fliederblau; ugs. für: mittelmäßig); ein lila Kleid; Li|la, *das;* -s, - (ugs. -: -s; ein fliederblauer Farbton); in -; li|la|far|ben; Li|lak, *der;* -s, -s (span. Flieder)

Li|lie [...*i^e*], *die;* -, -n (eine [Garten]blume); li|li|en|weiß

Li|li|pu|ta|ner (kleinwüchsiger Mensch)

Lim|bur|ger, *der;* -s, - (ein Käse)

Li|me|rick, *der;* -[s], -s (fünfzeiliges Gedicht grotesk-komischen Inhalts)

Li|mit, *das;* -s -s u. -e (Grenze, Begrenzung; Kaufmannsspr.: Preisgrenze); li|mi|ted [*li|mitid*] (in engl. u. amerik. Firmennamen: „mit beschränkter Haftung"); li|mi|tie|ren (im Umfang begrenzen; beschränken)

Li|mo [auch: *lị...*], *die* (auch: *das*) -, -[s] (ugs. Kurzw. für: Limonade); Li|mo|na|de, *die;* -, -n; Li|mo|ne, *die;* -, -n (auch für: Zitrone)

Li|mou|si|ne [...*mu...*], *die;* -, -n (Pkw mit festem Verdeck)

lind; ein -er Regen

Lin|de, *die;* -, -n (ein Laubbaum); Lin|den|blü|ten|tee

lin|dern; Lin|de|rung

lind|grün

Lind|wurm (Drache)

Li|ne|al, *das;* -s, -e; li|ne|ar (geradlinig)

Lin|gu|is|tik, *die;* - (Sprachwissenschaft)

Li|nie [...*i^e*], *die;* -, -n; - halten (Druckw.); absteigende, aufsteigende Linie (Genealogie); Li|ni|en_flug, ...rich|ter; li|ni|en|treu (abwertend für: einer politischen Ideologie streng folgend); Li|ni|en|ver|kehr; li|ni|ie|ren (österr. nur so), li|ni|ie|ren (mit Linien versehen); Li|ni|ie|rung (österr. nur so), Li|ni|ie|rung

link; linker Hand

Link, *der,* (auch:) *das;* -[s], -s (EDV; Stelle auf dem Bildschirm, die durch Anklicken zu weiteren Informationen führt)

¹Lin|ke, *der* u. *die;* -n, -n (ugs. für: Angehörige[r] einer links stehenden Partei od. Gruppe)

²Lin|ke, *die;* -, -n (linke Hand; linke Seite; Politik: Bez. für links stehende Parteien, auch für die links stehende Gruppe einer Partei)

lin|kisch

links; - von mir; - bügeln, stehen; Links|ab|bie|ger (Verkehrsw.); Links|au|ßen, *der;* -, - (Sportspr.); Links|ex|t|re|mist; Links|hän|der; links|hän|dig; links|her|um; links|ra|di|kal; links|um [auch: *linkβum*]; - kehrt! (milit. Kommando)

Lin|nen (veraltet für: Leinen)

Li|n|o|le|um [...*le-um*], *das;* -s (ein Fußbodenbelag); Li|nol|schnitt (ein graf. Verfahren u. dessen Ergebnis)

Lin|se, *die;* -, -n; lin|sen (ugs. für: schauen)

Lip|gloss, *das;* -, - (Kosmetikmittel, das den Lippen Glanz verleiht)

Li|piz|za|ner, *der;* -s, - (Pferd einer bestimmten Rasse)

Lip|pe, *die;* -, -n; Lip|pen_be|kennt|nis, ...stift (*der*)

li|quid, li|qui|de (flüssig; fällig; verfügbar); -e Gelder; Li|qui|da|ti|on [...*zion*], *die;* - ([Kosten]abrechnung freier Berufe; Tötung [aus polit. Gründen]; Auflösung [eines Geschäftes]); li|qui|die|ren ([eine Forderung] in Rechnung stellen; [einen Verein o. Ä.] auflösen; Sachwerte in Geld umwandeln; beseitigen, tilgen; [aus polit. Gründen] töten)

Li|ra, *die;* -, Lire (ehem. it. Währungseinheit)

lis|peln

List, *die;* -, -en

Lis|te, *die;* -, -n; die schwarze -; lis|ten (in Listenform bringen); Lis|ten_preis, ...wahl

lis|tig; Lis|tig|keit, *die;* -

Li|ta|nei, *die;* -, -en (Wechsel-, Bittgebet; eintöniges Gerede; endlose Aufzählung)

Li|ter [auch: *lịt^er*], *der* (schweiz. nur so) od. *das;* -s, - (1 Kubikdezimeter; Zeichen: l)

li|te|ra|risch (schriftstellerisch, die Literatur betreffend); Li|te|rat, *der;* -en, -en (oft abwertend für: Schriftsteller); Li|te|ra|tin; Li|te|ra|tur, *die;* -, -en; Li|te|ra|tur_ge|schich|te, ...wis|sen|schaft

Lit|faß|säu|le (Anschlagsäule)

Li|tho|gra|fie, (auch:) Li|tho|gra|phie, *die;* -, ...ien (Steinzeichnung; Herstellung von Platten für den Steindruck [nur *Einz.*]; das Ergebnis dieses Druckes); li|tho|gra|fisch, (auch:) li|tho|gra|phisch

Li|tur|gie, *die;* -, ...ien (die amtliche od. gewohnheitsrechtliche Form des kirchl. Gottesdienstes); li|tur|gisch; -e Gewänder

Lit|ze, *die;* -, -n

live [*laif*] (direkt, original [von Rundfunk- u. Fernsehübertragungen]); etwas - übertragen; Live|sen|dung, (auch:) Live-Sen|dung [*laif...*] (Rundfunk- od. Fernsehsendung, die bei der Aufnahme direkt übertragen wird; Originalübertragung)

Li|v|ree [...*wrẹ*], *die;* -, ...een (uniformartige Dienerkleidung); li|v|riert (in Livree [gekleidet])

Li|zenz, *die;* -, -en (Erlaubnis, Genehmigung, bes. zur Nutzung eines Patents od. zur Herausgabe eines Druckwerks); Li|zenz|spie|ler (Fußball)

Lkw, (auch:) LKW, *der;* -[s], -s, (selten:) - (Lastkraftwagen)

Lob, *das;* -[e]s - spenden

Lob|by [*lọbi*], *die;* -, -s (Wandelhalle im [engl. od. amerik.] Parlament; Gesamtheit der Lobbyisten); Lob|by|is|mus, *der;* - (Versuch, Gepflogenheit, Zustand der Beeinflussung von Abgeordneten durch Interessengruppen); Lob|by|ist, *der;* -en, -en (jmd., der Abgeordnete für seine Interessen zu gewinnen sucht)

lo|ben; lo|bens|wert; Lo|bes|hym|ne; Lob|hu|de|lei (abwertend); lob|hu|deln (abwertend für: übertrieben loben); löb|lich; Lob|lied; lob|prei|sen; lobpreiste und lobpries, gelobpreist u. lobgepriesen; lob|sin|gen

Loch, *das;* -[e]s, Löcher; lo|chen; Lo|cher (Gerät zum Lochen; Person, die Lochkarten locht); lö|che|rig, löch|rig; Loch|kar|te; löch|rig; vgl. löcherig, Loch|sti|cke|rei

Löck|chen; Lo|cke, *die;* -, -n

¹lo|cken (lockig machen)

²lo|cken (anlocken)

Lo|cken_kopf, ...wi|ckel od. ...wick|ler

lo|cker; lo|cker|las|sen (ugs. für: nachgeben); er hat nicht lockergelassen; lo|cker|ma|chen (ugs. für: hergeben); er hat viel Geld lockergemacht; lo|ckern

lo|ckig

Lock_mit|tel, ...ruf, ...vo|gel

Lo|den, *der;* -s, - (ein Wollgewebe); Lo|den|man|tel

lo|dern

Löf|fel, *der;* -s, -; löf|feln

Loft, *der od. das;* -[s], -s (aus einer Fabriketage umgebaute Großraumwohnung)

Lo|ga|rith|men|ta|fel; Lo|ga|rith|mus, *der;* -, ...men (math. Größe; Zeichen: log)

Log|buch (Schiffstagebuch)

Lo|ge [*loscheʳ*], *die;* -, -n (Pförtnerraum; Theaterraum; [geheime] Gesellschaft); Lo|gen|bru|der (Freimaurer)

Log|gia [*lodscha od. lodscha*], *die;* -, ...ien [...*iᵉn*] (halb offene Bogenhalle; nach einer Seite offener, überdeckter Raum am Haus)

lo|gie|ren [*loschirᵉn*] ([vorübergehend] wohnen)

Lo|gik, *die;* -

Log|in, (auch:) Log-in, *das;* (auch:) *der* (EDV: das Einloggen)

Lo|gis [*loschi*], *das;* - [*loschi(ß)*], - [*loschiß*] (Wohnung, Bleibe)

lo|gisch (folgerichtig; denkrichtig; ugs. für: selbstverständlich)

Log|out, (auch:) Log-out [*logaut*], *das;* (auch:) *der* (EDV: das Sichabmelden von einem Programm, Netzwerk o.Ä.)

Lo|he, *die;* -, -n (geh. für: Glut, Flamme)

Lohn, *der;* -[e]s, Löhne; Lohn|emp|fän|ger; loh|nen; es lohnt die, der Mühe nicht; sich -; loh|nens|wert; Lohn_grup|pe, ...steu|er *(die);* Lohn|steu|er|kar|te; Lohn|tü|te

Loi|pe, *die;* -, -n (Skisport: Langlaufbahn, -spur)

Lok, *die;* -, -s (Kurzw. von: Lokomotive)

lo|kal (örtlich; örtlich beschränkt); Lo|kal, *das;* -[e]s, -e (Örtlichkeit; [Gast]wirtschaft); Lo|kal|an|äs|the|sie (Med.: örtl. Betäubung); lo|ka|li|sie|ren; Lo|ka|li|tät, *die;* -, -en (Örtlichkeit; Raum); Lo|kal_ko|lo|rit, ...pa|t|ri|o|tis|mus

Lok|füh|rer (Kurzform von: Lokomotivführer); Lo|ko|mo|ti|ve [...*tiwᵉ*, auch: ...*tifᵉ*], *die;* -, -n (Kurzform: Lok); Lo|ko|mo|tiv|füh|rer

Lo|kus, *der;* - u. -ses, - u. -se (ugs. für: Abort)

Lom|bard [auch: lombart], *der od. das;* -[e]s, -e (Bankw.: Kredit gegen Verpfändung beweglicher Sachen)

Long|drink, (auch:) Long Drink (mit Soda, Eiswasser o. Ä. verlängerter Drink)

Look [*luk*], *der;* -s, -s (bestimmtes Aussehen; Moderichtung)

Loo|ping [*lup...*], *der* (auch:) *das;* -s, -s (senkrechter Schleifenflug)

Lor|beer, *der;* -s, -en (ein Baum; ein Gewürz); Lor|beer|kranz

Lor|chel, *die;* -, -n (ein Pilz)

Lord, *der;* -s, -s (engl. Adelstitel)

Lo|re, *die;* -, -n (offener Eisenbahngüterwagen, Feldbahnwagen)

Lor|g|net|te [*lornjätᵉ*], *die;* -, -n (Stielbrille); Lor|g|non [*lornjong*], *das;* -s, -s (Stieleinglas, -brille)

Lo|ri, *der;* -s, -s (ein Papagei)

los, lo|se; das lose Blatt; eine lose Zunge haben (leichtfertig reden); hier ist nichts los (ugs. für: hier ist es langweilig)

Los, *das;* -es, -e; das große -

los|bre|chen; ein Unwetter brach los

¹lö|schen; einen Brand -

²lö|schen (Seemannsspr.: ausladen)

Lösch_fahr|zeug, ...pa|pier, ...tas|te

lo|se; vgl. los

Lö|se|geld

los|ei|sen (ugs. für: mit Mühe frei machen); sich -

lo|sen (das Los ziehen); du lost

lö|sen (auch für: befreien)

Lo|ser [*lusᵉr*], *der;* -s, - (ugs. für: Versager, Verlierer)

los|ge|hen (ugs. auch für: anfangen)

los|ha|ben (ugs. für: auf einem bestimmten Gebiet etwas können, leisten); viel -

los|kom|men; vom Alkohol -

los|las|sen

los|le|gen (ugs. für: ungestüm beginnen)

lös|lich; Lös|lich|keit, *die;* -

los|lö|sen; sich von etwas -

los|ma|chen; mach los! (ugs. für: beeile dich!)

Los|num|mer

los|rei|ßen; sich von etwas -

Löss, (auch:) Löß, *der;* -es, -e (Ablagerung der Eiszeit)

los|sa|gen; sich von etwas, jmdm. -

los|spre|chen (von Schuld)

los|steu|ern; auf ein Ziel -

Lo|sung (Erkennungswort; Leitspruch)

Lö|sung; Lö|sungs|mit|tel, *das*

Lo|sungs|wort, *das (Mehrz. ...worte)*

los|wer|den; etwas - (von etwas befreit werden; ugs. für: etwas verkaufen)

los|zie|hen; gegen jmdn. - (ugs. für: gehässig von ihm reden)

Lot, *das;* -[e]s, -e (Vorrichtung zum Messen der Wassertiefe u. zur Bestimmung der Senkrechten; früher: [Münz]gewicht; Hohlmaß); lo|ten (senkrechte Richtung bestimmen; Wassertiefe messen)

lö|ten (durch Lötmetall verbinden)

Lo|ti|on [...*zion;* engl. Aussprache: *loᵘschᵉn*], *die;* -, -en u. (bei engl. Aussprache:) -s (flüssiges Reinigungs-, Pflegemittel für die Haut)

Löt|kol|ben

Lo|tos, *die;* -, - (Wasserrose)

lot|recht; Lot|rech|te, *die;* -n, -n

Lot|se, *der;* -n, -n; lot|sen; du lotst; Lot|sen|dienst

Lot|te|rie, *die;* -, ...ien (Glücksspiel, Verlosung)

lot|te|rig, lott|rig (ugs. für: unordentlich); Lot|ter|le|ben *(das;* -s; abwertend)

Lot|to, *das;* -s, -s (Zahlenlotterie; Gesellschaftsspiel); Lot|to_ge|winn, ...schein, ...zah|len, *die (Mehrz.)*

lott|rig; vgl. lotterig

Lö|we, *der;* -n, -n; Lö|wen_an|teil (ugs. für: Hauptanteil), ...maul *(das;* -[e]s; eine Gartenblume), ...zahn *(der;* -[e]s; eine Wiesenblume); Lö|win

lo|y|al [*loajal*] (redlich, [regierungs]treu); Lo|y|a|li|tät, *die;* -

LSD = Lysergsäurediäthylamid (ein Rauschgift)

Luchs, *der;* -es, -e (ein Raubtier)

Lü|cke, *die;* -, -n; Lü|cken|bü|ßer (ugs. für: Ersatzmann); lü|cken|haft; lü|cken|los

Lu|de, *der;* -n, -n (salopp abwertend für: Zuhälter)

Lu|der, *das;* -s, - (Jägerspr.: Köder, Aas [auch als Schimpfwort]); Lu|der|le|ben, *das;* -s (abwertend)

Lu|es, *die;* - (Med.: Syphilis)

Luft, *die;* -, Lüfte; Luft_bal|lon, ...bla|se, ...brü|cke; Lüft|chen; luft|dicht; - verschließen; Luft|druck, *der;* -[e]s; lüf|ten; Luft_fahrt, ...fil|ter; luft|ge|trock|net; -e Wurst; Luft|ge|wehr; luf|tig; Luf|ti|kus, *der;* -[ses], -se (scherzh. für: oberflächlicher Mensch); Luft_kur|ort *(der;* -[e]s, ...orte), ...li|nie, ...post, ...röh|re, ...schiff, ...schloss, ...schutz; Luft_schutz|kel|ler; Lüf|tung; Luft_ver|kehr, ...ver|schmut|zung

Lug, *der;* -[e]s (Lüge); [mit] - und Trug; Lü|ge, *die;* -, -n; jmdn. Lügen strafen (der Unwahrheit überführen); lü|gen; log, gelogen; Lü|gen|bold, *der;* -[e]s, -e (abwertend); Lü|gen|de|tek|tor; Lüg|ner; Lüg|ne|rin; lüg|ne|risch

Lu|ke, *die;* -, -n (kleines Dach- od. Kellerfenster; Öffnung im Deck od. in der Wand des Schiffes)

lu|k|ra|tiv (gewinnbringend)

lu|kul|lisch (üppig); -es Mahl

Lu|latsch, *der;* -[e]s, -e (ugs. für: sehr großer, schlaksiger Mann)

lul|len (leise singen); das Kind in den Schlaf -

Lüm|mel, *der;* -s, -; lüm|mel|haft; lüm|meln, sich (ugs.)

Lump, *der;* -en, -en (schlechter Mensch); Lum|pa|zi|va|ga|bun|dus [...*wa...*], *der;* -, -se u. ...di (Landstreicher); lum|pen; sich nicht - lassen (ugs. für: freigebig sein; Geld ausgeben); Lum|pen, *der;* -s, - (Lappen); Lum|pen|pack *(das;* abwertend), ...samm|ler; lum|pig (nichtswürdig; zerlumpt; kümmerlich)

Lunch [*lan(t)sch*], *der;* -[es] od. -, -[s] od. -e (leichte Mittagsmahlzeit); lun|chen [*lan(t)schᵉn*]; Lunch|zeit

Lun|ge, *die;* -, -n; eiserne -; Lun|gen_ent|zün|dung, ...zug

lun|gern (ugs.)

Lun|te, *die;* -, -n (Zündmittel; Jägerspr.: Schwanz des Fuchses); - riechen (ugs. für: Gefahr wittern)

Lu|pe, die; -, -n (Vergrößerungsglas); **lu|pen|rein** (sehr rein, ganz ohne Mängel [von Edelsteinen]; übertr. für: einwandfrei, hundertprozentig)

Lu|pi|ne, die; -, -n (eine Futter-, Zierpflanze)

Lurch, der; -[e]s, -e (sowohl im Wasser als auch auf dem Land lebendes Wirbeltier, Amphibie)

Lust, die; -, Lüste; - haben

Lüs|ter, der; -s, - (Kronleuchter; Glanzüberzug auf Glas-, Ton-, Porzellanwaren; glänzendes Gewebe)

lüs|tern; Lüs|tern|heit

Lust_ge|winn, ...greis (ugs. abwertend)

lus|tig; Lus|tig|keit, die; -; **Lüst|ling** (abwertend); **lust|los; Lust_mör|der, ...spiel; lust|wan|deln** (veraltend); gelustwandelt

lu|the|risch [auch noch: *luterisch*]; -e Kirche; die lutherische Bibelübersetzung

lut|schen (ugs.); **Lut|scher**

Luv [*luf*], die; - (Seemannsspr.: die dem Wind zugekehrte Seite; Ggs.: Lee); **Luv|sei|te**

lu|xu|ri|ös; Lu|xus, der; - (Verschwendung, Prunksucht); **Lu|xus_ar|ti|kel, ...steu|er**

lym|pha|tisch (Med.: Lymphe, Lymphknoten betreffend); **Lymph|drai|na|ge,** (auch:) **Lymph|drä|na|ge; Lymph|drü|se** (veralt. für: Lymphknoten); **Lym|phe,** die; -, -n (Gewebsflüssigkeit; ein Impfstoff); **Lymph|kno|ten**

lyn|chen [*lünch*ᵉ*n,* auch: *linch*ᵉ*n, lintsch*ᵉ*n*] (ungesetzliche Volksjustiz ausüben); er wurde gelyncht; **Lynch_jus|tiz, ...mord**

Ly|ra, die; -, ...ren (ein altgr. Saiteninstrument; Leier); **Ly|rik,** die; - (lyrische Dichtkunst); **Ly|ri|ker** (lyrischer Dichter); **ly|risch** (der persönlichen Stimmung u. dem Erleben unmittelbaren Ausdruck gebend; gefühl-, stimmungsvoll; liedartig)

Ly|ze|um, das; -s, ...een (veralt. für: höhere Schule für Mädchen; schweiz. reg. für: Oberstufe des Gymnasiums)

M m

M (Buchstabe); das M; des M, die M; aber: das m in Wimpel

M = Mark, Mega, Mille

m = Mikro...; vgl. Mikrometer

Mä|an|der, der; -s, - (geschlängelter Flusslauf; bandförmiges Ornament); **mä|an|drisch**

Maar, das; -[e]s, -e (kraterförmige Senke)

Maat, der; -[e]s, -e u. -en (Seemannsspr.: Schiffsmann; Unteroffizier auf Schiffen)

mach|bar; Ma|che, die; - (ugs.); **ma|chen;** gemacht; **Ma|chen|schaft,** die; -, -en *(meist Mehrz.);* **Ma|cher** (durchsetzungsfähiger Mensch)

Ma|che|te, die; -, -n (Buschmesser)

Ma|cho [*matscho*]**,** der; -s, -s (sich betont männlich gebender Mann)

Macht, die; -, Mächte; alles in unserer Macht Stehende; **Macht|block** *(Mehrz.* ...blöcke, selten: ...blocks); **Macht|ha|ber; mäch|tig; Macht|kampf; macht|los; Macht_pro|be, ...wech|sel, ...wort** *(Mehrz.* ...worte)

Mach|werk (abwertend für: minderwertiges [geistiges] Produkt)

Ma|cker (ugs. für: Freund; Kerl)

Ma|dam, die; -, -s u. -en (ugs. für: Hausherrin; scherzh. für: [dickliche, behäbige] Frau)

Mäd|chen; mäd|chen|haft; Mäd|chen_han|del, ...na|me

Ma|de, die; -, -n (Insektenlarve)

made in Ger|ma|ny [*m*ᵉ*'d in dsch*ö*'m*ᵉ*ni*] („hergestellt in Deutschland"; ein Warenstempel)

Ma|dei|ra [...*dera*]**, Ma|de|ra,** der; -s, -s (Süßwein aus Madeira)

ma|dig; ma|dig|ma|chen; jmdn. - (ugs. für: in schlechten Ruf bringen); jmdm. etwas - (ugs. für: verleiden)

Ma|don|na, die; -, ...nnen (Maria, die Gottesmutter *[nur Einz.];* Mariendarstellung [mit Jesuskind])

Ma|d|ri|gal, das; -s, -e (mehrstimmiges Gesangstück)

Ma|es|t|ro [*maäß*...]**,** der; -s, -s (auch:) ...stri (großer Musiker, Komponist [bes. als Anrede])

Ma|fia, (auch:) **Maf|fia,** die; -, -s (erpresserische Geheimorganisation [in Sizilien]); **Ma|fi|o|so,** der; -[s], ...si (Mitglied der Mafia)

Ma|ga|zin, das; -s, -e

Magd, die; -, Mägde

Ma|gen, der; -s, Mägen od. -; **Ma|gen|be|schwer|den** *(Mehrz.);* **Ma|gen|bit|ter,** der; -s, - (bitterer Kräuterlikör); **Ma|gen_ge|schwür, ...schmerz** *(meist Mehrz.),* **...ver|stim|mung**

ma|ger; Ma|ger|sucht, die; -

Ma|gie, die; - (Zauber-, Geheimkunst); **Ma|gi|er** [...*i*ᵉ*r*] (Zauberer); **ma|gisch**

Ma|gis|ter, der; -s, - (akadem. Grad); Magister Artium (akadem. Grad; Abk.: M. A.)

Ma|gis|t|rat, der; -[e]s, -e (Stadtverwaltung, -behörde)

Ma|g|nat, der; -en, -en (Grundbesitzer; Großindustrieller)

Ma|g|net, der; -[e]s u. -en, -e[n]; **Ma|g|net_band** *(das; Mehrz.* ...bänder), **...feld; ma|g|ne|tisch;** -e Feldstärke; -er Pol; **ma|g|ne|ti|sie|ren** (magnetisch machen); **Ma|g|ne|tis|mus,** der; - (Gesamtheit der magnetischen Erscheinungen; ein Heilverfahren)

Ma|g|no|lie [...*i*ᵉ]**,** die; -, -n (ein Zierbaum)

mäh!; mäh schreien

Ma|ha|go|ni, das; -s (ein Edelholz); **Maha|go|ni|mö|bel**

Ma|ha|ra|d|scha, der; -s, -s (ind. Großfürst)

Mäh|dre|scher

¹mä|hen ([Gras] schneiden)

²mä|hen (ugs. für: mäh schreien)

Mä|her

Mahl, das; -[e]s, *Mehrz.* Mähler u. -e (Gastmahl)

mah|len (Korn u. a.); **Mahl|zahn**

Mahl|zeit; gesegnete Mahlzeit!

Mäh|ma|schi|ne

Mäh|ne, die; -, -n

mah|nen; Mahn_mal *(Mehrz.* ...male, selten: ...mäler), **...schrei|ben; Mah|nung**

Mahr, der; -[e]s, -e (quälendes Nachtgespenst, Alb)

Mäh|re, die; -, -n ([altes, abgemagertes] Pferd)

Mai, der; -[e]s u. - (geh. gelegentl. noch: -en), -e (der fünfte Monat des Jahres); **Mai_an|dacht** (kath.), **...baum, ...bow|le, ...de|mons|t|ra|ti|on, ...fei|er, ...glöck|chen** (eine Blume), **...kä|fer**

Mail (kurz für: E-Mail; vgl. d.); **Mail|box** [*m*ᵉ*'lbox*]**,** die; -, -en (EDV: „Briefkasten" für den Austausch von Nachrichten in Computersystemen); **mai|len** [*m*ᵉ*'l*ᵉ*n*] (als E-Mail senden); gemailt

Mais, der; -es, (für: Maisarten *Mehrz.:)* -e; **Mais_brei, ...brot**

Maisch, der; -[e]s, -e u. **Mai|sche,** die; -, -n (bestimmtes Gemisch bei der Bier-, Wein- u. Spiritusherstellung)

mais|gelb; Mais|kol|ben

Mai|so|nette, (auch:) **Mai|son|nette** [beide: *mäsonät*]**,** die; -, -s (zweistöckige Wohnung)

Ma|jes|tät, die; - (als Titel u. Anrede von Kaisern u. Königen auch *Mehrz.:)* -en (Herrlichkeit, Erhabenheit); Seine -; **ma|jes|tä|tisch** (herrlich, erhaben)

Ma|jo|nä|se, (auch:) **Ma|yon|nai|se** [*majonäs*ᵉ]**,** die; -, -n (kalte, dicke Soße aus Eigelb u. Öl)

Ma|jor, der; -s, -e (unterster Stabsoffizier)

Ma|jo|ran [auch: *maj*...]**,** der; -s, -e (ein[e] Gewürz[pflanze])

ma|jo|ri|sie|ren (überstimmen, durch Stimmenmehrheit zwingen); **Ma|jo|ri|tät,** die; -, -en ([Stimmen]mehrheit)

ma|ka|ber (unheimlich; frivol)

Ma|kel, der; -s, - (geh. für: Schande; Fleck); **ma|kel|los; Ma|kel|lo|sig|keit**

ma|keln (Vermittlergeschäfte machen); **mä|keln** (ugs. für: nörgeln)

Make-up [*m*ᵉ*'k-ap*]**,** das; -s, -s (kosmet. Verschönerung; kosmet. Präparat)

Mak|ka|ro|ni, die *(Mehrz.;* röhrenförmige Nudeln)

Mak|ler (Geschäftsvermittler)

Ma|ko, die; -, -s od. der od. das; -[s], -s (ägypt. Baumwolle); **Ma|ko|baum|wol|le**

Mak|re|le, die; -, -n (ein Fisch)

Mak|ro|kos|mos [auch: *makro*...]**,** der; - (die große Welt; Weltall; Ggs.: Mikrokosmos)

Ma|k|ro|ne, *die;* -, -n (ein Gebäck)

Ma|ku|la|tur, *die;* -, -en (beim Druck schadhaft gewordene u. fehlerhafte Bogen, Fehldruck; Altpapier)

mal; acht mal zwei (mit Ziffern [u. Zeichen]: 8 mal 2, 8 × 2 oder 8 x 2); mal (ugs. für: einmal); komm mal her!

¹Mal, *das;* -[e]s, -e; das erste Mal; das einzige Mal; ein and[e]res Mal; nächstes Mal; zum ersten Mal[e]; ein paar Dutzend od. dutzend Male; achtmal (mit Ziffer: 8-mal); aber: acht Mal (wenn beide Wörter betont sind); noch einmal; auf einmal; manchmal; unzählige Mal[e]; ein andermal; ein paarmal, (auch, bei besonderer Betonung:) ein paar Mal

²Mal, *das;* -[e]s, *Mehrz.* -e u. Mäler (Fleck; Merkmal; geh. für: Denkmal; Sportspr.: Ablaufstelle)

Ma|la|chit [...*chit*], *der;* -s, -e (ein Mineral); ma|la|chit|grün

mal|lad, mal|la|de (ugs. für: krank)

Ma|la|ga, *der;* -s, -s (ein Süßwein)

Ma|lai|se, (auch:) Ma|lä|se [*maläs*ᵉ], *die;* -, -n (Misere; Missstimmung)

Ma|la|ria, *die;* - (eine trop. Infektionskrankheit)

Ma|lä|se; vgl. Malaise

Mal|buch

ma|len (Bilder usw.); Ma|ler; Ma|ler|ar|beit *(meist Mehrz.);* Ma|le|rei; ma|le|risch; Ma|ler|meis|ter; ma|lern (ugs. für: Malerarbeiten ausführen)

Mal|heur [*malör*], *das;* -s, -e u. -s (ugs. für: [kleines] Missgeschick; Unglück)

ma|li|zi|ös (boshaft, hämisch)

mal|neh|men (vervielfachen)

mal|o|chen (ugs. für: schuften)

mal|t|rä|tie|ren (misshandeln)

Mal|ve [...*w*ᵉ], *die;* -, -n (eine Zier-, Heilpflanze); mal|ven|far|big

Malz, *das;* -es; Malz_bier, ...bon|bon, ...kaf|fee

Ma|ma [veraltend u. geh.: *mamá*], *die;* -, -s; Ma|ma|chen

Mam|bo, *der;* -[s], -s (auch: *die;* -, -s; ein südamerik. Tanz)

Mam|mo|gra|fie, (auch:) Mam|mo|graphie, *die;* -, ...ien (Med.; Röntgenuntersuchung der weibl. Brust)

Mam|mon, *der;* -s (abwertend für: Reichtum; Geld)

Mam|mut, *das;* -s, -e u. -s (Elefant einer ausgestorbenen Art); Mam|mut|baum

mamp|fen (ugs. für: [mit vollen Backen] essen)

man; *Wemf.* einem, *Wenf.* einen; man kann nicht wissen, was einem zustoßen wird

Ma|nage|ment [*mänidschm*ᵉnt], *das;* -s, -s (Leitung eines Unternehmens); ma|na|gen [*mänidsch*ᵉn] (ugs. für: leiten, unternehmen; zustande bringen); gemanagt; Ma|na|ger [*mänidsch*ᵉr], *der;* -s, - (Leiter eines großen Unternehmens; geschäftlicher

Betreuer eines Künstlers, Berufssportlers o. Ä.); Ma|na|ger|krank|heit

manch; -er, -e, -es; manches Mal; manch böses Wort, manches böse Wort

man|chen|orts; man|cher|lei; man|cher|orts

Man|ches|ter [*mansch*...], *der;* -s (ein Gewebe)

manch|mal

Man|dant, *der;* -en, -en (Rechtsspr.: Auftraggeber; Vollmachtgeber); Man|dan|tin

Man|da|rin, *der;* -s, -e (früher: europ. Bez. für: hoher chin. Beamter); Man|da|ri|ne, *die;* -, -n (kleine apfelsinenähnliche Frucht)

Man|dat, *das;* -[e]s, -e (Auftrag, Vollmacht; Sitz im Parlament; in Treuhand von einem Staat verwaltetes Gebiet); Man|dats|ge|biet

Man|del, *die;* -, -n (Frucht; Gaumenmandel); man|del|äu|gig; Man|del_baum, ...blü|te, ...ent|zün|dung

Man|do|li|ne, *die;* -, -n (ein Saiteninstrument)

Ma|ne|ge [*manesch*ᵉ], *die;* -, -n (runde Vorführfläche im Zirkus od. in einer Reitschule)

Man|ge, *die;* -, -n (südd., schweiz. für: ¹Mangel)

¹Man|gel, *die;* -, -n ([Wäsche]rolle)

²Man|gel, *der;* -s, Mängel (Fehler; *nur Einz.:* das Fehlen); man|gel|haft; Man|gel|haf|tig|keit, *die;* -; Man|gel|krank|heit

¹man|geln ([Wäsche] rollen)

²man|geln (nicht [ausreichend] vorhanden sein); an etwas -; man|gels; *Verhältnisw. mit Wesf., in der Mehrz. auch mit Wemf.;* mangels des nötigen Geldes; mangels eindeutiger Beweise; mangels Beweisen

Man|gel|wa|re

Man|gel|wä|sche

Man|go, *die;* -, ...onen od. -s (eine tropische Frucht)

Ma|nie, *die;* -, ...ien (Sucht; Besessenheit)

Ma|nier, *die;* - (Art u. Weise, Eigenart; Unnatur, Künstelei); Ma|nie|ren, *die (Mehrz.;* Umgangsformen, [gutes] Benehmen); ma|nier|lich (gesittet)

ma|ni|fest (offenkundig); Ma|ni|fest, *das;* -es, -e (öffentl. Erklärung, Kundgebung; das Kommunistische -; Ma|ni|fes|ta|ti|on [...*zion*], *die;* -, -en (Offenbarwerden; Rechtsw.: Offenlegung; Bekundung; Med.: Erkennbarwerden [von Krankheiten]); ma|ni|fes|tie|ren (offenbaren; bekunden); sich -

Ma|ni|kü|re, *die;* -, -n (Handpflege; Handpflegerin); ma|ni|kü|ren; manikürt

Ma|ni|pu|la|ti|on [...*zion*], *die;* -, -en (Hand-, Kunstgriff; Verfahren; *meist Mehrz.:* Machenschaft); ma|ni|pu|la|tiv; ma|ni|pu|lier|bar; ma|ni|pu|lie|ren

ma|nisch (Psych., Med.: an einer Manie erkrankt; abnorm heiter erregt)

Man|ko, *das;* -s, -s (Fehlbetrag; Ausfall; Mangel)

Mann, *der;* -[e]s, *Mehrz.* Männer u. (früher

für: Lehnsleute, ritterl. Dienstleute od. scherzh.) -en; vier - hoch (ugs.); er ist -s genug; mann|bar; Mann|bar|keit, *die;* -; Männ|chen; Män|ne (Koseform zu: Mann)

Man|ne|quin [*man*ᵉ*käng*], *das* (selten: *der*); -s, -s (Frau, die Modellkleider u. Ä. vorführt)

Män|ner_chor, ...fang (meist nur in: auf - ausgehen); Män|ner|treu, *die;* -, - (Name verschiedener Pflanzen); mann|haft; Mann|haf|tig|keit, *die;* -

man|nig|fach; man|nig|fal|tig; Man|nig|fal|tig|keit, *die;* -

männ|lich; -es Hauptwort (für: Maskulinum); Männ|lich|keit, *die;* -; Manns|bild (ugs.); Mann|schaft; mann|schaft|lich; Mann|schafts|geist, *der;* -[e]s; manns|hoch; Manns|hö|he, ...leu|te, *die (Mehrz.;* ugs.); manns|toll (ugs.)

Ma|no|me|ter, *das;* -s, - (Druckmesser)

Ma|nö|ver [...*w*ᵉr], *das;* -s, - (größere Truppen-, Flottenübung; Bewegung, die mit einem Schiff, Flugzeug usw. ausgeführt wird; Winkelzug); ma|növ|rie|ren (Manöver vornehmen; geschickt zu Werke gehen)

Man|sar|de, *die;* -, -n (Dachgeschoss, -zimmer); Man|sar|den_woh|nung, ...zim|mer

Mansch, *der;* -[e]s (ugs. für: Schneewasser; breiige Masse); man|schen (ugs. für: mischen; im Wasser planschen)

Man|schet|te, *die;* -, -n (Ärmelaufschlag; Papierkrause für Blumentöpfe; unerlaubter Würgegriff beim Ringkampf); Manschetten haben (ugs. für: Angst haben); Man|schet|ten|knopf

Man|tel, *der;* -s, Mäntel; Män|tel|chen; Man|tel_ta|rif (Wirtsch.), ...ta|sche

ma|nu|ell (mit der Hand; Hand...); Ma|nu|fak|tur, *die;* -, -en ([vorindustrieller] gewerblicher Großbetrieb); Ma|nu|skript, *das;* -[e]s, -e (hand- od. maschinenschriftl. Ausarbeitung; Urschrift; Satzvorlage)

Mao|is|mus, *der;* - (kommunist. Ideologie in der chin. Ausprägung von Mao Tse-tung); Mao|ist, *der;* -en, -en (Anhänger des Maoismus)

Mäpp|chen; Map|pe, *die;* -, -n

Mär, *die;* -, Mären (veralt., noch scherzh. für: Nachricht; Sage)

Ma|ra|bu, *der;* -s, -s (ein Storchvogel)

Ma|ra|thon [auch: *ma*...], *der;* -s, -s (kurz für: Marathonlauf); Ma|ra|thon|lauf [auch: *ma*...] (leichtathletischer Wettlauf über 42,195 km)

Mär|chen; mär|chen|haft

Mar|der, *der;* -s, -; Mar|der|fell

Mar|ga|ri|ne, *die;* -

Mar|ge [*marsche*], *die;* -, -n (Abstand, Spielraum; Wirtsch.: Spanne zwischen zwei Preisen)

Mar|ge|ri|te, *die;* -, -n (eine Wiesenblume)

mar|gi|nal (auf dem Rand stehend, am Rand liegend; geringfügig)

Ma|ri|en_bild, ...kä|fer

Ma|ri|hu|a|na, *das;* -s (ein Rauschgift)

Ma|ril|le, *die;* -, -n (bes. österr. für: Aprikose)

Ma|ri|na|de, *die;* -, -n (Flüssigkeit mit Essig, Kräutern, Gewürzen zum Einlegen von Fleisch, Gurken usw.; Salatsoße; eingelegter Fisch); Ma|ri|ne, *die;* -, -n (Seewesen eines Staates; Flottenwesen; Kriegsflotte, Flotte); ma|ri|ne|blau (dunkelblau); ma|rinie|ren (in Marinade einlegen)

Ma|ri|o|net|te, *die;* -, -n (Gliederpuppe; willenloser Mensch als Werkzeug anderer)

ma|ri|tim (das Meer, das Seewesen betreffend); -es Klima

¹Mark, *die;* -, *Mehrz.:* - (ugs. scherzh.: Märker; ehem. Währungseinheit; Deutsche Mark; Abk.: DM)

²Mark, *die;* -, -en (früher für: Grenzland)

³Mark, *das;* -[e]s (Med., Bot.; übertr. für: das Innerste, Beste)

mar|kant (stark ausgeprägt); Mar|ke, *die;* -, -n (Zeichen; Handels-, Waren-, Wertzeichen); Mar|ken_ar|ti|kel (Wirtsch.), ...schutz

Mar|ker, *der;* -s, -[s] (Stift zum Markieren)

mar|ker|schüt|ternd

Mar|ke|ting [*ma'k'...*], *das;* -[s] (Wirtsch.: Ausrichtung eines Unternehmens auf die Förderung des Absatzes)

mar|kie|ren (be-, kennzeichnen; eine Rolle o. Ä. [bei der Probe] nur andeuten; ugs. für: vortäuschen; Sportspr.: [einen Treffer] erzielen); Mar|kie|rung

mar|kig; Mar|kig|keit, *die;* -

mär|kisch (aus der ²Mark stammend, sie betreffend)

Mar|ki|se, *die;* -, -n ([leinenes] Sonnendach)

Mark|kno|chen

Markt, *der;* -[e]s, Märkte; zu -e tragen; markt|ten (feilschen); markt_füh|rend, ...gän|gig; Markt_hal|le, ...la|ge, ...lücke, ...platz, ...preis, ...wirt|schaft (Wirtschaftssystem mit freiem Wettbewerb)

Mar|me|la|de, *die;* -, -n

Mar|mor, *der;* -s, -e (eine Gesteinsart); Marmor|ku|chen; mar|morn (aus Marmor)

ma|ro|de (ruiniert; veraltend, noch landsch. für: erschöpft)

¹Ma|ro|ne, *die;* -, -n u. ...ni ([geröstete] essbare Kastanie)

²Ma|ro|ne, *die;* -, -n (ein Pilz)

Ma|ro|ni, *die;* -, - (südd., österr. für: ¹Marone)

Ma|rot|te, *die;* -, -n (schrullige Eigenart)

Mar|quis [*...ki*], *der;* - [*...ki(β)*], - [*...kiβ*] („Markgraf"; fr. Titel); Mar|qui|se, *die;* -, -n („Markgräfin"; fr. Titel)

marsch!; vorwärts marsch!

¹Marsch, *der;* -[e]s, Märsche

²Marsch, *die;* -, -en (vor Küsten angeschwemmter fruchtbarer Boden)

Mar|schall, *der;* -s, ...schälle (hoher milit. Dienstgrad)

Marsch|be|fehl; marsch|be|reit; marschie|ren

Marsch|land (*Mehrz.* ...länder; svw. ²Marsch)

Marsch|mu|sik

Mar|seil|lai|se [*marβäjäs'*], *die;* - (fr. Revolutionslied, dann Nationalhymne)

Mars_mensch, ...son|de

Mar|ter, *die;* -, -n; Mar|ter|in|s|t|ru|ment; mar|tern; Mar|ter|pfahl; Mar|te|rung

mar|ti|a|lisch [*...zi...*] (kriegerisch; grimmig; verwegen)

Mar|tin-Horn® ; vgl. Martinshorn

Mar|ti|ni, *die;* - (Martinstag); Martins_gans, ...horn (als ®: Martin-Horn; *Mehrz.* ...hörner), ...tag (11. Nov.)

Mär|ty|rer, *der;* -s, - (jmd., der wegen seines Glaubens verfolgt od. getötet wird); Mar|ty|ri|um, *das;* -s, ...ien [*...i°n*] (schweres Leiden [um des Glaubens od. der Überzeugung willen])

Mar|xis|mus, *der;* - (die von Marx u. Engels begründete Theorie des Kommunismus); Mar|xist, *der;* -en, -en; mar|xis|tisch

März, *der;* -[es] (geh. auch noch: -en), -e (der dritte Monat des Jahres); März|becher, Mär|zen|be|cher (eine Frühlingsblume)

Mar|zi|pan [auch, österr. nur: *ma*...], *das* (österr., sonst selten: *der*); -s, -e (süße Masse aus Mandeln u. Zucker)

märz|lich; März_re|vo|lu|ti|on (1848), ...son|ne

Mas|ca|ra, *die;* -, -s u. *der;* -[s], -s (Wimperntusche)

Ma|sche, *die;* -, -n (Schlinge; ugs. für: Lösung; Trick); Ma|schen|draht (Drahtgeflecht)

Ma|schi|ne, *die;* -, -n; ich schreibe Maschine; ich habe Maschine geschrieben; aber: ein maschine[n]geschriebener Brief; ma|schi|ne[n]|ge|schrie|ben; vgl. Maschine; ma|schi|nell (maschinenmäßig [hergestellt]; Ma|schi|nen_bau (*der;* -[e]s), ...ge|wehr (Abk.: MG); Ma|schine[n]|schrei|ben, *das;* -s; Ma|schi|ne|rie, *die;* -, ...ien (maschinelle Einrichtung; Getriebe; Ma|schi|ne schreiben; vgl. Maschine; Ma|schi|nist, *der;* -en, -en (Maschinenmeister)

ma|sern; Ma|sern, *die (Mehrz.;* eine Kinderkrankheit); Ma|se|rung (Zeichnung des Holzes)

Mas|ke, *die;* -, -n (auch für: kostümierte Person); Mas|ken_ball; Mas|ken|bild|ner; mas|ken|haft; Mas|ke|ra|de, *die;* -, -n (Verkleidung; Maskenfest); mas|kie|ren ([mit einer Maske] unkenntlich machen; verkleiden; verbergen); sich -; Mas|kie|rung

Mas|kott|chen (Talisman)

mas|ku|lin [auch: *ma*...] (männlich); Masku|li|num [auch: *ma*...], *das;* -s, ...na (Sprachw.: männliches Hauptwort)

Ma|so|chis|mus, *der;* - (geschlechtl. Erregung durch Erdulden von Misshandlungen)

¹Maß, *das;* -es, -e; Maß halten, (auch:) maß-

---

halten; er hält Maß, (auch:) maß; eine Maß haltende, (auch:) maßhaltende Forderung;

²Maß, (bes. bayr. auch:) Mass, *die;* -, -[e] (bayr., österr.; ein Flüssigkeitsmaß); 2 Maß, (auch:) Mass Bier

Mas|sa|ge [*...asch'*], *die;* -, -n ([Heil]behandlung durch Streichen o. Ä. des Körpergewebes)

Mas|sa|ker, *das;* -s, - (Gemetzel); mas|sak|rie|ren (niedermetzeln); Mas|sa|k|rierung

Ma|ße, *die;* -, -n (veralt. für: Mäßigkeit; Art u. Weise); noch in: in, mit, ohne Maßen; über die/alle Maßen

Mas|se, *die;* -, -n

mas|sen|haft; Mas|sen_mord, ...tou|rismus; mas|sen|wei|se

Mas|seur [*...ßör*], *der;* -s, -e (jmd., der Massagen verabreicht); Mas|seu|rin [*...βörin*], *die;* -, -nen; Mas|seu|se [*...ßö...*], *die;* -, -n

Maß_ga|be, *die;* - (Amtsspr.: Bestimmung); maß|ge|bend; maß|geb|lich; maß|halten; vgl. ¹Maß; maß|ge|schnei|dert

¹mas|sie|ren (durch Massage behandeln)

²mas|sie|ren (Truppen zusammenziehen)

mas|sig

mä|ßig; mä|ßi|gen; sich -; Mä|ßig|keit, *die;* -; Mä|ßi|gung

mas|siv (schwer; voll [nicht hohl]; fest, dauerhaft; roh, grob); Mas|siv, *das;* -s, -e [*...w'*] (Gebirgsstock); Mas|si|vi|tät, *die;* -

maß|los; Maß|lo|sig|keit; Maß|nah|me, *die;* -, -n; Maß|neh|men, *das;* -s; Maß|regel; maß|re|geln; Maß|re|ge|lung, Maßreg|lung; Maß|stab; maß|stäb|lich; maß|stab[s]_ge|recht, ...ge|treu; maßvoll

¹Mast, *der;* -[e]s, -en (auch: -e; Mastbaum)

²Mast, *die;* -, -en (Mästung); Mast_darm; mäs|ten

Mas|ter, *der;* -s, - („Meister"; engl. Anrede für: junger Herr; akad. Grad, bes. in englischsprach. Ländern; Leiter bei Parforcejagden)

Mast|gans

Mas|tur|ba|ti|on [*...zion*], *die;* -, -en (geschlechtl. Selbstbefriedigung); mas|turbie|ren

Ma|ta|dor, *der;* -s, -e (Hauptkämpfer im Stierkampf; Hauptperson)

Match [*mätsch*], *das* (auch: *der*); -[e]s, -s (auch: -e; Wettkampf, -spiel); Match|winner, *der;* -s, - (Gewinner eines Matchs)

Ma|te, *der;* - (ein Tee)

Ma|te|ri|al, *das;* -s, ...ien [*...i°n*]; ma|te|ria|li|sie|ren; sich -; Ma|te|ri|a|lis|mus, *der;* - (philos. Anschauung, die alles Wirkliche auf Kräfte od. Bedingungen der Materie zurückführt; auf Besitz u. Gewinn ausgerichtete Haltung); Ma|te|ri|a|list, *der;* -en, -en; ma|te|ri|a|lis|tisch; Ma|te|rie [*...i°*], *die;* -, (für: Stoff; Inhalt; Gegenstand [einer Untersuchung] *auch Mehrz.*:) -n (Philos.: Urstoff; die außerhalb unseres Bewusstseins vorhandene Wirklichkeit); **ma|te|ri|ell** (stofflich, wirtschaftlich, finanziell; auf den eigenen Nutzen bedacht)

Ma|the|ma|tik [österr. ...*matik*], die; - (Wissenschaft von den Raum- u. Zahlengrößen)

Ma|ti|nee [auch: *ma*...], die; -, ...een (am Vormittag stattfindende künstlerische Veranstaltung)

Mat|jes|he|ring (junger Hering)

Mat|rat|ze, die; -, -n (Bettpolster); **Ma|t|rat|zen|la|ger**

Malt|ro|ne, die; -, -n (ältere, ehrwürdige Frau, Greisin; abwertend für: [ältere] korpulente Frau)

Malt|ro|se, der; -n, -n; **Malt|ro|sen.an|zug**, ...**müt|ze**

matsch (ugs. für: völlig erschöpft)

¹Matsch, der; -[e]s, -e (gänzlicher Verlust beim Kartenspiel)

²Matsch, der; -[e]s (ugs. für: breiiger Schmutz, nasse Erde); **mat|schig** (ugs.)

matt (schwach; glanzlos); matt sein; jmdn. -setzen, (auch:) **mattsetzen** (im Schach); vgl. aber **mattsetzen**; Schach und -!; **Matt**, das; -s, -s

¹Mat|te, die; -, -n (Decke, Unterlage; Bodenbelag)

²Mat|te, die; -, -n (geh. für: Weide [in den Hochalpen]; schweiz. für: Wiese)

Matt|gold; Matt|heit, die; -; **matt|tie|ren** (matt, glanzlos machen); **Mat|tie|rung; Mat|tig|keit**, die; -; **Matt|schei|be**; - haben (ugs. übertr. für: begriffsstutzig, benommen sein)

matt|set|zen (handlungsunfähig machen)

Matz, der; -es, -e u. Mätze (scherzh.; meist in Zusammensetzungen, z. B. Hosenmatz); **Mätz|chen**; - machen (ugs. für: Ausflüchte machen, sich sträuben)

Mat|ze, die; -, -n u. **Mat|zen**, der; -s, - (ungesäuertes Passahbrot der Juden)

mau (ugs. für: schlecht; dürftig); nur in: das ist -; mir ist -

Mau|er, die; -, -n; **Mau|er|blüm|chen** (ugs. für: Mädchen, das wenig zum Tanzen aufgefordert wird; Person od. Sache, die wenig beachtet wird); **mau|ern; Mau|er|seg|ler** (ein Vogel)

Maul, das; -[e]s, Mäuler; **Maul|af|fen;** meist in: - feilhalten (ugs. für: mit offenem Mund dastehen u. nichts tun)

Maul|beer|baum; Maul|bee|re

mau|len (ugs. für: murren)

Maul|esel (Kreuzung aus Pferdehengst u. Eselstute)

maul|faul (ugs.); **Maul.held** (ugs.), ...**korb**, ...**schel|le** (ugs.), ...**sper|re** (ugs.), ...**ta|sche** (meist Mehrz.; schwäb. Pastetchen aus Nudelteig)

Maul|tier (Kreuzung aus Eselhengst u. Pferdestute)

Maul- und Klau|en|seu|che

Maul|wurf, der; -[e]s, ...würfe

Mau|rer; Mau|rer|hand|werk

Maus, die; -, Mäuse; **Mäus|chen; mäus-**

chen|still; **Mau|se|fal|le**, (seltener:) **Mäu|se|fal|le; Mau|se|loch**, (seltener:) **Mäu|se|loch; mau|sen** (ugs. scherzh. für: stehlen; landsch. für: Mäuse fangen)

Mau|ser, die; - (jährlicher Wechsel der Federn bei Vögeln); **mau|sern**, sich; **Mau|se|rung**

mau|se|tot (ugs.); **maus|grau**

mau|sig; **mau|sig|ma|chen**, sich (ugs. für: frech, vorlaut sein)

Maus|klick, der; -s, -s (EDV: Betätigen der Maustaste)

Mau|so|le|um, das; -s, ...een (monumentales Grabmal)

Maus|pad [...*pät*], das; -s, -s (EDV: Unterlage, auf der die Computermaus bewegt wird)

Maut, die; -, -en (Gebühren für Straßen- u. Brückenbenutzung); **Maut|ge|bühr;**

ma|xi (Mode: knöchellang); der Rock ist -; **Ma|xi**, das; -s (Mode: knöchellange Kleidung); **Maxi** tragen; **Ma|xi|ma** (Mehrz. von: Maximum); **ma|xi|mal** (sehr groß, größt..., höchst...); **Ma|xi|me**, die; -, -n (Leitsatz); **Ma|xi|mum**, das; -s, ...ma (Höchstwert, -maß)

Ma|yon|nai|se; vgl. Majonäse

Mä|zen, der; -s, -e (vermögender Privatmann, der Künstler od. Sportler mit finanziellen Mitteln fördert)

MB, Mbyte, MByte = Megabyte

Me|cha|nik, die; -, (für: Getriebe, Trieb-, Räderwerk auch Mehrz.:) -en (Lehre von den Kräften u. Bewegungen); **Me|cha|ni|ker; me|cha|nisch** (den Gesetzen der Mechanik entsprechend; maschinenmäßig; unwillkürlich, gewohnheitsmäßig, gedankenlos); **Me|cha|nis|mus**, der; -, ...men (sich bewegende techn. Einrichtung; [selbsttätiger] Ablauf; Zusammenhang)

Me|cke|rei; Me|cke|rer (ugs. abwertend für: Nörgler u. Besserwisser); **Me|cker|frit|ze** (ugs. abwertend); **me|ckern** (ugs.)

Me|dail|le [...*dalj*ᵉ, österr.: ...*dailj*ᵉ], die; -, -n (Gedenk-, Schaumünze; Auszeichnung); **Me|dail|lon** [...*daljong*], das; -s, -s (Bildkapsel; Rundbild[chen]; Kunstwiss.: rundes od. ovales Relief; Kochk.: kleine, runde Fleischscheibe zum Braten)

Me|di|a|tor, der; -s, -oren (Vermittler zwischen Streitenden)

Me|di|en (Mehrz.; zusammenfassende Bez. für: Film, Funk, Fernsehen, Presse); die neuen, (auch:) Neuen Medien

Me|di|ka|ment, das; -[e]s, -e (Arzneimittel); **me|di|ka|men|tös**

Me|di|ta|ti|on [...*zion*], die; -, -en (Nachdenken; sinnende Betrachtung; religiöse Versenkung); **me|di|tie|ren**

Me|di|um, das; -s, ...ien [...*iᵉn*] (Mittel[glied]; Mittelsperson [bes. beim Spiritismus]; Kommunikationsmittel)

Me|di|zin, die; -, -en (Heilkunde; Arznei); **Me|di|zin|ball** (großer, schwerer, nicht elastischer Lederball); **Me|di|zi|ner** (Arzt); **me|di|zi|ne|rin; me|di|zi|nisch** (heilkund-

lich); **me|di|zi|nisch-tech|nisch; Me|di|zin|mann** (Mehrz. ...männer)

Meer, das; -[e]s, -e; **Meer|bu|sen; Mee|res.grund** (der; -[e]s), ...**spie|gel** (der; -s)

Meer|ret|tich (eine Heil- u. Gewürzpflanze)

Meer|schaum, der; -[e]s; **Meer|schaum|pfei|fe; Meer|schwein|chen; Meer|was|ser**, das; -s

Mee|ting [*mi*...], das; -s, -s (Zusammenkunft; Versammlung; Sportveranstaltung)

Me|ga... (Groß...; das Millionenfache einer Einheit; z. B. Megawatt = 10^6 Watt; Zeichen: M); **Me|ga|byte** [auch: *mä*..., ...*bait*], das; -[s], -[s] (2^{20} Byte; Zeichen: MB, MByte); **Me|ga|hertz** [auch: *mä*..., ...*härtß*] (1 Million Hertz; Zeichen: MHz)

Me|ga|phon, (auch:) **Me|ga|fon**, das; -s, -e (Sprachrohr)

Me|ga|ton|ne (das Millionenfache einer Tonne)

Mehl, das; -[e]s, (für: Mehlsorten Mehrz.:) -e; **Mehl|schwit|ze** (Kochk.); **Mehl|tau**, der (eine Pflanzenkrankheit)

mehr; - oder weniger (minder); **Mehr**, das; -[s] (auch für: Mehrheit); **meh|ren** (geh.); **meh|re|re** (einige, eine Anzahl); **meh|re|res; mehr|er|lei; mehr|fach; Mehr|fa|che**, das; -n; **Mehr|heit; mehr|heit|lich; Mehr|heits|be|schluss; mehr|jäh|rig; Mehr|kos|ten; mehr|ma|lig; mehr|mals; mehr|sil|big; mehr|spra|chig; mehr|stim|mig; Mehr|rung** (geh.)

Mehr|wert; Mehr|wert|steu|er, die; **mehr|wö|chig; Mehr|zahl** (die; -); **Mehr|zweck_ge|rät**, ...**hal|le**

mei|den

Mei|le, die; -, -n (ein Längenmaß); **Mei|len|stein; mei|len|weit**

Mei|ler, der; -s, - (kurz für: Kohlen-, Atommeiler)

mein; mei|ne

Mein|eid (Falscheid); **mein|ei|dig; Mein|ei|dig|keit**, die; -

mei|nen; ich meine es gut mit ihm

mei|ner (Wesf. von „ich"); **mei|ner|seits; mei|nes|glei|chen; mei|nes|teils; mei|net|hal|ben; mei|net|we|gen; mei|net|wil|len;** um -; **mei|ni|ge**

Mei|nung; Mei|nungs_for|schung, ...**frei|heit** (die; -), ...**um|fra|ge**, ...**ver|schie|den|heit**

Mei|se, die; -, -n (ein Vogel)

Mei|ßel, der; -s, -; **mei|ßeln**

meist; meist|bie|tend; Meist|bie|ten|de, der u. die; -n, -n; **meis|te;** am -en; **meis|tens; meis|ten|teils**

Meis|ter; meis|ter|haft; Meis|ter|haf|tig|keit, die; -; **meis|ter|lich; meis|tern; Meis|ter|prü|fung; Meis|ter|schaft; Meis|ter|ti|tel; Meis|ter|werk**

Meist|ge|bot; meist.ge|bräuch|lich, ...ge|kauft, ...ge|le|sen

Me|lan|cho|lie [...*langkoli*], die; -, ...ien

(Schwermut); **Me|lan|cho|li|ker; me|lan|cho|lisch**

Me|la|nom, *das;* -s, -e (Med.; bösartige Geschwulst an der Haut od. den Schleimhäuten)

Me|las|se, *die;* -, -n (Fachspr.: Rückstand bei der Zuckergewinnung)

Me|la|to|nin, *das;* -s (ein den Stoffwechsel senkendes Hormon)

mel|den; Mel|de|pflicht; polizeiliche -; **mel|de|pflich|tig;** -e Krankheit; **Mel|der; Mel|dung**

me|liert (aus verschiedenen Farben gemischt; leicht ergraut [vom Haar]); grau meliert, (auch:) graumeliert

Me|lis|se, *die;* -, -n (eine Heil- u. Gewürzpflanze)

mel|ken; Mel|ker; Mel|ke|rin; Melk|maschi|ne

Me|lo|die, *die;* -, ...ien (sangbare, in sich geschlossene Folge von Tönen); **Me|lo|dik,** *die;* - (Lehre von der Melodie); **me|lo|di-**
ös; me|lo|disch (wohlklingend)

Me|lo|ne, *die;* -, -n (großes Kürbisgewächs; ugs. scherzhaft für: runder, steifer Hut)

Mel|tau, *der* (Honigtau)

Mem|b|ran, *die;* -, -en u. **Mem|b|ra|ne,** *die;* -, -n (gespanntes Häutchen; Schwingblatt)

Mem|me, *die;* -, -n (ugs. abwertend für: Feigling)

Me|moi|ren [...mo̯aˈr²n], *die (Mehrz.;* Lebenserinnerungen); **Me|mo|ran|dum,** *das;* -s, ...den u. ...da (Denkschrift); **me|mo-**
rie|ren (veraltend für: auswendig lernen)

Me|na|ge|rie, *die;* -, ...ien (Tierschau, Tiergehege)

Me|ne|te|kel, *das;* -s, - (unheildrohendes Zeichen)

Men|ge, *die;* -, -n

men|gen (mischen)

Men|gen|leh|re, *die;* -; **men|gen|mä|ßig** (für: quantitativ); **Men|gen|ra|batt**

Me|nis|kus, *der;* -, ...ken (Med.: Zwischenknorpel im Kniegelenk; Physik: gewölbte Flüssigkeitsoberfläche); Me|nis|kus|riss (Med.)

Me|no|pau|se, *die;* -, -n (Med.: Aufhören der Regelblutung in den Wechseljahren der Frau)

Men|sa, *die;* -, -s u. ...sen (restaurantähnliche Einrichtung an Universitäten); **Men|sa-**
es|sen

¹**Mensch,** *der;* -en, -en

²**Mensch,** *das;* -[e]s, -er (abwertend für: weibl. Person)

Men|schen|freund; men|schen|freund-
lich; Men|schen_ge|den|ken (seit -), **...hand** (von -), **...kennt|nis** (*die;* -), **...le-**
ben; men|schen|leer; men|schen|mög-
lich; sie hat das Menschenmögliche (alles) getan; **Men|schen|recht** *(meist Mehrz.);* **men|schen|scheu; Men|schen_scheu,** **...see|le** (keine -); **Men|schens|kind!** (ugs. Ausruf des Erstaunens, Erschreckens); **men|schen|un|wür|dig; men|schen|ver-**
ach|tend, (auch:) Men|schen ver|ach-

tend; aber nur: alle Menschen verachtend; eine äußerst menschenverachtende Politik; **Men|schen|wür|de; men|schen|wür|dig; Mensch|heit,** *die;* -; **mensch|heit|lich; mensch|lich; Mensch|lich|keit,** *die;* -; **Mensch|wer|dung,** *die;* -

Mens|t|ru|a|ti|on [...*zion*], *die;* -, -en (Monatsblutung); **mens|t|ru|ie|ren**

Men|sur, *die;* -, -en (Fechterabstand; studentischer Zweikampf; Zeitmaß der Noten)

men|tal (geistig; gedanklich); **Men|ta|li|tät,** *die;* -, -en (Geistes- u. Gemütsart)

Men|thol, *das;* -s (Bestandteil des Pfefferminzöls)

Men|tor, *der;* -s, ...oren (Erzieher; Ratgeber)

Me|nü, *das;* -s, -s (Speisenfolge; EDV: auf dem Bildschirm angebotene Programmauswahl)

Me|nu|ett, *das;* -[e]s, -e, (auch:) -s (ein Tanz)

Mer|chan|di|sing [*mö'tsch²ndai*...], *das;* -s (Wirtsch.; verkaufsfördernde Maßnahmen; Vermarktung aller mit einem populären Film o. Ä. zusammenhängenden Produkte)

Me|ri|di|an, *der;* -s, -e (Mittags-, Längenkreis)

Me|rin|ge, *die;* -, -n, (schweiz.:) **Me|rin|gue** [m²*räng*], *die;* -, -s (ein Schaumgebäck)

Me|ri|no, *der;* -s, -s (Schaf einer best. Rasse); **Me|ri|no|wol|le**

merk|bar; Merk|blatt; mer|ken; merk-
lich; Merk|mal (*Mehrz.* ...male); **merk-**
wür|dig; merk|wür|di|ger|wei|se; Merk-
wür|dig|keit, *die;* -, -en

Me|s|al|li|ance [*mesaljang*β], *die;* -, -n (bes. früher für: nicht standesgemäße Ehe; übertr. für: unglückliche Verbindung)

me|schug|ge (ugs. für: verrückt)

Mes|ner, (auch:) Mess|ner (landsch. für: Kirchendiener)

Mess|band, *die (Mehrz.* ...bänder); mess-
bar; Mess|be|cher

Mess|die|ner

¹**Mes|se,** *die;* -, -n (kath. Hauptgottesdienst; Chorwerk)

²**Mes|se,** *die;* -, -n (Großmarkt, Ausstellung)

Mes|se_ge|län|de, **...hal|le**

mes|sen; maß, gemessen

¹**Mes|ser,** *der* (Messender, Messgerät; nur als 2. Bestandteil in Zusammensetzungen, z. B. in: Fiebermesser)

²**Mes|ser,** *das;* -s, - (ein Schneidwerkzeug); **Mes|ser_bänk|chen,** **...held** (abwertend); **mes|ser|scharf; Mes|ser|spit|ze; Mes-**
ser|ste|che|rei; Mes|ser|stich

Mes|sing, *das;* -s (Kupfer-Zink-Legierung); **Mes|sing|draht; mes|sin|gen** (aus Messing)

Mess|ner; vgl. Mesner; Mess|op|fer (kath. Feier der Eucharistie)

Mess|schnur, (auch:) Mess-Schnur (*Mehrz.* ...schnüre); Mes|sung; Mess|zy|lin|der

Mes|ti|ze, *der;* -n, -n (Nachkomme eines weißen u. eines indianischen Elternteils)

Met, *der;* -[e]s (gegorener Honigsaft)

Me|tall, *das;* -s, -e; die Metall verarbei-

tende, (auch:) metallverarbeitende Industrie; me|tal|len (aus Metall); Me|tal|ler (ugs. für: Metallarbeiter); me|tall|hal|tig; Me|tall|in|dus|t|rie; me|tal|lisch (metallartig); me|tal|li|sie|ren (mit Metall überziehen); Me|tall|kun|de, *die;* -; Me|tall-
le|gie|rung, (auch:) Me|tall-Le|gie|rung; me|tall|ver|ar|bei|tend; vgl. Metall

Me|ta|mor|pho|se, *die;* -, -n (*meist Mehrz.;* Umgestaltung, Verwandlung); **Me|ta|pher,** *die;* -, -n (Sprachw.: Wort mit übertragener Bedeutung, bildliche Wendung, z. B. „Haupt der Familie"); **Me|ta|pho|rik,** *die;* - (Verbildlichung, Übertragung in eine Metapher); **me|ta|pho|risch** (bildlich, im übertragenen Sinne [gebraucht]); **Me|ta-**
phy|sik (philos. Lehre von den letzten Gründen u. Zusammenhängen des Seins)

Me|ta|s|ta|se, *die;* -, -n (Med.: Tochtergeschwulst)

Me|te|or, *der,* (selten:) *das;* -s, -e (Leuchterscheinung beim Eintritt eines Meteoriten in die Erdatmosphäre); **Me|te|o|rit,** *der;* -s, -e (Meteorstein); **Me|te|o|ro|lo|ge,** *der;* -n, -n; **Me|te|o|ro|lo|gie,** *die;* - (Lehre von Wetter u. Klima); **Me|te|o|ro-**
lo|gin; me|te|o|ro|lo|gisch

Me|ter, *der* (schweiz. nur so), auch: *das;* -s, - (Längenmaß; Zeichen: m); eine Länge von zehn Metern, (auch:) Meter; **me|ter_dick,** **...hoch,** **...lang; Me|ter_maß** *(das),* **...wa|re; me|ter|wei|se; me|ter|weit**

Me|tho|de, *die;* -, -n (wissenschaftlich planmäßiges u. folgerichtiges Verfahren; Art des Vorgehens); **Me|tho|dik,** *die;* -, -en (Verfahrenslehre, -weise; Vortrags-, Unterrichtslehre); **Me|tho|di|ker** (planmäßig Verfahrender; Begründer einer Methode); **me|tho|disch** (planmäßig; durchdacht); **Me|tho|dist,** *der;* -en, -en (Angehöriger einer ev. Freikirche)

Me|ti|er [...*tie*], *das;* -s, -s (Beruf; Aufgabe)

Me|t|ra, Me|t|ren (*Mehrz. von:* Metrum); **Met|rik,** *die;* -, -en (Verslehre, -kunst; Musik: Lehre vom Takt); **met|risch** (die Metrik betreffend; in Versen abgefasst; nach dem Meter)

Me|t|ro [auch: *me*...], *die;* -, -s (Untergrundbahn, bes. in Paris)

Me|t|ro|nom, *das;* -s, -e (Musik: Taktmesser)

Me|t|ro|po|le, *die;* -, -n (Hauptstadt, Weltstadt)

Me|t|rum, *das;* -s, ...tren u. (älter:) ...tra (Versmaß; Musik: Takt)

Mett, *das;* -[e]s (nordd. für: gehacktes Schweinefleisch)

Met|te, *die;* -, -n (nächtl. Gottesdienst; nächtl. Gebet)

Mett|wurst

Met|ze, *die;* -, -n (veralt. für: Prostituierte)

Met|ze|lei (ugs.); **met|zeln** (landsch. für: schlachten)

Metz|ger (westmitteld., südd., schweiz. für: Fleischer); **Metz|ge|rei** (westmitteld., südd., schweiz.); **Metz|ger|meis|ter**

Meu|chel_mord, ...mör|der; meu|cheln; Meuch|ler; meuch|le|risch; meuch|lings (geh. für: heimtückisch)

Meu|te, die; -, -n (Jägerspr.: Gruppe von Jagdhunden; übertr. abwertend für: größere Zahl von Menschen); Meu|te|rei; Meu|te|rer; meu|tern

Mez|zo|so|p|ran [auch: ...pran] (Frauenstimme zwischen Sopran u. Alt; Sängerin der mittleren Stimmlage)

MHz = Megahertz

mi|au!; mi|au|en

mich (Wenf. von „ich")

Mi|chel, der; -s, - (Spottname des Deutschen); deutscher -

mi|cke|rig, mick|rig (ugs. für: schwach, zurückgeblieben)

Mi|cky|maus, die; - (eine Comic- u. Trickfilmfigur)

Mi|di... (Mode: bis zu den Waden reichend; halblang)

Mid|life|cri|sis, (auch:) Mid|life-Cri|sis [midlaifkraißiß], die; - (Krise in der Mitte des Lebens)

Mie|der, das; -s, -; Mie|der|wa|ren, die (Mehrz.)

Mief, der; -[e]s (ugs. für: schlechte Luft); mie|fen (ugs.)

Mie|ne, die; -, -n (Gesichtsausdruck); Mie|nen|spiel

mies (ugs. für: elend; schlecht); miese Laune; Mie|se|pe|ter, der; -s, - (ugs. für: stets unzufriedener Mensch); mie|se|pe|t[e]|rig (ugs.); mies|ma|chen (ugs. für: schlechtmachen, herumnörgeln); Mies|ma|cher (ugs. abwertend); Mies|ma|che|rei (ugs. abwertend)

Mies|mu|schel

¹Mie|te, die; -, -n (gegen Frost gesicherte Grube u. a. zur Aufbewahrung von Feldfrüchten)

²Mie|te, die; -, -n (Preis für Benutzung einer Wohnung u. a.); mie|ten; Mie|ter; Mie|ter|schutz; miet|frei; Miets_haus, ...ka|ser|ne (abwertend für: großes Mietshaus); Mie|tung

Mie|ze, die; -, -n (ugs. für: Katze; salopp für: junge [attraktive] Frau); Mie|ze|kat|ze

Mi|g|rä|ne, die; -, -n ([halb-, einseitiger] heftiger Kopfschmerz)

Mi|ka|do, das; -s, -s (Geschicklichkeitsspiel mit Holzstäbchen)

Mi|k|ro|be, die; -, -n (kleinstes, meist einzelliges Lebewesen); Mi|k|ro|film; Mi|k|ro|fon, (auch:) Mi|k|ro|phon, das; -s, -e (Gerät, durch das Töne u. Ä. auf Tonband, über Lautsprecher u. Ä. übertragen werden können); Mi|k|ro|kos|mos [auch: mikro...], der; - (Welt im Kleinen; Ggs. Makrokosmos); Mi|k|ro|me|ter, das; -s, - (Feinmessgerät; ein millionstel Meter; Zeichen: μm); Mi|k|ro|phon; vgl. Mikrofon; Mi|k|ro|s|kop, das; -s, -e (optisches Vergrößerungsgerät); mi|k|ro|s|ko|pie|ren; mi-

k|ro|s|ko|pisch (verschwindend klein; mithilfe eines Mikroskops durchgeführt)

Mil|be, die; -, -n (ein Spinnentier)

Milch, die; -, -, (fachspr.:) -e[n]; Milch|fla|sche; mil|chig; Milch|ling (ein Pilz); Milch|mäd|chen|rech|nung (ugs. für: auf Trugschlüssen beruhende Rechnung, Erwartung); Milch|mann (selten Mehrz. ...männer), ...stra|ße, ...zahn

mild, mil|de; Mil|de, die; -; mil|dern; Mil|de|rung; mild|tä|tig; Mild|tä|tig|keit, die; -

Mi|li|eu [...liö], das; -s, -s (Umwelt; bes. schweiz. auch für: Bereich der Prostitution); mi|li|eu_be|dingt, ...ge|schä|digt

mi|li|tant (kämpferisch)

¹Mi|li|tär, der; -s, -s (höherer Offizier)

²Mi|li|tär, das; -s (Soldatenstand; Streitkräfte)

Mi|li|tär|dienst; mi|li|tä|risch; mi|li|ta|ri|sie|ren (milit. Anlagen errichten, Truppen aufstellen); Mi|li|ta|ris|mus, der; - (Vorherrschen milit. Gesinnung); Mi|li|ta|rist, der; -en, -en; mi|li|ta|ris|tisch; Mi|li|tär|pflicht, die; -; mi|li|tär|pflich|tig; Mi|liz, die; -, -en (kurz ausgebildete Truppen, Bürgerwehr)

Mil|le, das; -, - (Tausend; Zeichen: M); Mil|len|ni|um, das; -s, ...ien (Jahrtausend)

Mil|li|ar|där, der; -s, -e (Besitzer eines Vermögens von mindestens einer Milliarde); Mil|li|ar|de, die; -, -n (1 000 Millionen; Abk: Md. u. Mrd.); Mil|li|ar|den|be|trag; mil|li|ards|te; mil|li|ards|tel; Mil|li|ards|tel, das; -s, -

Mil|li|bar, das; -s, -s (alte Maßeinheit für den Luftdruck); Mil|li|gramm ($^1/_{1000}$ g; Zeichen: mg); Mil|li|me|ter ($^1/_{1000}$ m; Zeichen: mm); Mil|li|me|ter|pa|pier

Mil|li|on, die; -, -en (1 000 mal 1 000; Abk.: Mill. u. Mio.); Mil|li|o|när, der; -s, -e (Besitzer eines Vermögens von mindestens einer Million); mil|li|o|nen|fach; Mil|li|o|nen Mal; vgl. ¹Mal; mil|li|ons|te; mil|li|on[s]|tel; Mil|li|on[s]|tel, das; -s, -

Milz, die; -, -en; Milz|brand, der; -[e]s (eine Infektionskrankheit)

Mi|me, der; -n, -n (veraltend für: Schauspieler); mi|men (selten für: [schauspielerisch] darstellen; ugs. abwertend für: vortäuschen); Mi|me|sis, die; -, ...esen (Nachahmung); Mi|mik, die; - (Gebärden- u. Mienenspiel); mi|misch (schauspielerisch; mit Gebärden)

Mi|mo|se, die; -, -n (Pflanzengattung; Blüte der Silberakazie; oft abwertend für: überaus empfindsamer Mensch); mi|mo|sen|haft (oft abwertend für: überaus empfindlich)

Mi|na|rett, das; -s, -e u. -s (Moscheeturm)

min|der; min|der|be|mit|telt; Min|der|be|mit|tel|te, der u. die; -n, -n; Min|der|heit; min|der|jäh|rig; Min|der|jäh|ri|ge, der u. die; -n, -n; Min|der|jäh|rig|keit, die; -

min|dern; Min|de|rung; min|der|wer|tig;

Min|der|wer|tig|keit; Min|der|wer|tig|keits_ge|fühl, ...kom|plex

Min|dest|al|ter; min|des|te; nicht das Min|deste, (auch:) mindeste (gar nichts) wissen; nicht im Mindesten, (auch:) mindesten (überhaupt nicht) darauf eingehen; du könntest zum Mindesten, (auch:) mindesten (wenigstens) Bescheid sagen; min|des|tens

Mi|ne, die; -, -n (unterird. Gang; Bergwerk; Sprengkörper; Kugelschreiber-, Bleistifteinlage)

Mi|ne|ral, das; -s, -e u. ...ien [...i°n] (anorgan., chem. einheitl. u. natürlich gebildeter Bestandteil der Erdkruste); mi|ne|ra|lisch; Mi|ne|ra|lo|gie, die; - (Wissenschaft von den Mineralen); Mi|ne|ral_öl, ...was|ser (Mehrz. ...wässer)

mi|ni (Mode: sehr kurz); der Rock ist -; Mi|ni, das; -s (Mode: sehr kurze Kleidung); Mini tragen; Mi|ni|a|tur, die; -, -en (kleines Bild; [kleine] Illustration); Mi|ni|golf; Mi|ni|ma [auch: mi...] (Mehrz. von: Minimum); mi|ni|mal (sehr klein, niedrigst, winzig); Mi|ni|mum [auch: mi...], das; -s, ...ma (Mindestpreis, -maß, -wert); Mi|ni|rock

Mi|nis|ter, der; -s, - (einen bestimmten Geschäftsbereich leitendes Regierungsmitglied); Mi|nis|te|ri|al|be|am|te; mi|nis|te|ri|ell (von einem Minister od. Ministerium ausgehend usw.); Mi|nis|te|rin; Mi|nis|te|ri|um, das; -s, ...ien [...i°n] (höchste [Verwaltungs]behörde des Staates mit bestimmtem Aufgabenbereich); Mi|nis|ter|prä|si|dent

Min|ne, die; - (mittelhochdt. Bez. für: Liebe; heute noch scherzh.); Min|ne|sang; Min|ne|sän|ger

Mi|no|ri|tät (Minderzahl, Minderheit); Mi|nu|end, der; -en, -en (Zahl, von der etwas abgezogen werden soll); mi|nus (weniger; Zeichen: — [negativ]); Mi|nus, das; -, - (Minder-, Fehlbetrag, Verlust); Mi|nu|te, die; -, -n ($^1/_{60}$ Stunde [Zeichen: min; Abk.: Min.]); mi|nu|ti|ös, mi|nu|zi|ös (peinlich genau)

Min|ze, die; -, -n (Name verschiedener Pflanzenarten)

mir (Wemf. von „ich")

Mi|ra|bel|le, die; -, -n (eine kleine, gelbe Pflaume)

Mi|ra|kel, das; -s, - (veraltend für: Wunderwerk)

Mis|an|th|rop, der; -en, -en (Menschenfeind)

Misch|ehe (Ehe zwischen Angehörigen verschiedener Konfessionen od. Kulturkreise); mi|schen; Mi|scher; Mi|sche|rei; Misch|far|be; misch|far|ben, misch|far|big; Misch|ling; Misch|masch, der; -[e]s, -e (ugs. für: Durcheinander); Mi|schung; Misch|wald

mi|se|ra|bel (ugs. für: erbärmlich; nichtswürdig); ...a|b|ler Kerl; Mi|se|re, die; -, -n (Notlage)

Mis|pel, die; -, -n (Obstgehölz, Frucht)

Miss, die; -, -es [mißis] (engl. Anrede vor

dem Eigenn. = Fräulein; Schönheitsköni-
gin, z. B. Miss Australien)

miss|ach|ten; Miss|ach|tung

miss|be|ha|gen; Miss|be|ha|gen; miss|be-
hag|lich

Miss|bil|dung

miss|bil|li|gen; Miss|bil|li|gung

Miss|brauch; miss|brau|chen; miss-
bräuch|lich

mis|sen

Miss|er|folg

Miss|ern|te

Mis|se.tat (geh. veraltend), ...täl|ter (geh.
veraltend)

miss|fal|len; Miss|fal|len, das; -s

miss|ge|bil|det

Miss|ge|burt

Miss|ge|schick

miss|glü|cken

miss|gön|nen

Miss|griff

Miss|gunst; miss|güns|tig

miss|han|deln; Miss|hand|lung

Mis|si|on, die; -, -en (Sendung; Auftrag,
Botschaft; diplomatische Vertretung im
Ausland; nur Einz.: Glaubensverkündung
[unter Andersgläubigen]); Mis|si|o|nar,
der; -s, -e (in der Mission tätiger Geistli-
cher); mis|si|o|na|risch; mis|si|o|nie|ren
(eine Glaubenslehre verbreiten); Mis|si|o-
nie|rung

Miss|klang

Miss|kre|dit, der; -[e]s (schlechter Ruf);
jmdn. in - bringen

miss|lich (unangenehm); Miss|lich|keit

miss|lie|big (unbeliebt); Miss|lie|big|keit

miss|lin|gen; es misslang; misslungen;
Miss|lin|gen, das; -s

Miss|mut; miss|mu|tig

miss|ra|ten (schlecht geraten)

Miss|stand, (auch:) Miss-Stand

Miss|stim|mung, (auch:) Miss-Stim|mung

Miss|ton (Mehrz. ...töne)

miss|trau|en; Miss|trau|en, das; -s; Miss-
trau|ens|vo|tum; miss|trau|isch

Miss|ver|gnü|gen, das; -s; miss|ver|gnügt

Miss|ver|hält|nis

miss|ver|ständ|lich; Miss|ver|ständ|nis;
miss|ver|ste|hen

Miss|wahl; vgl. Miss

Miss|wirt|schaft

Mist, der; -[e]s

Mis|tel, die; -, -n (eine immergrüne Schma-
rotzerpflanze); Mis|tel|zweig

mis|ten

Mist|fink, der; -en (auch:) -, -en (svw. Mist-
kerl); Mist|hau|fen; mis|tig (schmutzig;
salopp für: sehr schlecht); Mist.kä|fer,
...kerl (gemeiner Kerl; Schimpfwort)

mit s. Kasten

Mit|ar|beit; mit|ar|bei|ten; Mit|ar|bei|ter;
Mit|ar|bei|te|rin

mit|be|kom|men

mit|be|nut|zen, (bes. südd.:) mit|be|nüt-
zen; Mit|be|nut|zung

Mit|be|stim|mung, die; -

Mit|be|wer|ber; Mit|be|wer|be|rin

Mit|be|woh|ner; Mit|be|woh|ne|rin

mit|brin|gen; Mit|bring|sel, das; -s, -

Mit|bür|ger; Mit|bür|ge|rin

mit|ei|n|an|der; vgl. aneinander; Mit|ei|n-
an|der (auch: mit...], das; -[s]

mit|es|sen; Mit|es|ser

mit|fah|ren; Mit|fah|rer; Mit|fahr|ge|le-
gen|heit

mit|füh|len; mit|füh|lend

mit|füh|ren

---

mit

Verhältnisw. mit Wemf.: *mit herzlichem Dank*

Mit dem Zeitwort zusammengeschrieben wird
„mit", wenn es eine dauernde Vereinigung
oder Teilnahme ausdrückt:
– vgl. *mitarbeiten, mitbringen, mitfahren,
mitreißen, mitteilen* usw.

Getrennt geschrieben wird „mit", wenn es die
vorübergehende Beteiligung oder den
Gedanken des Anschlusses ausdrückt:
– mit nach oben gehen
– das muss mit eingeschlossen werden

Gelegentlich sind zwei Schreibweisen
zulässig:
– *mitberücksichtigen*, (auch:) *mit berück-
sichtigen*
– *mitunterzeichnen*, (auch:) *mit unterzeichnen*

---

mit|ge|ben

Mit|ge|fühl, das; -[e]s

mit|ge|hen

mit|ge|nom|men; - aussehen

Mit|gift, die; -, -en (veraltend für: Aus-
steuer); Mit|gift|jä|ger (abwertend)

Mit|glied; Mit|glied|schaft, die; -, -en;
Mit|glieds|kar|te; Mit|glied[s]|staat
(Mehrz. ...staaten)

mit|hal|ben; alle Sachen -

mit|hal|ten; mit jmdm. -

mit|hel|fen; mit|hil|fe, (auch:) mit Hilfe;
mithilfe, (auch:) mit Hilfe einiger Zeugen;
Mit|hil|fe, die; -

mit|hin (somit)

mit|hö|ren; am Telefon -

Mit|in|ha|ber

mit|kom|men

mit|kön|nen (auch für: mithalten können)

mit|krie|gen (ugs.)

mit|lau|fen; Mit|läu|fer

Mit|laut (Konsonant)

Mit|leid, das; -[e]s; Mit|lei|den, das; -s;
Mit|lei|den|schaft; nur in: etwas od.
jmdn. in - ziehen; mit|leid|er|re|gend,
(auch:) Mit|leid er|re|gend; ein mitleid-
erregender, (auch:) Mitleid erregender Anblick; aber nur: ein großes Mitleid erregender, ein äußerst mitleiderregender Anblick;
mit|lei|dig; mit|leid[s].los, ...voll

mit|ma|chen (ugs.)

Mit|mensch, der

mit|mi|schen (ugs. für: sich aktiv an etwas
beteiligen)

mit|müs|sen; auf die Wache -

Mit|nah|me, die; -; Mit|nah|me|preis; mit-
neh|men

mit|nich|ten (veraltend)

mit|re|den

mit|rei|sen; Mit|rei|sen|de

mit|rei|ßen; mit|rei|ßend; eine -e Musik

mit|samt; Verhältnisw. mit Wemf. (gemein-
sam mit); - seinem Eigentum

mit|schlei|fen

mit|schlep|pen

mit|schnei|den (vom Rundf. od. Fernsehen
Gesendetes auf Tonband aufnehmen); Mit-
schnitt

mit|schrei|ben

Mit|schuld; mit|schul|dig

Mit|schü|ler

mit|schwin|gen

mit|sin|gen

mit|spie|len; Mit|spie|ler

Mit|spra|che, die; -; Mit|spra|che|recht;
mit|spre|chen

Mit|strei|ter

¹Mit|tag, der; -s, -e; [zu] - essen; gestern,
heute, morgen Mittag

²Mit|tag, das; -s (ugs. für: Mittagessen)

Mit|tag.brot (landsch.), ...es|sen; mit|täg-
lich; mit|tags; 12 Uhr -; Mit|tag[s].pau-
se, ...schicht, ...schlaf, ...son|ne; Mit-
tags|zeit

Mit|tä|ter; Mit|tä|ter|schaft

Mit|te, die; -, -n; - dreißig

mit|tei|len; mit|teil|sam; Mit|tei|lung

Mit|tel, das; -s, -

mit|tel|al|ter, das; -s

mit|tel|bar

Mit|tel|ding

mit|tel|eu|ro|pä|isch; -e Zeit (Abk.: MEZ)

Mit|tel|feld (bes. Sport)

mit|tel|fin|ger

mit|tel|fris|tig

Mit|tel|ge|bir|ge

mit|tel|groß

mit|tel|hoch|deutsch

Mit|tel|klas|se

mit|tel|los

Mit|tel|maß, das; -es; mit|tel|mä|ßig; Mit-
tel|mä|ßig|keit

Mit|tel|ohr, das; -[e]s; Mit|tel|ohr|ent|zün-
dung

mit|tel|präch|tig (ugs.; scherzh. für: mittel-
mäßig)

Mit|tel|punkt

mit|tels; Verhältnisw. mit Wesf., in der
Mehrz. auch mit Wemf.: - eines Löffels; -
langer Drähte; aber: - Drähten

Mit|tel|schu|le (Realschule)

Mit|tels|mann (Mehrz. ...leute od. ...män-
ner; Vermittler)

Mit|tel|stand, der; -[e]s; mit|tel|stän-
disch; Mit|tel|ständ|ler

Mit|tel|wort (Partizip; Mehrz. ...wörter)

mịt|ten; mịtten darịn; mit|ten|drẹin (mitten hinein); mit|ten|drịn (mitten darin); mit|ten|durch (mitten hindurch)

Mịt|ter|nacht; mịt|ter|nächt|lich; mịt|ter|nachts

Mịtt|ler (geh. für: Vermittler; in der Einz. auch für: Christus); mịtt|le|re; - Reife (Abschluss der Realschule u. der Mittelstufe der höheren Schule); aber: der Mittlere Osten

mịtt|ler|wei|le

Mịtt|som|mer; Mịtt|som|mer|nacht

mịt|tun (ugs.); er hat kräftig mịtgetan

Mịtt|woch, der; -[e]s, -e; vgl. Dienstag; mịtt|wochs

mịt|un|ter (zuweilen)

mịt|un|ter|zeich|nen, (auch:) mit unter|zeich|nen

mịt|ver|ant|wort|lich; Mịt|ver|ant|wor|tung

mịt|ver|die|nen; - müssen

Mịt|welt, die; -

mịt|wir|ken; er hat bei diesem Theaterstück mitgewirkt; Mịt|wir|ken|de, der u. die; -n, -n; Mịt|wir|kung

Mịt|wis|ser

mịt|zäh|len

mịt|zie|hen

Mixed|pi|ck|les, (auch:) Mixed Pi|ck|les [mịxt pikls], Mix|pi|ck|les [mịxpikls], die (Mehrz.; in Essig eingemachtes Mischgemüse)

mị|xen ([Getränke] mischen; Film, Funk, Fernsehen: verschiedene Tonaufnahmen zu einem Klangbild vereinigen); Mị|xer, der; -s, - (Barmixer; Gerät zum Mixen; Film, Funk, Fernsehen: Tonmischer); Mịx|pi|ck|les; vgl. Mixedpickles; Mịx|tur, die; -, -en (flüssige Arzneimischung; gemischte Stimme der Orgel)

Mob [mọp], der; -s (Pöbel, randalierender Haufen); mọb|ben (Arbeitskolleg[inn]en ständig schikanieren [mit der Absicht, sie von ihrem Arbeitsplatz zu vertreiben]); Mọb|bing, das; -s

Mö|bel, das; -s, - (meist Mehrz.)

mo|bịl (beweglich, munter; ugs. für: wohlauf; Milit.: auf Kriegsstand gebracht)

Mo|bị|le, das; -s, -s (hängend zu befestigendes, durch Luftzug bewegtes Gebilde)

Mo|bịl|funk (Funk zwischen mobilen od. zwischen mobilen u. festen Stationen); Mo|bịl|funk|netz

Mo|bi|li|ar, das; -s, -e (bewegliche Habe; Hausrat, Möbel); mo|bi|li|sie|ren (Milit.: auf Kriegsstand bringen; Geld flüssigmachen; in Gang bringen); mo|bil|ma|chen (Milit.: auf Kriegsstand bringen); Mo|bịl|ma|chung (Milit.); Mo|bịl|te|le|fon

mö|b|lie|ren ([mit Hausrat] einrichten, ausstatten)

Möch|te|gern, der; -[s], -e od. -s (ugs.)

mo|dal (die Art u. Weise bezeichnend); Mo|da|li|tät, die; -, -en (meist Mehrz.; Art u. Weise, Ausführungsart)

Mo|de, die; -, -n (als zeitgemäß geltende Art, sich zu kleiden; Tages-, Zeitgeschmack); mo|de|be|wusst

¹Mo|del, der; -s, - (Backform; Hohlform für Gusserzeugnisse; erhabene Druckform für Zeugdruck)

²Mo|del, das; -s, -s (Fotomodell, Mannequin)

Mo|dẹll, das; -s, -e (Muster; Entwurf; Nachbildung; nur einmal in dieser Art hergestelltes Kleidungsstück; Person od. Sache als Vorbild für ein Kunstwerk; Mannequin); mo|del|lie|ren (künstlerisch formen, bilden; ein Modell herstellen); Mo|dẹll|kleid

Mo|dem, der; (auch:) das; -s, -s (Gerät zur Datenübertragung über Fernsprechleitungen)

Mo|de[n]_haus, ...schau

Mo|der, der; -s (Faulendes; Fäulnisstoff)

Mo|de|ra|ti|on [...zion], die; -, -en (Rundf., Fernsehen: Tätigkeit des Moderators); Mo|de|ra|tor, der; -s, ...oren (Rundf., Fernsehen: jmd., der eine Sendung moderiert); Mo|de|ra|to|rin; mo|de|rie|ren (Rundf., Fernsehen: eine Sendung mit einleitenden Worten u. verbindenden Kommentaren versehen)

mo|de|rig, mod|rig

¹mo|dern (faulen); es modert

²mo|dern (modisch, der Mode entsprechend; neu[zeitlich]; zeitgemäß); mo|der|ni|sie|ren (modisch machen; technisch o. ä. auf einen neuen Stand bringen); mo|disch (in od. nach der Mode); Mo|dịs|tin (Hutmacherin)

mo|di|fi|zie|ren (abwandeln, [ab]ändern)

mod|rig; vgl. moderig

Mo|dus [auch: mọ...], der; -, Modi (Art u. Weise; Sprachw.: Aussageweise)

Mo|fa, das; -s, -s (Kurzw. für: Motorfahrrad)

Mo|ge|lei (ugs.); mo|geln (ugs. für: [in kleinen Dingen] unehrlich handeln)

mö|gen; mochte, gemocht

mög|lich; im Rahmen des Möglichen; sein Möglichstes tun; wir haben alles Mögliche (viel, allerlei) versucht; mög|li|cher|wei|se; Mög|lich|keit; nach -; Mög|lich|keits|form (Konjunktiv); mög|lichst; - schnell

Mo|gul, der; -s, -n (früher: Beherrscher eines oriental. Reiches)

Mo|här, (auch:) Mo|hair [...här], der; -s, -e (Wolle der Angoraziege)

Mohn, der; -[e]s, -e

Mohr, der; -en, -en (veralt. für: dunkelhäutiger Afrikaner)

Möh|re, die; -, -n

Mọh|ren_kopf (ein Gebäck)

Mọhr|rü|be (eine Gemüsepflanze)

Moi|ré [moare], der od. das; -s, -s (Gewebe mit geflammtem Muster)

Mo|kas|sin [auch: mọ...], der; -s, -s u. -e (lederner Halbschuh [nach Art] der nordamerik. Indianer)

mo|kie|ren, sich (sich abfällig od. spöttisch äußern)

Mọk|ka, der; -s, -s (eine Kaffeesorte; sehr starker Kaffee)

Mọlch, der; -[e]s, -e (im Wasser lebender Lurch)

Mọl|le, die; -, -n (Hafendamm)

Mo|le|kül, das; -s, -e (kleinste Einheit einer chem. Verbindung)

Mọl|ke, die; - (Käsewasser); Mọl|ke|rei

Moll, das; - (Tongeschlecht mit kleiner Terz); a-Moll

mọl|lig (ugs. für: behaglich; angenehm warm; rundlich, vollschlank)

Mọ|loch [auch: mọ...], der; -s, -e (Macht, die alles verschlingt)

Mọ|lo|tow|cock|tail, (auch:) Mọlotow-Cock|tail [...tof...] (mit Benzin [u. Phosphor] gefüllte Flasche)

¹Mo|mẹnt, der; -[e]s, -e (Augenblick; Zeit[punkt])

²Mo|mẹnt, das; -[e]s, -e ([ausschlaggebender] Umstand; Merkmal; Gesichtspunkt); mo|men|tan (augenblicklich; vorübergehend)

Mo|n|arch, der; -en, -en (gekröntes Staatsoberhaupt); Mo|n|ar|chie, die; -, ...ien; Mo|n|ar|chin; Mo|n|ar|chịst, der; -en, -en (Anhänger der Monarchie)

Mo|nat, der; -[e]s, -e; mo|na|te|lang; aber: 3 Monate lang; ...mo|na|tig; mo|nat|lich; Mo|nats|blu|tung; mo|nat[s]|wei|se

Mönch, der; -[e]s, -e (Angehöriger eines geistl. Ordens); mön|chisch

¹Mond, der; -[e]s, -e (ein Himmelskörper)

²Mond, der; -[e]s, -e (veralt. für: Monat)

mon|dän (betont elegant)

Mond_fins|ter|nis, ...schein (der; -[e]s); mond|süch|tig

mo|ne|tär (das Geld betreffend, geldlich); Mo|ne|ten, die (Mehrz.; ugs. für: [Bar]geld)

Mon|go|le, der; -n, -n (Angehöriger einer Völkergruppe in Asien); Mon|go|lin

mo|nie|ren (beanstanden)

Mo|ni|tor, der; -s, ...oren (Bildschirm; Kontrollgerät, bes. beim Fernsehen; Strahlennachweis- u. -messgerät)

Mo|no|ga|mie, die; - (Einehe)

Mo|no|gramm, das; -s, -e (Anfangsbuchstaben von Vor- und Nachnamen)

Mo|n|o|kel, das; -s, - (Einglas)

Mo|no|log, der; -s, -e (Selbstgespräch)

Mo|no|pol, das; -s, -e (Vorrecht bes. auf Alleinhandel u. -verkauf; marktbeherrschendes Unternehmen); mo|no|po|li|sie|ren (ein Monopol aufbauen); Mo|no|pol|stel|lung

mo|no|ton (eintönig; gleichförmig); Mo|no|to|nie, die; -, ...ien

Mọns|ter, das; -s, - (Ungeheuer); Mọnster... (riesig, Riesen...); Mọns|ter_film, ...schau

Mọns|t|ranz, die; -, -en (Gefäß zum Tragen u. Zeigen der geweihten Hostie)

mons|t|rös (furchterregend scheußlich; ungeheuer aufwendig); Mons|t|ro|si|tät, die; -, -en (monströse Beschaffenheit); Mọns|t|rum, das; -s, ...ren u. ...ra (Ungeheuer)

Mon|sun, *der;* -s, -e (jahreszeitlich wechselnder Wind, bes. im Indischen Ozean)

Mon|tag, *der;* -[e]s, -e; vgl. Dienstag

Mon|ta|ge [*monta̶s̶c̶h̶ᵉ*, auch: *mon̶g̶tasch̶ᵉ̶*], *die;* -, -n (Aufstellen u. Anschließen [einer Maschine], Auf-, Zusammenbau)

mon|tags

mon|tan (Bergbau u. Hüttenwesen betreffend); **Mon|tan_in|du̶s̶|t̶|rie**, ...**uni|on** (*die;* -; Europäische Gemeinschaft für Kohle u. Stahl)

Mon|teur [*montör̶*, auch: *mon̶g̶tör̶*], *der;* -s, -e (Montagefacharbeiter); **mon|tie|ren** ([eine Maschine, ein Gerüst u. a.] [auf]bauen, aufstellen, zusammenbauen)

Mon|tur, *die;* -, -en (ugs., oft scherzh. für: zweckbedingte Kleidung; veraltend für: Dienstkleidung, Uniform)

Mo|nu|ment, *das;* -[e]s, -e (Denkmal); **mo|nu|men|tal** (gewaltig)

Moor, *das;* -[e]s, -e; **Moor_bad; moor|ba|den** (nur in der Grundform gebräuchlich); **moo|rig**

¹Moos, *das;* -es, -e u. (für: Sumpf usw. *Mehrz.:*) Möser (eine Pflanze; bayr., österr., schweiz. auch für: Sumpf, Bruch)

²Moos, *das;* -es (ugs. für: Geld)

Mo|ped [...*ä̶t̶*, auch: *mópet̶*], *das;* -s, -s (leichtes Motorrad)

Mopp, *der;* -s, -s (Staubbesen mit langen Fransen)

Mop|pel, *der;* -s, - (ugs. für: kleiner, dicklicher Mensch)

mop|pen (mit dem Mopp reinigen)

Mops, *der;* -es, Möpse (ein Hund); **mop|sen** (ugs. für: stehlen); sich - (ugs. für: sich langweilen; sich ärgern); **mops|fi|del** (ugs. für: sehr fidel); **mop|sig** (ugs. für: langweilig; dick)

Mo|ral, *die;* -, (selten:) -en (Sittlichkeit; Sittenlehre); **mo|ra|lisch** (sittlich); **mo|ra|li|sie|ren** (moralische Betrachtungen anstellen); **Mo|ra|list**, *der;* -en, -en (Sittenlehrer, -prediger); **Mo|ral|pre|digt**

Mo|rä|ne, *die;* -, -n (Geol.: Gletschergeröll)

Mo|rast, *der;* -[e]s, -e u. Moräste (Sumpf[land]; Schlamm); **mo|ras|tig**

Mo|ra|to|ri|um, *das;* -s, ...ien [...*iᵉn*] (befristete Stundung [von Schulden]; Aufschub)

mor|bid (kränklich; brüchig)

Mor|chel, *die;* -, -n (ein Pilz)

Mord, *der;* -[e]s, -e; **mor|den; Mör|der; Mör|der|gru|be;** aus seinem Herzen keine - machen (ugs. für: mit seiner Meinung nicht zurückhalten); **Mör|de|rin; mör|de|risch** (ugs. für: furchtbar, z. B. -e Kälte); **Mord_fall** (*der*), ...**in|stru|ment,** ...**kom|mis|si|on**

Mords..., mords... (ugs. für: sehr groß, gewaltig); **Mords|ar|beit; mords|mä|ßig**

Mo|res, *die* (*Mehrz.;* Sitte[n]) nur in: jmdn. - lehren (ugs. für: jmdn. zurechtweisen)

mor|gen (am folgenden Tag); die Technik von - (der nächsten Zukunft)

¹Mor|gen, *der;* -s, - (Tageszeit); guten -! (Gruß)

²Mor|gen, *der;* -s, - (ein altes Feldmaß); fünf - Land

³Mor|gen, *das;* - (die Zukunft); das Heute und das -

mor|gend|lich (am Morgen geschehend); **Mor|gen_frü|he,** ...**land** (*das;* -[e]s; veralt. für: Orient); **mor|gens; mor|gig;** der -e Tag

Mo|ri|tat, *die;* -, -en ([zu einer Bildertafel] vorgetragenes Lied über ein schreckliches od. rührendes Ereignis)

Mor|mo|ne, *der;* -n, -n (Angehöriger einer nordamerik. Sekte), **Mor|mo|nin**

Mor|phi|um, *das;* -s (ein Rauschgift; Schmerzmittel); **mor|phi|um|süch|tig**

morsch

Mor|se|al|pha|bet, (auch:) **Mor|se-Al|pha-bet** (Alphabet für die Telegrafie); **mor|sen** (den Morseapparat bedienen)

Mör|ser, *der;* -s, - (schweres Geschütz; schalenförmiges Gefäß zum Zerkleinern)

Mor|se|zei|chen

Mor|ta|del|la, *die;* -, -s (eine it. Wurstsorte)

Mör|tel, *der;* -s, -; **mör|teln**

Mo|sa|ik, *das;* -s, -en, (auch:) -e

mo|sa|isch (nach Moses benannt; jüdisch); -es Bekenntnis; die mosaischen Bücher

Mo|schee, *die;* -, ...scheen (islam. Bethaus)

Mo|schus, *der;* - (ein Riechstoff)

Mö|se, *die;* -, -n (derb für: weibl. Scham)

mo|sern (ugs. für: nörgeln)

Mo|ses, *der;* -, - (Seemannsspr.: Beiboot einer Jacht; Schiffsjunge)

Mos|ki|to, *der;* -s, -s (meist *Mehrz.;* eine trop. Stechmücke); **Mos|ki|to|netz**

Mos|lem, *der;* -s, -s (Anhänger des Islams); **Mos|le|min**, *die;* -, -nen; **mos|le|misch;** vgl. Muslim usw.

Most, *der;* -[e]s, -e (unvergorener Frucht-, bes. Traubensaft); **mos|ten**

Mo|tel [auch: *motä̶l̶*], *das;* -s, -s (an Autobahnen gelegenes Hotel)

Mo|tet|te, *die;* -, -n (geistl. Chorwerk)

Mo|tiv, *das;* -s, -e [...*wᵉ*] (Beweggrund; Thema einer künstlerischen Darstellung; kleinste Einheit einer Melodie); **Mo|ti|va|ti|on**, *die;* -, -en (Beweggründe); **mo|ti|vie|ren** [...*wir̶ᵉn̶*] (begründen; anregen, anspornen)

Mo|to|cross, (auch:) **Mo|to-Cross**, *das;* -, -e (Geschwindigkeitsprüfung im Gelände für Motorradsportler); **Mo|to|drom**, *das;* -s, -e ([ovale] Rennstrecke)

Mo|tor¹, *der;* -s, ...oren (Antriebskraft erzeugende Maschine; übertr. für: vorwärtstreibende Kraft); **Mo|tor|boot¹; Mo|to|ren|lärm; mo|to|ri|sie|ren** (mit Kraftmaschinen, -fahrzeugen ausstatten); **Mo|tor|rad¹; Mo|tor|sport**

Mot|te, *die;* -, -n; **Mot|ten|pul|ver**

Mot|to, *das;* -s, -s (Wahl-, Leitspruch)

mot|zen (ugs. für: schimpfen)

Moun|tain|bike, (auch:) **Moun|tain-Bike**

[*maunt̶ᵉ̶nbaik̶*], *das;* -s, -s (Geländefahrrad)

Mö|we, *die;* -, -n (ein Vogel)

Moz|za|rel|la, *der;* -s, -s (ein it. Käse aus Büffel- od. Kuhmilch)

MP3 (ein Standard der Datenkompression für Musikdateien); **MP3-Play|er**

MS = Multiple Sklerose

Mu|cke, *die;* -, -n (ugs. für: Grille, Laune; südd. für: Mücke); **Mü|cke**, *die;* -, -n

Mu|cke|fuck, *der;* -s (ugs. für: dünner Kaffee; Ersatzkaffee)

mu|cken (ugs. für: leise murren)

Mü|cken|stich

Mu|cker (abwertend für: Duckmäuser; landsch. für: griesgrämiger Mensch); **mu|cke|risch; Mu|cker|tum**, *das;* -s; **Mucks**, *der;* -es, -e, (auch:) Muckser, *der;* -s, - (ugs. für: leiser, halb unterdrückter Laut); **muck|sen** (ugs. für: einen Laut geben; eine Bewegung machen); **Muck|ser;** vgl. Mucks; **mucks|mäus|chen|still** (ugs. für: ganz still)

mü|de; eine[r] Sache - (überdrüssig) sein; **Mü|dig|keit**, *die;* -

Mu|d|scha|hed, *der;* -, ...din (Freischärler [im islam. Raum])

¹Muff, *der;* -[e]s (nordd. für: Schimmel, Kellerfeuchtigkeit)

²Muff, *der;* -[e]s (Handwärmer)

Muf|fe, *die;* -, -n (Rohr-, Ansatzstück); - haben (ugs. für: Angst haben)

Muf|fel, *der;* -s, - (Jägerspr.: kurze Schnauze; ugs. für: mürrischer Mensch); **muf|fe|lig, muff|lig** (nordd. für: mürrisch); **muf|feln** (ugs. für: andauernd kauen; mürrisch sein)

¹muf|fig (landsch. für: mürrisch)

²muf|fig (nach ¹Muff riechend)

muff|lig; vgl. muffelig

Mü|he, *die;* -, -n; mit Müh und Not; **mü|he|los**

mu|hen (muh machen)

mü|hen, sich; **mü|he|voll; Mü|he|wal|tung**

Müh|le, *die;* -, -n; **Müh|len_rad** od. Mühlrad, ...**stein** od. Mühlstein; **Müh|le|spiel**

Müh|sal, *die;* -, -e; **müh|sam; Müh|sam-keit**, *die;* -; **müh|se|lig; Müh|se|lig|keit**

Mu|lat|te, *der;* -n, -n (Nachkomme eines weißen u. eines schwarzen Elternteils); **Mu|lat|tin**

Mul|de, *die;* -, -n; **mul|den|för|mig**

Mu|li, *das;* -s, -[s] (Maulesel)

¹Mull, *der;* -[e]s, -e (ein Baumwollgewebe)

²Mull, *der;* -[e]s, -e (nordd. für: lockerer Humusboden)

Müll, *der;* -[e]s ([Haushalts-, Industrie]abfälle); **Müll_ab|fuhr,** ...**de|po|nie,** ...**ei-mer**

Mül|ler; Mül|le|rei

Müll_kip|pe, ...**mann** (ugs.; *Mehrz.* ...män-ner od. Müllleute), ...**schlu|cker,** ...**ton|ne**

---

¹ Auch Betonung auf der zweiten Silbe: Mo-tor, Motorboot usw.

mul|mig (ugs. für: bedenklich; unwohl); die Sache ist -; mir ist -

mul|ti|kul|tu|rell (viele Kulturen, Angehörige mehrerer Kulturen umfassend, aufweisend); -e Gesellschaft; mul|ti|la|te|ral (mehrseitig); -e Verträge; Mul|ti|me|dia (Zusammenwirken, Anwendung verschiedener Medientypen wie Texte, Bilder, Grafiken, Videoclips); mul|ti|me|di|al (viele Medien betreffend, berücksichtigend; für viele Medien bestimmt); Mul|ti|mil|li|o|när; mul|ti|na|ti|o|nal (aus vielen Nationen bestehend; in vielen Staaten vertreten); -e Unternehmen; mul|ti|pel (vielfältig); ...i|ple Sklerose (Gehirn- u. Rückenmarkskrankheit; Abk. MS); Mul|ti|plex, das; -[es], -e (großes Kinozentrum)

Mul|ti|pli|kand, der; -en, -en (Zahl, die mit einer anderen multipliziert werden soll); Mul|ti|pli|ka|ti|on [...zion], die; -, -en (Vervielfachung); Mul|ti|pli|ka|tor, der; -s, ...oren (Zahl, mit der eine vorgegebene Zahl multipliziert werden soll); mul|ti|pli|zie|ren (malnehmen, vervielfachen)

Mu|mie [...ie], die; -, -n ([durch Einbalsamieren usw.] vor Verwesung geschützter Leichnam)

Mumm, der; -s (ugs. für: Mut, Schneid)

Mum|mel|greis (ugs. für: alter [zahnloser] Mann); Müm|mel|mann, der; -[e]s, ...männer (scherzh. für: Hase); mum|meln (landsch. für: murmeln; behaglich kauen); müm|meln (fressen [von Hasen, Kaninchen])

Mum|men|schanz, der; -es (veraltend für: Maskenfest)

Mum|pitz, der; -es (ugs. für: Unsinn; Schwindel)

Mumps, der (landsch. auch: die); - (eine Infektionskrankheit)

Mund, der; -[e]s, Münder (selten auch: Munde u. Münde); einen, zwei, ein paar Mund voll, (auch:) Mundvoll [Brot] nehmen; den - zu voll nehmen (großsprecherisch sein); Mund|art; Mund|art|dich|ter; mund|art|lich (Abk.: mdal.)

Mün|del, das (BGB [für beide Geschlechter]:) der; -s, - (in der Anwendung auf ein Mädchen selten auch:) die; -, -n

mun|den (geh. für: schmecken); mün|den; mund|faul; Mund|fäu|le (eitrige Entzündung der Mundschleimhaut u. des Zahnfleisches); mund|ge|recht; Mund|ge|ruch

mün|dig; - sprechen, (auch:) mündigsprechen; - werden; Mündigkeit, die; -

münd|lich; Mund_raub (der; -[e]s), ...stück; mund|tot; Mün|dung; Mund|voll; vgl. Mund; Mund_vor|rat, ...wasser (Mehrz. ...wässer), ...werk, das; -es (ugs.); ein großes Mundwerk haben (großsprecherisch sein)

Mu|ni|ti|on [...zion], die; -, -en

mun|keln (ugs.)

Müns|ter, das (selten:) der; -s, - (Stiftskirche, Dom)

mun|ter; Mun|ter|keit, die; -

Münz|au|to|mat; Mün|ze, die; -, -n (Geldstück; Geldprägestätte); mün|zen; Mün|zen|samm|lung, Münz|samm|lung; Münz_fern|spre|cher, ...samm|lung od. Münz|en|samm|lung, ...tank

Mu|rä|ne, die; -, -n (ein Fisch)

mürb, (häufiger:) mür|be; -s Gebäck; den Teig mürbe machen, (auch:) mürbemachen; Mür|be, die; -; mür|be|ma|chen; jmdn. - (ugs. für: jmds. Widerstand brechen); Mür|be|teig; Mürb|heit

Murks, der; -es (ugs. abwertend für: fehlerhafte Arbeit); murk|sen (ugs. abwertend)

Mur|mel, die; -, -n (landsch. für: Spielkügelchen)

mur|meln

Mur|mel|tier (ein Nagetier)

mur|ren; mür|risch

Mus, das (landsch.: der) -es, -e

Mu|schel, die; -, -n; Mu|schel|bank (Mehrz. ...bänke)

Mu|se, die; -, -n (eine der [neun] gr. Göttinnen der Künste); die zehnte - (scherzh. für: Kleinkunst, Kabarett); mu|se|al (zum, ins Museum gehörend; Museums...); Mu|se|en (Mehrz. von: Museum)

Mu|sel|man, der; -en, -en (veralt. für: Moslem); mu|sel|ma|nisch; Mu|sel|mann (veralt., noch scherzh. für: Muselman; Mehrz. ...männer)

Mu|se|um, das; -s, ...een; mu|se|ums|reif

Mu|si|cal [mjusik*l], das; -s, -s (populäres Musiktheater[stück])

Mu|sik, die; -, (für: Komposition, Musikstück Mehrz.:) -en (Tonkunst); mu|si|ka|lisch (tonkünstlerisch; musikbegabt, Musik liebend); Mu|si|ka|li|tät, die; - (Begabung für Musik; Wirkung wie Musik); Mu|si|kant, der; -en, -en (Musiker, der zum Tanz u. dgl. aufspielt); Mu|si|kan|ten|kno|chen (ugs. für: schmerzempfindlicher Ellenbogenknochen); Mu|sik|box (Schallplattenapparat in Gaststätten); Mu|si|ker; Mu|si|ke|rin; Mu|sik|in|s|t|ru|ment; Mu|sik lie|bend, (auch:) mu|sik|lie|bend; mu|sisch (künstlerisch veranlagt); die schönen Künste betreffend); mu|si|zie|ren

Mus|kat, der; -[e]s, -e (ein Gewürz); Mus|ka|tel|ler, der; -s, - (eine Reb- u. Weinsorte); Mus|kat|nuss

Mus|kel, der; -n; Mus|kel|ka|ter (ugs. für: Muskelschmerzen)

Mus|ke|te, die; -, -n (früher: schwere Handfeuerwaffe); Mus|ke|tier, der; -s, -e (früher für: Fußsoldat)

mus|ku|lär (auf die Muskeln bezüglich, sie betreffend); Mus|ku|la|tur, die; -, -en (Muskelgefüge, starke Muskeln); mus|ku|lös (mit starken Muskeln versehen)

Müs|li, schweiz.: Müesli, das; -s, - (ein Rohkostgericht)

Mus|lim, der; -[s] u. -e. -s (fachspr. für: Moslem); Mus|li|min, die; -, -nen; mus|li|misch

Muss, das; - (Zwang, Notwendigkeit)

Mu|ße, die; - (freie Zeit, [innere] Ruhe)

Mus|se|lin, der; -s, -e (ein Gewebe)

müs|sen; musste, gemusst

Mu|ße|stun|de

Muss|hei|rat (ugs. veraltend)

mü|ßig; - sein; mü|ßi|gen (veranlassen); nur noch in: sich gemüßigt sehen; Mü|ßig-gang, der; -[e]s; Mü|ßig|gän|ger; mü|ßig|ge|hen; (geh. für: faulenzen)

Mus|tang, der; -s, -s (wild lebendes Prärie-pferd)

Mus|ter, das; -s, -; Mus|ter_exem|p|lar (meist iron.), ...gat|te (meist iron.); mus|ter|gül|tig; Mus|ter|gül|tig|keit, die; -; mus|ter|haft; Mus|ter|haf|tig|keit, die; -; Mus|ter_kna|be (iron.), ...kof|fer; mus|tern; Mus|ter_schü|ler, ...schü|le|rin, ...stück; Mus|te|rung

Mut, der; -[e]s; guten Mut[e]s sein

Mu|ta|ti|on [...zion], die; -, -en (Biol.: spontan entstandene od. künstlich erzeugte Veränderung im Erbgefüge; Med.: Stimmwechsel)

Müt|chen; an jmdm. sein - kühlen (an jmdm. seinen Zorn auslassen); mu|tig; mut|los; Mut|lo|sig|keit

mut|ma|ßen (vermuten); mut|maß|lich; Mut|ma|ßung

Mut|pro|be

Mutt|chen (landsch. Koseform von: 2Mutter)

1Mut|ter, die; -, -n (Schraubenteil)

2Mut|ter, die; -, Mütter; Mut|ter|er|de, die; - (besonders fruchtbare Erde); Mut|ter Got|tes, die; - -, (auch:) Mut|ter|got|tes, die; -; Mut|ter_korn (Mehrz. ...korne), ...ku|chen (Plazenta), ...land (Mehrz. ...länder); müt|ter|lich; müt|ter|li|cher|seits; müt|ter|li|cher|seits; Mut|ter|lie|be, die; -; mut|ter|los; Mut|ter|mal (Mehrz. ...male); Mut|ter|schaft, die; -; Mut|ter_schiff, ...schutz; mut|ter|see|len|al|lein; Mut|ter_söhn|chen (abwertend), ...spra|che, ...tag, ...tier, ...witz (der; -es); Mut|ti, die; -, -s (Koseform von: 2Mutter)

Mut|wil|le, der; -ns; mut|wil|lig; Mut|wil|lig|keit

Müt|ze, die; -, -n; Müt|zen|schirm

Myr|rhe, (auch:) Myr|re, die; -, -n (ein aromat. Harz); Myr|te, die; -, -n (immergrüner Baum od. Strauch des Mittelmeergebietes u. Südamerikas); Myr|ten|kranz

mys|te|ri|ös (geheimnisvoll; rätselhaft); Mys|te|ri|um, das; -s, ...ien [...i°n] (unergründliches Geheimnis [religiöser Art]); Mys|tik, die; - (relig. Richtung, die den Menschen durch Hingabe u. Versenkung zu persönl. Vereinigung mit Gott zu bringen sucht); mys|tisch (geheimnisvoll; unergründlich)

my|thisch (sagenhaft, erdichtet); My|tho|lo|gie, die; -, ...ien (Gesamtheit der mythischen Überlieferungen; wissenschaftl. Behandlung der Mythen); My|thos, (auch:) My|thus, der; -, ...then (Sage u. Dichtung von Göttern, Helden u. Geistern; Legende)

N n

N (Buchstabe); das N, des N, die N; aber: das n in Wand

'n (ugs. für: ein, einen)

na!; na, na!; na ja!; na und?

Na|be, *die;* -, -n (Mittelhülse des Rades); Na|bel, *der;* -s, -; Na|bel_bruch *(der),* …schnur *(Mehrz. …*schnüre)

Na|bob, *der;* -s, -s (Provinzgouverneur in Indien; reicher Mann)

nach; - und -; - wie vor; *Verhältnisw. mit Wemf.:* - ihm; - Haus[e], (auch:) nachhause

nach|äf|fen (ugs.)

nach|ah|men; nach|ah|mens|wert; Nach-ah|mer; Nach|ah|mung; Nach|ah-mungs|trieb

Nach|bar, *der;* -n u. (seltener:) -s, -n; Nach-ba|rin; nach|bar|lich; Nach|bar|schaft; nach|bar|schaft|lich; Nach|bars|leute, *die* (Mehrz.)

nach|be|han|deln; Nach|be|hand|lung

nach|be|stel|len; Nach|be|stel|lung

nach|be|ten; Nach|be|ter

nach|be|zeich|net (bes. Kaufmannsspr.); -e Ware

nach|bil|den; Nach|bil|dung

nach|bli|cken

nach Chris|ti Ge|burt (Abk.: n. Chr. G.); nach|christ|lich; nach Chris|to, nach Chris|tus (Abk.: n. Chr.)

nach|da|tie|ren (mit einem früheren, [auch:] späteren Datum versehen); Nach|da|tie-rung

nach|dem; je -

nach|den|ken; nach|denk|lich; Nach-denk|lich|keit, *die;* -

Nach|dich|tung

nach|drän|gen

Nach|druck, *der;* -[e]s, (Druckw.) …drucke; nach|dru|cken; nach|drück|lich; Nach-drück|lich|keit, *die;* -

nach|dun|keln

nach|ei|fern; Nach|ei|fe|rung

nach|ei|len

nach|ei|n|an|der die Schüler nacheinander aufrufen; vgl. aneinander

nach|emp|fin|den

Na|chen, *der;* -s, - (landsch. u. geh. für: Kahn)

Nach|er|be, *der*

nach|er|le|ben

Nach|ern|te

nach|er|zäh|len; Nach|er|zäh|lung

Nach|fahr, *der;* -en u. (selten:) -s, -en u. Nach|fah|re, *der;* -n, -n (geh. für: Nach-komme)

nach|fas|sen

Nach|fol|ge; nach|fol|gen; nach|fol|gend; im Nachfolgenden (weiter unten); Nach-fol|gen|de, *der* u. *die;* -n, -n; Nach|fol-ger; Nach|fol|ge|rin

nach|for|dern; Nach|for|de|rung

nach|for|schen; Nach|for|schung

Nach|fra|ge; nach|fra|gen

nach|füh|len; nach|füh|lend

nach|fül|len; Nach|fül|lung

nach|ge|ben

Nach|ge|bühr (z. B. Strafporto)

Nach|ge|burt

nach|ge|hen; einer Sache -

nach|ge|ra|de (allmählich; geradezu)

nach|ge|ra|ten; jmdm. -

Nach|ge|schmack, *der;* -[e]s

nach|ge|wie|se|ner|ma|ßen

nach|gie|big; Nach|gie|big|keit

nach|gie|ßen

nach|gu|cken (ugs.)

Nach|hall; nach|hal|len

nach|hal|tig; Nach|hal|tig|keit, *die;* -

nach|hän|gen

nach Haus od. Hau|se, nach|hau|se; Nach-hau|se|weg

nach|hel|fen

nach|her [auch: *na*ch*her*]

Nach|hil|fe; Nach|hil|fe|stun|de

Nach|hi|n|ein; nur in: im -

Nach|hol|be|darf; nach|ho|len

Nach|hut, *die;* -, -en (Milit.)

nach|ja|gen; dem Glück -

Nach|klang; nach|klin|gen

Nach|kom|me, *der;* -n, -n; nach|kom|men; Nach|kom|men|schaft; Nach|kömm|ling

Nach|kriegs|zeit

Nach|kur

Nach|lass, *der;* -es, -e u. …lässe; nach|las-sen; nach|läs|sig; Nach|läs|sig|keit; Nach|lass|ver|wal|ter

nach|lau|fen; Nach|läu|fer

nach|le|gen

Nach|le|se; nach|le|sen

nach|lie|fern; Nach|lie|fe|rung

nach|lö|sen

nach|ma|chen (ugs.)

nach|mes|sen; Nach|mes|sung

Nach|mie|ter; Nach|mie|te|rin

Nach|mit|tag; nach|mit|tags

Nach|nah|me, *die;* -, -n

Nach|na|me (Familienname)

nach|plap|pern (ugs.)

nach|prü|fen; Nach|prü|fung

nach|rech|nen

Nach|re|de; üble -; nach|re|den

nach|rei|chen; Unterlagen -

Nach|richt, *die;* -, -en; Nach|rich|ten-dienst; nach|richt|lich

nach|rü|cken

Nach|ruf, *der;* -[e]s, -e; nach|ru|fen

nach|rüs|ten; Nach|rüs|tung

nach|sa|gen; jmdm. etwas -

Nach|sai|son

¹nach|schaf|fen (nachgestalten); vgl. ²schaf-fen

²nach|schaf|fen (nacharbeiten); vgl. ¹schaf-fen

nach|schi|cken

Nach|schlag, *der;* -[e]s, Nachschläge (Musik; ugs. für: zusätzliche Essensportion); nach|schla|gen; in einem Buch -; jmdm. - (geh. für: ähnlich werden)

Nach|schlüs|sel

Nach|schrift

Nach|schub, *der;* -[e]s, Nachschübe (Milit.)

Nach|schuss (Wirtsch.: Einzahlung über die Stammeinlage hinaus; Sportspr.: erneuter Schuss auf das Tor)

nach|se|hen; jmdm. etwas -; Nach|se|hen, *das;* -s; das - haben

nach|sen|den; Nach|sen|dung

nach|set|zen; jmdn. - (jmdn. verfolgen)

Nach|sicht, *die;* -; nach|sich|tig

Nach|sil|be

nach|sit|zen (ugs. für: zur Strafe nach dem Unterricht noch in der Schule bleiben müssen)

Nach|som|mer

Nach|spann (Film, Fernsehen: Angaben über die Mitwirkenden o. Ä. am Ende eines Filmes o. Ä.)

Nach|spei|se

Nach|spiel; nach|spie|len

nach|spi|o|nie|ren (ugs.)

nach|spü|ren (geh.); jmdm., einem Geheimnis -

¹nächst; dieser Stern ist unserer Sonne am nächsten; der nächste Beste; aber: er nahm das Nächstbeste, was sich ihm bot; der Nächste[,] bitte!, das Nächste, was zu tun ist; etwas als Nächstes in Angriff nehmen

²nächst (hinter, gleich nach); *Verhältnisw. mit Wemf.:* - ihm

nächst|bes|ser; nächst|bes|te; Nächst-bes|te, *der* u. *die* u. *das;* -n, -n; Nächs|te, *der;* -n, -n (Mitmensch)

nach|ste|hen; nach|ste|hend; Nachstehen-des (Folgendes)

nach|stei|gen (ugs. für: folgen)

nach|stel|len; Nach|stel|lung

Nächs|ten|lie|be; nächs|tens; nächs|tes Mal; nächst|fol|gend; nächst|hö|her; Nächst|hö|he|re, *der* u. *die* u. *das;* -n, -n; nächst|lie|gend; Nächst|lie|gen|de, *das;* -n; nächst|mög|lich; zum -en Termin

Nacht, *die;* -, Nächte; bei, über -; gestern, heute, morgen Nacht; nächt|ak|tiv; -e Säugetiere; Nacht|dienst

Nach|teil, *der;* nach|teil|lig

näch|te|lang; Nacht|es|sen (bes. südd. u. schweiz. für: Abendessen); Nacht_eu|le (ugs. für: jmd., der bis spät in die Nacht hinein aufbleibt), …frost, …hemd; Nach-ti|gall, *die;* -, -en (ein Singvogel); näch|ti-gen

Nach|tisch, *der;* -[e]s

näch|t|lich; Nacht|lo|kal

Nach|trag, *der;* -[e]s, …träge; nach|tra-gen; nach|träg|lich

nach|trau|ern

nachts; Nacht|schat|ten|ge|wächs; Nacht-schicht; nacht|schla|fend; zu, bei -er

Zeit; Nacht_schwär|mer (scherzh. für: jmd., der sich bis spät in die Nacht hinein vergnügt), ...tisch, ...topf

nach|tun; es jmdm. -

Nacht-und-Ne|bel-Ak|ti|on

Nacht_wa|che, ...wäch|ter; nacht|wan-deln; genachtwandelt; nacht|wand|le-risch; mit -er Sicherheit; Nacht|zeit (zur -)

Nach|un|ter|su|chung

nach|voll|zie|hen

Nach|wahl

Nach|we|hen, die (Mehrz.)

nach|wei|nen

Nach|weis, der; -es, -e; nach|weis|bar; nach|wei|sen (beweisen); nach|weis|lich

Nach|welt, die; -

nach|wer|fen

nach|wie|gen

nach|wir|ken; Nach|wir|kung

Nach|wort (Mehrz. ...worte)

Nach|wuchs, der; -es; Nach|wuchs_kraft, ...man|gel

nach|zah|len; Nach|zah|lung; nach|zäh-len; Nach|zäh|lung

Nach|zei|tig|keit, die; - (Sprachw.)

nach|zie|hen

nach|zot|teln (ugs. für: langsam hinterher-kommen)

Nach|zug; Nach|züg|ler

Na|cke|dei, der; -[e]s, -s (scherzh. für: nack-tes Kind)

Na|cken, der; -s, -

na|ckend (landsch. für: nackt); na|ckig (ugs. für: nackt); nackt; Nackt|ba|den, das; -s; Nackt|frosch (scherzh. für: nacktes Kind); Nackt|heit, die; -; Nackt|kul|tur, die; -

Na|del, die; -, -n; Na|del_ar|beit, ...baum, ...holz (Mehrz. ...hölzer), ...kis|sen; na-deln (Nadeln verlieren [von Tannen u. a.]); Na|del_öhr, ...strei|fen (sehr feiner Strei-fen in Stoffen), ...wald

Na|gel, der; -s, Nägel; Na|gel_bett (Mehrz. ...betten, [seltener: ...bette]), ...fei|le; na-gel|fest; in: niet- u. nagelfest; Na-gel_haut, ...lack; na|geln; na|gel|neu (ugs.); Na|gel_pfle|ge, ...pro|be (Prüf-stein für etwas), ...rei|ni|ger, ...sche|re

na|gen; Na|ger; Na|ge|tier

Nah|auf|nah|me

¹na|he, (seltener:) nah; näher, nächst; der Nahe Osten; von nah u. fern; von nahem, (auch:) Nahem; nahe (in der Nähe) liegen, stehen; vgl. aber naheliegen, nahestehen; nah verwandte, (auch:) nahverwandte Per-sonen; jmdm. zu nahe treten

²na|he; Verhältnisw. mit Wemf.: - dem Fluss

Nä|he, die; -; in der -; na|he|bei; sie wohnt -; na|he|brin|gen (Verständnis erwecken); na|he|ge|hen (seelisch bewegen); aber: ihr Tod ist ihm zu nahe gegangen; na|he-kom|men (sich annähern); na|he|le|gen (empfehlen); na|he|lie|gen (sich anbie-ten); aber: die Lösung hat zu nahe gelegen; na|he|lie|gend; nächstliegend; na|hend; sich -

nä|hen

nä|her; Näheres folgt; des Näher[e]n (ge-nauer) auseinandersetzen; näher (in grö-ßere Nähe) bringen; weil der Termin - kommt; Sie dürfen ruhig - treten; vgl. aber näherkommen, nähertreten

Nä|he|rei; Nä|he|rin

nä|her|brin|gen (Interesse wecken); vgl. aber näher; nä|her|kom|men (in engere Beziehung treten); vgl. aber näher; nä|her-lie|gen (sich eher anbieten); vgl. aber näher; nä|her|lie|gend; eine näherlie-gende Lösung; aber: die näher liegenden, (auch:) näherliegenden Ortschaften; nä-hern, sich; nä|her|ste|hen (in engerer Be-ziehung stehen); nä|her|tre|ten (sein Inte-resse zuwenden); vgl. aber näher; Nä|he-rungs|wert; na|he|ste|hen (vertraut sein); vgl. aber nahe; ihm nahestehende Personen; aber: ein nahe stehendes, (auch:) nahestehendes Haus; na|he|tre-ten (befreundet, vertraut werden); aber: jmd. zu nahe treten; na|he|zu

Näh_fa|den, ...garn

Näh|kampf

Näh_ma|schi|ne, ...na|del

Nah|ost (Naher Osten) für, in, nach, über -; nah|öst|lich

Nähr_bo|den; Nähr_creme, ...krem, ...kre-me; näh|ren; sich -; nahr|haft; Nähr-_mit|tel (die; Mehrz.), ...stof|fe (die; Mehrz.); Näh|rung, die; -, Näh|rungs-mit|tel; Nähr|wert

Näh|sei|de; Naht, die; -, Nähte; naht|los; Naht|stel|le

Nah|ver|kehr, der; -[e]s; nah|ver|wandt; vgl. ¹nahe

Näh|zeug

Näh|ziel

na|iv (kindlich; einfältig); Na|i|ve [...wᵉ], die; -n, -n (Darstellerin naiver Mädchenrol-len); Na|i|vi|tät [na-iwi...], die; -; Na|iv-ling (gutgläubiger Mensch)

na ja!

Na|me, der; -ns, -n; Na|men, der; -s, - (sel-ten für: Name); na|men|los; Na|men|lo-se, der u. die; -n, -n; na|mens (im Namen, im Auftrag [von]; mit Namen); Na-mens_schild (Mehrz. ...schilder), ...tag, ...vet|ter; na|ment|lich; nam|haft; - ma-chen; näm|lich; näm|li|che; er ist noch der Nämliche (veraltend: derselbe)

na|nu!

Na|palm®, das; -s (hochwirksamer Füllstoff für Benzinbrandbomben); Na|palm-bom|be

Napf, der; -[e]s, Näpfe; Napf|ku|chen

Nap|pa, das; -[s], -s (kurz für: Nappaleder); Nap|pa|le|der

Nar|be, die; -, -n; nar|ben (Gerberei: [Le-der] mit Narben versehen); nar|big

Nar|ko|se, die; -, -n (Med.: Betäubung); Nar|ko|ti|kum, das; -s, ...ka (Rausch-, Be-täubungsmittel)

Narr, der; -en, -en; nar|ren; Nar|ren|frei-

heit; nar|ren|si|cher (ugs. scherzh.); Nar-re|tei; Narr|hal|la|marsch, der; -[e]s; Narr|heit; När|rin; när|risch

Nar|ziss, der; - u. -es, -e (eitler Selbstbe-wunderer); Nar|zis|se, die; -, -n (eine Zwiebelpflanze)

na|sal (durch die Nase gesprochen, genäselt; zur Nase gehörend)

na|schen; du naschst; Na|sche|rei (wieder-holtes Naschen [nur Einz.]; auch für: Nä-scherei); Nä|sche|rei (meist Mehrz.; veral-tend für: Süßigkeit); nasch|haft; Nasch-kat|ze (ugs.)

Na|se, die; -, -n; na|se|lang; vgl. nasen-lang; nä|seln; Na|sen_bein, ...blu|ten (das; -s), ...flü|gel; na|sen|lang, nas[e]-lang (ugs.); alle - (immer wieder, kurz hin-tereinander); Na|sen_län|ge, ...spit|ze, ...stü|ber; na|se|rümp|fend; na|se|weis (vorlaut); Na|se|weis, der; -es, -e (ugs.); Nas|horn (Mehrz. ...hörner); nas|lang; vgl. nasenlang

nass; nasser (auch: nässer), nasseste (auch: nässeste); den Boden - wischen; nass ge-schwitzt, (auch:) nassgeschwitzt sein; nass machen, sich - -, (auch:) nassmachen; Nass, das; Nasses (geh. für: Wasser)

Nas|sau|er (ugs. für: jmd., der auf anderer Leute Kosten lebt; scherzh. für: Regen-schauer)

Näs|se, die; -; näs|sen; du nässt; nass|fest; -es Papier; nass|forsch (ugs. für: bes. forsch); nass ge|schwitzt; vgl. nass; nass-kalt

Na|tel, das; -s, -s (schweiz. neben: Handy)

Na|ti|on [...zion], die; -, -en; na|ti|o|nal; -es Interesse; Na|ti|o|nal_be|wusst|sein, ...cha|rak|ter, ...elf (Fußball), ...fei|er-tag, ...flag|ge, ...held, ...hym|ne; Na|ti-o|na|lis|mus, der; -; ...men (übertriebenes Nationalbewusstsein); Na|ti|o|na|list, der; -en, -en; na|ti|o|na|lis|tisch; Na|ti|o|na-li|tät, die; -, -en (Staatsangehörigkeit; na-tionale Minderheit); Na|ti|o|nal_li|te|ra-tur, ...mann|schaft; Na|ti|o|nal|sozi-a|lis|mus (Abk.: NS); na|ti|o|nal|so|zi|a-lis|tisch; Na|ti|o|nal|spie|ler (Sport)

NATO, (auch:) Nato = North Atlantic Treaty Organization, die; - (westl. Verteidigungs-bündnis)

Na|t|ri|um, das; -s (chem. Element, Metall; Zeichen: Na); Na|t|ron, das; -s (ugs. für: doppeltkohlensaures Natrium)

Nat|ter, die; -, -n

Na|tur, die; -, -en; Na|tu|ral|be|züge, die (Mehrz.; Sachbezüge); Na|tu|ra|li|en [...i⁽ᵉ⁾n], die (Mehrz.; Natur-, Bodenerzeug-nisse); Na|tu|ra|li|sa|ti|on [...zion], Na-tu|ra|li|sie|rung, die; -, -en (Einbürge-rung, Aufnahme in den Staatsverband; all-mähl. Anpassung von Pflanzen u. Tieren); na|tu|ra|li|sie|ren; Na|tur_apos|tel, ...arzt; na|tur|be|las|sen; Na|tur|bur-sche; Na|tu|rell, das; -s, -e (Veranlagung; Wesensart); Na|tur_er|eig|nis, ...er-

schei|nung; na|tur|far|ben; Na|tur-
freund; na|tur_ge|ge|ben, ...ge|mäß;
Na|tur_ge|schich|te (die; -), ...ge|setz;
na|tur|ge|treu; na|tur|haft; Na|tur_heil-
kun|de (die; -), ...ka|tas|t|ro|phe,
...kun|de (die; -); na|tür|lich; na|tur-
rein; Na|tur|schutz|ge|biet; Na|tur|ta-
lent; na|tur_trüb (fachspr.; z. B. naturtrü-
ber Apfelsaft), ...ver|bun|den; Na|tur-
wis|sen|schaft (meist Mehrz.)
Na|vel|oran|ge, (kurz:) Na|vel [ne^i-$w^e l$...]
(kernlose Orange mit nabelförmiger Ne-
benfrucht)
Na|vi|ga|ti|on [nawigazion], die; - (Orts- u.
Kursbestimmung von Schiffen u. Flugzeu-
gen); Na|vi|ga|ti|ons|sys|t em (zur Positi-
onsbestimmung u. Zielführung von Fahr-
zeugen)
Na|zi, der; -s, -s (kurz für: Nationalsozialist);
Na|zi|zeit
ne, nee (ugs. für: nein)
'ne (ugs. für: eine)
Ne|an|der|ta|ler (vorgeschichtlicher Mensch)
Ne|bel, der; -s, -; ne|bel|grau; ne|bel|haft;
Ne|bel|horn (Mehrz. ...hörner); ne|bel|lig,
neb|lig; ne|beln; es nebelt; Ne|bel|wand
ne|ben; Verhältnisw. mit Wemf. u. Wenf.: -
dem Hause stehen, aber: - das Haus stel-
len; ne|ben|an; ne|ben|bei; ne|ben|be-
ruf|lich; Ne|ben_be|schäf|ti|gung,
...buh|ler; ne|ben|ei|n|an|der; vgl. anei-
nander; Ne|ben|ei|n|an|der [auch: neb...],
das; -s; Ne|ben_ein|künf|te (die; Mehrz.),
...er|werb, ...fach, ...fluss; ne|ben|her;
sich etw. - verdienen; ne|ben|her|fah|ren;
sie ist gelaufen, ich bin mit dem Fahrrad
nebenhergefahren; aber: du kannst doch
nicht telefonieren und nebenher (nebenbei)
fahren!; ne|ben|her|ge|hen; ne|ben|her-
lau|fen; ne|ben|hin; etwas - sagen; Ne-
ben_kos|t en (die; Mehrz.), ...pro|dukt,
...rol|le, ...sa|che; ne|ben|säch|lich; Ne-
ben|säch|lich|keit; Ne|ben|satz
(Sprachw.); ne|ben|ste|hend; Ne-
ben_stra|ße, ...ver|dienst (der), ...wir-
kung, ...zim|mer
neb|lig; vgl. nebelig
nebst; Verhältnisw. mit Wemf.: - seinem Hund
ne|bu|los, ne|bu|lös (unklar, verschwom-
men)
Ne|ces|saire [$ne\beta\ddot{a}\beta\ddot{a}r$], (auch:) Nes|ses|sär,
das; -s, -s ([Reise]behältnis für Toiletten-
utensilien u. a.)
ne|cken; Ne|cke|rei; ne|ck|isch
nee; vgl. ne
Nef|fe, der; -n, -n
ne|ga|tiv[1] (verneinend; ergebnislos; kleiner
als null; Fotogr.: in den Farben gegenüber
dem Original vertauscht); Ne|ga|tiv[1], das;
-s, -e [...w^e] (Fotogr.: Gegenbild)
Ne|ger, der; -s, - (häufig als diskriminierend
empfunden)
Neger s. Kasten
Ne|ger|kuss (mit Schokolade überzogenes
Schaumgebäck); vgl. Neger

ne|gie|ren (verneinen, bestreiten)
Ne|g|li|gee, (auch:) Ne|g|li|gé, Né|g|li|gé
[...glische], das; -s, -s (Hauskleid; Morgen-
rock)
Ne|g|ro|spi|ri|tu|al [nigroßpiritju^{e}l], das,
(auch:) der; -s, -s (geistl. Lied der Schwarzen im Süden der USA)
neh|men; nahm, genommen
Neh|rung (Landzunge)
Neid, der; -[e]s; nei|den; Nei|der; neid-
er|füllt; Neid|ham|mel (ugs. für: neidi-
scher Mensch); nei|disch; neid|los
Nei|ge, die; -, -n; zur - gehen; nei|gen; Nei-
gung
nein; das Ja und das Nein; Nein sagen,
(auch:) nein sagen; Nein|stim|me
Ne|k|ro|log, der; -[e]s, -e (Nachruf)
Nek|tar, der; -s (zuckerhaltige Blütenabson-
derung; griech. Mythol.: ewige Jugend
spendender Göttertrank)
Nek|ta|ri|ne, die; -, -n (Pfirsichart mit glatt-
häutigen Früchten)
Nel|ke, die; -, -n (eine Blume; ein Gewürz)
'nen (ugs. für: einen)
nen|nen; nannte, genannt; nen|nens|wert;
Nen|ner (Math.); Nenn_form (Grundform,
Infinitiv), ...wert, ...wort (Mehrz. ...wör-
ter; Namen)
Ne|on, das; -s (chem. Element, Edelgas; Zei-
chen: Ne); Ne|on|licht (Mehrz. ...lichter)
Nepp, der; -s (das Neppen); nep|pen (durch
weit überhöhte Preisforderungen übervor-
teilen)
Nerv [närf], der; -s, -en; ner|ven (ugs. für:
auf die Nerven gehen); Ner|ven_bün|del
[närf^{e}n...] (auch ugs. für: äußerst nervöser
Mensch), ...kli|nik, ...kos|t üm (das; -s;
ugs. scherzh. für: Nervensystem im Hinblick
auf seine Belastbarkeit), ...sa|che (das),
...sä|ge (ugs.), ...sys|t em, ...zu|sam-
men|bruch, ner|vig [närw..., auch: närf...]
(sehnig, kräftig); ner|v|lich (das Nervensys-
tem betreffend); ner|vös [...wöβ] (nerven-
schwach; reizbar); jmdn. - machen; Ner-
vo|si|tät, die; -; nerv|tö|tend
Nerz, der; -es, -e (ein Pelz[tier])

Neger
Viele Menschen empfinden die Bezeichnungen *Neger*, *Negerin* heute als diskriminierend. Alternative Bezeichnungen sind
Schwarzafrikaner, *Schwarzafrikanerin*, *Afro-
amerikaner*, *Afroamerikanerin*, *Afrodeut-
scher*, *Afrodeutsche*; in bestimmten Kontex-
ten auch *Schwarzer*, *Schwarze*. Vermieden
werden sollten auch Zusammensetzungen
mit *Neger* wie *Negerkuss*, stattdessen verwendet man besser *Schokokuss*.

Nes|ca|fé®, der; -s, -s (löslicher Kaffee)
¹Nes|sel, die; -, -n (Brennnessel)
²Nes|sel, der; -s, - (ein Gewebe)
Nes|sel_fie|ber
Nes|ses|s|är; vgl. Necessaire
Nest, das; -[e]s, -er
Nes|tel, die; -, -n (landsch. für: Schnur);
nes|teln

Nest_flüch|ter, ...häk|chen, ...ho|ck|er;
Nest|ling (noch nicht flügger Vogel)
Ne|ti|quet|te [...k...], die; - (EDV: Gesamt-
heit der Regeln für soziales Kommunikati-
onsverhalten im Internet)
nett; net|ter|wei|se (ugs.); Net|tig|keit
net|to (rein, nach Abzug der Verpackung,
der Unkosten u. Ä.); Net|to|ein|kom|men
Netz, das; -es, -e; Netz|haut
neu s. Kasten Seite 364
neu|ar|tig; Neu_auf|la|ge, ...bau (Mehrz.
...bauten); neu|be|ar|bei|tet; vgl. neu;
neu|er|dings (kürzlich; südd., österr.,
schweiz. für: von Neuem); Neu_e|rer; neu-
er|lich (von Neuem); neu|er|öff|net; vgl.
neu; Neu|er|schei|nung; Neu_e|rung;
neu|ge|bo|ren; Neu|ge|bo|re|ne, das; -n,
-n (Säugling); neu|ge|schaf|fen; vgl. neu;
Neu|gier; Neu|gier|de, die; -; neu|gie-
rig; Neu|heit; neu|hoch|deutsch; Neu-
ig|keit; Neu|jahr [auch: neujar]; Neu-
land, das; -[e]s; neu|lich; Neu|ling; neu-
mo|disch; Neu|mond, der; -[e]s
neun, (ugs.:) neu|ne; alle neun[e]!; wir sind
zu neunen od. zu neunt; vgl. acht; Neun,
die; -, -en (Ziffer, Zahl); Neun|au|ge (ein
Fisch); Neu|ner (ugs.); einen - schieben
(beim Kegeln); neu|ner|lei; neun|fach;
neun|hun|dert; neun|mal; neun|mal-
klug (ugs. für: überklug); neun|tau|send;
neun|te; neun|tel; Neun|tel, das
(schweiz. meist: der); -s, -; neun|tens;
Neun|tö|ter (ein Vogel); neun|zehn;
neun|zig
Neu|r|al|gie, die; -, ...ien (Med.: in Anfällen
auftretender Nervenschmerz); neu|r|al-
gisch
neu|reich
Neu|ro|der|mi|tis, die; -, ...iti|den (Med.;
eine entzündl. Hauterkrankung)
Neu|ro|lo|gie, die; - (Lehre von den Nerven
und ihren Erkrankungen); Neu|ro|se, die;
-, -n (Med., Psych.: psychische Störung)
Neu_schnee, ...sil|ber (eine Legierung);
neus|t ens, neu|es|t ens
Neu|t|ra (Mehrz. von: Neutrum); neu|t|ral;
neu|t|ra|li|sie|ren; Neu|t|ra|lis|mus, der;
- (Grundsatz der Nichteinmischung in
fremde Angelegenheiten [vor allem in der
Politik]); Neu|t|ra|li|tät, die; -; Neu|t|ron,
das; -s, ...onen (Physik: Elementarteilchen
ohne elektrische Ladung); Neu|t|ro|nen-
bom|be; Neu|t|rum, das; -s, ...tra, (auch:)
...tren (Sprachw.: sächliches Hauptwort)
neu|ver|mählt (gerade erst vermählt); aber:
neu ver|mählt (erneut vermählt); Neu-
_wahl, ...wert; neu|wer|tig; Neu|zeit,
die; -; neu|zeit|lich
New Age, das; - - [nju] (neues Zeitalter als
Inbegriff eines neuen Weltbildes)
New|co|mer [njukam^{e}r], der; -s, - (Neuling)
nicht s. Kasten Seite 364
nicht Be|rufs|tä|ti|ge, der u. die; - -n, - -n,

---

[1] Auch: negatif, neg... usw.

neu

neu|er, neu|es|te/neus|te; neu|es|tens/neustens

Kleinschreibung:
– *aus alt wird neu; etwas auf neu herrichten; neu für alt (Kaufmannsspr.)*
– *seit neuestem* od. *Neuestem; von neuem* od. *Neuem*
– *das neue Jahr; ein gutes neues Jahr!*
– *die neue Armut; die neuen Bundesländer*
– *neue Sprachen; neuer Wein*
– *die neuen* od. *Neuen Medien; die neue* od. *Neue Mitte (Politik); die neue* od. *Neue Linke (eine philos. u. politische Richtung)*

Großschreibung
a) wenn „neu" als Hauptwort verwendet wird:
– *das Alte und das Neue; etwas, nichts Neues*
– *er ist aufs Neue (auf Neuerungen) erpicht; sie hat es aufs Neue (wieder) versucht*
– *auf ein Neues*

b) in Namen:
– *das Neue Testament (Abk. N. T.)*
– *die Neue Welt (Amerika)*

Getrenntschreibung in Verbindung mit Zeitwörtern:
– *neu bauen, neu einrichten, neu bearbeiten, neu entwickeln, neu hinzukommen, neu ordnen*
– *die Wand soll neu gestrichen werden; das Geschäft ist neu eröffnet; der Text wurde neu gesetzt*

In Verbindung mit einem als Eigenschaftswort gebrauchten Mittelwort kann getrennt oder zusammengeschrieben werden:
– *das neu eröffnete* od. *neueröffnete Zweiggeschäft; das Geschäft ist neu eröffnet*
– *das neu bearbeitete* od. *neubearbeitete Werk*
– *die neu geschaffenen* od. *neugeschaffenen Anlagen*
Vgl. aber *neugeboren*

(auch:) **Nicht|be|rufs|tä|ti|ge**, *der* u. *die; -n, -n*
Nich|te, *die; -, -n*
Nicht-ein|hal|tung, ...ge|fal|len (*das; -s; Kaufmannsspr.; bei -*)
nich|tig; null u. -; **Nich|tig|keit**
Nicht|me|tall; nicht|or|ga|ni|siert; vgl. nicht; **Nicht|rau|cher; nicht|ros|tend;** vgl. nicht
nichts; für -; zu -; gar -; *ein nichts sagendes,* (auch:) *nichtssagendes (ausdrucksloses) Gesicht; ein nichts ahnender,* (auch:) *nichtsahnender Besucher;* **Nichts,** *das; -, -e;* **nichts_ah|nend, ...sa|gend;** vgl. nichts
Nicht|schwim|mer
nichts|des|to|trotz (ugs.)
nichts|des|to|we|ni|ger
Nichts|nutz, *der; -es, -e;* **nichts|nut|zig; nichts|sa|gend;** vgl. nichts; **Nichts|tu|er** (ugs.); **Nichts|tun,** *das; -s;* **nichts|wür|dig**
Nicht|tän|zer
nicht Zu|tref|fen|de, *das; - -n,* (auch:) **Nicht|zu|tref|fen|de,** *das; -n;* vgl. nicht
Ni|ckel, *das; -s* (chem. Element, Metall; Zeichen: Ni)
ni|cken; Ni|cker (ugs. für: Kopfnicken); **Ni|cker|chen** (ugs. für: Schläfchen)
Ni|cki, *der; -s, -s* (Pullover aus samtartigem Baumwollstoff)
nie; nie mehr, nie wieder
nie|der; nieder mit ihm!
nie|der|beu|gen; sich -
nie|der|drü|cken
nie|de|re; das niedere Volk; **Hoch** und **Nieder** (jedermann)
Nie|der|gang, *der; -[e]s;* **nie|der|ge|hen**
nie|der|ge|schla|gen (traurig)

nie|der|kni|en; niedergekniet
nie|der|kom|men (geh. veraltend für: gebären); **Nie|der|kunft,** *die; -, ...künfte*
Nie|der|la|ge
nie|der|las|sen; sich -; **Nie|der|las|sung**
nie|der|le|gen
Nie|der|schlag; nie|der|schla|gen; Nie|der|schlags|men|ge
nie|der|schmet|tern
nie|der|schrei|ben; Nie|der|schrift
nie|der|set|zen; sich -
nie|ders|te
nie|der|stre|cken (geh.)
Nie|der|tracht, *die; -;* **nie|der|träch|tig; Nie|der|träch|tig|keit**
Nie|de|rung
nie|der|wer|fen
nied|lich; Nied|lich|keit
Nied|na|gel (am Nagel losgelöstes Hautstückchen)
nied|rig; niedrige Beweggründe; **Hoch** und **Niedrig** (jedermann)
nie|mals
nie|mand; - anders; **Nie|mand,** *der; -[e]s;* **Nie|mands|land,** *das; -[e]s* (Kampfgebiet zwischen feindlichen Linien; unerforschtes, herrenloses Land)
Nie|re, *die; -, -n;* künstliche - (med. Gerät);
nie|ren|för|mig; Nie|ren|stein
nie|seln (ugs. für: leise regnen)
nie|sen; Nies|pul|ver
Nieß|brauch, *der; -[e]s* (Rechtsspr.: Nutzungsrecht)
Nies|wurz, *die; -, -en* (ein Heilkraut)
Niet, *der* (auch: *das*); *-[e]s, -e* (Fachspr.: [1]Niete)
[1]**Nie|te,** *die; -, -n* (Metallbolzen)

[2]**Nie|te,** *die; -, -n* (Los, das nichts gewonnen hat; Reinfall, Versager)
nie|ten; niet- und na|gel|fest
Ni|ko|laus, *der; -, -e,* (ugs. scherzh. auch:) ...**läuse** (als hl. Nikolaus verkleidete Person; den hl. Nikolaus darstellende Figur); **Ni|ko|laus|tag** (6. Dezember)
Ni|ko|tin, *das; -s* (Alkaloid im Tabak); **ni|ko|tin_arm, ...frei**
Nim|bus, *der; -, -se* (Ruf, besonderes Ansehen; Kunst: Heiligenschein, Strahlenkranz)
nim|mer (landsch. für: niemals; nicht mehr); nie und -; **Nim|mer|leins|tag** (ugs. scherzh.); am - (niemals); **nim|mer|mehr** (landsch. für: niemals); **Nim|mer|satt,** *der; - u. -[e]s, -e* (abwertend für: jmd., der nicht genug bekommen kann); **Nim|mer|wie|der|se|hen,** *das; -s;* auf - (ugs.)
Nip|pel, *der; -s, -* (kurzes Rohrstück mit Gewinde)
nip|pen
Nip|pes [*nipᵉß; nip(ß)*], *die* (Mehrz.; kleine Ziergegenstände [aus Porzellan]); **Nipp|sa|chen,** *die* (Mehrz.; svw. Nippes)
nir|gend (geh. für: nirgends); **nir|gends; nir|gend|wo; nir|gend|wo|hin**
Ni|sche, *die; -, -n**
Nis|se, *die; -, -n,* älter: **Niss,** *die; -, -e* (Ei der Laus)
nis|ten; Nist|kas|ten
Ni|veau [*niwo*], *das; -s, -s* (waagerechte Fläche auf einer gewissen Höhenstufe; Höhenlage; Rang, [Bildungs]stand); **ni|veau|los; Ni|veau|lo|sig|keit; ni|vel|lie|ren** (Unterschiede aufheben; ebnen; Höhenunterschiede bestimmen)
Nix, *der; -es, -e* (germ. Wassergeist); **Ni|xe,** *die; -, -n**
no|bel (edel; ugs. für: freigebig)
No|bel|preis

nicht

– *nicht wahr?; gar nicht*

Getrennt- od. Zusammenschreibung in Verbindung mit Eigenschafts- und Mittelwörtern:
– *nicht berufstätige,* (auch:) *nichtberufstätige Frauen;*
– *die Darstellung war nicht amtlich,* (auch:) *nichtamtlich; dieses Kind ist nicht ehelich, Rechtsspr. meist nichtehelich usw.*
– *die nicht organisierten,* (auch:) *nichtorganisierten Arbeiter*
– *nicht rostende,* (auch:) *nichtrostende Stähle*

Bei hauptwörtlichem Gebrauch von Eigenschafts- oder Mittelwörtern ist sowohl Getrennt- als auch Zusammenschreibung möglich:
– *nicht Berufstätige,* (auch:) *Nichtberufstätige*
– *nicht Zutreffendes,* (auch:) *Nichtzutreffendes streichen*

No|b|les|se [nobläß^e] die; - (vornehmes Benehmen); no|b|lesse ob|lige [nobläß oblisch] (Adel verpflichtet)

noch; - nicht; - einmal; noch|mals

No|ckerl, das; -s, -n (österr. für: Klößchen; naives Mädchen)

no fu|ture [no^u fjutsch^er] („keine Zukunft"; Schlagwort meist arbeitsloser Jugendlicher); No-Fu|ture-Ge|ne|ra|ti|on, die; -

No|ma|de, der; -n, -n (Angehöriger eines Hirten-, Wandervolkes); No|ma|den|da|sein

No|men, das; -s, ...mina od. - (Sprachw.: Hauptwort, z. B. „Haus"; häufig auch für Eigenschaftswort u. andere deklinierbare Wortarten); No|men|kla|tur, die; -, -en (Zusammenstellung von Fachausdrücken, bes. in Biologie u. Physik); No|mi|na (Mehrz. von: Nomen); no|mi|nal (das Nomen betreffend; Wirtsch.: zum Nennwert); No|mi|na|tiv [auch: ...tif], der; -s, -e [...w^e] (Sprachw.: Werfall); no|mi|nell ([nur] dem Namen nach [bestehend], vorgeblich; Wirtsch.: zum Nennwert); no|mi|nie|ren (benennen, bezeichnen)

Non|cha|lance [nongschalangß], die; - (Lässigkeit, Ungezwungenheit); non|cha|lant [...lang, als Beifügung: ...ant] (lässig, ungezwungen)

Non|ne, die; -, -n

Non|plus|ul|t|ra, das; - (Unübertreffbares, Unvergleichliches)

Non|sens, der; - u. -es (Unsinn)

non|stop (ohne Unterbrechung, Pause); - fliegen, spielen; Non|stop|flug, (auch:) Non|stop-Flug (Flug ohne Zwischenlandung)

Nop|pe, die; -, -n (Knoten in Geweben); nop|pen (Knoten aus dem Gewebe entfernen)

¹Nord (Himmelsrichtung); Autobahnausfahrt Frankfurt Nord, (auch:) Frankfurt-Nord

²Nord, der; -[e]s, (selten:) -e (geh. für: Nordwind)

Nor|den, der; -s; das Gewitter kommt aus -; gen Norden; Nor|dic Wal|king [... wå-king], das; - -s (als Sport betriebenes Gehen mit Stöcken); nor|disch (den Norden betreffend); -e Kälte; Nord|kap, das; -s (nördlichster Punkt Europas); Nord|län-der, der; nord|län|disch; nörd|lich; - des Meeres, - vom Meer; Nord.licht (Mehrz. ...lichter), ...pol (der -s), ...sei|te; nord|wärts; Nord|wind

nör|geln; Nörg|ler

Norm, die; -, -en (Richtschnur, Regel; sittliches Gebot oder Verbot als Grundlage der Rechtsordnung; Größenanweisung in der Technik); nor|mal (der Norm entsprechend; gewöhnlich, üblich); nor|ma|ler-wei|se; Nor|mal|fall, ...ge|wicht; nor|ma|li|sie|ren; Nor|ma|li|sie|rung; Nor|mal_ver|brau|cher, ...zu|stand; nor|ma|tiv (maßgebend, als Richtschnur dienend); Norm|blatt; nor|men (einheit-

lich festsetzen, gestalten; [Größen] regeln); nor|mie|ren (normgerecht gestalten); Nor|mie|rung; Nor|mung (das Normen)

Nos|tal|gie, die; -, ...ien ([sehnsuchtsvolle] Rückwendung zu früheren Zeiten u. Erscheinungen); nos|tal|gisch (sehnsuchtsvoll)

Not, die; -, Nöte; in Not sein; aber: vonnöten sein; Not leiden; die Not leidende, (auch:) notleidende Bevölkerung

no|ta|be|ne (übrigens; Abk.: NB); No|tar, der; -s, -e; No|ta|ri|at, das; -[e]s, -e (Amt eines Notars); no|ta|ri|ell (von einem Notar [ausgefertigt]); - beglaubigt

Not_arzt, ...ärz|tin, ...aus|gang, ...be-helf, ...brem|se, ...dienst (ärztlicher -)

Not|durft, die; - (veraltend); not|dürf|tig

No|te, die; -, -n

Note|book [no^utbuk], das; -s, -s (Personal Computer im Buchformat)

No|ten, die (Mehrz.; ugs. für: Musikalien); No|ten_bank (Mehrz. ...banken), ...schlüs|sel, ...stän|der

Not|fall, der; not|falls; not|ge|drun|gen; Not_gro|schen, ...hel|fer (die vierzehn - [kath. Heilige])

no|tie|ren (aufzeichnen; vormerken; Kaufmannsspr.: den Kurs eines Papiers, den Preis einer Ware festsetzen)

nö|tig; nö|ti|gen; nö|ti|gen|falls; Nö|ti-gung

No|tiz, die; -, -en; No|tiz|block (Mehrz. ...blocks od. ...blöcke)

Not|la|ge; not|lan|den; notgelandet; Not|lan|dung; not|lei|dend; vgl. Not; Not_lö-sung, ...lü|ge

no|to|risch (offenkundig, allbekannt; berüchtigt)

not|reif (Landw.); Not|ruf; not|schlach-ten; Not_sitz, ...stand; not|tun; tut not, hat notgetan; Not|wehr, die; -; not|wen-dig [auch: notwän...]; Not|wen|dig|keit [auch: notwän...]; Not|zucht, die; -; not-züch|ti|gen

Nou|gat; vgl. Nugat

No|vel|le [...wäl^e], die; -, -n (Prosaerzählung; Nachtragsgesetz); no|vel|lie|ren (durch ein Nachtragsgesetz ändern, ergänzen)

No|vem|ber [...wäm...], der; -[s], - (der elfte Monat des Jahres; Abk.: Nov.); no|vem-ber|lich

No|vi|tät [...nowi...], die; -, -en (Neuerscheinung; Neuheit; veraltend für: Neuigkeit); No|vi|ze, der; -n, -n u. die; -, -n (Mönch od. Nonne während der Probezeit; Neuling); No|vum [nowum, auch: no...], das; -s, ...va (absolute Neuheit)

NS = Nationalsozialismus

NS-Opfer (jmd., der unter dem Nationalsozialismus zu leiden hatte)

Nu, der (sehr kurze Zeitspanne); nur in: im -, in einem -

Nu|an|ce [nüangß^e], die; -, -n (feiner Unterschied; Feinheit; Kleinigkeit)

nüch|tern; Nüch|tern|heit, die; -

Nu|ckel, der; -s, - (ugs. für: Schnuller); nu-ckeln (ugs. für: saugen)

Nu|del, die; -, -n; nu|del|dick (ugs. für: sehr dick); Nu|del|holz; nu|deln

Nu|dis|mus, der; - (Freikörperkultur)

Nu|gat, (auch:) Nou|gat [nugat], der od. das; -s, -s (süße Masse aus Zucker, Kakao u. Nüssen od. Mandeln)

nu|k|le|ar (den Atomkern, Kernwaffen betreffend); -e Waffen (Kernwaffen); Nu|k|le-ar|me|di|zin (Teilgebiet der Strahlenmedizin)

null; - und nichtig; - Fehler haben; - Uhr; - Komma eins (0,1); die Stunde null; die Temperatur, Stimmung sinkt unter null; wieder bei null (ganz von vorne) anfangen müssen; in null Komma nichts (ugs. für: sehr schnell)

¹Null, die; -, -en (Ziffer; ugs. für: unfähiger Mensch); die Zahl -; er ist eine reine -

²Null, der (auch: das); -[s], -s (Skat: Nullspiel)

null|acht|fünf|zehn, in Ziffern: 08/15 (ugs. für: wie üblich, Allerwelts...); Null|lö-sung, (auch:) Null-Lö|sung (Politik); Null ou|vert [- uwär], der (auch: das); - -[s], - -s [- uwärß] (offenes Nullspiel [beim Skat]); Null_punkt (auf dem -), ...ta|rif, ...wachs|tum

nu|me|rie|ren, Nu|me|rie|rung, (alte Schreibung für:) nummerieren, Nummerie-rung; nu|me|risch (zahlenmäßig; mit Ziffern [verschlüsselt]); Nu|me|rus [auch: nu...], der; -, ...ri (Sprachw.: Zahlform des Hauptwortes [Einz., Mehrz.]; Math.: die zu logarithmierende Zahl); Nu|me|rus clau|sus [auch: nu...], der; - - (zahlenmäßig beschränkte Zulassung [bes. zum Studium])

Nu|mis|ma|tik, die; - (Münzkunde)

Num|mer, die; -, -n (Zahl; Abk.: Nr.); - fünf; etwas ist Gesprächsthema - eins; auf - si-cher gehen (ugs. für: nichts tun, ohne sich abzusichern); num|me|rie|ren (beziffern, [be]nummern); Num|me|rie|rung; Num-mern_kon|to, ...schild (das), ...ta|fel

nun; von - an; nun|mehr

Nun|ti|us, der; -, ...ien [...i^en] (ständiger Botschafter des Papstes)

nur; - mehr (landsch. für: nur noch)

nu|scheln (ugs.)

Nuss, die; -, Nüsse; Nuss_baum, ...fül-lung, ...kna|cker, ...scha|le (auch für: kleines Boot)

Nüs|ter [auch: nü...], die; -, -n (meist Mehrz.)

Nut, die; -, -en (in der Technik nur so) u. Nu-te, die; -, -n (Furche, Fuge)

¹Nut|ria, die; -, -s (Biberratte)

²Nut|ria, der; -s, -s (Pelz aus dem Fell der ¹Nutria)

Nut|te, die; -, -n (derb für: Prostituierte)

nutz; zu nichts - sein (südd., österr. für: zu nichts nütze sein); Nutz, der (veralt. für:

Nutzen); zu Nutz und Frommen; sich etwas zunutze, (auch:) zu Nutze machen; **nutzbar;** - machen; **Nutz|bar|ma|chung; nutz|brin|gend; nützt|ze;** [zu] nichts -; **Nutz|ef|fekt** (Nutzleistung, Wirkungsgrad); **nut|zen;** du nutzt; **nüt|zen;** du nützt; es nützt mir nichts; **Nut|zen,** der; -s; **Nutz|flä|che; nütz|lich; Nütz|lich|keit,** die; -; **nutz|los; Nutz|nie|ßer; Nutz|pflan|ze; Nut|zung**

Ny|lon® [naɪlon], das; -[s], (für: Strumpf auch Mehrz.:) -s (haltbare synthet. Textilfaser); **Ny|lon|strumpf**

Nym|phe, die; -, -n (gr. Naturgottheit; Zool.: Entwicklungsstufe [der Libelle]); **nym|phen|haft; Nym|phen|sit|tich** (austral. Papagei); **Nym|pho|ma|nie,** die; - (übermäßig gesteigerter Geschlechtstrieb bei der Frau); **Nym|pho|ma|nin; nym|pho|ma|nisch**

O o

O (Buchstabe); das O; des O, die O; aber: das o in Tor

o; vgl. oh

Ω, ω = Omega

O|a|se, die; -, -n

¹**ob;** ich weiß nicht, ob …; das Ob und Wann

²**ob;** Verhältnisw. mit Wemf. (veralt., noch landsch. für: oberhalb, über), z. B. - dem Walde, Rothenburg - der Tauber; mit Wesf., seltener mit Wemf. (veraltend für: über, wegen), z. B. ob des Glückes, ob gutem Fang erfreut sein

Ob|acht, die; -; - geben

Ob|dach, das; -[e]s; **ob|dach|los; Ob|dach|lo|se,** der u. die; -n, -n

Ob|duk|ti|on […zion], die; -, -en (Med.: Leichenöffnung); **ob|du|zie|ren**

O-Bei|ne, die (Mehrz.); **o-bei|nig,** (auch:) **O-bei|nig**

Obe|lisk, der; -en, -en (frei stehender Spitzpfeiler)

oben; nach -; die - erwähnte, (auch:) obenerwähnte, - genannte, (auch:) obengenannte, - stehende, (auch:) obenstehende Erklärung; das oben Erwähnte, (auch:) das Obenerwähnte; - ohne (ugs. für: busenfrei); **oben|an;** - stehen; **oben|auf;** - schwimmen; **oben|drauf** (ugs.); - liegen; **oben|drein; oben|drü|ber** (ugs.); **oben|durch; oben|er|wähnt;** vgl. oben; **oben|ge|nannt;** vgl. oben; **oben|hin** (flüchtig); **oben|ste|hend;** vgl. oben

ober; vgl. obere

Ober, der; -s, - ([Ober]kellner; Spielkarte)

Ober_arm, …arzt, …be|klei|dung, …bür|ger|meis|ter; obe|re; -r Stock; die ober[e]n Klassen

¹**Obe|re,** das; -n (Höheres)

²**Obe|re,** der u. die; -n, -n (Vorgesetzter, Vorgesetzte)

Ober|flä|che; ober|fläch|lich; ober|gä|rig; -es Bier; **Ober|ge|schoss**

ober|halb; Verhältnisw. mit Wesf.; - des Dorfes; **Ober_hand** (die; -), …hemd; **Obe|rin; Ober_kie|fer, …kör|per, …lauf, …lip|pe, …schicht, …schu|le, …schü|ler, …schwes|ter; oberst; Oberst,** der; -en u. -s, -en (seltener: -e); **obers|te;** oberstes Stockwerk; das Oberste zuunterst kehren; **Obers|te,** der u. die; -n, -n (Vorgesetzter, Vorgesetzte); **Ober|stüb|chen;** meist in: im - nicht ganz richtig sein (ugs. für: nicht ganz normal sein); **Ober_stu|fe, …teil** (das od. der), **…was|ser** (das; -s; - haben, bekommen [ugs. für: im Vorteil sein, in Vorteil kommen]), **…wei|te**

ob|gleich

Ob|hut, die; - (geh.)

obig; der Obige, Obiges gilt auch weiterhin; im Obigen (Amtsspr.: weiter oben)

Ob|jekt, das; -[e]s, -e (Ziel, Gegenstand; Sprachw.: Ergänzung); **ob|jek|tiv** (gegenständlich; tatsächlich; sachlich); **Ob|jek|tiv,** das; -s, -e […wᵉ] (bei opt. Instrumenten die dem Gegenstand zugewandte Linse); **ob|jek|ti|vie|ren** (von subjektiven Einflüssen befreien; vergegenständlichen); **Ob|jek|ti|vi|tät,** die; - (strenge Sachlichkeit)

Ob|la|te, die; -, -n (ungeweihte Hostie; dünnes Gebäck; Unterlage für Konfekt, Lebkuchen)

ob|lie|gen [auch opli…]; es liegt mir ob, (od., österr. nur:) es obliegt mir

ob|li|gat (unerlässlich, unentbehrlich); **ob|li|ga|to|risch** (verbindlich, Zwangs…)

Ob|mann (Mehrz. …männer u. …leute); **Ob|män|nin**

Oboe, die; -, -n (ein Holzblasinstrument)

Obo|lus, der; -, - u. -se (kleine Geldspende)

Ob|rig|keit; von -s wegen

Ob|rist, der; -en, -en (veralt. für: Oberst; auch für: Mitglied einer Militärjunta)

ob|schon

Ob|ser|va|to|ri|um, das; -s, …ien […iᵉn] ([astronom., meteorolog., geophysikal.] Beobachtungsstation); **ob|ser|vie|ren** (auch für: polizeilich überwachen)

ob|s|kur (verdächtig; fragwürdig)

ob|so|let (nicht mehr üblich; veraltet)

Obst, das; -[e]s; **Obst_baum, …händ|ler; Obst|ler, Öbst|ler** (landsch. für: Obsthändler; aus Obst gebrannter Schnaps)

ob|s|zön (unanständig); **Ob|s|zö|ni|tät**

Obus, der; -ses, -se (Kurzform von: Oberleitungsomnibus)

ob|wohl; ob|zwar (veraltend)

och!

Ochs, der; -en, -en (landsch. u. österr. für: Ochse); **Och|se,** der; -n, -n; **och|sen** (ugs. für: angestrengt arbeiten); du ochst; **Och|sen_au|ge** (landsch. auch für: Spiegelei); **Och|sen|schwanz|sup|pe; Och|sen|tour** (ugs. für: mühselige Arbeit, Laufbahn)

Öchs|le, das; -s, - (Maßeinheit für das spezif. Gewicht des Mostes)

ocker (gelbbraun); eine - Wand; **Ocker,** der od. (österr. nur) das; -s, - (zur Farbenherstellung verwendete Tonerde; gelbbraune Farbe); in -

öd, öde

Ode, die; -, -n (feierliches Gedicht)

öde; Öde, die; -, -n

Odem, der; -s (geh. für: Atem)

Ödem, das; -s, -e (Gewebewassersucht)

oder

Odi|um, das; -s (übler Beigeschmack, Makel)

Öd|land, das; -[e]s

Odys|see, die; -, (für: Irrfahrt auch Mehrz.:) …sseen (gr. Heldengedicht; übertr. für: Irrfahrt)

Œu|v|re [öwr⁽ᵉ⁾], das; -, -s ([Gesamt]werk eines Künstlers)

Ofen, der; -s, Öfen; **Ofen|bank** (Mehrz. …bänke); **ofen_fer|tig** (-e Pizza)

Off, das; - (Fernsehen: das Unsichtbarbleiben des/der Sprechenden); im, aus dem - sprechen

of|fen s. Kasten

---

of|fen

- ein offener Brief
- das offene Meer
- ein offener Wein (im Ausschank)
- Tag der offenen Tür
- offene Handelsgesellschaft (Abk. OHG)
- mit offenen Karten spielen (übertr. für: ohne Hintergedanken handeln)

Schreibung in Verbindung mit Zeitwörtern:
- die Tür wird offen sein
- das Fenster muss offen bleiben, das Fenster offen lassen
- jmdm. etwas offen sagen
- die Tür offen stehen lassen

Aber:
- sie mussten ihre Vermögensverhältnisse offenlegen

Vgl. auch offenbleiben, offenhalten, offenlassen, offenstehen

In Verbindung mit einem als Eigenschaftswort gebrauchten Tätigkeitswort kann bei nicht übertragener Bedeutung getrennt oder zusammengeschrieben werden:
- offen gesagt; offen gestanden
- ein offen gebliebenes od. offengebliebenes Fenster
- eine offen stehende od. offenstehende Tür
- Aber nur: eine noch offenstehende Frage

---

of|fen|bar [auch: ...*bar*]; of|fen|ba|ren; Of|fen|ba|rung; Of|fen|ba|rungs|eid; of|fen|blei|ben; diese Frage ist offengeblieben; vgl. offen; of|fen|hal|ten; mehrere Möglichkeiten offenhalten; Of|fen|heit; of|fen|her|zig; of|fen|kun|dig [auch: ...*kun*...]; of|fen|las|sen; eine Möglichkeit offenlassen; vgl. offen; of|fen|le|gen; seine Vermögensverhältnisse offenlegen; Of|fen|le|gung; of|fen|sicht|lich [auch: ...*sicht*...]

of|fen|siv (angreifend); Of|fen|si|ve [...*w*^e], *die;* -, -n ([milit.] Angriff)

of|fen|ste|hen; of|fen|ste|hend; eine noch offenstehende Frage; vgl. offen; öf|fent|lich; im öffentlichen, (auch:) Öffentlichen Dienst; die -e Meinung; die -e Hand; Öf|fent|lich|keit, *die;* -; Öf|fent|lich|keits|ar|beit, *die;* -; öf|fent|lich|keits|scheu

of|fe|rie|ren (anbieten); Of|fer|te, *die;* -, -n (Kaufangebot)

of|fi|zi|ell (amtlich; verbürgt; förmlich); Of|fi|zier, *der;* -s, -e; Of|fi|ziers|an|wär|ter; of|fi|zi|ös (halbamtlich; nicht verbürgt)

off li|mits! (Eintritt verboten!, Sperrzone!); off|line [...*lain*] (EDV: getrennt von der Datenverarbeitungsanlage arbeitend); Off|line|be|trieb

öff|nen; sich -; Öff|nung; Öff|nungs|zeit

Off|set|druck (Flachdruck[verfahren]; *Mehrz.* ...drucke)

o-för|mig, (auch:) O-för|mig

oft; öfter, öftest; öf|ter; des Öfter[e]n; öf|ters (landsch. für: öfter); oft|ma|lig; oft|mals

oh!; oh, das ist schade; ein überraschtes Oh; (in Verbindung mit anderen Wörtern oft auch ohne h geschrieben:) oh ja!, oh nein!, (auch:) o ja!, o nein!; oha!

Oheim, *der;* -s, -e (veralt. für: Onkel)

Ohm, *das;* -[s], - (Maßeinheit für elektr. Widerstand; Zeichen: Ω)

oh|ne; *Verhältnisw. mit Wenf.:* ohne ihren Willen; ohne weiteres, (auch:) ohne Weiteres; ohne Zögern; oben ohne (ugs. für: busenfrei); oh|ne|dies; oh|ne|ei|n|an|der; - auskommen; vgl. aneinander; oh|ne|glei|chen; oh|ne|hin; oh|ne wei|te|res, (auch:) Weiteres

Ohn|macht, *die;* -, -en; ohn|mäch|tig

oho!

Ohr, *das;* -[e]s, -en; Öhr, *das;* -[e]s, -e (Nadelloch); Öhr|chen (kleines Ohr, Öhr); Oh|ren|beich|te; oh|ren|be|täu|bend; Oh|ren_krie|cher (Ohrwurm), ...sau|sen (*das;* -s), ...schmalz, ...schmaus (ugs. für: Genuss für die Ohren), ...schüt|zer, ...ses|sel, ...zeu|ge; Ohr|fei|ge; ohr|fei|gen; Ohr_läpp|chen, ...mu|schel, ...ring, ...wurm (ugs. auch für: leicht eingängige Melodie)

oje!; oje|mi|ne!

okay [*o*^u*ké*ⁱ] (richtig, in Ordnung); Okay, *das;* -[s], -s; sein - geben

Ok|ka|si|on, *die;* -, -en (Kaufmannsspr.: Gelegenheitskauf)

ok|kult (verborgen; geheim); Ok|kul|tis|mus, *der;* - (Lehre vom Übersinnlichen)

Ok|ku|pa|ti|on [...*zion*], *die;* -, -en (Besetzung [fremden Gebietes] mit od. ohne Gewalt)

Öko|la|den; Öko|lo|gie, *die;* - (Lehre von den Beziehungen der Lebewesen zur Umwelt); öko|lo|gisch

Öko|no|mie, *die;* -, ...ien (Wirtschaftlichkeit *[nur Einz.];* wirtschaftl. Struktur; veraltend für: Wirtschaftswissenschaft *[nur Einz.]*); öko|no|misch

Öko|sys|tem (zwischen Lebewesen u. ihrem Lebensraum bestehende Wechselbeziehung)

Ok|ta|ve [...*w*^e], *die;* -, -n (achter Ton [vom Grundton an]; ein Intervall); Ok|tett, *das;* -[e]s, -e (Komposition für acht Soloinstrumente od. -stimmen; Gruppe von acht Instrumentalsolisten)

Ok|to|ber, *der;* -[s], - (der zehnte Monat des Jahres; Abk.: Okt.)

ok|t|ro|y|ie|ren [...*troajir*^e*n*] (aufdrängen, aufzwingen)

oku|lie|ren (Pflanzen veredeln)

Öku|me|ne, *die;* - (Geogr.: die bewohnte Erde; Theol.: Gesamtheit der Christen, Bewegung der christl. Kirchen zur Einigung in Glaubensfragen); öku|me|nisch; -es Konzil (allgemeine kath. Kirchenversammlung)

Ok|zi|dent [auch: ...*dänt*], *der;* -s (Abendland)

Öl, *das;* -[e]s, -e; Öl|baum

Old|ti|mer [*o*^u*ldtaim*^e*r*], *der;* -s, - (altes Modell eines Fahrzeugs [bes. Auto]; auch scherzh. für: langjähriges Mitglied, älterer Mann)

Ole|an|der, *der;* -s, - (immergrüner Strauch od. Baum)

ölen; Öl_far|be, ...ge|mäl|de, ...göt|ze; dastehen, dasitzen wie ein - (ugs. für: teilnahms- u. verständnislos dastehen, dasitzen); ölig

oliv (olivenfarben); Oliv, *das;* -s, - (ugs.: -s); ein Kleid in -

Oli|ve [...*w*^e, österr.: ...*f*^e], *die;* -, -n (Frucht des Ölbaumes); Oli|ven_baum, ...ern|te

Öl|kri|se

Ol|le, *der* u. *die;* -n, -n (landsch. für: Alte)

Öl_pa|pier, ...pest (Verschmutzung von Meeresküsten durch Rohöl), ...raf|fi|ne|rie, ...sar|di|ne, ...tep|pich

Olymp, *der;* -s (Gebirgsstock in Griechenland; Wohnsitz der Götter; scherzh. für: Galerieplatz im Theater); Olym|pi_a|de, *die;* -, -n (Olympische Spiele); Olym|pia_mann|schaft, ...sieg, ...sta|di|on; olym|pisch (göttlich, himmlisch; die Olympischen Spiele betreffend)

Öl_zeug, ...zweig

Oma, *die;* -, -s (Großmutter)

Om|buds|mann, *der;* -[e]s, ...männer (sel-

ten:) ...leute (jmd., der die Rechte des Bürgers gegenüber den Behörden wahrnimmt)

Ome|ga, *das;* -[s], -s (gr. Buchstabe [langes O]: Ω, ω)

Ome|lett [*oml*...], *das;* -[e]s, -e u. -s u. Ome|lette [*omlät*], *die;* -, -n (Eierkuchen)

Omen, *das;* -s, - u. Omina (Vorzeichen; Vorbedeutung); omi|nös (unheilvoll; anrüchig)

Om|ni|bus, *der;* -ses, -se (Kurzw.: Bus)

Ona|nie, *die;* - (Selbstbefriedigung); ona|nie|ren

On|kel, *der;* -s, - (ugs. auch: -s); on|kel|haft

on|line [...*lain*] (EDV: in direkter Verbindung mit der Datenverarbeitungsanlage arbeitend); On|line|ban|king, ...be|trieb, ...shop|ping

Onyx, *der;* -[es], -e (ein Schmuckstein)

Opa, *der;* -s, -s (Großvater)

opak (fachspr. für: undurchsichtig, lichtundurchlässig)

Opal, *der;* -s, -e (ein Schmuckstein); Opal|glas (*Mehrz.* ...gläser)

Open-Air-Kon|zert [*o*^u*p*^e*n-är*...]

open end (ohne ein vorher auf einen bestimmten Zeitpunkt festgesetztes Ende)

Open End, *das;* - -s, - -s; eine Veranstaltung mit - -

Oper, *die;* -, -n

Ope|ra|teur [...*tör*], *der;* -s, -e (eine Operation vornehmender Arzt; Kameramann; Filmvorführer); Ope|ra|ti|on [...*zion*], *die;* -, -en (chirurg. Eingriff; [milit.] Unternehmung; Rechenvorgang; Verfahren); ope|ra|tiv (auf chirurgischem Wege, durch Operation; Milit.: strategisch)

Ope|ret|te, *die;* -, -n (heiteres musikal. Bühnenwerk)

ope|rie|ren (einen chirurgischen Eingriff vornehmen; milit. Operationen durchführen; in bestimmter Weise vorgehen; mit etwas arbeiten)

Opern_arie, ...glas (*Mehrz.* ...gläser), ...gu|cker (ugs. für: Opernglas); opern|haft

Op|fer, *das;* -s, -; Op|fer_be|reit|schaft, ...lamm; op|fern; Op|fer_sinn (*der;* -[e]s), ...stock (in Kirchen aufgestellter Sammelkasten; *Mehrz.* ...stöcke)

Opi|at, *das;* -[e]s, -e (opiumhaltiges Arzneimittel); Opi|um, *das;* -s (ein Betäubungsmittel u. Rauschgift); opi|um|hal|tig; Opi|um|pfei|fe

ÖPNV = öffentlicher Personennahverkehr

Opos|sum, *das;* -s, -s (Beutelratte; deren Fell)

Op|po|nent, *der;* -en, -en (Gegner [im Redestreit]); op|po|nie|ren (widersprechen; sich widersetzen)

op|por|tun (angebracht, zweckmäßig); Op|por|tu|nis|mus, *der;* - (Anpassen an die jeweilige Lage, Handeln nach Zweckmäßigkeit); Op|por|tu|nist, *der;* -en, -en

Op|po|si|ti|on [...*zion*], *die;* -, -en; op|posi|ti|o|nell (gegensätzlich; gegnerisch; zum Widerspruch neigend)

Op|tik, *die;* -, (selten:) -en (Lehre vom Licht; die Linsen enthaltender Teil eines opt. Gerätes; optischer Eindruck, optische Wirkung); Op|ti|ker (Hersteller od. Verkäufer von Brillen u. optischen Geräten); Op|ti|ke|rin

op|ti|mal (bestmöglich); Op|ti|mis|mus, *der;* - (Ggs.: Pessimismus); Op|ti|mist, *der;* -en, -en; Op|ti|mis|tin; op|ti|mis|tisch; Op|ti|mum, *das;* -s, ...tima (höchster erreichbarer Wert; Biol.: beste Lebensbedingungen)

Op|ti|on, *die;* -, -en (Möglichkeit, Wahlmöglichkeit)

op|tisch (die Optik, das Sehen betreffend); -e Täuschung (Augentäuschung)

opu|lent (reich[lich], üppig)

Opus, *das;* -, Opera ([musikal.] Werk)

Ora|kel, *das;* -s, - (Ort, an dem Seherinnen od. Priester Weissagungen verkünden; auch für: die Weissagung selbst); ora|keln (weissagen)

oral (Med.: den Mund betreffend, durch den Mund)

oran|ge [...*angsch*ᵉ] (goldgelb; orangenfarbig); ein - Band

¹Oran|ge, *die;* -, -n (Apfelsine)

²Oran|ge, *das;* -, -, (ugs.:) -s (orange Farbe); in -

Oran|gea|de [*orangschad*ᵉ], *die;* -, -n (Getränk aus Orangen- u. Zitronensaft); Oran|geat [*orangschat*], *das;* -s, -e (eingezuckerte Apfelsinenschalen); oran|gen [*orangsch*ᵉn] (svw. orange); der Himmel färbt sich -

Orang-Utan, *der;* -s, -s (ein Menschenaffe)

Ora|to|ri|um, *das;* -s, ...ien [...*i*ᵉn] (episch-dramat. Komposition für Solostimmen, Chor u. Orchester)

Or|bit, *der;* -s, -s (Umlaufbahn)

Or|ches|ter [*orkäβ*..., auch: *orchäβ*...], *das;* -s, - (Vereinigung einer größeren Zahl von Instrumentalmusiker[inne]n; vertiefter Raum für die Musizierenden vor der Bühne)

Or|chi|dee [auch: ...de̩], *die;* -, -n (eine exotische Zierpflanze)

Or|den, *der;* -s, - ([klösterliche] Gemeinschaft mit bestimmten Regeln; Ehrenzeichen); or|dent|lich; -es (zuständiges) Gericht; Or|der, *die;* -, -s od. -n (Befehl; Kaufmannsspr.: Bestellung, Auftrag); Or|di|nal|zahl (Ordnungszahl, z. B. „zweite"); or|di|när (gewöhnlich; unfein); Or|di|na|ri|us, *der;* -, ...ien [...*i*ᵉn] (Inhaber eines Lehrstuhls an einer Hochschule); ord|nen; Ord|ner; Ord|nung; Ord|nungs|amt; ord|nungs|ge|mäß; ord|nungs|hal|ber; Ord|nungs|hü|ter (scherzh. für: Polizist), ...lie|be, ...sinn (*der;* -[e]s), ...stra|fe, ...zahl (für: Ordinalzahl)

Or|gan, *das;* -s, -e (Körperteil; Sinn; Stimme; Beauftragter; Fach-, Vereinsblatt); Or|gan-

bank (*Mehrz.* ...banken; Med.); Or|ga|ni|sa|ti|on [...*zion*], *die;* -, -en (Anlage, Aufbau, planmäßige Gestaltung, Einrichtung, Gliederung [nur *Einz.*]; Gruppe, Verband mit bestimmten Zielen); Or|ga|ni|sa|ti|ons|ta|lent; Or|ga|ni|sa|tor, *der;* -s, ...oren; or|ga|ni|sa|to|risch; or|ga|nisch (belebt, lebendig; auf ein Organ od. auf den Organismus bezüglich); or|ga|ni|sie|ren (ugs. auch für: beschaffen); or|ga|ni|siert (einer polit. od. gewerkschaftl. Organisation angehörend); Or|ga|nis|mus, *der;* -, ...men (Gefüge; einheitliches, gegliedertes [lebendiges] Ganzes [*meist Einz.*]; Lebewesen); Or|ga|nist, *der;* -en, -en (Orgelspieler); Or|ga|nis|tin

Or|gas|mus, *der;* -, ...men (Höhepunkt der geschlechtl. Erregung)

Or|gel, *die;* -, -n; Or|gel|pfei|fe; wie die -n (scherzh. für: in einer Reihe der Größe nach)

Or|gie [...*i*ᵉ], *die;* -, -n (ausschweifendes Gelage; Ausschweifung)

Ori|ent [*ori-änt*, auch: *oriänt*], *der;* -s (die vorder- u. mittelasiat. Länder; östl. Welt); ori|en|ta|lisch (den Orient betreffend); ori|en|tie|ren; sich -; Ori|en|tie|rungs|sinn, *der;* -[e]s

ori|gi|nal (ursprünglich, echt; urschriftlich); Ori|gi|nal, *das;* -s, -e (Urschrift; Vorlage; Urtext; eigentümlicher Mensch); ori|gi|nal|ge|treu; Ori|gi|na|li|tät, *die;* -, (selten:) -en (Echtheit; Besonderheit); ori|gi|nell (schöpferisch, einzigartig; sonderbar, komisch)

Or|kan, *der;* -[e]s -e (stärkster Sturm); or|kan|ar|tig

Or|kus, *der;* - (Unterwelt)

Or|na|ment, *das;* -[e]s, -e

Or|nat, *der* (auch: *das*); -[e]s, -e (feierl. Amtstracht)

¹Ort, *der;* -[e]s, *Mehrz.* -e u. (Seemannsspr. u. Math.:) Örter (Ortschaft; Stelle)

²Ort, *das;* -[e]s, Örter (Bergmannsspr.: Ende einer Strecke, Arbeitsort); vor -

or|ten (die Position, Lage ermitteln, bestimmen)

or|tho|dox (recht-, strenggläubig); Or|tho|gra|fie, (auch:) Or|tho|gra|phie, *die;* -, ...ien (Rechtschreibung); or|tho|gra|fisch, (auch:) or|tho|gra|phisch (rechtschreiblich); Or|tho|pä|de, *der;* -n, -n (Facharzt für Orthopädie); Or|tho|pä|die, *die;* - (Lehre u. Behandlung von Fehlbildungen u. Erkrankungen der Bewegungsorgane); Or|tho|pä|din

ört|lich; Ört|lich|keit; orts|an|säs|sig; Ort|schaft; orts|fremd; Orts|ge|spräch; orts|kun|dig; Orts_na|me, ...sinn (*der;* -[e]s); Or|tung; vgl. orten

Os|car, *der;* - [-s], -s (ein amerik. Filmpreis)

Öse, *die;* -, -n

Os|si, *der;* -s, -s (ugs. für: Ostdeutscher)

¹Ost (Himmelsrichtung); Autobahnausfahrt Saarbrücken Ost, (auch:) Saarbrücken-Ost

²Ost, *der;* -[e]s, (selten:) -e (geh. für: Ostwind); Os|ten, *der;* -s (Himmelsrichtung); gen Osten

os|ten|ta|tiv (betont; herausfordernd)

Os|ter_brauch, ...ei, ...fest, ...glo|cke; ...ha|se; ös|ter|lich; Os|ter|marsch, *der;* Os|tern, *das;* -, - (Osterfest); - fällt früh; fröhliche -!

öst|lich; - des Waldes, - vom Wald

Ös|t|ro|gen, *das;* -s, -e (ein Hormon)

ost|wärts; Ost|wind

¹Ot|ter, *der;* -s, - (eine Marderart)

²Ot|ter, *die;* -, -n (eine Schlange); Ot|tern|ge|zücht (bibl.)

Ot|to|mo|tor® (Vergasermotor)

out [*aut*] (ugs. für: unzeitgemäß, unmodern); Out|door [*autdå*], *das;* - (Freizeitaktivitäten im Freien); Out|door|be|klei|dung; ou|ten [*aut*ᵉn]; jmdn. - (jmds. Homosexualität o. Ä. ohne dessen Zustimmung öffentlich bekannt machen); sich -; Out|fit [*autfit*], *das;* -[s], -s (Kleidung; Ausrüstung); Out|put, *der* (auch: *das*); -s, -s (Wirtsch.: Produktion[smenge]; EDV: Arbeitsergebnisse einer Datenverarbeitungsanlage, Ausgabe); Out|si|der [*autβaid*ᵉr], *der;* -s, - (Außenseiter); out|sour|cen [*autββaut*ᵉn] (Wirtsch.: ausgliedern, nach außen verlegen); der Vertrieb wird outgesourct

Ou|ver|tü|re [*uwär*...], *die;* -, -n (instrumentales Eröffnungsstück)

Ou|zo [*uso*], *der;* -[s], -s (griech. Anisbranntwein)

oval [*ow*...] (eirund, länglich rund); Oval, *das;* -s, -e

Ova|ti|on [*owazion*], *die;* -, -en (Huldigung, Beifallskundgebung)

Ove|r|all [*o*ᵘ*w*ᵉ*rål*], *der;* -s, -s (einteiliger [Schutz]anzug)

Over|head|pro|jek|tor [*ow*ᵉʳ*hät*...] (Projektor, der Vorlagen auf eine hinter dem Vortragenden befindliche Fläche projiziert)

Oxer, *der;* -s, - (Zaun zwischen Viehweiden; Pferdesport: Hindernis bei Springprüfungen)

Oxid, (nichtfachspr. auch:) Oxyd, *das;* -[e]s, -e (Sauerstoffverbindung); Oxi|da|ti|on (nichtfachspr. auch:) Oxy|da|ti|on [...*zion*], (Vorgang, auch Ergebnis des Oxidierens); oxi|die|ren, (nichtfachspr. auch:) oxy|die|ren ([sich] mit Sauerstoff verbinden; Sauerstoff aufnehmen); Oxyd usw., vgl. Oxid usw.

Oze|an, *der;* -s, -e (Weltmeer); Oze|an|damp|fer; oze|a|nisch (Meeres...; zu Ozeanen gehörend)

Oze|lot [auch: *oz*...], *der;* -s, -e u. -s (ein Raubtier Nord- u. Südamerikas; dessen Pelz)

Ozon, *der* od. (fachspr.:) *das;* -s (bes. Form des Sauerstoffs); Ozon|loch; Ozon|schicht

P p

P (Buchstabe); das P; des P, die P; aber: das p in hupen

Π, π = ¹Pi; π = ²Pi

¹paar (einige); ein paar Mal, ein paar Male; die - Groschen

²paar (gleich); -e Zahlen; - oder unpaar

Paar, das; -[e]s, -e (zwei zusammengehörende Personen od. Dinge); ein glückliches -; ein - Schuhe; paa|ren; sich -; Paar|hu|fer (Zool.); Paar|lauf; paar|lau|fen (nur in der Grundform u. im 2. Mittelw. gebr.); paar Mal; vgl. ¹paar u. ¹Mal; Paa|rung; paar|wei|se

Pacht, die; -, -en; pach|ten; Päch|ter; Pacht|ver|trag

¹Pack, der; -[e]s, -e u. Päcke (Gepacktes; Bündel)

²Pack, das; -[e]s (abwertend für: Pöbel)

Päck|chen; Pack|eis ([übereinandergeschobenes] Scholleneis); pa|cken; Pa|cken, der; -s, -; Pa|cker; Pack_esel (ugs. für: jmd., dem alles aufgepackt wird), ...pa|pier; Pa|ckung; Pack|zet|tel

Pä|da|go|ge, der; -n, -n (Erzieher, Lehrer; Erziehungswissenschaftler); Pä|da|go|gik, die; - (Erziehungslehre, -wissenschaft); Pä|da|go|gin; pä|da|go|gisch (erzieherisch)

Pad|del, das; -s, -; Pad|del|boot; pad|deln

Pä|de|rast, der; -en, -en (Homosexueller mit bes. auf männl. Jugendliche gerichtetem Sexualempfinden); Pä|di|a|t|rie, die; - (Kinderheilkunde); pä|do|phil; Pä|do|phi|le, der u. die; -n, -n (Erwachsener, dessen Sexualtrieb auf Kinder gerichtet ist)

Pa|el|la [pa͟ͅlja], die; -, -s (span. Reisgericht)

paf|fen (ugs. für: rauchen)

Pa|ge [pa͟ͅsche], der; -n, -n (livrierter junger [Hotel]diener; früher: Edelknabe); Pa|gen|kopf

Pa|ger [pe͟ͅdsche'], der; -s, - (Funkempfangsgerät, das einen eintreffenden Ruf akustisch od. optisch signalisiert)

Pa|go|de, die; -, -n (Tempel in Ostasien)

Pail|let|te [pajät'], die; -, -n (glitzerndes Metallblättchen für Applikationen)

Pa|ket, das; -[e]s, -e; Pa|ket|kar|te

Pakt, der; -[e]s, -e (Vertrag, Bündnis); pak|tie|ren (einen Vertrag schließen; gemeinsame Sache machen)

Pa|la|din [auch: pa...], der; -s, -e (oft spött. für: ergebener Anhänger); Pa|lais [palä], das; - [palä] - [palä] (Palast, Schloss); Pa|last, der; -es, Paläste (Schloss; Prachtbau)

Pa|la|ver [...w'r], das; -s, - (ugs. abwertend für: endloses Gerede u. Verhandeln); pa|la|vern (ugs.)

Pa|le|tot [pal'to], der; -s, -s (taillierter doppelreihiger Herrenmantel; dreiviertellanger Mantel)

Pa|let|te, die; -, -n (Mischbrett für Farben; genormtes Lademittel für Stückgüter [Eisenbahn]; übertr. für: bunte Mischung)

pa|let|ti; in: alles - (ugs. für: alles in Ordnung)

Pa|li|sa|de, die; -, -n (aus Pfählen bestehendes Hindernis)

Pa|li|san|der, der; -s, - (brasilianisches Edelholz)

Pal|li|a|tiv|me|di|zin (Med.; schmerzlindernde Medizin)

Palm|art, vgl. Palmenart; Pal|ma|rum (Palmsonntag); Palm|blatt, Pal|men|blatt; Pal|me, die; -, -n; Pal|men|art; Pal|men|blatt; vgl. Palmblatt; Pal|men|hain; Pal|men|zweig, Palm|zweig; Palm_kätz|chen, ...öl (das; -[e]s); Palm|sonn|tag [auch: palm...]; Palm|zweig; vgl. Palmenzweig

Pamp, der; -[e]s (nordd. für: Pamps)

Pam|pa, die; -, -s (meist Mehrz.; baumlose Grassteppe in Südamerika)

Pam|pe, die; - (nordd., mitteld. für: Schlamm, Sand- u. Schmutzbrei)

Pam|pel|mu|se [auch: pamp'lmuse], die; -, -n (eine Zitrusfrucht)

Pampf, der; -[e]s (südd. für: Pamps)

Pam|ph|let, das; -[e]s, -e (Streit-, Schmähschrift)

pam|pig (nordd., mitteld. für: breiig; ugs. für: patzig)

Pamps, der; -[e]s (landsch. für: dicker, zäher Brei)

Pan|da, der; -s, -s (asiat. Bärenart)

Pa|na|de, die; -, -n (Weißbrotbrei zur Bereitung von Füllungen; Mischung aus Ei u. Semmelmehl zum Panieren)

Pa|na|ma|hut, der

Pan|de|mie, die; -, ...ien (Med.; große Epidemie)

Pa|nier, das; -s, -e (veralt. für: Banner; geh. für: Wahlspruch)

pa|nie|ren (in Ei u. Semmelbröseln wenden); Pa|nier|mehl

Pa|nik, die; -, -en (übermächtige Angst); pa|nik|ar|tig; Pa|nik|ma|che (abwertend); pa|nisch (lähmend); -er Schrecken

Pan|ne, die; -, -n (technischer Schaden; Missgeschick); Pan|nen|kurs (Kfz-Wesen)

Pan|op|ti|kum, das; -s, ...ken (Kuriositäten-, Wachsfigurenkabinett); Pa|n|o|ra|ma, das; -s, ...men (Rundblick; Rundgemälde; fotogr. Rundaufnahme); Pa|n|o|ra|ma_bus, ...fens|ter, ...spie|gel (Kfz-Wesen)

pan|schen, pant|schen (ugs. für: mischend verfälschen; planschen); du pan[t]schst; Pan|scher, Pant|scher (ugs.); Pan|sche|rei, Pant|sche|rei (ugs.)

Pan|sen, der; -s, - (Magenteil der Wiederkäuer)

Pan|ter; vgl. Panther

Pan|the|is|mus, der; - (Weltanschauung, nach der Gott u. Weltall eins sind); Pan|the|on, das; -s, -s (früher: Tempel für alle Götter; Ehrentempel)

Pan|ther, (auch:) Pan|ter; der; -s, - (svw. Leopard)

Pan|ti|ne, die; -, -n (nordd. für: Holzschuh, -pantoffel)

Pan|tof|fel, der; -s, -n (Hausschuh); Pan|tof|fel_blu|me, ...held (ugs. für: Mann, der von seiner Frau beherrscht wird), ...ki|no (ugs. scherzh. für: Fernsehen), ...tier|chen (Biol.)

Pan|to|let|te, die; -, -n (Sommerschuh ohne Fersenteil)

¹Pan|to|mi|me, die; -, -n (Darstellung einer Szene nur mit Gebärden u. Mienenspiel)

²Pan|to|mi|me, der; -n, -n (Darsteller einer Pantomime); pan|to|mi|misch

pant|schen usw.; vgl. panschen usw.

Pan|ty [pänti], die; -, -s [päntis] (Miederhose)

Pan|zer (Kampffahrzeug; feste Hülle; früher: Rüstung, Harnisch); Pan|zer_faust, ...glas, ...hemd (früher), ...kreu|zer; pan|zern; Pan|zer|schrank

Pa|pa [veraltend u. geh.: papa], der; -s, -s

Pa|pa|gal|lo, der; -[s], -s u. ...lli (it. [junger] Mann, der erotische Abenteuer mit Touristinnen sucht); Pa|pa|gei, der; -en u. -s, -e (seltener: -e; ein trop. Vogel); Pa|pa|raz|zo, der; -s, ...zzi ([aufdringlicher] Pressefotograf, Skandalreporter)

Pap|chen [auch: pap...] (Koseform für: Papa)

Pa|per [pe͟ͅp'r], das; -s, -s (Schriftstück; schriftl. Unterlage); Pa|per|back [pe͟ͅp'r-bäk], das; -s, -s (kartoniertes Buch, bes. Taschenbuch)

Pa|pier, das; -s, -e; Pa|pier|deutsch (umständliches, geschraubtes Deutsch); pa|pie|ren (aus Papier); papier[e]ner Stil; Pa|pier_geld (das; -[e]s), ...korb, ...krieg (ugs.); Pa|pier|ma|ché (auch:) Pa|pier|ma|ché [papiemaschee], das; -s, -s (verformbare Papiermasse); Pa|pier_sche|re, ...schnit|zel, ...ser|vi|et|te, ...ta|schen|tuch, ...ti|ger (jmd., etw. nur dem Schein nach Gefährliches), ...wa|ren (die; Mehrz.); Pa|pier|wa|ren|hand|lung

papp; nicht mehr - sagen können (ugs. für: sehr satt sein)

Papp, der; -[e]s, -e (landsch. für: Brei; Kleister); Papp|band, der (in Pappe gebundenes Buch); Papp|de|ckel, Pap|pen|de|ckel; Pap|pe, die; -, -n (steifes, papierähnliches Material)

Pap|pel, die; -, -n (ein Laubbaum)

päp|peln (ugs. für: auffüttern); papp|pen (ugs. für: kleben); Pap|pen|de|ckel, Papp|de|ckel

Pap|pen|hei|mer; nur in: seine - kennen (die Schwächen anderer genau kennen)

Pap|pen|stiel (ugs. für: Wertloses); keinen - (gar nichts) wert sein

papp|per|la|papp!

pap|pig (ugs. für: klebrig-feucht; schlecht durchbacken); Papp_ka|me|rad (ugs. für: Pappfigur für Schießübungen), ...kar|ton; Papp|ma|schee, (auch:) Papp|ma|ché

[...*masche*], vgl. Papiermaschee; **Papp|pla|kat**, (auch:) **Papp-Pla|kat**

Pa|p|ri|ka, *der;* -s, -[s] (ein Gewürz *[nur Einz.];* ein Gemüse); **Pa|p|ri|ka|scho|te**

Papst, *der;* -[e]s, Päpste (Oberhaupt der kath. Kirche); **päpst|lich**

Pa|ra|bel, *die;* -, -n (Gleichnis[rede]; Math.: Kegelschnittkurve); **pa|ra|bo|lisch** (gleichnisweise; Math.: parabelförmig gekrümmt); **Pa|ra|bol_an|ten|ne**, ...**spie|gel**

Pa|ra|de, *die;* -, -n (Truppenschau, prunkvoller Aufmarsch; Reitsport: Zügelhilfe bei Gangartwechsel, Anhalten; Sport: Abwehrbewegung); **Pa|ra|de_bei|spiel**, ...**pferd** (ugs. für: Person, Sache, mit der man renommieren kann); **pa|ra|die|ren** (Milit.: in einer Parade vorüberziehen)

Pa|ra|dies, *das;* -es, -e (der Garten Eden *[nur Einz.];* Ort der Seligkeit; Architektur: Portalvorbau an mittelalterl. Kirchen); **Pa|ra|dies|ap|fel** (Zierapfel; landsch. für: Tomate); **pa|ra|die|sisch**; **Pa|ra|dies|vo|gel**

pa|ra|dox ([scheinbar] widersinnig; ugs. für: absurd); **Pa|ra|dox**, *das;* -es, -e (etwas, was einen Widerspruch in sich enthält)

Pa|r|af|fin, *das;* -s, -e (wachsähnlicher Stoff)

Pa|ra|graf, (auch:) **Pa|ra|graph**, *der;* -en, -en ([in Gesetzestexten u. a.] fortlaufend nummerierter Absatz, Abschnitt; Zeichen: §, *Mehrz.:* §§); **Pa|ra|gra|fen|rei|ter**, (auch:) **Pa|ra|gra|phen|rei|ter** (abwertend für: sich pedantisch an Vorschriften haltender Mensch)

pa|r|al|lel (gleichlaufend, gleichgerichtet; genau entsprechend); - schalten (nebenschalten); parallel geschaltete, (auch:) parallelgeschaltete Widerstände; [mit etwas] - laufen; parallel laufende, (auch:) parallellaufende Geraden; **Pa|r|al|le|le**, *die;* -, -n (Gerade, die zu einer anderen Geraden in gleichem Abstand u. ohne Schnittpunkt verläuft; Vergleich, vergleichbarer Fall); vier -[n]; **Pa|r|al|lel|fall**; **pa|r|al|lel|ge|schal|tet**; vgl. parallel; **Pa|r|al|lel|klas|se**; **pa|r|al|lel|lau|fend**; vgl. parallel; **Pa|r|al|le|lo|gramm**, *das;* -s, -e (Viereck mit paarweise parallelen Seiten); **pa|r|al|lel schal|ten**; vgl. parallel; **Pa|r|al|lel|stra|ße**

Pa|ra|lym|pics [*pär*e*limpiks*], *die (Mehrz.;* Olympiade für Behindertensportler)

Pa|ra|ly|se, *die;* -, -n (Med.: Lähmung)

pa|ra|mi|li|tä|risch (halbmilitärisch, militärähnlich)

Pa|ra|nuss (Nuss eines trop. Baumes)

pa|ra|phie|ren (mit dem Namenszug versehen); **Pa|ra|phie|rung**

Pa|ra|sit, *der;* -en, -en (Schmarotzer[pflanze, -tier]); **pa|ra|si|tär** (schmarotzerhaft; durch Parasiten hervorgebracht)

pa|rat (bereit; fertig); etwas - haben

Pa|ra|ty|phus (Med.: dem Typhus ähnliche Erkrankung)

par|boiled [*pa'beuld*] (vitaminschonend vorbehandelt [vom Reis])

Pär|chen; vgl. Paar

Par|cours [*parkur*], *der;* - [...*kur(β)*], - [...*kurβ*] (Reitsport; Hindernisbahn für Springturniere)

par|dauz!

Par|don [...*dong*], *der* (auch: *das*) -s (veraltend für: Verzeihung; Gnade; Nachsicht); - geben; Pardon! (landsch. für: Verzeihung!)

Pa|r|en|the|se, *die;* -, -n (Sprachw.: Redeteil, der außerhalb des eigtl. Satzverbandes steht; Einschaltung; Klammer[zeichen])

par ex|cel|lence [*par äkβälangβ*] (vorzugsweise, vor allem andern, schlechthin)

Par|fum [...*föng*], *das;* -s, -s, **Par|füm**, *das;* -s, -e u. -s (Duft[stoff]); **Par|fü|me|rie**, *die;* -, ...ien (Betrieb zur Herstellung od. zum Verkauf von Parfümen); **par|fü|mie|ren**

pa|ri (Bankw.: zum Nennwert; gleich)

[1]**pa|rie|ren** ([einen Hieb] abwehren; Reiten: in eine andere Gangart, zum Stehen bringen)

[2]**pa|rie|ren** (unbedingt gehorchen)

Pa|ri|ser, *der;* -s, - (ugs. für: Präservativ)

Pa|ri|tät, *die;* -, -en (Gleichstellung, Gleichberechtigung; Austauschverhältnis zwischen Währungen); **pa|ri|tä|tisch** (gleichgestellt, -berechtigt)

Park, *der;* -s, -s (seltener -e)

Par|ka, *die;* -, -s od. *der;* -s, -s (knielanger, warmer Anorak mit Kapuze)

Park-and-ride-Sys|tem [*pa'k-*e*ndraid...*] (eine Form der Verkehrsregelung); **Park|an|la|ge**; **par|k|ar|tig**; **par|ken**; **Par|ker**; **Par|kett**, *das;* -[e]s, -e (im Theater meist vorderer Raum zu ebener Erde; Parkettfußboden); **Par|kett|sitz**; **Park|haus**

Par|kin|son-Krank|heit, (auch:) **Par|kin|son|krank|heit**, *die;* -

Park_kral|le (Vorrichtung zum Blockieren der Räder eines falsch geparkten Autos), ...**licht**, ...**lü|cke**; **Par|ko|me|ter**, *das,* (auch:) *der;* -s, - (bes. österr. für: Parkuhr); **Park_platz**, ...**uhr**

Par|la|ment, *das;* -[e]s, -e (Volksvertretung); **Par|la|men|tär**, *der;* -s, -e (Unterhändler); **Par|la|men|ta|ri|er** [...*i*e*r*], *der;* -s, - (Mitglied des Parlamentes); **par|la|men|ta|risch**; **Par|la|men|ta|ris|mus**, *der;* - (Regierungsform, in der die Regierung dem Parlament verantwortlich ist)

par|lie|ren (veraltend für: Konversation machen; in einer fremden Sprache reden)

Par|me|san, *der;* -[s] (kurz für: Parmesankäse); **Par|me|san|kä|se**

Pa|ro|die, *die;* -, ...ien (komische Umbildung ernster Dichtung; scherzh. Nachahmung); **pa|ro|die|ren**; **pa|ro|dis|tisch**

Pa|ro|don|to|se, *die;* -, -n (älter:) **Pa|ra|den|to|se** (Med.: Zahnbetterkrankung mit Lockerung der Zähne)

Pa|ro|le, *die;* -, -n (milit. Kennwort; Losung; auch für: Wahlspruch)

Part, *der;* -s, -s (auch: -e; Anteil; Stimme eines Instrumental- od. Gesangstücks); **Par|tei**, *die;* -, -en; **Par|tei_freund**, ...**füh|rer**,

...**ge|nos|se**; **par|tei|isch** (nicht neutral, nicht objektiv); **par|tei|lich** (im Sinne einer polit. Partei, eine Partei betreffend); **Par|tei|li|nie**; **par|tei|los**; **Par|tei|mit|glied**; **Par|tei|nah|me**, *die;* -, -n; **Par|tei|po|li|tik**; **par|tei|po|li|tisch**; **Par|tei_tag**, ...**vor|sit|zen|de**

par|terre [...*tär*] (zu ebener Erde); **Par|ter|re** [...*tär*e], *das;* -s, -s (Erdgeschoss)

Par|tie [...*ti*], *die;* -, ...ien (Teil, Abschnitt; bestimmte Bühnenrolle; Kaufmannsspr.: Posten, größere Menge einer Ware); eine gute - machen (reich heiraten); **par|ti|ell** [*parzi...*] (teilweise [vorhanden]); -e Sonnenfinsternis

[1]**Par|ti|kel**, *die;* -, -n (Sprachw.: unbeugbares Wort, z. B. „dort", „in", „und")

[2]**Par|ti|kel**, *das;* -s, - (auch: *die;* -, -n; Physik: Elementarteilchen)

par|ti|ku|lar, **par|ti|ku|lär** (einen Teil betreffend, einzeln); **Par|ti|ku|la|ris|mus**, *der;* - (Sonderbestrebungen staatl. Teilgebiete)

Par|ti|san, *der;* -s u. -en, -en (bewaffneter Widerstandskämpfer im feindlich besetzten Hinterland); **Par|ti|tur**, *die;* -, -en (Zusammenstellung aller zu einem Musikstück gehörenden Stimmen); **Par|ti|zip**, *das;* -s, -ien (Sprachw.: Mittelwort); **Par|ti|zi|pa|ti|on** [...*zion*], *die;* -, -en (Teilnahme); **par|ti|zi|pie|ren** (Anteil haben, teilnehmen)

Part|ner, *der;* -s, -; **Part|ne|rin**; **Part|ner_land**, ...**look** (*der;* -s; Mode); **Part|ner|schaft**; **part|ner|schaft|lich**; **Part|ner_staat**, ...**tausch**, ...**wahl**, ...**wech|sel**

par|tout [...*tu*] (ugs. für: durchaus)

Par|ty [*pa'ti*], *die;* -, -s [*pá'tis*]

Par|ze, *die;* -, -n (meist *Mehrz.;* röm. Schicksalsgöttin)

Par|zel|le, *die;* -, -n (vermessenes Grundstück, Baustelle); **par|zel|lie|ren** (in Parzellen zerlegen)

Pasch, *der;* -[e]s, -e u. Päsche (Wurf mit gleicher Augenzahl auf mehreren Würfeln)

Pa|scha, *der;* -s, -s (früherer oriental. Titel; abwertend für: rücksichtsloser, herrischer Mann, der sich von Frauen bedienen lässt)

Pas de deux [*pa d*e *dö*], *der;* - - -, - - - (Tanz od. Ballett für zwei)

Pa|so do|b|le, *der;* - -, - - (ein Tanz)

Pas|pel, *die;* -, -n (selten: *der;* -s, -; schmaler Nahtbesatz bei Kleidungsstücken); **pas|pe|lie|ren**, **pas|peln** (mit Paspeln versehen)

Pass, *der;* -es, Pässe (Bergübergang; Ausweis; Ballabgabe beim Fußball); vgl. aber: zupass- oder zupassekommen

pas|sa|bel (annehmbar; leidlich); **Pas|sa|ge** [...*saseh*e], *die;* -, -n (Durchgang; schnelle Tonfolge in einem Musikstück; fortlaufender Teil einer Rede od. eines Textes); **Pas|sa|gier** [...*βaschir*], *der;* -s, -e

Pas|sah, *das;* -s (jüd. Fest); **Pas|sah|fest**; **Pass|amt**

Pas|sant, *der;* -en, -en (Fußgänger; Vorüber-
gehender)

Pas|sat, *der;* -[e]s, -e (gleichmäßig wehen-
der Tropenwind)

Pass|bild

pas|sé [*paße*]; vgl. passee

Pas|se, *die;* -, -n (Schulterstück)

pas|see, (auch:) pas|sé (ugs. für: vorbei, ab-
getan); das ist -

pas|sen (auch Kartenspiel: auf ein Spiel ver-
zichten; bes. Fußball: den Ball genau zu-
spielen); Passe|par|tout [*paß partu*], *das,*
schweiz.: *der;* -s, -s (Umrahmung aus
leichter Pappe für Grafiken, Zeichnungen
u. a.); Pass_form, ...fo|to, ...hö|he; pas-
sier|bar (überschreitbar); pas|sie|ren (vo-
rübergehen, -fahren; durchqueren, über-
queren; geschehen; Gastr.: durchseihen);
Pas|sier|schein

Pas|si|on, *die;* -, -en (Leidensgeschichte
Christi; Leidenschaft); pas|si|o|niert (lei-
denschaftlich, begeistert)

pas|siv [auch: ...*if*] (untätig; teilnahmslos;
duldend; seltener für: passivisch); Pas|siv
[auch: ...*if*], *das;* -s, (selten:) -e [...*wᵉ*]
(Sprachw.: Leideform); Pas|si|va [...*wa*],
die (*Mehrz.;* Schulden); Pas|siv|haus
(Haus mit sehr geringem Energiever-
brauch); pas|si|visch [...*iwisch*] (Sprachw.:
das Passiv betreffend); Pas|si|vi|tät, *die;* -
(passives Verhalten)

Pass_kon|trol|le, ...wort (*Mehrz.* ...wörter;
EDV: Kennwort)

Pas|ta, *die;* - (it. Bez. für: Teigwaren)

Pas|te, *die;* -, -n (streichbare Masse); Pas-
tell, *das;* -[e]s, -e (mit Pastellfarben ge-
maltes Bild); pas|tel|len; Pas|tell|far|be;
pas|tell|far|ben

Pas|te|te, *die;* -, -n

Pas|teu|ri|sa|ti|on [...*örisazion*], *die;* -, -en
(Entkeimung); pas|teu|ri|sie|ren

Pas|til|le, *die;* -, -n (Kügelchen, Plätzchen,
Pille)

Pas|tor [auch: ...*or*], *der;* -s, ...oren; pas|to-
ral (seelsorgerisch; feierlich); Pas|to|rin

Pa|te, *der;* -n, -n (Taufzeuge; auch für: Pa-
tenkind); Pa|ten|kind

pa|tent (ugs. für: praktisch, tüchtig, brauch-
bar); Pa|tent, *das;* -[e]s, -e (Urkunde über
die Berechtigung, eine Erfindung allein zu
verwerten; Bestallungsurkunde eines
[Schiffs]offiziers); Pa|tent|an|walt; pa-
ten|tie|ren (durch ein Patent schützen);
Pa|tent|lö|sung (ugs.)

Pa|ter, *der;* -s, Pa|t|res (ugs. auch: -; kath.
Ordensgeistlicher)

¹Pa|ter|no|s|ter, *das;* -s, - (Vaterunser)

²Pa|ter|no|s|ter, *der;* -s, - (umlaufender Auf-
zug)

pa|the|tisch (voller Pathos; feierlich); Pa-
tho|lo|gie, *die;* - (allgemeine Lehre von
den Krankheiten); pa|tho|lo|gisch (die Pa-
thologie betreffend; krankhaft); Pa|thos,
das; - (leidenschaftlich-erregter Gefühls-
ausdruck)

Pa|ti|ence [*paßiangß*], *die;* -, -n [...*angßᵉn*]
(Geduldspiel mit Karten); Pa|ti|ent [*pazi-
änt*], *der;* -en, -en (vom Arzt behandelte
od. betreute Person); Pa|ti|en|tin

Pa|tin

Pa|ti|na, *die;* - (grünlicher Überzug auf Kup-
fer, Edelrost)

Pa|t|ri|arch, *der;* -en, -en (Erzvater; Titel ei-
niger Bischöfe); pa|t|ri|ar|cha|lisch (altvä-
terlich; männlich-autoritativ); Pa|t|ri|ot,
der; -en, -en (jmd., der vaterländisch ge-
sinnt ist); Pa|t|ri|o|tin; pa|t|ri|o|tisch; Pa-
t|ri|o|tis|mus, *der;* -

Pa|t|ri|zi|er [...*iᵉr*], *der;* -s, - ([bes. im Mit-
telalter] vornehmer, wohlhabender Bürger);
Pa|t|ri|zi|e|rin; pa|t|ri|zisch

Pa|t|ron, *der;* -s, -e (Schutzherr, -heiliger;
ugs. für: übler Kerl); Pa|t|ro|ne, *die;* -, -n
(Geschoss u. Treibladung; Behälter für
Tinte, Toner o. Ä.; Kapsel mit Kleinbild-
film); Pa|t|ro|nin

Pa|t|rouil|le [*patruljᵉ*], *die;* -, -n (Späh-
trupp, Streife); Pa|t|rouil|len|boot; pa-
t|rouil|lie|ren [*patruljir̶ᵉn*]

Pat|sche, *die;* -, -n (ugs. für: Hand; *nur
Einz.:* Schlamm, Matsch); in der - sitzen
(ugs. für: in einer unangenehmen Lage
sein); pat|sche|nass, patsch|nass (ugs.
für: sehr nass); Patsch|hand; patsch|nass

patt (Schach: zugunfähig); - sein; Patt, *das;*
-s, -s

Pat|te, *die;* -, -n (Taschenklappe)

pat|zen (ugs. für: kleinere Fehler machen);
Pat|zer (ugs. für: Stümper; Fehler); Pat|ze-
rei (ugs.); pat|zig (ugs. für: unverschämt)

Pau|ke, *die;* -, -n; auf die - hauen (ugs. für:
ausgelassen sein); pau|ken (auch: ugs. für:
angestrengt lernen); Pau|ker (Schülerspr.
auch für: Lehrer); Pau|ke|rei (ugs.)

Paus|ba|cken, die (*Mehrz.;* landsch. für: di-
cke Wangen); paus|ba|ckig, paus|bä|ckig

pau|schal (alles zusammen; rund); Pau-
scha|le, *die;* -, -n (geschätzte Summe; Ge-
samtbetrag); Pausch|be|trag

¹Pau|se, *die;* -, -n (Ruhezeit)

²Pau|se, *die;* -, -n (Durchzeichnung); pau-
sen (durchzeichnen)

pau|sen|los; Pau|sen|zei|chen; pau|sie|ren
(innehalten, ruhen, zeitweilig aufhören)

Paus_pa|pier, ...zeich|nung

Pa|vi|an [...*wi...*], *der;* -s, -e (ein Affe)

Pa|vil|lon [*pawiljong*], österr.: ...*wijong*],
der; -s, -s (kleiner, frei stehender, meist
runder Bau; Ausstellungsgebäude; Fest-
zelt)

Pay-back [*peᵉbäk*], Pay|back®, *das;* -s
(Rückzahlungs- u. Bonussystem; Pay-back-
Karte (Kundenkarte, mit der beim Einkauf
Rabatte [u. andere Vergünstigungen] er-
worben werden können)

Pay-TV [*peᵉtiwi*] (nur gegen Gebühr zu emp-
fangendes Privatfernsehen)

Pa|zi|fik [auch: *pa...*], *der;* -s (Pazifischer
Ozean); pa|zi|fisch; -e Inseln; Pa|zi|fis-
mus, *der;* - (Ablehnung des Krieges aus re-

ligiösen od. ethischen Gründen); Pa|zi|fist,
der; -en, -en; pa|zi|fis|tisch

¹PC [*peze*], *der;* -[s], -[s] (Personal Compu-
ter)

²PC, *die;* - (Political Correctness)

PDS = Partei des Demokratischen Sozialis-
mus

Pea|nuts [*pinats*] (*Mehrz.;* ugs. für: Kleinig-
keiten; unbedeutende Geldsumme)

Pech, *das,* -s (seltener: -es), (für: Pecharten
Mehrz.:) -e; pech|ra|ben|schwarz (ugs.);
pech|schwarz (ugs.); Pech_sträh|ne
(Folge unglücklicher Zufälle), ...vo|gel
(ugs. für: Mensch, der [häufig] Pech hat)

Pe|dal, *das;* -s, -e (Fußhebel; Teil an der
Fahrradtretkurbel)

Pe|dant, *der;* -en, -en (übergenauer, kleinli-
cher Mensch); Pe|dan|te|rie, *die;* -, ...ien;
pe|dan|tisch

Ped|dig|rohr (Rohr zum Flechten von Korb-
waren)

Pe|dell, *der;* -s, -e (österr. meist: -en, -en;
veraltend für: Hausmeister einer
[Hoch]schule)

Pe|di|kü|re, *die;* -, -n (Fußpflege; Fußpflege-
rin); pe|di|kü|ren

Pee|ling [*pi...*], *das;* -s, -s (kosmetische
Schälung der [Gesichts]haut)

Peep|show [*pip-*] (entgeltliche Zurschaustel-
lung einer nackten [weiblichen] Person
durch das Guckfenster einer Kabine)

Pe|ga|sus, *der;* - (Dichterross)

Pe|gel, *der;* -s, - (Wasserstandsmesser); Pe-
gel_hö|he, ...stand

pei|len (die Richtung, Entfernung, Wasser-
tiefe bestimmen)

Pein, *die;* -; pei|ni|gen; Pei|ni|ger; Pei|ni-
gung; pein|lich; Pein|lich|keit; pein-
voll

Peit|sche, *die;* -, -n; peit|schen; Peit-
schen|hieb

Pe|ki|ne|se, *der;* -n, -n (Hund einer chin.
Rasse)

PEKiP® = Prager Eltern-Kind-Programm
(ein gruppenpädagogisches Konzept zur
Förderung von Säuglingen)

pe|ku|ni|är (geldlich; Geld...)

Pe|lar|go|nie [...*iᵉ*], *die;* -, -n (eine Zier-
pflanze)

Pe|le|ri|ne, *die;* -, -n ([ärmelloser] Umhang;
veraltend für: Regenmantel)

Pe|li|kan [auch: ...*an*], *der;* -s, -e (ein Vogel)

Pel|le, *die;* -, -n (landsch. für: Haut, Schale);
jmdm. auf die - rücken (ugs. für: jmdn. be-
drängen); pel|len (landsch. für: schälen);
Pell|kar|tof|fel

Pelz, *der;* -es, -e; jmdm. auf den - rücken
(ugs. für: jmdn. bedrängen); pelz|be-
setzt; pelz|ge|füt|tert; pel|zig;
Pelz_kra|gen, ...man|tel, ...mär|te, *der;*
-s, -s u. ...mär|tel, *der;* -s, - (südd. für:
Knecht Ruprecht), ...ni|ckel (vgl. Belzni-
ckel), ...tier

Pe|nal|ty [*pän ᵉlti*], *der;* -[s], -s (Strafstoß
[bes. im Eishockey])

PEN-Club, P.E.N.-Club, der; -s (internationale Schriftstellervereinigung)

Pen|dant [pangdang], das, -s, -s (Gegenstück); Pen|del, das, -s, - (um eine Achse od. einen Punkt frei schwingender Körper); pen|deln (schwingen; zwischen Wohnort u. Arbeitsplatz hin- u. herfahren); Pend|ler; Pend|ler|ver|kehr, der; -s

pe|ne|t|rant (durchdringend); Pe|ne|t|ranz, die; -, -en (Aufdringlichkeit)

pe|ni|bel (peinlich genau)

Pe|ni|cil|lin; vgl. Penizillin

Pe|nis, der; -, -se u. Penes (männl. Glied)

Pe|ni|zil|lin, (fachspr. u. österr.:) Pe|ni|cil|lin, das; -s, -e (ein Antibiotikum)

Pen|nä|ler, der; -s, - (ugs. für: Schüler); pen|nä|ler|haft

Penn|bru|der (svw. Penner)

¹Pen|ne, die, -, -n (ugs. für: behelfsmäßiges Nachtquartier)

²Pen|ne, die; -, -n (Schülerspr. veraltend: Schule)

pen|nen (ugs. für: schlafen); Pen|ner (ugs. abwertend für: Stadt-, Landstreicher)

Pen|ny [päni], der; -s, Pennys [pänis] (einzelne Stücke) u. Pence [pänß] (Wertangabe; brit. Münze)

Pen|si|on [pangsion, pangßion¹], die; -, -en (Ruhestand, -gehalt; kleines Hotel); Pen|si|o|när¹, der; -s, -e (Ruheständler); Pen|si|o|nat¹, das; -[e]s, -e (Internat, bes. für Mädchen); pen|si|o|nie|ren¹ (in den Ruhestand versetzen); Pen|si|o|nie|rung¹; Pen|si|ons¹|al|ter, ...an|spruch; pen|si|ons|be|rech|tigt¹

Pen|sum, das; -s, ...sen u. ...sa (zugeteilte Arbeit; Lehrstoff)

Pen|ta|gon, das; -s (amerik. Verteidigungsministerium)

Pent|haus, Pent|house [pänthauß], das; -, -s [...sis] (exklusive Dachterrassenwohnung über einem Etagenhaus)

Pep, der; -[s] (Schwung, Elan); Pe|pe|ro|ni, die (Mehrz.; scharfe, kleine [in Essig eingemachte] Paprikaschoten)

Pe|pi|ta, der od. das; -s, -s (kariertes Gewebe)

Pep|sin, das; -s, -e (Enzym des Magensaftes; ein Arzneimittel)

per; Verhältniswort mit Wenf. - Adresse (Abk.: p. A.; bei); - Bahn; - Eilboten

per|du [pärdü] (ugs. für: verloren, weg)

Pe|res|t|ro|i|ka [...streu...], die; - (Umbildung, Neugestaltung des polit. u. wirtschaftl. Systems in der ehem. UdSSR)

per|fekt (vollendet, vollkommen; abgemacht); Per|fekt [auch: ...fäkt], das; -[e]s, -e (Sprachw.: Vorgegenwart, zweite Vergangenheit); Per|fek|ti|on [...zion], die; - (Vollendung, Vollkommenheit); per|fek|ti|o|nie|ren; Per|fek|ti|o|nis|mus, der; - (übertriebenes Streben nach Vervollkommnung); per|fek|ti|o|nis|tisch

per|fid (österr. nur so), per|fi|de (niederträchtig); Per|fi|die, die; -, ...ien

Per|fo|ra|ti|on [...zion], die; -, -en (Durchbohrung; Lochung; Reiß-, Trennlinie); per|fo|rie|ren; Per|fo|rier|ma|schi|ne

Per|ga|ment, das; -[e]s -e (bearbeitete Tierhaut; alte Handschrift); per|ga|men|ten (aus Pergament); Per|ga|ment|pa|pier

Per|go|la, die; -, ...len (Weinlaube; berankter Laubengang)

Pe|ri|o|de, die; -, -n (Zeitabschnitt; Menstruation; Satzgefüge); pe|ri|o|disch (regelmäßig auftretend, wiederkehrend); pe|ri|o|di|sie|ren (in Zeitabschnitte einteilen)

pe|ri|pher (am Rande befindlich, Rand...); Pe|ri|phe|rie, die; -, ...ien ([Kreis]umfang; Randgebiet, -zone)

Pe|ris|kop, das; -s, -e (Fernrohr mit geknicktem Strahlengang); pe|ris|ko|pisch

Per|le, die; -, -n

¹per|len (tropfen; Bläschen bilden)

²per|len (aus Perlen)

per|len|be|setzt, ...be|stickt; Per|len|fi|scher, ...ket|te, ...tau|cher; Perl|garn; perl|grau; Perl|huhn; per|lig; Perl|mu|schel

Perl|mutt, das; -s u. Perl|mut|ter, das; -s od. die; - (glänzende Innenschicht von Perlmuschel- u. Seeschneckenschalen); perl|mut|ter|far|ben; Perl|mut|ter|knopf, Perl|mutt|knopf; perl|mut|tern (aus Perlmutter); Perl|mutt|knopf

Per|lon®, das; -s (eine synthet. Textilfaser); Perl|on|strumpf

Perl|wein, ...zwie|bel

per|ma|nent (ununterbrochen, ständig); Per|ma|nenz, die; -

Per|nod® [...no], der; -[s], -[s] (ein alkohol. Getränk)

per pe|des (zu Fuß)

Per|pen|di|kel, der od. das; - (Uhrpendel; Senk-, Lotrechte)

Per|pe|tu|um mo|bi|le [...u-um ...], das; - -[s], - -[s] u. ...tua ...bilia (utopische Maschine, die ohne Energieverbrauch dauernd Arbeit leistet)

per|plex (ugs. für: verblüfft)

per sal|do (Kaufmannsspr.: als Rest zum Ausgleich [auf einem Konto])

Per|sen|ning, die; - (Gewebe für Segel, Zelte u. a.)

Per|ser (Perserteppich)

Per|si|a|ner (Karakulschafpelz); Per|si|a|ner|man|tel

Per|sif|la|ge [...flasche⁰], die; -, -n (Verspottung); per|sif|lie|ren

Per|si|ko, der; -s, -s (Likör aus Pfirsich- od. Bittermandelkernen)

per|sisch; -er Teppich, aber: der Persische Golf

Per|son, die; -, -en; Per|so|na in|gra|ta, die; - - u. Per|so|na non gra|ta, die; - - - (unerwünschte Person; Diplomat, dessen Aufenthalt vom Gastland nicht mehr gewünscht wird)

per|so|nal (persönlich; Persönlichkeits...); im -en Bereich; Per|so|nal, das; -s (Belegschaft, alle Angestellten eines Betriebes o. Ä.); Per|so|nal|ab|bau, ...ab|tei|lung, ...aus|weis, ...bü|ro; Per|so|nal Com|pu|ter [personäl kompjut⁰r], der; - -s, - - (Abk.: PC); Per|so|na|li|en [...i⁰n], die (Mehrz.; Angaben zur Person); Per|so|nal_po|li|tik, ...pro|no|men (Sprachw.: persönliches Fürwort, z. B. „er, wir"); Per|so|nal-Ser|vice-Agen|tur, (auch:) Per|so|nal-Ser|vice|agen|tur (Einrichtung, in der Arbeitslose befristet als Leiharbeitnehmer eingestellt u. weitervermittelt od. -qualifiziert werden; Abk.: PSA), ...uni|on (Vereinigung mehrerer Ämter in einer Person); Per|so|na non gra|ta; vgl. Persona ingrata; per|so|nell (das Personal betreffend)

Per|so|nen_auf|zug, ...kraft|wa|gen (Abk.: Pkw, auch: PKW), ...kreis, ...scha|den (Ggs.: Sachschaden), ...stand (Familienstand), ...ver|kehr, ...wa|gen, ...zug; per|so|ni|fi|zie|ren; Per|so|ni|fi|zie|rung (Verkörperung); per|sön|lich (in [eigener] Person; selbst); Per|sön|lich|keit

Per|s|pek|ti|ve [...w⁰], die; -, -n (Darstellung von Raumverhältnissen in der ebenen Fläche; Sicht, Blickwinkel; Aussicht [für die Zukunft]); per|s|pek|ti|visch;

Pe|rü|cke, die; -, -n; Pe|rü|cken|ma|cher

per|vers [...wärß] (abartig, widernatürlich); Per|ver|si|on, die; -, -en; Per|ver|si|tät, die; -, -en; per|ver|tie|ren (verfälschen; verfälscht werden)

pe|sen (ugs. für: eilen, rennen); du pest, er pes|te

Pe|se|ta, die; -, ...ten (frühere span. Währungseinheit; Abk.: Pta); Pe|so, der; -[s], -[s] (südamerik. Währungseinheit)

Pes|sar, das; -s, -e (Med.: Muttermundverschluss zur Empfängnisverhütung)

Pes|si|mis|mus, der; - (seelische Gedrücktheit; Schwarzseherei; Ggs.: Optimismus); Pes|si|mist, der; -en, -en; Pes|si|mis|tin; pes|si|mis|tisch

Pest, die; - (eine Seuche); Pest|beu|le; Pes|ti|lenz, die; -, -en (veralt. für: Pest); Pes|ti|zid, das; -s, -e (Schädlingsbekämpfungsmittel)

Pes|to, das od. der; -s (it. Würzsoße aus Basilikum, Knoblauch, Pinienkernen, Hartkäse u. Olivenöl)

Pe|ter|si|lie [...i⁰], die; -, -n (ein Küchenkraut)

Pe|ter|wa|gen (ugs. für: Funkstreifenwagen)

Pe|ti|ti|on [...zion], die; -, -en (Gesuch); pe|ti|ti|o|nie|ren

Pe|t|ro|che|mie (Wissenschaft von der chem. Zusammensetzung der Gesteine); pe|t|ro|che|misch; Pe|t|rol|che|mie (auf Erdöl u. Erdgas beruhende techn. Rohstoff-

----

¹ Südd., österr. nur, schweiz. meist: pänsion usw.

gewinnung in der chem. Industrie); **Pe-t|ro|le|um** [...*leum*], *das;* -s (Destillations-produkt des Erdöls); **Pe|t|ro|le|um|lam|pe**

Pet|schaft, *das;* -s, -e (Stempel zum Sie-geln); **pet|schie|ren** (mit einem Petschaft versiegeln)

Pet|ti|coat [*pätiko*t*], *der;* -s, -s (steifer Taillenunterrock)

Pet|ting, *das;* -s, -s (sexuelles Liebesspiel ohne eigentlichen Geschlechtsverkehr)

pet|to; vgl. in petto

Pe|tu|nie [...*i^e*], *die;* -, -n (eine Zierpflanze)

¹**pet|zen** (Schülerspr.)

²**pet|zen** (landsch. für: zwicken)

peu à peu [*pö a pö*] (ugs. für: nach und nach, allmählich)

Pfad, *der;* -[e]s, -e; **Pfäd|chen; Pfad|fin-der; pfad|los**

Pfaf|fe, *der;* -n, -n (abwertend für: Geistlicher)

Pfahl, *der;* -[e]s, Pfähle; **Pfahlbau** (*Mehrz.* ...bauten); **pfäh|len**

Pfand, *das;* -[e]s, Pfänder; **pfänd|bar; Pfand|brief** (Bankw.); **Pfän|der|spiel; Pfand|haus; Pfand|lei|he; Pfand|schein; Pfän|dung**

Pfan|ne, *die;* -, -n; jmdn. in die - hauen (ugs. für: jmdn. erledigen, ausschalten); **Pfann-ku|chen**

Pfarr|amt; Pfar|re, *die;* -, -n (landsch.); **Pfar|rei; Pfar|rer; Pfar|re|rin; Pfarr|haus**

Pfau, *der;* -[e]s od. -en, -en (österr. auch: -e; ein Vogel); **Pfau|en_au|ge, ...fe|der, ...rad**

Pfef|fer, *der;* -s, - (eine Pflanze; ein Ge-würz); **pfef|fe|rig;** vgl. pfeffrig; **Pfef-fer_ku|chen, ...minz**¹ (Likör: *der;* -es, -e; Plätzchen: *das;* -es, -e), ...**min|ze**¹ (*die;* - [eine Heil- u. Gewürzpflanze]); **Pfef|fer-minz|tee**¹; **Pfef|fer|müh|le; pfef|fern; Pfef|fer|nuss; Pfef|fe|ro|ni**, *der;* -, - (österr. für: Peperoni); **pfeff|rig,** pfef|fe|rig

Pfei|fe, *die;* -, -n; **pfei|fen,** pfiff, gepfiffen; auf etwas - (ugs. für: an etwas nicht interessiert sein)

Pfeil, *der;* -[e]s, -e

Pfei|ler, *der;* -s, -

pfeil|schnell

Pfen|nig, *der;* -[e]s, -e (Münze; Abk.: Pf.); **Pfen|nig_ab|satz** (ugs. für: hoher, dünner Absatz bei Damenschuhen), ...**be|trag,** ...**fuch|ser** (ugs. für: Geizhals)

Pferch, *der;* -[e]s, -e (Einhegung, einge-zäunte Fläche); **pfer|chen**

Pferd, *das;* -[e]s, -e; zu -e; **Pfer|de_ap|fel,** ...**ge|biss** (ugs.), ...**schwanz** (auch für: eine Frisur), ...**stär|ke** (frühere techn. Maßeinheit; Abk.: PS)

Pfiff, *der;* -[e]s, -e

Pfif|fer|ling (ein Pilz); keinen - wert (ugs. für: wertlos) sein

pfif|fig; Pfif|fig|keit, *die;* -; **Pfif|fi|kus**, *der;* -[ses], -se (ugs. für: schlauer Mensch)

Pfings|ten, *das;* -, -; - fällt früh; fröhliche -!; **Pfingst_fest, ...och|se, ...ro|se**

Pfir|sich, *der;* -s, -e (Frucht; Pfirsichbaum); **Pfir|sich|haut** (übertr. auch für: samtige, rosige Gesichtshaut)

Pflan|ze, *die;* -, -n; **pflan|zen; Pflan|zen-schutz; Pflan|zer; pflanz|lich; Pflan-zung**

Pflas|ter, *das;* -s, -; ein teures - (ugs. für: Stadt mit teuren Lebensverhältnissen); **pflas|tern; Pflas|ter|stein**

Pflau|me, *die;* -, -n; **pflau|men** (ugs. für: scherzhafte Bemerkungen machen)

Pfle|ge, *die;* -, -n; **pfle|ge|be|dürf|tig; Pfle-ge_el|tern, ...fall, ...geld, ...heim, ...kind; pfle|ge|leicht; Pfle|ge|mut|ter; pfle|gen; Pfle|ger; Pfle|ge|rin; pfle|ge-risch; Pfle|ge|ver|si|che|rung**

Pflicht, *die;* -, -en; pflicht|be|wusst; Pflicht_be|wusst|sein, ...ei|fer; pflicht-eif|rig; Pflicht|er|fül|lung; pflicht|schul-dig (wie es der Anstand verlangt); pflicht-ver|si|chert; Pflicht_ver|si|che|rung, ...ver|tei|di|ger (Rechtsspr.); pflicht|wid-rig

Pflock, *der;* -[e]s, Pflöcke; pflo|cken; pflö-cken

pflü|cken, Pflü|cker; Pflü|cke|rin

Pflug, *der;* -[e]s, Pflüge; **pflü|gen; Pflü-ger; Pflug|schar**, *die;* -, -en, (landsch. auch:) *das;* -[e]s, -e

Pfor|te, *die;* -, -n; **Pfört|ner; Pfört|ner|lo-ge**

Pos|ten, *der;* -s, -; Pfos|ten|schuss (Sportspr.)

Pföt|chen; Pfo|te, *die;* -, -n

Pfriem, *der;* -[e]s, -e (ein Werkzeug)

Pfropf, *der;* -[e]s, -e (etw., was den Durch-fluss hindert)

¹**pfrop|fen** (Pflanzen durch ein Pfropfreis veredeln)

²**pfrop|fen** (mit einem Pfropfen verschlie-ßen); **Pfrop|fen**, *der;* -s, - (Kork, Stöpsel)

Pfropf|reis (aufgepfropfter Spross)

Pfrün|de, *die;* -, -n (kath. Kirche: Einkom-men durch ein Kirchenamt; scherzh. für: [fast] müheloses Einkommen)

Pfuhl, *der;* -[e]s, -e (große Pfütze; Sumpf; landsch. für: Jauche)

pfui!; - Teufel!; **Pfui|ruf**

Pfund, *das;* -[e]s, -e (Gewichtseinheit; Abk.: Pfd.; Zeichen: ℔; Währungseinheit [vgl. -Sterling]); **pfun|dig** (ugs. für: großartig, toll); **Pfunds|kerl** (ugs.); **Pfund Ster|ling** [- *βtör...*], auch: - *schtär...*], *das;* - -, - - (brit. Währungseinheit; Zeichen u. Abk.: £)

Pfusch, *der;* -[e]s (Pfuscherei); **pfu|schen** (ugs. abwertend für: liederlich arbeiten; österr. für: schwarzarbeiten); **Pfu|scher** (ugs.); **Pfu|sche|rei** (ugs.)

Pfüt|ze, *die;* -, -n

Pha|lanx, *die;* -, ...langen (geschlossene Front)

phal|lisch; Phal|lus, *der;* -, ...lli u. ...llen (auch: -se; männl. Glied)

Phä|no|men, *das;* -s, -e ([Natur]erschei-nung; seltenes Ereignis; Wunder[ding]; Ge-nie); **phä|no|me|nal** (ugs. für: außeror-dentlich)

Phan|ta|sie usw.; vgl. Fantasie usw.; **Phan-tom**, *das;* -s, -e (Trugbild); **Phan|tom|bild** (Kriminalistik: nach Zeugenaussagen ge-zeichnetes Porträt eines gesuchten Täters)

Pha|rao, *der;* -[s], ...onen (ägypt. König); **Pha|ra|o|nen|grab; pha|ra|o|nisch**

Pha|ri|sä|er (Angehöriger einer altjüd., streng gesetzesfrommen Partei; übertr. für: hochmütiger, selbstgerechter Heuchler); **pha|ri|sä|er|haft; Pha|ri|sä|er|tum**, *das;* -s; **pha|ri|sä|isch**

Phar|ma|in|dus|t|rie (Arzneimittelindustrie); **Phar|ma|zeu|tik**, *die;* - (Arzneimittel-kunde); **phar|ma|zeu|tisch; Phar|ma|zie**, *die;* - (Arzneimittelkunde)

Pha|se, *die;* -, -n (Abschnitt einer [stetigen] Entwicklung, [Zu]stand; Physik: Schwin-gungszustand beim Wechselstrom)

Phi|l|an|th|rop, *der;* -en, -en (Menschen-freund)

Phi|l|a|te|lie, *die;* - (Briefmarkenkunde); **Phi|l|a|te|list**, *der;* -en, -en; **Phi|l|a|te|lis-tin; phi|l|a|te|lis|tisch**

Phil|har|mo|nie, *die;* -, ...ien (Name von musikal. Gesellschaften, von Orchestern u. ihren Konzertsälen); **Phil|har|mo|ni|ker** (Künstler, der in einem philharmonischen Orchester spielt); **Phil|har|mo|ni|ke|rin; phil|har|mo|nisch**

Phi|lis|ter, *der;* -s, - (abwertend für: Spieß-bürger); **phi|lis|t|rös** (beschränkt; spießig)

Phi|lo|den|d|ron, *der* (auch: *das*); -s, ...dren (eine Blattpflanze)

Phi|lo|lo|ge, *der;* -n, -n (Sprach- u. Literatur-forscher); **Phi|lo|lo|gie**, *die;* -, ...ien (Sprach- u. Literaturwissenschaft); **Phi|lo-lo|gin; phi|lo|lo|gisch**

Phi|lo|soph, *der;* -en, -en; **Phi|lo|so|phie**, *die;* -, ...ien (Streben nach Erkenntnis des Zusammenhanges der Dinge in der Welt; Wissenschaft von dieser Erkenntnis); **Phi-lo|so|phin; phi|lo|so|phisch**

Phi|o|le, *die;* -, -n (bauchiges Glasgefäß mit langem Hals)

Phi|shing [*fisching*], *das;* -[s], -s (EDV; das Erschleichen von persönlichen Daten mit gefälschten E-Mails o.Ä.)

Phleg|ma, *das;* -s ([Geistes]trägheit, Schwerfälligkeit); **Phleg|ma|ti|ker** (körper-lich träger, geistig wenig regsamer Mensch); **phleg|ma|tisch**

Phlox, *der;* -es, -e (eine Zierpflanze)

Pho|bie, *die;* -, ...ien (Med.: krankhafte Angst)

Phon, (auch:) **Fon**, *das;* -s, -s (Maßeinheit für die Lautstärke); 50 -

Phö|nix, *der;* -[es], -e (Vogel der altägypt. Sage, der sich im Feuer verjüngt u. als Sinnbild ewiger Erneuerung gilt)

Phon|zahl, (auch:) **Fon|zahl**

Phos|phat, *das;* -[e]s, -e (Salz der Phosphor-

---

¹ Auch: ...*min.* ...

säure); **Phos|phor**, *der;* -s (chem. Element, Nichtmetall; Zeichen: P); **Phos|pho|res|zenz**, *die;* - (Nachleuchten vorher bestrahlter Stoffe); **phos|pho|res|zie|ren**; **phos|phor|hal|tig**

Pho|to usw.; vgl. Foto usw.

Phra|se, *die;* -, -n (leere Redensart, nichtssagende Äußerung; Redewendung; Musik: selbstständige Tonfolge); **Phra|sen|dre|sche|rei** (abwertend); **phra|sen|haft** (abwertend); **phra|sie|ren** (Musik: der Gliederung der Motive o. Ä. entsprechend interpretieren); **Phra|sie|rung**

Phy|sik, *die;* - (diejenige Naturwissenschaft, die mit mathematischen Mitteln die Grundgesetze der Natur untersucht); **phy|si|ka|lisch**; -e Maßeinheit; **Phy|si|ker**; **Phy|si|ke|rin**; **Phy|si|kum**, *das;* -s (Prüfung im Medizinstudium)

Phy|si|o|g|no|mie, *die;* -, ...ien (äußere Erscheinung eines Lebewesens, bes. Gesichtsausdruck)

Phy|sio|lo|gie, *die;* - (Lehre von den Lebensvorgängen); **phy|sio|lo|gisch**; **Phy|sio|the|ra|peut** (Spezialist für Physiotherapie); **Phy|sio|the|ra|peu|tin**; **Phy|sio|the|ra|pie** (Heilbehandlung mit Wasser, Wärme, Licht, Luft, Massage); **phy|sisch** (in der Natur begründet; natürlich; körperlich)

¹**Pi**, *das;* -[s], -s (gr. Buchstabe; Π, π)

²**Pi**, *das;* -[s] (ludolfsche Zahl, die das Verhältnis von Kreisumfang zu Kreisdurchmesser angibt; $\pi = 3,1415...$)

Pi|aff|e, *die;* -, -n (Reitsport: Trab auf der Stelle)

pi|a|nis|si|mo (Musik: sehr leise; Abk.: pp); **Pi|a|nist**, *der;* -en, -en (Klavierspieler, -künstler); **Pi|a|nis|tin**; **pi|a|no** (Musik: leise; Abk.: p); **Pi|a|no**, *das;* -s, -s (Kurzw. für: Pianoforte); **Pi|a|no|for|te**, *das;* -s, -s (veralt. für: Klavier)

¹**Pic|co|lo**, ¹**Pik|ko|lo**, *der;* -s, -s (Kellnerlehrling; ugs. für: in einer Piccoloflasche abgefüllter Sekt)

²**Pic|co|lo**, ²**Pik|ko|lo**, *das;* -s, -s (kurz für: Piccoloflöte)

Pic|co|lo|fla|sche, **Pik|ko|lo|fla|sche** (kleine Sektflasche); **Pic|co|lo|flö|te**, **Pik|ko|lo|flö|te** (kleine Querflöte)

pi|cheln (ugs. für: etwas Alkoholisches trinken)

Pi|chel|stei|ner Fleisch, *das;* - -[e]s (ein Eintopfgericht)

Pick; vgl. ²Pik

Pi|cke, *die;* -, -n (Spitzhacke)

¹**Pi|ckel**, *der;* -s, - (Spitzhacke)

²**Pi|ckel**, *der;* -s, - (Hautpustel)

Pi|ckel|hau|be (früherer [preuß.] Infanteriehelm)

pi|cke|lig, **pick|lig**

Pick|nick, *das;* -s, -e u. -s (Essen im Freien); **pick|ni|cken**; gepicknickt

pi|co|bel|lo [*piko...*] (ugs. für: tadellos)

piek_fein (ugs. für: besonders fein), **...sauber** (ugs. für: besonders sauber)

piep!; **Piep**, *der;* nur in ugs. Wendungen wie: einen - haben (nicht recht bei Verstand sein); **pie|pe**, **piep|egal** (ugs. für: gleichgültig); das ist mir -; **pie|pen**; es ist zum Piepen (ugs. für: es ist zum Lachen); **Pie|pen**, die (*Mehrz.;* ugs. für: Geld); **pieps** (ugs.); er kann nicht mehr -, (auch:) Pieps sagen; **Pieps**, *der;* -es, -e (ugs.); keinen - von sich geben; **piep|sen**; **piep|sig** (ugs. für: hoch u. dünn [von der Stimme]; winzig)

Pier, *der;* -s, -e od. -s (Seemannsspr.: *die;* -, -s; Hafendamm; Landungsbrücke)

pier|cen (zur Anbringung von Schmuck die Haut durchbohren od. durchstechen); **Pier|cing**, *das;* -s, -s

pie|sa|cken (ugs. für: quälen)

Pi|e|ta, **Pi|e|tà** [*pi-eta*], *die;* -, -s (Darstellung der Maria mit dem Leichnam Christi auf dem Schoß); **Pi|e|tät** [*pi-e...*], *die;* - (Respekt, taktvolle Rücksichtnahme); **pi|e|tät|los**; **Pi|e|tät|lo|sig|keit**; **pi|e|tät|voll**; **Pi|e|tis|mus** [*pi-e...*], *der;* - (ev. Erweckungsbewegung; auch für: schwärmerische Frömmigkeit); **Pi|e|tist**; **pi|e|tis|tisch**

piff, paff!

Pig|ment, *das;* -[e]s, -e (Farbstoff, -körper); **Pig|men|ta|ti|on**, *die;* -, -en (Färbung)

¹**Pik**, *der;* -s, -e u. -s (Bergspitze)

²**Pik**, *der;* -s, -e; nur in: einen - auf jmdn. haben (ugs. für: einen heimlichen Groll gegen jmdn. hegen)

³**Pik**, *das;* -[s] (Spielkartenfarbe)

pi|kant (scharf [gewürzt]; leicht frivol); **Pi|kan|te|rie**, *die;* -, ...ien; **pi|kan|ter|wei|se**

Pi|ke, *die;* -, -n (Spieß); von der - auf dienen (ugs. für: im Beruf bei der untersten Stellung anfangen); **Pi|kee**, *der* (österr. auch: das); -s, -s ([Baumwoll]gewebe); **pi|ken**, **pik|sen** (ugs. für: stechen); **pi|kiert** (ein wenig beleidigt)

Pik|ko|lo usw.; vgl. Piccolo usw.

pik|sen; vgl. piken

Pik|to|gramm, *das;* -s, -e (grafisches Symbol, z. B. Totenkopf für Gift)

Pil|ger (Wallfahrer; auch für: Wanderer); **Pil|ger|fahrt**; **pil|gern**

Pil|le, *die;* -, -n (*nur Einz.* auch kurz für: Antibabypille); **Pil|len|knick** (ugs. für: Geburtenrückgang durch Verbreitung der Antibabypille)

Pi|lot, *der;* -en, -en

Pils, *das;* -, - (ugs. Kurzf. von: Pils[e]ner Bier); **Pil|se|ner**, **Pils|ner**, *das;* -s, - (Bier)

Pilz, *der;* -es, -e

Pi|ment, *der* od. *das;* -[e]s, -e (Nelkenpfeffer, Küchengewürz)

Pim|mel, *der;* -s, - (ugs. für: Penis)

PIN, *die;* -, -s = personal identification number (persönl. Geheimzahl)

pin|ge|lig (ugs. für: pedantisch)

Ping|pong [österr.: ...*pong*], *das;* -s (veralt. für: Tischtennis)

Pin|gu|in, *der;* -s, -e (ein Vogel der Antarktis)

Pi|nie [...*ie*], *die;* -, -n (eine Kiefer)

pink; ein - Kleid; **Pink**, *das;* -s, -s (kräftiges Rosa)

Pin|ke, Pin|ke|pin|ke, *die;* - (ugs. für: Geld)

pin|keln (ugs. für: urinieren)

Pin|ke|pin|ke; vgl. Pinke

Pinn|wand (Tafel zum Anheften v. Merkzetteln u. Ä.)

Pin|scher, *der;* -s, - (Hunderasse)

Pin|sel, *der;* -s, -; **pin|seln**

Pin|te, *die;* -, -n (ugs. für: Lokal)

Pin-up-Girl [*pinapgö'l*], *das;* -s, -s (leicht bekleidete Frau auf Illustriertenbildern, die man an die Wand heften kann)

Pin|zet|te, *die;* -, -n (Greif-, Federzange)

Pi|o|nier, *der;* -s, -e (Soldat der techn. Truppe; Wegbereiter); **Pi|o|nier|geist**, *der;* -[e]s

Pipe|line [*paiplain*], *die;* -, -s (Rohrleitung [für Gas, Erdöl]); **Pi|pet|te**, *die;* -, -n (Saugröhre, Stechheber)

Pi|pi, *das;* -s (Kinderspr.); - machen

Pi|ran|ha [...*nja*], Pi|ra|lya, *der;* -[s], -s (ein Raubfisch)

Pi|rat, *der;* -en, -en (Seeräuber)

Pi|ra|lya; vgl. Piranha

Pi|rol, *der;* -s, -e (ein Singvogel)

Pi|rou|et|te [...*ru...*], *die;* -, -n (Tanz, Eiskunstlauf: schnelle Drehung um die eigene Körperachse; Reiten: Drehung in der Hohen Schule)

Pirsch, *die;* -, -en (Schleichjagd); **pir|schen**

PISA, (auch:) **Pi|sa** = Programme for International Student Assessment (svw.: PISA-Studie); **PISA-Studie**, (auch:) **Pi|sa-Studie** (internationale Studie, in der Schülerleistungen verglichen werden)

Piss, *der;* -es u. **Pis|se**, *die;* - (derb für: Harn); **pis|sen** (derb); **Pis|soir** [*piβoar*], *das;* -s, -e u. -s (öffentl. Toilette für Männer)

Pis|ta|zie [...*ie*], *die;* -, -n (ein Baum; essbarer Samenkern des Baumes)

Pis|te, *die;* -, -n (Ski-, Rad- od. Autorennstrecke; Rollbahn auf Flugplätzen; unbefestigter Verkehrsweg [z. B. durch die Wüste])

Pis|to|le, *die;* -, -n (kurze Handfeuerwaffe); wie aus der - geschossen (ugs. für: spontan, sehr schnell)

pit|sche|nass, pitsch|nass (ugs.)

pit|to|resk (malerisch)

Piz, *der;* -es, -e (Bergspitze)

Piz|za [...*ts...*], *die;* -, -s (auch:) Pizzen; **Piz|ze|ria**, *die;* -, -s, (auch:) -rien (Lokal, in dem hauptsächlich Pizzas angeboten werden)

Pkw, (auch:) **PKW**, *der;* - (selten: -s), -[s] (Personenkraftwagen)

Pla|ce|bo, *das;* -s, -s (Med.: Scheinmedikament ohne Wirkstoffe)

Pla|cke|rei (ugs.)

pladdern (nordd. für: heftig, in großen Tropfen regnen)

plä|die|ren; **Plä|do|yer** [...*doaje*], *das;* -s, -s (zusammenfassende Rede des Strafverteidigers od. Staatsanwaltes vor Gericht)

Pla|ge, *die;* -, -n; Pla|ge|geist (*Mehrz.* ...geister); pla|gen; sich -

Pla|gi|at, *das;* -[e]s, -e (Diebstahl geistigen Eigentums); Pla|gi|a|tor, *der;* -s, ...oren

Plaid [*ple̱'d*], *das* (älter: *der*); -s, -s (wollene [Reise]decke)

Pla|kat, *das;* -[e]s, -e (großformatiger Aushang, Werbeanschlag); Pla|kat‿säu|le, ...wer|bung; Pla|ket|te, *die;* -, -n (Kunst: kleine [meist geprägte] Platte mit einer Reliefdarstellung; [rundes] Schildchen zum Anstecken od. Aufkleben)

plan (flach, eben)

Plan, *der;* -[e]s, Pläne (Grundriss; Vorhaben)

Pla|ne, *die;* -, -n ([Wagen]decke)

pla|nen; Pla|ner

Pla|net, *der;* -en, -en (Wandelstern); Pla|ne|ta|ri|um, *das;* -s, ...ien [...*i°n*] (Instrument zur Darstellung der Bewegung, Lage u. Größe der Gestirne; auch Gebäude dafür)

pla|nie|ren ([ein]ebnen); Pla|nier‿rau|pe; Pla|nie|rung

Plan|ke, *die;* -, -n (starkes Brett, Bohle)

Plän|ke|lei; plän|keln

Plank|ton, *das;* -s (Biol.: Gesamtheit der im Wasser schwebenden niederen Lebewesen)

plan|los; Plan|lo|sig|keit; plan|mä|ßig; Plan|mä|ßig|keit

Plansch|be|cken, Plantsch|be|cken; plan|schen, plant|schen

Plan|ta|ge [...*ta̱sch°*, österr.: ...*ta̱sch*], *die;* -, -n ([An]pflanzung, landwirtsch. Großbetrieb)

Plantsch|be|cken, Plansch|be|cken; plant|schen, plan|schen

Pla|nung

Plan|wa|gen

plapp|per|haft (ugs.); Plapp|per‿maul (ugs.), ...mäul|chen (ugs.); plapp|pern (ugs.)

plär|ren (ugs.); Plär|rer (ugs.)

Plä|sier, *das;* -s, -e (veraltend, noch landsch. für: Vergnügen)

Plas|ma, *das;* -s, ...men (Biol.: Protoplasma; Med.: flüssiger Bestandteil des Blutes; Physik: leuchtendes, elektrisch leitendes Gasgemisch)

¹Plas|tik, *die;* -, -en (Bildhauerkunst; Bildwerk; Med.: operative Wiederherstellung von Organen, Gewebeteilen)

²Plas|tik, *das;* -s (ein Kunststoff)

Plas|tik‿beu|tel, ...bom|be, ...ein|band, ...geld (ugs. für: Kreditkarte), ...tü|te; Plas|ti|lin, *das;* -s (Knetmasse zum Modellieren); plas|tisch (knetbar; körperlich, deutlich hervortretend; anschaulich)

Pla|ta|ne, *die;* -, -n (ein Laubbaum)

Pla|teau [...*to̱*], *das;* -s, -s (Hochebene; Tafelland); Pla|teau|soh|le (sehr dicke Schuhsohle)

Pla|tin, *das;* -s (chem. Element, Edelmetall; Zeichen: Pt); pla|tin|blond (weißblond)

Pla|ti|tü|de, (alte Schreibung für:) Plattitüde

pla|to|nisch (nach Art Platos; geistig, unsinnlich); -e Liebe

platsch!; plat|schen; plät|schern; platsch|nass (ugs.)

platt (flach); da bist du -! (ugs. für: da bist du sprachlos!); Platt, *das;* -[s] (das Niederdeutsche); platt|deutsch; Plat|te, *die;* -, -n; Plätt|ei|sen; plät|ten (landsch. für: bügeln); Plat|ten‿ar|chiv, ...spie|ler; Platt‿form, ...fuß

Plat|ti|tü|de, *die;* -, -n (geh. für: Plattheit, Seichtheit)

platt|ma|chen (ugs. für: zerstören, dem Erdboden gleichmachen)

Platz, *der;* -es, Plätze; Platz|angst, *die;* -; Platz|an|wei|se|rin; Plätz|chen

plat|zen; plat|zie|ren (aufstellen, an einen bestimmten Platz stellen); plat|ziert (Sportspr.: genau gezielt); Plat|zie|rung

Platz‿kar|te, ...kon|zert, ...man|gel (*der;* -s)

Platz‿pa|tro|ne, ...re|gen, ...wun|de

Plau|de|rei; plau|dern; Plau|der‿stünd|chen, ...ta|sche (ugs. scherzh.), ...ton (*der;* -[e]s)

Plausch, *der;* -[e]s, -e (bes. südd., österr. für: Plauderei; schweiz. für: Vergnügen); plau|schen (bes. südd., österr. für: plaudern)

plau|si|bel (einleuchtend)

Play-back, (auch:) Play|back [*ple̱'-bäk*], *das;* -, -s (Film u. Fernsehen: Verfahren der synchronen Bildaufnahme zu einer bereits vorliegenden Tonaufzeichnung; Bandaufzeichnung); Play|boy [*ple̱'beu*], *der;* -s, -s (Mann, der vor allem seinem Vergnügen lebt); Play-off, (auch:) Play|off, *das;* -[s], -s, [*ple̱'of*, auch: *ple̱'of*] (Sport; System von Ausscheidungsspielen); Play-off-Run|de, (auch:) Play|off|run|de, (auch:) Play-off-Run|de; Play|sta|tion®, [*ple̱'s-te̱'sch°n*], *die;* -, -s (Spielkonsole mit CD-ROM- bzw. DVD-Laufwerk)

Pla|zen|ta, *die;* -, -s u. ...ten (Med.: dem Stoffaustausch zwischen Mutter u. Embryo dienendes Organ, das sich während der Schwangerschaft ausbildet u. nach der Geburt ausgestoßen wird; Mutterkuchen)

pla|zie|ren usw., (alte Schreibung für:) plat|zieren usw.

Plebs [auch: *plepß*], *der;* -es (abwertend für: ungebildete Masse; Pöbel)

plei|te (ugs. für: zahlungsunfähig); - sein; Plei|te, *die;* -, -n (ugs.): - machen; plei|te|ge|hen; die Firma ist pleitegegangen

plem|pern (ugs. für: seine Zeit mit nichtigen Dingen vertun)

plem|plem (ugs. für: verrückt)

Ple|nar‿sit|zung (Vollsitzung), ...ver|samm|lung (Vollversammlung); Ple|num, *das;* -s, ...nen (Gesamtheit [des Parlaments, Gerichts u. a.], Vollversammlung)

Pleu|el, *der;* -s, - (Technik: Schubstange); Pleu|el|stan|ge

Ple|xi|glas® (ein glasartiger Kunststoff)

Plis|see, *das;* -s, -s (in Fältchen gelegtes Gewebe); plis|sie|ren

Plock|wurst (eine Dauerwurst)

Plom|be, *die;* -, -n (Bleisiegel, -verschluss; [Zahn]füllung); plom|bie|ren; Plom|bie|rung

plötz|lich; Plötz|lich|keit, *die;* -

Plu|der|ho|se; plu|de|rig, plud|rig; plu|dern (sich bauschen); plud|rig

Plu|meau [*plümo̱*], *das;* -s, -s (halblanges Federbett)

plump; plumps!; Plumps, *der;* -es, -e (ugs.); plump|sen (ugs. für: dumpf fallen)

Plum|pud|ding [*plam...*] (engl. Süßspeise)

Plun|der, *der;* -s, -n (ugs. für: altes Zeug; Backwerk aus Blätterteig); Plün|de|rei; Plün|de|rer; plün|dern; Plün|de|rung

Plün|nen, *die* (*Mehrz.*; nordd. für: [alte] Kleider)

Plu|ral, *der;* -s, -e (Sprachw.: Mehrzahl; Abk.: pl., Pl., Plur.); Plu|ra|lis|mus, *der;* - (Vielgestaltigkeit gesellschaftlicher, politischer u. anderer Phänomene); plu|ra|lis|tisch; -e Gesellschaft

plus (und; zuzüglich; Zeichen: + [positiv]; Ggs.: minus); Plus, *das;* -, - (Überschuss, Gewinn; Vorteil)

Plüsch [*plü̱...*], *der;* -[e]s, -e (Florgewebe); Plüsch‿au|gen (*Mehrz.;* ugs.), ...de|cke, ...tier

Plus‿pol, ...punkt

Plus|quam|per|fekt [auch: ...*fäkt*], *das;* -s, -e (Sprachw.: Vorvergangenheit)

plus|tern (die Federn -)

Plus|zei|chen (Zusammenzähl-, Additionszeichen; Zeichen: +)

Plu|to|ni|um, *das;* -s (chem. Element, Transuran; Zeichen: Pu)

Pneu [*pnö̱*, (auch:) *pneu̱*], *der;* -s, -s (Luftreifen für Fahrzeugräder); Pneu|ma|tik, *die;* - (Lehre vom Verhalten der Gase; deren Anwendung in der Technik); pneu|ma|tisch (die Luft, das Atmen betreffend; durch Luft[druck] bewegt, bewirkt); -e Bremse; Pneu|mo|nie, *die;* -, ...ien (Lungenentzündung)

Po, *der;* -s, -s (kurz für: Popo)

Pö|bel, *der;* -s (Pack, Gesindel); Pö|be|lei; pö|beln

Poch, *das* (auch: *der*); -[e]s (ein Kartenglücksspiel); po|chen

po|chie|ren [*poschi̱r°n*] (Kochk.: Speisen, bes. aufgeschlagene Eier, in kochendem Wasser garen)

Po|cke, *die;* -, -n (Impfpustel); Po|cken, die (*Mehrz.;* eine Infektionskrankheit); po|cken|nar|big; Po|cken‿schutz|imp|fung, ...vi|rus

Po|dest, *das* od. *der;* -[e]s, -e (kleines Podium; [Treppen]absatz)

Po|dex, *der;* -es, -e (scherzh. für: Gesäß)

Po|di|um, *das;* -s, ...ien [...*i°n*] (trittartige Erhöhung); Po|di|ums‿dis|kus|si|on, ...ge|spräch

Po|e|sie [*po-e̱...*], *die;* -, ...ien (Dichtung; Dichtkunst; Zauber); Po|e|sie|al|bum; Po|et, *der;* -en, -en (meist scherzh. für: Dichter); Po|e|tik, *die;* -, -en ([Lehre von der] Dichtkunst); po|e|tisch (dichterisch)

Po|g|rom, *der* (auch: *das*); -s, -e (Ausschreitungen gegen nationale, religiöse, rassische Gruppen)

Poin|te [*poängt*ᵉ], *die;* -, -n (überraschender Schlusseffekt eines Witzes, einer Erzählung); poin|tie|ren [*poängtir*ᵉ*n*] (betonen); poin|tiert (zugespitzt)

Po|kal, *der;* -s, -e (Trinkgefäß mit Fuß; Sportpreis); Po|kal|sie|ger

Pö|kel, *der;* -s, - ([Salz]lake); Pö|kel‗fleisch, …he|ring; pö|keln

Po|ker, *das,* -s (ein Kartenglücksspiel); po|kern

Pol, *der;* -s, -e (Drehpunkt; Endpunkt der Erdachse; Math.: Bezugspunkt; Elektrotechnik: Aus- u. Eintrittspunkt des Stromes); po|lar (am Pol befindlich, die Pole betreffend; entgegengesetzt wirkend); Po|la|ri|sa|ti|on [...*zion*], *die;* -, -en (gegensätzliches Verhalten von Substanzen od. Erscheinungen); po|la|ri|sie|ren (der Polarisation unterwerfen); Po|la|ri|sie|rung; Po|lar‗kreis, …licht

Po|le|mik, *die;* -, -en (wissenschaftl., literar. Auseinandersetzung; [unsachlicher] Angriff); Po|le|mi|ker; po|le|misch; po|le|mi|sie|ren

pol|len (an einen elektr. Pol anschließen)

Po|len|te, *die;* - (ugs. für: Polizei)

Po|li|ce [...*liß*ᵉ], *die;* -, -n (Versicherungsschein)

Po|lier, *der;* -s, -e (Vorarbeiter der Maurer u. Zimmerleute; Bauführer)

po|lie|ren (blank, glänzend reiben); Po|lie|rer

Po|li|kli|nik [auch: *poli*...] (Krankenhaus[abteilung] für ambulante Behandlung)

Po|lio [auch: *po*...], *die;* - (kurz für: Poliomyelitis); Po|lio|my|e|li|tis, *die;* -, ...iti̱den (Med.: Kinderlähmung)

Po|lit|bü|ro (Kurzw. für: Politisches Büro; Führungsorgan einer kommunist. Partei)

Po|li|tes|se, *die;* -, -n (Angestellte einer Gemeinde, die bes. die Einhaltung des Parkverbots kontrolliert)

Po|li|tik, *die;* -, (selten:) -en ([Lehre von der] Staatsführung; zielgerichtetes Verhalten); Po|li|ti|ker; Po|li|ti|ke|rin; po|li|tisch; -korrekt (alle diskriminierenden Ausdrucksweisen u. Handlungen ablehnend, vermeidend); po|li|ti|sie|ren (von Politik reden; politisch behandeln); Po|li|to|lo|gie, *die;* - (Wissenschaft von der Politik)

Po|li|tur, *die;* -, -en (Glätte, Glanz; Poliermittel)

Po|li|zei, *die;* -, (selten:) -en; Po|li|zei‗ak|ti|on, …auf|ge|bot, …be|am|te, …ein|satz; po|li|zei|lich; -es Führungszeugnis; Po|li|zei|re|vier; po|li|zei|wid|rig; Po|li|zist, *der;* -en, -en (Schutzmann); Po|li|zis|tin

Pol|ka, *die;* -, -s (Rundtanz)

Pol|len, *der;* -s, - (Blütenstaub)

Pol|lo, *das;* -s (Ballspiel vom Pferd aus); Po|lo|hemd (kurzärmeliges Trikothemd)

Po|lo|nä|se, (auch:) Po|lo|nai|se, *die;* -, -n (ein Reihentanz)

Pols|ter, *das* u. (österr.) *der;* -s, - u. (österr.:) Pölster (österr. auch für: Kissen); Pols|te|rer; pols|tern; Pols|te|rung

Pol|ter|abend; pol|tern

Po|ly|es|ter, *der;* -s, - (ein Kunststoff)

po|ly|fon; vgl. polyphon

Po|ly|ga|mie, *die;* - (Mehr-, Vielehe)

Po|lyp, *der;* -en, -en (ein Nesseltier mit Fangarmen; Med.: [Nasen]wucherung; ugs. für: Polizeibeamter)

po|ly|phon, (auch:) po|ly|fon (Musik: mehrstimmig, vielstimmig); -er Satz

Po|ly|tech|ni|ker (Besucher des Polytechnikums); Po|ly|tech|ni|kum (technische Fachhochschule); po|ly|tech|nisch (viele Zweige der Technik umfassend)

Po|ma|de, *die;* -, -n ([Haar]fett); po|ma|dig (mit Pomade eingerieben; ugs. für: träge, blasiert)

Po|me|ran|ze, *die;* -, -n (Zitrusfrucht, bittere Apfelsine)

Pommes frites [*pomfrit*], *die* (Mehrz.; in Fett gebackene Kartoffelstäbchen)

Pomp, *der;* -[e]s (Prunk); pomp|haft; Pomp|haf|tig|keit, *die;* -

Pom|pon [*pongpong* od. *pompong*], *der;* -s, -s (knäuelartige Quaste aus Wolle od. Seide)

pom|pös ([übertrieben] prächtig; prunkhaft)

Pon|cho [*pontscho*], *der;* -s, -s (capeartiger [Indianer]mantel)

Pon|ti|fi|kal|amt, *das;* -[e]s (eine von einem Bischof od. Prälaten gehaltene feierl. Messe)

Pon|ton [*pongtong* od. *pontong*, österr.: *pontọn*], *der;* -s, -s (Brückenschiff); Pon|ton‗brü|cke

¹Po|ny [*poni*, selten: *poni*] *das;* -s, -s, (kleinwüchsiges Pferd)

²Po|ny *der;* -s, -s (fransenartig in die Stirn gekämmtes Haar)

Pop, *der;* -[s] (Kurzbez. für: Popmusik, Pop-Art u. a.)

Po|panz, *der;* -es, -e (abwertend für: Schreckgestalt; willenloser Mensch)

Pop-Art [*pópa't*], *die;* - (eine moderne Kunstrichtung)

Pop|corn, *das;* -s (Puffmais)

Po|pe, *der;* -n, -n (Priester der Ostkirche; abwertend für: Geistlicher)

Po|pel, *der;* -s, - (ugs. für: verhärteter Nasenschleim; landsch. für: schmutziger kleiner Junge); po|pe|lig, pop|lig (ugs. für: knauserig; schäbig, armselig)

Po|pe|lin [*pop*ᵉ*li̱n*, österr.: *poplin̠*], *der;* -s, -e u. Po|pe|li|ne, *der;* -s, - u. *die;* -, - (Sammelbez. für feinere ripsartige Stoffe in Leinenbindung)

po|peln (ugs. für: in der Nase bohren)

Pop|far|be; pop|far|ben; Pop‗fes|ti|val, …kon|zert

pop|lig; vgl. popelig

Pop‗mo|de, …mu|sik

Po|po, *der;* -s, -s (Kinderspr. für: Gesäß)

pop|pig (mit Stilelementen der Pop-Art); ein -es Plakat

po|pu|lär (beliebt; volkstümlich; gemeinverständlich); po|pu|la|ri|sie|ren (gemeinverständlich darstellen); Po|pu|la|ri|tät, *die;* - (Volkstümlichkeit, Beliebtheit)

Po|re, *die;* -, -n (feine [Haut]öffnung); po|ren|tief (Werbespr.); - reinigen; po|rig

Por|no, *der;* -s, -s (Kurzf. für: pornograf. Film, Roman u. Ä.); Por|no|gra|fie, (auch:) Por|no|gra|phie, *die;* - (einseitig das Sexuelle darstellende Schriften od. Bilder); por|no|gra|fisch, (auch:) por|no|gra|phisch; Por|no|heft

po|rös (durchlässig, löchrig)

Por|ree, *der;* -s, -s (eine Gemüsepflanze)

Por|ta|b|le [*på't*ᵇ*el*], *der,* (auch:) *das;* -s, -s (tragbares Rundfunk- od. Fernsehgerät)

Por|tal, *das;* -s, -e ([Haupt]eingang, [prunkvolles] Tor)

Porte|feuille [*portföj*], *das;* -s, -s (veralt. für: Brieftasche; Mappe; Politik: Geschäftsbereich eines Ministers); Porte|mon|naie; vgl. Portmonee

Por|ti|er [...*tie̱*, österr.: ...*ti̠r*], *der;* -s, -s u. (österr.:) -e (Pförtner; Hauswart); Por|ti|e|re, *die;* -, -n (Türvorhang); Por|ti|ers|frau [...*tieß*...]

Por|ti|on [...*zion*], *die;* -, -en; Por|ti|ön|chen; por|ti|o|nie|ren (in Portionen einteilen)

Port|mo|nee, (auch:) Porte|mon|naie [*portmone̠*], *das;* -s, -s (Geldbeutel)

Por|to, *das;* -s, -s u. ...ti; por|to|frei; por|to|pflich|tig

Por|t|rät [...*trä̠*], *das;* -s, -s (Bildnis); Por|t|rät|auf|nah|me; por|t|rä|tie|ren; Por|t|rät‗ma|ler, …stu|die

Port|wein

Por|zel|lan, *das;* -s, -e; por|zel|la|nen (aus Porzellan); Por|zel|lan‗fi|gur, …ma|nu|fak|tur

Po|sau|ne, *die;* -, -n (ein Blechblasinstrument); po|sau|nen; Po|sau|nen‗blä|ser, …chor (*der*); Po|sau|nist, *der;* -en, -en

Po|se, *die;* -, -n ([gekünstelte] Stellung, Körperhaltung); po|sie|ren (eine Pose einnehmen)

Po|si|ti|on [...*zion*], *die;* -, -en (Posten, Stelle; Stellung, Lage; Einzelposten, Punkt; Standort eines Schiffes od. Flugzeuges; Standpunkt, Einstellung); Po|si|ti|ons|lam|pe

po|si|tiv¹ (zustimmend; günstig; bestimmt, gewiss)

¹Po|si|tiv¹, *das;* -s, -e [...*w*ᵉ] (Fotogr.: vom Negativ gewonnenes, seitenrichtiges Bild)

²Po|si|tiv¹, *der;* -s, -e [...*w*ᵉ] (Sprachw.: Grundstufe, ungesteigerte Form des Adjektivs)

Po|si|tur, *die;* -, -en ([herausfordernde] Haltung); sich in - setzen, stellen

Pos|se, *die;* -, -n (derb-komisches Bühnen-

---

¹ Auch: ...*ti̠f*

stück); Pos|sen, der; -s, - (derber, lustiger Streich); - reißen; pos|sen|haft; pos|sier|lich (spaßhaft, drollig)

Post, die; -; pos|ta|lisch (die Post betreffend, durch die Post); Post|amt (früher); Post_an|wei|sung, ...bank (Mehrz. ...banken), ...be|am|te, ...bo|te, ...bo|tin

Pöst|chen (kleiner Posten); Pos|ten, der; -s, - (Amt, Stellung; Wache; Rechnungsbetrag; best. Menge einer Ware)

Pos|ter [auch: poᵘβtᵉr], das (auch: der); -s, - u. (bei engl. Ausspr.:) -s (plakatartiges, großformatiges Bild)

Post|fach

post|hum, pos|tum (nach jmds. Tod; nachgelassen)

pos|tie|ren (aufstellen); sich -

Pos|til|li|on [...tiljon, auch, österr. nur: póβtiljon], der; -s, -e (früher für: Postkutscher)

Post|kar|te; post|la|gernd; -e Sendungen; Post|leit|zahl; Post|ler (südd. u. österr. ugs. für: Postbeamter, -angestellter); Post|scheck; Post|scheck_amt (früher für: Postgiroamt; Abk. PSchA), ...kon|to

Post|skrip|tum, das; -s, ...ta (österr. auch:) ...te (Nachschrift; Abk. PS)

Post_spar|buch, ...spar|kas|se, ...stem|pel

Pos|tu|lat, das; -[e]s, -e (Forderung); pos|tu|lie|ren

pos|tum; vgl. posthum

Post|weg; auf dem - (per Post); post|wen|dend; Post_wert|zei|chen, ...wurf|sen|dung, ...zu|stel|lung

Pot, das; -s (ugs. für: Marihuana)

po|tent (mächtig, einflussreich; zahlungskräftig; Med.: zeugungsfähig); Po|ten|ti|al; vgl. Potenzial; po|ten|ti|ell; vgl. poten|ziell

Po|tenz, die; -, -en (Leistungsfähigkeit; Zeugungsfähigkeit; Math.: Produkt aus gleichen Faktoren); Po|ten|zi|al, (auch:) Po|ten|ti|al, das; -s, -e (Leistungsfähigkeit; Physik: Maß für die Stärke eines Kraftfeldes); po|ten|zi|ell, (auch:) po|ten|ti|ell (möglich [im Gegensatz zu wirklich]; der Anlage nach); po|ten|zie|ren (erhöhen, steigern; Math.: zur Potenz erheben, mit sich selbst vervielfältigen)

Pot|pour|ri [potpuri, österr.: ...ri], das; -s, -s (Allerlei; aus populären Melodien zusammengestelltes Musikstück)

Pott, der; -[e]s, Pötte (nordd. ugs. für: Topf; [altes] Schiff); pott|häss|lich (ugs. für: sehr hässlich)

potz Blitz!; potz|tau|send!

Pou|lar|de [pulardᵉ], die; -, -n (junges, verschnittenes Masthuhn)

pous|sie|ren [puβiᵣᵉn] (ugs. veraltend für: flirten)

po|w|ern [pauᵉrn] (sich voll einsetzen); Po|w|er|play [pauᵉrpleⁱ], das; -[s] (anhaltender gemeinsamer Ansturm auf das gegnerische Tor beim Eishockey); Po|w|er|slide [pauᵉr-

βlaid], das; -[s] (eine Kurvenfahrtechnik bei Autorennen; eine Bremstechnik beim Inlineskaten)

Pracht, die; -; Pracht|ex|em|p|lar; präch|tig; Präch|tig|keit, die; -; Pracht|stück; pracht|voll

Prä|des|ti|na|ti|on [...zion], die; - (Vorherbestimmung); prä|des|ti|nie|ren; prä|des|ti|niert (vorherbestimmt; wie geschaffen [für etwas])

Prä|di|kat, das; -[e]s, -e (Sprachw.: Satzaussage; [gute] Zensur, Beurteilung); prä|di|ka|tiv (aussagend)

präg|bar; prä|gen; Prä|ge_pres|se (Druckw.), ...stät|te, ...stem|pel, ...stock (der; -[e]s, ...stöcke)

prag|ma|tisch (auf praktisches Handeln gerichtet; sachbezogen)

prä|g|nant (knapp u. treffend); Prä|g|nanz, die; -

Prä|gung

prä|his|to|risch [auch, österr. nur: prä...] (vorgeschichtlich)

prah|len; Prah|ler; Prah|le|rei; prah|le|risch

prak|ti|ka|bel (brauchbar; benutzbar; zweckmäßig); Prak|ti|kant, der; -en, -en (jmd., der ein Praktikum absolviert); Prak|ti|kan|tin; Prak|ti|ker, der; -s, - (Mann der prakt. Arbeitsweise und Erfahrung; Ggs.: Theoretiker); Prak|ti|kum, das; -s, ...ka (praktische Übung an der Hochschule; im Rahmen einer Ausbildung außerhalb der [Hoch]schule abzuleistende praktische Tätigkeit); prak|tisch (auf die Praxis bezüglich; zweckmäßig; geschickt; tatsächlich); -er Arzt (nichtspezialisierter Arzt, Arzt für Allgemeinmedizin, Abk.: prakt. Arzt); prak|ti|zie|ren (in der Praxis anwenden, in die Praxis umsetzen; bes. als Arzt tätig sein; ein Praktikum machen)

Prä|lat, der; -en, -en (geistl. Würdenträger)

Pra|li|ne, die; -, -n

prall (voll; stramm); Prall, der; -[e]s, -e (heftiges Auftreffen); prall|len; prall|voll (ugs.)

Prä|lu|di|um, das, -s, ...ien [...iᵉn] (Musik: Vorspiel)

Prä|mie [...iᵉ], die; -, -n (Belohnung, Preis; [Zusatz]gewinn; Vergütung; Versicherungsbeitrag); prä|mi|en|be|güns|tigt; -es Sparen; prä|mi|en|spa|ren; meist nur in der Grundform gebr.; Prä|mi|en_spa|ren (das; -s), ...spar|ver|trag; prä|mie|ren, prä|mi|ie|ren; Prä|mie|rung, Prä|mi|ie|rung

pran|gen

Pran|ger, der; -s, - (früher für: Schandpfahl)

Pran|ke, die; -, -n (Klaue, Tatze)

Prä|pa|rat, das; -[e]s, -e (zubereitete Substanz, z. B. Arzneimittel; Biol., Med.: präparierter Organismus od. Teile davon als Demonstrationsobjekt für Forschung u. Lehre); prä|pa|rie|ren; einen Stoff, ein Kapitel - (vorbereiten); sich - (vorbereiten); Körper- od. Pflanzenteile - (Biol., Med.:

dauerhaft, haltbar machen od. sachgerecht zerlegen)

Prä|po|si|ti|on [...zion], die; -, -en (Sprachw.: Verhältniswort)

Prä|rie, die; -, ...ien (Grasebene [in Nordamerika])

Prä|sens, das; -, ...sentia od. ...senzien [...iᵉn] (Sprachw.: Gegenwart); prä|sent (anwesend; gegenwärtig); etwas - haben; Prä|sent, das; -[e]s, -e (Geschenk); prä|sen|tie|ren (überreichen; vorlegen; vorstellen); Prä|senz, die; - (Gegenwart, Anwesenheit)

Prä|ser|va|tiv, das; -s, -e [...wᵉ] (Gummiüberzug für das m. Glied zur Empfängnisverhütung)

Prä|ses, der u. die; -, ...sides u. ...siden (geistl. Vorstand eines kath. kirchl. Vereins; Vorsitzende[r] einer ev. Synode); Prä|si|dent, der; -en, -en (Vorsitzender; Staatsoberhaupt in einer Republik); Prä|si|den|tin; prä|si|die|ren (den Vorsitz führen, leiten); Prä|si|di|um, das; -s, ...ien [...iᵉn] (leitendes Gremium; Vorsitz; Amtsgebäude eines [Polizei]präsidenten)

pras|seln

pras|sen (schlemmen); Pras|se|rei

prä|ten|ti|ös (anspruchsvoll; anmaßend)

Prä|te|r|i|tum, das; -s, ...ta (Sprachw.: Vergangenheit)

Prat|ze, die; -, -n (svw. Pranke)

Pra|xis, die; -, ...xen (nur Einz.: Tätigkeit, Ausübung, Erfahrung, Ggs.: Theorie; Räumlichkeiten für die Berufsausübung best. Berufsgruppen); Pra|xis|ge|bühr, die; - (von Kassenpatienten vierteljährlich zu entrichtende Gebühr beim Arztbesuch)

prä|zis (österr. nur so), prä|zi|se (genau); prä|zi|sie|ren (genau angeben); Prä|zi|sie|rung; Prä|zi|si|on, die; - (Genauigkeit)

pre|di|gen; Pre|di|ger; Pre|digt, die; -, -en

Preis, der; -es, -e (auch geh. für: Lob); Preis|aus|schrei|ben, das; -s, -; preis|be|wusst

Prei|sel|bee|re

Preis|emp|feh|lung; unverbindliche -

prei|sen; pries, gepriesen

Preis|fra|ge; Preis|ga|be, die; -; preis|ge|ben; preis|ge|krönt; Preis|ge|richt; preis|güns|tig; Preis_la|ge, ...lis|te; Preis-Lohn-Spi|ra|le (Wirtsch.); Preis_nach|lass (für: Rabatt), ...rich|ter, ...schild (das), ...sen|kung, ...stei|ge|rung, ...trä|ger, ...ver|lei|hung; preis|wert

pre|kär (misslich, schwierig)

Prell_ball (ein dem Faustball ähnliches Mannschaftsspiel), ...bock (Bremsvorrichtung am Ende eines Gleises; beim Prellball zu überspielender Balken); prel|len; Prel|lung

Pre|mi|er [prᵉmie, premiᵉ], der; -s, -s (Premierminister); Pre|mi|e|re, die; -, -n (Erst-, Uraufführung); Pre|mier_mi|nis|ter [prᵉmie..., premie...], ...mi|nis|te|rin

prȩ|schen

Press|ball (Sportspr.: von zwei Spielern gleichzeitig getretener Ball)

Prẹs|se, die; -, -n (Druck-, Obst-, Ölpresse usw.; nur Einz.: Gesamtheit der period. Druckschriften; Zeitungs-, Zeitschriftenwesen); **Prȩs|se_agen|tur, ...be|richt, ...fo|to|graf, ...frei|heit** (die; -), **...kon|fe|renz, ...mel|dung**

prȩs|sen; du/er presst; presste, gepresst; press!; **press|sie|ren** (bes. südd., österr. u. schweiz. für: drängen, eilig sein; sich beeilen); **Prȩs|si|on,** die; -, -en (Druck; Zwang); **Prẹss|luft,** die; -; **Prẹss|luft_boh|rer, ...ham|mer; Prȩs|sung**

Prȩs|ti|ge [...isch(e)], das; -s (Ansehen, Geltung)

pri|ckeln, pri|ckelnd

Priȩl, der; -[e]s, -e (schmaler Wasserlauf im Wattenmeer)

Priȩm, der; -[e]s, -e (Stück Kautabak); **prie|men** (Tabak kauen)

Priȩs|ter, der; -s, -; **Priȩs|te|rin; pries|ter|lich**

pri|ma (ugs. für: ausgezeichnet, großartig) ein prima Kerl; **Pri|ma,** die; -, ...men (veraltend: eine der beiden oberen Klassen eines Gymnasiums); **Pri|ma|bal|le|ri|na,** die; -, ...nen (erste Tänzerin); **Pri|ma|don|na,** die; -, ...nnen (erste Sängerin); **Pri|ma|ner,** der; -s, - (Schüler der Prima); **Pri|ma|ne|rin; pri|mär** (die Grundlage bildend; ursprünglich, erst...)

¹Pri|mat, der od. das; -[e]s, -e (Vorrang; [Vor]herrschaft; oberste Kirchengewalt des Papstes)

²Pri|mat, der; -en, -en (meist Mehrz.; Biol.: Herrentier, höchstentwickelte Säugetier)

Pri|mel, die; -, -n (eine Frühjahrsblume)

pri|mi|tiv (einfach, dürftig; abwertend für: von geringem geistig-kulturellem Niveau); **Pri|mi|ti|ve** [...w^e], der u. die; -n, -n (meist Mehrz.; Angehörige[r] eines Volkes, das auf einer niedrigen Zivilisationsstufe steht); **Pri|mi|ti|vi|tät; Pri|miz,** die; -, -en (erste [feierl.] Messe eines neu geweihten kath. Priesters); **Pri|mus,** der; -, ...mi u. ...se (Klassenbester); **Prim|zahl** (nur durch 1 und durch sich selbst teilbare Zahl)

Prin|te, die; -, -n (ein Gebäck)

Prinz, der; -en, -en; **Prin|zen|paar,** das; -[e]s, -e (Prinz u. Prinzessin [im Karneval]); **Prin|zes|sin; Prin|zip,** das; -s, -ien [...i^e n] (seltener: -e; Grundlage; Grundsatz); **prin|zi|pi|ell** (grundsätzlich)

Pri|or, der; -s, Priȯren ([Kloster]oberer, -vorsteher); **Pri|o|ri|tät,** die; -, -en (Vorrang; nur Einz.: zeitl. Vorhergehen; bes. Rechtsspr., Wirtsch.: Vorrecht)

Pri|se, die; -, -n (kleine Menge): eine - Salz

Prịs|ma, das; -s, ...men (Math.: vielflächiger Körper; Optik: lichtbrechender Körper)

Prịt|sche, die; -, -n (flaches Schlagholz; hölzerne Liegestätte; Ladefläche eines Lkw)

pri|vat [...vat] (persönlich; nicht öffentlich;

vertraulich; vertraut); Verkauf an privat; Kauf von privat; eine privat versicherte, (auch:) privatversicherte Patientin; **Pri|vat_an|ge|le|gen|heit, ...be|sitz; pri|va|ti|sie|ren** [...wa...] (staatl. Vermögen in Privatvermögen umwandeln; vom eigenen Vermögen leben); **Pri|vat_le|ben** (das; -s), **...pa|ti|ent, ...per|son; pri|vat|ver|si|chert;** vgl. privat; **Pri|vat|wirt|schaft**

Pri|vi|leg [...wi...], das; -[e]s, ...ien [...i^e n] (auch: -e; Vor-, Sonderrecht)

pro; Verhältnisw. mit Wenf. od. Wemf. (für; je); - Stück; - männlichen Angestellten od. Angestelltem; **Pro,** das; - (Für); das - und Kontra

Pro|band, der; -en, -en (Testperson); **pro|bat** (erprobt; bewährt); **Pro|be,** die; -, -n; [einen Wagen] Probe fahren; wir sind Probe gefahren; lassen Sie die Maschine Probe laufen; die Bewerberin musste [eine Seite] Probe schreiben; sie hat bei dem Dirigenten Probe gesungen (vorgesungen); **Pro|be_alarm, ...ex|em|p|lar; Pro|be fah|ren;** vgl. Probe; **Pro|be|fahrt; Pro|be lau|fen;** vgl. Probe; **Pro|be_ Pro|be schrei|ben;** vgl. Probe; **Pro|be sin|gen;** vgl. Probe; **pro|be|wei|se; Pro|be|zeit; pro|bie|ren** (versuchen, kosten, prüfen)

Pro|b|lem, das; -s, -e (zu lösende Aufgabe; Frage[stellung]; Schwierigkeit); **Pro|b|le|ma|tik,** die; - (Gesamtheit von Problemen; Schwierigkeit[, etwas zu klären]); **pro|b|le|ma|tisch; Pro|b|lem_be|wusst|sein, ...haut; pro|b|lem|los; Pro|b|lem_lö|sung, ...müll, ...stel|lung**

Pro|ce|de|re; vgl. Prozedere

Pro|dukt, das; -[e]s, -e (Erzeugnis; Ertrag; Folge, Ergebnis); **Pro|duk|ti|on** [...zion], die; -, -en (Herstellung, Erzeugung); **Pro|duk|ti|ons_kos|ten** (die; Mehrz.), **...zweig; pro|duk|tiv** (ergiebig; fruchtbar; schöpferisch); **Pro|duk|ti|vi|tät** [...wi...], die; -; **Pro|dukt|pa|let|te; Pro|du|zent,** der; -en, -en (Hersteller, Erzeuger); **Pro|du|zen|tin; pro|du|zie|ren** ([Güter] hervorbringen, erzeugen, schaffen); sich - (die Aufmerksamkeit auf sich lenken)

pro|fan (unheilig, weltlich; alltäglich)

Pro|fes|si|on, die; -, -en (veralt. für: Beruf; Gewerbe); **Pro|fes|si|o|nal** [profäsch^e n^e l], der; -s, -s (Berufssportler); **pro|fes|si|o|nell** (berufsmäßig; fachmännisch); **Pro|fes|sor,** der; -s, ...oren; **pro|fes|so|ral** (professorenhaft, würdevoll); **Pro|fes|so|rin** [auch: profäß...] (im Titel u. in der Anrede auch: Frau Professor); **Pro|fes|sur,** die; -, -en (Lehrstuhl, -amt); **Pro|fi,** die; -, -s (Kurzw. für: Professional; jmd., der etw. fachmännisch betreibt); **Pro|fi|bo|xer**

Pro|fil, das; -s, -e (Seitenansicht; Längs- od. Querschnitt; Riffelung bei Gummireifen); **pro|fi|lie|ren** (im Querschnitt darstellen); sich -; **pro|fi|liert** (auch für: gerillt, geformt; scharf umrissen; von ausgeprägter Art); **Pro|fi|lie|rung; pro|fil|los; Pro|fil|soh|le**

Pro|fit, der; -[e]s, -e (Nutzen; Gewinn; Vorteil); ein Profit bringendes, (auch:) profitbringendes Geschäft, aber nur: ein äußerst profitbringendes Geschäft; **pro|fi|ta|bel; pro|fit|brin|gend;** vgl. Profit; **pro|fi|tie|ren** (Nutzen ziehen); **Pro|fit|jä|ger**

pro for|ma (der Form wegen, zum Schein)

pro|fund (tief; gründlich)

Pro|g|no|se, die; -, -n (Vorhersage [des Krankheitsverlaufs, des Wetters usw.]); **pro|g|nos|tisch** (vorhersagend); **pro|g|nos|ti|zie|ren; Pro|g|nos|ti|zie|rung**

Pro|gramm, das; -s, -e (Plan; Darlegung von Grundsätzen; Ankündigung; Spiel-, Sende-, Fest-, Arbeits-, Vortragsfolge; Tagesordnung; EDV: Folge von Anweisungen für einen Computer); **pro|gram|ma|tisch** (dem Programm gemäß; richtungweisend); **pro|gramm|ge|mäß; Pro|gramm|heft; pro|gram|mie|ren** ([im Ablauf] festlegen; [einen Computer] mit einem Programm versorgen); **Pro|gram|mie|rer** (EDV; Fachmann, der Computerprogramme schreibt); **Pro|gram|mie|re|rin; Pro|gram|mie|rung**

Pro|gress, der; -es, -e (Fortschritt); **Pro|gres|si|on,** die; -, -en (Fortschreiten, [Stufen]folge, Steigerung); **pro|gres|siv** (stufenweise fortschreitend, sich entwickelnd; fortschrittlich)

Pogrom
Das Hauptwort stammt aus dem Russischen und ist nicht mit der lateinischen Vorsilbe Pro- (wie etwa in *Programm, Produkt, Profit*) gebildet worden.

Pro|hi|bi|ti|on [...zion], die; -, -en (Verbot, bes. von Alkoholherstellung u. -abgabe)

Pro|jekt, das; -[e]s, -e (Plan[ung], Entwurf, Vorhaben); **pro|jek|tie|ren; Pro|jek|til,** das; -s, -e (Geschoss); **Pro|jek|ti|on** [...zion], die; -, -en (Darstellung auf einer Fläche; Vorführung mit dem Projektor); **Pro|jek|tor,** der; -s, ...oren (Bildwerfer); **pro|ji|zie|ren** (auf einer Fläche darstellen; mit dem Projektor vorführen)

Pro|kla|ma|ti|on [...zion], die; -, -nen (amtl. Bekanntmachung; Aufruf); **pro|kla|mie|ren**

Pro-Kopf-Ver|brauch

Pro|ku|ra, die; -, ...ren (Handlungsvollmacht; Recht, den Geschäftsinhaber zu vertreten); **Pro|ku|rist,** der; -en, -en (Inhaber einer Prokura); **Pro|ku|ris|tin**

Pro|let, der; -en, -en (abwertend für: ungebildeter, ungehobelter Mensch); **Pro|le|ta|ri|at,** das; -[e]s, -e (Gesamtheit der Proletarier); **Pro|le|ta|ri|er** [...i^e r], der; -s, - (Angehöriger der wirtschaftlich unselbstständigen, besitzlosen Klasse); **Pro|le|ta|ri|e|rin; pro|le|ta|risch; Pro|le|tin**

Pro|log, der; -[e]s, -e (Einleitung; Vorwort, -spiel, -rede)

Pro|me|na|de, die; -, -n (Spaziergang, -weg); **Pro|me|na|den_deck, ...mi|schung** (ugs. scherzh. für: nicht reinrassiger Hund); **pro|me|nie|ren** (spazieren gehen) pro mil le (für tausend, für das Tausend, vom Tausend; Abk.: p. m., v. T.; Zeichen: ‰); Pro|mil|le, das; -[s], - (Tausendstel)

pro|mi|nent (bedeutend, maßgebend); Pro|mi|nen|te, der u. die; -n, -n (bekannte Persönlichkeit); Pro|mi|nenz, die; - (Gesamtheit der Prominenten)

pro|mo|ten (für etw. Werbung machen); er/ sie promotet, hat promotet; Pro|mo|ter [...mo"t"r], der; -s, - (Veranstalter von Berufssportwettkämpfen)

¹Pro|mo|ti|on [...zion], die; -, -en (Erlangung, Verleihung der Doktorwürde)

²Pro|mo|tion [promo"sch"n], die; - (Wirtsch.: Absatzförderung durch gezielte Werbemaßnahmen)

pro|mo|vie|ren [...wir"n] (die Doktorwürde erlangen, verleihen)

prompt (unverzüglich)

Pro|no|men, das; -s, - u. (älter:) ...mina (Sprachw.: Fürwort)

Pro|pa|gan|da, die; - (Werbung für polit. Grundsätze, kulturelle Belange od. wirtschaftl. Zwecke); Pro|pa|gan|da|film; Pro|pa|gan|dist, der; -en, -en (jmd., der Propaganda treibt); Pro|pa|gan|dis|tin; pro|pa|gan|dis|tisch; pro|pa|gie|ren (verbreiten, für etwas werben)

Pro|pan, das; -s (ein Brenn-, Treibgas); Pro|pan|gas

Pro|pel|ler, der; -s, - (Antriebsschraube bei Schiffen od. Flugzeugen)

pro|per (sauber; ordentlich)

Pro|phet, der; -en, -en; Pro|phe|tie, die; -, ...i̯en (Weissagung); pro|phe|tisch (seherisch, vorausschauend); pro|phe|zei|en (voraussagen); Pro|phe|zei|ung

pro|phy|lak|tisch (vorbeugend, verhütend); Pro|phy|la|xe

Pro|por|ti|on [...zion], die; -, -en ([Größen]verhältnis); pro|por|ti|o|nal (verhältnismäßig; in gleichem Verhältnis stehend; entsprechend); pro|por|ti|o|niert (bestimmte Proportionen aufweisend); Pro|porz, der; -es, -e (Verteilung von Sitzen u. Ämtern nach dem Stimmenverhältnis bzw. dem Verhältnis der Partei- od. Konfessionszugehörigkeit; bes. österr. u. schweiz. für: Verhältniswahlsystem)

Propst, der; -[e]s, Pröpste (Kloster-, Stiftsvorsteher; Superintendent)

Pro|sa, die; - (Text in ungebundener Form; übertr. für: Nüchternheit); Pro|sa|dich|tung; pro|sa|isch (in Prosa [abgefasst]; oft abwertend für: nüchtern)

Pro|sec|co, der; -[s], -s (ein it. Schaum-, Perl- od. Weißwein)

pro|sit!, prost! (wohl bekomms!); Pro|sit, das; -s, -s u. Prost, das; -[e]s, -e (Zutrunk)

Pro|spekt, der (österr. auch: das); -[e]s, -e (Werbeschrift; Ansicht [von Gebäuden u. a.])

prost!; vgl. prosit!; Prost!; vgl. Prosit

Pro|s|ta|ta, die; - (Vorsteherdrüse)

pros|ten

pro|s|ti|tu|ie|ren (herabwürdigen); sich - (sich preisgeben); Pro|s|ti|tu|ier|te, die; -n, -n (Frau, die der Prostitution nachgeht); Pro|s|ti|tu|ti|on [...zion], die; (gewerbsmäßige Ausübung sexueller Handlungen)

Pro|te|gé [...tesche], der; -s, -s (Günstling; Schützling); pro|te|gie|ren [...teschir"n]

Pro|te|in, das; -s, -e (einfacher Eiweißkörper)

Pro|tek|ti|on [...zion], die; -, -en (Förderung; Schutz); Pro|tek|ti|o|nis|mus, der; - (Politik, die die inländische Wirtschaft begünstigt); pro|tek|ti|o|nis|tisch; Pro|tek|to|rat, das; -[e]s, -e (Schirmherrschaft; Schutzherrschaft; unter Schutzherrschaft stehendes Gebiet)

Pro|test, der; -[e]s, -e (Einspruch, Missfallensbekundung); Pro|test|ak|ti|on; Pro|tes|tant, der; -en, -en (Angehöriger des Protestantismus); Pro|tes|tan|tin; pro|tes|tan|tisch (Abk.: prot.); Pro|tes|tan|tis|mus, der; - (Gesamtheit der auf die Reformation zurückgehenden ev. Kirchengemeinschaften); pro|tes|tie|ren (Einspruch erheben); Pro|test_kund|ge|bung, ...song

Pro|the|se, die; -, -n (Ersatzglied; Zahnersatz)

Pro|to|koll, das; -s, -e (förml. Niederschrift, Tagungsbericht; Beurkundung einer Aussage, Verhandlung u. a.; Gesamtheit der im diplomat. Verkehr gebräuchl. Formen); Pro|to|kol|lant, der; -en, -en ([Sitzungs]schriftführer); Pro|to|kol|lan|tin; pro|to|kol|la|risch; pro|to|kol|lie|ren (ein Protokoll aufnehmen; beurkunden)

Pro|to|plas|ma, das; -s (Biol.: Lebenssubstanz aller pflanzl., tier. u. menschl. Zellen); Pro|to|typ [selten: ...tüp], der; -s, -en (Muster; Urbild; Inbegriff); pro|to|ty|pisch (urbildlich)

Protz, der; -en u. -es, -e[n] (ugs. für: Angeber); prot|zen; Prot|ze|rei; prot|zig

Pro|ve|ni|enz [...weniänz], die; -, -en (Herkunft, Ursprung)

Pro|vi|ant [...wi...], der; -s, -e ([Mund]vorrat; Wegzehrung; Verpflegung); Pro|vi|ant|wa|gen

Pro|vi|der [provaid"r], der; -s, - (EDV: Anbieter eines Zugangs zum Internet o. Ä.)

Pro|vinz [...winz], die; -, -en (auch abwertend für: [kulturell] rückständige Gegend); pro|vin|zi|ell (abwertend für: hinterwäldlerisch); Pro|vinz|ler (abwertend für: Provinzbewohner; [kulturell] rückständiger Mensch)

Pro|vi|si|on [...wi...], die; -, -en (Vergütung [für Geschäftsbesorgung], [Vermittlungs]gebühr); pro|vi|so|risch (vorläufig); Pro|vi|so|ri|um, das; -s, ...ien [...i"n] (vorläufige Einrichtung; Übergangslösung)

pro|vo|kant (herausfordernd); Pro|vo|ka|teur [provokatör], der; -s, -e (jmd., der provoziert); Pro|vo|ka|ti|on [...zion], die; -, -en (Herausforderung; Aufreizung); pro-

vo|ka|tiv, pro|vo|ka|to|risch (herausfordernd); pro|vo|zie|ren (herausfordern; aufreizen); Pro|vo|zie|rung

Pro|ze|de|re, (auch:) Pro|ce|de|re, das; -, -, (Verfahrensordnung, -weise, Prozedur)

Pro|ze|dur, die; -, -en (Verfahren, [schwierige, unangenehme] Behandlungsweise)

Pro|zent, das; -[e]s, -e ([Zinsen, Gewinn] vom Hundert, Hundertstel; Abk.: p. c., v. H.; Zeichen: %); Pro|zent|satz (best. Anzahl von Prozenten); pro|zen|tu|al (im Verhältnis zum Hundert, in Prozenten ausgedrückt)

Pro|zess, der; -es, -e (Vorgang, Ablauf; gerichtl. Durchführung von Rechtsstreitigkeiten); pro|zess|füh|rend; die -en Parteien; pro|zes|sie|ren (einen Prozess führen); Pro|zes|si|on, die; -, -en ([feierl. kirchl.] Umzug, Bitt- od. Dankgang)

prü|de (zimperlich, spröde [in sexueller Beziehung]); Prü|de|rie, die; - (Zimperlichkeit, Ziererei)

prü|fen; Prü|fer; Prüf|ling; Prüf_stand, ...stein; Prü|fung; Prü|fungs_angst, ...fra|ge, ...kom|mis|si|on, ...ter|min

¹Prü|gel, der; -s, - (Stock)

²Prü|gel, die (Mehrz.; ugs. für: Schläge)

Prü|ge|lei (ugs.); Prü|gel|kna|be (jmd., der anstelle des Schuldigen bestraft wird); prü|geln; Prü|gel|stra|fe

Prunk, der; -[e]s; prun|ken; prunk_süch|tig, ...voll

prus|ten (stark schnauben)

Psalm, der; -s, -en; psal|mo|die|ren (Psalmen vortragen; eintönig singen)

pscht!, pst!

pseu|d|o|nym (unter einem Decknamen [verfasst]); Pseu|d|o|nym, das; -s, -e (Deckname, Künstlername)

pst!, pscht!

Psy|che, die; -, -n (Seele); Psy|chi|a|ter, der; -s, - (Facharzt für Psychiatrie); Psy|chi|a|te|rin; Psy|chi|a|t|rie, die; -, ...ien (Lehre von den seelischen Störungen, von den Geisteskrankheiten); psy|chi|a|t|risch; psy|chisch (seelisch); Psy|cho|ana|ly|se, die; - (Verfahren zur Untersuchung u. Behandlung unbewusster seelischer Vorgänge); Psy|cho|ana|ly|ti|ker (die Psychoanalyse anwendender Psychologe, Arzt); Psy|cho|ana|ly|ti|ke|rin; psy|cho|ana|ly|tisch; Psy|cho|lo|ge, der; -n, -n; Psy|cho|lo|gie, die; - (Wissenschaft von den psych. Vorgängen); Psy|cho|lo|gin; psy|cho|lo|gisch; Psy|cho|path, der; -en, -en (jmd., der an Psychopathie leidet); Psy|cho|pa|thie, die; - (Abweichen des geistigseel. Verhaltens von der Norm); psy|cho|pa|thisch; Psy|cho|se, die; -, -n (krankhafte geistig-seelische Störung); Psy|cho|the|ra|peut, der; -en, -en (Facharzt od. Psychologe, der Psychotherapie anwendet); Psy|cho|the|ra|peu|tin; psy|cho|the|ra|peu|tisch; Psy|cho|the|ra|pie, die; -, ...ien (seel. Heilbehandlung)

Pub [pap], das (auch: der); -s, -s (Kneipe)

pu|ber|tär (mit der Pubertät zusammenhängend); Pu|ber|tät, die; - ([Zeit der eintretenden] Geschlechtsreife); Pu|ber|täts-
zeit; pu|ber|tie|ren (sich in der Pubertät befinden)

Pu|b|li|ci|ty [pabliβiti], die; - (Öffentlichkeit; Reklame, öffentl. Verbreitung); Pu|b|lic Re|la|tions [pablik rile'sch°ns], die (Mehrz.; Öffentlichkeitsarbeit; Kontaktpflege); pu|b|lik (öffentlich; allgemein bekannt); etw. publik machen, (auch:) publik-
machen; Pu|b|li|ka|ti|on [...zion], die; -, -en (Veröffentlichung, Schrift); pu|b|lik-
ma|chen; vgl. publik; Pu|b|li|kum, das; -s; Pu|b|li|kums_er|folg, ...lieb|ling, ...ver|kehr; pu|b|li|kums|wirk|sam; pu|b|li|zie|ren (veröffentlichen; seltener für: publik machen); Pu|b|li|zist, der; -en, -en (polit. Schriftsteller; Tagesschriftsteller; Journalist); Pu|b|li|zis|tik, die; -; Pu|b|li-
zis|tin; pu|b|li|zis|tisch

Puck, der; -s, -s (Hartgummischeibe beim Eishockey)

Pud|ding, der; -s, -e u. -s (eine Süß-, Mehlspeise); Pud|ding|pul|ver

Pu|del, der; -s, - (ein Hund); Pu|del|müt|ze; pu|del|wohl (ugs.); sich - (sehr wohl) fühlen

Pu|der, der; -s, -; Pu|der|dose; pu|de|rig, pud|rig; pu|dern; Pu|der|zu|cker; pud-
rig; vgl. puderig

¹Puff, der (auch: das); -s, -s (ugs. für: Bordell)

²Puff, der; -[e]s, Püffe u. (seltener:) Puffe (ugs. für: Stoß)

Puff|är|mel; puf|fen (bauschen; ugs. für: stoßen); Puf|fer (federnde, Druck u. Aufprall abfangende Vorrichtung [an Eisenbahnwagen u. a.]; kurz für: Kartoffelpuffer); Puf|fer|zo|ne; Puff_mut|ter (Mehrz. ...mütter; ugs. für: Leiterin eines Bordells), ...reis (der; -es)

pul|len (nordd. für: bohren, herausklauben)

Pulk, der; -[e]s, -s (selten auch: -e; Verband von Kampfflugzeugen od. milit. Kraftfahrzeugen; Anhäufung)

Pul|le, die; -, -n (ugs. für: Flasche)

pul|len (nordd. für: rudern)

Pul|li, der; -s, -s (ugs. für: Pullover); Pul|l|o-
ver [...ow°r], der; -s, -; Pul|l|un|der, der; -s, - (kurzer, ärmelloser Pullover, der über Bluse oder Hemd getragen wird)

Puls, der; -es, -e (Aderschlag; Pulsader am Handgelenk); Puls|ader (Schlagader); pul-
sen, pul|sie|ren (schlagen, klopfen; an- u. abschwellen); Puls|schlag, ...wär|mer

Pult, das; -[e]s, -e

Pul|ver [...f°r], das; -s, -; Pül|ver|chen; Pul-
ver|fass; pul|ver|fein; pul|ve|rig, pul|ve-
rig; pul|ve|ri|sie|ren (zu Pulver zerreiben); Pul|ver|schnee; pulv|rig; vgl. pulverig

Pum|mel, der; -s, - (ugs. für: rundliches Kind); Pum|mel|chen; pum|me|lig, pumm|lig (ugs. für: dicklich)

Pump, der; -s, -e (ugs. für: Borg); Pum|pe, die; -, -n; pum|pen (ugs. auch für: borgen)

Pum|per|ni|ckel, der; -s, - (ein Schwarzbrot)

Pump|ho|se

Pumps [pömpβ], der; -, - (ausgeschnittener Damenschuh mit höherem Absatz)

Pun|ching|ball [pantsching...] (Übungsball für Boxer)

Punk [pangk], der; -[s], -s (Jugendlicher, der durch sein auffallendes Äußeres eine antibürgerliche Haltung zur Schau trägt; nur Einz.: Punkrock); Pun|ker, der; -s, - (svw. Punk); Pun|ke|rin; pun|kig; Punk|rock, (auch:) Punk-Rock [pangk-] (bewusst primitiv-exaltierte Rockmusik)

Punkt, der; -[e]s, -e (Abk.: Pkt.); Pünkt-
chen; Punk|te|kampf (Sportspr.); punk-
ten; punkt|gleich (Sportspr.); punk|tie-
ren (mit Punkten versehen, tüpfeln; Med.: eine Punktion ausführen); Punk|ti|on [...zion], Punk|tur, die; -, -en (Med.: Einstich in eine Körperhöhle zur Entnahme von Flüssigkeiten); pünkt|lich; Pünkt|lich-
keit, die; -; Punkt_rich|ter (Sportspr.), ...schrift (Blindenschrift), ...sieg (Sportspr.), ...spiel (Sportspr.); punk|tu-
ell (punktweise; einzelne Punkte betreffend); Punk|tum; nur in: und damit -! (und damit Schluss!); Punk|tur; vgl. Punktion; Punkt|zahl

Punsch, der; -[e]s, -e (auch: Pünsche; ein alkohol. Getränk)

pupen, pup|sen (ugs. für: eine Blähung abgehen lassen)

Pu|pil|le, die; -, -n

Püpp|chen; Pup|pe, die; -, -n; Pup-
pen_haus, ...spiel, ...spie|ler, ...stu|be, ...wa|gen; pup|pig (ugs. für: niedlich)

pup|sen; vgl. pupen

pur (rein, unverfälscht, lauter)

Pü|ree, das; -s, -s (Brei); pü|rie|ren (zu Püree machen); Pü|rier|stab (elektr. Gerät zum Pürieren)

pu|ri|ta|nisch (sittenstreng)

Pur|pur, der; -s (hochroter Farbstoff; purpurfarbiges, prächtiges Gewand); pur|purn (purpurfarben); pur|pur|rot

Pur|zel, der; -s (kleines Kind); Pur|zel-
baum; pur|zeln

pus|se|lig, puss|lig (ugs. für: Geschicklichkeit verlangend); pus|seln (ugs. für: sich mit Kleinigkeiten beschäftigen)

puss|lig, vgl. pusselig

Pus|te, die; - (ugs. für: Atem); Pus|te|blu-
me

Pus|tel, die; -, -n (Eiterbläschen)

pus|ten (landsch.)

Pu|te, die; -, -n (Truthenne); Pu|ter (Truthahn); pu|ter|rot

Putsch, der; -[e]s, -e (polit. Handstreich); put|schen; Put|schist, der; -en, -en

Put|te, die; -, -n (bild. Kunst: nackte Kinderfigur [mit Flügeln])

Putz, der; -es; put|zen; Putz|frau

put|zig (ugs. für: drollig; sonderbar)

Putz_lap|pen, ...mit|tel; putz|mun|ter (ugs. für: sehr munter); Putz|wol|le

puz|zeln [paβ°ln] (Puzzlespiele machen; mühsam zusammensetzen); Puz|zle [pa-
β°l], das; -s, -s (Geduldsspiel)

Pyg|mäe, der; -n, -n (Angehöriger einer kleinwüchsigen Bevölkerungsgruppe in Afrika)

Py|ja|ma [pü(d)sch..., pi(d)sch..., auch: püj...], der, (österr. u. schweiz. auch:) das; -s, -s (Schlafanzug)

Py|lon, der; -en, -en (torähnlicher, tragender Pfeiler einer Hängebrücke; kegelförmige, bewegliche Absperrmarkierung auf Straßen)

Py|ra|mi|de, die; -, -n (ägypt. Grabbau; geometr. Körper); py|ra|mi|den|för|mig

Py|ro|ma|ne, der; -n, -n (an Pyromanie Leidender); Py|ro|ma|nie (die; -; krankhafter Brandstiftungstrieb); Py|ro_ma|nin, ...tech|nik (die; -; Herstellung u. Gebrauch von Feuerwerkskörpern)

Q q

Q [ku; österr.: kwe, in der Math.: ku] (Buchstabe); das Q; des Q, die Q; aber: das q in verquer

quab|be|lig, quabb|lig (nordd. für: schwabbelig); quab|beln; quabb|lig; vgl. quabbelig

qua|ckeln (landsch. für: viel u. töricht reden)

Quack|sal|ber (abwertend für: Kurpfuscher); quack|sal|bern

Quad|del, die; -, -n (juckende Anschwellung)

Qua|der, der; -s, - (seltener: die; -, -n; ein von sechs Rechtecken begrenzter Körper; behauener [viereckiger] Bruchsteinblock); Qua|der|stein

Qua|d|rant, der; -en, -en (Math.: Viertelkreis); Qua|d|rat, das; -[e]s, -e (Viereck mit vier rechten Winkeln u. vier gleichen Seiten; zweite Potenz einer Zahl); qua-
d|ra|tisch; Qua|d|rat_ki|lo|me|ter (Zeichen: km², älter: qkm), ...lat|schen (ugs. scherzh. für: große, unförmige Schuhe); ...me|ter (Zeichen: m²), ...schä|del (ugs. für: breiter, eckiger Kopf; starrsinniger Mensch); Qua|d|ra|tur, die; -, -en (Verfahren zur Flächenberechnung); qua|d|rie|ren (Math.: eine Zahl in die zweite Potenz erheben); Qua|d|ro|pho|nie, (auch:) Qua-
d|ro|fo|nie, die; - (Vierkanalstereofonie)

quak!; qua|ken; quä|ken

Quä|ker, der; -s, - (Angehöriger einer Sekte); Quä|ke|rin; quä|ke|risch

Qual, die; -, -en; quä|len; sich -; Quä|le|rei; quä|le|risch; Quäl|geist, der; -[e]s, ...geister (ugs.)

Qua|li|fi|ka|ti|on [...zion], die; -, -en (Befähigung[snachweis]; Teilnahmeberechti-gung); **qua|li|fi|zie|ren** (bezeichnen; befä-higen); sich - (sich eignen; sich als geeig-net erweisen); **qua|li|fi|ziert; Qua|li|tät,** die; -, -en (Beschaffenheit, Güte, Wert); **qua|li|ta|tiv** (dem Wert, der Beschaffen-heit nach); **qua|li|täts|be|wusst; Qua|li-täts_kon|t|rol|le, ...stu|fe, ...wein**

Qual|le, die; -, -n (Nesseltier); **qual|lig;** eine -e Masse

Qualm, der; -[e]s; **qual|men**

qual|voll

Quant, das; -s, -en (Physik: kleinste Energie-menge); **Quänt|chen** (eine kleine Menge); ein - Glück; **Quan|ti|tät,** die; -, -en (Menge, Größe); **quan|ti|ta|tiv** (mengen-mäßig); **Quan|tum,** das; -s, ...ten (be-stimmte Menge)

Qua|ran|tä|ne [ka...], die; -, -n (vorüberge-hende Isolierung von Personen od. Tieren, die eine ansteckende Krankheit haben [könnten])

Quark, der; -s (Weißkäse; ugs. für: Unsinn, Wertloses)

Quart, die; -, -en; **Quar|te,** die; -, -n (Musik: vierter Ton [vom Grundton an]; Intervall im Abstand von 4 Stufen); **Quar|ta,** die; -, ...ten (veraltend für: dritte Klasse eines Gymnasiums); **Quar|tal,** das; -s, -e (Vier-teljahr); **Quar|tal[s]_ab|schluss, ...säu-fer** (ugs.); **Quar|ta|ner** (Schüler der Quarta); **Quar|ta|ne|rin; Quar|te;** vgl. Quart; **Quar|tett,** das; -[e]s, -e (Musik-stück für vier Stimmen od. vier Instru-mente; auch für: die vier Ausführenden; ein Kartenspiel); **Quar|tier,** das; -s, -e (Un-terkunft)

Quarz, der; -es, -e (ein Mineral)

qua|sen (landsch. für: prassen; vergeuden)

qua|si (sozusagen)

Quas|se|lei, die; - (ugs. für: [dauerndes] Ge-rede); **quas|seln** (ugs. für: unaufhörlich re-den); **Quas|sel|strip|pe,** die; -, -n (ugs. abwertend für: jmd., der ständig quasselt; scherzh. veraltend für: Telefon)

Quas|te, die; -, -n (Troddel, Schleife)

Quatsch, der; -[e]s (ugs. für: dummes Ge-rede; Unsinn); **quat|schen** (ugs.); **Quat-sche|rei** (ugs.); **Quatsch|kopf** (ugs. ab-wertend)

queck (landsch. für: quick); **Que|cke,** die; -, -n (lästiges Ackerunkraut); **Queck|sil|ber** (chem. Element, Metall; Zeichen: Hg); **Queck|sil|ber|säu|le**

Quell, der; -[e]s, -e (geh. für: Quelle); **Quel-le,** die; -, -n

¹quel|len; quoll, gequollen (aufschwellen; [unter Druck] hervordringen, sprudeln); Wasser quillt

²quel|len; quellte, gequellt (im Wasser wei-chen lassen); Bohnen -

Quel|len_an|ga|be (in wissenschaftlichen Arbeiten), **...ma|te|ri|al** (für wissenschaft-liche Arbeiten); **quell|frisch; Quell_ge-biet, ...was|ser** (Mehrz. ...wasser)

Quen|ge|lei (ugs.); **quen|ge|lig,** queng|lig (ugs.); **quen|geln** (ugs. für: weinerlich nör-gelnd immer wieder um etwas bitten); **queng|lig;** vgl. quengelig

Quent|chen, (alte Schreibung für:) Quänt-chen

quer; kreuz und -; das Auto - stellen; vgl. aber querstellen; ein quer gestreifter, (auch:) quergestreifter Pullover; **quer|beet** (ugs.); **quer|durch;** er ist - gelaufen; **Que-re,** die; - (ugs.); in die - kommen (ugs.)

Que|re|le, die; -, -n (meist Mehrz.; Streite-rei)

quer|feld|ein; Quer|feld|ein_lauf, ...ren-nen; Quer_flö|te, ...for|mat; quer|ge-hen (ugs. für: missglücken); ihm ist alles quergegangen; **quer|ge|streift;** vgl. quer; **Quer_kopf** (ugs. für: jmd., der immer an-ders handelt, sich nicht einordnet), **...la|ge** (Med.), **...lat|te; quer|le|gen,** sich (ugs. für: sich widersetzen); ich will mich nicht länger -; **Querpass** (Sportspr.); **quer-schie|ßen** (ugs. für: Schwierigkeiten ma-chen); einer muss doch immer -; **Quer-schnitt; quer|schnitt[s]|ge|lähmt; Quer-schnitt[s]|läh|mung; quer|schrei|ben** (bes. Bankwesen: akzeptieren); einen Wechsel -; **quer|stel|len,** sich (ugs. für: sich widersetzen), du sollst dich nicht im-mer -; **Quer_stra|ße, ...trei|ber** (jmd., der etwas zu durchkreuzen sucht)

Que|ru|lant, der; -en, -en (starrköpfiger Nörgler); **Que|ru|lan|tin**

Quer|ver|bin|dung

Quet|sche, die; -, -n (landsch. für: Zwetsche)

quet|schen; Quetsch_fal|te, ...kom|mo|de (ugs. scherzh. für: Ziehharmonika); **Quet-schung**

Queue [kö], das (auch: der); -s, -s (Billard-stock)

Quiche [kisch], die; -, -s (Speckkuchen aus Mürbe- od. Blätterteig)

quick (landsch. für: lebendig, schnell); **quick|le|ben|dig** (ugs.); **Quick|stepp** [kwikßtäp], der; -s, -s (ein Tanz)

quie|ken, quiek|sen

quiet|schen; quietsch|ver|gnügt (ugs. für: sehr vergnügt)

Quint, Quin|te, die; -, -en (Musik: fünfter Ton [vom Grundton an]; Intervall im Ab-stand von 5 Stufen); **Quin|ta,** die; -, ...ten (veraltend für: zweite Klasse eines Gymna-siums); **Quin|ta|ner** (Schüler der Quinta); **Quin|ta|ne|rin; Quin|te;** vgl. Quint; **Quin|tes|senz,** die; -, -en ([als Ergebnis] das Wesentliche einer Sache); **Quin|tett,** das; -[e]s, -e (Musikstück für fünf Stimmen od. fünf Instrumente; auch für: die fünf Ausführenden)

Quirl, der; -[e]s, -e; **quir|len; quir|lig** (ugs. für: lebhaft, unruhig)

quitt (ausgeglichen, fertig, befreit); wir sind - (ugs.)

Qui|te [österr. auch: kit^e], die; -, -n (ein

Obstbaum; dessen Frucht); **quit|te|gelb** od. **quit|ten|gelb**

quit|tie|ren ([den Empfang] bestätigen; ver-altend für: [ein Amt] niederlegen); **Quit-tung** (Empfangsbescheinigung)

Quiz [kwiß], das; -, - (Frage-und-Antwort-Spiel); **Quiz|mas|ter,** der; -s, -

Quo|te, die; -, -n (Anteil [von Personen], der bei Aufteilung eines Ganzen auf den Ein-zelnen od. eine Einheit entfällt); **Quo|ten-re|ge|lung** (Regelung, die in bestimmten Funktionen u. Positionen einen angemesse-nen Anteil von Frauen festlegt); **Quo|ti|ent** [...ziänt], der; -en, -en (Zahlenausdruck, bestehend aus Zähler u. Nenner)

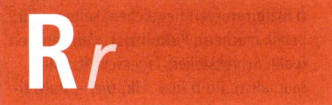

R (Buchstabe); das R; des R, die R; aber: das r in fahren

Ra|batt, der; -[e]s, -e (Preisnachlass); **Ra-bat|te,** die; -, -n ([Rand]beet); **Ra|batt-mar|ke**

Ra|batz, der; -es (ugs. für: Unruhe, Krach); **Ra|bau|ke,** der; -n, -n (ugs. für: Rüpel)

Rab|bi, der; -[s], ...inen (auch: -s; Ehrentitel jüd. Gesetzeslehrer u. a.); **Rab|bi|ner,** der; -s, - (jüd. Gesetzes-, Religionslehrer, Geist-licher, Prediger)

Ra|be, der; -n, -n; **Ra|ben_aas** (Schimpf-wort), **...el|tern, ...mut|ter** (Mehrz. ...mütter; abwertend für: lieblose Mutter); **ra|ben|schwarz** (ugs.)

ra|bi|at (wütend; grob, gewalttätig)

Ra|che, die; -; **Ra|che|akt**

Ra|chen, der; -s, -

rä|chen; sich -

Ra|chen_man|del, ...put|zer (ugs. scherzh. für: scharfes alkohol. Getränk)

Rä|cher

Ra|chi|tis [rach...], die; -, ...iti|den (durch Mangel an Vitamin D hervorgerufene Krankheit); **ra|chi|tisch**

Rach|sucht, die; -; **rach|süch|tig**

Ra|cker, der; -s, - (Schlingel); **Ra|cke|rei** (ugs.); **ra|ckern** (ugs. für: sich abarbei-ten)

Ra|cket, Ra|kett [räk^et], das; -s, -s ([Ten-nis]schläger)

Rad, das; -[e]s, Räder; Rad fahren, ich fahre Rad, sie ist Rad gefahren, um Rad zu fah-ren; Rad schlagen, ich schlage [ein] Rad, er hat [ein] Rad geschlagen, um Rad zu schla-gen

Ra|dar [auch, österr. nur: ra...], der od. das; -s, -e; **Ra|dar_ge|rät, ...kon|trol|le, ...schirm**

Ra|dau, der; -s (ugs. für: Lärm, Krach)

Rad|ball; Räd|chen; Rad|damp|fer; ra|de-bre|chen; ra|deln (Rad fahren); **rä|deln** (mit dem Rädchen [Teig] ausschneiden oder [Schnittmuster] durchdrücken); **Rädels|füh|rer; rä|dern** (früher: durch das Rad hinrichten); Rad fah|ren; vgl. Rad; **Rad|fah|ren,** *das;* -s; beim - hinfallen; **Rad|fah|rer**

Ra|di, *der;* -s, - (bayr. u. österr. für: Rettich)

ra|di|al (auf den Radius bezogen; von einem Mittelpunkt ausgehend)

ra|die|ren; Ra|dier_gum|mi *(der);* ...nadel; **Ra|die|rung** (mit einer geätzten Platte gedruckte Grafik)

Ra|dies|chen (eine Pflanze)

ra|di|kal (politisch, weltanschaulich extrem; gründlich; rücksichtslos); **Ra|di|ka|le,** *der* u. *die;* -n, -n; **Ra|di|ka|len|er|lass** (Erlass, wonach Mitglieder extremistischer Organisationen nicht im öffentlichen Dienst beschäftigt werden); **ra|di|ka|li|sie|ren** (radikal machen); **Ra|di|ka|li|sie|rung** (Entwicklung zum Radikalen); **Ra|di|ka|lismus,** *der;* -, ...men (radikale [politische, religiöse usw.] Einstellung, Richtung); **Radi|ka|list,** *der;* -en, -en; **Ra|di|kal|kur**

Ra|dio, *das;* -s, -s (Rundfunk[gerät]); **ra|dioak|tiv; Ra|dio|ak|ti|vi|tät,** *die;* -; **Ra|dioap|pa|rat; Ra|dio|lo|gie,** *die;* - (Strahlenkunde); **Ra|dio|pro|gramm; Ra|di|um,** *das;* -s (radioaktives chem. Element, Metall; Zeichen: Ra); **Ra|di|us,** *der;* -, ...ien [...iᵉn] (Halbmesser des Kreises; Abk.: *r, R*)

Rad schlagen; vgl. Rad; **Rad|schla|gen,** *das;* -s; **Rad_tour,** ...wech|sel, ...weg

raf|fen; Raff|gier; raff|gie|rig; raf|fig (landsch. für: raff-, habgierig)

Raf|fi|na|de, *die;* -, -n (gereinigter Zucker); **Raf|fi|ne|ment** [...finᵉmang], *das;* -s, -s (Überfeinerung; Raffinesse); **Raf|fi|ne|rie,** *die;* -, ...ien (Anlage zum Reinigen von Zucker od. zur Verarbeitung von Rohöl); **Raffi|nes|se,** *die;* -, -n (Durchtriebenheit, Schlauheit); **raf|fi|nie|ren** (Zucker reinigen; Rohöl zu Brenn- od. Treibstoff verarbeiten); **raf|fi|niert** (gereinigt; durchtrieben, schlau); **Raf|fi|niert|heit**

Raft, *das;* -s, -s (schwimmende Insel aus Treibholz; ein Schlauchboot)

Ra|ge [*rasch*ᵉ], *die;* - (ugs. für: Wut)

ra|gen

Ra|g|lan, *der;* -s, -s (ein [Sport]mantel mit angeschnittenen Ärmeln)

Ra|gout [ragu], *das;* -s, -s (Gericht aus kleinen Fleisch- od. Fischstückchen); Ragout **fin,** (fachspr.:) **Ra|goût fin** [*ragufäng*], *das;* - -, -s -s [*ragufäng*] (feines Ragout)

Rah, Ra|he, *die;* -, ...hen (Seemannsspr.: Querstange am Mast für das Rahsegel)

Rahm, *der;* -[e]s (Sahne)

rah|men; Rah|men, *der;* -s, -; **Rah|men|bedin|gung** *(meist Mehrz.)*

rah|mig; Rahm|kä|se

Rah|se|gel (Seemannsspr.)

Rain, *der;* -[e]s, -e (Ackergrenze)

rä|keln, re|keln, sich

Ra|ke|te, *die;* -, -n (Feuerwerkskörper; Flugkörper); **Ra|ke|ten_an|trieb,** ...start, ...stütz|punkt

Ra|kett; vgl. Racket

Ral|lye [*rali* od. *räli*] *die;* -, -s (schweiz. auch:) *das;* -s, -s (Autorennen in einer od. mehreren Etappen mit Sonderprüfungen)

Ra|ma|dan, *der;* -[s] -e (Fastenmonat der Moslems)

ramm|dö|sig (ugs. für: benommen); **Ramme|lei** (ugs.); **ram|meln** (auch Jägerspr.: belegen, decken [bes. von Hasen u. Kaninchen]); **ram|men** ([mit Wucht] gegen ein Hindernis stoßen); **Ramm|ler** (Männchen von Hasen u. Kaninchen)

Ram|pe, *die;* -, -n (schiefe Ebene zur Überwindung von Höhenunterschieden; Auffahrt; Verladebühne; Theater: Vorbühne); **Ram|pen|licht,** *das;* -[e]s; **ram|po|nie|ren** (ugs. für: stark beschädigen)

¹**Ramsch,** *der;* -[e]s, (selten:) -e (ugs. für: wertloses Zeug)

²**Ramsch,** *der;* -[e]s, -e (Skat: Spiel mit dem Ziel, möglichst wenig Punkte zu bekommen)

¹**ram|schen** (ugs. für: Ramschware billig aufkaufen)

²**ram|schen** (Skat: einen ²Ramsch spielen)

Ramsch_la|den (ugs. abwertend), ...wa|re (ugs. abwertend)

Ranch [*räntsch*], *die;* -, -s (nordamerik. Viehwirtschaft, Farm); **Ran|cher,** *der;* -s, -[s] (nordamerik. Viehzüchter, Farmer)

Rand, *der;* -[e]s, Ränder

ran|da|lie|ren

Rand_be|mer|kung, ...ge|biet

Rang, *der;* -[e]s, Ränge; **Rang_ab|zei|chen,** ...äl|tes|te

ran|ge|hen (ugs. für: herangehen; etwas energisch anpacken)

ran|geln (ugs. für: sich balgen, raufen)

Rang|fol|ge

Ran|gier|bahn|hof [*rangschir...,* auch: *rangschir..., ranschir...*] (Verschiebebahnhof); **ran|gie|ren** (einen Rang innehaben [vor, hinter jmdm.]; Eisenbahnw.: verschieben)

ran|hal|ten, sich (ugs. für: sich beeilen)

rank (geh. für: schlank u. geschmeidig); - und schlank

Ran|ke, *die;* -, -n (Pflanzenteil)

Rän|ke, die *(Mehrz.;* veraltend für: Intrigen); - schmieden

ran|ken; sich -

Rän|ke_schmied (veraltend), ...spiel

Ra|nun|kel, *die;* -, -n (ein Hahnenfußgewächs)

Ran|zen, *der;* -s, - (Schultasche; ugs. für: dicker Bauch)

ran|zig; die Butter ist -

Rap [*räp*], *der;* -[s], -s (rhythmischer Sprechgesang in der Popmusik)

ra|pid, ra|pi|de (überaus schnell); **Ra|pi|dität,** *die;* -

Rap|pe, *der;* -n, -n (schwarzes Pferd)

Rap|pel, *der;* -s, - (ugs. für: Wutanfall; Verrücktheit); **rap|pe|lig,** rapp|lig (ugs.); **rappeln** (klappern)

Rap|pen, *der;* -s, - (schweiz. Münze, Untereinheit des Schweizer Franken; Abk.: Rp.)

rapp|lig; vgl. rappelig

Rap|port, *der;* -[e]s, -e (Bericht, dienstl. Meldung); **rap|por|tie|ren**

Raps, *der;* -es, (für: Rapsarten auch *Mehrz.:)* -e (eine Ölpflanze); **Raps|öl**

Ra|pun|zel, *die;* -, -n (eine Salatpflanze)

rar (selten); **Ra|ri|tät,** *die;* -, -en; **Ra|ri|täten|ka|bi|nett;** rar|ma|chen, sich (ugs. für: sich selten sehen lassen)

ra|sant (sehr flach [von Geschossbahnen]; ugs. für: sehr schnell, schwungvoll); **Rasanz,** *die;* -

rasch

ra|scheln

Rasch|heit, *die;* -

ra|sen (wüten, toben; sehr schnell fahren, rennen)

Ra|sen, *der;* -s, -; **Ra|sen|bank** *(Mehrz.* ...bänke)

ra|send (wütend; schnell); jmdn. - machen

Ra|sen_flä|che, ...mä|her

Ra|se|rei (ugs.)

Ra|sier|ap|pa|rat; ra|sie|ren; sich -; **Rasier_klin|ge,** ...pin|sel

Rä|son [...*song*], *die;* - (veraltend für: Vernunft, Einsicht); **rä|so|nie|ren** (sich wortreich äußern; ugs. für: ständig schimpfen)

Ras|pel, *die;* -, -n; **ras|peln**

Ras|se, *die;* -, -n; **Ras|se|hund**

Ras|sel, *die;* -, -n (Knarre, Klapper); **Ras|selban|de,** *die;* -, -n (scherzh. für: übermütige Kinderschar); **ras|seln**

Ras|sen|dis|kri|mi|nie|rung; Ras|se|pferd; ras|se|rein (reinrassig); **ras|sig** (von ausgeprägter Art) -e Erscheinung; **ras|sisch** (der Rasse entsprechend, auf die Rasse bezogen); -e Merkmale; **Ras|sis|mus,** *der;* - (übersteigertes Rassenbewusstsein, Rassenhetze); **Ras|sist,** *der;* -en, -en (Vertreter des Rassismus); **ras|sis|tisch**

Rast, *die;* -, -en

Ras|tal|lo|cke (*meist Mehrz.;* aus Haarsträhnchen gezwirbeltes od. geflochtenes Zöpfchen)

ras|ten

¹**Ras|ter,** *der;* -s, - (Glasplatte mit engem Liniennetz zur Zerlegung eines Bildes in Rasterpunkte)

²**Ras|ter,** *das;* -s, - (Fläche des Fernsehbildschirmes, die sich aus Lichtpunkten zusammensetzt); **ras|tern** (ein Bild durch Raster in Rasterpunkte zerlegen)

Rast|haus; rast|los; Rast|lo|sig|keit, *die;* -; **Rast|stät|te**

Ra|sur, *die;* -, -en (das Rasieren; Tilgen von etwas Geschriebenem o. Ä.)

Rat, *der;* -[e]s, (für: Personen, Institutionen) Räte u. (für: Auskünfte u. a. ..) Ratschläge; sich - holen; Rat suchend, (auch:) ratsuchend an jmdn. wenden

Ra|ta|touille [*ratatuj*], *die;* -, -s u. *das;* -s, -s (Kochk.: Gemüse aus Tomaten, Auberginen, Paprika usw.)

Ra|te, *die;* -, -n (Teilzahlung; Teilbetrag)
ra|ten; riet, geraten
Ra|ten_be|trag, ...kauf, ...zah|lung
Rä|te_re|gie|rung, ...re|pu|blik; Rat|ge-
ber; Rat|haus
Ra|ti|fi|ka|ti|on [...*zion*], *die;* -, -en (Bestäti-
gung, Anerkennung, bes. von völkerrechtl.
Verträgen); ra|ti|fi|zie|ren; Ra|ti|fi|zie-
rung
Ra|ting [*re^i*...], *das;* -s, -s (Psych., Soziol.:
Verfahren zur Einschätzung; Bankw.: Ein-
stufung der Zahlungsfähigkeit eines
Schuldners)
Ra|tio [*razio*], *die;* - (Vernunft; logischer
Verstand); Ra|ti|on [...*zion*], *die;* -, -en
(zugeteiltes Maß; täglicher Verpflegungs-
satz); ra|ti|o|nal (vernünftig; begrifflich
fassbar); ra|ti|o|na|li|sie|ren (zweckmäßi-
ger u. wirtschaftlicher gestalten); Ra|ti|o-
na|li|sie|rung; Ra|ti|o|na|lis|mus, *der;* -
(Geisteshaltung, die das rationale Denken
als einzige Erkenntnisquelle ansieht); Ra-
ti|o|na|list, *der;* -en, -en; ra|ti|o|na|lis-
tisch; ra|ti|o|nell (zweckmäßig, wirt-
schaftlich); ra|ti|o|nie|ren (einteilen; ab-
geteilt zumessen); Ra|ti|o|nie|rung
rat|los; Rat|lo|sig|keit, *die;* -; rat|sam;
Rat|schlag, *der;* -[e]s, ...schläge; rat-
schla|gen (veraltend)
Rät|sel, *das;* -s, -; rät|sel|haft; rät|seln;
rät|sel|voll
Rats|kel|ler
rat|su|chend; vgl. Rat
Rat|te, *die;* -, -n; Rat|ten_fal|le, ...fän|ger,
...gift *(das)*
rat|tern
Rat|ze, *die;* -, -n (ugs. für: Ratte); rat|ze-
kahl (ugs. für: gänzlich leer)
rau; ein raues Wesen, Klima
Raub, *der;* -[e]s; Raub|bau, *der;* -[e]s; -
treiben
Rau|bein, *das;* -[e]s, -e (äußerlich grober,
aber im Grunde gutmütiger Mensch); rau-
bei|nig
rau|ben; Räu|ber; Räu|ber|ban|de; Räu-
be|rei (ugs.); räu|be|risch; räu|bern;
Räu|ber_pis|to|le (Räubergeschichte),
...zi|vil (ugs. scherzh. für: nachlässige
Kleidung); Raub_ko|pie, ...mord, ...tier,
...über|fall
Rauch, *der;* -[e]s; Rauch|ab|zug; rau|chen;
Rau|cher; Rau|che|rin; Räu|cher_kam-
mer, ...ker|ze, ...lachs; räu|chern;
Rauch_fah|ne, ...fang (österr. für: Schorn-
stein); rau|chig; Rauch|ver|zeh|rer
Rauch|wa|re (meist Mehrz.; Pelzware)
Rauch|wa|ren, *die* (Mehrz.; ugs. für: Tabak-
waren)
Räu|de, *die;* -, -n (Krätze); räu|dig
rauf (ugs. für: herauf, hinauf)
Rau|fa|ser|ta|pe|te
Rauf|bold, *der;* -[e]s, -e (abwertend); Rau-
fe, *die;* -, -n (Futterkrippe); rau|fen; Rau-
fe|rei; rauf|lus|tig
rauh usw., (alte Schreibung für:) rau usw.;

Rau|haar|da|ckel; rau|haa|rig; Rau|heit;
Rauh|reif, (alte Schreibung für:) Raureif
Raum, *der;* -[e]s, Räume; räu|men; Raum-
_fahrt, ...for|schung (die; -), ...in|halt,
...kap|sel; räum|lich; Raum_pfle|ge|rin,
...schiff; ...sta|ti|on
Räu|mung; Räu|mungs_frist, ...kla|ge
rau|nen (dumpf, leise sprechen; flüstern)
raun|zen (landsch. für: nörgeln; ugs. für:
laut u. grob schimpfen)
Rau|pe, *die;* -, -n; Rau|pen_bag|ger,
...fahr|zeug, ...schlep|per
Rau|reif, *der;* -[e]s
raus (ugs. für: heraus, hinaus)
Rausch, *der;* -[e]s, Räusche (Betrunkensein;
Zustand der Erregung, Begeisterung); rau-
schen; Rausch|gift, *das;* rausch|gift-
süch|tig; Rausch|gift|süch|ti|ge, *der* u.
die; -n, -n; Rausch|gold (dünnes Messing-
blech)
Räus|pe|rer; räus|pern, sich
Raus|schmei|ßer (ugs. für: jmd., der randa-
lierende Gäste aus dem Lokal entfernt;
letzter Tanz); Raus|schmiss (ugs. für: Ent-
lassung)
Rau|te, *die;* -, -n (Rhombus)
Rave [*re^iw*], *der* od. *das;* -[s], -s (größere
Tanzveranstaltung zu Technomusik)
Ra|vi|o|li [*rawioli*], *die* (Mehrz.; kleine it.
Pasteten aus Nudelteig)
Raz|zia, *die;* -, ...ien [...*i^en*] u. (seltener:) -s
(über raschend örtlich begrenzte Fahn-
dungsaktion der Polizei)
Re|a|genz|glas (Mehrz. ...gläser; Prüfglas
für [chem.] Versuche); re|a|gie|ren (eine
Wirkung zeigen; Chemie: eine chem. Reak-
tion eingehen); Re|ak|ti|on [...*zion*], *die;* -,
-en (Rück-, Gegenwirkung; chem. Umwand-
lung; nur Einz.: Gesamtheit aller fort-
schrittsfeindlichen polit. Kräfte); re|ak|ti|o-
när (Gegenwirkung erstrebend od. ausfüh-
rend; abwertend für: nicht fortschrittlich);
Re|ak|ti|o|när, *der;* -s, -e (abwertend für:
jmd., der sich jeder fortschrittlichen Bewe-
gung entgegenstellt); Re|ak|ti|ons|ver-
mö|gen, *das;* Re|ak|tor, *der;* -s, ...oren
(Vorrichtung, in der eine chemische od. eine
Kernreaktion abläuft); Re|ak|tor|un|fall
re|al (wirklich, tatsächlich; dinglich, sach-
lich); Re|al|gym|na|si|um (früher: Form
der höheren Schule); re|a|li|sier|bar; re|a-
li|sie|ren (verwirklichen; erkennen, begrei-
fen; Wirtsch.: in Geld umwandeln); Re|a|li-
sie|rung; Re|a|lis|mus, *der;* - ([nackte]
Wirklichkeit; Kunstdarstellung des Wirkli-
chen; Wirklichkeitssinn); Re|a|list, *der;*
-en, -en; re|a|lis|tisch; Re|a|li|tät, *die;* -,
-en (Wirklichkeit, Gegebenheit)
Re|a|li|ty-TV [*riälititiwi*], *das;* -[s] (Fernseh-
programm, das tatsächlich Geschehendes
[bes. nach Unglücksfällen] live zeigt od.
später nachstellt)
Re|al_le|xi|kon (Sachwörterbuch), ...lohn,
...po|li|tik (die; -; Politik auf realen

Grundlagen), ...schu|le (Schule, die mit
der mittleren Reife abschließt)
Re|be, *die;* -, -n
Re|bell, *der;* -en, -en (Aufständischer); re-
bel|lie|ren; Re|bel|li|on; re|bel|lisch
Reb|huhn
Re|bus, *der* od. *das;* -, -se (Bilderrätsel)
Re|cei|ver [*rißiw^er*], *der;* -s, - (Hochfre-
quenzteil für Satellitenempfang; Empfänger u. Verstärker für Hi-Fi-Wiedergabe)
Re|chaud [*rescho*], *der* od. *das;* -s, -s (Wär-
meplatte)
re|chen (landsch. für: harken); Re|chen,
der; -s, - (landsch. für: Harke)
Re|chen_an|la|ge, ...auf|ga|be, ...feh|ler,
...ma|schi|ne; Re|chen|schaft, *die;* -; Re-
chen_schie|ber, ...zen|trum
Re|cher|che [*reschärsch^e*], *die;* -, -n (meist
Mehrz.; Nachforschung, Ermittlung); re-
cher|chie|ren
rech|nen; rech|ne|risch; Rech|nung
Rech|te, *die;* -n, -n (rechte Hand; rechte
Seite; Politik: Bez. für die rechts stehenden
Parteien); Recht|eck; recht|eckig; rech-
ten; rech|tens (zu Recht); die Kündigung
war rechtens
recht|fer|ti|gen; Recht|fer|ti|gung
recht|gläu|big
Recht|ha|be|rei, *die;* -; recht|ha|be|risch
recht|lich; recht|los; recht|mä|ßig
rechts; von, nach -; an der Kreuzung gilt -
vor links; politisch rechts stehende, (auch:)
rechtsstehende Parteien; rechts außen
spielen (Sportspr.); Rechts|ab|bie|ger
(Verkehrsw.)
Rechts|an|walt
Rechts|aus|la|ge (Sportspr.); Rechts_aus-
le|ger (Sportspr.); rechts au|ßen; vgl.
rechts; Rechts|au|ßen, *der;* -, - (Sportspr.)
recht|schaf|fen (veraltend); Recht|schaf-
fen|heit, *die;* -
recht|schrei|ben; nur in der Grundform
gebr.; er kann nicht rechtschreiben; Recht-
schrei|ben, *das;* -s; recht|schreib|lich;
Recht|schreib|re|form; Recht|schrei-
bung
Rechts|hän|der; rechts|hän|dig; rechts-
he|r|um
rechts|kräf|tig; rechts|kun|dig; Rechts|la-
ge; Recht|spre|chung
rechts|ra|di|kal
rechts|staat|lich
rechts|ste|hend; vgl. rechts
Rechts|streit
rechts|um [auch: rechz-um]; vgl. linksum;
Rechts|ver|kehr
Rechts|weg; rechts|wid|rig; Rechts|wis-
sen|schaft
recht|wink|lig
recht|zei|tig
Reck, *das;* -[e]s, -e (ein Turngerät)
Re|cke, *der;* -n, -n ([Sagen]held)
re|cken; sich -

Re|cor|der; vgl. Rekorder

re|cy|cel|bar, (auch:) re|cy|c|le|bar [ri-
βaikl...]; re|cy|celn, (auch:) re|cy|c|len
(wieder verwenden); das Altglas wird recy-
celt od. recyclet; Re|cy|c|ling, das; -s
(Wiederverwendung bereits benutzter Roh-
stoffe)

Re|dak|teur [...tör], der; -s, -e (jmd., der im
Verlagswesen, Rundfunk od. Fernsehen
Manuskripte be- u. ausarbeitet); Re|dak-
teu|rin [...örin]; Re|dak|ti|on [...zion],
die; -, -en (Tätigkeit des Redakteurs; Gesamtheit der Redakteure u. deren Arbeits-
raum); re|dak|ti|o|nell; Re|dak|tor, der;
-s, ...oren (Herausgeber; schweiz. auch für:
Redakteur)

Re|de, die; -, -n; re|de|ge|wandt; re|den;
Re|dens|art; Re|de|rei (ugs.); Re|de-
wen|dung

re|di|gie|ren (druckfertig machen; abfassen;
bearbeiten)

red|lich; Red|lich|keit, die; -

Red|ner; Red|ner|tri|bü|ne; red|se|lig;
Red|se|lig|keit, die; -

re|d|un|dant (überreichlich [vorhanden];
überflüssig)

re|du|zie|ren (zurückführen; herabsetzen,
einschränken; vermindern)

Ree|de, die; -, -n (Ankerplatz vor dem Ha-
fen); Ree|der (Schiffseigner); Ree|de|rei
(Geschäft eines Reeders)

re|ell (ehrlich; wirklich)

Re|fe|rat, das; -[e]s, -e ([gutachtl.] Bericht,
Abhandlung; Vortrag; Sachgebiet eines Re-
ferenten); Re|fe|ree [ref°ri], der; -s, -s
(Sportspr.: Schieds-, Ringrichter); Re|fe-
ren|dar, der; -s, -e (Anwärter auf die hö-
here Beamtenlaufbahn nach der ersten
Staatsprüfung); Re|fe|ren|dum, das; -s,
...den u. ...da (Volksabstimmung, Volks-
entscheid); Re|fe|rent, der; -en, -en (Be-
richterstatter; Sachbearbeiter); Re|fe|ren-
tin; Re|fe|renz, die; -, -en (Beziehung,
Empfehlung); re|fe|rie|ren (berichten; vor-
tragen)

re|flek|tie|ren ([zu]rückstrahlen, spiegeln;
nachdenken; ugs. für: Absichten haben auf
etwas); Re|flex, der; -es, -e (Rückstrah-
lung zerstreuten Lichts; unwillkürliches
Ansprechen auf einen Reiz); Re|flex|be-
we|gung; Re|fle|xi|on, die; -, -en (Rück-
strahlung von Licht, Schall, Wärme u. a.;
Betrachtung); re|fle|xiv (Sprachw.: rückbe-
züglich)

Re|form, die; -, -en (Umgestaltung; Verbes-
serung des Bestehenden; Neuordnung);
Re|for|ma|ti|on [...zion], die; -, -en (Um-
gestaltung; nur Einz.: christl. Glaubensbe-
wegung des 16. Jh.s, die zur Bildung der
ev. Kirchen führte); Re|for|ma|ti|ons|fest;
re|form|be|dürf|tig; Re|for|mer, der; -s,
- (Verbesserer, Erneuerer); Re|form|haus;
re|for|mie|ren; re|for|miert; -e Kirche;
Re|form|kom|mu|nis|mus

Re|f|rain [r°fräng], der; -s, -s (Kehrreim)

---

recht/Recht

Kleinschreibung:	– nach Recht und Gewissen
– ein rechter Winkel	– Recht finden, Recht sprechen; sein Recht
– der rechte Ort; der rechte Zeitpunkt	suchen, bekommen; das Recht anwenden,
– zur rechten Hand, rechter Hand (rechts);	vertreten, verletzen, beugen
jmds. rechte Hand sein (übertr.)	– sein Recht fordern; auf sein Recht pochen;
– jetzt erst recht	zu seinem Recht kommen
– so ist es recht; das ist [mir] durchaus,	– zu Recht; zu Recht bestehen, erkennen;
ganz, völlig recht; es soll mir recht sein	sie ist zu Recht auf den zweiten Platz
– das geschieht ihm recht	gekommen, aber sie ist allein gut
– das ist nicht recht von dir; es ist [nur]	zurechtgekommen, kommt allein gut
recht und billig; alles, was recht ist	zurecht
– man kann ihm nichts recht machen	
– gehe ich recht in der Annahme, dass ...	Vgl. auch rechtens u. zurechtfinden, zurecht-
	kommen usw.

Großschreibung:	Groß- oder Kleinschreibung:
– das Recht, des Recht[e]s, die Rechte	– du hast recht od. Recht daran getan
– bürgerliches Recht, öffentliches Recht	– recht od. Recht haben; wie recht sie hat!;
– im Recht sein	du hast ja so recht!
– von Rechts wegen	– recht od. Recht behalten; recht od. Recht
– mit Recht, ohne Recht	bekommen
– etwas für Recht erkennen	– jmdm. recht od. Recht geben

Re|gal, das; -s, -e ([Bücher-, Waren]gestell
mit Fächern)

Re|gat|ta, die; -, ...tten (Bootswettfahrt)

re|ge; - sein, werden

Re|gel, die; -, -n; Re|gel_blu|tung, ...fall
(nur Einz.); re|gel|mä|ßig; Re|gel|mä-
ßig|keit; re|geln; re|gel|recht; Re|ge-
lung; re|gel|wid|rig

re|gen; sich -; sich - bringt Segen

Re|gen, der; -s, -; Re|gen|bo|gen; re|gen-
bo|gen_far|ben od. ...far|big; Re|gen-
bo|gen|pres|se, die; - (vorwiegend Sensa-
tionsberichte u. Ä. druckende Wochenzei-
tschriften); Re|gen|dach

Re|ge|ne|ra|ti|on [...zion], die; -, -en (Neu-
bildung [tier. od. pflanzl. Körperteile u.
zerstörter menschl. Körpergewebe]); re-
ge|ne|ra|ti|ons|fä|hig; re|ge|ne|rie|ren
(erneuern, neu beleben)

Re|gen_fall (meist Mehrz.), ...man|tel,
...rin|ne, ...schirm

Re|gent, der; -en, -en (Staatsoberhaupt;
Herrscher)

Re|gen_trop|fen, ...was|ser, ...wet|ter
(das; -s), ...wol|ke, ...wurm

Reg|gae [...ge], der; - [s] (Stilrichtung der
Popmusik)

Re|gie [reschi], die; - (Spielleitung; Verwal-
tung); Re|gie|an|wei|sung; re|gie|ren
(lenken; [be]herrschen; Sprachw.: einen
bestimmten Fall fordern); Re|gie|rung;
Re|gie|rungs_be|zirk (Abk.: Reg.-Bez.),
...chef (ugs.), ...spre|cher; Re|gime
[...schim], das; -s, - [reschim°] (Regierungs-
form; Herrschaft); Re|gi|ment, das; -[e]s,
-e u. (für: Truppeneinheiten Mehrz.:) -er
(Regierung; Herrschaft; größere Truppen-
einheit)

Re|gi|on, die; -, -en (Gegend; Bereich); re-
gi|o|nal (gebietsmäßig, -weise)

Re|gis|seur [reschißör], der; -s, -e; Re|gis-
seu|rin

Re|gis|ter, das; -s, - ([alphabet.] Verzeichnis
von Namen, Begriffen o. Ä.; Stimmenzug
bei Orgel u. Harmonium); re|gis|t|rie|ren
(eintragen; selbsttätig aufzeichnen; übertr.
für: bewusst wahrnehmen; bei Orgel u.
Harmonium: Register ziehen); Re|gis-
t|rier|kas|se

Re|g|le|ment [regl°mang], das; -s, -s
([Dienst]vorschrift; Geschäftsordnung); re-
g|le|men|tie|ren (durch Vorschriften regeln); Re|g|ler; re|g|los

reg|nen; reg|ne|risch

Re|gress, der; -es, -e (Ersatzanspruch, Rück-
griff); re|gress|pflich|tig

reg|sam

re|gu|lär (der Regel gemäß; vorschriftsmä-
ßig, üblich); re|gu|lie|ren (regeln, ordnen;
[ein]stellen)

Re|gu|lung; re|gungs|los

Reh, das; -[e]s, -e

Re|ha|bi|li|tand, der; -en, -en (behinderte
Person, der die Wiedereingliederung in das
berufl. u. gesellschaftl. Leben ermöglicht
werden soll); Re|ha|bi|li|ta|ti|on [...zion],
die; -, -en (Wiedereingliederung einer be-
hinderten oder kranken Person in das be-
rufl. u. gesellschaftl. Leben); re|ha|bi|li-
tie|ren; sich - (sein Ansehen wieder her-
stellen); Re|ha|bi|li|tie|rung (Wiederein-
setzung; Ehrenrettung)

Reh_bock, ...kitz, ...zie|mer (Rehrücken)

Rei|be, die; -, -n; Reib|ei|sen; Rei|be|ku-
chen (landsch. für: Kartoffelpuffer); rei-
ben; rieb, gerieben); Rei|be|rei (ugs. für:
kleine Zwistigkeit); Rei|bung; rei|bungs-
los

reich, Arm und Reich (veralt. für: jedermann); der Gewinn hatte ihn reich ge-

macht, (auch:) reichgemacht; ein reich geschmückter, (auch:) reichgeschmückter Altar; reich verzierte, (auch:) reichverzierte Fassaden; **Reich**, *das;* -[e]s, -e; **Rei|che**, *der* u. *die;* -n, -n

rei|chen (geben; sich erstrecken; auskommen; genügen)

reich|ge|schmückt; vgl. reich

reich|hal|tig; reich|lich; **Reich|tum**, *der;* -s, ...tümer

reich|ver|ziert; vgl. reich

Reich|wei|te, *die;* -, -n

reif (voll entwickelt; geeignet)

¹**Reif**, *der;* -[e]s (gefrorener Tau)

²**Reif**, *der;* -[e]s, -e (geh. für: Reifen, Diadem, Fingerring)

Rei|fe, *die;* -; **Rei|fe|grad**

¹rei|fen (reif werden)

²rei|fen (¹Reif ansetzen)

Rei|fen, *der;* -s, -; **Rei|fen_pan|ne**, ...wech|sel

Rei|fe_prü|fung, ...zeit, ...zeug|nis; reif|lich

Rei|gen, *der;* -s, - (ein Tanz)

Rei|he, *die;* -, -n; rei|hen (in Reihen ordnen; lose, vorläufig nähen); **Rei|hen_fol|ge**, ...haus; rei|hen|wei|se

Rei|her, *der;* -s, - (ein Vogel)

reih|um; es geht -; **Rei|hung**

Reim, *der;* -[e]s, -e; rei|men; sich -

¹rein (ugs. für: herein, hinein)

²rein; - halten, machen, (auch:) reinmachen; ins Reine bringen, kommen, schreiben; mit jmdm. im Reinen sein

³rein (ugs. für: durchaus, ganz, gänzlich); er ist - toll

Rei|ne|clau|de; vgl. Reneklode

Rei|ne|ma|che|frau, **Rein|ma|che|frau**; **Rei|ne|ma|chen**, **Rein|ma|chen**, *das;* -s

Rein_er|lös, ...er|trag

Rein|fall, *der* (ugs.); rein|fal|len

Rein_ge|winn, ...hal|tung (*die;* -); **Rein|heit**, *die;* -; rei|ni|gen; **Rei|ni|gung**; **Rei|ni|gungs|mit|tel**; **Rein|kul|tur**; rein|lei|nen

rein|le|gen (ugs.)

rein|lich; **Rein|lich|keit**, *die;* -; **Rein|ma|che|frau**; vgl. Reinemachefrau; rein|ma|chen; vgl. ²rein; **Rein|ma|chen**; vgl. Reinemachen; rein|ras|sig; **Rein|schrift**; rein|sei|den

Reis, *der;* -e, (für: Reisarten *Mehrz.:*) -e (Getreide); **Reis|brei**

Rei|se, *die;* -, -n; **Rei|se|bü|ro**; rei|se|fer|tig; **Rei|se_füh|rer**, ...ge|sell|schaft, ...lei|ter (*der);* rei|se|lus|tig; rei|sen; **Rei|sen|de**, *der* u. *die;* -n, -n; **Rei|se_pass**, ...scheck, ...ziel

Rei|sig, *das;* -s; **Rei|sig|be|sen**

Reis|korn (*Mehrz.* ...körner)

Reiß|aus; nur in: - nehmen (ugs. für: davonlaufen); **Reiß|brett** (Zeichenbrett); rei|ßen; riss, gerissen; rei|ßend; -er Strom, -e Schmerzen, -er Absatz; **Rei|ßer** (ugs. für: Erfolgsbuch, -film u. a.); rei|ße|risch; reiß|fest, **Reiß_lei|ne** (am Fallschirm), ...na-

gel, ...ver|schluss, ...wolf (*der*), ...zwe|cke

rei|ten; ritt, geritten; **Rei|ter**; **Rei|te|rei**; **Rei|te|rin**; **Reit_lehr|rer**, ...pferd, ...schu|le, ...stie|fel

Reiz, *der;* -es, -e; reiz|bar; **Reiz|bar|keit**, *die;* -; rei|zen; rei|zend; reiz|los; **Rei|zung**; reiz|voll; **Reiz|wä|sche**

re|ka|pi|tu|lie|ren (wiederholen, zusammenfassen)

re|keln, sich

Re|kla|ma|ti|on [...*zion*], *die;* -, -en (Beanstandung); **Re|kla|me**, *die;* -, -n (Werbung); re|kla|mie|ren ([zurück]fordern; beanstanden)

re|kons|t|ru|ie|ren (wiederherstellen od. nachbilden; den Ablauf eines früheren Vorganges oder Erlebnisses wiedergeben), **Re|kons|t|ruk|ti|on**, *die;* -, -en

Re|kon|va|les|zent [...*wa*...], *der;* -en, -en (Genesender)

Re|kord, *der;* -[e]s, -e

Re|kor|der, (auch:) Re|cor|der (Gerät zur Speicherung u. Wiedergabe von Bild- u. Tonsignalen); **Re|kord_leis|tung**, ...zeit

Re|k|rut, *der;* -en, -en (Soldat in der ersten Ausbildungszeit); re|k|ru|tie|ren (Milit.: veralt. für: Rekruten mustern); sich - (bildl. für: sich zusammensetzen, sich bilden); **Re|k|ru|tie|rung**

Rek|tor, *der;* -s, ...oren (Leiter einer [Hoch]schule); **Rek|to|rat**, *das;* -[e]s, -e (Amt[szimmer] eines Rektors); **Rek|to|rin**

Re|lais [*r*ᵉ*lä*], *das;* - [*r*ᵉ*lä(ß)*], - [*r*ᵉ*läß*] (Elektrotechnik: Schalteinrichtung)

Re|la|ti|on [...*zion*], *die;* -, -en (Beziehung, Verhältnis); re|la|tiv [auch: *re*...] (verhältnismäßig; vergleichsweise; bedingt); re|la|ti|vie|ren [...*wir*ᵉ*n*] (einschränken); **Re|la|ti|vi|tät**, *die;* -, -en (Bedingtheit); **Re|la|ti|vi|täts|the|o|rie**

re|le|vant [...*want*] (erheblich, wichtig); **Re|le|vanz**, *die;* -

Re|li|ef, *das;* -s, -s u. -e (über eine Fläche erhaben hervortretendes Bildwerk)

Re|li|gi|on, *die;* -, -en; **Re|li|gi|ons_ge|mein|schaft**, ...krieg; re|li|gi|ös; **Re|li|gi|o|si|tät**, *die;* -

Re|likt, *das;* -[e]s, -e (Überbleibsel, Rest)

Re|ling, *die;* -, -s (seltener auch: -e; [Schiffs]geländer, Brüstung)

Re|li|quie [...*i*ᵉ], *die;* -, -n (Überrest eines Heiligen als Gegenstand religiöser Verehrung)

Re|mi|nis|zenz, *die;* -, -en (Erinnerung; Anklang)

re|mis [*r*ᵉ*mi*] (unentschieden); **Re|mit|ten|de**, *die;* -, -n (Buchwesen: beschädigtes od. fehlerhaftes Druckerzeugnis, das an den Verlag zurückgeschickt wird)

Rem|mi|dem|mi, *das;* -s (ugs. für: lärmendes Treiben, Trubel)

Re|moul|la|de [...*mu*...], *die;* -, -n (eine Kräutermayonnaise)

Rem|pe|lei (ugs.); rem|peln (ugs. für: absichtlich stoßen)

Ren [auch: *ren*], *das;* -s u. (bei langer Aussprache:) -e (nordländ. Hirsch)

Re|nais|sance [*r*ᵉ*näßang*ß], *die;* -, -n (*nur Einz.:* auf die Antike aufbauende kulturelle Bewegung vom 14. bis 16. Jh.; erneutes Aufleben)

Ren|dez|vous [*rangdewu*], *das;* [...*wu(ß)*], - [...*wuß*] (Verabredung; Begegnung von Raumfahrzeugen im Weltall)

Ren|di|te, *die;* -, -n (Wirtsch.: Verzinsung, Ertrag)

Re|ne|k|lo|de, (auch:) Rei|ne|clau|de [*rän*ᵉ*klod*ᵉ] *die;* -, -n (Pflaume einer bestimmten Sorte)

Re|net|te, *die;* -, -n (ein Apfel)

re|ni|tent (widerspenstig)

Renn|bahn; ren|nen; rannte, gerannt; **Ren|nen**, *das;* -s, -; **Renn_fah|rer**, ...pferd, ...rad, ...stall, ...stre|cke, ...wa|gen

Re|nom|mee, *das;* -s, -s ([guter] Ruf, Leumund); re|nom|mie|ren (prahlen); re|nom|miert (namhaft)

re|no|vie|ren [...*wir*ᵉ*n*] (erneuern, instand setzen); **Re|no|vie|rung**

ren|ta|bel (zinstragend; einträglich); **Ren|ta|bi|li|tät**, *die;* - (Wirtsch.: Einträglichkeit, Verzinsung[shöhe])

Ren|te, *die;* -, -n (regelmäßiges Einkommen [aus Vermögen od. rechtl. Ansprüchen]); **Ren|ten|emp|fän|ger**

Ren|tier (Ren)

ren|tie|ren; sich - (sich lohnen)

Rent|ner; **Rent|ne|rin**

re|pa|ra|bel (wiederherstellbar); **Re|pa|ra|ti|on** [...*zion*], *die;* -, -en (Wiederherstellung; *nur Mehrz.:* Kriegsentschädigung); **Re|pa|ra|tur**, *die;* -, -en; re|pa|ra|tur_an|fäl|lig, ...be|dürf|tig; re|pa|rie|ren

Re|per|toire [...*toar*], *das;* -s, -s (Vorrat einstudierter Stücke usw., Spielplan)

re|pe|tie|ren (wiederholen); **Re|pe|ti|tor**, *der;* -s, ...oren (jmd., der mit Studierenden den Lehrstoff repetiert)

Re|port, *der;* -[e]s, -e (Bericht, Mitteilung); **Re|por|ta|ge** [...*tasch*ᵉ], *die;* -, -n (Bericht[erstattung] über ein aktuelles Ereignis); **Re|por|ter**, *der;* -s, - (Zeitungs-, Fernseh-, Rundfunkberichterstatter); **Re|por|te|rin**

Re|prä|sen|tant, *der;* -en, -en (Vertreter, Abgeordneter); **Re|prä|sen|ta|ti|on** [...*zion*], *die;* -, -en ([Stell]vertretung; standesgemäßes Auftreten, gesellschaftl. Aufwand); re|prä|sen|ta|tiv (vertretend; typisch; wirkungsvoll); re|prä|sen|tie|ren

Re|pres|sa|lie [...*i*ᵉ], *die;* -, -n (*meist Mehrz.;* Vergeltungsmaßnahme, Druckmittel); **Re|pres|si|on**, *die;* -, -en (Unterdrückung [von Kritik, polit. Bewegungen u. Ä.]); re|pres|siv (unterdrückend)

Re|pro|duk|ti|on [...*zion*], *die;* -, -en (Nachbildung; Wiedergabe [durch Druck]; Vervielfältigung); re|pro|du|zie|ren

Rep|til, das; -s, -ien [...ieⁿ] u. (selten:) -e (Kriechtier); **Rep|ti|li|en|fonds** (spött. für: Geldfonds, über dessen Verwendung Regierungsstellen keine Rechenschaft abzulegen brauchen)

Re|pu|b|lik, die; -, -en; **Re|pu|b|li|ka|ner; re|pu|b|li|ka|nisch; Re|pu|b|lik|flucht** (ehem.: Flucht aus der DDR)

Re|pu|ta|ti|on [...zion], die; - ([guter] Ruf, Ansehen)

Re|qui|em [...iäm], das; -s, -s (u. österr. ...quien; Totenmesse; Musik: Messe)

re|qui|rie|ren (beschlagnahmen [für milit. Zwecke]); **Re|qui|sit**, das; -[e]s, -en (Zubehör, Gegenstand, der für eine Theateraufführung od. eine Filmszene verwendet wird)

Re|se|da, die; -, ...den (eine Pflanze)

Re|ser|vat [...wat], das; -[e]s, -e (Vorbehalt; Sonderrecht; großes Freigehege für gefährdete Tierarten; auch für: Reservation); **Re|ser|va|ti|on** [...zion], die; -, -en (Vorbehalt; den Indianern vorbehaltenes Gebiet in Nordamerika); **Re|ser|ve**, die; -, -n (Ersatz; Vorrat; Milit.: nichtaktive Wehrpflichtige; nur Einz.: Zurückhaltung, Verschlossenheit); **re|ser|vie|ren** (vormerken, vorbestellen, [Platz] freihalten); **re|ser|viert** (auch für: zurückhaltend, kühl); **Re|serviert|heit**, die; -; **Re|ser|vie|rung; Re|ser|vist**, der; -en, -en (Soldat der Reserve); **Re|ser|voir** [...woar], das; -s, -e (Sammelbecken, Behälter)

Re|si|denz, die; -, -en (Wohnsitz des Staatsoberhauptes, eines Fürsten, eines hohen Geistlichen; Hauptstadt); **re|si|die|ren** (seinen Wohnsitz haben [bes. von regierenden Fürsten])

Re|si|g|na|ti|on [...zion], die; -, -en (Ergebung in das Schicksal; Verzicht); **re|si|g|nie|ren; re|si|g|niert**

re|so|lut (entschlossen, tatkräftig); **Re|so|lu|ti|on** [...zion], die; -, -en (Beschluss, Entschließung)

Re|so|nanz, die; -, -en (Mittönen; Anklang, Verständnis); **Re|so|nanz|bo|den** (Schallboden)

Re|so|pal®, das; -s (ein Kunststoff)

re|sor|bie|ren (ein-, aufsaugen)

Re|so|zi|a|li|sie|rung (Rechtsw.: schrittweise Wiedereingliederung von Straffälligen in die Gesellschaft)

Re|s|pekt, der; -[e]s (Achtung; Ehrerbietung); eine Respekt einflößende, (auch:) respekteinflößende Persönlichkeit; **re|s|pek|ta|bel** (ansehnlich; angesehen); **re|s|pekt|ein|flö|ßend**; vgl. Respekt; **re|s|pek|tie|ren** (achten, in Ehren halten); **re|s|pekt|los; Re|s|pekts|per|son; re|s|pekt|voll**

Res|sen|ti|ment [reßangtimang], das; -s, -s (gefühlsmäßige Abneigung)

Res|sort [...ßor], das; -s, -s (Geschäfts-, Amtsbereich)

Res|source [...ßurße], die; -n, -n (meist Mehrz.; Rohstoff-, Erwerbsquelle; Geldmittel); **res|sour|cen|scho|nend**

Rest, der; -[e]s, -e u. (Kaufmannsspr., bes. von Schnittwaren:) -er

Re|s|tau|rant [reßtorang], das; -s, -s; **Re|s-tau|ra|ti|on** [...taurazion], die; -, -en (Wiederherstellung eines Kunstwerkes; Wiederherstellung der alten Ordnung nach einem Umsturz); **re|s|tau|rie|ren** (wiederherstellen, ausbessern [bes. von Kunstwerken]); **Re|s|tau|rie|rung**

Rest|be|trag; rest|lich; rest|los; Rest-_müll, ...pos|ten

Re|sul|tat, das; -[e]s, -e (Ergebnis); **re|sul|tie|ren** (sich als Schlussfolgerung ergeben)

Re|tor|te, die; -, -n (Destillationsgefäß); **Re|tor|ten|ba|by** (durch künstliche Befruchtung außerhalb des Mutterleibs entstandenes Kind)

re|tour [retur] (landsch., österr., schweiz., sonst veralt. für: zurück); **Re|tour|kut-sche** (ugs. für: Zurückgeben eines Vorwurfs, eine Beleidigung)

Rets|i|na, der; -[s], (Sorten:) -s (geharzter gr. Weißwein)

ret|ten; Ret|ter; Ret|te|rin

Ret|tich, der; -s, -e

Ret|tung; Ret|tungs|boot; ret|tungs|los; Ret|tungs|ring

Re|tu|sche, die; -, -n (Nachbesserung [bes. von Lichtbildern]); **re|tu|schie|ren** (nachbessern [bes. Lichtbilder])

Reue, die; -; **reu|en**; es reut mich; **reu|e-voll; reu|ig; reu|mü|tig**

Reu|se, die; -, -n (Korb zum Fischfang)

Re|van|che [rewangsche], die; -, -n (Vergeltung; Rache); **re|van|chie|ren** [rewang-schir'n], sich (sich rächen; einen Gegendienst erweisen); **Re|van|chist**, der; -en, -en; **re|van|chis|tisch**

Re|ve|renz [...we...], die; -, -en (Ehrerbietung; Verbeugung); vgl. aber: Referenz

Re|vers [rewär, auch: r'e...], das, (österr.:) der; - [rewär(β)], - [rewärβ] (Umschlag od. Aufschlag an Kleidungsstücken)

re|vi|die|ren (nachsehen, überprüfen)

Re|vier [...wir], das; -s, -e (Bezirk, Gebiet; Milit.: Krankenstube; Bergw.: großes Gebiet, in dem Bergbau betrieben wird; Forstw.: begrenzter Jagdbezirk; kleinere Polizeidienststelle); **Re|vier|förs|ter**

Re|vi|si|on [...wi...], die; -, -en (nochmalige Durchsicht; [Nach]prüfung; Änderung [einer Ansicht]; Rechtsw.: Überprüfung eines Urteils); **Re|vi|si|o|nis|mus**, der; - (Streben nach Änderung eines bestehenden Zustandes oder eines Programms); **Re|vi|si-ons|ver|hand|lung**

Re|vol|te [...wolt'e], die; -, -n (Empörung, Auflehnung, Aufruhr); **re|vol|tie|ren; Re|vo|lu|ti|on** [...zion], die; -, -en; **re|vo|lu|ti|o|när** ([staats]umwälzend); **Re|vo|lu|ti-o|när**, der; -s, -e; **re|vo|lu|ti|o|nie|ren; Re|vol|uz|zer**, der; -s, - (abwertend für: Revolutionär)

Re|vol|ver [...wolw'er], der; -s, - (kurze Handfeuerwaffe); **Re|vol|ver_blatt** (abwertend), **...held** (abwertend)

Re|vue [rewü], die; -, -n [...wü'en] (Zeitschrift mit allgemeinen Überblicken; musikal. Ausstattungsstück); - passieren lassen (vor seinem geistigen Auge vorbeiziehen lassen)

Re|zen|sent, der; -en, -en (Verfasser einer Rezension); **Re|zen|sen|tin; re|zen|sie|ren; Re|zen|si|on**, die; -, -en (kritische Besprechung von Büchern, Theateraufführungen u. a.)

Re|zept, das; -[e]s, -e ([Arznei-, Koch]vorschrift, Verordnung); **re|zept|frei; Re|zep|ti|on** [...zion], die; -, -en (Auf-, An-, Übernahme); **re|zept|pflich|tig**

Re|zes|si|on, die; -, -en (Wirtsch.: Rückgang der Konjunktur)

re|zi|p|rok (wechsel-, gegenseitig, aufeinander bezüglich)

Re|zi|ta|ti|on [...zion], die; -, -en (künstlerischer Vortrag von Dichtungen); **Re|zi|ta|tiv**, das; -s, -e [...w'e] (dramat. Sprechgesang); **re|zi|tie|ren**

Re|zy|k|lat, das; -[e]s, -e (Produkt eines Recyclingverfahrens)

Rha|bar|ber, der; -s

Rhap|so|die, die; -, ...ien ([aus Volksweisen zusammengesetztes] Musikstück)

Rhe|sus|fak|tor, der; - (Med.: erbliches Merkmal der roten Blutkörperchen; Abk.: Rh-Faktor; Zeichen: Rh = Rhesusfaktor positiv, rh = Rhesusfaktor negativ)

Rheu|ma, das; -s (Kurzform von: Rheumatismus); **Rheu|ma|ti|ker** (an Rheumatismus Leidender); **rheu|ma|tisch; Rheu|ma|tis-mus**, der; -, ...men (schmerzhafte Erkrankung der Gelenke, Muskeln, Nerven, Sehnen)

Rhi|no|ze|ros, das; - u. -ses, -se (Nashorn)

Rho|do|den|d|ron, der (auch: das); -s, ...dren (ein Zierstrauch)

rhom|bisch; Rhom|bus, der; -, ...ben (Raute; gleichseitiges Parallelogramm)

rhyth|misch (den Rhythmus betreffend, taktmäßig); **Rhyth|mus**, der; -, ...men (Gleichmaß; taktmäßige Gliederung)

Rich|t|an|ten|ne; rich|ten; sich -; **Rich|ter; Rich|te|rin; rich|ter|lich**

Rich|ter|ska|la, die; (auch:) **Rich|ter-Ska|la** (Skala zur Messung der Erdbebenstärke)

Richt_fest, ...ge|schwin|dig|keit

rich|tig s. Kasten Seite 387

rich|tig|ge|hend; das war eine -e (durchaus so zu nennende) Blamage; vgl. auch richtig; **Rich|tig|keit**, die; -; **rich|tig|lie|gen** (ugs. für: sich nicht irren); wir haben mit der Schätzung richtiggelegen; **rich|tig-stel|len** (berichtigen); eine Behauptung richtigstellen; vgl. auch richtig; **Rich|tig-stel|lung** (Berichtigung); **Richt_kranz, ...li|nie** (meist Mehrz.), **...preis, ...schnur** (Mehrz. ...schnuren); **Rich-tung; rich|tung|ge|bend; Rich|tungs-**

---

rich|tig

Großschreibung, wenn „richtig" als Hauptwort verwendet wird: – *das Richtige tun* – *das Richtige sein; er wartet noch auf die Richtige* – *es wäre das Richtigste, wenn ...; aber: es wäre am richtigsten, wenn ...* Schreibung in Verbindung mit Zeit- und Mittelwörtern: – *eine Uhr, die richtig geht* – *das Besteck hat richtig gelegen* – *wenn ich das richtig sehe, gibt es keine größeren Probleme*	– *die Uhrzeiger richtig stellen* od. *richtigstellen* – aber: *eine Behauptung richtigstellen* – *mit einer Annahme richtigliegen* (ugs.) – *wenn er doch einmal etwas richtig machen würde!* – aber: *die Rechnung endlich richtigmachen* (ugs. für *begleichen*) – *eine richtig gehende* od. *richtiggehende Uhr* aber nur: *es war eine richtiggehende Verschwörung*

fahr|bahn; rich|tungs|los; Rich|tungs-wech|sel; rich|tung|wei|send; Richt-wert

Ri|cke, *die; -, -n* (weibl. Reh)

rie|chen; roch, gerochen; Rie|cher (ugs. für: Nase [bes. im übertr. Sinne]); einen guten - haben (alles gleich merken); Riech|stoff

Ried, *das; -[e]s, -e* (Schilf)

Rie|ge, *die; -, -n* (Turnerabteilung)

Rie|gel, *der; -s, -*

Riem|chen

¹Rie|men, *der; -s, -* (Lederstreifen)

²Rie|men, *der; -s, -* (Ruder)

Rie|se, *der; -n, -n*

Rie|sel|feld, *das* (Feld, worüber geeignete Abwässer zur Reinigung u. gleichzeitigen landwirtschaftl. Nutzung geleitet werden); rie|seln

rie|sen|groß; rie|sen|haft; Rie|sen-hun|ger (ugs.), ...rad, ...sla|lom; rie|sen|stark; rie|sig (gewaltig groß); Rie|sin

Ries|ling (eine Reb- u. Weinsorte)

Rie|s|ter|ren|te, (auch:) Ries|ter-Ren|te (staatl. geförderte private Zusatzrente)

Riff, *das; -[e]s, -e* (Felsenklippe; Sandbank)

rif|feln (aufrauen); Rif|fe|lung

Ri|go|ris|mus, *der; -* (übertriebene Strenge; strenges Festhalten an Grundsätzen); ri|go|ros ([sehr] streng); Ri|go|ro|si|tät, *die; -*

Rik|scha, *die; -, -s* (zweirädriger Wagen, der von einer Person gezogen wird u. zur Beförderung von Personen dient)

Ril|le, *die; -, -n*; ril|len; ril|lig

Rind, *das; -[e]s, -er*

Rin|de, *die; -, -n*; rin|den|los

Rin|der|bra|ten, Rinds|bra|ten (österr. nur so); Rin|der_her|de, ...wahn|sinn (eine Rinderkrankheit); Rind|fleisch; Rinds-bra|ten; vgl. Rinderbraten; Rind[s]|le-der; rind[s]|le|dern (aus Rindsleder); Rind|vieh (*Mehrz.* ugs.: Rindviecher)

Ring, *der; -[e]s, -e*; Ring|buch; Rin|gel, *der; -s, -* (kreisförmig Gewundenes); Rin-gel|blu|me; Rin|gel|chen; rin|gel|lig, ring|lig; Rin|gel|lo|cke; rin|geln; sich -; Rin|gel|nat|ter; Rin|gel|piez, *der; -[e]s,*

-e (ugs. scherzh. für: Tanzvergnügen); Rin|gel_rei|gen od. ...rei|hen

rin|gen; rang, gerungen; Rin|gen, *das; -s;* Rin|ger

Ring|fin|ger; ring|för|mig

Ring_kampf, ...kämp|fer, ...rich|ter (Boxen)

rings|he|r|um; rings|um; rings|um|her

Rin|ne, *die; -, -n;* rin|nen; rann, geronnen; Rinn|sal, *das; -[e]s, -e;* Rinn|stein

Ripp|chen; Rip|pe, *die; -, -n;* rip|pen (mit Rippen versehen); gerippt; Rip|pen_bruch *(der),* ...fell; Rip|pen|fell|ent|zün|dung; Rip|pen|speer, *der* od. *das; -[e]s* (gepökeltes Schweinebruststück mit Rippen); Rip|pen_stoß, ...stück

Rips, *der; -es, -e* (geripptes Gewebe)

Ri|si|ko, *das; -s, -s* od. ...ken (österr.: Risken); Ri|si|ko|fak|tor; ri|si|ko|frei; ri|si-ko|los; ris|kant (gefährlich, gewagt); ris-kie|ren (wagen, aufs Spiel setzen)

Ri|sot|to, *der; -[s], -s* (österr. auch: *das;* -s, -[s]; Reisspeise)

Ris|pe, *die; -, -n* (ein Blütenstand); Ris-pen|gras

Riss, *der; -es, -e;* ris|sig

Rist, *der; -es, -e* (Fuß-, Handrücken)

Ritt, *der; -[e]s, -e*

Ritt|ber|ger, *der; -s, -* (klassischer Drehsprung im Eiskunstlauf)

Rit|ter; Rit|ter_burg, ...gut; rit|ter|lich; Rit|ter|lich|keit, *die; -;* Rit|ter|sporn (*Mehrz.* ...sporne; eine Blume); Rit|ter-tum, *das; -s;* ritt|lings

Ri|tu|al, *das; -s, -e* od. -ien [...i̯ᵉn] (religiöser Brauch; Zeremoniell); ri|tu|ell (zum Ritus gehörend; durch den Ritus geboten); Ri-tus, *der; -, ...ten* (gottesdienstlicher [Fest]brauch; Zeremoniell)

Ritz, *der; -es, -e* (Kerbe, Kratzer; auch für: Ritze); Rit|ze, *die; -, -n* (sehr schmale Spalte od. Vertiefung); rit|zen

Ri|val|le, *die; -, -n* (Nebenbuhler, Mitbewerber); Ri|val|lin; ri|va|li|sie|ren (wetteifern); Ri|va|li|tät

Ri|ver|boat|shuf|fle, (auch:) Ri|ver|boat-Shuf|fle [rĭ́w°rbo̯ᵘtschaf°l], *die; -, -s* (Ver-

gnügungsfahrt auf einem [Fluss]schiff, bei der eine Jazzband spielt)

Roa|die [rọdi̯], *der; -s, -s* (jmd., der beim Transport, Auf- u. Abbau der Ausrüstung einer Rockgruppe hilft); Road|mo|vie [rọtmuwi], *das;* (auch:) *der; -s, -s* (Spielfilm, dessen Handlung sich unterwegs, bei einer Autofahrt abspielt)

Roast|beef [rọßtbif], *das; -s, -s* (Rostbraten)

Rob|be, *die; -, -n* (Seesäugetier); rob|ben (robbenartig kriechen); Rob|ben_fang, ...fän|ger, ...fell

Ro|be, *die; -, -n* (kostbares, langes [Abend]kleid; Amtstracht, bes. für Richter, Anwälte, Geistliche)

ro|bo|ten (ugs. für: schwer arbeiten); Ro-bo|ter (elektronisch gesteuerter Automat); ro|bo|ter|haft

ro|bust (stark, widerstandsfähig); Ro|bust-heit

Ro|cha|de [roχ..., auch: rosch...], *die; -, -n* (Schach: Doppelzug von König u. Turm)

rö|cheln

Ro|chen, *der; -s, -* (ein Seefisch)

ro|chie|ren [roχ..., auch: rosch...] (die Rochade ausführen; die Positionen wechseln)

¹Rock, *der; -[e]s, Röcke*

²Rock, *der; -[s]* (Stilrichtung der Popmusik); Rock and Roll, Rock 'n' Roll [rok°n-rol, engl. Ausspr.: rọknro̯ᵘl], *der; - - -[s], - - -[s]* (stark synkopierter amerik. Tanz); ro|cken (²Rock spielen); Ro|cker, *der; -s, -* (Angehöriger einer Gruppe von Jugendlichen [mit Lederkleidung u. Motorrad als Statussymbolen]; Rockmusiker); Rock|mu-sik; Rock 'n' Roll; vgl. Rock and Roll

Rock_saum, ...zip|fel

ro|deln; Ro|del|schlit|ten

ro|den; Ro|dung

Ro|gen, *der; -s, -* (Fischeier)

Rog|gen, *der; -s,* (fachspr.:) *-* (Getreide); Rog|gen|brot

roh; Roh|bau (*Mehrz.* ...bauten); Roh|heit, (alte Schreibung für:) Rohheit

Roh|heit; Roh|kost; Roh|ling

Rohr, *das; -[e]s, -e;* Röhr|chen; Röh|re, *die; -, -n*

röh|ren (brüllen [vom Hirsch zur Brunftzeit])

Röh|richt, *das; -s, -e*

Rohr_spatz; in: schimpfen wie ein - (ugs. für: aufgebracht, laut schimpfen), ...stock (*Mehrz.* ...stöcke), ...zu|cker

Roh_sei|de, ...stahl, ...stoff

Roi|busch|tee; vgl. Rotbuschtee

Ro|ko|ko [auch: rọkoko, österr.: ...kọ], *das; -s* (fachspr. auch: -; [Kunst]stil des 18. Jh.s)

Roll|la|den, (alte Schreibung für:) Rollladen; Rol|le, *die; -, -n;* rol|len; Rol|len|fach (Theater), ...tausch; Rol|ler; rol|lern; Roll_feld, ...kra|gen

Roll|la|den, (auch:) **Roll-La|den**, *der;* -s, ...läden u. (seltener:) ...laden

Roll|mops (gerollter eingelegter Hering); **Rol|lo** [auch, österr. nur: *rolo*], *das;* -s, -s (aufrollbarer Vorhang); **Roll|schuh;** - laufen; **Roll_stuhl**, ...**trep|pe**

ROM, *das;* -[s], -[s] (aus engl. read-only memory; EDV: Informationsspeicher, dessen Inhalt nur gelesen, aber nicht verändert werden kann)

Ro|man, *der;* -s, -e; **Ro|man|ci|er** [*ro-mangβie̯*], *der;* -s, -s (Romanschriftsteller); **Ro|ma|nik**, *die;* - ([Kunst]stil vom 11. bis 13. Jh.); **ro|ma|nisch** (im Stil der Romanik); **Ro|ma|nist**, *der;* -en, -en (Kenner und Erforscher der roman. Sprachen u. Literaturen); **Ro|ma|nis|tik**, *die;* - (Wissenschaft von den romanischen Sprachen u. Literaturen); **Ro|ma|nis|tin**

Ro|man|tik, *die;* - (Kunst- und Literaturrichtung von etwa 1800 bis 1830); **Ro|man|ti|ker** (Anhänger, Dichter usw. der Romantik; abwertend für: Gefühlsschwärmer); **Ro|man|ti|ke|rin; ro|man|tisch** (zur Romantik gehörend; gefühlsbetont; abenteuerlich); **Ro|man|ze**, *die;* -, -n (erzählendes volkstüml. Gedicht; liedartiges Musikstück mit besonderem Stimmungsgehalt; romantisches Liebeserlebnis)

Rö|mer, *der;* -s, - (bauchiges Kelchglas für Wein); **rö|misch** (auf Rom, auf die Römer bezüglich); -e Ziffern, -es Recht; **rö-misch-ka|tho|lisch** (Abk.: röm.-kath.)

Rom|mee, (auch:) **Rom|mé** [*rome*, auch: *rome̯*], *das;* -s, -s (ein Kartenspiel)

Ron|dell, Run|dell, *das;* -s, -e (Rundteil; Rundbeet); **Ron|do**, *das;* -s, -s (Musik: Satz mit wiederkehrendem Thema)

rönt|gen [*röntge̯n*] (mit Röntgenstrahlen durchleuchten); **Rönt|gen_bild**, ...**di|a-g|nos|tik**, ...**strah|len** (*Mehrz.*)

Rooi|bos|tee [*roi...*]; vgl. Rotbuschtee

Roo|ming-in, (auch:) **Roo|ming|in** [*ru-ming...*], *das;* -[s], -s (gemeinsame Unterbringung von Mutter und Kind in einem Krankenhauszimmer)

Roque|fort [*rokfo̯r*, auch: *rok...*], *der;* -s, -s (ein Käse)

ro|sa (blassrot); - Blüten; **Ro|sa**, *das;* -s, - (ugs.: -s); in -; **ro|sa|far|ben, ro|sa|far-big; ro|sa|rot**

rösch (bes. südd., auch schweiz. mdal. für: knusprig)

Rös|chen (kleine Rose); **Ro|se**, *die;* -, -n; **ro|sé** [*rose̯*] (rosig, zartrosa); ein - Pulli; - Spitzen

¹**Ro|sé**, *das;* -[s], -[s] (rosé Farbe); in -

²**Ro|sé**, *der;* -s, -s (Roséwein); **Ro|see-wein**; vgl. Roséwein

Ro|sen_blatt, ...**duft**, ...**kohl** (*der;* -[e]s), ...**kranz**

Ro|sen|mon|tag [auch: *ro...*] (Fastnachtsmontag); **Ro|sen|mon|tags|zug**

ro|sen|rot; Ro|sen|stock (*Mehrz.* ...stöcke); **Ro|set|te**, *die;* -, -n (Verzierung in

---

<table>
<tr><td colspan="2">**rot**</td></tr>
<tr><td>röter, rötes|te, seltener roter, rotes|te</td><td>– der Rote Halbmond</td></tr>
</table>

rot

röter, rötes|te, seltener roter, rotes|te

Kleinschreibung
– rote Farbe; rote Grütze
– der rote Teppich
– der rote Hahn (Feuer)

Großschreibung
a) wenn „rot" als Hauptwort verwendet wird:
– die Roten (ugs. für: die Sozialisten, Kommunisten u. a.)
– Alarmstufe Rot
b) in Namen und bestimmten namenähnlichen Fügungen:
– das Rote Meer
– die Rote Erde (Bezeichnung für Westfalen)
– der Rote Planet (Mars)
– die Rote Liste (der vom Aussterben bedrohten Tier- und Pflanzenarten)
– die Rote Liste® (Arzneimittelverzeichnis)
– das Rote Kreuz

– der Rote Halbmond
– die Rote Armee (Sowjetarmee)
– Rote Be[e]te
– Rote Johannisbeeren
– die Rote od. rote Karte (bes. Fußball)

Schreibung in Verbindung mit Zeitwörtern und als Eigenschaftswörtern gebrauchten Mittelwörtern:
– vor Verlegenheit rot werden
– sich die Augen rot weinen od. rotweinen
– sich die Haut rot scheuern od. rot-scheuern
– aber: rotsehen (ugs. für vor Wut die Kontrolle verlieren); als der Junge frech wurde, hat sie plötzlich rotgesehen
– die rot glühende od. rotglühende Sonne
– rot glühendes od. rotglühendes Eisen
– ein rot gestreifter od. rotgestreifter Pullover
– rot geweinte od. rotgeweinte Augen
Vgl. aber rotsehen

Rosenform; Bandschleife; Edelsteinschliff); **Ro|sé|wein** [*rose...*], (fachspr. auch:) **Ro-see|wein** (blassroter Wein); **ro|sig**

Ro|si|ne, *die;* -, -n

Ros|ma|rin [auch: ...*rin*], *der;* -s (eine Gewürzpflanze)

Ross, *das;* -es, -e (landsch.: Rösser; südd., österr. u. schweiz., sonst geh. für: Pferd); **Ross_ap|fel** (landsch. scherzh. für: Pferdekot), ...**brei|ten** (*Mehrz.;* windschwache Zone im subtrop. Hochdruckgürtel); **Rös|sel|sprung** (Rätselart); **Ross_haar**, ...**kas|ta|nie**, ...**kur** (ugs. für: Gewaltkur)

¹**Rost**, *der;* -[e]s, -e ([Heiz]gitter; landsch. für: Stahlmatratze)

²**Rost**, *der;* -[e]s (Zersetzungsschicht auf Eisen; Pflanzenkrankheit); **rost_be|stän-dig**, ...**braun; ros|ten** (Rost ansetzen)

rös|ten [auch: *rö...*] (braten; Brot u. a. bräunen; [Erze u. Hüttenprodukte] erhitzen)

rost|far|ben; rost|frei

Rös|ti, *die;* - (schweiz. für: [grob geraspelte] Bratkartoffeln)

ros|tig

Röst|kar|tof|feln [auch: *röβt...*] (*Mehrz.;* landsch. für: Bratkartoffeln)

rost|rot; Rost|schutz

rot s. Kasten

Rot, *das;* -s, - (ugs.: -s); in -; die Ampel steht auf -

Ro|ta|ti|on [...*zion*], *die;* -, -en (Drehung, Umlauf); **Ro|ta|ti|ons|druck** (*Mehrz.* ...drucke)

rot_ba|ckig od. ...**bä|ckig; Rot|barsch; Rot|bu|che; Rot|busch|tee** (eine afrikan. Teesorte); **Rot|dorn** (*Mehrz.* ...dorne); **Rö|te**, *die;* -; **Rö|teln**, *die* (*Mehrz.;* eine

---

Infektionskrankheit); **Rö|tel|zeich|nung; rö|ten;** sich -; **Rot|fuchs; rot|ge|streift, rot|ge|weint, rot|glü|hend;** vgl. rot; **Rot|grün|blind|heit**, *die;* - (Farbenfehlsichtigkeit, bei der Rot u. Grün verwechselt werden); **Rot|haut** (scherzh. für: Indianer), ...**hirsch**

ro|tie|ren (umlaufen, sich um die eigene Achse drehen)

Rot_käpp|chen, ...**kehl|chen** (ein Singvogel), ...**kohl, ...kraut** (*der;* -[e]s); **röt-lich; Rot|licht**, *das;* -[e]s

Ro|tor, *der;* -s, ...**oren** (sich drehender Teil von [elektr.] Maschinen)

Rot_schwanz od. ...**schwänz|chen** (ein Singvogel); **rot|se|hen** (ugs. für: wütend werden); vgl. rot; **rot_wei|nen, ...scheu-ern;** vgl. rot

Rot|te, *die;* -, -n

Rö|tung; rot|wan|gig; Rot_wein, ...wild, ...wurst (landsch. für: Blutwurst)

Rotz, *der;* -es (derb für: Nasenschleim); **rot|zen** (derb für: sich die Nase putzen; ausspucken); **Rotz|na|se** (derb; salopp scherzh. für: naseweises, freches Kind)

Rouge [*rusch*], *das;* -s, -s (rote Schminke)

Rou|la|de [*ru...*], *die;* -, -n (gerollte u. gebratene Fleischscheibe); **Rou|leau** [*rulo̯*], *das;* -s, -s (ältere Bez. für: Rollo); **Rou-lett** [*ru...*], *das;* -[e]s, -e u. -s od. **Rou-lette** [*rulät*], *das;* -s, -s

Rou|te [*rut̯e̯*], *die;* -, -n (festgelegte Wegstrecke); **Rou|ti|ne**, *die;* - ([handwerksmäßige] Gewandtheit; Fertigkeit, Übung); **rou|ti|ne|mä|ßig; Rou|ti|ne|un|ter|su-chung; Rou|ti|ni|er** [...*nie̯*], *der;* -s, -s (jmd., der Routine hat); **rou|ti|niert** (gerissen, gewandt)

Row|dy [_raudi_], _der;_ -s, -s (auch: ...dies [_raúdis_]; [jüngerer] gewalttätiger Mensch); **Row|dy|tum,** _das;_ -s

ru̱b|beln (landsch. für: kräftig reiben)

Rü̱|be, _die;_ -, -n; **Rü̱|ben|zu|cḵer** (_der;_ -s)

Ru̱|bel, _der;_ -s, - (russ. Währungseinheit; Abk.: Rbl)

rü̱|ber (ugs. für: herüber, hinüber)

Ru|bi̱n, _der;_ -s, -e (ein Edelstein)

Ru̱|b|ri̱k, _die;_ -, -en (Spalte, Kategorie)

ru̱ch|bar (bekannt, offenkundig); das Verbrechen wurde -

ru̱ch|los (geh. für: niedrig, gemein)

Ru̱ck, _der;_ -[e]s, -e; **ru̱ck|ar|tig**

rück|be|zü̱g|lich; -es Fürwort (Reflexivpronomen); **Rück|blen|de, ...blick; rück|bli̱|ckend**

rü̱|cken; jmdm. zu Leibe -

Rü̱|cken, _der;_ -s, -; **Rü̱|cken_.de|ckung, ...la|ge, ...leh|ne, ...mark** (_das_)

rü̱|cken|schwim|men, (auch:) **Rü̱|cken schwim|men;** aber nur: sie schwimmt Rücken; **Rü̱|cken|schwim|men,** _das;_ -s

Rü̱|cken|stär|kung, ...wind

Rück_er|stat|tung, ...fahr|kar|te, ...fahrt, ...fall; **rück|fäl|lig; Rück|fra|ge; rück|fra|gen;** hat noch einmal rückgefragt; **Rück|gang; Rück|grat,** _das;_ -[e]s, -e; **Rück|halt; rück|halt|los**

Rück|hand, _die;_ -

Rück|kehr, _die;_ -

Rück|la|ge (zurückgelegter Betrag); **rück|läu|fig**

Rück|ruf; Rück|ruf|ak|tion

Rück|sack

Rück_.schlag, ...sei|te

Rück_.sicht, _die;_ -, -en; **Rück|sicht|nah|me,** _die;_ -; **rück|sichts|los; rück|sichts|voll**

Rück_.sitz, ...spie|gel, ...spiel (Sportspr.), ...spra|che, ...stand (im - sein, bleiben; in - kommen); **rück|stän|dig**

Rück_.stau, ...stoß, ...tritt

rück|ver|gü̱|ten; nur in der Grundform u. im 2. Mittelwort gebr.; der Betrag wird rückvergütet

rück|ver|si̱|chern, sich; **Rück_.wand, ...wan|de|rung**

rück|wär|tig; **rück|wärts;** - einparken; **rück|wärts|fah|ren; Rück|wärts|gang,** _der;_ **rück|wärts|ge|hen; rück|wärts|ge|wandt;** eine rückwärtsgewandte Politik

rück|wei|se

rück|wir|kend; **Rück|zah|lung; Rück|zie|her;** einen - machen (ugs. für: zurückweichen); **Rück|zug; Rück|zugs|ge|fecht**

Ru̱|co|la, Ru̱|ko|la, _der;_ - (Raukensalat)

rü̱|de (roh, grob, ungesittet)

Rü̱|de, _der;_ -n, -n (männl. Hund)

Ru̱|del, _das;_ -s, -; **ru̱|del|wei|se**

Ru̱|der, _das;_ -s, -; ans - (ugs. für: in eine leitende Stellung) kommen; **Ru̱|der|boot; Ru̱|de|rer; ru̱|dern**

Ruf, _der;_ -[e]s, -e; **ru̱|fen;** rief, gerufen; **Ru̱|fer**

Rü̱f|fel, _der;_ -s, - (ugs. für: Verweis); **rüf|feln**

Ruf_.mord (schwere Verleumdung), ...na|me, ...num|mer

Rug|by [_ra̱kbi_], _das;_ -[s] (ein Ballspiel)

Rü̱|ge, _die;_ -, -n; **rü̱|gen**

Ru̱|he, _die;_ -; **Ru̱|he|bank** (_Mehrz._ ...bänke); **ru̱|he|be|dürf|tig; ru̱|he|los; ru̱|hen;** man soll die Toten ruhen lassen; sie hat den Fall ruhen lassen, (auch:) ruhenlassen; die Angelegenheit wird ihn nicht ruhen lassen, (auch:) ruhenlassen; **Ru̱|he_.pau|se, ...stand** (_der;_ -[e]s); **ru̱|he|stö|rend; Ru̱|he_.tag, ...zeit; ru̱|hig; ru̱|hig|stel|len;** einen Patienten ruhigstellen (Med.: durch Medikamente beruhigen)

Ruhm, _der;_ -[e]s; **rü̱h|men;** sich seines Wissens -; nicht viel Rühmens von einer Sache machen; **rü̱h|mens|wert; Ruh|mes_.blatt** (kein - [keine große Leistung] sein), ...tat; **rü̱hm|lich; ruhm|los**

Ruhr, _die;_ -, (selten:) -en (Infektionskrankheit des Darmes)

Rühr|ei; **rüh|ren;** sich -; **rüh|rend; rüh|rig; rühr|se|lig; Rüh|rung,** _die;_ -

Ru|i̱n, _der;_ -s (Zusammenbruch, Verfall; Verderb, Verlust [des Vermögens]); **Ru|i̱|ne,** _die;_ -, -n (zerfallen[d]es Bauwerk, Trümmer); **ru|i|ni̱e|ren** (zerstören, verwüsten); sich -; **ru|i|nö̱s** (zum Ruin führend)

Ru̱|ko|la; vgl. Rucola

rülp|sen (ugs.); **Rülp|ser** (ugs.)

ru̱m (ugs. für: herum)

Rum [südd. u. österr. auch, schweiz. nur: ru̱m], _der;_ -s, -s (Branntwein [aus Zuckerrohr])

Rum|ba, _die;_ -, -s (ugs. auch, österr. nur: _der;_ -s, -s; ein Tanz)

ru̱m|krie|gen (ugs. für: zu etwas bewegen; hinter sich bringen)

Rum|mel, _der;_ -s (ugs.); **Rum|mel|platz** (ugs.)

ru̱|mo|ren

Rum|pel|kam|mer (ugs.)

Rumpf, _der;_ -[e]s, Rümpfe

rümp|fen; die Nase rümpfen

Rump|steak [_ru̱mpβte̱k_], _das;_ -s, -s (gebratene Rindfleischscheibe)

Run [ran], _der;_ -s, -s (Ansturm)

rund ([im Sinne von: etwa] Abk.: rd.); Gespräch am runden Tisch; **Rund_.bau** (_Mehrz._ ...bolgen), ...bo|gen; **Ru̱n|de,** _die;_ -, -n; **ru̱n|den** (rund machen); sich -; **rund|er|neu|ert;** -e Reifen; **Rund_.fahrt, ...funk** (_der;_ -s); **Rund|funk_.ap|pa|rat, ...ge|bühr, ...hö|rer, ...pro|gramm, ...sen|der; Rund|gang,** _der;_ **rund|ge|hen;** morgen wird es - (ugs. für: viel Betrieb sein); **rund|he|r|aus; rund|he|r|um; Rund|holz; rund|lich; rund|ma|chen** (ugs.: tadeln, maßregeln; seltener: abschließend überarbeiten); **Rund_.rei|se, ...schrei|ben; rund|um; rund|um|her; Run|dung; rund|weg**

Ru̱|ne, _die;_ -, -n (germ. Schriftzeichen)

ru̱n|ter (ugs. für: herunter, hinunter)

Ru̱n|zel, _die;_ -, -n; **ru̱n|ze|lig,** runzl|ig; **ru̱n|zeln; ru̱nz|lig**

Rü̱|pel, _der;_ -s, -; **Rü̱|pe|lei; rü̱|pel|haft**

ru̱p|fen

Ru̱|pie [..._i̱ᵉ_], _die;_ -, -n (Währungseinheit in Indien, Sri Lanka u. a.)

ru̱p|pig

Rü̱|sche, _die;_ -, -n (gefälteter [Stoff]besatz)

Rush|hour [_ra̱sch-au̱ᵉr_], _die;_ -, -s (Hauptverkehrszeit)

Ruß, _der;_ -es, (fachspr.:) -e

Rü̱s|sel, _der;_ -s, -

ru̱|ßen; **ru̱|ßig; Ruß|par|ti|kel; Ruß|par|tikel|fil|ter**

ru̱s|sisch; -e Eier, -er Salat; -es Roulette; die Russische Föderation; vgl. deutsch; **Ru̱s|sisch,** _das;_ -[s] (Sprache); **Ru̱s|sisch_.brot,** _das;_ -[e]s (ein Gebäck); **Ru̱s|si̱|sche,** _das;_ -n; **ru̱s|sisch-or|tho|do̱x;** russisch-orthodoxe Kirche; **Ru̱ss|land**

rü̱s|ten; sich - (geh.)

Rü̱s|ter, _der;_ -s, -n (Ulme)

rü̱s|tig; **Rü̱s|tig|keit,** _die;_ -

ru̱s|ti|ka̱l (ländlich, bäuerlich)

Rü̱s|tung; **Rü̱s|tungs|in|dus|t|rie; Rüst_zeug**

Ru̱|te, _die;_ -, -n (Stock; früheres Längenmaß; Jägerspr.: Schwanz; allg. für: männl. Glied bei Tieren); **Ru̱|ten|gän|ger** ([Quellen-, Gestein-, Erz]sucher mit der Wünschelrute)

Ru̱tsch, _der;_ -[e]s, -e; **Ru̱tsch|bahn; Ru̱t|sche,** _die;_ -, -n (Gleitbahn); **ru̱t|schen; ru̱tsch|fest; Ru̱tsch|ge|fahr; ru̱t|schig; Ru̱tsch|par|tie** (ugs.)

rü̱t|teln

Rhythmus
Das Hauptwort ist über das Lateinische aus dem Griechischen ins Deutsche entlehnt worden. Wie das Herkunftswort wird es am Wortanfang mit _Rhy-_ geschrieben.

S s

S (Buchstabe); das S, des S, die S; aber: das s in Hase

Saal, _der;_ -[e]s; Säle; **Sa̱al|ord|ner**

Saat, _die;_ -, -en; **Sa̱at_.gut, ...korn** (_Mehrz._ ...körner)

Sa̱b|bat, _der;_ -s, -e (Samstag, jüd. Feiertag)

sa̱b|bern (ugs.)

Sä̱|bel, _der;_ -s, -; **Sä̱|bel|fech|ten,** _das;_ -s; **sä̱|beln** (ugs. für: ungeschickt schneiden)

Sa|bo|ta̱|ge [..._tascẖᵉ_, österr.: ..._tascẖ_], _die;_ -, -n (vorsätzl. Schädigung od. Zerstörung von wirtschaftl. u. milit. Einrichtungen); **Sa|bo|teu̱r** [..._tö̱r_], _der;_ -s, -e; **sa|bo|tie̱|ren**

Sac|cha|rin (fachspr.), Sa|cha|rin, das; -s (ein Süßstoff)

Sach_be|ar|bei|ter, ...be|ar|bei|te|rin, ...be|schä|di|gung, ...buch; sach|dien|lich; Sa|che, die; -, -n; Sä|chel|chen

Sa|cher|tor|te (eine Schokoladentorte)

Sach|ge|biet; sach_ge|mäß, ...ge|recht; Sach|kennt|nis; sach|kun|dig; Sach_la|ge, ...leis|tung; sach|lich (zur Sache gehörend; auch für: objektiv); säch|lich; -es Geschlecht; Sach|schal|den (Ggs.: Personenschaden)

säch|seln (sächsisch sprechen); säch|sisch; vgl. deutsch

sacht (leise); sach|te (ugs.)

Sach|ver|halt, der; -[e]s, -e; sach|ver|stän|dig; Sach|ver|stän|di|ge, der u. die; -n, -n

Sack, der; -[e]s, Säcke; mit - und Pack; Säck|chen; Sä|ckel, der; -s, - (landsch. für: Hosentasche; abwertend für: Mann, Mensch); sa|cken (sich senken, sinken), der Kopf ist nach hinten gesackt; Sack_gas|se, ...hüp|fen (das; -s)

Sa|dis|mus, der; - (Lust an Quälen, an Grausamkeiten [als abnorme sexuelle Befriedigung]); Sa|dist, der; -en, -en; sa|dis|tisch; Sa|do|ma|so|chis|mus [...chiß...], der; -, ...men (Verbindung von Sadismus u. Masochismus); sa|do|ma|so|chis|tisch

Sa|fa|ri, die; -, -s (Gesellschaftsreise zum Jagen, Fotografieren [in Afrika])

Safe [βeif], der (auch: das); -s, -s (Geldschrank, Stahlkammer, Sicherheitsfach)

Sa|fer Sex [βeifᵉrβäx], der; - -es (die Gefahr einer Aidsinfektion minderndes Sexualverhalten)

Saf|fi|an, der; -s (feines Ziegenleder); Saf|fi|an|le|der

Saf|ran, der; -s, -e (Krokus; Farbstoff; Gewürz); saf|ran|gelb

Saft, der; -[e]s, Säfte; Säft|chen; saf|tig (ugs. auch für: derb); Saft|la|den (ugs. abwertend für: schlecht funktionierender Betrieb); saft|los; saft- und kraftlos; Saft|pres|se

Sa|ge, die; -, -n

Sä|ge, die; -, -n; Sä|ge_blatt, ...bock, ...mehl

sa|gen

sä|gen

sa|gen|haft (ugs. auch für: unvorstellbar); sa|gen|um|wo|ben

Sä|ge_spä|ne (Mehrz.), ...werk

Sa|go, der (österr. meist: das); -s (gekörntes Stärkemehl)

Sah|ne, die; -; Sah|ne_bon|bon, ...tor|te; sah|nig

Sai|son [βäsoŋ, auch: säson, säsoŋ], die; -, -s (österr. meist: ...onen; Hauptbetriebs-, Hauptgeschäfts-, Hauptreisezeit, Theaterspielzeit); sai|so|nal [...sonal]; Sai|son|ar|beit; sai|son|be|dingt; Sai|son|be|ginn

Sai|te, die; -, -n (gedrehter Darm, Metall- od. Kunststofffaden zur Bespannung von Musikinstrumenten); Sai|ten_in|s|t|ru|ment, ...spiel

Sak|ko [österr.: ...ko], der (auch, österr. nur: das); -s, -s (Herrenjackett)

sa|k|ral (den Gottesdienst betreffend); Sa|k|ra|ment, das; -[e]s, -e (eine gottesdienstl. Handlung); Sa|k|ri|leg, das; -s, -e (Gotteslästerung); Sa|k|ri|s|tei, die; -, -en (Kirchenraum für die Geistlichen u. die gottesdienstl. Geräte)

Sa|la|man|der, der; -s, - (ein Schwanzlurch)

Sa|la|mi, die; -, -[s] (schweiz. auch: der; -s, -; eine Dauerwurst)

Sa|lat, der; -[e]s, -e; Sa|lat_bar, ...besteck, ...gur|ke, ...öl

Sal|be, die; -, -n

Sal|bei [auch: ...bai], der; -s (österr. nur so, sonst auch: der; -; eine Heil- u. Gewürzpflanze)

sal|ben (geh.); sal|bungs|voll

Säl|chen (kleiner Saal)

Sal|chow [...o], der; -[s], -s (ein Drehsprung beim Eiskunstlauf)

Sal|do, der; -s, ...den u. -s u. ...di (Differenzbetrag der Soll- und Habenseite eines Kontos)

Sä|le (Mehrz. von: Saal)

Sa|li|ne, die; -, -n

Salm, der; -[e]s, -e (ein Fisch)

Sal|mi|ak [auch, österr. nur: sal...], der (auch: das); -s (eine Ammoniakverbindung); Sal|mi|ak|geist, der; -[e]s

Sal|mo|nel|len, die (Mehrz.; Darmkrankheiten hervorrufende Bakterien)

Sa|lon [...loŋ, auch: ...loŋ, österr.: ...lon], der; -s, -s (Empfangszimmer; Friseur-, Mode-, Kosmetikgeschäft; [Kunst]ausstellung); Sa|lon|da|me (Theater); sa|lon|fä|hig; Sa|lon_lö|we (abwertend), ...wa|gen (elegant eingerichteter Eisenbahnwagen)

sa|lopp (ungezwungen; nachlässig; bequem)

Sal|pe|ter, der; -s (Bez. für einige Salze der Salpetersäure)

Sal|sa, der; - (ein Tanz)

Sal|to, der; -s, -s u. ...ti (freier Überschlag); Sal|to mor|ta|le, der; - -, - - u. ...ti ...li (meist dreifacher Salto in großer Höhe)

Sa|lut, der; -[e]s, -e ([milit.] Ehrengruß); sa|lu|tie|ren (milit. grüßen)

Sal|ve [...wᵉ], die; -, -n (gleichzeitiges Schießen von mehreren Feuerwaffen [auch als Ehrengruß])

Salz, das; -es, -e; salz|arm; -e Kost; Salz|bre|zel; sal|zen; die Preise sind gesalzen; Salz_fass, ...gur|ke; salz|hal|tig; Salz|he|ring; sal|zig; Salz|kar|tof|feln, die (Mehrz.); salz|los; Salz|was|ser (Mehrz. ...wässer)

Sa|ma|ri|ter ([freiwilliger] Krankenpfleger, -wärter)

Sam|ba, die; -, -s (auch u. österr. nur: der; -s, -s; ein Tanz)

Sa|me, der; -ns, -n (seltener für: Samen); Sa|men, der; -s, -; Sa|men|er|guss; Sa|men_korn (Mehrz. ...körner), ...lei|ter (der; Med.); Sä|me|rei, die; -, -en (meist Mehrz.)

sä|mig (dickflüssig)

Säm|ling (aus Samen gezogene Pflanze)

Sam|mel_an|schluss (Fernsprechwesen), ...band (der), ...be|cken, ...be|stellung, ...map|pe; sam|meln; Sam|mel_su|ri|um, das; -s, ...ien [...iᵉn] (ugs. für: angesammelte Menge verschiedenartigster Dinge); Samm|ler; Samm|lung

Sa|mo|war, der; -s, -e (russ. Teemaschine)

Sams|tag, der; -[e]s, -e; vgl. Dienstag; sams|tags

samt; - und sonders; Verhältnisw. mit Wemf.; - allem Geld

Samt, der; -[e]s, -e (ein Gewebe); Samt_band (das; Mehrz. ...bänder); sam|ten (aus Samt); Samt|hand|schuh; jmdn. mit -en anfassen (jmdn. behutsam behandeln); sam|tig (samtartig)

sämt|lich; -e Stimmberechtigte[n]

Samt|pföt|chen; samt|weich

Sa|na|to|ri|um, das; -s, ...ien [...iᵉn] (Heilanstalt; Genesungsheim)

Sanc|tus, das; -, - (Lobgesang in der kath. Messe)

Sand, der; -[e]s, -e

San|da|le, die; -, -n (leichter Sommerschuh); San|da|let|te, die; -, -n (leichter Sommerschuh für Damen)

Sand|bahn|ren|nen (Sportspr.); Sand_bank (Mehrz. ...bänke), ...dorn (der; -[e]s; eine Pflanzengattung)

San|del|holz, das; -es (duftendes Holz verschiedener Sandelbaumgewächse)

sand_far|ben od. ...far|big (beige); san|dig; Sand_kas|ten, ...mann (der; -[e]s; eine Märchengestalt), ...pa|pier, ...sack, ...stein; sand|strah|len; nur in der Grundform u. im 2. Mittelwort gebr.; gesandstrahlt, (fachspr. auch:) sandgestrahlt; Sand|strand

Sand|wich [säntwitsch], das od. der; -[s], -s (zwei zusammengeklappte belegte Brotscheiben)

sanft; Sänf|te, die; -, -n (Tragstuhl); Sanft|mut, die; -; sanft|mü|tig

Sän|ger; Sän|ge|rin; sang|los; sang- u. klanglos (ugs. für: unbeachtet, unbemerkt) abtreten

sa|nie|ren (gesund machen; wieder rentabel machen); sich - (ugs. für: wirtschaftlich gesunden); Sa|nie|rung; sa|nie|rungs|reif; sa|ni|tär (gesundheitlich); -e Anlagen; Sa|ni|tä|ter (in der Ersten Hilfe Ausgebildeter; Krankenpfleger); Sa|ni|täts|kraft|wa|gen

Sank|ti|on, die; -, -en (meist Mehrz.;

Zwangsmaßnahme); **sank|ti|o|nie|ren** (bestätigen)

Sankt-Nim|mer|leins-Tag, *der;* -[e]s (ugs. scherzh.); vgl. Nimmerleinstag

Sa|phir [auch, österr. nur: ...*ir*], *der;* -s, -e (ein Edelstein)

Sar|del|le, *die;* -, -n (ein Fisch)

Sar|di|ne, *die;* -, -n (ein Fisch)

Sarg, *der;* -[e]s, Särge; **Sarg|na|gel**

Sa|ri, *der;* -[s], -s (Gewand der Inderin)

Sar|kas|mus, *der;* -, ...men ([beißender] Spott); **sar|kas|tisch** (spöttisch; höhnisch)

Sar|ko|phag, *der;* -s, -e (meist steinerner Prunksarg)

Sa|tan, *der;* -s, -e; **sa|ta|nisch** (teuflisch)

Sa|tel|lit, *der;* -en, -en (Astron.: Mond der Planeten; künstlicher Erdmond, Raumsonde); **Sa|tel|li|ten_bild**, **...fern|se|hen**, **...pro|gramm**, **...staat** (*Mehrz.* ...staaten; von einer Großmacht abhängiger Staat), **...stadt** (Trabantenstadt), **...über|tra|gung** (Übertragung über einen Fernsehsatelliten)

Sa|tin [*βatä̃ŋ*], *der;* -s, -s (Gewebe in Atlasbindung mit glänzender Oberfläche)

Sa|ti|re, *die;* -, -n (iron.-witzige literar. od. künstler. Darstellung menschlicher Schwächen u. Laster); **sa|ti|risch** (spöttisch, beißend)

satt; ich bin es - (ugs. für: habe keine Lust mehr); die hungrigen Kinder - bekommen; **satt|be|kom|men** (nicht mehr mögen); etw. -

Sat|tel, *der;* -s, Sättel; **Sat|tel|dach;** **sat|tel|fest** (auch für: kenntnissicher, -reich); **sat|teln;** **Sat|tel_schlep|per**, **...ta|sche**, **...zeug**

satt|ha|ben (nicht mehr mögen); weil ich es **satthabe; Satt|heit**, *die;* -; **satt|hö|ren**, sich; **sät|ti|gen**

Sätt|ler; Satt|le|rei

satt|sam (hinlänglich, genug)

satt|se|hen, sich; ich habe mich daran **sattgesehen**

Sa|turn|ra|ke|te, (auch:) **Sa|turn-Ra|ke|te**

Sa|tyr, *der;* -s od. -n, -n (bocksgestaltiger Waldgeist in der gr. Sage); **Sa|tyr|spiel**

Satz, *der;* -es, Sätze; **Satz|aus|sa|ge; Sätz|chen; Satz_er|gän|zung**, **...ge|genstand**, **...glied**, **...zung; Satz|zei|chen**

Sau, *die;* -, Säue u. (bes. von Wildschweinen:) -en

sau|ber; sauber halten, sauber machen, (auch:) **saubermachen; Sau|ber|keit**, *die;* -; **säu|ber|lich; sau|ber|machen;** vgl. sauber; **säu|bern; Säu|be|rung**

Sau|boh|ne

Sau|ce [*soβ̮e*, österr.: *soβ*], (auch:) **So|ße**, *die;* -, -n; **Sau|ci|e|re** [*soβiä̮re*, österr.: ...*iär*], *die;* -, -n (Soßenschüssel)

sau|dumm (derb für: sehr dumm)

sau|er; gib ihm Saures! (ugs. für: prügle ihn!); **Sau|er_amp|fer**, **...bra|ten**

Sau|e|rei (derb)

Sau|er_kir|sche, **...klee**, **...kohl** (*der;*

-[e]s) (landsch.), **...kraut** (*das;* -[e]s); **säu|er|lich; Sau|er|milch; säu|ern** (sauer machen, werden); **Sau|er|stoff**, *der;* -[e]s (chem. Element, Gas; Zeichen: O); **Sau|er|stoff|fla|sche**, (auch:) **Sauer-stoff-Fla|sche; Sau|er|stoff|man|gel**, *der;* -s; **sau|er|süß; Sau|er|teig; sau|er|töp|fisch** (griesgrämig)

sau|fen (derb in Bezug auf Menschen, bes. für: Alkohol trinken); soff, gesoffen; **Säu|fer** (derb); **Sau|fe|rei** (derb); **Sauf_ge|la|ge** (derb), **...kum|pan** (derb)

sau|gen; sog, gesogen (auch: gesaugt; Technik nur: saugte, gesaugt); **säu|gen; Säu|ger** (Säugetier); **Säu|ge|tier; Säug|ling; Säug|lings|pfle|ge**

säu|isch (derb für: sehr unanständig); **sau|kalt** (ugs. für: sehr kalt); **Sau|kerl** (derb)

Säu|le, *die;* -, -n; **Säu|len_hal|le**, **...hei|li|ge**

Saum, *der;* -[e]s, Säume (Rand; Besatz)

sau|mä|ßig (derb)

¹**säu|men** (mit einem Rand versehen)

²**säu|men** (geh. für: zögern)

säu|mig; saum|se|lig (langsam)

Sau|na, *die;* -, -s od. ...nen

Säu|re, *die;* -, -n; **säu|re_be|stän|dig**, **...fest; Sau|re|gur|ken|zeit**, (auch:) **Sau-re-Gur|ken-Zeit** (scherzh. für: die polit. od. geschäftl. meist ruhige Zeit)

Sau|ri|er [...*iⁱⁱer*], *der;* -s, - (urweltl. [Riesen]echse)

Saus; nur in: in - und Braus (sorglos prassend) leben; **säu|seln; sau|sen**

Sau_stall (derb), **...wet|ter** (derb)

Sal|van|ne [...*wa̮*...], *die;* -, -n (Steppe mit einzeln od. gruppenweise stehenden Bäumen)

Sa|voir-vi|v|re [*βavoarwi̮wrᵉ*], *das;* - (feine Lebensart, Lebensklugheit)

Sa|xo|phon, (auch:) **Sa|xo|fon**, *das;* -s, -e (ein Blasinstrument); **Sa|xo|pho|nist**, (auch:) **Sa|xo|fo|nist**, *der;* -en, -en (Saxophonbläser); **Sa|xo|pho|nis|tin**, (auch:) **Sa|xo|fo|nis|tin**

S-Bahn, *die;* -, -en (Schnellbahn)

scan|nen [*βkä̮*...] (mit einem Scanner abtasten); **Scan|ner** [*βkän̮eʳ*], *der;* -s, - (ein elektron. Eingabegerät)

¹**Schal|be**, Schwa̮lbe, *die;* -, -n (ein Insekt)

²**Schal|be**, *die;* -, -n (ein Werkzeug)

Schal|be|fleisch; schal|ben

Schal|ber|nack, *der;* -[e]s, -e (übermütiger Streich, Posse)

schäl|big (abwertend)

Schal|b|lo|ne, *die;* -, -n (ausgeschnittene Vorlage; Muster; Schema, Klischee)

Schach, *das;* -s, -s (Brettspiel); - spielen, bieten; im od. in - halten (nicht gefährlich werden lassen); **Schach|brett**

schal|chern (abwertend für: feilschen)

Schach|fi|gur; schach|matt; Schach|par|tie

Schacht, *der;* -[e]s, Schächte

Schach|tel, *die;* -, -n; alte - (ugs. abwertend für: ältere Frau); **Schäch|tel|chen; Schach|tel|halm**

schäch|ten (nach religiöser Vorschrift schlachten); **Schäch|ter**

Schach_tur|nier, **...zug**

scha|de; es ist -; **Scha|de**, *der* (veralt. für: Schaden); nur noch in: es soll, wird dein - nicht sein

Schä|del, *der;* -s, -; **Schä|del|bruch**

scha|den; Scha|den, *der;* -s, Schäden; **Scha|den_er|satz** (BGB: Schadensersatz), **...freu|de; scha|den|froh; schad|haft; schä|di|gen; Schä|di|gung; schäd|lich**

Schäd|ling; Schäd|lings|be|kämp|fung, *die;* -

schad|los; sich - halten

Schad|stoff; schad|stoff|arm; Schad-stoff_be|las|tung, **...emis|si|on; schad-stoff|frei**

Schaf, *das;* -[e]s, -e; **Schaf|bock; Schäf-chen;** sein Schäfchen ins Trockene bringen, im Trockenen haben; **Schä|fer; Schä|fer|hund; Schaf|fell**

¹**schaf|fen;** schaffte, geschafft (vollbringen; landsch. für: arbeiten; in [reger] Tätigkeit sein; Seemannsspr.: essen)

²**schaf|fen;** schuf, geschaffen (schöpferisch, gestaltend hervorbringen)

Schaf|fen, *das;* -s; **Schaf|fens|kraft**, *die;* -

Schaff|ner; Schaff|ne|rin; schaff|ner|los

Schaf|gar|be, *die;* -, -n (eine Heilpflanze)

Schaf_her|de, **...hirt**, **...käl|te**, Schafskäl|te (Mitte Juni auftretender Kaltlufteinbruch), **...kä|se;** vgl. Schafskäse, **...kopf**, Schafs|kopf, *der;* -[e]s (ein Kartenspiel)

Scha|fott, *das;* -[e]s, -e (Gerüst für Hinrichtungen)

Schafs_käl|te; vgl. Schafkälte, **...kä|se**, Schaf|käse, **...kopf** (Schimpfwort; vgl. Schafkopf)

Schaft, *der;* -[e]s, Schäfte; **Schaft|stie|fel**

Schaf_wei|de, **...zucht**

Schah, *der;* -s, -s (pers. Herrschertitel)

Scha|kal, *der;* -s, -e (ein hundeartiges Raubtier)

schä|kern (scherzen)

schal

Schal, *der;* -s, -s

Schäl|chen (kleine [Trink]schale)

¹**Schal|le**, *die;* -, -n (südd. u. österr. auch für: Tasse)

²**Schal|le**, *die;* -, -n (Hülle)

schä|len

Schal|len|wild (Rot-, Schwarz-, Steinwild)

Schalk, *der;* -[e]s, -e u. Schälke (Spaßvogel, Schelm); **schalk|haft**

Schall, *der;* -[e]s, (selten:) -e od. Schälle; **Schall_däm|pfer; schall|dicht; schal|len;** schallte (seltener: scholl), geschallt; **Schall_ge|schwin|dig|keit**, **...mau|er** (*die;* -; extrem hoher Luftwiderstand bei einem die Schallgeschwindigkeit erreichenden Flugobjekt), **...plat|te**, **...wel|le** (*meist Mehrz.*)

Schal|mei, *die;* -, -en (ein Holzblasinstrument)

Schal|lot|te, *die;* -, -n (eine kleine Zwiebel)

schal|ten; Schal|ter; Schal|ter_be|am|te, ...be|am|tin, ...stun|den *(Mehrz.)*

Schall|tier (Muschel; Schnecke)

Schalt_he|bel, ...jahr, ...knüp|pel, ...tag; Schal|tung

Schal|lung (Bretterverkleidung)

Scha|lup|pe, *die;* -, -n (Küstenfahrzeug; großes [Bei]boot)

Scham, *die;* -

Scha|ma|ne, *der;* -n, -n (Zauberpriester bei [asiat.] Naturvölkern)

schä|men, sich; Scham_ge|fühl (*das;* -s), ...haar *(meist Mehrz.);* scham|haft; Scham|haf|tig|keit, *die;* -; Scham|lip|pe (*meist Mehrz.;* äußeres weibl. Geschlechtsorgan); scham|los; Scham|lo|sig|keit

Scha|mott, *der;* -s (ugs. für: Kram, Zeug, wertlose Sachen)

Scha|mot|te, *die;* - (feuerfester Ton); Scha|mot|te|stein

scham|po|nie|ren, scham|pu|nie|ren (mit Shampoo einschäumen, waschen)

Scham|pus, *der;* - (ugs. für: Champagner)

scham|rot; Scham|rö|te

schand|bar; Schan|de, *die;* -; schän|den; Schand|fleck; schänd|lich; Schand_mal (*Mehrz.* ...male u. ...mäler), ...tat

Schän|ke, Schen|ke, *die;* -, -n

Schanktisch, Schänk|tisch, Schenk|tisch; Schank|wirt|schaft, Schänk|wirt|schaft, Schenk|wirt|schaft

Schan|ze, *die;* -, -n (Verteidigungsanlage; Sprungschanze)

Schar, *die;* -, -en (größere Anzahl, Menge, Gruppe)

Scha|ra|de, *die;* -, -n (Ratespiel, bei dem das zu erratende Wort pantomimisch dargestellt wird)

Schä|re, *die;* -, -n (*meist Mehrz.;* kleine, der Küste vorgelagerte Felsinsel)

scha|ren, sich; scha|ren|wei|se

scharf; schärfer; schärfste; etw. auf das Schärfste, (auch:) schärfste verurteilen; das Messer scharf machen, (auch:) scharfmachen; das Objektiv scharf stellen, (auch:) scharfstellen; Scharf|blick, *der;* -[e]s; Schär|fe, *die;* -, -n; schär|fen; scharf|kan|tig; scharf|ma|chen (ugs. für: aufhetzen); den Hund -; vgl. scharf; Scharf_ma|cher (bes. Politik, abwertend für: Hetzer, Befürworter scharfer Maßregeln), ...rich|ter, ...schüt|ze; scharf|sich|tig; Scharf|sinn, *der;* -[e]s; scharf|sin|nig; scharf|stel|len; vgl. scharf

¹Schar|lach, *der* (österr.: *das*) -s (lebhaftes Rot)

²Schar|lach, *der;* -s (eine Infektionskrankheit)

schar|lach|rot

Schar|la|tan, *der;* -s, -e (Schwindler, der bestimmte Fähigkeiten vortäuscht)

Schar|müt|zel, *das;* -s, - (kurzes, kleines Gefecht, Plänkelei)

Schar|nier, *das;* -s, -e (Drehgelenk [für Türen])

Schär|pe, *die;* -, -n (um Schulter od. Hüften getragenes breites Band)

schar|ren

Schar|te, *die;* -, -n (Einschnitt; [Mauer]lücke; schadhafte Stelle [an einer Schneide]

Schar|te|ke, *die;* -, -n (veraltend abwertend für: wertloses Buch, Schmöker; abwertend für: ältliche, unsympathische Frau)

schar|tig

schar|wen|zeln

Schasch|lik [auch: ...lik], *der* od. *das;* -s, -s (am Spieß gebratene [Hammel]fleischstückchen)

schas|sen (ugs. für: kurzerhand entlassen, wegjagen); du, er schasst; schasste, geschasst

Schat|ten, *der;* -s, -; ein Schatten spendender, (auch:) schattenspendender Baum; schat|ten|haft; Schat|ten|ka|bi|nett; schat|ten|los; Schat|ten_mo|rel|le, ...riss, ...sei|te; schat|ten|spen|dend; vgl. Schatten; Schat|ten|wirt|schaft, *die;* -; schat|tie|ren ([ab]schatten); Schat|tie|rung; schat|tig

Scha|tul|le, *die;* -, -n (Geld-, Schmuckkästchen)

Schatz, *der;* -es, Schätze; Schätz|chen; schät|zen; schät|zens|wert; Schatz_kam|mer, ...meis|ter; Schät|zung; schät|zungs|wei|se; Schätz|wert

Schau, *die;* -, -en (Ausstellung, Überblick; Vorführung); zur - stellen, tragen; jmdm. die - stehlen (ugs. für: ihn um die Beachtung u. Anerkennung der anderen bringen); Schau_bild, ...bu|de, ...büh|ne

Schau|der, *der;* -s, -; ein Schauder erregender, (auch:) schaudererregender Anblick; schau|der|haft; schau|dern

schau|en

¹Schau|er, *der;* -s, - (Seemannsspr.: Hafen-, Schiffsarbeiter)

²Schau|er, *der;* -s, - (Schreck; Regenschauer)

Schau|er|ge|schich|te; schau|er|lich

Schau|er|mann, *der;* -[e]s, ...leute (Seemannsspr.: ¹Schauer)

Schau|er|mär|chen

schau|ern; mir od. mich schauert

Schau|fel, *die;* -, -n; schau|feln

Schau|fens|ter; Schau|fens|ter_bum|mel, ...de|ko|ra|ti|on; Schau_kampf, ...kas|ten

Schau|kel, *die;* -, -n; schau|keln; Schaukel_pferd, ...stuhl

schau|lau|fen; nur in der Grundform u. im 2. Mittelwort gebr.; Schau|lau|fen, *das;* -s (Eiskunstlauf); Schau|lus|ti|ge, *der* u. *die;* -n, -n

Schaum, *der;* -[e]s, Schäume; Schaum-bad; schäu|men; Schaum|gum|mi; schau|mig; Schaum_kro|ne, ...schlä|ger (abwertend auch für: Angeber), ...wein

Schau_platz, ...pro|zess

schau|rig; schaurig-schön

Schau|spiel; Schau|spie|ler; Schau|spie|le|rei; Schau|spie|le|rin; schau|spie|le|risch; schau|spie|lern; Schauspiel_haus, ...kunst (*die;* -)

Schau|stel|ler; Schau|stel|le|rin

Scheck, *der;* -s, -s; Scheck|buch

Sche|cke, *der;* -n, -n (scheckiges Pferd od. Rind); sche|ckig

scheel (ugs. für: missgünstig)

schef|feln (ugs. für: zusammenraffen, anhäufen); schef|fel|wei|se

Scheib|chen; scheib|chen|wei|se

Schei|be, *die;* -, -n; Schei|ben_brem|se, ...schie|ßen, ...wasch|an|la|ge, ...wi|scher

Scheich, *der;* -s, -e u. -s ([Stammes]oberhaupt in arab. Ländern); Scheich|tum

Schei|de, *die;* -, -n; schei|den; schied, geschieden; Schei|dung; Schei|dungs-grund

Schein, *der;* -[e]s, -e; Schein|asy|lant (zu Unrecht Asyl Beanspruchender); schein-bar; schei|nen; schien, geschienen; schein|hei|lig; Schein|tod; schein|tot

Schei|ße, *die;* -, - (derb); scheiß|egal (derb); schei|ßen; schiss, geschissen (derb); scheiß|freund|lich (derb abwertend für: übertrieben freundlich)

Scheit, *das;* -[e]s, -e (bes. österr. u. schweiz.:) -er

Schei|tel, *der;* -s, -; Schei|tel|bein (ein Schädelknochen); schei|teln; Schei|tel-punkt

Schei|ter|hau|fen; schei|tern

Sche|kel, *der;* -s, - (israel. Währungseinheit; Abk.: ILS)

Schelf, *der* od. *das;* -s, -e (Festlandsockel)

Schel|lack, *der;* -[e]s, -e (ein Harz)

Schel|le, *die;* -, -n (Glöckchen; Ohrfeige); Schel|len (*Mehrz.,* als Einz. gebr.;) eine Spielkartenfarbe); - sticht; schel|len; Schel|len_baum (Instrument der Militärkapelle), ...kap|pe

Schell|fisch

Schelm, *der;* -[e]s, -e; schel|misch

Schel|te, *die;* -, -n (scharfer Tadel; ernster Vorwurf); schel|ten; schilt; schalt, gescholten

Sche|ma, *das;* -s, -s u. -ta (auch: Schemen; Muster, Aufriss; Konzept); nach - F; sche|ma|tisch; sche|ma|ti|sie|ren (nach einem Schema behandeln; [zu sehr] vereinfachen); Sche|ma|tis|mus, *der;* -, ...men

Sche|mel, *der;* -s, -

Sche|men, *der;* -s, - (Schatten[bild]; landsch. für: Maske); sche|men|haft

Schen|ke, Schän|ke, *die;* -, -n

Schen|kel, *der;* -s, -

schen|ken

Schenk|tisch, Schank|tisch, Schänk|tisch

schief

	Aber:
– *die schiefe Ebene; ein schiefer Winkel* – aber: *der Schiefe Turm von Pisa*	– *da bist du aber schiefgewickelt* (ugs. für: sehr im Irrtum)
Schreibung in Verbindung mit Zeitwörtern: – *schief sein; schief werden; schief sitzen, liegen, stehen, gehen, laufen; schief halten; jmdn. schief ansehen; schief urteilen; schief denken* – *die Decke hat schief gelegen* – *den Mund schief ziehen* od. *schiefziehen* – *er hat den Verband schief gewickelt; ein schief gewickelter* od. *schiefgewickelter Verband*	– *die Sache ist schiefgegangen* (ugs. für: misslungen) – *das Unternehmen ist schiefgelaufen* (ugs. für: missglückt) – *da hast du wohl schiefgelegen* (ugs. für: einen falschen Standpunkt vertreten) – *wir haben uns schiefgelacht* (ugs. für: heftig gelacht)

Schen|kung; Schen|kung[s]|steu|er, *die*
Schenk|wirt|schaft, Schank|wirt|schaft, Schänk|wirt|schaft
schep|pern (ugs. für: klappern, klirren)
Scher|be, *die;* -, -n (Bruchstück)
Scher|ben, *der;* -s, - (südd., österr. für: Scherbe; Blumentopf; Keramik: gebrannter Ton)
Sche|re, *die;* -, -n
¹sche|ren (abschneiden); schor (selten: scherte), geschoren (selten: geschert)
²sche|ren, sich (ugs. für: sich fortmachen; sich um etwas kümmern)
Sche|ren|schnitt
Sche|re|rei (ugs. für: Unannehmlichkeit)
Scherf|lein; sein - beitragen
Scher|ge, *der;* -n, -n (abwertend für: Handlanger)
Scher|kopf (am elektr. Rasierapparat)
Scherz, *der;* -es, -e; aus, im -; Scherz|ar|ti|kel; scher|zen; Scherz|fra|ge; scherz|haft; Scher|zo [βkärzo], *das;* -s, -s u. ...zi (heiteres Tonstück); Scherz|wort (*Mehrz.* ...worte)
sche|sen (landsch. für: rasen)
scheu; die Pferde - machen, (auch:) scheumachen; Scheu, *die;* - (Angst, banges Gefühl); ohne -; Scheu|che, *die;* -, -n (Schreckbild, -gestalt); scheu|chen; scheu|en; sich -
Scheu|er, *der;* -, -n (landsch. für: Scheune)
scheu|ern; Scheu|er_sand, ...tuch (*Mehrz.* ...tücher)
Scheu|klap|pe (*meist Mehrz.*)
scheu|ma|chen; vgl. scheu
Scheu|ne, *die;* -, -n; Scheu|nen|tor, *das*
Scheu|sal, *das;* -s, -e (ugs.: ...säler); scheuß|lich; Scheuß|lich|keit
Schi usw.; vgl. Ski usw.
Schicht, *die;* -, -en (Gesteinsschicht; Überzug; Arbeitszeit, bes. des Bergmanns; Belegschaft); Schicht arbeiten; Schicht|ar|beit; schich|ten; Schicht_un|ter|richt, ...wech|sel; schicht|wei|se
schick (modisch u. geschmackvoll); -s|te; Schick, *der;* -[e]s; schi|cken; sich -; Schi|cke|ria, *die;* - (bes. modebewusste

obere Gesellschaftsschicht); Schi|cki|mi|cki, *der;* -s, -s (ugs. für: jmd., der sich betont modisch gibt; modischer Kleinkram); schick|lich; Schick|sal, *das;* -s, -e; schick|sal|haft; Schick|sals_glau|be, ...schlag
Schick|se, *die;* -, -n (ugs. abwertend für: leichtlebige Frau)
Schi|ckung (geh. für: Fügung, Schicksal)
Schie|be_dach, ...fens|ter; schie|ben; schob, geschoben; Schie|ber (Riegel; Maschinenteil; ugs. auch für: gewinnsüchtiger Geschäftemacher); Schie|be|tür; Schie|bung
Schieds_ge|richt, ...mann (*Mehrz.* ...leute u. ...männer), ...rich|ter, ...spruch
schief *s. Kasten*
Schie|fer, *der;* -s, - (ein Gestein); Schie|fer|dach; schie|fer|grau
schief|ge|hen (ugs. für: misslingen); die Sache ist total schiefgegangen; schief|ge|wi|ckelt; - sein (ugs. für: im Irrtum sein); vgl. schief; schief|la|chen, sich (ugs. für: heftig lachen); schief|lau|fen (ugs. für: misslingen); vgl. schief; schief|lie|gen (ugs. für: einen falschen Standpunkt vertreten); schief|zie|hen; vgl. schief
schiel|äu|gig; schie|len
Schien|bein; Schie|ne, *die;* -, -n; schie|nen; Schie|nen_bus, ...fahr|zeug, ...strang, ...weg
schier (*Umstandsw.:* bald, beinahe, gar; *Eigenschaftsw.:* rein)
Schier|ling (eine Giftpflanze)
Schieß_be|fehl, ...bu|de; Schieß|bu|den|fi|gur (ugs.); Schieß|ei|sen (ugs. für: Schusswaffe); schie|ßen; schoss, geschossen; schie|ßen las|sen, (auch:) schießenlassen (ugs. auch für: aufgeben); Schie|ße|rei; Schieß_ge|wehr, ...hund (noch in: aufpassen wie ein - [ugs. für: scharf aufpassen]), ...schei|be, ...sport
Schiet, *der;* -s (nordd. für: Dreck; Unangenehmes)
Schiff, *das;* -[e]s, -e; schiff|bar; Schiff|bar|keit, *die;* -; Schiff|bau (bes.

fachspr.), Schiffs|bau; Schiff|bruch, *der;* schiff|brü|chig; Schiff|brü|chi|ge, *der* u. *die;* -n, -n; Schiff|brü|cke; Schiff|chen (auch für: eine milit. Kopfbedeckung); schif|fen; Schif|fer; Schif|fe|rin; Schif|fer|kla|vier (ugs. für: Ziehharmonika); Schiff|fahrt, (auch:) Schiff-Fahrt (Verkehr zu Schiff); Schiff|fahrts_li|nie, ...stra|ße; Schiffs|arzt; Schiff|schau|kel, Schiffs|schau|kel (eine große Jahrmarktsschaukel); Schiffs_eig|ner, ...fracht, ...jun|ge, ...koch, ...schrau|be, ...tau|fe
Schi|ge|biet usw.; vgl. Skigebiet usw.
Schi|ka|ne, *die;* -, -n; schi|ka|nie|ren; schi|ka|nös
Schi|ko|ree; vgl. Chicorée
Schi|lau|fen usw.; vgl. Skilaufen usw.
¹Schild, *das;* -[e]s, -er (Aushängeschild u. a.)
²Schild, *der;* -[e]s, -e (Schutzwaffe)
Schild|bür|ger (engstirniger Mensch, Spießer); Schild|bür|ger|streich; Schild|drü|se; Schil|der|haus od. ...häus|chen; schil|dern; Schil|de|rung; Schil|der|wald (ugs.); Schild_krö|te, ...laus, ...patt (*das;* -[e]s; Hornplatte einer Seeschildkröte)
Schi|leh|rer usw.; vgl. Skilehrer usw.
Schilf, *das;* -[e]s, -e (eine Grasart); Schilf|rohr
Schil|ler|lo|cke (Gebäck; geräuchertes Fischstück)
schil|lern
Schil|ling, *der;* -s, -e (frühere österr. Währungseinheit; Abk.: S, öS)
schil|pen, tschil|pen (zwitschern [vom Sperling])
Schi|mä|re, (auch:) Chi|mä|re, *die;* -, -n (Trugbild, Hirngespinst)
¹Schim|mel, *der;* -s (weißl. Pilzüberzug auf organ. Stoffen)
²Schim|mel, *der;* -s, - (weißes Pferd); schim|me|lig, schimm|lig; schim|meln; Schim|mel|pilz
Schim|mer; schim|mern
schimm|lig; vgl. schimmelig
Schim|pan|se, *der;* -n, -n (ein Affe)
Schimpf, *der;* -[e]s; mit - und Schande; schimp|fen; schimpf|lich; Schimpf_na|me, ...wort (*Mehrz.* ...worte u. ...wör|ter)
Schin|del, *die;* -, -n
schin|den; schindete, (seltener:) schund; geschunden; Schin|der (abwertend); Schin|de|rei; Schind|lu|der; mit jmdm. - treiben (ugs. für: jmdn. schmählich behandeln)
Schin|ken, *der;* -s, -; Schin|ken_brot, ...wurst
Schi|pis|te usw.; vgl. Skipiste usw.
Schip|pe, *die;* -, -n; schip|pen; Schip|pen (*Mehrz. als Einz. gebr.*) eine Spielkartenfarbe)

Schi|ri, *der;* -s, -s (ugs. Kurzw. für: Schiedsrichter)

Schirm, *der;* -[e]s, -e; schir|men (geh. für: schützen); Schirm_herr, ...herr|schaft, ...müt|ze, ...pilz, ...stän|der

Schi|rok|ko, *der;* -s, -s (warmer Mittelmeerwind)

schir|ren (anschirren, anspannen); Schirrmeis|ter

Schiss, *der;* -es (derb für: Kot; ugs. für: Angst)

schi|zo|phren (an Schizophrenie erkrankt); Schi|zo|phre|nie, *die;* -, ...ien (Med.: Bewusstseinsspaltung)

schlab|be|rig, schlabb|rig; schlab|bern; schlabb|rig; vgl. schlabberig

schlach|ten; Schlach|ten_bumm|ler (ugs.); Schläch|ter, Schläch|ter (nordd. für: Fleischer); Schlach|te|rei, Schläch|te|rei (nordd. für: Fleischerei); Schlacht_fest, ...haus, ...hof; schlacht|reif; Schlachtvieh

Schla|cke, *die;* -, -n

schla|ckern (landsch.); mit den Ohren - Schlack|wurst

Schlaf, *der;* -[e]s; Schlaf|an|zug; Schläfchen

Schlä|fe, *die;* -, -n

schla|fen; schlief, geschlafen; Schla|fenszeit; Schlä|fer; Schlä|fe|rin

schlaff; Schlaff|heit, *die;* -

Schlaf|ge|le|gen|heit

Schla|fitt|chen, *das;* jmdn. am od. beim - nehmen (ugs.)

Schlaf|krank|heit, *die;* -; schlaf|los; Schlaf|lo|sig|keit, *die;* -; Schlaf_mit|tel, ...müt|ze; schlaf|müt|zig; Schlaf|raum; schläf|rig; Schläf|rig|keit, *die;* -; Schlaf_saal, ...sack, ...ta|b|let|te; schlaf|trun|ken; Schlaf|wa|gen; schlafwan|deln; Schlaf|wand|ler; schlafwand|le|risch; Schlaf|zim|mer

Schlag, *der;* -[e]s, Schläge; Schlag_abtausch (Sportspr.), ...ader, ...an|fall; schlag|ar|tig; Schlag_ball, ...baum, ...boh|rer; Schlä|gel, *der;* -s, - (auch für: Trommelschlägel); vgl. Schlegel; schla|gen; schlug, geschlagen; Schla-ger; Schlä|ger; Schlä|ge|rei; Schla|gerstar; schlag|fer|tig; Schlag|fer|tig|keit, *die;* -; Schlag|in|s|t|ru|ment; schlagkräf|tig; Schlag|licht (*Mehrz.* ...lichter); schlag|licht|ar|tig; Schlag|loch; Schlagobers (österr. für: Schlagsahne); Schlag-_rahm, ...ring, ...sah|ne, ...schat|ten, ...sei|te, ...wort (*Mehrz.:* ...worte u. (für: Stichwörter eines Schlagwortkatalogs) ...wörter, ...zei|le, ...zeug; Schlagzeu|ger (Schlagzeugspieler)

Schlaks, *der;* -es, -e (ugs. für: hoch aufgeschossener, ungeschickter Mensch); schlak|sig

Schla|mas|sel, *der* (auch, österr. nur:) *das;* -s, - (ugs. für: Unglück)

Schlamm, *der;* -[e]s, -e u. Schlämme;

schläm|men (von Schlamm reinigen); schlam|mig; Schlämm|krei|de, *die;* -

Schlam|pe, *die;* -, -n (ugs. abwertend für: unordentliche Frau); schlam|pen (ugs. abwertend für: unordentlich sein); Schlam|pe|rei (ugs. abwertend für: Unordentlichkeit); schlam|pig (ugs. abwertend für: unordentlich)

Schlan|ge, *die;* -, -n; Schlange stehen; schlän|geln, sich; Schlan|gen_biss, ...fraß (ugs. abwertend für: schlechtes Essen), ...li|nie

schlank; Schlank|heit, *die;* -; Schlankheits|kur; schlank|weg (ugs. für: ohne Weiteres)

schlapp (ugs. für: schlaff, müde, abgespannt); Schlap|pe, *die;* -, -n (Niederlage); schlap|pen (ugs. für: lose sitzen [vom Schuh]; schlurfend gehen); Schlappen, *der;* -s, - (ugs. für: bequemer Hausschuh); Schlapp|heit; schlapp|ma|chen (ugs. für: nicht durchhalten, am Ende seiner Kräfte sein); Schlapp|schwanz (ugs. für: Schwächling)

Schla|raf|fen|land, *das;* -[e]s

schlau; Schlau|ber|ger (ugs. für: schlauer Mensch)

Schlauch, *der;* -[e]s, Schläuche; Schlauchboot; schlau|chen (ugs. für: sehr anstrengend sein); schlauch|los; -e Reifen

Schläue, *die;* - (Schlauheit)

Schlau|fe, *die;* -, -n (Schleife)

Schlau|heit; Schlau|kopf (scherzh.); schlau|ma|chen, sich (ugs. für: sich informieren); Schlau|mei|er (scherzh.)

schlecht; im Schlechten und im Guten; es wird ihr sicher schlecht gehen, (auch:) schlechtgehen (sie befindet sich in einer üblen Lage); sie hat ihre Arbeit schlecht gemacht; vgl. aber schlechtmachen; ein schlecht bezahlter, (auch:) schlechtbezahlter Job; schlecht gelaunte, (auch:) schlechtgelaunte Gäste; schlech|terdings (durchaus); schlecht|ge|hen; vgl. schlecht; schlecht|ge|launt; vgl. schlecht; Schlecht|heit; schlecht|hin (durchaus); Schlech|tig|keit; schlechtma|chen (herabsetzen); sie hat ihn überall schlechtgemacht; schlecht|weg (geradezu, einfach); Schlecht|wet|ter, *das;* -s

schle|cken; Schle|cke|rei

Schle|gel, *der;* -s, - (landsch. für: [Kalbs-, Reh]keule); vgl. Schlägel

Schleh|dorn, *Mehrz.* ...dorne (ein Strauch); Schle|he, *die;* -, -n (Frucht des Schlehdorns)

schlei|chen; schlich, geschlichen; Schleich_han|del, ...weg (auf -en), ...wer|bung

Schlei|er, *der;* -s, -; Schlei|er|eu|le; schlei|er|haft (ugs. für: rätselhaft); Schlei|er_kraut (eine Zierpflanze), ...schwanz (ein Fisch)

Schlei|fe, *die;* -, -n

[1]schlei|fen (schärfen; Soldatenspr.: scharf

drillen); schliff, geschliffen; er hat sein Messer geschliffen; die Rekruten wurden geschliffen; [2]schlei|fen; schleifte, geschleift (über den Boden ziehen; sich am Boden [hin] bewegen; [eine Festung] dem Erdboden gleichmachen); sie schleifte die Kiste über den Boden

Schleif_lack, ...stein

Schleim, *der;* -[e]s, -e; schlei|men; Schleim|haut; schlei|mig; Schleimsup|pe

schlem|men; Schlem|mer; Schlem|me|rei; Schlem|mer_mahl, ...mahl|zeit

schlen|dern; Schlen|d|ri|an, *der;* -[e]s (ugs. für: Schlamperei)

Schlen|ker (schlenkernde Bewegung, kurzer Umweg); schlen|kern

schlen|zen (Eishockey, Fußball)

Schlepp|damp|fer; Schlep|pe, *die;* -, -n; schlep|pen; Schlep|per; Schlep|pe|rei (ugs.); Schlepp_kahn, ...netz, ...tau (*das*), ...zug

Schleu|der, *die;* -, -n; Schleu|der_ball, ...brett (ein Sportgerät), ...ho|nig; schleu|dern; Schleu|der_preis, ...sitz (Flugwesen), ...wa|re (das)

schleu|nigst (auf dem schnellsten Wege)

Schleu|se, *die;* -, -n; schleu|sen; Schleusen_kam|mer, ...tor (*das*)

Schli|che, *die;* (*Mehrz.,* ugs. für: List, Trick)

schlicht; schlich|ten; Schlich|ter; Schlicht|heit, *die;* -; Schlich|tung; Schlich|tungs|ver|fah|ren; schlicht|weg

Schlick, *der;* -[e]s, -e (Schlamm, Schwemmland)

Schlie|re, *die;* -, -n (landsch. für: schleimige Masse; streifige Stelle [im Glas]); schlie|rig (landsch. für: schleimig, schlüpfrig)

Schlie|ße, *die;* -, -n; schlie|ßen; schloss, geschlossen; Schlie|ßer; Schließ_fach, ...korb; schließ|lich; Schließ|mus|kel; Schlie|ßung

Schliff, *der;* -[e]s, -e (Schleifen; Geschliffensein; ugs. für: gute Umgangsformen)

schlimm; schlimms|ten|falls

Schlin|ge, *die;* -, -n

Schlin|gel, *der;* -s, -

schlin|gen; schlang, geschlungen

schlin|gern (um die Längsachse schwanken [von Schiffen])

Schling|pflan|ze

Schlips, *der;* -es, -e (ugs. für: Krawatte)

Schlit|ten, *der;* -s, -; Schlit|ten|fahrt; Schlit|ter|bahn; schlit|tern; Schlittschuh; - laufen; Schlitt|schuh|läu|fer

Schlitz, *der;* -es, -e; Schlitz|au|ge; schlitz|äu|gig; schlit|zen; Schlitz|ohr (ugs. für: gerissene Person)

schloh|weiß (ganz weiß)

Schloss, *das;* -es, Schlösser; Schlöss|chen

Schlo|ße, *die;* -, -n (landsch. für: Hagelkorn)

Schlos|ser; Schlos|se|rei; schlos|sern; Schloss_gar|ten, ...herr, ...hof

schlot|tern

Schlucht, die; -, -en

schluch|zen; Schluch|zer

Schluck, der; -[e]s, -e u. (seltener:) Schlü-
cke; Schluck|auf, der; -s (krampfhaftes
Aufstoßen); Schlück|chen; schlu|cken;
Schlu|cker (ugs.); meist in: armer -;
Schluck|imp|fung; schluck|wei|se

schlu|de|rig, schludrig (ugs. für: nachläs-
sig); schlu|dern (ugs.); schlud|rig vgl.
schluderig

Schlum|mer, der; -s; Schlum|mer|lied;
schlum|mern; Schlum|mer|rol|le

Schlund, der; -[e]s, Schlünde

schlüp|fen; Schlüp|fer; Schlupf|loch;
schlüpf|rig (auch abwertend für: zwei-
deutig, anstößig); Schlüpf|rig|keit;
Schlupf_wes|pe, ...win|kel

schlür|fen (schleppend gehen); schlür|fen
(hörbar trinken)

Schluss, der; -es, Schlüsse; Schlüs|sel,
der; -s, -; Schlüs|sel_bein, ...blu|me,
...brett, ...bund (der [österr. nur so] od.
das; -[e]s, -e); schlüs|sel|fer|tig (bezugs-
fertig); Schlüs|sel_fi|gur, ...in|dus|t|rie,
...kind, ...loch, ...stel|lung, ...wort
(Mehrz. ...wörter); schluss|end|lich
(landsch. für: schließlich); schluss|fol-
gern; Schluss|fol|ge|rung; schlüs|sig;
- sein; [sich] - werden; Schluss_ka|pi|tel,
...läu|fer (Sportspr.), ...licht (Mehrz.
...lichter), ...punkt; Schluss|strich,
(auch:) Schluss-Strich; Schluss_ver-
kauf, ...wort (Mehrz. ...worte)

Schmach, die; -

schmäch|ten (geh.); schmäch|tig

schmach|voll (geh.)

schmack|haft

Schmäh, der; -s, -[s] (österr. ugs. für:
Trick); schmä|hen; schmäh|lich;
Schmäh|re|de; Schmä|hung; Schmäh-
wort (Mehrz. ...worte)

schmal; schmaler u. schmäler, schmalste,
auch: schmälste; schmal|brüs|tig;
schmä|lern; Schmal|film; Schmal|fil-
mer; Schmal|film|ka|me|ra; Schmal-
hans; bei ihnen ist - Küchenmeister (ugs.
für: sie müssen sparsam leben); schmal-
lip|pig; schmal|ran|dig; Schmal|spur-
bahn; schmal|spu|rig

¹Schmalz, das; -es, -e

²Schmalz, der; -es (ugs. abwertend für:
Sentimentalität; etw. Sentimentales)

schmal|zen (Kochk.: mit Schmalz zuberei-
ten); Schmalz|ge|ba|cke|ne, das; -n;
schmal|zig

Schman|kerl, das; -s, -n (bayr. u. österr.
für: eine süße Mehlspeise; Leckerbissen)

schma|rot|zen (auf Kosten anderer leben);
Schma|rot|zer

Schmar|ren, der; -s, - (bayr. u. österr. für:
eine Mehlspeise; ugs. für: wertloses
Zeug; Unsinn)

Schmatz, der; -es, -e (ugs. für: [lauter]
Kuss); schmat|zen

schmau|chen

Schmaus, der; -es, Schmäuse (veraltend,
noch scherzh. für: reichhaltiges u. gutes
Mahl); schmau|sen

schme|cken

Schmei|che|lei; schmei|chel|haft; schmei-
cheln; Schmeich|ler; schmeich|le|risch

schmei|ßen (ugs. für: werfen); schmiss; ge-
schmissen; Schmeiß|flie|ge

Schmelz, der; -es, -e; Schmel|ze, die; -,
-n; ¹schmel|zen (flüssig werden);
schmolz, geschmolzen; ²schmel|zen (flüs-
sig machen); schmolz u. schmelzte, ge-
schmolzen u. geschmelzt; Schmelz_kä|se,
...punkt, ...was|ser (Mehrz. ...wasser)

Schmer|bauch (ugs.)

Schmerz, der; -es, -en; schmerz|emp|find-
lich; schmer|zen; Schmer|zens_geld,
...laut, ...mut|ter (die; -; Darstellung der
trauernden Maria), ...schrei; schmerz-
frei; schmerz|haft; schmerz|lich;
schmerz|los; Schmerz_mit|tel,
...schwel|le; schmerz|stil|lend;
schmerz|ver|zerrt; schmerz|voll

Schmet|ter|ling; Schmet|ter|lings|blüt|ler
(Bot.), ...stil (der; -[e]s; ein Schwimmstil)

schmet|tern

Schmied, der; -[e]s, -e; Schmie|de, die; -,
-n; schmie|de|ei|sern; schmie|den

schmie|gen; sich -; schmieg|sam;
Schmieg|sam|keit, die; -

¹Schmie|re, die; -, -n (abwertend auch für:
schlechtes Theater)

²Schmie|re, die; - (Gaunerspr.: Wache); -
stehen

schmie|ren (ugs. auch für: bestechen);
Schmier_fink (der; -en [auch: -s], -en;
ugs. abwertend), ...geld (meist Mehrz.),
...heft; schmie|rig; Schmier_kä|se,
...öl, ...sei|fe

Schmin|ke, die; -, -n; schmin|ken

Schmir|gel, der; -s (ein Schleifmittel);
schmir|geln; Schmir|gel|pa|pier

Schmiss, der; -es, -e (ugs.); schmis|sig
(ugs.)

Schmö|ker, der; -s, - (ugs. für: anspruchs-
loses, aber fesselndes Buch); schmö|kern

schmol|len; Schmoll_mund, ...win|kel

Schmon|zes, der; - (ugs. abwertend für:
Geschwätz)

Schmor|bra|ten; schmo|ren; Schmor-
fleisch

Schmu, der; -s (ugs. für: leichter Betrug;
betrügerischer Gewinn); - machen

schmuck; Schmuck, der; -[e]s; schmü-
cken; Schmuck|käst|chen; schmuck|los;
Schmuck|lo|sig|keit, die; -;
Schmuck_sa|chen (Mehrz.), ...stück

Schmud|del, der; -s (ugs. für: Unsauber-
keit); schmud|de|lig, schmudd|lig (ugs.
für: unsauber)

Schmug|gel, der; -s; schmug|geln;
Schmug|gel|wa|re; Schmugg|ler

schmun|zeln

schmur|geln (landsch. für: in Fett braten)

Schmus, der; -es (ugs. für: leeres Gerede);
schmu|sen (ugs.); Schmu|ser, der; -s, -
(ugs.)

Schmutz, der; -es; schmut|zen;
Schmutz_fän|ger, ...fink (der; -en
[auch: -s], -en; ugs.); schmut|zig; - grau

Schna|bel, der; -s, Schnäbel; Schnä|bel-
chen; schnä|beln (ugs. für: küssen); sich
-; schna|bu|lie|ren (ugs. für: mit Beha-
gen essen)

Schnack, der; -[e]s, -s u. Schnäcke
(nordd.); schna|cken (nordd. für: plau-
dern)

Schna|ke, die; -, -n (eine Stechmücke);
Schna|ken|stich

Schnal|le, die; -, -n (österr. auch für:
Klinke); schnal|len; etwas - (ugs. für: be-
greifen)

schnal|zen

schnap|pen; Schnapp_schloss, ...schuss
(Fotogr.); Schnaps, der; -es, Schnäpse;
Schnaps|bren|ne|rei; Schnäps|chen;
Schnaps_glas (Mehrz. ...gläser), ...idee
(ugs. für: seltsame, verrückte Idee),
...zahl (ugs. scherzh. für: aus gleichen
Ziffern bestehende Zahl)

schnar|chen; Schnar|cher

schnar|ren

schnat|tern

schnau|ben

schnau|fen; Schnau|fer; Schnau|ferl, das;
-s, -[n] (ugs. scherzh. für: altes Auto)

Schnauz|bart; schnauz|bär|tig; Schnau-
ze, die; -, -n; schnau|zen; schnäu|zen;
sich -; Schnau|zer, der; -s, -

Schne|cke, die; -, -n (ein Weichtier);
schne|cken|för|mig; Schne|cken_haus,
...tem|po (der; -s)

Schnee, der; -s; Schnee|ball; Schnee-
ball_schlacht, ...sys|tem (das; -s; eine
Form des Warenabsatzes); schnee|be-
deckt; Schnee|be|sen (ein Küchengerät);
schnee|blind; Schnee_blind|heit (die;
-), ...de|cke, ...fall (der), ...flo|cke;
schnee|frei; Schnee_ge|stö|ber,
...glöck|chen, ...ket|te, ...mann (Mehrz.
...männer), ...matsch, ...pflug,
...schmel|ze, ...sturm, ...trei|ben (das;
-s, -), ...ver|we|hung, ...we|he, schnee-
weiß; Schnee|witt|chen, das; -s (eine
Märchengestalt)

Schneid, der; -[e]s (südd., österr.: die; -;
ugs. für: Mut; Tatkraft); Schneid|bren-
ner; Schnei|de, die; -, -n; schnei|den;
schnitt, geschnitten; Schnei|der; Schnei-
de|rei; Schnei|de|rin; schnei|dern;
Schnei|der_pup|pe, ...sitz (der; -es),
...werk|statt; Schnei|de_tisch (Film-
wesen), ...zahn; schnei|dig (mutig,
forsch)

schnei|en

Schnei|se, die; -, -n

schnell; schneller, (auch:) Schneller Brüter

(ein Kernreaktor); **Schnell̲bahn**, **…boot**; **Schnel̲le**, *die;* -, (für: Stromschnelle *Mehrz.:*) -n (Schnelligkeit); **schnel̲len**; **Schnell̲gast̲stät̲te**, **…ge̲richt**, **…hef̲ter**; **Schnel̲lig̲keit**; **Schnell̲im̲biss**, **…koch̲topf**, **…kraft** (*die;* -); **Schnell̲läu̲fer**, (auch:) **Schnell-Läu̲fer**; **schnell̲le̲big**; **Schnell̲pa̲ket**; **schnells̲tens**; **schnellst̲mög̲lich**; **Schnell̲stra̲ße**, **…ver̲fah̲ren**, **…ver̲kehr**, **…zug**

Schnep̲fe, *die;* -, -n (ein Vogel)

schnet̲zeln (bes. schweiz. für: [Fleisch] fein zerschneiden)

schneu̲zen (alte Schreibung für:) schnäuzen

schni̲cken (landsch. für: schnippen); **Schnick̲schnack**, *der;* -[e]s (ugs. für: [törichtes] Gerede)

schnie̲fen (bes landsch. für: hörbar durch die Nase einatmen)

schnie̲geln (ugs. für: übertrieben herausputzen); geschniegelt und gebügelt

Schnipp̲chen; jmdm. ein - schlagen (ugs. für: einen Streich spielen); **Schnip̲pel**, *der* od. *das;* -s, - (ugs. für: Schnipsel); **schnip̲peln** (ugs.); **schnip̲pen**

schnip̲pisch

Schnip̲sel, *der* od. *das;* -s, - (ugs. für: kleines [abgeschnittenes] Stück); **schnip̲seln** (ugs. für: in kleine Stücke zerschneiden)

Schnitt, *der;* -[e]s, -e; **Schnitt̲blu̲me**, **…boh̲ne**; **Schnit̲te**, *die;* -, -n; **Schnit̲ter** (veraltend für: Mäher); **schnitt̲fest**; -e Tomaten; **Schnitt̲flä̲che**; **schnit̲tig** (auch für: rassig); **Schnitt̲lauch** (*der;* -[e]s), **…mus̲ter**, **…punkt**, **…stel̲le** (EDV: Verbindungsstelle zweier Geräte- od. Anlagenteile), **…wun̲de**

¹**Schnit̲zel**, *das;* -s, - (Rippenstück)

²**Schnit̲zel**, *das* (österr. nur so) od. *der;* -s, - (ugs. für: abgeschnittenes Stück); **schnit̲zeln**; **schnit̲zen**; **Schnit̲zer** (ugs. auch für: Fehler); **Schnit̲ze̲rei**

schnod̲de̲rig, schnodd̲rig (ugs.); **Schnod̲de̲rig̲keit**, **Schnodd̲rig̲keit** (ugs.)

schnö̲de; schnoder

Schnor̲chel, *der;* -s, -; **schnor̲cheln** (mit dem Schnorchel tauchen)

Schnör̲kel, *der;* -s, -; **schnör̲ke̲lig**, schnörk̲lig; **schnör̲keln**; **schnörk̲lig**; vgl. schnörkelig

schnor̲ren (ugs. für: betteln); **Schnor̲rer** (ugs. für: Bettler, Landstreicher, Schmarotzer)

Schnö̲sel, *der;* -s, - (ugs. für: dummfrecher junger Mensch)

schnu̲cke̲lig, **schnu̲ck̲lig** (ugs. für: nett, süß; appetitlich)

schnud̲de̲lig, **schnudd̲lig** (ugs. für: unsauber)

Schnüf̲fe̲lei; **schnüf̲feln**; **Schnüff̲ler**

Schnul̲ler (Gummisauger)

Schnul̲ze, *die;* -, -n (ugs. abwertend)

schnup̲fen; **Schnup̲fen**, *der;* -s, -; **Schnupf̲ta̲bak**

schnup̲pe (ugs. für: gleichgültig)

Schnup̲per̲kurs (Werbespr.); **schnup̲pern**

Schnur, *die;* -, Schnüre u. (seltener:) Schnuren; **Schnür̲chen**; das geht wie am Schnürchen (ugs. für: reibungslos); **schnü̲ren** (auch für: langsam laufen [bes. vom Fuchs]); **schnur̲ge̲ra̲de**¹; **schnur̲los**; ein -es Telefon

Schnurr̲bart; **schnurr̲bär̲tig**; **Schnur̲re**, *die;* -, -n (scherzh. Erzählung); **schnur̲ren**

Schnür̲rie̲men (Schnürsenkel), **…schuh**, **…sen̲kel**, **…stie̲fel**; **schnur̲stracks**; **schnurz** (ugs. für: gleich[gültig])

Schnüt̲chen; **Schnu̲te**, *die;* -, -n (ugs.)

Scho̲ah, Sho̲ah, *die;* - (Verfolgung und Ermordung der Juden zur Zeit des Nationalsozialismus)

Scho̲ber, *der;* -s, - (kleine Scheune)

¹**Schock**, *das;* -[e]s, -e (60 Stück)

²**Schock**, *der;* -[e]s, -s (selten: -e; plötzliche seelische Erschütterung; Med.: akutes Kreislaufversagen); **scho̲cken** (ugs. für: schockieren); **Scho̲cker**, *der;* -s, - (ugs. für: schockierender Roman, Film); **scho̲ckie̲ren** (in Entrüstung versetzen)

scho̲fel, scho̲fe̲lig (ugs. abwertend für: gemein; geizig); **Scho̲fel**, *der;* -s, - (abwertend für: schlechte Ware; Schuft); **scho̲fe̲lig**; vgl. schofel

Schöf̲fe, *der;* -n, -n; **Schöf̲fen̲ge̲richt**; **Schöf̲fin**

Scho̲ko̲la̲de; **scho̲ko̲la̲de[n]̲braun**; **Scho̲ko̲la̲de[n]̲eis**, **…sei̲te** (ugs. für: Seite, von der eine Person, ein Gegenstand am vorteilhaftesten aussieht; jmds. angenehme Wesenszüge)

Schol̲le, *die;* -, -n ([Erd-, Eis]klumpen; Heimat[boden]; ein Fisch)

schon

schön s. Kasten

scho̲nen; sich -

Scho̲ner, *der;* -s, - (zweimastiges Segelschiff)

---

schön

I. Kleinschreibung:
- *die schöne Literatur; die schönen Künste; das schöne (weibliche) Geschlecht*
- *am schönsten*

II. Großschreibung:

a) wenn „schön" als Hauptwort gebraucht wird:
- *etwas Schönes; nichts Schöneres*
- *die Schönste unter ihnen; der Schönste der Schönen; die Welt des Schönen; das Gefühl für das Schöne und Gute*
- *auf das, aufs Schönste* od. *auf das, aufs schönste übereinstimmen*

b) in Namen:
- *Philipp der Schöne*

III. Schreibung in Verbindung mit Zeitwörtern:

a) Getrenntschreibung:
- *schön sein, schöner sein, werden*
- *das Bild ist schön geworden*
- *sich schön anziehen*
- *die Eier schön färben* (vgl. aber b)
- *den Brief schön schreiben* (vgl. aber b)
- Aber: *sich für das Fest schön machen* od. *schönmachen* (vgl. aber b)

b) Nur in Zusammenschreibung:
- *schönfärben* (günstig darstellen)
- *schönmachen* (Männchen machen)
- *schönreden* (beschönigen)
- *schönschreiben* (Schönschrift schreiben)
- *schöntun* (schmeicheln)

---

schön̲fär̲ben (allzu günstig darstellen); **Schön̲fär̲be̲rei**

Schon̲frist, **…gang** (Technik)

Schön̲geist (*Mehrz.* …geister); **schön̲geis̲tig**; **Schön̲heit**; **Schön̲heits̲feh̲ler**, **…ide̲al**, **…kö̲ni̲gin**, **…sinn** (*der;* -[e]s)

Schon̲kost (Diät)

Schön̲ling (abwertend); **schön̲ma̲chen** ([vom Hund] Männchen machen); vgl. schön; **schön̲re̲den** (beschönigen); **Schön̲red̲ner**; **schön̲schrei̲ben** (Schönschrift schreiben); **Schön̲schrift**, *die;* -; **schöns̲tens**; **schön̲tun** (ugs. für: schmeicheln)

Scho̲nung; **scho̲nungs̲be̲dürf̲tig**; **scho̲nungs̲los**; **Scho̲nungs̲lo̲sig̲keit**, *die;* -; **Schon̲zeit** (Jagdwesen)

Schopf, *der;* -[e]s, Schöpfe

¹**schöp̲fen** (Flüssigkeit entnehmen, herausschöpfen)

²**schöp̲fen** (geh. veraltend für: erschaffen); **Schöp̲fer** (Erschaffer, Urheber); **schöp̲fe̲risch**; **Schöp̲fer̲kraft**

Schöpf̲kel̲le, **…löf̲fel**

Schöp̲fung; **Schöp̲fungs̲ge̲schich̲te**

Schöpp̲chen (kleiner Schoppen); **Schop̲pen**, *der;* -s, - (altes Flüssigkeitsmaß [für Bier, Wein]; südd. u. schweiz. auch für: Babyflasche)

Schorf, *der;* -[e]s, -e; **schor̲fig**

Schor̲le, *die;* -, -n (selten: *das;* -s, -s; Getränk aus Wein od. Apfelsaft u. Mineralwasser)

Schorn̲stein; **Schorn̲stein̲fe̲ger**

Scho̲se; vgl. Chose

Schoß, *der;* -es, Schöße (beim Sitzen durch Oberschenkel u. Unterleib gebildeter Winkel; Teil der Kleidung; geh. für: Mutterleib)

Schoss, *der;* -es, -e (junger Trieb); **schos̲sen** (austreiben)

Schöß̲chen (an der Taille eines Frauenklei-

---

¹ Vgl. die Anmerkung zu „gerade".

des angesetzter [gekräuselter] Stoffstrei-
fen); Schoß␣hund, …kind

Schöss|ling (Ausläufer, Trieb einer Pflanze)

Scho|te, die; -, -n; Scho|ten|frucht

Schot|ter, der; -s, -

schot|tisch

schraf|fie|ren (stricheln); Schraf|fie|rung

schräg; - gegenüber; - halten, liegen, stehen; den Schrank schräg stellen, (auch:)
schrägstellen; Schrä|ge, die; -, -n;
Schräg|la|ge; schräg|stel|len; vgl. schräg

Schram|me, die; -, -n

Schram|mel|mu|sik

schram|men

Schrank, der; -[e]s, Schränke; Schrank-
bett; Schränk|chen; Schran|ke, die; -,
-n; schran|ken|los; Schran|ken|wär|ter;
Schrank|fach; schrank|fer|tig; Schrank-
wand

schrap|pen ([ab]kratzen)

Schräub|chen; Schrau|be, die; -, -n;
schrau|ben; Schrau|ben|mut|ter
(Mehrz. …muttern), …schlüs|sel, …zie-
her; Schraub␣stock (Mehrz. …stöcke),
…ver|schluss

Schre|ber|gar|ten

Schreck, der; -[e]s, -e u. Schre|cken, der;
-s, -; eine Schrecken erregende, (auch:)
schreckenerregende Nachricht; Schreck-
bild; schre|cken (auch Jägerspr.:
schreien); schre|cken|er|re|gend; vgl.
Schreck; schre|ckens|bleich; Schre-
ckens␣bot|schaft, …herr|schaft,
…nach|richt; schreck|er|füllt; Schreck-
ge|spenst; schreck|haft; schreck|lich;
Schreck␣schuss, …se|kun|de

Schred|der, der; -s, - (Zerkleinerungsma-
schine; Anlage zum Verschrotten von Au-
towracks)

Schrei, der; -[e]s, -e

Schreib|block (Mehrz. …blocks od. …blö-
cke); Schrei|be, die; - (ugs. für: Ge-
schriebenes; Schreibstil); schrei|ben;
schrieb, geschrieben; sage und schreibe
(tatsächlich); Schrei|ben, das; -s, -
(Schriftstück); Schrei|ber; Schrei|be|rei;
Schrei|be|rin; schreib|faul;
Schreib␣faul|heit, …feh|ler, …heft,
…kraft, …ma|schi|ne, …pa|pier,
…schrift, …tisch; Schreib|tisch|tä|ter;
Schreib␣wa|ren (Mehrz.), …wei|se (die)

schrei|en; schrie, geschrien; Schrei|e|rei
(ugs.); Schrei|hals

Schrei|ner (südd., westd. für: Tischler);
Schrei|ne|rei (südd., westd.); schrei-
nern (südd., westd.)

schrei|ten; schritt, geschritten

Schrieb, der; -s, -e (ugs., oft abwertend
für: Brief); Schrift, die; -, -en; Schrift␣-
bild, …füh|rer; schrift|lich;
Schrift␣pro|be, …satz, …set|zer,
…spra|che; Schrift|stel|ler; Schrift|stel-
le|rei, die; -; Schrift|stel|le|rin; schrift-
stel|le|risch; schrift|stel|lern; Schrift␣-
stück, …ver|kehr, …wech|sel

schrill; schril|len

Schrimp, Shrimp, der; -s, -s (kleine
Krabbe)

Schrip|pe, die; -, -n (bes. berl. für: Bröt-
chen)

Schritt, der; -[e]s, -e; 5 - weit; Schritt␣-
ma|cher; Schritt|tem|po, (auch:)
Schritt-Tempo; schritt|wei|se

schroff; Schroff|heit

schröp|fen

Schrot, der od. das; -[e]s, -e; Schrot|brot;
schro|ten (grob zerkleinern); Schrot␣flin-
te, …ku|gel; Schrott, der; -[e]s, -e (Alt-
eisen); Schrott|händ|ler; schrott|reif;
Schrott|wert

schrub|ben (mit einer Bürste o. Ä. reini-
gen); Schrub|ber, der; -s, - ([Stiel]scheu-
erbürste)

Schrul|le, die; -, -n; schrul|len|haft;
schrul|lig

schrum|pe|lig, schrump|lig; schrum|peln;
schrump|fen; Schrumpf|kopf (eine Kopf-
trophäe); Schrump|fung; schrump|lig;
vgl. schrumpelig

Schrun|de, die; -, -n (Riss, Spalte); schrun-
dig (landsch. für: rissig)

Schub, der; -[e]s, Schübe

Schu|ber, der; -s, - (für: [Buch]schutzkar-
ton)

Schub␣fach, …kar|re[n], …kas|ten,
…kraft, …la|de, …leh|re (ein Längen-
messinstrument); Schubs, der; -es, -e
(ugs. für: Stoß); Schub|schiff; schub|sen
(ugs. für: [an]stoßen); schub|wei|se

schüch|tern; Schüch|tern|heit, die; -

schu|ckeln (ugs. für: schaukeln)

Schuft, der; -[e]s, -e (abwertend)

schuf|ten (ugs. für: hart arbeiten); Schuf-
te|rei (ugs.)

schuf|tig; Schuf|tig|keit

Schuh, der; -[e]s, -e; Schuh␣an|zie|her,
…band (das; Mehrz. …bänder); Schüh-
chen; Schuh␣creme, (auch:) Schuh|krem,
Schuh|kre|me, …grö|ße, …kar|ton,
…krem, …kre|me; vgl. Schuhcreme;
Schuh|ma|cher; Schuh|ma|che|rei;
Schuh␣num|mer, …platt|ler (ein Volks-
tanz), …soh|le, …werk

Schu|ko|ste|cker (Kurzw. für: Stecker mit
besonderem Schutzkontakt)

Schul␣ab|gän|ger, …ab|schluss, …an-
fän|ger, …ar|beit (meist Mehrz.),
…arzt, …at|las, …auf|ga|be (meist
Mehrz.), …bank (Mehrz. …bänke), …bil-
dung, …buch, …bus

Schuld, die; -, -en; [an etw.] Schuld haben; jmdm. Schuld geben; sich etw. zuschulden, (auch:) zu Schulden kommen
lassen; Schuld|be|kennt|nis; schuld|be-
la|den; schuld|be|wusst; Schuld|be-
wusst|sein; schul|den; Schul|den|er-
lass; schul|den|frei (ohne Schulden);
Schuld|fra|ge; schuld|frei (ohne Schuld);
Schuld|ge|fühl; schuld|haft

Schul|dienst, der; -[e]s

schul|dig; schuldig sprechen, (auch:) schul-
digsprechen; Schul|di|ge, der u. die; -n,
-n; Schul|dig|keit; schul|dig|sprechen;
vgl. schuldig; Schuld|kom|plex; schuld-
los; Schuld|ner; Schuld␣spruch, …ver-
schrei|bung

Schu|le, die; -, -n; die hohe, (auch:) Hohe
Schule (Reiten); schu|len

Schü|ler; Schü|ler|aus|tausch; schü|ler-
haft; Schü|le|rin; Schü|ler|lot|se (Schü-
ler, der als Verkehrshelfer eingesetzt ist);
Schü|ler|mit|ver|wal|tung (Abk.: SMV);
Schü|ler|schaft

Schul|fe|ri|en, die (Mehrz.); schul|frei;
Schul␣freund, …funk, …geld; Schul-
geld|frei|heit, die; -; Schul␣heft, …hof;
schu|lisch; Schul␣jahr, …ju|gend,
…jun|ge (der); …ka|me|rad, …kennt-
nis|se (Mehrz.), …kind, …klas|se,
…land|heim, …leh|rer, …leh|re|rin,
…lei|ter (der), …lei|te|rin, …mäd|chen;
schul|meis|tern; Schul␣mu|sik,
…pflicht (die; -); schul|pflich|tig;
Schul␣ran|zen, …rei|fe, …schiff

Schul|ter, die; -, -n; Schul|ter|blatt;
schul|ter|frei; Schul|ter|klap|pe; schul-
tern

Schu|lung; Schul␣un|ter|richt, …weg,
…zeit, …zen|t|rum, …zeug|nis

schum|meln (ugs. für: betrügen)

schum|me|rig, schumm|rig (ugs. für: däm-
merig); schum|mern (ugs. für: dämmern)

Schund, der; -[e]s (Wertloses); Schund|li-
te|ra|tur (abwertend)

schun|keln

Schul|po, der; -s, -s (veralt. Kurzw. für:
Schutzpolizist)

Schup|pe, die; -, -n (Haut-, Hornplättchen);
schup|pen ([Fisch]schuppen entfernen)

Schup|pen, der; -s, - (einfacher Bau für
Geräte, Materialien u. a.)

Schup|pen␣bil|dung, …flech|te; schup-
pig

Schups, der; -es, -e (südd. für: Schubs);
schup|sen (südd. für: schubsen)

Schur, die; -, -en (Scheren [der Schafe])

schü|ren

schür|fen; Schür|fung

Schür|ha|ken

schu|ri|geln (ugs. für: schikanieren, quä-
len)

Schur|ke, der; -n, -n (abwertend); schur-
kisch (abwertend)

Schur|wol|le

Schurz, der; -es, -e; Schür|ze, die; -, -n;
schür|zen; Schür|zen|jä|ger (ugs. abwer-
tend für: Mann, der ständig Frauen um-
wirbt)

Schuss, der; -es, Schüsse; schuss|be|reit

Schüs|sel, der; -s, - od. die; -, -n (ugs. für:
unkonzentrierter, vergesslicher Mensch);
Schüs|sel, die; -, -n

schus|se|lig, schuss|lig (ugs. für: unkonzen-
triert, vergesslich); schus|seln (ugs. für:
unkonzentriert u. unordentlich arbeiten)

Schuss‗fahrt, ...feld, ...li|nie, ...ver|let-
zung, ...waf|fe

Schu|s|ter

Schu|te, *die;* -, -n

Schutt, *der;* -[e]s; Schutt|ab|la|de|platz;
Schüt|te, *die;* -, -n (kleiner Behälter;
landsch. für: Bund [Stroh]); Schüt|tel-
frost; schüt|teln; Schüt|tel|reim; schüt-
ten

schüt|ter (spärlich; schwach)

Schutt‗hal|de, ...hau|fen

Schutz, *der;* -es; schutz|be|dürf|tig;
Schutz|be|foh|le|ne, *der* u. *die;* -n, -n;
Schutz‗blech, ...bril|le

schüt|ze, *der;* -n, -n

schüt|zen; Schutz|en|gel

Schüt|zen‗gil|de, ...gra|ben, ...haus,
...hil|fe (ugs.), ...platz, ...ver|ein

Schüt|zer; Schutz‗far|be, ...fär|bung,
...ge|biet, ...ge|bühr, ...ge|mein|schaft
(Rechtsspr.; Wirtsch.); ...haf|en, ...haft,
...hei|li|ge, ...herr|schaft, ...hül|le,
...imp|fung; Schütz|ling; schutz|los;
Schutz|lo|sig|keit, *die;* -; Schutz‗macht,
...mann (*Mehrz.* ...männer u. ...leute;
ugs.), ...pa|t|ron, ...po|li|zei, ...um-
schlag, ...wall

schwab|be|lig, schwabb|lig (ugs. für:
schwammig, fett; wackelnd); schwab-
beln (ugs. für: wackeln; landsch. für:
schwätzen); schwabb|lig; vgl. schwabbe-
lig

Schwal|be; vgl. ¹Schabe

schwä|beln (schwäbisch sprechen); Schwa-
ben‗al|ter (*das;* -s; scherzh. für: 40. Le-
bensjahr), ...streich (scherzh.)

schwach; schwächer, schwächste; schwach
begabte, (auch:) schwachbegabte Schüler;
eine schwach betonte, (auch:) schwachbe-
tonte Silbe; eine schwach bevölkerte,
(auch:) schwachbevölkerte Gegend;
schwach werden; Schwä|che, *die;* -, -n;
Schwä|che|an|fall; schwä|chen;
Schwach|heit; Schwach|kopf (abwer-
tend); schwäch|lich; Schwäch|ling;
schwach|sich|tig; Schwach|sich|tig|keit,
die; -; Schwach|sinn, *der;* -[e]s;
Schwach|strom, *der;* -[e]s; Schwä-
chung; schwach|wer|den (nachgeben);
weil sie so müde war, ist sie schwachge-
worden

Schwa|den, *der;* -s, - (Dampf, Dunst; Berg-
mannsspr.: schlechte [gefährliche] Gru-
benluft)

Schwa|d|ron, *die;* -, -en; schwa|d|ro|nie-
ren (prahlerisch schwatzen)

schwa|feln (ugs. abwertend)

Schwa|ger, *der;* -s, Schwäger; Schwä|ge-
rin

Schwälb|chen; Schwal|be, *die;* -, -n;
Schwal|ben|nest

Schwall, *der;* -[e]s, -e (Guss [Wasser])

Schwamm, *der;* -[e]s, Schwämme (landsch.
u. österr. auch für: Pilz); Schwämm-
chen; Schwäm|merl, *der;* -s, -[n] (bayr.
u. österr. ugs. für: Pilz); schwam|mig

Schwan, *der;* -[e]s, Schwäne

schwa|nen (ugs.); mir schwant (ich ahne)
etwas

Schwa|nen‗ge|sang, ...hals

Schwang, *der;* nur in: im -[e] (sehr ge-
bräuchlich) sein

schwan|ger; schwän|gern; Schwan|ger-
schaft; Schwan|ger|schafts‗ab|bruch,
...ur|laub

Schwank, *der;* -[e]s, Schwänke; schwan-
ken; Schwan|kung

Schwanz, *der;* -es, Schwänze; Schwänz-
chen; schwän|zeln; schwän|zen (ugs.
für: [die Schule u. a.] absichtlich versäu-
men); Schwanz‗fe|der, ...flos|se

schwap|pen (ugs.)

Schwä|re, *die;* -, -n (geh. für: Geschwür);
schwä|ren (geh. für: eitern)

Schwarm, *der;* -[e]s, Schwärme; schwär-
men; Schwär|mer; Schwär|me|rei;
schwär|me|risch

Schwar|te, *die;* -, -n (dicke Haut; ugs. für:
dickes [altes] Buch; zur Verschalung die-
nendes rohes Brett); Schwar|ten|ma|gen

schwarz s. Kasten

---

schwarz

schwärzer, schwärzes|te

I. Kleinschreibung:

a) *schwarz in schwarz*

– *schwarz auf weiß*

– *schwarzer Tee; schwarzer Humor;
schwarze Magie* (böse Zauberei); *das
schwarze Schaf; eine schwarze Messe*

– *ein schwarzes* (verbotenes) *Geschäft; ein
schwarzes* (illegales) *Konto; die schwarze
Liste; der schwarze Markt*

– *ein schwarzer Tag*

– *ein schwarzer Freitag* (vgl. aber *der
Schwarze Freitag,* II c)

b) Bei bestimmten festen Verbindungen
mit neuer Gesamtbedeutung ist auch
Großschreibung des Eigenschaftswortes
üblich:

– *das schwarze* od. *Schwarze Brett*
(Anschlagbrett); *schwarzer* od. *Schwarzer
Peter* (ein Kartenspiel); *der schwarze* od.
Schwarze Tod (Beulenpest im MA.)

– *das schwarze* od. *Schwarze Gold* (Kohle,
Erdöl); *der schwarze* od. *Schwarze Mann*
(Schornsteinfeger, Schreckgestalt)

c) Das gilt auch für einige fachsprachliche
Verbindungen:

– *schwarzes* od. *Schwarzes Loch* (Astron.)

II. Großschreibung:

a) *ein Schwarzer* (dunkelhäutiger, -haariger
Mensch)

– *das Schwarze; die Farbe Schwarz*

– *ein Kleid in Schwarz; das kleine Schwarze
anziehen*

– *aus Schwarz Weiß machen wollen*

– *ins Schwarze treffen*

b) *das Schwarze Meer*

– *der Schwarze Erdteil* (Afrika)

– *Schwarzer Holunder; Schwarze Johannis-
beere; Schwarze Witwe* (eine Spinne)

c) *der Schwarze Freitag* (Name eines Freitags
mit großen Börsenstürzen in den USA)

III. Schreibung in Verbindung mit Zeitwörtern:

a) *sich die Haare schwarz färben* od.
schwarzfärben

– *sich schwarz kleiden*

– *ihre Hände waren schwarz geworden*

– *sich mit Ruß das Gesicht schwarz malen*
od. *schwarzmalen*

– *sie können warten, bis sie schwarz
werden* od. *schwarzwerden* (ugs.)

b) Zusammenschreibung, wenn eine idioma-
tische Verbindung mit einem einfachen
Zeitwort vorliegt: vgl. *schwarzarbeiten,
schwarzärgern, schwarzbrennen, schwarz-
fahren, schwarzhören, schwarzmalen,
schwarzschlachten, schwarzsehen*

Aber: *Waren schwarz exportieren, schwarz
verkaufen*

IV. In Verbindung mit als Eigenschaftswörtern
gebrauchten Mittelwörtern:

– *ein schwarz gestreifter* od. *schwarzge-
streifter Stoff*

– *schwarz gerändertes* od. *schwarzgerän-
dertes Papier*

Schwarz, *das;* -[es], - (schwarze Farbe); in
-; Schwarzar|beit; schwarz|ar|bei|ten;
schwarz|är|gern, sich; schwarz|äu|gig;
schwarz|braun; schwarz|bren|nen;
Schnaps, CDs -; Schwarz‗bren|ner,
...brot, ...dorn (*Mehrz.* ...dorne),
...dros|sel (Amsel)

¹Schwar|ze, *der* u. *die;* -n, -n (dunkelhäu-
tiger, -haariger Mensch)

²Schwar|ze, *das;* -n (schwarze Stelle); ins -
treffen

Schwär|ze, *die;* - (in der Bedeutung Farbe
zum Schwarzmachen auch *Mehrz.:*) -n
(das Schwarzsein); schwär|zen (schwarz
färben)

Schwarz|er|de (dunkler Humusboden);
schwarz|fah|ren (ugs. für: ohne Fahr-
schein ein öffentl. Verkehrsmittel benutzen; ohne Führerschein ein Kraftfahrzeug
lenken); Schwarz|fah|rer; schwarz|fär-
ben; vgl. schwarz; schwarz|ge|rän|dert;
vgl. schwarz; schwarz|haa|rig;
Schwarz‗han|del, ...händ|ler; schwarz-
hö|ren (Rundfunk: ohne amtl. Genehmi-
gung mithören); Schwarz‗hö|rer, ...kit-
tel (Wildschwein), ...kon|to (illegales
Konto); schwärz|lich; schwarz|ma|len

(ugs. für: pessimistisch darstellen); vgl. schwarz; **Schwarz|ma|le|rei** (ugs. für: Pessimismus); **Schwarz␣markt, ...pul|ver** (für Sprengungen, Feuerwerkskörper o. Ä. verwendetes [Schieß]pulver); **schwarz-rot|gol|den,** (auch:) schwarz-rot-gol|den; **schwarz|schlach|ten; Schwarz|schlach-tung; schwarz|se|hen** (ugs. für: ohne amtl. Genehmigung fernsehen; ugs. für: pessimistisch sein); **Schwarz|se|he|rei** (ugs. für: Pessimismus); **Schwarz|sen-der; Schwarz|storch**

schwarz-weiß, (auch:) **schwarz|weiß;** schwarz-weiß malen, (auch:) schwarzweiß malen (einseitig positiv od. negativ darstellen); Schwarz-Weiß-Film, (auch:) **Schwarz|weiß|film; Schwarz-Weiß-Ma|le|rei,** (auch:) **Schwarz|weiß|ma|le-rei**

schwarz|wer|den; vgl. schwarz

Schwarz␣wild (Jägerspr.: Wildschweine), **...wur|zel** (eine Gemüsepflanze)

Schwatz, der; -es, -e (ugs. für: Geplauder); **Schwatz|ba|se** (ugs. abwertend); **Schwätz|chen; schwat|zen, schwät|zen; Schwät|zer; schwatz|haft**

Schwe|be, die; -; **Schwe|be␣bahn, ...bal-ken; schwe|ben**

Schwe|den|plat|te (ein Gericht); **schwe-disch;** hinter -en Gardinen (ugs. für: im Gefängnis)

Schwe|fel, der; -s (chem. Element; Zeichen: S); **schwe|fel|gelb; schwe|fel|hal-tig; schwe|feln** (fachspr.); **Schwe|fel-was|ser|stoff**

Schweif, der; -[e]s, -e; **schwei|fen**

Schwei|ge␣geld, ...marsch, ...mi|nu|te; schwei|gen; schwieg; geschwiegen; **Schwei|gen,** das; -s; **Schwei|ge|pflicht; schweig|sam**

Schwein, das; -[e]s, -e; - (ugs. für: Glück) haben; kein - (ugs. für: niemand); **Schwei|ne␣bauch, ...bra|ten, ...fleisch, ...hund** (ugs. abwertend für: Lump; der innere - [ugs. für: Feigheit, Bequemlichkeit]); **Schwei|ne|rei** (derb); **Schwei|ne-ripp|chen; Schwei|ner|ne,** das; -n (südd., österr. für: Schweinefleisch); **Schwei|ne|stall; schwei|nisch; Schweins␣bra|ten** (südd., österr. u. schweiz.), **...le|der; schweins|le|dern; Schweins|ohr** (ein Gebäck)

Schweiß, der; -es, -e; **Schweiß|aus|bruch; schweiß|be|deckt; Schweiß␣bren|ner, ...drü|se; schwei|ßen** (auch Jägerspr.: bluten [vom Wild]); **Schwei|ßer** (Facharbeiter für Schweißarbeiten); **schweiß|ge-ba|det; schwei|ßig; schweiß|trei|bend; schweiß|trie|fend; schweiß|trop|fen; Schwei|ßung**

Schwei|zer (auch für: Melker; landsch. für: Küster in kath. Kirchen); **Schwei|zer-deutsch,** das; -[s] (deutsche Mundart[en] der Schweiz); **Schwei|zer|gar|de** (päpstliche Garde); **Schwei|ze|rin**

Schwell|brand; schwel|len (langsam flammenlos [ver]brennen; glimmen)

schwel|gen; Schwel|ge|rei; schwel|ge-risch

Schwel|le, die; -, -n

¹**schwel|len;** schwoll, geschwollen (größer, stärker werden, sich ausdehnen)

²**schwel|len;** schwellte, geschwellt (größer, stärker machen, ausdehnen)

Schwel|len|angst, die; - (Psych.: Angst vor dem Betreten fremder Räume o. Ä.)

Schwel|lung

Schwem|me, die; -, -n (auch landsch. für: einfaches [Bier]lokal)

schwem|men; Schwemm|land, das; -[e]s

Schwen|gel, der; -s, -

Schwenk, der; -[e]s, -s (selten: -e; Drehung, Richtungsänderung); **schwenk|bar; schwen|ken; Schwen|ker** (Kognakglas)

---

schwer

Getrenntschreibung:
- *das lässt sich nur schwer machen*
- *sie hat sich schwer verletzt*
- *er ist auf der Treppe schwer gefallen*

Getrennt- oder Zusammenschreibung:
- *er hat ihr das Leben schwer gemacht,* (auch:) *schwergemacht*
- *ein schwer erziehbares,* (auch:) *schwererziehbares Kind*
- *schwer verdauliche,* (auch:) *schwerverdauliche Speisen*
- *schwer verletzte,* (auch:) *schwerverletzte Opfer*
- *eine schwer verständliche,* (auch:) *schwerverständliche Sprache*
- *ein schwer verträglicher,* (auch:) *schwerverträglicher Wein*
- *schwer verwundet,* (auch:) *schwerverwundet*
- *schwer wiegend,* (auch:) *schwerwiegend*

Zusammenschreibung:
- *diese Aufgabe ist ihr schwergefallen*
- *es hat schwergehalten* (war schwierig), *ihn zu überzeugen*
- *einen Vorwurf schwernehmen* (sich zu Herzen nehmen)
- *schwerfällig*
- *schwerhörig*

Schwer␣ar|bei|ter, ...ath|let, ...ath|le|tik; schwer be|hin|dert, (auch:) **schwer|be-hin|dert;** aber nur: schwerer, am schwers|ten behindert, **Schwer|be|hin-der|te,** der u. die; - -n, - -n

schwer be|schä|digt, (auch:) **schwer|be-schä|digt;** aber nur: schwerer, am schwers|ten beschädigt; das Auto wurde schwer beschädigt; **Schwer|be|schä|dig-te,** der u. die; - -n, - -n

schwer|be|waff|net; vgl. schwer; **schwer Be|waff|ne|te,** der u. die; - -n, - -n,

(auch:) **Schwer|be|waff|ne|te,** der u. die; -n, -n

schwer|blü|tig; Schwe|re, die (Gewicht)

schwe|re|los; Schwe|re|lo|sig|keit; die

schwer|er|zieh|bar; vgl. schwer; **schwer Er|zieh|ba|re,** der u. die; - -n, - -n, (auch:) **Schwer|er|zieh|ba|re,** der u. die; -n, -n

schwer|fal|len, (Schwierigkeiten bereiten); die Aufgabe ist ihr schwergefallen; **schwer|fäl|lig; Schwer|fäl|lig|keit,** die

Schwer|ge|wicht (Körpergewichtsklasse in der Schwerathletik); **schwer|ge|wich-tig**

schwer|hal|ten (schwierig sein)

schwer|hö|rig; Schwer|hö|rig|keit, die - **Schwer|in|dus|t|rie; Schwer|kraft,** die; -

schwer krank, (auch:) **schwer|krank; schwer Kran|ke,** der u. die; - -n, - -n, (auch:) **Schwer|kran|ke,** der u. die; -n, -n

schwer|lich (kaum)

schwer|ma|chen; vgl. schwer

Schwer|me|tall; Schwer|mut, die; -; **schwer|mü|tig**

schwer|neh|men (als bedrückend empfinden); er hat immer alles gleich so schwergenommen

Schwer|punkt

Schwert, das; -[e]s, -er; **Schwert|li|lie**

schwer|tun, sich; ich habe mich, (selten:) mir damit schwergetan

Schwer|ver|bre|cher

schwer|ver|dau|lich; schwer|ver|letzt; vgl. schwer; **schwer Ver|letz|te,** der u. die; - -n, - -n, (auch:) **Schwer|ver|letz-te,** der u. die; -n, -n

schwer|ver|ständ|lich, schwer|ver|träg-lich, schwer|ver|wun|det; vgl. schwer

schwer wie|gend, (auch:) **schwer|wie-gend;** schwerer wiegende / schwerwiegendere Bedenken, am schwers|ten wiegende / schwerwiegends|te Bedenken

Schwes|ter, die; -, -n; **schwes|ter|lich; Schwes|tern|or|den, ...tracht**

Schwie|ger␣el|tern (Mehrz.), **...mut|ter** (Mehrz. ...mütter)

Schwie|le, die; -, -n; **schwie|lig**

schwie|rig; Schwie|rig|keit; Schwie|rig-keits|grad

Schwimm␣bad, ...be|cken; schwim|men; schwamm, geschwommen; **Schwim|mer; Schwim|me|rin; Schwimm␣flos|se, ...sport, ...wes|te**

Schwin|del, der; -s (ugs. auch für: Lüge; Täuschung); in **Schwindel erregender,** (auch:) schwindelerregender Höhe; **Schwin|del|an|fall; Schwin|de|lei** (ugs.); **schwin|de|ler|re|gend;** vgl. schwindel; **schwin|del|frei; Schwin|del|ge|fühl; schwin|de|lig, schwind|lig; schwin|deln; schwin|den;** schwand, geschwunden; **Schwind|ler; Schwind|le|rin; schwind-lig;** vgl. schwindelig

Schwind|sucht, die; -; (veralt. für: Lungentuberkulose); **schwind|süch|tig** (veralt.)

Schwin|ge, *die;* -, -n; **schwin|gen;** schwang, geschwungen; **Schwin|gung**

Schwipp_schwa|ger (ugs.), ...**schwä|gerin; Schwips,** *der;* -es, -e (ugs. für: leichter Rausch)

schwir|ren

Schwitz|bad; Schwit|ze, *die;* -, -n; **schwit|zen; schwit|zig; Schwitz_kasten,** ...**kur**

Schwof, *der;* -[e]s, -e (ugs. für: öffentl. Tanzvergnügen); **schwo|fen** (ugs.)

schwö|ren; schwor, geschworen

schwul (ugs. für: homosexuell); **schwül; Schwu|le,** *der;* -n, -n (ugs.); **Schwü|le,** *die;* -; **Schwul|li|tät,** *die;* -, -en (*meist Mehrz.;* ugs. für: Schwierigkeit, peinliche Lage); in -en sein

Schwulst, *der;* -[e]s, Schwülste; **schwuls|tig** (aufgeschwollen, aufgeworfen); **schwüls|tig** (überladen); ein -er Stil

Schwund, *der;* -[e]s

Schwung, *der;* -[e]s, Schwünge; **schwung|haft; Schwung|kraft,** *die;* -; **schwung|los; Schwung|rad; schwung|voll**

Schwur, *der;* -[e]s, Schwüre; **Schwur|ge|richt**

Sci|ence-Fic|tion, (auch:) **Sci|ence|fic|tion** [*ßai^enßfiksch^en*], *die;* -, -s (wissenschaftlich-utopische Literatur)

Scree|ning [*ßkri...*], *das;* -s, -s (Med.: Verfahren zur Reihenuntersuchung, z. B. auf Krebs)

Seal [*ßil*], *der* od. *das;* -s, -s (Fell der Pelzrobbe; ein Pelz)

Sé|an|ce [*ßeangß^e*], *die;* -, -n ([spiritistische] Sitzung)

sechs; wir sind zu sechsen od. zu sechst; vgl. acht; **Sechs,** *die;* -, -en (Zahl); **Sechs|eck; sechs|eckig; sechs|ein|halb; Sech|ser|pack** (*der; Mehrz.* -s u. -e), **Sech|ser|pa|ckung; sechs|fach; Sechs-fa|che,** *das;* -n; **sechs|hun|dert; sechs-mal; sechs|stel|lig; Sechs|ta|ge|rennen; sechs|tau|send; sechs|te; sechs-tel; Sechs|tel,** *das;* -s, -; **sechs|tens; sechs|und|ein|halb; Sechs|und|sech|zig,** *das;* - (ein Kartenspiel); **Sechs|zy|lin|der; sech|zehn; sech|zig**

se|cond|hand [*ßäk^enthänd*] (aus zweiter Hand); Babykleidung - kaufen; **Se|cond-hand|shop** (Laden, in dem gebrauchte Kleidung u. Ä. verkauft wird)

Se|da|tiv, *das;* -s, -e [*...w^e*] (Med.: Beruhigungsmittel)

¹See, *der;* -s, -n [*se^en*] (stehendes Binnengewässer)

²See, *die;* -, (für: [Sturz]welle *Mehrz.:*) -n [*se^en*] (Meer)

See_ad|ler, ...**bad; See|ele|fant,** (auch:) **See-Ele|fant,** *der;* -en, -en (große Robbe); **see|fah|rend; See_fah|rer,** ...**fahrt; see|fest; See_gang** (*der;* -[e]s), ...**ha|fen,** ...**hund,** ...**igel; see_klar**

(Schiffe - machen), ...**krank; See|krankheit,** *die;* -

See|le, *die;* -, -n; **See|len_kun|de** (*die;* veraltend für: Psychologie), ...**le|ben; see|len|los; See|len_qual,** ...**ru|he; seelen|ru|hig; See|len_ver|käu|fer** (ugs. abwertend); ...**ver|wandt|schaft; see|len-voll; See|len|wan|de|rung; see|lisch; Seel|sor|ge,** *die;* -; **Seel|sor|ger; seel-sor|ge|risch**

See_luft, ...**mann** (*Mehrz.* ...leute); **See-manns|garn,** *das;* -[e]s (erfundene, stark übertreibende Geschichte); **See_mei|le** (Zeichen: sm), ...**not,** ...**räu|ber,** ...**rei-se,** ...**ro|se,** ...**sack; see|tüch|tig; See-_weg,** ...**zun|ge** (ein Fisch)

Se|gel, *das;* -s, -; **Se|gel|boot; se|gel|flie-gen;** nur in der Grundform gebr.; **Se-gel_flie|ger,** ...**flug|zeug; se|geln; Se-gel_re|gat|ta,** ...**schiff,** ...**sport,** ...**tuch** (*Mehrz.* ...tuche)

Se|gen, *der;* -s, -; **se|gens|reich; Se|gens-wunsch**

Seg|ler

Seg|ment, *das;* -[e]s, -e (Abschnitt, Teilstück)

seg|nen; Seg|nung

Seh|be|hin|der|te, *der* u. *die;* -n, -n; **se-hen;** sah, gesehen; **se|hens_wert,** ...**wür|dig; Se|hens|wür|dig|keit; Seh-_feh|ler,** ...**kraft** (*die;* -)

Seh|ne, *die;* -, -n

seh|nen, sich

Seh|nen|zer|rung

Seh|nerv

seh|nig

sehn|lich; Sehn|sucht, *die;* -, ...süchte; **sehn|süch|tig; sehn|suchts|voll**

sehr; - fein (Abk.: ff)

Seh_schär|fe, ...**schwä|che,** ...**test,** ...**ver|mö|gen**

seicht; Seicht|heit; Seich|tig|keit

seid (2. Pers. Mehrz. Indikativ Präs. von ²sein); seid vorsichtig!

Sei|de, *die;* -, -n (Gespinst; Gewebe)

Sei|del, *das;* -s, - (Gefäß; Flüssigkeitsmaß); 3 - Bier

Sei|del|bast (ein Strauch)

sei|den (aus Seide); **Sei|den_fa|den,** ...**glanz,** ...**pa|pier,** ...**rau|pe; sei|den-weich; sei|dig**

Sei|fe, *die;* -, -n; **Sei|fen|bla|se; Sei|fen-kis|ten|ren|nen; Sei|fen_lau|ge,** ...**oper** (ugs. für: triviale Hörspiel- od. Fernsehspielserie); ...**was|ser; sei|fig**

Sei|he, *die;* -, -n (landsch. für: Filter; Filterrückstand); **sei|hen** (durch ein Sieb gießen, filtern); **Sei|her** (Sieb)

Seil, *das;* -[e]s, -e; **Seil|bahn; Sei|ler; seil|hüp|fen;** vorwiegend in der Grundform u. im 2. Mittelwort gebr.; seilgehüpft; **Seil_hüp|fen** (*das;* -s; **Seil|schaft; seil|sprin|gen;** vorwiegend in der Grundform u. im 2. Mittelwort gebr.; seilgesprungen; **Seil_sprin|gen** (*das;* -s), ...**tan|zen** (*das;* -s), ...**tän|zer,** ...**tän|ze-rin,** ...**win|de**

¹sein, sei|ne, sein; Seine (Abk.: S[e].), Seiner (Abk.: Sr.) Exzellenz; jedem das Seine, (auch:) seine

²sein s. Kasten

Sein, *das;* -s

sei|ne, sei|ni|ge; sei|ner|seits; sei|ner|zeit (damals, dann; Abk.: s. Z.); **sei|ner|zei-tig; sei|nes|glei|chen; sei|net|hal|ben; sei|net|we|gen; sei|ni|ge**

sein|las|sen; vgl. ²sein

Seis|mo|graf, (auch:) **Seis|mo|graph,** *der;* -en, -en (Gerät zur Aufzeichnung von Erdbeben)

seit; *Verhältniswort mit Wemf.:* - dem Zusammenbruch; - gestern, heute; *Bindew.:* - ich hier bin

---

seit

Im Gegensatz zur mit *d* geschriebenen Form des Zeitworts *seid (ihr seid)* enden das Verhältniswort und das Bindewort *seit (seit drei Jahren; ihr geht es besser, seit sie Sport treibt)* mit *t*.

---

seit|dem; seitdem ist er gesund; seitdem ich hier bin

Sei|te, *die;* -, -n; **Sei|ten|blick; Sei|ten-hal|bie|ren|de,** *die;* -n, -n (Math.); **Sei|ten|hieb; sei|ten|lang; sei|tens;** *Verhältnisw. mit Wesf.:* - des Angeklagten; **Sei|ten_sprung,** ...**ste|chen** (*das;* -s), ...**stra|ße; sei|ten|ver-kehrt; Sei|ten_wa|gen** (Beiwagen), ...**wind**

seit|her (selten für: seitdem); **seit|he|rig; seit|lich; seit|wärts**

Se|kret, *das;* -[e]s, -e (Absonderung); **Se-**

---

²sein

- *ich bin, du bist, er/sie/es ist, wir sind, ihr seid, sie sind*
- *ich sei, du seist, er/sie/es sei, wir seien, ihr seiet, sie seien*
- *ich war, du warst, er/sie/es war, wir waren, ihr wart, sie waren*
- *ich wäre, du wärst, er/sie/es wäre, wir wären, ihr wärt, sie wären*
- *seiend; gewesen*
- *sei! seid!*
- *Seien Sie bitte so freundlich ...*

Verbindungen mit dem Zeitwort „sein" werden getrennt geschrieben:

- *da sein; heraus sein; hier sein; zusammen sein; sie wollte ihn Sieger sein lassen*

Aber:

- *ich möchte das lieber sein lassen* od. *sein-lassen* (ugs. für: nicht tun)
- *das Dasein, das Sosein, das Zusammensein; das So-oder-anders-Sein*

kre|tär, *der; -s, -e;* Se|kre|ta|ri|at, *das;* -[e]s, -e; Se|kre|tä|rin

Sekt, *der; -[e]s, -e* (Schaumwein)

Sek|te, *die; -, -n* (Glaubensgemeinschaft)

Sekt.fla|sche, ...früh|stück, ...glas (*Mehrz.* ...gläser)

Sek|tie|rer, *der; -s, -* (jmd., der von einer politischen, religiösen o. ä. Richtung abweicht); sek|tie|re|risch

Sek|ti|on [...*zion*], *die; -, -en* (Abteilung, Gruppe; Med.: Leichenöffnung); Sek|tor, *der; -s, ...toren* ([Sach]gebiet, Bezirk; Math.: Ausschnitt); Sek|to|ren|gren|ze

Se|kun|da, *die; -, ...den* (veraltend für die 6. u. 7. Klasse eines Gymnasiums); Se-kun|da|ner, *der; -s, -* (Schüler einer Sekunda); Se|kun|da|ne|rin; Se|kun|där-roh|stoff (Altmaterial); Se|kun|de, *die; -, -n* ($^1/_{60}$ Minute, Abk.: Sek. [Zeichen: s, veralt.: sec, sek]; Musik: zweiter Ton vom Grundton aus; Intervall im Abstand von 2 Stufen); se|kun|den|lang; Se|kun-den.schnel|le (in -), ...zei|ger; se|künd|lich

Se|ku|rit®, *das; -s* (nicht splitterndes Glas)

sel|be; zur -en Zeit; sel|ber (meist ugs. für: selbst); Sel|ber|ma|chen, *das; -s* (ugs.)

selbst; die Pastete selbst machen; eine selbst gemachte, (auch:) selbstgemachte Pastete; selbst verdientes, (auch:) selbstverdientes Geld; ein selbst gestricker, (auch:) selbstgestrickter Pullover; Selbst, *das; -;* Selbst|ach|tung, *die; -*

selb|stän|dig, selbst|stän|dig; Selb|stän-di|ge, Selbst|stän|di|ge; Selb|stän|dig-keit, Selbst|stän|dig|keit

Selbst.auf|op|fe|rung, ...aus|lö|ser (Fotogr.), ...be|die|nung (*Mehrz. selten*); Selbst.be|frie|di|gung, ...be|herr-schung, ...be|stim|mung, ...be|tei|li-gung (Versicherungswesen), ...be|trug

selbst|be|wusst; Selbst.be|wusst|sein, ...bild|nis, ...bio|gra|fie, (auch:) ...bio-gra|phie, ...dis|zi|p|lin, ...ein|schät-zung, ...er|hal|tung (*die; -*); Selbst-er|hal|tungs|trieb; Selbst.er|kennt|nis, ...fah|rer

selbst|ge|fäl|lig; Selbst.ge|fäl|lig|keit (*die; -*), ...ge|fühl (*das; -[e]s*); selbst|ge-macht; vgl. selbst; selbst.ge|nüg|sam, ...ge|recht; Selbst|ge|spräch; selbst-ge|strickt; vgl. selbst; selbst|herr|lich

Selbst|kos|ten|preis; Selbst|kri|tik; selbst|kri|tisch; Selbst.laut (Vokal), ...lob; selbst|los; Selbst|lo|sig|keit, *die; -;* Selbst|mit|leid; Selbst|mord; Selbst|mord|an|schlag; Selbst.mör|der, ...por|trät; selbst|quä|le|risch; selbst-re|dend (selbstverständlich); selbst|si-cher; Selbst|si|cher|heit, *die; -*

selbst|stän|dig, (auch:) selb|stän|dig; sich - machen; Selbst|stän|di|ge, (auch:) Selb|stän|di|ge, *der u. die; -n, -n;*

Selbst|stän|dig|keit, (auch:) Selb|stän-dig|keit, *die; -*

Selbst|sucht, *die; -;* selbst.süch|tig, ...tä-tig; Selbst.täu|schung, ...über|schät-zung, ...über|win|dung, ...un|ter|richt; selbst|ver|dient; vgl. selbst; selbst|ver-ges|sen; Selbst|ver|leug|nung; selbst-ver|ständ|lich; Selbst.ver|ständ|lich-keit, ...ver|ständ|nis (*das; -ses*), ...ver-trau|en, ...ver|wal|tung, ...ver|wirk|li-chung; Selbst|wert|ge|fühl (Psych.); selbst.zer|stö|re|risch, ...zu|frie|den; Selbst|zweck, *der; -[e]s*

se|lek|tie|ren (auswählen [für züchterische Zwecke]); Se|lek|ti|on [...*zion*], *die; -, -en* (Auswahl; Biol.: Auslese)

Self|made|man [*ßälfme'dmän*], *der; -s, ...men* [...*m*e*n*] (jmd., der sich aus eigener Kraft hochgearbeitet hat)

se|lig; selig sein, selig machen, (auch:) se-ligmachen; Se|li|ge, *der u. die; -n, -n;* Se|lig|keit; se|lig|ma|chen; vgl. selig; se|lig|prei|sen; Se|lig|prei|sung; se|lig-spre|chen; Se|lig|spre|chung

Sel|le|rie [österr. nur: ...*ri*], *der; -s, -[s]* *od. die; -, -* (österr.: ...*rien*)

sel|ten; Sel|ten|heit; Sel|ten|heits|wert, *der; -[e]s*

Sel|ter[s]|was|ser (*Mehrz.* ...wässer; ein Mineralwasser)

selt|sam; selt|sa|mer|wei|se

Se|mes|ter, *das; -s, -;* Se|mes|ter|fe|ri|en (*Mehrz.*)

Se|mi|ko|lon, *das; -s, -s u. ...la* (Strichpunkt)

Se|mi|nar, *das; -s, -e* (Übungskurs an Hochschulen; kirchl. Institut zur Ausbildung von Geistlichen; schweiz. für: Lehrerbildungsanstalt)

Se|mit, *der; -en, -en* (Angehöriger einer eine semitische Sprache sprechenden Völkergruppe); Se|mi|tin; se|mi|tisch

Sem|mel, *die; -, -n;* sem|mel|blond; Sem-mel|brö|sel

Se|nat, *der; -[e]s, -e;* Se|na|tor, *der; -s, ...oren* (Mitglied des Senats; Ratsherr)

Sen|de.fol|ge, ...ge|biet; sen|den; sandte u. sendete, gesandt u. gesendet; Sen|de-pau|se; Sen|der; Sen|dung; Sen|dungs-be|wusst|sein

Senf, *der; -[e]s, -e;* Senf.gur|ke, ...korn (*Mehrz.* ...körner)

sen|gen

Se|ni|or, *der; -s, ...oren* (Ältester; Sportler etwa zwischen 20 u. 30 Jahren); Se|ni|o-ren|klas|se (Sportspr.); Se|ni|o|rin

Senk|blei, *das;* Sen|ke, *die; -, -n;* Sen|kel, *der; -s, -;* sen|ken; Senk|fuß; senk-recht; Senk|rech|te, *die; -n, -n;* Senk-recht|star|ter (ein Flugzeugtyp; ugs. für: jmd., der schnell Karriere macht)

Senn, *der; -[e]s, -e u.* Sen|ne, *der; -n, -n* (bayr., österr. und schweiz. für: Bewirtschafter einer Sennhütte, Almhirt); Sen-ne|rin; Senn|hüt|te

Selbst|stän|dig|keit, (auch:) Selb|stän-dig|keit, *die; -*

Sen|sa|ti|on [...*zion*], *die; -, -en* (aufsehenerregendes Ereignis); sen|sa|ti|o|nell (aufsehenerregend); sen|sa|ti|ons|lüs-tern

Sen|se, *die; -, -n*

sen|si|bel (empfindlich, empfindsam; feinfühlig); Sen|si|bi|li|tät, *die; -* (Empfindlichkeit, Empfindsamkeit; Feinfühligkeit); sen|si|tiv (sehr empfindlich; leicht reizbar; feinnervig); Sen|sor, *der; -s, ...soren* (*meist Mehrz.;* Technik: Messfühler; Berührungsschalter)

Sen|tenz, *die; -, -en* (einprägsamer Ausspruch; Sinnspruch)

sen|ti|men|tal (oft abwertend für: [übertrieben] empfindsam; rührselig); Sen|ti-men|ta|li|tät, *die; -, -en* (oft abwertend)

se|pa|rat (abgesondert; einzeln); Sé|pa-rée, (auch:) Se|pa|ree [...*re*], *das; -s, -s* (Sonderraum, Nische in einem Lokal)

Sep|tem|ber, *der; -[s], -* (der neunte Monat des Jahres; Abk.: Sept.); Sep|ti|me, *die; -, -n* (Musik: siebter Ton vom Grundton aus; Intervall im Abstand von 7 Stufen)

Se|quenz, *die; -, -en* ([Aufeinander]folge, Reihe; liturg. Gesang; kleinere filmische Handlungseinheit; EDV: Folge von Befehlen, Daten)

Se|rail [*seraj, serai[l]*], *das; -s, -s* (Palast [eines Sultans])

Se|re|na|de, *die; -, -n* (Abendmusik; -ständchen)

Ser|geant [...*schant*, engl. Ausspr.: *ßa-dsch*e*nt*], *der; -en, -en* (bei engl. Ausspr.: *der; -s, -s*; Unteroffizier)

Se|rie [...*i*e], *die; -, -n* (Reihe; Folge; Gruppe); se|ri|en|mäßig; Se|ri|en.pro-duk|ti|on, ...schal|tung (Reihenschaltung); se|ri|en|wei|se

se|ri|ös (ernsthaft, [vertrauens]würdig); Se-ri|o|si|tät, *die; -*

Ser|mon, *der; -s, -e* (veralt. für: Predigt; ugs. für: langweiliges Geschwätz)

Ser|pen|ti|ne, *die; -, -n* (in Schlangenlinie verlaufender Weg an Berghängen; Windung)

Se|rum, *das; -s, ...ren u. ...ra* (Med.: wässriger Bestandteil des Blutes; Impfstoff)

Ser|ve|la, *die od. der; -, -s* (landsch. für: Zervelatwurst); Ser|ve|lat|wurst; vgl. Zervelatwurst

Ser|ver [*ßö'w*e*r*], *der; -s, -* (EDV: Rechner mit bestimmten Aufgaben in einem Netzwerk)

^{1}Ser|vice [...*wiß*], *das; - [...wiß]* u. -s [...*wiß*e*ß*], - [...*wiß od. ...wiß*e*ß*] ([Tafel]geschirr)

^{2}Ser|vice [*ßö'wiß*], *der,* (auch:) *das; -, -s* [...*wiß(iß)*] (Bedienung, Kundenbetreuung; Tennis: Aufschlag[ball])

ser|vie|ren [...*wir*e*n*] (bei Tisch bedienen; auftragen; Tennis: den Ball aufschlagen); Ser|vie|re|rin; Ser|vi|et|te, *die; -, -n;* ser|vil [...*wil*] (unterwürfig); Ser|vi|li|tät, *die; -;* **ser|vus!** [...*wuß*] (bes. südd. u. österr. freundschaftl. Gruß)

Se|sam, *der; -s, -s* (eine Pflanze mit ölhaltigem Samen)

Ses|sel, *der; -s, -;* **Ses|sel_leh|ne, ...lift; sess|haft**

Set, *das* od. *der; -[s], -s* (bestimmte Anzahl zusammengehöriger Dinge; Platzdeckchen); **Set|ter,** *der; -s, -* (Hund einer bestimmten Rasse)

set|zen; sich -; **Set|zer** (Schriftsetzer); **Set-ze|rei; Setz|ling** (junge Pflanze zum Auspflanzen; Zuchtfisch)

Seu|che, *die; -, -n*

seuf|zen; Seuf|zer

Se|ve|so|gift, (auch:) **Se|ve|so-Gift** [...*w...*], *das; -[e]s* (Jargon für: Dioxin)

Sex, *der; -[es]* (ugs. für: Geschlecht[lichkeit]; Geschlechtsverkehr; kurz für: Sexappeal); **Sex|ap|peal,** (auch:) **Sex-Ap|peal** [...*°pil*], *der; -s* (sexuelle Anziehungskraft); **Sex_bom|be,** *die; -, -n* (ugs.), **...shop**

Sex|ta, *die; -, ...ten* (veraltend für: erste Klasse eines Gymnasiums); **Sex|ta|ner** (Schüler der Sexta); **Sex|ta|ne|rin; Sex-tett,** *das; -[e]s, -e* (Musikstück für sechs Stimmen od. sechs Instrumente; auch für: die sechs Ausführenden)

Sex|tou|ris|mus; Se|xu|al|er|zie|hung; Se-xu|a|li|tät, *die; -* (Geschlechtlichkeit); **Se-xu|al|ver|bre|chen; se|xu|ell** (geschlechtlich); **se|xy** (ugs. für: erotisch-attraktiv)

se|zie|ren (anatomisch zerlegen)

s-för|mig, **S-för|mig** (in der Form eines S)

Shag [*schäk*], *der; -s, -s* (ein Tabak)

¹Shake [*scheˀk*], *der; -s, -s* (ein Mischgetränk); **²Shake,** *das; -s, -s* (starkes Vibrato im Jazz); **Sha|ker** [*scheˀkˀr*], *der; -s, -* (Mixbecher)

Sham|poo [*schampu*] u. **Sham|poon** [*schämpun,* auch: *schampon*], *das; -s, -s;* **sham|poo|nie|ren;** vgl. schamponieren

Shan|ty [*schänti,* auch: *schanti*], *das; -s, -s* (Seemannslied)

Share|ware [*schäˀʷäˀ*], *die; -, -s* (EDV: kostenlos angebotene Software)

Sher|ry [*schäri*], *der; -s, -s* (span. Wein, Jerez)

Shet|land [*schätlant,* engl. Ausspr.: *schät-lˀnd*], *der; -[s], -s* (ein grau melierter Wollstoff)

Shil|ling [*schil...*], *der; -s, -s* (frühere Münzeinheit in Großbritannien)

Sho|ah; vgl. Schoah

Shop [*schop*], *der; -s, -s* (Laden, Geschäft); **Shop|ping|cen|ter,** (auch:) **Shop-ping-Cen|ter** [*schoping ßäntˀr*], *das; -s, -* (Einkaufszentrum)

Shorts [*schäˀz*], *die (Mehrz.;* kurze Hose)

Show [*schoˀ*], *die; -, -s* (Vorführung eines bunten Unterhaltungsprogramms); **Show-busi|ness,** (auch:) **Show-Busi|ness** (Vergnügungsindustrie); **Show|ge|schäft** [*schoˀ...*]; **Show|mas|ter** [*schoˀ...*], *der;*

---

si|cher

---

sicherer, sichers|te

I. Groß- oder Kleinschreibung:

a) Kleinschreibung:

– es ist am sichersten, wenn wir hier verschwinden

– auf Nummer sicher sein; auf Nummer sicher gehen

b) Großschreibung:

– wir suchen etwas Sicheres; das Sicherste sind Gürtelreifen

– es ist das Sicherste, was du tun kannst; es ist das Sicherste, sofort zu verschwinden

– ich fühle mich im Sichern (geborgen)

II. Schreibung in Verbindung mit Zeitwörtern:

– du kannst sicher sein, dass sie dir helfen wird

– in diesen Schuhen kann man sicher gehen; er ist in diesen Schuhen sicher gegangen

– ein Arzneimittel, das sicher wirkt

– die Polizei will die Straßen auch nachts wieder sicher machen od. sichermachen

Aber:

– sie will in dieser Sache sichergehen (Gewissheit haben)

– ein Beweisstück sicherstellen (vgl. d.)

III. In Verbindung mit als Eigenschaftswörtern gebrauchten Mittelwörtern:

– ein sicher wirkendes od. sicherwirkendes Arzneimittel

Aber nur:

– die sichergestellten Beweismittel

-s, - (Unterhaltungskünstler); **Show-view**® [*schoˀwju*], *das; -s* (Videoprogrammierung über in Programmzeitschriften ausgedruckte Ziffernreihen)

Shred|der; engl. Schreibung von Schredder

Shrimp, Schrimp [*schr...*], *der; -s, -s (meist Mehrz.;* kleine Krabbe)

Shut|tle [*schatˀl*], *der* od. *das* ([Fahrzeug im] Pendelverkehr; kurz für: Spaceshuttle)

sich

Si|chel, *die; -, -n;* **si|chel|för|mig**

si|cher s. Kasten

si|cher|ge|hen (Gewissheit haben); vgl. sicher; **Si|cher|heit; Si|cher|heits_ab-stand, ...bin|dung** (Sport), **...glas** (*Mehrz. ...gläser*), **...gurt; si|cher|heits-hal|ber; Si|cher|heits_na|del, ...ri|si|ko, ...schloss, ...vor|keh|rung; si|cher|lich;** **si|cher|ma|chen;** vgl. sicher; **si|chern; si|cher|stel|len** (in Gewahrsam geben od. nehmen); **Si|cher|stel|lung; Si|che|rung; si|cher|wir|kend;** vgl. sicher

Sicht, *die; -;* **sicht|bar**

¹sich|ten (auswählen, durchsehen)

²sich|ten (erblicken); **sicht|lich** (offenkundig)

Sicht_ver|hält|nis|se *(die; Mehrz.),* **...ver-merk, ...wei|te**

si|ckern; Si|cker|was|ser *(Mehrz.:* ...wässer)

Side|board [*ßaidbåˀd*], *das; -s, -s* (Anrichte, Büfett)

sie; sie kommt, sie kommen

¹Sie (Höflichkeitsanrede an eine Person od. mehrere Personen); kommen Sie bitte!; jmdn. mit Sie anreden

²Sie, *die; -, -s* (ugs. für: Mensch od. Tier weibl. Geschlechts); es ist eine Sie

Sieb, *das; -[e]s, -e;* **sieb|ar|tig**

¹sie|ben (durchsieben)

²sie|ben (Ziffer, Zahl); wir sind zu - od. zu siebt; vgl. acht; **Sie|ben,** *die; -, - (auch:*

-en; Zahl); **sie|ben|ar|mig; sie|ben|ein-halb; Sie|be|ner; Sie|ben|fa|che,** *das; -n;* **sie|ben|hun|dert; sie|ben|jäh|rig; sie|ben|mal; Sie|ben|mei|len|stie|fel,** *die (Mehrz.);* **Sie|ben|mo|nats|kind; Sie-ben|sa|chen,** *die (Mehrz.;* ugs. für: Habseligkeiten); **Sie|ben|schlä|fer** (Nagetier); **sie|ben|tau|send; sie|ben|te;** vgl. **siebte; sie|ben|tel;** vgl. siebtel; **Sie|ben-tel;** vgl. Siebtel; **sie|ben|tens;** vgl. siebtens; **sie|ben|und|ein|halb,** sieben|ein-halb; **sieb|te; sieb|tel; Sieb|tel,** *das; -s, -;* **sieb|tens; sieb|zehn; sieb|zehn|te; sieb|zig**

Siech|tum, *das; -s*

sie|deln

sie|den; sott u. siedete, gesotten u. gesiedet; *siedend heiß;* **Sie|de|punkt**

Sied|ler; Sied|lung

Sieg, *der; -[e]s, -e*

Sie|gel, *das; -s, -* (Stempelabdruck; [Brief]verschluss); **Sie|gel|lack; sie|geln; Sie|gel|ring**

sie|gen; Sie|ger; Sie|ger|eh|rung; Sie|ge-rin; sie|ges_be|wusst, ...ge|wiss, ...si-cher, ...trun|ken (geh.); **Sie|ges|zug; sieg|reich**

sie|he oben! (Abk.: s. o.); **sie|he un|ten!** (Abk.: s. u.)

Siel, *der* od. *das; -[e]s, -e* (Abwasserleitung; kleine Deichschleuse)

Si|es|ta, *die; -, ...sten* u. *-s* (Mittagsruhe)

sie|zen (mit „Sie" anreden)

Sight|see|ing [*ßaitßiing*], *das; -[s], -s* (Besichtigung von Sehenswürdigkeiten); **Sight|see|ing|tour,** (auch:) **Sight|see-ing-Tour**

Si|g|nal [*signal*], *das; -s, -e* (Zeichen mit festgelegter Bedeutung; [Warn]zeichen); -geben; **Si|g|nal_an|la|ge, ...flag|ge, ...horn; si|g|na|li|sie|ren** (Signal[e] übermitteln); **Si|g|na|tur,** *die; -, -en* (Namenszeichen, Unterschrift); si|g|nie|ren (mit einer Signatur versehen)

si|g|ni|fi|kant (bedeutsam; kennzeichnend)

Sil|be, die; -, -n; Sil|ben_rät|sel, ...tren|nung

Sil|ber, das; -s (chem. Element, Edelmetall; Zeichen: Ag); Sil|ber_blick (ugs. für: leichtes Schielen), ...dis|tel, ...fuchs, ...geld; sil|ber|grau; Sil|ber_hoch|zeit; sil|be|rig, silbrig; Sil|ber|me|dail|le; sil|bern (aus Silber); Sil|ber_pa|pier, ...strei|fen (in: Silberstreifen am Horizont [Zeichen beginnender Besserung]); silb|rig; vgl. sil|be|rig

Sil|hou|et|te [siluätᵉ], die; -, -n (Umriss; Schattenriss, Scherenschnitt)

Sil|li|kon, fachspr. Si|li|con, das; -s, -e (sehr wasser- und wärmebeständiger Kunststoff)

Si|lo, der od. das; -s, -s (Großspeicher [für Getreide, Erz u. a.]; Gärfutterbehälter)

Sil|ves|ter, der, (auch:) das; -s, - (letzter Tag des Jahres); Sil|ves|ter|abend

sim|pel (einfach, einfältig); sim|p|li|fi|zie|ren (vereinfachen)

Sims, der od. das; -es, -e (waagerechter [Wand]vorsprung; Leiste)

Si|mu|lant, der; -en, -en (jmd., der eine Krankheit vortäuscht); si|mu|lie|ren (vorgeben; sich verstellen; übungshalber im Simulator o. Ä. nachahmen; ugs. auch für: nachsinnen, grübeln)

si|mul|tan (gleichzeitig)

Sin|fo|nie, Sym|pho|nie [süm...], die; -, ...ien (groß angelegtes Orchesterwerk in meist vier Sätzen); Sin|fo|nie|kon|zert, Sym|pho|nie|kon|zert; Sin|fo|nie|or|ches|ter, Sym|pho|nie|or|ches|ter; Sin|fo|ni|ker, Sym|pho|ni|ker (Verfasser von Sinfonien; nur Mehrz.: Mitglieder eines Sinfonieorchesters); sin|fo|nisch, sym|pho|nisch (sinfonieartig); -e Dichtung

Sing|dros|sel; sin|gen; sang, gesungen

¹Sin|g|le [βiŋgᵉl], das; -, -[s] ([Tisch]tennis: Einzelspiel)

²Sin|g|le [βiŋgᵉl], die; -, -[s] (kleine Schallplatte)

³Sin|g|le [βiŋgᵉl], der; -[s], -s (alleinstehende Person)

Sing|sang, der; -[e]s (ugs.); Sing_spiel, ...stim|me

Sin|gu|lar, der; -s, -e (Einzahl; Abk.: Sing.)

Sing|vo|gel

sin|ken; sank, gesunken

Sinn, der; -[e]s, -e; Sinn|bild; sinn|bild|lich; sin|nen; sann, gesonnen; sin|nen|froh; sinn|ent|stel|lend; Sin|nes_ein|druck, ...or|gan, ...täu|schung, ...wan|del; sinn|fäl|lig; sinn|ge|mäß; sin|nie|ren (ugs. für: in Nachdenken versunken sein); sin|nig; sinn|lich; Sinn|lich|keit, die; -; sinn|los; Sinn|lo|sig|keit; sinn_reich, ...voll

Sint|flut, die; -; vgl. Sündflut; sint|flut|ar|tig

Si|nus, der; -, - u. -se (Math.: Winkelfunktion im rechtwinkligen Dreieck; Abk.: sin)

Si|phon [sifoŋg], der; -s, -s (Geruchsverschluss bei Wasserausgüssen; Getränkegefäß, bei dem die Flüssigkeit durch Kohlensäure herausgedrückt wird)

Sip|pe, die; -, -n; Sipp|schaft (abwertend)

Sir [βöʳ], der; -s, -s (allg. engl. Anrede [ohne Namen]: „Herr"; vor Vornamen: brit. Adelstitel)

Si|re|ne, die; -, -n; Si|re|nen|ge|heul

sir|ren (hell klingen, surren)

Si|rup, der; -s, -e (dickflüssiger Zuckerrüben- od. Obstsaft)

Si|sal, der; -s; Si|sal|hanf

Sit|com, die; -, -s (Situationskomödie)

Sit-in, (auch:) Sit|in [βi...], das; -[s], -s (Sitzstreik)

Sit|te, die; -, -n; sit|ten|los; sit|ten|wid|rig; sitt|lich; Sitt|lich|keit, die; -; Sitt|lich|keits_de|likt, ...ver|bre|chen; sitt|sam

Si|tu|a|ti|on [...zion], die; -, -en ([Sach]lage, Stellung, Zustand); Si|tu|a|ti|ons_ko|mik, ...ko|mö|die

Sitz, der; -es, -e; Sitz|bad; sit|zen; saß, gesessen; auf dem Stuhl sitzen bleiben; mein Sohn wird dieses Jahr sitzen blei|ben, (auch:) sitzenbleiben (nicht versetzt werden); auf der Ware sitzen bleiben, (auch:) sitzenbleiben (sie nicht verkaufen können); er hat sie sitzen lassen, (auch:) sitzenlassen (ugs. für: im Stich lassen); Sit|zen|blei|ber; sit|zen|las|sen; vgl. sit|zen; Sitz_fleisch (ugs.), ...ge|le|gen|heit, ...platz, ...streik; Sit|zung

Six|pack [βikßpäk], das; -s, -s (engl. Bez. für: Sechserpack[ung])

Ska|bi|o|se, die; -, -n (eine Wiesenblume)

Ska|la, die; -, ...len u. -s (Maßeinteilung; Stufenfolge)

Skal|pell, das; -s, -e (chirurg. Messer)

skal|pie|ren (die Kopfhaut abziehen)

Skan|dal, der; -s, -e; skan|da|lös (anstößig; unerhört)

Skat, der; -[e]s, -e u. -s (ein Kartenspiel); zwei verdeckt liegende Karten beim Skatspiel)

Skate|board [βke'tbå'd], das; -s, -s (Rollerbrett für Spiel u. Sport)

¹ska|ten (ugs. für: Skat spielen)

²ska|ten [βke'...] (Inlineskates fahren)

Ske|lett, das; -[e]s, -e (Knochengerüst, Gerippe)

Skep|sis, die; - (Zweifel, Bedenken); Skep|ti|ker (misstrauischer Mensch); skep|tisch

Sketch [βkätsch], der; -[es], -e[s] od. -s, Sketsch, der; -[e]s, -e (kurze, effektvolle Bühnenszene im Kabarett od. Varieté)

Ski [schi], (auch:) Schi, der; -s, -er (auch: -); - fahren; - laufen; eis- und Ski laufen; Ski_ge|biet, ...ge|län|de, ...ha|serl (das; -s, -[n]; ugs. für: junge Anfängerin

im Skilaufen), ...lau|fen (das; -s), ...läu|fer, ...leh|rer, ...lift

Skin, der; -s, -s, Skin|head [...häd], der; -s, -s ([zu Gewalttätigkeiten neigender] Jugendlicher mit kahl geschorenem Kopf)

Ski|pis|te

Skiz|ze, die; -, -n ([erster] Entwurf; flüchtige Zeichnung; kleine Geschichte); skiz|zie|ren (entwerfen; andeuten)

Skla|ve [...wᵉ, auch: ...fᵉ], der; -n, -n (unfreier, rechtloser Mensch); Skla|ven|han|del; Skla|ve|rei; Skla|vin; skla|visch

Skle|ro|se, die; -, -n (Med.: Verkalkung, krankhafte Verhärtung von Geweben u. Organen)

Skon|to, der od. das; -s, -s (selten auch: ...ti; [Zahlungs]abzug, Nachlass [bei Barzahlungen])

Skoo|ter [βkuⱅᵉr], der; -s, - ([elektr.] Kleinauto auf Jahrmärkten)

Skor|but, der; -[e]s (Med.: Krankheit durch Mangel an Vitamin C)

Skor|pi|on, der; -s, -e

Skript, das; -[e]s, -en u. (für: Drehbuch meist Mehrz.:) -s (schriftl. Ausarbeitung; Drehbuch); Skript|girl [...gö'l], das; -s, -s (Mitarbeiterin eines Filmregisseurs, die die Einstellung für jede Aufnahme einträgt)

Skru|pel, der; -s, - (meist Mehrz.; Bedenken; Gewissensbiss); skru|pel|los

Skulp|tur, die; -, -en (Bildhauerkunst [nur Einz.]; Bildhauerwerk)

skur|ril (verschroben; drollig)

Sky|line [βkailain], die; -, -s (Horizont[linie], Silhouette einer Stadt)

Sla|lom, der; -s, -s (Ski- u. Kanusport: Torlauf; übertr. auch für: Zickzacklauf, -fahrt); Sla|lom|lauf

Slang [βläng], der; -s, -s (saloppe Umgangssprache; Jargon)

Slap|stick [βläpßtik], der; -s, -s (groteskkomischer Gag vor allem im [Stumm]film)

Slip, der; -s, -s (Unterhose)

Slip|per, der; -s, -[s] (Schlupfschuh mit niedrigem Absatz)

Slo|gan [βlougᵉn], der; -s, -s (Schlagwort)

Slow|fox [βlou...], der; -[es], -e (ein Tanz)

Slum [βlam], der; -s, -s (meist Mehrz.; Elendsviertel)

Small Talk [βmål tåk], der; (auch: das); --s, --s, (auch:) Small|talk, der; (auch: das); -s, -s (beiläufige Konversation)

Sma|ragd, der; -[e]s, -e (ein Edelstein); sma|ragd|grün

smart (modisch elegant; clever)

Smi|ley [βmaili], das; -s, -s (EDV: Emoticon in Form eines lächelnden Gesichts)

Smog, der; -[s], -s (mit Abgasen, Rauch u. a. gemischter Dunst od. Nebel über Industriestädten)

smo|ken (Stoff fälteln u. besticken); eine gesmokte Bluse

Smo|king, der; -s, -s (Abendanzug mit seidenen Revers für Herren)

¹**SMS**, *die;* -, - (über einen Mobilfunkdienst versendete Textnachricht); eine SMS erhalten

²**SMS**, *der;* - (meist ohne Geschlechtswort; ein Mobilfunkdienst, mit dem Kurznachrichten versendet werden können); eine Nachricht per SMS schicken

Snack|bar [*βnäk*...], *die;* -, -s (engl. Bez. für: Imbissstube)

Snob [*βnop*], *der;* -s, -s (vornehm tuender, eingebildeter Mensch); **Sno|bis|mus**, *der;* -, ...men; **sno|bis|tisch**

Snow|board [*βnoᵘbå'd*], *das;* -s, -s (als Sportgerät dienendes Brett zum Gleiten auf Schnee)

so; - sein, - werden, - bleiben; so dass (vgl. auch: sodass); die so genannten, (auch:) sogenannten Schnellen Brüter

so|bald; *Bindew.:* sobald er kam; *aber (Umstandsw.):* komm so bald wie möglich

So|cke, *die;* -, -n; **So|ckel**, *der;* -s, -; **So|cken**, *der;* -s, - (landsch. für: Socke)

¹**So|da**, *die;* - u. *das;* -s (Natriumkarbonat)

²**So|da**, *das;* -s (Sodawasser)

so|dann

so|dass, (auch:) so dass

So|da|was|ser (kohlensäurehaltiges Mineralwasser; *Mehrz.* ...wässer)

Sod|bren|nen, *das;* -s

So|do|mie, *die;* -, ...ien (Geschlechtsverkehr mit Tieren)

so|eben (vor einem Augenblick); er kam soeben

So|fa, *das;* -s, -s; **So|fa|kis|sen**

so|fern (falls); sofern er Zeit hat, ...

so|fort; **So|fort|hil|fe**; **so|for|tig**

Soft|drink, (auch:) **Soft Drink** [*βoft*...] (alkoholfreies Getränk); **Soft|eis**, *das;* -es (sahniges, weiches Speiseeis); **Soft|ware** [*βoftᵘä'*], *die;* -, -s (EDV: die nicht apparativen Bestandteile der Anlage; Ggs.: Hardware)

Sog, *der;* -[e]s, -e

so|gar (überdies; mehr noch)

so|ge|nannt; (Abk.: sog.); vgl. so

so|gleich (sofort)

Soh|le, *die;* -, -n (Einlege-, Fuß-, Talsohle); **soh|len**

Sohn, *der;* -[e]s, Söhne; **Söhn|chen**; **Soh|nes|lie|be**

Soi|ree [*βoare*], *die;* -, ...reen (Abendgesellschaft)

So|ja, *die;* -, ...jen (eiweiß- u. fetthaltige Nutzpflanze); **So|ja|boh|ne**

so|lang, **so|lan|ge** (während, währenddessen); solang[e] ich krank war, bist du bei mir geblieben; *aber:* ich will nicht so lange warten; dreimal so lang[e]

so|lar (die Sonne betreffend; Sonnen...); **So|lar_au|to**, ...**ener|gie**; **So|la|ri|um**, *das;* -s, ...ien [...iᵉn] (Anlage für künstliche Sonnenbäder)

Sol|bad

solch; -er, -e, -es; **sol|cher|lei**

Sold, *der;* -[e]s, -e; **Sol|dat**, *der;* -en, -en;

Sol|da|ten|fried|hof; **Sol|da|tin**; **sol|da|tisch**; **Sold|buch**; **Söld|ner**

Sol|le, *die;* -, -n (kochsalzhaltiges Wasser); **Sol|ei**

so|lid, **so|li|de** (fest; haltbar; zuverlässig; gediegen); **so|li|da|risch** (gemeinsam, übereinstimmend, eng verbunden); **so|li|da|ri|sie|ren**, sich (sich solidarisch erklären); **So|li|da|ri|tät**, *die;* - (Gefühl der Zusammengehörigkeit, Gemeinsinn); **So|li|dar|pakt** (Politik); **so|li|de**; vgl. solid; **So|li|di|tät**, *die;* - (Festigkeit, Haltbarkeit; Zuverlässigkeit)

So|list, *der;* -en, -en (Einzelsänger, -spieler); **So|lis|tin**; **so|lis|tisch**; **So|li|tär**, *der;* -s, -e (einzeln gefasster Edelstein; Brettspiel für eine Person)

Soll, *das;* -[s], -[s]; **Soll|be|trag**, (auch:) **Soll-Be|trag**; **sol|len**

Söl|ler, *der;* -s, - (offene Plattform oberer Stockwerke)

so|lo (als Solist; allein); **So|lo**, *das;* -s, -s u. ...li (Einzelvortrag, -spiel, -tanz); **So|lo_ge|sang**, ...**in|stru|ment**

sol|vent (bes. Wirtsch.: zahlungsfähig); **Sol|venz**, *die;* -, -en

Som|b|re|ro, *der;* -s, -s (breitrandiger Strohhut)

so|mit [auch: *so*...] (mithin, also)

Som|mer, *der;* -s, -; **Som|mer_fahr|plan**, ...**fe|ri|en** *(Mehrz.)*, ...**kleid**; **som|mer|lich**; **som|mers**; **Som|mer|schluss|ver|kauf**; **Som|mer|spros|se** *(meist Mehrz.)*; **som|mer|spros|sig**; **Som|mer[s]|zeit**, *die;* -

So|na|te, *die;* -, -n (aus drei od. vier Sätzen bestehendes Musikstück für ein oder mehrere Instrumente); **So|na|ti|ne**, *die;* -, -n (kleinere Sonate)

Son|de, *die;* -, -n

son|der (veralt. für: ohne); *Verhältnisw. mit Wenf.:* - allen Zweifel; **Sonder_ab|schrei|bung** (Wirtsch.), ...**an|fer|ti|gung**, ...**an|ge|bot**; **son|der|bar**; **Son|der_fahrt**, ...**fall** *(der)*; **son|der|glei|chen**; **son|der|lich**; **Son|der|ling**; **Son|der|müll**; **son|dern**; **son|ders**; samt u. -; **Son|der_schu|le**, ...**stel|lung**

son|die|ren ([mit der Sonde] untersuchen; ausforschen, vorfühlen); **Son|die|rung**

Song, *der;* -s, -s

Sonn|abend, *der;* -s, -e; vgl. Dienstag; **sonn|abends**; **Son|ne**, *die;* -, -n;

son|nen; sich -; **Son|nen_auf|gang**, ...**bad**; **son|nen|ba|den**; meist nur in der Grundform u. im 2. Mittelw. gebr.; **Son|nen_bank** *(Mehrz.* ...bänke; Gerät mit UV-Strahlung zur Körperbräunung*)*, ...**blu|me**; **Son|nen|blu|men|kern**; **Son|nen_brand**, ...**bril|le**, ...**dach**, ...**deck**; **son|nen|durch|flu|tet**; **Son|nen|fins|ter|nis**; **son|nen|ge|bräunt**; **Son|nen|hut**; **son|nen|klar** (ugs.); **Son|nen_licht** *(das;* -[e]s*)*, ...**schein** *(der;* -[e]s*)*, ...**schutz**, ...**strahl**, ...**un|ter|gang**, ...**wen|de**;

son|nig; **Sonn|tag**; vgl. Dienstag; **sonn|tä|gig**; **sonn|täg|lich**; **sonn|tags**; **Sonn|tags_ar|beit**, ...**fah|rer** (spött.), ...**kind**

sonst; **sons|tig**; **sonst je|mand**; **sonst was**; **sonst wer**; **sonst wie**; **sonst wo**; **sonst wo|hin**

so|oft; *Bindew.:* - er kam, brachte er Blumen mit; *aber:* du solltest nicht so oft auf die Uhr schauen

So|p|ran, *der;* -s, -e (höchste Frauen- od. Knabenstimme; Sopransänger[in]); **So|p|ra|nis|tin**

Sor|ge, *die;* -, -n; **sor|gen**; sich -; **sor|gen|frei**; **Sor|gen|kind**; **sor|gen|voll**; **Sor|ge|recht** (Rechtsw.); **Sorg|falt**, *die;* -; **sorg|fäl|tig**; **Sorg|fäl|tig|keit**; **sorg|lich**; **sorg|los**; **Sorg|lo|sig|keit**, *die;* -; **sorg|sam**; **Sorg|sam|keit**, *die;* -

Sor|te, *die;* -, -n (Art, Gattung; Wert, Güte); **sor|tie|ren** (sondern, auslesen, sichten); **sor|tiert** (auch für: hochwertig); **Sor|tie|rung**; **Sor|ti|ment**, *das;* -[e]s, -e (Warenangebot, -auswahl)

so|sehr; *Bindew.:* sosehr ich das auch billige, ...; *aber:* er hatte so das Auto so sehr gewünscht

so|so (ugs. für: nicht [gerade] gut)

So|ße, *die;* -, -n (Brühe, Tunke); **So|ßen|löf|fel**

Sou [*βu*], *der;* -, -s [*βu*] (frühere frz. Münze im Wert von 5 Centimes)

Sou|b|ret|te [*βu*...], *die;* -, -n (Sängerin heiterer Sopranpartien in Oper u. Operette)

Souf|f|lé, (auch:) **Souf|f|lee** [*βufle*], *das;* -s, -s (Kochk.: Eierauflauf)

Souf|f|leu|se [*βuflösᵉ*], *die;* -, -n; **souf|f|lie|ren** (flüsternd vorsagen)

Soul [*βoᵘl*], *der;* - (Jazz od. Popmusik mit starker Betonung des Expressiven)

Sound [*βaund*], *der;* -s, -s (Musik: Klang[wirkung])

so|und|so (ugs. für: unbestimmt wie); soundso viel; [der] Herr Soundso

Sound|track [...*träk*], *der;* -s, -s (Tonspur eines Films; Filmmusik)

Sou|per [*βupe*], *das;* -s, -s (festliches Abendessen); **sou|pie|ren**

Sou|ta|ne [*βu*...], **Sul|ta|ne**, *die;* -, -n (Gewand der kath. Geistlichen)

Sou|ter|rain [*βutäräng*, auch: *su*...], *das;* -s, -s (Kellergeschoss)

Sou|ve|nir [*βuwᵉ*...], *das;* -s, -s ([kleines Geschenk als] Andenken)

sou|ve|rän [*βuwᵉ*...] (unumschränkt; selbstständig; überlegen); **Sou|ve|rä|ni|tät**, *die;* -

so|viel; *Bindew.:* - ich weiß, ist es umgekehrt; *aber:* du kannst haben, so viel wie du willst; so viel als, so viel wie; noch einmal so viel; so viele Gelegenheiten

so wahr; so wahr mir Gott helfe

so was (ugs. für: so etwas)

so|weit; *Bindew.:* - ich es beurteilen kann, wird ...; *aber:* sie hatte so weit geworfen, wie sie nur konnte; ich bin noch nicht so weit

so|we̱|nig; Bindew.: - ich einsehen kann, dass ...; aber: ich habe so wenig Geld wie du

¹so|wie̱ (sobald); ²so̱|wie (und, und auch)

so|wie̱|so̱

so|w|je̱|tisch

so|wo̱hl; Bindew.: - sie als [auch] od. wie [auch] er

so|zi̱|al (die Gesellschaft, die Gemeinschaft betreffend; gesellschaftlich; gemeinnützig, wohltätig); So̱|zi|al_ab|bau, ...ab|ga|ben (die; Mehrz.), ...ar|beit, ...de̱|mo|krat (der; -en, -en; Mitglied [od. Anhänger] einer sozialdemokratischen Partei), ...de̱-mo|kra̱|tin; so|zi|al|de|mo|kra̱|tisch; die Sozialdemokratische Partei Deutschlands (Abk.: SPD); So̱|zi|al_fall, ...ge|richt, ...hil|fe

So|zi|a|li|sa|ti̱|on [...zion], die; - (Prozess der Einordnung des Individuums in die Gesellschaft); so|zi|a|li|sie̱|ren (vergesellschaften, verstaatlichen); So|zi|a|li|sie̱-rung (Verstaatlichung, Vergesellschaftung der Privatwirtschaft); So|zi|a|li̱s|mus, der; -; So|zi|a|li̱st, der; -en, -en; So|zi|a-li̱s|tin; so|zi|a|li̱s|tisch; So|zi|al_part-ner, ...po|li|tik, ...pres|ti|ge, ...staat (Mehrz. ...staaten), ...ver|si|che|rung

So|zi|o|lo|gie̱, die; - (Gesellschaftslehre, -wissenschaft); so|zi|o|lo̱|gisch

So̱|zi|us, der; -se (auch: ...zii; Wirtsch.: Teilhaber; Beifahrer[sitz]); So̱|zi|us|sitz (Rücksitz auf dem Motorrad)

so|zu|sa̱|gen (gewissermaßen)

Spa̱ch|tel, der; -s- od. die; -, -n; spa̱ch-teln (ugs. auch für: tüchtig essen)

Spa̱|gat, der od. das; -[e]s, -e (Turnen, Ballett: Figur, bei der die gespreizten Beine eine Gerade bilden)

Spa|ghe̱t|ti [auch: sp...], (auch:) Spa|ge̱t|ti, die (Mehrz.)

spä̱|hen; Spä̱|her

Spa|lier, das; -s, -e (Gitterwand; Doppel-reihe von Personen als Ehrengasse); Spa-lier|obst

Spalt, der; -[e]s, -e; spalt|breit; Spalt-breit, der; -, (auch:) Spalt breit, der; - -, die Tür einen Spaltbreit, (auch:) Spalt breit öffnen; Spal|te, die; -, -n; spal|ten; ge-spalten u. gespaltet; spal|ten|lang

Spam [ßpäm], das; -s, -s (unerwünscht zu-gesandte E-Mail zu Werbezwecken)

Span, der; -[e]s, Späne; spä̱|nen

Span|fer|kel

Span|ge, die; -, -n

spa̱|nisch; das kommt mir - (ugs. für: selt-sam) vor

Spann, der; -[e]s, -e (Rist des menschli-chen Fußes); Spann|be|ton; Spann|bett-tuch; Spän|ne, die; -, -n (altes Längen-maß); span|nen; span|nend; Span|ner (ugs. auch für: Voyeur); Spann|kraft, die; -; Span|nung; Span|nungs|feld

Span|plat|te (Bauw.)

Spar_buch, ...büch|se; spa̱|ren; Spa̱|rer; Spa̱|re|rin; Spar|flam|me

Spar|gel, der; -s, - (eine Gemüse[pflanze])

Spar_gro|schen, ...kas|se, ...kon|to; spär|lich; Spar|maß|nah|me (meist Mehrz.)

Spar|ren, der; -s, -

Spar|ring, das; -s (Boxtraining)

spar|sam; Spar|sam|keit, die; -

spar|ta̱|nisch; -e (strenge) Zucht

Spar|te, die; -, -n (Abteilung, Fach, Gebiet; Geschäfts-, Wissenszweig; Zeitungs-spalte)

Spaß, (österr. auch:) Spass, der; -es, Späße, (österr. auch:) Spässe; Späß|chen; spa|ßen; spa|ßes|hal|ber; spaß|haft; spa|ßig; Spaß_ma|cher, ...vo|gel (scherzh.)

spa̱s|tisch

spät; spät|abends

Spa̱l|ten, der; -s, -

spä̱|ter; spä̱|tes|tens; Spät_herbst, ...le-se, ...nach|mit|tag (eines -s, aber: eines späten Nachmittags); spät|nach|mit-tags; Spät_vor|stel|lung, ...werk

Spatz, der; -en (auch: -es), -en; Spätz-chen; Spat|zen|hirn (ugs. abwertend); Spätz|le, die (Mehrz.; schwäb. Mehl-speise)

spa|zie̱|ren; spazieren fahren, gehen; Spa-zier_fahrt, ...gang (der); Spa|zier|gän-ger; Spa|zier|stock (Mehrz. ...stöcke)

SPD = Sozialdemokratische Partei Deutsch-lands

Specht, der; -[e]s, -e

Speck, der; -[e]s, -e; spe̱|ckig; Speck_schwar|te, ...sei|te

Spe|di|teur [...tör], der; -s, -e (Transport-unternehmer); Spe|di|ti|on [...zion], die; -, -en (Transportunternehmen; Ver-sand[abteilung]); Spe|di|ti|ons|fir|ma

Speer, der; -[e]s, -e; Speer_wer|fen, das; -s

Spei|che, die; -, -n

Spei|chel, der; -s; Spei|chel_drü|se; spei-cheln

Spei|cher, der; -s, -; spei|chern; Spei-che|rung

spei|en; spie, gespie[e]n

Spei|se, die; -, -n (auch für: Mörtel); Speis und Trank; Spei|se_brei, ...eis, ...kam-mer, ...kar|te; spei|sen; Spei|sen|kar-te; Spei|se_röh|re, ...wa|gen (bei der Eisenbahn)

spei|übel (ugs.)

¹Spek|ta̱|kel, der; -s, - (ugs. für: Krach, Lärm)

²Spek|ta̱|kel, das; -s, - (veralt. für: Schau-spiel)

spek|ta|ku|lär (aufsehenerregend)

Spek|t|rum, das; -s, ...tren u. ...tra (durch Lichtzerlegung entstehendes farbiges Band)

Spe|ku|lant, der; -en, -en (jmd., der spe-

kuliert); Spe|ku|la|ti|on [...zion], die; -, -en (auf Mutmaßungen beruhende Erwar-tung; auf Gewinne aus Preisveränderun-gen abzielende Geschäftstätigkeit)

Spe|ku|la̱|ti|us, der; -, - (ein Gebäck)

spe|ku|la|tiv (auf Mutmaßungen beruhend)

spe|ku|lie̱|ren (Spekulationsgeschäfte ma-chen; mit etwas rechnen)

Spe|lun|ke, die; -, -n (verrufene Kneipe)

Spel|ze, die; -, -n (Teil des Gräserblüten-standes); spel|zig

spen|da̱|bel (ugs. für: freigebig); Spen|de, die; -, -n; spen|den; Spen|den_ak|ti|on, ...kon|to; Spen|der; Spen|de|rin; spen-die̱|ren (freigebig für jmdn. bezahlen); Spen|dier|ho|se; nur in: die -n anhaben (ugs. für: freigebig sein)

Speng|ler (bes. südd., österr., schweiz. für: Klempner)

Spen|zer, der; -s, - (kurzes, eng anliegen-des Jäckchen)

Sper|ber, der; -s, - (ein Greifvogel)

Spe|ren|zchen, Spe|ren|zi|en [...iᵉn], die (Mehrz.; ugs. für: Umstände, Schwierig-keiten); [keine] - machen

Sper|ling, der; -s, -e

Sper|ma, das; -s, ...men u. -ta (Biol.: männl. Samenzellen enthaltende Flüssig-keit)

sperr|an|gel|weit (ugs.); Sper|re, die; -, -n; sper|ren (südd., österr. auch für: schließen); sich -; Sperr|holz; sper|rig; Sperr_müll, ...sitz, ...stun|de

Spei|sen, die (Mehrz.; [Un]kosten; Ausla-gen); spei|sen|frei

spe|zi|a|li|sie̱|ren (gliedern, sondern, ein-zeln anführen, unterscheiden); sich - (sich [beruflich] auf ein Teilgebiet beschrän-ken); Spe|zi|a|li|sie̱|rung; Spe|zi|a|li̱st, der; -en, -en (Facharbeiter, Fachmann; bes. Facharzt); Spe|zi|a|li̱s|tin; Spe|zi|a-li|tä̱t, die; -, -en (Besonderheit; Fachge-biet; Liebhaberei); Spe|zi|al|sla|lom (eine Wettbewerbsart im alpinen Skisport); spe|zi|ell (besonders; eigens; hauptsäch-lich); Spe|zi|es [...iäß], die; -, - (beson-dere Art einer Gattung, Tier- od. Pflan-zenart); Spe|zi|fi|ka|ti|on [...zion], die; -, -en (Einzelaufzählung); spe|zi|fisch ([art]eigen; kennzeichnend, eigentümlich); spe|zi|fi|zie̱|ren (einzeln aufführen; zer-gliedern); Spe|zi|fi|zie̱|rung

Sphä̱|re, die; -, -n ([Gesichts-, Wir-kungs]kreis; [Macht]bereich)

Sphinx, die; - (geflügelter Löwe mit Frau-enkopf in der gr. Sage; Sinnbild des Rät-selhaften)

spi|cken (Kochk.: Fleisch zum Braten mit Speckstreifen durchziehen)

Spick|zet|tel (Schülerspr.: ein zum Ab-schreiben vorbereiteter Zettel)

Spie|gel, der; -s, -; Spie|gel|bild; spie-gel|bild|lich; Spie|gel|ei; spie|gel|glatt; spie|geln; Spie|gel_saal, ...schrift; Spie|ge|lung, Spieg|lung

Spiel, das; -[e]s, -e; Spiel‿au|to|mat, ...ball, ...bein (Sportspr., bild. Kunst; Ggs. Standbein); spie|len; Spie|ler; Spiel|le|rei; Spiel|le|rin; spie|le|risch (ohne Anstrengung); Spiel‿feld, ...film, ...ge|fähr|te, ...hälf|te, ...ka|me|rad, ...ka|si|no, ...kon|so|le (Gerät für elektron. Spiele); ...lei|ter (der), ...platz, ...re|gel, ...sa|chen (die; Mehrz.), ...uhr, ...ver|der|ber, ...wa|ren (die; Mehrz.), ...zeug, ...zim|mer

Spieß, der; -es, -e (auch Soldatenspr.: Kompaniefeldwebel); Spieß|bür|ger (abwertend für: engstirniger Mensch); spie|ßen; Spie|ßer (ugs. abwertend); Spieß|ge|sel|le (Mittäter); spie|ßig (ugs. abwertend); Spieß‿ru|ten|lau|fen

Spikes [βpaikβ], die (Mehrz.; Rennschuhe; Autoreifen mit Spezialstiften); Spike[s]-rei|fen

spi|nal (Med.: die Wirbelsäule, das Rückenmark betreffend); -e Kinderlähmung

Spi|nat, der; -[e]s, -e (ein Gemüse)

Spind, der u. das; -[e]s, -e (einfacher, schmaler [Kleider]schrank)

Spin|del, die; -, -n

Spi|nett, das; -[e]s, -e (kleines Cembalo)

Spin|ne, die; -, -n; spin|ne|feind (ugs.); jmdm. - sein; spin|nen; spann, gesponnen; Spin|nen‿ge|we|be, ...netz; Spin|ner; Spin|ne|rin; Spinn‿rad, ...we|be (die; -, -n; landsch.)

spin|ti|sie|ren (ugs. für: grübeln)

Spi|on, der; -s, -e (auch für: Spiegel außen am Fenster; Beobachtungsglas in der Tür); Spi|o|na|ge [...aseh‿e], die; - (Auskundschaftung von wirtschaftl., polit. u. milit. Geheimnissen, Späh[er]dienst); Spi|o|na|ge‿ab|wehr, ...netz; spi|o|nie|ren; Spi|o|nin

Spi|ral|le, die; -, -n; Spi|ral|fe|der; spi|ra|lig (schrauben-, schneckenförmig)

Spi|ri|tis|mus, der; - (Glaube an vermeintl. Erscheinungen von Seelen Verstorbener); spi|ri|tis|tisch; Spi|ri|tu|al [βpiritju‿e‿l] (kurz für: Negrospiritual); Spi|ri|tu|o|sen, die (Mehrz.; alkohol. Getränke); Spi|ri|tus [schp...], der; -, (Sorten:) -se (Weingeist, Alkohol); Spi|ri|tus|ko|cher [schp...]

Spi|tal, das, (auch:) der; -s, ...täler (landsch., bes. schweiz. für: Krankenhaus)

spitz; Spitz, der; -es, -e (eine Hunderasse); Spitz‿bart, ...bauch; spitz|be|kom|men svw. spitzkriegen; Spitz‿bo|gen, ...bu|be; spitz|bü|bisch; spit|ze (ugs.); ein spitze Auto; das ist spitze; sie hat spitze gespielt; Spit|ze, die; -, -n; Spit|zel, der; -s, - (Aushorcher, Spion); spit|zeln; spit|zen; Spit|zen‿er|zeug|nis, ...ge|schwin|dig|keit, ...klas|se, ...leis|tung, ...sport|ler, ...tanz; spitz|fin|dig; Spitz‿fin|dig|keit, ...ha|cke; spitz|krie|gen (ugs. für: merken, durchschauen); Spitz|na|me; spitz|wink|lig

Spleen [schplin, seltener βplin], der; -s, -e u. -s (Schrulle; Marotte); splee|nig

splei|ßen, spliss, gesplissen (landsch. für: fein spalten; Seemannsspr.: Tauenden miteinander verflechten)

Splitt, der; -[e]s, -e (zerkleinertes Gestein für den Straßenbau; nordd. für: Span, Schindel); Split|ter, der; -s, -; Split|ter|grup|pe; split|te|rig; split|tern; split|ter|nackt (ugs.); Split|ter|par|tei

Spö|ken|kie|ker (nordd. für: Geisterseher, Hellseher)

spon|tan (von selbst; von innen heraus, freiwillig, aus eigenem plötzl. Antrieb); Spon|ta|ne|i|tät [...ne-i...], (auch:) Spon|ta|ni|tät, die; -, -en

spo|ra|disch (vereinzelt [vorkommend], zerstreut)

Spo|re, die; -, -n (ungeschlechtl. Fortpflanzungszelle bestimmter Pflanzen)

Sporn, der; -[e]s, Sporen (meist Mehrz.; Rädchen am Reitstiefel); sporn|streichs (unverzüglich)

Sport, der; -[e]s, (selten:) -e (auch für: Liebhaberei); Sport‿art, ...feld, ...flugzeug, ...ge|schäft, ...hal|le, ...hemd; spor|tiv (sportlich); Sport|leh|rer; Sport|ler; Sport|le|rin; sport|lich; Sport‿me|di|zin, ...platz, ...schuh; Sports|mann (Mehrz. ...leute, auch: ...männer); Sport‿ver|ein, ...wa|gen

Spot, der; -s, -s (kurzer Werbefilm, -text)

Spott, der; -[e]s; spott|bil|lig (ugs.); Spöt|te|lei; spöt|teln; spot|ten; Spöt|ter; spöt|tisch; Spott‿lust, ...preis

sprach|be|gabt; Spra|che, die; -, -n; Sprach‿feh|ler, ...ge|brauch, ...ge|fühl (das; -[e]s), ...la|bor, ...leh|re; sprach|lich; sprach|los; Sprach‿rohr, ...schatz, ...wis|sen|schaft

Spray [βpre‿e od. schpre‿e], der od. das; -s, -s (Flüssigkeitszerstäuber; in feinsten Tröpfchen versprühte Flüssigkeit); spray|en

Sprech‿an|la|ge, ...bla|se, ...chor (der); spre|chen; sprach, gesprochen; Spre|cher; spre|che|risch; Sprech‿er|zie|hung, ...kun|de (die; -), ...stun|de; Sprech|stun|den|hil|fe; Sprech‿wei|se (die; -, -n), ...zim|mer

sprei|zen; Spreiz|fuß

Spren|gel, der; -s, - (Amtsgebiet [eines Bischofs, Pfarrers])

spren|gen; Spreng‿kör|per, ...la|dung, ...satz, ...stoff; Spren|gung

Spren|kel, der; -s, - (Fleck, Punkt, Tupfen); spren|keln

Spreu, die; -

Sprich|wort (Mehrz. ...wörter); sprich|wört|lich

sprie|ßen (hervorwachsen); spross, gesprossen

Spring|brun|nen; sprin|gen; sprang, gesprungen; Sprin|ger; Spring‿flut,

...form (eine Kuchenform), ...seil (ein Spiel- u. Gymnastikgerät)

Sprink|ler, der; -s, - (Berieselungsgerät); Sprink|ler|an|la|ge

Sprint, der; -s, -s (Sportspr.: Kurzstreckenlauf); sprin|ten; Sprin|ter, der; -s, -; Sprin|te|rin

Sprit, der; -[e]s, -e (ugs. für: Treibstoff)

Sprit|ze, die; -, -n; sprit|zen; Sprit|zer; Spritz‿ge|ba|cke|ne, das; -n; sprit|zig; Spritz|tour (ugs.)

spröd, sprö|de

Spross, der; -es, Sprosse u. (Jägerspr.:) Sprossen; Spros|se, die; -, -n (Querholz der Leiter; Hautfleck; auch für: Spross [Geweihteil]); spros|sen; Spros|sen|wand (ein Turngerät); Spröss|ling (ugs. scherzh. für: Kind, bes. Sohn)

Sprot|te, die; -, -n (ein Fisch)

Spruch, der; -[e]s, Sprüche; Spruch|band, das (Mehrz. ...bänder); spruch|reif

Spru|del, der; -s, -; spru|deln

Sprüh‿do|se; sprü|hen; Sprüh‿fla|sche, ...re|gen

Sprung, der; -[e]s, Sprünge; Sprung|bein; sprung|be|reit; Sprung‿brett, ...fe|der; sprung|haft; Sprung‿lauf (Skisport), ...schan|ze (Skisport), ...tuch (Mehrz. ...tücher), ...turm

Spu|cke, die; - (ugs. für: Speichel); spu|cken (speien); Spuck|napf

Spuk, der; -[e]s, -e (Gespenst[erscheinung]); spu|ken (gespensterhaftes Unwesen treiben); Spuk|ge|schich|te; spuk|haft

Spül‿au|to|mat, ...be|cken

Spu|le, die; -, -n; spu|len

Spü|le, die; -, -n; spü|len; Spül‿ma|schi|ne, ...mit|tel, ...stein (landsch.), ...tisch; Spü|lung; Spül|was|ser (Mehrz. ...wässer)

Spul|wurm

¹Spund, der; -[e]s, Spünde u. -e (Fassverschluss; Feder)

²Spund, der; -[e]s, -e (ugs. für: junger Kerl)

Spur, die; -, -en; spür|bar; Spur|brei|te; spu|ren; spü|ren; Spu|ren|si|che|rung; Spür|hund; spur|los; Spür|na|se (ugs. übertr.); Spür|sinn, der; -[e]s

Spurt, der; -[e]s, -s u. (selten:) -e (schneller Lauf); spur|ten

Spur|wei|te

spu|ten, sich (sich beeilen)

Squaw [βkwa‿°], die; -, -s (nordamerik. Indianerfrau)

¹Staat, der; -[e]s, -en; Staaten bildende, (auch:) staatenbildende Insekten; ²Staat, der; -[e]s (für: Prunk); staa|ten|bil|dend; vgl. ¹Staat; staat|len|los; staat|lich; Staats‿af|fä|re, ...akt, ...ak|ti|on, ...an|ge|hö|rig|keit, ...an|walt, ...be|gräb|nis, ...be|such, ...bür|ger, ...dienst, ...ex|a|men, ...ge|heim|nis, ...ge|walt, ...gren|ze, ...kos|ten (die;

Mehrz.), ...mann (Mehrz. ...männer);
staats|män|nisch; Staats-
_ober|haupt, ...se|kre|tär, ...si|cher-
heit, ...streich, ...trau|er

Stab, der; -[e]s, Stäbe; Stäb|chen; Stab-
hoch|sprung (Sportspr.); sta|bil (bestän-
dig, haltbar; kräftig, widerstandsfähig);
sta|bi|li|sie|ren (stabil machen); Sta|bi-
li|sie|rung; Sta|bi|li|tät, die;
Stab|lam|pe; Stab|sich|tig|keit, die; -
(Astigmatismus)

Sta|chel, der; -s, -n; Sta|chel_bee|re,
...draht, ...hals|band; sta|che|lig,
stach|lig; sta|cheln; Sta|chel|schwein;
stach|lig, sta|che|lig

Sta|di|on, das; -s, ...ien [...ien] (Kampf-
bahn, Sportfeld)

Sta|di|um, das; -s, ...ien [...ien]

Stadt, die; -, Städte¹; stadt|be|kannt;
Stadt_be|völ|ke|rung, ...bild; Städt-
chen¹; Städ|te|bau¹, der; -[e]s (Anlage
u. Planung von Städten); städ|te|bau-
lich¹; Städ|ter¹; Städ|te|rin¹; Stadt_ge-
spräch, ...gue|ril|la; städ|tisch¹; Stadt-
_kern, ...mau|er, ...mit|te, ...plan,
...rand, ...rat (Mehrz. ...räte), ...staat
(Mehrz. ...staaten), ...teil (der), ...vä|ter
(die; Mehrz.), ...ver|ord|ne|te (der u.
die; -n, -n), ...ver|wal|tung, ...vier|tel,
...wer|ke (die; Mehrz.), ...zen|t|rum

Sta|fet|te, die; -, -n (Gruppe von Personen,
die, etappenweise wechselnd, etwas
schnell übermitteln; Sportspr.: veralt. für:
Staffel)

Staf|fa|ge [...aschᵉ], die; - ([schmückendes]
Beiwerk; bild. Kunst: Belebung eines Bil-
des durch Figuren)

Staf|fel, die; -, -n; 4×100-m-Staffel od.
4-mal-100-Meter-Staffel; Staf|fe|lei;
Staf|fel|lauf (Sport); staf|feln

Sta|g|na|ti|on [...zion], die; -, -en (Sto-
ckung, Stillstand); sta|g|nie|ren

Stahl, der; -[e]s, Stähle u. (selten:) Stahle;
stäh|len; stäh|lern (aus Stahl);
stahl_grau, ...hart; Stahl_helm, ...ross
(scherzh. für: Fahrrad)

stak|sen (ugs. für: mit steifen Beinen ge-
hen); stak|sig

Sta|lag|mit, der; -s u. -en, -e[n] (Tropf-
stein vom Boden her, Auftropfstein); Sta-
lak|tit, der; -s u. -en, -e[n] (Tropfstein
an Decken, Abtropfstein)

Sta|li|nis|mus, der; -; sta|li|nis|tisch

Stal|king [ßtåking], das; -s (hartnäckiges
Beleidigen od. Verfolgen einer Person)

Stall, der; -[e]s, Ställe; Ställ|chen; Stal-
lung

Stamm, der; -[e]s, Stämme; Stamm-
_baum, ...buch

stam|meln

stam|men; Stamm_es|sen, ...form
(Sprachw.: Form des Zeitwortes, von der
alle anderen Beugungsformen abgeleitet
werden können), ...gast (Mehrz.
...gäste); Stamm|hal|ter (scherzh.);

stäm|mig; Stamm_knei|pe (ugs.),
...kun|de (der), ...kund|schaft, ...lo|kal,
...platz, ...tisch; Stamm|zel|le (Med.;
undifferenzierte, d.h. keinem endgültigen
Zelltyp angehörende Zelle); Stamm|zel-
len|for|schung; Stamm|zell|for|schung

stamp|fen; Stamp|fer; Stampf|kar|tof-
feln, die (Mehrz.; landsch. für: Kartoffel-
brei)

Stand, der; -[e]s, Stände

Stan|dard, der; -s, -s (Maßstab, Richt-
schnur, Norm; Qualitäts- od. Leistungsni-
veau); Stan|dard_aus|rüs|tung; stan-
dar|di|sie|ren (normen); Stan|dard_spra-
che (Sprachw.: gesprochene u. geschriebene Form der Hochsprache), ...werk
(mustergültiges Sach- od. Fachbuch)

Stan|dar|te, die; -, -n (kleine [quadrat.]
Fahne [als Hoheitszeichen]; Jägerspr.:
Schwanz des Fuchses u. des Wolfes)

Stand_bein (Sportspr., bild. Kunst; Ggs.:
Spielbein), ...bild

Stand-by, (auch:) Stand|by [ßtändbai],
das; -[s], -s (Form der Flugreise ohne
feste Platzbuchung; Elektronik: Bereit-
schaftsschaltung); Stand-by-Be|trieb,
(auch:) Stand|by|be|trieb

Ständ|chen; Stan|der, der; -s, - (Dienst-
flagge am Auto; Seemannsspr.: kurze,
dreieckige Flagge); Stän|der, der; -s, -;
Stan|des_amt, ...be|am|te; stan|des-
be|wusst; Stan|des_be|wusst|sein,
...dün|kel; stan|des|ge|mäß; Stan|des-
un|ter|schied; stand|fest; Stand_fes-
tig|keit (die; -), ...ge|richt (Milit.);
stand|haft; Stand|haf|tig|keit, die; -;
stand|hal|ten; stän|dig (dauernd)

Stan|ding Ova|tions [ßtänding owei-
schᵉns], die (Mehrz.; Ovationen im Stehen)

stän|disch (die Stände betreffend; nach
Ständen gegliedert); Stand_licht (bei
Kraftfahrzeugen), ...ort (der; -[e]s, -e;
Milit. auch für: Garnison), ...pau|ke (ugs.
für: Strafrede), ...punkt, ...recht (Kriegs-
strafrecht)

Stan|ge, die; -, -n; Stän|gel, der; -s, -
(Teil der Pflanze); stän|gel|los; Stan-
gen_boh|ne, ...holz, ...spar|gel,
...weiß|brot

Stän|ker; Stän|ke|rer; stän|kern (ugs. ab-
wertend für: Ärger, Unruhe sorgen;
Gestank verbreiten)

Stan|ni|ol, das; -s, -e (silberglänzende
Zinnfolie; ugs. auch für: Aluminiumfolie);
Stan|ni|ol|pa|pier

stan|te pe|de (ugs. scherzh. für: sofort)

Stan|ze, die; -, -n (Ausschneidewerkzeug,
-maschine; Prägestempel); stan|zen

Sta|pel, der; -s, -; Sta|pel|lauf; sta|peln

Stap|fe, die; -, -n u. Stap|fen, der; -s, -
(Fußspur); stap|fen

¹Star, der; -[e]s, -e (Augenkrankheit); der
graue, grüne Star

²Star, der; -s, -s (berühmte Persönlichkeit
[beim Theater, Film]; ein Sportsegelboot)

³Star, der; -[e]s, -e (ein Singvogel)

stark, stärker, stärkste; das -e (männliche)
Geschlecht; stark sein; das lange Trainie-
ren hat ihn stark gemacht, (auch:) starkgemacht; vgl. aber starkmachen; stark
bewachte, (auch:) starkbewachte Gefan-
gene; Stär|ke, die; -, -n; stär|ken;
stark|ma|chen, sich (sich einsetzen); er
hat sich zur eigenen Familie starkgemacht;
Stark|strom, der; -[e]s; Stär|kung

Star|let[t] [ßta'lät], das; -s, -s (Nach-
wuchsfilmschauspielerin)

starr; Star|re, die; -; star|ren; von od. vor
Schmutz -; Starr|heit, die; -; Starr|kopf
(abwertend für: eigensinniger Mensch);
starr|köp|fig; Starr_krampf (der; -[e]s;
kurz für: Wundstarrkrampf), ...sinn (der;
-[e]s); starr|sin|nig

Start, der; -[e]s, -s u. (selten:) -e; start-
be|reit; star|ten; Star|ter (Sportspr.:
Person, die das Zeichen zum Start gibt;
jmd., der startet; Anlasser eines Motors);
Start|hil|fe; start|klar

State|ment [ßteitment], das; -s, -s (öffent-
liche Erklärung)

Sta|tik, die; - (Lehre von den Kräften im
Gleichgewicht)

Sta|ti|on [...zion], die; -, -en; sta|ti|o|när
(an einen festen Standort gebunden; unverändert; die Behandlung, den Aufent-
halt in einem Krankenhaus betreffend);
Sta|ti|ons_arzt, ...dienst, ...pfle|ger,
...schwes|ter

sta|tisch (die Statik betreffend; stillste-
hend, ruhend)

Sta|tist, der; -en, -en (Theater u. übertr.
für: stumme Person; Nebenfigur); Sta|tis-
tik, die; -, -en ([vergleichende] zahlen-
mäßige Erfassung von Massenerscheinun-
gen); sta|tis|tisch (zahlenmäßig); Sta|tiv,
das; -s, -e [...wᵉ] (Ständer [für Apparate])

¹statt, an|statt; Verhältnisw. mit Wesf.: -
meiner; - eines Briefes kam ein Anruf

²statt; an meiner statt; an Eides, an Kin-
des statt

statt|des|sen; der Kanzler konnte nicht
kommen, stattdessen schickte er einen
Minister; Stät|te, die; -, -n; statt|fin-
den; fand statt, stattgefunden; statt|ge-
ben; gab statt, stattgegeben; statt|ha-
ben; hatte statt, stattgehabt (geh. für:
stattfinden); statt|haft; Statt|hal|ter
(früher für: Stellvertreter)

statt|lich (ansehnlich)

Sta|tue [...uᵉ], die; -, -n (Standbild); sta-
tu|ie|ren (aufstellen; festsetzen; bestim-
men); ein Exempel - (ein warnendes Bei-
spiel geben); Sta|tur, die; -, -en (Gestalt;
Wuchs); Sta|tus, der; -, - [...tus] (Zu-
stand, Stand; Lage, Stellung); Sta|tus
quo, der; - - (gegenwärtiger Zustand);

---

¹ Auch: schtä...

Sta|tus|sym|bol; Sta|tut, das; -[e]s, -en (Satzung, [Grund]gesetz)

Stau, der; -[e]s, -s (auch: -e)

Staub, der; -[e]s, (Technik:) -e u. Stäube; staub|be|deckt; stau|ben; es staubt; stäu|ben (zerstieben); Staub|ge|fäß (Bot.); stau|big; Staub_lun|ge, ...man|tel (leichter Popelinmantel); staub|sau|gen; staubsaugte, staubgesaugt; oder: Staub sau|gen; saugte Staub, Staub gesaugt; Staub_sau|ger, ...tuch (Mehrz. ...tücher), ...we|del, ...wol|ke, ...zu|cker

stau|chen (gegen etw. stoßen [u. dadurch verbiegen o. Ä.])

Stau|damm

Stau|de, die; -, -n

stau|en (fließendes Wasser hemmen; Ladung auf Schiffen unterbringen); das Wasser staut sich

stau|nen; Stau|nen, das; -s; eine Staunen erregende, (auch:) staunenerregende Leistung

Stau|pe, die; -, -n (eine Hundekrankheit)

Stau|see, der; Stau|ung

Steak [ßtēk], das; -s, -s (gebratene Fleischschnitte)

Ste|a|rin, das; -s, -e (Rohstoff für Kerzen)

ste|chen; stach, gestochen; Ste|chen, das; -s, - (Sportspr.); Stech_flie|ge, ...kar|te (Karte für die Stechuhr); ...mü|cke, ...pal|me, ...uhr (eine Kontrolluhr)

Steck|brief; steck|brief|lich; jmdn. - suchen; Steck|do|se

¹ste|cken; steckte (geh.: stak), gesteckt (sich irgendwo befinden, dort festsitzen); der Nagel ist stecken geblieben; er ist während des Vortrags stecken geblieben, (auch:) steckengeblieben; sie hat den Schlüssel stecken lassen, (seltener:) stecken gelassen; du kannst dein Geld stecken lassen, (auch:) steckenlassen

²ste|cken; steckte, gesteckt (etwas in etwas hineinbringen; etwas festheften)

Ste|cken, der; -s, - (Stock); ste|cken|bleiben, ste|cken|las|sen; vgl. stecken; Ste|cken|pferd; Ste|cker (elektrischer Anschlussteil); Steck_kis|sen, ...kon|takt; Steck|ling (abgeschnittener Pflanzenteil, der neue Wurzeln bildet); Steck|na|del

Steg, der; -[e]s, -e

Steg|reif; aus dem - (unvorbereitet); Stegreif|ko|mö|die

Steh|auf|männ|chen; Steh|bier|hal|le; Steh|bünd|chen; ste|hen; stand, gestanden; zu Diensten, zu Gebote, zur Verfügung -; das wird dich (auch: dir) teuer zu - kommen; auf jmdn., etwas - (ugs. für: für jmdn., etwas eine besondere Vorliebe haben); sie ist einfach dort stehen geblieben; aber: die Uhr ist stehen geblieben, (auch:) stehengeblieben; sie hat die Suppe stehen lassen, (auch:) stehenlassen (nicht aufgegessen); er hat seinen Schirm im Büro stehen lassen, (auch:) stehenlas-

sen, (seltener:) stehen gelassen, (auch:) stehengelassen (hat ihn dort vergessen); ste|hend; -en Fußes; das -e Heer (Ggs.: Miliz); alles in meiner Macht Stehende; ste|hen|las|sen; vgl. stehen; Steh_gei|ger, ...kon|vent (scherzh.: mehrere Personen, die sich stehend unterhalten), ...kra|gen, ...lam|pe

steh|len; stahl, gestohlen

Steh_platz, ...ver|mö|gen

steif; die Sahne steif schlagen, (auch:) steifschlagen; Stei|fe, die; -, -n (Steifheit; Stütze); stei|fen; steif|hal|ten; die Ohren steifhalten (sich nicht entmutigen lassen); Steif|heit; steif|schlagen; vgl. steif

Steig, der; -[e]s, -e (steiler, schmaler Weg); Steig|bü|gel; Stei|ge, die; -, -n (steile Fahrstraße; Lattenkiste); stei|gen; stieg, gestiegen; stei|gern; sich -; Stei|ge|rung (auch für: Komparation); Steigung

steil; Steil_hang, ...küs|te

Stein, der; -[e]s, -e; Stein|ad|ler; stein|alt (sehr alt); Stein_bock, ...brech (der; -[e]s, -e; eine Pflanze), ...bruch (der), ...butt (der; -[e]s, -e; ein Fisch); stei|nern ([wie] aus Stein); Stein|gut, das; -[e]s, -e; stein|hart; stei|nig; stei|ni|gen; Stei|ni|gung; Stein_koh|le, ...metz (der; -en, -en), ...pilz; stein|reich; Stein_wurf, ...zeit (die; -)

Steiß, der; -es, -e; Steiß|bein

Stel|la|ge [schtälasche°], die; -, -n (Gestell, Ständer)

Stell|dich|ein, das; -[s], -[s] (veraltend für: Verabredung); Stel|le, die; -, -n; anstelle, (auch:) an Stelle der Mutter, von Worten; zur Stelle sein; an erster Stelle; stel|len; Stel|len_an|ge|bot, ...ge|such; stel|len|wei|se; Stel|len|wert; Stell|flä|che; Stel|lung; - nehmen; Stel|lung|nah|me, die; -; Stel|lungs|be|fehl (Milit.); stel|lungs|los; stell|ver|tre|tend; der -e Vorsitzende; Stell_ver|tre|ter, ...ver|tre|te|rin, ...ver|tre|tung, ...wand, ...werk

Stelz|bein (ugs.); Stel|ze, die; -, -n; -n laufen; stel|zen; Stelz|vo|gel

Stemm|ei|sen; stem|men; sich gegen etwas -

Stem|pel, der; -s, -; Stem|pel_geld (ugs. für: Arbeitslosenunterstützung), ...kis|sen; stem|peln; - gehen (ugs. für: Arbeitslosenunterstützung beziehen)

Sten|gel usw., (alte Schreibung für:) Stängel usw.

Ste|no, die; - (ugs. Kurzf. für: Stenografie); Ste|no|graf, (auch:) Ste|no|graph, der; -en, -en; Ste|no|gra|fie, (auch:) Ste|no|gra|phie, die; -, ...ien (Kurzschrift); ste|no|gra|fie|ren, (auch:) ste|no|gra|phie|ren; Ste|no|gramm, das; -s, -e (Text in Stenografie); Ste|no|gramm|block (Mehrz. ...blocks u. ...blöcke); Ste|no|graph, Ste|no|gra|phie; vgl. Stenograf,

Stenografie; Ste|no|kon|to|ris|tin; Ste|no|ty|pis|tin

Step, (alte Schreibung für:) Stepp, der; -s, -s (ein Tanz)

Stepp|de|cke

Step|pe, die; -, -n (baumlose, wasserarme Ebene)

¹step|pen (Stofflagen zusammennähen)

²step|pen (Stepp tanzen); Step|per (Stepptänzer); Step|pe|rin

Stepp|ke, der; -[s], -s (ugs., bes. berlin. für: kleiner Junge)

Stepp|tanz

Ster|be_bett, ...fall (der), ...geld, ...hil|fe, ...kas|se; ster|ben; starb, gestorben; Ster|ben, das; -s; im - liegen; zum - langweilig (ugs. für: sehr langweilig); ster|bens|krank; Ster|bens|wort, Ster|bens|wört|chen (ugs.); nur in: kein - [sagen]; Ster|be_sa|k|ra|ment, ...stun|de, ...ur|kun|de, ...zim|mer; sterb|lich; Sterb|li|che, der u. die; -n, -n; Sterblich|keit, die; -; Sterb|lich|keits|zif|fer

Ste|reo, das; -s, -s (kurz für: Stereotypplatte u. Stereofonie); Ste|reo|an|la|ge; ste|reo|phon, (auch:) ste|reo|fon; Ste|reo|pho|nie, (auch:) Ste|reo|fo|nie, die; - (Technik der räuml. wirkenden Tonübertragung); ste|reo|pho|nisch, (auch:) ste|reo|fo|nisch; Ste|reo|s|kop, das; -s, -e (Vorrichtung, durch die man Bilder plastisch sieht); ste|reo|typ ([fest]stehend, unveränderlich; ständig [wiederkehrend], leer, abgedroschen)

ste|ril (unfruchtbar; keimfrei); Ste|ri|li|sa|ti|on [...zion], die; -, -en (Unfruchtbarmachung; Entkeimung); ste|ri|li|sie|ren (haltbar machen [von Nahrungsmitteln]; zeugungsunfähig machen); Ste|ri|li|sie|rung; Ste|ri|li|tät, die; - (Unfruchtbarkeit; Keimfreiheit)

Ster|ling [ßtär... od. ßtö'..., auch: schtär...], der; -s, -e (brit. Währungseinheit); Pfund - (Zeichen u. Abk.: £, £Stg); 2 Pfund -

Stern, der; -[e]s, -e (Himmelskörper); Stern_bild, ...deu|tung; Ster|nen_ban|ner, ...him|mel, ...zelt (das; -[e]s; geh.); Stern|fahrt (Rallye); stern|för|mig; stern|ha|gel|voll (ugs. für: sehr betrunken); stern|hell; Stern|him|mel; stern|klar; Stern|kun|de, die; -; Stern_schnup|pe; Stern|sin|gen, das; -s (Volksbrauch zur Dreikönigszeit); Stern|sin|ger; Stern|stun|de (glückliche Schicksalsstunde)

stet (veralt.); -e Vorsicht

Ste|tho|s|kop, das; -s, -e (Med.: Hörrohr)

ste|tig; Ste|tig|keit, die; -; stets

¹Steu|er, das; -s, - (Lenkvorrichtung)

²Steu|er, die; -, -n (Abgabe); direkte, indirekte -; steu|er|be|güns|tigt; Steu|er_be|ra|ter, ...be|scheid

Steu|er|bord (das; -[e]s, -e; rechte Schiffsseite)

Steu|er|er|klä|rung; steu|er|frei; Steu-
er_gel|der *(die;* Mehrz.), ...hin|ter|zie-
hung, ...klas|se
Steu|er|knüp|pel
steu|er|lich
Steu|er|mann *(Mehrz.* ...männer und
...leute); steu|ern
steu|er|pflich|tig; Steu|er|prü|fer
Steu|er_rad, ...ru|der; Steu|e|rung
Steu|er|zah|ler
Ste|ven [...*w*ᵉn], *der;* -s, - (das Schiff vorn
u. hinten begrenzender Balken)
Ste|ward [*βtju*ᵉrt], *der;* -s, -s (Betreuer an
Bord von Flugzeugen, Schiffen u. a.); Ste-
war|dess [*βtju*ᵉrdäß, auch: ...*dä*β], *die;*
-, -en
sti|bit|zen (ugs. für: entwenden; sich listig
aneignen)
Stich, *der;* -[e]s, -e; im - lassen; Sti|chel,
der; -s, - (ein Werkzeug); sti|cheln (auch
für: boshafte Anspielungen machen);
stich|fest; hieb- und stichfest; Stich-
flam|me; stich|hal|tig; Stich|hal|tig-
keit, *die;* -; Stich|ling (ein Fisch);
Stich_pro|be, ...tag, ...waf|fe, ...wahl,
...wort *(Mehrz.:* ...wörter: für Wort, das
in einem Nachschlagewerk behandelt
wird; *Mehrz.:* ...worte: Einsatzwort für
den Schauspieler; kurze Aufzeichnung aus
einzelnen wichtigen Wörtern), ...wun|de
sti|cken; Sti|cke|rei
sti|ckig; Stick|stoff, *der;* -[e]s (chem. Ele-
ment, Gas; Zeichen: N)
stie|ben; stob (auch: stiebte), gestoben
(auch: gestiebt)
Stie|fel, *der;* -s, - (Fußbekleidung; Trink-
glas in Stiefelform); stie|feln (ugs. für:
gehen, stapfen)
Stief_kind, ...mut|ter *(Mehrz.* ...mütter,
...müt|ter|chen (eine Zierpflanze); stief-
müt|ter|lich; Stief|va|ter
Stie|ge, *die;* -, -n (Treppe; Verschlag, Kiste;
Zählmaß [20 Stück])
Stieg|litz, *der;* -es, -e (Distelfink)
Stiel, *der;* -[e]s, -e (Griff; Stängel); mit
Stumpf und -; Stiel|au|ge (ugs. scherzh.
in: -n machen)
stier (starr)
Stier, *der;* -[e]s, -e
stie|ren (starr blicken)
Stier_kampf, ...na|cken
¹Stift, *der;* -[e]s, -e (Bleistift; Nagel)
²Stift, *der;* -[e]s, -e (ugs. für: jüngster
Lehrling)
³Stift, *das;* -[e]s, -e u. (seltener:) -er
(fromme Stiftung; veralt. für: Altersheim)
¹stif|ten
²stif|ten; nur in: stiften gehen (ugs. für:
[heimlich] ausreißen, fliehen)
Stif|ter; Stif|tung
Stift|zahn
Stig|ma, *das;* -s, ...men u. -ta ([Wund-,
Brand]mal); stig|ma|ti|sie|ren
Stil, *der;* -[e]s, -e (Einheit der Ausdrucks-
formen [eines Kunstwerkes, eines Men-

schen, einer Zeit]; Darstellungsweise, Art
[Bau-, Schreibart usw.]); Stil_blü|te,
...ge|fühl *(das;* -[e]s); still|ge|recht; sti-
li|sie|ren (nur in den wesentlichen
Grundstrukturen darstellen); Sti|li|sie-
rung; Sti|list, *der;* -en, -en (jmd., der
guten Stil beherrscht); sti|lis|tisch
still; das stille Örtchen (ugs. scherzh. für:
Toilette); im Stillen (unbemerkt); die Stille
Woche (Karwoche); - sein; still (ruhig) sitzen; die Kinder sollen in der Schule still
sitzen, (auch:) stillsitzen (sich konzentrieren); die Lampe ganz still (ruhig) halten;
Stil|le, *die;* -; still|hal|ten (alles gedul-
dig ertragen); vgl. still
Still|le|ben, (auch:) Still-Le|ben, *das;* -s, -
(Malerei: Darstellung von Gegenständen
in künstl. Anordnung)
still|le|gen (außer Betrieb setzen); die Fa-
brik wurde stillgelegt; Still|le|gung,
(auch:) Still-Le|gung
stil|len; still|lie|gen (außer Betrieb sein)
still|los
still|schwei|gen; er hat stillgeschwiegen;
still|schwei|gend; still|sit|zen; vgl. still;
Still|stand, *der;* -[e]s; still|ste|hen (auf-
hören); sein Herz hat stillgestanden; still-
ver|gnügt
Stil_mö|bel; stil_voll, ...wid|rig
Stimm_ab|ga|be, ...band *(das; Mehrz.*
...bänder); stimm|be|rech|tigt;
Stimm_be|zirk, ...bruch *(der;* -[e]s);
Stim|me, *die;* -, -n; stim|men; Stim-
men|ge|wirr; Stimm_ent|hal|tung,
...ga|bel; stimm|ge|wal|tig; stimm|haft
(weich auszusprechen); stim|mig ([über-
ein]stimmend); Stimm|la|ge; stimm|lich;
stimm|los (hart auszusprechen); Stim-
mung; Stim|mungs|bild; stim|mungs-
voll; Stimm_vieh (abwertend), ...zet|tel
Sti|mullans, *das;* -, ...lantia [...*la*nzia] u.
...lanzien [...*lanzi*ᵉn] (Med.: anregendes
Mittel, Reizmittel); sti|mu|lie|ren; Sti-
mu|lie|rung (Erregung, Anregung, Rei-
zung)
Stink_bom|be; Stin|ke|fin|ger (ugs.; obs-
zöne Geste); stin|ken; stank, gestunken;
stink|faul (ugs.); stin|kig; stink|lang-
wei|lig (ugs.); Stink|lau|ne (ugs. für:
sehr schlechte Laune); stink|nor|mal
(ugs.); Stink_tier, ...wut (ugs. für: große
Wut)
Sti|pen|di|at, *der;* -en, -en (jmd., der ein
Stipendium erhält); Sti|pen|di|a|tin; Sti-
pen|di|um, *das;* -s, ...ien [...*i*ᵉn] (Geld-
beihilfe für Schüler, Studierende, Gelehrte)
stip|pen (ugs. für: tupfen, tunken); Stipp-
vi|si|te (ugs. für: kurzer Besuch)
Stirn, *die;* -, ...nen u. (geh.) Stir|ne, *die;*
-, -n
stö|bern (ugs. für: [wühlend] herumsu-
chen; Jägerspr.: aufjagen; flockenartig
umherfliegen)
sto|chern

¹Stock, *der;* -[e]s, Stöcke (Stab u. Ä.);
²Stock, *der;* -[e]s, - u. Stockwerke
(Stockwerk); stock|dun|kel (ugs. für: völ-
lig dunkel); stö|ckeln (ugs. für: auf ho-
hen Absätzen laufen); sto|cken (nicht vorangehen; bayr.
u. österr. auch für: gerinnen); ins Stocken
geraten; gestockte Milch (bayr. u. österr.
für: Dickmilch); Stock_ro|se (eine Heil- u.
Gewürzpflanze), ...schnup|fen; stock-
steif (ugs. für: völlig steif); Sto|ckung;
Stock|werk
Stoff, *der;* -[e]s, -e
Stof|fel, *der;* -s, - (ugs. für: Tölpel)
stoff|lich (materiell); Stoff|wech|sel
stöh|nen
Sto|i|ker (Vertreter des Stoizismus); sto-
isch (auch für: unerschütterlich, gleich-
mütig); Sto|i|zis|mus, *der;* - (Lehre der
Stoiker; Unerschütterlichkeit, Gleichmut)
Sto|la, *die;* -, ...len (altröm. Ärmelgewand;
gottesdienstl. Gewandstück des kath.
Geistlichen; langer, schmaler Umhang)
Stol|len, *der;* -, -n od. ¹Stol|len, *der;* -s, -
(Weihnachtsgebäck); ²Stol|len, *der;* -s, -
(Zapfen am Hufeisen, an [Fußball]schu-
hen; Bergmannsspr.: waagerechter Gru-
benbau)
stol|pern (straucheln); Stol|per|stein
(Schwierigkeit, an der jmd., etw. leicht
scheitern kann)
stolz; Stolz, *der;* -es; stol|zie|ren (stolz
einherschreiten)
stop! [halt! [auf Verkehrsschildern]; im Te-
legrafenverkehr für: Punkt)
stop|fen; Stop|fen, *der;* -s, - (landsch. für:
Stöpsel, Korken); Stopf|na|del
stopp! (halt!); vgl. stop!; Stopp, *der;*
-s, -s
Stop|pel, *die;* -, -n; Stop|pel_bart (ugs.),
...feld; stop|peln
stop|pen (anhalten; mit der Stoppuhr mes-
sen); Stop|per (Fußball: Mittelläufer);
Stopp|uhr
Stöp|sel, *der;* -s, -; stöp|seln
Stör, *der;* -[e]s, -e (ein Fisch)
Stör|ak|ti|on
Storch, *der;* -[e]s, Störche; Stör|chin;
Storch|schna|bel (eine Pflanze)
Store [*β*tor, schweiz.: *schto*rᵉ], *der;* -s, -s
(schweiz.: *die;* -, -n; durchscheinender
Fenstervorhang)
stö|ren (hindern, belästigen); Stö|ren-
fried, *der;* -[e]s, -e (abwertend); Stör-
ma|nö|ver
stor|nie|ren (Kaufmannsspr.: Buchungsfeh-
ler berichtigen; rückgängig machen);
Stor|no, *der* u. *das;* -s, ...ni (Berichti-
gung; Rückbuchung)
stör|risch
Stö|rung; stö|rungs|frei; Stö|rungs|stel-
le (für Störungen im Fernsprechverkehr
zuständige Abteilung)
Sto|ry [*β*tªri], *die;* -, -s ([Kurz]geschichte)
Stoß, *der;* -es, Stöße; Stoß|dämp|fer;

stoß|emp|find|lich; sto|ßen; stieß, gestoßen; stoß|fest; Stoß␣ge|bet, ...kraft (die; -), ...seuf|zer, ...stan|ge, ...trupp (Milit.), ...zeit (Verkehrswesen)

Stot|te|rer; stot|tern

Stöv|chen (nordd. für: Kohlenbecken; Wärmevorrichtung für Tee od. Kaffee)

stracks (geradeaus; sofort)

Stra|di|va|ri, die; -, -[s] (Stradivarigeige); Stra|di|va|ri|gei|ge

Straf|an|stalt, ...an|zei|ge, ...ar|beit; straf|bar; Straf|be|fehl; Stra|fe, die; -, -n; stra|fen; Straf|er|lass

straff

straf|fäl|lig

straf|fen; sich - (sich recken); Straff|heit

straf|frei; Straf␣frei|heit (die; -), ...ge|fan|ge|ne, ...ge|setz|buch (Abk.: StGB), ...kam|mer, ...ko|lo|nie; sträf|lich; -er Leichtsinn; Sträf|ling; Sträf|lings|klei|dung; straf|los; Straf␣man|dat, ...por|to, ...pre|digt, ...pro|zess, ...raum (Sportspr.), ...re|gis|ter, ...stoß (Sportspr.), ...tat, ...ver|fah|ren; straf|ver|set|zen; nur in der Grundform u. im 2. Mittelwort gebr.; strafversetzt; Straf␣ver|tei|di|ger, ...voll|zug, ...zet|tel

Strahl, der; -[e]s, -en; strah|len

sträh|len (kämmen)

strah|lend; strah|len|för|mig; Strah|len|the|ra|pie

Sträh|ne, die; -, -n; sträh|nig

stramm; ein -er Junge; das Seil stramm ziehen, (auch:) strammziehen; jmdm. den Hosenboden stramm ziehen, (auch:) strammziehen; stramm|ste|hen; stand stramm, strammgestanden; stramm|zie|hen; vgl. stramm

Stram|pel|hös|chen; stram|peln

Strand, der; -[e]s, Strände; Strand|bad; stran|den; Strand␣gut, ...ha|fer, ...korb, ...krab|be

Strang, der; -[e]s, Stränge

Stran|gu|la|ti|on [...zion]

stran|gu|lie|ren; Stran|gu|lie|rung, die; -, -en (Erdrosselung; Med.: Abklemmung)

Stra|pa|ze, die; -, -n ([große] Anstrengung, Beschwerlichkeit); stra|pa|zie|ren (übermäßig anstrengen, in Anspruch nehmen; abnutzen); sich -; stra|pa|zier|fä|hig; stra|pa|zi|ös (anstrengend)

Strass, der; - u. -es, -e (Edelsteinimitation aus Glas)

straß|auf, straß|ab; Stra|ße; Stra|ßen␣bahn, ...bau (der; -[e]s), ...be|leuch|tung, ...ecke, ...gra|ben, ...kreu|zer (ugs. für: großer Pkw), ...kreu|zung, ...la|ter|ne, ...rand, ...schild, ...schuh, ...the|a|ter

Stra|te|ge, der; -n, -n (jmd., der strategisch vorgeht); Stra|te|gie, die; -, ...ien (Kriegskunst); Stra|te|gin; stra|te|gisch

Stra|to|sphä|re, die; - (die Luftschicht in einer Höhe von etwa 12 bis 80 km)

sträu|ben; sich -; da hilft kein Sträuben

Strauch, der; -[e]s, Sträucher; strauch|ar|tig; Strauch|dieb (veralt.); strau|cheln (geh.)

¹Strauß, der; -es, -e (ein Vogel)

²Strauß, der; -es, Sträuße (Blumenstrauß; veraltend für: Auseinandersetzung)

Strau|ßen␣ei, ...farm, ...fe|der

Stre|be, die; -, -n (schräge Stütze); stre|ben; Stre|be|pfei|ler; Stre|ber (abwertend); Stre|ber|tum, das; -s (abwertend); streb|sam

Stre|cke, die; -, -n; zur - bringen (erlegen; [fangen u.] kampfunfähig machen); stre|cken; jmdn. zu Boden -; Stre|cken|wär|ter; stre|cken|wei|se; Stre|ckung; Streck|ver|band

Street|wor|ker [stritwö'k°], der; -s - (Sozialarbeiter, der v. a. straffälligen od. drogenabhängigen Jugendlichen innerhalb ihres Wohnbereichs od. Milieus hilft)

Streich, der; -[e]s, -e; Strei|chel|ein|heit (scherzh. für: liebevolle Zuwendung, Lob); strei|cheln; strei|chen; strich, gestrichen; Strei|cher (Spieler eines Streichinstrumentes); Streich␣holz, ...in|s|t|ru|ment, ...käse, ...or|ches|ter, ...quar|tett; Strei|chung

Streif|band, das (Mehrz. ...bänder; Postwesen); Strei|fe, die; -, -n (zur Kontrolle eingesetzte kleine Militär- od. Polizeieinheit, auch für: Fahrt, Gang einer solchen Einheit); strei|fen; Strei|fen, der; -s, -; Strei|fen|wa|gen; strei|fig; Streif␣licht (Mehrz. ...lichter), ...schuss, ...zug

Streik, der; -[e]s, -s; strei|ken; Strei|ken|de, der u. die; -n, -n; Streik␣pos|ten, ...recht

Streit, der; -[e]s, -e; Streit|axt; streit|bar; strei|ten; stritt, gestritten; Strei|te|rei; Streit␣fall (der), ...fra|ge

strei|tig; die Sache ist - (Rechtsspr.); jmdm. etwas - machen; Strei|tig|kei|ten, die (Mehrz.); Streit␣kräf|te (die; Mehrz.), ...macht (die; -; veraltend), ...ob|jekt, ...sucht (die; -); streit|süch|tig

streng; streng sein; du musst das nicht so streng nehmen (genau nehmen); streng genommen[,] ist das gar nicht richtig; in diesem streng genommenen Sinne; Stren|ge, die; -; streng|ge|nom|men; vgl. streng; streng|gläu|big; streng neh|men; vgl. streng; strengs|tens

Stre|se|mann, der; -s (ein Gesellschaftsanzug)

Stress, der; -es, -e (Med.: starke körperliche u. seelische Belastung); stres|sen (ugs. für: körperlich, seelisch überbeanspruchen); stres|sig (ugs. für: aufreibend)

Stretch [βträtsch], der; -[e]s, -es [...is] (ein elastisches Gewebe)

Streu, die; -, -en; streu|en; Streu|er (Streugefäß)

streu|nen (sich herumtreiben)

Streu|sel, der od. das; -s, - (meist Mehrz.); Streu|sel|ku|chen

Strich, der; -[e]s, -e (ugs. auch für: Straßenprostitution); auf den - gehen (ugs. für: eine Prostituierte sein); stri|cheln (feine Striche machen)

Strick, der; -[e]s, -e (ugs. scherzh. auch für: Spitzbube); stri|cken; stri|cke|rei

Strie|gel, der; -s, - (Gerät mit Zacken; harte Bürste [zur Pflege des Pferdefells]); strie|geln

Strie|men, der; -s, -

Strie|zel, der; -s, - (landsch. u. österr. für: feine Gebäckart)

strie|zen (ugs. für: quälen; nordd. ugs. auch für: stehlen)

strikt (streng; genau); strik|te (seltener für: strikt)

strin|gent (bündig, zwingend); Strin|genz, die; -

Strip|pe, die; -, -n (landsch. für: Band; Bindfaden; ugs. scherzh. für: Fernsprechleitung)

strip|pen [βtri...] (ugs. für: einen Striptease vorführen); Strip|tease [βtriptis], der od. das; - (Entkleidungsvorführung [in Nachtlokalen])

strit|tig; die Sache ist -

Stroh, das; -[e]s; Stroh|blu|me; stroh|dumm; Stroh␣feu|er, ...halm, stro|hig (wie Stroh); Stroh|hut; Stroh␣mann (vorgeschobene Person; Mehrz. ...männer), ...wit|we (ugs. scherzh.), ...wit|wer (ugs. scherzh.)

Strolch, der; -[e]s, -e

Strom, der; -[e]s, Ströme; der elektrische, magnetische -; es regnet in Strömen; ein Strom führendes, (auch:) stromführendes Kabel; strom|ab|wärts; strom|auf|wärts; strö|men

Stro|mer (ugs. für: Landstreicher); stro|mern

strom|füh|rend; vgl. Strom; Strom␣kreis, ...sper|re; Strö|mung; Strom␣ver|sor|gung, ...zäh|ler

Stro|phe, die; -, -n; stro|phisch (in Strophen geteilt)

strot|zen; er strotzt vor od. von Energie

strub|be|lig, strubb|lig (ugs.); Strub|bel|kopf; strubb|lig

Stru|del, der; -s, - ([Wasser]wirbel; bes. südd., österr. für: ein Gebäck)

Struk|tur, die; -, -en ([Sinn]gefüge, Bau; Aufbau, innere Gliederung); struk|tu|rell; struk|tu|rie|ren (mit einer Struktur versehen)

Strumpf, der; -[e]s, Strümpfe; Strumpf|ho|se

Strunk, der; -[e]s, Strünke

strup|pig; Strup|pig|keit, die; -

Struw|wel|kopf (landsch. für: Strubbelkopf); Struw|wel|pe|ter, der; -s, -

Stub|ben, *der;* -s, - (nordd. für: [Baum]stumpf)

Stu|be, *die;* -, -n; Stüb|chen; Stu|ben|ho|cker (ugs. abwertend)

Stuck, *der;* -[e]s (aus einer Gipsmischung hergestellte Ornamentik)

Stück, *das;* -[e]s, -e; 5 - Zucker; [ein] Stücker zehn (ugs. für: ungefähr zehn); Stück|ar|beit (Akkordarbeit)

Stu|cka|teur [...*tör*], *der;* -s, -e (Stuckarbeiter, -künstler); Stu|cka|tor, *der;* -s, ...oren (Stuckkünstler); Stu|cka|tur, *die;* -, -en (Stuckarbeit)

stü|ckeln; stü|cken (svw. stückeln)

stu|ckern (nordd. für: holpern)

Stü|cke|schrei|ber (Schriftsteller, der Theaterstücke o. Ä. verfasst); Stück|gut (stückweise verkaufte od. als Frachtgut aufgegebene Ware)

stu|ckie|ren ([Wände] mit Stuck versehen)

Stück|lohn; stück|wei|se; Stück_werk, ...zahl (Kaufmannsspr.)

Stu|dent, *der;* -en, -en (österr. auch für: Schüler einer höheren Schule); Stu|den|ten|be|we|gung; Stu|den|tin; stu|den|tisch; Stu|die [...*i*ᵉ], *die;* -, -n (Entwurf, kurze [skizzenhafte] Darstellung; Vorarbeit [zu einem Werk der Wissenschaft od. Kunst]); Stu|di|en_be|wer|ber, ...ge|büh|ren *(Mehrz.)*, ...platz, ...zeit; stu|die|ren; eine studierte Kollegin; Stu|dier|te, *der* u. *die;* -n, -n (ugs. für: jmd., der studiert hat); Stu|di|ker (ugs. scherzh. für: Student); Stu|dio, *das;* -s, -s (Atelier; Film u. Rundfunk: Aufnahmeraum; Versuchsbühne); Stu|di|o|sus, *der;* -, ...si (scherzh. für: Student); Stu|di|um, *das;* -s, ...ien [...*i*ᵉ*n*] (wissenschaftl. [Er]forschung; Hochschulbesuch, -ausbildung; [kritisches] Durchlesen, -arbeiten)

Stu|fe, *die;* -, -n; stu|fen; stu|fen|wei|se

Stuhl, *der;* -[e]s, Stühle; der Heilige, der Päpstliche -; Stuhl|gang, *der;* -[e]s

Stuk|ka|teur usw., (alte Schreibung für:) Stuckateur usw.

Stul|le, *die;* -, -n (bes. berlin. für: Brotschnitte [mit Aufstrich, Belag])

Stul|pe, *die;* -, -n (Aufschlag an Ärmeln u. a.); stül|pen; Stul|pen|stie|fel

stumm; - sein; Stum|me, *der* u. *die;* -n, -n

Stum|mel, *der;* -s, -

Stumm|film

Stum|pen, *der;* -s, - (Grundform des Filzhutes; Zigarre); Stüm|per (abwertend für: Nichtskönner); Stüm|pe|rei (abwertend); stüm|per|haft (abwertend); stüm|pern (abwertend); stumpf; Stumpf, *der;* -[e]s, Stümpfe; mit - und Stiel; Stumpf|sinn, *der;* -[e]s; stumpf|sin|nig

Stun|de, *die;* -, -n; eine halbe -, eine viertel -; von Stund an; stun|den (Frist zur Zahlung geben); Stun|den_glas (Sanduhr), ...ki|lo|me|ter (Kilometer je Stunde); stun|den|lang; Stun|den_lohn,

...plan, ...zei|ger; stünd|lich (jede Stunde); Stun|dung

Stunk, *der;* -s (ugs. für: Zank, Unfrieden); -machen

Stunt [*βtant*], *der;* -s, -s (gefährliches akrobat. Kunststück [als Filmszene]); Stunt|girl, *das;* -s, -s u. Stunt|man [*βtantmän*], *der;* -s, ...men (Film: Double für Stunts)

stu|pend (erstaunlich); stu|pid (österr. nur so), stu|pi|de (dumm, stumpfsinnig; Stu|pi|di|tät, *die;* -, -en

Stups, *der;* -es, -e (ugs. für: Stoß); stup|sen (ugs. für: stoßen); Stups|na|se (ugs.)

stur (ugs. für: stier, unbeweglich, hartnäckig); Stur|heit, *die;* - (ugs.)

Sturm, *der;* -[e]s, Stürme; - laufen; - läuten; stür|men; Stür|mer; Sturm|flut; stür|misch; Sturm und Drang, *der;* - - -[e]s u. - - -; Sturm-und-Drang-Zeit, *die;* -

Sturz, *der;* -es, Stürze u. (für: Träger *Mehrz.:*) Sturze (jäher Fall; Bauw.: Träger); Sturz|bach; stür|zen

Stuss, *der;* -es (ugs. für: Unsinn)

Stu|te, *die;* -, -n

Stu|ten, *der;* -s, - (landsch. für: [längliches] Weißbrot)

Stütz, *der;* -es, -e (Turnen); Stütz|bal|ken; Stüt|ze, *die;* -, -n

stut|zen (erstaunt sein; verkürzen); Stut|zen, *der;* -s, - (kurzes Gewehr; Wadenstrumpf; Ansatzrohrstück)

stüt|zen

Stut|zer (veraltend für: Geck; schweiz. auch für: Stutzen [Gewehr]); stut|zer|haft

stut|zig

Sty|ling [*βtailing*], *das;* -s, -s (Formgebung; äußere Gestaltung)

Su|a|da, Su|a|de, *die;* -, ...den (Beredsamkeit; Redeschwall)

sub|al|tern (untergeordnet; unselbstständig)

Sub|jekt, *das;* -[e]s, -e (Sprachw.: Satzgegenstand; Philos.: wahrnehmendes, denkendes Wesen; abwertend für: gemeiner Mensch); sub|jek|tiv (dem Subjekt angehörend, in ihm begründet; persönlich; einseitig, parteiisch, unsachlich); Sub|jek|ti|vi|tät [...*wi*...], *die;* - (persönl. Auffassung, Eigenart; Einseitigkeit)

Sub|kon|ti|nent (geogr. geschlossener Teil eines Kontinents)

Sub|kul|tur (bes. Kulturgruppierung innerhalb eines übergeordneten Kulturbereichs)

sub|ku|tan (Med.: unter der, unter die Haut)

su|b|lim (erhaben; fein; nur einem feineren Verständnis od. Empfinden zugänglich)

sub|skri|bie|ren; Sub|skrip|ti|on [...*zion*], *die;* -, -en (Vorausbestellung von erst später erscheinenden Büchern)

sub|s|tan|ti|ell; vgl. substanziell; Sub|s|tan|tiv [auch: ...*tiv*], *das;* -s, -e [...*w*ᵉ]

(Sprachw.: Hauptwort, Dingwort, Nomen); sub|s|tan|ti|vie|ren [...*wir*ᵉ*n*] (Sprachw.: zum Hauptwort machen; als Hauptwort gebrauchen, z. B. „das Schöne, das Laufen"); Sub|s|tan|ti|vie|rung; sub|s|tan|ti|visch [auch: ...*iwisch*] (hauptwörtlich); Subs|tanz, *die;* -, -en (körperl. Masse, Stoff, Bestand[teil]; Philos.: das Dauernde, das Wesentliche; auch für: Materie); sub|s|tan|zi|ell, (auch:) sub|s|tan|ti|ell (wesenhaft, wesentlich; stofflich; materiell; nahrhaft)

Sub|s|ti|tut, *der;* -en, -en (Verkaufsleiter)

sub|su|mie|ren (ein-, unterordnen)

sub|til (zart, fein, sorgsam; spitzfindig, schwierig)

Sub|tra|hend, *der;* -en, -en (abzuziehende Zahl); sub|tra|hie|ren (Math.: abziehen); Sub|trak|ti|on [...*zion*], *die;* -, -en (das Abziehen)

sub|tro|pisch [auch: ...*tro*...] (Geogr.: zwischen Tropen u. gemäßigter Zone gelegen)

Sub|ven|ti|on [...*wänzion*], *die;* -, -en (Wirtsch.: zweckgebundene Unterstützung aus öffentl. Mitteln); sub|ven|ti|o|nie|ren

sub|ver|siv [...*wär*...] (zerstörend, umstürzlerisch)

Such_ak|ti|on, ...an|zei|ge, ...dienst; Su|che, *die;* -, (Jägerspr.:) -n; auf der - sein; auf die - gehen; su|chen; Such|mel|dung

Sucht, *die;* -, Süchte od. Suchten; süch|tig; sucht|krank; Sucht|kran|ke

Sud, *der;* -[e]s, -e (Flüssigkeit, in der etwas gekocht worden ist)

Süd (Himmelsrichtung); Autobahnausfahrt Frankfurt Süd, (auch:) Frankfurt-Süd

su|deln (ugs.)

Sü|den, *der;* -s (Himmelsrichtung); der Wind kommt aus -; gen -; Süd|frucht *(meist Mehrz.)*; süd|län|disch; süd|lich; -er Breite; - des Waldes; - von München

Su|do|ku, *das;* -[s], -[s] (ein Rätselspiel mit Zahlenquadraten)

Süd_pol (*der;* -s), ...see (*die;* -; Pazifischer Ozean, bes. der südl. Teil); Süd|staa|ten, *die (Mehrz.;* in den USA); süd|wärts; Süd|wein; Süd|wes|ter, *der;* -s, - (wasserdichter Seemannshut); Süd|wind

Suff, *der;* -[e]s (ugs.); der stille -; süf|feln (ugs. für: gern Alkohol trinken); süf|fig (ugs. für: gut trinkbar, angenehm schmeckend); ein -er Wein

süf|fi|sant (selbstgefällig; spöttisch)

Suf|f|ra|get|te, *die;* -, -n (Frauenrechtlerin)

sug|ge|rie|ren (seelisch beeinflussen; etwas einreden); Sug|ges|ti|on, *die;* -, -en (seelische Beeinflussung); sug|ges|tiv (seelisch beeinflussend; verfänglich); Sug|ges|tiv|fra|ge (Frage, die eine bestimmte Antwort nahelegt)

Suh|le, *die;* -, -n (Lache; feuchte Bodenstelle); suh|len, sich (Jägerspr.: sich in einer Suhle wälzen)

Süh|ne, *die;* -, -n; süh|nen

Sui|te [*βwịt͜e*], *die;* -, -n (Gefolge [eines Fürsten]; Folge von [Tanz]sätzen)

Su|i|zịd, *der* (auch: *das*); -[e]s, -e (Selbstmord)

Su|jet [*βüsȩhȩ*], *das;* -s, -s (Gegenstand künstler. Darstellung; Stoff)

suk|zes|sịv (allmählich eintretend); suk|zes|si|ve [...*βịwȩ*] (*Umstandswort;* allmählich, nach und nach)

Sul|tan, *der;* -s, -e (Titel islam. Herrscher); Sul|ta|ni|ne, *die;* -, -n (große kernlose Rosine)

Sül|ze, *die;* -, -n (Fleisch, Fisch u. a. in Gallert); sül|zen (ugs. auch für: [dummes Zeug] reden)

sum|ma cum lau|de [- *kum* -] (höchstes Prädikat bei Doktorprüfungen); Sum|mand, *der;* -en, -en (Math.: hinzuzuzählende Zahl); sum|ma|risch (kurz zusammengefasst); sum|ma sum|ma|rum (alles in allem); Sum|me, *die;* -, -n

sum|men (leise brummen; mit geschlossenen Lippen leise singen)

sum|mie|ren (zusammenzählen, vereinigen); sich - (anwachsen)

Summ|ton

Sumpf, *der;* -[e]s, Sümpfe; Sumpf|dot|ter|blu|me; sump|fen (ugs. für: liederlich leben; zechen); sump|fig

Sums, *der;* -es (nordd. u. mitteld. für: Gerede; [einen] großen - (ugs. für: viel Aufhebens) machen)

Sund, *der;* -[e]s, -e (Meerenge [zwischen Ostsee u. Kattegat])

Sün|de, *die;* -, -n; Sün|den.ba|bel (*das;* -s; meist scherzh.), ...bock (ugs.), ...fall (*der*), ...re|gis|ter (ugs.); Sün|der; Sün|de|rin; Sünd|flut (volksmäßige Umdeutung von: Sintflut); sünd|haft; - teuer (ugs. für: überaus teuer); sün|dig; sün|di|gen

Sun|nit, *der;* -en, -en (Anhänger der orthodoxen Hauptrichtung des Islams); sun|ni|tisch

su|per (ugs. für: hervorragend, großartig); das war -, eine - Schau; sie haben - gespielt

su|perb, (selten:) sü|perb (vorzüglich; prächtig)

su|per|klug (ugs.)

Su|per|la|tiv [auch: ...*tif*], *der;* -s, -e [...*wȩ*] (Sprachw.: 2. Steigerungsstufe, Höchststufe, Meiststufe, z. B. "schönste"; übertr. für: etwas, was zum Besten gehört); su|per|la|ti|visch [auch: ...*tiwisch*]

Su|per_macht, ...markt; su|per|mo|dern (ugs. für: sehr modern); su|per|reich (ugs. für: sehr reich); Su|per|star (ugs. für: bes. berühmter Star)

Sup|pe, *die;* -, -n; Sup|pen.grün (*das;* -s), ...kas|per (ugs. für: ein Kind, das seine Suppe nicht essen will); sup|pig

Sup|ple|ment|band, *der* (Ergänzungsband)

Su|re, *die;* -, -n (Kapitel des Korans)

Surf|brett [*βö'f...*]; sur|fen (auf dem Surfbrett fahren; im Internet nach Informationen suchen); Sur|fing [*βö'fing*], *das;* -s (Wellenreiten, Brandungsreiten [auf einem Brett])

Sur|re|a|lis|mus [auch: *βür...*] (Kunst- u. Literaturrichtung, die das Traumhaft-Unbewusste künstlerisch darstellen will); Sur|re|a|list, *der;* -en, -en; sur|re|a|lis|tisch

sur|ren

Sur|ro|gat, *das;* -[e]s, -e (Ersatz[mittel, -stoff], Behelf; Rechtsw.: Ersatz für einen Gegenstand, Wert)

Su|shi [*βụschi*], *das;* -s, -s (japan. Gericht aus rohem Fisch u. a. auf einer Unterlage aus Reis)

Su|si|ne, *die;* -, -n (eine it. Pflaume)

su|s|pekt (verdächtig)

sus|pen|die|ren (zeitweilig aufheben; [einstweilen] des Dienstes entheben; Med.: anheben, aufhängen)

süß; Sü|ße, *die;* -; sü|ßen (süß machen); Süß|holz|rasp|ler (ugs. für: Schmeichler); Sü|ßig|keit; süß|lich; Süß|lich|keit, *die;* -; süß|sau|er; Süß_spei|se, ...stoff, ...wa|ren (*die; Mehrz.*), ...was|ser (*Mehrz. ...*wasser); Süß|was|ser|fisch

Su|l|ta|ne; vgl. Soutane

Süt|ter|lin|schrift, *die;* - (eine alte Schreibschrift)

Sweat|shirt [*βvätschö'rt*], *das;* -s, -s

Swim|ming|pool [*βwịmingpụl*], *der;* -s, -s (Schwimmbecken)

Swing, *der;* -[s] (Stil in der modernen Tanzmusik, bes. im Jazz; Wirtsch.: Kreditgrenze bei bilateralen Handelsverträgen); swin|gen; swingte, geswingt

Sym|bi|o|se, *die;* -, -n (Biol.: Zusammenleben ungleicher Lebewesen zu gegenseitigem Nutzen)

Sym|bol [*süm...*], *das;* -s, -e (Wahrzeichen; Sinnbild; Zeichen); sym|bol|haft; Sym|bo|lik, *die;* - (sinnbildl. Bedeutung od. Darstellung; Bildersprache; Verwendung von Symbolen); sym|bo|lisch (sinnbildlich); sym|bo|li|sie|ren (sinnbildlich darstellen)

Sym|me|t|rie [*süm...*], *die;* -, ...ien (spiegelbildliche Übereinstimmung); sym|me|t|risch (spiegelbildlich übereinstimmend)

Sym|pa|thie, *die;* -, ...ien ([Zu]neigung; Wohlgefallen); Sym|pa|thi|sant, *der;* -en, -en (jmd., der einer Gruppe od. einer Anschauung wohlwollend gegenübersteht); Sym|pa|thi|san|tin; sym|pa|thisch (anziehend; ansprechend; zusagend); sym|pa|thi|sie|ren (gleiche Anschauungen haben); mit jmdm., mit einer Partei -

Sym|pho|nie usw.; vgl. Sinfonie usw.

Sym|po|si|on, Sym|po|si|um [*süm...*], *das;* -s, ...ien [...*i͜en*] (wissenschaftl. Tagung; Trinkgelage im alten Griechenland)

Sym|p|tom [*süm...*], *das;* -s, -e (Anzeichen; Merkmal; Krankheitszeichen); sym|p|to|ma|tisch (anzeigend, warnend; bezeichnend)

Sy|n|a|go|ge [*sün...*], *die;* -, -n (gottesdienstl. Versammlungsort der jüd. Gemeinde)

syn|chron [*sünkron*] (gleichzeitig, zeitgleich, gleichlaufend); Syn|chro|ni|sa|ti|on [...*zi͜on*], *die;* -, -en (Zusammenstimmung von Bild, Sprechton u. Musik im Film; bild- und bewegungsechte Übertragung fremdsprachiger Sprechpartien eines Films); syn|chro|ni|sie|ren

Syn|di|kat, *das;* -[e]s, -e (Wirtsch.: Verkaufskartell; Bez. für: geschäftlich getarnte Verbrecherorganisation in den USA); Syn|di|kus, *der;* -, -se u. ...dizi ([meist angestellter] Rechtsbeistand einer Körperschaft)

Syn|drom [*sün...*], *das;* -s, -e (Med.: Krankheitsbild)

Sy|n|er|gie, *die;* -, ...ien (Zusammenwirken); Sy|n|er|gie|ef|fekt

Syn|ko|pe [*sünkop͜e*], *die;* -, ...open (Musik: Betonung eines unbetonten Taktwertes; Med.: kurze Bewusstlosigkeit; Sprachw.: Ausfall eines unbetonten Selbstlautes zwischen zwei Mitlauten im Wortinnern); syn|ko|pie|ren; syn|ko|pisch

sy|n|o|dal (die Synode betreffend); Sy|n|o|da|le, *der* od. *die;* -n, -n (Mitglied einer Synode); Sy|n|o|de, *die;* -, -n (bes. ev. Kirchenversammlung)

sy|n|o|nym (Sprachw.: sinnverwandt); -e Wörter; Sy|n|o|nym, *das;* -s, -e (Sprachw.: sinnverwandtes Wort)

syn|tak|tisch (die Syntax betreffend); -er Fehler (Verstoß gegen die Syntax); Syn|tax, *die;* -, -en (Sprachw.: Lehre vom Satzbau, Satzlehre)

Syn|the|se [*sün...*], *die;* -, -n (Zusammenfügung [einzelner Teile zu einem Ganzen]; Philos.: Aufhebung des sich in These u. Antithese Widersprechenden in eine höhere Einheit; Aufbau [einer chem. Verbindung]); Syn|the|si|zer [*βịnt͜eβais͜er* od. *βịnth͜e...*] (ein elektron. Musikgerät); Syn|the|tics [*süntetikβ*], *die* (*Mehrz.;* Sammelbez. für synthet. erzeugte Kunstfasern u. Produkte daraus); Syn|the|tik, *das;* -s (meist ohne Geschlechtswort; [Gewebe aus] Kunstfaser); syn|the|tisch (zusammensetzend; Chemie: künstlich hergestellt); -e Edelsteine

Sy|phi|lis [*sü...*], *die;* - (Med.: eine Geschlechtskrankheit); sy|phi|lis|krank; Sy|phi|li|ti|ker (an Syphilis Leidender)

Sys|tem [*sü...*], *das;* -s, -e; Sys|tem_ana|ly|se, ...ana|ly|ti|ker (Fachmann in der EDV); Sys|te|ma|tik, *die;* -, -en (planmäßige Darstellung, einheitl. Gestaltung); Sys|te|ma|ti|ker (jmd., der systematisch vorgeht); sys|te|ma|tisch (das System betreffend; in ein System gebracht, planmäßig, folgerichtig); **sys|te-ma|ti|sie|ren** (in ein System bringen; in einem System darstellen); **Sys|te|ma|ti-sie|rung**; **Sys|tem_bau|wei|se** (die; -), ...**cha|rak|ter** (der; -s), ...**feh|ler** (EDV), ...**kri|ti|ker**; **sys|tem|los** (planlos); **Sys-tem|lo|sig|keit,** die; -; **Sys|tem_pro-gram|mie|rer** (EDV), ...**zwang**

Sze|na|rio, das; -s, -s ([in Szenen gegliederter] Entwurf eines Films); **Sze|ne,** die; -, -n (Schauplatz; Auftritt als Unterabteilung des Aktes; Vorgang, Anblick; Zank, Vorhaltungen; charakteristischer Bereich für bestimmte Aktivitäten); **Sze-ne|rie,** die; -, ...ien (Bühnenbild, Landschafts[bild]); **sze|nisch** (bühnenmäßig)

Szyl|la [βzüla], die; - (eindeutschend für lat. Scylla, gr. Skylla; bei Homer Seeungeheuer in einem Felsenriff in der Straße von Messina; zwischen - und Charybdis (in einer ausweglosen Lage)

T *t*

T (Buchstabe); das T; des T, die T; aber: das t in Rate

Ta|bak [auch: ta... u. ...ak], der; -s, (für: Tabaksorten Mehrz.:) -e; **Ta|baks|pfei|fe**; **Ta|bak|wa|ren,** die (Mehrz.)

Ta|bas|co®, der; -s (eine scharfe Würzsoße)

ta|bel|la|risch (in der Anordnung einer Tabelle); **Ta|bel|le,** die; -, -n (listenförmige Zusammenstellung, Übersicht); **Ta|bel-len|füh|rer** (Sportspr.)

Ta|ber|na|kel, das (auch, bes. in der kath. Kirche: der); -s, - (in der kath. Kirche Aufbewahrungsort der geweihten Hostien [auf dem Altar])

Ta|b|lett, das; -[e]s, -s (auch: -e); **Ta|b|let-te,** die; -, -n (als kleines, flaches Stück gepresstes Arzneimittel); **Ta|b|let|ten-miss|brauch,** der; -[e]s

ta|bu (verboten; unverletzlich, unantastbar); nur in der Satzaussage: das ist - (davon darf nicht gesprochen werden); **Ta|bu,** das; -s, -s (Gebot bei [Natur]völkern, bes. geheiligte Personen, Tiere, Pflanzen, Gegenstände zu meiden; allgem. für: etwas, wovon man nicht sprechen darf); ein - verletzen; **ta|bu-ie|ren, ta|bu|i|sie|ren** (zum Tabu machen)

Ta|bu|la ra|sa, die; - - (meist übertr. für: unbeschriebenes Blatt); **Tabula** rasa machen (reinen Tisch machen)

Ta|cho, der; -s, -s (ugs. kurz für: Tachometer); **Ta|cho|me|ter,** der (auch: das); -s, - ([Fahr]geschwindigkeitsmesser; Drehzahlmesser)

Tack|ling [täk...], das; -s, -s (im Fußball Abwehraktion, wobei der Verteidiger in die Beine des Gegners hineingrätscht, um den Ball wegzutreten)

Ta|del, der; -s, -; **ta|del|los; ta|deln; ta-delns|wert**

Ta|fel, die; -, -n; **ta|feln** (geh. für: speisen); **tä|feln** (mit Steinplatten, Holztafeln verkleiden); **Ta|fel|obst; Tä|fe|lung**

Taft, der; -[e]s, -e ([Kunst]seidengewebe)

Tag, der; -[e]s, -e; bei Tage; von - zu -; unter Tage (Bergw.: unter der Erdoberfläche); unter Tags, (österr., schweiz.:) untertags (den Tag über); Guten, (auch:) guten - sagen; **tag|aus, tag|ein; Ta-ge_buch,** ...**dieb** (abwertend); **ta|ge-lang** (mehrere Tage lang); **Ta|ge|löh|ner; ta|gen; Ta|ge|rei|se; Ta|ges_de|cke,** ...**kas|se,** ...**lauf,** ...**licht** (das; -[e]s), ...**ord|nung,** ...**po|li|tik,** ...**zeit,** ...**zei-tung; Ta|ge|werk** (früheres Feldmaß; geh. für: tägliche Arbeit, Aufgabe); **tag-hell**

Ta|g|li|a|tel|le [talja...] (Mehrz.; schmale ital. Bandnudeln)

täg|lich (alle Tage); -es Brot; -e Zinsen; -er Bedarf; **tags** - darauf, - zuvor; **tags-über; tag|täg|lich; Tag|und|nacht|glei-che,** (auch:) **Tag-und-Nacht-Glei|che,** die; -, -n; **Ta|gung**

Tai|fun, der; -s, -e (trop. Wirbelsturm in Südostasien)

Tai|ga, die; - (sibirischer Waldgürtel)

Tail|le [talj^e, österr.: tailj^e], die; -, -n (schmalste Stelle des Rumpfes; Gürtelweite; Kartenspiel: Aufdecken der Blätter für Gewinn oder Verlust); **tail|lie|ren** [tajir^en]; **tail|liert**

Tak|e|la|ge [...asch^e], die; -, -n (Segelausrüstung eines Schiffes)

¹Takt, der; -[e]s, -e (abgemessenes Zeitmaß einer rhythmischen Bewegung, bes. in der Musik; Bewegung der Töne nach einem zählbaren Zeitmaß; Technik: einer von mehreren Arbeitsgängen im Motor, Hub); - halten

²Takt, der; -[e]s (Feingefühl im Umgang mit anderen Menschen)

¹tak|tie|ren (den ¹Takt angeben)

²tak|tie|ren (taktisch vorgehen); **Tak|tik,** die; -, -en (übertr. für: geschicktes Vorgehen, kluges Verhalten, planmäßige Ausnutzung einer Lage; Milit.: Truppenführung); **tak|tisch**

takt|los; Takt|lo|sig|keit; takt|voll

Tal, das; -[e]s, Täler; zu -[e] fahren

Ta|lar, der; -s, -e (langes Amtskleid)

Ta|lent, das; -[e]s, -e (Begabung, Fähigkeit; jmd., der [auf einem bestimmten Gebiet] besonders begabt ist; altgr. Gewichts- u. Geldeinheit); **ta|len|tiert** (begabt)

Ta|ler, der; -s, - (ehem. Münze)

Talg, der; -[e]s, (für: Talgarten Mehrz.:) -e (starres [Rinder-, Hammel]fett); **tal|gig**

Ta|lis|man, der; -s, -e (zauberkräftiger, Glück bringender Gegenstand)

Talk, der; -[e]s (ein Mineral)

Talk|mas|ter [tokmạst^er], der; -s, - (Moderator einer Talkshow); **Talk|show** [tok-scho^u], die; -, -s (Fernsehsendung, in der sich ein Talkmaster mit bekannten Persönlichkeiten unterhält)

Tal|kum, das; -s (feiner weißer Talk als Streupulver)

Tal|mi, das; -s (vergoldete [Kupfer-Zink-]Legierung; übertr. für: Unechtes)

Tam|bour [...bur], der; -s, -e (schweiz.: ...bouren [...bur^en]; veraltend für: Trommler; Technik: Trommel); **Tam|bour-ma|jor** (Leiter eines Spielmannszuges); **Tam|bu|rin** [auch: tam...], das; -s, -e (kleine Hand-, Schellentrommel; Stickrahmen)

Tam|pon [fr. Aussprache: tangpong], der; -s, -s (Med.: [Watte-, Mull]bausch; Druckw.: Einschwärzballen für den Druck gestochener Platten)

Tam|tam [auch: tamtam], das; -s, -s (chinesisches, mit einem Klöppel geschlagenes Becken; Gong; nur Einz. ugs. für: laute, Aufmerksamkeit erregende Betriebsamkeit)

Tand, der; -[e]s (wertloses Zeug); **Tän-de|lei; tän|deln**

Tan|dem, das; -s, -s (zweisitziges Fahrrad)

Tang, der; -[e]s, -e (Bezeichnung mehrerer größerer Arten der Braunalgen)

Tan|gen|te, die; -, -n (Gerade, die eine gekrümmte Linie in einem Punkt berührt); **tan|gie|ren** (berühren)

Tan|go [tanggo], der; -s, -s (ein Tanz)

Tank, der; -s, -s (seltener: -e); **tan|ken; Tan|ker** (Tankschiff); **Tank_säu|le,** ...**stel|le,** ...**wart**

Tann, der; -[e]s, -e (geh. für: [Tannen]wald); im -; **Tan|ne,** die; -, -n (ein Nadelbaum); **Tan|nen_baum,** ...**na|del,** ...**zap|fen,** ...**zweig**

Tan|ta|lus|qua|len, die (Mehrz.)

Tan|te, die; -, -n

Tan|ti|e|me [tangtiäm^e], die; -, -n (Kaufmannsspr.: Gewinnanteil, Vergütung nach der Höhe des Geschäftsgewinnes)

Tanz, der; -es, Tänze; **Tanz|bein;** in der Wendung: das - schwingen (ugs. für: tanzen); **tän|zeln; tan|zen; Tän|zer; Tän-ze|rin; tän|ze|risch; Tanz|stun|de**

tal|pe|rig (nordd. für: unbeholfen, gebrechlich)

Ta|pet, das; nur noch in: etwas aufs - (ugs. für: zur Sprache) bringen; **Ta|pe|te,** die; -, -n; **Ta|pe|ten|wech|sel** (ugs. für: [vorübergehender] Wechsel der gewohnten Umgebung); **Ta|pe|zier,** der; -s, -e (südd. für: Tapezierer); **ta|pe|zie|ren; Ta|pe|zie-rer**

tap|fer; Tap|fer|keit, die; -

Ta|pir [österr. ...pir], der; -s, -e (Tier mit dichtem Fell u. kurzem Rüssel)

Ta|pis|se|rie, *die;* -, ...ien (teppichartige Stickerei; Handarbeitsgeschäft)

tap|pen; täp|pisch; tap|rig; vgl. taperig; tap|sen (ugs. für: plump auftreten); tap|sig (ugs.)

Ta|ra, *die;* -, ...ren (Kaufmannsspr.: Verpackung; Gewicht der Verpackung)

Ta|ran|tel, *die;* -, -n (südeurop. Wolfsspinne); Ta|ran|tel|la, *die;* -, -s u. ...llen (südit. Volkstanz)

Ta|rif, *der;* -s, -e (planvoll geordnete Zusammenstellung von Güter- od. Leistungspreisen, auch von Steuern u. Gebühren; Preis-, Lohnstaffel; Gebührenordnung); Ta|rif_ab|schluss, ...grup|pe; ta|rif|lich; Ta|rif_lohn, ...run|de, ...ver|trag

tar|nen; sich -; Tarn_far|be, ...kap|pe; Tarn|kap|pen|bom|ber; Tar|nung

Ta|rock, *das* (österr. nur so) od. *der;* -s, -s (ein Kartenspiel); Ta|rot [...*ro̱*], *das* od. *der;* -s, -s (dem Tarock ähnliches Kartenspiel, das zu spekulativen Deutungen verwendet wird)

Ta|sche, *die;* -, -n; Ta|schen_buch, ...geld, ...lam|pe, ...mes|ser *(das),* ...tuch (Mehrz. ...tücher), ...uhr

Tas|se, *die;* -, -n; Tas|sen|rand

Tas|ta|tur, *die;* -, -en; tast|bar; Tas|te, *die;* -, -n; tas|ten

Tat, *die;* -, -en; in der -

Ta|tar, *das;* -s, -[s] u. Ta|tar|beef|steak, *das;* -s (rohes, geschabtes Rindfleisch mit Ei und Gewürzen)

Tat|be|stand; Ta|ten_drang, ...durst (geh.); ta|ten|los; Tä|ter; Tä|ter|schaft; Tat|form (Aktiv); tä|tig; tä|ti|gen (Kaufmannsspr.); einen Kauf, ein Geschäft - (dafür besser: abschließen); Tä|tig|keit; Tä|tig|keits|wort (Verb; Mehrz. ...wörter); Tat|kraft, *die;* -; tat|kräf|tig; tät|lich; - werden; Tät|lich|kei|ten, *die (Mehrz.);* Tat_mo|tiv, ...ort

tä|to|wie|ren (Zeichnungen mit Farbstoffen in die Haut einritzen); Tä|to|wie|rung

Tat|sa|che; Tat|sa|chen|be|richt; tat|säch|lich [auch: ...*säch*...]

tät|scheln

Tat|ter|greis (ugs.); Tat|te|rich, *der;* -[e]s (ugs. für: [krankhaftes] Zittern); den - haben; tat|te|rig, tatt|rig (ugs.)

Tat|ter|sall, *der;* -s, -s (geschäftl. Unternehmen für Reitsport; Reitbahn, -halle)

tatt|rig (ugs.); vgl. tatterig

Tat|ver|dacht; tat|ver|däch|tig

Tat|ze, *die;* -, -n (Pfote, Fuß der Raubtiere; ugs. für: plumpe Hand)

¹Tau, *der;* -[e]s (Niederschlag)

²Tau, *das;* -[e]s, -e (starkes [Schiffs]seil)

taub; sich - taub stellen (auf etw. nicht eingehen); -e (leere) Nuss; -es Gestein (Bergmannsspr.: Gestein ohne Erzgehalt)

¹Tau|be, *die;* -, -n

²Tau|be, *der* u. *die;* -n, -n

tau|ben|blau (blaugrau); tau|ben|grau (blaugrau); Tau|ben|schlag

---

tausend

(als röm. Zahlzeichen M)

I. Kleinschreibung:
– [acht] von tausend
– bis tausend zählen
– tausend Dank, tausend Grüße
– Land der tausend Seen (Finnland)

II. Klein- oder Großschreibung bei unbestimmten (d. h. nicht in Ziffern schreibbaren) Mengenangaben:
– ein paar tausend od. Tausend; ein paar tausend od. Tausend Bäume, Menschen
– einige, mehrere, viele tausend od. Tausend Büroklammern
– einige, mehrere, viele tausend od. Tausende
– tausende od. Tausende von Menschen

– die Summe geht in die tausende od. Tausende
– sie strömten zu tausenden od. Tausenden herein
– tausend und abertausend od. Tausend und Abertausend Sterne
– tausende und abertausende, auch Tausende und Abertausende bunter Laternen (vgl. aber)

III. Zusammenschreibung in Verbindung mit bestimmten Zahlwörtern:
– eintausend, zweitausend [Personen]
– [ein]tausend[und]eins
– [ein]tausend[und]achtzig
– [ein]tausend[und]ein Liter, bei [ein]tausend[und]einem Liter
– [ein]tausend[und]ein Euro

Taub|heit, *die;* -; Taub|nes|sel (eine Heilpflanze); taub|stumm; Taub|stumm|me

Tauch|aus|rüs|tung; tau|chen; Tau|cher; Tau|cher|glo|cke; Tauch|sie|der

tau|en; es taut

Tau|fe, *die;* -, -n; tau|fen; Täu|fer; Täuf|ling; Tauf|schein

tau|gen; Tau|ge|nichts, *der;* - u. -es, -e; taug|lich

Tau|mel, *der;* -s; tau|me|lig, taum|lig; tau|meln; taum|lig

Tausch, *der;* -[e]s, -e; tau|schen; täu|schen; Tausch|han|del; Täu|schung; Täu|schungs|ma|nö|ver

tau|send s. Kasten

¹Tau|send, *die;* -, -en (Zahl)

²Tau|send, *das;* -s, -e (Menge)

tau|send|ein; tau|send|eins; Tau|sen|der; Tau|send_fü|ßer od. ...füß|ler; tau|send|jäh|rig; das Tausendjährige Reich (bibl.; auch iron. für: die Zeit der nationalsozialist. Herrschaft); Tau|send|sa|sa, (bes. österr. u. schweiz. auch:) Tau|send|sas|sa, *der;* -s, -[s] (vielseitig begabter Mensch); Tau|send|schön, *das;* -s, -e u. Tau|send|schön|chen (eine Zuchtform des Gänseblümchens); tau|send|s|te; tau|sends|tel; Tau|sends|tel, *das* (schweiz. meist:) *der;* -s, -; tau|send|[und]ein; ein Märchen aus Tausendundeiner Nacht; tau|send|[und]eins

Tau|to|lo|gie, *die;* -, ...ien (Fügung, die einen Sachverhalt doppelt wiedergibt, z. B. „nackt und bloß“, „Schloss und Riegel“; Verbindung sinngleicher od. -ähnlicher Wörter, z. B. „runder Kreis, weißer Schimmel“); tau|to|lo|gisch

Tau_trop|fen, ...wet|ter *(das;* -s), ...wind

Tau|zie|hen, *das;* -s (übertr. auch für: Hin und Her)

Ta|ver|ne [*tawᵉrnᵉ*], *die;* -, -n (it. Weinschenke, Wirtshaus)

Ta|xa|me|ter, *das* od. *der* (Fahrpreisanzeiger in Taxis)

¹Ta|xe, *die;* -, -n ([Wert]schätzung; [amtlich] festgesetzter Preis; Gebühr[enordnung])

²Ta|xe, *die;* -, -n u. Ta|xi, *das* (schweiz. auch: *der);* -s, -s

ta|xie|ren ([ab]schätzen, den Wert ermitteln); Ta|xi|stand

Tb, Tbc = Tuberkulose; Tbc-krank, Tb-krank

Teach-in, (auch:) Teach|in [*titsch-i̱n*], *das;* -s, -s (Protestdiskussion)

Teak|holz [*ti̱k*...] (wertvolles Holz des südostasiat. Teakbaumes)

Team [*ti̱m*], *das;* -s, -s (Arbeitsgruppe; Sportspr.: Mannschaft, österr. auch für: Nationalmannschaft); Team|work [*ti̱m-ᵘ̱örk*], *das;* -s (Gemeinschaftsarbeit)

Tech|nik, *die;* -, -en (Handhabung, Herstellungsverfahren, Arbeitsweise; Hand-, Kunstfertigkeit; österr. Kurzw. für: techn. Hochschule; *nur Einz.:* Gesamtheit der techn. Verfahren; techn. Ausrüstung); Tech|ni|ker; Tech|ni|ke|rin; Tech|ni|kum, *das;* -s, ...ka (auch: ...ken; technische Fachschule); tech|nisch (die Technik betreffend); -er Zeichner; [eine] -e Hochschule, Universität; (aber groß in Namen:) die Technische Hochschule Darmstadt; die Technische Universität Berlin; tech|ni|sie|ren (für technischen Betrieb einrichten)

Tech|no [*tä̱kno*], *das* od. *der;* -[s] (elektron., von bes. schnellem Rhythmus bestimmte Tanzmusik)

Tech|tel|mech|tel, *das;* -s, - (ugs. für: Liebelei)

Te|ckel, *der;* -s, - (Dackel)

Ted|dy, *der;* -s, -s (Stoffbär als Kinderspielzeug); Ted|dy|bär

Te|de|um, *das;* -s, -s (Bez. des altkirchl.

Lobgesangs „Te Deum laudamus" =
„Dich, Gott, loben wir!")

Tee, der; -s, -s; schwarzer, chinesischer -;
~Teeei,~ (auch:) **Tee-Ei;** ~Teeernte,~
(auch:) **Tee-Ernte**

Teenager [tine'dsch'r], der; -s, - (Junge
od. Mädchen im Alter von 13 bis 19 Jahren); **Teenie,** (auch:) **Teeny** [beide:
tini], der; -s, -s (jüngerer, bes. weibl.
Teenager)

Teer, der; -[e]s, -e; **teeren**

Teewalgen

Teich, der; -[e]s, -e (Gewässer)

Teig, der; -[e]s, -e (dickbreiige Masse); den
- gehen lassen; **Teigwaren,** die
(Mehrz.)

Teil, der od. das; -[e]s, -e; zum -; jedes -
(Stück) prüfen; das (selten: der) bessere
-; er hat sein - getan; ein gut -; sein[en]
- dazu beitragen; ich für mein[en] -; **teil-
bar; Teilchen; teilen;** zehn geteilt
durch fünf ist, macht, gibt zwei; sich -;
Teiler; größter gemeinsamer -; **teilhaben; Teilhaber; teilhaftig;** einer Sache - sein, werden; **Teilnahme,** die; -;
**teilnahmeberechtigt; teilnahms-
los; teilnahmsvoll; teilnehmen; teilnehmend; Teilnehmer; teils;** - gut, -
schlecht; **Teilung; Teilzeit,** die; -; Teilzeit arbeiten; ich arbeite Teilzeit; **teil-
zeitbeschäftigt**

Teint [täng], der; -s, -s (Gesichtsfarbe; Be-
schaffenheit der Gesichtshaut)

Telearbeit, die; - (Form der Heimarbeit,
bei der der Arbeitnehmer über Datenlei-
tungen mit dem Arbeitgeber verbunden
ist)

Telebanking [...bängking], das; -s (Ab-
wicklung von Bankgeschäften über Telekommunikation)

Telefax, das; -, -[e] (Fernkopie; Fernko-
pierer); **telefaxen** (fernkopieren)

Telefon, das; -s, -e; Telefonanschluss;
Telefonat, das; -[e]s, -e (Ferngespräch,
Anruf); **telefonieren; telefonisch;**
Telefonistin; Telefon.karte,
...nummer

telegen (für Fernsehaufnahmen geeignet)

Telegraf, (auch:) Telegraph, der; -en,
-en (Apparat zur Übermittlung von Nach-
richten durch vereinbarte Zeichen); **Tele-
grafie,** (auch:) Telegraphie, die; -
(elektrische Fernübertragung von Nach-
richten mit vereinbarten Zeichen); **tele-
grafieren,** (auch:) telegraphieren; **te-
legrafisch,** (auch:) telegraphisch

Telegramm, das; -s, -e; **Telegrammstil;** im -

Telegraph usw.; vgl. Telegraf usw.

Telekolleg (unterrichtende Sendereihe im
Fernsehen)

Telekom (kurz für: Deutsche Telekom AG
[Unternehmen auf dem Telekommunikati-
onssektor]); **Telekommunikation**

(Kommunikation mithilfe elektronischer
Medien)

Teleobjektiv (Linsenkombination für
Fernaufnahmen)

Telepathie, die; - (Fernfühlen ohne körperliche Vermittlung)

Telephon usw. (alte Schreibung für: Telefon usw.)

Teleskop, das; -s, -e (Fernrohr)

Teletubbies® [...tabis], die; (Mehrz.: Figuren einer Fernsehserie für kleine Kinder)

Television [engl. Ausspr.: täliwisch'n],
die; - (Fernsehen)

Telex, das (schweiz.: der); -, -e (Kurzw.
aus engl. teleprinter exchange; Fern-
schreiben; Fernschreiber; nur Einz.: Fern-
schreibnetz)

Teller, der; -s, -

Tempel, der; -s, -

Tempera.farbe (Deckfarbe mit Eigelb,
Honig, Leim), ...malerei

Temperament, das; -[e]s, -e (Wesens-,
Gemütsart; nur Einz.: lebhafte Wesens-
art; Schwung, Feuer); **temperament-
voll**

Temperatur, die; -, -en (Wärme[grad,
-zustand]; [leichtes] Fieber); **temperie-
ren** (die Temperatur regeln)

Tempo, das; -s, -s u. ...pi (Zeit[maß],
Takt; nur Einz.: Geschwindigkeit); **Tem-
polimit; temporal** (zeitlich; das Tempus betreffend); -e Bestimmung
(Sprachw.); **temporär** (zeitweilig, vorü-
bergehend); **Tempus,** das; -, ...pora
(Sprachw.: Zeitform [des Zeitwortes])

Tendenz, die; -, -en (Neigung, Hang, Strö-
mung, Zug, Richtung, Entwicklung[sli-
nie]); **tendenziell** (der Tendenz nach,
entwicklungsmäßig); **tendenziös** (eine
politische, weltanschauliche Tendenz erkennen lassend); **tendieren** (zu etwas
hinneigen)

Tenne, die; -, -n

Tennis, das; - (Ballspiel); - spielen; **Ten-
nis.ball,** ...platz, ...schläger

¹**Tenor,** der; -s (Haltung, Inhalt, Sinn,
Wortlaut)

²**Tenor,** der; -s, ...nöre (hohe Männer-
stimme; Tenorsänger)

Teppich, der; -s, -e; **Teppichboden**

Termin, der; -s, -e (festgesetzter Tag, Zeitpunkt); **Terminal** [tö'min'l], der (auch,
EDV nur: das); -s, -s (Abfertigungshalle
für Fluggäste; Zielbahnhof für Container-
züge; EDV: Datenendstation, Abfragesta-
tion); **termingerecht; terminieren**
(befristen; zeitlich festlegen); **Terminka-
lender; terminlich; Terminus,** der; -,
...ni (Fachwort, -ausdruck)

Termite, die; -, -n (meist Mehrz.; ein Insekt); **Termiten.hügel,** ...staat
(Mehrz. ...staaten)

Terpentin, das (österr. meist: der); -s, -e
(ein Harz)

Terrain [...räng], das; -s, -s (Gebiet;
[Bau]gelände, Grundstück)

Terrarium, das; -s, ...ien [...i'n] (Behälter
für die Haltung kleiner Lurche u. Ä.)

Terrasse, die; -, -n; **terrassenförmig**

Terrier [...i'r], der; -s, - (kleiner bis mit-
telgroßer engl. Jagdhund)

Terrine, die; -, -n ([Suppen]schüssel)

territorial (zu einem Gebiet gehörend,
ein Gebiet betreffend); - Verteidigung;
Territorium, das; -s, ...ien [...i'n] (Be-
zirk; [Staats-, Hoheits]gebiet)

Terror, der; -s (Gewaltherrschaft; rück-
sichtsloses Vorgehen); **Terroranschlag;**
terrorisieren (Terror ausüben; ständig
belästigen, unter Druck setzen); **Terro-
rismus,** der; - (Ausübung von [polit.
motivierten] Gewaltakten); **Terrorist,**
der; -en, -en; **Terroristin; terroris-
tisch; Terrororganisation**

Tertia [...zia], die; -, ...ien [...i'n] (veral-
tend für: die vierte [Untertertia] u. fünfte
[Obertertia] Klasse eines Gymnasiums);
Tertianer (Schüler der Tertia); **Tertia-
nerin; tertiär** (die dritte Stelle in einer
Reihe einnehmend; das Tertiär betref-
fend); **Tertiär,** das; -s (Geol.: der ältere
Teil der Erdneuzeit)

Terz, die; -, -en (Musik: dritter Ton [vom
Grundton aus]; Intervall von drei Tonstu-
fen); **Terzett,** das; -[e]s, -e (dreistimmi-
ges Gesangstück)

Test, der; -[e]s, -s (auch: -e; Probe; Prüfung, psycholog. Experiment; Untersu-
chung)

Testament, das; -[e]s, -e (letztwillige Verfügung; Bund Gottes mit den Menschen,
danach das Alte u. das Neue Testament
der Bibel); **testamentarisch** (durch
letztwillige Verfügung, letztwillig); **Tes-
tat,** das; -[e]s, -e (Zeugnis, Bescheini-
gung)

testen (einem Test unterziehen); **Test-
fahrt**

Tetanus [auch: tä...], der; - (Med.:
Wundstarrkrampf)

Tete-a-Tete, (auch:) Tête-à-Tête [tätatät],
das; -, -s (zärtliches Beisammensein)

Tetraeder, das; -s, - (Vierflächner, drei-
seitige Pyramide)

teuer; ein teures Kleid; das kommt mir od.
mich teuer zu stehen; **Teuerung**

Teufel, der; -s, -; zum - jagen (ugs.); zum
-! (ugs.); **Teufels.austreibung,** ...kerl
(ugs.); **teuflisch;** ein -er Plan

teutonisch (auch abwertend für: deutsch)

Text, der; -[e]s, -e (Wortlaut, Beschriftung;
[Bibel]stelle); **texten** (einen [Schlager-,
Werbe]text gestalten); **Texter; Textser**
(jmd., der [berufsmäßig] Texte in eine
EDV-Anlage eingibt); **Texterfasserin**

textilfrei (scherzh. für: nackt); **Textilien**
[...i'n], die (Mehrz.; Gewebe, Faserstoff-
erzeugnisse [außer Papier]); **Textilin-
dustrie**

Text|stel|le; Text|ver|ar|bei|tung (EDV); Text|ver|ar|bei|tungs|pro|gramm

T-för|mig [te...] (in Form eines lat. T)

The|al|ter, das; -s, - (ugs. auch für: Aufregung; Vortäuschung); The|al|ter_stück, ...vor|stel|lung; the|al|tra|lisch (bühnenmäßig; gespreizt)

The|ke, die; -, -n (Schanktisch; auch für: Ladentisch)

The|ma, das; -s, ...men u. -ta (Aufgabe, Gegenstand; Gesprächsstoff; Leitgedanke [bes. in der Musik]); The|ma|tik, die; -, -en (Themenstellung; Ausführung eines Themas); the|ma|tisch (dem Thema entsprechend, zum Thema gehörend); the|ma|ti|sie|ren (zum Thema machen); The|men_kreis, ...stel|lung

Theo|lo|ge, der; -n, -n (jmd., der Theologie studiert hat, auf dem Gebiet der Theologie beruflich tätig ist); Theo|lo|gie, die; -, ...ien (systematische Auslegung u. Erforschung einer Religion); Theo|lo|gin; theo|lo|gisch

The|o|re|ti|ker; the|o|re|tisch; the|o|re|ti|sie|ren (etwas rein theoretisch erwägen); The|o|rie, die; -, ...ien

The|ra|peut, der; -en, -en (behandelnder Arzt, Heilkundiger); The|ra|peu|tin; the|ra|peu|tisch; The|ra|pie, die; -, ...ien (Krankenbehandlung, Heilbehandlung)

Ther|mal_bad (Warm[quell]bad), ...quel|le; Ther|me, die; -, -n (warme Quelle); Ther|mo|me|ter, das (österr., schweiz. auch: der); -s, - (Temperaturmessgerät); Ther|mos|fla|sche® (Warmhaltegefäß); Ther|mo|s|t_at, der; -[e]s u. -en, -e[n] (Temperaturregler; Apparat zur Herstellung konstanter Temperatur in einem Raum)

The|se, die; -, -n (aufgestellter [Leit]satz, Behauptung)

Thing, das; -[e]s, -e (germ. Volks-, Gerichts- u. Heeresversammlung)

Tho|mas|mehl, das; -[e]s (ein Düngemittel)

Tho|ra [auch, österr. nur: tora], die; - (die 5 Bücher Mosis, das mosaische Gesetz)

Thril|ler [thril^er], der; -s, - (Spannung u. Nervenkitzel erzeugender Film, Roman u. Ä.)

Throm|bo|se, die; -, -n (Med.: Verstopfung von Blutgefäßen durch Blutgerinnsel)

Thron, der; -[e]s, -e; thro|nen; Thron|fol|ge; Thron|fol|ger; Thron|fol|ge|rin

Thun|fisch, (auch:) Tun|fisch

Thy|mi|an, der; -s, -e (eine Gewürz- u. Heilpflanze)

Ti|a|ra, die; -, ...ren (dreifache Krone des Papstes)

Tick, der; -[e]s, -s (wunderliche Eigenart, Schrulle)

ti|cken

Ti|cket, das; -s, -s (engl. Bez. für: Fahr-, Eintrittskarte)

Ti|de, die; -, -n (nordd. für: die regelmäßig wechselnde Bewegung der See; Flut); Ti-

den, die (Mehrz.; Gezeiten); Ti|den|hub (Wasserstandsunterschied bei den Gezeiten)

Tie|break, (auch:) Tie-Break [taibrek], der od. das; -s, -s (Tennis: Satzverkürzung [beim Stand von 6 : 6])

tief; auf das, aufs Tiefste od. auf das, aufs tiefste beklagen; - sein, werden, graben, stehen; mit tief bewegter, (auch:) tiefbewegter Stimme; tief empfundenes, (auch:) tiefempfundenes Mitleid; die tief erschütterte, (auch:) tieferschütterte Frau; tief gefühlter, (auch:) tiefgefühlter Schmerz; eine tief greifende, (auch:) tiefgreifende Veränderung; eine tief schürfende, (auch:) tiefschürfende Abhandlung; eine tief verschneite, (auch:) tiefverschneite Landschaft

Tief, das; -s, -s (Fahrrinne; Meteor.: Tiefdruckgebiet); Tief_aus|läu|fer (Meteor.), ...bau (der; -[e]s); tief|be|wegt; vgl. tief; tief|blau; Tief|druck, der; -[e]s, (Druckw.:) -e; Tief|druck|ge|biet (Meteor.); Tie|fe, die; -, -n; Tief|ebe|ne; tief|emp|fun|den; vgl. tief; Tie|fen|psy|cho|lo|gie; tief|ernst; tief|er|schüt|tert; vgl. tief; Tief_flie|ger (Flugzeug), ...gang (der; -[e]s), ...ga|ra|ge; tief|ge|frie|ren (bei tiefer Temperatur schnell einfrieren); tief|ge|fühlt; vgl. tief; tief|ge|kühlt; tiefgekühltes Gemüse od. Obst; das Obst ist -; tief|grei|fend; vgl. tief; tief|grün|dig; tief|küh|len; Tief|kühl_fach, ...tru|he; Tief_punkt, ...schlag ([Box]hieb unterhalb der Gürtellinie); tief|schür|fend; vgl. tief; Tief_see (die; -), ...sinn (der; -[e]s); tief|sin|nig; tief|sta|peln (Ggs.: hochstapeln); tief|trau|rig; tief|ver|schneit; vgl. tief

Tie|gel, der; -s, -

Tier, das; -[e]s, -e; Tier_art, ...arzt, ...freund, ...gar|ten; tie|risch (ugs. auch für: sehr, äußerst); Tier|kreis (Astron.); Tier|kreis|zei|chen; Tier_kun|de (für: Zoologie), ...lie|be, ...quä|le|rei, ...reich (der; -[e]s); Tier|schutz|ver|ein; Tier|welt

Til|ger, der; -s, -; til|gern (streifig machen; ugs. für: irgendwohin gehen)

Til|de, die; -, -n (span. u. portug. Aussprachezeichen; [Druckw.:] Wiederholungszeichen: ~)

tilg|bar; til|gen; Til|gung

Till Eu|len|spie|gel (niederd. Schelmengestalt)

Til|si|ter, der; -s, - (ein Käse)

Tim|b|re [tängbr^e], das; -s, -s (Klangfarbe der Gesangsstimme)

Time|sha|ring [taimschäring], das; -s, -s (EDV: Zeitzuteilung bei der gleichzeitigen Benutzung eines Großrechners durch viele Benutzer; auch: gekauftes Wohnrecht an einer Ferienwohnung während einer bestimmten Zeit); Ti|ming [taiming], das; -s, -s (zeitl. Abstimmen von Abläufen)

tin|geln (ugs. für: Tingeltangel spielen; im Tingeltangel auftreten); Tin|gel|tan|gel, der u. das; -s, - (ugs. für: niveaulose Unterhaltungsmusik; Tanzlokal; Varietee)

Tink|tur, die; -, -en ([Arznei]auszug)

Tin|nef, der; -s (ugs. für: Plunder; Unsinn)

Tin|te, die; -, -n; Tin|ten|fisch

Tip, (frühere Schreibung für:) Tipp, der; -s, -s (nützlicher Hinweis; Vorhersage bei Lotto u. Toto; ugs. für: ausgefüllter Wettschein)

Tip|pel|bru|der (ugs. für: Landstreicher); tip|peln (ugs. für: zu Fuß gehen, wandern)

¹tip|pen (ugs. für: Maschine schreiben; nordd., mitteld. für: leicht berühren; Dreiblatt spielen); er hat ihm (auch: ihn) auf die Schulter getippt

²tip|pen (wetten); er hat richtig getippt

Tipp|feh|ler (ugs. für: Fehler beim Maschineschreiben); Tipp|se, die; -, -n (ugs. abwertend für: Maschinenschreiberin); tipptopp (ugs. für: tadellos, ausgezeichnet); Tipp|zet|tel (Wettzettel)

Ti|ra|de, die; -, -n (Wortschwall)

Ti|ra|mi|su, das; -s, -s (Süßspeise aus Mascarpone u. in Kaffee getränkten Biskuits)

ti|ri|lie|ren (pfeifen, singen [von Vögeln])

Tisch, der; -[e]s, -e; bei - (beim Essen) sein; am - sitzen; zu - gehen; Gespräch am runden -; Tisch|de|cke; Tisch|ler; Tisch|le|rei; tisch|lern; Tisch_ord|nung, ...re|de, ...ten|nis, ...tuch (Mehrz. ...tücher)

¹Ti|tan, der; -en, -en (meist Mehrz.; einer der riesenhaften, von Zeus gestürzten Götter der gr. Sage; übertr. für: jmd., der durch außergewöhnliche Leistung, Machtfülle o. Ä. beeindruckt)

²Ti|tan, das; -s (chem. Element, Metall; Zeichen: Ti)

Ti|tel, der; -s, -; Ti|tel_bild, ...blatt, ...held, ...sei|te, ...song, ...ver|tei|di|ger, ...ver|tei|di|ge|rin (Sportspr.)

ti|tu|lie|ren (mit einem Titel anreden; als jmdn., etw. bezeichnen)

Ti|vo|li, das; -[s], -s (Vergnügungsort; it. Kugelspiel)

Toast [toβt], der; -[e]s, -e u. -s (geröstete Weißbrotschnitte; Trinkspruch); toas|ten (Weißbrot rösten; einen Trinkspruch ausbringen); Toas|ter (elektr. Gerät zum Rösten von Weißbrotscheiben)

To|bak, der; -[e]s, -e (veralt. für: Tabak); vgl. anno -

to|ben; To|be|rei; To|b|sucht, die; -; tob|süch|tig; Tob|suchts|an|fall

Toch|ter, die; -, Töchter (schweiz. auch für: Mädchen; Fräulein, Angestellte); Toch|ter-ge|schwulst (nachträglich hinzukommende Geschwulst bei Krebs; Metastase), ...ge|sell|schaft (Wirtsch.)

Tod, der; -[e]s, (selten:) -e; zu -e fallen,

hetzen, erschrecken; **tod|brin|gend;
tod|ernst** (ugs.); **To|des_angst, ...an|zei|ge, ...fall, ...fol|ge** (die; -;
Rechtsspr.), **...kampf, ...kan|di|dat; to|des|mu|tig; To|des_op|fer, ...stra|fe,
...tag, ...ur|sa|che, ...ur|teil, ...ver|ach|tung; Tod|feind; tod_krank,
...lang|wei|lig** (ugs.); **töd|lich; tod_mü|de** (ugs.), **...schick** (ugs. für: sehr
schick), **...si|cher** (ugs. für: absolut
sicher, gewiss), **...ster|bens|krank** (ugs.);
Tod|sün|de; tod_trau|rig, ...un|glück|lich

Tof|fee [tofi], das; -s, -s (eine Weichkaramelle)

Töff|töff, das; -s, -s (Kinderspr.: Kraftfahrzeug)

Tol|ga, die; -, ...gen ([altröm.] Obergewand)

To|hu|wa|bo|hu, das; -[s], -s (Wirrwarr,
Durcheinander)

To|i|let|te [toal...], die; -, -n (Frisiertisch;
[feine] Kleidung; Ankleideraum; Klosett);
- machen (sich [gut] anziehen); **To|i|let|ten_pa|pier, ...was|ser** (Mehrz. ...wässer)

toi, toi, toi! [teu, teu, teu] (ugs. für: unberufen!)

Töl|le, die; -, -n (ugs. für: Hund, Hündin)

to|le|rant (duldsam; nachsichtig; weitherzig); **To|le|ranz,** die; -, (Technik:) -en
(Duldung, Duldsamkeit; Technik: zulässige
Abweichung vom vorgegebenen Maß);
to|le|rie|ren (dulden, gewähren lassen)
toll; toll|dreist

Tol|le, die; -, -n (ugs. für: Büschel; Haarschopf)

toll|en; Toll|haus; toll|kühn

Toll|patsch, der; -[e]s, -e (ugs. für: ungeschickter Mensch); **toll|pat|schig** (ugs.)

Toll|wut

Tollpatsch usw. (frühere Schreibung für:
Tollpatsch usw.)

Töl|pel, der; -s, - (abwertend); **töl|pel|haft**
(abwertend)

To|ma|hawk [tómahak, auch: ...hǎk], der;
-s, -s (Streitaxt der [nordamerik.] Indianer)

To|ma|te, die; -, -n; gefüllte -n

Tom|bo|la, die; -, -s, (selten:) ...len (Verlosung bei Festen)

[1]Ton, der; -[e]s, (für: Tonsorten Mehrz.:) -e
(Verwitterungsrückstand tonerdehaltiger
Silikate)

[2]Ton, der; -[e]s, Töne (Laut usw.); den -
angeben; **to|nal** (Musik: auf einen
Grundton bezogen); **ton|an|ge|bend;
Ton_art, ...band** (das; Mehrz. ...bänder)

[1]tö|nen (färben)

[2]tö|nen (klingen)

To|ner, der; -s, - (Druckfarbe für Kopiergeräte, Drucker u. Ä.)

Ton|er|de; essigsaure -; **tö|nern** (aus
[1]Ton); es klingt - (hohl)

Ton_fall (der; -[e]s), **...film**

To|ni|ka, die; -, ...ken (Musik: Grundton
einer Tonleiter, eines Musikstücks; Dreiklang auf der ersten Stufe)

To|ni|kum, das; -s, ...ka (Med.: stärkendes
Mittel)

Ton_in|ge|ni|eur, ...lei|ter (die); **ton|los;
-e Stimme; Ton|meis|ter**

Ton|ne, die; -, -n (auch Maßeinheit für
Masse: 1 000 kg); **Ton|nen|ge|wöl|be**

Ton|sur, die; -, -en (früher: kahl geschorene Stelle auf dem Kopf kath. Geistlicher)

Ton_ta|fel, ...tau|be (Wurftaube); **Ton|tau|ben|schie|ßen,** das; -s

Tö|nung (Art der Farbgebung)

top (ugs. für: hervorragend); **Top,** das; -s,
-s ([ärmelloses] Oberteil)

To|pas, der; -es, -e (ein Halbedelstein)

Topf, der; -[e]s, Töpfe; **Topf|blu|me; top|fen** (in einen Topf pflanzen); **Töp|fer;
Töp|fe|rei; töp|fern** (Töpferwaren machen); **Töp|fer|schei|be; Topf|gu|cker**

top|fit [top-fit] (in bester körperlicher Verfassung)

Topf_lap|pen, ...pflan|ze

Top|ma|nage|ment [topmänidschm°nt]
(Wirtsch.; Spitze der Unternehmensleitung); **Top|ma|na|ger; Top|mo|del** (vgl.
[2]Model)

To|po|gra|fie, (auch:) **To|po|gra|phie,** die;
-, ...ien (Orts-, Lagebeschreibung, -darstellung)

Top|star; vgl. [2]Star

Top Ten, die; - -, - - -s (Hitparade [aus zehn
Titeln, Werken u. a.])

[1]Tor, das; -[e]s, -e (große Tür; Angriffsziel
[beim Fußballspiel u. a.])

[2]Tor, der; -en, -en (törichter Mensch)

To|re|a|dor, der; -s u. -en, -e[n] ([berittener] Stierkämpfer)

To|re|ro, der; -[s], -s (nicht berittener
Stierkämpfer)

Torf, der; -[e]s, -e (verfilzte, vermoderte
Pflanzenreste); **Torf_moor, ...mull**

Tor|frau (Sportspr.)

Tor|heit; tö|richt; tö|rich|ter|wei|se

tor|keln (ugs. für: taumeln)

Tor_lauf (für: Slalom), **...li|nie**

Tor|mann, Mehrz. ...männer

Tor|na|do, der; -s, -s (Wirbelsturm in Nordamerika)

Tor|nis|ter, der; -s, - ([Fell-, Segeltuch]ranzen)

tor|pe|die|ren (mit Torpedo[s] beschießen,
versenken; übertr. für: stören, verhindern); einen Plan -

Tor|schluss, der; -es; vor -; **Tor|schluss|pa|nik**

Tor|so, der; -s, -s u. ...si (allein erhalten gebliebener Rumpf einer Statue; Bruchstück)

Tört|chen; Tor|te, die; -, -n; **Tor|ten_bo|den, ...guss**

Tor|tur, die; -, -en (Folter, Qual)

Tor_ver|hält|nis (Sportspr.), **...wart**
(Sportspr.), **...weg**

to|sen; der Sturm tos|te

tot; - sein; sich - stellen; der tote Punkt;
ein totes Gleis; ein tot geborenes, (auch:)
totgeborenes Kind; sich tot stellen

to|tal (gänzlich, völlig; Gesamt...); **To|tal_aus|ver|kauf; To|ta|li|sa|tor,** der; -s,
...oren (amtliche Wettstelle auf Rennplätzen; Kurzw.: Toto); **to|ta|li|tär** (diktatorisch, sich alles unterwerfend [vom
Staat]; selten für: ganzheitlich); **To|ta|li|tät,** die; -, -en (Gesamtheit, Ganzheit);
To|tal|scha|den

tot|ar|bei|ten, sich (ugs.); **tot|är|gern,**
sich (ugs. für: sich sehr ärgern); **To|te,**
der u. die; -n, -n

To|tem, das; -s, -s (bei Naturvölkern das
Ahnentier u. Stammeszeichen der Sippe);
To|tem|pfahl

**tö|ten; to|ten_blass, ...bleich; To|ten|grä|ber; To|ten|sonn|tag; to|ten|still;
To|ten_stil|le, ...tanz, ...wa|che; tot|fah|ren;** er hat sie totgefahren; **tot|ge|bo|ren;** vgl. tot; **Tot|ge|burt; tot|la|chen,** sich (ugs. für: heftig lachen); **tot|lau|fen,** sich (ugs. für: von selbst zu
Ende gehen); **tot|ma|chen** (ugs. für: töten)

To|to, das (auch: der); -s, -s (Kurzw. für:
Totalisator; Sport-, Fußballtoto)

tot|schie|ßen; Tot|schlag, der; -[e]s; **tot|schla|gen;** er wurde [halb] totgeschlagen; er hat seine Zeit totgeschlagen (ugs.
für: nutzlos verbracht); **Tot|schlä|ger;
tot|schwei|gen; tot stel|len; Tö|tung;**
fahrlässige -; **Tö|tungs|ab|sicht**

Touch [tatsch], der; -s, -s (Anstrich; Anflug, Hauch); **Touch|screen** [...βkrin],
der; -s, -s (Computerbildschirm, der auf
Berührung reagiert)

Tou|pet [tupe], das; -s, -s (Halbperücke;
Haarersatz); **tou|pie|ren** (Haar mit dem
Kamm auf-, hochbauschen)

Tour [tur], die; -, -en; in einer - (ugs. für:
ohne Unterbrechung; auf -en kommen
(hohe Geschwindigkeit erreichen; übertr.
für: in Schwung kommen); **Tou|ris|mus,**
der; - (Fremdenverkehr, Reisewesen);
Tou|rist ([Urlaubs]reisender); **Tou|ris|ten|klas|se,** die; - (preiswerte Reiseklasse im
Luft- und Seeverkehr); **tou|ris|tisch;
Tour|ne|dos** [turn°do], das; - [turn°do(β)], - [turn°doβ] (daumendickes, rundes
Lendenschnittchen); **Tour|nee,** die; -,
-s u. ...neen (Gastspielreise von Künstlern)

To|w|er [tau°r], der; -s, - (eines der Wahrzeichen Londons [Einz.]; Flughafenkontrollturm)

to|xisch (Med.; giftig)

Trab, der; -[e]s; - laufen, rennen, reiten

[1]Tra|bant, der; -en, -en (früher für: Begleiter; Diener; Leibwächter; Astron.: Mond;
Technik: künstl. Erdmond, Satellit)

²Tra|bạnt®, der; -s, -s (Kraftfahrzeug aus der ehem. DDR)

Tra|ban|ten|stadt (selbstständige Randsiedlung einer Großstadt)

tra|ben; Tra|ber (Pferd)

Tracht, die; -, -en; eine - Prügel (ugs.)

trach|ten

träch|tig

tra|die|ren ([mündl.] überliefern); Tra|di|ti|on [...ziọn], die; -, -en ([mündl.] Überlieferung; Herkommen; Brauch); tra|di|ti|o|nẹll (überliefert, herkömmlich); tra|di|ti|ons|be|wusst

Trag|bah|re; trag|bar; Tra|ge, die; -, -n

träl|ge

tra|gen; trug, getragen; zum Tragen kommen; Trä|ger; Trä|ge|rin; Tra|ge|ta|sche, ...tü|te; trag|fä|hig; Trag|flä|che

Trạg|heit, die; -

Tra|gik, die; - (Kunst des Trauerspiels; schweres, schicksalhaftes Leid); tra|gi|ko|misch [auch: trạ...] (halb tragisch, halb komisch); Tra|gi|ko|mö|die [auch: trạ...] (Schauspiel, in dem Tragisches u. Komisches miteinander verbunden sind); trạ|gisch (das Trauerspiel betreffend; erschütternd)

Trag|kraft, die; -

Tra|gö|de, der; -n, -n (Heldendarsteller); Tra|gö|die [...iᵉ], die; -, -n (Trauerspiel; großes Unglück); Tra|gö|din

Trag|wei|te, die; -

Trai|ler [trẹⁱlᵉʳ], der; -s, - (Anhänger [zum Transport von Booten, Containern u. a])

Trai|nee [träni], der; -s, -s (jmd., der innerhalb eines Unternehmens auf eine bestimmte Aufgabe vorbereitet wird); Trai|ner [trän... od. trẹn...], der; -s, - (jmd., der Sportler systematisch auf Wettkämpfe vorbereitet; Betreuer von Rennpferden; auch schweiz. Kurzform für: Trainingsanzug); Trai|ne|rin; trai|nie|ren; Trai|ning [trän... od. trẹn...], das; -s, -s (systematische Vorbereitung [auf Wettkämpfe]); Trai|nings-an|zug, ...la|ger (Mehrz. ...lager)

Tra|kẹh|ner (ein edles Vollblutpferd)

Trakt, der; -[e]s, -e (Gebäudeteil); Trak|tạt, das od. der; -[e]s, -e ([wissenschaftliche] Abhandlung; religiöse Schrift); trak|tie|ren (schlecht behandeln, quälen; veraltend für: großzügig bewirten); Trak|tor, der; -s, ...oren (Zugmaschine, Schlepper)

träl|lern

Tram, die; -, -s (schweiz.: das; -s, -s; bes. schweiz. für: Straßenbahn); Trạm|bahn (südd. für: Straßenbahn)

Tramp [trämp], der; -s, -s (Landstreicher, umherziehender Gelegenheitsarbeiter [bes. in den USA]); Trạm|pel, der od. das; -s, - (ugs. für: plumper Mensch); trạm|peln (ugs. für: mit den Füßen heftig aufstampfen); Trạm|pel_pfad, ...tier

(Kamel; ugs. für: plumper Mensch); tram|pen [trämpᵉn] (per Anhalter reisen); Trạm|po|lin, das; -s, -e (ein Sprunggerät; - springen

Tran, der; -[e]s, (für: Transorten Mehrz.:) -e (flüssiges Fett von Seesäugetieren, Fischen)

Tran|ce [trạŋβ⁽ᵉ⁾], die; -, -n (schlafähnlicher Zustand [in Hypnose])

tran|chie|ren usw.; vgl. transchieren usw.

Trä|ne, die; -, -n; trä|nen; Trä|nen_drü|se, ...gas (das; -es); trä|nen|reich

Tran|fun|zel (ugs. abwertend für: schlecht brennende Lampe; [geistig] schwerfälliger Mensch); tra|nig (Tran enthaltend, nach Tran schmeckend; ugs. für langsam, langweilig)

Trank, der; -[e]s, Tränke (Mehrz. selten; geh. für: Getränk); Trän|ke, die; -, -n (Stelle an einem Gewässer, wo Tiere getränkt werden); trän|ken (Tieren Wasser geben; sich mit einer Flüssigkeit vollsaugen lassen)

Tran|quili|zer [trängkwilaisᵉʳ], der; -s, - (beruhigendes Medikament)

Trans|ak|ti|on [...ziọn], die; -, -en (größere finanzielle Unternehmung)

tran|schie|ren, (auch:) tran|chie|ren [...schirᵉn] ([Fleisch, Geflügel, Braten] zerlegen); Tran|schier|mes|ser, (auch:) Tran|chier|mes|ser, das

Trans|fer, der; -s, -s (Wirtsch.: Zahlung ins Ausland in dessen Währung; Sportspr.: Wechsel eines Berufsspielers zu einem anderen Verein; Weitertransport im Reiseverkehr); trans|fe|rie|ren (Wirtsch.: einen Transfer durchführen; Sportspr.: einen Berufsspieler gegen eine Ablösesumme übernehmen od. abgeben)

Trans|for|ma|ti|on [...ziọn], die; -, -en (Umformung, Umgestaltung); Trans|for|ma|tor, der; -s, ...oren (Umspanner [elektr. Ströme]); trans|for|mie|ren (umformen, umgestalten; umspannen)

Trans|fu|si|on, die; -, -en ([Blut]übertragung)

Tran|sịs|tor, der; -s, ...oren (Elektronik: ein Halbleiterbauelement); Tran|sịs|tor|ra|dio

Tran|sit [auch: ...it, trạnsit], der; -s, -e (Wirtsch.: Durchfuhr von Waren; Durchreise von Personen); Tran|sit|han|del

tran|si|tiv (Sprachw.: eine Wenfallergänzung fordernd u. zur Bildung der persönlichen Leideform fähig; zielend); -es Zeitwort

Tran|sit_rei|sen|de, ...ver|bot (Durchfahrverbot), ...ver|kehr

trans|pa|rẹnt (durchscheinend; durchsichtig; durchschaubar); Trans|pa|rẹnt, das; -[e]s, -e (durchscheinendes Bild; Spruchband)

Trans|pi|ra|ti|on [...ziọn], die; - (Schweiß; [Haut]ausdünstung); tran|spi|rie|ren

Trans|plan|ta|ti|on [...ziọn], die; -, -en

(Med.: Überpflanzung von Organen, Gewebeteilen od. lebenden Zellen auf andere Körperstellen od. auf einen anderen Organismus)

Trans|port, der; -[e]s, -e (Beförderung); trans|por|tie|ren (befördern); Transport_kis|te, ...kos|ten (Mehrz.), ...mit|tel

Tran|su|se, die; -, -n (ugs. abwertend für: langsamer Mensch)

Trans|ves|tit, der; -en, -en (Mann, der sich aufgrund seiner sexuellen Veranlagung wie eine Frau kleidet, frisiert, schminkt)

tran|s|zen|dẹnt (übersinnlich, -natürlich); Tran|s|zen|dẹnz, die; - (das Überschreiten der Grenzen der Erfahrung, des Bewusstseins)

Tra|pez, das; -es, -e (Viereck mit zwei parallelen, aber ungleich langen Seiten; Vorrichtung für akrobatische Übungen); Tra|pez|akt (am Trapez ausgeführte Zirkusnummer); tra|pez|för|mig

trap|sen (ugs. für: sehr laut auftreten)

Tra|ra, das; -s (ugs. abwertend für: Lärm; großes Aufsehen, Getue)

Trạs|se, die; -, -n ([abgesteckter] Verlauf eines Verkehrsweges, einer Versorgungsleitung usw.; Bahnkörper, Bahn-, Straßendamm)

Tratsch, der; -[e]s (ugs. für: Geschwätz, Klatsch); trạt|schen (ugs.); Trạt|sche|rei (ugs.)

Trau|be, die; -, -n; Trau|ben|zu|cker

trau|en; der Pfarrer traut das Paar; ich traue mich nicht (selten: mir nicht), das zu tun

Trau|er, die; -; Trau|er_fall (der), ...fei|er, ...ge|mein|de, ...kloß (ugs. scherzh. für: langweiliger, lustloser Mensch); trau|ern; Trau|er_spiel, ...wei|de

Trau|fe, die; -, -n; träu|feln

trau|lich; - beisammensitzen

Traum, der; -[e]s, Träume

Trau|ma, das; -s, ...men u. -ta (seelische Erschütterung; Med.: Wunde)

Traum_be|ruf, ...deu|tung; träu|men; ich träumte von meinem Bruder; mir träumte von ihm; es träumte mir (geh.); das hätte ich mir nicht - lassen (ugs. für: hätte ich nie geglaubt); Träu|mer; Träu|me|rin; Träu|me|rei; träu|me|risch; Traum|frau; traum|haft; Traum_job, ...mann

trau|rig; Trau|rig|keit, die; -

Trau_ring, ...schein

traut; ein -es Heim

Trau|te, die; - (ugs. für: [Wage]mut); keine - haben

Trau|ung; Trau|zeu|ge

Tra|ves|tie [...wä...], die; -, ...ien ([scherzhafte] Umgestaltung [eines Gedichtes])

Traw|ler [trạˡᵉʳ], der; -s, - (Fischdampfer)

Trẹ|ber, die (Mehrz.; Rückstände [beim Keltern und Bierbrauen])

---

tro|cken

1. Groß- oder Kleinschreibung:

a) Kleinschreibung:
- *trockene Wäsche*
- *ein trockener Wein; dieser Wein ist am trockensten*

b) Großschreibung:
- *im / auf dem Trockenen (auf trockenem Boden) stehen*
- *auf dem Trockenen sein/sitzen* (ugs. für: festsitzen, nicht weiterkommen; [aus finanziellen Gründen] in Verlegenheit sein; nichts mehr zu trinken haben)
- *dort werden wir endlich im Trockenen* (ugs. für: *geborgen*) *sein*
- *sein Schäfchen ins Trockene bringen, im Trockenen haben* (ugs. für: sich wirtschaftlich sichern, gesichert haben)

2. Schreibung in Verbindung mit Zeitwörtern:
- *die Haare trocken schneiden*
- *die Wäsche wird bald trocken sein*

- *die Kartoffeln sollen trocken (an einem trockenen Ort) liegen*
- *der Anzug darf nur trocken (in trockenem Zustand) gereinigt werden*
- *sich trocken rasieren*
- *die Wäsche trocken schleudern* od. *trockenschleudern (durch Schleudern trocknen); das Hemd trocken bügeln* od. *trockenbügeln (durch Bügeln trocknen)*
- *die Fläche soll trocken gerieben* od. *trockengerieben (durch Reiben getrocknet) werden*
- *den Sumpf trockenlegen (austrocknen, entwässern)*
- *den Fußboden trocken wischen* od. *trockenwischen (durch Wischen trocknen); aber nur: den Fußboden trocken (mit einem trockenen Tuch) wischen*
- *die Haare trocken föhnen* od. *trockenföhnen (durch Föhnen trocknen)*

Treck, *der;* -s, -s (Zug von Menschen, Flüchtenden [mit Fuhrwerken]); **tre|cken** (ziehen); **Tre|cker** (Traktor); **Tre|cking;** vgl. Trekking

¹**Treff**, *das;* -s, -s (Kreuz, Eichel [im Kartenspiel])

²**Treff**, *der;* -s, -s (ugs. für: Treffen, Zusammenkunft); **tref|fen,** traf, getroffen; **Tref|fen,** *das,* -s, -; **tref|fend; Tref|fer; treff|lich; Treff|punkt**

trei|ben; trieb, getrieben; **Trei|ber; Trei|be|rei; Treib|haus; Treib|haus|ef|fekt; Treib|stoff**

trei|deln (früher: einen Lastkahn vom Ufer aus stromaufwärts ziehen); **Trei|del|pfad** (schmaler, am Ufer entlangführender Pfad)

Trek|king, (auch:) Tre|cking, *das;* -s, -s (mehrtägige Wanderung od. Fahrt [durch ein unwegsames Gebiet])

Tre|ma, *das;* -s, -s u. -ta (Trennpunkte, Trennungszeichen [über einem von zwei getrennt auszusprechenden Selbstlauten, z. B. fr. naïf „naiv"])

tre|mo|lie|ren (mit Tremolo spielen, singen); **Tre|mo|lo,** *das;* -s, -s u. ...li (Musik: bei Instrumenten rasche Wiederholung eines Tons od. Intervalls; [beim Gesang] unnatürlich starkes Bebenlassen der Stimme)

Trench|coat [*träntschko*ᵘ*t*], *der;* -[s], -s (Wettermantel)

Trend, *der;* -s, -s (Grundrichtung einer Entwicklung); **Trend|set|ter,** *der;* - (jmd., der den Trend bestimmt; etwas, was einen Trend auslöst)

tren|nen; sich -; **Tren|nung; Tren|nungs_geld, ...schmerz**

trepp_ab; trepp_auf; -, treppab laufen;

Trep|pe, *die;* -, -n; -n steigen; **Treppen_ab|satz, ...haus, ...witz** (*der;* -es)

Tre|sen, *der;* -s, - (nordd. u. mitteld. für: Laden-, Schanktisch)

Tre|sor (österr. auch: *tre...*), *der;* -s, -e (Panzerschrank; Stahlkammer)

Tres|se, *die;* -, -n (Borte)

Tres|ter, *die* (*Mehrz.;* Rückstände beim Keltern u. Bierbrauen)

tre|ten; trat, getreten; er tritt ihn (auch: ihm) auf den Fuß; beiseite -; **Tre|ter,** *die* (*Mehrz.;* ugs. für: Schuhe); **Tret|mi|ne; Tret|müh|le** (ugs. für: gleichförmiger [Berufs]alltag)

treu; - bleiben; zu -en Händen übergeben (vertrauensvoll zur Aufbewahrung übergeben); ein mir treu ergebener, (auch:) treuergebener Freund; ein treu sorgender, (auch:) treusorgender Vater; **Treu|bruch,** *der;* **treu|brü|chig; Treue,** *die;* -; auf Treu und Glauben; **Treue|prä|mie; treu|er|ge|ben;** vgl. treu; **Treu|hand,** *die;* - (Rechtsspr.: Treuhandgesellschaft); **Treu|hän|der** (Rechtsspr.: zur Treuhandschaft bevollmächtigte Person); **Treu|hand|ge|sell|schaft** (Rechtsspr.: Gesellschaft, die fremde Rechte ausübt); **Treu|hand|schaft** (Ausübung u. Verwaltung fremder Rechte durch eine bevollmächtigte Person); **treu|her|zig; treu|lich** (veraltend für: getreulich); **treu|los; treu|sor|gend;** vgl. treu

Tri|an|gel (österr.: ...*ạng*...], *der;* -s, - (Musik: ein Schlaggerät)

Tri|ath|lon, *das;* u. *der;* -s, -s (Mehrkampf aus Schwimmen, Radfahren u. Laufen an einem Tag; Skisport: Mehrkampf aus Langlauf, Schießen u. Riesenslalom)

Tri|bu|nal, *das;* -s, -e ([hoher] Gerichtshof);

Tri|bü|ne, *die;* -, -n ([Redner-, Zuhörer-, Zuschauer]bühne; auch für: Zuhörer-, Zuschauerschaft); **Tri|but,** *der;* -[e]s, -e (Abgabe, Steuer); etwas fordert einen hohen - (hohe Opfer); einer Sache [seinen] - zollen (sie anerkennen); **tri|but|pflich|tig**

Tri|chi|ne, *die;* -, -n (schmarotzender Fadenwurm); **Tri|chi|nen|schau|er**

Trich|ter, *der;* -s, -; **trich|ter|för|mig; trich|tern**

Trick, *der;* -s, -e u. -s (Kunstgriff; Kniff; List); **Trick|film; trick|sen** (ugs. für: mit Tricks arbeiten, mit Tricks bewerkstelligen)

Trieb, *der;* -[e]s, -e; **Trieb|fe|der; trieb|haft**

trie|fen, triefte, (geh.:) troff, getrieft (selten noch: getroffen); **trief|nass**

trie|zen (ugs. für: quälen, plagen)

Tri|fo|kal|glas (*Mehrz.:* ...gläser, Brillenglas mit drei verschieden geschliffenen Teilen für drei Entfernungen)

Trift, *die;* -, -en (Weide; Holzflößung; auch svw. Drift)

trif|tig ([zu]treffend); -er Grund

Tri|go|no|me|t|rie, *die;* - (Dreiecksmessung, -berechnung)

Tri|ko|lo|re, *die;* -, -n (dreifarbige [fr.] Fahne)

¹**Tri|kot** [...*ko,* auch: *triko*], *das;* -s, -s (eng anliegendes Kleidungsstück)

²**Tri|kot,** *der* (selten: *das*); -s, -s (maschinengestricktes od. gewirktes Gewebe)

Tril|ler; tril|lern; Tril|ler|pfei|fe

Tri|lo|gie, *die;* -, ...ien (Folge von drei [zusammengehörenden] Dichtwerken, Kompositionen u. a.)

Trimm-dich-Pfad; trim|men (Hunden das Fell scheren; ugs. für: in einen gewünschten Zustand bringen); ein auf alt getrimmter Schrank; sich -; trimm dich durch Sport!

trin|ken; trank, getrunken; **Trin|ker; trink|fest; Trin|ke|rin; Trink_lied, ...spruch, ...was|ser**

Trio, *das;* -s, -s (Musikstück für drei Instrumente; auch für: die drei Ausführenden; Gruppe von drei Personen)

Tri|o|le, *die;* -, -n (Musik: Figur von 3 Noten im Taktwert von 2 oder 4 Tönen)

Trip, *der;* -s, -s (Ausflug, Reise; Rauschzustand durch Drogeneinwirkung; auch für: die dafür benötigte Dosis)

trip|peln (mit kleinen, schnellen Schritten gehen)

Trip|per, *der;* -s, - (Geschlechtskrankheit)

trist (traurig, öde, trostlos)

Tritt, *der;* -[e]s, -e; - halten; **Tritt|brett|fah|rer** (abwertend für: jmd., der von einer Sache zu profitieren versucht, ohne selbst etwas dafür zu tun); **Tritt|lei|ter,** *die*

Tri|umph, *der;* -[e]s, -e (großer Sieg, Erfolg; *nur Einz.:* Siegesfreude); **tri|um|phal; Tri|umph|bo|gen; tri|um|phie|ren**

tri|vi|al [...wi....] (platt, abgedroschen); Tri|vi|a|li|tät, die; -, -en (Plattheit); Tri|vi|al|li|te|ra|tur

tro|cken s. Kasten Seite 419

tro|cken|bü|geln (durch Bügeln trocknen); vgl. trocken; tro|cken|föh|nen (durch Föhnen trocknen); vgl. trocken; Tro|cken|hau|be; Tro|cken|heit; tro|cken|le|gen (entwässern; mit frischen Windeln versehen); Tro|cken.milch, ...pe|ri|o|de, ...ra|sie|rer (ugs.), ...raum; tro|cken|rei|ben (durch Reiben trocknen); vgl. trocken; tro|cken|schleu|dern (durch Schleudern trocknen); vgl. trocken; tro|cken|wi|schen; (durch Wischen trocknen); vgl. trocken; trock|nen; Trock|ner

Trod|del, der; -, -n (Quaste)

Trö|del, der; -s (ugs.); Trö|del|kram (ugs.); trö|deln (ugs. für: beim Arbeiten u. Ä. langsam sein; schlendern); Trö|del|er

Trog, der; -[e]s, Tröge

Troi|ka [treuka, auch: troika], die; -, -s (russ. Dreigespann)

tro|ja|nisch; der Trojanische Krieg; das Trojanische Pferd (bei Homer); ein trojanisches Pferd (EDV: ein besonderes Computervirus)

Troll, der; -[e]s, -e (Kobold, Dämon); trol|len, sich (ugs.)

Trom|mel, die; -, -n; Trom|mel.fell, ...feu|er; trom|meln; Trom|mel|schlä|gel; Trom|mel|wir|bel; Trommler

Trom|pe|te, die; -, -n; trom|pe|ten; er hat trompetet; Trom|pe|ter

Tro|pen, die (Mehrz.; heiße Zone zwischen den Wendekreisen); Tro|pen.helm, ...krank|heit

¹Tropf, der; -[e]s, Tröpfe (ugs. für: einfältiger Mensch)

²Tropf, der; -[e]s, -e (Med.: Vorrichtung für die Tropfinfusion); tröp|feln; trop|fen; Trop|fen, der; -s, -; Trop|fen|fän|ger; trop|fen|wei|se; Tropf|in|fu|si|on (Med.); tropf|nass; Tropf|stein|höh|le

Tro|phäe, die; -, -n (Siegeszeichen; Jagdbeute [z. B. Geweih])

tro|pisch (zu den Tropen gehörend; südlich, heiß)

Tross, der; -es, -e (Milit. früher: der die Truppe mit Verpflegung u. Munition versorgende Wagenpark; übertr. für: Gefolge, Haufen); Tros|se, die; -, -n (starkes Tau; Drahtseil)

Trost, der; -es; trös|ten; sich -; Trös|ter; tröst|lich; trost|los; Trost|lo|sig|keit, die; -; Trost|pflas|ter, ...preis; trost|reich

Trott, der; -[e]s, -e (ugs. für: langweiliger, routinemäßiger [Geschäfts]gang; eingewurzelte Gewohnheit)

Trot|tel, der; -s, - (ugs. für: einfältiger Mensch, Dummkopf); trot|tel|haft; trot|te|lig

trot|ten (ugs. für: schwerfällig gehen);

Trot|toir [...toar], das; -s, -e u. -s (schweiz., sonst veraltend für: Bürgersteig)

trotz; Verhältnisw. mit Wesf., seltener mit Wemf.: - des Regens, (seltener:) dem Regen; - Beweisen; Trotz, der; -es; aus -; dir zum -; trotz|dem; - ist es falsch; trotzdem (älter: - dass) du nicht rechtzeitig eingegriffen hast; trot|zen; trot|zig; Trotz|kopf; trotz|köp|fig

Trou|ba|dour [trubadur, auch: ...dur], der; -s, -e u. -s (provenzal. Minnesänger des 12. u. 13. Jh.s)

trüb, trü|be; im Trüben fischen (ugs. für: unklare Zustände zum eigenen Vorteil ausnutzen); Trü|be, die; -

Tru|bel, der; -s

trü|ben; sich -; Trüb|sal, die; -, -e; trüb|se|lig; Trüb|sinn, der; -[e]s; trüb|sin|nig

Truch|sess, der; -es u. (älter:) -en, -e (im Mittelalter für Küche u. Tafel zuständiger Hofbeamter)

tru|deln (Fliegerspr.: drehend niedergehen od. abstürzen; landsch. auch für: würfeln)

Trüf|fel, der; -, -n (ugs. meist: der; -s, -; ein Pilz; kugelförmige Praline aus einer bestimmten Masse mit Schokolade); trüf|feln (mit Trüffeln zubereiten)

Trug, der; -[e]s; Lug und -; Trug|bild; trü|gen; trog, getrogen; trü|ge|risch; Trug|schluss

Tru|he, die; -, -n

Trumm, das; -[e]s, Trümmer (landsch. für: großes Stück, Exemplar); Trüm|mer, die (Mehrz.; [Bruch]stücke); Trüm|mer.feld, ...hau|fen

Trumpf, der; -[e]s, Trümpfe (eine der [wahlweise] höchsten Karten bei Kartenspielen, mit denen Karten anderer Farbe gestochen werden können); Trumpf|ass, (auch:) Trumpf-Ass; Trumpf|kar|te

Trunk, der; -[e]s, (selten:) Trünke; trun|ken; - von od. vor Freude; Trunk|sucht, die; -

Trupp, der; -s, -s; Trup|pe, die; -, -n; Trup|pen.ab|bau, ...ab|zug, ...pa|ra|de

Trust [meist engl. Aussspr.: traßt], der; -[e]s, -e u. -s (Konzern)

Trut.hahn, ...hen|ne, ...huhn

Tscha|dor, der; -s, -s ([von islamischen Frauen getragener] langer Schleier)

Tscha|ko, der; -s, -s (früher: Kopfbedeckung bei Militär u. Polizei)

Tschar|dasch (alte Schreibung für: Csárdás)

tschau!, ciao! [tschau] (ugs. [Abschieds]gruß)

Tsche|chi|en (kurz für: Tschechische Republik)

tschil|pen; vgl. schilpen

tschüs!, (auch:) tschüss! (ugs.)

Tse|t|se|flie|ge (Überträger der Schlafkrankheit u. a.)

T-Shirt [tischö't], das; -s, -s ([kurzärmliges] Oberteil aus Trikot)

Tsu|na|mi [auch: tsu...], der; -, -[s] od.

die; -, -[s] ([durch ein Seebeben ausgelöste] Flutwelle)

T-Trä|ger, der; -s, -

Tu|ba, die; -, ...ben (ein Blechblasinstrument; Med.: Eileiter, Ohrtrompete)

Tu|be, die; -, -n (röhrenförmiger Behälter [für Farben u. a.]; Med. auch für: Tuba)

tu|ber|ku|lös (schwindsüchtig); Tu|ber|ku|lo|se (eine Infektionskrankheit; Abk.: Tb, Tbc); tu|ber|ku|lo|se|krank (Abk.: Tbc-krank od. Tb-krank)

Tuch, das; -[e]s, Tücher u. (für: Tucharten Mehrz.:) -e; Tuch.bahn, ...fa|brik, ...füh|lung (die; -; leichte Berührung zwischen zwei Personen), ...han|del

tüch|tig; Tüch|tig|keit, die; -

Tü|cke, die; -, -n

tu|ckern (vom Motor)

tü|ckisch; eine -e Krankheit

Tu|e|rei (ugs. für: das Sichzieren)

Tuff, der; -s, -e (ein Gestein)

Tüf|te|lei (ugs.); tüf|teln (ugs. für: eine knifflige Aufgabe mit Ausdauer zu lösen suchen)

Tu|gend, die; -, -en; Tu|gend|bold, der; -[e]s, -e (iron. für: tugendhafter Mensch); tu|gend|haft; tu|gend|sam (veraltend)

Tu|kan [auch: ...an], der; -s, -e (Pfefferfresser [mittel- u. südamerik. spechtartiger Vogel])

Tüll, der; -s, (für: Tüllarten Mehrz.:) -e (netzartiges Gewebe)

Tül|le, die; -, -n (landsch. für: [Ausguss]röhrchen; kurzes Rohrstück zum Einstecken)

Tul|pe, die; -, -n (früh blühendes Zwiebelgewächs); Tul|pen|zwie|bel

tumb (altertümelnd scherzh. für: einfältig)

tum|meln (bewegen); sich - ([sich be]eilen; auch für: herumtollen); Tum|mel|platz; Tümm|ler (Delfin; Taube)

Tu|mor, der; -s, ...oren (Med.: Geschwulst)

Tüm|pel, der; -s, -

Tu|mult, der; -[e]s, -e (Lärm; Unruhe; Auflauf; Aufruhr); tu|mul|tu|a|risch (lärmend, unruhig, erregt)

tun, tat, getan; ich tue od. tu das gern; Tun, das; -s; das - und Lassen; das - und Treiben

Tün|che, die; -, -n; tün|chen

Tun|d|ra, die; -, ...dren (baumlose Kältesteppe jenseits der arktischen Waldgrenze)

Tu|ner [tju...], der; -s, - (Elektronik: Kanalwähler)

Tun|fisch; vgl. Thunfisch

Tu|nicht|gut, der; -[e]s u. -[e]s, -e

Tu|ni|ka, die; -, ...ken (altröm. Untergewand)

Tun|ke, die; -, -n; tun|ken

tun|lich (veraltend für: ratsam, angebracht); tunlichst (möglichst) bald

Tun|nel, der; -s, - u. -s

Tun|te, *die;* -, -n (ugs. abwertend für: Frau; Homosexueller); tun|tig

Tüp|fel|chen; das - auf dem i; das i-Tüpfel|chen; tüp|feln; tup|fen; Tup|fen, *der;* -s, - (Punkt; [kreisrunder] Fleck); Tup|fer

Tür, *die;* -, -en; von - zu -

Tür|an|gel

Tur|ban, *der;* -s, -e ([moslem.] Kopfbedeckung)

Tur|bi|ne, *die;* -, -n (Technik: eine Kraftmaschine); tur|bu|lent (stürmisch, ungestüm); Tur|bu|lenz, *die;* -, -en (turbulentes Geschehen; Physik: Auftreten von Wirbeln in einem Luft-, Gas- od. Flüssigkeitsstrom)

Tür.drü|cker, ...fül|lung, ...griff, ...hü|ter

Tür|ke, *der;* -n, -n (auch für: [nach]gestellte Szene); einen -n bauen (ugs.; oft als diskriminierend empfunden, für: etwas vortäuschen, vorspiegeln); tür|ken (ugs., oft als diskriminierend empfunden, für: vortäuschen, fälschen)

tür|kis (türkisfarben); ein türkises Kleid; ¹Tür|kis, *der;* -es, -e (ein Edelstein); ²Tür|kis, *das;* - (türkisfarbener Ton); in -; tür|kis|far|ben

Tür.klin|ke, ...klop|fer

Turm, *der;* -[e]s, Türme

Tur|ma|lin, *der;* -s, -e (ein Edelstein)

Turm|bau (*Mehrz.* ...bauten)

¹tür|men (aufeinanderhäufen)

²tür|men (ugs. für: weglaufen)

Tür|mer; Turm.fal|ke, ...sprin|gen (Sportspr.), ...uhr

tur|nen; Tur|nen, *das;* -s; Tur|ner; tur|nerisch; Tur|ner|schaft; Turn|hal|le

Tur|nier, *das;* -s, -e (früher ritterlicher, jetzt sportlicher Wettkampf)

Turn.schuh, ...übung

Tur|nus, *der;* -, -se (Reihenfolge; Wechsel; Umlauf; österr. auch für: Arbeitsschicht); im -

Turn|zeug

Tür.schloss; Tür|spalt

tur|teln (girren); Tur|tel|tau|be

Tusch, *der;* -[e]s, -e (Musikbegleitung bei einem Hochruf); einen - blasen

Tu|sche, *die;* -, -n (Zeichentinte)

tu|scheln (heimlich [zu]flüstern)

tu|schen (mit Tusche zeichnen); Tusch.far|be, ...kas|ten

Tü|te, *die;* -, -n

tu|ten; von Tuten und Blasen keine Ahnung haben (ugs.)

Tu|tor, *der;* -s, ...oren (jmd., der den Studienanfänger betreut); Tu|to|ri|um, *das;* -s, ...ien [...*i*ᵉn] ([begleitende] Übung an einer Hochschule)

Tüt|tel|chen (ugs. für: ein Geringstes); kein - preisgeben

Tut|ti|frut|ti, *das;* -[s], -[s] (Gericht aus allen Früchten)

TÜV® [*tüf*], *der;* - (Kurzw. für: Technischer Überwachungs-Verein); TÜV-ge|prüft

Tun|te, *die;* -, -n (ugs. abwertend für:

Tweed [*twid*], *der;* -s, -s u. -e (ein Gewebe)

Twen, *der;* -[s], -s (junger Mann, junge Frau in den Zwanzigern)

Twill, *der;* -s, -s u. -e (Baumwollgewebe [Futterstoff]; Seidengewebe)

Twin|set, *das* (auch: *der*); -[s], -s (Pullover u. Jacke von gleicher Farbe u. aus gleichem Material)

¹Twist, *der;* -es, -e (mehrfädiges Baumwoll[stopf]garn); ²Twist, *der;* -s, -s (ein Tanz); twis|ten (²Twist tanzen)

Two|step|p [*tuβtäp*], *der;* -s, -s (ein Tanz)

¹Typ, *der;* -s, -en (Philos.: *nur Einz.:* Urbild, Beispiel; Psych.: bestimmte psych. Ausprägung; Technik: Gattung, Bauart, Muster, Modell)

²Typ, *der;* -s u. -en, -en (ugs. für: Mensch, Person)

Ty|pe, *die;* -, -n (gegossener Druckbuchstabe, Letter; ugs. für: komische Figur; bes. österr. svw. Typ [Technik])

Ty|phus, *der;* - (eine Infektionskrankheit)

ty|pisch (gattungsmäßig; kenn-, bezeichnend; ausgeprägt; eigentümlich; üblich)

Ty|po|gra|fie, (auch:) Ty|po|gra|phie, *die;* -, ...ien (Buchdruckerkunst); Ty|pus, *der;* -, Typen (svw. Typ [Philos., Psych.])

Ty|rann, *der;* -en, -en (Gewaltherrscher; auch: herrschsüchtiger Mensch); Ty|ran|nei, *die;* -, -en (Gewaltherrschaft; Willkür[herrschaft]); ty|ran|nisch (gewaltsam, willkürlich); ty|ran|ni|sie|ren (gewaltsam, willkürlich behandeln; unterdrücken)

U u

U (Buchstabe); das U; des U, die U; aber: das u in Mut

U-Bahn, *die;* -, -en (kurz für: Untergrundbahn); U-Bahn-Sta|ti|on

übel; Leute, mir ist, wird übel; jmdm. etwas übel nehmen, (auch:) übelnehmen; übel gesinnte, (auch:) übelgesinnte Nachbarn; ein übel gelauter (auch:) übelgelaunter Kollege; übel riechende, (auch:) übelriechende Abfälle; Übel, *das;* -, -; das ist von (geh.: vom) -; übel|ge|launt; vgl. übel; übel|ge|sinnt; vgl. übel; Übel|keit; übel|lau|nig; übel|neh|men, übel|rie|chend; vgl. übel; Übel|tä|ter; übel|wol|len; Menschen, die uns -

üben; ein Klavierstück -; sich -

über; *Verhältnisw. mit Wemf. u. Wenf.:* die Lampe hängt - dem Tisch; die Lampe - den Tisch hängen; - Gebühr; *Umstandsw.:* - und - (sehr; völlig); die ganze Zeit -

über|all; über|all|her [auch: ...*alher,* ...*alher*]; über|all|hin [auch: ...*alhin,* ...*alhin*]

über|al|tert

Über|an|ge|bot

über|ängst|lich

über|an|stren|gen; sich -; ich habe mich überanstrengt

über|ant|wor|ten (geh. für: übergeben, überlassen); die Gelder wurden ihm überantwortet

über|ar|bei|ten; sich -; du hast dich völlig überarbeitet; er hat den Aufsatz überarbeitet (nochmals durchgearbeitet); Über|ar|bei|tung

über|aus [auch: ...*auβ,* üb*e*r*auβ*]

über|ba|cken (Kochk.); das Gemüse wird überbacken

¹Über|bau, *der;* -[e]s, -e u. -ten (vorragender Bau, Schutzdach; Rechtsspr.: Bau über die Grundstücksgrenze hinaus)

²Über|bau, *der;* -[e]s, (selten:) -e (Marxismus: die auf den wirtschaftl. u. sozialen Grundlagen basierenden Anschauungen einer Gesellschaft u. die entsprechenden Institutionen)

über|be|an|spru|chen; er ist überbeansprucht; Über|be|an|spru|chung

Über|bein (verhärtete Sehnengeschwulst an einem [Hand]gelenk)

über|be|lich|ten (Fotogr.)

Über|be|schäf|ti|gung

Über|be|völ|ke|rung

über|be|wer|ten; Über|be|wer|tung

Über|be|zah|lung

über|bie|ten; sich -; der Rekord wurde überboten

Über|biss (ugs. für: Überstehen der oberen Schneidezähne)

Über|bleib|sel, *das;* -s, - (Rest)

Über|blick, *der;* -[e]s, -e; über|bli|cken; er hat den Vorgang nicht überblickt

über|brin|gen; er hat die Nachricht überbracht; Über|brin|ger

über|brü|cken (meist bildl.); er hat den Gegensatz überbrückt; Über|brü|ckung

über|da|chen; die Veranda wurde überdacht; Über|da|chung

über|dau|ern; die Altertümer haben Jahrhunderte überdauert

über|deh|nen ([bis zum Zerreißen] dehnen, auseinanderziehen); das Gummiband ist überdehnt; Über|deh|nung

über|den|ken; er hat es lange überdacht

über|deut|lich

über|dies

über|di|men|si|o|nal

über|do|sie|ren; Über|do|sis; eine - Schlaftabletten

über|dre|hen; die Uhr ist überdreht

Über|druck, *der;* -[e]s, (auf Geweben, Papier, Briefmarken u. a.:) ...drucke u. (Technik:) ...drücke (zu starker Druck; nochmaliger Druck); Über|druck|ven|til

Über|druss, *der;* -es; über|drüs|sig; des Lebens, des Liebhabers - sein; seiner - sein

über|durch|schnitt|lich

über|eck; - stellen

Über|ei|fer; über|eif|rig

über|eig|nen (zu Eigen geben); das Haus wird ihr übereignet; Über|eig|nung

über|ei|len; sich -; du hast dich übereilt; über|eilt (verfrüht); ein übereilter Schritt

über|ei|n|an|der; - (über sich gegenseitig) reden; vgl. aneinander; über|ei|n|an|der|le|gen; über|ei|n|an|der|lie|gen; übereinanderliegende Decken; über|ei|n|an|der|stel|len; wir haben die Kisten übereinandergestellt

über|ein|kom|men; kam überein, übereingekommen; Über|ein|kunft, die; -, ...künfte

über|ein|stim|men; Über|ein|stim|mung

über|emp|find|lich; Über|emp|find|lich|keit

über|fah|ren; das Kind ist - worden; er hätte mich mit seinem Gerede beinahe - (ugs. für: überrumpelt); Über|fahrt

Über|fall, der; über|fal|len; man hat sie -; über|fäl|lig (zur erwarteten Zeit noch nicht eingetroffen); ein -er (verfallener) Wechsel

über|flie|gen; das Flugzeug hat die Alpen überflogen; ich habe das Buch überflogen; Über|flie|ger (jmd., der begabter, tüchtiger ist als der Durchschnitt)

über|flie|ßen; das Wasser ist übergeflossen; er ist von Dankesbezeigungen übergeflossen

über|flü|geln; jmdn. -

Über|fluss, der; -es; über|flüs|sig

über|flu|ten; der Strom hat die Dämme überflutet

über|for|dern (mehr fordern, als jmd. leisten kann); man hat sie überfordert; Über|for|de|rung

über|fra|gen (Fragen stellen, auf die man nicht antworten kann); über|fragt; ich bin -

über|frem|den; eine überfremdete Sprache; Über|frem|dung

über|füh|ren, über|füh|ren (an einen anderen Ort führen); die Leiche wurde nach ... übergeführt od. überführt; über|füh|ren (einer Schuld); der Mörder wurde überführt; Über|füh|rung; - der Leiche; - einer Straße; - eines Verbrechers

Über|fül|le; über|fül|len; der Raum ist überfüllt

Über|funk|ti|on; - der Schilddrüse

über|füt|tern; eine überfütterte Katze; Über|füt|te|rung

Über|ga|be

Über|gang, der (auch für: Brücke; Besitzwechsel); Über|gangs_lö|sung, ...man|tel, ...re|ge|lung, ...zeit

Über|gar|di|ne (meist Mehrz.)

über|ge|ben; er hat die Festung -; ich habe mich - (erbrochen)

über|ge|hen; wir gingen zum nächsten Thema über; das Grundstück ist in andere Hände übergegangen; die Augen sind ihm

übergegangen (ugs. für: er war überwältigt; geh. für: er hat geweint); über|ge|hen (unbeachtet lassen)

über|ge|ord|net

Über|ge|wicht, das; -[e]s

über|glück|lich

über|grei|fen; das Feuer, die Seuche hat übergegriffen; Über|griff

über|groß; Über|grö|ße

über|halben (ugs. für: satthaben; angezogen haben); er hat die ständigen Vorhaltungen übergehabt; sie hat einen Mantel übergehabt

über|hand|nehmen; es hat überhandgenommen

Über|hang; - der Felsen; (übertr. auch:) - der Waren; 1über|hän|gen; die Felsen hingen über; vgl. 1hängen; 2über|hän|gen; sie hat den Mantel übergehängt; vgl. 2hängen

über|häu|fen; er war mit Arbeit überhäuft; der Tisch ist mit Papieren überhäuft; Über|häu|fung

über|haupt

über|he|ben; sich -; ich werde mich nicht -, das zu behaupten; über|heb|lich (anmaßend); Über|heb|lich|keit

über|hei|zen (zu stark heizen); das Zimmer ist überheizt

über|ho|len (hinter sich lassen; übertreffen; ausbessern, wiederherstellen); er hat ihn mit dem Wagen, in der Leistung überholt; diese Anschauung ist überholt; der Motor ist überholt worden; Über|hol_ma|nö|ver, ...spur, ...ver|bot

über|hö|ren; das möchte ich überhört haben!

über|ir|disch

über|kan|di|delt (ugs. für: überspannt)

über|kle|ben; überklebte Plakate

über|ko|chen; die Milch ist übergekocht

über|kom|men; eine überkommene Verpflichtung

über Kreuz; über|kreu|zen; sich -

über|la|den; das Schiff war überladen

über|la|gern; überlagert; sich -; Über|la|ge|rung

über|lang; Über|län|ge

über|lap|pen; überlappt; Über|lap|pung

über|las|sen (abtreten; anheimstellen; anvertrauen)

über|las|ten; über|las|tet; Über|las|tung

Über|lauf (Ablauf für überschüssiges Wasser in Badewannen u. a.); über|lau|fen; die Galle ist ihm übergelaufen; über|lau|fen; es hat mich kalt -; ihre Praxis ist von Patienten überlaufen; Über|läu|fer (Fahnenflüchtiger)

über|laut

über|le|ben; er hat seine Frau überlebt; diese Vorstellungen sind überlebt; Über|le|ben|de, der u. die; -n, -n; Über|le|bens|chan|ce; über|le|bens|groß

über|le|gen (ugs. für: darüberlegen); sie

legte eine Decke über; 1über|le|gen (bedenken); er hat lange überlegt; ich habe mir das überlegt; 2über|le|gen; er ist mir -; mit -er Miene; über|legt (auch für: sorgfältig abwägend, durchdacht); Über|le|gung; mit wenig -

über|lei|ten; diese Sätze leiten schon in das nächste Kapitel über; Über|lei|tung

über|lie|fern; überlieferte Bräuche, Sitten; Über|lie|fe|rung; schriftliche -

über|lis|ten; der Feind wurde überlistet; Über|lis|tung

überm (ugs. für: über dem); - Haus

Über|macht, die; -; über|mäch|tig

über|man|nen; der Schlaf, der Schmerz hat ihn übermannt

Über|maß, das; -es; im -; über|mä|ßig

über|mensch|lich

über|mit|teln (mit-, zuteilen); Grüße, eine Nachricht -; Über|mitt|lung

über|mor|gen; - Abend

über|mü|det; Über|mü|dung

Über|mut; über|mü|tig

über|nach|ten (über Nacht bleiben); sie haben bei uns übernachtet; über|näch|tig (österr. nur so, sonst häufiger:) über|näch|tigt; Über|nach|tung

Über|nah|me, die; -, -n

über|na|tür|lich

über|neh|men; er hat den Hof übernommen; ich habe mich übernommen

über|ord|nen; er ist ihm übergeordnet

über|par|tei|lich

über|prü|fen; Über|prü|fung

über|quel|len; der Papierkorb quoll über; überquellende Freude, Dankbarkeit

über|que|ren; er hat den Platz überquert; Über|que|rung

über|ra|gen; er hat alle überragt; über|ra|gend; eine -e Persönlichkeit, Leistung

über|ra|schen; über|ra|schend; Über|ra|schung; Über|ra|schungs|ef|fekt

über|re|den; er hat mich überredet

über|re|gio|nal

über|rei|chen

über|reif; Über|rei|fe

über|rei|zen; seine Augen sind überreizt; Über|reizt|heit, die; -

über|ren|nen

Über|rest

über|rol|len

über|rum|peln; der Feind wurde überrumpelt

über|run|den (übertreffen; Sportspr.: mit einer Runde Vorsprung überholen)

über|sä|en (in großer Anzahl über etw. verteilen); übersät (dicht bedeckt); der Himmel ist mit Sternen übersät

über|schat|ten

über|schät|zen

über|schau|bar; Über|schau|bar|keit, die; -; über|schau|en

über|schäu|men; der Sekt war übergeschäumt; überschäumende Lebenslust

---

üb|rig

- *übriges Verlorenes; übrige kostbare Gegenstände*

Großschreibung:
- *ein Übriges tun* (mehr tun, als nötig ist)
- *im Übrigen* (sonst, ferner)
- *das, alles Übrige*
- *die, alle Übrigen*

Schreibung in Verbindung mit Zeitwörtern u. als Eigenschaftswörtern gebrauchten Mittelwörtern:
- *er hat von seinem Vermögen nichts übrig behalten*
- *von dem Kuchen wird nichts übrig bleiben*

- *ihr wolltet mir doch ein Stück Kuchen übrig lassen!*
- *solange wir etwas Geld übrig haben ...*
- *der übrig gebliebene* od. *übriggebliebene Kuchen*

Bei übertragener Bedeutung:
- *uns wird nichts anderes übrig bleiben* od. *übrigbleiben, als nachzugeben*
- *sie haben uns nichts anderes übrig gelassen* od. *übriggelassen, als zur Polizei zu gehen*
- *etwas für jmdn. übrighaben* (jmdn. mögen)

über|schla|fen (bis zum nächsten Tag überdenken)

Über|schlag, der; -[e]s, ...schläge; über|schla|gen; die Stimme ist übergeschlagen; ¹über|schla|gen; die Kosten -; er hat sich vor Liebenswürdigkeit -; ²über|schla|gen (landsch. für: lauwarm)

über|schnap|pen; die Stimme ist übergeschnappt; du bist wohl übergeschnappt (ugs. für: du hast wohl den Verstand verloren)

über|schnei|den (teilweise überdecken; zur gleichen Zeit stattfinden); sich -; Über|schnei|dung

über|schrei|ben; wie ist das Gedicht überschrieben?; das Haus ist auf ihn überschrieben; Über|schrei|bung (Übereignung)

über|schrei|en (durch Schreien übertönen)

über|schrei|ten

Über|schrift

Über|schuh

Über|schuss; über|schüs|sig

über|schüt|ten (über jmdn., etw. schütten u. so bedecken)

Über|schwang, der; -[e]s; im - der Gefühle; über|schwäng|lich; Über|schwäng|lich|keit

über|schwap|pen (ugs. für: verschüttet werden, überlaufen); die Suppe ist übergeschwappt

über|schwem|men; die Uferstraße ist überschwemmt; Über|schwem|mung; Über|schwem|mungs|ge|biet, ...ka|ta|stro|phe

über|schweng|lich, (alte Schreibung für:) überschwänglich

Über|see (die jenseits des Ozeans liegenden Länder; ohne Geschlechtsw.); nach - gehen; Waren von od. aus -; Briefe für -

über|se|hen; einen Fehler -

über|sen|den; der Brief wurde ihm übersandt

über|set|zen (ans andere Ufer befördern, fahren); über|set|zen (in eine andere Sprache übertragen); Über|set|zer; Über|set|ze|rin; Über|set|zung

---

Über|sicht, die; -, -en; über|sicht|lich

über|sie|deln, (auch:) über|sie|deln (den Wohnort wechseln); ich sied[e]le über, (auch:) ich übersied[e]le; ich bin übergesiedelt, (auch:) übersiedelt; Über|sie|de|lung [auch: ...si...]; Über|sied|ler [auch: ...si...]

über|sinn|lich

Über|soll

über|span|nen; den Bogen -; über|spannt (übertrieben; verschroben)

über|spie|len; sie überspielte die peinliche Situation; er hatte die Deckung überspielt (Sport); er hat die CD auf Kassette überspielt

über|spit|zen (übertreiben); über|spitzt (übermäßig)

über|sprin|gen; der Funke ist übergesprungen; über|sprin|gen; ich habe eine Klasse übersprungen

über|ste|hen; die Gefahr ist überstanden

über|stei|gen; einen Berg -; das übersteigt meinen Verstand

über|stei|gern (überhöhen); die Preise sind übersteigert

über|stel|len (Amtsspr.: einer anderen Stelle übergeben)

über|steu|ern (Elektrotechnik: einen Verstärker überlasten, sodass der Ton verzerrt wird; Kfz-Technik: zu starke Wirkung des Lenkradeinschlags zeigen); Über|steu|e|rung

über|stim|men

über|strö|men; überströmende Herzlichkeit; über|strö|men (überfluten)

über|stül|pen

Über|stun|de; -n machen

über|stür|zen (übereilen); sich -

Über|teu|e|rung

über|töl|peln; er wurde übertölpelt

über|tö|nen

Über|trag, der; -[e]s, ...träge; über|trag|bar; ¹über|tra|gen (eine Aufgabe o. Ä. übergeben; im Rundfunk wiedergeben; übersetzen; die Krankheit, ihre Begeiste-

---

rung hat sich auf uns übertragen; ²über|tra|gen; -e Bedeutung; Über|tra|gung

über|tref|fen

über|trei|ben; er hat die Sache übertrieben; Über|trei|bung

über|tre|ten; er ist zur evangelischen Kirche übergetreten; er hat, ist beim Weitsprung übergetreten; über|tre|ten; das Gesetz -; sich den Fuß -; Über|tre|tung

über|trie|ben

Über|tritt

über|trump|fen (überbieten)

über|tün|chen; die Wand -

über|ver|si|chern; Über|ver|si|che|rung

über|völ|kert; diese Provinz ist -; Über|völ|ke|rung

über|voll

über|vor|sich|tig

über|vor|tei|len; jmdn. -

über|wa|chen (beaufsichtigen)

über|wach|sen; mit, von Moos -

Über|wa|chung; Über|wa|chungs|sys|tem

über|wäl|ti|gen (bezwingen); über|wäl|ti|gend (ungeheuer groß)

Über|weg

über|wei|sen; Geld, einen Patienten -; Über|wei|sung

über|wer|fen; sie hat den Mantel übergeworfen; über|wer|fen, sich; wir haben uns überworfen (verfeindet)

über|wie|gen; über|wie|gend [auch: üb...]

über|win|den; sich -; Über|win|dung, die; -

über|win|tern

über|wu|chern

Über|wurf (Umhang; Sportspr.: ein Hebegriff)

Über|zahl; über|zäh|lig

über|zeu|gen; über|zeu|gend; Über|zeu|gung; Über|zeu|gungs|kraft, die; -

über|zie|hen; eine Jacke -; über|zie|hen; sein Konto -; Über|zie|her (leichter Herrenmantel; salopp für: Präservativ); Über|zie|hungs|kre|dit; Über|zug

üb|lich; seine Rede enthielt nur das Übliche

U-Boot (Unterseeboot); U-Boot-Krieg

üb|rig s. Kasten

üb|rig|blei|ben; vgl. übrig; üb|rig|ha|ben; in der Wendung: etw. für jmdn. - (jmdn. mögen); vgl. übrig; üb|ri|gens; üb|rig|las|sen; vgl. übrig

Übung; Übungs|buch

Ufer, das; -s, -; Ufer|bö|schung; ufer|los; seine Pläne gingen ins Uferlose (allzu weit)

UFO, Ufo, das; -[s], -s = unidentified flying object (unbekanntes Flugobjekt)

Uhr, die; -, -en; es ist zwei - nachts; wir kommen um drei [Uhr]; ich warte bis acht [Uhr]; es schlägt 12 [Uhr]; Uhr|ma|cher; Uhr|zei|ger; Uhr|zei|ger|sinn, der; -[e]s (Richtung des Uhrzeigers); nur in: im -, entgegen dem -; Uhr|zeit

Uhu, der; -s, -s (ein Vogel)

Ukas, *der;* -ses, -se (scherzh. für: Anordnung, Erlass)

UKW = Ultrakurzwelle

Ulk, *der;* -s (seltener: -es), -e (Spaß; Unfug); ul|ken; ul|kig (ugs.); Ulk|nu|del (ugs. scherzh.)

Ul|me, *die;* -, -n (ein Laubbaum)

ul|ti|ma|tiv (in Form eines Ultimatums; nachdrücklich); Ul|ti|ma|tum, *das;* -s, ...ten (letzte, äußerste Aufforderung); ul|ti|mo (am Letzten [des Monats]); - März; Ul|ti|mo, *der;* -s, -s (letzter Tag [des Monats])

Ul|t|ra, *der;* -s, -s (Mitglied eines [gewaltbereiten] Fußballfanclubs); ul|t|ra|kurz; Ul|t|ra|kurz|wel|le (elektromagnetische Welle unter 10 m Länge; Abk.: UKW)

ul|t|ra|ma|rin (kornblumenblau); Ul|t|ra|ma|rin, *das;* -s; in -

ul|t|ra|rot (svw. infrarot)

Ul|t|ra|schall, *der;* -[e]s (mit dem menschlichen Gehör nicht mehr wahrnehmbarer Schall); Ul|t|ra|schall|be|hand|lung, ...di|a|g|nos|tik, ...the|ra|pie

ul|t|ra|vi|o|lett [...*wi*...] ([im Sonnenspektrum] über dem violetten Licht; Abk.: UV); -e Strahlen (kurz: UV-Strahlen)

um; I. *Verhältnisw. mit Wenf.:* einen Tag um den anderen; um ... willen *(mit Wesf.):* um jemandes willen. II. *Umstandsw.:* um sein (ugs. für: vorüber sein); die Zeit ist um gewesen; es waren um [die] (= etwa) zwanzig Mädchen. III. *Bindew.:* um zu (mit Grundform); er kommt, um uns zu helfen; vgl. umso

um|ad|res|sie|ren

um|än|dern; Um|än|de|rung

um|ar|bei|ten; der Anzug wurde umgearbeitet; Um|ar|bei|tung

um|ar|men; sich -; Um|ar|mung

Um|bau, *der;* -[e]s, -e u. -ten; um|bau|en

um|be|nen|nen

um|bet|ten; einen Kranken, einen Toten -; Um|bet|tung

um|bie|gen

um|bil|den; die Regierung wurde umgebildet; Um|bil|dung

um|bin|den

um|blät|tern

um|bli|cken, sich

um|bre|chen (Druckw.: den Drucksatz in Seiten einteilen); er umbricht den Satz; der Satz wird umbrochen, ist noch zu -

um|brin|gen

Um|bruch, *der;* -[e]s, ...brüche (grundlegende [politische] Änderung; Druckw.: das Umbrechen)

um|den|ken

um|dis|po|nie|ren (seine Pläne ändern)

um|drän|gen; sie wurde von allen Seiten umdrängt

um|dre|hen; sich -; jeden Cent -; den Spieß - (ugs. für: seinerseits zum Angriff übergehen); ich habe mich umgedreht; Um|dre|hung

um|ei|n|an|der; sich - kümmern; vgl. aneinander

um|fah|ren (fahrend umwerfen; landsch. für: fahrend einen Umweg machen); um|fah|ren (um etwas herumfahren)

um|fal|len

Um|fang; um|fan|gen; jmdn. - halten; um|fang|reich

um|fas|sen (umschließen; enthalten); ich habe ihn umfasst; der Artikel umfasst die wesentlichen Fragen; um|fas|send

um|flie|gen (landsch. für: fliegend einen Umweg machen; ugs. für: hinfallen); um|flie|gen; er hat die Stadt umflogen

um|flort (geh.); mit -em (von Tränen getrübtem) Blick

um|for|men; er hat den Satz umgeformt

Um|fra|ge; - halten; um|fra|gen

um|fül|len

um|funk|ti|o|nie|ren (die Funktion von etwas ändern; zweckentfremdet einsetzen); Um|funk|ti|o|nie|rung

Um|gang, *der;* -[e]s; um|gäng|lich; Umgangs.form *(meist Mehrz.),* ...spra|che; um|gangs|sprach|lich; Um|gangs|ton

um|gar|nen; sie hat ihn umgarnt

um|ge|ben; das Haus mit einer Hecke -; von Kindern -; Um|ge|bung

um|ge|hen; ein Gespenst geht dort um; wie soll mit Giftstoffen umgegangen werden?; um|ge|hen; er hat das Gesetz umgangen; um|ge|hend; mit -er (nächster) Post; Um|ge|hung; Um|ge|hungs|stra|ße

um|ge|kehrt

um|ge|stal|ten; Um|ge|stal|tung

um|gra|ben

um|grup|pie|ren; Um|grup|pie|rung

um|gu|cken, (auch:) um|ku|cken, sich (ugs.)

um|gür|ten; sich -; er hat sich das Schwert umgegürtet

um|hal|sen

Um|hang; um|hän|gen; ich habe mir das Tuch umgehängt; ich habe die Bilder umgehängt (anders gehängt); Um|hän|ge|ta|sche

um|hau|en (abschlagen, fällen usw.); er haute (geh.: hieb) den Baum um; das hat mich umgehauen (ugs. für: das hat mich in großes Erstaunen versetzt)

um|her (im Umkreis); um|her... (bald hierhin, bald dorthin ...); um|her|bli|cken, ...fah|ren, ...flie|gen, ...ge|hen, ...geis|tern, ...ir|ren, ...lau|fen

um|hö|ren, sich

um|hül|len; Um|hül|lung

um|ju|beln

um|kämp|fen

Um|kehr, *die;* -; um|keh|ren; sich -; er ist umgekehrt; sie hat die Tasche umgekehrt

um|kip|pen; mit dem Stuhl -; bei den Verhandlungen - (ugs. für: seinen Standpunkt ändern)

um|klam|mern; Um|klam|me|rung

Um|klei|de, *die;* -, -n (ugs. für: Umkleideraum); um|klei|den, sich; ich habe mich umgekleidet (anders gekleidet); um|klei|den (umgeben, umhüllen); umkleidet mit, von ...; Um|klei|de|raum

um|kni|cken; er ist [mit dem Fuß] umgeknickt

um|kom|men (ums Leben kommen); die Hitze ist zum Umkommen (ugs.)

Um|kreis, *der;* -es; um|krei|sen

um|krem|peln (ugs. auch für: völlig ändern)

Um|la|ge (Steuer; Beitrag); um|la|gern (umgeben, eng umschließen); umlagert von ...

Um|land, *das;* -[e]s (ländliches Gebiet um eine Großstadt)

Um|lauf; in - geben, sein [von Zahlungsmitteln]; Um|lauf|bahn; um|lau|fen (laufend umwerfen; weitergegeben werden)

Um|laut (Sprachw.: ä, ö, ü); um|lau|ten

um|le|gen (derb auch für: erschießen); Um|le|ge|ka|len|der

um|lei|ten; Um|lei|tung

um|ler|nen; er hat umgelernt

um|lie|gend; -e Ortschaften

Um|luft, *die;* -(Technik: aufbereitete, zurückgeleitete Luft)

um|mel|den; Um|mel|dung

um|mo|deln

um|nach|tet (geh. für: geistig verwirrt); Um|nach|tung (geh.)

um|ne|beln (benommen)

um|pa|cken

um|pflü|gen

um|pollen (Physik, Elektrotechnik: Plus- u. Minuspol vertauschen)

um|quar|tie|ren

um|rah|men (mit Rahmen versehen, einrahmen); die Vorträge wurden von musikalischen Darbietungen umrahmt

um|ran|den; sie hat den Artikel mit Rotstift umrandet; um|rän|dert; rot umränderte Augen; Um|ran|dung

um|ran|ken; von Rosen umrankt

um|räu|men; wir haben das Zimmer umgeräumt

um|rech|nen; er hat Euro in Schweizer Franken umgerechnet; Um|rech|nungs-kurs

um|rei|ßen (einreißen; zerstören); um|rei|ßen (im Umriss zeichnen; andeuten)

um|ren|nen (rennend umstoßen)

um|rin|gen; von Kindern umringt

Um|riss; Um|riss|zeich|nung

um|rüh|ren

um|rüs|ten (für bestimmte Aufgaben technisch verändern); die Maschine wurde umgerüstet

um|sat|teln (ugs. übertr. auch für: einen anderen Beruf ergreifen)

Um|satz; Um|satz.be|tei|li|gung, ...ein-bu|ße, ...steu|er *(die)*

Um|schau, *die;* -; - halten; um|schau|en, sich

um|schich|ten; Heu -; um|schich|tig (wechselweise)

Um|schlag (auch für: Umladung); Um|schlag|bahn|hof; um|schla|gen (umsetzen; umladen); die Güter wurden umgeschlagen; das Wetter ist (auch: hat) umgeschlagen; Um|schlag|ha|fen

um|schlie|ßen; von einer Mauer umschlossen

um|schmei|ßen (ugs.)

um|schmel|zen; Altmetall -

um|schnal|len

um|schrei|ben (neu, anders schreiben; übertragen); den Aufsatz -; die Hypothek -; um|schrei|ben (mit anderen Worten ausdrücken); er hat die Aufgabe mit wenigen Worten umschrieben

um|schu|len; Um|schü|ler; Um|schu|lung

um|schüt|ten

um|schwär|men

Um|schwei|fe, die (Mehrz.); ohne -e (geradeheraus)

um|schwen|ken; er ist plötzlich umgeschwenkt

Um|schwung, der; -s, ...schwünge (schweiz. [nur Einz.] auch für: Umgebung des Hauses)

um|se|geln; Um|se|ge|lung, Um|seg|lung

um|se|hen, sich; ich habe mich danach umgesehen

um sein; vgl. um, II

um|sei|tig

um|set|zen; sich -; Pflanzen -; einen Plan in die Tat -

Um|sicht; um|sich|tig

um|sie|deln; Um|sie|de|lung; Um|siedler; Um|sied|lung

um|sin|ken; vor Müdigkeit -

um|so; umso besser, umso größer, umso weniger; vgl. um, III; um|so mehr[,] als; vgl. um, III

um|sonst

um|sor|gen; von jmdm. umsorgt werden

um|so we|ni|ger[,] als; vgl. umso

um|sprin|gen; der Wind ist umgesprungen; er ist übel mit dir umgesprungen

um|spu|len; ein Tonband -

um|spü|len; von Wellen umspült

Um|stand; unter Umständen; in anderen Umständen (verhüllend für: schwanger); mildernde Umstände (Rechtsspr.); keine Umstände machen; um|stän|de|hal|ber; um|ständ|lich; Um|stands_be|stim|mung (Sprachw.), ...krä|mer (ugs.), ...wort (für: Adverb; Mehrz. ...wörter)

um|ste|hen; umstanden von ...; um|stehend; - finden sich die näheren Erläuterungen; im Umstehenden finden sich die näheren Erläuterungen; er soll Umstehendes beachten; die Umstehenden (Zuschauer)

um|stei|gen

um|stel|len; der Schrank wurde umgestellt; sich -; um|stel|len (umgeben); die Polizei hat das Haus umstellt; Um|stel|lung

um|stim|men; sie hat ihn umgestimmt

um|sto|ßen

um|strit|ten

um|struk|tu|rie|ren

um|stül|pen

Um|sturz (Mehrz. ...stürze); um|stür|zen; Um|stürz|ler; um|stürz|le|risch

Um|tausch, der; -[e]s, (selten:) -e; um|tau|schen; Um|tausch|recht

um|top|fen; sie hat die Pflanze umgetopft

um|trei|ben (planlos herumtreiben); umgetrieben; Um|trie|be, die (Mehrz.; umstürzlerische Aktivitäten)

Um|trunk, der; -[e]s, Umtrünke

um|tun (ugs.); sich -; ich habe mich danach umgetan

Um|ver|pa|ckung (Kaufmannsspr.: für Verkauf od. Transport einer Ware entbehrliche Verpackung)

um|ver|tei|len; die Lasten sollen umverteilt werden; Um|ver|tei|lung

um|wach|sen; mit Gebüsch - sein

um|wäl|zen

um|wan|deln (verändern); sie war wie umgewandelt; Um|wand|lung

um|wech|seln; Geld -

Um|weg

Um|welt; um|welt|be|dingt; Um|welt|be|las|tung; um|welt|freund|lich; Um|welt_pa|pier (Papier aus Altmaterial), ...po|li|tik, ...schä|den (die; Mehrz.); um|welt|scho|nend; Um|welt|schutz, ...schüt|zer, ...ver|schmut|zung; um|welt|ver|träg|lich

um|wen|den; er wandte od. wendete die Seite um, hat sie umgewandt od. umgewendet; sich -

um|wer|ben; eine viel umworbene, (auch:) vielumworbene Sängerin

um|wer|fen; diese Nachricht hat uns umgeworfen (ugs. für: aus der Fassung gebracht); um|wer|fend; -e Komik

um|wi|ckeln

um|wit|tern (geh.); von Geheimnissen, Gefahren umwittert

um|wöl|ken; seine Stirn war umwölkt

um|zäu|nen; Um|zäu|nung

um|zie|hen; sich -; ich habe mich umgezogen; wir sind umgezogen

um|zin|geln

Um|zug; um|zugs|hal|ber

un|ab|än|der|lich [auch: un...]; eine -e Entscheidung

un|ab|ding|bar [auch: un...]

un|ab|hän|gig; Un|ab|hän|gig|keit, die; -

un|ab|kömm|lich [auch: un...]

un|ab|läs|sig [auch: un...]

un|ab|seh|bar [auch: un...]; -e Folgen; die Kosten steigen ins Unabsehbare

un|ab|sicht|lich

un|ab|wend|bar [auch: un...]

un|acht|sam; Un|acht|sam|keit

un|an|fecht|bar [auch: un...]

un|an|ge|bracht; eine -e Frage

un|an|ge|foch|ten

un|an|ge|mel|det

un|an|ge|mes|sen

un|an|ge|nehm

un|an|ge|passt

un|an|greif|bar [auch: un...]

un|an|nehm|bar [auch: un...]; Un|an|nehm|lich|keit (meist Mehrz.)

un|an|sehn|lich

un|an|stän|dig; Un|an|stän|dig|keit

un|an|tast|bar [auch: un...]

un|ap|pe|tit|lich

Un|art; un|ar|tig

un|auf|dring|lich

un|auf|fäl|lig

un|auf|find|bar [auch: un...]

un|auf|ge|for|dert

un|auf|halt|sam [auch: un...]

un|auf|hör|lich [auch: un...]

un|auf|lös|bar [auch: un...]; un|auf|lös|lich [auch: un...]

un|auf|merk|sam

un|auf|rich|tig; Un|auf|rich|tig|keit

un|auf|schieb|bar [auch: un...]

un|aus|bleib|lich [auch: un...]

un|aus|denk|bar [auch: un...]

un|aus|ge|füllt

un|aus|ge|gli|chen; Un|aus|ge|gli|chen|heit

un|aus|ge|go|ren

un|aus|ge|setzt

un|aus|ge|spro|chen

un|aus|lösch|lich [auch: un...]; ein -er Eindruck

un|aus|rott|bar [auch: un...]; ein -es Vorurteil

un|aus|sprech|lich [auch: un...]

un|aus|steh|lich [auch: un...]

un|aus|weich|lich [auch: un...]

un|bän|dig; -er Zorn

un|bar (bargeldlos)

un|barm|her|zig; Un|barm|her|zig|keit

un|be|ab|sich|tigt

un|be|ach|tet

un|be|ant|wor|tet

un|be|dacht; eine -e Äußerung

un|be|darft (unerfahren; naiv)

un|be|denk|lich

un|be|deu|tend

un|be|dingt [auch: ...dingt]

un|be|ein|flusst

un|be|fan|gen; Un|be|fan|gen|heit

un|be|fleckt; aber: die Unbefleckte Empfängnis [Mariens]

un|be|frie|di|gend; seine Arbeit war -; un|be|frie|digt

un|be|fris|tet

un|be|fugt; Un|be|fug|te, der u. die; -n, -n

un|be|gabt

un|be|greif|lich [auch: un...]; un|be|greif|li|cher|wei|se

un|be|grenzt [auch: ...gränzt]

un|be|grün|det; ein -er Verdacht

Un|be|ha|gen; un|be|hag|lich

un|be|hel|ligt [auch: un...]

un|be|herrscht
un|be|hol|fen
un|be|irr|bar [auch: _un..._]; un|be|irrt
[auch: _un..._]
un|be|kannt; [nach] - verzogen; Anzeige
gegen unbekannt erstatten; der große
Unbekannte; eine Gleichung mit mehre-
ren Unbekannten (Math.); un|be|kann-
ter|wei|se; Un|be|kannt|heit, die; -
un|be|klei|det
un|be|küm|mert [auch: _un..._]
un|be|lebt; eine -e Straße
un|be|leckt; von etw. - sein (ugs. für: von
etw. nichts wissen, verstehen)
un|be|lehr|bar [auch: _un..._]
un|be|liebt; Un|be|liebt|heit, die; -
un|be|mannt
un|be|merkt
un|be|mit|telt
un|be|nom|men [auch: _un..._]; es bleibt
ihr -
un|be|ob|ach|tet
un|be|quem; Un|be|quem|lich|keit
un|be|re|chen|bar [auch: _un..._]; Un|be|re-
chen|bar|keit, die; -
un|be|rech|tigt
un|be|ru|fen! [auch: _un..._]
un|be|rührt; Un|be|rührt|heit, die; -
un|be|scha|det [auch: _un..._] (ohne Schaden
für ...); mit Wesf.: - seines Rechtes od.
seines Rechtes -; un|be|schä|digt
un|be|schei|den
un|be|schol|ten
un|be|schrankt (ohne Schranken); -er
Bahnübergang; un|be|schränkt [auch:
_un..._] (nicht eingeschränkt); -e Herrschaft
un|be|schreib|lich [auch: _un..._]; un|be-
schrie|ben
un|be|schwert
un|be|se|hen [auch: _un..._]
un|be|sieg|bar [auch: _un..._]; Un|be|sieg-
bar|keit, die; -; un|be|siegt [auch: _un..._]
un|be|son|nen; Un|be|son|nen|heit
un|be|sorgt [auch: _...so..._]
un|be|stän|dig; Un|be|stän|dig|keit
un|be|stä|tigt [auch: _un..._]; nach -en Mel-
dungen
un|be|stech|lich [auch: _un..._]
un|be|stimm|bar [auch: _un..._]; un|be-
stimmt; -es Fürwort (Indefinitpronomen)
un|be|streit|bar [auch: _un..._]; -e Ver-
dienste; un|be|strit|ten [auch: _...schtri..._]
un|be|tei|ligt [auch: _un..._]
un|be|tont
un|be|trächt|lich [auch: _un..._]
un|beug|bar [auch: _un..._]; un|beug|sam
[auch: _un..._]; -er Wille
un|be|wacht
un|be|waff|net
un|be|wäl|tigt [auch: _...wäl..._]; die -e Ver-
gangenheit
un|be|weg|lich [auch: _...weg..._]; un|be-
wegt
un|be|wohn|bar [auch: _un..._]
un|be|wusst; Un|be|wuss|te, das; -n

un|be|zahl|bar [auch: _un..._]; un|be|zahlt
un|be|zähm|bar [auch: _un..._]
un|be|zwing|bar [auch: _un..._]; un|be-
zwing|lich [auch: _un..._]
Un|bil|den, die (Mehrz.; geh. für: Unan-
nehmlichkeiten); die - der Witterung; Un-
bill, die; - (geh. für: Unrecht)
un|blu|tig; eine -e Revolution
un|bot|mä|ßig; Un|bot|mä|ßig|keit
un|brauch|bar
un|bü|ro|kra|tisch
un|christ|lich
und; drei - drei ist, macht, gibt sechs; - so
weiter; - so fort
Un|dank; un|dank|bar; Un|dank|bar|keit,
die; -
un|da|tiert
un|de|fi|nier|bar [auch: _un..._]
un|de|mo|kra|tisch [auch: _un..._]
un|denk|bar; un|denk|lich
Un|der|state|ment [_and^er-
ßte_tm^ent], das; -s (Untertreibung)
un|deut|lich; Un|deut|lich|keit
Un|ding, das; -[e]s, -e (Unmögliches; Un-
sinniges); das ist ein -
un|dis|zi|p|li|niert
un|duld|sam; Un|duld|sam|keit, die; -
un|durch|dring|lich [auch: _un..._]
un|durch|läs|sig
un|durch|sich|tig
un|eben; Un|eben|heit
un|ehe|lich; ein -es Kind
un|eh|ren|haft; un|ehr|er|bie|tig
un|ei|gen|nüt|zig; Un|ei|gen|nüt|zig|keit,
die; -
un|ein|ge|schränkt [auch: _...ä..._]
un|ei|nig; Un|ei|nig|keit
un|eins; - sein
un|emp|fäng|lich
un|emp|find|lich
un|end|lich; bis ins Unendliche (unauf-
hörlich, immerfort); Un|end|lich|keit,
die; -
un|ent|behr|lich [auch: _un..._]
un|ent|gelt|lich [auch: _un..._]
un|ent|schie|den; Un|ent|schie|den, das;
-s, - (Sport)
un|ent|schlos|sen; Un|ent|schlos|sen|heit,
die; -
un|ent|schuld|bar [auch: _...schuld..._]; un-
ent|schul|digt
un|ent|wegt [auch: _un..._]
un|er|bitt|lich [auch: _un..._]; Un|er|bitt-
lich|keit, die; -
un|er|fah|ren; Un|er|fah|ren|heit, die; -
un|er|find|lich [auch: _un..._] (unbegreiflich);
aus -en Gründen
un|er|freu|lich
un|er|gie|big; Un|er|gie|big|keit, die; -
un|er|hört (unglaublich)
un|er|kannt
un|er|klär|lich [auch: _un..._]
un|er|läss|lich [auch: _un..._] (unbedingt nö-
tig, geboten)

un|er|mess|lich [auch: _un..._]; ins Uner-
messliche steigen
un|er|müd|lich [auch: _un..._]
un|er|reich|bar [auch: _un..._]
un|er|sätt|lich [auch: _un..._]
un|er|schöpf|lich [auch: _un..._]
un|er|schro|cken
un|er|schüt|ter|lich [auch: _un..._]
un|er|setz|lich [auch: _un..._]
un|er|sprieß|lich [auch: _un..._]
un|er|träg|lich [auch: _un..._]
un|er|wünscht
un|er|zo|gen
UNESCO, die; - = United Nations Educa-
tional, Scientific and Cultural Organization (Organisation der Vereinten Nationen
für Erziehung, Wissenschaft u. Kultur)
un|fä|hig; Un|fä|hig|keit
un|fair [_...fär_]; Un|fair|ness
Un|fall, der; Un|fall_arzt, ...flucht; un-
fall|frei; -es Fahren; un|fall|träch|tig;
eine -e Kurve; Un|fall_ver|si|che|rung,
...wa|gen (Wagen, der einen Unfall
hatte; Rettungswagen)
un|fass|bar [auch: _un..._]; un|fass|lich
[auch: _un..._]
un|fehl|bar [auch: _un..._]; Un|fehl|bar|keit
[auch: _Un..._], die; -
Un|flat, der; -[e]s (geh. für: widerlicher
Schmutz, Dreck); un|flä|tig
un|för|mig (ohne schöne Form; sehr groß)
un|fran|kiert (unfrei [Gebühren nicht be-
zahlt]); ein -er Brief
un|freund|lich
Un|frie|de[n], der; -ns
un|frucht|bar; Un|frucht|bar|keit
Un|fug, der; -[e]s
un|ge|ach|tet [auch: _...ach..._] (nicht geach-
tet); Verhältnisw. mit Wesf.: - wiederhol-
ter Bitten; dessen ungeachtet od. des ungeachtet
un|ge|be|ten; -er Gast
un|ge|bil|det
un|ge|bräuch|lich
un|ge|büh|rend [auch: _...bür..._]; un|ge-
bühr|lich [auch: _...bür..._]
un|ge|bun|den; ein -es Leben
un|ge|deckt; -er Scheck
Un|ge|duld; un|ge|dul|dig
un|ge|fähr [auch: _...fär_]; von - (zufällig);
un|ge|fähr|lich
un|ge|ges|sen (nicht gegessen; ugs.
scherzh. für: ohne gegessen zu haben)
un|ge|hal|ten (ärgerlich)
un|ge|heu|er [auch: _...heu..._]; eine unge-
heure Verschwendung; die Kosten steigen
ins Ungeheure; Un|ge|heu|er, das; -s, -;
un|ge|heu|er|lich [auch: _un..._]; Un|ge-
heu|er|lich|keit
un|ge|ho|belt [auch: _...ho..._] (übertr. auch
für: ungebildet; grob)
un|ge|hö|rig; ein -es Benehmen
un|ge|hor|sam
un|ge|klärt
un|ge|lenk, un|ge|len|kig

un|ge|lernt; ein -er Arbeiter

Un|ge|mach, *das;* -[e]s (geh. für: Unannehmlichkeit)

un|ge|mein [auch: ...m<u>ai</u>n]

un|ge|müt|lich

un|ge|nau; Un|ge|nau|ig|keit

un|ge|niert [...sch<i>e</i>...] (zwanglos)

un|ge|nieß|bar [auch: ...n<u>i</u>...]

Un|ge|nü|gen, *das;* -s (geh.); un|ge|nü-gend

un|ge|ra|de; - Zahl (Math.)

un|ge|ra|ten; ein -es Kind

un|ge|recht; un|ge|recht|fer|tigt; Un|ge-recht|ig|keit

un|ge|reimt (nicht im Reim gebunden; verworren, sinnlos)

un|gern

un|ge|rupft; er kam - (ugs. für: ohne Schaden) davon

un|ge|sagt; vieles blieb -

un|ge|säu|ert; -es Brot

un|ge|sche|hen; etwas nicht - machen können

Un|ge|schick|lich|keit; un|ge|schickt

un|ge|schlacht (plump, grobschlächtig); ein -er Mensch

un|ge|schmä|lert (ohne Einbuße)

un|ge|schminkt (auch für: rein den Tatsachen entsprechend)

un|ge|stalt (veralt. für: missgestaltet); ein -er Mensch

un|ge|stört

un|ge|straft

un|ge|stüm (geh. für: schnell, heftig); Un-ge|stüm, *das;* -[e]s; mit -

Un|ge|tüm, *das;* -[e]s, -e

un|ge|wiss; im Ungewissen bleiben, lassen, sein; eine Fahrt ins Ungewisse; Un|ge-wiss|heit

un|ge|wöhn|lich

un|ge|wollt

Un|ge|zie|fer, *das;* -s

un|ge|zo|gen; Un|ge|zo|gen|heit

un|ge|zu|ckert

un|ge|zü|gelt

un|ge|zwun|gen; ein -es Benehmen

un|gläu|big; ein ungläubiger Thomas (ugs. für: jmd., der an allem zweifelt); Un-gläu|bi|ge, *der u. die;* -n, -n; un|glaub-lich [auch: *un*...]; un|glaub|wür|dig

un|gleich; Un|gleich|heit

Un|glück, *das;* -[e]s, -e; un|glück|lich; un-glück|li|cher|wei|se; un|glück|se|lig; Un|glücks|ra|be (ugs.)

Un|gna|de, *die;* -; un|gnä|dig

un|gül|tig; Un|gül|tig|keit, *die;* -

Un|gunst; zu seinen Ungunsten; zuungunsten, (auch:) zu Ungunsten der Angestellten; un|güns|tig

un|gut; nichts für -

un|halt|bar [auch: ...h<u>a</u>...]; -e Zustände

un|hand|lich

un|har|mo|nisch

Un|heil; eine Unheil bringende, (auch:) un-heilbringende Entwicklung; Unheil verkün-dende, (auch:) unheilverkündende Zeichen; un|heil|bar [auch: ...h<u>ai</u>l...]; eine -e Krankheit; Un|heil|stif|ter; un|heil|voll

un|heim|lich (ugs. auch für: sehr, überaus)

un|höf|lich; Un|höf|lich|keit

Un|hold, *der;* -[e]s, -e (böser Geist; Wüstling; Sittlichkeitsverbrecher)

un|hy|gi|e|nisch

uni [<u>ü</u>n<u>i</u>] (einfarbig, nicht gemustert)

Uni, *die;* -, -s (kurz für: Universität)

Uni|form [österr.: *uni*...], *die;* -, -en; Uni-kum [auch: <u>u</u>...], *das;* -s, ...ka (auch: -s; [in seiner Art] Einziges; Sonderling)

Uni|on, *die;* -, -en (Bund, Vereinigung [bes. von Staaten])

uni|ver|sal [...w<u>ä</u>r...], uni|ver|sell (allgemein, gesamt; [die ganze Welt] umfassend); Uni|ver|sal_er|be *(der),* ...ge-schich|te *(die;* -; Weltgeschichte); Uni-ver|si|tät, *die;* -, -en (Hochschule; stud. Kurzw.: Uni); Uni|ver|si|täts|aus|bil-dung; Uni|ver|sum, *das;* -s ([Welt]all)

Un|ke, *die;* -, -n (ein Froschlurch); un|ken (ugs. für: Unglück prophezeien); Un|ken-ruf (auch für: pessimistische Voraussage)

un|kennt|lich; Un|kenpt|nis, *die;* -

un|klar; im Unklaren bleiben, lassen, sein; Un|klar|heit

un|kon|ven|ti|o|nell

un|kon|zen|t|riert

Un|kos|ten, *die (Mehrz.);* sich in - stürzen (ugs.); Un|kos|ten|bei|trag

Un|kraut

un|künd|bar [auch: ...k<u>ü</u>n...]

un|lau|ter; -er Wettbewerb

un|leid|lich; Un|leid|lich|keit

un|lieb; un|lieb|sam

un|lo|gisch

un|lös|bar [auch: *un*...]

Un|lust, *die;* -; un|lus|tig

Un|maß, *das;* -es (Übermaß)

Un|mas|se (sehr große Menge)

Un|men|ge

Un|mensch, *der* (grausamer Mensch); un-mensch|lich [auch: *unmänsch*...]; Un-mensch|lich|keit

un|merk|lich [auch: *un*...]

un|miss|ver|ständ|lich [auch: ...scht<u>ä</u>nt...]

un|mit|tel|bar

un|mö|b|liert

un|mög|lich [auch: *unmök*...]

Un|mo|ral; un|mo|ra|lisch

un|mün|dig

Un|mut, *der;* -[e]s; un|mu|tig

un|nach|gie|big

un|nah|bar [auch: *un*...]

Un|na|tur, *die;* -; un|na|tür|lich

un|nütz

UNO, (auch:) Uno = United Nations Organization [*jun<u>ai</u>tid n<u>ei</u>sch^ens o'g^enaisei-sch^en*], *die;* - (Organisation der Vereinten Nationen)

un|or|dent|lich; Un|ord|nung

un|or|ga|nisch; un|or|ga|ni|siert

un|par|tei|isch (neutral)

un|pas|send

un|päss|lich ([leicht] krank; unwohl); Un|päss|lich|keit

un|per|sön|lich

un|po|pu|lär

un|prak|tisch

un|pro|b|le|ma|tisch

un|pünkt|lich

Un|rast, *die;* - (Ruhelosigkeit)

Un|rat, *der;* -[e]s (geh. für: Schmutz)

un|ra|ti|o|nell; ein -er Betrieb

un|re|a|lis|tisch

un|recht; - sein; jmdm. unrecht, (auch:) Unrecht geben, tun; unrecht, (auch:) Un-recht haben, bekommen; ihr habt un-recht, (auch:) Unrecht daran getan; Un-recht, *das;* -[e]s; zu Unrecht; es geschieht ihr [ein] Unrecht; jmdm. ein Unrecht antun; an den Unrechten kommen; un|recht|mä|ßig

un|red|lich; Un|red|lich|keit

un|re|flek|tiert (ohne Nachdenken [entstanden]; spontan)

un|re|gel|mä|ßig; Un|re|gel|mä|ßig|keit

un|reif; Un|rei|fe

un|rein; ins Unreine schreiben

un|ren|ta|bel

un|rett|bar [auch: *un*...]

un|rich|tig

un|ro|man|tisch

Un|ruh, *die;* -, -en (Teil der Uhr, des Barometers usw.); Un|ru|he (fehlende Ruhe); Un|ru|he_herd, ...stif|ter; un|ru|hig

uns

un|sach|ge|mäß; un|sach|lich

un|sag|bar; un|säg|lich

un|sanft

un|sau|ber; Un|sau|ber|keit

un|schäd|lich

un|scharf; Un|schär|fe

un|schätz|bar [auch: *un*...]

un|schein|bar

un|schick|lich (geh. für: unanständig)

un|schlüs|sig

un|schön

Un|schuld, *die;* -; un|schul|dig; Un|schul-di|ge, *der u. die;* -n, -n; Un|schulds-_lamm, ...mie|ne

un|schwer (leicht)

un|selbst|stän|dig, un|selb|stän|dig; Un-selbst|stän|dig|keit, Un|selb|stän|digkeit

un|se|lig (geh.)

¹un|ser, uns[e]re, unser; unser Tisch; unser von allen unterschriebener Brief; unseres Wissens (Abk.: u. W.); Unsere Liebe Frau (Maria, Mutter Jesu)

²un|ser (Wesf. von „wir"); unser (nicht: unserer) sind drei; erbarme dich unser

un|se|re, uns|re, uns|ri|ge; die Unser[e]n, Unsren, Unsrigen od. unser[e]n, unsren, unsrigen; das Uns[e]re, Unsrige od. uns[e]re, unsrige; un|ser|ei|ner, un|ser-eins; un|se|rer|seits, un|ser|seits; un-sert|we|gen; un|sert|wil|len; um -

427

un|si|cher; im Unsichern (zweifelhaft) sein;
Un|si|cher|heit

un|sicht|bar

Un|sinn, der; -[e]s; un|sin|nig

Un|sit|te; un|sitt|lich; ein -er Antrag;
Un|sitt|lich|keit

un|so|li|de

un|so|zi|al; -es Verhalten

un|sport|lich; Un|sport|lich|keit

uns|re; vgl. unsere; uns|ri|ge; vgl. unsere

un|sterb|lich; Un|sterb|lich|keit, die; -

Un|stern, der; -[e]s (geh. für: Unglück)

un|stet; ein -es Leben

un|still|bar [auch: un...]

un|stim|mig; Un|stim|mig|keit

un|strei|tig [auch: ...schtrai...] (sicher, be-
stimmt)

Un|sum|me (große Summe)

un|sym|pa|thisch

un|sys|te|ma|tisch; - vorgehen

un|ta|de|lig, un|tad|lig

Un|tat (Verbrechen); un|tä|tig; Un|tä|tig-
keit, die; -

un|taug|lich

un|teil|bar [auch: un...]; -e Zahlen

un|ten; von - her; - sein, - liegen, - ste-
hen; bei jmdm. durch sein (ugs.
für: sich jmds. Wohlwollen verscherzt haben); die unten erwähnten, (auch:) unten-
erwähnten, unten genannten, (auch:) un-
tengenannten, unten stehenden, (auch:)
untenstehenden Fakten; unten Stehendes,
(auch:) Untenstehendes ist zu beachten;
das unten Stehende, (auch:) Untenste-
hende gilt auch weiterhin; un|ten|er-
wähnt, un|ten|ge|nannt, un|ten|ste-
hend; vgl. unten

un|ter; Verhältnisw. mit Wemf. u. Wenf.: -
dem Strich (in der Zeitung) stehen, - den
Strich setzen

Un|ter, der; -s, - (Spielkarte)

Un|ter|arm

un|ter|be|lich|tet

un|ter|be|wusst; Un|ter|be|wusst|sein

un|ter|bie|ten

un|ter|bin|den; der Handelsverkehr ist un-
terbunden

un|ter|blei|ben

Un|ter|bo|den|schutz (Kfz-Technik)

un|ter|bre|chen; Un|ter|bre|chung

un|ter|brei|ten (darlegen); er hat ihm ei-
nen Vorschlag unterbreitet

un|ter|brin|gen; Un|ter|brin|gung

un|ter der Hand (im Stillen, heimlich)

un|ter|des|sen, (älter:) un|ter|des

Un|ter|druck, der; -[e]s, ...drücke; un|ter-
drü|cken; Un|ter|drü|cker, der; -s, -;
Un|ter|drü|ckung

un|te|re; vgl. unterste

un|ter|ei|n|an|der; vgl. aneinander

un|ter|ent|wi|ckelt

un|ter|er|nährt; Un|ter|er|näh|rung, die; -

Un|ter|fan|gen, das; -s, - (Vorhaben; Wag-
nis)

un|ter|fas|sen (ugs.); sie gehen unterge-
fasst

un|ter|füh|ren; die Straße wird unterführt;
Un|ter|füh|rung

Un|ter|gang, der; -[e]s, ...gänge; Un|ter-
gangs|stim|mung

un|ter|ge|ben; Un|ter|ge|be|ne, der u.
die; -n, -n

un|ter|ge|hen

Un|ter|ge|schoss

Un|ter|ge|wicht, das; -[e]s; un|ter|ge-
wich|tig

un|ter|gra|ben; die Kritik hat sein Selbst-
vertrauen untergraben

Un|ter|grund, der; -[e]s; Un|ter-
grund_bahn (Kurzform: U-Bahn), ...be-
we|gung

un|ter|ha|ken (ugs.); sie hatten sich unter-
gehakt

un|ter|halb; - des Dorfes

Un|ter|halt, der; -[e]s; un|ter|hal|ten; ich
habe mich gut -; er wird vom Staat -; un-
ter|halt|sam (fesselnd); Un|ter-
halts_kos|ten (Mehrz.), ...pflicht;
Un|ter|hal|tung; Un|ter|hal|tungs|mu-
sik

un|ter|han|deln (bes. Politik: bei zwischen-
staatlichen [militärischen] Konflikten auf
eine vorläufige Einigung hinwirken); Un-
ter|händ|ler

Un|ter|hemd

Un|ter|holz, das; -es (niedriges Gehölz im
Wald)

Un|ter|ho|se

un|ter|ir|disch

Un|ter|ja|cke

un|ter|jo|chen

un|ter|ju|beln; das hat er ihm untergeju-
belt (ugs. für: heimlich zugeschoben)

un|ter|kel|lern; das Haus wurde nachträg-
lich unterkellert

Un|ter|kie|fer, der

Un|ter_kleid, ...klei|dung

un|ter|kom|men; gut untergekommen sein

un|ter|krie|gen (ugs. für: entmutigen); sich
nicht - lassen

Un|ter|küh|lung

Un|ter|kunft, die; -, ...künfte

Un|ter|la|ge

Un|ter|lass, der; in: ohne - (ununterbro-
chen); un|ter|las|sen; er hat es -; Un-
ter|las|sung

un|ter|lau|fen; es sind [ihm] einige Fehler
unterlaufen

un|ter|le|gen; man hat dem Text einen an-
deren Sinn untergelegt; ¹un|ter|le|gen;
der Musik wurde ein anderer Text unter-
legt; ²un|ter|le|gen; vgl. unterliegen;
Un|ter|le|gen|heit, die; -

Un|ter|leib; Un|ter|leibs|schmer|zen

un|ter|lie|gen; er ist seinem Gegner unter-
legen

Un|ter|lip|pe

un|term (ugs. für: unter dem)

un|ter|ma|len

un|ter|mau|ern; er hat seine Beweisfüh-
rung gut untermauert

Un|ter|mie|te; zur - wohnen; Un|ter|mie-
ter

un|ter|neh|men; er hat viel unternommen;
Un|ter|neh|men, das; -s, -; Un|ter|neh-
mer; un|ter|neh|me|risch; Un|ter|neh-
mung; Un|ter|neh|mungs_geist (der;
-[e]s), ...lust (die; -); un|ter|neh|mungs-
lus|tig

Un|ter|of|fi|zier

un|ter|ord|nen; er ist ihm untergeordnet;
Un|ter|ord|nung

Un|ter|pfand

un|ter|pri|vi|le|giert

un|ter|re|den, sich; du hast dich mit ihm
unterredet; Un|ter|re|dung

Un|ter|richt, der; -[e]s, -e; un|ter|rich-
ten; gut unterrichtet; sich -; Un|ter-
richts_fach, ...stun|de; Un|ter|rich|tung

Un|ter|rock

un|ters (ugs. für: unter das); - Bett

un|ter|sa|gen

Un|ter|satz; fahrbarer - (scherzh. für: Auto)

un|ter|schät|zen; unterschätzt

un|ter|schei|den; die Fälle müssen unter-
schieden werden; sich -; Un|ter|schei-
dung; Un|ter|schei|dungs|ver|mö|gen;
das; -s

Un|ter|schicht

¹un|ter|schie|ben (darunter schieben); er
hat ihr ein Kissen untergeschoben; ²un-
ter|schie|ben [auch: ...schi...]; er hat ihm
eine schlechte Absicht untergeschoben,
(auch:) unterschoben

Un|ter|schied, der; -[e]s, -e; zum - von;
im - zu; un|ter|schied|lich; un|ter-
schieds|los

un|ter|schla|gen; mit untergeschlagenen
Beinen; un|ter|schla|gen (veruntreuen);
Un|ter|schla|gung

Un|ter|schlupf; un|ter|schlüp|fen, (südd.
ugs.:) un|ter|schlup|fen; er ist unterge-
schlüpft

un|ter|schnei|den; den Ball stark -
([Tisch]tennis)

un|ter|schrei|ben; ich habe den Brief un-
terschrieben; Un|ter|schrift; Un|ter-
schrif|ten_ak|ti|on, ...samm|lung; un-
ter|schrifts|be|rech|tigt

un|ter|schwel|lig (unterhalb der Bewusst-
seinsschwelle [liegend])

Un|ter|see|boot (Abk.: U-Boot, U)

Un|ter|sei|te

Un|ter|set|zer (Schale für Blumentöpfe
u. a.); un|ter|setzt (von gedrungener Ge-
stalt)

un|ter|spü|len; die Fluten hatten den
Damm unterspült

un|terst; vgl. unterste

Un|ter|stand

un|ters|te; der unterste Knopf; das Un-
terste zuoberst kehren

un|ter|ste|hen; er hat beim Regen unter-
gestanden; un|ter|ste|hen; er unterstand

einem strengen Lehrmeister; sich - (wagen); untersteh dich [nicht], das zu tun!

un|ter|stel|len; ich habe den Wagen untergestellt; ich habe mich während des Regens untergestellt; un|ter|stel|len; er ist meinem Befehl unterstellt; man hat ihr etwas unterstellt ([etwas Falsches] über sie behauptet); Un|ter|stel|lung

un|ter|strei|chen; ein Wort -; er hat diese Behauptung nachdrücklich unterstrichen (betont); Un|ter|strei|chung

Un|ter|stu|fe

un|ter|stüt|zen; ich habe ihn mit Geld unterstützt; Un|ter|stüt|zung

un|ter|su|chen; der Arzt hat mich untersucht; Un|ter|su|chung; Un|ter|su|chungs|aus|schuss; Un|ter|su|chungs|haft

un|ter|tan (veraltend für: untergeben); Un|ter|tan, der; -s u. (älter:) -en, (Mehrz.:) -en; un|ter|tä|nig (ergeben)

Un|ter|tas|se; fliegende -

un|ter|tau|chen; der Schwimmer ist untergetaucht; der Verbrecher war schnell untergetaucht (verschwunden)

Un|ter|teil, das (auch: der); un|ter|tei|len; die Skala ist in 10 Teile unterteilt; Un|ter|tei|lung

un|ter|trei|ben; er hat untertrieben; Un|ter|trei|bung

un|ter|ver|mie|ten

un|ter|ver|si|chern (zu niedrig versichern)

un|ter|wan|dern (sich als Fremder od. heimlicher Gegner unter eine Gruppe mischen); die Partei wurde von subversiven Kräften unterwandert; Un|ter|wan|de|rung

Un|ter|wä|sche, die; -

Un|ter|was|ser|ka|me|ra

un|ter|wegs (auf dem Wege)

un|ter|wei|sen; er hat ihn unterwiesen; Un|ter|wei|sung

Un|ter|welt; un|ter|welt|lich

un|ter|wer|fen; sich -; das Volk wurde unterworfen; un|ter|wür|fig [auch: ...ụn...]; in -er Haltung

un|ter|zeich|nen; er hat den Brief unterzeichnet; sich -; Un|ter|zeich|ner; Un|ter|zeich|ne|te, der u. die; -n, -n (Amtsspr.); Un|ter|zeich|nung

Un|ter|zeug, das; -[e]s (ugs.); un|ter|zie|hen; ich habe eine wollene Jacke untergezogen; un|ter|zie|hen; du hast dich diesem Verhör unterzogen

un|tief (seicht); Un|tie|fe (große Tiefe; auch für: seichte Stelle)

Un|tier (Ungeheuer)

un|trag|bar [auch: ...ụn...]

un|treu; Un|treue

un|tröst|lich [auch: ...ụn...]

un|tüch|tig

Un|tu|gend

un|über|legt; Un|über|legt|heit

un|über|sicht|lich

un|über|treff|lich [auch: ụn...]; un|über|trof|fen [auch: ụn...]

un|über|wind|lich [auch: ụn...]

un|um|gäng|lich [auch: ụn...] (unbedingt nötig)

un|um|wun|den [auch: ...wụn...] (offen, freiheraus)

un|un|ter|bro|chen [auch: ...brọ...]

un|ver|ant|wort|lich [auch: ụn...]

un|ver|bes|ser|lich [auch: ụn...]

un|ver|bil|det

un|ver|bind|lich [auch: ...bịn...]

un|ver|blümt [auch: ụn...] (offen; ohne Umschweife)

un|ver|dau|lich [auch: ...dạu...]; un|ver|daut [auch: ...dạut]

un|ver|dient [auch: ụn...; ...dịnt]

un|ver|dros|sen [auch: ...drọ...]

un|ver|ein|bar [auch: ụn...]; Un|ver|ein|bar|keit, die; -

un|ver|fäng|lich [auch: ...fä...]

un|ver|fro|ren [auch: ...frọ...] (keck; frech)

un|ver|gäng|lich [auch: ...gäng...]

un|ver|ges|sen; un|ver|gess|lich [auch: ụn...]

un|ver|gleich|bar [auch: ụn...]; un|ver|gleich|lich [auch: ụn...]

un|ver|hält|nis|mä|ßig [auch: ...hält...]

un|ver|hei|ra|tet

un|ver|hofft [auch: ...họ...]

un|ver|hoh|len [auch: ...họ...]

un|ver|kenn|bar [auch: ụn...]

un|ver|meid|bar [auch: ụn...]; un|ver|meid|lich [auch: ụn...]

un|ver|min|dert [auch: ụn...]

un|ver|mit|telt

Un|ver|mö|gen, das; -s (das Fehlen einer entsprechenden Fähigkeit)

un|ver|mu|tet

Un|ver|nunft; un|ver|nünf|tig

un|ver|schämt; Un|ver|schämt|heit

un|ver|se|hens [auch: ...sẹ...] (plötzlich)

un|ver|sehrt [auch: ...sẹrt]

un|ver|söhn|lich [auch: ...sö̌n...]

Un|ver|stand; un|ver|stan|den; un|ver|stän|dig (unklug); un|ver|ständ|lich (undeutlich; unbegreiflich); Un|ver|ständ|nis

un|ver|wandt; jmdn. - ansehen

un|ver|wüst|lich [auch: ụn...]

un|ver|zagt

un|ver|zeih|lich [auch: ụn...]

un|ver|zicht|bar [auch: ...zịcht...]

un|ver|züg|lich [auch: ụn...]

un|vor|ein|ge|nom|men

un|vor|her|ge|se|hen

un|vor|schrifts|mä|ßig

un|vor|sich|tig; Un|vor|sich|tig|keit

un|vor|teil|haft

un|wäg|bar [auch: ụn...]

un|wahr; Un|wahr|heit; un|wahr|schein|lich

un|weg|sam

un|wei|ger|lich [auch: ụn...]

un|weit; mit Wesf. od. mit „von"; - des Flusses od. - von Mannheim

Un|we|sen, das; -s; er trieb sein -; un|we|sent|lich

Un|wet|ter

un|wich|tig; Un|wich|tig|keit

un|wi|der|ruf|lich [auch: ụn...]

un|wi|der|steh|lich [auch: ụn...]

Un|wil|le[n], der; Unwillens; un|wil|lig; un|will|kom|men; un|will|kür|lich [auch: ...kür...]

un|wirk|lich; un|wirk|sam

un|wirsch (unfreundlich)

un|wirt|lich; eine -e Gegend

un|wis|send; Un|wis|sen|heit, die; -; un|wis|sent|lich

un|wohl; ich bin -; mir ist -; - sein; Un|wohl|sein, das; -s; wegen -s

Un|zahl, die; - (sehr große Zahl); un|zähl|bar [auch: ụn...]; un|zäh|lig [auch: ụn...] (sehr viel); -e Notleidende; es haben sich Unzählige an der Aktion beteiligt; unzählige Mal, unzählige Male

Un|ze, die; -, -n (Gewicht)

un|zeit|ge|mäß

un|zer|reiß|bar [auch: ụn...]

un|zer|trenn|lich [auch: ụn...]

Un|zucht, die; -; un|züch|tig

un|zu|frie|den; Un|zu|frie|den|heit

un|zu|gäng|lich

un|zu|läng|lich

un|zu|läs|sig

un|zu|rech|nungs|fä|hig; Un|zu|rech|nungs|fä|hig|keit, die; -

un|zu|rei|chend

un|zu|tref|fend

un|zu|ver|läs|sig; Un|zu|ver|läs|sig|keit, die; -

un|zwei|deu|tig

un|zwei|fel|haft [auch: ...zwại...]

Up|date [ạpde̩’t], das; -s, -s (EDV: Aktualisierung; aktualisierte [u. verbesserte] Version eines Programms, einer Datei o. Ä.)

üp|pig; Üp|pig|keit

up to date [ạp tu de̩’t] (zeitgemäß, auf dem neuesten Stand)

Ur, der; -[e]s, -e (Auerochse)

Ur|ab|stim|mung

Ur|adel

Ur_ahn, ...ah|ne (der; Urgroßvater; Vorfahr), ...ah|ne (die; Urgroßmutter)

ur|alt

Uran, das; -s (chem. Element, Metall; Zeichen: U); Uran|erz

Ur|auf|füh|rung

Ur|ba|ni|tät, die; - (Bildung; weltmännische Art; städtische Atmosphäre)

ur|bar; - machen

Ur|bild; ur|bild|lich

ur|ei|gen; ur|ei|gen|tüm|lich

Ur|ein|woh|ner

Ur|el|tern, die (Mehrz.)

Ur_en|kel, ...en|ke|lin

ur|ge|müt|lich

Ur|ge|schich|te, die; -; ur|ge|schicht|lich

Ur|ge|stein

Ur|ge|walt

Ur‗groß|el|tern *(die, Mehrz.),* ...großmut|ter, ...groß|va|ter

Ur|he|ber; Ur|he|ber|recht

urig (urtümlich; originell)

Urin, *der;* -s, -e (Harn); uri|nie|ren (Wasser lassen)

Ur|knall; *der;* -[e]s (Explodieren der Materie bei der Entstehung des Weltalls)

ur|ko|misch

Ur|kun|de, *die;* -, -n; Ur|kun|den|fälschung; ur|kund|lich

Ur|laub, *der;* -[e]s, -e; in od. im - sein; Ur|lau|ber; Ur|laubs|geld; ur|laubs|reif

Ur|mensch, *der*

Ur|ne, *die;* -, -n ([Aschen]gefäß; Behälter für Stimmzettel)

Uro|lo|ge, *der;* -n, -n (Arzt für Krankheiten der Harnorgane); Uro|lo|gie, *die;* - (Lehre von den Erkrankungen der Harnorgane); Uro|lo|gin; uro|lo|gisch

ur|plötz|lich

Ur|sa|che; ur|säch|lich

Ur|schrift; ur|schrift|lich

Ur|sprung; ur|sprüng|lich [auch: ...schprüng...]; Ur|sprungs|land

Ur|strom|tal

Ur|teil, *das;* -s, -e; ur|tei|len; Ur|teils|begrün|dung; ur|teils|fä|hig; Ur|teils‗findung, ...kraft *(die;* -), ...spruch, ...verkün|dung, ...voll|stre|ckung, ...voll|zug

Ur|text

Ur|tier|chen (einzelliges tierisches Lebewesen)

Ur|trieb

ur|tüm|lich (ursprünglich; natürlich); Urtüm|lich|keit, *die;* -

Ur|va|ter (Stammvater); ur|vä|ter|lich; Urvä|ter|zeit; seit -en

Ur|viech, Ur|vieh (ugs. scherzh. für: origineller Mensch)

Ur‗wahl (Politik), ...wäh|ler

Ur|wald; Ur|wald|ge|biet

Ur|welt; ur|welt|lich

ur|wüch|sig; Ur|wüch|sig|keit, *die;* -

Ur|zeit; seit -en; ur|zeit|lich

Ur|zu|stand; ur|zu|ständ|lich

Usam|ba|ra|veil|chen [auch: ...ba...]

USB; *der;* -s, -s = Universal Serial Bus (universeller Anschluss beim PC); USB-Stick, *der;* -s, -s (als Datenspeicher dienendes kleines stäbchenförmiges USB-Gerät)

User [*jus*ᵉr], *der;* -s, - (jmd., der Drogen nimmt; EDV: Benutzer, Anwender)

Usur|pa|ti|on [...*zion*], *die;* -, -en (widerrechtliche Besitz-, Machtergreifung); Usur|pa|tor, *der;* -s, ...oren (eine Usurpation Erstrebender; Thronräuber)

Usus, *der;* - (Brauch; Gewohnheit; Sitte)

Uten|sil, *das;* -s, -ien [...*i*ᵉn] *(meist Mehrz.;* [notwendiges] Gerät, Gebrauchsgegenstand)

Ute|rus, *der;* -, ...ri (Med.: Gebärmutter)

Uto|pie, *die;* -, ...ien (als undurchführbar geltender Plan; Idee ohne reale Grund-

lage); uto|pisch ([noch] nicht durchführbar; fantastisch); Uto|pist, *der;* -en, -en (Fantast)

UV-Fil|ter (Fotogr.: Filter zur Dämpfung der ultravioletten Strahlen); UV-Lam|pe (Höhensonne)

UV-Strah|len, *die (Mehrz.;* Abk. für: ultraviolette Strahlen)

Uz, *der;* -es, -e (ugs. für: Neckerei); uzen (ugs.); Uz|na|me (ugs.)

V v

V (Buchstabe); das V; des V, die V; aber: das v in Steven

Va|banque, va banque [*wabangk*] („es gilt die Bank"); nur in: Vabanque, (auch:) va banque spielen (alles aufs Spiel setzen); Va|banque|spiel, *das;* -[e]s

vag; vgl. vage; Va|ga|bund, *der;* -en, -en (Landstreicher); va|ga|bun|die|ren ([arbeitslos] umherziehen, herumstrolchen); va|ge [*wag*ᵉ], vag [*wak*] (unbestimmt; ungewiss)

Va|gi|na [*wa*...; auch: *wa*...], *die;* -, ...nen (Med.: weibl. Scheide); va|gi|nal (die Scheide betreffend)

va|kant [*wa*...] (leer; unbesetzt, offen, frei); Va|kanz, *die;* -, -en (freie Stelle; landsch. für: Ferien); Va|ku|um, *das;* -s, ...kua od. ...kuen (nahezu luftleerer Raum); va|ku|um|ver|packt

Va|len|tins|tag [*wa*...] (14. Febr.)

Va|lu|ta [*wa*...], *die;* -, ...ten (Währungsgeld; [Gegen]wert)

Vamp [*wämp*], *der;* -s, -s (verführerische, kalt berechnende Frau); Vam|pir [*wam*... od. ...*pir*], *der;* -s, -e (eine Fledermausart; Volksglauben: blutsaugendes Nachtgespenst; selten für: Wucherer)

Van [*wän*], *der;* -s, -s (geräumiges Auto, Transporter)

Van|da|le usw.; vgl. Wandale usw.

Va|nil|le [*wanil(j)*ᵉ], *die;* - (trop. Orchideengattung; Gewürz); Va|nil|le‗eis, ...pudding, ...so|ße, ...zu|cker; Va|nil|lin, *das;* -s (Riechstoff; Vanilleersatz)

va|ri|a|bel [*wa*...] (veränderlich, [ab]wandelbar, schwankend); ...a|ble Kosten; Vari|a|bi|li|tät (Veränderlichkeit); Va|ri|ab|le, *die;* -n, -n, ohne Geschlechtswort fachspr. auch - (Math.: veränderliche Größe); zwei Variable[n]; Va|ri|an|te, *die;* -, -n (Abweichung, Abwandlung; verschiedene Lesart; Organismus mit abweichender Form, Abart, Spielart); Va|ri|a|ti|on [...*zion*] (Abwechs[e]lung; Abänderung; Abwandlung); Va|ri|e|tee, (auch:) Va|rie|té [*wariete*], *das;* -s, -s (Theater, in dem ein buntes künstlerisches u. artistisches Programm gezeigt wird); Va|ri|e-

tee|the|a|ter, (auch:) Va|ri|e|té|the|ater; va|ri|ie|ren (verschieden sein; abweichen; abwandeln)

Va|sall [*wa*...], *der;* -en, -en (Lehnsmann)

Va|se [*wa*...], *die;* -, -n ([Zier]gefäß)

Va|se|lin, *das;* -s u. Va|se|li|ne, *die;* - [*wa*...] (mineral. Fett; Salbengrundlage)

Va|ter, *der;* -s, Väter; Vä|ter|chen; Vater‗fi|gur, ...land *(Mehrz.* ...länder); Vater|lands|lie|be; vä|ter|lich; ein -er Freund; vä|ter|li|cher|seits; Va|ter|mörder (scherzh. auch für: hoher, steifer Kragen); Va|ter|schaft, *die;* -; Va|ter|unser, *das;* -s, -; Va|ti, *der;* -s, -s (Koseform von: Vater)

Va|ti|kan [*wa*...], *der;* -s (Residenz des Papstes in Rom; oberste Behörde der kath. Kirche); Va|ti|kan|stadt, *die;* -

Ve|ga|ner (Vegetarier, der auch auf Eier u. Milchprodukte verzichtet); Ve|ga|ne|rin; Ve|ge|ta|ri|er [*we*...*i*ᵉr] (jmd., der sich vorwiegend von pflanzl. Kost ernährt); Ve|ge|ta|ri|e|rin; ve|ge|ta|risch (pflanzlich, Pflanzen...); Ve|ge|ta|ti|on [...*zion*], *die;* -, -en (Pflanzenwelt, -wuchs); ve|geta|tiv (pflanzlich; ungeschlechtlich; Med.: dem Willen nicht unterliegend, unbewusst); -es Nervensystem; ve|ge|tie|ren (kümmerlich, kärglich [dahin]leben)

ve|he|ment [*we*...] (heftig, ungestüm); Vehe|menz, *die;* -

Ve|hi|kel [*we*...], *das;* -s, - (ugs. für: schlechtes, altmodisches Fahrzeug; Hilfsmittel)

Veil|chen; veil|chen|blau; Veil|chen‗duft, ...strauß

Veits|tanz, *der;* -es (ein Nervenleiden)

Vek|tor [*wäk*...], *der;* -s, ...oren (physikal. od. math. Größe, die durch Pfeil dargestellt wird u. durch Angriffspunkt, Richtung und Betrag festgelegt ist)

Ve|lo [*welo*], *das;* -s, -s (schweiz. für: Fahrrad); Velo fahren

¹Ve|lours [*w*ᵉ*lur*, auch: *welur*], *der;* -, - (Samt; Gewebe mit gerauter, weicher Oberfläche); ²Ve|lours, *das;* -, (für: Sorten *Mehrz.*:) - (samtartiges Leder); Velours|le|der

Ven|det|ta, *die;* -, ...tten ([Blut]rache)

Ve|ne [*we*...], *die;* -, -n (Blutgefäß, das zum Herzen führt); Ve|nen|ent|zün|dung [*we*...]

ve|ne|risch [*we*...] (geschlechtskrank; auf die Geschlechtskrankheiten bezogen); -e Krankheiten

ve|nös [*we*...] (Med.: die Vene[n] betreffend; venenreich)

Ven|til [*wän*...], *das;* -s, -e (Absperrvorrichtung; Luft-, Dampfklappe); Ven|ti|la|tor, *der;* -s, ...oren

Ve|nus|hü|gel (oberhalb des weibl. Geschlechtsteils liegendes [mit den Schamhaaren bedecktes] Fettpolster)

ver|ab|re|den; Ver|ab|re|dung

ver|ab|rei|chen; Ver|ab|rei|chung

ver|ab|scheu|en; ver|ab|scheu|ungs|wür|dig

ver|ab|schie|den; Ver|ab|schie|dung

ver|ach|ten; ver|ächt|lich; Ver|ach|tung, *die;* -

ver|al|bern (ugs.)

ver|all|ge|mei|nern; ich ...ere; Ver|all|ge|mei|ne|rung

ver|al|ten

Ve|ran|da [*we...*], *die;* -, ...den (überdachter u. an den Seiten verglaster Anbau, Vorbau)

ver|än|der|lich; Ver|än|der|li|che, *die;* -n, -n (eine mathemat. Größe, deren Wert sich ändern kann); ver|än|dern; sich -; Ver|än|de|rung

ver|ängs|ti|gen; ver|ängs|tigt

ver|an|kern; Ver|an|ke|rung

ver|an|lagt; Ver|an|la|gung (Einschätzung; Begabung)

ver|an|las|sen; Ver|an|las|sung

ver|an|schla|gen

ver|an|stal|ten; Ver|an|stal|ter; Ver|an|stal|tung; Ver|an|stal|tungs|ka|len|der

ver|ant|wor|ten; ver|ant|wort|lich; Ver|ant|wor|tung; ver|ant|wor|tungs_be|wusst, ...los, ...voll

ver|äp|peln (ugs. für: veralbern)

ver|ar|bei|ten; Ver|ar|bei|tung

ver|är|gern; Ver|är|ge|rung

ver|ar|schen (derb für: veralbern)

ver|arz|ten (ugs. für: [ärztl.] behandeln)

ver|aus|ga|ben (ausgeben); sich - (sich bis zur Erschöpfung anstrengen)

ver|äu|ßer|lich (verkäuflich); ver|äu|ßern (verkaufen)

Verb [*wärp*], *das;* -s, -en (Sprachw.: Zeitwort, Tätigkeitswort); ver|bal (als Zeitwort gebraucht; wörtlich; mündlich); Ver|bal|in|ju|rie [*wärb̲a̲linju̲ri̲ᵉ*] (Beleidigung mit Worten)

ver|ball|hor|nen (ugs. für: verschlimmbessern)

Ver|band, *der;* -[e]s, ...bände; Ver|band[s]_kas|ten, ...ma|te|ri|al

ver|ban|nen; Ver|ban|nung

ver|bar|ri|ka|die|ren

ver|bau|en

ver|bei|ßen; die Hunde hatten sich ineinander verbissen; sich den Schmerz -; sich in eine Sache -

ver|ber|gen

Ver|bes|se|rer; ver|bes|sern; Ver|bes|se|rung; Ver|bess|rer

ver|beu|gen, sich; Ver|beu|gung

ver|beu|len

ver|bie|gen; Ver|bie|gung

ver|bies|tert (landsch. für: verstört, verärgert)

ver|bie|ten

ver|bil|li|gen; Ver|bil|li|gung

ver|bim|sen (ugs. für: verprügeln)

ver|bin|den; ver|bind|lich; eine -e Zusage; Ver|bind|lich|keit; Ver|bin|dung

ver|bis|sen

ver|bit|ten; ich habe mir eine solche Antwort verbeten

ver|bit|tern; Ver|bit|te|rung

ver|blas|sen

ver|bläu|en (ugs. für: verprügeln)

Ver|bleib, *der;* -[e]s; ver|blei|ben

Ver|blen|dung

ver|bleu|en, (alte Schreibung für:) ver|bläuen

Ver|bli|che|ne, *der* u. *die;* -n, -n (geh. für: Tote)

ver|blüf|fen (bestürzt machen); ver|blüf|fend; Ver|blüf|fung

ver|blü|hen

ver|blümt (andeutend)

ver|blu|ten; sich -; Ver|blu|tung

ver|bohrt; er ist - (ugs. für: uneinsichtig, starrköpfig)

¹ver|bor|gen (ausleihen)

²ver|bor|gen; eine -e Gefahr; im Verborgenen (unbemerkt) bleiben

Ver|bot, *das;* -[e]s, -e; ver|bo|ten; Ver|bots|schild (*Mehrz.* ...schilder)

ver|brä|men (am Rand verzieren; übertr. für: [eine Aussage] verschleiern, ausschmücken) Ver|brä|mung

Ver|brauch, *der;* -[e]s; ver|brau|chen; Ver|brau|cher; Ver|brau|cher|be|ra|tung

ver|bre|chen; Ver|bre|chen, *das;* -s, -; Ver|bre|cher; Ver|bre|cher|al|bum (veraltend); ver|bre|che|risch

ver|brei|ten; ver|brei|tern (breiter machen); Ver|brei|te|rung; Ver|brei|tung

ver|bren|nen; Ver|bren|nung

ver|brie|fen ([urkundlich] sicherstellen); ein verbrieftes Recht

ver|brin|gen

ver|brü|dern, sich; ich ...ere mich

ver|brü|hen

ver|bu|chen

ver|bum|meln

ver|bün|den, sich; Ver|bun|den|heit, *die;* -; - mit etwas od. jmdm.; Ver|bün|de|te, *der* u. *die;* -n, -n

ver|bür|gen; sich -

ver|bü|ßen; eine Strafe -

ver|chro|men [*...kro̲...*] (mit Chrom überziehen)

Ver|dacht, *der;* -[e]s; ver|däch|tig; Ver|däch|ti|ge, *der* u. *die;* -n, -n; ver|däch|ti|gen; Ver|dachts|mo|ment, *das;* -[e]s, -e

ver|dam|men; Ver|damm|nis, *die;* -

ver|damp|fen

ver|dan|ken

ver|dat|tert (ugs. für: verwirrt)

ver|dau|en; ver|dau|lich; leicht verdauliche, schwer verdauliche Speisen; Ver|dau|ung, *die;* -

Ver|deck, *das;* -[e]s, -e; ver|de|cken

ver|den|ken; jmdm. etwas -

Ver|derb, *der;* -[e]s; auf Gedeih und -; ver|der|ben; verdarb, verdorben; Ver|der|ben, *das;* -s; ver|derb|lich; -e Esswaren

ver|deut|li|chen

ver|dich|ten

ver|die|nen

¹Ver|dienst, *der;* -[e]s, -e (Erwerb, Lohn, Gewinn)

²Ver|dienst, *das;* -[e]s, -e (Anspruch auf Dank u. Anerkennung)

Ver|dienst|aus|fall; ver|dienst|voll

Ver|dikt [*wär...*], *das;* -[e]s, -e (Urteil)

ver|don|nern (ugs. für: verurteilen)

ver|dop|peln

ver|dor|ben

ver|dor|ren

ver|drän|gen; Ver|drän|gung

ver|dre|hen; ver|dreht (ugs. für: verwirrt; verschroben)

ver|dre|schen (ugs.)

ver|drie|ßen; es verdrießt dich; verdross dich, hat dich verdrossen; ver|drieß|lich; ver|dros|sen; Ver|dros|sen|heit

ver|drü|cken (ugs. auch für: etwas essen); sich - (ugs. für: sich heimlich entfernen)

Ver|druss, *der;* -es, -e

ver|duf|ten [sich] - (ugs. für: sich [unauffällig] entfernen)

ver|dum|men; Ver|dum|mung

ver|dun|keln

ver|dün|nen

ver|duns|ten (zu Dunst werden; langsam verdampfen); Ver|duns|tung

ver|durs|ten

ver|dutzt (ugs. für: verwirrt); - sein

ver|edeln

ver|ehe|li|chen; sich -; Ver|ehe|li|chung

ver|eh|ren; Ver|eh|rung

ver|ei|di|gen; Ver|ei|di|gung

Ver|ein, *der;* -[e]s, -e; ver|ein|ba|ren; ver|ei|nen

ver|ein|fa|chen; Ver|ein|fa|chung

ver|ei|ni|gen; Ver|ei|ni|gung

Ver|eins_elf (die), ...haus, ...lo|kal (Vereinsraum, -zimmer), ...mann|schaft; Ver|eins|mei|e|rei (ugs. abwertend)

ver|eist

ver|ei|teln

ver|ei|tern; Ver|ei|te|rung

ver|elen|den; Ver|elen|dung

ver|en|den; Ver|en|dung

ver|erb|bar; ver|er|ben; Ver|er|bung

ver|ewi|gen; sich -

ver|fah|ren; Ver|fah|ren, *das;* -s, -; Ver|fah|rens_fra|ge, ...recht (*das;* -[e]s)

Ver|fall, *der;* -[e]s; ver|fal|len; Ver|fall[s]_tag, ...zeit

ver|fäl|schen

ver|fan|gen; sich -; ver|fäng|lich; eine -e Frage

ver|fär|ben; sich -

ver|fas|sen; sie hat diesen Brief verfasst; Ver|fas|ser; Ver|fas|se|rin; Ver|fas|sung; Ver|fas|sungs_än|de|rung, ...be|schwer|de, ...ge|richt, ...kla|ge, ...schutz; ver|fas|sungs|wid|rig

ver|fech|ten (verteidigen); Ver|fech|ter

ver|feh|len

ver|fein|den; sich mit jmdm. -
ver|fei|nern; Ver|fei|ne|rung
ver|fer|ti|gen; Ver|fer|ti|gung
ver|fes|ti|gen; Ver|fes|ti|gung
ver|fil|men; Ver|fil|mung
ver|fil|zen; Ver|fil|zung
ver|fins|tern; sich -
ver|flech|ten; Ver|flech|tung
ver|flie|gen; sich -
ver|flixt (ugs. für: verflucht; auch für: unangenehm, ärgerlich)
ver|flu|chen; Ver|flu|chung
ver|flüch|ti|gen; sich -
ver|fol|gen; Ver|fol|ger; Ver|fol|gung; Ver|fol|gungs_jagd, ...ren|nen (Radsport), ...wahn
ver|for|men; Ver|for|mung
ver|frach|ten
ver|frem|den; Ver|frem|dung
ver|fres|sen (ugs. für: gefräßig)
ver|fro|ren
ver|früht
ver|füg|bar; ver|fü|gen; Ver|fü|gung
ver|füh|ren; ver|füh|re|risch
Ver|gal|be, die; -, (selten:) -n
ver|gaf|fen, sich (ugs. für: sich verlieben)
ver|gäl|len
ver|gam|meln (ugs. für: verderben; verwahrlosen)
Ver|gan|gen|heit; ver|gäng|lich
ver|ga|sen; Ver|ga|ser
ver|ge|ben; ver|ge|bens; ver|geb|lich
ver|ge|gen|wär|ti|gen [auch: ...ge...]
ver|ge|hen; Ver|ge|hen, das; -s, -
ver|gel|ten; Ver|gel|tung; Ver|gel|tungs_maß|nah|me
ver|ge|sell|schaf|ten
ver|ges|sen; du vergisst, er vergaß, wir haben vergessen; vergiss es!; Ver|ges|sen|heit, die; -; in - geraten; ver|gess|lich; Ver|gess|lich|keit
ver|geu|den
ver|ge|wal|ti|gen; Ver|ge|wal|ti|gung
ver|ge|wis|sern, sich
ver|gie|ßen
ver|gif|ten; Ver|gif|tung
ver|gil|ben; vergilbte Papiere
Ver|giss|mein|nicht, das; -[e]s, -[e] (eine Blume)
ver|gla|sen; ver|glast
Ver|gleich, der; -[e]s, -e; im - mit, zu; ver|gleich|bar; ver|glei|chen; ver|gleichs|wei|se
ver|glim|men
ver|glü|hen
ver|gnü|gen, sich; Ver|gnü|gen, das; -s, -; viel -!; ver|gnüg|lich; ver|gnügt; Ver|gnü|gung (meist Mehrz.); Ver|gnü|gung[s]|steu|er, die
ver|gol|den; Ver|gol|dung
ver|gön|nen (gewähren)
ver|göt|tern (wie einen Gott verehren); Ver|göt|te|rung
ver|gra|ben

ver|grau|len (ugs. für: durch unfreundliches Verhalten vertreiben)
ver|grei|fen; sich an jmdm., an einer Sache -
ver|grif|fen; das Buch ist - (nicht mehr lieferbar)
ver|grö|ßern; Ver|grö|ße|rung; Ver|grö|ße|rungs_ap|pa|rat, ...glas
ver|gu|cken, sich (ugs. für: sich verlieben)
Ver|güns|ti|gung
ver|gü|ten (auch für: veredeln); Ver|gü|tung
ver|hack|stü|cken (ugs. für: bis ins Kleinste besprechen u. kritisieren)
ver|haf|ten; ver|haf|te|te, der u. die; -n, -n; Ver|haf|tung
ver|ha|geln; das Getreide ist verhagelt
¹ver|hal|ten; du verhältst dich richtig; er verhielt sich falsch, hat sich falsch verhalten
²ver|hal|ten; ein -er (gedämpfter, unterdrückter) Zorn, Trotz
Ver|hal|ten, das; -s; Ver|hal|tens|for|schung; ver|hal|tens|ge|stört; Ver|hal|tens|wei|se (die); Ver|hält|nis, das; -ses, -se; geordnete Verhältnisse; ver|hält|nis|mä|ßig; Ver|hält|nis_wahl|recht, ...wort (für: Präposition; Mehrz. ...wörter)
ver|han|deln; über etwas -; Ver|hand|lung
ver|han|gen; ein -er Himmel; Ver|häng|nis, das; -ses, -se; ver|häng|nis|voll
ver|harm|lo|sen; Ver|harm|lo|sung
ver|härmt
ver|har|ren (geh.); Ver|har|rung
ver|har|schen; ver|harscht
ver|här|ten; Ver|här|tung
ver|has|peln; sich - (ugs. für: sich beim Sprechen verwirren)
ver|hasst
ver|hät|scheln (ugs.)
Ver|hau, der od. das; -[e]s, -e; ver|hau|en (ugs. für: durchprügeln; etwas mangelhaft machen); sich - (ugs. für: sich völlig verrechnen, verkalkulieren)
ver|he|ben; sich; ich habe mich beim Verladen verhoben
ver|hed|dern (ugs. für: verwirren); sich - (beim Sprechen)
ver|hee|ren; ver|hee|rend; das ist - (ugs. für: sehr unangenehm, furchtbar); Ver|hee|rung
ver|heh|len; er hat die Wahrheit verhehlt; vgl. verhohlen
ver|hei|len
ver|heim|li|chen
ver|hei|ra|ten; sich -; ver|hei|ra|tet (Abk.: verh.; Zeichen: ⚭); Ver|hei|ra|tung
ver|hei|ßen; Ver|hei|ßung; ver|hei|ßungs|voll
ver|hei|zen; Kohlen -; jmdn. - (ugs. für: jmdn. für eigene Zwecke rücksichtslos einsetzen)
ver|hel|fen; jmdm. zu etwas -; er hat mir dazu verholfen

ver|herr|li|chen; Ver|herr|li|chung
ver|het|zen; Ver|het|zung
ver|heult (ugs. für: verweint)
ver|he|xen; das ist wie verhext; Ver|he|xung
ver|hin|dern; Ver|hin|de|rung
ver|hoh|len (verborgen); mit kaum verhohlener Schadenfreude
ver|höh|nen; ver|hoh|ne|pi|peln (ugs. für: verspotten)
ver|hö|kern (ugs. für: [billig] verkaufen)
Ver|hör, das; -[e]s, -e; ver|hö|ren
ver|hül|len; ver|hüllt
ver|hun|gern
ver|hun|zen (ugs. für: verderben)
ver|hü|ten (verhindern)
ver|hüt|ten (Erz auf Hüttenwerken verarbeiten)
Ver|hü|tung; Ver|hü|tungs|mit|tel
ver|hut|zelt (zusammengeschrumpft)
ver|in|ner|li|chen
ver|ir|ren, sich; Ver|ir|rung
ver|ja|gen
ver|jäh|ren; Ver|jäh|rung
ver|ju|beln (ugs. für: [sein Geld] für Vergnügungen ausgeben)
ver|jün|gen; sich -; die Säule verjüngt sich (wird dünner); Ver|jün|gung
ver|ju|xen (ugs. für: vergeuden)
ver|kal|ken (ugs. auch für: alt werden, die geistige Frische verlieren)
ver|kal|ku|lie|ren, sich (sich verrechnen, falsch veranschlagen)
Ver|kal|kung
ver|kannt; ein -es Genie
ver|kappt; ein -er Spion
ver|kal|tert (ugs. für: an den Folgen übermäßigen Alkoholgenusses leidend)
Ver|kauf; ver|kau|fen; Ver|käu|fer; Ver|käu|fe|rin; ver|käuf|lich; ver|kaufs|of|fen; -er Samstag; Ver|kaufs|preis
Ver|kehr, der; -s (seltener: -es), (fachspr.:) -e; ver|keh|ren; Ver|kehrs_am|pel, ...auf|kom|men, ...cha|os, ...hin|der|nis; ver|kehrs|si|cher; Ver|kehrs_schild, ...sün|der (ugs.), ...teil|neh|mer, ...un|fall, ...ver|ein; ver|kehrs|wid|rig; Ver|kehrs|zei|chen; ver|kehrt; seine Antwort ist -
ver|ken|nen; er wurde von allen verkannt; Ver|ken|nung
ver|ket|ten; Ver|ket|tung
ver|ket|zern (verurteilen, schmähen); Ver|ket|ze|rung
ver|kla|gen
ver|klä|ren (ins Überirdische erhöhen); Ver|klä|rung
ver|klau|su|lie|ren (schwer verständlich formulieren; mit vielen Vorbehalten versehen)
ver|kle|ben; Ver|kle|bung
ver|klei|den; Ver|klei|dung
ver|klei|nern; Ver|klei|ne|rung
ver|klem|men; ver|klemmt
ver|klin|gen

ver|klop|pen (ugs. für: verprügeln; [unter dem Wert] verkaufen)

ver|kna|cken (ugs. für: verurteilen)

ver|knack|sen (ugs. für: verstauchen)

ver|knal|len, sich (ugs.)

Ver|knap|pung (Knappwerden)

ver|knei|fen (ugs.); das Lachen -; sich etwas - (ugs. für: auf etwas verzichten; etwas unterdrücken); ver|knif|fen (verbittert)

ver|knö|chert (ugs. für: alt, geistig unbeweglich)

ver|kno|ten

ver|knüp|fen; Ver|knüp|fung

ver|koh|len (ugs. für: veralbern; scherzhaft belügen)

ver|kom|men; ein -er Mensch

ver|kon|su|mie|ren (ugs. für: aufessen)

ver|kor|ken (mit einem Korken verschließen); ver|kork|sen (ugs. für: verderben; verpfuschen)

ver|kör|pern; Ver|kör|pe|rung

ver|kös|ti|gen

ver|kra|chen (ugs. für: zusammenbrechen); sich - (ugs. für: sich entzweien); ver|kracht (ugs. für: gescheitert); eine -e Existenz

ver|kraf|ten (ugs. für: ertragen können)

ver|kramp|fen, sich; ver|krampft

ver|krat|zen

ver|krie|chen, sich

ver|krü|meln, sich (ugs. für: sich unauffällig entfernen)

ver|krüp|peln

ver|krus|ten; etwas verkrustet

ver|küh|len, sich (landsch. für: sich erkälten)

ver|küm|mern; ver|küm|mert

ver|kün|den; ver|kün|di|gen (geh.); Ver|kün|di|gung, Ver|kün|dung

ver|kup|peln

ver|kür|zen; Ver|kür|zung

ver|la|chen (auslachen)

ver|la|den; vgl. ¹laden; Ver|la|de|ram|pe

Ver|lag, der; -[e]s, -e (von Büchern usw.); ver|la|gern; Ver|la|ge|rung; Ver|lags|haus

ver|lan|den (von Seen usw.)

ver|lan|gen; Ver|lan|gen, das; -s, -; auf -

ver|län|gern; Ver|län|ge|rung; Ver|län|ge|rungs_ka|bel, ...schnur

ver|lang|sa|men; Ver|lang|sa|mung

Ver|lass, der; -es; es ist kein - auf ihn

¹ver|las|sen; sich auf etwas, jmdn. -; du verlässt dich, er verließ sich auf ihn

²ver|las|sen (vereinsamt)

ver|läss|lich (zuverlässig)

Ver|laub, der; nur noch in: mit -

Ver|lauf; im -; ver|lau|fen; die Sache ist gut verlaufen; sich -

ver|lau|ten; wie verlautet; nichts - lassen

ver|le|ben

¹ver|le|gen; Bücher -

²ver|le|gen (befangen); er war -; Ver|le|gen|heit

Ver|le|ger; Ver|le|ge|rin

ver|lei|den (jmdm. die Freude an etwas nehmen); es ist mir verleidet

Ver|leih, der; -[e]s, -e; ver|lei|hen; er hat das Buch verliehen; Ver|lei|her; Ver|lei|hung

ver|lei|ten (verführen)

ver|ler|nen

ver|le|sen (durch Vorlesen bekannt geben); eine Anordnung -; Ver|le|sung

ver|letz|bar; ver|let|zen; er ist verletzt; ver|let|zend; ver|letz|lich; Ver|letz|te, der u. die; -n, -n; Ver|let|zung

ver|leug|nen; Ver|leug|nung

ver|leum|den; Ver|leum|der; ver|leum|de|risch; Ver|leum|dung; Ver|leum|dungs|kam|pa|g|ne

ver|lie|ben, sich; ver|liebt; Ver|lieb|te, der u. die; -n, -n; Ver|liebt|heit

ver|lie|ren; verlor, verloren; Ver|lie|rer; Ver|lies, das; -es, -e ([unterird.] Gefängnis, Kerker); ver|ließ; vgl. ¹verlassen

ver|lo|ben; sich -; Ver|löb|nis, das; -ses, -se; Ver|lob|te, der u. die; -n, -n; Ver|lo|bung

ver|lo|cken; Ver|lo|ckung

ver|lo|gen (lügenhaft); Ver|lo|gen|heit

ver|lo|ren; der -e Sohn; auf -em Posten stehen; - sein; sie haben das Spiel verloren gegeben, (auch:) verlorengegeben; verloren gehen, (auch:) verlorengehen; mein Pass ist verloren gegangen, (auch:) verlorengegangen

ver|lö|schen; die Kerze verlischt

ver|lo|sen; Ver|lo|sung

ver|lot|tern (ugs. für: verkommen)

Ver|lust, der; -es, -e; Ver|lust_be|trieb, ...ge|schäft

ver|lus|tie|ren, sich (scherzh. für: sich vergnügen)

ver|ma|chen (vererben); Ver|mächt|nis, das; -ses, -se

ver|mäh|len; sich -; ver|mählt (Abk.: verm.; Zeichen: ∞); Ver|mähl|te, der u. die; -n, -n; Ver|mäh|lung; Ver|mäh|lungs|an|zei|ge

ver|mas|seln (ugs. für: zunichtemachen)

ver|meh|ren; Ver|meh|rung

ver|meid|bar; ver|mei|den; er hat diesen Fehler vermieden

ver|mei|nen ([irrtümlich] glauben); ver|meint|lich

ver|men|gen; Ver|men|gung

ver|mensch|li|chen; Ver|mensch|li|chung

Ver|merk, der; -[e]s, -e; ver|mer|ken; etwas am Rande -

¹ver|mes|sen; Land -

²ver|mes|sen; ein -es (tollkühnes) Unternehmen

Ver|mes|sen|heit (Kühnheit); Ver|mes|sung

ver|mie|sen (ugs. für: verleiden)

ver|mie|ten; Ver|mie|ter; Ver|mie|te|rin; Ver|mie|tung

ver|min|dern; Ver|min|de|rung

ver|mi|nen (Minen legen; durch Minen versperren); Ver|mi|nung

ver|mi|schen; Ver|mi|schung

ver|mis|sen; als vermisst gemeldet; Ver|miss|te, der u. die; -n, -n; Ver|miss|ten|an|zei|ge

ver|mit|teln; Ver|mitt|ler; Ver|mitt|lung; Ver|mitt|lungs|ge|bühr

ver|mö|beln (ugs. für: verprügeln)

ver|mo|dern

ver|mö|ge; Verhältnisw. mit Wesf.: - seines Geldes; Ver|mö|gen; Ver|mö|gen, das; -s, -; ver|mö|gend; Ver|mö|gens_bil|dung, ...la|ge; Ver|mö|gen[s]|steu|er

ver|mum|men (fest einhüllen); sich - (durch Verkleidung u. Ä. unkenntlich machen); Ver|mum|mung

ver|murk|sen (ugs. für: verderben)

ver|mu|ten; ver|mut|lich; Ver|mu|tung

ver|nach|läs|si|gen; Ver|nach|läs|si|gung

ver|na|geln; ver|na|gelt (ugs. auch für: äußerst begriffsstutzig)

ver|nä|hen; eine Wunde -

ver|nar|ben; Ver|nar|bung

ver|nar|ren; sich -; in jmdn., in etwas vernarrt sein; Ver|narrt|heit

ver|na|schen

ver|ne|beln

ver|nehm|bar; ver|neh|men; er hat das Geräusch vernommen; der Angeklagte wurde vernommen; ver|nehm|lich; Ver|neh|mung ([gerichtl.] Befragung); ver|neh|mungs|fä|hig

ver|nei|gen, sich; Ver|nei|gung

ver|nei|nen; eine verneinende Antwort; Ver|nei|nung

ver|nich|ten; Ver|nich|tung; Ver|nich|tungs|la|ger

ver|nied|li|chen

Ver|nis|sa|ge [...sa̱ʒ°], die; -, -n (Ausstellungseröffnung mit geladenen Gästen)

Ver|nunft, die; -; ver|nunft|be|gabt; ver|nunft|ge|mäß; ver|nünf|tig; ver|nunft|wid|rig

ver|öden; Ver|ödung

ver|öf|fent|li|chen; Ver|öf|fent|li|chung

ver|ord|nen; Ver|ord|nung

ver|pach|ten; Ver|pach|tung

ver|pa|cken; Ver|pa|ckung; Ver|pa|ckungs|ma|te|ri|al

ver|part|nern, sich (als Homosexueller eine gesetzlich anerkannte Lebenspartnerschaft eingehen); ver|part|nert; Ver|part|ne|rung (Amtsspr.)

¹ver|pas|sen (versäumen); er hat den Zug verpasst

²ver|pas|sen (ugs. für: geben; schlagen); die Uniform wurde ihm verpasst; dem werde ich eins -

ver|pat|zen (ugs. für: verderben)

ver|pes|ten; Ver|pes|tung

ver|pet|zen (ugs. für: verraten); er hat ihn verpetzt

ver|pfän|den; Ver|pfän|dung

ver|pfei|fen (ugs. für: verraten); er hat ihn verpfiffen

ver|pflan|zen; Ver|pflan|zung

ver|pfle|gen; Ver|pfle|gung

ver|pflich|ten; sich -; er ist mir verpflichtet; Ver|pflich|tung

ver|pfu|schen (ugs. für: verderben); ein verpfuschtes Leben

ver|pla|nen (falsch planen; auch für: einplanen)

ver|plap|pern, sich (ugs. für: etwas voreilig u. unüberlegt herausssagen)

ver|plau|dern ([Zeit] mit Plaudern verbringen)

ver|plem|pern (ugs. für: vergeuden); du verplemperst dich; seine Zeit -

ver|pönt (schlecht, verachtenswürdig)

ver|pras|sen; er hat das Geld verprasst

ver|prel|len (verwirren, verärgern)

ver|pro|vi|an|tie|ren [...wi...] (mit Proviant versorgen)

ver|prü|geln

ver|puf|fen ([schwach] explodieren; auch für: ohne Wirkung bleiben); Ver|puf|fung

ver|pul|vern (ugs. für: unnütz verbrauchen)

ver|pup|pen, sich; Ver|pup|pung (Umwandlung der Insektenlarve in die Puppe)

ver|pus|ten (nordd. für: verschnaufen)

Ver|putz (Mauerbewurf); ver|put|zen (auch für: [Geld] durchbringen, vergeuden; [Essen] verzehren); jmdn. nicht - (ugs. für: nicht ausstehen) können

ver|quer; ver|quer|ge|hen; mir geht etwas verquer (ugs. für: etwas misslingt mir)

ver|qui|cken (in enge Verbindung, engen Zusammenhang bringen)

ver|quir|len (mit einem Quirl o. Ä. verrühren)

ver|quol|len; -e Augen; -es Holz

ver|ram|meln, ver|ram|men

ver|ram|schen (ugs. für: zu Schleuderpreisen verkaufen)

ver|rannt (ugs. für: vernarrt; festgefahren); in jmdn., in etwas - sein

Ver|rat, der; -[e]s; ver|ra|ten; sich -; Ver|rä|ter; Ver|rä|te|rei; ver|rä|te|risch

ver|rau|chen; ver|räu|chern

ver|rech|nen (in Rechnung bringen); sich - (sich beim Rechnen irren; auch für: sich täuschen); Ver|rech|nung; Ver|rech|nungs_ein|heit (Wirtsch.), ...preis, ...scheck

ver|re|cken (derb für: verenden; elend zugrunde gehen)

ver|reg|nen; verregnet

ver|rei|ben; Ver|rei|bung

ver|rei|sen (auf die Reise gehen); er ist verreist

ver|rei|ßen; er hat das Theaterstück verrissen (ugs. für: vernichtend kritisiert)

ver|ren|ken; sich den Arm -; Ver|ren|kung

ver|rich|ten (ausführen); Ver|rich|tung

ver|rie|geln

ver|rin|gern; Ver|rin|ge|rung

ver|rin|nen

Ver|riss, der; -es, -e (vernichtende Kritik); vgl. verreißen

ver|ro|hen; ver|roht; Ver|ro|hung, die; -

ver|ros|ten

ver|rot|ten (verfaulen, modern; zerfallen)

ver|rucht; Ver|rucht|heit, die; -

ver|rü|cken; ver|rückt; Ver|rück|te, der u. die; -n, -n; Ver|rückt|heit; ver|rückt-spie|len; das Thermometer spielt verrückt (zeigt kaum glaubliche Temperaturen an); Ver|rückt|wer|den, das; -s; das ist zum - (ugs.)

Ver|ruf, der; nur noch in: in - bringen, geraten, kommen; ver|ru|fen (übel, berüchtigt); die Bar ist sehr -

ver|ru|ßen; der Kamin ist verrußt

ver|rut|schen

Vers [färß], der; -es, -e

ver|sa|cken (wegsinken; ugs. für: liederlich leben)

ver|sa|gen; er hat ihr keinen Wunsch versagt; das Gewehr hat versagt; menschliches Versagen; Ver|sa|ger; Ver|sa|gerin (nicht fähige Person)

ver|sal|zen (ugs. auch für: verderben, die Freude an etwas nehmen); wir haben ihm das Fest versalzen

ver|sam|meln; Ver|samm|lung; Versamm|lungs_frei|heit (die; -), ...lo|kal, ...recht (das; -[e]s)

Ver|sand, der; -[e]s; ver|sand|fer|tig; Ver|sand_haus, ...kos|ten (Mehrz.); ver|sandt, ver|sen|det; vgl. senden

ver|sau|en (derb für: verschmutzen; verderben)

ver|sau|ern (sauer werden; ugs. auch für: geistig verkümmern)

ver|sau|fen (derb)

ver|säu|men; Ver|säum|nis, das; -ses, -se

ver|scha|chern (ugs. für: verkaufen)

ver|schach|telt; ein -er Satz

ver|schaf|fen; du hast dir Genugtuung verschafft

ver|schal|len (mit Brettern verkleiden); Ver|schal|lung

ver|schämt; - tun

ver|schan|deln (ugs. für: verunzieren); Ver|schan|de|lung, Ver|schand|lung

ver|schan|zen, sich; du hast dich hinter Ausreden verschanzt

ver|schär|fen

ver|schar|ren

ver|schät|zen, sich

ver|schau|keln (ugs. für: betrügen)

ver|schen|ken

ver|scher|beln (ugs. für: [billig] verkaufen)

ver|scher|zen ([durch Leichtsinn] verlieren); sich etwas -

ver|scheu|chen

ver|scheu|ern (ugs. für: billig veräußern)

ver|schi|cken

ver|schie|ben (ugs. auch für: in gesetzwidriger Weise verkaufen)

¹ver|schie|den (geh. für: gestorben)

²ver|schie|den; verschieden lang; wenn Verschiedene sagen, dass ...; Verschiedenes war mir unklar; Ähnliches und Verschiedenes; ver|schie|den|ar|tig; ver|schie|den|far|big; Ver|schie|den|heit; ver|schie|dent|lich

ver|schif|fen; Ver|schif|fung

ver|schim|meln

¹ver|schla|fen; ich habe [mich] verschlafen; einen Termin -

²ver|schla|fen; er sieht - aus

Ver|schlag, der; -[e]s, Verschläge

¹ver|schla|gen; es verschlägt mir die Sprache

²ver|schla|gen ([hinter]listig); ein -er Mensch; Ver|schla|gen|heit, die; -

ver|schlam|pen (ugs. für: verlegen, verlieren; verkommen lassen)

ver|schlech|tern; sich -; Ver|schlech|terung

ver|schlei|ern; Ver|schlei|e|rung; Ver|schlei|e|rungs|tak|tik

ver|schlei|men; ver|schleimt

Ver|schleiß, der; -es, -e (Abnutzung; österr. auch für: Kleinverkauf, Vertrieb); ver|schlei|ßen ([stark] abnutzen); ver|schliss, verschlissen

ver|schlep|pen; Ver|schlep|pung; Ver|schlep|pungs|tak|tik

ver|schleu|dern

ver|schließ|bar; ver|schlie|ßen

ver|schlimm|bes|sern; er hat alles nur verschlimmbessert; ver|schlim|mern; Ver|schlim|me|rung

ver|schlin|gen

ver|schlos|sen (zugesperrt; verschwiegen); Ver|schlos|sen|heit, die; -

ver|schlu|cken; sich -

ver|schlu|dern (ugs. für: verlieren)

Ver|schluss; ver|schlüs|seln

ver|schmach|ten (geh.)

ver|schmä|hen

¹ver|schmel|zen (flüssig werden; ineinander übergehen); vgl. ¹schmelzen

²ver|schmel|zen (zusammenfließen lassen; ineinander übergehen lassen); vgl. ²schmelzen

Ver|schmel|zung

ver|schmer|zen

ver|schmie|ren

ver|schmitzt (schlau, verschlagen)

ver|schmut|zen

ver|schnau|fen; sich -; Ver|schnauf|pau|se

ver|schnei|den (auch für: kastrieren); verschnitten

ver|schneit; -e Wälder

Ver|schnitt, der; -[e]s (auch für: Mischung alkohol. Flüssigkeiten)

ver|schnör|keln; ver|schnör|kelt

ver|schnup|fen; ver|schnupft (einen Schnupfen habend; auch für: gekränkt)

ver|schnü|ren; Ver|schnü|rung

ver|schol|len (unauffindbar u. für tot, verloren gehalten)

ver|scho|nen; er hat mich mit seinem Besuch verschont; ver|schö|nern; Ver|schö|ne|rung

ver|schos|sen (ausgebleicht); ein -es Kleid; in jmdn. - (ugs. für: heftig verliebt) sein

ver|schram|men; verschrammt

ver|schrän|ken; mit verschränkten Armen; Ver|schrän|kung

ver|schrau|ben

ver|schreckt (erschreckt, verstört)

ver|schrei|ben (falsch schreiben; gerichtlich übereignen); sich -; Ver|schrei|bung; ver|schrei|bungs|pflich|tig

ver|schrien; er ist als Geizhals -

ver|schro|ben (seltsam; wunderlich); Ver|schro|ben|heit

ver|schro|ten (zu Schrott machen, als Altmetall verwerten); Ver|schrot|tung

ver|schrum|peln (ugs.)

ver|schüch|tert; Ver|schüch|te|rung

ver|schul|den; Ver|schul|den, das; -s; ohne [sein] -; ver|schul|det; Ver|schul|dung, die; -

ver|schus|seln (ugs. für: verlieren; vergessen)

ver|schüt|ten

ver|schütt|ge|hen (ugs. für: verloren gehen)

ver|schwä|gert

ver|schwei|gen

ver|schwei|ßen

ver|schwen|den; Ver|schwen|der; ver|schwen|de|risch; Ver|schwen|dung; Ver|schwen|dungs|sucht, die; -

ver|schwie|gen; Ver|schwie|gen|heit

ver|schwin|den; Ver|schwin|den, das; -s

ver|schwis|tert (auch für: zusammengehörend)

ver|schwit|zen (ugs. auch für: vergessen); einen Termin -

ver|schwitzt (nass geschwitzt)

ver|schwom|men; -e Vorstellungen; Ver|schwom|men|heit

ver|schwö|ren, sich; Ver|schwö|rer; Ver|schwö|rung

ver|se|hen; er hat seinen Posten treu -; sie hat sich mit Geld - (versorgt); er hat sich - (geirrt); Ver|se|hen, das; -s, - (Irrtum); ver|se|hent|lich (aus Versehen)

Ver|sehr|te, der u. die; -n, -n (Körperbeschädigte[r])

ver|selbst|stän|di|gen, ver|selb|stän|di|gen, sich

ver|sen|den; versandt u. versendet; vgl. senden; Ver|sen|dung

ver|sen|gen

ver|senk|bar; Ver|senk|büh|ne; ver|sen|ken (untertauchen, zum Sinken bringen); sich in ein Buch - (vertiefen) Ver|sen|kung

Vers|epos; Ver|se|schmied (abwertend)

ver|ses|sen (eifrig bedacht; erpicht); Ver|ses|sen|heit, die; -

ver|set|zen; der Schüler wurde versetzt; er hat sie versetzt (ugs. für: vergeblich warten lassen); seine Uhr - (ins Pfandhaus bringen); Ver|set|zung

ver|seu|chen; Ver|seu|chung

ver|si|chern; die Versicherung versichert dich gegen Unfall; ich versichere dich meines Vertrauens; ich versichere dir, dass ...; Ver|si|cher|te, der u. die; -n, -n; Ver|si|che|rung; ver|si|che|rungs|pflich|tig; Ver|si|che|rungs_po|li|ce, ...prä|mie

ver|si|ckern

ver|sie|geln

ver|sie|gen (austrocknen)

ver|siert [wär...]; in etwas - (erfahren) sein

ver|sil|bern (ugs. auch für: verkaufen)

ver|sin|ken; versunken

Ver|si|on [wär...], die; -, -en (Fassung; Lesart; Ausführung)

ver|skla|ven [...we̱n, auch: ...fe̱n]; Ver|skla|vung

Vers_leh|re, ...maß (das)

ver|snobt (in der Art eines Snobs, um gesellschaftliche Exklusivität bemüht)

ver|sof|fen (derb für: trunksüchtig)

ver|soh|len (ugs. für: verprügeln)

ver|söh|nen; sich -; ver|söhn|lich; Ver|söh|nung

ver|son|nen (träumerisch)

ver|sor|gen; Ver|sor|gung; Ver|sorgungs_amt, ...an|spruch, ...aus|gleich; ver|sor|gungs|be|rech|tigt

ver|spä|ten, sich; Ver|spä|tung

ver|spei|sen (geh.)

ver|spe|ku|lie|ren

ver|sper|ren; Ver|sper|rung

ver|spie|len; ver|spielt

ver|spie|ßern (abwertend: zum Spießer werden)

ver|spot|ten; Ver|spot|tung

ver|spre|chen; sich - (beim Sprechen einen Fehler machen); Ver|spre|chen, das; -s, -; Ver|spre|cher; Ver|spre|chung (meist Mehrz.)

ver|spren|gen

ver|sprit|zen

ver|sprü|hen (zerstäuben)

ver|spü|ren

ver|staat|li|chen; Ver|staat|li|chung

ver|städ|tern (städtisch machen, werden); Ver|städ|te|rung

Ver|stand, der; -[e]s; ver|stän|dig (klug, einsichtig); ver|stän|di|gen; sich mit jmdm. -; Ver|stän|di|gung; ver|ständlich; ver|ständ|li|cher|wei|se; Ver|ständ|lich|keit, die; -; Ver|ständ|nis, das; -ses, (selten:) -se; ver|ständ|nis_los, ...voll

ver|stär|ken; in verstärktem Maße; Ver|stär|ker; Ver|stär|ker|röh|re; Ver|stär|kung

ver|stau|ben

ver|stau|chen; ich habe mir den Fuß verstaucht; Ver|stau|chung

ver|stau|en ([auf relativ engem Raum] unterbringen)

Ver|steck, das; -[e]s, -e; ver|ste|cken; sich -; Ver|ste|cken, das; -s; Verstecken spielen

ver|ste|hen; verstanden

ver|stei|fen; sich auf etwas - (auf etwas beharren); Ver|stei|fung

ver|stei|gen, sich; er hat sich zu übertriebenen Forderungen verstiegen (geh.)

ver|stei|gern; Ver|stei|ge|rung

ver|stei|nern (zu Stein machen, werden); Ver|stei|ne|rung

ver|stell|bar; ver|stel|len; verstellt; sich -; Ver|stel|lung

ver|ster|ben; nur noch in der Vergangenheit u. im 2. Mittelwort gebr.; verstarb, verstorben

ver|steu|ern; Ver|steu|e|rung

ver|stie|gen (überspannt)

ver|stim|men (auch für: verärgern); verstimmt; Ver|stim|mung

ver|stockt (uneinsichtig, störrisch); Ver|stockt|heit, die; -

ver|stoh|len (heimlich)

ver|stop|fen; Ver|stop|fung

ver|stor|ben (Zeichen: †); Ver|stor|be|ne, der u. die; -n, -n

ver|stö|ren (verwirren); ver|stört; Ver|stört|heit, die; -

Ver|stoß; ver|sto|ßen

ver|stre|ben; Ver|stre|bung

ver|strei|chen; die Zeit ist verstrichen (vergangen)

ver|streu|en

ver|stri|cken; sich [in Widersprüche] -; Ver|stri|ckung

ver|stüm|meln; Ver|stüm|me|lung, Verstümm|lung

ver|stum|men

Ver|stümm|lung; vgl. Verstümmelung

Ver|such, der; -[e]s, -e; ver|su|chen; Ver|su|cher; Ver|suchs_bal|lon, ...ka|nin|chen (ugs.), ...per|son, ...tier; ver|suchs|wei|se; Ver|su|chung

ver|sump|fen (ugs. auch für: moralisch verkommen); Ver|sump|fung

ver|sün|di|gen, sich (geh.)

ver|sun|ken; in etwas - sein

ver|sü|ßen; Ver|sü|ßung

ver|tal|gen (aufschieben); Ver|tal|gung

ver|tän|deln (nutzlos [die Zeit] verbringen)

ver|täu|en (mit Tauen festmachen); das Schiff ist vertäut

ver|tausch|bar; ver|tau|schen; Ver|tau|schung

ver|tei|di|gen; Ver|tei|di|ger; Ver|tei|di|gung; Ver|tei|di|gungs_mi|nis|ter, ...pakt

ver|tei|len; Ver|tei|ler; Ver|tei|ler|netz; Ver|tei|lung

ver|teu|ern; sich -; Ver|teu|e|rung

ver|teu|feln; jmdn., etwas - (als böse, schlecht hinstellen); ver|teu|felt (ugs. für: verzwickt)

ver|tie|fen; sich in eine Sache -; Ver|tie|fung

ver|ti|kal [wär...] (senkrecht, lotrecht); Ver|ti|ka|le, die; -, -n
ver|til|gen
ver|tip|pen (ugs. für: falsch tippen); sich -; vertippt
ver|to|nen; das Gedicht wurde vertont; Ver|to|nung
ver|trackt (ugs. für: verwickelt; unangenehm, ärgerlich)
Ver|trag, der; -[e]s, ...träge; ver|tra|gen; er hat den Wein gut -; sich -; ver|träg|lich (durch Vertrag); ver|träg|lich (friedfertig; bekömmlich); Ver|träg|lich|keit, die; -; Ver|trags_ab|schluss, Ver|trags|bruch; ver|trags|brü|chig; ver|trags|ge|mäß; Ver|trags_part|ner, ...text, ...werk|statt; ver|trags|wid|rig
ver|trau|en; Ver|trau|en, das; -s; - erwecken; ein Vertrauen erweckender, (auch:) vertrauenerweckender Verkäufer; Ver|trau|ens_arzt, ...be|weis, ...bruch, ...kri|se, ...mann (Mehrz. ...männer u. ...leute); ver|trau|ens_se|lig, ...voll, ...wür|dig; ver|trau|lich; ver|trau|lich|keit
ver|träu|men; ver|träumt
ver|traut; jmdn., sich mit etwas - machen; Ver|trau|te, der u. die; -n, -n
ver|trei|ben; Ver|trei|bung
ver|tret|bar; ver|tre|ten; Ver|tre|ter; Ver|tre|tung; in -; ver|tre|tungs|wei|se
Ver|trieb, der; -[e]s, -e (Verkauf); Ver|trie|be|ne, der u. die; -n, -n; Ver|triebs|kos|ten (Mehrz.)
ver|trin|ken
ver|trock|nen
ver|trö|deln (ugs. abwertend für: [Zeit] vergeuden)
ver|trös|ten; Ver|trös|tung
ver|trot|teln (ugs. für: zum Trottel werden); ver|trot|telt
ver|tun (verschwenden); vertan; sich - (ugs. für: sich irren)
ver|tu|schen (ugs. für: verheimlichen); Ver|tu|schung (ugs.)
ver|übeln (übel nehmen)
ver|üben
ver|ul|ken
ver|un|glimp|fen (schmähen); Ver|un|glimp|fung
ver|un|glü|cken; Ver|un|glück|te, der u. die; -n, -n
ver|un|rei|ni|gen
ver|un|si|chern (unsicher machen); Ver|un|si|che|rung
ver|un|stal|ten (entstellen)
ver|un|treu|en (unterschlagen); Ver|un|treu|ung
ver|un|zie|ren; Ver|un|zie|rung
ver|ur|sa|chen; Ver|ur|sa|cher; Ver|ur|sa|cher|prin|zip, das; -s (Rechtsw.)
ver|ur|tei|len; Ver|ur|tei|lung
ver|viel|fa|chen; ver|viel|fäl|ti|gen; Ver|viel|fäl|ti|gung
ver|voll|komm|nen; sich -
ver|voll|stän|di|gen

verw. = verwitwet
[1]ver|wach|sen; die Narbe ist verwachsen; mit etwas - (innig verbunden) sein
[2]ver|wach|sen (schief gewachsen, verkrüppelt)
ver|wa|ckeln (ugs.); die Aufnahmen sind verwackelt
ver|wah|ren; es ist alles wohl verwahrt; sich gegen etwas - (etwas energisch zurückweisen); ver|wahr|lo|sen; Ver|wahr|lo|sung, die; -; ver|wah|rung
ver|wai|sen (elternlos werden; einsam werden); ver|waist
ver|wal|ten; Ver|wal|ter; Ver|wal|tung; Ver|wal|tungs_be|zirk, ...ge|bäu|de, ...kos|ten; ver|wal|tungs|tech|nisch
ver|wam|sen (ugs. für: verhauen)
ver|wan|deln; Ver|wand|lung; ver|wandt (zur gleichen Familie, Art gehörend); Ver|wand|te, der u. die; -n, -n; Ver|wandt|schaft
ver|war|nen; Ver|war|nung
ver|wa|schen
ver|wäs|sern
ver|wech|seln; zum Verwechseln ähnlich; Ver|wech|se|lung, Ver|wechs|lung
ver|we|gen; Ver|we|gen|heit
ver|we|hen; vom Winde verweht
ver|weh|ren; jmdm. etwas - (untersagen); Ver|weh|rung
Ver|weh|hung
ver|weich|li|chen
ver|wei|gern; Ver|wei|ge|rung
ver|weint
Ver|weis, der; -es, -e (ernste Zurechtweisung; Hinweis); ver|wei|sen (geh. auch für: vorhalten; verbieten; tadeln); jmdm. etwas -
ver|wel|ken
ver|welt|li|chen (weltlich machen); Ver|welt|li|chung, die; -
ver|wend|bar; Ver|wend|bar|keit, die; -; ver|wen|den; ich verwandte od. verwendete, habe verwandt od. verwendet; Ver|wen|dung
ver|wer|fen; der Plan wurde verworfen; ver|werf|lich
ver|wert|bar; ver|wer|ten
ver|we|sen (sich zersetzen, in Fäulnis übergehen); Ver|we|sung
ver|wi|ckeln; ver|wi|ckelt; Ver|wi|cke|lung, Ver|wick|lung
ver|wil|dern; ver|wil|dert
ver|win|den (geh. für: über etwas hinwegkommen)
ver|wir|ken; sein Leben -
ver|wirk|li|chen; Ver|wirk|li|chung
ver|wir|ren; ich habe das Garn verwirrt; ich bin ganz verwirrt; Ver|wir|rung
ver|wi|schen
ver|wit|tern (durch die Witterung angegriffen werden); das Holz ist verwittert; Ver|wit|te|rung
ver|wit|wet (Witwe[r] geworden; Abk.: verw.)

ver|wo|ben (geh. für: eng verknüpft mit ...)
ver|wöh|nen; ver|wöhnt
ver|wor|fen (lasterhaft, schlecht); ein verworfenes Gesindel; Ver|wor|fen|heit
ver|wor|ren; ein -er Kopf; Ver|wor|ren|heit, die; -
ver|wund|bar; ver|wun|den
ver|wun|der|lich; ver|wun|dern; sich -; Ver|wun|de|rung
ver|wun|det; Ver|wun|de|te, der u. die; -n, -n; Ver|wun|dung
ver|wun|schen (verzaubert); ein -es Schloss; ver|wün|schen (verfluchen; verzaubern); ver|wünscht (verflucht); Ver|wün|schung
ver|wursch|teln, ver|wurs|teln (ugs. für: durcheinanderbringen, verwirren)
ver|wüs|ten; Ver|wüs|tung
ver|za|gen; ver|zagt
ver|zäh|len, sich
ver|zah|nen (aneinanderfügen); Ver|zah|nung
ver|zap|fen (durch Zapfen verbinden; landsch. für: [vom Fass] ausschenken; ugs. für: etwas [Unsinniges] anstellen, reden)
ver|zär|teln; Ver|zär|te|lung
ver|zau|bern; Ver|zau|be|rung
Ver|zehr, der; -[e]s (das Verzehrte); ver|zeh|ren
ver|zeich|nen (vermerken; falsch zeichnen); Ver|zeich|nis, das; -ses, -se
ver|zei|hen; sie hat ihm verziehen; ver|zeih|lich; Ver|zei|hung, die; -
ver|zer|ren; Ver|zer|rung
ver|zet|teln (vergeuden); sich -
Ver|zicht, der; -[e]s, -e; - leisten; ver|zich|ten; Ver|zicht[s]|er|klä|rung
ver|zie|hen; die Eltern - ihr Kind; er ist nach Frankfurt verzogen; Rüben -; sich - (ugs. für: still verschwinden)
ver|zie|ren; Ver|zie|rung
ver|zin|sen; ver|zins|lich; Ver|zin|sung
ver|zo|gen; ein -er Bengel
ver|zö|gern; Ver|zö|ge|rung
ver|zol|len; die Ware ist verzollt
ver|zü|cken; ver|zückt; Ver|zü|ckung; in - geraten
Ver|zug, der; -[e]s; im - sein (im Rückstand sein); in - geraten, kommen; Ver|zugs|zin|sen
ver|zwei|feln; es ist zum Verzweifeln; ver|zwei|felt; Ver|zweif|lung; Ver|zweif|lungs|tat
ver|zwei|gen, sich
ver|zwickt (ugs. für: verwickelt)
Ves|per [fäß...], die; -, -n (für: Imbiss auch:) das; -s, - (Abendandacht; bes. südd. für: Imbiss [am Nachmittag]); Ves|per|brot; ves|pern (südd. für: [Nachmittags]imbiss einnehmen)
Ves|ti|bül, das; -s, -e (Vorhalle)
Ve|te|ran [we...], der; -en, -en (altgedienter Soldat; ehem. langjähriger Mitarbeiter)

Ve|te|ri|när [we...], der; -s, -e (Tierarzt); Ve|te|ri|nä|rin; Ve|te|ri|när|me|di|zin (Tierheilkunde)

Ve|to [weto], das; -s, -s (Einspruch[srecht]); Ve|to|recht

Vet|tel [fät°l], die; -, -n (abwertend für: unordentliche [alte] Frau)

Vet|ter, der; -s, -n; Vet|tern|wirt|schaft, die; - (abwertend)

Ve|xier|bild [wä...]

v-för|mig, V-för|mig (in Form eines V)

vgl. = vergleich[e]!

v. H. = vom Hundert

via [wi̱a] ([auf dem Wege] über); - Triest; Vi|a|dukt [wia...], der (auch: das); -[e]s, -e (Talbrücke, Überführung)

vi|b|rie|ren [wi...] (schwingen; beben, zittern)

Vi|deo [wi̱...], das; -s, -s (ugs. kurz für: Videoband, Videofilm); Vi|deo_auf|zeich|nung, ...band (vgl. ³Band), ...clip (kurzer Videofilm zu einem Popmusikstück), ...film, ...ka|me|ra, ...kas|set|te, ...pro|gramm, ...re|kor|der, (auch:) ...re|cor|der; Vi|deo|thek, die; -, -en (Sammlung von Videofilmen od. Fernsehaufzeichnungen)

Viech, das; -[e]s, -er (ugs. für: Tier; auch Schimpfwort); Vie|che|rei (ugs. für: Gemeinheit, Niedertracht; große Anstrengung); Vieh, das; -[e]s; Vieh_be|stand, ...fut|ter; vie|hisch; Vieh_zeug (ugs.), ...zucht

viel; in vielem, (auch:) Vielem, um vieles, (auch:) Vieles; wer vieles, (auch:) Vieles bringt, ...; ich habe viel erlebt; viele, (auch:) Viele sagen ...; viel Gutes od. vieles Gute; eine viel beschäftigte, (auch:) vielbeschäftigte Frau; ein viel sagender, (auch:) vielsagender Blick; ein viel diskutierter, (auch:) vieldiskutierter Fall; ein viel gelesener, (auch:) vielgelesener Roman; ein viel versprechendes, (auch:) vielversprechendes Projekt; ein viel zitiertes, (auch:) vielzitiertes Buch; viel|be|schäf|tigt; vgl. viel; viel|deu|tig; viel|dis|ku|tiert; vgl. viel; Viel|eck; vie|ler|lei; viel|fach; Viel|fa|che, das; -n; Viel|falt, die; -; viel|fäl|tig; viel|far|big; Viel|fraß, der; -es, -e (Marderart; ugs. für: jmd., der unmäßig isst); viel|ge|le|sen; vgl. viel; viel|ge|stal|tig

viel|leicht

viel|ma|lig; viel|mals; viel|mehr [auch. fil...]; er ist nicht dumm, weiß vielmehr gut Bescheid; viel|sa|gend; vgl. viel; viel|sei|tig; viel|ver|spre|chend; vgl. viel; Viel|wei|be|rei, die; -; viel|zi|tiert; vgl. viel

vier; alle viere von sich strecken (ugs.); wir sind zu vieren od. zu viert; Vier, die; -, -en (Zahl); eine Vier würfeln; in Latein eine Vier schreiben; Vier|eck; vier|eckig; Vie|rer; Vie|rer|bob; vier|fach; Vier|far|ben|druck (Mehrz. ...drucke); vier|fü-

ßig; vier|hän|dig; - spielen; vier|hun|dert; Vier|kant|ei|sen; Vier|ling; vier|mal; vier|mo|to|rig; vier|schrö|tig (stämmig); Vier|sit|zer; vier|stel|lig; vier|stim|mig (Musik); viert; vgl. vier; vier|tau|send; vier|te; - Dimension; vier|tei|len; geviertelt; vier|tei|lig

vier|tel [fir...]; um [drei] viertel neun; der Saal war drei viertel voll; Vier|tel [fir...], das (schweiz. meist: der); -s, - (ein - des Kuchens; drei - der Bevölkerung; es ist [ein] - vor, nach eins; es hat ein - eins geschlagen; es ist fünf Minuten vor drei -; Vier|tel|fi|na|le [fir...] (Sportspr.); Vier|tel_jahr [fir...], ...li|ter; vier|teln [fir...] (in vier Teile zerlegen); Vier|tel_pfund [fir..., auch: firt°lpfunt], ...stun|de

vier|tens; vier|tü|rig; vier|[und]ein|halb; vier|und|zwan|zig; vier|zehn [fir...]; vier|zig [fir...] usw.; Vier|zig|stun|den|wo|che (mit Ziffern: 40-Stunden-Woche)

Vi|g|net|te [winjät°] die; -, -n (kleine Verzierung [in Büchern]; Gebührenmarke für die Autobahnbenutzung)

Vi|kar [wi...], der; -s, -e (kath. Kirche: Stellvertreter in einem geistl. Amt; ev. Kirche: Theologe nach dem ersten Examen)

Vil|la [wi̱la], die; -, ...llen (vornehmes Einzelwohnhaus); Vil|len_vier|tel, ...vor|ort

Vi|n|ai|g|ret|te [...nägrät°], die; -, -n (mit Essig zubereitete Soße)

Vi|o|la [wi̱...], die; -, ...len (Bratsche)

vi|o|lett [wi...] (veilchenfarbig); Vi|o|lett, das; -s, - (ugs.: -s); in -

Vi|o|li|ne [wi̱...], die; -, -n (Geige); Vi|o|li|nist, der; -en, -en; Vi|o|li|n|s|tin; Vi|o|lin_kon|zert, ...schlüs|sel

Vi|per [wi̱...], die; -, -n (²Otter)

Vi|ren (Mehrz. von: Virus)

vir|tu|os [wir...] (meisterhaft, technisch vollkommen); Vir|tu|o|se, der; -n, -n ([techn.] hervorragender Meister, bes. Musiker)

Vi|rus [wi̱...], das (außerhalb der Fachspr. auch: der); -, ...ren (kleinster Krankheitserreger; heimlich eingeschleustes zerstörendes Computerprogramm); Vi|rus_krank|heit

Vi|sa|ge [wisasch°], die; -, -n (ugs. abwertend für: Gesicht); vis-a-vis, (auch:) vis-à-vis [wisawi] (gegenüber)

Vi|sier [wi...], das; -s, -e (Zielvorrichtung); vi|sie|ren (auf etwas zielen)

Vi|si|on [wi̱...], die; -, -en (Erscheinung; Traumbild; Zukunftsentwurf); vi|si|o|när (traumhaft; seherisch)

Vi|si|te [wi̱...], die; -, -n (Krankenbesuch des Arztes, der Ärztin im Krankenhaus); Vi|si|ten|kar|te (Besuchskarte)

Vi|sum [wi̱...], das; -s, ...su u. ...sen (Ein- od. Ausreiseerlaubnis; Sichtvermerk im Pass); Vi|sum|zwang

vi|tal [wi...] (lebenskräftig, -wichtig; frisch, munter); Vi|ta|li|tät, die; - (Lebendigkeit;

Lebensfülle, -kraft); Vi|t|a|min, das; -s, -e ([lebenswichtiger] Wirkstoff) - C; des Vitamin[s] C; Vi|ta|min-B-hal|tig [...be...]; Vi|ta|min-B-Man|gel, der; -s; vi|t|a|min|reich

Vi|t|ri|ne [wi...], die; -, -n (gläserner Schaukasten)

Vi|vat [wi̱wat], das; -s, -s (Hochruf); ein - ausbringen, rufen

Vi|ze... [fiz°, seltener: wi̱z°] (stellvertretend); Vi|ze|kanz|ler

Vlies [fli̱ß], das; -es, -e ([Schaf]fell; Rohwolle des Schafes)

Vo|gel, der; -s, Vögel; Vo|gel|bau|er, das (seltener: der); -s, - (Käfig); Vo|gel_beer|baum; Vö|gel|chen; Vo|gel|fe|der; vo|gel|frei (rechtlos); Vo|gel|fut|ter; vö|geln (derb für: Geschlechtsverkehr ausüben); Vo|gel_schau (die; -), ...scheu|che, ...schutz; Vo|gel-Strauß-Po|li|tik, die; -; Vo|gel|war|te; Vög|lein

Vogt, der; -[e]s, Vögte (früher für: Verwalter; Richter)

Voice|mail [weußme°l], die; -, -s ([in ein Telefon integriertes] elektron. Kommunikationssystem, mit dem gesprochene Nachrichten gespeichert u. weitergeleitet werden können)

Vo|ka|bel [wo...], die; -, -n (österr. auch: das; -s, -; [einzelnes] Wort einer Fremdsprache); Vo|ka|bel|heft

vo|kal [...wo...] (Musik: die Singstimme betreffend, gesangsmäßig); Vo|kal, der; -s, -e (Sprachw.: Selbstlaut, z. B. a, e)

Vo|lant [wolang, schweiz.: wo...], der (schweiz. meist das); -s, -s (Besatz an Kleidungsstücken; veraltend für: Lenkrad, Steuer)

Volk, das; -[e]s, Völker; Völk|chen; Völ|ker_ball (der; -[e]s; Ballspiel), ...kun|de (die; -), ...recht (das; -[e]s); völ|ker|recht|lich; Völ|ker ver|bin|dend, (auch:) völ|ker|ver|bin|dend; Völ|ker|ver|stän|di|gung

völ|kisch

volk|reich

Volks_ab|stim|mung, ...be|geh|ren, ...be|lus|ti|gung, ...brauch, ...bü|che|rei, ...de|mo|kra|tie (Staatsform kommunist. Länder, bei der die gesamte Staatsmacht in den Händen der Partei liegt), ...deut|sche (der u. die; ehem. DDR); volks|ei|gen (ehem. DDR); Volks_ent|scheid, ...fest, ...glau|be[n], ...hoch|schu|le, ...kun|de (die; -), ...kunst (die; -), ...lauf, ...lied, ...mär|chen, ...men|ge, ...mund (der; -[e]s), ...mu|sik, ...red|ner, ...schu|le, ...schü|ler, ...schü|le|rin, ...stamm, ...stück, ...tanz, ...tracht, ...trau|er|tag; Volks|tum, das; -s; volks|tüm|lich; volks|ver|bun|den; Volks_ver|mö|gen, ...ver|tre|ter, ...ver|tre|tung, ...wa|gen® (Abk.: VW), ...wei|se, ...wirt|schaft, ...wirt|schafts|leh|re, ...zäh|lung

437

voll; voll[er] Angst; der Saal war voll[er] Menschen; zehn Minuten nach voll (ugs. für: nach der vollen Stunde); voll sein; voll verantwortlich sein; aus dem Vollen schöpfen; ein Wurf in die Vollen (auf 9 Kegel); ein voll besetzter, (auch:) vollbesetzter Bus; die Nase voll haben (ugs. für: genug haben, nicht mehr wollen); jmdn. nicht für voll nehmen (ugs. für: nicht ernst nehmen); den Mund recht voll nehmen (ugs. für: prahlen)
voll|auf [auch: *follauf*]; - genug haben
voll|au|to|ma|tisch
Voll|bart
voll|be|schäf|tigt; Voll|be|schäf|ti|gung, die; -
voll|be|setzt; vgl. voll
Voll|blut, das; -[es] (reinrassiges Pferd); Voll|blut|pferd
voll|brin|gen (ausführen; vollenden); ich vollbringe; vollbracht; zu -; **Voll|brin|gung**
voll|bu|sig
Voll|dampf, der; -[e]s
Völ|le|ge|fühl, das; -
voll|l|en|den; ich vollende; vollendet; zu -; voll|l|ends; Voll|l|en|dung
voll|er; vgl. voll
Völ|le|rei
voll|es|sen, sich (ugs.)
Voll|ley|ball [*woli*...], der; -[e]s (ein Ballspiel)
voll|füh|ren; ich vollführe; vollführt; zu -; Voll|füh|rung
Voll|gas, das; -es; - geben
voll.ge|pfropft, ...ge|stopft
voll|gie|ßen
völ|lig
voll|jäh|rig; Voll|jäh|rig|keit, die; -
voll kli|ma|ti|siert, (auch:) voll|kli|ma|ti|siert
voll|kom|men [auch: *fol*...]; Voll|kom|men|heit [auch: *fol*...]
Voll|korn|brot
voll|la|den
voll|lau|fen
voll|ma|chen
Voll|macht, die; -, -en
Voll|milch
Voll|mond; Voll|mond|ge|sicht (ugs. scherzh. für: rundes Gesicht; Mehrz. ...gesichter)
voll|mun|dig; -er Wein
voll|pa|cken
Voll|pen|si|on
voll|pfrop|fen
voll|reif; Voll|rei|fe
voll|schla|gen; sich den Bauch -
voll|schlank
voll|schrei|ben
voll|stän|dig
voll|stop|fen (ugs.)
voll|stre|cken; ich vollstrecke; vollstreckt; zu -; Voll|stre|cker; Voll|stre|ckung; Voll|stre|ckungs.be|am|te, ...be|scheid

voll|tan|ken
Voll|tref|fer
voll|trun|ken; Voll|trun|ken|heit
Voll|ver|pfle|gung
Voll|ver|samm|lung
Voll|wai|se
voll|wer|tig; voll|zäh|lig
voll|zie|hen; ich vollziehe; vollzogen; zu -; Voll|zug, der; -[e]s; Voll|zugs|an|stalt (Gefängnis)
Vo|lon|tär [*wolongtär*, auch: *wolontär*], der; -s, -e (ohne od. nur gegen eine kleine Vergütung zur berufl. Ausbildung Arbeitender); Vo|lon|ta|ri|at, das; -[e]s, -e (Ausbildungszeit, Stelle eines Volontärs); vo|lon|tie|ren (als Volontär arbeiten)
Volt [*wolt*], das; - u. -[e]s, - (Einheit der elektr. Spannung; Zeichen: V)
vol|ti|gie|ren [...*sehi*...] (Kunstsprünge auf dem trabenden, galoppierenden Pferd ausführen)
Vo|lu|men [*wo*...], das; -s, - u. ...mina (Rauminhalt eines festen, flüssigen od. gasförmigen Körpers; Umfang, Gesamtmenge von etwas); vo|lu|mi|nös (umfangreich)
vom (von dem)
von; Verhältnisw. mit Wemf.: - der Art; - [ganzem] Herzen; - neuem, (auch:) Neuem; - nah u. fern; - Haus[e] aus; von|ei|n|an|der; etwas voneinander haben, wissen; vgl. aneinander; von|ei|n|an|der|ge|hen
von|nö|ten ([dringend] nötig); - sein
von Rechts we|gen (Abk.: v. R. w.)
von|sei|ten, (auch:) von Sei|ten; mit Wesf.: vonseiten, (auch:) von Seiten seines Vaters
von|stat|ten|ge|hen; alles ging gut vonstatten, ist gut vonstattengegangen
von we|gen! (ugs. für: auf keinen Fall!)
vor; Verhältnisw. mit Wemf. u. Wenf.: vor dem Zaun stehen, sich vor den Zaun stellen; vor Zeiten; vor Kurzem, (auch:) kurzem; vor Ort; vor sich gehen; vor sich hin brummen usw.
vor|ab (zunächst, zuerst)
Vor.abend, ...ah|nung
vo|r|an; der Sohn voran, der Vater hinterdrein; vo|r|an.ge|hen, ...kom|men
Vor|an|schlag (Wirtsch.)
vo|r|an|trei|ben
Vor|an|zei|ge; vor|ar|bei|ten; Vor|ar|bei|ter
vo|r|auf; er war allen vorauf; vo|r|auf|ge|hen (geh.)
vo|r|aus; er war allen voraus; im, zum Voraus [auch: *fo*...]; vo|r|aus.be|rech|nen, ...be|zah|len, ...ge|hen; vo|r|aus|ge|setzt[,] dass; Vo|r|aus|sa|ge; vo|r|aus.sa|gen, ...se|hen, ...set|zen; Vo|r|aus|set|zung; vo|r|aus|sicht|lich; Vo|r|aus|zah|len; Vo|r|aus|zah|lung

Vor|bau (Mehrz. ...bauten); vor|bau|en (auch für: vorbeugen)
Vor|be|din|gung
Vor|be|halt, der; -[e]s, -e (Bedingung); mit, unter, ohne -; vor|be|hal|ten; ich behalte es mir vor; vor|be|halt|los
vor|bei; vorbei (vorüber) sein; vorbei.be|neh|men, sich (ugs. für: sich unpassend, ungehörig benehmen), ...fah|ren, ...flie|gen, ...flie|ßen, ...ge|hen, ...kom|men (bei jmdm. - ugs. für: jmdn. kurz besuchen])
vor|be|las|tet; erblich - sein
Vor|be|mer|kung
vor|be|rei|ten; Vor|be|rei|tung; Vor|be|rei|tungs|dienst
Vor|be|spre|chung; vor|be|straft
vor|beu|gen; Vor|beu|gung
Vor|bild; vor|bild|lich; Vor|bil|dung
Vor|bo|te
vor|brin|gen
vor Chris|ti Ge|burt (Abk.: v. Chr. G.); vor|christ|lich; vor Chris|tus (Abk.: v. Chr.)
Vor|der.ach|se, ...an|sicht; vor|de|re; Vor|der|grund; vor|der|grün|dig
vor|der|hand (einstweilen)
Vor|der.haus, ...mann (Mehrz. ...männer), ...rad
vor|derst; zuvorderst; der vorderste Mann
vor|drän|gen; sich -; vor|dring|lich (besonders dringlich)
Vor|druck (Mehrz. ...drucke)
vor|ehe|lich
vor|ei|lig; Vor|ei|lig|keit
vor|ei|n|an|der; vgl. aneinander; sich voreinander fürchten
vor|ein|ge|nom|men; Vor|ein|ge|nom|men|heit, die; -
vor|ent|hal|ten
Vor|ent|schei|dung
vor|erst [auch: *forerst*]
vor|ex|er|zie|ren (ugs.)
Vor|fahr, der; -en, -en; vor|fah|ren; Vor|fahrt; [die] - haben, beachten; vor|fahrt[s]|be|rech|tigt; Vor|fahrt[s]_re|gel, ...schild (das)
Vor|fall, der; vor|fal|len
vor|fin|den
Vor|freu|de
Vor|früh|ling
vor|füh|ren; Vor|füh|rer; Vor|führ|raum; Vor|füh|rung
Vor|ga|be (Richtlinie; Sportspr.: Vergünstigung für Schwächere)
Vor|gang; Vor|gän|ger; Vor|gän|ge|rin
Vor|gar|ten
vor|ge|ben; vor|geb|lich (angeblich)
vor|ge|fasst; -e Meinung
vor|ge|fer|tigt; -e Bauteile
vor|ge|hen; Vor|ge|hen, das; -s
Vor|ge|schich|te, die; -; vor|ge|schicht|lich
Vor|ge|schmack, der; -[e]s
vor|ge|schrit|ten; in -em Alter
Vor|ge|setz|te, der u. die; -n, -n

vor|ges|tern; vor|gest|rig

vor|grei|fen; Vor|griff

vor|gu|cken (ugs.)

vor|ha|ben; Vor|ha|ben, *das;* -s, - (Plan, Absicht)

Vor|hal|le

Vor|hal|tung (meist *Mehrz.;* ernste Ermahnung)

Vor|hand, *die;* - (bes. [Tisch]tennis: ein bestimmter Schlag; Kartenspieler, der beim Austeilen die erste Karte erhält); in [der] - sein, sitzen; die - haben

vor|han|den; - sein

Vor|hang; vor|hän|gen; Vor|hän|ge- schloss

Vor|haut (Haut, die die Eichel des Penis umhüllt)

vor|her; vorher (früher) gehen; er hätte das vorher (früher) sagen sollen; vor- her_be|stim|men (vorausbestimmen), ...ge|hen (vorausgehen); vor|he|rig [auch: *for...*]

Vor|herr|schaft; vor|herr|schen

Vor|her|sa|ge, *die;* -, -n; vor|her|sa|gen (voraussagen); vor|her|seh|bar; vor|her- se|hen (im Voraus erkennen); das war vorherzusehen

vor|hin [auch: *...hin*]

Vor|hi|n|ein; nur in der Fügung: im Vorhi- nein (bes. österr. für: im Voraus)

Vor_hof, ...hut (*die*)

vo|rig; vorigen Jahres

Vor|jahr; vor|jäh|rig

Vor|kaufs|recht

Vor|keh|rung ([sichernde] Maßnahme); -[en] treffen

Vor|kennt|nis (meist *Mehrz.*)

vor|knöp|fen (ugs. für: zurechtweisen); ich knöpfe mir ihn vor

vor|kom|men; etwas kommt vor; Vor|kom- men, *das;* -s, -; Vor|komm|nis, *das;* -ses, -se

Vor|kriegs_wa|re, ...zeit

vor|la|den; Vor|la|dung

Vor|la|ge

vor|las|sen

Vor|lauf (zeitl. Vorsprung; Chemie: erstes Destillat; Sportspr.: Ausscheidungslauf); Vor|läu|fer; vor|läu|fig

vor|laut

vor|le|gen; Vor|le|ge|be|steck; Vor|le|ger (kleiner Teppich)

Vor|leis|tung

vor|le|sen; Vor|le|sung; Vor|le|sungs|ver- zeich|nis

vor|letzt; zu -[] der -e [Mann]

Vor|lie|be, *die;* -, -n; vor|lieb|neh|men; ich nehme vorlieb; vorliebgenommen

vor|lie|gen; es liegt vor; vor|lie|gend; -er Fall; Vorliegendes; das Vorliegende

vor|lü|gen; jmdm. etwas -

vorm (ugs. für: vor dem); - Haus

vor|ma|chen (ugs. für: jmdn. täuschen)

Vor|macht; Vor|macht|stel|lung

vor|ma|lig; vor|mals

Vor|mann (*Mehrz.* ...männer)

Vor|marsch, der

vor|mer|ken; Vor|mer|kung

Vor|mie|ter

Vor|mit|tag; heute Vormittag; vor|mit- tags

Vor|mund, *der;* -[e]s, -e u. ...münder; Vor- mund|schaft; Vor|mund|schafts|ge|richt

vorn, (ugs.:) vor|ne; - sitzen; noch einmal von - beginnen

Vor|na|me

vor|ne; vgl. vorn

vor|nehm; vornehm tun

vor|neh|men; sich etwas -

Vor|nehm|heit, *die;* -; Vor|nehm|tu|e|rei, *die;* - (abwertend)

vorn|he|r|ein [auch: *fornhärain*]; von -; vorn|über|ge|beugt

Vor|ort, *der;* -[e]s, ...orte; aber: die Polizei war gleich vor Ort

Vor-Ort-Ser|vice, *der*

Vor|ort[s]_ver|kehr, ...zug

Vor_platz, ...pos|ten

Vor|rang, *der;* -[e]s; vor|ran|gig; Vor- rang|stel|lung

Vor|rat, *der;* -[e]s, ...räte; vor|rä|tig; Vor- rats_kam|mer, ...raum

Vor_raum, ...recht, ...red|ner, ...rei|ter

vor|rich|ten (landsch. für: herrichten); Vor- rich|tung

vor|rü|cken

Vor|ru|he|stand

vors (ugs. für: vor das); - Haus

vor|sa|gen

Vor|sai|son

Vor|satz, *der;* -es, Vorsätze; vor|sätz|lich

Vor|schau

Vor|schein; nur noch in: zum - kommen, bringen

vor|schie|ßen (ugs. für: Geld leihen)

Vor|schlag; vor|schla|gen; Vor|schlag- ham|mer

Vor|schluss|run|de (Sportspr.)

vor|schnell; - urteilen

vor|schrei|ben; Vor|schrift; vor- schrifts_mä|ßig, ...wid|rig

Vor|schub; nur noch in: jmdm. od. einer Sache - leisten (begünstigen, fördern)

Vor|schu|le; Vor|schul|er|zie|hung

Vor|schuss; Vor|schuss|lor|bee|ren; *die* (*Mehrz.;* im Vorhinein erteiltes Lob)

vor|schüt|zen (als Vorwand angeben)

vor|se|hen; Vor|se|hung

vor|set|zen

Vor|sicht; -! (Achtung!); vor|sich|tig; vor- sichts_hal|ber

vor|sin|gen

vor|sint|flut|lich (ugs. für: längst veraltet, unmodern)

Vor|sitz, *der;* -es; Vor|sit|zen|de, *der* u. *die;* -n, -n

Vor|sor|ge, *die;* -; vor|sor|gen; Vor|sor- ge|un|ter|su|chung; vor|sorg|lich

Vor|spann, *der;* -[e]s; -e; Vor|spei|se

vor|spie|geln; Vor|spie|ge|lung, Vor- spieg|lung

Vor|spiel; vor|spie|len

Vor|spra|che; vor|spre|chen

Vor|sprung

Vor|stadt; vor|städ|tisch

Vor|stand, *der;* -[e]s, Vorstände (österr. auch sww. Vorsteher); Vor|stands|mit- glied

vor|ste|hen; Vor|ste|her

vor|stell|bar; vor|stel|len; sich etwas -; Vor|stel|lung

Vor|stoß; vor|sto|ßen

Vor|stra|fe; Vor|stra|fen|re|gis|ter

Vor|stu|fe

vor|täu|schen; Vor|täu|schung

Vor|teil, *der;* -s, -e; von -; im - sein; vor- teil|haft

Vor|trag, *der;* -[e]s, ...träge; vor|tra|gen; Vor|trags|rei|he

vor|treff|lich

vor|tre|ten; Vor|tritt, *der;* -[e]s

vo|r|ü|ber; es ist alles vorüber; vo|r|ü|ber- ge|hen; vo|r|ü|ber|ge|hend

Vor|ur|teil; vor|ur|teils|frei

Vor|ver|kauf, *der;* -[e]s

vor|ver|le|gen

vor|wa|gen, sich

Vor|wahl; vor|wäh|len; Vor|wahl|num- mer

Vor|wand, *der;* -[e]s, ...wände (vorge- schützter Grund)

vor|wärts; vor- und rückwärts; vor|wärts- brin|gen (auch für: fördern); vor|wärts- ge|hen; die Kinder lernen vorwärtsgehen; damit es endlich vorwärtsgeht (besser wird); vor|wärts|kom|men; wegen des hohen Schnees bin ich kaum vorwärtsge- kommen; ihre Karriere ist vorwärtsgekom- men; Vor|wärts|ver|tei|di|gung (offensiv geführte Verteidigung

vor|weg; Vor|weg|nah|me, *die;* -; vor- weg|neh|men

vor|weih|nacht|lich

vor|wei|sen

vor|wer|fen

Vor|werk

vor|wie|gend

Vor|wis|sen; ohne mein -

Vor|witz; vor|wit|zig

Vor|wo|che

Vor|wort, *das;* -[e]s,-e (Vorrede in einem Buch)

Vor|wurf; vor|wurfs|voll

Vor|zei|chen; vor|zeich|nen

vor|zei|gen; Vor|zei|ge_sport|ler (ugs.), ...ver|merk

Vor|zeit; vor|zei|ten; vor|zei|tig (ver- früht); vor|zeit|lich (der Vorzeit angehö- rend); Vor|zeit|mensch, *der*

vor|zie|hen

Vor|zim|mer; Vor|zim|mer|da|me (ugs.)

Vor|zug; vor|züg|lich; Vor|zugs_ak|tie, ...milch (*die;* -), ...stel|lung

vo|tie|ren [*wo...*] (sich entscheiden, stim-

men für, abstimmen); **Vo|tum**, *das;* -s,
...ten u. ...ta (Urteil; Stimme; Entscheid[ung])

vul|gär [*wul...*] (gewöhnlich; gemein; niedrig)

Vul|kan [*wul...*], *der;* -s, -e (Feuer speiender Berg); **Vul|kan|aus|bruch; vul|ka|nisch** (von Vulkanen herrührend); **vul|ka|ni|sie|ren** (Rohkautschuk zu Gummi verarbeiten); **Vul|ka|nis|mus**, *der;* - (Gesamtheit der vulkan. Erscheinungen)

W*w*

W (Buchstabe); das W; des W, die W; aber: das w in Löwe

Waa|ge, *die;* -, -n; **waa|ge|recht**, waagrecht; **Waa|ge|rech|te**, Waagrech|te, *die;* -n, -n; vier -[n]; **waag|recht** usw.; vgl. waagerecht usw.; **Waag|schal|le**

wab|be|lig, wabblig (ugs. für: gallertartig wackelnd); **wab|beln** (ugs. für: hin und her wackeln); **wabb|lig;** vgl. wabbelig

Wal|be, *die;* -, -n (Zellenbau des Bienenstockes); **Wal|ben|ho|nig**

wach; wach bleiben, sein, wach werden; vgl. aber wachwerden; sich wach halten; vgl. aber wachhalten; jmdn. wach rütteln, (auch:) wachrütteln (durch Rütteln aufwecken); vgl. aber wachrütteln; **Wach_ab|lö|sung, ...dienst; Wa|che**, *die;* -, -n; - halten, stehen; **wa|chen;** über jmdn. -; **wach|ha|bend; Wach|ha|ben|de**, *der* u. *die;* -n, -n; **wach|hal|ten;** die Erinnerung an etwas -; **Wach_hund, ...mann** (*Mehrz.* ...leute u. ...männer)

Wa|chol|der, *der;* -s, - (eine Pflanze; ein Branntwein)

wach|ru|fen (hervorrufen; wecken); **wach_rüt|teln** (aufrütteln); vgl. auch wach; **wach|wer|den** (sich wieder zeigen, wieder auftreten); alte Ängste sind wieder wachgeworden; vgl. wach

Wachs, *das;* -es, -e; **Wachs|ab|guss**

wach|sam; Wach|sam|keit, *die;* -

Wachs|bild; wachs|bleich; Wachs_blu|me, ...boh|ne

¹wach|sen (größer werden); du wächst; wuchs, gewachsen

²wach|sen (mit Wachs glätten); du wächst; gewachst; **wäch|sern** (aus Wachs); **Wachs_fi|gur, ...ker|ze**

Wachs|stu|be

Wachs|tuch

Wachs|tum, *das;* -s

Wäch|te, (alte Schreibung für:) Wechte

Wach|tel, *die;* -, -n (ein Vogel); **Wach_tel|ei**

Wäch|ter; Wacht_meis|ter, ...pos|ten; Wach|traum; Wacht|turm, (häufiger:)

Wach|turm; Wach- und Schließ|ge|sell|schaft

wa|cke|lig, wack|lig; **Wa|ckel|kon|takt** (Elektrotechnik); **wa|ckeln**

wa|cker (veraltend für: redlich; tapfer)

wack|lig; vgl. wackelig

Wal|de, *die;* -, -n; **Wa|den_bein, ...krampf, ...wi|ckel**

Waf|fe, *die;* -, -n

Waf|fel, *die;* -, -n (ein Gebäck); **Waf|fel_ei|sen**

Waf|fen_em|bar|go; waf|fen|fä|hig (veraltend); **Waf|fen_gat|tung, ...ge|walt** (*die;* -), ...kam|mer; **waf|fen|los; Waf|fen_ru|he, ...schein, ...still|stand**

wa|ge|hal|sig, wag|hal|sig

Wä|gel|chen

Wa|ge|mut; wa|ge|mu|tig; wa|gen

wä|gen (fachspr., sonst veralt. für: das Gewicht bestimmen; geh. für: prüfend bedenken); wog, gewogen (selten: wägte, gewägt)

Wa|gen, *der;* -s, - (südd. auch: Wägen); **Wa|gen_he|ber, ...la|dung, ...rad**

Wag|gon, (auch:) Wagon [...*gong*, dt. Aussprͦ.: ...*gong*; österr.: [...*gon*], *der;* -s, -s (österr. auch: -e; [Eisenbahn]wagen); **wag|gon|wei|se**, (auch:) walgon|wei|se

wag|hal|sig, wa|ge|hal|sig; **Wag|nis**, *das;* -ses, -se

Wa|gon usw.; vgl. Waggon usw.

Wahl, *die;* -, -en; **Wahl|al|ter; wähl|bar; Wähl|bar|keit**, *die;* -; **wahl|be|rech|tigt; Wahl_be|tei|li|gung, ...be|zirk; wäh|len; Wäh|ler; Wah|ler|geb|nis; Wäh|le|rin; wäh|le|risch; Wahl_fach, ...frau, ...kampf, ...kreis, ...lo|kal, ...lo|ko|mo|ti|ve** (Jargon; als zugkräftig angesehener Kandidat einer Partei); **wahl|los; Wahl_mann** (*Mehrz.* ...männer), ...pla|kat, ...pro|pa|gan|da, ...recht (*das;* -[e]s), ...sieg, ...spruch, ...ur|ne, ...ver|samm|lung; **wahl|wei|se**

Wahn, *der;* -[e]s; **wäh|nen; Wahn|sinn**, *der;* -[e]s; **wahn|sin|nig; Wahn|sinns|tat; Wahn_vor|stel|lung, ...witz** (*der,* -es); **wahn|wit|zig**

wahr (wirklich); nicht wahr?; wahr sein, bleiben, werden; seine Drohungen wahr machen, (auch:) wahrmachen; etwas für wahr halten

wah|ren (bewahren); er hat den Anschein gewahrt

wäh|ren (geh. für: dauern); **wäh|rend;** *Bindew.:* er las, - sie sang; *Verhältnisw.* mit Wesf.: - des Krieges; hochspr. mit Wemf., wenn der Wesf. nicht erkennbar ist; - fünf Jahren, aber: - zweier, dreier Jahre; **wäh|rend|dem; wäh|rend|des|sen** (unterdessen)

wahr|hal|ben; er will es nicht - (nicht gelten lassen); **wahr|haft** (*Eigenschaftsw.:* wahrheitsliebend; *Umstandsw.:* wirklich); **wahr|haf|tig** (wahrhaft; wahrlich); **Wahr-**

heit; **wahr|heits_ge|mäß, ...ge|treu; Wahr|heits|lie|be**, *die;* -; **wahr|lich**

wahr|ma|chen; vgl. wahr

wahr|nehm|bar; wahr|neh|men; Wahr_neh|mung

wahr|sa|gen (prophezeien); du sagtest wahr od. du wahrsagtest; er hat wahrgesagt od. gewahrsagt; **Wahr|sa|ger; Wahr|sa|gung**

wahr|schein|lich [auch: *war...*]; **Wahr_schein|lich|keit; Wahr|schein|lich|keits_rech|nung**, *die;* -

Wäh|rung (gesetzl. Zahlungsmittel); **Wäh_rungs_block** (*Mehrz.* ...blöcke od. ...blocks), ...ein|heit, ...kri|se, ...reform, ...re|ser|ve, ...sys|tem, ...uni|on

Wahr|zei|chen

waid..., Waid... (in der Bedeutung „Jagd" vgl. weid..., Weid...)

Wai|se, *die;* -, -n (elternloses Kind); **Wai_sen_geld, ...haus, ...kind, ...kna|be, ...ren|te**

Wal, *der;* -[e]s, -e (ein Meeressäugetier)

Wald, *der;* -[e]s, Wälder; **Wald_amei|se, ...ar|bei|ter, ...bo|den, ...brand; Wäld_chen; Wal|des|rand** (geh. für: Waldrand); **Wald_horn** (*Mehrz.* ...hörner), ...hü|ter; **wald|dig; Wald_lauf, ...lich|tung; Wald|meis|ter**, *der;* -s (eine Pflanze); **Wald|meis|ter|bow|le; Wald_rand;** vgl. Waldesrand; **wald|reich; Wald|ster|ben; Wald_dung, ...weg**

Wal|fang; die Walfang treibenden, (auch:) walfangtreibenden Nationen; **Wal|fän_ger; Wal|fang_flot|te; wal|fang|trei_bend;** vgl. Walfang; **Wal|fang|ver|bot; Wal|fisch;** vgl. Wal

¹wal|ken (Textiltechnik: verfilzen; landsch. für: kräftig durchkneten; massieren)

²wal|ken [ᵘ*åk*ᵉ*n*] (Walking betreiben); **Wal_king**, *das;* -[s] (intensives Gehen [als sportl. Betätigung])

Walk|man ® [ᵘ*åkmän*], *der;* -s, -s u. ...men (kleiner Kassettenrekorder mit Kopfhörern)

Wall, *der;* -[e]s, Wälle (Erdaufschüttung, Mauerwerk usw.)

Wal|lach, *der;* -[e]s, -e (kastrierter Hengst)

wal|len (sprudeln, bewegt fließen; sich [wogend] bewegen)

wall|fah|ren; ich wallfahrte; gewallfahrt; **Wall|fah|rer; Wall|fahrt; wall|fahr|ten** (veraltend für: wallfahren); ich wallfahrtete; gewallfahrtet; **Wall|fahrts_kir|che, ...ort**

Walm, *der;* -[e]s, -e (Dachfläche); **Walm_dach**

Wal|nuss (ein Baum; dessen Frucht); **Wal_nuss|baum**

Wall|ross, *das;* -es, -e (eine Robbe)

wal|ten (geh. für: gebieten; sich sorgend einer Sache annehmen); Gnade - lassen

Wal|ze, *die;* -, -n; **wal|zen; wäl|zen;** sich -; **wal|zen|för|mig; Wal|zer** (auch für: ein Tanz); **Wäl|zer** (ugs. für: großes,

---

warm

wärmer, wärms|te
- *das Zimmer kostet warm* (ugs. für: einschließlich Heizkosten) *200 Euro [Miete]*
- *auf kalt und warm reagieren*

Schreibung in Verbindung mit Zeitwörtern:
- *den Tee warm halten*
- *sich warm anziehen*
- *im Zimmer ist es warm geworden, mir zu warm geworden*
- *sich warm laufen, sich warm machen* (beim Sport)

- *den Motor warm laufen lassen* (auf günstige Betriebstemperatur bringen)
- *das Essen warm machen* od. *warmmachen, warm stellen* od. *warmstellen*
- *sich einen Geschäftsfreund warmhalten* (ugs. für: sich seine Gunst erhalten)
- *mit dem neuen Nachbarn [nicht] warm werden* od. *warmwerden* ([nicht] vertraut werden)

---

schweres Buch); **Wal|zer|mu|sik; Walz‗stahl, ...werk**

Wam|me, *die;* -, -n (vom Hals herabhängende Hautfalte [des Rindes]); **Wam|pe,** *die;* -, -n (svw. Wamme; ugs. auch für: dicker Bauch)

Wams, *das;* -es, Wämser (veralt., noch landsch. für: Jacke); **wam|sen** (landsch. für: verprügeln)

Wand, *die;* -, Wände

Wan|da|le, Van|da|le (zerstörungswütiger Mensch); **Wan|da|lis|mus,** Van|da|lis|mus, *der;* - (Zerstörungswut)

Wand‗be|hang, ...brett

Wan|del, *der;* -s; **wan|del|bar; Wan|del‗gang** (der), **...hal|le; wan|deln;** sich -

Wan|der‗aus|stel|lung, ...büh|ne, ...dü|ne; Wan|de|rer; Wan|der|fahrt; Wan|de|rin; Wan|der‗kar|te, ...lust (die; -); **wan|dern; Wan|der‗pre|di|ger, ...preis; Wan|der|schaft,** *die;* -; **Wan|ders|mann** (Mehrz. ...leute); **Wan|der|stab; Wan|de|rung; Wan|der‗vo|gel, ...zir|kus**

Wand‗ge|mäl|de, ...ka|len|der, ...kar|te

Wand|lung; wand|lungs|fä|hig

Wand|ma|le|rei; Wand‗schirm, ...schrank, ...uhr, ...zei|tung

Wan|ge, *die;* -, -n

Wan|kel|mo|tor

Wan|kel|mut; wan|kel|mü|tig; wan|ken

wann

Wan|ne, *die;* -, -n (Becken u. a.); **Wan|nen|bad**

Wanst, *der;* -es, Wänste

Wan|ze, *die;* -, -n (Wandlaus)

Wap|pen, *das;* -s, -; **Wap|pen‗kun|de** (die; -), **...schild** (der od. das), **...tier; wapp|nen** (geh.); sich - (sich vorbereiten)

ward, (geh. für: wurde); ihm ward kalt; vgl. wart

Wa|re, *die;* -, -n; **Wa|ren‗an|ge|bot, ...haus, ...la|ger, ...pro|be, ...test, ...zei|chen**

warm s. Kasten

Warm|blut, *das;* -[e]s (Pferd einer bestimmten Rasse); **Warm|duscher** (ugs. für: Weichling); **Wär|me,** *die;* -, (selten:) -n; **Wär|me|ein|heit; wär|me|hal|tig;**

wär|me|iso|lie|rend; wär|men; sich -; **Wär|me‗reg|ler, ...tech|nik** (die; -), **...ver|lust; Wärm|fla|sche**

warm|hal|ten, sich jmdn. warmhalten (ugs. für: sich seine Gunst erhalten); vgl. aber warm

warm|her|zig; warm|lau|fen, sich; vgl. warm; **warm‗ma|chen, ...stel|len;** vgl. warm; **Warm|was|ser|hei|zung; warm|wer|den** (vertraut werden); während des Gesprächs sind wir miteinander warmgeworden; vgl. aber warm

Warn‗blink‗an|la|ge, ...leuch|te; Warn‗drei|eck; war|nen; Warn‗ruf, ...schuss, ...si|g|nal, ...streik; War|nung

wart; ihr wart nicht da; vgl. sein u. ward

War|te, *die;* -, -n (geh. für: Beobachtungsort); in: von meiner - (meinem Standpunkt) aus; **War|te‗frau, ...hal|le, ...lis|te; war|ten; Wär|ter; War|te‗raum, ...saal, ...zeit, ...zim|mer; War|tung; war|tungs|frei**

wa|r|um [auch: *wa*...]; - nicht?; nach dem Warum fragen

War|ze, *die;* -, -n; **War|zen‗hof, ...schwein; war|zig**

was; was ist los?; was für ein; was für einer; (ugs.:) was Neues, irgendwas; das Schönste, was ich je erlebt habe; nichts, vieles, manches, was ...

wasch|bar; Wasch‗bär, ...be|cken, ...ben|zin, ...brett; Wä|sche, *die;* -, -n; **Wä|sche|beu|tel; wasch|echt; Wä|sche‗klam|mer, ...korb, ...lei|ne; wa|schen;** er wäscht; er wusch, gewaschen; sich -

Wä|sche|rei; Wä|sche|rin

Wä|sche‗schleu|der, ...schrank

Wasch‗gang, ...kes|sel, ...korb, ...kü|che, ...lap|pen (ugs. abwertend auch für: Feigling), **...ma|schi|ne, ...mit|tel, ...pro|gramm, ...pul|ver, ...raum, ...schüs|sel, ...tisch; wa|schen; Wasch‗was|ser** (das; -s), **...weib** (ugs. abwertend für: geschwätzige Frau), **...zwang** (Psych.)

Was|ser, *das;* -s, - u. (für: Mineral-, Abwasser u. a. Mehrz.:) Wässer; eine Wasser abweisende, (auch:) wasserabweisende

Imprägnierung; **Was|ser‗ball; Wäs|ser|chen; Was|ser‗dampf; was|ser|dicht; Was|ser‗fall** (der), **...far|be, ...floh, ...flug|zeug; was|ser|ge|kühlt; Was|ser‗glas, ...hahn; wäs|se|rig, wäss|rig; Was|ser‗jung|fer** (Libelle), **...klo|sett** (Abk.: WC), **...kopf, ...kraft** (die), **...lauf; Wäs|ser|lein; Was|ser‗lei|tung, ...müh|le**

was|sern ([von Vögeln, Flugzeugen] auf dem Wasser niedergehen); **wäs|sern** (in Wasser legen; mit Wasser versorgen; Wasser absondern)

Was|ser‗pflan|ze, ...rad, ...rat|te (ugs. scherzh. auch für: jmd., der sehr gern schwimmt); **was|ser|reich; Was|ser‗re|ser|voir, ...rohr, ...schei|de** (Geogr.); **was|ser|scheu; Was|ser‗schi** (vgl. ...ski; ...ski‗schlauch, ...schloss, ...ski, (auch:) ...schi, ...spie|gel, ...sport, ...spü|lung, ...stand; Was|ser|stoff,** *der;* -[e]s (chem. Element, Gas; Zeichen: H); **was|ser|stoff|blond; Was|ser|stoff|per|oxid,** *das;* -[e]s; **Was|ser|strahl, ...stra|ße, ...tre|ten** (das; -s), **...trop|fen, ...turm, ...waa|ge, ...wer|fer, ...werk, ...zei|chen** (im Papier); **wäss|rig;** vgl. wässerig

wa|ten; durch den Fluss -

Wat|sche [auch: *wat*...], *die;* -, -n u. **Wat|schen,** *die;* -, - (bayr., österr. ugs. für: Ohrfeige)

wat|scheln [auch: *wat*...] (ugs. für: wackelnd gehen)

¹**Watt,** *das;* -s, - (Einheit der physikal. Leistung; Zeichen: W)

²**Watt,** *das;* -[e]s, -en (seichter Küstenstreifen, dessen Meeresboden bei Ebbe nicht überflutet ist)

Wat|te, *die;* -, -n; **Wat|te|bausch**

Wat|ten|meer, *das* (flaches Meer, das bei Flut das ²Watt bedeckt)

wat|tie|ren (mit Watte füttern)

Watt|wan|de|rung

wau, wau!; Wau|wau [auch: *wauwau*], *der;* -s, -s (Kinderspr.: Hund)

WC [*we̞ze̞*], *das;* -[s], -[s] (Wasserklosett)

Web, *das;* -[s] (kurz für: World Wide Web); **web|ba|siert** (EDV); **Web|cam** [...*käm*], *die;* -, -s EDV; Kamera, deren Aufnahmen ins Internet eingespeist werden können)

we|ben; er webte (geh. u. übertr.: wob); gewebt (geh. u. übertr.: gewoben); **We|ber; We|be|rei; We|ber‗schiff|chen,** Web|schiff|chen; **We|ber|vo|gel; Web‗feh|ler, ...pelz, ...schiff|chen, ...stuhl**

Web|sei|te, *die;* -, -n (Bestandteil einer Website); **Web|site** [*wäpßait*], *die;* -, -s (sämtliche hinter einer Internetadresse stehenden Seiten)

Wech|sel, *der;* -s, -; **Wech|sel‗bad, ...fäl|le** (Mehrz.), **...fäl|schung, ...geld; wech|sel|haft; Wech|sel‗jah|re** (Mehrz.), **...kurs; wech|seln; Wech-**

sel.rah|men, ...rei|te|rei (unlautere Aus-
stellung von Wechseln); wech|sel|sei|tig;
Wech|sel.strom, ...stu|be; wech|sel-
voll; Wech|sel|wir|kung

Wech|te, die; -, -n (überhängende Schnee-
masse; schweiz. auch für: Schneewehe)

Weck, der; -[e]s, -e u. We|cken, der; -s, -
(südd., österr. für: Weizenbrötchen)

We|ck|a|min, das; -s, -e (stimulierendes
Mittel)

we|cken; We|cker

We|del, der; -s, -; we|deln

we|der; - er noch sie haben (auch: hat)
davon gewusst

weg; weg da! (fort!); sie ist ganz weg
(ugs. für: begeistert, verliebt); er war
schon weg, als ...

Weg, der; -[e]s, -e; im Weg[e] stehen; wohin des Weg[e]s?

weg|be|kom|men (ugs. auch für: sich etw.
Unangenehmes zuziehen; abbekommen)

Weg|bie|gung

weg|blei|ben (ugs.)

We|gela|ge|rer (abwertend)

we|gen; Verhältnisw. mit Wesf.: - Dieb-
stahls (auch: - Diebstahl), - des Vaters
od. (geh.:) des Vaters -; hochspr. mit
Wemf., wenn der Wesf. nicht erkennbar
ist: - etwas anderem, - Geschäften

We|ge|rich, der; -s, -e (eine Pflanze)

weg|fah|ren; Weg|fahr|sper|re (Kfz-We-
sen); weg|fal|len (nicht mehr in Betracht
kommen)

Weg.ga|be|lung, ...gab|lung

weg.ge|hen, ...ha|ben; einen - (ugs. für:
betrunken, nicht ganz bei Verstand); sie
hat das weg (ugs. für: beherrscht es); die
Ruhe - (ugs. für: sich nicht aus der Fas-
sung bringen lassen), weg.ja|gen,
...kom|men (ugs.) bei etw. gut, schlecht
- (behandelt werden, abschneiden), ...las-
sen, ...lau|fen

weg|los

weg|ma|chen (ugs. für: entfernen); den
Schmutz -; weg|müs|sen (ugs.); Weg-
nah|me, die; -, -n; weg|neh|men

Weg|rand

weg.räu|men, ...rei|ßen, ...ren|nen,
...schaf|fen (vgl. [1]schaffen); weg|sche-
ren, sich (ugs. für: weggehen); scher dich
weg!; weg.schmei|ßen (ugs.),
...schnap|pen (ugs.), ...steh|len, sich
(sich heimlich entfernen)

Weg.war|te (eine Pflanze), ...wei|ser

weg|wer|fen; sich -; Weg|werf|ge|sell-
schaft; weg|zie|hen

[1]weh; er hat einen wehen Finger; es war
ihr weh ums Herz; das hat weh getan,
(auch:) wehgetan; [2]weh; vgl. wehe;
Weh, das; -[e]s, -e; mit Ach und - wehe, weh; weh[e] dir!; o weh!; Ach und
Weh schreien; We|he, die; -, -n (meist
Mehrz.; bei der Geburt)

we|hen

Weh|kla|ge (geh.); weh|kla|gen; ich weh-

klage; gewehklagt; zu -; weh|lei|dig;
Weh|mut, die; -; weh|mü|tig

[1]Wehr, die; -, -en (Befestigung, Verteidigung; kurz für: Feuerwehr); sich zur - setzen

[2]Wehr, das; -[e]s -e (Stauwerk)

Wehr.be|auf|trag|te (der), ...dienst;
Wehr|dienst|ver|wei|ge|rer; weh|ren;
sich -; Wehr|er|satz|dienst; wehr|fä-
hig; wehr|haft; wehr|los; Wehr.macht
(die; -; früher für: die gesamten [dt.]
Streitkräfte), ...pass, ...pflicht (die; -;
die allgemeine -); wehr|pflich|tig

weh|tun; vgl. weh

Weh|weh [auch: wewe], das; -s, -s (Kin-
derspr.: Schmerz; kleine Verletzung)

Weib, das; -[e]s, -er; Weib|chen; Wei|ber-
held (abwertend); wei|bisch (abwer-
tend); weib|lich; Weibs.bild, ...stück
(ugs. abwertend für: Frau)

weich; weich sein, werden, das Schnitzel
weich klopfen, (auch:) weichklopfen; die
Eier weich kochen, (auch:) weichkochen;
das Leder weich machen, (auch;) weichmachen; vgl. aber weichmachen; ein weich
gekochtes, (auch:) weichgekochtes Ei

[1]Wei|che, die; -, -n (Umstellvorrichtung bei
Gleisen)

[2]Wei|che, die; -, -n (Flanke)

[1]wei|chen (ein-, aufweichen, weich ma-
chen, weich werden); sie weichte die
Hose ein, hat sie eingeweicht

[2]wei|chen (zurückgehen; nachgeben); wich,
gewichen

Wei|chen.stel|ler, ...wär|ter

weich|ge|kocht; vgl. weich; weich|her-
zig; Weich|kä|se; weich.klop|fen,
...ko|chen; vgl. weich; weich|lich;
Weich|ling (abwertend); weich|ma|chen
(zum Nachgeben bewegen); lass dich
durch sein Gerede nicht -!; vgl. weich;
Weich|tei|le, die (Mehrz.)

[1]Wei|de, die; -, -n (ein Laubbaum)

[2]Wei|de, die; -, -n (Grasland); Wei|de|land
(Mehrz. ...länder); wei|den; sich an
etwas -

Wei|den|kätz|chen

weid|ge|recht; weid|lich (gehörig, tüch-
tig); Weid|mann (Mehrz. ...männer);
weid|män|nisch; Weid|manns|heil!;
Weid|werk, das; -[e]s

wei|gern; sich; Wei|ge|rung

Weih, der; -[e]s, -e u. [1]Wei|he, die; -, -n
(ein Greifvogel)

[2]Wei|he, die; -, -n (Weihung); Wei|he|akt;
wei|hen

Wei|her, der; -s, - (Teich)

Weih|nacht, die; -; weih|nach|ten; es
weihnachtet; Weih|nach|ten, das; -
(Weihnachtsfest) - ist bald vorbei; fröhli-
che Weihnachten!; weih|nacht|lich;

Weih|nachts.abend, ...baum, ...en|gel,
...fe|ri|en, ...fest, ...geld, ...ge|schenk,
...lied, ...mann (Mehrz. ...männer),
...markt, ...stern, ...tag, ...zeit (die; -)

Weih|rauch (duftendes Harz); Weih|was-
ser, das; -s

weil

Weil|chen; Wei|le, die; -; wei|len (geh.
für: sich aufhalten)

Wei|ler, der; -s, - (kleines Dorf)

Wein, der; -[e]s, -e; Wein.bau (der; -[e]s),
...berg; Wein|berg|schne|cke; Wein-
brand, der; -s, ...brände

wei|nen; wei|ner|lich; Wei|ner|lich|keit

Wein.es|sig, ...fass, ...fla|sche, ...glas
(Mehrz. ...gläser), ...gut, ...händ|ler,
...hand|lung, ...kar|te, ...kel|ler,
...le|se, ...lo|kal, ...pro|be, ...re|be;
wein.rot, ...se|lig; Wein.stock (Mehrz.
...stöcke), ...stu|be, ...trau|be

wei|se (klug)

[1]Wei|se, der u. die; -n, -n (kluger Mensch)

[2]Wei|se, die; -, -n (Art; Singweise); auf
diese -

wei|sen (zeigen; anordnen); wies, gewie-
sen; Weis|heit; Weis|heits|zahn; weis-
lich (veraltend für: wohlweislich); weis-
ma|chen (ugs. für: Unzutreffendes glau-
ben machen); jmdm. etwas -

weiß (Farbe); etwas schwarz auf weiß
(schriftlich) haben; eine weiße Weste haben (ugs. für: unschuldig sein); aus
Schwarz Weiß, aus Weiß Schwarz machen; der Weiße Sonntag (Sonntag nach
Ostern); weiß werden; die Wäsche weiß
machen, (auch:) weißmachen; weiß wa-
schen, (auch:) weißwaschen; vgl. aber
weißwaschen; weiß gekleidete, (auch:)
weißgekleidete Kinder; Weiß, das; -[e]s,
- (weiße Farbe); in -, mit -; in - gekleidet;
Stoffe in -

weis|sa|gen; ich weissage; geweissagt; zu
-; Weis|sa|ger; Weis|sa|ge|rin; Weis|sa-
gung

Weiß.bier, ...blech, ...brot, ...dorn
(Mehrz. ...dorne; ein Baum)

[1]Wei|ße, die; -, -n (Bierart; auch für: ein
Glas Weißbier)

[2]Wei|ße, der u. die; -n, -n (Mensch mit
heller Hautfarbe)

wei|ßen (weiß machen; tünchen)

Weiß|fisch; weiß|ge|klei|det; vgl. weiß;
Weiß|glut (die; -); weiß|haa|rig; Weiß-
.herbst (hell gekelterter Wein aus blauen
Trauben), ...kohl, ...kraut; weiß|lich;
weiß|ma|chen; vgl. weiß u. weismachen;
Weiß.nä|he|rin, ...tan|ne, ...wa|ren
(die; Mehrz.); weiß|wa|schen; sich,
jmdn. - (ugs. für: von einem Verdacht od.
Vorwurf befreien); vgl. auch weiß; Weiß-
wein

Wei|sung (Auftrag, Befehl); wei|sungs|ge-
bun|den

weit; bei weitem, (auch:) Weitem; von
weitem, (auch:) Weitem; weit u. breit; so
weit, so gut; das Weite suchen (sich
[rasch] fortbegeben); weit fahren, sprin-
gen; es weit bringen; zu weit gehen; eine
weit gereiste, (auch:) weitgereiste Frau;

der Fall ist weitgehend gelöst; weit gehende, (auch:) weitgehende Kompromisse machen; eine weit verbreitete, (auch:) weitverbreitete Pflanze; weit reichende, (auch:) weitreichende Konsequenzen; ein weit blickender, (auch:) weitblickender Staatsmann; **weit|ab**; **weit|aus**; - größer; **Weit|blick**, *der;* -[e]s; **weitblickend**; vgl. weit; **Wei|te**, *die;* -, -n; **wei|ten** (weit machen, erweitern); sich -

---

wei|ter

Groß- und Kleinschreibung:
- *bis auf weiteres, (auch:) Weiteres*
- *ohne weiteres, (auch:) Weiteres*
- *des Weiteren wurde berichtet ...*
- *wie im Weiteren dargestellt*

Schreibung in Verbindung mit Zeitwörtern:
1. Getrenntschreibung, wenn „weiter" im Sinne von „weiter als" gebraucht wird:
- *weiter gehen; er kann weiter gehen als ich*
2. Zusammenschreibung, wenn „weiter" in der Bedeutung von „vorwärts", „voran" (auch im übertragenen Sinne) gebraucht wird:
- *weitergehen (bitte weitergehen!)*
- *weiterbefördern; weiterhelfen* usw.
3. Wird die Fortdauer eines Geschehens ausgedrückt, schreibt man im Allgemeinen zusammen, wenn „weiter" die Hauptbetonung trägt, und getrennt, wenn das Zeitwort gleich stark betont wird:
- *weitermachen; weiterspielen* usw.
- *sie hat dir weiter* (weiterhin) *geholfen*
- *die Probleme werden weiter bestehen,* (auch:) *weiterbestehen*

---

wei|ter|fah|ren (schweiz. auch neben: fortfahren); in seiner Rede -; **Wei|ter|fahrt**, *die;* -; **wei|ter_ge|ben**, ...**ge|hen** (vorangehen; fortfahren); **wei|ter|hin**; **weiter_kom|men**, ...**lei|ten**; **Wei|ter|rei|se**; **wei|ter|rei|sen**
wei|ters (österr. für: weiterhin)
wei|ter_sa|gen, ...**wol|len** (ugs. für: weitergehen wollen)
weit|ge|hend, (auch:) **weit ge|hen|d**; eine weitgehende, (auch:) weit gehende Forderung; aber nur: weiter gehende Forderungen; der Fall ist weitgehend gelöst; **weit|ge|reist**; vgl. weit; **weit|her** (aus großer Ferne); aber: von weit her; damit ist es nicht weit her (das ist nicht bedeutend); **weit|hin**; **weit|läu|fig**; **weit|reichend**, (auch:) weit rei|chend; weitreichende, (auch:) weit reichende Forderungen; aber nur: weiter reichende Forderungen; **weit|schwei|fig**; **Weit|sicht**, *die;* -; **weit|sich|tig**; **Weit|sich|tig|keit**, *die;* -; **Weit|sprung**; **weit|ver|brei|tet**; vgl. weit

Wei|zen, *der;* -s, (fachspr.:) -; **Weizen_brot**, ...**mehl**
welch; -er, -e, -es; - ein Held; welches reizende Mädchen; **wel|che** (ugs. für: etliche, einige); es sind - hier; **wel|ches** (ugs. für: etwas); hat noch jemand Brot? Ich habe -
welk; **wel|ken**; **Welk|heit**, *die;* -
Well|blech; **Wel|le**, *die;* -, -n; **wel|len**; gewelltes Haar; **Wel|len_bad**, ...**brecher**; **wel|len|för|mig**; **Wel|len_gang** (*der;* -[e]s), ...**län|ge**, ...**li|nie**, ...**rei|ten** (*das;* -s; Wassersport), ...**sit|tich** (ein Vogel); **Well|fleisch**; **wel|lig** (wellenartig, gewellt)
Well|ness, *die;* - (Wohlbefinden)
Well|pap|pe
Wel|pe, *der;* -n, -n (das Junge von Hund, Fuchs, Wolf)
Wels, *der;* -es, -e (ein Fisch)
Welt, *die;* -, -en; die Dritte - (die Entwicklungsländer); die Vierte - (die ärmsten Entwicklungsländer); **Welt|all**; **welt|anschau|lich**; **Welt_an|schau|ung**, ...**atlas**, ...**aus|stel|lung**; **welt_be|kannt**, ...**be|rühmt**; **welt|be|we|gend**; **Weltbild**; **Welt|bür|ger**; **welt|bür|ger|lich**; **Welt|cup** (Sport); **Wel|ten|bumm|ler**; **Welt|er|folg**
Wel|ter|ge|wicht (Körpergewichtsklasse in der Schwerathletik)
welt_er|schüt|ternd, ...**fern**, ...**fremd**; **Welt_frie|de[n]**, ...**ge|schich|te** (*die;* -), ...**han|del**, ...**kar|te**, ...**klas|se**, ...**krieg** (der Erste Weltkrieg [1914–1918]; der Zweite Weltkrieg [1939–1945]), ...**kugel**; **Welt_kul|tur|er|be**; **welt|lich**; **Welt_macht**; **welt|män|nisch**; **Welt_meer**, ...**meis|ter**, ...**meis|te|rin**; **weltof|fen**; **Welt_raum** (*der;* -[e]s); **Weltraum_flug**, ...**for|schung**, ...**la|bor**; **Welt_reich**, ...**rei|se**, ...**re|kord**, ...**ruf** (*der;* -[e]s; Berühmtheit), ...**schmerz** (*der;* -es); **Welt_si|cher|heits|rat**; **Welt_stadt**, ...**un|ter|gang**; **Welt|ver|bes|serer**; **welt|weit**; **Welt_wirt|schafts|krise**, ...**wun|der**
wem; **wen**
Wen|de, *die;* -, -n (Drehung, Wendung; Turnübung); **Wen|de_hals** (ein Vogel; ugs. abwertend für: jmd., der sich polit. Änderungen schnell anpasst), ...**kreis**; **Wen|del|trep|pe**
wen|den; wandte u. wendete; gewandt u. gewendet; in der Bedeutung „die Richtung ändern" (z. B. mit dem Auto wenden) u. „umkehren, umdrehen" (z. B. „einen Mantel, Heu wenden"); nur schwach: wendete, hat gewendet; das Blatt hat sich gewendet; ansonsten sind die starken Formen mit „a" häufiger (z. B. sie wandte sich zu ihm, hat sich an ihn gewandt)
Wen|de_platz, ...**punkt**; **wen|dig**; **Wendig|keit**, *die;* -; **Wen|dung**

we|nig; ein wenig; die wenigen, (auch:) Wenigen; das wenige, (auch:) Wenige; weniges, (auch:) Weniges genügt; mit wenigem, (auch:) Wenigem auskommen; fünf weniger drei ist, macht, gibt zwei; wie wenig; das wenigste; am, zum wenigsten; eine wenig befahrene, (auch:) wenigbefahrene Straße; **We|nig|keit**; meine -; **we|nigs|tens**
wenn; wenn auch; **wenn|schon**
wer (fragendes, bezügliches u. [ugs.] unbestimmtes *Fürw.*); wer ist da?; Halt! Wer da?
Wer|be_ab|tei|lung, ...**agen|tur**, ...**fernse|hen**, ...**ge|schenk**, ...**kam|pa|gne**, ...**kos|ten**; **wer|ben**; warb, geworben; **Wer|be_slo|gan**, ...**spot**, ...**text**; **werbe|wirk|sam**; **Wer|bung**
Wer|de_gang; **wer|den**; wurde, geworden; *als Hilfszeitwort:* er ist gelobt worden; **wer|dend**; eine werdende Mutter
wer|fen (von Tieren auch für: gebären); warf, geworfen; sich -
Werft, *die;* -, -en (Anlage zum Bauen u. Ausbessern von Schiffen); **Werft|ar|beiter**
Werg, *das;* -[e]s (Flachs-, Hanfabfall)
Werk, *das;* -[e]s, -e; **Werk|bank** (*Mehrz.* ...bänke); **wer|ken** (tätig sein; [be]arbeiten); **Werk[1]_hal|le**, ...**lei|tung**, ...**spi|ona|ge**; **Werk|statt**, **Werk|stät|te**, *die;* -, ...stätten; **Werk_stoff**, ...**tag** (Wochentag); **werk|tags**; **werk|tä|tig**; **Werk|täti|ge**, *der* u. *die;* -n, -n; **Werk|zeug**; **Werk|zeug_kas|ten**, ...**ma|cher**
Wer|mut, *der;* -[e]s (eine Pflanze; Wermutwein); **Wer|mut[s]_trop|fen**
wert - sein; es ist nicht der Rede, Mühe wert; **Wert**, *der;* -[e]s, -e (Bedeutung, Geltung); auf etwas - legen; **Wert|arbeit**, *die;* -; **wert|be|stän|dig**; **wer|ten**; **Wert|ge|gen|stand**; **wert|los**; **Wert_papier**, ...**sa|che** (*meist Mehrz.*), ...**schätzung**, ...**stoff**; **Wert|stoff_samm|lung**, ...**ton|ne**; **Wer|tung**; **Wert|ur|teil**; **wert|voll**
Wer|wolf (im Volksglauben Mensch, der sich zeitweise in einen Wolf verwandelt)
We|sen, *das;* -s, -; viel - [s] machen; **Wesens_art**; **we|sens|ver|wandt**; **We|senszug**; **we|sent|lich**; das Wesentliche; etwas, nichts Wesentliches; im Wesentlichen
wes|halb [auch: *wäß*...]
Wes|pe, *die;* -, -n; **Wes|pen|nest**
we|sen
Wes|si, *der;* -s, -s (ugs. für: Westdeutscher); **West** (Himmelsrichtung); Ost u. West; Autobahnausfahrt Frankfurt West, (auch:) Frankfurt-West; vgl. Westen
Wes|te, *die;* -, -n
Wes|ten, *der;* -s (Himmelsrichtung; Abk.: W); gen -; vgl. West; Wilder -

---

[1] Auch, österr. nur: Werks..., werks...

Wes|ten|ta|sche

Wes|tern, *der;* -[s], - (Film, der während der Pionierzeit im sog. Wilden Westen [Amerikas] spielt); west|lich; - des Waldes, - vom Wald; west|wärts

wes|we|gen

Wett_be|werb (*der;* -[e]s, -e), ...bü|ro; Wet|te, *die;* -, -n; um die - laufen; Wett|ei|fer; wett|ei|fern; ich wetteifere; gewetteifert; zu -: wet|ten

Wet|ter, *das;* -s, -; Wet|ter_amt, ...aus|sicht *(meist Mehrz.),* ...be|richt; wet|ter|be|stim|mend; Wet|ter|fah|ne; wet|ter|fest; Wet|ter|frosch; wet|ter|füh|lig; Wet|ter_hahn, ...kar|te, ...la|ge; wet|ter|leuch|ten; es wetterleuchtet; gewetterleuchtet; zu -: Wet|ter|leuch|ten, *das;* -s; wet|tern (gewittern; ugs. für: laut schelten); Wet|ter_vor|her|sa|ge, ...war|te; wet|ter|wen|disch

Wett_fahrt, ...kampf, ...lauf; wett_lau|fen; nur in der Grundf. gebr.; ...ma|chen (ausgleichen); Wett_ren|nen, ...rüs|ten (*das;* -s), ...spiel, ...streit

wet|zen; Wetz_stahl, ...stein

Whis|k[e]y [ⁱʃβki], *der;* -s, -s (Branntwein aus Getreide od. Mais)

Wichs|bürs|te; Wich|se, *die;* -, -n (ugs. für: Schuhwichse; *Einz. für:* Prügel); wich|sen

Wicht, *der;* -[e]s, -e (Wesen; Kobold; abwertend für: m. Person); Wich|tel|männ|chen

wich|tig; etwas, sich - nehmen; etwas Wichtiges tun; Wich|tig|keit; wich|tig|ma|chen, sich; sie soll sich mit ihren Ideen nicht so -; wich|tig|tun, sich (sich wichtigmachen)

Wi|cke, *die;* -, -n (eine Pflanze)

Wi|ckel, *der;* -s, -; Wi|ckel_ga|ma|sche, ...kind; wi|ckeln

Wid|der, *der;* -s, - (männl. Zuchtschaf)

wi|der ([ent]gegen); *Verhältnisw. mit Wenf.:* wider meinen ausdrücklichen Wunsch (geh.); wider Erwarten; wider Willen

wi|der|bors|tig (ugs. für: hartnäckig widerstrebend)

wi|der|fah|ren; mir ist ein Unglück widerfahren

Wi|der|ha|ken

Wi|der|hall, *der;* -[e]s, -e (Echo); wi|der|hal|len

wi|der|le|gen; Wi|der|le|gung

wi|der|lich; Wi|der|lich|keit

wi|der_na|tür|lich, ...recht|lich

Wi|der|re|de

Wi|der|ruf; bis auf -; wi|der|ru|fen (zurücknehmen)

Wi|der|sa|cher, *der;* -s, -

Wi|der|schein (Gegenschein)

wi|der|set|zen, sich

Wi|der|sinn, *der;* -[e]s (der Vernunft zuwiderlaufender Sinn); wi|der|sin|nig

wi|der|spens|tig; Wi|der|spens|tig|keit

wi|der|spie|geln

wi|der|spre|chen; Wi|der|spruch; wi|der|sprüch|lich; wi|der|spruchs|frei

Wi|der|stand; Wi|der|stands|be|we|gung; wi|der|stands|fä|hig; Wi|der|stands_kämp|fer, ...kraft; wi|der|stands|los; wi|der|ste|hen; er widerstand der Versuchung

wi|der|stre|ben; es hat ihr widerstrebt; wi|der|stre|bend (ungern)

wi|der|wär|tig; Wi|der|wär|tig|keit

Wi|der|wil|le; wi|der|wil|lig

Wi|der|wort (*Mehrz.* ... worte); Widerworte geben

wid|men; Wid|mung

wid|rig (äußerst ungünstig, unangenehm; Widerwillen auslösend)

wie; wie geht es dir?; sie ist so schön wie ihre Freundin; aber (bei Ungleichheit): sie ist schöner als ihre Freundin

Wie|de|hopf, *der;* -[e]s, -e (ein Vogel)

wie|der *s. Kasten*

Wie|der|auf|bau, *der;* -[e]s; wie|der auf|bau|en, (auch:) wie|der|auf|bau|en; vgl. wieder

Wie|der|auf|nah|me; Wie|der|auf|nah|me-

---

wie|der

(nochmals, erneut; zurück)
um, für nichts und wieder nichts; hin und wieder (zuweilen); wieder einmal
Vgl. aber *wider*

I. Zusammenschreibung in Verbindung mit Zeit- und Eigenschaftswörtern vor allem dann, wenn „wieder" im Sinne von „zurück" verstanden wird:
– ich kann dir das Geld erst morgen wiedergeben
– der Restbetrag wurde ihr wiedererstattet
– er hat alle geliehenen Bücher wiedergebracht
– kann ich bitte meinen Kugelschreiber wiederhaben?
– wenn du jetzt gehst, brauchst du nicht mehr wiederzukommen!

Zusammenschreibung auch in folgenden Fällen:
– wiederkäuen ([von bestimmten Tieren:] nochmals kauen; auch übertr. für ständig wiederholen)
– Festtage, die jährlich wiederkehren (sich wiederholen)
– sie hat den Text wörtlich wiedergegeben (wiederholt)
– er wollte den Vorfall wahrheitsgetreu wiedergeben (schildern, darstellen)
– würden Sie den letzten Satz bitte wiederholen?
– das Fernsehspiel ist schon mehrfach wiederholt worden
– eine Klasse, den Lehrstoff wiederholen
– das Experiment war nicht wiederholbar

---

die Kranke ist noch nicht ganz wiederhergestellt (gesundet)
Vgl. aber *wieder* II

II. Getrenntschreibung vor allem dann, wenn „wieder" im Sinne von „nochmals, erneut" verstanden wird:
– wieder abdrucken, wieder anfangen
– dieses Modell wird jetzt wieder hergestellt (erneut produziert)
– sie hat ihre Arbeit wieder aufgenommen
– einen Ort wieder aufsuchen
– es ist mir alles wieder eingefallen
– sie wurde in ihr früheres Amt wieder eingesetzt
– das Haus wurde wieder hergerichtet
– ich werde das nicht wieder tun

III. In vielen Fällen ist Getrennt- oder Zusammenschreibung möglich, vor allem dann, wenn die Betonung entweder nur auf „wieder" oder sowohl auf „wieder" als auch auf dem Zeit- oder Eigenschaftswort liegen kann:
– die Firma wieder aufbauen, (auch:) wiederaufbauen
– ein Theaterstück wieder aufführen, (auch:) wiederaufführen
– wir haben uns auf dem Kongress wiedergesehen (haben ein Wiedersehen gefeiert), auch wieder gesehen (sind uns erneut begegnet); aber nur: der Blinde konnte nach der Operation wieder sehen
– das Material ist wieder verwertbar, auch wiederverwertbar

---

ver|fah|ren (Rechtsspr.); wie|der auf|neh|men, (auch:) wie|der|auf|neh|men; vgl. wieder

wie|der|auf|lad|bar; -e Batterien

wie|der|auf|tau|chen (sich wiederfinden)

Wie|der|be|ginn

wie|der|be|le|ben; den Kranken wiederbeleben, aber: die Wirtschaft durch Konsumanreize wieder beleben; Wie|der|be|le|bung; Wie|der|be|le|bungs|ver|such

wie|der|brin|gen (zurückbringen)

wie|der ein|fal|len

wie|der|er|ken|nen; hast du sie gleich wiedererkannt?; aber: ich musste wieder (erneut) erkennen, dass ...; wie|der er|öff|nen, (auch:) wie|der|er|öff|nen; Wie|der|er|öff|nung

wie|der|fin|den

Wie|der|ga|be; die - eines Konzertes auf Tonband; wie|der|ge|ben (zurückgeben; darbieten)

wie|der|ge|bo|ren; Wie|der|ge|burt

wie|der|gut|ma|chen; aber: das haben wir wieder (erneut) gut gemacht; Wie|der|gut|ma|chung wie|der|ha|ben (ugs. für: zurückbekommen)

wie|der|her|stel|len; das Gebäude wird wiederhergestellt (renoviert); aber: dieses Modell wird jetzt wieder hergestellt (erneut produziert)

wie|der|ho|len (zurückholen); aber: wieder (erneut) holen; wie|der|ho|len (nochmals sagen, aus-, durchführen, absolvieren usw.); wie|der|holt (mehrmals); Wie|der|ho|lung

Wie|der|hö|ren, das; -s, auf - ! (Abschiedsformel beim Telefonieren u. im Rundfunk)

wie|der|käu|en; (auch abwertend für: ständig wiederholen); Wie|der|käu|er

Wie|der|kehr, die; -; wie|der|keh|ren (zurückkehren)

wie|der|kom|men (zurückkommen); aber: wieder (erneut) kommen

Wie|der|schau|en, das; -s (landsch.); auf - !

wie|der|se|hen, (auch:) wie|der se|hen; vgl. wieder; Wie|der|se|hen, das; -s; auf - !; jmdm. Auf, (auch:) auf - sagen

wie|der|um

Wie|der|ver|ei|ni|gung

Wie|der|ver|käu|fer (Händler)

wie|der|ver|wen|den; aber: wieder verwenden

wie|der|ver|wert|bar

Wie|der|wahl; wie|der|wäh|len (im Amt bestätigen); aber: wieder (erneut) wählen

Wie|ge, die; -, -n; Wie|ge|mes|ser, das

¹wie|gen (schaukeln; zerkleinern); wiegte, gewiegt; sich -

²wie|gen (das Gewicht feststellen; Gewicht haben); wog, gewogen

Wie|gen|fest (geh. für: Geburtstag), ...lied

wie|hern

wie lang, wie lan|ge

wie|nern (ugs. für: blank putzen)

Wie|se, die; -, -n

Wie|sel, das; -s, - (ein Marder)

Wie|sen|blu|me, ...grund

wie|so

wie viel [auch: wi...]; wie viel[e] Personen; wie|viel|mal [auch: wi...]; aber: wie viele Male; wie|viel|te [auch: wi...]; den Wievielten haben wir heute?; wie|weit (inwieweit)

Wig|wam, der; -s, -s (Zelt nordamerik. Indianer)

Wi|kin|ger [auch: wi...], der; -s, - (Normanne); Wi|kin|ger|schiff

wild; - wachsen; wild wachsende, (auch:) wildwachsende Pflanzen; wilde Ehe; wilder Streik; die wild lebenden, (auch:) wildlebenden Tiere; Wilder Westen

Wild, das; -[e]s; Wild|bach; Wild|bret, das; -s (Fleisch des geschossenen Wildes); Wild|dieb; Wil|de, der u. die; -n, -n; Wild|en|te; Wil|de|rer (Wilddieb); wil|dern (unbefugt jagen); Wild|fang (ausgelassenes Kind); wild|fremd (ugs. für:

völlig fremd); Wild_gans, ...hü|ter, ...kat|ze; wild|le|bend; vgl. wild; Wild|le|der; Wild|nis, die; -, -se; Wild|park; wild|ro|man|tisch; Wild_sau, ...scha|den, ...schwein; wild|wach|send; vgl. wild; Wild|west (ohne Geschlechtswort); die Story spielt in - ; Wild|west|film

Wil|le, der; -ns; der letzte, (auch:) Letzte Wille (Testament); wider -n; wil|len; um ... willen; um Gottes, Himmels willen, um deinet-, euretwillen; Wil|len, der; -s, - (veraltet für: Wille); wil|len|los; Wil|lens_frei|heit (die; -), ...kraft (die; -); wil|lens_schwach, ...stark

wil|lig (guten Willens; bereit)

will|kom|men; jmdn. - heißen, - sein; herzlich - !

Will|kom|mens_gruß, ...trunk

Will|kür, die; -; Will|kür_akt, ...herr|schaft; will|kür|lich

wim|meln; es wimmelt von Ameisen

wim|mern

Wim|pel, der; -s, - ([kleine] dreieckige Flagge)

Wim|per, die; -, -n; Wim|pern|tu|sche

Wind, der; -[e]s, -e - bekommen (ugs. für: heimlich, zufällig erfahren); Wind|beu|tel (ein Gebäck; ugs. abwertend für: leichtfertiger Mensch); Wind_bö od. ...böe

Win|de, die; -, -n (Hebevorrichtung; eine Pflanze)

Win|del, die; -, -n; win|deln; das Baby -; win|del|weich

win|den (drehen); wand, gewunden; sich -

Win|des|ei|le; in: mit -

wind|ge|schützt; Wind_hauch, ...ho|se (Wirbelsturm); ...hund (ugs. abwertend auch für: leichtfertiger Mensch); win|dig (winderfüllt; ugs. für: nicht solide, zweifelhaft); Wind_ja|cke, ...ka|nal, ...licht, ...müh|le, ...po|cken (Mehrz.; eine Kinderkrankheit), ...rad, ...rich|tung, ...ro|se (Windrichtungs-, Kompassscheibe), ...schat|ten (der; -s; windgeschützter Bereich); wind|schief (ugs. für: krumm); Wind|schutz|schei|be; Wind|stär|ke; wind|still; Wind_stil|le, ...stoß; wind|sur|fen; meist nur in der Grundform gebr.; Wind|sur|fen

Win|dung

Wink, der; -[e]s, -e

Win|kel, der; -s, -; Win|kel|ei|sen; win|ke|lig, winklig); Win|kel_maß (das), ...mes|ser (der); win|keln; die Arme -; ein Bein -

win|ken; Win|ker

wink|lig; vgl. winkelig

Win|ter, der; -s, -; Win|ter_an|fang, ...fahr|plan; win|ter|fest; Win|ter_gar|ten, ...ge|trei|de, ...halb|jahr; win|ter|lich; Win|ter|mo|nat; win|tern; es wintert; Win|ter|rei|fen; win|ters; Win|ter_saat, ...sa|chen (die; Mehrz.; Kleidung für den Winter), ...sai|son; Win|ters|an|fang; Win|ter_schlaf, ...schluss|ver|kauf, ...sport; Win|ter[s]|zeit, die; -; Win|ter|tag

Win|zer, der; -s, -; Win|zer|ge|nos|sen|schaft

win|zig; - klein; Win|zig|keit; Win|zig|ling

Wip|fel, der; -s, -

Wip|pe, die; -, -n (Schaukel); wip|pen

wir; - alle, - beide

Wir|bel, der; -s, -; wir|beln; Wir|bel_säu|le, ...sturm, ...tier, ...wind

wir|ken; sein segensreiches Wirken; wirk|lich; Wirk|lich|keit; wirk|lich|keits_fern, ...fremd, ...ge|treu, ...nah; wirk|sam; Wirk|sam|keit, die; -; Wir|kung; Wir|kungs_be|reich, ...kreis; wir|kungs_los, ...voll

wirr; Wir|ren, die (Mehrz.); Wirr|kopf (abwertend); Wirr|warr, der; -s

Wir|sing, der; -s u. Wir|sing|kohl, der; -[e]s

Wirt, der; -[e]s, -e; Wir|tin; wirt|lich (gastlich); Wirt|schaft; wirt|schaf|ten; Wirt|schaf|te|rin (Haushälterin); wirt|schaft|lich; Wirt|schaft|lich|keit, die; -; Wirt|schafts_auf|schwung, ...be|ra|ter, ...geld, ...kraft, ...kri|mi|na|li|tät, ...kri|se, ...la|ge, ...mi|nis|ter, ...po|li|tik, ...prü|fer, ...stand|ort, ...wachs|tum, ...wis|sen|schaft, ...wun|der (ugs.); Wirts_haus, ...leu|te (die; Mehrz.)

Wisch, der; -[e]s, -e (ugs. abwertend für: [wertloses] Schriftstück); wi|schen; wisch|fest; Wi|schi|wa|schi, das; -s (ugs. für: unpräzise Darstellung, unklares Gerede)

Wi|sent, der; -s, -e (Wildrind)

wis|pern (leise sprechen, flüstern)

Wiss|be|gier[|de], die; -; wiss|be|gie|rig; wis|sen; ich weiß, wusste, habe gewusst; wer weiß!; Wis|sen, das; -s; meines -s ist es so; Wis|sen|schaft; Wis|sen|schaft|ler; wis|sen|schaft|lich; Wis|sen|schaft|lich|keit, die; -; Wis|sens_drang (der; -[e]s), ...durst; wis|sens|durs|tig; wis|sens|wert; wis|sent|lich

wit|tern ([mit dem Geruch] wahrnehmen); Wit|te|rung; wit|te|rungs|be|dingt; Wit|te|rungs_ein|fluss, ...um|schlag

Wit|we, die; -, -n; Wit|wen_geld, ...ren|te, ...schlei|er; Wit|wer

Witz, der; -es, -e; Witz|blatt; Witz|bold, der; -[e]s, -e; Wit|ze|lei; wit|zeln; Witz_fi|gur (abwertend); wit|zig; witz|los

wo; wo ist er?; wo|an|ders; wo|an|ders|hin; wo|bei

Wo|che, die; -, -n; Wo|chen_bett,

...blatt, ...en|de; Wo|chen|end|haus; Wo|chen|kar|te; wo|chen|lang; Wo|chen_lohn, ...markt, ...schau, ...tag; wo|chen|tags; wö|chent|lich (jede Woche); Wo|chen|zei|tung; Wöch|ne|rin

Wod|ka, der; -s, -s (ein Branntwein)

wo|durch; wo|fern (veralt. für: sofern); wo|für

Wo|ge, die; -, -n

wo|ge|gen

wo|gen

wo|her; wo|hin; wo|hi|n|auf; wo|hin|aus; wo|hin|ter; wo|hin|un|ter

wohl; besser, beste u. wohler, wohlste; wohl od. übel (ob man wollte od. nicht) ...; das ist wohl das Beste; leben Sie wohl!; wohl bekomms!; sich wohl fühlen, (auch:) wohlfühlen; sie wird es wohl (wahrscheinlich) wollen; wohl bekannt, (auch:) wohlbekannt; ein wohl durchdachter, (auch:) wohldurchdachter, wohl überlegter, (auch:) wohlüberlegter Plan; ein wohl gemeinter, (auch:) wohlgemeinter Rat; Wohl, das; -[e]s; auf dein -!; zum -!; wohl|an!; wohl|auf!; wohlauf sein; Wohl_be|fin|den, ...be|ha|gen; wohl|be|hal|ten (er kam - an), wohl_be|kannt, ...durch|dacht; vgl. wohl

Wohl|er|ge|hen, das; -s; wohl|er|zo|gen, (auch:) wohl er|zo|gen; Wohl|fahrt, die; -; Wohl|fahrts|staat; wohl|feil; wohl|füh|len, sich; vgl. wohl; Wohl|ge|fal|len, das; -s; wohl|ge|fäl|lig

wohl|ge|meint; vgl. wohl; wohl|ge|merkt!; wohl_ge|mut, ...ge|nährt, (auch:) wohl ge|nährt, ...ge|ra|ten, (auch:) wohl ge|ra|ten; Wohl_ge|ruch, ...ge|schmack; wohl|ha|bend; Wohl|ha|ben|heit, die; -; wohl|lig; ein -es Gefühl; Wohl|klang, der; -[e]s; wohl|klin|gend, (auch:) wohl klin|gend; wohl|lau|tend, (auch:) wohl lau|tend; Wohl|le|ben, das; -s; wohl|rie|chend, (auch:) wohl rie|chend; wohl|schme|ckend, (auch:) wohl schme|ckend; wohl sein; lass es dir wohl sein!; Wohl|sein, das; -s; zum -!; Wohl|stand, der; -[e]s; Wohl|stands_ge|sell|schaft; Wohl_tat, ...tä|ter, ...tä|te|rin; wohl|tä|tig; Wohl|tä|tig|keit; wohl|tu|end (angenehm); wohl|tun; das wird dir wohltun; wohl|über|legt; vgl. wohl

wohl|ver|dient; Wohl|ver|hal|ten; wohl|weis|lich; er hat sich - gehütet; wohl|wol|len; sie hat ihm stets wohlgewollt; Wohl|wol|len, das; -s; wohl|wol|lend

Wohn|block (Mehrz. ...blocks); woh|nen; Wohn_ge|bäu|de, ...geld, ...ge|mein|schaft; wohn|haft (Amtsspr.: wohnend); Wohn_haus, ...heim, ...kü|che, ...la|ge; wohn|lich; Wohn_ort, ...raum, ...sitz, ...stu|be; Woh|nung; Woh|nungs_amt, ...bau (der; -[e]s), ...ein-

rich|tung; woh|nungs|los; Woh|nungs_markt, ...not, ...su|che; Wohnung[s]|su|chen|de, der u. die; -n, -n; Woh|nungs|tür; Wohn_wa|gen, ...zimmer

Wok, der; -, -s (großer halbrunder Kochtopf)

wöl|ben; sich -; Wöl|bung

Wolf, der; -[e]s, Wölfe (ein Raubtier); Wöl|fin; Wolfs_hun|ger (ugs. für: großer Hunger), ...milch (eine Pflanze)

Wölk|chen; Wol|ke, die; -, -n; Wol|ken_bruch (der), ...de|cke (die; -), ...krat|zer (Hochhaus); Wol|ken|ku|ckucks|heim, das; -[e]s (Luftgebilde, Hirngespinst); wol|ken|los; wol|kig

Woll|de|cke; Wol|le, die; -, (für: Wollarten Mehrz.:) -n

¹wol|len (aus Wolle)

²wol|len; ich will; du wolltest; gewollt; ich habe helfen wollen

Woll|garn; wol|lig; Woll_kleid, ...knäu|el, ...stoff

Woll|lust, die; -, Wollüste; wol|lüs|tig

wo|mit; wo|mög|lich (vielleicht); wo|nach; wo|ne|ben

Won|ne, die; -, -n; Won|ne_mo|nat od. ...mond (für: Mai); won|ne|trun|ken (geh.); won|nig

wo|r|an; wo|r|auf; wo|r|auf|hin; wo|r|aus; wo|r|ein; wo|r|in

Work|shop [ᵘö'k...], der; -s, -s (Seminar, Arbeitsgruppe)

World Wide Web [ᵘö'lt ᵘait ᵘäp], das; - - - [s] (EDV; weltweites Informationssystem im Internet; Abk. WWW)

Wort, das; -[e]s, Wörter u. Worte; (Mehrz. Wörter für: Einzelwort ohne Rücksicht auf den Zusammenhang, z. B. Fürwörter; dies Verzeichnis enthält 100 000 Wörter; Mehrz. Worte für: Äußerung, Erklärung, Begriff, Zusammenhängendes, z. B. Begrüßungsworte; bedeutsame einzelne Wörter); mit guten, mit wenigen -en

Wort_art, ...bil|dung (Sprachw.), ...bruch (der); wort|brü|chig; Wört|chen; Wör|ter|buch; Wort_fet|zen, ...füh|rer; wort_ge|treu, ...karg; Wort|klau|be|rei (abwertend); Wort|laut, der; -[e]s; Wört|lein; wört|lich; -e Rede; wort|los; wort|reich; Wort_schatz (der; -es), ...spiel, ...wech|sel; wort|wört|lich (Wort für Wort)

wo|r|über; wo|r|um; ich weiß nicht, - es sich handelt; wo|r|un|ter; wo|von; wo|vor; wo|zu

Wrack, das; -[e]s, -s (selten: -e; gestrandetes od. stark beschädigtes, (auch:) altes Schiff; übertr. für: jmd., dessen körperliche Kräfte völlig verbraucht sind)

wrin|gen (nasse Wäsche auswinden); wrang, gewrungen

Wu|cher, der; -s; Wu|che|rer; Wu|che|rin; wu|che|risch; wu|chern; Wu|che|rung; Wu|cher|zin|sen, die (Mehrz.)

Wuchs, der; -es

Wucht, die; -; wuch|ten (ugs. für: schwer heben); wuch|tig

wüh|len; Wühl_maus, ...tisch

Wulst, der; -es, Wülste od. die; -, Wülste; wuls|tig

wund; - sein, werden; sich die Füße wund laufen, (auch:) wundlaufen; sich wund liegen, (auch:) wundliegen; sie hat sich wund gelegen, (auch:) wundgelegen; Wund_be|hand|lung, ...brand; Wun|de, die; -, -n

Wun|der, das; -s, -; - tun, wirken; er glaubt[,] Wunder was getan zu haben; wun|der|bar; Wun|der|dok|tor (spött.); wun|der|hübsch; Wun|der_kerze, ...kind, ...kur; wun|der|lich (eigenartig); wun|dern; es wundert mich, dass ...; sich -; wun|der|neh|men (in Verwunderung setzen); wun|der|schön; Wun|der_tä|ter, ...tier (auch ugs. scherzh.), ...tü|te; wun|der|voll; Wun|der|werk

Wund|fie|ber; wund|lau|fen; wund|lie|gen; vgl. wund; Wund|sal|be; Wund_starr|krampf

Wunsch, der; -[e]s, Wünsche; Wunsch_den|ken, das; -s; Wün|schel|ru|te; wün|schen; wün|schens|wert; wunsch|ge|mäß; Wunsch_kind, ...kon|zert; wunsch|los; - glücklich; Wunsch_traum, ...zet|tel

wupp|dich! (ugs. für: husch!; geschwind!)

Wür|de, die; -, -n; wür|de|los; Wür|den_träger; wür|de|voll; wür|dig; wür|di|gen; Wür|di|gung

Wurf, der; -[e]s, Würfe; Wür|fel, der; -s, -; Wür|fel|be|cher; wür|feln; gewürfeltes Muster; Wür|fel_spiel, ...zu|cker; Wurf_ge|schoss, ...sen|dung

Wür|ge_griff, ...mal (Mehrz. ...male, seltener: ...mäler); wür|gen; mit Hängen und Würgen (ugs. für: mit großer Mühe, gerade noch); Wür|ger (Würgender; ein Vogel)

Wurm, der (für: hilfloses Kind ugs. auch: das); -[e]s, Würmer; Würm|chen; wur|men (ugs. für: ärgern); es wurmt mich; Wurm_farn, ...fort|satz (am Blinddarm), ...fraß; wurm|sti|chig

Wurst, die; -, Würste; das ist mir wurst, (auch:) wurscht (ugs. für: gleichgültig); Wurst_brot, ...brü|he; Würst|chen; Würst|chen|bu|de; wurs|teln (ugs. für: ohne Überlegung u. Ziel arbeiten); Wurst|fin|ger (ugs.); wurs|tig (ugs. für: gleichgültig); Wurs|tig|keit, die; - (ugs.); Wurst|zip|fel

Wür|ze, die; -, -n; Wur|zel, die; -, -n; Wur|zel_bal|len, ...be|hand|lung (Zahnmed.), ...bürs|te; Wür|zel|chen; wur|zel|los; wur|zeln; Wur|zel_stock (Mehrz. ...stöcke), ...werk (das; -[e]s), ...zei|chen (Math.); wür|zen; wür|zig

Wu|schel|haar (ugs. für: lockiges od. unordentliches Haar); **wu|sche|lig** (ugs.)

Wust, *der;* -[e]s (ugs. für: Durcheinander, ungeordnete Menge); **wüst; Wüs|te,** *die;* -, -n; **Wüs|te|nei; Wüs|ten_kli|ma,** ...**sand,** ...**schiff** (scherzh. für: Kamel); **Wüst|ling** (abwertend für: zügelloser Mensch)

Wut, *die;* -; **Wut|an|fall; wü|ten; wü|tend; Wü|te|rich,** *der;* -s, -e; **Wut|ge|heul; wut|schnau|bend**

Wutz, *die;* -, -en, auch: *der;* -en, -en (landsch. für: Schwein)

X [*ikβ*] (Buchstabe); das X; des X, die X; aber: das x in Faxe; jmdm. ein X für ein U vormachen (ugs. für: täuschen)

x, *das;* -, - (unbekannte math. Größe)

x-Ach|se (Math.)

Xan|thip|pe, *die;* -, -n (ugs. für: zanksüchtige Frau)

X-Bei|ne, *die (Mehrz.);* **x-bei|nig,** (auch:) **X-bei|nig**

x-be|lie|big; jeder x-Beliebige

X-Chro|mo|som (Biol.: eines der beiden Geschlechtschromosomen)

Xe|ro|gra|fie, (auch:) **Xe|ro|gra|phie,** *die;* -, ...|en (Druckw.: ein Vervielfältigungsverfahren); **xe|ro|gra|fisch,** (auch:) **xe-ro|gra|phisch; Xe|ro|ko|pie,** *die;* -, ...|en (xerografisch hergestellte Kopie)

x-fach; x-fa|che, *das;* -n

X-Ha|ken

x-mal

x-te; x-te Potenz; zum x-ten Mal

Xy|lo|fon, (auch:) **Xy|lo|phon,** *das;* -s, -e (ein Musikinstrument)

(Selbstlaut u. Mitlaut)

Y [*üpβilon*]; österr. oft: *üpβilon*] (Buchstabe); das Y; des Y, die Y; aber: das y in Foyer

Y, *das;* -, - (unbekannte math. Größe)

y-Ach|se (Math.)

Yacht usw.; vgl. Jacht usw.

Y-Chro|mo|som (Biol.: eines der beiden Geschlechtschromosomen)

Yen, *der;* -[s], -[s] (Währungseinheit in Japan); 5 -

Ye|ti, *der;* -s, -s (legendärer Schneemensch im Himalaja)

Yo|ga, Yo|gi; vgl. Joga, Jogi

Yo-Yo usw.; vgl. Jo-Jo

Yp|si|lon [*üpβilon*]; vgl. Y

Yu|an, *der;* -[s], -[s] (Währungseinheit in China); 5 -

Z z

Vgl. auch **C** und **K**

Z (Buchstabe); das Z; des Z, die Z; aber: das z in Gazelle

Za|cke, *die;* -, -n (Spitze); **za|cken** (mit Zacken versehen); gezackt; **za|ckig** (ugs. auch für: schneidig)

za|gen (geh.); **zag|haft**

zäh; Zäh|heit, (alte Schreibung für:) Zählheit; **zäh|flüs|sig; Zäh|heit,** *die;* -; **Zä-hig|keit,** *die;* -

Zahl, *die;* -, -en; **zahl|bar** (zu [be]zahlen); **zah|len; zäh|len;** bis drei -; **Zah|len.fol-ge,** ...**kom|bi|na|ti|on,** ...**lot|to; zah-len|mä|ßig; Zah|len|rei|he; Zah|len-schloss; Zäh|ler; Zahl|kar|te; zahl|los; Zahl|meis|ter; zahl|reich; Zahl|tag; Zah|lung; Zäh|lung; Zah|lungs_an|wei-sung,** ...**auf|schub,** ...**be|fehl; zah-lungs|fä|hig; Zah|lungs|frist; zah-lungs_kräf|tig,** ...**un|fä|hig; Zähl|werk; Zahl|wort** (*Mehrz.* ...wörter)

zahm; zähm|bar; zäh|men

Zahn, *der;* -[e]s, Zähne; **Zahn_arzt,** ...**ärz-tin; zahn|ärzt|lich; Zahn|bürs|te; Zähn-chen; Zahn|creme,** (auch:) **Zahn|krem, Zahn|kre|me; zäh|ne|flet|schend; Zäh|ne-klap|pern,** *das;* -s; **zäh|ne|knir|schend; zah|nen; Zahn_er|satz,** ...**fäu|le,** ...**fleisch,** ...**fül|lung,** ...**klemp|ner** (ugs. scherzh. für: Zahnarzt); ...**krem,** ...**kre-me;** vgl. Zahncreme; **zahn|los; Zahn_lü-cke,** ...**me|di|zin,** ...**pas|ta,** ...**rad; Zahn-rad|bahn; Zahn_schmelz,** ...**schmerz,** ...**sei|de,** ...**span|ge,** ...**stein** (*der;* -[e]s), ...**sto|cher,** ...**weh,** ...**wur|zel**

Zan|ge, *die;* -, -n; **zan|gen|för|mig; Zan-gen|ge|burt**

Zank, *der;* -[e]s; **zän|kisch**

¹Zäp|fchen (Teil des weichen Gaumens); **²Zäp|fchen** (kleiner Zapfen); **zap|fen; Zap|fen,** *der;* -s, -; **zap|fen|för|mig; Zapf|säu|le**

zap|pe|lig, zapp|lig; zap|peln

zap|pen [auch: *säpn*] (ugs. für: mit der Fernbedienung in rascher Folge von einem Programm ins andere schalten)

zap|pen|dus|ter (ugs. für: sehr dunkel; aussichtslos)

Zar, *der;* -en, -en (ehem. Herrschertitel bei Russen, Serben, Bulgaren); **Za|rin**

zart, zart be|sai|tet, (auch:) **zart-besaitet; zart|bit|ter; zart füh|lend,**

(auch:) **zart|füh|lend; Zart|ge|fühl,** *das;* -[e]s; **Zart|heit; zärt|lich; Zärt|lich|keit**

Zas|ter, *der;* -s (ugs. für: Geld)

Zä|sur, *die;* -, -en (Einschnitt; Musik: Ruhepunkt)

Zau|ber, *der;* -s, -; **Zau|be|rei; Zau|be|rer; Zau|ber_flö|te,** ...**for|mel; zau|ber|haft; Zau|be|rin; Zau|ber_kunst,** ...**künst|ler; zau|bern; Zau|ber_stab,** ...**trank**

Zau|de|rei; Zau|de|rer; zau|dern

Zaum, *der;* -[e]s, Zäume; **Zaum|zeug**

Zaun, *der;* -[e]s, Zäune; **Zaun_gast,** ...**kö-nig** (ein Vogel), ...**pfahl;** ein Wink mit dem - (ugs. für: deutlicher Hinweis)

z. B. = zum Beispiel

Ze|b|ra, *das;* -s, -s (gestreiftes südafrik. Wildpferd); **Ze|b|ra|strei|fen** (Kennzeichen von Fußgängerüberwegen)

Ze|che, *die;* -, -n (Rechnung für genossene Speisen u. Getränke; Bergwerk); **ze|chen; Ze|chen_ster|ben,** ...**still|le|gung; Ze-cher; Zech_ge|la|ge,** ...**kum|pan,** ...**prel|ler**

Ze|cke, *die;* -, -n (eine Milbe)

Ze|der, *die;* -, -n (immergrüner Nadelbaum); **Ze|dern|holz**

Zeh; vgl. Zehe; **Ze|he,** *die;* -, -n (auch:) Zeh, *der;* -s, -en; die große Zehe, der große Zeh; **Ze|hen|spit|ze**

zehn; wir sind zu zehnen od. zu zehnt; die Zehn Gebote; vgl. acht; **Zehn,** *die;* -, -en (Zahl); **Zehn_cent|stück, zehn|ein|halb, zehn|und|ein|halb; Zehn|er** (ugs. auch für: Zehncentstück, Zehneuroschein); **Zehn|eu|ro|schein** (mit Ziffer: 10-Euro-Schein); **zehn|fach; zehn|jäh|rig; Zehn-kampf; zehn|mal; zehn|tau|send;** die oberen Zehntausend, (auch:) zehntausend; **zehn|te; zehn|tel; Zehn|tel,** *das* (schweiz. meist: *der*); -s, -; **Zehn|tel|se-kun|de; zehn|tens**

zeh|ren; Zehr|geld

Zei|chen, *das;* -s, -; **Zei|chen_block** (*Mehrz.* ...blöcke u. ...blocks), ...**brett,** ...**saal,** ...**set|zung** (*die;* -; Interpunktion), ...**spra|che,** ...**trick|film; zeich-nen; Zeich|nen,** *das;* -s; **Zeich|ner; Zeich|ne|rin; Zeich|nung**

Zei|ge|fin|ger; zei|gen; etwas -; sich [großzügig] - ; **Zei|ger**

Zei|le, *die;* -, -n; **Zei|len|ab|stand**

Zei|sig, *der;* -s, -e; **zei|sig|grün**

zeit; *Verhältnisw. mit Wesf.:* - meines Lebens; **Zeit,** *die;* -, -en; eine Zeit lang, (auch:) zeitlang; einige, eine kurze Zeit lang; von Zeit zu Zeit; zurzeit (gerade jetzt), aber: zur Zeit Karls d. Gr.; **Zeit_al-ter,** ...**an|sa|ge,** ...**auf|wand; zeit|auf-wän|dig,** (auch:) **zeit|auf|wen|dig; Zeit_ein|tei|lung,** ...**fra|ge; zeit|ge|bun-den; Zeit|ge|fühl,** ...**geist,** *der;* -[e]s; **zeit|ge|mäß; Zeit_ge|nos|se,** ...**ge|nos-sin; zeit|ge|nös|sisch; Zeit|ge|winn; zei|tig; zei|ti|gen** (geh. für: hervorbringen); Erfolge - ; **Zeit|kar|te; zeit|le|bens;**

zeit|lich; das Zeitliche segnen (veraltend für: sterben; ugs. scherzh. für: entzweigehen); zeit|los; Zeit_lu|pe (die; -), ...not (die; -), ...punkt, ...raf|fer (Film); Zeit rau|bend, (auch:) zeit|rau|bend; Zeit_raum, ...schrift; Zeit spa|rend, (auch:) zeit|spa|rend; Zeit|takt (Fernsprechwesen); Zei|tung; Zei|tungs_anzei|ge, ...be|richt, ...en|te (ugs.), ...papier, ...ver|käu|fer; Zeit|ver|geu|dung, ...ver|lust, ...ver|treib (der; -[e]s, -e); zeit|wei|lig; zeit|wei|se; Zeit_wort (Mehrz. ...wörter), ...zün|der

Zel|le, die; -, -n; Zell_kern, ...stoff (Produkt aus Zellulose), ...tei|lung; Zel|lu|li|tis, (auch:) Cel|lu|li|tis, die; -, ...iti|den (Med.: Degeneration des Zellgewebes); Zel|lu|lo|id, das; -[e]s (Kunststoff); Zellu|lo|se, die; -, -n (Hauptbestandteil pflanzl. Zellwände)

Zelt, das; -[e]s, -e; Zelt|bahn; zel|ten; Zelt_he|ring, ...la|ger (Mehrz. ...lager)

Ze|ment, der, (für Zahnbestandteil:) das; -[e]s, -e (Bindemittel; Baustoff; Bestandteil der Zähne); Ze|ment|bo|den; zemen|tie|ren (auch für: [einen Zustand, Standpunkt] starr u. unverrückbar festlegen)

Ze|nit, der; -[e]s (Scheitelpunkt [des Himmels])

zen|sie|ren (benoten; [auf unerlaubte Inhalte] prüfen); Zen|sur, die; -, -en ([Schul]note; nur Einz.: behördl. Prüfung [und Verbot] von Druckschriften u. Ä.)

Zen|taur, Ken|taur, der; -en, -en (Wesen der gr. Sage mit menschl. Oberkörper u. Pferdeleib)

Zen|ti|me|ter ($^1/_{100}$ m; Zeichen: cm); Zentner, der; -s, - (100 Pfund = 50 kg; Abk.: Ztr.; Österreich u. Schweiz: 100 kg [Meterzentner], Zeichen: q); zent|ner|schwer

zen|t|ral (in der Mitte; im Mittelpunkt befindlich, von ihm ausgehend; Mittel..., Haupt..., Gesamt...); Zen|t|ral|bank; Zen|t|ra|le, die; -, -n (zentrale Stelle; Hauptort, -geschäft, -stelle; Fernsprechvermittlung [in einem Großbetrieb]); Zent|ral_ge|walt, ...hei|zung (Sammelheizung); Zen|t|ra|lis|mus, der; - (Streben nach Zusammenziehung der Verwaltung u. a.); zen|t|ra|lis|tisch; zen|t|ri|fu|gal (vom Mittelpunkt wegstrebend); Zen|t|rifu|ge, die; -, -n (Schleudergerät zur Trennung von Flüssigkeiten); Zen|t|rum, das; -s, ...tren (Mittelpunkt; Innenstadt; Haupt-, Sammelstelle)

Zep|pe|lin, der; -s, -e (Luftschiff)

Zep|ter, das (seltener: der); -s, - (Herrscherstab)

zer|bers|ten

zer|bom|ben

zer|bre|chen; zer|brech|lich

zer|brö|ckeln

zer|drü|cken

Ze|re|mo|nie [auch, österr. nur: ...moni^e],

die; -, ...ien [auch: ...moni^{e}n] (feierl. Handlung; Förmlichkeit); ze|re|mo|ni|ell (feierlich; förmlich; steif); Ze|re|mo|niell, das; -s, -e ([Vorschrift für] feierliche Handlung[en])

zer|fah|ren (verwirrt; gedankenlos)

Zer|fall, der; -[e]s (Zusammenbruch, Zerstörung); zer|fal|len

zer|fet|zen; Zer|fet|zung

zer|fled|dern, zer|fle|dern (ugs.)

zer|flei|schen (zerreißen)

zer|ge|hen

zer|klei|nern; Zer|klei|ne|rung

zer|klüf|tet; -es Gestein

zer|knirscht; ein -er Sünder

zer|knit|tern; zer|knit|tert (ugs. auch für: gedrückt)

zer|knül|len

zer|krat|zen

zer|krü|meln

zer|las|sen; -e Butter

zer|lau|fen

zer|leg|bar; zer|le|gen

zer|le|sen; ein zerlesenes Buch

zer|lumpt (ugs.); -e Kleider

zer|mal|men; Zer|mal|mung

zer|mar|tern, sich; ich habe mir den Kopf zermartert

zer|mür|ben; zer|mürbt; -es Leder

zer|na|gen

zer|pflü|cken

zer|plat|zen

zer|quet|schen

Zerr|bild

zer|re|den

zer|reib|bar; zer|rei|ben

zer|rei|ßen; sich -; zer|reiß|fest; Zer|reißpro|be

zer|ren

zer|rin|nen

zer|ris|sen; Zer|ris|sen|heit, die; -

Zerr|spie|gel; Zer|rung

zer|rüt|ten (zerstören); zer|rüt|tet; eine -e Ehe; Zer|rüt|tung

zer|schel|len (zerbrechen)

zer|schla|gen

zer|schmet|tern

zer|set|zen; Zer|set|zung

zer|split|tern

zer|sprin|gen

zer|stamp|fen

zer|stäu|ben; Zer|stäu|ber; Zer|stäu|bung

zer|stö|ren; Zer|stö|rer; zer|stö|re|risch; Zer|stö|rung

zer|strei|ten, sich

zer|streu|en; zer|streut; Zer|streut|heit; Zer|streu|ung

zer|stü|ckeln

Zer|ti|fi|kat, das; -[e]s, -e

zer|tram|peln

zer|tren|nen; Zer|tren|nung

zer|trüm|mern; Zer|trüm|me|rung

Zer|ve|lat|wurst, (auch:) Ser|ve|lat|wurst [zärw^e..., auch: särw^e...]

Zer|würf|nis, das; -ses, -se

zer|zau|sen; Zer|zau|sung

ze|tern (ugs. für: wehklagend schreien)

Zett; vgl. Z (Buchstabe)

Zęt|tel, der; -s, -; Zęt|tel|kas|ten

Zeug, das; -[e]s, -e; jmdm. etwas am - flicken (ugs. für: an jmdm. kleinliche Kritik üben)

Zeu|ge, der; -n, -n

^{1}zeu|gen (hervorbringen, erzeugen)

^{2}zeu|gen (bezeugen); es zeugt von Fleiß

Zeu|gen_aus|sa|ge, ...be|ein|flus|sung; Zeu|gin; Zeug|nis, das; -ses, -se; Zeugung; Zeu|gungs|akt; zeu|gungs_fähig, ...un|fä|hig

Zi|cken, die (Mehrz.; ugs. für: Dummheiten)

zick|zack; zickzack den Berg hinunterlaufen; Zick|zack, der; -[e]s, -e; im Zickzack laufen; Zick|zack_kurs, ...li|nie

Zie|ge, die; -, -n

Zie|gel, der; -s, -; Zie|gel_bren|ner, ...dach; Zie|ge|lei; zie|gel|rot; Zie|gelstein

Zie|gen_bart, ...bock, ...kä|se, ...le|der, ...milch, ...pe|ter (Mumps)

Zieh|brun|nen; zie|hen; zog, gezogen; nach sich -; Zieh_har|mo|ni|ka, ...mutter (Pflegemutter); Zie|hung; Zieh|va|ter (Pflegevater)

Ziel, das; -[e]s, -e; ziel|be|wusst; zie|len; Ziel_fern|rohr, ...ge|ra|de (Sportspr.: letztes gerades Bahnstück vor dem Ziel); ziel|los; Ziel|schei|be; ziel|stre|big

zie|men (geh.); es ziemt sich, es ziemt mir; ziem|lich (fast)

Zier, die; -; Zie|rat, (alte Schreibung für:) Zierrat; Zier|de, die; -, -n; zie|ren; sich -; Zier_fisch, ...gar|ten, ...leis|te; zierlich; Zier|pup|pe; Zier|rat, der; -[e]s, -e

Zif|fer, die; -, -n (Zahlzeichen); arabische, römische -n; Zif|fer|blatt

zig (ugs.); zig Euro; mit zig Sachen in die Kurve; zigtausend, (auch:) Zigtausend Menschen; Zigtausende, (auch:) zigtausende von Menschen

Zi|ga|ret|te, die; -, -n; Zi|ga|ret|tenasche, ...au|to|mat, ...pau|se; Zi|ga|rillo, der (auch: das); -s, -s (kleine Zigarre); Zi|gar|re, die; -, -n

Zi|geu|ner^1, der; -s, -; Zi|geu|ne|rin; Zigeu|ner_ka|pel|le, ...le|ben (das; -s), ...mu|sik; zi|geu|nern (ugs. für: sich herumtreiben)

zig|fach; zig|mal; zig|tau|send; vgl. zig

Zi|ka|de, die; -, -n (ein Insekt)

Zim|mer, das; -s, -; Zim|mer|an|ten|ne; Zim|me|rer; Zim|mer_flucht (zusammenhängende Reihe von Zimmern), ...lautstär|ke, ...mäd|chen, ...mann (Mehrz. ...leute); zim|mern; Zim|mer_num|mer, ...pflan|ze

zim|per|lich

---

^{1} Vom Zentralrat Deutscher Sinti und Roma als diskriminierend abgelehnte Bezeichnung

Zimt, der; -[e]s, -e (ein Gewürz)

Zink, das; -[e]s (chem. Element, Metall; Zeichen: Zn)

Zin|ke, die; -, -n (Zacke); Zin|ken, der; -s, - ([Gauner]zeichen; ugs. für: große Nase)

Zink_sal|be, ...wan|ne

Zinn, das; -[e]s (chem. Element, Metall; Zeichen: Sn); Zinn|be|cher

Zin|ne, die; -, -n (Mauerabschluss)

zin|nern (von, aus Zinn); Zinn|fi|gur

Zin|nie, die; -, -n (eine Gartenblume)

Zin|no|ber, der (auch, österr. nur: das); -s (eine rote Farbe; ugs. für: Blödsinn)

Zins, der; -es, (für: Erträge Mehrz.:) -en u. (für: Mieten Mehrz.:) -e (Ertrag; Abgabe; südd., österr. u. schweiz. für: Miete); Zins|er|hö|hung; Zin|ses|zins (Mehrz. ...zinsen); Zins|fuß (Mehrz. ...füße); zins_güns|tig, ...los; Zins|satz

Zip|fel, der; -s, -; zip|fe|lig, zipf|lig; Zip|fel|müt|ze; zipf|lig

zir|ka, (auch:) circa (ungefähr); Zir|kel, der; -s, -; Zir|kel_kas|ten, ...schluss; Zir|ku|la|ti|on [...zion], die; -, -en (Kreislauf, Umlauf); zir|ku|lie|ren (in Umlauf sein); Zir|kus, (auch:) Cir|cus, der; -, -se (großes Zelt od. Gebäude, in dem Tierdressuren u. a. gezeigt werden; nur Einz., ugs. für: Durcheinander, Trubel); Zir|kus_zelt

zir|pen; die Grillen -

zi|scheln; zi|schen; Zisch|laut

Zis|ter|ne, die; -, -n

Zi|ta|del|le, die; -, -n (Befestigungsanlage innerhalb einer Stadt)

Zi|tat, das; -[e]s, -e (wörtlich angeführte Belegstelle; auch für: bekannter Ausspruch)

Zi|ther, die; -, -n (ein Saiteninstrument)

zi|tie|ren ([eine Textstelle] wörtlich anführen; vorladen)

Zi|t|ro|nat, das; -[e]s, -e (kandierte Fruchtschale einer Zitronenart); Zi|t|ro|ne, die; -, -n; Zi|t|ro|nen_baum, ...fal|ter; zi|t|ro|nen|gelb; Zi|t|ro|nen_li|mo|na|de, ...säu|re; Zi|t|rus_scha|le, ...was|ser (das; -s); Zi|t|rus|frucht

zit|te|rig, zitt|rig; zit|tern; Zit|ter_pap|pel, ...ro|chen (ein Fisch); zitt|rig; vgl. zitterig

Zit|ze, die; -, -n (Organ zum Säugen bei w. Säugetieren)

zi|vil [ziwil] (bürgerlich); -e (niedrige) Preise; -er Ersatzdienst; Zi|vil, das; -s (bürgerl. Kleidung); Zi|vil_be|ruf, ...be|völ|ke|rung, ...cou|ra|ge, ...dienst; Zi|vil|dienst Leis|ten|de, der; - -n, - -n, (auch:) Zi|vil|dienst|leis|ten|de, der; -n, -n; Zi|vi|li|sa|ti|on [...zion], die; -, -en (die durch den Fortschritt der Wissenschaft u. Technik verbesserten sozialen u. materiellen Lebensbedingungen); zi|vi|li|sie|ren (der Zivilisation zuführen); Zi|vi|list, der; -en, -en (Bürger, Nichtsoldat); Zi|vi|lis|tin; Zi|vil_klei|dung, ...per|son,

...pro|zess (Gerichtsverfahren nach den Bestimmungen des Privatrechts)

Zlo|ty [sloti, auch: βloti], der; -s, -s (Währungseinheit in Polen); 5 -

Zo|bel, der; -s, - (Marder; Pelz); Zo|bel_pelz

zo|ckeln (ugs. für: zuckeln)

Zo|fe, die; -, -n

Zoff, der; -s (ugs. für: Ärger, Streit)

zö|ger|lich (zögernd); zö|gern

Zög|ling

Zö|li|bat, das (Theologie: der); -[e]s (pflichtmäßige Ehelosigkeit aus religiösen Gründen, bes. bei kath. Geistlichen)

¹Zoll, der; -[e]s, Zölle (Abgabe)

²Zoll, der; -[e]s, - (Längenmaß; Zeichen: ''); 3 - breit; vgl. zollbreit u. Zollbreit

Zoll_ab|fer|ti|gung, ...amt, ...be|am|te, ...be|hör|de; zollbreit, -ein -es Bett; aber: das Bett ist einen Zoll breit; Zoll|breit, der; -, -, (auch:) Zoll breit, der; - -, - -; keinen Zollbreit, (auch:) Zoll breit zurückweichen; zol|len; jmdm. Bewunderung zollen (geh.); zoll|frei; Zoll_er|klä|rung, ...gren|ze; Zöll|ner (veraltend für: Zollbeamter); zoll|pflich|tig

Zoll|stock (Maßstab; Mehrz. ...stöcke)

Zo|ne, die; -, -n

Zoo [zo], der; -s, -s (kurz für: zoologischer Garten); Zoo|hand|lung [zo...]; Zoo|lo|ge [zo-o...], der; -n, -n (Tierforscher); Zoo|lo|gie, die; - (Tierkunde); Zoo|lo|gin; zoo|lo|gisch (tierkundlich); -er Garten

Zoom [sum], das; -s, -s (Objektiv mit veränderlicher Brennweite; Vorgang, wodurch der Aufnahmegegenstand näher an den Betrachter herangeholt od. weiter von ihm entfernt wird); zoo|men

Zopf, der; -[e]s, Zöpfe; ein alter - (ugs. für: ein überlebter Brauch); Zöpf|chen

Zo|res, der; - (landsch. für: Ärger; Gesindel)

Zorn, der; -[e]s; Zorn_ader, ...aus|bruch; zorn|ent|brannt; zor|nig; Zorn|rö|te; zorn|schnau|bend

Zo|te, die; -, -n (unanständiger Witz); Zo|ten|rei|ßer; zo|tig

Zot|tel, die; -, -n (Haarbüschel; Troddel u. a.); Zot|tel|bär; zot|te|lig, zott|lig; zot|teln (ugs. für: langsam gehen); zot|tig; zott|lig; vgl. zottelig

z. T. = zum Teil

Ztr. = Zentner (50 kg)

zu; Verhältnisw. mit Wemf.: zu dem Garten, zum Bahnhof; zu zwei[e]n, zu zweit; vier zu eins (4:1); zu Ende gehen; Zum Löwen, Zur Alten Post (Gasthäuser)

zu|al|ler|erst; zu|al|ler|letzt

zu|bau|en; zugebaut

Zu|be|hör, das (seltener: der); -[e]s, -e (schweiz. auch: -den)

zu|bei|ßen; zugebissen

Zu|ber, der; -s, - (landsch. für: [Holz]bottich)

zu|be|rei|ten; Zu|be|rei|tung

Zu|bett|ge|hen, das; -s; vor dem -

zu|bil|li|gen; Zu|bil|li|gung

zu|blei|ben (ugs. für: geschlossen bleiben); zugeblieben

zu|brin|gen; zugebracht; Zu|brin|ger; Zu|brin|ger_dienst, ...stra|ße

zu|but|tern (ugs. für: [Geld] zusetzen); zugebuttert

Zuc|chi|ni [zuk...], die; -, -

Zucht, die; -, -en; Zucht|bul|le; züch|ten; Züch|ter; Zucht_haus, ...häus|ler, ...hengst; züch|tig (veralt. für: sittsam); züch|ti|gen (geh.); Züch|ti|gung; zucht|los; Zucht|stier; Züch|tung; Zucht|vieh

zu|ckeln (ugs. für: langsam u. ohne Hast trotten, fahren); zu|cken; zü|cken (rasch [heraus]ziehen); den Geldbeutel -

Zu|cker, der; -s, (für: Sorten Mehrz.:) -; Zu|cker_brot, ...guss, ...hut (der); zu|cker|krank; Zu|ckerl, das; -s, -n (bayer. u. österr. für: Bonbon); Zu|cker|le|cken, das; nur in: kein - sein (unangenehm, anstrengend sein); zu|ckern (mit Zucker süßen); Zu|cker_rohr, ...rü|be; zu|cker|süß

Zu|ckung

zu|de|cken

zu|dem (außerdem)

zu|dre|hen

zu|dring|lich; Zu|dring|lich|keit

zu|drü|cken

zu eigen; jmdm. etwas zu eigen geben (geh.); sich etwas zu eigen machen; zu|eig|nen (geh. für: widmen, schenken)

zu|ei|n|an|der; vgl. aneinander; zueinander finden, (auch:) zueinanderfinden; zueinander passen, (auch:) zueinanderpassen; zu|ei|n|an|der|ste|hen (zusammenhalten)

zu En|de

zu|er|ken|nen

zu|erst

zu|fä|cheln

Zu|fahrt; Zu|fahrts|stra|ße

Zu|fall; zu|fäl|lig; Zu|falls|tref|fer

zu|fas|sen

Zu|flucht, die; -; Zu|fluchts_ort (der; -[e]s, -e), ...stät|te

Zu|fluss

zu|frie|den; - mit dem Ergebnis; zufrieden machen, sein, werden; jmdn. zufrieden stellen, (auch:) zufriedenstellen; ein zufrieden stellendes, (auch:) zufriedenstellendes (aber nur: zufriedenstellenderes) Ergebnis; zu|frie|den|ge|ben; sich -; Zu|frie|den|heit, die; -; zu|frie|den|las|sen; zu|frie|den stel|lend, (auch:) zu|frie|den|stel|lend

zu|frie|ren; zugefroren

zu|fü|gen

Zu|fuhr, die; -, -en; zu|füh|ren

Zug, der; -[e]s, Züge; im -e des Wiederaufbaus; - um -; Dreiuhrzug

Zu|ga|be

Zu|gang; zu|gan|ge; - sein (ugs.); zu-
gäng|lich

Zug|brü|cke

zu|ge|ben

zu|ge|dacht (geh.); diese Auszeichnung
war eigentlich ihm -

zu|ge|ge|ben

zu|ge|gen (geh.); - bleiben, sein

zu|ge|hen; auf jmdn. -; auf dem Fest ist es
lustig zugegangen; der Koffer geht nicht
zu (ugs.)

zu|ge|hö|rig; Zu|ge|hö|rig|keit

zu|ge|knöpft; er war sehr - (ugs. für: ver-
schlossen)

Zü|gel, der; -s, -; zü|gel|los, -este; Zü-
gel|lo|sig|keit; zü|geln

Zu|ge|reis|te, der u. die; -n, -n

Zu|ge|ständ|nis; zu|ge|ste|hen

zu|ge|tan; er ist ihm herzlich -

Zug.fes|tig|keit, ...füh|rer

zu|gie|ßen

zu|gig (windig); zü|gig (in einem Zuge;
schweiz. auch für: zugkräftig); zug|kräf-
tig

zu|gleich

Zug|luft, die; -

Zug.ma|schi|ne, ...num|mer, ...pferd

zu|grei|fen; Zu|griff, der; -[e]s, -e; zu-
griffs|be|rech|tigt (bes. EDV)

zu|grun|de, (auch:) zu Grun|de; zugrunde,
(auch:) zu Grunde gehen, liegen, richten;
zugrunde liegend, (auch:) zu Grunde liegend, (auch:) zugrundeliegend

Zug|tier

zu|guns|ten, (auch:) zu Guns|ten; zuguns-
ten, (auch:) zu Gunsten bedürftiger Kinder

zu|gu|te|hal|ten

zu|gu|te|kom|men

zu gu|ter Letzt

Zug.ver|bin|dung, ...vo|gel, ...zwang
(unter - stehen)

zu|hal|ten; Zu|häl|ter

zu|han|den (bes. schweiz.), zu Hän|den
(Abk.: z. H., z. Hd.)

zu Haus, zu Hau|se, (auch:) zu|hau|se;
sich wie zu Hause, (auch:) zuhause füh-
len; ich freue mich auf zu Hause, (auch:)
zuhause; Zu|hau|se, das; -[s]; er hat kein
- mehr

Zu|hil|fe|nah|me, die; -; unter - von ...

zu|hö|ren; Zu|hö|rer

zu|ju|beln

zu|keh|ren; jmdn. den Rücken -

zu|knei|fen

zu|knöp|fen

zu|kom|men; er ist auf mich zugekommen;
sie hat ihm das Geschenk zukommen lassen, (seltener:) gelassen

Zu|kunft, die; -, (selten:) Zukünfte; zu-
künf|tig; Zu|künf|ti|ge, der u. die; -n,
-n (Verlobte[r]); Zu|kunfts.angst, ...aus-
sich|ten (Mehrz.), ...mu|sik (ugs.), ...ro-
man; zu|kunft[s]|wei|send

zu|lä|cheln

Zu|la|ge

zu Lan|de; bei uns zu Lande; hierzulande,
(auch:) hier zu Lande; zu Wasser und zu
Lande

zu|lan|gen; zu|läng|lich (hinreichend)

zu|las|sen; zu|läs|sig (erlaubt); Zu|las-
sung; Zu|las|sungs|stel|le

zu|las|ten, (auch:) zu Las|ten; zulasten,
(auch:) zu Lasten des ... od. von ...

Zu|lauf; zu|lau|fen

zu|le|gen

zu|leid, zu|lei|de, (auch:) zu Leid, zu Lei-
de; nur in: jmdm. etwas zuleid[e], (auch:)
zu Leid[e] tun

zu|lei|ten

zu|letzt; aber: zu guter Letzt

zu|lie|be; mir, dir zuliebe

zum (zu dem); - ersten Mal[e]

zu|ma|chen (ugs. für: schließen)

zu|mal; - [da, wenn]

zum Bei|spiel (Abk.: z. B.)

zu|meist

zu|mes|sen

zu|min|dest; aber: zum Mindesten

zum Teil (Abk.: z. T.)

zu|mut|bar; zu|mu|te, (auch:) zu Mu|te;
mir ist gut, schlecht zumute, (auch:) zu
Mute; zu|mu|ten; zugemutet; Zu|mu-
tung

zu|nächst

Zu|nah|me, die; -, -n

Zu|na|me (Familienname)

Zünd|blätt|chen; zün|den; zün|dend;
Zün|der; Zünd.holz, ...ker|ze, ...schlüs-
sel, ...schnur; Zün|dung

zu|neh|men

zu|nei|gen; Zu|nei|gung

Zunft, die; -, Zünfte; zünf|tig (ugs. auch
für: ordentlich, tüchtig)

Zun|ge, die; -, -n; zün|geln

zu|nich|te|ma|chen

zu|nut|ze, (auch:) zu Nut|ze; sich etwas
zunutze, (auch:) zu Nutze machen

zu|ord|nen

zu|pa|cken

zu|pass|kom|men

zup|fen; Zupf|in|s|t|ru|ment

zu|pros|ten

zur (zu der)

zu|ran|de, (auch:) zu Ran|de; mit etwas
zurande, (auch:) zu Rande kommen

zu|ra|te, (auch:) zu Ra|te; jmdn. zurate,
(auch:) zu Rate ziehen

zu|rech|nungs|fä|hig; Zu|rech|nungs|fä-
hig|keit, die; -

zu|recht.fin|den (sich), ...kom|men, ...le-
gen, ...ma|chen (ugs.), ...rü|cken

zu|recht|wei|sen; Zu|recht|wei|sung

zu|re|den; Zu|re|den, das; -s; trotz allen
od. alles Zuredens

zu|rei|chend; -e Gründe

zu|rei|ten

zu|rich|ten

zür|nen (geh.)

zu|rück; - sein

zu|rück.be|hal|ten, ...bil|den, sich -,
...blei|ben, ...bli|cken, ...brin|gen, ...-
däm|men, ...drän|gen, ...dre|hen, ...er-
bit|ten, ...er|hal|ten, ...er|stat|ten,

zu|rück.fah|ren, ...fal|len, ...fin|den,
...for|dern, ...füh|ren

zu|rück.ge|ben; ...ge|hen, Zu|rück|ge|zo-
gen|heit, die; -; zu|rück|grei|fen

zu|rück|hal|ten; Zu|rück|hal|tung

zu|rück.keh|ren, ...kom|men, ...las|sen,
...le|gen, ...leh|nen, sich -, ...lie|gen

zu|rück|neh|men

zu|rück|ru|fen

zu|rück|schal|ten

zu|rück|schla|gen

zu|rück|schre|cken

zu|rück|sen|den; zurückgesandt u. zurück-
gesendet

zu|rück|set|zen; Zu|rück|set|zung

zu|rück|ste|cken

zu|rück|stel|len; Zu|rück|stel|lung

zu|rück.sto|ßen, ...tre|ten, ...ver|lan-
gen, ...ver|set|zen, sich -, ...wei|chen,
...wei|sen, ...wer|fen, ...wol|len (ugs.),
...zah|len, ...zie|hen, sich -

Zu|ruf; zu|ru|fen

zur|zeit (Abk.: zz., zzt.); sie ist zurzeit
krank, aber: sie lebte zur Zeit Karls des
Großen

Zu|sa|ge, die; -, -n; zu|sa|gen

zu|sam|men

Von einem folgenden Zeit- oder Mittelwort
wird getrennt geschrieben, wenn
„zusammen" so viel wie „gemeinsam,
gleichzeitig" bedeutet (das Zeitwort wird
in diesen Fällen meist deutlich stärker
betont):

– sie können nicht zusammen (in einem
  Raum) arbeiten
– wir sind zusammen angekommen
– jetzt sollen alle zusammen singen

Nur getrennt:
– zusammen sein: wenn er mit uns
  zusammen ist; sie waren zusammen
  gewesen
Aber: das Zusammensein

Zu|sam|men|ar|beit; zu|sam|men|ar|bei-
ten

zu|sam|men|bal|len

zu|sam|men|bei|ßen

zu|sam|men|blei|ben (sich nicht wieder
trennen)

zu|sam|men|bre|chen

zu|sam|men|brin|gen (vereinigen)

Zu|sam|men|bruch, der; -[e]s, ...brüche

zu|sam|men|drän|gen; sich -

zu|sam|men|drü|cken

zu|sam|men|fah|ren (aufeinanderstoßen;
erschrecken)

zu|sam|men|fal|len (einstürzen; gleichzei-
tig erfolgen)

zu|sam|men|fal|ten

zu|sam|men|fas|sen

zu|sam|men|fe|gen (bes. norddt.)

zu|sam|men|fü|gen

zu|sam|men|füh|ren (zueinander hinführen)

zu|sam|men|ge|hö|ren (eng verbunden sein); zu|sam|men|ge|hö|rig; Zu|sam|men|ge|hö|rig|keits|ge|fühl

zu|sam|men|ge|setzt; -es Wort

zu|sam|men|ha|ben (ugs. für: gesammelt haben)

Zu|sam|men|halt; zu|sam|men|hal|ten (sich nicht trennen lassen; verbinden)

Zu|sam|men|hang; im od. in - stehen; zu|sam|men|hän|gen; zu|sam|men|hängend; zu|sam|men|hang[s]|los

zu|sam|men|hef|ten

zu|sam|men|keh|ren (bes. südd.)

zu|sam|men|klap|pen (falten; ugs. für: zusammenbrechen)

zu|sam|men|knei|fen

zu|sam|men|knül|len

zu|sam|men|kom|men (sich begegnen); Zu|sam|men|kunft, die; -, ...künfte

zu|sam|men|läp|pern, sich (ugs. für: sich aus kleinen Mengen ansammeln)

zu|sam|men|lau|fen (sich treffen; ineinanderfließen)

zu|sam|men|le|ben; Zu|sam|men|le|ben, das; -s

zu|sam|men|le|gen

zu|sam|men|neh|men, sich

zu|sam|men|pas|sen

Zu|sam|men|prall; zu|sam|men|pral|len

zu|sam|men|raf|fen

zu|sam|men|rei|ßen, sich (ugs. für: sich zusammennehmen)

zu|sam|men|sa|cken (ugs. für: zusammenbrechen)

zu|sam|men|schlie|ßen, sich; Zu|sammen|schluss

zu|sam|men|schmel|zen

zu|sam|men|schnü|ren

zu|sam|men|schrei|ben; Zu|sam|menschrei|bung

zu|sam|men|schrump|fen

zu|sam|men sein; vgl. zusammen; Zusam|men|sein, das; -s

zu|sam|men|set|zen

Zu|sam|men|spiel, das; -[e]s

zu|sam|men|stel|len; Zu|sam|men|stel|lung

Zu|sam|men|stoß; zu|sam|men|sto|ßen

zu|sam|men|strö|men

zu|sam|men|stür|zen

zu|sam|men|su|chen (von überall her suchend zusammentragen)

zu|sam|men|tra|gen (sammeln)

zu|sam|men|tref|fen (begegnen); Zu|sammen|tref|fen, das; -s, -

zu|sam|men|trom|meln (herbeirufen)

zu|sam|men|wir|ken; Zu|sam|men|wirken, das; -s

zu|sam|men|zäh|len (addieren)

zu|sam|men|zie|hen (verengen; vereinigen; addieren)

zu|sam|men|zu|cken

Zu|satz; Zu|satz_ab|kom|men, ...bremsleuch|te (Kfz.-Technik); ...ge|rät; zusätz|lich; Zu|satz|zahl (beim Lotto)

zu|schan|den, (auch:) zu Schan|den; zuschanden, (auch:) zu Schanden machen, werden

zu|schan|zen (jmdm. zu etwas verhelfen)

zu|schau|en; Zu|schau|er; Zu|schau|e|rin; Zu|schau|er|raum

zu|schi|cken

Zu|schlag; zu|schlag|frei; zu|schlagpflich|tig; Zu|schlag[s]|satz

zu|schlie|ßen

zu|schnap|pen

zu|schnei|den; Zu|schnitt

zu|schrei|ben

zu|schul|den, (auch:) zu Schul|den; sich etwas zuschulden, (auch:) zu Schulden kommen lassen

Zu|schuss; Zu|schuss|be|trieb

zu|schus|tern (ugs.)

zu|se|hen; zu|se|hends

zu sein

zu|sen|den; Zu|sen|dung

zu|set|zen

zu|si|chern; Zu|si|che|rung

Zu|spiel, das; -[e]s (Sportspr.); zu|spie|len

zu|spit|zen; Zu|spit|zung

Zu|spruch, der; -[e]s (Anklang, Zulauf; Trost)

Zu|stand; zu|stan|de, (auch:) zu Stan|de; zustande, (auch:) zu Stande bringen, kommen; zu|stän|dig; Zu|stän|dig|keit

zu|ste|cken

zu|ste|hen

zu|stei|gen

zu|stel|len; Zu|stel|lung

zu|stim|men; Zu|stim|mung

zu|sto|ßen

Zu|strom, der; -[e]s

zu|ta|ge, (auch:) zu Ta|ge; zutage, (auch:) zu Tage bringen, treten

Zu|tat (meist Mehrz.)

zu|teil; zu|tei|len; zugeteilt; Zu|tei|lung; zu|teil|wer|den

zu|tiefst (völlig; im Innersten)

zu|tra|gen, sich -; zu|träg|lich

zu|trau|en; Zu|trau|en, das; -s; zu|traulich; Zu|trau|lich|keit

zu|tref|fen; zu|tref|fend, -ste

Zu|tritt, der; -[e]s

zu|tun (ugs. für: hinzufügen; schließen)

zu|un|guns|ten, (auch:) zu Un|guns|ten (zum Nachteil), zuungunsten, (auch:) zu Ungunsten vieler Antragsteller

zu|ver|läs|sig; Zu|ver|läs|sig|keit, die; -

Zu|ver|sicht, die; -; zu|ver|sicht|lich

zu viel; zu viel des Guten; er weiß zu viel; besser zu viel als zu wenig

zu|vor (vorher); zu|vor|kom|men (schneller sein); zu|vor|kom|mend (liebenswürdig)

Zu|wachs, der; -es (Vermehrung, Erhöhung); Zu|wachs|ra|te

zu|we|ge, (auch:) zu We|ge; nur in: zu-

wege, (auch:) zu Wege bringen; [gut] zuwege, (auch:) zu Wege sein (ugs. für: wohlauf sein)

zu|wei|len

zu we|nig; du weißt [viel] zu wenig; es gab zu wenig[e] Parkplätze

zu|wi|der; - sein, werden; zu|wi|der|handeln; Zu|wi|der|hand|lung

zu|zei|ten (bisweilen)

zu|zie|hen; sich -; zu|züg|lich

zu|zwin|kern; zugezwinkert

Zwang, der; -[e]s, Zwänge; zwän|gen (bedrängen; klemmen; einpressen); sich -; zwang|haft; zwang|los; -este; Zwangs_ar|beit, ...ja|cke, ...la|ge; zwangs|läu|fig; Zwangs|läu|fig|keit; Zwangs_maß|nah|me, ...ver|steigerung, ...voll|stre|ckung; zwangs|wei|se

zwan|zig; Zwan|zig|eu|ro|schein (mit Ziffern: 20-Euro-Schein); zwan|zigs|te

zwar

Zweck, der; -[e]s, -e (Ziel[punkt]; Absicht; Sinn); Zweck|be|stim|mung; zweckdien|lich; Zwe|cke, die; -, -n (landsch. für: kurzer Nagel mit breitem Kopf); Zweck|ent|frem|dung; zweck_ent|sprechend (-ste), ...los; zweck|mä|ßig; zwecks (Amtsspr.: zum Zweck von); Verhältnisw. mit Wesf.

zwei; Wesf. zweier, Wemf. zweien, zwei; Zwei, die; -, -en (Zahl); zwei|deu|tig; Zwei|deu|tig|keit; Zwei|drit|tel_ge|sellschaft (Gesellschaft, in der etwa ein Drittel der Menschen arm od. von Armut bedroht sind), ..mehr|heit; zwei|ei|ig; -e Zwillinge; zwei|ein|halb; zwei|er|lei; Zwei|eu|ro|stück (mit Ziffer: 2-Euro-Stück); zwei|fach

Zwei|fel, der; -s, -; zwei|fel|haft; zweifel|los; zwei|feln; Zwei|fels|fall, der; im -[e]; zwei|fels|frei

Zwei|fron|ten|krieg

Zweig, der; -[e]s, -e

zwei|glei|sig

Zweig_li|nie, ...stel|le, ...werk

zwei|hun|dert; Zwei|kampf; zwei|mal; Zwei|rei|her; zwei|rei|hig; zwei|schneidig; zwei|sei|tig; Zwei|sit|zer (Wagen, Motorrad u. a. mit zwei Sitzen); zweispu|rig; zwei|stim|mig; zwei|stö|ckig; Zwei|takt|mo|tor; zwei|tau|send; zweite; aus zweiter Hand; er arbeitet wie kein Zweiter; jeder Zweite; zwei|tei|lig; zwei|tens; Zwei|te[r]-Klas|se-Ab|teil; Zweit|fri|sur (verhüllend für: Perücke); zweit|klas|sig; Zweit|mei|nung (Beurteilung durch einen zweiten Arzt, Spezialisten); zweit|ran|gig; Zweit_schrift, ...stim|me, ...wa|gen

Zwerch|fell; zwerch|fell|er|schüt|ternd

Zwerg, der; -[e]s, -e; zwer|gen|haft; Zwerg_pu|del, ...staat

Zwet|sche, die; -, -n; Zwet|schen_mus, ...schnaps; Zwetsch|ge (südd., schweiz.

451

und fachspr. für: Zwetsche); **Zwętsch|ke** (bes. österr. für: Zwetsche)

Zwi|ckel, *der;* -s, - (keilförmiger Stoffeinsatz); **zwi|cken** (ugs. für: kneifen); **Zwi|cker** (Klemmer, Kneifer); **Zwi̧ck|müh|le;** in der - (ugs. für: in einer misslichen Lage)

Zwie|back, *der;* -[e]s, ...bäcke u. -e (geröstetes Weizengebäck)

Zwie|bel, *die;* -, -n; **Zwie|bel‿ku|chen,** ...mus|ter *(das;* -s; beliebtes Muster der Meißner Porzellanmanufaktur); **zwie|beln** (ugs. für: quälen); **Zwie|bel‿ring,** ...scha|le, ...turm

zwie|fach (veraltend für: zwei|fach); **Zwie‿ge|spräch; Zwie|licht,** *das;* -[e]s; **zwie|lich|tig; Zwie|spalt,** *der;* -[e]s; **zwie|späl|tig; Zwie|spra|che; Zwie|tracht,** *die;* - (geh.)

Zwil|ling, *der;* -s, -e; **Zwil|lings‿bru|der,** ...schwes|ter

zwin|gen; zwang, gezwungen; **zwin|gend; Zwin|ger** (Gang, Platz zwischen innerer u. äußerer Burgmauer; fester Turm; Käfig für wilde Tiere; umzäunter Auslauf für Hunde)

zwin|kern (blinzeln)

zwir|beln (mit den Fingerspitzen schnell drehen)

Zwirn, *der;* -[e]s, -e; **Zwi̧rns|fa|den** (*Mehrz.* ...fäden)

zwi|schen; *Verhältnisw. mit Wemf. oder Wenf.:* - den Tischen stehen; aber: - die Tische stellen; **Zwi̧|schen‿be|mer|kung,** ...be|scheid, ...bi|lanz, ...ding; **zwi|schen|durch** (ugs.); **Zwi̧|schen‿fall** *(der),* ...fra|ge; **zwi|schen|lan|den; Zwi̧|schen‿lan|dung,** ...mahl|zeit; **zwi|schen|mensch|lich; Zwi̧|schen|raum; zwi|schen|staat|lich; Zwi̧|schen‿sta|ti|on,** ...stu|fe, ...wand, ...zeit; **zwi|schen|zeit|lich**

Zwist, *der;* -es, -e; **Zwi̧s|tig|keit**

zwit|schern

Zwit|ter, *der;* -s, - (Wesen mit männl. u. weibl. Geschlechtsmerkmalen); **Zwit|ter‿blü|te**

zwo

zwölf; es ist fünf [Minuten] vor zwölf (ugs. auch für: es ist allerhöchste Zeit); vgl. acht; **Zwölf,** *die;* -, -en (Zahl); **Zwölf‿fi̧n|ger|darm; zwölf|mal; Zwölf|tel,** *das* (schweiz. meist: *der*); -s, -; **zwölf|tens; Zwölf|ton|ner; Zwölf|zy|lin|der‿mo|tor**

Zy|an|ka̧|li, *das;* -s (stark giftiges Kaliumsalz der Blausäure)

Zy|k|len (*Mehrz. von:* Zyklus); **zy|k|lisch** [auch: *zü...*] (kreisläufig, -förmig; sich auf einen Zyklus beziehend; regelmäßig wiederkehrend); **Zy|k|lon,** *der;* -s, -e (Wirbelsturm); **Zy|k|lop,** *der;* -en, -en (einäugiger Riese der gr. Sage); **Zy|k|lus** [auch: *zü...*], *der;* -, Zyklen (Kreis[lauf]; Folge; Reihe)

Zy|lin|der [*zi...,* auch: *zü...*], *der;* -s, -; **zy|lin|d|risch** (walzenförmig)

Zy|ni|ker (zynischer Mensch); **zy|nisch** (auf grausame, beleidigende Weise spöttisch); -ste; **Zy|ni̧s|mus,** *der;* -, (für: zynische Bemerkung auch *Mehrz.:)* ...men (zynische Haltung, Art; zynische Bemerkung)

Zy|p|rȩs|se, *die;* -, -n (Kiefernpflanze des Mittelmeergebietes)

Zys|te, *die;* -, -n (mit Flüssigkeit gefüllte Geschwulst)

zz., zzt. = zurzeit

z. Z., z. Zt. = zur Zeit